Architekturen des Nationalsozialismus

maria theresia litschauer

Architekturen des Nationalsozialismus

Die Bau- und Planungstätigkeit im Kontext
ideologisch fundierter Leitbilder und politischer Zielsetzungen
am Beispiel der Region Waldviertel 1938-1945

Ein konzeptkünstlerisches Forschungsprojekt

Böhlau Verlag Wien Köln Weimar

6 Einleitung

Industriebauten

10 Rottenmanner Eisenwerke AG > Schmidhütte Krems
28 Donauhafen Krems, Getreide-Silo
   Karl Mierka Lagerei- und Umschlagbetriebe
33 Holzkonstruktions-Baugesellschaft Wenzl Hartl Echsenbach
40 Landwirtschaftliche Kartoffelverwertungs AG Gmünd
68 TKV Heidenreichstein
74 Viktorin-Werk Eggenburg
78 Molkereien Horn, Langau, Pöggstall, Zwettl
88 Seuchenschlachthöfe Gmünd, Krems

Elektrizitätsversorgung

94 Donaukraftwerk Ybbs-Persenbeug
   Gauwerke Niederdonau AG:
105 60 kV-Leitung Rosenburg-Waidhofen-Gmünd,
    Umspannwerke Waidhofen, Gmünd
110 20 kV-Leitung Stratzdorf-Krems

Truppenübungsplatz Döllersheim

114 Militärzone
133 Siedlungen für Offiziere der Wehrmacht
140 Sparkasse Allentsteig
148 Kino Allentsteig

Wohn- und Siedlungsbauten

154 Wohnbauten Grenzschutz
178 Wohnbauten Wehrmacht
198 Kommunale Kleinsiedlungen und Wohnbauten
225 Wohnbauten Reichsbahn
231 Werkssiedlung Schmidhütte Krems

Bäuerliche Siedlungen

254 Siedlung Linde, Pfaffenschlag, Lexnitz, Schellings, Siedlung Pyhrahof,
    Unterthumeritz, Schwarzenau, Klein Reichenbach

Barackenbauten

292 RAD-Lager
315 Getreide-Lagerhallen
318 Stalag XVII B Gneixendorf
324 Lager für Kriegsgefangene und ZwangsarbeiterInnen in Betrieben

Öffentliche Gebäude

328 Amtsgebäude und Sparkasse Zwettl
335 Ausbau von Straße und Schiene, Reichsstraßenbauamt Waidhofen an der Thaya
338 Schulbauten
346 Brauhof Krems

Städtebauliche Planungen

352 Gaustadt Krems
359 Stadterweiterung und Neugestaltung Horn, Zwettl, Eggenburg
392 Singuläre Amtsgebäude und Bauten der Partei

Biografien Architekten / Künstler

398

408 Endnoten, Quellen, Abkürzungen, Ortsregister, Literatur, Impressum

Von NS-Architektur, gemeinhin gleichgesetzt mit Repräsentationsbauten für Staat und Partei sowie spektakulären städtebaulichen und verkehrstechnischen Großprojekten, kann in Bezug auf das gesamte Baugeschehen des NS-Regimes allein aufgrund der formensprachlichen Heterogenität nur im Plural gesprochen werden, so einheitlich die verschiedenen Bauten als Manifeste des Nationalsozialismus zu lesen sind. Den Topos einer vorgeblichen Bauepoche suspendierend, soll mit „Architekturen des Nationalsozialismus" die zum Zweck totalitärer Machtentfaltung systematische Funktionalisierung strategisch effizienter Formensprachen deutlich gemacht werden.

Ohne eigenen Stil und homogenen Kanon,[1] deren Entwicklung Hitlers als ‚Bauwille' bezeichneter Gestaltungsvorbehalt als ‚Führer-Architekt' mit ihm ergebenen ‚Architekten des Führers' ebenso verhinderte wie der Konkurrenzkampf innerhalb der Parteihierarchie und Kompetenzstreitigkeiten zwischen Parteiapparat und Baubehörden, die vielfach auf die Entmachtung Letzterer hinausliefen, kristallisierten sich nach 1933 erst allmählich und je nach Bauaufgabe und politischer Relevanz favorisierte Formensprachen heraus. Deren Spektrum reichte von vergröberten und monumentalisierten Klassikzitaten bei Repräsentationsbauten über romantisch-heimatschützerische Formalismen im Siedlungsbau und bei Bauten im ländlichen Raum bis zum offiziell verpönten Funktionalismus. Ideologisch und herrschaftsstrategisch gezielt eingesetzt, zeichnete sich die multiple Formensprache des ‚Dritten Reichs' einerseits durch Anlehnung an und Vereinnahmung von neoklassizistischem wie traditionalistischem Vokabular aus, andererseits war im Industriebau moderne Architektur nicht nur zugelassen, sondern zur Demonstration technischer Wettbewerbsfähigkeit und im Streben nach deutscher Überlegenheit geradezu gefordert, wenn auch vielfach, deren sachliche Formensprache konterkarierend, durch das ideologische Gestaltungsdiktat der Partei signifikant überformt.

Vor 1933 und auch noch nach der ‚Machtergreifung', in der Konsolidierungsphase der NSDAP, war die Position der Partei lediglich durch die pauschale Ablehnung moderner Architektur gekennzeichnet, die mit der Schließung des Bauhaus als Flaggschiff des ‚neuen bauens' und Ausschaltung seiner Mitglieder aus dem Vergabeprozess konservativen Strömungen Auftrieb gab, deren politisch wie architektonisch keineswegs konforme Auffassungen einen Kampf um die Vorherrschaft zwischen völkisch-national eingestellten Vertretern und Verfechtern regionaler Bautraditionen des ursprünglich als Reformbewegung gegründeten Heimatschutzes auslösten. Zentraler Akteur, die von ihm formulierte kulturpolitische Kampfposition gegen moderne Architektur zu propagieren und das Reservoir konservativer Architekten für die NSDAP auszuschöpfen, war der seit der Jahrhundertwende durch Mitbegründung von Heimatschutzbewegung und Werkbund als Kulturtheoretiker und ab 1929 unter dem Patronat von Rosenberg als führender Parteiideologe engagierte Architekt und Maler Paul Schultze-Naumburg > Architekten/ Künstler 397, der 1931 analog Rosenbergs Kampfbund für Deutsche Kultur den Kampfbund Deutscher Architekten gründete. Sein zunächst parteiprogrammatisch richtungsweisender Einfluss erfuhr allerdings nach 1933 eine erhebliche Einbuße und blieb weitgehend auf den Siedlungsbau reduziert, dessen Planung nicht im Vordergrund von Hitlers Bauinteresse stand; er distanzierte sich, zwar nicht im Bereich der bildenden Kunst, aber in der staatstragenden Architektur, von der heimattümelnden Konzeption einer ‚Blut und Boden'-ideologisch produktiv gemachten Bauauffassung, die von Vertretern der konservativen Stuttgarter Schule, unter der Ägide der DAF zu Konstruktionsnormen des Reichsheimstättenamts und Gestaltungsvorgaben des Amts Schönheit der Arbeit kodifiziert, wesentlich und systematisch im Siedlungsbau verwirklicht wurde.

Stilistische Heterogenität und Ideologisierung teilweise in ungebrochener Kontinuität übernommener Bauweisen waren nicht auf die Entwicklung einer neuen Formensprache gerichtet, vielmehr ging es um ein Erscheinungsbild, das die ästhetischen Ansprüche der Masse traf und sie binden und lenken ließ. Die Staatsarchitektur des ‚Dritten Reichs' wurde von Hitler am für Repräsentationsbauten der Zeit üblichen neoklassizistischen Formenkanon orientiert, dessen formale Ordnung und Maßstäblichkeit von ihm ergebenen Planern reduktionistisch negiert und in megalomaner Absicht, völkische Überlegenheit darzustellen, durch platte Monumentalisierung eskaliert wurden. Der außerhalb seines Interesses gelegene, durch heimatkonstruktive Bauformen und -normen gekennzeichnete und von der DAF geregelte Siedlungsbau stand unter Kontrolle der Partei, während Entscheidungen über Industrieplanungen bei den jeweiligen Ressorts lagen, aber vom übergeordneten Interesse nationaler Selbstdarstellung bestimmt waren. Im Städtebau wurde 1937 mit dem ‚Gesetz über die Neugestaltung deutscher Städte' die Legitimation zum radikalen Umbau historisch gewachsener Strukturen geschaffen, der, zunächst und unter Hitlers maßgeblicher gestalterischer Einflussnahme für 5 ‚Städte des Führers' vorgesehen und auf ‚Gaustädte' ausgedehnt, seine begehrliche Wirkung als „bleibendes Zeichen des Nationalsozialismus" bis in die Amtssitze der Landkreise und Kommunen entfaltete. Nach dem Vorbild von ‚Gauforum' und gigantischen Großstadtplanungen über ihren kleinstädtischen Horizont hinauszuwachsen, ließ ehrgeizige Amtsträger, im Auftrag der Raumplanungsbehörde wie auch in gegenseitiger Rivalität, Stadtplanungen mit parteistaatlich repräsentativem Zentrum und kruden Achsenlösungen beauftragen, wie Bebauungspläne, Stadtplanungsskizzen oder Ansätze dazu auch im exemplarischen Untersuchungsgebiet Waldviertel belegen.

Rezeptionsgeschichtlich war, wie Winfried Nerdinger in seiner wegweisenden, in der Projektpraxis anders angelegten Arbeit über das NS-Baugeschehen in Bayern resumierte, der Diskurs über NS-Architektur zunächst auf Repräsentationsarchitektur und singuläre Bauten reduziert und von kunsthistorisch-ideologiekritischen Ansätzen gekennzeichnet. NS-Architektur zum Klischee megalomaner Planungen verfestigt vorzuführen, blieb den ideologisch fundierten Kontext ihres Entwicklungsprozesses schuldig, wie Anna Teut bereits 1967 in „Architektur im Dritten Reich", einer kommentierten Dokumentensammlung, konstatierte und auf das Paradoxon hinwies, dass „durch die Verengung des Blickwinkels auf die Planungen des „Generalbauinspektors der Reichshauptstadt" […] die Architektur im Dritten Reich einerseits, wie keine andere Kunst, dazu beigetragen hat, die Herrschaftsform des Nationalsozialismus zu repräsentieren und zu stabilisieren, andererseits, in der Summe der Bauten, weit weniger korrumpiert wurde."[2] Während Werke anderer Kunstgattungen apodiktisch mit dem Verdikt „von geringer Qualität […] und heute mit Recht vergessen" versehen worden seien – was etwa für die bildende Kunst so nicht aufrecht zu erhalten ist, wie der keineswegs abgeschlossene kunsthistorische Einordnungsprozess zeigt, in dem Nazikunst mit der Forderung nach Differenzierung aufzuwerten versucht wurde und wird, nicht zu reden vom Kunstmarkt und der wechselseitigen Legitimierung von Wissenschaft und Ökonomie – blieben über die Bauten des ‚Dritten Reichs' als Teil des öffentlichen Raums hinaus, auch Baurichtlinien und grundlegende Literatur zum Teil nachhaltig Standards in Baurecht und Architekturstudium wie sich in der Terminologie einer unbedarften Sprachpraxis, etwa ‚sozialer Wohnbau', ‚Kunst am Bau' oder ‚landschaftsgebundenes Bauen', die Unkenntnis des NS-Kontexts zeigt.[3] Nach ideologiekritisch pauschaler Ablehnung und Ausblendung verschob sich der Fokus der architekturalen Rezeption ab den 1980er-Jahren auf formale Aspekte und war weitgehend von Vernachlässigung des ideologischen Kontexts gekennzeichnet. Auf stilistische Kriterien reduziert, tendierte der formalästhetisch dominierte Diskurs zur Einordnung in Stilepochen und monumentale Ordnungen, mit der Konsequenz, in relativierender Normalisierung die NS-Bauten und ihre Planer aufzuwerten. Eine die Ideologie negierende, lediglich auf die Funktion der Bauten abhebende Interpretation habe schließlich dazu geführt, „die ‚architektonischen Qualitäten' zu entdecken und zuletzt sogar noch ausgerechnet Albert Speer als größten deutschen Architekten nach Schinkel zu feiern", so Nerdinger, der sarkastisch darauf verweist, dass „heute ungeniert mit dem NS-Gauforum für die Goethestadt Weimar geworben oder das Münchner Haus der Kunst als ‚wunderbare Museumsarchitektur' gefeiert werden [kann]". Die ästhetisch „wertfreie" Sichtweise habe ermöglicht, „monströse NS-Planungen oder das Gesamtwerk von NS-Künstlern […] wie Briefmarkensammlungen zu katalogisieren" wie deren denkmalpflegerische Registrierung zu egalisierender Einordnung als Geschichtsdokumente unter anderen führe;[4] darüber hinaus wird durch die archivale Systematik nachträglich einer NS-architekturalen Epochenkonstruktion der Weg bereitet.

Verglichen mit der zentralen und vielschichtigen Auseinandersetzung mit dem nationalsozialistischen Erbe in der Literatur, kam der Diskurs über NS-Bauten in von der Konstruktion der „Stunde Null" 1945 strukturierter Verdrängung spät in Gang und ist in Österreich vielfach ausständig. Wurden die kenntlichen Werke der bildenden Kunst eilig und großteils beseitigt, blieben die gebauten Zeugnisse des ‚Dritten Reichs' als Teil des öffentlichen Raums vielfach unbeachtet und nicht zuletzt aufgrund baulicher Kontinuität, durch eingeübte Sichtweise zum Klischee typischer 1950er-Jahre-Bauten verfestigt, unerkannt. Der historische Zusammenhang verschleiert und aufgrund personaler Kontinuität und formensprachlicher Ununterscheidbarkeit irreführend, waren Bauten des Nationalsozialismus, nicht zu reden von Planungen und unvollendeten Großprojekten, deren Ausführung und Fertigstellung im Wiederaufbau durchaus nationaler Bedeutungskonstruktion diente, kein bzw. ein tunlichst zu vermeidendes Thema. Die durch Ausblendung als Sehgewohnheit geschaffene Tabuisierung ließ Reflexion nicht zu wie über das Baulich-Faktische hinaus lange Zeit der wesentlich ideologisch-produktive Beitrag der Architektur als Medium staatlicher Selbstdarstellung und machtpolitisches Lenkungsinstrument des NS-Regimes negiert wurde.

Im Lichte neuerer Forschung, die in einem von der Konzentration auf die Repräsentationsbauten erweiterten Blickfeld auf strukturelle Zusammenhänge des gesamten (bau)politischen Felds abhebt und Bauten nach Zweck und Ziel sowie Architektur in ihrer komplexen Struktur und sozialen Wirksamkeit zu untersuchen unternimmt, eröffnen unterschiedliche Ansätze verschiedener Disziplinen neue Erkenntnisfelder.

Die Problematisierung der NS-Bau- und Planungstätigkeit in Österreich ließ im vorliegenden Projekt einen breit angelegten, nicht exemplarisch auf singuläre Bauten oder Großplanungen als Vorzeigeprojekte nachhaltiger NS-Propaganda beschränkten Ansatz wählen und im Fokus des Kunst, Architektur und Zeitgeschichte transdisziplinär verschränkenden Konzepts, das Forschung als künstlerische Praxis und Kunst als Wissensproduktion entfaltet, das gesamte architektonische und städtebauliche Spektrum eines exemplarischen Gebiets sichtbar, im Spiegel der Bautätigkeit, einschließlich der Architekten und ihrer „biografischen Verflechtungen"[5] mit Partei und totalitärem Staat, die raumordnenden Zusammenhänge von Architektur, Ideologie und Politik deutlich machen. Nicht allein auf Repräsentationsbauten, die wie jede Staatsarchitektur die politische Macht symbolisieren, und formalästhetische Analysen begrenzt, war eine Bestandsaufnahme aller Bauten als Erbe des Nationalsozialismus und Anschauungsobjekte zeitgeschichtlicher Erkenntnis intendiert.

Auf Basis bau- und quellenspezifischer Vorkenntnisse wurde für das Projekt die 4600 km² umfassende Region Waldviertel gewählt und mit dem Anspruch auf Vollständigkeit Feldforschung nach Bauten und in fortschreitender Ergänzung um weitere Planungen im Zeitraum 1938-1945 Recherche in allen bautechnisch und -politisch in Frage kommenden Archiven in Österreich und Deutschland unternommen; je nach Ergiebigkeit vielfach erstmals erschlossener Quellen konnte die bau- und planungsgeschichtliche Rekonstruktion nicht nur der über 200 realisierten Projekte im Kontext ideologisch fundierter Leitbilder und politischer Zielsetzungen gelingen. Kartografisch verzeichnet, lassen vorrangig für Zwecke der Wehrmacht, der Grenzsicherung, der (Rüstungs)-Industrie, der rüstungswirtschaftlichen Elektrizitätsversorgung, der Administration sowie der bäuerlichen und in geringer Zahl der kleinbürgerlichen Siedlung errichtete und großteils in überwiegend gleicher Nutzung nahezu unverändert erhaltene architektonische Einschreibungen in Landschaft und Stadtbild im Vergleich zu projektierten aber eingestellten oder Planungsansatz gebliebenen Vorhaben den Umsetzungsgrad ablesen wie deren Umfang und räumliche Verteilung strategische Raumordnung und Raumplanung zeigen. Entwicklung und Umsetzung von Planungskonzepten und Bauprojekten partikular zu beleuchten, wurde das Ergebnis der Forschungsarbeit, nach Baugattungen gegliedert, zu einer die Medien Schrift und Bild in Montagetechnik diskursiv verbindenden Publikation organisiert, die als Buch konzeptkünstlerisches Werk ist.

Mein Dank für vielfache Unterstützung bei der Recherche gilt, ohne alle namentlich anführen zu können, den ReferentInnnen in den öffentlichen Archiven in Österreich und Deutschland. Im Bundesarchiv Berlin konnte ich nicht erst bei diesem Projekt auf die orientierende Hilfe von Matthias Meissner zählen, in Freiburg danke ich Barbara Kiesow, im Landesarchiv Berlin Anne Rothschenk, im Bauhaus-Archiv Berlin Sabine Hartmann für ihre freundliche Hilfestellung. Ebenso sei den MitarbeiterInnen im Österreichischen Staatsarchiv, im Niederösterreichischen Landesarchiv, im Besonderen Stefan Eminger, im Wiener Stadt- und Landesarchiv Brigitte Rigele, im Filmarchiv Austria Thomas Ballhausen für projektbegleitende Betreuung bzw. zielführende Auskünfte gedankt wie den Stadtarchivaren in Gmünd, Horn, Weitra, Zwettl und Waidhofen Horst Weilguni, Erich Rabl, Wolfgang Katzenschlager, Friedel Moll. Darüber hinaus bedanke ich mich bei den BeamtInnen in den grundstücksbezogenen und baurechtlichen Behörden auf Bundes-, niederösterreichischer Landesebene und in den lokalen Bauämtern sowie bei den MitarbeiterInnen der Bundesimmobiliengesellschaft BIG St. Pölten und einer privaten Hausverwaltung. Den EigentümerInnen der NS-Bauten und anderen Privatpersonen als ZeitzeugInnen danke ich für bereitwillige Auskünfte und Einsichtnahme in Bauakten; nicht zuletzt gebührt mein Dank Karl Soukup und Kurt Linsbauer für die freundliche Überlassung von historischen Bilddokumenten und aufschlussreichen Planungsunterlagen aus ihren Privatsammlungen.

Für die Mitarbeit an der Produktion des Buchs bedanke ich mich neben Sonja Knotek für die Textkorrektur freundschaftlich bei Manfred Kostal für die Bildbearbeitung, bei Richard Ferkl für die grafische Umsetzung und bei Helmuth Breyer für die Betreuung des Drucks.

Industriebauten

10 Rottenmanner Eisenwerke AG
    > Schmidhütte Krems

28 Donauhafen Krems, Getreide-Silo
    Karl Mierka Lagerei- und Umschlagbetriebe

33 Holzkonstruktions-Baugesellschaft Wenzl Hartl
    Echsenbach

40 Landwirtschaftliche Kartoffelverwertung AG
    Gmünd

68 TKV Heidenreichstein

74 Viktorin-Werk Eggenburg

78 Molkereien
    Horn, Langau, Pöggstall, Zwettl

88 Seuchenschlachthöfe
    Gmünd, Krems

Der nach der ‚Machtergreifung' 1933 einsetzende und auf Aufrüstung basierende Wirtschaftsaufschwung der deutschen Industrie beruhte auf einem auf 8 Jahre angelegten Programm, das von der Deutschen Bank mit Krediten in Höhe von RM 35 Mrd finanziert wurde,[1] deren Bedienung durch Ausbeutung in expansionistischer Aggressionspolitik besetzter Gebiete beabsichtigt war. Die Entscheidungskompetenz in Rüstungsbelangen, zunächst zu den Oberkommanden der Wehrmacht ressortierend und ab 1936 durch Einbindung in die zentrale Planung und Verwaltung des ‚Vierjahresplans' – nach Hitlers Forderung mit dem Ziel, in 4 Jahren die Armee einsatz- und die Wirtschaft kriegsfähig zu machen – in die Machtbefugnisse von Göring einbezogen, wurde 1940 mit Einrichtung des Reichsministeriums für Bewaffnung und Munition Fritz Todt übertragen, nach dessen Tod 1942 Albert Speer, mit umfassender Kompetenz ausgestattet, die gesamte Rüstungsorganisation im Amt Zentrale Planung, 1943 in Ministerium für Rüstung und Kriegsproduktion umbenannt, zusammenführte.

Die architektonische Gestaltung industrieller Neuanlagen, so favorisiert der Rekurs auf Klassizismus bei staatlichen Repräsentationsbauten einerseits und ‚Blut und Boden'-gegründete Heimatschutzmanier bei Siedlungs- und bestimmten Zweckbauten andererseits war, folgte im Widerspruch zur sonst fundamentalistischen Ablehnung des „neuen bauens" und Ausschaltung seiner Vertreter, aber aus Gründen, den konkurrenzfähigen oder überlegenen Stand deutscher Technik und Entwicklung zu demonstrieren und in der Architektur darzustellen, einer mehr oder weniger ausgeprägten modernen Formensprache. Abhängig von Bauaufgabe wie auch Standort wurden Produktionsgebäude variabel als mehrschiffige Hallenbauten in Stahlskelettbauweise über standardisiertem Raster geplant, deren funktionalistische Form und sachliches Erscheinungsbild, wie auch die folgenden Beispiele zeigen werden, gelegentlich nach dem Diktat des Amts Schönheit der Arbeit überformt wurden, etwa durch Verkleidung der Fassade mit Klinker, monumentalisierende Pfeilerstruktur bei seriell gereihten Fenstern oder Abschluss der Hallenbauten mit obligatem, aber flach gehaltenem Satteldach statt eines konstruktiv stimmigen, aber absolut verpönten Flachdachs. Verwaltungs- und Nebengebäude zeigen in formensprachlicher Differenz zum Produktionsbereich eine unterschiedlich orientierte, eher traditionalistische Formulierung. In gängiger Sichtweise, monumentale Bauten der Machtrepräsentation mit NS-Architektur gleichzusetzen, geraten dem Funktionalismus verpflichtete Industriebauten wie ihre Planer kaum als ideologisch verdächtig aus dem Blick, obwohl sich gerade an den Industrieanlagen, im Besonderen bei Rüstungs- und Rüstungszulieferbetrieben, die Bedienung der (kriegerischen) Zielsetzungen des NS-Regimes erweist.

Im land- und forstwirtschaftlich geprägten Untersuchungsgebiet, in dem Textil-, Glas- und Holzindustrie in der nördlichen Hälfte im Grenzraum zu Tschechien Tradition hatte, wurden vorwiegend nach rüstungspolitischen Zielsetzungen und kriegswirtschaftlichem Bedarf bestehende Betriebe zu modernen Produktionen ausgebaut und neue Industrien angesiedelt; neben direkt der Rüstung sowie der Ausstattung und Verpflegung der Wehrmacht zugeordneten Zwecken wurden zur Sicherung der Nahrungsmittelversorgung wie der bäuerlichen Betriebe das Netz landwirtschaftlicher Verarbeitungsbetriebe, wie Molkereien und Schlachthöfe, raumplanerisch restrukturiert und neben zweckmäßiger Verbesserung bestehender Anlagen durch Neubauten ergänzt. Den industriellen Energiebedarf zu decken, sollte ein ebenfalls ‚kriegswichtig' beschleunigter Bau eines Kraftwerks sowie der Ausbau des Leitungsnetzes dienen, die transporttechnische Basis für die Verfrachtung der Fabrikate mit dem Bau eines Umschlaghafens zusammen mit dem Ausbau und der Verknüpfung von Schiene und Schifffahrt geschaffen werden.

Die bauliche Ausführung der dokumentierten Industrieanlagen erfolgte weitgehend unter Einsatz von Kriegsgefangenen und Zwangsarbeitern, die als Ersatz der bis auf Führungskräfte und wenige Facharbeiter mit ‚UK-Stellung' zum Kriegsdienst einberufenen Stammbelegschaften auch in der Produktion Sklavenarbeit leisten mussten. Als Quartiere dienten vom Unternehmen oder der Wehrkreisverwaltung errichtete Lager auf dem Betriebsgelände oder separiert davon, deren vereinzelt erhaltene Baracken auf die Orte rassistischer Ausbeutung verweisen. > Barackenbauten 291

Neben Neu- und Ausbau von Industrieanlagen konnten vereinzelt auch (Klein)-Gewerbebetriebe an Ausbaumaßnahmen partizipieren, etwa die Produktionserweiterung der Weberei Kainz durch „einen für Kautzen ungewohnten Großbau" und einen weiteren Saalbau, wie die Donauwacht am 5.7.1939 berichtete.[2] Im Zuge der Raumordnungsplanung dienten im Jänner 1941 von der Planungsbehörde des Reichsstatthalters angeforderte Lageberichte der Landkreise der Erhebung potenziell neuer Industriestandorte, etwa aufgrund von unentwickelten Rohstoffvorkommen, oder zweckmäßiger Modernisierungsmaßnahmen in bestehenden Betrieben samt dafür erforderlichem Bedarf an Wasser und Elektrizität wie Wohnsiedlungen für die Arbeiter. Eher zurückhaltend plädierte der Landrat im Kreis Waidhofen nach Beratung im Kreisplanungsausschuss für die Förderung der bestehenden Textilindustrie und den notwendigen Bau von Siedlungen, wie sie etwa Unternehmen in Groß Siegharts planten. Um bei schwankender Auftragslage nicht nur von einem Industriezweig abhängig zu sein, sollten Vorkommen von Lehm und Graphit auf ihre Ergiebigkeit geprüft und die Errichtung eines Ziegelwerks und der Abbau des Rohstoffs erwogen werden.[3] Im Kreis Horn, wo sich der Landrat „wegen der ungünstigen natürlichen Voraussetzungen" kategorisch gegen neue Industrieansiedlungen aussprach, wurden lediglich eine Veredelungssparte im bestehenden Holzverarbeitungsgewerbe in Horn und Eggenburg sowie die Modernisierung der Brennöfen in der Ton verarbeitenden Industrie in Breiteneich angeregt, aber angesichts der Wohnungsnot der Bau von Wohnsiedlungen für die Belegschaften vorrangig gefordert.

Ob neue Anlagen oder lediglich Verbesserungsmaßnahmen, nach der am 20.6.1941 von Göring verordneten Einschränkung der Bautätigkeit auf ein Mindestmaß und selbst für kriegswirtschaftliche Zwecke nur

<
Industriegebiet und
Hafen Krems /
2008

noch in Behelfsbauweise waren alle Überlegungen ohnehin obsolet; auch sondierte die Planungsbehörde mittlerweile verfügbare Fabrikshallen sowie Arbeitskräfte für andere Zwecke. Mit Frist 10.7.1941 waren räumliche Kapazitäten zu melden, die zur Verlegung kriegswichtiger Industrien aus dem Ballungsraum Wien geeignet waren, namentlich für Produktionsbereiche von Siemens u. Halske, AEG, Telefunken, Mix und Genest sowie Julius Pintsch AG.[4]

Rottenmanner Eisenwerke AG > Schmidhütte Krems

Krems war einer der zwei neuen Werksstandorte der mehrheitlich im Besitz der Industriellenfamilie Schmid-Schmidsfelden befindlichen Rottenmanner Eisenwerke AG, die 1938 im Zuge der Eingliederung österreichischer Unternehmen in die großdeutsche Planwirtschaft errichtet wurden. Neben dem beschleunigt in Angriff genommenen Bau des unter Schmidhütte Liezen, Schmid & Co. KG firmierenden Hüttenwerks, das bereits 1941 in Betrieb ging und für dessen ‚Gefolgschaft' eine Werkssiedlung errichtet wurde, sollte sich der Bau des Eisenverarbeitungsbetriebs nicht nur zeitlich verschieben. Das Walzwerk, ursprünglich in Linz in unmittelbarer Nachbarschaft zum staatlichen Rüstungskonzern der Reichswerke AG Hermann Göring geplant, wurde angeblich zur Wahrung seiner privatwirtschaftlich kenntlichen Eigenständigkeit nach Krems verlegt, wo der um ein nachträglich geplantes Stahlwerk ergänzte ‚kriegswichtige' Werkskomplex, analog Liezen mit angeschlossener Werkssiedlung > Wohn- und Siedlungsbauten 153 und in Schmidhütte Krems, Schmid & Co. KG umbenannt, 1943 den Vollbetrieb aufnehmen sollte.

Vorausgegangen war, dass das Unternehmen im obersteirischen Industriegebiet als Blech- und Eisenwerke Styria AG nach Überwindung der von Stillstand und Entlassungen gekennzeichneten weltwirtschaftlichen Krisenjahre in der einsetzenden Aufschwungphase durch eine problematische Fusion 1937 in eine prekäre Lage geraten war. In einem Abtausch des Werks in Wasendorf war mit der Oesterreichischen Alpine Montangesellschaft die Zusammenlegung der Styria mit der Rottenmanner Eisenwerke AG, vorm. Gebr. Lapp bei gleichzeitiger Werksübersiedlung nach Rottenmann paktiert worden. Nachdem dieses Unternehmen in der Krise zum Sanierungsfall wurde und von der Hausbank Österreichischen Creditbank für Handel und Gewerbe übernommen werden musste, hatte die Alpine Montan zum Erwerb der Aktienmehrheit der Rottenmanner einen Bankkredit bei der Creditanstalt-Wiener Bankverein als Nachfolgeinstitut der Gläubigerbank aufgenommen, mit der Tauschliegenschaft der Styria als Besicherung.[1] Damit hatte sich die Styria für ihren soliden Werksbesitz einen bankrotten Betrieb eingehandelt, unter dessen Namen sie zudem künftig firmieren sollte. Trotz aller Schieflage blieb die Unternehmensleitung unverändert in Händen der Familie Schmid-Schmidsfelden; als einer der beiden Geschäftsführer und gewichtiges Mitglied in Wirtschaftsgremien, setzte Walter Schmid-Schmidsfelden alles daran, dass letztlich die von der Bank der Alpine Montan zugesagten Kreditmittel als Stammkapital der 1939 eingetragenen Rottenmanner Eisenwerke AG zur Verfügung gestellt wurden.[2] Mit der 1938 nach dem ‚Anschluss' geänderten politisch-ökonomischen Konstellation durch Eingliederung der österreichischen Industrie in das großdeutsche Wehrwirtschaftskonzept sollten sich dem Unternehmen ganz andere Perspektiven eröffnen, die betriebliche Vergrößerung und technische Modernisierung ermöglichten. Walter Schmid-Schmidsfelden hatte als einer der österreichischen Industriellen an „Görings Donaufahrt" von Linz nach Wien am Tag vor dessen Programmrede in der Wiener Nordwestbahnhalle am 26.3.1938 teilgenommen, bei der „an Bord des Dampfers Schubert" maßgebliche Vertreter von Wirtschaft und Militär sowie des ‚Vierjahresplans' und der Reichswerke AG das ‚Aufbauprogramm' für die ‚Ostmark' verhandelten.[3]

August Schmid-Schmidsfelden, dem die Gesamtplanung der Werkszusammenlegung mit nur mehr einer Unternehmenszentrale in Wien und drastischen Einsparungen in Rottenmann oblag, bestellte vorausblickend ein neues Feinblechwalzwerk in Deutschland, das „weit mehr als den österreichischen Blechbedarf abdecken konnte" und das Familienunternehmen konkurrenzlos machen sollte.[4] War ursprünglich im Zuge der Fusion eine Produktbereinigung und Reduktion des Belegschaftsstands geplant, bewirkte der wehrwirtschaftliche Bedarf des ‚Vierjahresplans' das Gegenteil und die jeweils über 600 Mitarbeiter in Wasendorf und Rottenmann konnten ihren Arbeitsplatz behalten. Es wurden nicht nur sämtliche Werksverlegungspläne obsolet und beide Werke liefen im Vollbetrieb, es war auch eine Neupositionierung des Unternehmens in Planung, welche die Schmid-Gruppe als Rüstungszulieferbetrieb reüssieren lassen sollte. Während Walter Schmid-Schmidsfelden dem NS-Regime distanziert bis ablehnend gegenüberstand, war August Schmid-Schmidsfelden bereits vor 1938 illegaler Anhänger der NSDAP. Sowohl als SA-Mitglied wie als Unternehmer machte er sprunghaft Karriere, indem er als ‚Altparteigenosse' mit dem Ehrenrang eines SA-Oberführers ausgezeichnet wurde, während er neben seiner Bestellung zum Reichstagsabgeordneten als Großindustrieller mit Kriegsbeginn zum Wehrwirtschaftsführer Süd-Ost avancierte.[5]

Wie im Vorwort zum Geschäftsbericht des Jahres 1938 bejubelt, war bereits einige Wochen nach dem ‚Anschluss' „der Unstern des Beschäftigungsmangels" verschwunden und es herrschte durch „ein sprunghaftes Emporschnellen des Bedarfes an unseren Erzeugnissen" anhaltende Vollbeschäftigung in beiden Werken. Was die Wende am Arbeitsmarkt in der Eisen erzeugenden und verarbeitenden Industrie politisch feiern ließ, „aus nationaler Pflicht" die Preise dem niedrigeren Niveau des ‚Altreichs' anzupassen, bedeutete in Bezug auf Arbeitsleistung und betriebswirtschaftliches Ergebnis improvisieren und aus den Betrieben herauszuholen, „was an Erzeugung und Ersparnis herauszuholen war".[6] Investitionen in Erneuerungen, wie das bereits in Auftrag gegebene Feinblechwalzwerk und andere technische Einrichtungen, sollten im Rahmen einer generellen Wirtschafts- und Verkehrsplanung durch Förderkonzepte der Reichsbehörden ab Herbst 1938 ermöglicht, Kreditmittel der Deutschen Industrie- und Handelsbank über die Creditanstalt bereitgestellt werden. Dabei waren in der rüstungswirtschaftlichen Produktionsplanung kleinere Unternehmen wegen ihrer größeren Flexibilität für die Herstellung von Spezialgütern vorgesehen, für die Massenstahlerzeugung die in Linz zu errichtende Hütte der Reichswerke AG Hermann Göring.

Die Weichenstellung für die weitere Entwicklung und Neuorganisation der Rottenmanner Eisenwerke sollte zunächst aber die großdeutsche Verkehrsplanung bestimmen, im Besonderen die Trassierung der Autobahn Salzburg-Graz durch das Paltental, wodurch der ohnehin wegen der Talenge suboptimale Werksstandort Rottenmann aufgegeben werden musste. Vorerst lief die Produktion weiter, auch am Standort Wasendorf, wo die Schmid-Gruppe ihre ehemaligen Werksanlagen nutzen konnte, obwohl die Liegenschaften 1937 ins Eigentum der Alpine Montan, aber mit deren Einbindung in die Reichswerke AG Hermann Göring Linz in Reichsbesitz übergegangen waren. Zugleich wurde in der Eingliederungsphase in den großdeutschen Wirtschaftsraum mit den Reichsstellen eine den planwirtschaftlichen Erfordernissen beschleunigter Aufrüstung angepasste Neukonzeption des Familienunternehmens Schmid-Schmidsfelden erarbeitet, die bis Juli 1939 abgeschlossen war. Unter Beibehaltung der getrennten, nun auf Rottenmann und Wasendorf aufgeteilten Produktionsbereiche sollten Hütten- und Walzwerk entsprechend der industriepolitischen Raumplanung für die ‚Ostmark' an 2 anderen Standorten neu errichtet werden. Aufgrund der für die Aufrüstung unverzichtbaren Kapazitäten wurden bis zu deren Fertigstellung und Inbetriebnahme die beiden bestehenden Betriebe weitergeführt, wodurch dem Unternehmen in der Übergangsphase bis zu 4 Produktionsstätten zur Verfügung standen.[7]

Liezen und Linz als die beiden neu zu errichtenden Standorte der Rottenmanner Eisenwerke AG wurden einerseits nach verkehrsgeografischen und transportlogistischen Kriterien, andererseits in Bezug auf nahe gelegene Rohstoffquellen bzw. Vormaterialversorgung definiert – für den Hüttenbetrieb in Liezen war die Nähe zum Erzberg, für das Blechwalzwerk waren die angrenzenden Hermann Göring-Werke ausschlaggebend. Während in Liezen das Stahlwerk samt Gießerei- und Schmiedetechnik sowie Werkstätten zur Gussfertigbearbeitung umgehend und zugleich mit der Siedlung für die Werksangehörigen in Bau und unter dem Firmenwortlaut Schmidhütte Liezen, Schmid & Co. KG 1941 in Betrieb ging, wurde Linz trotz bereits laufender Planungen als zweiter Standort problematisch. Die Lage der Walzwerksanlage zwischen der bereits in Bau befindlichen Reichswerke AG Hermann Göring und den Ostmärkischen Stickstoffwerken ließ angeblich wegen der übermächtigen Konkurrenz des staatlichen Rüstungskonzerns das Projekt abbrechen, zu dem auch die „Siedlung für die Gefolgschaft der Rottenmanner Eisenwerke in Linz" am anderen Donauufer in Steyregg gehörte, deren Lageplan das einzige erhaltene Planungsdokument des Walzwerkprojekts sein dürfte.[8] Die weitere Standortwahl war von weitreichenden Raumplanungsszenarien geleitet, welche Industrieansiedlung mit dem Ausbau des zur Güterverfrachtung kostengünstigen Wasserwegs verbanden. Insofern bot für den künftigen Zulieferbetrieb der in Aufbau begriffenen Rüstungsbetriebe der Luftwaffe im Raum südlich von Wien, für die die Rottenmanner Eisenwerke AG in Spezialfertigung ‚Fliegerbleche' herstellte, Krems an der Donau ideale Bedingungen. Neben Bahnanschluss und in Bau befindlichem Hafen spielten bei der Standortfestlegung ehrgeizige Lokalpolitiker im zur Gauhauptstadt aufgestiegenen Ort ebenfalls keine unwesentliche Rolle. Eine Betriebsansiedlung von rüstungspolitischer Bedeutung kam den Ambitionen des Oberbürgermeisters gelegen, um zusätzlich zu den städtebaulichen Umgestaltungsplänen zu ‚Groß-Krems' mit dem Prestige des Orts das eigene aufzuwerten und zu unterstreichen. Somit konnte die Unternehmensleitung für die Errichtung von Werk und ‚Gefolgschaftssiedlung' mit Entgegenkommen bei Grund- und Baufragen rechnen, die Bündelung von politischem Ehrgeiz und wirtschaftlichen Interessen als erfolgreiche Strategie aufgehen.

Die zeitlich verschobene Errichtung des Kremser Werks, an dem ab 1940 mit überwiegendem Einsatz von Kriegsgefangenen zunächst mit dem Bau des Walzwerks begonnen wurde, war nicht nur dem unvorhergesehenen Standortwechsel geschuldet. Produktionstechnisch bedingte die infolge der Kriegsentwicklung ungeklärte Versorgungsfrage mit Vormaterial den zusätzlichen Bau eines Stahlwerks, dessen Baubewilligung die Reichsplanungsstelle aber zunächst verweigerten. Bis zur Erteilung von Rüstungsaufträgen auf Friedensproduktion ausgelegt, konnte Krems nicht von Linz und von Liezen nur bedingt, weil deren Kapazitäten ausschließlich für die Rüstungsproduktion bestimmt waren, Rohstahl beziehen. Bald kriegsbedingte Notwendigkeit, konnte die Errichtung des Stahlwerks mangels Eigenkapital nur durch Vorfinanzierung der Wehrmacht erfolgen sowie durch günstige Investitionskredite und Reichszuschüsse wie durch Reichsgarantien zur Abdeckung kriegsbedingter Ausfälle. Als Vereinbarung mit der Wehrmacht galt, dass für Rüstungsaufträge erforderliche, aber auch für sonstige Fertigung nutzbare Werkseinrichtungen nach 3 Jahren als betriebssichernde Investitionen in das Eigentum des Unternehmens übergehen, wofür umgekehrt die Wehrmacht 50% des Gewinns erhielt.

Die Unternehmensform der Rottenmanner Eisenwerke blieb nach 1938 zunächst eine Aktiengesellschaft und wurde 1940, nach Übernahme der Anteile in Familienbesitz, in die Rottenmanner Eisenwerke, Schmid & Co. KG umgewandelt. Als Komplementäre fungierten Ing. Walter und DI August Schmid-Schmidsfelden sowie das in das Familiensyndikat eingeheiratete Vorstandsmitglied Anton Schnitzer,[9] als Kommanditisten deren Frauen und der mj. Walther Schmid-Schmidsfelden. Firmensitz blieb Wien mit der an den Parkring übersiedelten Generaldirektion, von wo das bis 1942 aus 4 Betrieben, dann aus den 2 neuen, schließlich gleichlautend Schmidhütte benannten Werken in Liezen und Krems bestehende Unternehmen zentral geleitet wurde. Nach wechselhafter und komplexer Umgestaltung und Konsolidierung zeigte die bereinigte Unternehmensstruktur 2 eigenständige Betriebe im Besitz der Familie Schmid-Schmidsfelden unter einem gemeinsamen Dach. Der alte Standort Rottenmann wurde mit Schmid'scher Beteiligung als Paltenstahlindustrie Ges. m. b. H. ausgegliedert, Wasendorf stillgelegt. Die Belegschaftsan-

>
Baustelle Walzwerk / 1940/41

>>>
Baustelle Stahlwerk sowie anderer Anlagen / 1942/43

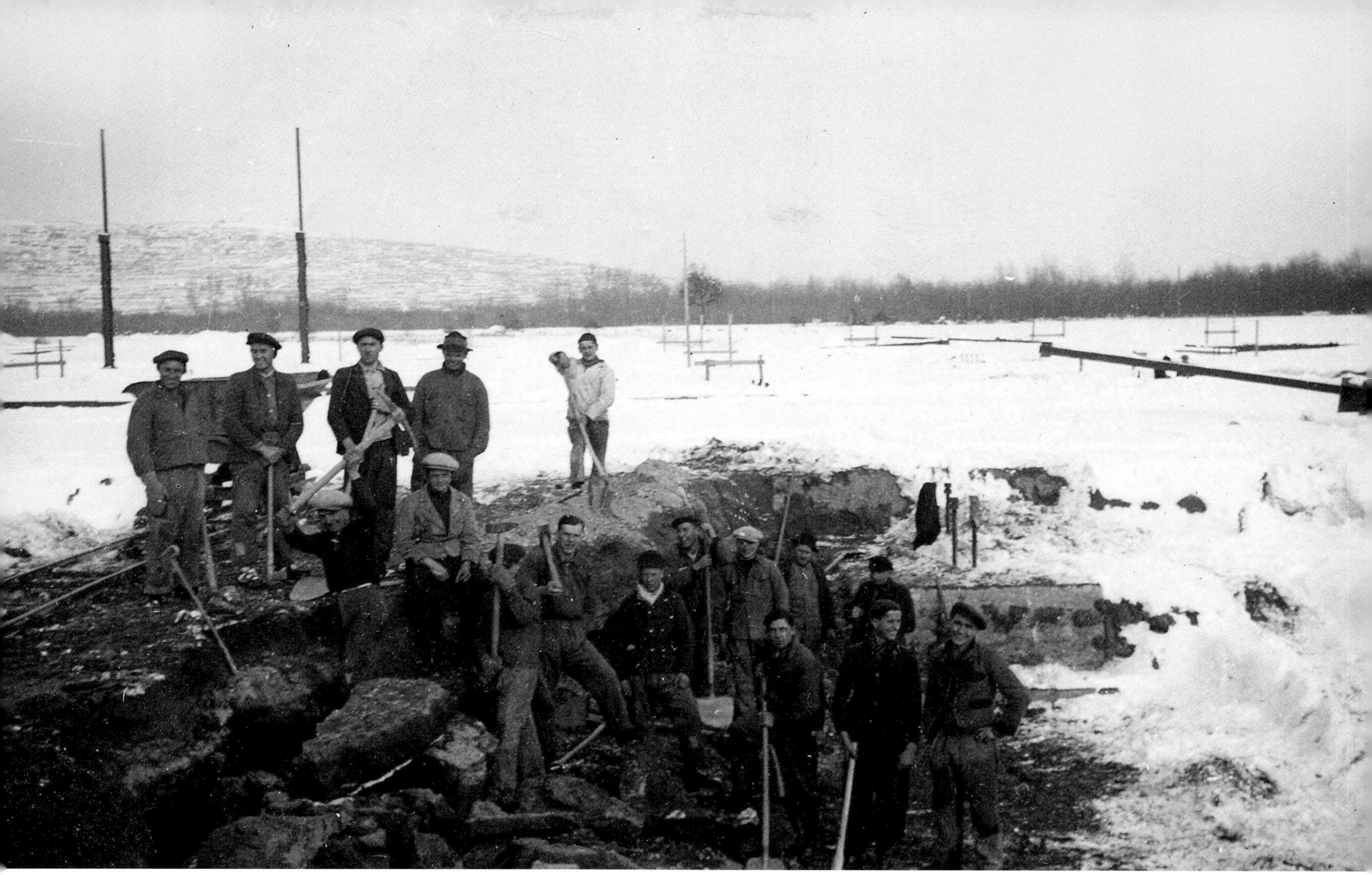

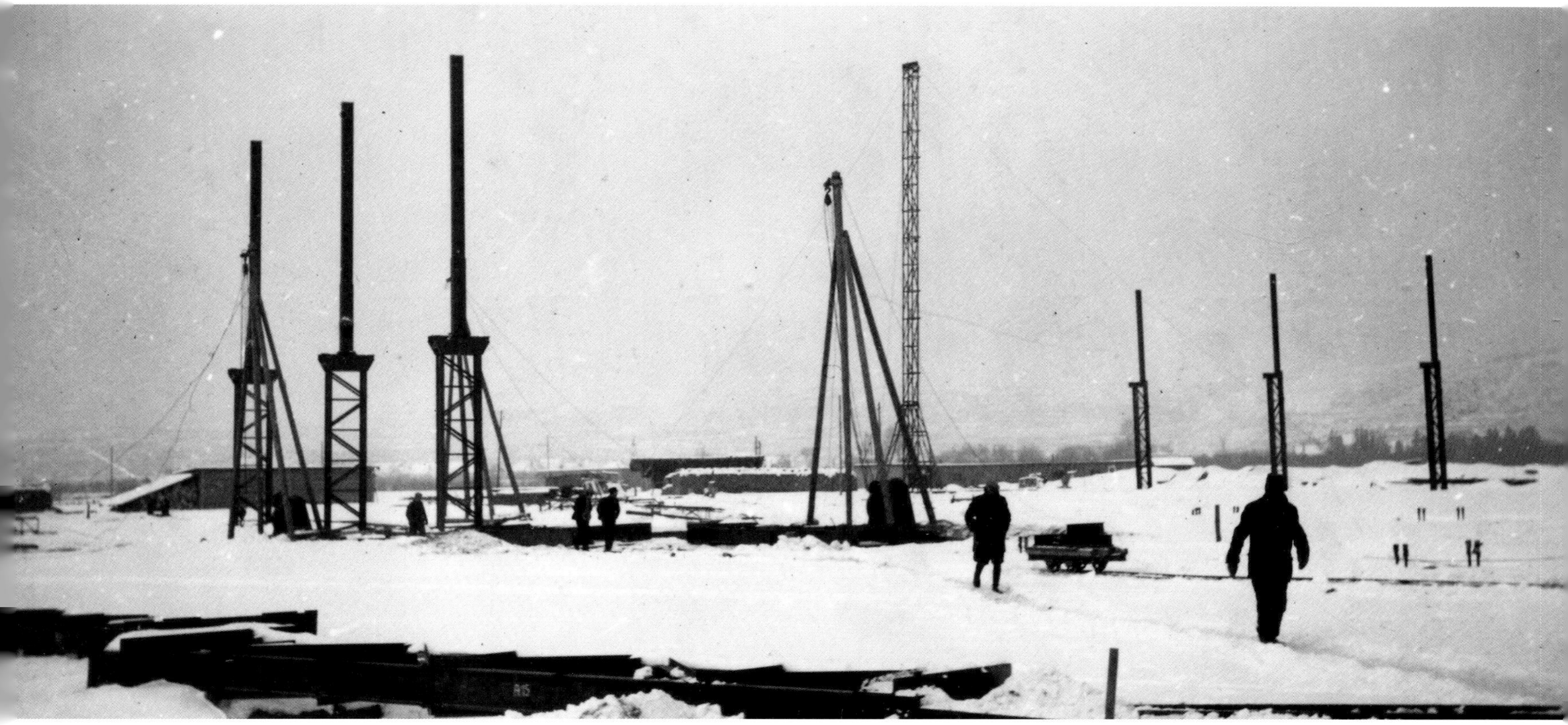

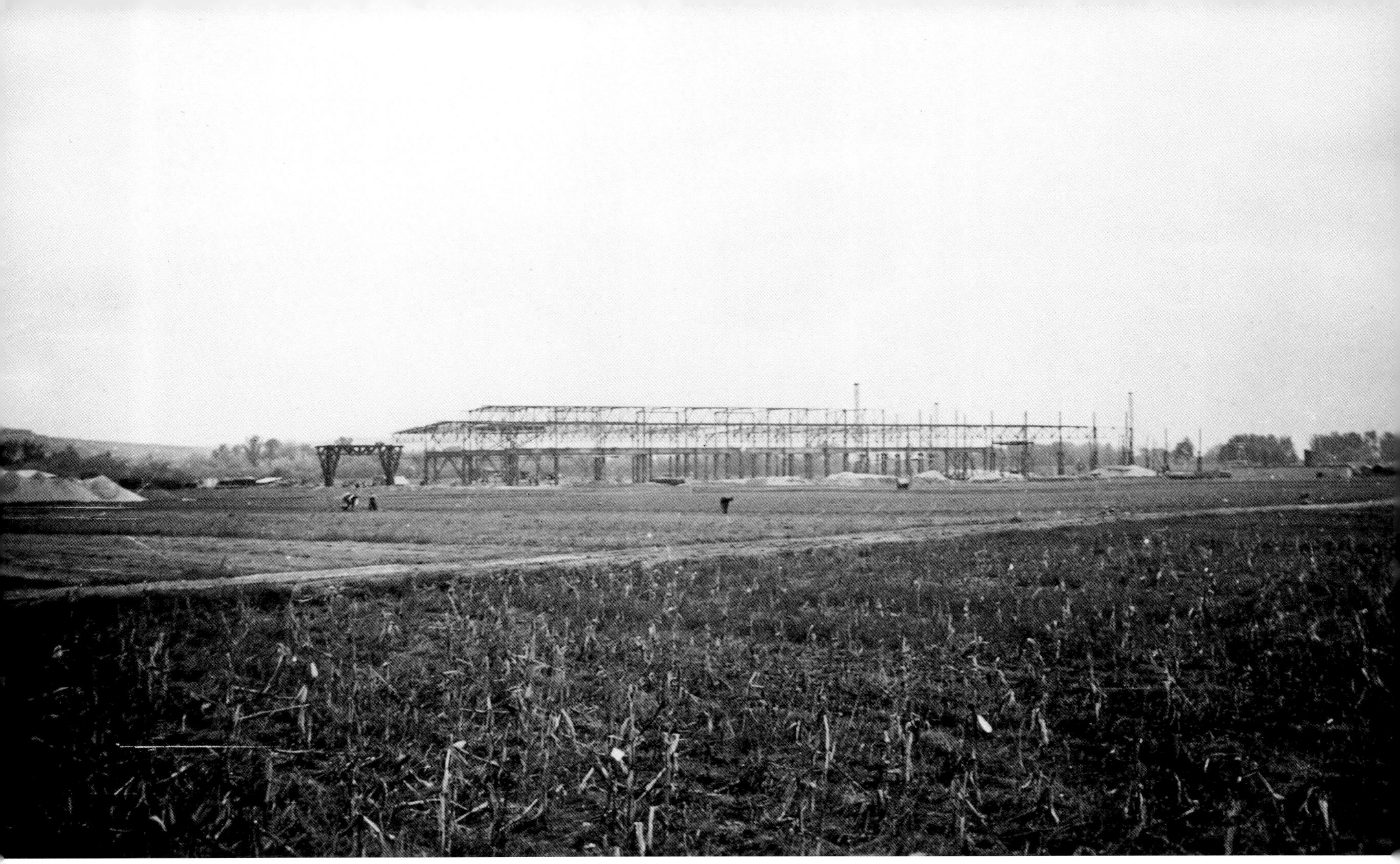

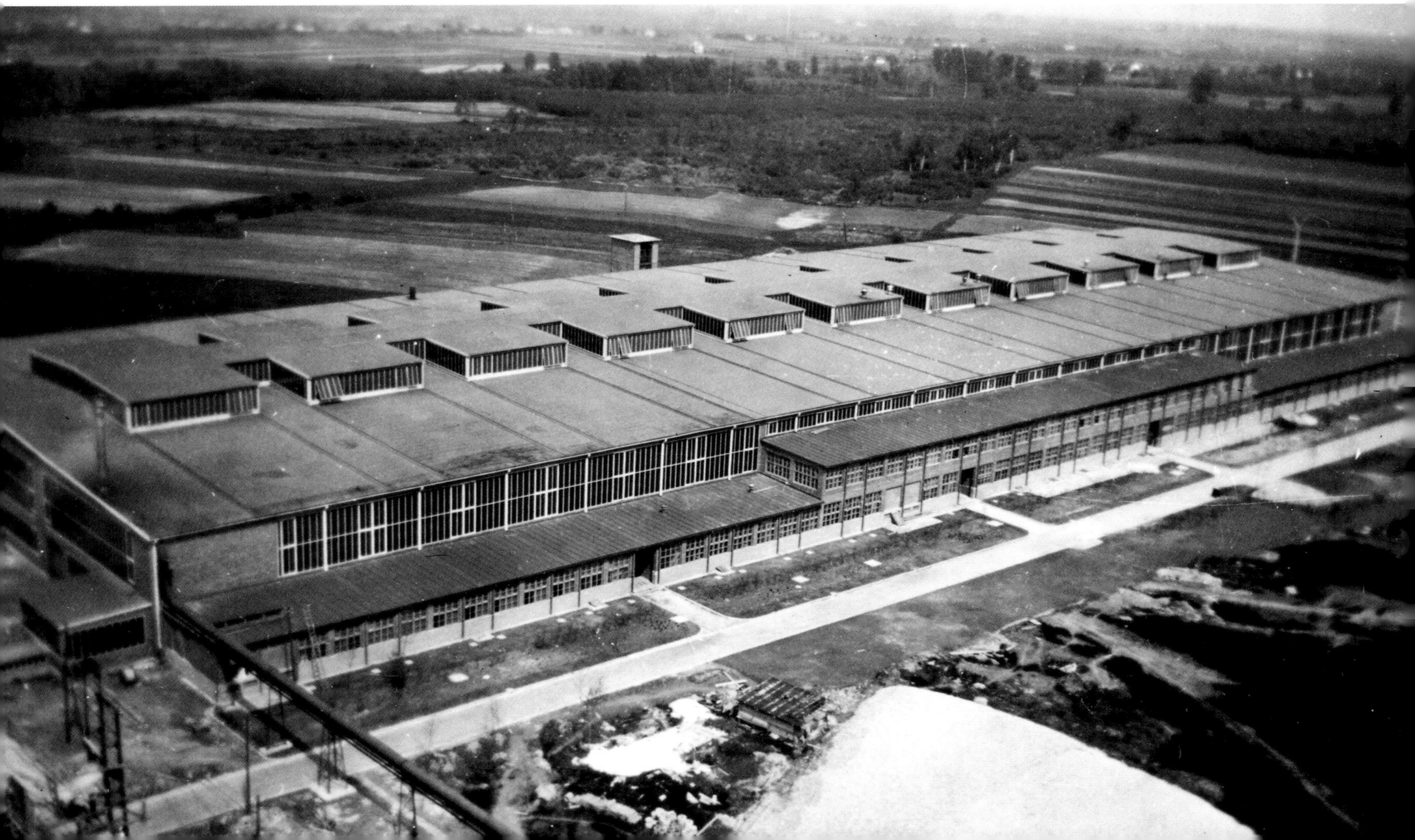

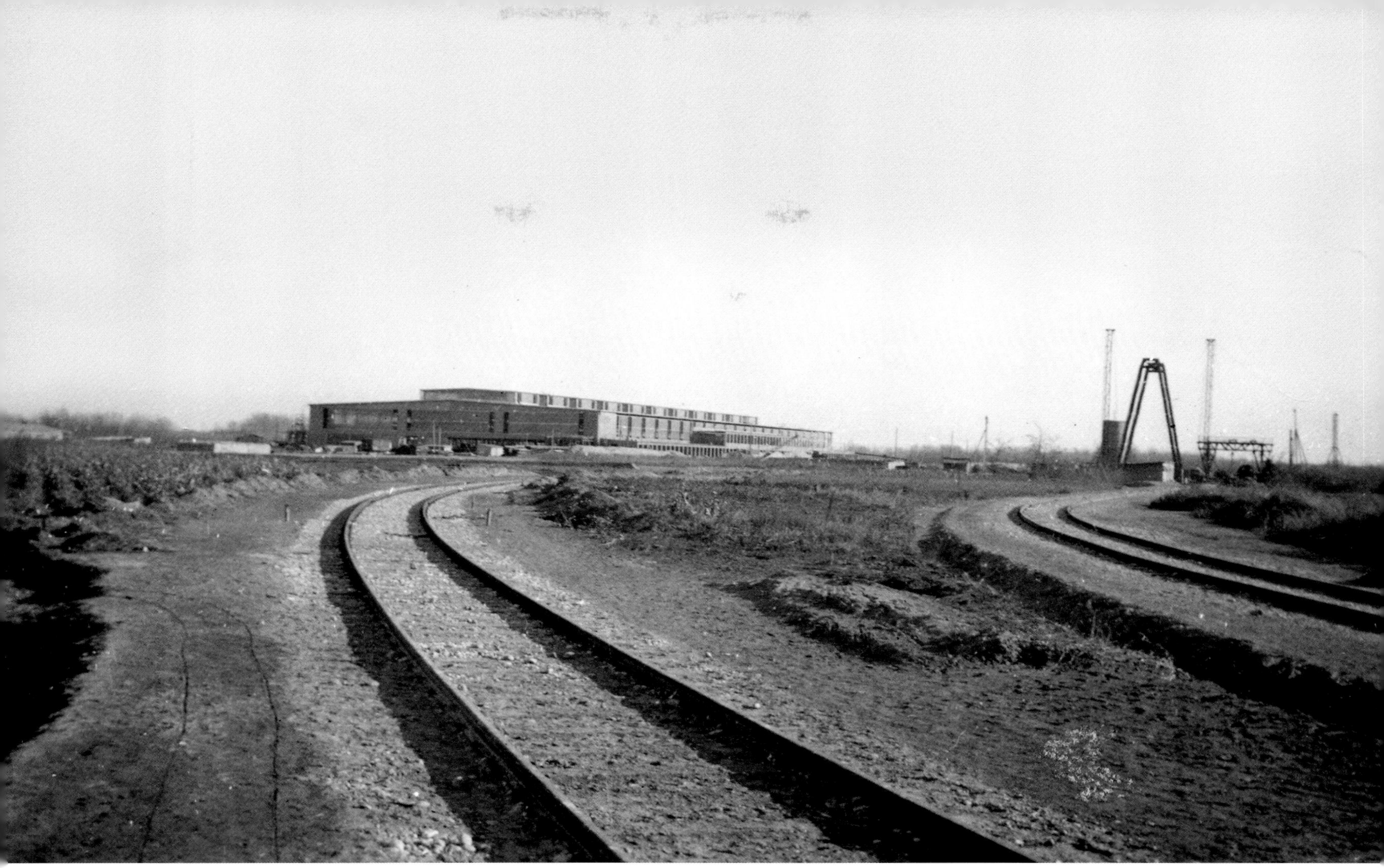

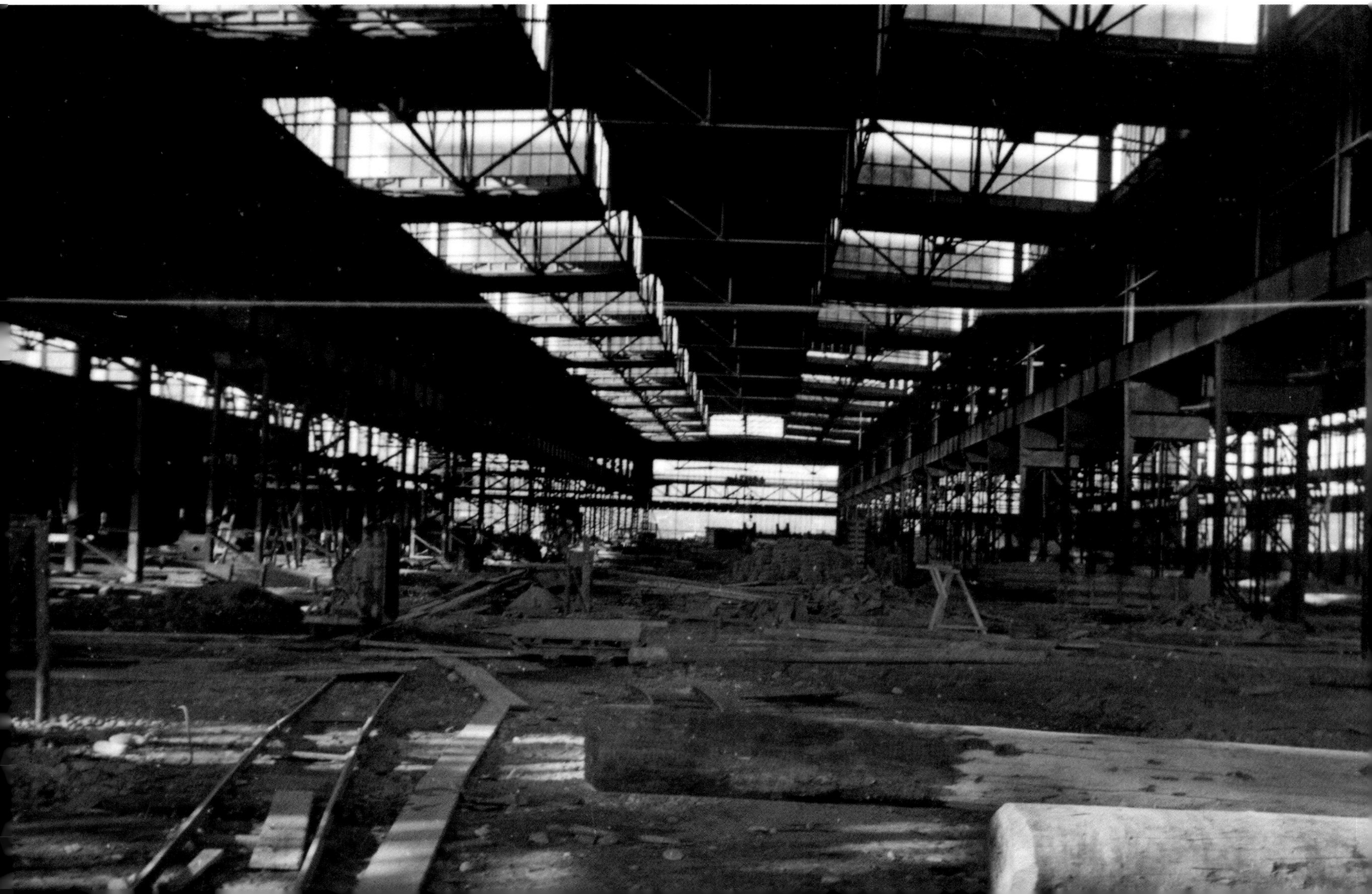

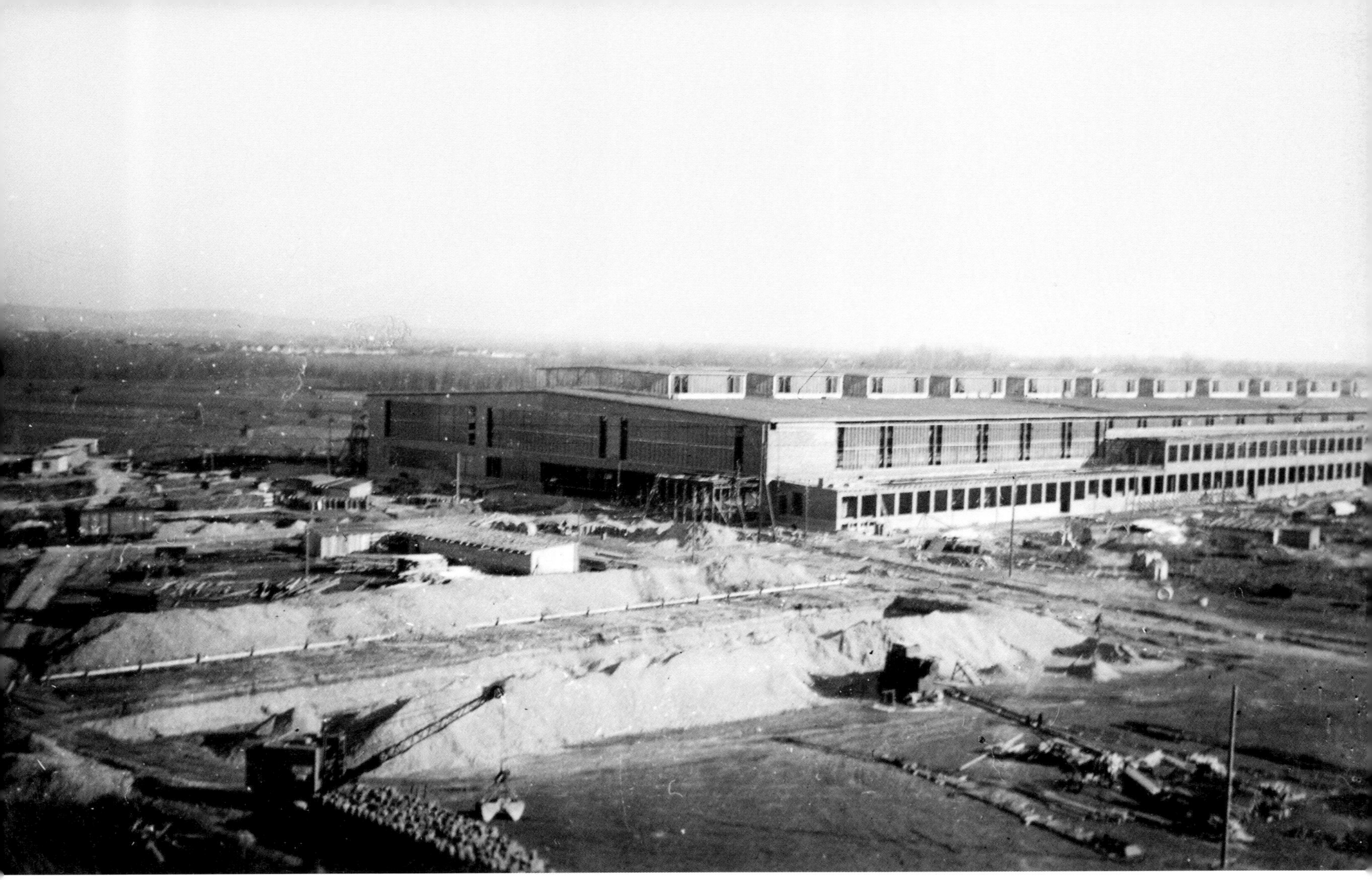

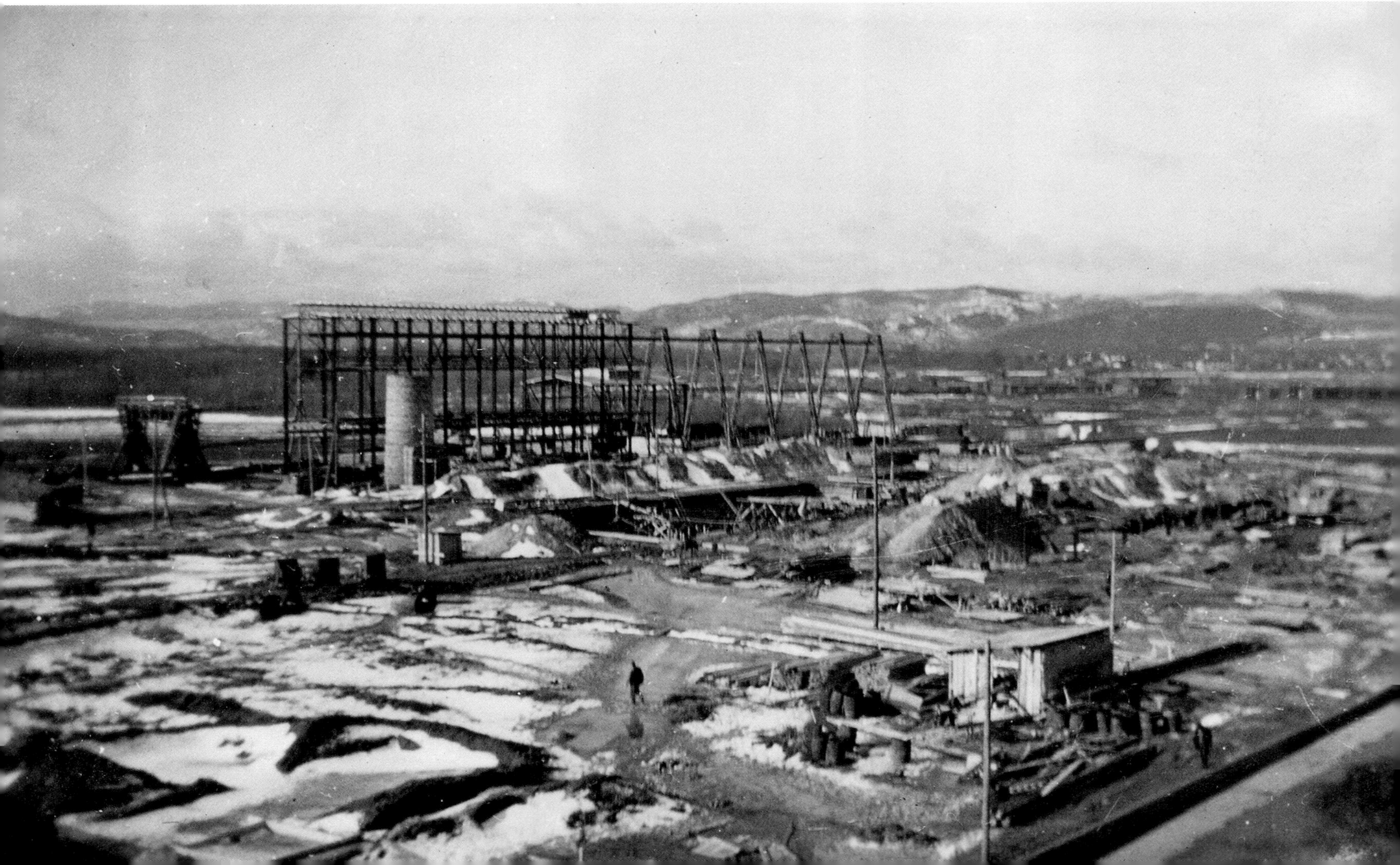

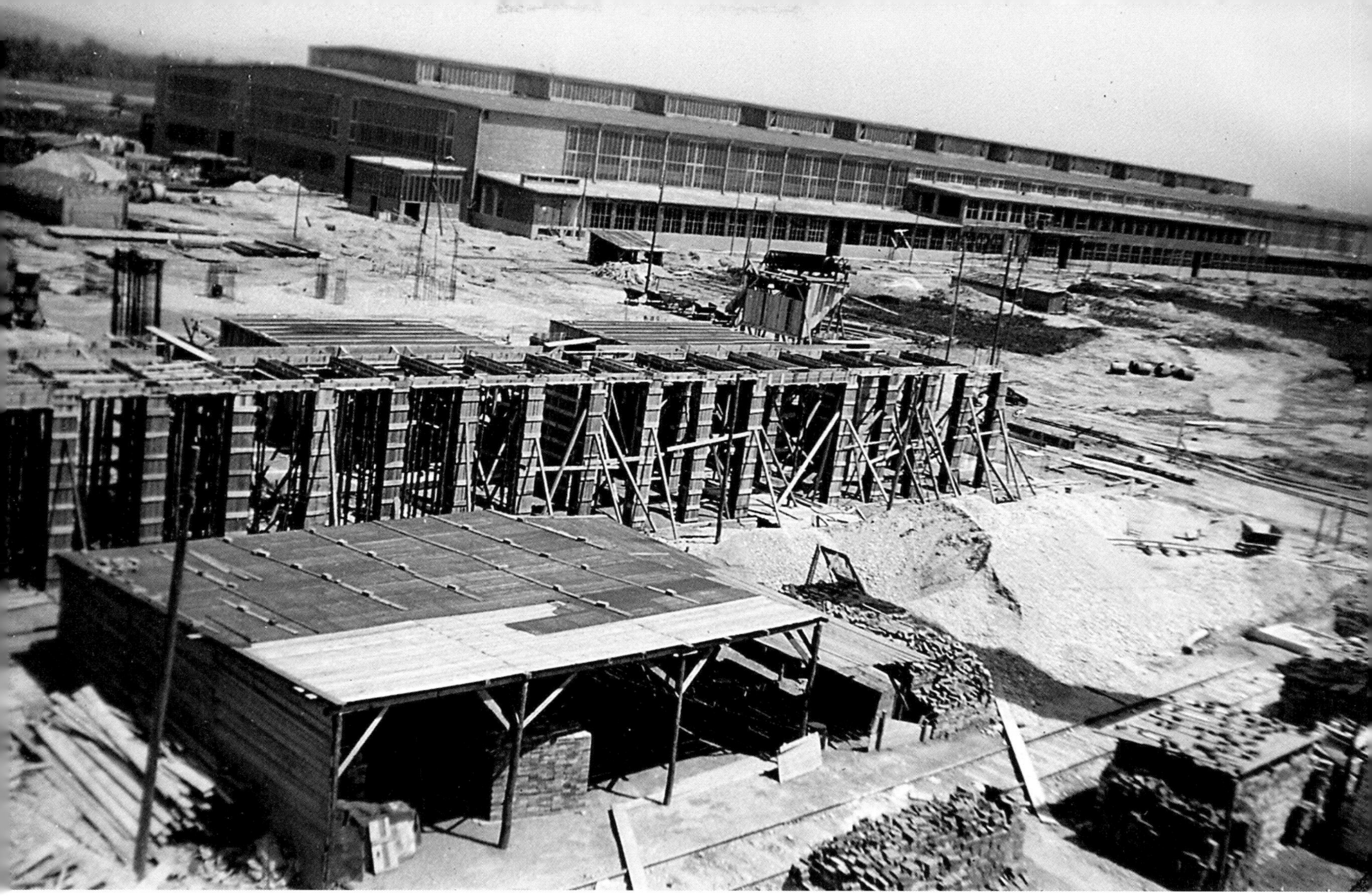

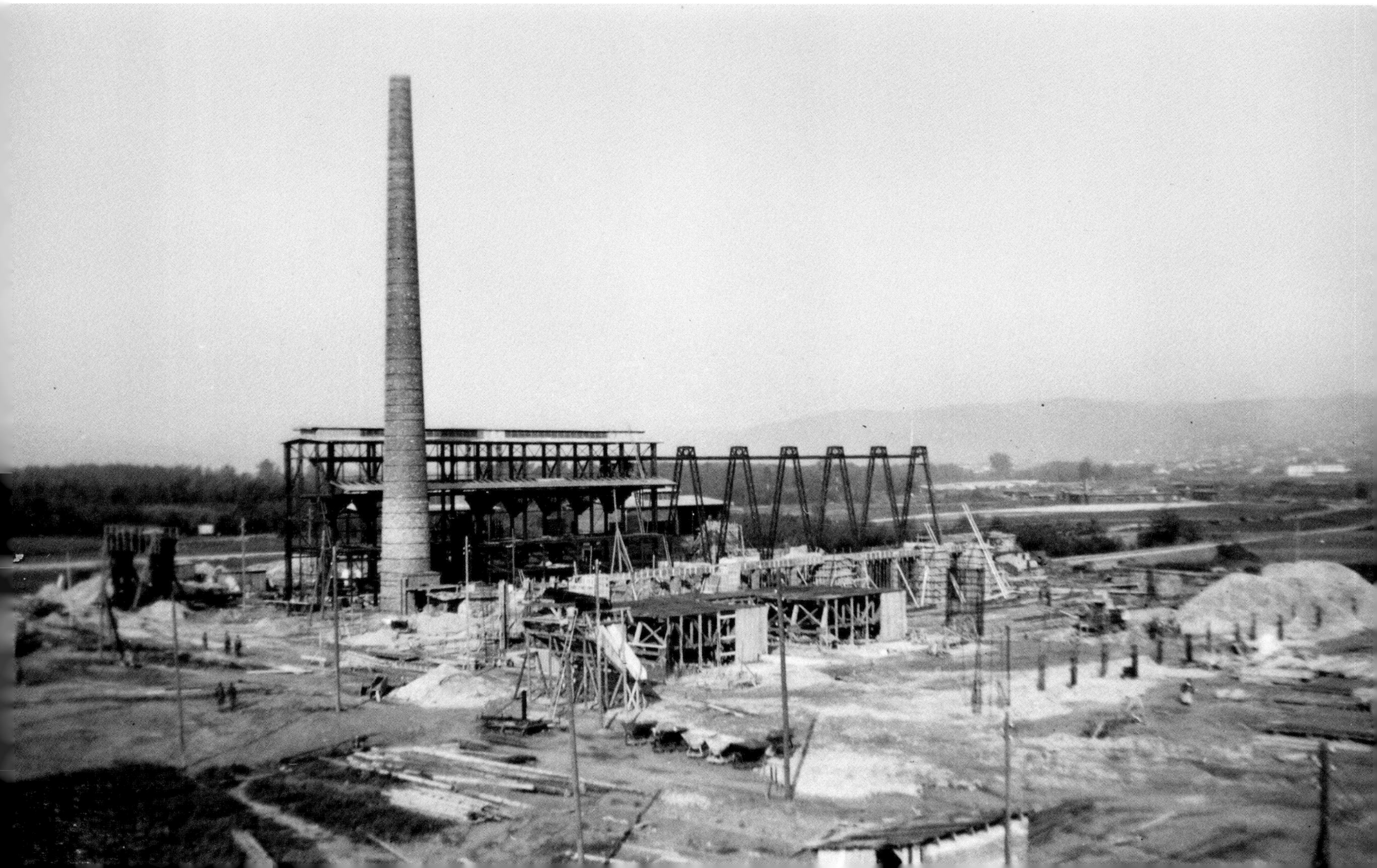

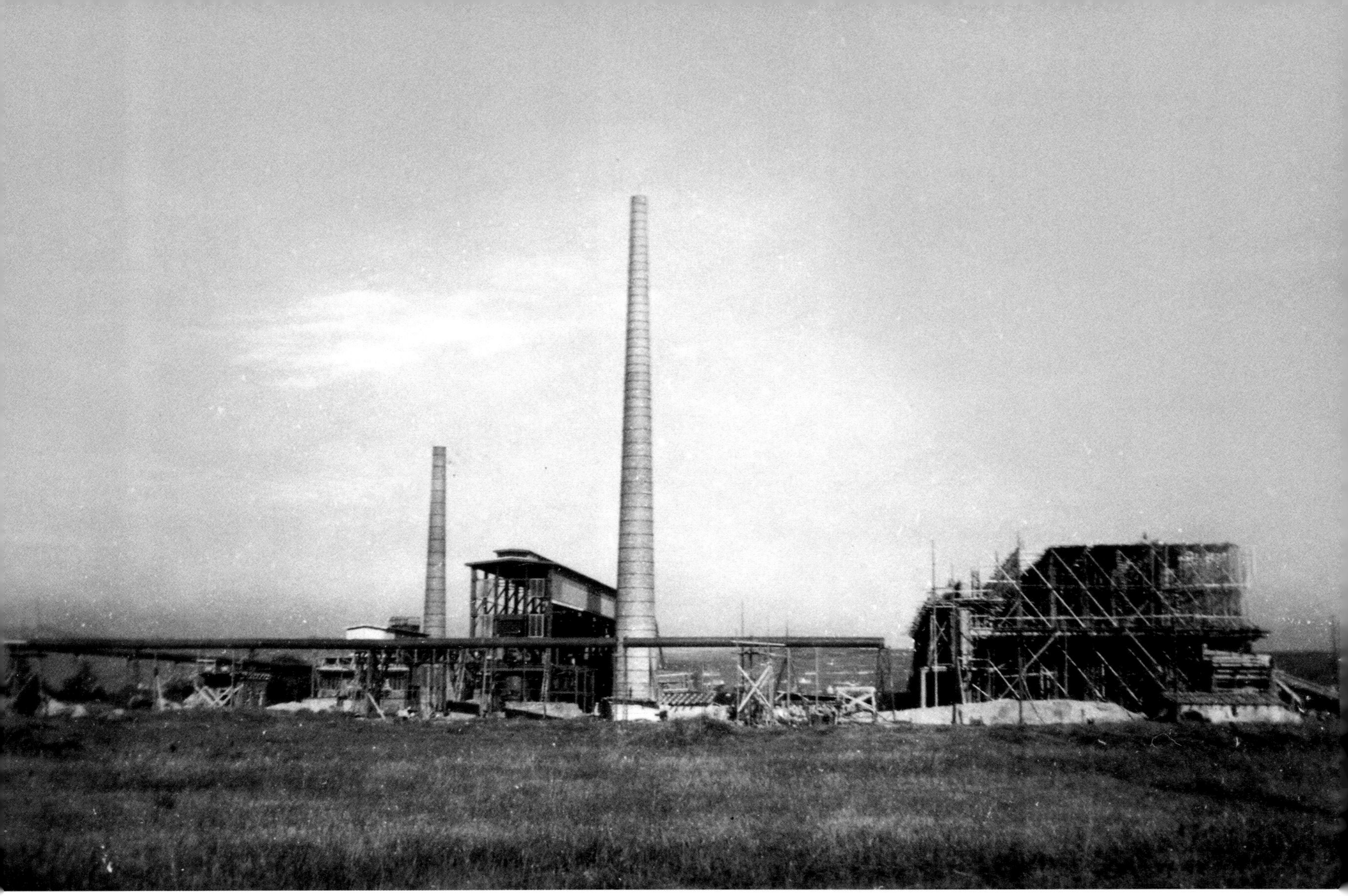

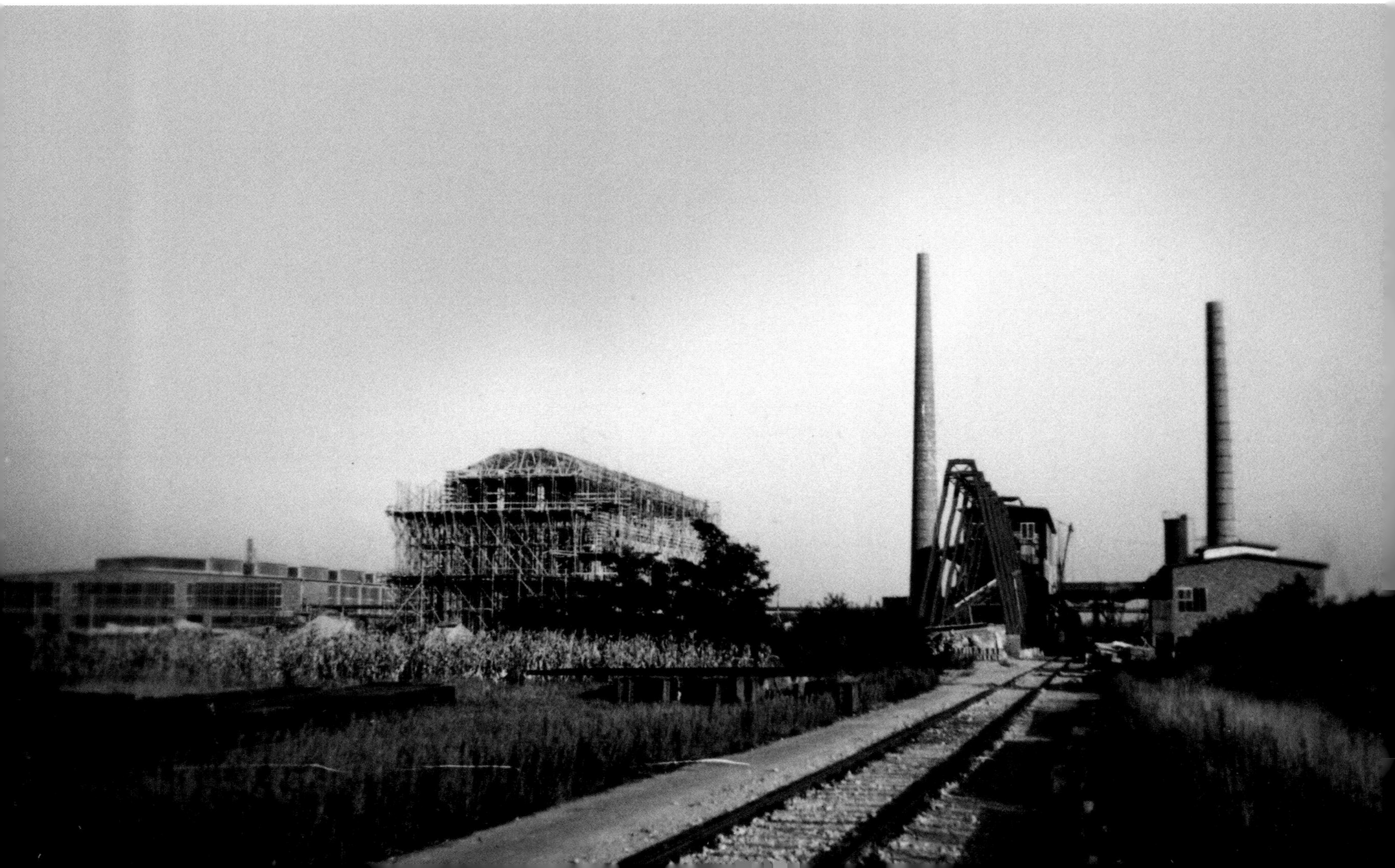

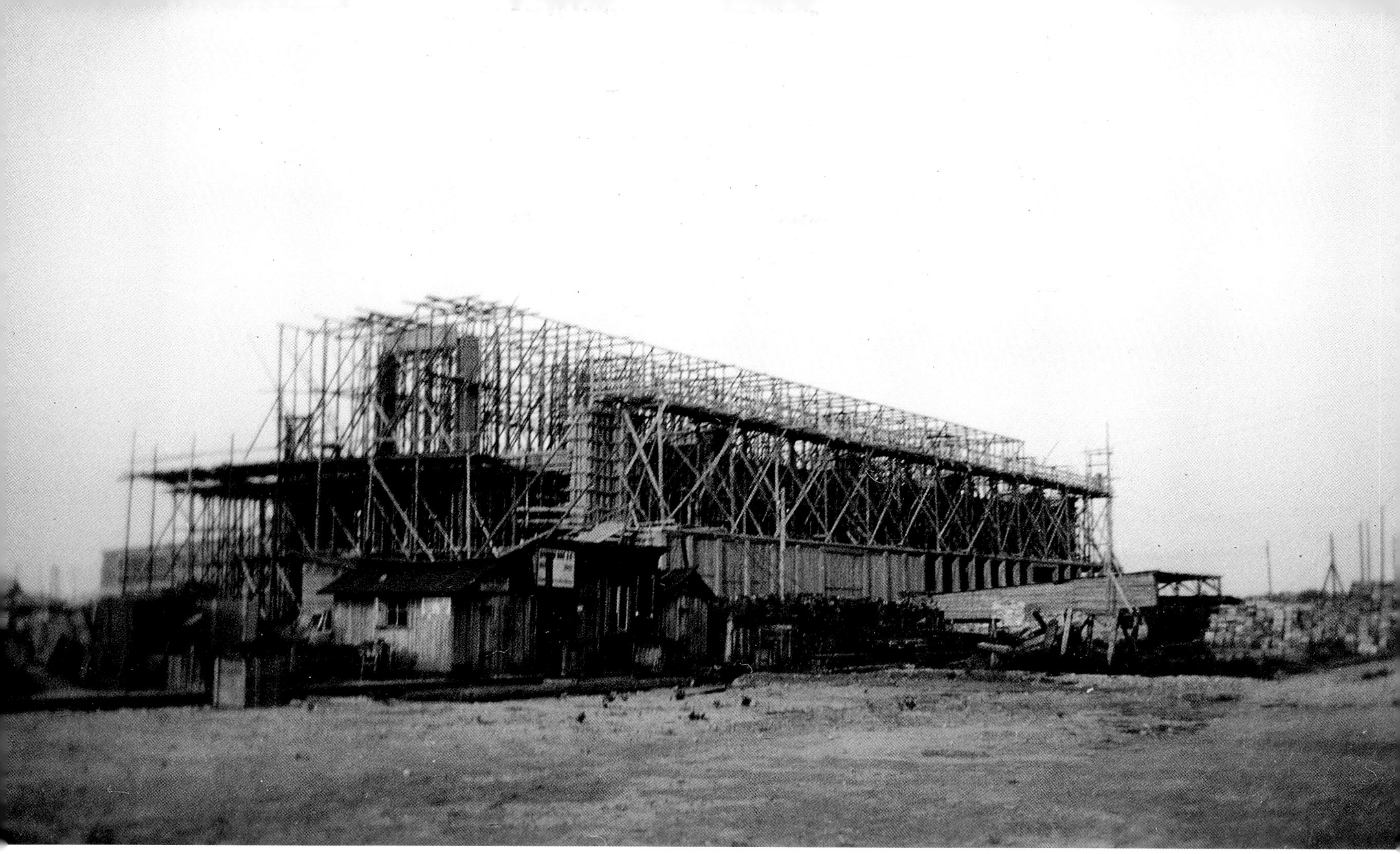

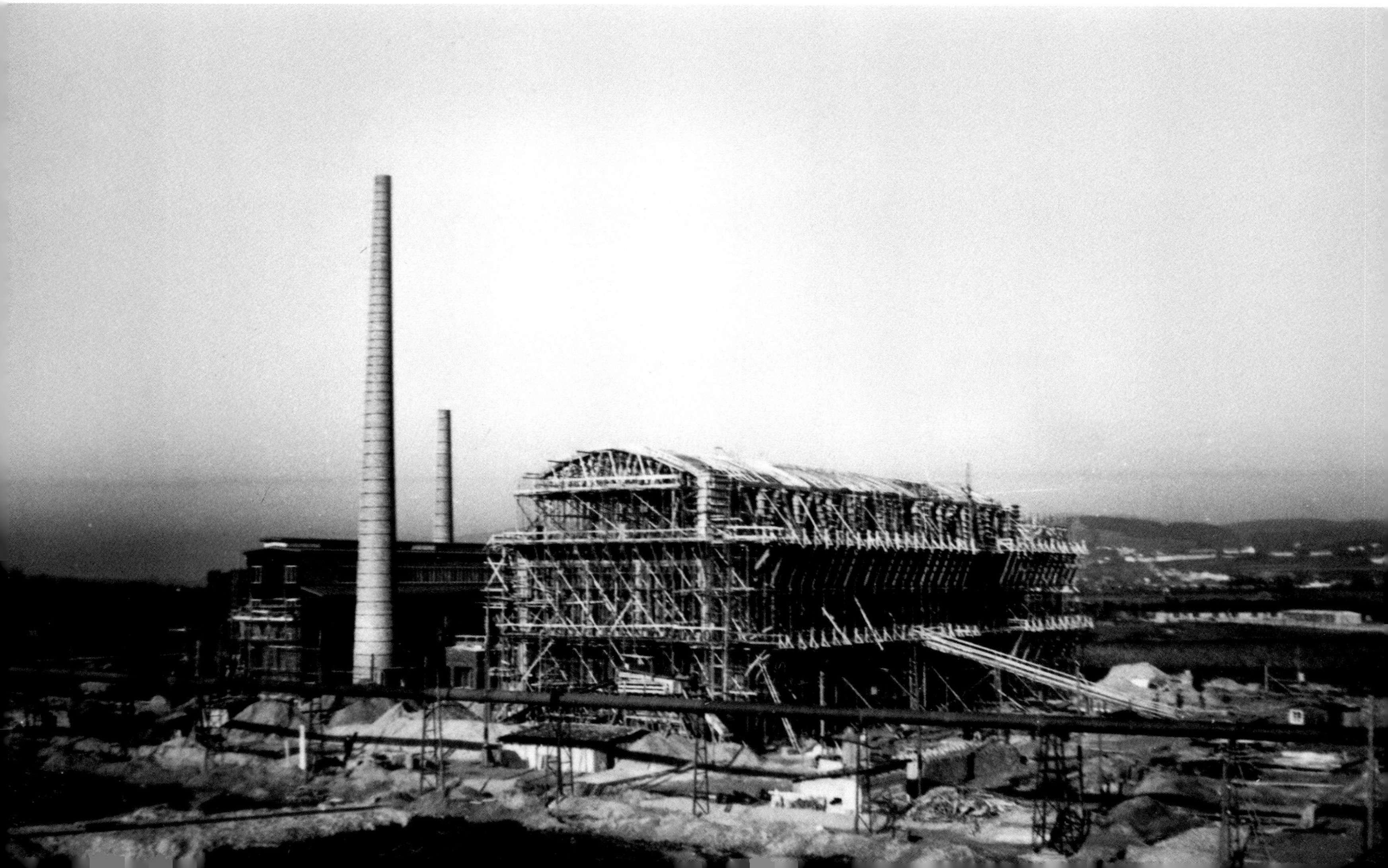

gehörigen waren großteils zur Übersiedlung nach Krems bereit, wohin 1940 eine erste Gruppe zur Mitarbeit am Bau des Werks überstellt und in einem Barackenlager untergebracht wurde; sukzessive folgten weitere Werksangehörige. Als nach Anlaufen des Probebetriebs im neuen Feinblechwalzwerk Ende 1941 und mit Fertigstellung des Stahlwerks Anfang 1943 der Vollbetrieb aufgenommen wurde, war auch der Bau der Werkssiedlung so weit fortgeschritten, dass der Nachzug der Familien erfolgen konnte.

Die Gesamtplanung von Werk und Werkssiedlung Krems war wie schon in Liezen dem Wiener Architekturbüro Ing. Dr. K. Klaudy – Ing. G. Lippert > Architekten / Künstler 397 anvertraut, deren seit 1934 bestehende Arbeitsgemeinschaft zunächst vorwiegend für kirchliche Auftraggeber, ab 1938 aber nahezu ausschließlich für die NS-Rüstungsindustrie tätig war, vornehmlich in der ‚Ostmark' und im ‚Sudetengau'. Nach Abbruch des zunächst für Linz begonnenen Planungsprozesses wurden die Entwürfe für das Areal in der Kremser Au, in ummittelbarer Nähe zum bereits in Bau befindlichen Hafen, angepasst oder neu erstellt. Wenn auch keine Planungs- und Bauunterlagen verfügbar sind, ein Lokalaugenschein auf dem Gelände des seit 1963 zum VOEST-Konzern gehörenden Werks zeigt vor allem die beiden markanten und wenig veränderten Hallenbauten des lang gestreckten Walzwerks und des als hoher Kubus formulierten Stahlwerks. Bei insgesamt 166.000 m² verbauter Fläche entfallen auf die 3-schiffige, 90 x 230 m messende Walzwerkshalle samt Anbauten 24.000 m², auf das Stahlwerk 3000 m². Die standardisierten Stahlskelett- und Eisenbetonkonstruktionen zeichnet eine nüchtern-funktionale Industriearchitektur aus, die zugleich eindrücklich die ihre Sachlichkeit überformenden Vorgaben des Amts Schönheit der Arbeit erfüllt zeigt: Außen mit Klinker verkleidet, sollten konstruktionsverschleiernd Beton- als Ziegelbauten ausgegeben werden; unabdingbar wurde, wenn auch sehr flach gehalten, dem Stahlwerk ein Satteldach aufgesetzt. Trotz nur marginal erhaltener oder nicht erschließbarer Planungsunterlagen wie der nachträglich von leitenden Angestellten verfassten Chronik des Unternehmens, deren Quellenmaterial, so angeführt, nicht mehr verfügbar ist,[10] erlaubt die fotografische Dokumentation der Bauphasen, die einer der aus der Steiermark zum Bau in Krems abgestellten Werksangehörigen als Hobbyfotograf laufend festgehalten hat, aufschlussreiche Einsicht in das Baugeschehen von Industrieanlage und Werkssiedlung. Abgesehen von den Architekturaufnahmen, die mit ungewöhnlichen, der Vertrautheit mit dem Medium wie der Baustelle geschuldeten Perspektiven beeindrucken und die eigene Partizipation am Baufortschritt dokumentieren mögen, wird mit dem Foto von der eigenen Unterkunft auch das Barackendorf ins Bild gerückt, das, unter anderen Bedingungen, auch Quartier für Kriegsgefangene und Zwangsarbeiter war, die in Schnappschüssen vom Baustellenalltag mit Werkskollegen festgehalten wurden.[11]

Nach Rodungs- und Planierungsarbeiten im Augebiet sowie Gleisverlegungen für eine Feldbahn zum Materialtransport durch Kremser SA-Pioniere begannen auf dem 40 ha großen Bauareal ab 4.1.1940 die Bau- und Montagearbeiten am Walzwerk, die unter Leitung von DI Schneider von der Firma Karl Heuck aus Stettin als Generalunternehmer, der auch für die Maschinenplanung verantwortlich zeichnete, durchgeführt wurden; Stahlkonstruktion und Kranbau waren an die österreichischen Unternehmen Waagner-

‚Barackendorf'
Bauarbeiter- sowie
Kriegsgefangenen- und
‚Ostarbeiter'-Lager
der Baustellen
Rottenmanner und
Hafen Krems /
1940-1943

Stahlwerks- und
Walzwerkshalle /
2008

Biro und Simmering-Graz-Paucker vergeben worden. Die Bauausführung von Walzwerk, Stahlwerk, Energieversorgungsanlage mit Gasgenerator und Kesselhaus sowie 2 über 50 m hohen Schornsteinen war überwiegend Facharbeitern aus dem ‚Altreich' anvertraut, Poliere und Monteure meist fortgeschrittenen Alters,[12] unter deren Aufsicht „Bauarbeiter aus verschiedenen Gauen unseres Reiches" sowie die als Bauhilfsarbeiter eingesetzten Belegschaftsangehörigen aus der Steiermark arbeiteten,[13] vor allem aber, und an Zahl deren Einziehung zur Wehrmacht korrespondierend, Kriegsgefangene aus dem in nächster Nähe gelegenen Stalag XVII B bei Gneixendorf. > Barackenbauten 291 ‚Arbeitskommandos', vorwiegend und alternierend Franzosen, Belgier, Serben, Polen, Russen sowie italienische Militärinternierte, kamen zuerst bei der Errichtung des Werks und dann in der Produktion zum Einsatz. Als Unterkunft diente ein außerhalb des Werksgeländes, neben dem Gleis der Feldbahn errichtetes Gemeinschaftslager, das mit Rottermanner Lager [sic!] und Steinhagel-Lager die an den beiden Großbaustellen – neben dem Industriebetrieb des Donauhafens Krems – beschäftigten Männer beherbergte; separiert auf der anderen Seite des Gleises in einem dritten und laufend erweiterten Barackenlager wurden in der Ukraine rekrutierte ZwangsarbeiterInnen, sogenannte ‚OstarbeiterInnen', die vor allem ab Ende 1941 in der Produktion arbeiteten, einquartiert. Das Rottermanner Lager bestand neben einer Wirtschaftsbaracke mit Speisesaal sowie Lager- und Waschräumen aus 3 Mannschaftsbaracken mit jeweils 2 Stuben für je 20 Personen. Eine Baracke war Facharbeitern der Firma Heuck zugeteilt, eine den als Bauhilfsarbeiter eingesetzten steirischen Werksangehörigen sowie eine, mit Stacheldraht gesichert, für kriegsgefangene Franzosen und Belgier. Ab 1941 gehörten auch russische Kriegsgefangener zu den von Gneixendorf überstellten ‚Arbeitskommandos', die nicht im Barackendorf sondern auf der Baustelle in festen Unterkünften unter strenger Bewachung gehalten wurden; in der rassenideologischen Nationenhierarchie auf unterster Stufe und von den völkerrechtlichen Ansprüchen nach der Genfer Konvention ausgeschlossen, wurden sie im anlaufenden Betrieb des Walzwerks zu den schwersten und niedrigsten Arbeiten herangezogen.

Hatte das Walzwerk ab Herbst 1941 sukzessive den Probebetrieb aufgenommen, wurde das Stahlwerk mit dem 50 t Martin-Ofen bis Anfang 1943 fertiggestellt, sodass der Vollbetrieb mit einer offiziellen Feierstunde am 4.4.1943 begangen werden konnte: „Es präsentierte sich ein modernes, großes, schönes, wie aus einem Guss geschaffenes Werk und eine Wohnsiedlung, die sich sehen lassen konnten", schreibt der Chronist 1984 in nachempfundener Begeisterung. „Sicherlich schon vom Äußeren her ein imponierender Eindruck […] Und erst die Einrichtung, diese Ausstattung!" Ausgelegt war das Werk auf eine Jahreskapazität von etwa 42.000 t Spezialbleche – tatsächlich produziert wurden 14.000 t –,[14] mit einem Erfordernis an Vormaterial von 68.000 t, wovon 42.000 t aus eigener Produktion stammten und 26.000 t aus Liezen zugeliefert wurden. Die Elektrizitätsversorgung erfolgte von einer 60 kV-Überlandleitung über ein eigenes Umspannwerk mit Schaltanlage. Als Transportmittel im Werk und Anbindung an das öffentliche Bahnnetz dienten eine Schmalspurbahn und eine Schleppgleisanlage.[15] Die Werksleitung der Schmidhütte Krems hatte DI Wilhelm Leo inne, der bereits in der Styria in Wasendorf in leitender Funktion tätig war. Die etwa 1200 Männer und mit Kriegsdauer zunehmend Frauen umfassende Belegschaft setzte sich bis auf vom Kriegsdienst befreite Führungskräfte und ebenso unabkömmliche Facharbeiter, wie bereits beim Bau der Werksanlagen, überwiegend aus Kriegsgefangenen und Zwangsarbeitern zusammen.

Bevor am 9.5.1945 sowjetische Truppen Krems erreichten, hatten sich bereits vor dem 2.5., an dem ein Bombenangriff der Westalliierten den Bahnhof und die Eisenbahnbrücke über die Donau zerstörte – das Industriegebiet blieb intakt –, Werksleitung und eine Reihe von Facharbeiter mit ihren Familien mit der Bahn nach Liezen abgesetzt, wohin das aus betriebswichtigen Anlagenteilen bestehende Lähmungsgut wie auch ein Teil auf Lager liegender Bleche vor der sowjetischen Besatzungsmacht in Sicherheit gebracht wurden. Betriebsobmann Sepp Oberzaucher, zugleich Ortsgruppenführer von Krems-Rohrendorf, hatte die verbliebenen, zum Volkssturm eingezogenen Werksangehörigen zu einem letzten Appell mit Durchhalteparolen versammelt, bevor er sich ebenfalls vor der vom Süden übersetzenden Roten Armee nach Westen absetzte und die Donau in der Gegenrichtung mangels Bahnverbindung mit der Fähre in Spitz überquerte.

Die von Kriegseinwirkungen verschont gebliebenen Werksanlagen, die nach der Befreiung 1945 weniger durch Requirierungen der Besatzungsmacht als vielmehr durch Plünderungen von Zivilisten gelitten hatten, wurden Mitte Mai auf Initiative einer Gruppe zurückgekehrter Techniker um DI Kozeschnik, des späteren Werksverwalters,[16] und einer wachsenden Anzahl von Werksarbeitern, die sich wieder zum Dienst meldeten, gesichert, aufgeräumt und einer Inventur unterzogen. Eine aus ihren Reihen bestellte provisorische Verwaltung traf Vorbereitungen für eine Wiederinbetriebnahme des Walzwerks, wobei die finanzielle Lage – Kassastand, Bankguthaben und mutmaßliche Pensionsrücklagen von insgesamt RM 418.000 – sowie ein Lagerstand an fertigen Blechen im Wert von RM 310.000,[17] eine durchaus positive Einschätzung erlaubten, nicht zuletzt wegen des für den Start ausreichenden Vormaterials. In einem „Bericht über die Lage im Werk Krems" von Ende Mai 1945 wurde bei gewährter Hilfeleistung durch die sowjetische Besatzungsmacht, im Besonderen durch Freigabe beschlagnahmter Kohle, eine Produktionsaufnahme innerhalb weniger Wochen für möglich gehalten. Ein Engpass herrschte allerdings beim Personal; von erforderlichen 1200 Arbeitskräften für den Vollbetrieb, der zuvor überwiegend durch den Einsatz von Kriegsgefangenen und Zwangsarbeitern sichergestellt worden war, standen lediglich etwa 160 Männer und Frauen der alten Belegschaft wieder zur Verfügung. Unterbesetzt war auch der kaufmännische Bereich, wenn auch die Wiener Zentrale, vorerst ebenso unter wechselnder provisorischer, dann öffentlicher Verwaltung, personell intakt, ihre Tätigkeit wieder aufnehmen konnte. Die Absicht einer zwar beschränkten, aber technisch möglichen Weiterführung des Werks war, von vielfachem Mangel gekennzeichnet und abhängig von der Konzessionsbereitschaft der sowjetischen Besatzungsmacht, das Eine, der Rechtsstatus als ‚Deutsches Eigentum' unter USIA-Verwaltung, der die Demontage von Produktionsanlagen befürchten ließ, das Andere. Bei der am 7.6.1945 im Werk abgehaltenen Besprechung gelang den Repräsentanten der österreichischen Regierung die sowjetischen Vertretern zum Kompromiss zu bewegen, „aus dem an sich beschlagnahmten Betrieb einen Teil der Einrichtungen auszunehmen, um die weitere Fabrikation von Feinblechen für den österr. Bedarf zu ermöglichen."[18] Trotz der desillusionierenden Aussichten nach dem bis Anfang August und vorwiegend unter Heranziehung russischer Kriegsgefangener und in Stein inhaftierter (werksangehöriger) Nationalsozialisten erfolgten Abtransport eines Großteils der maschinellen Betriebsausstattung[19] zeigte sich die zahlenmäßig kleine Belegschaft entschlossen, die technisch zunächst nicht einmal einen bescheidenen Betrieb zulassenden Anlagen so weit zu organisieren und, unterstützt von Liezen, Schritt für Schritt wieder instand zu setzen. Nach rascher Erteilung der Betriebsbewilligung, wenn auch ohne jegliche finanzielle und materielle Unterstützung, konnte die Zusicherung von Transporten über die Grenzen der Besatzungszonen hinweg erreicht werden, wodurch der Rücktransfer des Ende April nach Liezen in Sicherheit gebrachten Lähmungsguts wie die Überstellung im dortigen Werk entbehrlicher Ausstattung bis November möglich wurde. Dem Mangel an Kohle und Rohstoffen sowie an Kommunikations- und Transportmitteln, der zunächst aussichtslos schien,[20] konnte, was die Energieversorgung betraf, durch die Bereitschaft der Besatzungsbehörden, Heizöl aus Zistersdorf zur Verfügung zu stellen, abgeholfen werden, was mit der erforderlichen Umrüstung von Anlagen die längerfristige technologische Umstellung des Werks einleitete.

Bei langsam steigenden Belegschaftszahlen erfolgte im August eine erste Betriebsratswahl, Verhandlungen mit dem Arbeitsamt führten zur Aufnahme einer größeren Zahl von Facharbeitern, im September fand die erste Betriebsversammlung statt, bei der die Werksleitung ihre weiteren Pläne vorstellte und die Werksangehörigen in der prekären Situation zu motivieren versuchte. Um über die Runden zu kommen, wurden bis zur Wiederinbetriebnahme des Walzwerks die mechanischen Werkstätten für Ersatzfertigungen genutzt, etwa zur Reparatur von Feldküchen der stationierten sowjetischen Truppen oder zur Herstellung von Scheibtruhen und Karren für die Bauwirtschaft. Dafür wurde im Werk noch vorhandenes wie von Arbeitereinheiten in der Umgebung von Krems von liegen gebliebenen Armeefahrzeugen und Kriegsgerät sowie in zerstörten Industrieanlagen eingesammeltes Material eingesetzt. Planmäßige Aufbauanstrengungen führten dazu, dass im Mai 1946 ein dauerhafter Betrieb im Walzwerk mit einer Anfangskapazität von monatlich etwa 900 t aufgenommen werden konnte, mit einer prognostizierten Steigerung auf das Doppelte innerhalb eines Jahres. Nach dieser ersten Stufe sollten mit Aufbauhilfe durch die Alliierten sukzessive andere Produktionsbereiche wieder in Betrieb gesetzt werden und sich die Belegschaftsstärke auf 300 Personen erhöhen.

Hatte Ende 1945 die Aussicht bestanden, dass die sowjetische Besatzungsmacht das Werk dem österreichischen Staat überlässt, wurde es, öffentlich verwaltet und von der Unternehmenszentrale in Wien geführt, im Juli 1946 der Verwaltung der USIA unterstellt. Unter Aufsicht wechselnder Militärs, die durch Reparaturaufträge, Bereitstellung von LKW sowie Anlieferungen von Vormaterial aus Ostblockländern und Warenlieferungen im Gegenzug zum Wiederaufbau beitrugen, fungierte der aus der Belegschaft des Rüstungsbetriebs stammende und zum öffentlichen Verwalter in Krems bestellte DI Kozeschnik als Werksleiter, der 1952 bei einer auf 700 Angehörige gestiegenen Belegschaft mit der Neubestellung der sowjetischen Führungsgarnitur abgelöst wurde.

Die beiden unter öffentlicher Verwaltung, aber unverändert im Familienbesitz Schmid-Schmidsfelden stehenden Werke, die 1946 zum Schutz vor Beschlagnahmung als ‚Deutsches Eigentum' wie vor Insolvenz vom Ministerium für Vermögenssicherung und Wirtschaftsplanung in Auffanggesellschaften überführt worden waren, firmierten unter Hütte Krems Ges.m.b.H. bzw. Hütte Liezen Ges.m.b.H. und wurden vom ehemaligen Vorstandsmitglied Anton Schnitzer, 1947 zum öffentlichen Verwalter bestellt, ab 1951 geführt. Mit dem Staatsvertrag 1955 als ‚Deutsches Eigentum' in den Besitz der Republik Österreich übergegangen, erfolgte nach Reparationsvereinbarungen mit der Sowjetunion und Klärung der privatrechtlichen Ansprüche der Eigentümer die Übernahme nach dem Verstaatlichungsgesetz vom 11.7.1963.[21] Hauptgesellschafter war nach wie vor August Schmid-Schmidsfelden, der 1949 vom Volksgericht für schuldig im Sinne des Verbotsgesetzes erkannt und zu Haftstrafe und Verfall des gesamten Vermögens verurteilt worden war, aber nach wiederholt angestrengter und schließlich 1955 bewilligter Wiederaufnahme des Verfahrens 1956 die Aufhebung des Urteils von 1949 erreichte.[22] Übernahmeverhandlungen des damit rückzuerstattenden Eigentums wurden 1960 bei einer Ablösesumme für beide Werke von ca. ATS 50 Mio abgeschlossen; die mit der Sowjetunion vereinbarten Ablöselieferungen betrugen insgesamt 300.000 t Feinbleche. Das Unternehmen wurde als Teil der verstaatlichten Industrie der als Nachfolgekonzern der Reichswerke AG Hermann Göring in Linz gegründeten VÖEST Vereinigte Österreichische Eisen- und Stahlwerke AG eingegliedert.

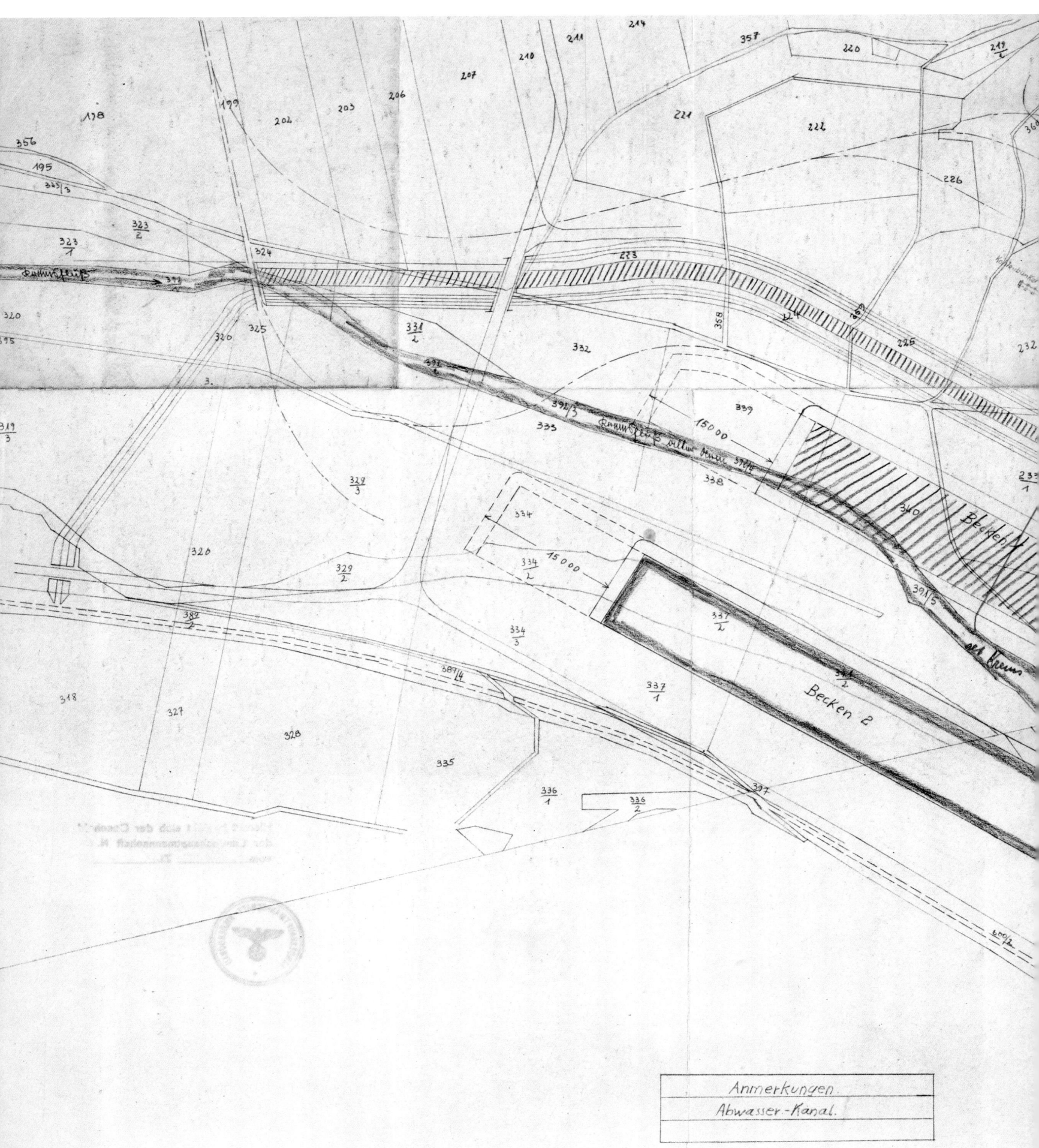

Lageplan Industrie- und Hafenanlagen Krems /
Fa. Karl Heuck, Stettin /
1940

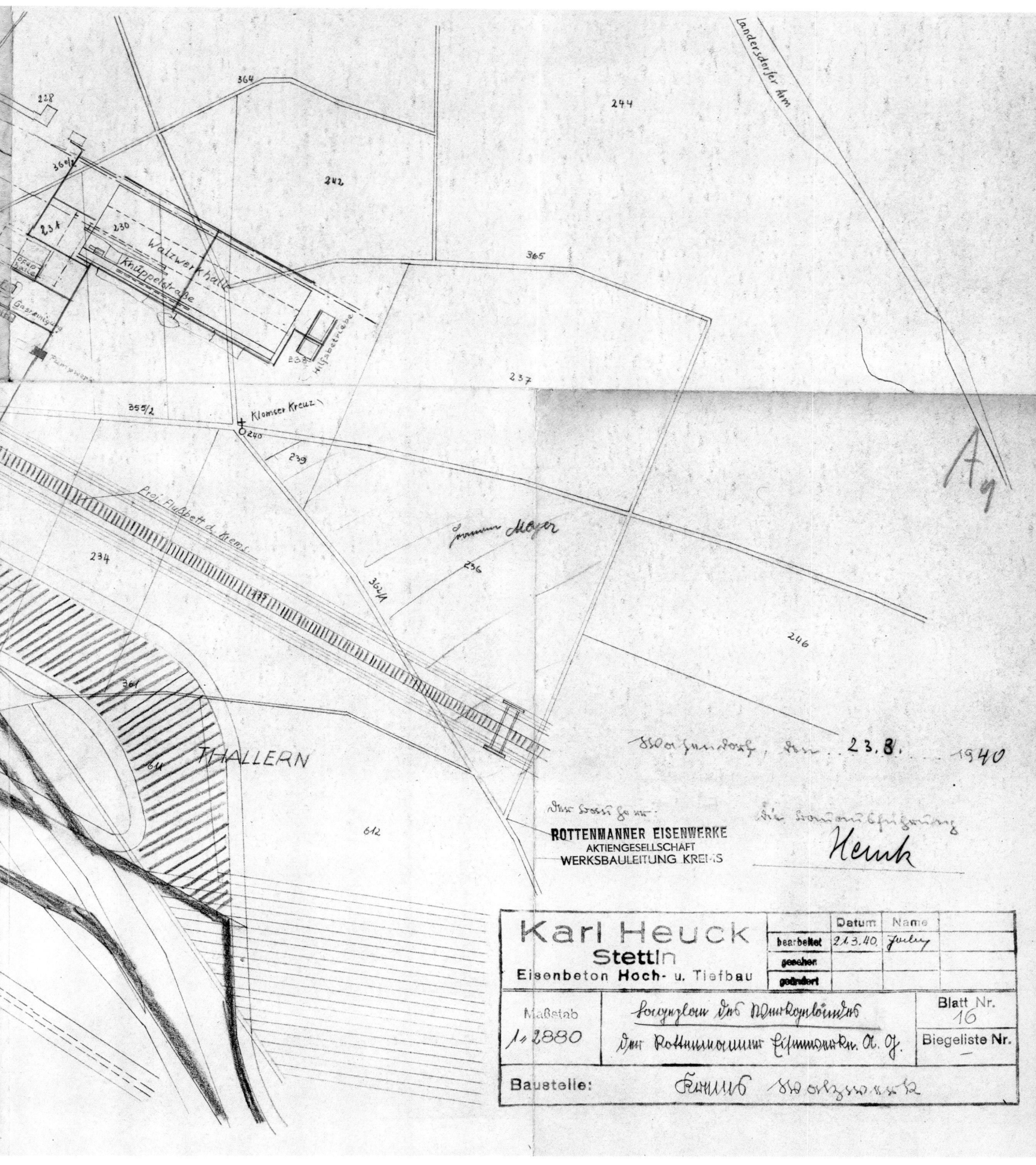

Donauhafen Krems, Getreide-Silo

Die verkehrsgeografisch zentrale Lage an der Donau als kostengünstiger Wasserweg für den Transport von Massengütern prädestinierte Krems seit jeher als Hafen- und Industriestandort, der im Zuge der Eingliederung Österreichs in den großdeutschen Wirtschaftsraum und Ausweitung der planwirtschaftlichen Bedingungen des ‚Vierjahresplans' beschleunigt ausgebaut werden sollte. Wie Göring in seiner programmatischen Rede am 26.3.1938 in der Wiener Nordwestbahnhalle ankündigte, zielte die großdeutsche Raumplanung mit dem Weiterbau des Rhein-Main-Donau-Kanals zur transeuropäischen Wasserstraßenverbindung zwischen Nordsee und Schwarzem Meer, an die das zur Anbindung entlegener Wirtschaftsstandorte auszubauende Schienen- und Straßennetz orientiert werden sollte, auf einen Großwirtschaftsraum, bei dessen Verwirklichung die Reaktivierung historischer Handelswege der österreichischen Monarchie ebenso relevant war wie das ‚Deutsche Reich' nach Übernahme der DDSG über die größte Flotte verfügen sollte.[1]

Das Projekt Hafen Krems, seit 1916 vom Leiter des Baubezirks, k. k. Oberingenieur Rudolf Erben verfolgt und in einer „Projektionsstudie über die Errichtung eines Winter-, Handels- und Umschlagshafens nächst der Stadt Krems an der Donau" formuliert, welche die Verlegung des Hafens vom historischen Standort Stein im Westen der Stadt in das durch die Donauregulierung Ende des 19. Jahrhunderts gewonnene Gebiet im Osten vorsah, war vom 1923 gegründeten „Hafenbaukomitee Krems", dem die Städte Krems und St. Pölten sowie der St. Pöltner Industriellenverband und einzelne Firmen angehörten, vorangetrieben und mit Vorträgen des Projektverfassers mit Ausstellung seiner Pläne im In- und angrenzenden Ausland sowie Filmvorführungen – „Der Großschiffahrtsweg Rhein-Main-Donau" oder „Von der Weser zur Donau" – beworben worden. Neben Krems waren auch Melk, Pöchlarn und Ybbs an einem Schutzhafen interessiert, aber konkurrenzlos gegenüber Krems als Bahnknoten, dessen Ausbau zusammen mit dem Hafenbau und in Verbindung mit den Großprojekten Rhein-Main-Donau-Kanal und Donau-Oder-Kanal propagiert und verfolgt wurde. Durch die Verzögerung der großen Wasserstraßenbauten verlor auch das Kremser Hafenprojekt an Schwung, bis „endlich im Jahre 1938 der Impuls für zahlreiche Bauten größeren Umfanges, so auch für diesen Hafen, gegeben wurde" und seine Realisierung in der großdeutschen Raumplanung aufgehen sollte.[2] Um auf der über 200 km langen Strecke zwischen den geplanten Großhäfen Wien und Linz in zweckmäßiger Entfernung von 60 km einen Ankerplatz im Winter und bei Hochwasser zur Verfügung zu haben, bot sich Krems neben den Damm- und Schleusenanlagen des ebenfalls bereits seit Langem projektierten und 1938 vom ‚Deutschen Reich' in Angriff genommenen Kraftwerks bei Persenbeug als Standort an. Bei einer Sondierungsfahrt auf dem in das ‚Reichswasserstraßennetz' übernommenen österreichischen Donauabschnitt von Linz bis Hainburg hatte Reichsverkehrsminister Dr. Dorpmüller auf der „Wotan", nachdem zuvor Göring auf der „Schubert" mit österreichischen Wirtschaftsvertretern über die Eingliederung in den ‚Vierjahresplan' konferiert hatte, mit Vertretern aller involvierten Ressorts Ausbaupläne und eine effiziente Hochwasserschutzlösung beraten und sein Interesse an Krems wie am Konzept von Erben erkennen lassen, so die Niederösterreichische Land-Zeitung vom 4.5.1938, die den Empfang des Ministers in Dürnstein am 25.4.1938 bejubelte, nachdem er die Schönheit der Wachau gelobt und die Förderung des Tourismus zugesagt hatte. Geplant war zunächst nur ein Winterhafen, dessen Errichtung nach Grundbeistellung durch die Stadt aus Reichsmitteln erfolgen, dessen späterer Ausbau zu einem Handelshafen aber der Privatwirtschaft überlassen bleiben sollte. Nachdem die örtlichen Amtsträger unter Vorsitz von Bezirkshauptmann Dr. Schauer am 2.5. zur Sicherstellung des erforderlichen Bauareals Zukäufe zum großteils bereits im Besitz der Stadt befindlichen Grund von Anrainern beschlossen und in die Wege geleitet hatten und wasserrechtliche wie schifffahrtsbehördliche Verhandlung für 7. und 8.7.1938 anberaumt waren, wurden die Planungen für das vorerst 12-15 ha große Hafenareal forciert. Für den Gesamtausbau waren umfangreiche naturräumliche Umgestaltungen durch Flussregulierung und Mündungsverlegung erforderlich, die mit Hochwasserschutzbauten abzustimmen waren.

Zur verkehrs- und transporttechnischen Verknüpfung von Wasserweg und Schiene als Standortfaktor des angrenzenden Industrieansiedlungsgebiets, in dem die Rottenmanner Eisenwerke einen ihrer neuen Betriebe errichten sollten, war in der weiteren Planung der Bau einer Hafenbahn samt Bahnhof in Landersdorf vorgesehen, die den Hafen als Umschlagplatz und den Industriebetrieb mit dem weiterführenden Schienennetz verband und Krems als Bahnknoten verstärkte, von dem durch Streckenausbau industriell-gewerbliche und landwirtschaftliche Einzugsgebiete entlang des Flusses sowie auf der Nord-Süd-Achse bis ins obere Waldviertel bzw. in die obersteirischen Industriezentren erschlossen und verbunden werden sollten. Das Projekt der Hafen-Industrie-Bahn HIB mit Gesamtkosten von RM 8-9 Mio ließ die Stadt, um die erhebliche Budgetbelastung durch Aufschließung und Infrastruktur langfristig rentabel zu machen, die Übernahme von Bahn und Hafen beraten.[3] Zudem wurde eine neue Straßenverbindung vom Industriegebiet ins Stadtzentrum sowie im Hinblick auf das steigende Verkehrsaufkommen die Verstärkung der Donaubrücke von Krems nach Mautern für Fahrzeuge bis 28 t projektiert.[4]

Zunächst gelangte aber Anfang Juli 1938 das Projekt Schutzhafen zur Ausschreibung, mit einem Vorhafen im Ausmaß von 120 x 263 m, einem Wendeplatz von 160 m Durchmesser und einem Hafenbecken, das im Endausbau 900 x 100 m messen sollte. Die Erdbewegungen für ein ca. 4 ha großes Becken mit einer Kailänge von ca. 1200 m ließen über 600.000 m³ Aushub anfallen, mit dem Altarme der Donau verfüllt und ein hochwasserfreies Gebiet geschaffen werden sollte; der weitere Ausbau des Hafens mit einem zweiten Becken bedingte die Umleitung der Krems, mit der Dammbauten in einer Länge von 15 km von Krems bis zur Kampmündung bei Grafenwörth einhergehen sollten.[5] Bis Anfang 1939 waren die Vorar-

Bau des Silos / 1940/41

Getreidesilo Firma Mierka / nach Fertigstellung 1941

beiten für den in der Bauverhandlung vereinfachten Schutzhafen – im Wesentlichen fielen der Vorhafen und der Bahnanschluss weg, das Hafenbecken wurde zunächst mit 560 x 100 m dimensioniert, die verbleibende Fläche mit 300 m bis zum neuen Flussbett der Krems für eine spätere Ausbaustufe des zweiten Beckens reserviert[6] – abgeschlossen und die Bauarbeiten aufgenommen, als Ende Oktober Göring die „Errichtung von Getreidespeichern in der Ostmark aus Gründen der Ernährungssicherheit"[7] als vorrangiges Sofortprogramm anordnete und sich der Zeitplan des Hafenprojekts verschob.[8] Im Einvernehmen mit dem Reichsminister für Ernährung und Landwirtschaft war nach der Rekordernte 1938 zur Bevorratung und Verteilung von Getreide der Bau von Hallen an Bahnstationen und Silos in den geplanten Donauhäfen beschlossen worden.

    Statt 2 Becken, „eines zur Überwinterung von 60 Schiffen, das andere zum Güterumschlag von ca. 1 Mio t sowie die Errichtung von Umschlags- und Lagereinrichtungen"[9] – im gesamten Reichsgebiet sollte der Umschlag von den Länden in zum Teil neu geschaffene Häfen verlegt und durch Verkürzung der Fahrzeit eine Steigerung der wirtschaftlichen Rentabilität erzielt werden –, wurde in Krems zunächst nur ein Becken – und zwar für „zur mittelbaren Rüstung gehörige" Umschlagzwecke von Getreide – errichtet.[10] Auch von den 2 geplanten Silobauten mit einem Fassungsvermögen von jeweils 20.000 t sollte nur einer gebaut werden, der, unverzüglich in Angriff genommen, in kürzester Zeit bis November fertiggestellt sein sollte.[11] Vermutlich unter reichseigener Bauträgerschaft errichtet, wurde der Betrieb des Getreidespeichers an Karl Mierka vergeben, der auf dem ca. 7700 m² großen, von der Stadt erworbenen Grundstück[12] einen Lagerei- und Umschlagbetrieb auf neuestem technischen Stand etablierte.[13]

Hafen Krems mit Getreidesilo / nach 1941

/ 2007

Auch wenn keine Planungsunterlagen erhalten sind, lässt, abgesehen von der Evidenz der weitgehend unveränderten Bauanlagen, ein knapper Verweis auf den „Getreidesilo Krems" im Protokoll einer Besprechung beim Generalbauinspektor am 27.1.1939, in der die Reichsgetreidestelle Planänderungen forderte und durchsetzte, den Hafenbau ansatzweise rekonstruieren. Speer, im Zuge seiner ‚Ostmark'-Reise über die Ausbaupläne der Gauhauptstadt Krems informiert und in der Standortfrage des Silos konsultiert, hatte den Lageplan dahin gehend abgeändert, „dass der Speicher nicht zwischen Donau und Becken I, sondern nördlich davon zwischen Becken I und II errichtet werden soll". Nachdem der eine Flusslaufverlegung erfordernde Hafenvollausbau mit 2 Becken zeitlich mit der im Rahmen der beschleunigt durchzuführenden ‚Reichssilobauaktion' nicht vereinbar war, die Errichtung des Getreidespeichers[8] aber infolge des Baurückstands der Silos in Wien und Linz besonders dringend wurde, revidierte Speer seine Anweisungen und der Bau wurde am ursprünglich vorgesehenen Standort errichtet. Die vorgeschlagene Abänderung der

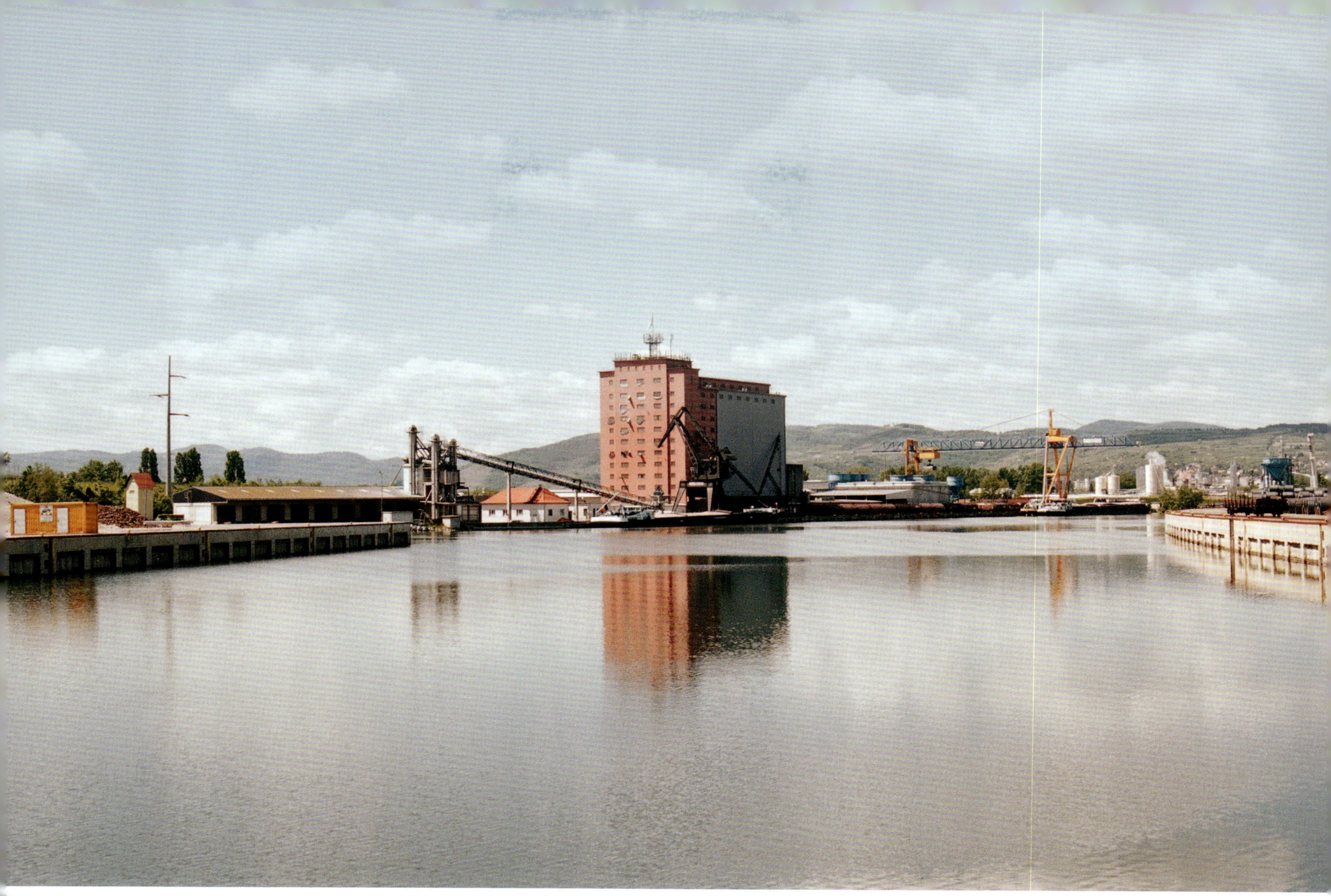

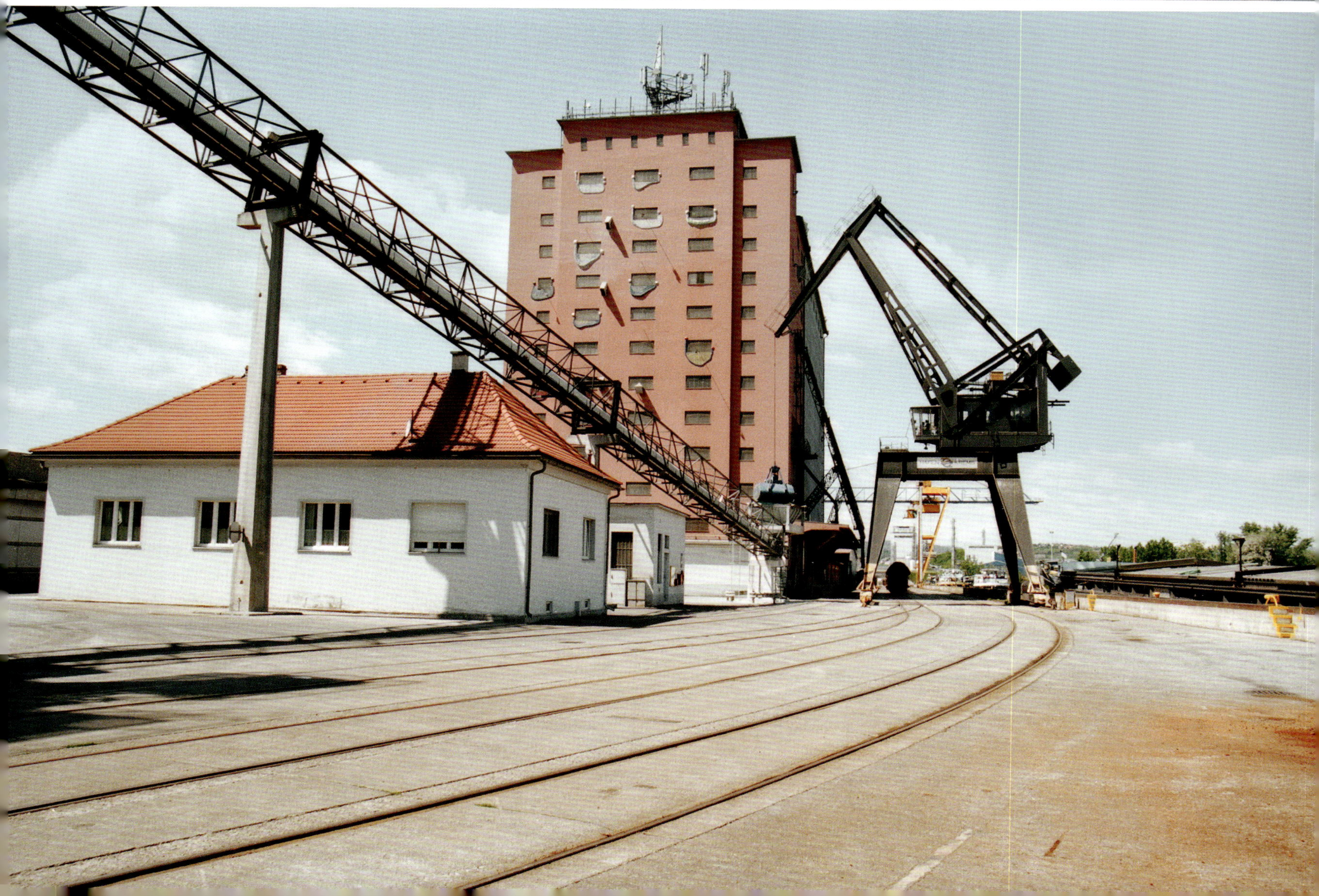

Dachform zu einem dem Umfeld eines Industriegebiets adäquaten Flachdach verhinderte die Unhintergehbarkeit eines, als Zugeständnis flach gehaltenen, Satteldachs. Als Argument und Auflage, dass der sachlich-nüchterne Speicherbau „dort in absehbarer Zeit auch nicht mehr störend wirken [würde], sollte naturästhetisch eine „Jungwald-Kulisse" dienen, deren in einiger Zeit hochgewachsene Bäume den Silobau „bis zum Dach" verdecken ließen.[14] Mit dem Ziel, den Bau in kürzester Zeit zu realisieren, wurde umfassend für Vereinfachung und Konzentration aller Verfahrensbelange gesorgt; Forderungen des Landschaftsschutzes oder des Amts Schönheit der Arbeit, in dessen völkisch-kulturellem Programm die ästhetische Ausgestaltung von Bauten unumgänglich war, hatten dabei keinen Platz. Insofern gehören Zweckbauten wie Silos zu jenen Bauten des Nationalsozialismus, deren Architektur kaum von historisch-stilistischen Rekursen noch ideologisch fundierter Bodenständigkeit geprägt war; die sachliche Formensprache zu konterkarieren, wurde in Krems Hundertwasser überlassen, der 1983 den schnörkellosen Baukörper in bekannter Manier mit Fliesenmosaiken dekorierte.

Projektierung und Durchführung des gesamten Donauausbaues oblagen dem Strombauamt in Wien, dessen Belegschaft von 450 auf 2000 Mann aufgestockt worden war und das im April 1939 bessere Wasserverhältnisse abwartete, um mit den eigentlichen Bauarbeiten beginnen zu können. Waren die Hafenbauten in Linz und Wien – mit jeweils 3 Becken sowie zusätzlich einem Industriehafen für den Umschlag von 2,5 Mio t bzw. im Anschluss an den Donau-Oder-Kanal für 4 Mio t Güter – bereits an Baufirmen vergeben und an den Baustellen Korneuburg und Hainburg die Materialverfrachtung aus Steinbrüchen und Ausbaggerungsarbeiten angelaufen, stand das Projekt in Krems noch vor der Vergabe.[15] Wie die Donauwacht am 7.6.1939 den zerstörerischen Wandel einer pastoral geschilderten Aulandschaft zugleich beklagte und hymnisch als „gewaltiges Werk nationalsozialistischer Aufbauarbeit" verherrlichte, hatten die Rodungs- und Aushubarbeiten für das erste der 2 geplanten Hafenbecken begonnen, unter Einsatz von 2 in bizarrer Nibelungentreue „Fasolt" und „Fafner" benannten Großbaggern. Der bei den Erdbewegungen gewonnene Schotter von 20.000 m³ diente zerkleinert als Material zur Betonmischung, mit der die Firma Porr den Silobau, einem wegen seiner Hochbautechnik bestaunten Stahlskelettbau, in forciertem Tempo hochzog. Ob der Bedarf an 1200 t Eisen und 700 m³ Holz trotz der Einstufung als vordringliches Projekt des ‚Vierjahresplans' ein Kontingentierungsproblem darstellte, lässt sich nicht belegen, würde aber die verlängerte Bauzeit bis 1941 erklären.

Die transporttechnische Versorgung der Großbaustelle Hafen erfolgte mit einer Feldbahn, deren Gleis von Pionieren der Kremser Garnison verlegt worden war und an deren Streckenverlauf mit steigender Zahl an Bauarbeitern ein ‚Barackendorf' bei einem von der Rodung verschonten Waldstück entstand. Zum Lager der anfangs etwa 200 Arbeiter der Hafenbaustelle kam ab Herbst 1939 das sogenannte Rottermanner Lager, dessen Baracken neben Facharbeitern der deutschen Baufirma Heuck auf der Baustelle des künftigen Walz- und Stahlwerks eingesetzte steirische Werksangehörige sowie französische Kriegsgefangene aus dem Stalag XVII B bei Gneixendorf > Baracken 291 aufgeteilt waren; eine eigene Lagereinheit im Gemeinschaftslager bildeten Baracken für ‚Ostarbeiter' auf der anderen Seite des Gleises.[16]

Bis September 1940 waren die Bauausführungen im Hafen so weit fortgeschritten, dass Reichsverkehrsminister Dorpmüller, der in Begleitung des stellvertretenden Gauleiters Gerland zu einem Besuch der Gauhauptstadt aus Linz anreiste, bereits am Kai des neuen Donauhafens anlegen konnte. Von den Spitzen der Stadt, Kreisleiter Wilthum, Oberbürgermeister Retter und Bürgermeister Thorwesten sowie Vertretern des Militärs und angetretener Formationen der Parteigliederungen empfangen, konnte sich der Minister bei einer Führung vom Baustand der Hafenanlage überzeugen, den die bevorstehende Verlegung des Flussbetts der Krems markierte und der von der Baufirma Heuck für die Baustelle des nebenan entstehenden Walzwerks der Rottenmanner Eisenwerke AG erstellte Lageplan vom 21.3.1940 im Gesamtzusammenhang ausweist.[17] Auf dem Besichtigungsprogramm stand auch die in Bau befindliche Werksiedlung des Eisen verarbeitenden Rüstungszulieferbetriebs, deren stilistische Anpassung an vorgeblich bodenständige Bautradition hervorgehoben wurde, bevor die Gäste vom neuen Stadtteil zu einem Rundgang durch die Altstadt gebeten wurden.[18]

Der Silo, dessen Fertigstellung für Ende 1939 in Aussicht genommen worden war und sich, wie zum Teil datierte Fotos von der Baustelle Anfang 1941 belegen, bis Mitte 1941 hinzog, zählt, wie der neben 2 ebenerdigen Bürogebäuden nahezu original erhaltene und trotz seiner Baumassen schlank erscheinenden Bau funktionalistischer Formensprache, welche die Baupolitik mit einer Baumreihe dem Blick zu entziehen und Wachautourismus-tauglich im Landschaftsbild zu kaschieren für notwendig hielt, zu den Zweckbauten des ‚Deutschen Reichs', die wie die meisten Industriebauten nahezu ohne ideologisch ausgerichtete Ästhetisierung auskamen: Der freistehende, 12-geschossig mit Ziegeln ausgefachte Stahlskelettbau über rechteckigem Grundriss zeigt eine etwas höhere, zur Hafeneinfahrt ausgerichtete, durch einen Mittelrisalit über 3 Achsen gegliederte Hauptfront mit 5 gleichmäßig verteilten Fensterachsen; dreiseitig ist der Silobau bis auf je 2 Achsen längsseits und eine Fensterreihe im obersten Geschoss, die auf die räumlich funktionale Ordnung der Silozellen im Inneren verweist, fensterlos. Die Sockelzone trägt, über die gesamte Gebäudelänge gezogen, eine überdachte Verladerampe, von der mit einem Gleiskran der Umschlag von und zu den Frachtträgern Schiff und Bahn, über ein Schleppgleis mit dem allgemeinen Schienennetz verbunden, erfolgt.

Zur Elektrizitätsversorgung des Getreidespeichers und anderer Anlagen, zunächst an das von einer Dieselzentrale gespeiste städtische Netz über eine Kabelleitung angeschlossen, errichtete die Gauwerke Niederdonau AG > Elektrizitätsversorgung 93 Ende 1940 eine 20 kV-Leitung vom Umspannwerk Stratzdorf, die auch die Stadt Krems versorgen und deren Dieselgenerator stilllegen lassen sollte. Nach der mündlichen Verhandlung am 18.3.1941 und Abstimmung mit allen involvierten Behörden und vom Leitungsbau tangierten Anrainern – die Kreuzung der Stromleitung mit dem Schleppgleis der Hafenbahn etwa war mit der Reichsbahndirektion zu klären – wurde die Stromleitung bis Ende des Jahres verlegt. Im ersten Abschnitt vom Umspannwerk weg als Freileitung ausgeführt, wurde die Leitung nach Überspannung der Hafeneinfahrt mittels Gittermasten in eine Kabelleitung übergeführt. Beim Bau des turmartigen Kabelüberführungshauses machte die Naturschutzbehörde Gestaltungsvorgaben, wie dunkelocker gefärbeltes Mauerwerk, waggongrün gestrichene Türen und Fenster sowie Eisenbeschläge, ein spitzes Pyramidendach mit dunkelgrau-blauer oder rostbrauner Eternit-Eindeckung, zur Bedingung ihrer Zustimmung. Die in ein Kabel übergeführte Leitung wurde an die bisherige, von der Dieselzentrale in Krems entlang des Donau-Schutzdamms verlaufende Versorgungsleitung des Getreidespeichers angeschlossen und zu dessen Transformatorenstation eine Abzweigung verlegt.[19]

Holzkonstruktions-Baugesellschaft Wenzl Hartl Echsenbach

In Haimschlag bei Echsenbach verweist die Werksanlage der 1925 protokollierten und in Wien ansässigen Holzkonstruktions-Baugesellschaft Wenzl Hartl als markantes Zeichen in der Landschaft auf die zu Beginn des 20. Jahrhunderts im nördlichen Waldviertel einsetzende Industrialisierung, die auf den Ressourcen von Holz und billiger Arbeitskraft basierte. Unter Leitung des Firmengründers war das Sägewerk mit angeschlossener Zimmerei und Tischlerei Arbeitsplatz für viele Menschen der Region, an dem neben Schnittholz Holzkonstruktionen, wie Dachstühle, Scheunen und Holzfertighäuser, produziert wurden.

Nach der Annexion Österreichs an das ‚Deutsche Reich' 1938 wurde der Holz verarbeitende Betrieb zum Großproduzenten normierter Barackentypen, die im Auftrag und unter Aufsicht der OT wesentlich für den Bedarf der Wehrmacht als Fertigteile hergestellt und laufend als Bausätze vom Bahnhof Vitis verfrachtet wurden. Die kriegswirtschaftliche Produktionssteigerung machte neben der Erhöhung des Personalstands von 50 auf 200 auch bauliche Erweiterungen erforderlich; bereits 1939 erstellte Pläne für Großausbau und Modernisierung des Werks wurden allerdings erst nach einem Brand 1943, der als Sabotageakt von Zwangsarbeitern verdächtigt wurde, aber nicht zu beweisen war, umgesetzt. Für den Rüstungsbetrieb waren Zuteilung von Material und Arbeitskräften vorrangig gesichert: Holzlieferungen erfolgten aus den zum Teil beschlagnahmten herrschaftlichen und kirchlichen Forsten sowie aus den in die Verwaltung des Reichsforstamtes übergegangenen Bundesforste der Umgebung, Facharbeiter wurden vom Militär freigestellt und der infolge der Einberufung zum Kriegsdienst zunehmende Mangel an Arbeitskräften mit Kriegsgefangenen und ZwangsarbeiterInnen kompensiert. Deren Anzahl stieg mit Dauer des Kriegs beständig und betrug bei einem Höchststand von 600 Beschäftigten rund 500, zu denen neben Franzosen, Belgiern und Russen, die in einem etwa 1 km vom Werk entfernt errichteten Barackenlager untergebracht waren, ab Mitte 1944 auch etwa 100 ungarisch-jüdische ZwangsarbeiterInnen gehörten.[1]

Der Ausbau des Betriebs nach werkseigenen Plänen[2] umfasste der gestiegenen Auftragskapazität entsprechend unter anderem eine Maschinenhalle mit 170 x 50 m, eine Imprägnier- und Tränkanlage sowie eine Garage für LKW, die als standardisierte Hallenbauten errichtet wurden. Die Belegschaft erhielt „ein großes Gefolgschaftsgebäude in zeitgemäßer, gefälliger Ausstattung", das auf einer Fläche von ca. 24 x 8 m Garderobe- und Sanitärräume im Untergeschoss und „einen geschmackvollen Gefolgschaftsraum, Küche und ein Buffet" im Erdgeschoss bot und unverändert bis heute die Barackenbauweise zeigt, welche die wirtschaftliche Grundlage des Unternehmens war. Massiv ausgeführt wurde ein Verwaltungsgebäude mit einer verbauten Fläche von ca. 11 x 11 m, das im Kellergeschoss Magazine und im ausgebauten Dachgeschoss Wohnmöglichkeiten für unverheiratete Angestellte bereitstellte sowie das nahezu unverändert erhaltene „Beamtenwohnhaus" in Reichsheimstätten-Typologie, das mit breiter Gaupe im steilen Satteldach auf 4 Wohneinheiten ausgelegt war.[3]

Im September 1941 wurden „zum Zweck der vordringlichen zusätzlichen Erzeugung von Baracken und Bauteilen nach dem Osten, welche infolge der vorgeschrittenen Jahreszeit termingemäß in kürzester Zeit erfolgen muss", Anbauten an die Maschinenhalle im Ausmaß von 34 x 23 m und an die Tischler-Werkstätte mit 20 x 30 m notwendig, die als freitragende Hallenkonstruktion bzw. nur noch behelfsmäßig in Kriegsbauweise ausgeführt wurden. Für die umgehende Baubewilligung durch den Landrat garantierte eine Bescheinigung des Oberkommandos des Heeres, dass die Firma Hartl „laufend Kriegsaufträge größeren Umfangs auf Herstellung und Lieferung von Holzhaus-Unterkünften für die Wehrmacht" erhält, wie eine Befürwortung des für den Wehrwirtschaftsbezirk zuständigen Landeswirtschaftsamts.[4]

Neben dem Hauptwerk in Haimbach betrieb Hartl Niederlassungen in Allentsteig, wo dem an der Errichtung des Truppenübungsplatzes Döllersheim beteiligten Unternehmen zunächst ein gepachtetes Sägewerk als Standort diente und 1940 das örtliche Ziegelwerk erworben wurde, und Irnfritz mit einer Produktionsstätte in unmittelbarer Nähe zum Bahnhof.

>
Lageplan /
1939

>>
Illustration /
undatiert

Hartl Haus /
2008

Plan Maschinenhalle /
1939

>>>
Pläne Beamtenwohnhaus,
Gefolgschaftshaus /
1939

Ehemaliges Beamtenwohn-
und Gefolgschaftshaus /
2007

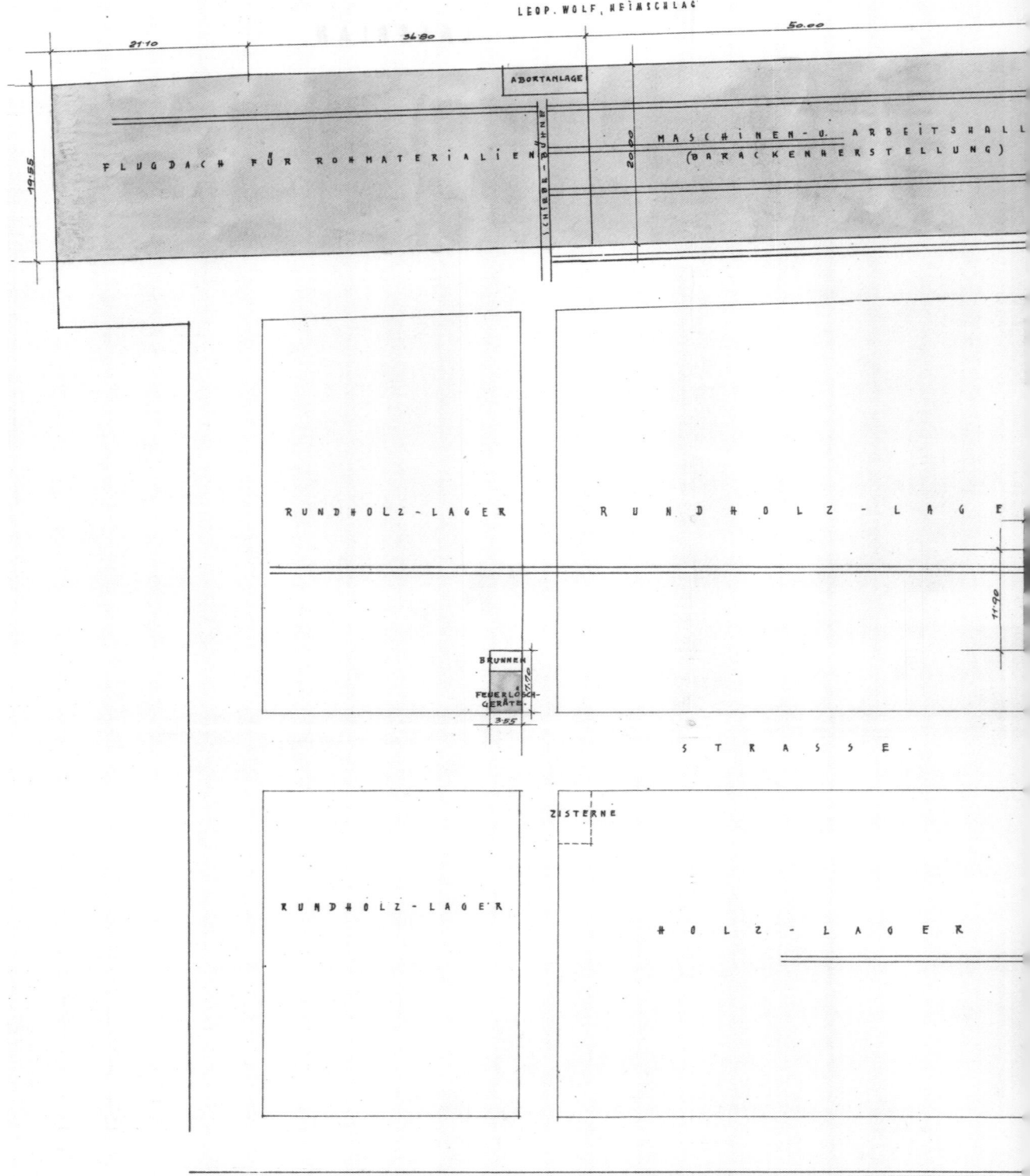

H. DER FA. WENZL HARTL HOLZKONSTRUKTIONS-
19., SIEVERINGERSTRASSE 2.
IMSCHLAG, N.D.

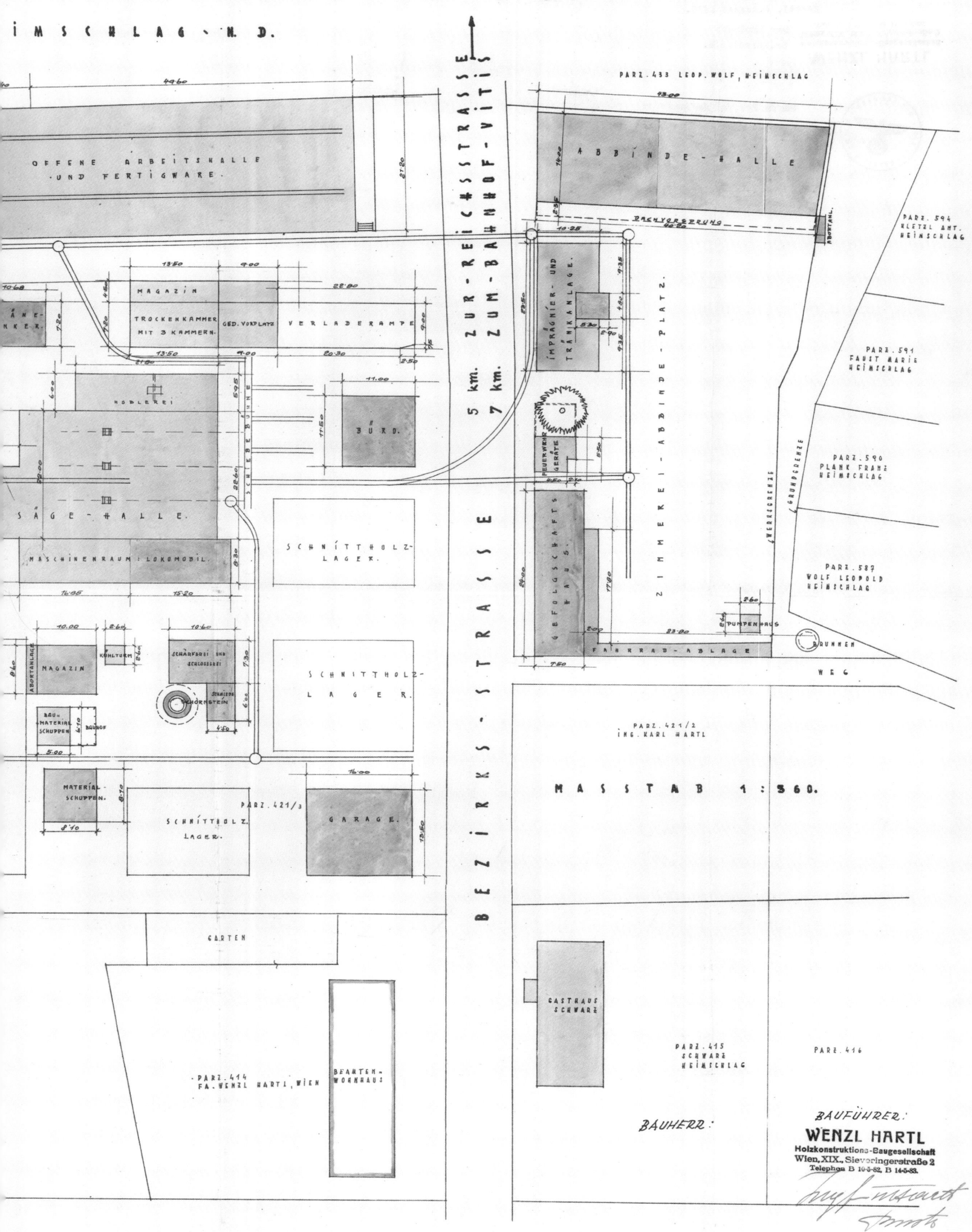

MASSTAB 1:360.

BAUHERR:

BAUFÜHRER:
WENZL HARTL
Holzkonstruktions-Baugesellschaft
Wien, XIX., Sieveringerstraße 2
Telephon B 10-5-82, B 14-5-83.

WENZL HARTL
WENZL HARTL

HARTL HAUS Werk Echsenbach
HARTL HAUS

PLAN ÜBER DIE ERWEITERUNG DES MASCHINENRAUMES UND BAU V. 2 SPÄNESILOS IM SÄGEWERK
ECHSENBACH DER FIRMA WENZL HARTL – HOLZKONSTR. BAUGESELLSCHAFT WIEN 19. SIEVERINGERSTR. 2.

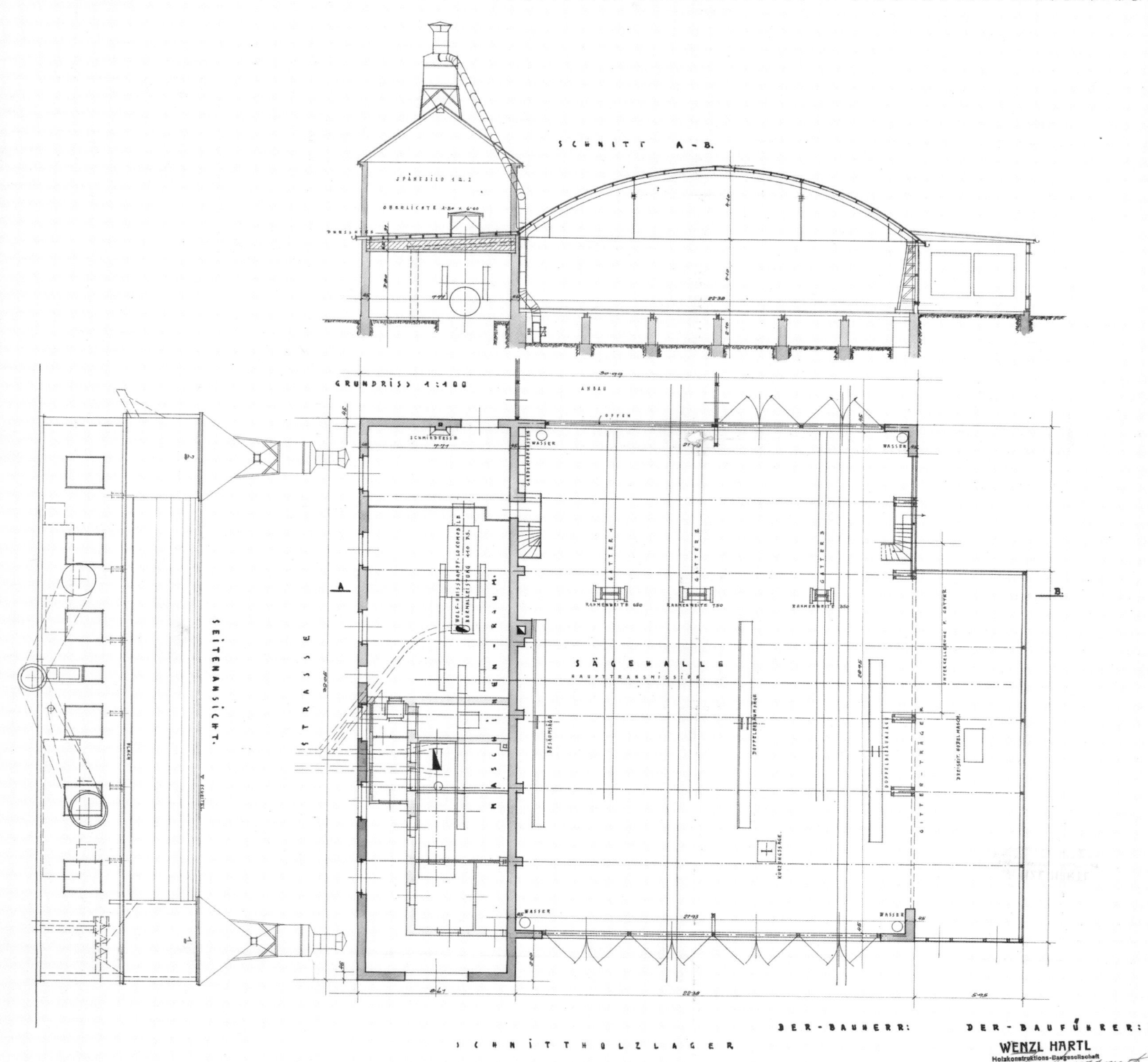

SCHNITT A–B.

GRUNDRISS 1:100

SEITENANSICHT.

SÄGEHALLE

MASCHINENRAUM

STRASSE

SCHNITTHOLZLAGER

DER BAUHERR: DER BAUFÜHRER:

WENZL HARTL
Holzkonstruktions-Baugesellschaft
Wien, XIX. Sieveringerstrasse 2

PLAN ZUM BAU EINES BEAMTENWOHNHAUSES IM WERKE ECHSENBACH DER HOLZKONSTRUKTIONSBAUGESELLSCHAFT WENZL HARTL WIEN 19., SIEVERINGERSTRASSE 2. KAT. GEM. HEIMSCHLAG N.D.

PLAN ÜBER DIE HERSTELLUNG EINES GEFOLGSCHAFTHAUSES FÜR DIE FIRMA WENZL HARTL IN ECHSENBACH NIEDER-DONAU

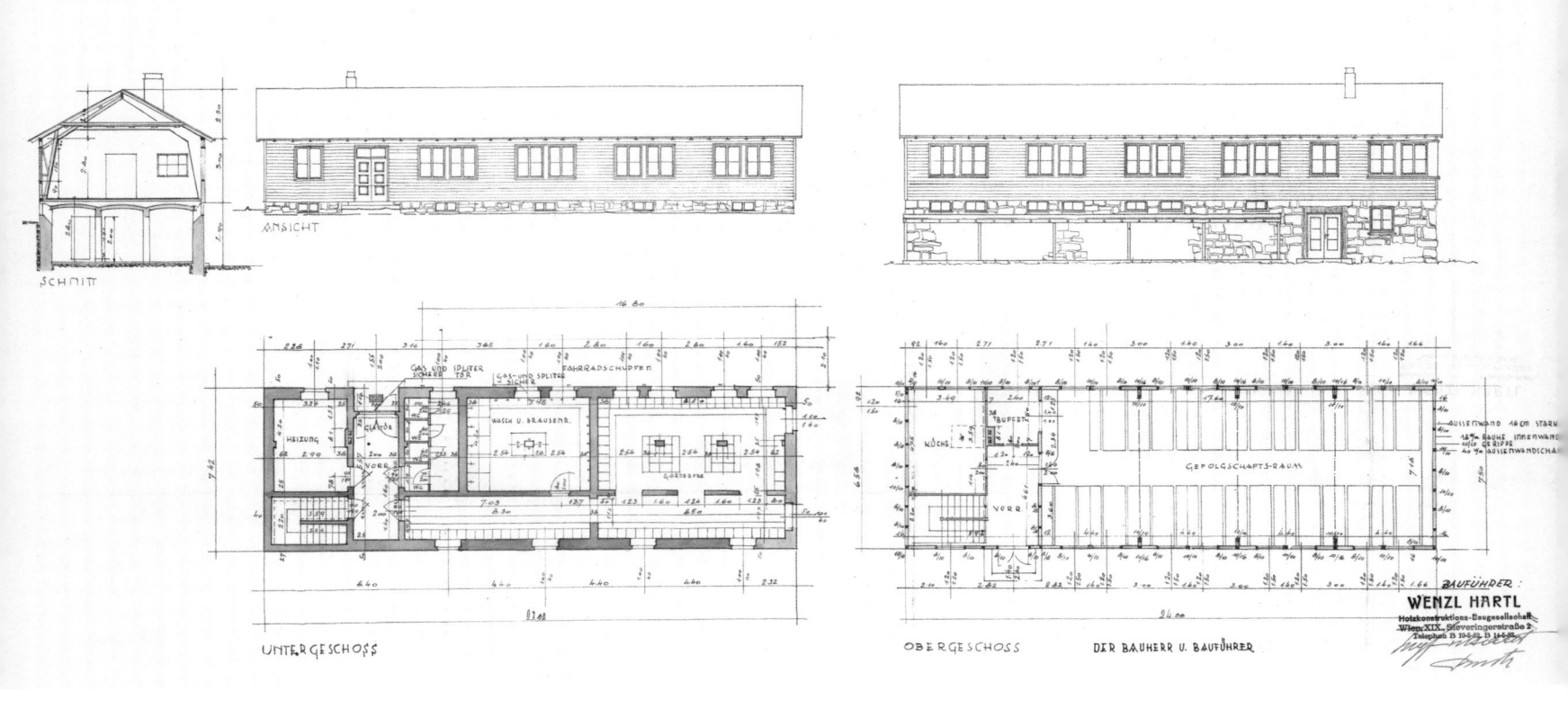

HARTL HAUS

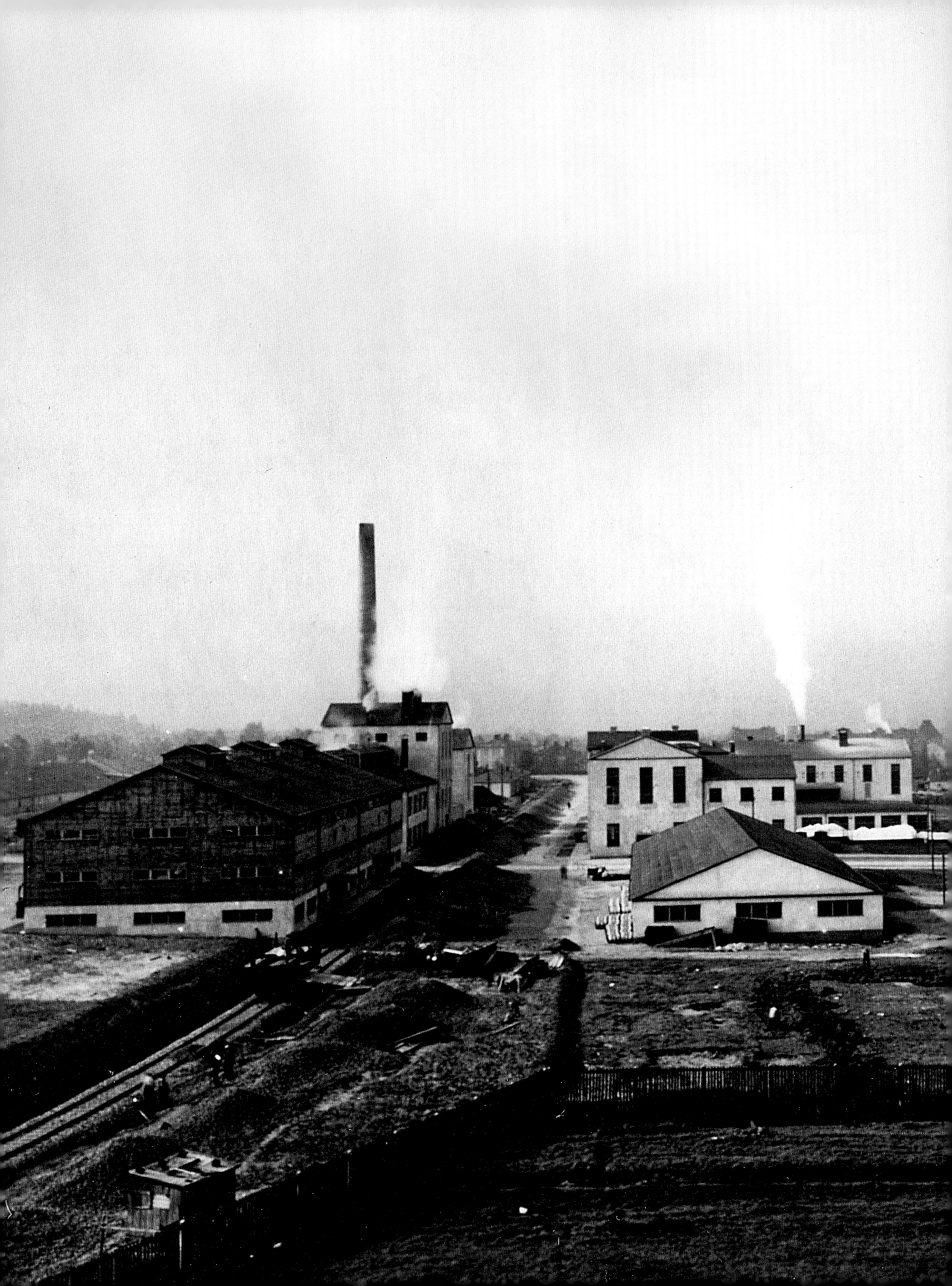

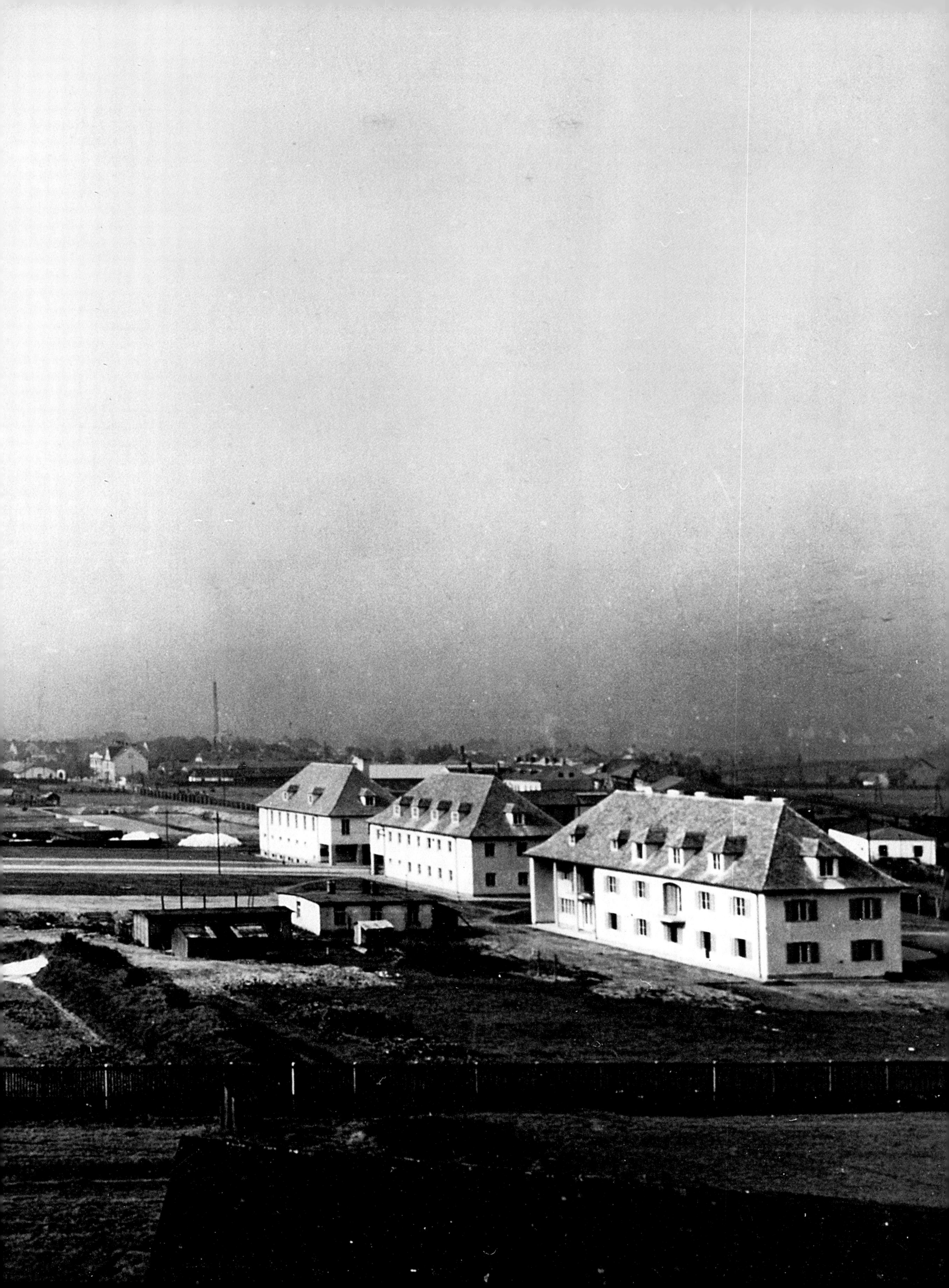

LAGEPLAN FÜR EINE KARTOFFELVERWERTUNGSANLAGE FÜR DIE LANDW
IN GMÜND, N.D., GRUNDBUCH GMÜND 1, E.Z. 937.

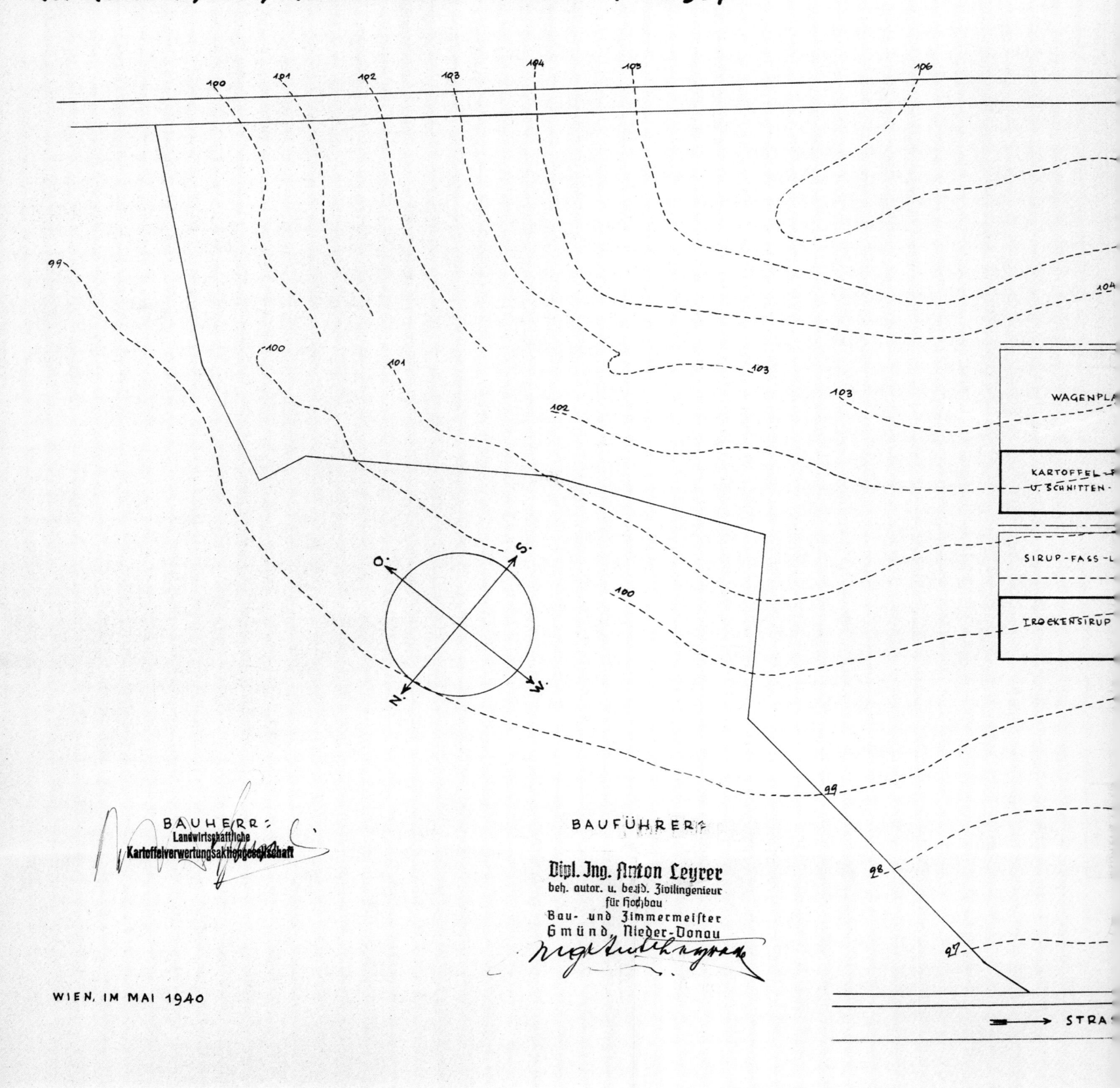

WAGENPLA
KARTOFFEL-
U. SCHNITTEN-
SIRUP-FASS-L
TROCKENSIRUP

BAUHERR:
Landwirtschaftliche
Kartoffelverwertungsaktiengesellschaft

BAUFÜHRER:
Dipl. Ing. Anton Leyrer
beh. autor. u. beeid. Zivilingenieur
für Hochbau
Bau- und Zimmermeister
Gmünd, Nieder-Donau

WIEN, IM MAI 1940

STRA

Lageplan /
Heinz Siller, Wien /
1940

<
Gesamtansicht /
nach Fertigstellung 1941

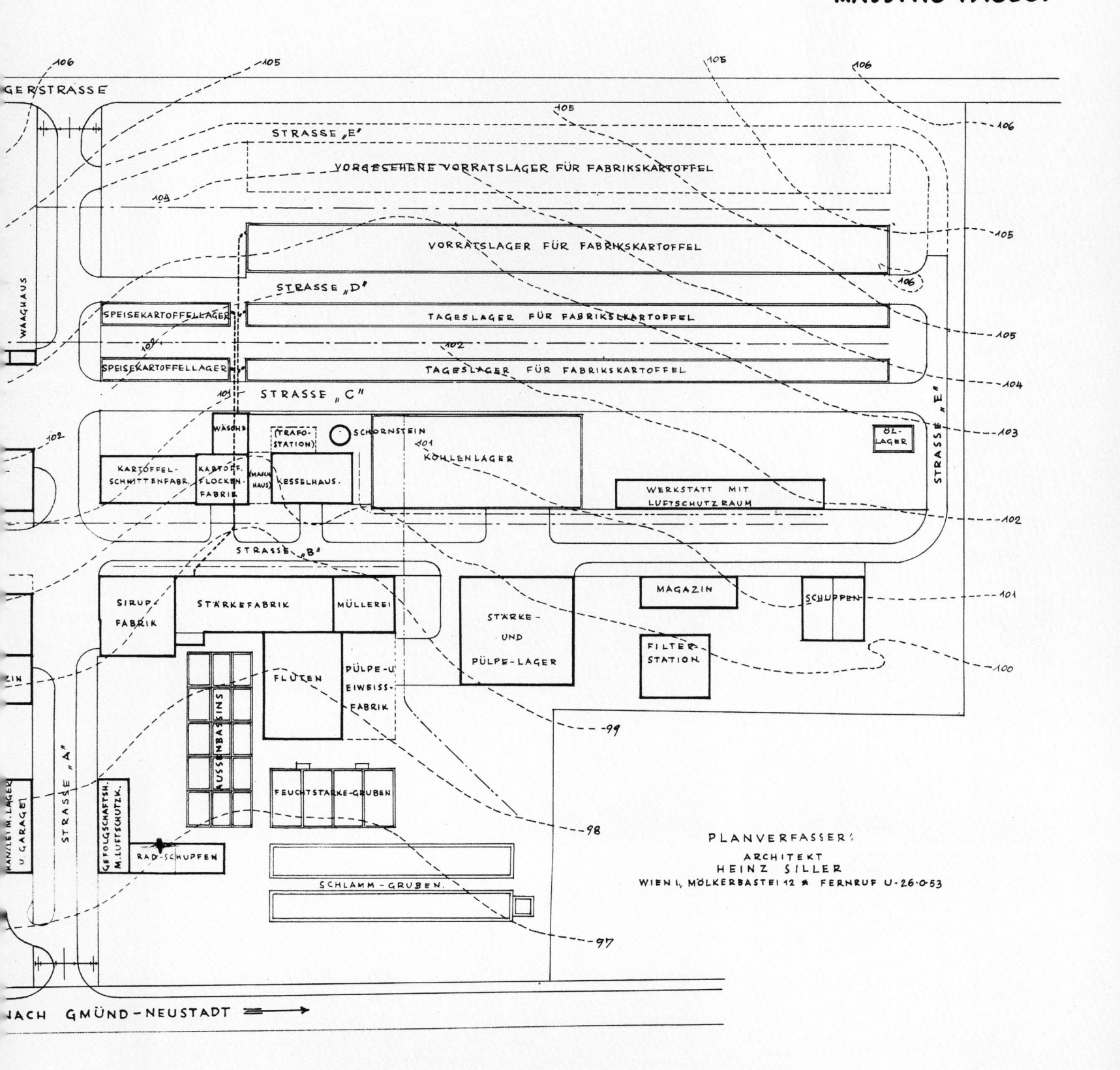

SCHAFTLICHE KARTOFFELVERWERTUNGS-A.G. WIEN I., SCHAUFLERGASSE 6,
MASSTAB 1:1000.

Z.N. 2838

STRASSE „E"

VORGESEHENE VORRATSLAGER FÜR FABRIKSKARTOFFEL

VORRATSLAGER FÜR FABRIKSKARTOFFEL

STRASSE „D"

SPEISEKARTOFFELLAGER — TAGESLAGER FÜR FABRIKSKARTOFFEL

SPEISEKARTOFFELLAGER — TAGESLAGER FÜR FABRIKSKARTOFFEL

STRASSE „C"

WAAGHAUS

WÄSCHE · (TRAFOSTATION) · SCHORNSTEIN · ÖL-LAGER

KARTOFFEL-SCHNITTENFABR. · KARTOFF.FLOCKENFABRIK · MASCHINENHAUS · KESSELHAUS · KOHLENLAGER · WERKSTATT MIT LUFTSCHUTZRAUM

STRASSE „B"

SIRUP-FABRIK · STÄRKEFABRIK · MÜLLEREI · STÄRKE- UND PÜLPE-LAGER · MAGAZIN · SCHUPPEN

FLUTEN · PÜLPE- U. EIWEISS-FABRIK · FILTERSTATION

AUSSENBASSINS

GEFOLGSCHAFTSH. M. LUFTSCHUTZK. · RAD-SCHUPFEN

FEUCHTSTÄRKE-GRUBEN

STRASSE „A"

KANZLEI M. LAGER U. GARAGE

SCHLAMM-GRUBEN.

NACH GMÜND-NEUSTADT ⇒

PLANVERFASSER:
ARCHITEKT
HEINZ SILLER
WIEN I, MÖLKERBASTEI 12 ★ FERNRUF U-26-0-53

Landwirtschaftliche
Kartoffelverwertungs AG
Gmünd

Der Wirtschaftszweig der Stärke- und Stärkederivatproduktion aus Kartoffeln, dessen Standorte traditionell in der Tschechoslowakei und in Ungarn konzentriert waren, hatte sich erst Ende der 1920er-Jahre in Österreich etabliert, wobei großteils importierte Rohware verarbeitet wurde. Dem so durch heimisches Überangebot entstandenen Preisverfall und der dadurch verursachten Krise in der Landwirtschaft sollte mit Absatzförderungen begegnet werden, deren zunächst nur punktuelle Maßnahmen keinen Umschwung brachten: So sollte mit einer 1924 erlassenen Steuererleichterung die Gründung meistens genossenschaftlich organisierter landwirtschaftlicher Spiritusbrennereien angeregt werden, die allerdings aufgrund räumlich beschränkter Einzugsgebiete nur Bauern dieser Zonen beliefern durften. Einfuhrbeschränkungen und Schutzzollverordnungen für Stärkeimporte stellten sich, eine ebenso protektionistische Reaktion in den Bezugsländern auslösend, im Sog der Wirtschaftskrise als kontraproduktiv für den österreichischen Export heraus. 1936 wurde als Maßnahme zur Stützung der Erzeugerpreise der Agrarindustrie ein Frachtkostenzuschuss für ihre Lieferbauern auferlegt, 1937 zur Absatzsteigerung der Stärkeindustrie eine Verordnung für Backbetriebe zur Beimischung denaturierter Kartoffelstärke erlassen.

    Mit der struktur- und agrarpolitischen Neuausrichtung des Landes nach dem ‚Anschluss' wurden die in Nieder- und Oberösterreich bestehenden Stärkefabriken der Hauptvereinigung der deutschen Kartoffelwirtschaft unterstellt und einer Reorganisation auf Basis der bereits von der Niederösterreichischen Landwirtschaftskammer konzipierten Strukturbereinigung durch Konzentration der Produktion in nach Speise- bzw. Futter- und Industriekartoffeln getrennten Anbaugebieten bei gleichzeitiger Intensivierung des Kartoffelbaus unterzogen. Betriebsschließungen und Verlagerung der gesamten Stärkeproduktion in einen neuen Großbetrieb, als dessen Standort im Zuge der Förderung strukturschwacher Regionen Einzugsgebiete wie Wald- und Mühlviertel infrage kamen, führten zur Projektierung eines Werks im Waldviertel, dessen Zweck infolge militärischen Verpflegungsbedarfs um die kriegswichtige Produktion von Trockenspeisekartoffeln erweitert wurde.

    Mit der Gründung der Landwirtschaftlichen Kartoffelverwertungs Aktiengesellschaft 1938 mit Sitz in Wien[1] wurde ein agrarindustrielles Unternehmen geschaffen, dessen ursprünglich auf genossenschaftlicher Basis und zur Förderung der regionalen Landwirtschaft geplante Struktur die österreichischen Proponenten gegen die großdeutschen raumordnungspolitischen Interessen zentralistischer Wirtschaftsplanung durchzusetzen versuchten. Nach Besichtigung des Anbaugebiets durch eine Abordnung der Hauptvereinigung der deutschen Kartoffelwirtschaft im September 1938 wurde unter Mitsprache der Landesbauernschaften und mit Berücksichtigung der Versorgung der Städte mit Speisekartoffeln von der strikten Gebietsaufteilung nach dem Verwertungszweck der Erdäpfel abgegangen wie auch die Auflassung aller bestehenden Stärkefabriken, unabhängig davon, ob sie in einem ihren Verarbeitungsbedarf deckenden Anbaugebiet lagen, aufgegeben wurde. Weiterhin bestehen bleiben sollte das Werk Moosbierbaum mit dem Einzugsgebiet Tullnerfeld, von dessen Anbaukapazität ein Teil für Speisekartoffel zur Versorgung von Wien reserviert und durch Flächen im Horner Raum kompensiert werden sollte, sowie bis zur Inbetriebnahme des neuen Werks im Waldviertel die Stärkefabrik Klosterneuburg und die erst 1936 errichtete Oberösterreichische Stärke- und Chemische Industrie in Aschach mit dem Einzugsgebiet Mühlviertel, die der neu gegründeten Kartoffelverwertungs AG durch ‚Arisierung' einverleibt wurde.[2] Die einzige davor im Waldviertel bestehende, 1935 in Gilgenberg von Oskar Willheim errichtete Stärkefabrik wurde wegen zu geringer Kapazität eingestellt, der Gutsbesitz im Zuge der nach dem ‚Anschluss' für Zwecke der Wehrmacht wie zur Ansiedlung von ‚Neubauern' vorrangig durch Zwangsverkauf jüdischer Besitzungen durchgeführten Landbeschaffungsaktion von der Deutschen Ansiedlungsgesellschaft ‚arisiert', deren Sitz das

Werkseinfahrt Agrana /
2009

>
Kanzleigebäude,
nach Fertigstellung 1941

Baustelle Kanzleigebäude /
1940/41

Gefolgschaftsraum,
Waschraum /
nach Fertigstellung 1941

>>
Plan Gefolgschaftshaus /
Heinz Siller, Wien /
1940

ebenfalls Willheim abgenötigte Gut Oberwaltersdorf südlich von Wien werden sollte.[3] Werksstandort der Landwirtschaftlichen Kartoffelverwertungs AG sollte, wie bereits 1934 von der Niederösterreichischen Landwirtschaftskammer in Aussicht genommen,[4] zunächst Schwarzenau sein; dementsprechend erteilte die Hauptvereinigung der deutschen Kartoffelwirtschaft am 16.3.1939 die Betriebsgenehmigung für eine „Kartoffelstärkemehlfabrik in Schwarzenau für eine Kartoffelverreibung von 2.000 dz [Doppelzentner = 100 kg] innerhalb 24 Stunden zur Herstellung von Kartoffelstärkemehl und Sirup", mit der Bedingung, dass „die bisherigen Betriebe der ‚Monopol' Fabrik für Stärke und chemische Produkte Gesellschaft m.b.H. in Klosterneuburg und die Stärkeprodukte- und Sirupfabrik r.G.m.b.H. i.L., Wien, auf den von mir genehmigten Betrieb in Schwarzenau übergehen". Mit gleichem Datum erfolgte auch die am 7.3.1939 beantragte Genehmigung einer „Kartoffelflockenanlage für eine Leistung von 1.000 dz Kartoffelverarbeitung innerhalb 24 Stunden" wie am 11.5.1939 der am 8.5.1939 angesuchten „Herstellung von Dextrose (Traubenzucker) und […] getrocknetem Stärkesirup (Dryose) unter der Bedingung, dass dadurch die von mir genehmigte Kartoffelverreibung von 2.000 dz Kartoffeln innerhalb von 24 Stunden nicht vergrößert wird", zugestimmt wurde.[5] Die endgültige Entscheidung über den neuen Werksstandort im Waldviertel, die neben der landwirtschaftlichen Neuorganisation intensivierten Kartoffelanbaus wesentlich von vorhandenen Wasserressourcen und Abwasserentsorgungsmöglichkeiten sowie Bahnanschluss und Arbeitskräftepotenzial abhing, sollte aber, wie im Schreiben der Hauptvereinigung der deutschen Kartoffelwirtschaft vom 28.6.1939 rubriziert, auf Gmünd fallen. Die „Verlagerung der neu zu errichtenden Fabrik von Schwarzenau nach Gmünd", die am 22.6.1939 zusammen mit dem Antrag auf „Erweiterung dieses neuen Betriebs um die Herstellung von Trockenspeisekartoffeln mit einer Leistung von 5 to Trockengut in 24 Stunden" beschieden wurde,[6] macht die rüstungspolitische Neuausrichtung der Produktion zur prioritären Versorgung der Wehrmacht mit Trockenkartoffeln wie das Interesse des Oberkommandos des Heeres an einer beschleunigten Errichtung des Werks deutlich. Infolgedessen war für das vom Generalbevollmächtigten für das deutsche Bauwesen in die Reihe ‚kriegswichtiger' Bauten aufgenommene Bauvorhaben im Fall von Schwierigkeiten beim „Fortgang des Baues und der Beschaffung der Maschinen" die Rüstungsinspektion als zuständige Dienststelle einzubeziehen.[7] Hatte die Hauptvereinigung für die „in das Baustoffjahr 1939/40" fallende Anlage umgehend einen „Plan über den Baustoffbedarf" und „bis zum 15.7. ds. Js. einen schätzungsweisen Überblick über den für die Errichtung dieses Betriebes notwendigen Bedarf an Zement, Eisen einschließlich Stahl und Holz" verlangt, wurde mit der Gewährung einer „Reichshilfe zur technischen Verbesserung und Erweiterung Ihrer Kartoffel-Trocknungs-Anlage (Gmünd)" in Höhe von RM 1,2 Mio am 30.12.1939 die Finanzierung des für Zwecke der Wehrmacht essenziellen Produktionssektors sichergestellt.[8] Insgesamt sollten die mit RM 4 Mio veranschlagten und im Auftrag des Reichsernährungsministers mit einem Reichsanteil von 50% sowie unter Beteiligung der landwirtschaftlichen Genossenschaften finanzierten Errichtungskosten letztlich RM 9 Mio ausmachen.[9]

Als Bauplatz für das Werk Gmünd wurde das 14 ha große Betriebsgelände der 1933 stillgelegten BUHAG Bau- und Holzindustrie AG ins Auge gefasst, das, im August 1938 bereits von einem branchengleichen Unternehmer ‚arisiert', durch Verweigerung der Wiederinbetriebnahme des Sägewerks „aus marktordnenden und wirtschaftspolitischen Gründen" verfügbar gemacht wurde und mit Kaufvertrag vom 25.4.1940 in den Besitz der Landwirtschaftlichen Kartoffelverwertungs AG überging.[10] Im März 1940 wurde der Bau des wegen „der Herstellung von Trockenspeisekartoffel für das Feldheer" ‚kriegswichtigen' Werks mit einer traditionellen Spatenstichzeremonie propagandawirksam initiiert und nach den Plänen des Wiener Architekten Heinz Siller > Architekten / Künstler 397, der 1936 in Bürogemeinschaft mit Paul Fischel bereits

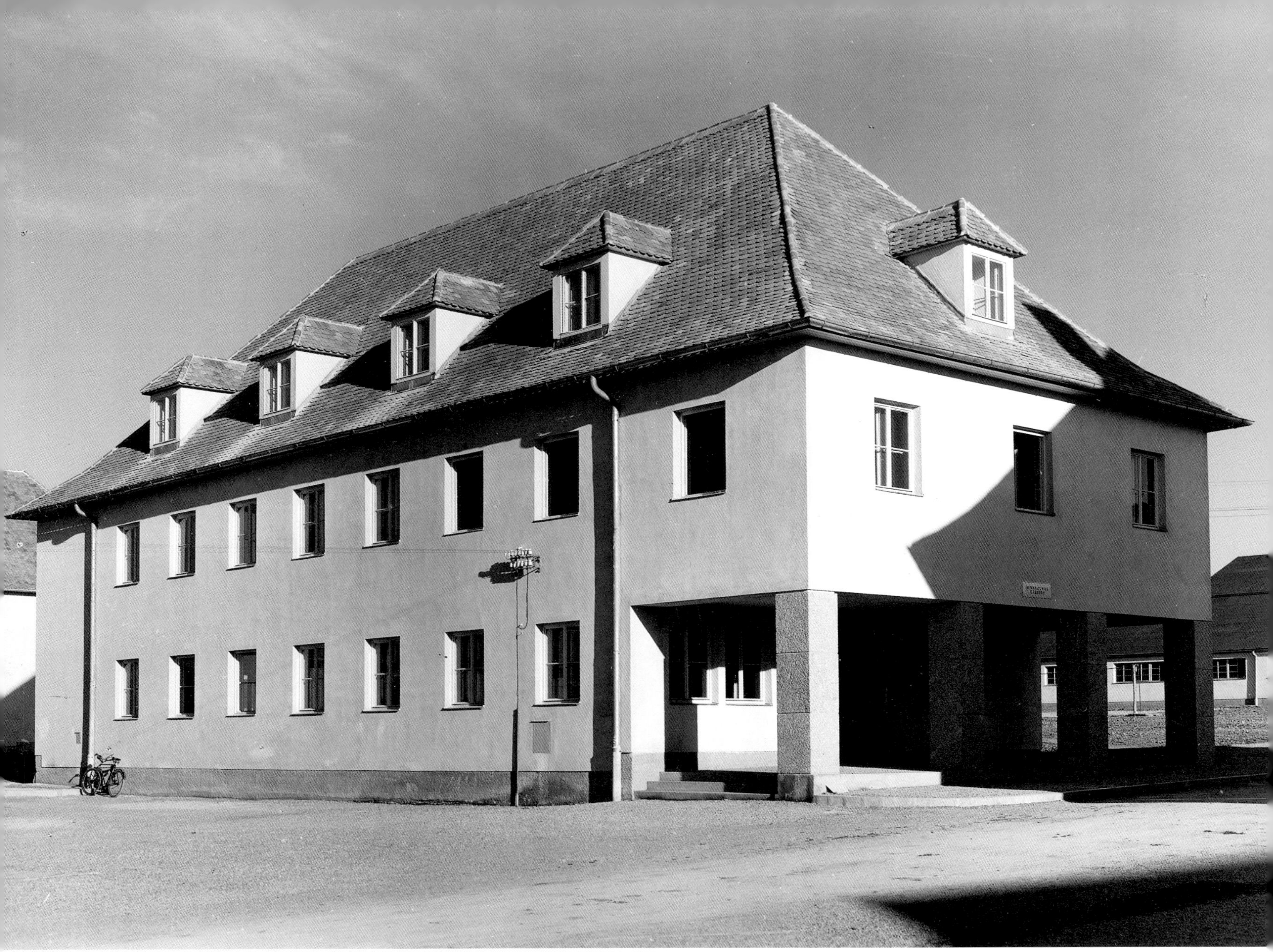

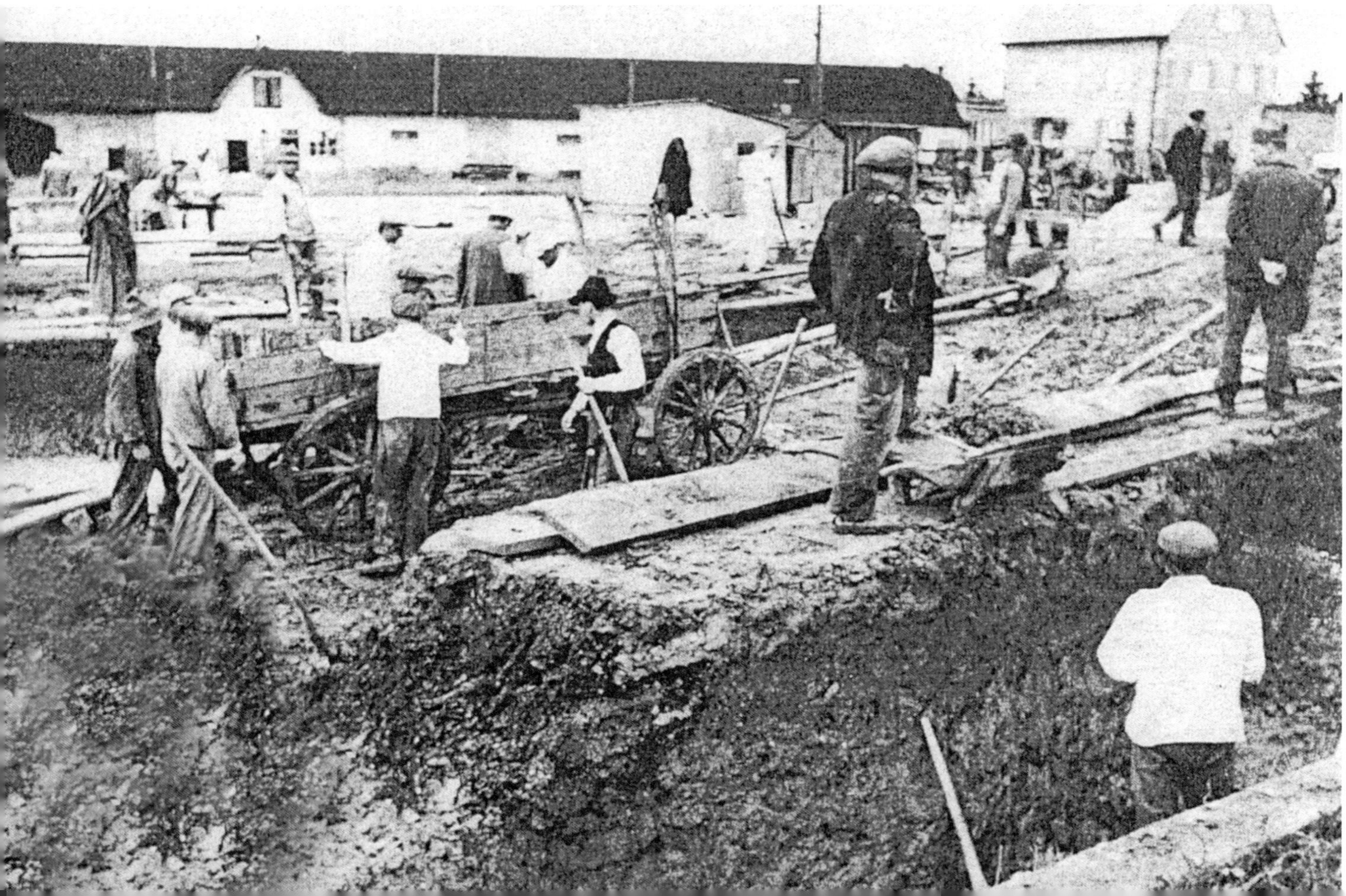

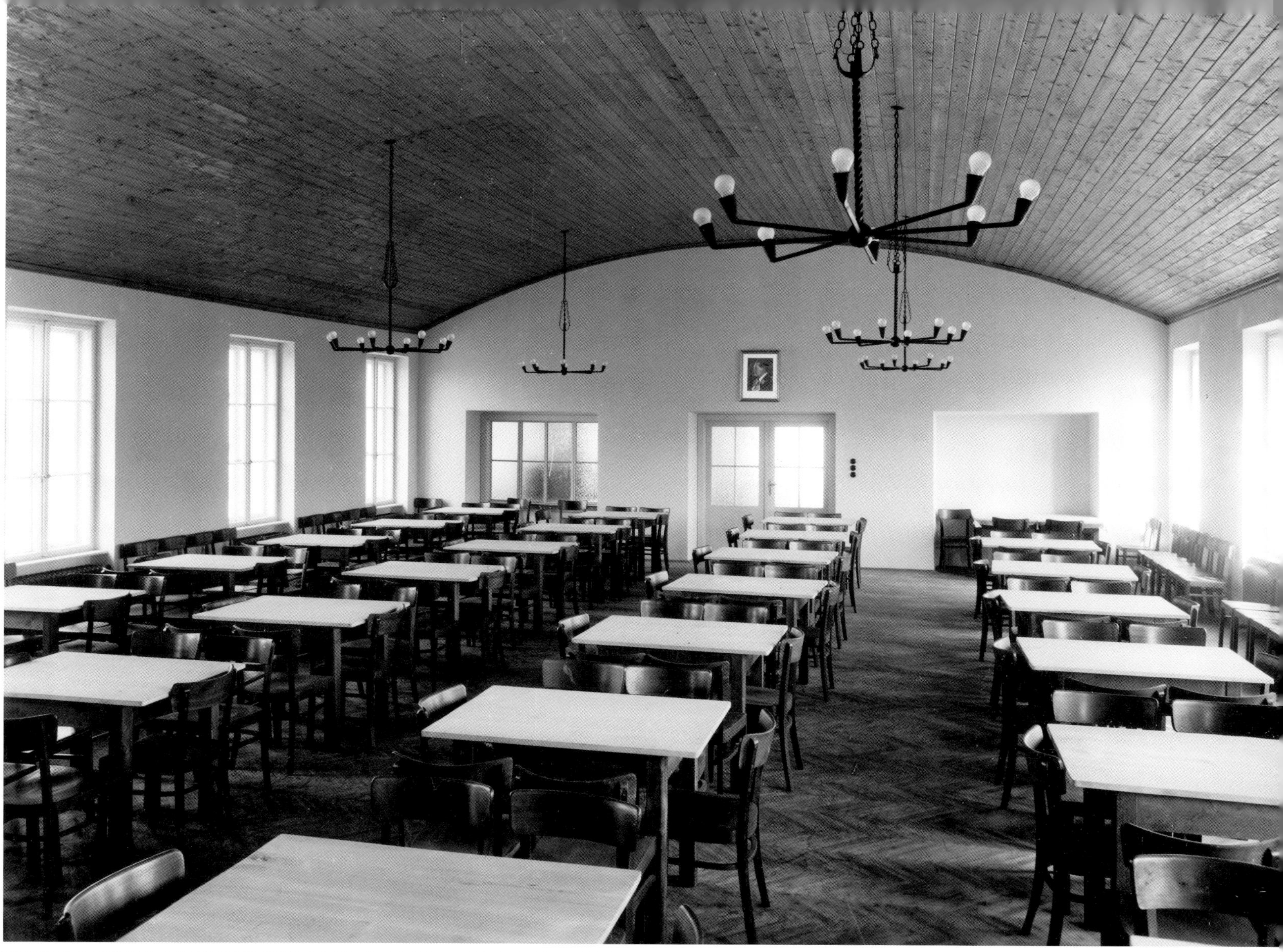

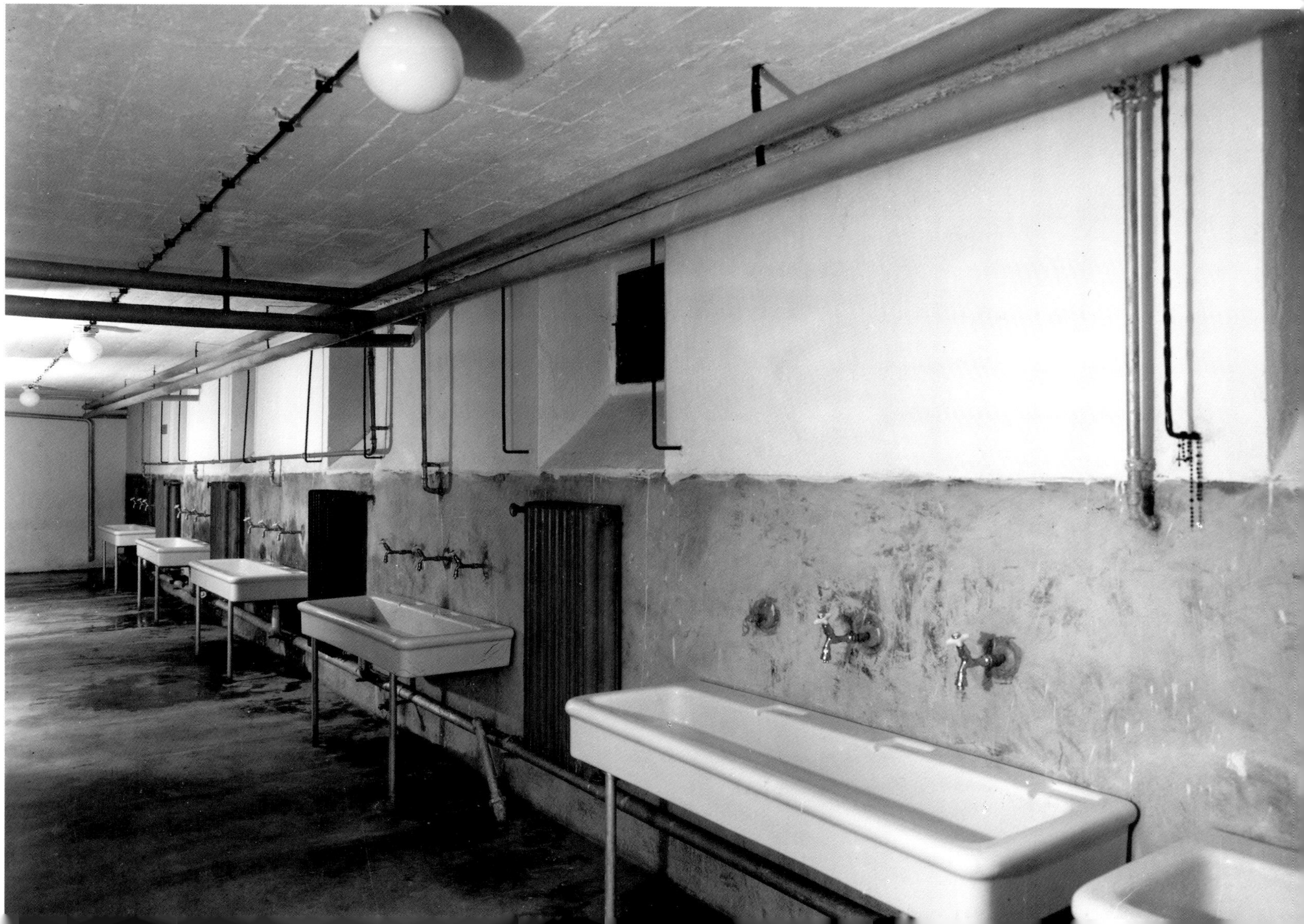

PLAN ZUR ERRICHTUNG EINES GEFOLGSCHAFTSHAUSES FÜR DIE LAN
IN GMÜND, N.D. GRUNDE

MASSTAB 1:100

VORDERANSICHT

SCHNITT A-B

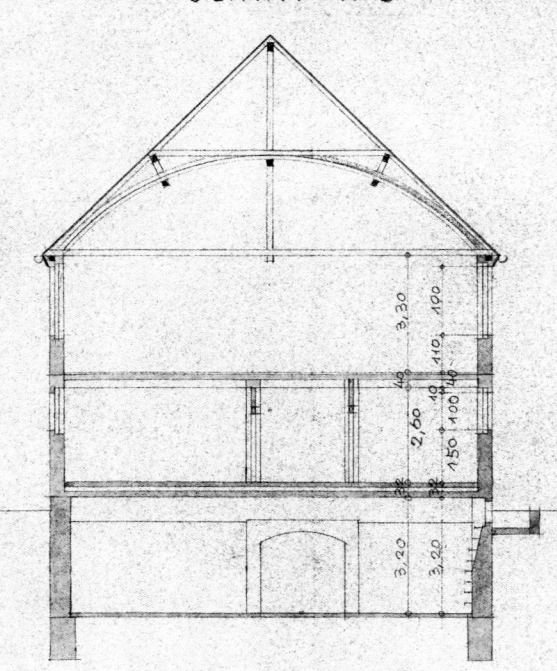

SEITENANSICHT

BAUHERR:
Landwirtschaftliche
Kartoffelverwertungsaktiengesellschaft

BAUFÜHRER:
Dipl. Ing. Anton Leyrer
beh. autor. u. beeid. Zivilingenieur
für Hochbau
Bau- und Zimmermeister
Gmünd, Nieder-Donau

WIEN, IM MAI 1940

Z.N 2885

...RTSCHAFTLICHE KARTOFFELVERWERTUNGS-A.G. WIEN I, SCHAUFLERG. 6,
... GMÜND 1, E.Z. 937

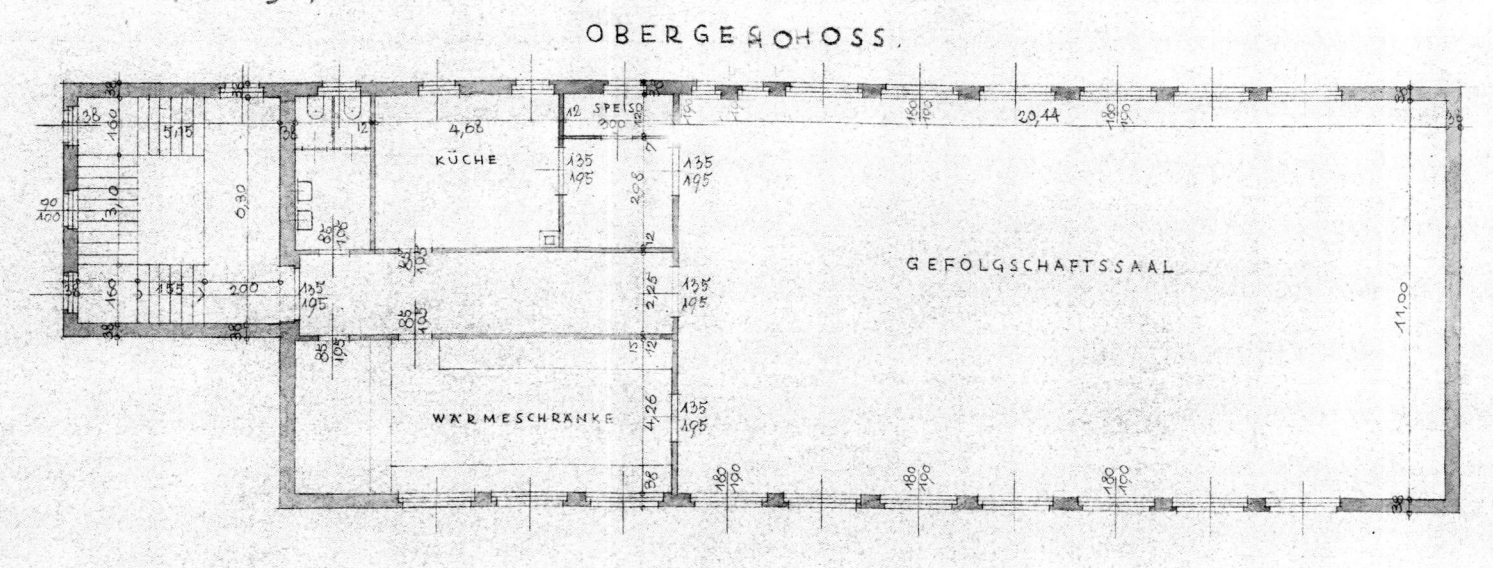

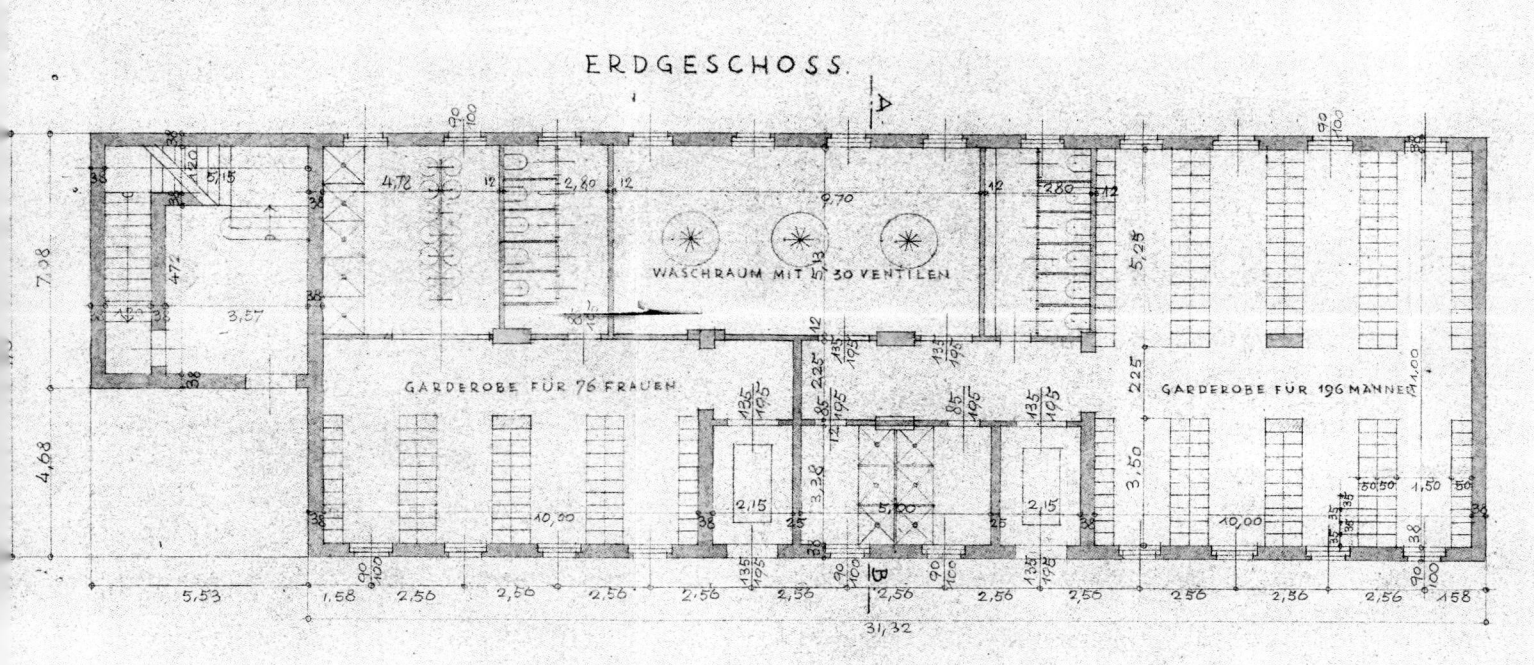

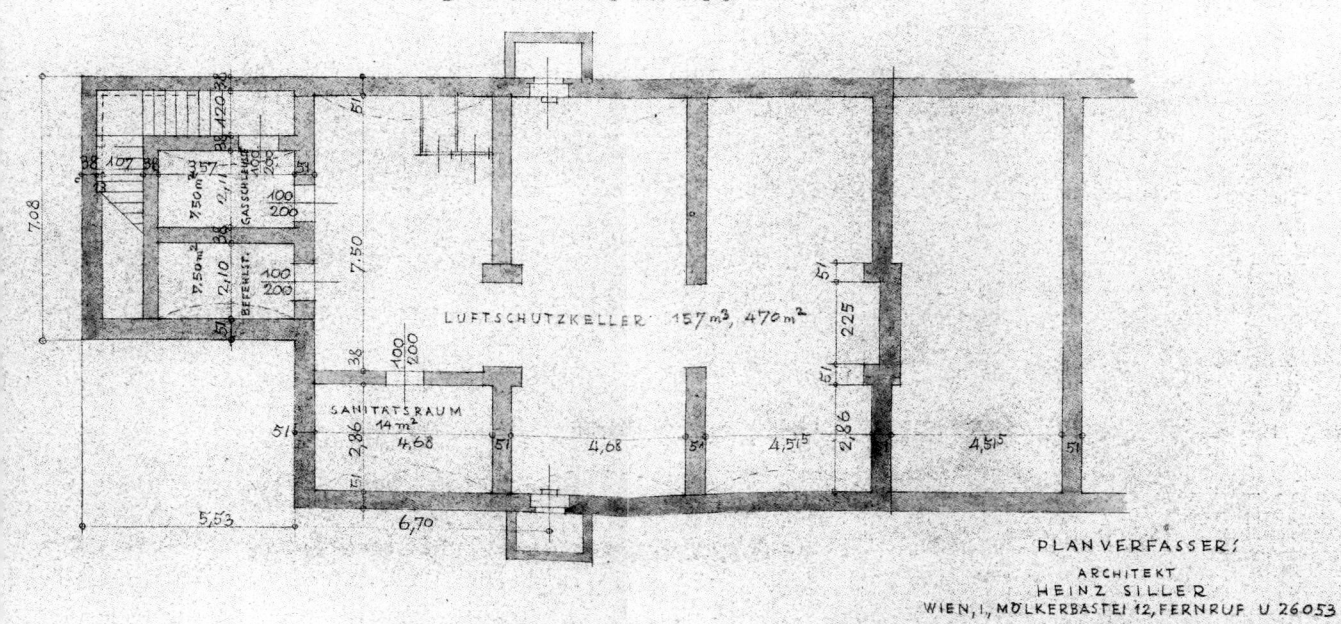

OBERGESCHOSS.

KÜCHE
SPEISE
GEFOLGSCHAFTSSAAL
WÄRMESCHRÄNKE

ERDGESCHOSS.

WASCHRAUM MIT 30 VENTILEN
GARDEROBE FÜR 76 FRAUEN
GARDEROBE FÜR 196 MÄNNER

KELLERGESCHOSS

GASSCHLEUSE
BEDFNST.
LUFTSCHUTZKELLER 157 m³, 470 m²
SANITÄTSRAUM 14 m²

PLANVERFASSER:
ARCHITEKT
HEINZ SILLER
WIEN, I, MÖLKERBASTEI 12, FERNRUF U 26053

die Stärkefabrik in Aschach geplant hatte und nach dessen antisemitisch erzwungener Emigration ab 1938 mit Josef Heinzle als Partner arbeitete, in Angriff genommen.

In kurzer Bauzeit 1940/41 errichtet und heute zum Teil wesentlich überbaut, geben Sillers Entwürfe der Produktions-, Verwaltungs- und Wohngebäude sowie Außenanlagen vom Mai 1940[11] und historische Fotos nach deren Fertigstellung eine sachliche bzw. traditionalistische Architektur zu lesen, die, wie die meisten Industriebauten des Nationalsozialismus, keinem ideologisch regulierten Formenkanon folgten. Nahezu unverändert erhalten und weitgehend in gleicher Nutzung präsentiert sich das neben dem Wohngebäude für leitende Angestellte als Straßenfront dem Werk vorgelagerte, symmetrisch angelegte Ensemble aus Verwaltungs- und ‚Gefolgschaftsgebäude', das zusammen mit 2 Garagenbauten am Vorplatz die Werkseinfahrt bestimmt, die von wuchtigen, pyramidal zugespitzten Betonquadern markiert wird. Die beiden an der Haupterschließungsachse angeordneten, 2-geschossigen Bauten mit allseits gaupenbesetzten und biberschwanzgedeckten Walmdächern bilden die Passierstelle ins Werk und zeigen, abgesehen von einem kosmologisch angehauchten Fassadenrelief bäuerlicher Schollenbindung, das angeblich nach 1945 angebracht und vermutlich ein anderes, auf Sillers Entwurf nur angedeutetes Kunstwerk ersetzt hat, eine konservative Formulierung, deren Unverbindlichkeit das anschließende Direktorenwohnbaus mit hölzernen Fensterläden und steingefassten Eingängen unter säulengetragenem Vordach, nach dem Gestaltungskatalog der Stuttgarter Schule zur Stadtvilla transformiert, nicht teilt. Eine 1942 vom fertiggestellten Werk erstellte Fotodokumentation, die neben Ansichten auch Einblick in Innenräume gibt, führt, etwa beim ‚Gefolgschaftsraum' unter dem Blick von Göring, die zentral von der DAF gelenkten Designvorgaben des Amts Schönheit der Arbeit vor, dessen ästhetische Richtlinien einfaches, aber gediegenes Mobiliar und, bodenständige Handwerklichkeit unterstreichend, bevorzugt schmiedeeiserne Luster verlangten.[12]

Die Baugenehmigung, mit der zeitgleich auch die komplexe wasserrechtliche Kommissionierung der private Grundstücke tangierenden und die Reichsbahn mehrfach kreuzenden „Wasserversorgungsanlage und Abwassereinleitung in die Lainsitz in Gmünd" erfolgen sollte, wurde mit Verweis auf die ‚Kriegswichtigkeit' des Baus am 13.8.1940 dringend beantragt – „da wir ohne bau- und gewerbebehördliche Genehmigung nicht mit der Ausführung der Hochbauten beginnen können" – und nach im Extrazimmer des Hotels Hackl anberaumter Verhandlung, an der als Vertreter des Unternehmens auch der spätere Werksdirektor, DI Dr. Herbert Peikert, teilnahm, am 12. und 13.9.1940 durchgeführt. Nach mit Bescheid vom 23.11.1940 erteilter „Gewerbe- und baubehördlicher Genehmigung zur Errichtung einer Kartoffelverwertungsanlage in Gmünd Neustadt" konnte mit der an die örtliche Firma DI Anton Leyrer als ‚Bauführer' vergebene Ausführung des Industriekomplexes begonnen werden.[13] Die Bauleitung lag in Händen des Technikers Franz Zawadil, der auch andere Großprojekte Sillers betreute und dessen ‚UK-Stellung' bis 1943 laufend verlängert wurde;[14] wegen der knappen Fertigstellungsfrist bis zur nächsten Kartoffelernte im Herbst 1941 reiste Siller wöchentlich, wie ebenfalls auf einem Foto festgehalten, zu Besprechungen an, nach Einstellung des Schnellzugs nach Gmünd 1941 mit dem PKW eines Mitarbeiters, für den das kriegswichtige Projekt eine Benützungsbewilligung erwirken ließ.[15] Von durchschnittlich am Bau eingesetzten 680 Arbeitskräften, die Fotos von der Baustelle durchwegs ohne Maschinen bei manueller Arbeit zeigen, entfiel der überwiegende Anteil auf Kriegsgefangene aus Frankreich und Belgien sowie ZwangsarbeiterInnen aus Polen und der Tschechoslowakei,[16] die unter Zeitdruck und militärischer Bewachung in rd. 3 Mio Arbeitsstunden die Errichtung des Werks leisteten wie dessen Produktion nahezu zur Gänze von Kriegsgefangenen und ZwangsarbeiterInnen verschiedener Nationen erarbeitet wurde.[17]

Direktorenwohnhaus /
nach Fertigstellung 1941

/ 2009

Trotz ungelöster Probleme bei der Abwasserentsorgung – Kanalbauten, die von der Gemeinde für städtebauliche Projekte vorgesehene Liegenschaften tangierten, die „vorwiegend zu den Erbauungen des neuen Stadtviertels (Ämter und Behörden) herangezogen" werden sollten, aber durch den 1941 für ‚nicht kriegswichtige' Vorhaben verhängten Baustopp aufgeschoben werden mussten, waren am 4.6.1941 bei der wasserrechtlichen Behörde des Reichsstatthalters beantragt worden – konnte im November 1941 planmäßig der Probebetrieb aufgenommen werden. Auch forderte der Bürgermeister am 26.6.1941 im Verweis auf den Verbauungsplan im Flussgebiet ein „Stauteichprojekt" zu berücksichtigen ein, mit dem die betriebliche Abwassereinleitung in die Lainsitz kollidierte und 1942 durch Verschlammung und Schaumbildung neben Schäden an anliegenden Mühlen eine ökologische Katastrophe mit massivem „Fischsterben von Gmünd abwärts, das sich bereits über die Protektoratsgrenze ausweite und die Teichwirtschaft gefährde", verursachen sollte, die erst nach anhaltenden Protesten und Schadenersatzforderungen der Betroffenen 1944 vom Unternehmen bereinigt wurde. Auch im Bereich der Nutzwasserversorgung, die wegen des hohen Wasserbedarfs während der sogenannten Kampagne von Herbst bis Frühjahr zusätzlich zum Pumpwerk an der Lainsitz durch eine Leitung vom in Werksnähe gelegenen Aßangteich gesichert werden sollte, ging es nicht ohne Kontroversen ab. Konfrontiert mit der Anordnung des OKH, der Betrieb müsse, „um die Produktion von Trockenspeisekartoffeln für die Versorgung des Feldheeres aufzunehmen", im März 1942 in Betrieb gehen, verwies Bürgermeister Retinger auf die erst am 25.2.1942 erfolgte Vorlage der Planungsunterlagen vom 25.8.1941, und wies den Vorwurf, abgesehen von der eventuell während des Krieges tolerierbaren, sonst aber geforderten Änderung der Trassierung, Stadtplaner Doz. Dr. Böck für „Verzögerungen einer kriegswirtschaftlichen Maßnahme" verantwortlich zu machen, zurück. Nach dem „Teichwasserübereinkommen" mit Dr. Hubert Habsburg-Lothringen scheint die am 4.3.1942 beantragte „Wasserrechtliche Kommissionierung einer Nutzwasserleitung vom Assangteich" bereits in Bau gewesen zu sein.[18]

Nachdem im Dezember 1941 die Betriebsgenehmigung zur „Erzeugung von Trockenspeisekartoffeln, Kartoffelflocken, Pülpe, Eiweißmischfutter, Kartoffelstärke, Sirup, Stärkezucker in fester und pulverisierter Form, Stärke- und Stärkeerzeugnisse für technische – und Genusszwecke" erteilt worden war, fand am 24.9.1942 die offizielle Eröffnungsfeier des Werks statt, bei der Hugo Olbrich, Beauftragter der österreichischen Kartoffelwirtschaft, den wesentlichen finanziellen und wirtschaftlichen Beitrag der landwirtschaftlichen Genossenschaften am Zustandekommen des Werks unterstrich.[19] Die Produktion, wofür die Rohware auf Basis von Anbau- und Lieferverträgen mit Bauern aus dem nach der Eingliederung der Sudetengebiete in das ‚Großdeutsche Reich' um Agrarflächen in Südböhmen erweiterten Bezirk Gmünd bezogen wurde, lief während der Kampagne im 3-Schichtbetrieb; die eingeplante Verarbeitungsmenge aufzubringen, nachdem Vertragsbauern wegen des kriegsbedingten Arbeitskräftemangels in der Landwirtschaft die Lieferkontingente nur zur Hälfte erfüllen konnten, und 1944 auf 43.000 t zu steigern, konnte durch Frachtzüge voll Speisekartoffeln erreicht werden, die nach Luftangriffen auf der Strecke geblieben und nach Gmünd umgeleitet wurden.[20] Zur Entladung der Waggons in die Bunkeranlagen wie zur Verarbeitung der Rohware in den verschiedenen Produktionen wurden bei ca. 600 Beschäftigten überwiegend Kriegsgefangene und ZwangsarbeiterInnen eingesetzt, zu denen ab Mitte 1944 auch 144 aus Ungarn deportierte und von den Transporten nach Auschwitz vorerst ausgenommene Jüdinnen und Juden zählten. Auf deren Internierung und Ausbeutung verweisen erhaltene Barackenunterkünfte, die, als Depot genützt, den Konnex von Lager und Werk anschaulich machen.[21] > Barackenbauten 291

1945 ermöglichte die Eigentümerstruktur der Landwirtschaftlichen Kartoffelverwertung AG, an der neben dem ‚Reichsnährstand' landwirtschaftliche Genossenschaften wesentliche Anteile hielten, das Unternehmen als ‚Deutsches Eigentum' vor der Übernahme in USIA-Verwaltung zu bewahren wie in Verhandlungen mit der amerikanischen Besatzungsmacht erreicht werden konnte, das durch ‚Arisierung' angeschlossene Werk Aschach weiter im Unternehmensverband zu halten. 1964 der Österreichischen Agrarindustrie AG eingegliedert und 1988 in Agena Stärke Ges.m.b.H. unbenannt, ist das Werk Gmünd heute Teil des Nahrungsmittelkonzerns Agrana mit wesentlicher Beteiligung der Raiffeisen-Holding.[22]

Plan Kartoffelflocken- und
Kartoffelschnittenfabrik /
Heinz Siller, Wien /
1940

Baustelle /
1940/41

/ nach Fertigstellung 1941

>
Plan Kartoffelflocken- und
Kartoffelschnittenmagazin /
Heinz Siller, Wien /
1940

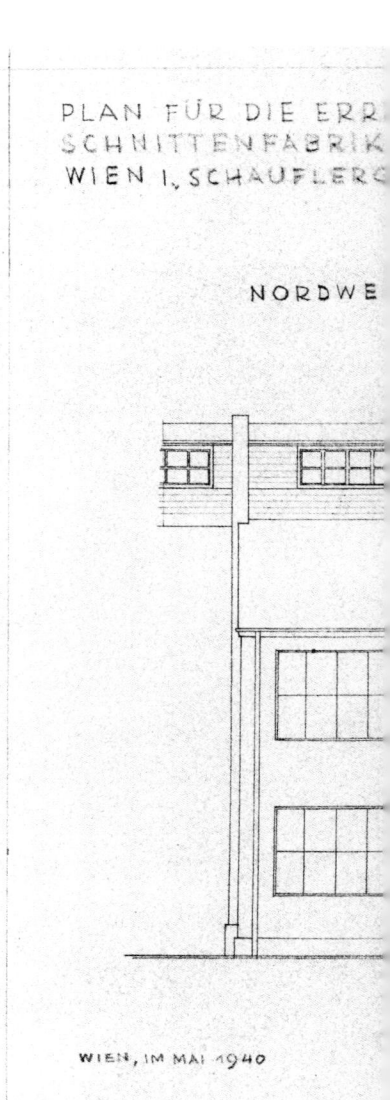

...TUNG EINE KARTOFFELFLOCKEN- UND KARTOFFEL-
...R DIE LANDWIRTSCHAFTLICHE KARTOFFELVERWERTUNGS-A.G.
...EG, IN GMÜND, N.D., GRUNDBUCH GMÜND 1, EZ.937

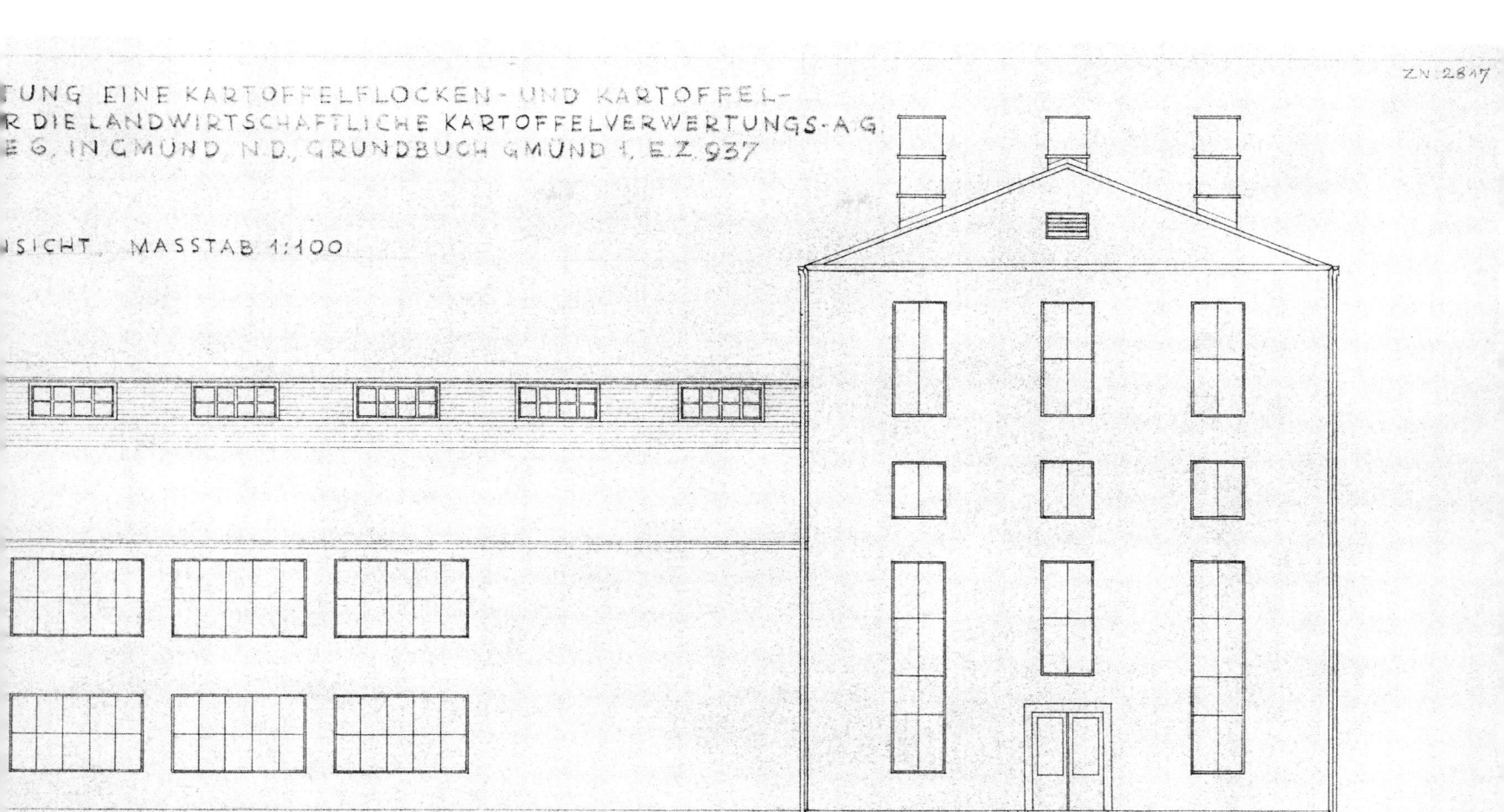

...NSICHT. MASSTAB 1:100

ZN:2847

BAUHERR:
Landesverband
Kartoffelverwertungsgen...

BAUFÜHRER:
Dipl. Ing. Anton Leyrer
beh. autor. u. beeid. Zivilingenieur
für Hochbau
Bau- und Zimmermeister
Gmünd, Nieder-Donau

PLANVERFASSER:
ARCHITEKT
HEINZ SILLER,
WIEN I, MÖLKERBASTEI 12 × FERNRUF U 26053

PLAN ZUR ERRICHTUNG EINES KARTOFFELFLOCKEN- U.-SCHNITTENMAGAZINES FÜR DIE LANDWIRTS

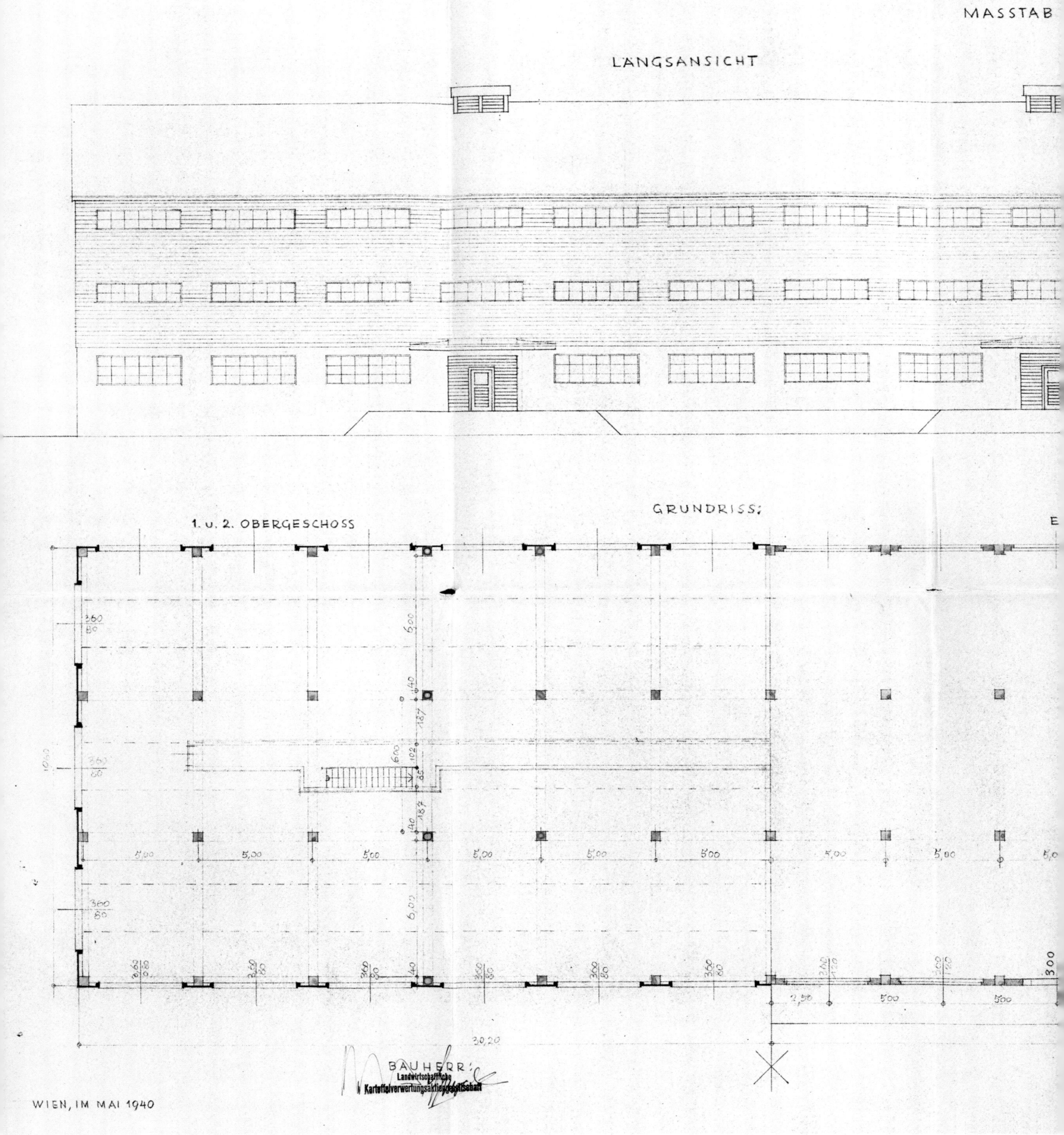

MASSTAB

LÄNGSANSICHT

GRUNDRISS

1. u. 2. OBERGESCHOSS

BAUHERR:
Landwirtschaftliche
Kartoffelverwertungsaktiengesellschaft

WIEN, IM MAI 1940

Stärkefabrik /
nach Fertigstellung 1941

Pülpe- und Eiweißfabrik /
nach Fertigstellung 1941

Plan Pülpe- und Eiweißfabrik /
Heinz Siller, Wien /
1940

<
Plan Stärkefabrik /
Heinz Siller, Wien /
1940

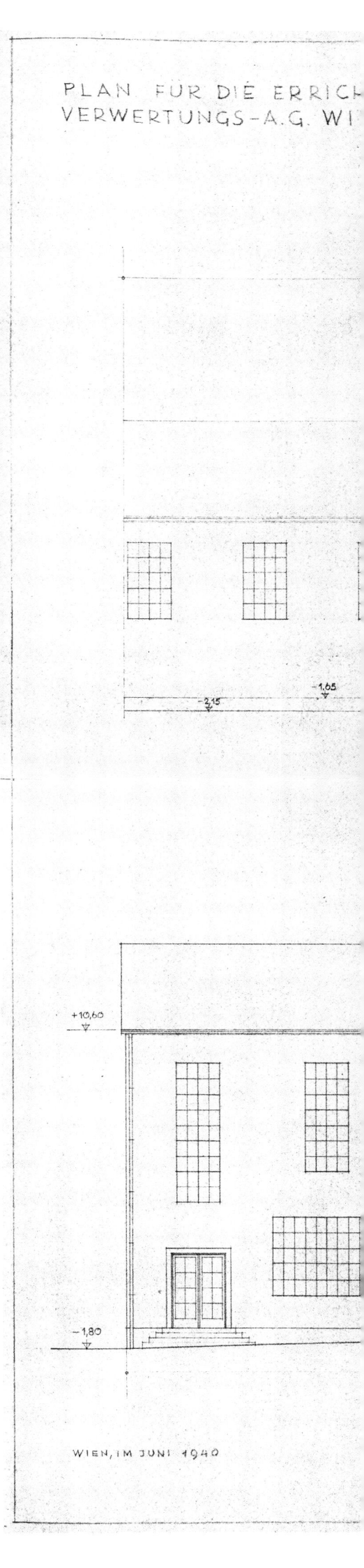

...OFFELVERWERTUNGS-A.G. WIEN I, SCHAUFLERGASSE 6, IN GMÜND, N.D.

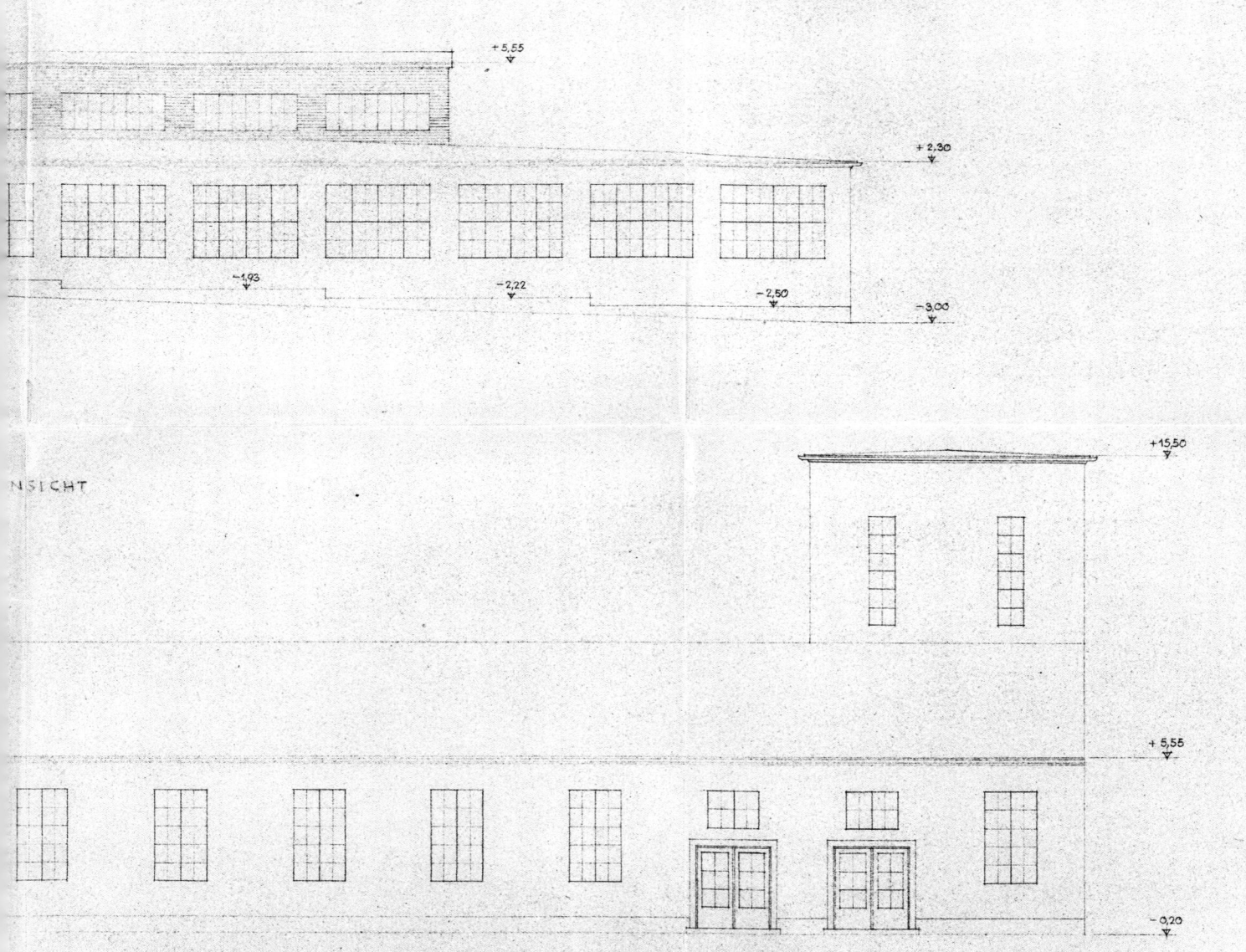

Z.N. 2828

BAUFÜHRER:
Dipl. Ing. Anton Leyrer
beh. autor. u. beeid. Zivilingenieur
für Hochbau
Bau- und Zimmermeister
Gmünd, Nieder-Donau

PLANVERFASSER:
ARCHITEKT
HEINZ SILLER
WIEN I, MÖLKERBASTEI 12 ★ FERNRUF U 26053

PLAN ZUR ERRICHTUNG EINER STÄRKEFABRIK FÜR DIE LANDWIRTSCHAFTLICHE
GRUNDBUCH GMÜND 1, E.Z.937
MASSTAB 1:100

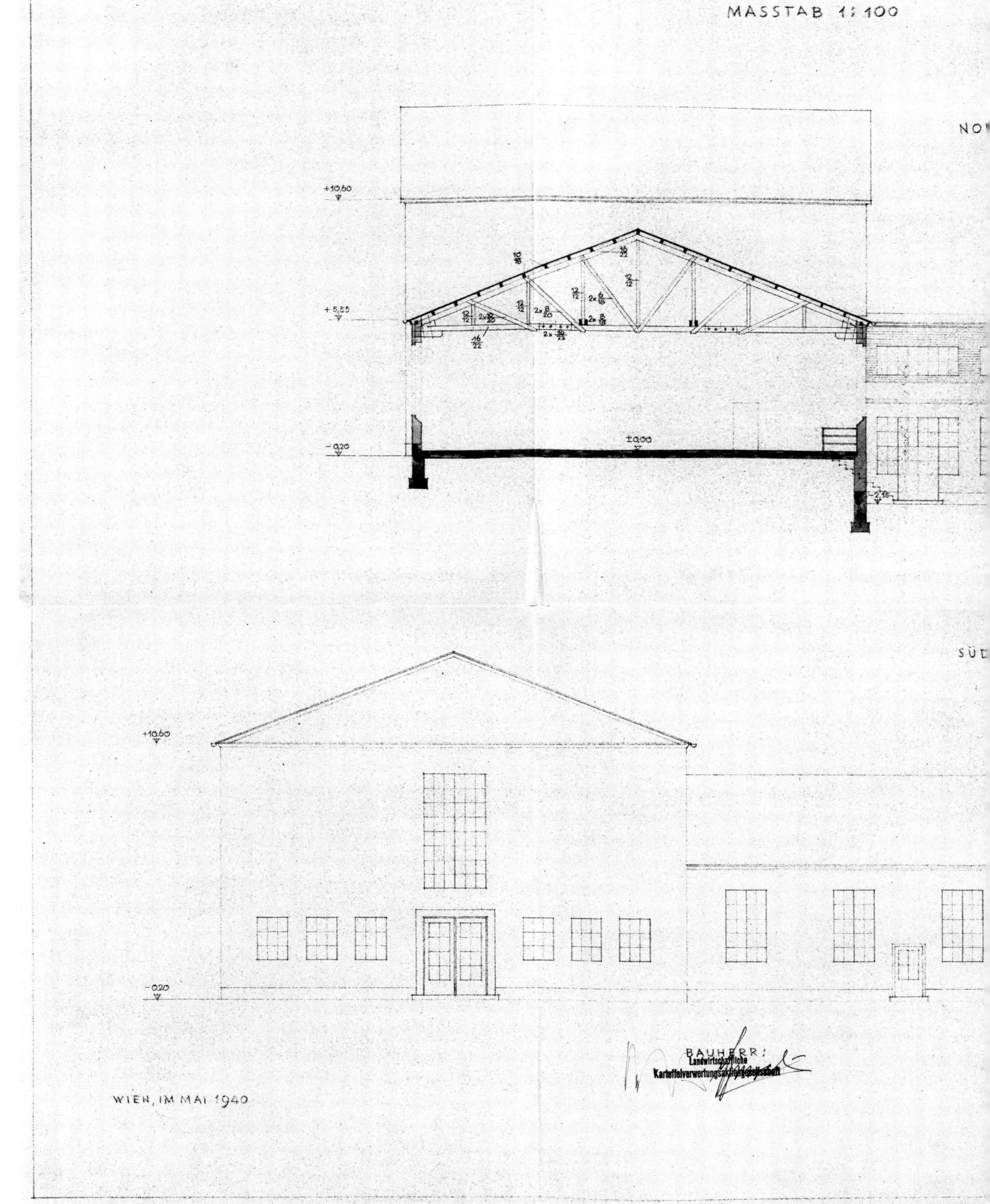

WIEN, IM MAI 1940

BAUHERR:
Landwirtschaftliche
Kartoffelverwertungsaktiengesellschaft

...TLICHE KARTOFFELVERWERTUNGS-A.G. WIEN I, SCHAUFLERGASSE 6, IN GMÜND, N.D. GRUNDB. GMÜND 1, EZ 937

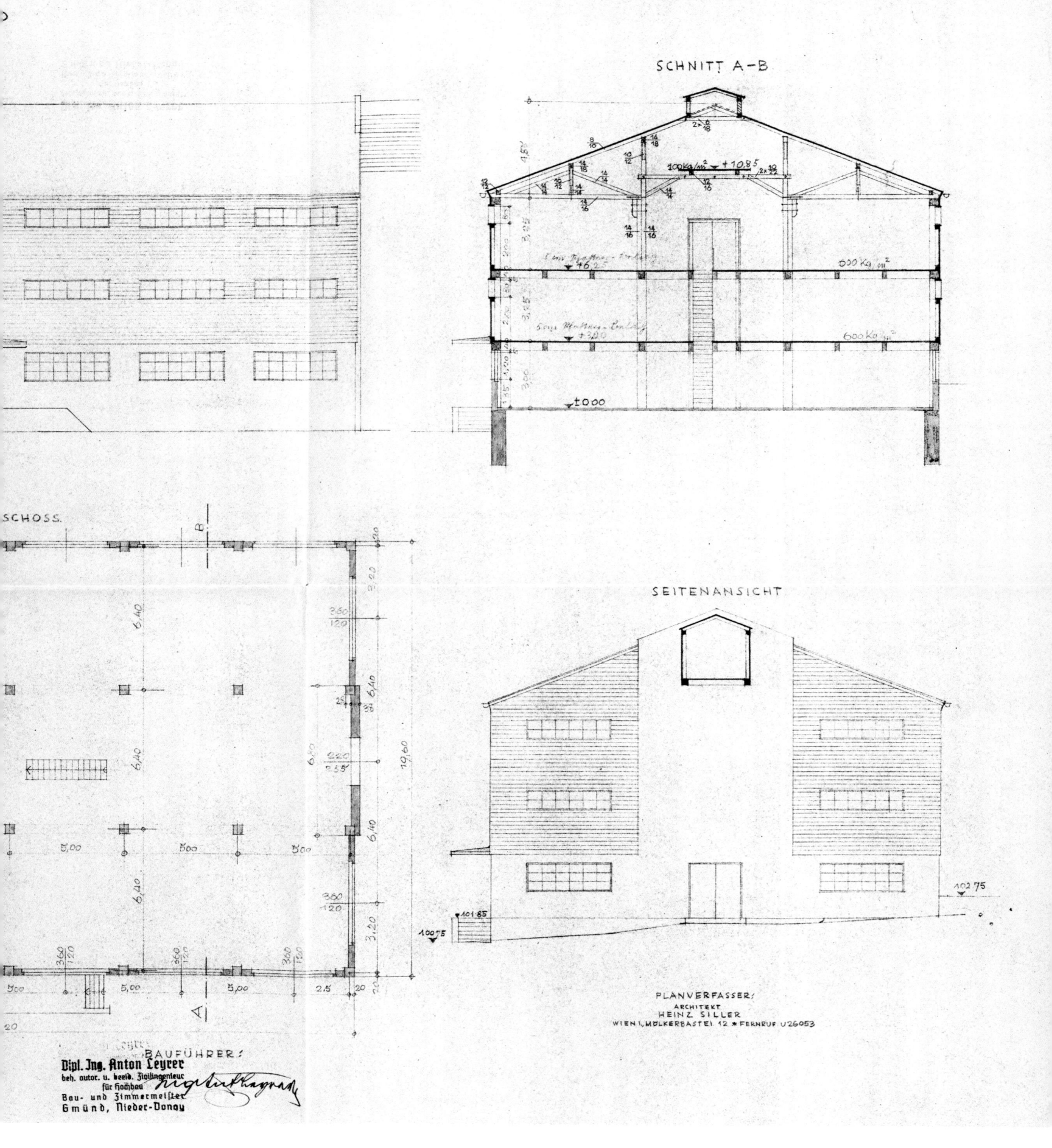

SCHNITT A-B

SEITENANSICHT

PLANVERFASSER:
ARCHITEKT
HEINZ SILLER
WIEN I, MÖLKERBASTEI 12 ★ FERNRUF U26053

BAUFÜHRER:
Dipl. Ing. Anton Leyrer
beh. autor. u. beeid. Zivilingenieur
für Hochbau
Bau- und Zimmermeister
Gmünd, Nieder-Donau

G EINER PÜLPE- UND EIWEISSFABRIK FÜR DIE LANDWIRTSCHAFTLICHE KARTOFFEL-
SCHAUFLERGASSE 6, IN GMÜND, N.D. GRUNDBUCH GMÜND 1, E.Z 937. MASSTAB 1:100

NORDWEST-ANSICHT.

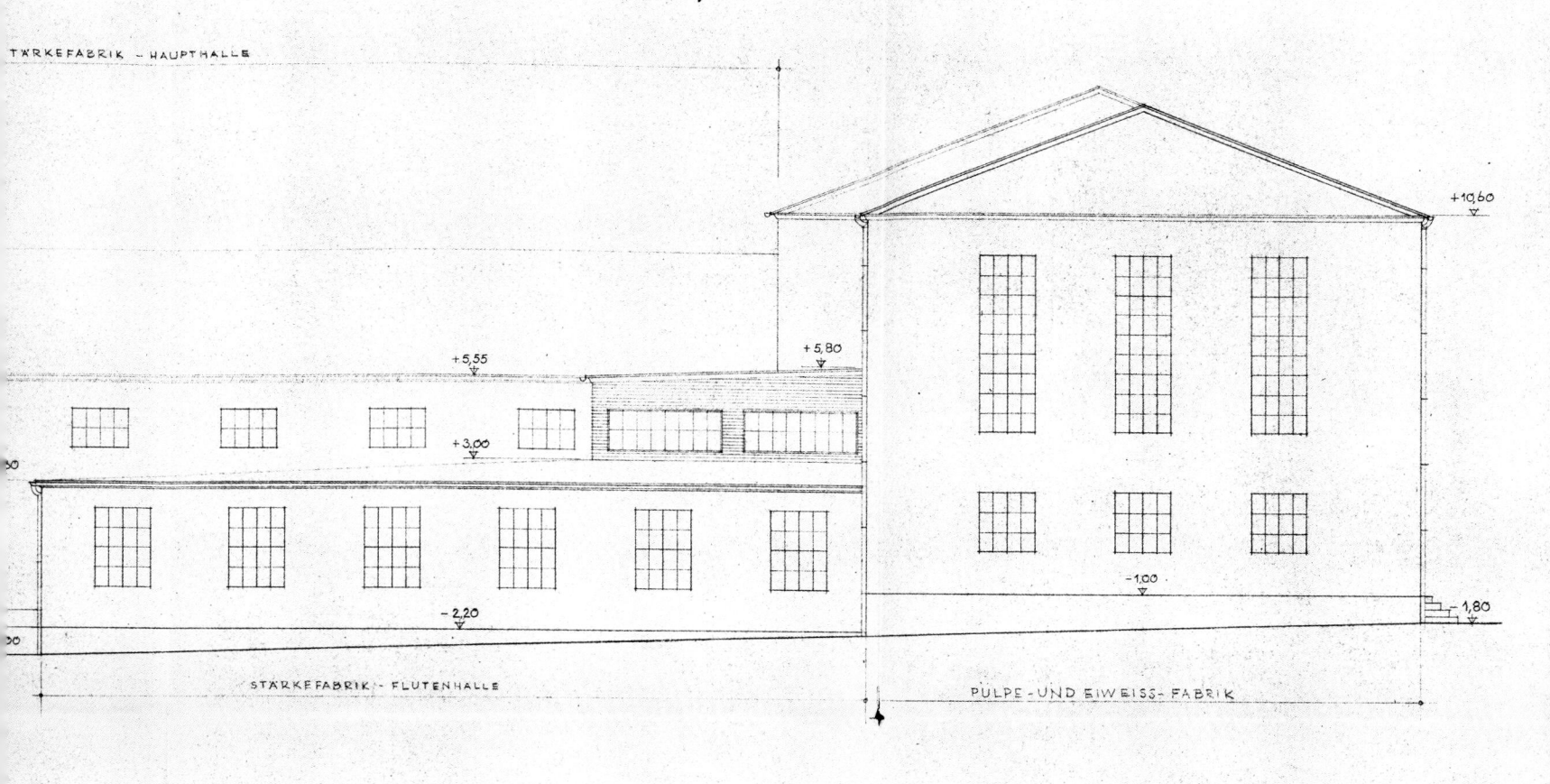

STÄRKEFABRIK - HAUPTHALLE

+10,60

+5,55 +5,80

+3,00

-2,20

-1,00

-1,80

STÄRKEFABRIK - FLUTENHALLE   PÜLPE- UND EIWEISS- FABRIK

SÜDWEST-ANSICHT

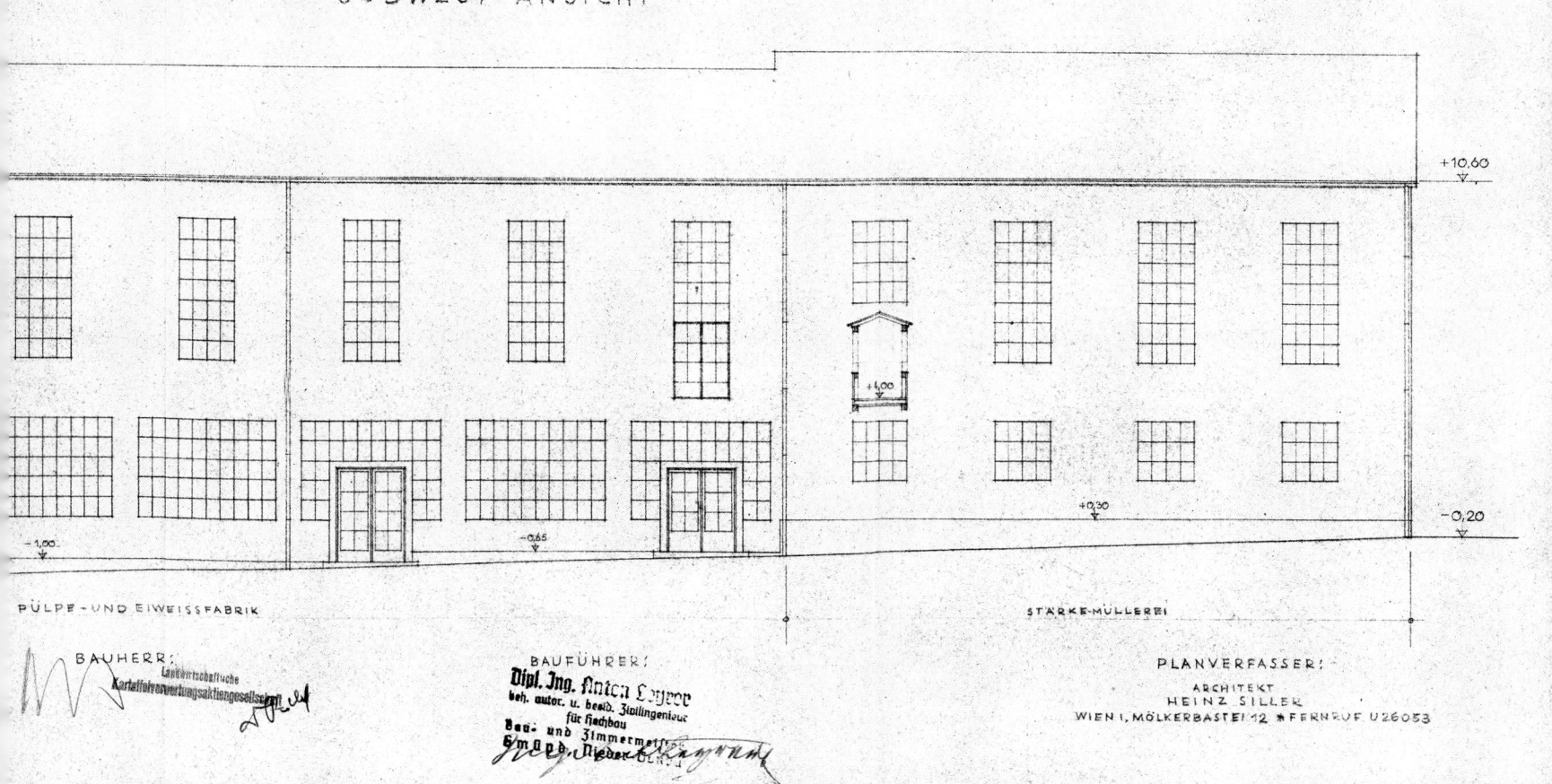

+10,60

+4,00

+0,30

-1,00   -0,65   -0,20

PÜLPE- UND EIWEISSFABRIK   STÄRKE-MÜLLEREI

BAUHERR:
Landwirtschaftliche
Kartoffelverwertungsaktiengesellschaft

BAUFÜHRER:
Dipl. Ing. Anton Leyrer
beh. autor. u. beeid. Zivilingenieur
für Hochbau
Bau- und Zimmermeister
Gmünd, Niederdonau

PLANVERFASSER:
ARCHITEKT
HEINZ SILLER
WIEN I, MÖLKERBASTEI 12 ★ FERNRUF U26053

Plan Sirupfabrik, Sirupmagazin /
Heinz Siller, Wien /
1940

>
Kesselhaus /
nach Fertigstellung 1941

Plan Kesselhaus /
Heinz Siller, Wien /
1940

Lageplan Gleisanlage /
Heinz Siller, Wien /
1940

Baustelle Gleisanlage /
1940/41

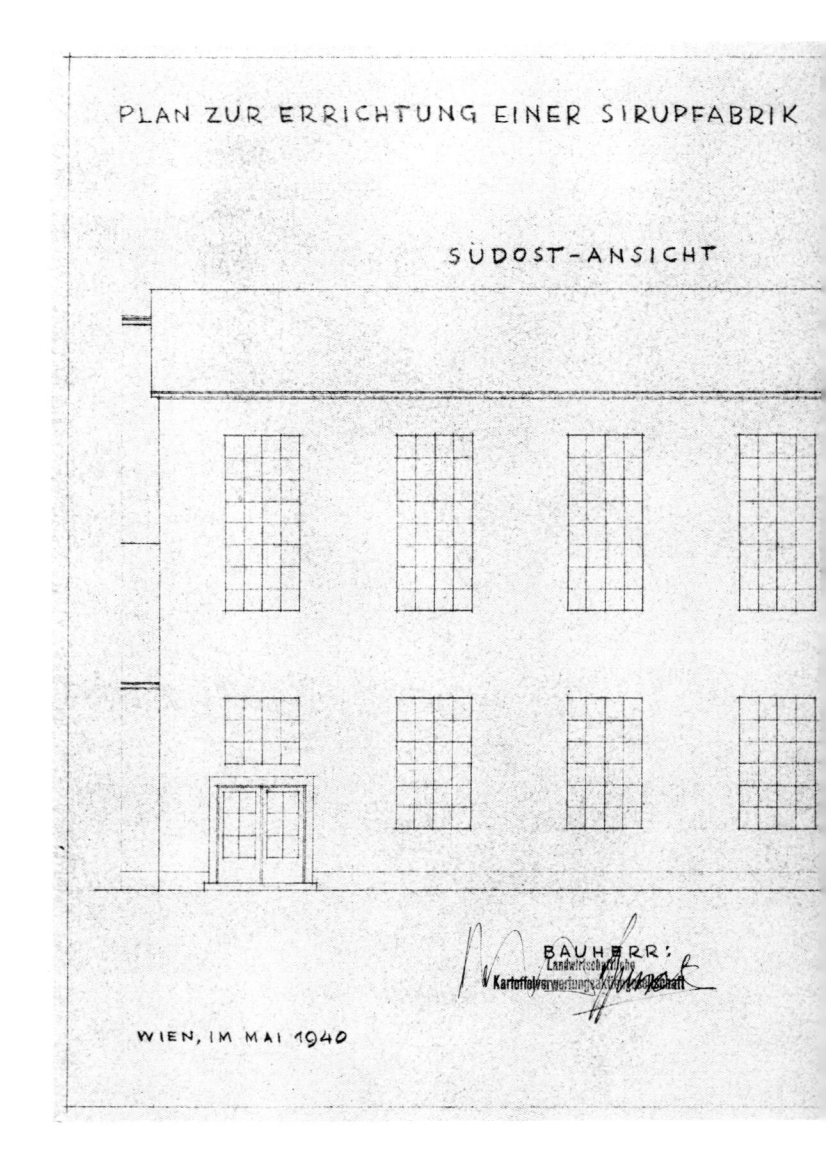

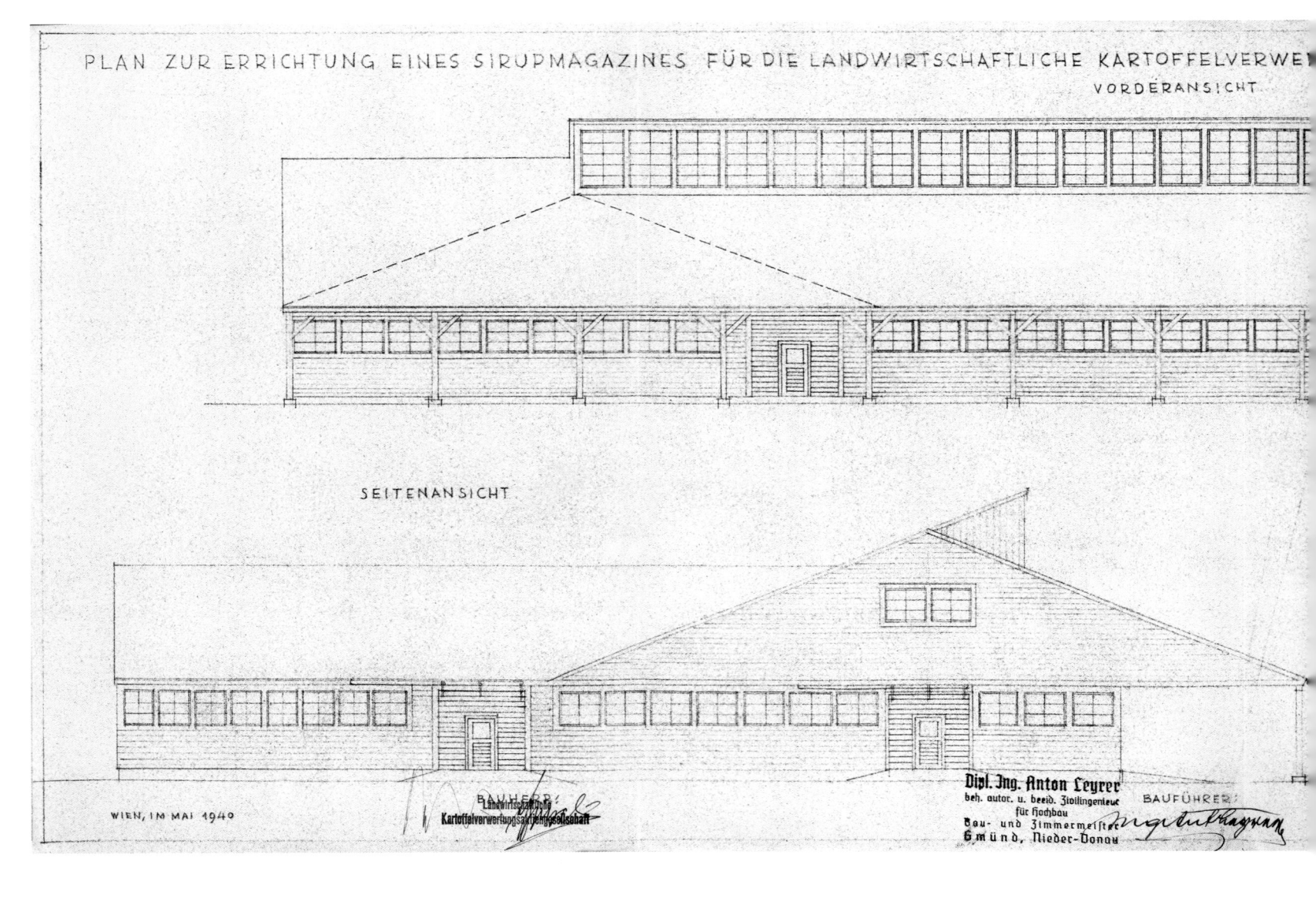

ZN 2842

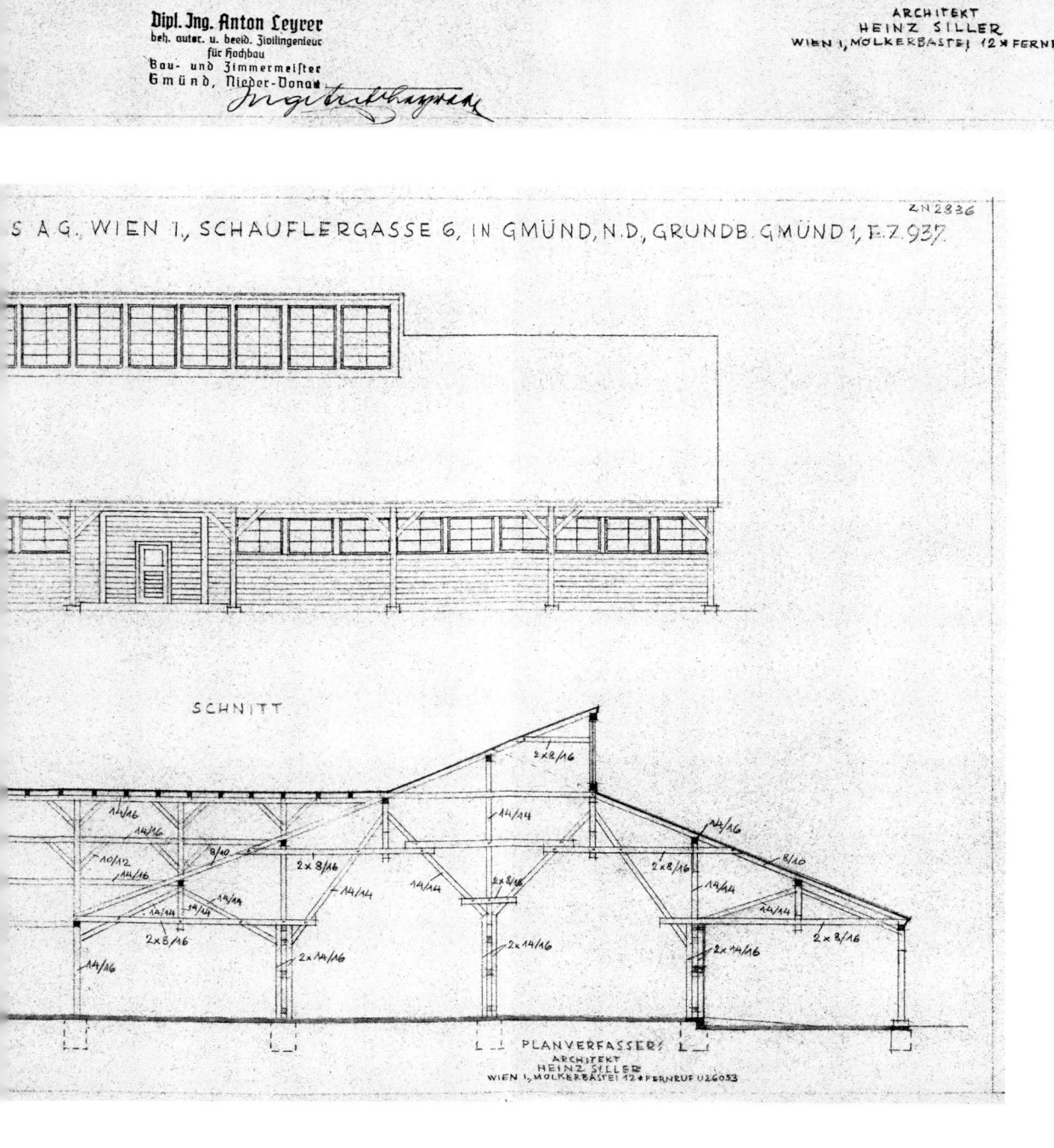

DIE LANDWIRTSCHAFTLICHE KARTOFFELVERWERTUNGS-A.G. WIEN I, SCHAUFLERGASSE 6,
GMÜND, N.D. GRUNDBUCH GMÜND 1, E.Z. 937

MASSTAB 1:100

NORDOST-ANSICHT

BAUFÜHRER:

Dipl. Ing. Anton Leyrer
beh. autor. u. beeid. Zivilingenieur
für Hochbau
Bau- und Zimmermeister
Gmünd, Nieder-Donau

PLANVERFASSER:
ARCHITEKT
HEINZ SILLER
WIEN I, MOLKERBASTEI 12 • FERNRUF U26053

ZN 2836

...S A.G. WIEN I, SCHAUFLERGASSE 6, IN GMÜND, N.D. GRUNDB. GMÜND 1, E.Z. 937.

SCHNITT

PLANVERFASSER:
ARCHITEKT
HEINZ SILLER
WIEN I, MOLKERBASTEI 12 • FERNRUF U26053

PLAN ZUR ERRICHTUN

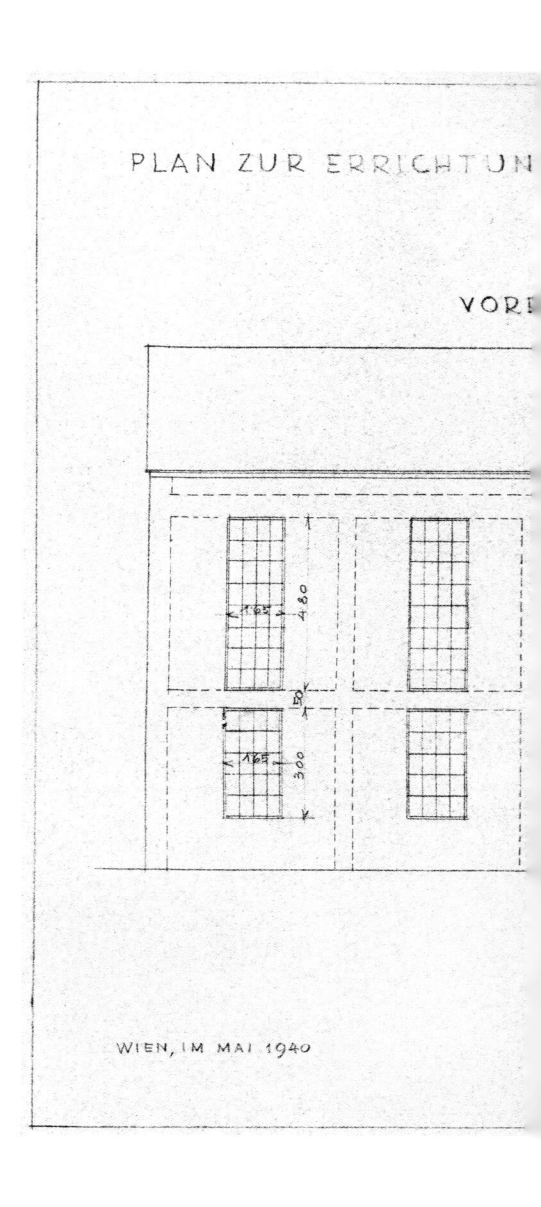

VOR

WIEN, IM MAI 1940

GLEISANLAGE FÜR DIE KARTOFFELVERWERTUNGSANLAGE DER LANDWIRTSCHAFTLICHEN KARTOFFELVERWERTUNGS-A.G.
WIEN I, SCHAUFLERGASSE 6, IN GMÜND, N.D., GRUNDBUCH GMÜND 1, E.Z. 937.   MASSTAB 1:1000.

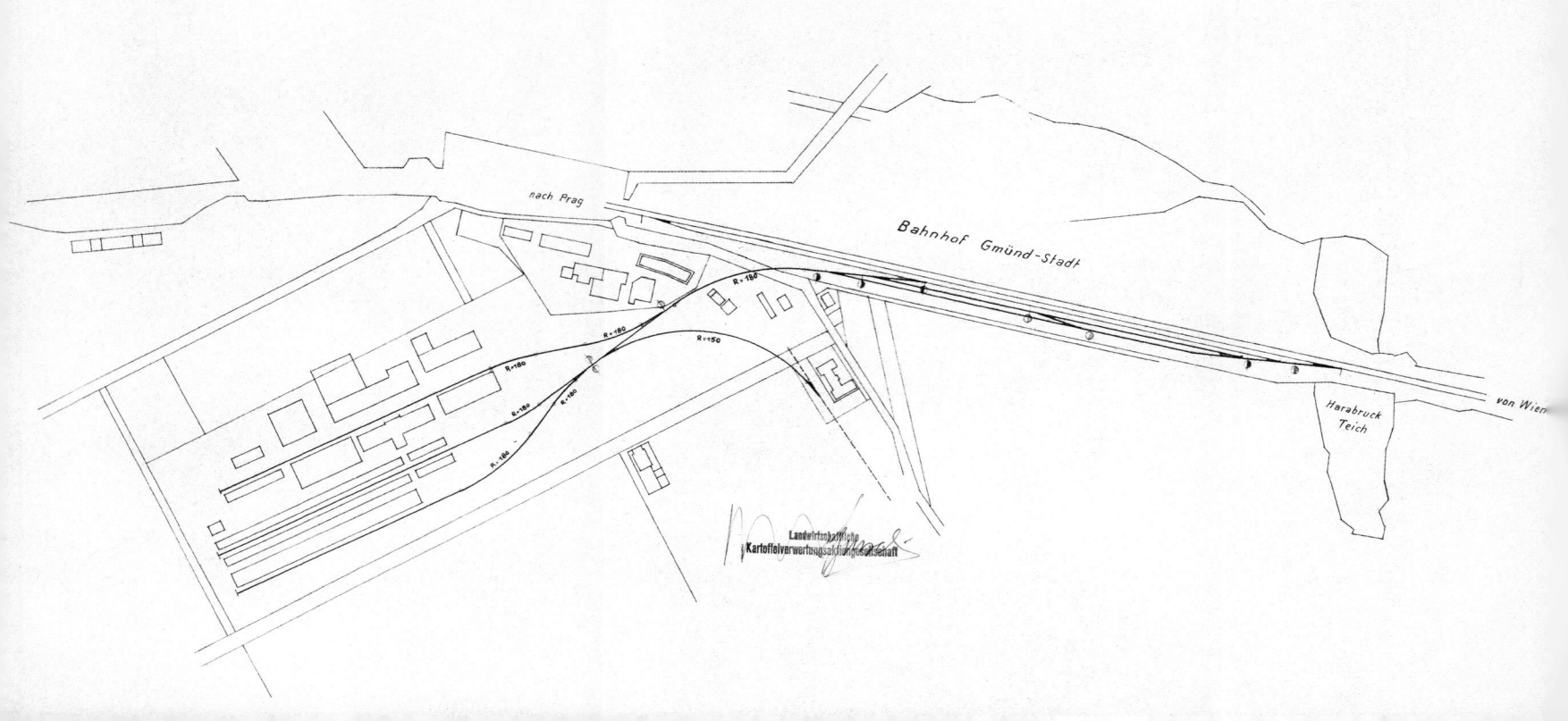

NES KESSELHAUSES FÜR DIE LANDWIRTSCHAFTLICHE KARTOFFELVERWERTUNGS-A.G. WIEN I,
SCHAUFLERGASSE 6, IN GMÜND, N.D., GRUNDBUCH GMÜND 1, E.Z 937.

MASSTAB 1:100

SEITENANSICHT

BAUHERR:
Landwirtschaftliche
elverwertungsaktiengesellschaft

BAUFÜHRER:
Dipl. Ing. Anton Leyrer
beh. autor. u. beeid. Zivilingenieur
für Hochbau
Bau- und Zimmermeister
Gmünd, Nieder-Donau

PLANVERFASSER:
ARCHITEKT
HEINZ SILLER
WIEN I, MÖLKERBASTEI 12 * FERNRUF U26053

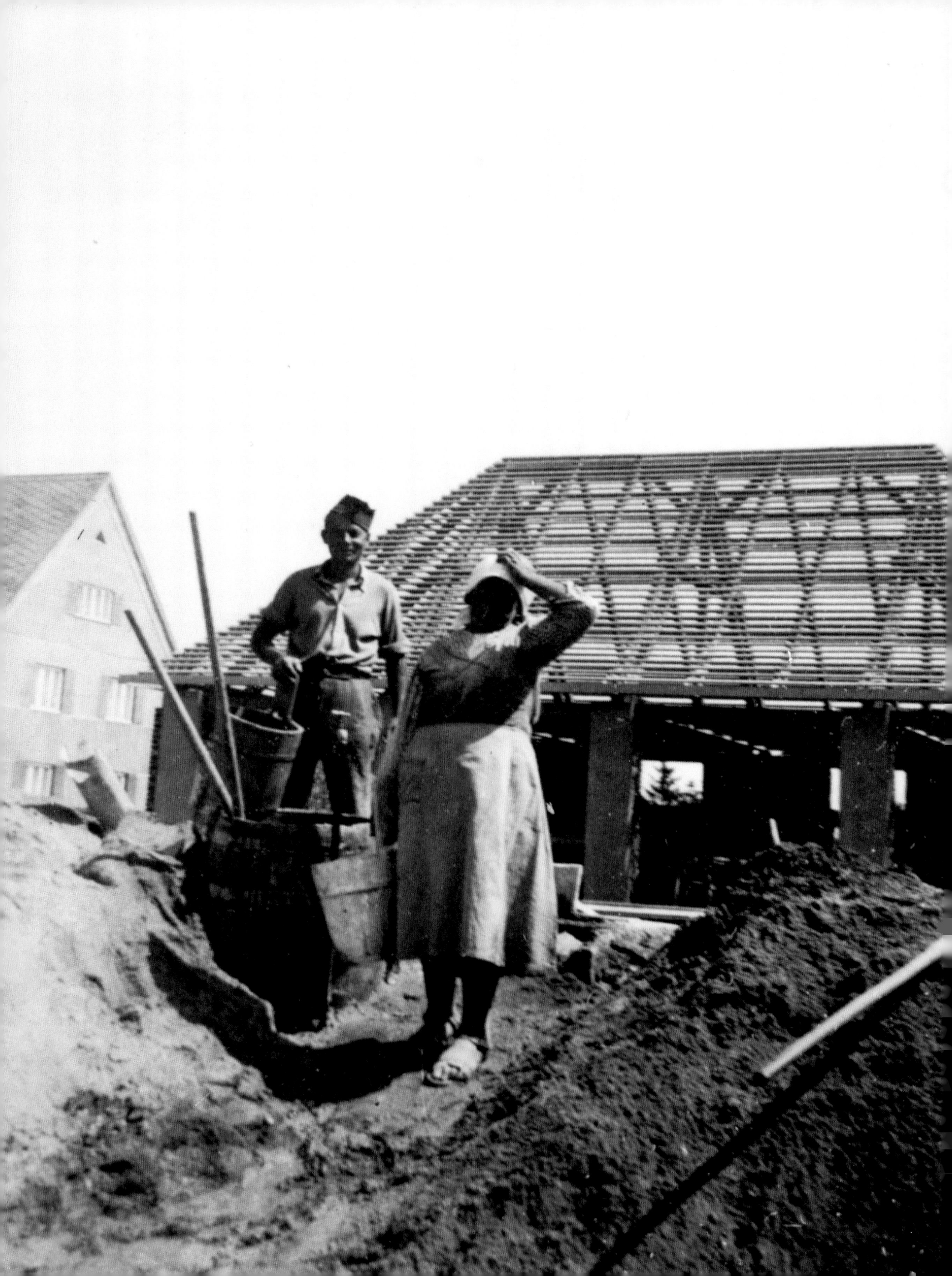

Baustelle / Kriegsgefangener
und vermutlich ‚Ostarbeiterin' /
1940/41

Garagenbauten /
nach Fertigstellung 1941

Baustelle / Architekt mit Polier /
1940/41

>
Baracke des Kriegsgefangenen-
und ZwangsarbeiterInnen-Lagers /
Werksgelände Agrana /
2005

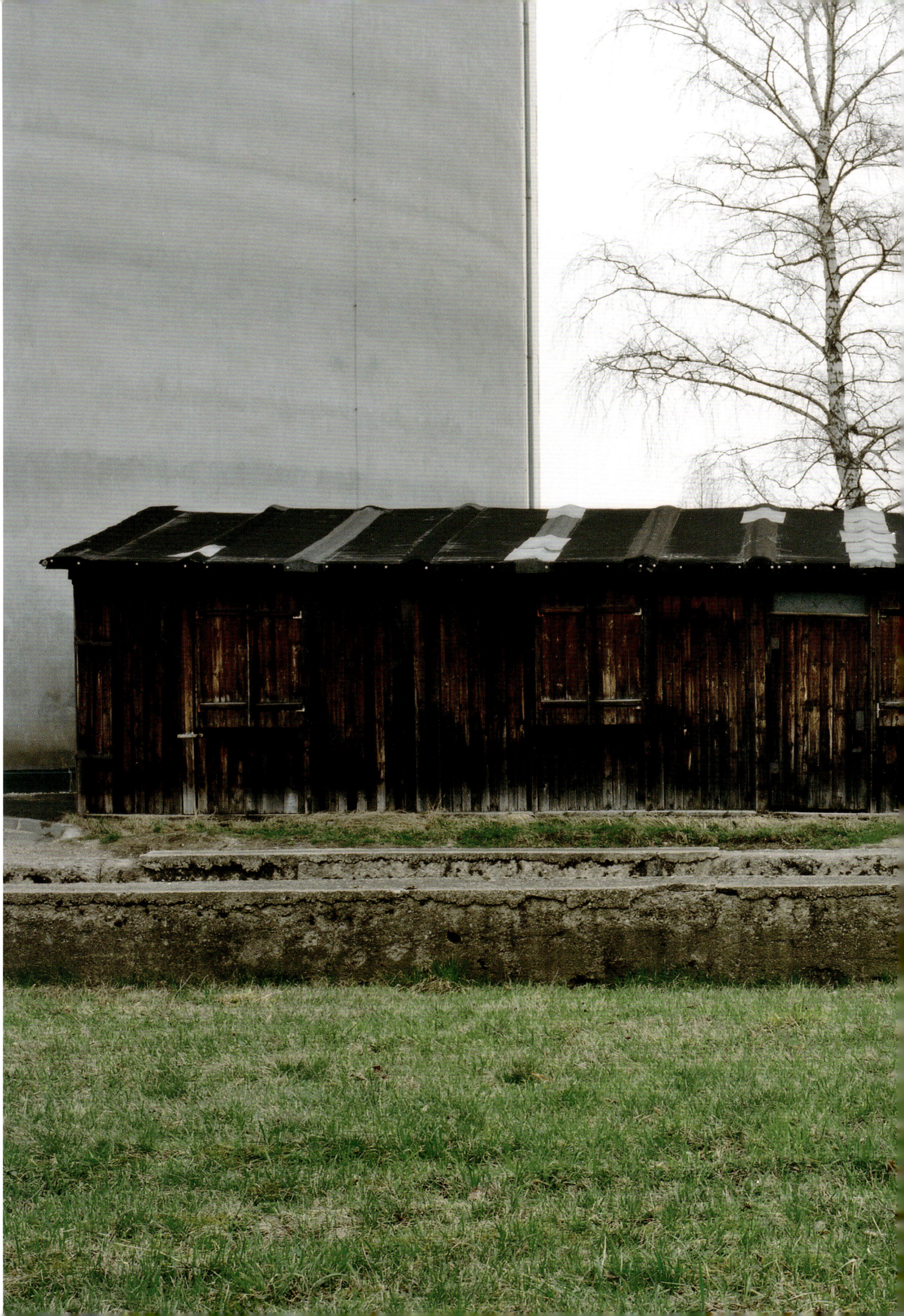

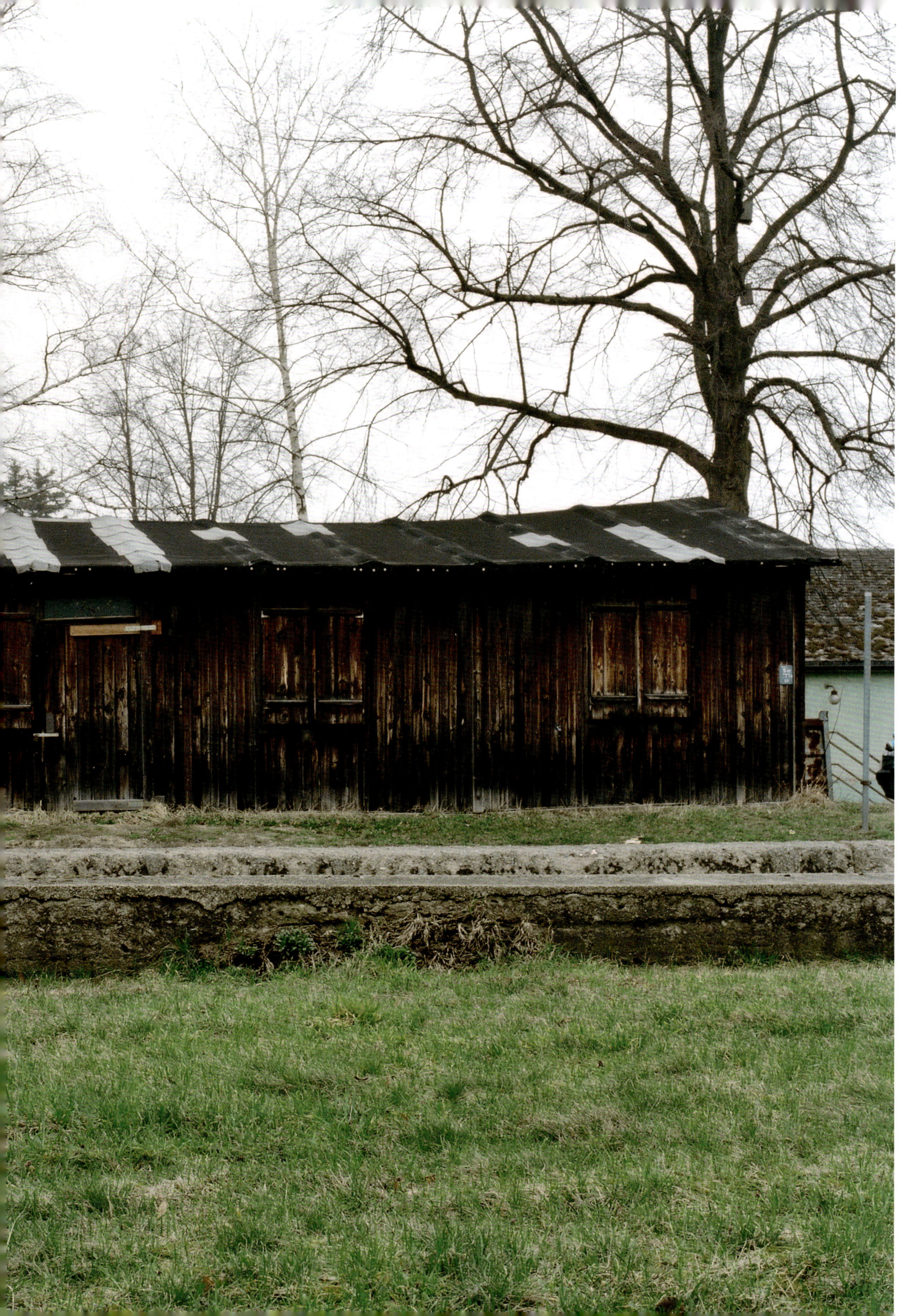

TKV Heidenreichstein

Planansichten /
F. Hubert Matuschek, Wien,
Hellmuth Hornung, Stuttgart /
1943
überarbeitet von
Alexander Kratky, Wien /
1944

Fabrik /
2009

„Das gerade in der Kriegszeit so notwendige Fett wird als Industriefett (Seifenfabrikation), das Mehl als Futtermehl Verwendung finden. Es soll durch die Gewinnung dieser Produkte, die bei dem Verscharrungsverfahren vollständig verloren gingen, wieder ein Scherflein zur Erringung des Endsieges beigetragen werden",[1] so die Berichterstattung der Donauwacht Ende 1942, in der sich, so dezidiert der „Bau einer Tierkörperbeseitigungsanstalt" als ‚kriegswichtig' angesprochen wird, der Zweck nicht gleich offenbart. Die buchstäbliche Brisanz der Verwertung von Tierkadavern zur Gewinnung von Industriefetten lag darin, durch Verseifung Glycerin zu erzeugen, um den Engpass bei Sprengstoffen auszugleichen. Die absolute ‚Kriegswichtigkeit' deutlich macht die Weisung Speers als Reichsminister für Bewaffnung und Munition vom 23.12.1942, nach der die Baubevollmächtigten im Bezirk der jeweiligen Rüstungsinspektion für eine Errichtung auf höchster Dringlichkeitsstufe zu sorgen hatten. Insgesamt 39 Betriebsanlagen waren von der Wirtschaftsgruppe chemische Industrie beantragt und baureif gemacht worden, die bis September 1943 in Produktion gehen sollten.[2] Um bei Einsetzen baugünstiger Witterung mit dem eigentlichen Bau beginnen zu können, hatten sämtliche Vorleistungen, wie die Beschaffung ausreichender Belegschaft, die Herstellung der Stromversorgung der Baustelle und, zur Einsparung von Treibstoffen, die Gestellung von Fuhrwerken, abgeschlossen sein.

Von 7 in Niederdonau zu errichtenden Tierkörperverwertungen war neben Gänserndorf, Gobelsburg, St. Georgen an der Ybbs, Laa an der Thaya, Wilhelmsburg und Sollenau für anfallende Tierkadaver im Waldviertel der Bau der TKV Heidenreichstein bei Klein Pertholz vorgesehen.[3] Für die Gesamtplanung, die dem Landrat von Gmünd als Bauträger überantwortet war, hatte Architekt Frese als Schlachthofspezialist aufgrund von Arbeitsüberlastung Hellmuth Hornung empfohlen, einen Wasserbautechniker aus Stuttgart, der in der ‚Ostmark' bereits den Um- und Zubau eines Schlachthofs in Wels durchgeführt hatte und in Arbeitsgemeinschaft mit dem Wiener Architekten F. Hubert Matuschek > Architekten / Künstler 397 die Industrieanlage bei Heidenreichstein errichten sollte. Nach ihren Entwürfen vom 1.7. bzw. 4.8.1942, die nach Überarbeitung mit dem an fast allen Standorten in Niederdonau bauleitenden Architekten Alexander Kratky > Architekten / Künstler 397 adaptiert und um Planungen der Wasserver- und -entsorgung ergänzt wurden, sollte am 11.1.1943 Baubeginn sein. In der Dienstbesprechung aller Bauverantwortlichen in der Rüstungsinspektion XVII am 12.1.1943 wurde von Kratky der Zeitplan für die Ausführung in Klein Pertholz festgelegt: Nach beschleunigter Beschaffung eines geeigneten Bauareals sollten Aufschließungsarbeiten, Anfuhr des Baumaterials und Aushub bis 1.4.1943 abgeschlossen sein. Der Personalbedarf für den Bau wurde von den ausführenden Firmen mit 40 Mann angegeben, wovon neben 10 Stammarbeitern

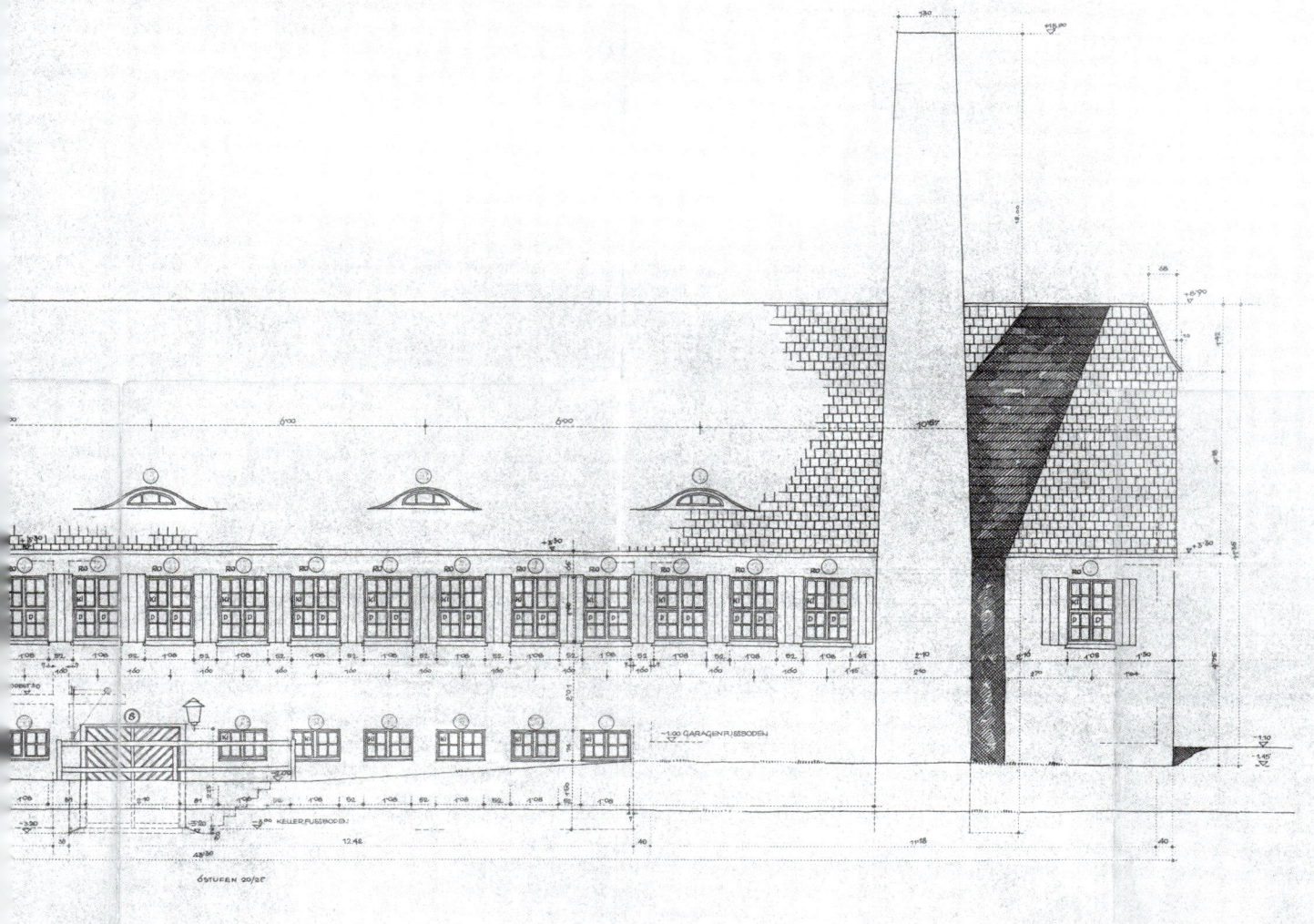

TKV
HEIDENREICHSTEIN

WESTSEITE

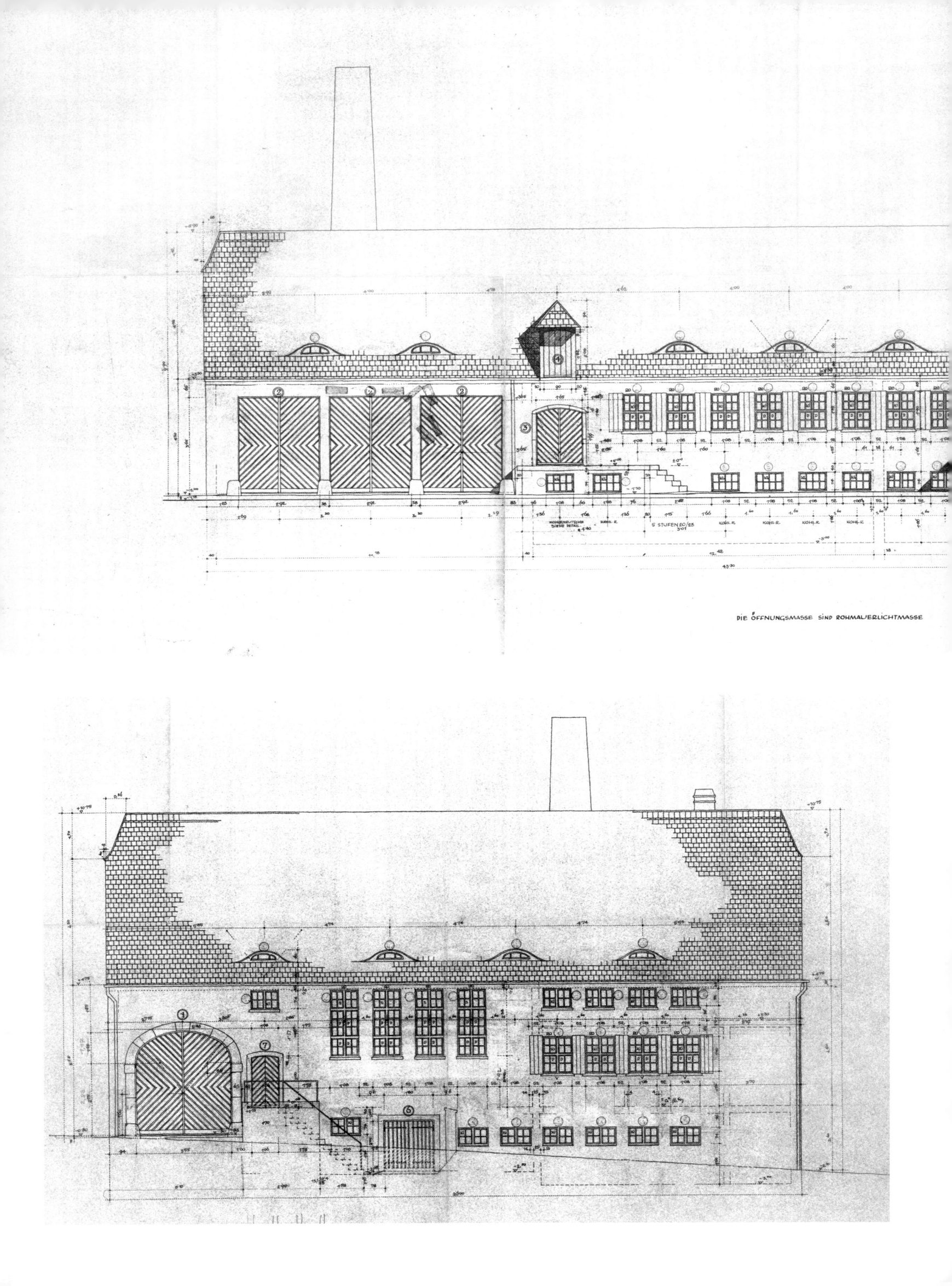

DIE ÖFFNUNGSMASSE SIND ROHMAUERLICHTMASSE

TKV
HEIDENREICHSTEIN

OSTSEITE
1/60

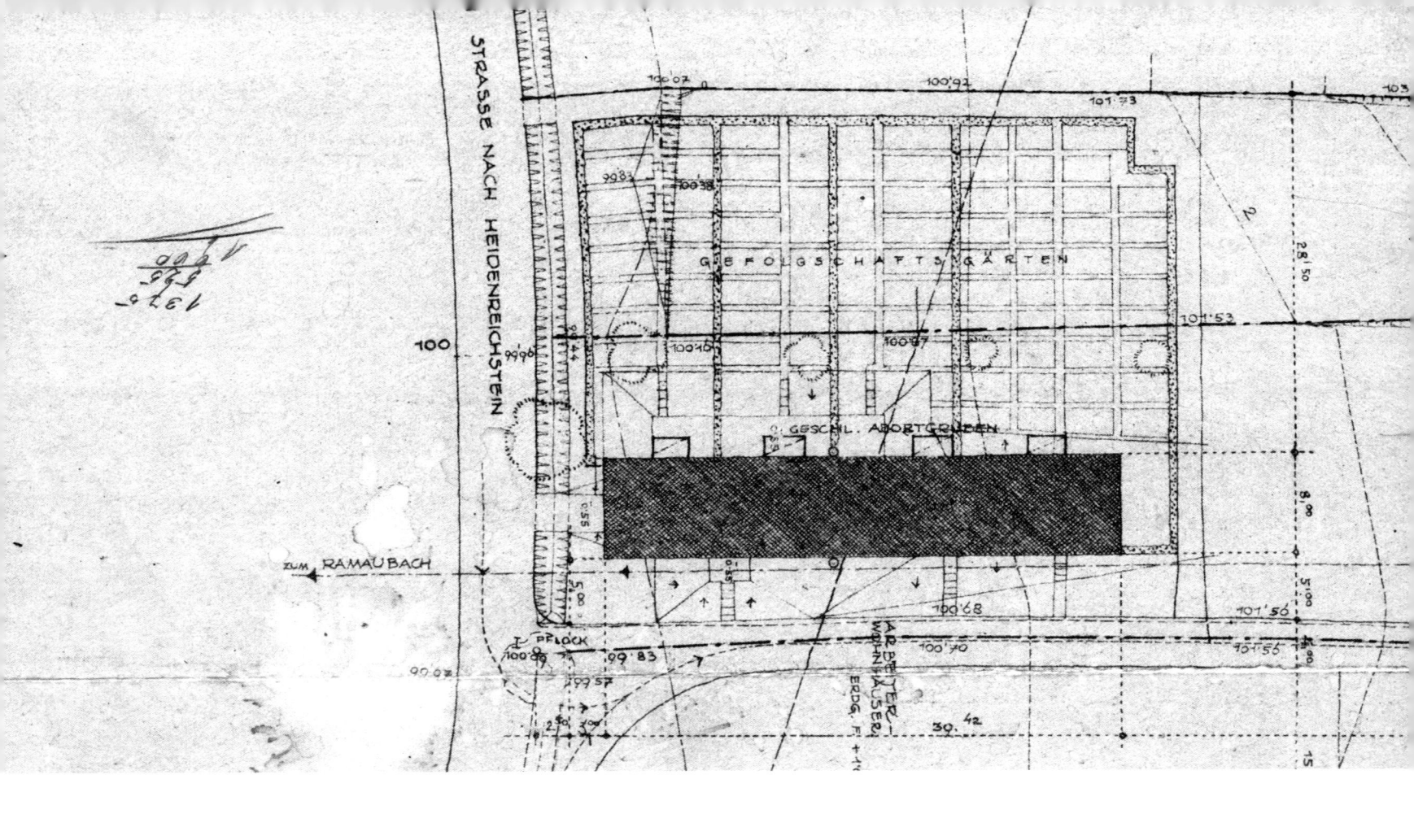

Lageplan Fabrik mit
Wohnhaus des Betriebsleiters
und Arbeiterwohnhäusern /
1944

Fach- und Hilfsarbeiter in umliegenden Dörfern rekrutiert bzw. fehlende Kontingente beim Arbeitsamt angefordert werden sollten. Fuhrwerksdienste für die Baustelle bereitzustellen, wurde dem Bürgermeister überantwortet, für sonstige Transporte sollte der Fuhrpark der Baufirmen herangezogen werden. Zur Stromversorgung der Baustelle wie des künftigen Betriebs bedurfte es im unverbauten und vom Netz der Gauwerke Niederdonau unversorgten Gebiet einer Zuleitung von 3 km Länge, weshalb für die Baustelle zunächst ein Dieselaggregat angeschafft bzw. eine provisorische Trafoanlage errichtet werden sollte.[4]

Die Planung von Hornung und Matuschek sah eine Anlage vor, die neben dem am Waldrand gelegenen und von einer von der nahen Landstraße abzweigenden Stichstraße erschlossenen Betriebskomplex auch ein Wohnhaus für den Betriebsleiter und eine Reihe von Arbeiterwohnhäusern mit Garten umfasste. Die auf eine tägliche Verarbeitungskapazität von rd. 3000 kg Tierkadavern ausgelegte Fabrik zeigt 2 vollunterkellerte Baukörper auf T-förmigem Grundriss verschränkt, die mit einer Höhe von 13 bzw. 11 m das Schlachthaus mit einer verbauten Fläche von 260 m² bei Abmessungen von 26 x 10 m sowie Produktion und Lager samt Garagen mit rd. 316 m² bei 33,3 x 9,50 m aufnehmen und von einem 18 m hohen Schornstein überragt werden. Die Fassadengliederung wird je nach Belichtungserfordernis in den einzelnen Produktionsbereichen von eingeschnittenen, seriell gereihten Metallsprossenfenstern bestimmt, die eine Grundeinheit zu variablen Größen und Formen vervielfacht zeigen. Zusammen mit dem steilen, 6 bzw. 5,6 m hohen Satteldach mit angedeutetem Krüppelwalm, gleichmäßig über die Dachflächen verteilten Fledermausgaupen sowie Holztoren und -türen mit Steingewände führt der funktionale, von traditionalistischen Stilelementen überformte Zweckbau die für den Nationalsozialismus typische Kompilation vor, mit der eine vorgeblich zitierte Bodenständigkeit, der auch die nicht ausgeführten 6 zu einem Block gekuppelten Arbeiterwohnhäuser wie das Einfamilienhaus des Betriebsleiters mit holzlädenbestückten Fenstern gehorchen, zuallererst hergestellt wird.[5]

Die Bauausführung wurde an die Wiener Baufirma Klima sowie die regionalen Firmen Leyrer aus Gmünd und Schneider aus Heidenreichstein vergeben, die nach Verschiebung des Baubeginns bis zur wasserrechtlichen Verhandlung am 6.12.1943 den Bau in Angriff nahmen, dessen Fertigstellung mit Bescheid vom 28.12.1943 mit 1.7.1944 neu befristet wurde. Die bewilligten Wasserbauten dürften, wie der vorwiegend an Wiener Firmen vergebene Innenausbau – die Tischlerei Johann Beran lieferte Tore, Walter Thies Beschläge, Rudolf Kurz die Heizungs-, Lüftungs- und Desinfektionsanlage, Siemens-Schuckert die Elektrik –, erfolgt sein, die technische und maschinelle Einrichtung von durchwegs deutschen Firmen – die Schlachthauseinrichtung war bei der Maschinenfabrik und Stahlbau Banss, eine Schlachthaus-Hochbahnwaage bei der Waagenfabrik Paul Briz, Fundamente für Apparate bei der Rud. A. Hartmann AG bestellt worden – nicht mehr geliefert worden sein, sodass die neue Fabrik als Verweis ihrer selbst bloße Architektur blieb;[6] erst in den 1950er-Jahren wurde der an Interessenten aus Heidenreichstein verkaufte Bau erstmals für die Produktion von Kokosmatten genutzt und wird, nach langem Leerstand vor Kurzem veräußert, zur Garagierung von Oldtimern dienen.

BETRIEBSLEITERHAUS

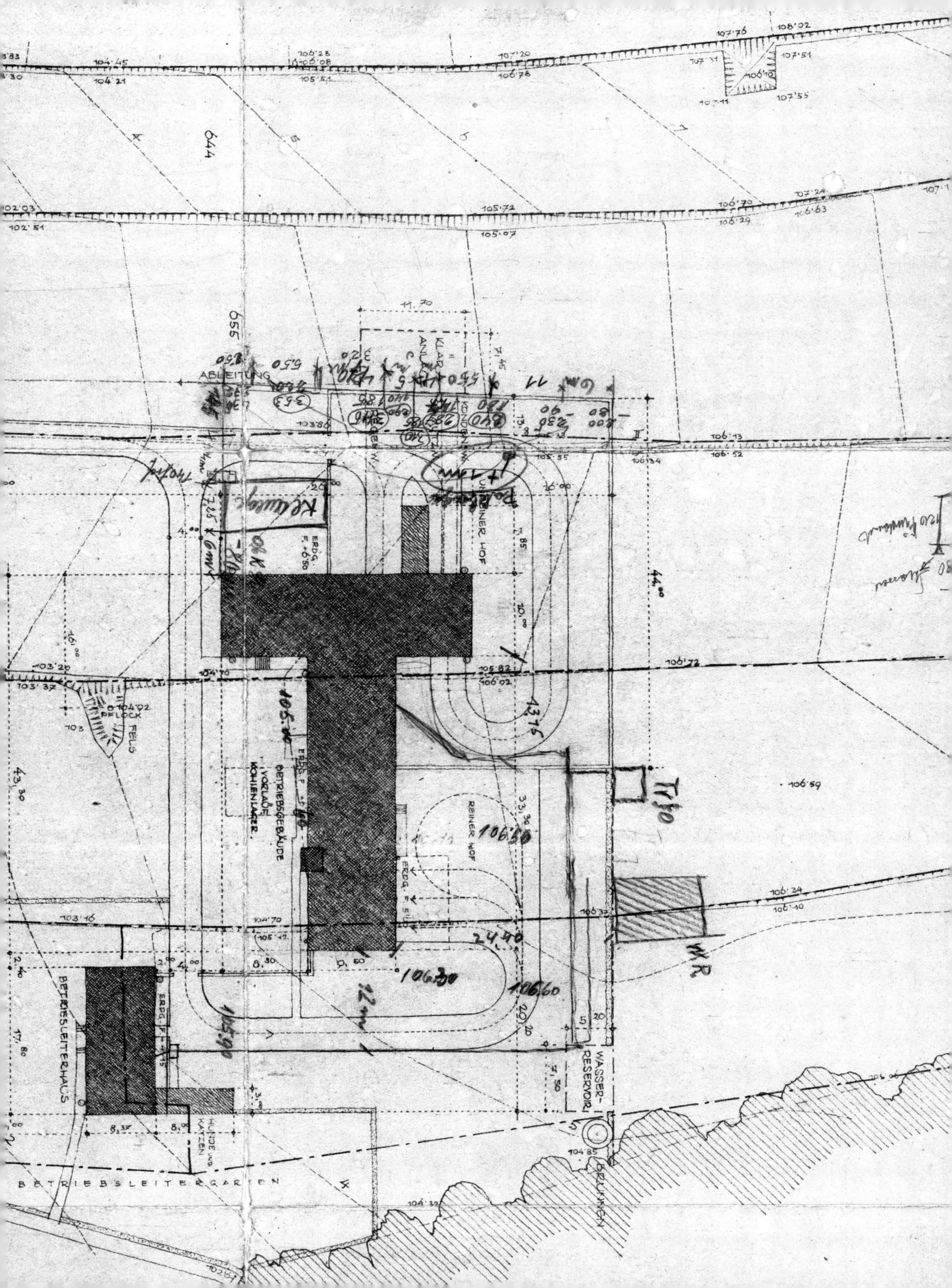

BETRIEBSLEITERGARTEN

ABLEITUNG

BETRIEBSGEBÄUDE
VORLAGE
KOHLENLAGER

REINER HOF

WASSER-RESERVOIR

BRUNNEN

HUNDE UND KATZEN

Viktorin-Werk
Eggenburg

Bemüht um Industrieansiedlung, wofür Bürgermeister Dr. Kranner in der Euphorie des ‚Anschlusses' und mit der Ambition, Eggenburg vor Horn als Kreisstadt zu profilieren und als Industriestandort zu positionieren, vorsorglich in Bauland zu investieren bereit war, gelang es der Stadtgemeinde Eggenburg noch 1938, den Inhaber des auf die Erzeugung von Öfen und Heizungsanlagen spezialisierten Viktorin-Werks, Dr. Rudolf Schinko, der in der Nähe der Stadt Land besaß und sein Unternehmen in Mödling wegen Bedarfs der Rüstungsindustrie 1941 räumen musste,[1] für Eggenburg als neuen Standort zu interessieren. Die Aussicht, mit der Errichtung der Industrieanlage nicht nur für Aufschwung in der regionalen Bauwirtschaft, sondern auch für 400-500 Arbeitsplätze in der künftigen Produktion zu sorgen, ließ im November 1938 jenseits des Bahnhofs landwirtschaftlich genutzte Flächen im Ausmaß von ca. 24.000 m² für ein Industrie- und Werksgelände und angrenzend im Jänner 1939 über 8000 m² für eine Werksiedlung mit 17 Parzellen im Bereich der bereits bestehenden Siedlung erwerben. Der kommunale Mitteleinsatz betrug RM 10.000 bzw. RM 16.514, der sich auch ohne Siedlungsbau durch Weiterverkauf des Wohnbaulands an den Reichsfiskus Heer für geplante, aber ebenfalls nicht gebaute Wohnhäuser für Unteroffiziere in kurzer Zeit rechnen sollte.[2] Noch war Luftschutz kein Thema wie ab 1943, als die Stadt jede betriebliche Anfrage nach Ansiedlung vorbeugend abwehrte, vielmehr wurden alle Anstrengungen unternommen, die Vorbereitungen des Bauprojekts zu forcieren.

Dass mit der Werksplanung der Bauhausschüler Wils Ebert > Architekten / Künstler 397 in Berlin beauftragt wurde, ist mehrfach bemerkenswert: abgesehen von der notorischen Ablehnung des „neuen bauens" durch das NS-Regime, mit der die Schließung des Bauhaus und die Vertreibung seiner Vertreter einhergegangen war, müssen das Zustandekommen des Auftrags wie die avancierte Architektur für den ländlichen Standort erstaunen. Als sehr wahrscheinlich kann die Vermittlung des Architekten durch die Franke'schen Eisenwerke in Niederscheld im Westerwald, mit denen Viktorin in Geschäftsbeziehung stand, angenommen werden; nicht zuletzt war Ebert als Designer und Architekt seit den 1930er-Jahren für die u.a. Öfen produzierende Firma tätig, deren von Gropius entwickelte und von Ebert weitergeführte Produktlinie „Oranier" das Viktorin-Werk in Lizenz erzeugte.[3]

Wie der Planungsprozess verlief und wie weit er gedieh, ist nicht belegt, eine mit 30.3.1942 datierte Entwurfszeichnung, die als großformatiges Foto offensichtlich zur Präsentation in Eggenburg gedient haben muss,[4] visualisiert eine den klaren ästhetischen Prinzipien der Bauhaustradition folgende Industrieanlage, die einen bandförmigen, großteils 1-geschossigen Produktionskomplex in streng geometrischer Glas-Stahl-Konstruktion, rhythmisiert von Sheddächern, zeigt, der beiderseits in 2-geschossige Bauten gleicher Formulierung übergeht, denen als Kopfbauten einmal ein 3-geschossiger, von Fensterbändern strukturierter Verwaltungsbau und am anderen Ende als vertikale Markierung des Flachbauensembles ein Turm beachtlicher Höhe vorangestellt sind, der topografisch auf der Hochfläche über der im Tal und an den Hängen ausgebreiteten Kleinstadt einen weithin sichtbaren Akzent in der Landschaft und zur historischen Altstadt setzte. Der Lageplan vom 24.7.1942, der auch die produktionstechnische Strukturierung des Werks mit Gießerei, Blechbearbeitung, Emaillierung und Montage, jeweils mit Sozialräumen, ausweist und mit der Anordnung von Bürogebäude, Garagen und ‚Gefolgschaftshaus' einen umbauten Platz definiert zeigt, gibt auch den gleistechnischen Plan der in einem Bogen geführten Bahnanbindung des Unternehmens mit einer Abzweigung in die projektierte Werksiedlung zu lesen. So konsequent die Vorbereitungen des Projekts betrieben und der Grundkauf mit Vertrag und Hinterlegung von RM 50.000 bei der Sparkasse paktiert war, als Werk ‚nicht kriegswichtiger' Produktion war die Umsetzung aussichtslos.[5]

Entwurfszeichnungen /
Wils Ebert, Berlin /
1942

WERK: VIKTORIN EGGENBURG N.-D.

WERK: VIKTORIN EGGENBURG N.-D.

Lageplan Werk mit
Anschlussgleis Bahnhof Eggenburg /
Wils Ebert, Berlin /
1942

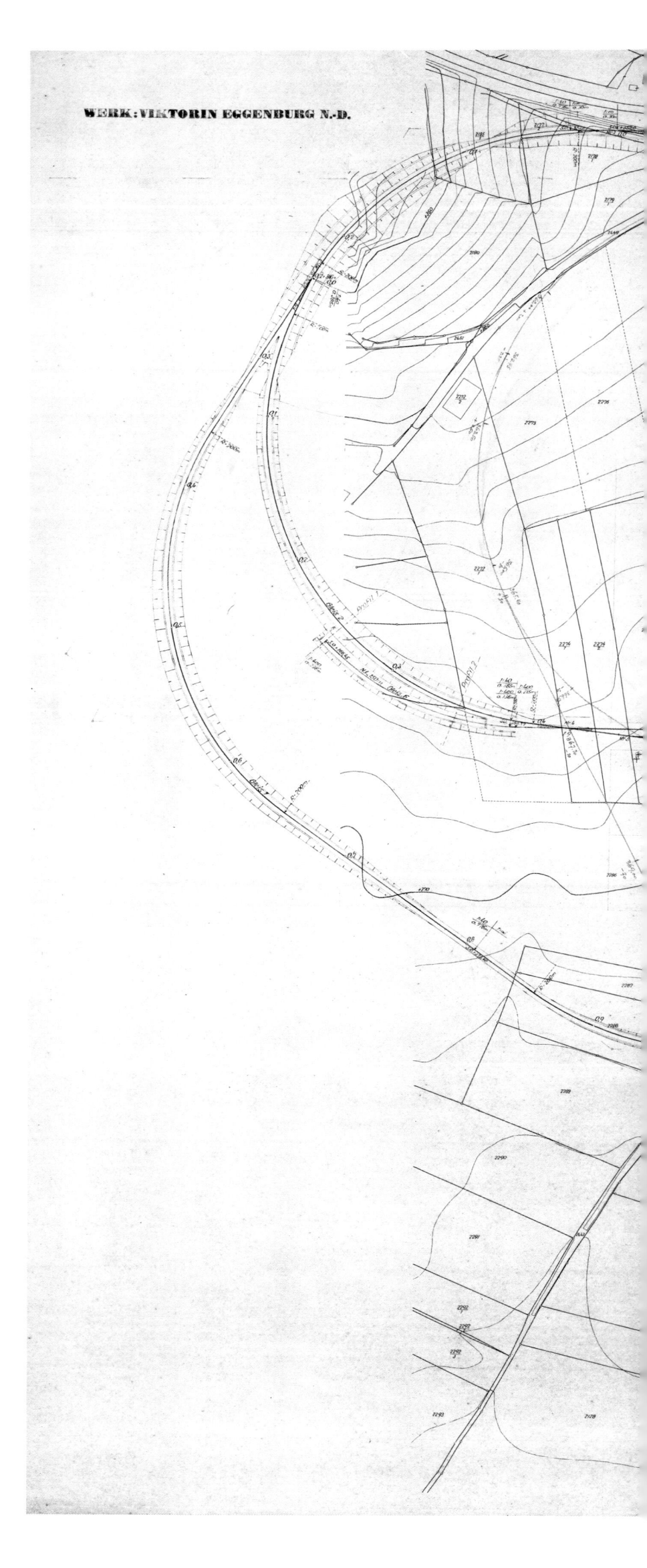

Station Eggenburg
ÖBB (Franz Josefsbahn Wien-Gmünd)

Steinbruch

Gichtbühne
Gießerei | Sozialräume | Blechbearbeitung | Sozialräume | Emaillierung | Sozialräume | Montage | Magazin | Verwaltung
Gefolgschaftshaus

Für die gleistechnische Bearbeitung
Kahl
Ingenieur für Vermessungswesen

| Molkereien | Mit der Jahrhundertwende begannen sich auch die Waldviertler Bauern zu Vermarktungsverbänden zusammenzuschließen und eine Milchwirtschaft zu organisieren, die zunächst zur Gründung örtlicher Milchgenossenschaften führte, deren Mitglieder zusammen mit nicht organisierten Bauern als Zulieferern autonome Molkereien gründeten. Die erste Molkereigenossenschaft in Niederösterreich bestand ab 1902 in Maiersch und sollte nach der Errichtung der Molkerei Horn als Milchgenossenschaft zu deren Zulieferer werden. 1926 bis 1928 kam es, ermöglicht durch Kreditmittel des Völkerbunds, zu einer Reihe von Molkereigründungen, zu denen im Waldviertel unter anderen Gmünd, Litschau, Vitis und Weitra zählten, die oft, wie Lagerhäuser oder Viehverwertungsgenossenschaften, Teilorganisationen der Raiffeisengenossenschaften waren, die in der 2. Hälfte des 19. Jahrhunderts, basierend auf Spar- und Darlehensvereinen, als wirtschaftliche Selbsthilfeeinrichtungen der Landwirtschaft im Rheinland gegründet, bald auch in Niederösterreich Nachahmer fanden.

Mit der Annexion Österreichs an das ‚Deutsche Reich' 1938 wurde auch die Milchwirtschaft, nun unter Führung gewichtiger Orts- oder Kreisbauernführer, einer Neustrukturierung unterzogen, die mit der Neuverteilung der Einzugsgebiete bzw. nach der Einverleibung des sogenannten Sudetenlands im September 1938 in grenznahen Bezirken mit deren Ausdehnung nach Südböhmen und Südmähren einherging. Mit den dadurch steigenden Liefer- und Verarbeitungsmengen wurden Aus- und Neubauten von Molkereien erforderlich, die einen Modernisierungsschub in der Milchverarbeitung mit sich brachten und die Versorgung naher Städte, neben anderen Milchprodukten vor allem mit Frischmilch als Schulmilch, sichern ließen. Nicht zuletzt hatten immer wieder auftretende Fälle von Maul- und Klauenseuche, die nur noch pasteurisierte Milch auszuliefern erlaubten, die Anhebung hygienischer Standards in der Milchverarbeitung erforderlich gemacht; um die Herstellung einwandfreier gesunder Nahrungsmittel zu gewährleisten, waren neben technischer Verbesserung in bestehenden Betrieben Neubauten von Molkereien unausweichlich.[1]

Wie zur Sicherung der Ernährung generell eine Steigerung der landwirtschaftlichen Produktion durch methodische und technische Erneuerung einschließlich neuer Hofbauten im Zuge strategischer Ansiedlung von ‚Neubauern' vorgesehen war, bedingte die milchwirtschaftliche Neuorganisation zunächst eine Umstellung der Viehhaltung auf hochwertige Milchkühe, um, soweit es die Futterlage erlaubte, eine Steigerung der Liefermenge wie der Qualität zu erreichen. Regelungen zur Leistungskontrolle nach einem Erlass des Reichsministers für Ernährung und Landwirtschaft verpflichteten mit Ausnahme festgelegter Mengen für den Eigenverbrauch und für die Aufzucht zur Ablieferung der gesamten Milchmenge wie zur Bereitstellung bei Sammelstellen. In Niederdonau betrug der von der Landesbauernschaft Donauland erlaubte tägliche Pro-Kopf-Verbrauch höchstens ½ Liter; auch die Eigenversorgung mit Butter unterlag der Kontingentierung. Selbstvermarktung durch Ab-Hof-Verkauf war, bis auf streng geregelte Ausnahmefälle und dann nur mit Reichsmilchkarte, grundsätzlich verboten. Für die Aufzucht galten maximal erlaubte Säugezeiten, die Beigabe von Magermilch wurde gegen bestehende Vorurteile durchgesetzt.

Nach Kriegsbeginn wurde in Kampfrhetorik die Frontmetapher bemüht und darauf eingeschworen, Bauer und Soldat wurden zum Vexierbild verschränkt, in dem Heimat- und Opferbegriff zur Deckung kamen. Seiner Milchablieferungspflicht „stets richtig und getreulich" nachzukommen, galt als „eine Notwendigkeit, die genau mit dem gleichen Ernst, der gleichen Schwere der Verantwortung und dem gleichen Opfersinn erfüllt werden muss, mit denen der Soldat an der äußeren Front kämpft". Milchproduktion wurde so zum einem „der bedeutungsvollsten Kampfabschnitte der inneren Front. Bauer, stell deinen Mann!"[2] |
|---|---|
| Molkerei Horn | Im Zuge der Neuregelung der Milcheinzugsgebiete in der ‚Ostmark' wurden im Waldviertel als neue Molkereistandorte Horn, Langau, Pöggstall und Zwettl beschlossen, wo Anfang 1939 im Einvernehmen mit dem Milch- und Fettwirtschaftsverband Donauland, einer Untergliederung des ‚Reichsnährstands', Genossenschaften gegründet wurden und im selben Jahr mit der Errichtung von Betriebsgebäuden, deren architektonische Formulierung und Gestaltung nach dem Leitbild des Heimatschutzes sich zum Teil explizit durch Bauernhofzitate auszeichnete, begonnen wurde. Die Land-Zeitung berichtete am 18.1.1939 eine „Molkereigenossenschafts-Gründung" im Kreis Horn, von wo bisher Milch direkt nach Wien oder an weiter entfernte Verarbeitungsbetriebe geliefert bzw. von den Bauern selbst zu Butter verarbeitet oder verfüttert worden war. Die Kreisbauernschaft brachte 3 Standorte in Vorschlag – neben Horn Eggenburg und Drosendorf –, die vom Milch- und Fettwirtschaftsverband Donauland genehmigt wurden.

Die Gründungsversammlung der Molkereigenossenschaft Horn und Umgebung fand am 9. und 10.1. 1939 in Anwesenheit von Kreisbauernführer Ernst Mader, der zum Obmann bestellt wurde, und Vertretern der Wirtschaftskörperschaften und Raiffeisen statt; als Geschäftsanteil wurden RM 5 pro ha Landwirtschaftsfläche mit einer Haftungsübernahme für das 20-Fache festgelegt.[3]

Der Bau der Molkerei in Horn, der in der konstituierenden Versammlung von 103 in bestehenden oder neu zu gründenden örtlichen Milchgenossenschaften zusammengeschlossenen Bauern aus Horn und Umgebung beschlossen wurde, sollte beschleunigt in Angriff genommen werden.[4] In der ersten gemeinsamen Vorstands- und Aufsichtsratssitzung[5] der Molkereigenossenschaft Horn und Umgebung r.G.m.b.H. im Brauhaus der Stadt Horn am 7.2.1939, bei der bereits 968 Mitglieder aufgenommen und RM 10.919 an Anteilen und Beitrittsgebühren auf das Konto bei der städtischen Sparkasse, über das zunächst auch die Zahlungsflüsse der neu gegründeten Molkereigenossenschaften in Eggenburg und Drosendorf erfolgten, eingezahlt waren, wurde das Neubauprojekt mit einer anschließenden Besichtigung geeigneter Grundstücke in Angriff genommen. Die Wahl des späteren Bauplatzes an der Straße nach Breiteneich |

und in Bahnhofsnähe wurde unter fachkundiger Beratung von Ing. Kirchner, dem Vertreter des Milch- und Fettwirtschaftsverbands Donauland, getroffen, der auch den folgenden Planungsprozess begleitete. Zugleich war vom Dachverband die Betriebsleiterfunktion mit Thomas Maurer aus Oberdonau besetzt worden, dessen Angestelltenverhältnis ab 2.1.1939 mit einem Gehalt von RM 360 zuzüglich Trennungszulage, Fahrspesen und Verpflegungskosten von Vorstand und Aufsichtsrat bestätigt wurde. Ihm oblag, neben der Verstärkung der Unternehmensbasis durch Mitgliederwerbung, wesentlich die Organisation des Bauprojekts, über dessen Fortschritt er an den Verband zu berichten hatte. Grundkaufsverhandlungen wurden zunächst mit der Gemeinde als größtanteiliger Eigentümerin geführt, sodann, um die Arrondierung des Areals und die Anlegung einer Zufahrtsstraße zu ermöglichen sowie für die betriebliche Erweiterung vorzusorgen, auch mit privaten Grundbesitzern. Nach Erwerb bzw. Abtausch der Grundstücke konnte im April 1939 das Molkereiprojekt zum Zweck, „alle im Gerichtsbezirk Horn aufkommende Kuhmilch zu erfassen und der Verarbeitung zu Butter, Industrietopfen und eventuell Käse zuzuführen", beim Stadtbauamt angezeigt werden.[6] Die vorgelegten Pläne vom 6.4.1939 stammten vom Eggenburger Baumeister Ing. Metzger und zeigen einen Betrieb und Wohnung kombinierenden Längsbau, der unter einem durch Gaupen erweiterten Satteldach einen nüchternen ebenerdigen Hallentrakt mit hochrechteckigen Fensterreihen und Rampe für Milchan- und -auslieferung und in dessen Verlängerung ein in der Breite zurückspringendes 2-geschossiges Büro- und Wohngebäude mit ausgebautem Dach und allseitig symmetrisch gegliederten Fassaden umfasst. An der giebelständigen Vorderseite erschließt mittig eine zweiläufige Treppe mit Geländer das Erdgeschoss mit den Kanzleiräumen; die Fassaden gliedern jeweils 3-achsig angeordnete, einheitlich mit Holzläden ausgerüstete Fensterreihen, mit Ausnahme der Ostseite, wo im Wohngeschoss in der Mittelachse ein Balkon auskragt; im für zusätzliche Wohn- oder Lagerzwecke ausgebauten Dachgeschoss setzt giebelseitig ein Fenster, an den anderen zwei Seiten führen Gaupen die mittenbetonte Gliederung fort.

Plan (abgeändert realisiert) / Hans Metzger, Eggenburg / 1939

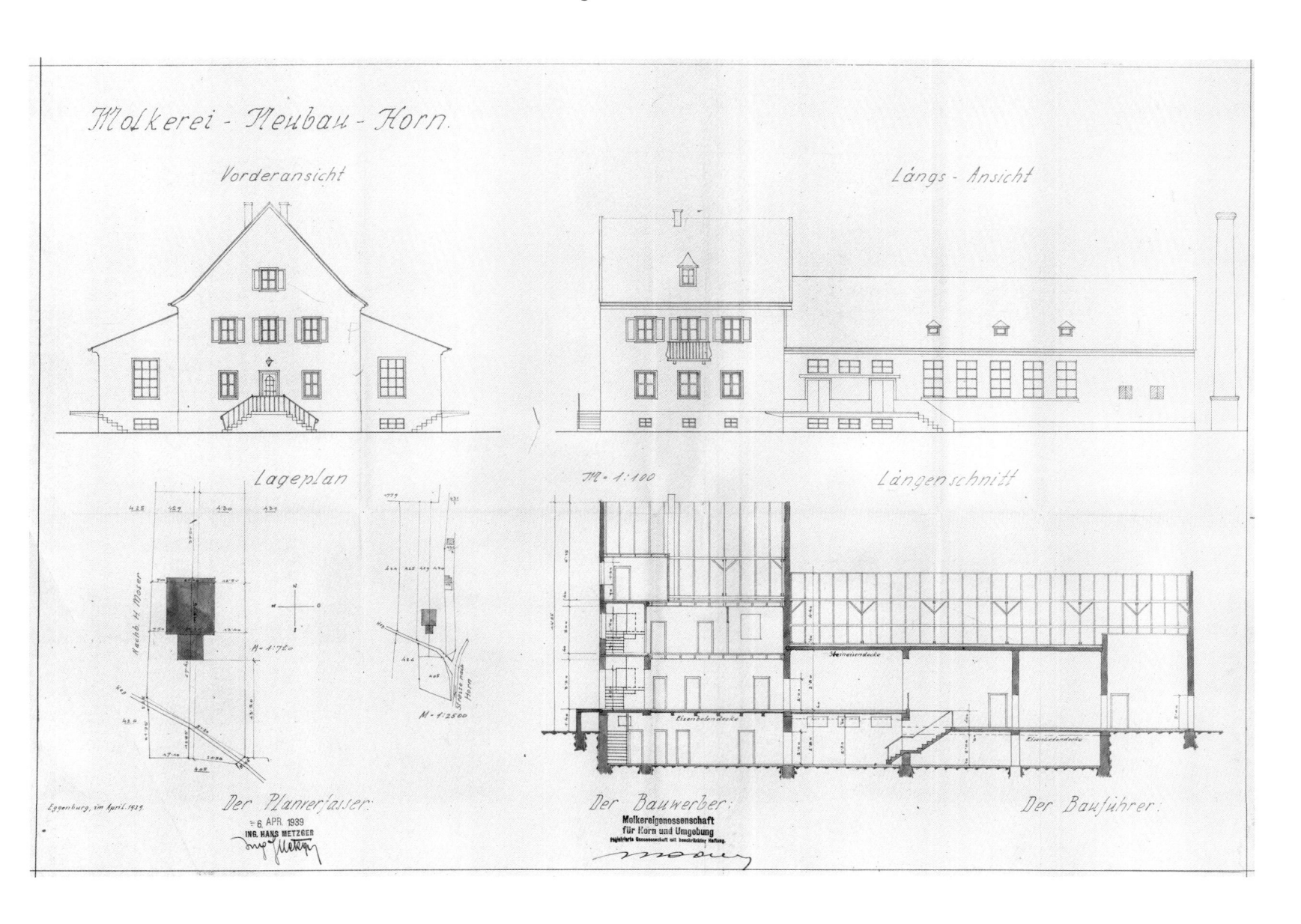

Vom Landrat als Baubehörde geforderte Abänderungen des Entwurfs und infrastrukturelle Auflagen bedingten eine wesentliche Überarbeitung des Projekts, dessen Wiedervorlage im August 1939, von einem singulären Gebäude abgehend, Betriebs- und Wohnbereich als separate Bauten formuliert zeigt. Im Vergleich zum ersten Entwurf war der nun ausschließlich für die Belange der Molkerei ausgelegte Baukörper über einem winkelhakenförmigen Grundriss, der die Betriebsräume um einen Quertrakt ergänzt zeigt, durchgehend ebenerdig angelegt und das Satteldach, nun mit Schleppgaupen erweitert, einheitlich über den gesamten Bau gezogen. Der dem Produktionsbereich bündig vorgesetzte Gebäudeteil, in dem Büro- auch Laborräume untergebracht waren, wies gleichbleibend auf giebelständiger, symmetrisch, allerdings nunmehr 5-achsig, gegliederter Frontfassade einen zentralen Eingang mit zweiläufiger Treppe auf, flankiert von jeweils 2 Fenstern im Abstand der geöffneten Holzläden; eine Reihe mit 3 gleichen Fenstern markierte das ausgebaute Dachgeschoss, in dem ‚Gefolgschaftsraum' und Archiv eingerichtet werden sollten. Der weitere Planungsprozess, zwar mangels Unterlagen nicht rekonstruierbar, aber wie ein Foto des letztlich realisierten, seither aber mehrfach umgebauten Gebäudes zeigt, offensichtlich von einer formensprachlichen Neuausrichtung geprägt, betonte im Rückgriff auf den ursprünglichen Entwurf wieder die funktionale Trennung von Büro- und Betriebsteil. Statt eines einheitlichen Baukörpers mit giebelständiger Front wurde dem Bürogebäude nun ein Walm mit jeweils 3-fenstrigen Schleppgaupen auf allen Seiten aufgesetzt und ihm damit eine Art Landhausstil verpasst, den Fenster mit gewölbtem Sturz, in Anzahl und Anordnung unverändert, unterstreichen. Das angeschlossene ebenerdige, architektonisch nüchterne Betriebsgebäude umfasste über die Rampe erschlossene Übernahme- und Rückgaberäume sowie, durchgehend mit Fliesen oder Feinklinker verlegten Wänden und Fußböden, Produktionsräume für Frischmilch und Butter samt Kühlraum, über dem Lagerbehälter für Voll-, Mager- und Buttermilch sowie Molke eingerichtet waren. Im Kellergeschoss befanden sich Topferei und Käserei samt Kühl- und Lagerräumen, daneben das 2-geschossig angelegte Kesselhaus mit Kohlenbunker, gefolgt von Maschinenraum und Räumen für sonstige technische Anlagen mit Rohrleitungen, Pumpen und Abwasserreinigungsvorrichtungen sowie Sanitär- und Umkleideräumen für Angestellte. Im Außenraum markierte neben Garage und Magazin der 25 m hohe gemauerte Schornstein der Dampfkesselanlage den Industriebetrieb. Das Wohngebäude des ‚Betriebsführers', nun gegenüber der Molkerei als großzügiges, 2-geschossiges Haus geplant, zeigt im Entwurf die beim Bürogebäude eingeschlagene stilistische Richtung voll ausgeprägt und lässt die Rezeption des von der Stuttgarter Schule entwickelten, an Goethes Gartenhaus in Weimar orientierten, ideologisch-architekturalen Kanons eines deutschen Wohnhauses mit hohem Walmdach erkennen. Über einem das Kellergeschoss definierenden Sockel mit kleinen Fenstern erscheint die Fassade auf der einen Längsseite in Betonung der Horizontale durch 2 Reihen ausgeglichen angeordneter, 2- und 3-flügeliger, lädenbewehrter Fenster gegliedert. Die rückseitige Fassade weist eine ganz andere Ordnung auf, in der, aus der Mitte gerückt, über ein Treppenpodest eine als Portal angelegte Türanlage das villenartige Gebäude erschließt, die wegen ihrer aufwendigen handwerklichen Gestaltung – kassettierte Holzflügel in skulpturalem Steingewände mit Supraporte – erstaunlich pompös für ein betriebliches Wohnhaus ausfällt. Daneben

Plan Wohngebäude
des Betriebsleiters
(nicht realisiert) /
Hans Metzger, Eggenburg /
1939

Molkerei Horn /
nach Fertigstellung 1941

Ehemalige Molkerei /
2008

bleibt in der rechten Hälfte der Fassade Platz für 1 Fenster, das, wie auch die Fenster im Obergeschoss, von denen 3 dreiflügelig die Mitte besetzen und eines, in der Achse gespiegelt, dem im Erdgeschoss gleicht, ohne Läden ist; links vom Eingang sind 4 kleine, durch überkreuzte Eisenstäbe armierte Oberlichtfenster eng aneinandergereiht. Die Schmalseiten zeigen im Erdgeschoss jeweils 2 zweiflügelige, symmetrisch und in der Mitte der Wandhälfte platzierte Fenster ohne Läden, im Obergeschoss einmal ein einzelnes zweiflügeliges mit Läden, auf der Gegenseite ein zweiflügeliges in der Achse desselben im Erdgeschoss und in der Achse des anderen ein Wandbild, das in bergländlicher Szenerie einen Mann und eine Frau mit für das bäuerliche Milieu typischen Versatzstücken – die Frau scheint als Verweisattribut auf den Milch verarbeitenden Betrieb einen Melkeimer zu tragen – skizziert zeigt. Das große Haus, das neben der Familie des Betriebsleiters auch andere leitende Angestellte und eventuell Besucher aufnehmen sollte, war auf eine 2-Zimmerwohnung, einen Einzelwohnraum und ein Sitzungszimmer im Erdgeschoss sowie eine 3-Zimmerwohnung im ersten Stock ausgelegt. Im Keller waren neben Lagerabteilen für die Bewohner eine über Erdkabel gespeiste Trafostation und Luftschutzräume mit Gasschleuse vorgesehen. An das Wohnhaus sollte ein Garten anschließen, dessen Begrenzung ein Garagenbau für 3-4 Kraftwagen in Massivbauweise und eine allenfalls als Holzbau auszuführende Eiersammel- und -kennzeichnungsstelle markierte; beabsichtigt war, mit den Milchsammelfuhrwerken der Molkerei Eier ohne extra anfallende Transportkosten aus dem gesamten Einzugsbereich anzuliefern.[7]

Inzwischen war in der Vorstands- und Aufsichtsratssitzung vom 20.7.1939 die Bauvergabe, mit deren Ausschreibung der planende Architekt betraut worden war, erfolgt. Aus den Anboten der 3 lokalen Baufirmen Prager, Steiner und Traschler erhielt Steiner als Bestbieter, zudem mit einer Rekordbauzeit von nur 12 Wochen veranschlagt, den Auftrag für das Betriebsgebäude. Den beiden unterlegenen Firmen wurde die Beteiligung an der separaten Ausschreibung von Wohngebäude, Garage und einer Eierkennzeichnungsstelle, die von der Lagerhausgenossenschaft betrieben werden sollte, in Aussicht gestellt. Die Vergabe der maschinellen Einrichtung stand in der Sitzung am 1.8.1939 auf der Tagesordnung, zu der neben einer Firma aus Wien deutsche Maschinenfabriken ihre Vertreter entsandt hatten. Den Zuschlag erhielt die Firma Unger aus Berlin als Gesamtanbieter für die Maschinen sämtlicher Verarbeitungsbereiche und die Firma Linde-Riedinger für die Kälteanlage.

Bei diesem Stand der planerischen und organisatorischen Vorarbeiten konnte Kreisbauernführer Mader zusammen mit dem Vertreter des Milch- und Fettwirtschaftsverbands Donauland am 24.8.1939 den ersten Spatenstich für die neue Molkerei gebührend zelebrieren. In seiner Ansprache erklärte er einen „15jährigen Traum der Bauern aus dem Bezirk Horn" in Erfüllung gegangen; sein Dank galt dem Verbandsvertreter wie dem Betriebsleiter, während umgekehrt sein Stellvertreter ihm „für sein energisches Eintreten für das Zustandekommen dieses Projektes" dankte und die Feier „mit einem 3fachen Sieg Heil auf unseren Führer" beschloss. In der Berichterstattung der Waldviertler Zeitung vom 14.9.1939 wurde der einen erheblichen Teil der Baukosten abdeckende Reichszuschuss gewürdigt, der neben der Subvention des Milch- und Fettwirtschaftsverbands den Milchverarbeitungsbetrieb, der bei einer Anliefermenge von 15-20.000 Liter hauptsächlich Butter, Topfen und Käse erzeugen sollte, ermöglicht habe.[8]

Nach dem die Partei und ihre Funktionäre rühmenden Auftakt sollte die propagandistische Zuversicht in den neuen Wirtschaftsstandort bald von Problemen eingeholt werden, die einen baldigen und beschleunigten Bau immer wieder aufzuschieben zwangen. Abgesehen vom baubehördlichen Verfahren war es vor allem die ausstehende Zuteilung von erforderlichen Baustoffen durch das Arbeitsamt Krems, das seine Unbedenklichkeitsbescheinigung vom Juli 1939 wegen Verfahrensfehler im September wieder zurückgezogen hatte und erst im Februar 1940 gültig ausstellen sollte. Zielstrebig verhandelte indessen der Kreisbauernführer die Finanzierung des Molkereineubaus mit der als Hausbank fungierenden Raiffeisen Genossenschafts-Zentralbank in Wien, über die der gesamte Mittelbedarf von RM 337.000 aufgebracht bzw. verrechnet werden sollte. Das beschlussreife Modell, das Obmann Mader Vorstand und Aufsichtsrat in der Sitzung vom 8.9.1939 erläuterte, sah vor, RM 120.000 durch einen Landeszuschuss, RM 60.000 durch Geschäftsanteile der Genossenschaftsmitglieder und den Rest von RM 157.000 durch einen Bankkredit mit einer Laufzeit von 10 Jahren abzudecken, für dessen Sicherstellung die Molkereigenossenschaft einen Wechsel über RM 85.000 zu akzeptieren bereit war.

Die weitere Vergabe der Bauausführung kam nach Anbotsprüfung durch den Architekten in der Sitzung vom 11.1.1940 zur Abstimmung: Während die Errichtung des Schornsteins eine Wiener Firma zugeschlagen erhielt, wurde der Auftrag für die Büroeinrichtung, für die neben der bauausführenden Horner Firma Steiner die Tischlerei Bischof in Eggenburg ein Anbot gelegt hatte, zur Klärung der großen Preisdifferenz aufgeschoben; mit den Glaser- und Spenglerarbeiten wurden die Horner Firmen Maierhofer und Schmidt beauftragt, für andere Ausstattungsarbeiten fehlten noch Anbote bzw. Kontingentzuteilungen, etwa für Türen und Fenster aus Eisen. Die für eine Molkerei essenzielle Wasserversorgung gestaltete sich nach mehreren negativen Bohrergebnissen problematisch und machte erforderlich, zu Brunnenfirmen aus der Umgebung Firma Schierl aus Lambach hinzuziehen. Ebenfalls einstimmig beschlossen wurden neben der Selbstzuerkennung von Sitzungsgeldern und Kilometerentschädigungen nach dem Vorbild der Lagerhausgenossenschaft der Ankauf eines 5 t-LKW von Gräf&Stift zum Preis von RM 24.812,80 sowie die Einstellung von Franz Krapfenbauer als Chauffeur mit einem Bruttowochenlohn von RM 50 zuzüglich Überstundenentgelt und Taggeld und von Lotte Patzl als Bürokraft mit einem „Anfangsgehalt von Schreibfräuleins in der Reichsbauernkammer".

Nach schließlich erfolgter Genehmigung der erforderlichen Mengen an Eisen, Stahl und Holz für einen umbauten Raum von 3410 m³ im Februar und der am 4.5.1940 in Anwesenheit aller involvierten Parteien stattgefundenen Bauverhandlung konnte mit dem Bau begonnen werden, auch wenn sich der Baubescheid des Landrats weiter hinzog und erst am 30.4.1941 mit einer Reihe von baupolizeilichen, verkehrstechnischen und straßenraumgestalterischen Auflagen erging.

Unter den kriegsbedingten mangelwirtschaftlichen Bedingungen hatte sich die von der Baufirma Steiner kürzest angekündigte Errichtungszeit fortwährend verlängert, sodass sich die Baufertigstellung der Molkereianlage – allerdings ohne Wohngebäude, Garage und Eiersammelstelle sowie unter Wegfall der Transformatorenstation, die inzwischen von den Gauwerken Niederdonau außerhalb des Molkereigeländes errichtet worden war – auf Mitte 1941 verschob. Ein Vertreter des Milch- und Fettwirtschaftsverbands Donauland sprach sich trotz der nicht vollständigen Maschinenausstattung für die Inbetriebnahme aus, für die als Termin der 1.6.1941 festgelegt wurde. Kreisbauernführer und Obmann Mader gab seiner

Genugtuung über die Fertigstellung des Betriebsneubaus trotz „allergrößter Schwierigkeiten von Material- und Arbeitskräftebeschaffung" in einem Rückblick in der 9. gemeinsame Vorstands- und Aufsichtsratssitzung der Molkereigenossenschaft am 20.5.1941 Ausdruck. Inzwischen war am 22.4.1941 ‚Betriebsführer' Maurer abgelöst und mit 1.6. zum Geschäftsführer der neuen Molkerei in Langau bestellt worden. An seiner Statt übernahm Viktor Datzik die Betriebsleitung in Horn mit der Ankündigung, das Milcheinzugsgebiets auszuweiten und die Milchanlieferung auf LKW umzustellen; mit der Reichsbahn war bereits vorsorglich „die Einstellung von vier Kurswägen mit Erfolg verhandelt" worden.

Mit Erteilung der Betriebs- und Bewohnungsbewilligung am 17.10.1941 wurde die bereits im Juni erfolgte Inbetriebnahme offiziell bestätigt. So sehr der Bau verzögert und nicht in vollem Umfang ausgeführt werden konnte, in ästhetischen Fragen mochte der Landrat auch in Kriegszeiten keine Abstriche machen; mit der Feststellung im Bescheid, dass „der Molkereischornstein von der Stadtseite her störend wirkt", ordnete er in Sorge um eine künftige Bellavista im Zuge einer gefälligen Ausgestaltung des Molkereivorplatzes als Grünanlage „zu seiner teilweisen Verdeckung hochwüchsige Bäume zu pflanzen" an.[9]

Die Betriebskapazität basierte zunächst auf den Liefermengen der in die neue Molkereigenossenschaft eingebrachten örtlichen Milchgenossenschaften, die bis dahin Zulieferer der in Waidhofen und Litschau bestehenden Molkereien waren oder die Milch auch direkt nach Wien vermarktet hatten. Als Verrechnungsmodus galten zwei getrennte Bereiche: „Die Milchgenossenschaften sammeln die Milch und verrechnen diese mit ihren Mitgliedern. Die Molkereigenossenschaft übernimmt die Milch von den Milchgenossenschaften und rechnet diese Mengen nur mit der Milchgenossenschaft ab." So stark die Horner Genossenschaft war, zählte sie doch bereits zu Beginn 968 Mitglieder und konnte mit einer Tagesanlieferung bis zu 20.000 kg rechnen, musste der Großteil der Milch – täglich 8000-10.000 Liter Voll- und Magermilch –, um die Versorgungslage zu sichern, nach Wien geliefert werden statt, wie geplant, zu verschiedenen Milchprodukten weiterverarbeitet zu werden.[10] Umgekehrt erhielt die Molkerei Horn die Buttergroßverteilstelle für den Kreis Horn, die bisher die Molkerei Krems innehatte. Nachdem die Eierkennzeichnungsstelle mangels Betriebsräumlichkeiten noch nicht vom Lagerhaus übernommen werden konnte, wurde in Abänderung des ursprünglich geplanten Holzbaus die Errichtung eines massiven Wirtschaftsgebäudes beschlossen, das zusätzlich eine Garage und einen Kohlenbunker aufnehmen und das Dachgeschoss für Wohnzwecke nutzen lassen sollte.[11]

Molkerei Pöggstall

Die Molkerei Pöggstall, vermutlich im gleichen Zeitraum gegründet und errichtet, konnte mangels jeglicher unternehmens- und baurelevanter Unterlagen nur aus der Anschauung und im Vergleich mit Entwürfen andernorts dokumentiert werden. Der Bau in gleicher Nutzung bis heute erscheint, wie auch ein Foto aus 1967 zeigt, bis auf eine rückseitig angebaute Balkonkonstruktion äußerlich unverändert erhalten. Typologisch ähnlich dem ersten Entwurf für Horn von Ing. Metzger, allerdings die 2 architektonisch differenzierten Funktionseinheiten von 1-geschossigem Betrieb und auf 2 Geschosse verteiltem Büro- und Wohnbereich nicht zu einem Längsbau verbunden, sondern über L-förmigem Grundriss organisiert; gleich blieben Fassadengliederung und Erschließung sowie das mit Schleppgaupen versehene Satteldach auf beiden Baukörpern.

Das Beispiel zeigt, wie für andere Zweckbauten und Bauzwecke auch, dass und wie von übergeordneten Planungsstellen entwickelte Bautypen als Leitbilder funktionierten, die gegebenenfalls geringfügig spezifischen Erfordernissen angepasst werden konnten. Lokalen Bauherren und Architekten vorgegeben und in die Planungsstrukturen eingeschleust, konnte so ein zentral geschaffener Formenkanon bis in kleine Orte wirksam werden. Standardisierte Typenpläne als Planungsvorlagen, die den Gestaltungsspielraum der Architekten, so nicht ohnehin durch Rezeption der Vorzeigeprojekte über „Das Bauen im neuen Reich", so der Titel eines 2-bändigen Prachtbands nationalsozialistischer Musterbauten,[12] informiert, je nach Parteiloyalität, opportunistischer Ambition oder Gefügigkeit mehr oder weniger einschränkten, empfahlen sich allein wegen eines problemlosen baubehördlichen Bewilligungsverfahrens zweckmäßig zur Übernahme.

1967 / 2009

Molkerei Langau

Kunst am Bau /
R. Schmidt /
1941

Ehemalige Molkerei /
2009

Die Molkereigenossenschaft Drosendorf und Umgebung wurde am 9.1.1939 gegründet und, nachdem Standortvorteile, wie die unmittelbare Nähe zu Bahnhof und Lagerhaus sowie die günstigen Wasserverhältnisse, den Molkereineubau in Langau errichten ließen, folglich in Molkereigenossenschaft Langau umbenannt. Zeitgleich mit Horn in Angriff genommen, teilte das Projekt einer Molkerei und Käserei, für deren Neubau nach Grunderwerb und Sicherstellung der Finanzierung durch einen Reichszuschuss noch 1939 die Grundsteinlegung erfolgte, auch die kriegsbedingte Bauverzögerung infolge zunehmender Engpässe bei Arbeitskräften und Material.

Nachdem Mitte 1941 Thomas Maurer, als ‚Betriebsführer' von Horn abgezogen, in Langau die Geschäfte übernommen hatte, konnte am 8.5.1942 der Neubau der Molkerei, wenn auch nur als Provisorium, den Betrieb aufnehmen. Der Entwurf des mangels erhaltener Bauunterlagen nicht bekannten Planers zeigt einen langen ebenerdigen Gebäudetrakt, der, voll unterkellert, das Satteldach mit einer dichten Reihe von Schleppgaupen ausgebaut, Büro-, Verarbeitungs- und Kühlräume organisierte. Die giebelständige Frontseite des seit vielen Jahren anderweitig genutzten, aber trotz Anbauten weitgehend unveränderten, wenn auch etwas ramponierten Molkereikomplexes mit symmetrischer Gliederung weist einen zentralen Büroeingang, flankiert von jeweils einem Fenster, die, wie 3 Fenster im Giebelfeld darüber und alle Fenster an den Längsseiten, Holzläden tragen. Die Erschließung der Betriebsräume erfolgte für Anlieferung und Abholung über eine Rampe sowie durch eine anschließende Tür, über der ein 1941 datiertes Steinrelief von R. Schmidt als Kunst am Bau-Projekt betriebsassoziativ eine Frau beim Melken einer Kuh dargestellt zeigt.

Problematisch stellten sich nach den Bauverzögerungen auch die Aufbringung der für die geplante Produktionskapazität erforderlichen Milchmenge und deren Anlieferung aus dem durch Eingliederung von 14 Orten in Südmähren zusätzlich zu den 78 Ortschaften im Umkreis von ca. 20 km ausgeweiteten Einzugsgebiet nördlich und südlich des Thayabogens heraus. War der tägliche Milchtransport noch durch Selbstorganisation der Bauern zu lösen, wurde viehwirtschaftlich eine radikale Umstellung von der bis dahin in der Region dominierenden Schweinemast auf intensive Rinderhaltung verfügt, um die Verarbeitungsmenge von anfangs 10.000-15.000 Liter Milch pro Tag auf das betriebsräumlich mögliche Maximum von 20.000-30.000 Liter zu steigern. Als „größte Käserei in der östlichen Ostmark" produzierte Langau im Schichtbetrieb und mit einer zunehmend aus Frauen bestehenden Belegschaft eine Produktpalette, die neben einem geringeren Kontingent pasteurisierter Milch für die städtische Versorgung vornehmlich Stangenkäse nach Tilsiter Art umfasste, der in den Handel oder in die Weiterverarbeitung zu Schmelzkäse ging und wofür bis zu 20.000 Liter Milch verarbeitet wurden. Daneben machte die Produktion von Butter bis zu 180 t im Jahr aus (1943); dabei anfallende Molke wurde zu Fruchtsäften, Suppenwürze, Kunsthonig, aber auch zu pharmazeutischen Grundstoffen weiterverarbeitet.[13]

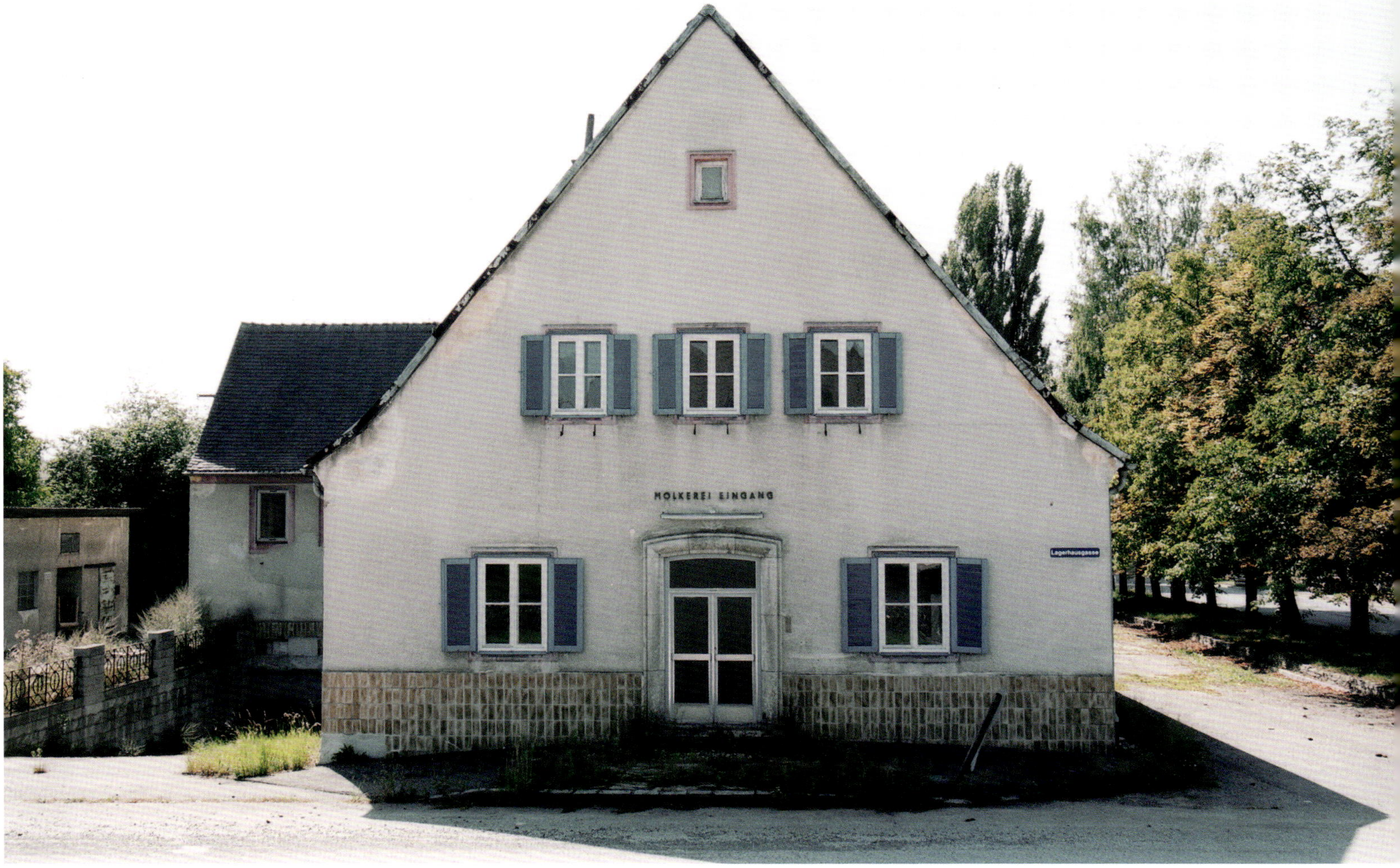
MOLKEREI EINGANG
Lagerhausgasse

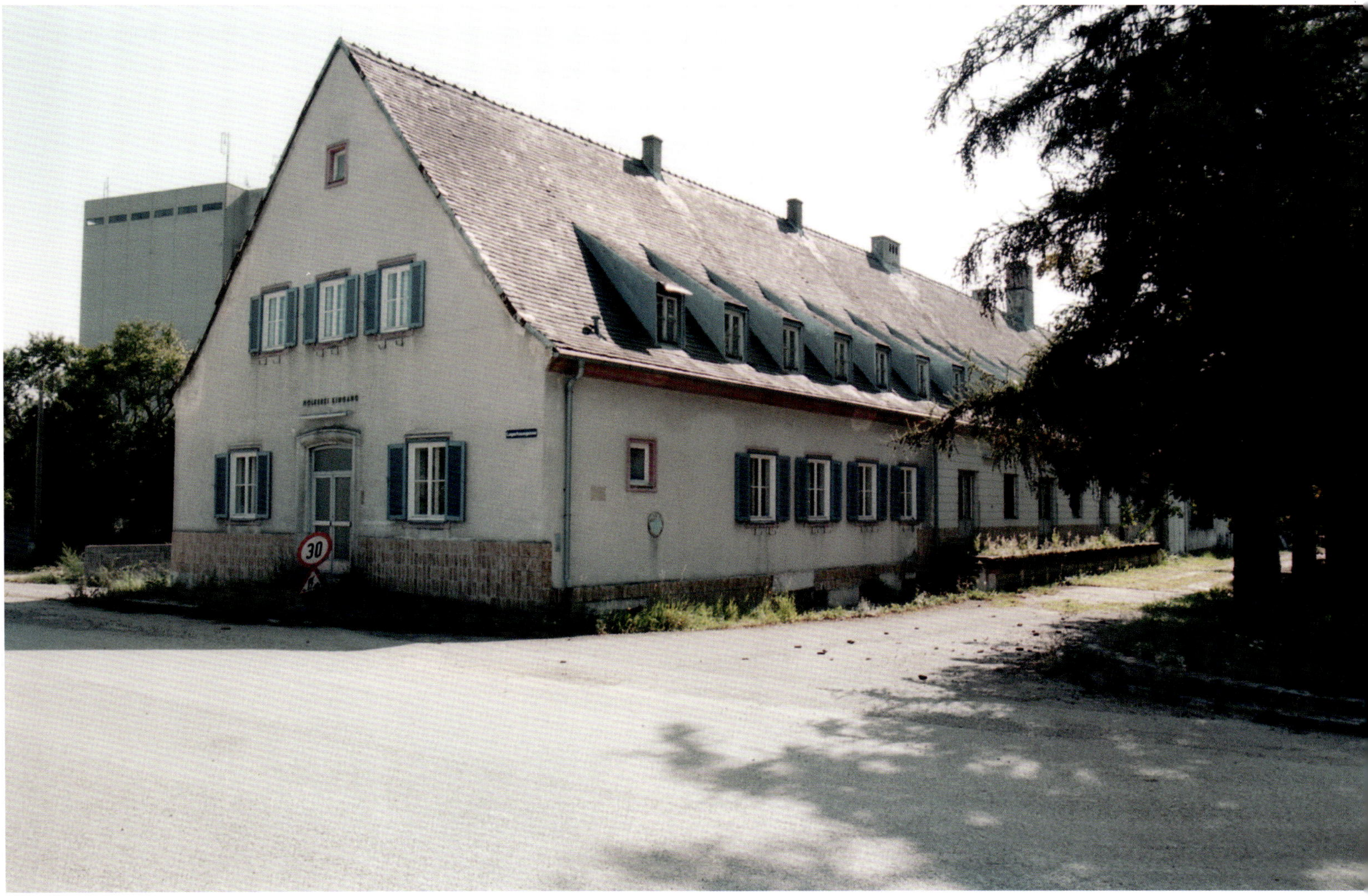
MOLKEREI EINGANG
30

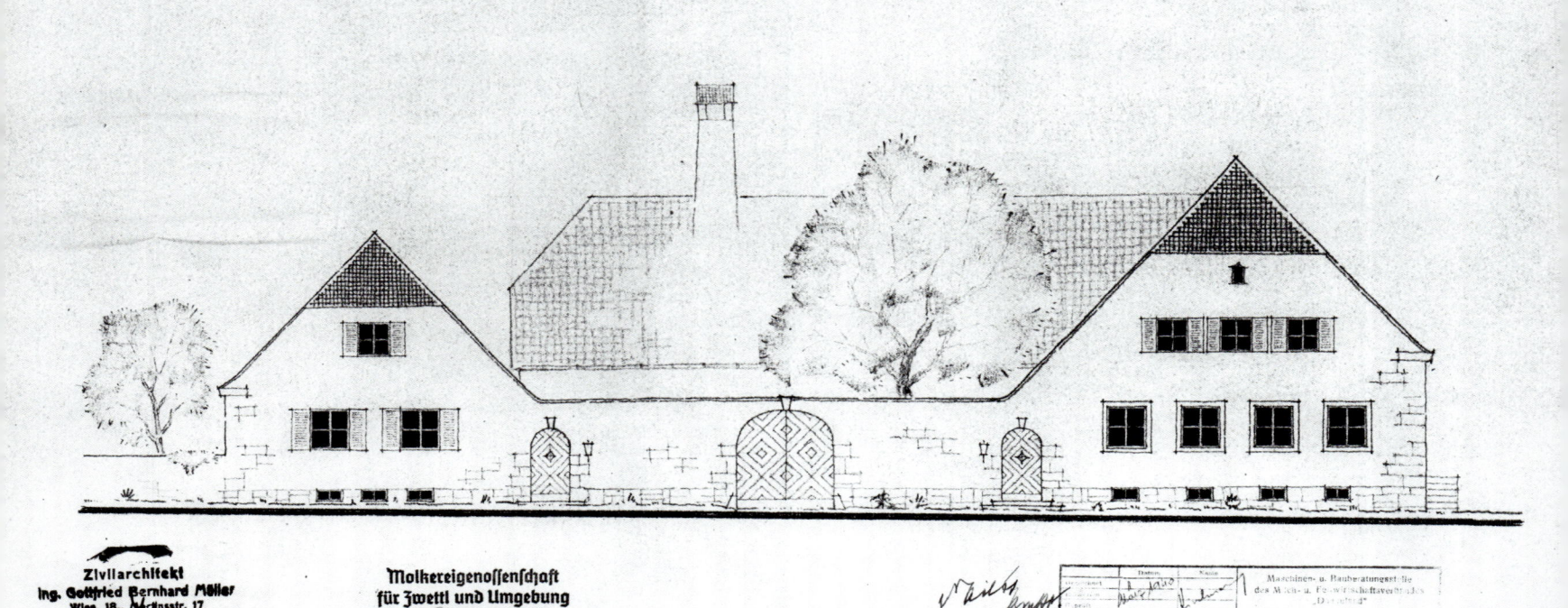

= MOLKEREINEUBAU ZWETTL =
SÜD-OST ANSICHT   1:100.

Zivilarchitekt
Ing. Gottfried Bernhard Müller
Wien, 18., Martinstr. 17

Molkereigenossenschaft
für Zwettl und Umgebung
registrierte Genossenschaft mit beschränkter Haftung

Molkerei Zwettl

Die Molkereigenossenschaft Zwettl und Umgebung wurde von Bauern der Region am 13.3.1939 bei einer Versammlung im örtlichen Kinosaal gegründet, nachdem sich seit dem ‚Anschluss' von privaten Interessenten betriebene Projekte, die Standorte außerhalb des Stadtgebiets, Richtung Weitra oder Gr. Gerungs, vorsahen, nicht hatten durchsetzen können.[14] Zweck des genossenschaftlichen Zusammenschlusses waren neben dem zentralen Einkauf milchwirtschaftlich erforderlicher Geräte für die bäuerlichen Mitgliedsbetriebe die Verarbeitung und Verwertung der Milch in ihrem Auftrag und für ihre Rechnung sowie die dafür erforderliche Errichtung eines Molkereineubaus, für den letztlich im Anschluss an das landwirtschaftliche Lagerhaus und die Brennereigenossenschaft sowie in unmittelbarer Nähe zum Bahnanschluss am Galgenberg ein Grundstück erworben wurde. Die Bauverhandlung fand schließlich am 18.9.1940 statt, die Baubewilligung für den Molkereikomplex samt Wohnhaus für den ‚Betriebsführer' erfolgte mit Bescheid des Landrats Anfang 1941.[15]

Der Entwurf des agrarindustriellen Betriebs vom März 1940,[16] mit dem der Wiener Architekt Gottfried Bernhard Müller vom Milch- und Fettwirtschaftsverband Donauland beauftragt worden war, zeichnet sich dadurch aus, dass er nicht nur assoziativ Anleihen bei bäuerlicher Architektur nimmt, sondern weitgehend die Hofform übernimmt, die der Berliner Architekt Willi Erdmann als „ostmärkisches Umsiedlungsgehöft"[17] für die Region entworfen hatte. > Bäuerliche Siedlungen 253 Organisation und Anordnung der Baukörper folgten dem standardisierten, am Waldviertler Dreiseithof orientierten Hoftyp, dem als Versatzstück lokaler Baukultur Krüppelwalme aufgesetzt wurden und dessen zentralsymmetrische Anlage großdeutscher Planung, um den Bedarf eines auf 4200 m³ umbauten Raum ausgelegten Milch verarbeitenden Betriebs abzudecken, zugunsten eines im Vergleich zum formal gleichen Wohnhaustrakt überdimensio-

Planansicht /
Gottfried Bernhard
Müller, Wien /
1940

Molkerei Zwettl /
2007

Molkerei Zwettl /
Fertigstellung nach 1945

nierten Betriebskomplexes, überragt von einem Fabriksschornstein, aufgegeben werden musste. In irreführender Semantik eines eskalierten Bauernhofensembles wurde mit der Wohn- und Ausgedingebereiche vortäuschenden Schauseite, hinter der Betriebsräume bzw. Wohnungen des leitenden Personals angelegt waren, eine agrarromantisch formulierte Industriearchitektur vorgeführt, die sich bis in die Begrenzungsmauer mit funktionslosem Hoftor fortsetzt und eine Erschließung vorgibt, die über eine Rampe an der Längsseite des Betriebsgebäudes erfolgt, wie der den rückseitig abschließenden Scheunenquertrakt imitierende Baukörper weitere Betriebsräume und Garagen beherbergt. Im Gegensatz zur Hülle zeigen Raumaufteilung und Innenausbau eine nüchtern technisch-betriebliche Ausführung. Die Nutzflächen des großteils unterkellerten Betriebs mit durchgehend verfliesten Fußböden und Wänden wurden so verteilt, dass im Keller die Produktion von Topfen und Käse samt Lagerräumen und im Erdgeschoss Büroräume und Labors, gefolgt vom eigentlichen Betrieb mit Milchübernahme und -verarbeitung zu verschiedenen Trinkmilchprodukten und Butter, deren Lagerung in darüber gelegenen Kühlräumen erfolgte, organisiert waren. Weitere Kühlräume, das Kesselhaus samt Kohlenlager und der Kältemaschinenraum belegten den hofabschließenden Quertrakt. Sanitär- und Umkleideräume für die ‚Gefolgschaft' waren im Untergeschoss, der ‚Gefolgschaftsraum' im zur Mansarde ausgebauten Dach über dem Büro vorgesehen. Der klein dimensionierte Zwillingstrakt sollte Dienstwohnungen aufnehmen, die im Erdgeschoss eine 3-Zimmer-Wohnung für den ‚Betriebsführer' und 2 Einzelzimmer im ausgebauten Dach mit Schleppgaupen umfassten, das Kellergeschoss neben Vorratsräumen und Waschküche zu Luftschutzräumen für die gesamte Belegschaft ausgebaut werden.[18]

Baubeginn der Zwettler Molkerei sollte ursprünglich im Mai 1940 sein, eine knappe Bauzeit von lediglich 3 Monaten die rasche Inbetriebnahme ermöglichen. Stattdessen ließen Baustoffmangel und fehlende Arbeitskräfte den Bau ins Stocken geraten und zwangen zu verschiedenen Provisorien einer Molkerei, die zunächst notdürftig im Stift Zwettl bzw. in einer aufgelassenen Schmiede eingerichtet wurde. Fertiggestellt und in Betrieb gehen konnte der Molkereineubau erst nach dem Zusammenbruch des NS-Regimes 1945. Bei einem im Vergleich zu Beginn 1940 bei einer Mitgliederzahl von 430 aufgebrachten Liefervolumen von 604 t betrug dann die Verarbeitungskapazität 1100 t bei einem auf 1765 Bauern gestiegenen Mitgliederstand.[19] Das Bauensemble gleicher Nutzung, zwar durch Aus- und Zubauten sowie den Abriss des hohen Schornsteins verändert, ist in der ursprünglichen Formulierung erhalten.

Seuchenschlachthof Gmünd

Nachdem die Stadtgemeinde Gmünd unter Bürgermeister Hans Retinger Anfang 1941 mit einem günstigen Grundkauf am Stadtrand, jenseits des Fabriksgeländes der Kartoffelverwertung AG und im Anschluss an die 1939 errichtete Großlagerhalle des sogenannten Getreidespeichers, ihre bestehende Landreserve vorsorglich für Industrieansiedlungen auf 7 ha vergrößert hatte,[1] konnte der Anordnung des Reichsinnenministers zur vordringlichen Errichtung von Seuchenschlachthöfen, den 1940 in Niederdonau gehäuft auftretende Fälle von infektiöser Schweinelähme notwendig gemacht hatten, umgehend entsprochen werden. Insgesamt waren 6 Standorte geplant, deren 2 in der Region Waldviertel in Krems[2] und Gmünd neben Amstetten, Hollabrunn, Wr. Neustadt und Znaim vorgesehen waren. Das aus veterinärpolizeilichen Gründen vom allgemeinen Baustopp ausgenommene Projekt in der Zuständigkeit des Reichsministers für Ernährung und Landwirtschaft war mit höchster Dringlichkeit umzusetzen.[3] Die Planung besorgte der auf Schlachthöfe spezialisierte Berliner Architekt Walter Frese > Architekten / Künstler 397, der bereits im Zuge der ministeriellen Erstellung von Richtlinien zur Seuchenbekämpfung im Jänner 1941 Musterpläne entworfen hatte. Seine mit 22.8.1941 datierte Gesamtplanung für Gmünd sah auf einer Fläche von 2350 m² neben einem Seuchenschlachthof mit Fleischverarbeitungsbetrieb und angeschlossener Freibank sowie Nebengebäuden zunächst auch einen regulären Schlachthofkomplex vor, dessen Ausführung aber aufgrund kriegswirtschaftlicher Einschränkung gestrichen wurde.[4] Die Kosten für das redimensionierte Projekt, das sämtliche Betriebsbereiche in einem Gebäude vereinigte, betrugen RM 235.000 und wurden überwiegend durch Reichsmittel, RM 150.000 als Subvention und RM 50.000 als langfristiges Darlehen, abgedeckt.[5] Nach Baubewilligung vom 25.6.1942 – der Bescheid zur Abwasserentsorgung in das städtische Kanalsystem war bereits am 15.6.1942 erteilt worden – wurde die Umsetzung an die Arbeitsgemeinschaft der lokalen Baufirmen Leyrer und Mokesch vergeben und als Fertigstellungsfrist 30.9.1944 festgelegt. War der Rohbau bis Ende 1943 errichtet, brauchten der Ausbau und die technische Einrichtung bis Ende 1944, sodass erst im Februar 1945 um Kollaudierung für die Anlage angesucht werden konnte, die „sich vollkommen in das Landschaftsbild [einfügt]" und „nach dem städtebaulichen Gesichtspunkt als einwandfrei" vom kommunalen Bauherrn beurteilt, die baukulturellen Forderungen des Nationalsozialismus erfüllte.[6]

Für den 1-geschossigen Zweckbau mit einer verbauten Fläche von 426 m² bei Abmessungen von 30,64 x 13,89 und einer Höhe von annähernd 10 m, der für eine tägliche Schlachtungs- und Verarbeitungskapazität von 10 Schweinen und 2 Rindern ausgelegt war, wurde in direktem Verweis auf den viehwirtschaftlichen Zusammenhang eine ländliche Formensprache mit Krüppelwalm, Sprossenfenstern mit Holzläden, bäuerlich durchgestalteten Türen und Toren gewählt, die eine Heimatschutzmanier vorführt, der sich Industriebauten im Nationalsozialismus gemeinhin verweigerten, wie in direkter Nachbarschaft das Beispiel der in Bau befindlichen Kartoffelverwertung AG zeigte. Lediglich auf der Rückseite unterbrechen große Rasterfenster im Schlachtbereich die rustikale Überformung, der auch die Höhe des Fabrikschornsteins – durch Auflage der Baubehörde war er möglichst niedrig zu halten – angepasst wurde, und verweisen auf den fleischindustriellen Betrieb, der sich dahinter verbarg und über dessen seuchenverknüpfte Produktionskette das für einen Funktionsbau im industriell genutzten Stadtrandgebiet abwegige Bauernhofimitat den Konsumenten vermutlich hinwegtäuschen sollte.

Alle Arbeitsabläufe auf einer Ebene angeordnet, zeigt der Grundriss eine streng nach veterinär-sanitären Vorschriften getrennte Raumorganisation in reine und unreine Bereiche, verteilt auf Stall, Schlachtraum, Verarbeitung, Kühlräume und Verkaufslokal sowie Personal- und Büroräume. Das mit einer Reihe von Gaupen belichtete, zum Teil ausgebaute Dachgeschoss nahm eine Wohnung für den Betriebsleiter auf, auf die 4 gleichmäßig über die Giebelbreite verteilte Fenster gleicher ländlicher Form verweisen. Das mit einem Holzzaun umfriedete und zur Straße mit einer Grünanlage und Bäumen gestaltete Betriebsgelände nahm neben dem in Ziegelbauweise ausgeführten, das Dach mit glasierten Biberschwänzen eingedeckten, traufständigen Produktionskomplex Entsorgungsbauten für Abfälle sowie Wasch- und Desinfektionseinrichtungen für die Tiertransporter auf, deren Zu- und Abfahrt aus seuchenhygienischen Gründen im Einbahnverkehr geregelt war. Nach Anlieferung der kranken Tiere und Reinigung der Fahrzeuge führte ihr Weg durch die Desinfektionsschleuse eines Toranbaus, der, von der Baukommission ebenfalls wegen seiner störenden Dimension bemängelt, einer Anpassung unterzogen werden musste.[7]

Außen nahezu unverändert erhalten, wurde der Bau nach 1945 als regulärer Schlachthof bis 1955 weiter betrieben und danach zum Betriebs- und Werkstättengebäude des städtischen Wasserwerks mit Wohnungen im Dachgeschoss um- und ausgebaut. Das restliche Areal wurde, wie ursprünglich bereits erwogen, für Wohnbauzwecke genutzt und darauf die Waldrandsiedlung erbaut.

Lageplan Gesamtkomplex Schlachthof Gmünd / Walter Frese, Berlin / 1941

> Planansicht und Lageplan Seuchenschlachthof / Walter Frese, Berlin / 1941

Wasserwerk Gmünd / 2010

Seuchenschlachthof, Landwirtschaftliche Kartoffelverwertung AG / nach 1945

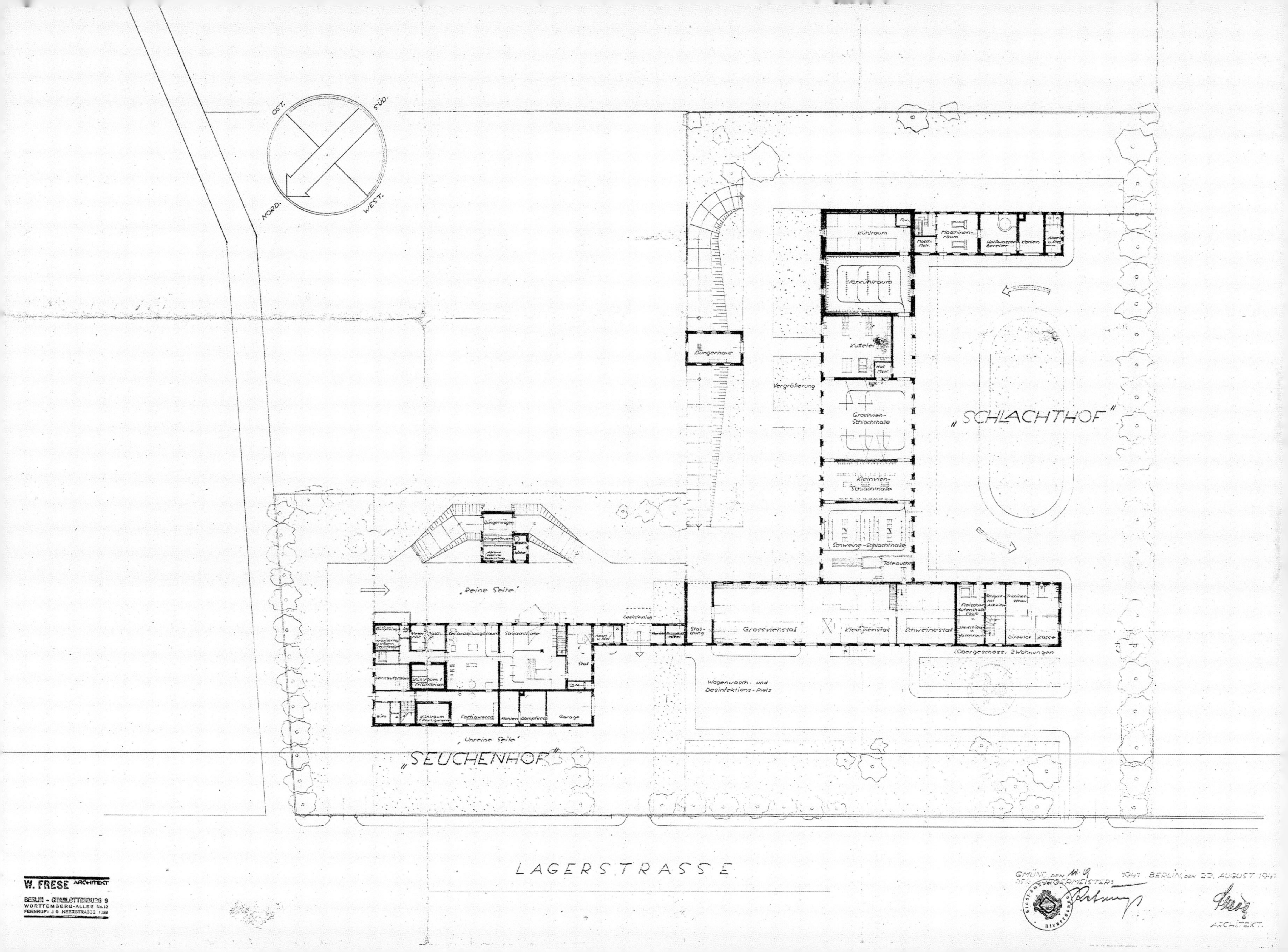
OST.
SÜD.
WEST.
NORD.
Kühlraum
Maschinen-raum
Warmwasser-Bereiter
Kohlen
Vorkühlraum
Kuttelei
Düngerhaus
Vergrößerung
Grossvieh-Schlachthalle
Kleinvieh-Schlachthalle
Schweine-Schlachthalle
Talgschmelze
„SCHLACHTHOF"
„Reine Seite"
Desinfektion
Stallung
Grossviehstall
Kleinviehstall
Schweinestall
Fleischer-Aufenthaltsraum
Direktor
Kasse
I. Obergeschoss: 2 Wohnungen
Wagenwasch- und Desinfektions-Platz
Schlachthalle
Verkaufsraum
Fertigwaren
Dampfkessel
Garage
„Unreine Seite"
„SEUCHENHOF"
LAGERSTRASSE
W. FRESE ARCHITEKT
BERLIN - CHARLOTTENBURG 9
WÜRTTEMBERG-ALLEE No. 12
FERNRUF: J 9 HEERSTRASSE 1388
GMÜND, DEN 11.9. 1941
DER BÜRGERMEISTER:
BERLIN, DEN 22. AUGUST 1941
ARCHITEKT.

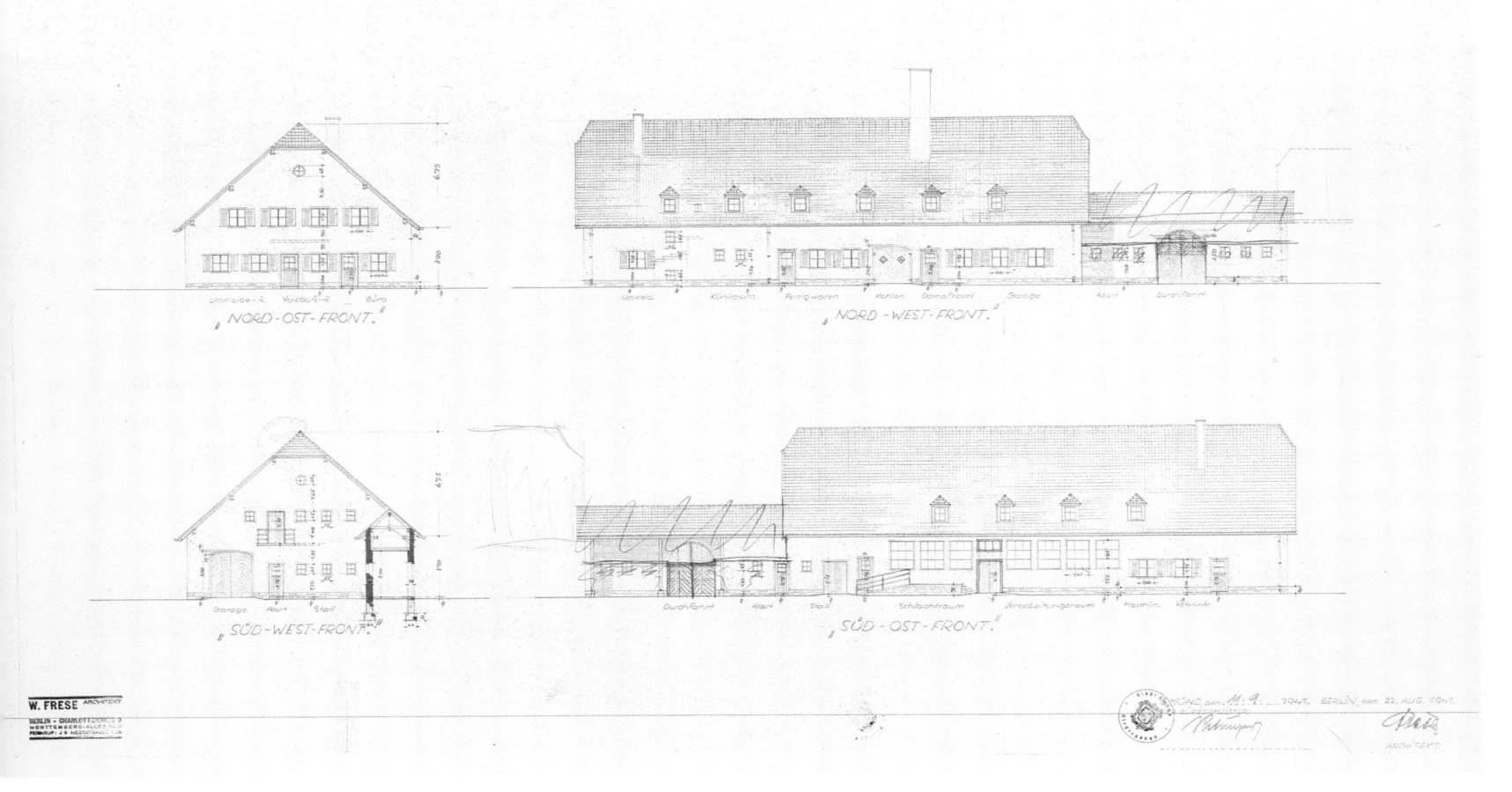

SEUCHENSCHLACHTHOF GMÜND: "ANSICHTEN." M. 1:100.

G-78.

"NORD-OST-FRONT."

"NORD-WEST-FRONT."

"SÜD-WEST-FRONT."

"SÜD-OST-FRONT."

W. FRESE ARCHITEKT
BERLIN - CHARLOTTENBURG 9
WÜRTTEMBERG-ALLEE No 12
FERNRUF: J 9 HEERSTRASSE 1008

Gmünd, den 11.9. 1941. Berlin, den 22. Aug. 1941.

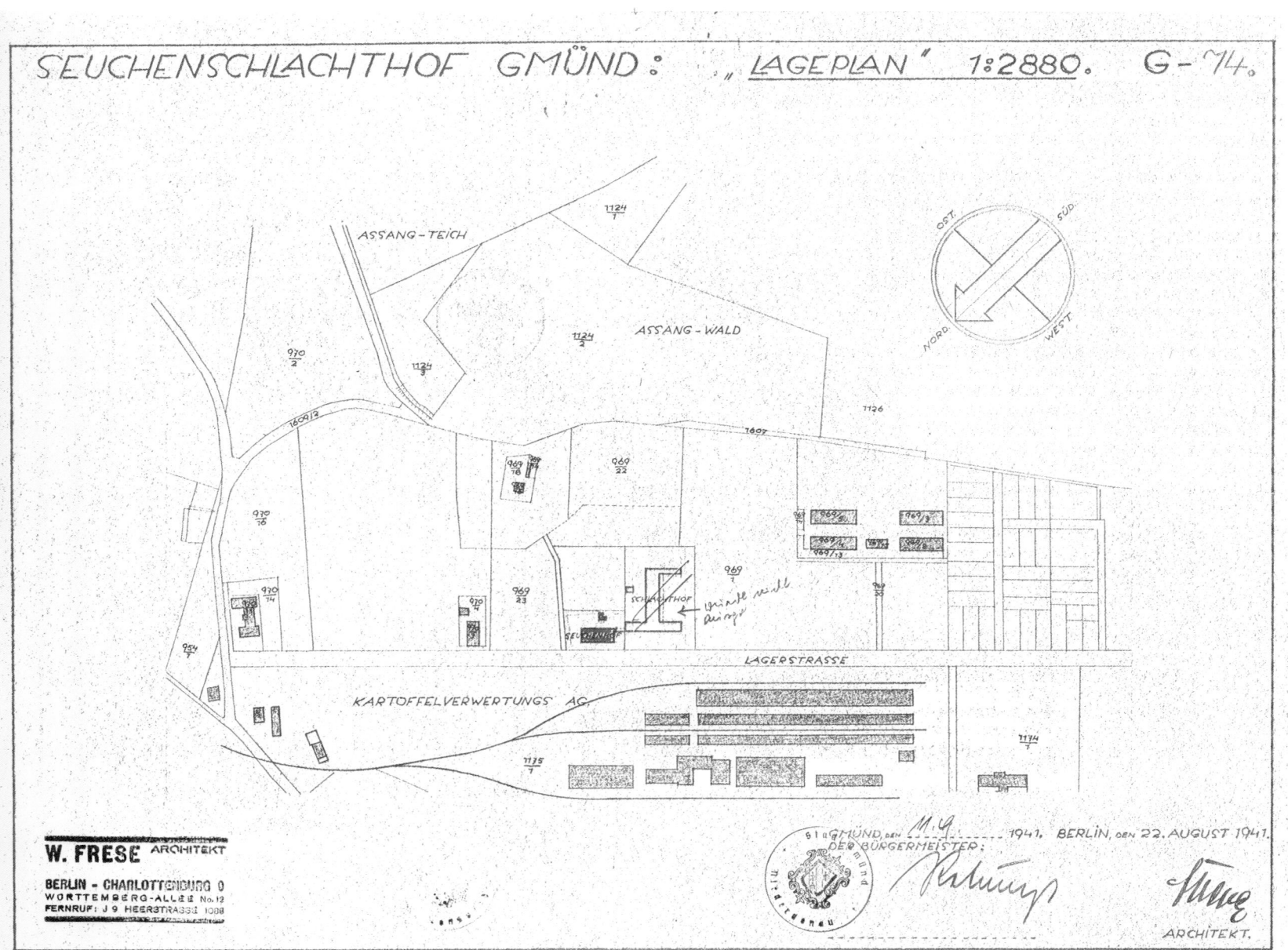

SEUCHENSCHLACHTHOF GMÜND: "LAGEPLAN" 1:2880.

G-74.

ASSANG-TEICH

ASSANG-WALD

LAGERSTRASSE

KARTOFFELVERWERTUNGS AG

W. FRESE ARCHITEKT
BERLIN - CHARLOTTENBURG 9
WÜRTTEMBERG-ALLEE No 12
FERNRUF: J 9 HEERSTRASSE 1008

Gmünd, den 11.9. 1941. Berlin, den 22. August 1941.
DER BÜRGERMEISTER:

ARCHITEKT.

Seuchenschlachthof Krems

Der Seuchenschlachthof in Krems kam, soweit eine äußerst dünner Quellenlage rekonstruieren lässt, über den Planungsansatz nicht hinaus. Im Jahresrück- und -ausblick der Stadt 1941/42, so die Donauwacht vom 7.1.1942, wurde „infolge des Kräfte- und Materialmangels" generell eine äußerst eingeschränkte Bautätigkeit konstatiert, selbst Straßenverbesserungsmaßnahmen konnten nicht mehr weitergeführt werden. Ein Jahr später kündigte Oberbürgermeister Retter allerdings an, dass trotz „besonderer Erschwernisse" die Vorbereitungen für den Bau des Seuchenschlachthofs in Angriff genommen worden seien.[8] Wie in Gmünd war, wiederum nach Plänen von Walter Frese, ein Großschlachthof vorgesehen, von dem vorerst nur der für den Seuchenfall definierte Teil zur Ausführung kommen sollte. Dass nach der lokalen Bauverhandlung vom 12.11.1942 eine Vereinbarung mit der benachbarten Schmidhütte wegen der Kanalmitbenützung getroffen werden konnte, lässt das Bauprojekt im Industriegebiet im Osten von Krems verorten, aber mangels Planungsunterlagen nicht darstellen[9] wie auch dessen Umsetzung, nach lokaler Recherche, nicht verifiziert werden konnte.

Elektrizitätsversorgung

94 Donaukraftwerk Ybbs-Persenbeug

    Gauwerke Niederdonau AG:
105 60 kV-Leitung Rosenburg-Waidhofen-Gmünd,
    Umspannwerke Waidhofen, Gmünd
110 20 kV-Leitung Stratzdorf-Krems

Zu den vorrangigen Großprojekten, die Generalfeldmarschall Göring in seiner programmatischen Rede in der Wiener Nordwestbahnhalle am 26.3.1938 zur Eingliederung Österreichs in den großdeutschen Wirtschaftsraum und die planwirtschaftlichen Aufgaben des ‚Vierjahresplans' ankündigte, zählte auch die energiewirtschaftliche Nutzung der Wasserkraft. Neben Speicherkraftwerken in den Alpen mit dem Großprojekt Kaprun war der Ausbau der Donau mit Laufkraftwerken geplant und zugleich deren Regulierung zur ‚Reichswasserstraße' für die Großschifffahrt, ein Vorhaben, das seit 1921 mit dem Bau des Rhein-Main-Donau-Kanals bis Passau nur teilweise verwirklicht worden war und nun bis an die neue Reichsgrenze in Hainburg erweitert werden sollte.[1] Vom zunächst vage lokalisierten Standort bei Grein konnte sich Göring am Vortag bei seiner triumphalen Anreise von Linz ein Bild machen, als er auf dem Dampfer „Franz Schubert", mit maßgeblichen Regierungsvertretern, Militärs und österreichischen Wirtschaftsführern den Aufbauplan erörternd, immer wieder Huldigungen begeistert von den Ufern winkender Menschengruppen und angetretener Formationen der SA entgegennahm, so der Aufmacher der Wiener Ausgabe des Völkischen Beobachters wie lokaler Blätter.[2]

Geografisch präziser, nannte Landeshauptmann Dr. Jäger, über dessen Ausführungen zu den für Niederösterreich geplanten Maßnahmen im Rahmen des nach dem ‚Anschluss' angeordneten Arbeitsbeschaffungsprogramms im Blattinneren berichtet wurde, bereits Ybbs-Persenbeug wie auch Fischamend als potenzielle Donaustaustufen. Auf ein weiteres energiewirtschaftliches Zukunftsprojekt verwies kurze Zeit später die Monatsschrift der Reichsarbeitsgemeinschaft für Raumforschung mit Staukraftwerken in „tiefeingeschnittenen Flusstälern" des Waldviertels, die den Ausbau des Kamp, der in den 1950er-Jahren mit 3 Stautstufen erfolgte, annehmen lassen.[3]

Als Göring im Mai erneut von Linz aus, wo er am 13.5.1938 den Baubeginn eines „großen Hüttenwerks" der nach ihm benannten Reichswerke AG ankündigte, zu einer Besichtigungstour anderer geplanter Großprojekte – wie der südlich von Wien zentrierten Flugzeugindustrie der Luftwaffe am 14.5 und des als größte Speicheranlage Europas mit jährlich 10 Mrd kWh projektierten Tauern-Kraftwerks in Kaprun am 16.5. – aufbrach, war das projektierte Donaukraftwerk kein Ziel, die Lage Ybbs-Persenbeug kam für den diesmal im Sonderzug Reisenden nicht einmal in den Blick.[4]

Donaukraftwerk Ybbs-Persenbeug

War mangels eigener Ressourcen die kaum genutzte Wasserkraft in Österreich zur Deckung des enormen Energiebedarfs einer forcierten, die Wirtschaftskonjunktur anheizenden Aufrüstung zu erschließen, einer der strategischen Aspekte des ‚Anschlusses' und darüber hinaus der künftigen energiewirtschaftlichen Bedeutung Deutschlands, konnte zudem auf fertige, aber durch andere Wirtschaftsinteressen, vor allem aber infolge der Weltwirtschaftskrise verhinderte Kraftwerkskonzepte zurückgegriffen werden. Für Ybbs-Persenbeug lag das vom Schweizer Ingenieur Oskar Höhn entwickelte und im Mai 1928 vom „Syndikat zur Errichtung des Donau-Großkraftwerks Ybbs-Persenbeug", dem neben Höhn selbst die Österreichische Creditanstalt-Wiener Bankverein und eine Schweizer Elektroindustriegesellschaft angehörten, zur wasserrechtlichen Behandlung beim österreichischen Landwirtschaftsministerium eingereichte Kraftwerksprojekt vor, das als bevorzugtes Wasserbauprojekt 1929 von der Internationalen Donaukommission empfohlen und von Landwirtschaftsminister Dollfuß mit Bescheid vom 25.3.1932 genehmigt worden war. Demnach hätten die Detailplanungen bis 1934 abgeschlossen und der Baubeginn vor 31.5.1935 unter der Bedingung, für die Gestaltung bewährte Architekten heranzuziehen und mit der Ausführung österreichische Unternehmen zu betrauen, erfolgen sollen; für die Baufertigstellung war eine Frist bis 31.5.1941 eingeräumt worden. Als 1936 die Creditanstalt unter Abtretung der Rechte an Höhn aus dem Syndikat ausstieg und dieser am 31.1.1938 eine nachträgliche Fristerstreckung für den begünstigten Bau bis 31.5.1943, mit Fertigstellung der ersten Ausbaustufe bis 31.5.1949, erwirken konnte, bot sich Höhn nach dem ‚Anschluss' die Gelegenheit, das Projekt um RM 1 Mio einschließlich Konsulentenvertrag an die Rhein-Main-Donau AG als Treuhänderin des ‚Deutschen Reichs' zu verkaufen.[5] Mit der Aussicht auf bauwirtschaftlichen Aufschwung und Arbeitsplätze sowie langfristige positive Auswirkungen auch für Landwirtschaft und Tourismus propagiert, sollte der Planentwurf einer 450 m breiten, Krafthaus, 4 Wehrfelder und 2 Schifffahrtsschleusen vereinigenden Riegelkonstruktion mit einer über deren Segmentpfeiler geführten Straßenbrücke auch Raumplanungsfragen antreiben, den Wirtschaftsraum nördlich der Donau mit der Weststrecke von Bahn und Autobahn zu verbinden.[6]

Kraftwerk / 1988

> Planansichten Abänderungsvorschläge zum Entwurf von Oskar Höhn / Baudirektion Donauwerk Ybbs-Persenbeug / 1938, 1939, 1941

Im Rahmen des ‚Vierjahresplans' zugleich Großprojekt der Energiegewinnung – vorwiegend zur Stromversorgung der in Linz entstehenden Reichswerke AG Hermann Göring – wie Teilstück einer Nordsee und Schwarzes Meer verbindenden, transeuropäischen Großschifffahrtsstraße zur Erschließung des Wirtschaftsraums im Südosten, begann die von der Rhein-Main-Donau AG in St. Pölten eingerichtete Baudirektion Donauwerk Ybbs-Persenbeug unter deutscher Führung mit der technisch-konstruktiven Überarbeitung des Höhn-Projekts. Wie die Entwicklung vom „Feststellungsentwurf" vom 8.7.1938 zum Plan vom 28.4.1939 zeigt,[7] wurde das Kraftwerksprojekt baureif gemacht und mit einer prognostizierten Inbetriebnahme 1943 der Bau in Angriff genommen.[8] Noch 1938 setzte, nachdem als Sitz der örtlichen Bauleitung Schloss Donaudorf in Ybbs erworben und für Techniker und Mitarbeiter in St. Pölten und Ybbs der Bau von 2 bzw. 4 Werkswohnhäusern beschlossen worden war,[9] die Baustelleneinrichtung mit der Errichtung von Trafostation, Bauhöfen sowie Zementsilos und einer Betonfabrik ein; an beiden Ufern wurden Zubringerstraßen und von der Westbahn wie von der Krems und Mauthausen verbindenden Wachauer-Bahn abzweigende Schleppgleise verlegt, über den Fluss eine Rollfähre und 1939 eine Materialseilbahn zum Transport von Kies und Sand installiert. Nach vorbereitenden Bohrungen und Proberammungen im Fluss-

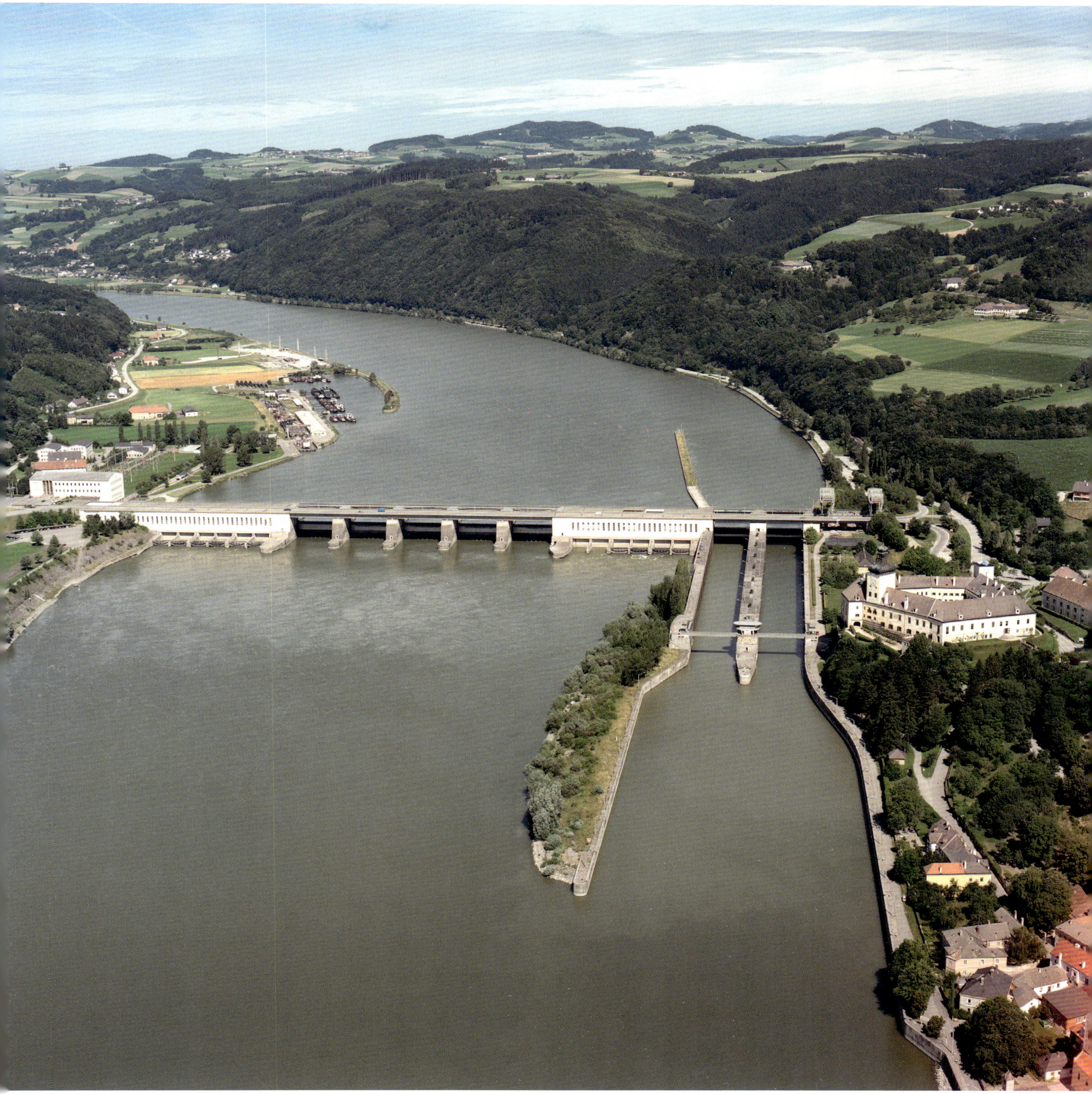

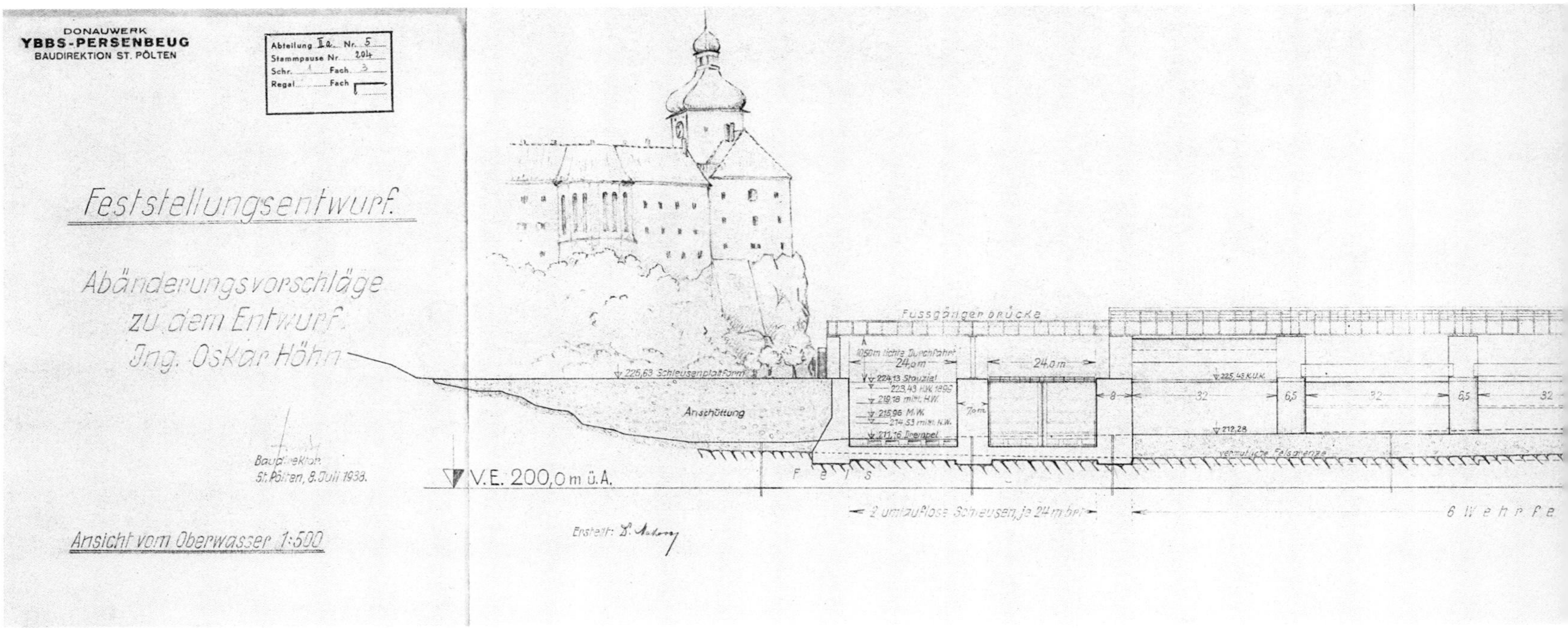
DONAUWERK
YBBS-PERSENBEUG
BAUDIREKTION ST. PÖLTEN
Feststellungsentwurf.
Abänderungsvorschläge
zu dem Entwurf
Ing. Oskar Höhn
Baudirektion
St. Pölten, 8. Juli 1938.
Ansicht vom Oberwasser 1:500
Fussgängerbrücke
24,0 m
225,63 Schleusenplattform
224,13 Stauziel
Anschüttung
vermutliche Felsgrenze
V.E. 200,0 m ü.A.
Fels
2 umlauflose Schleusen je 24 m breit
6 Wehrfe

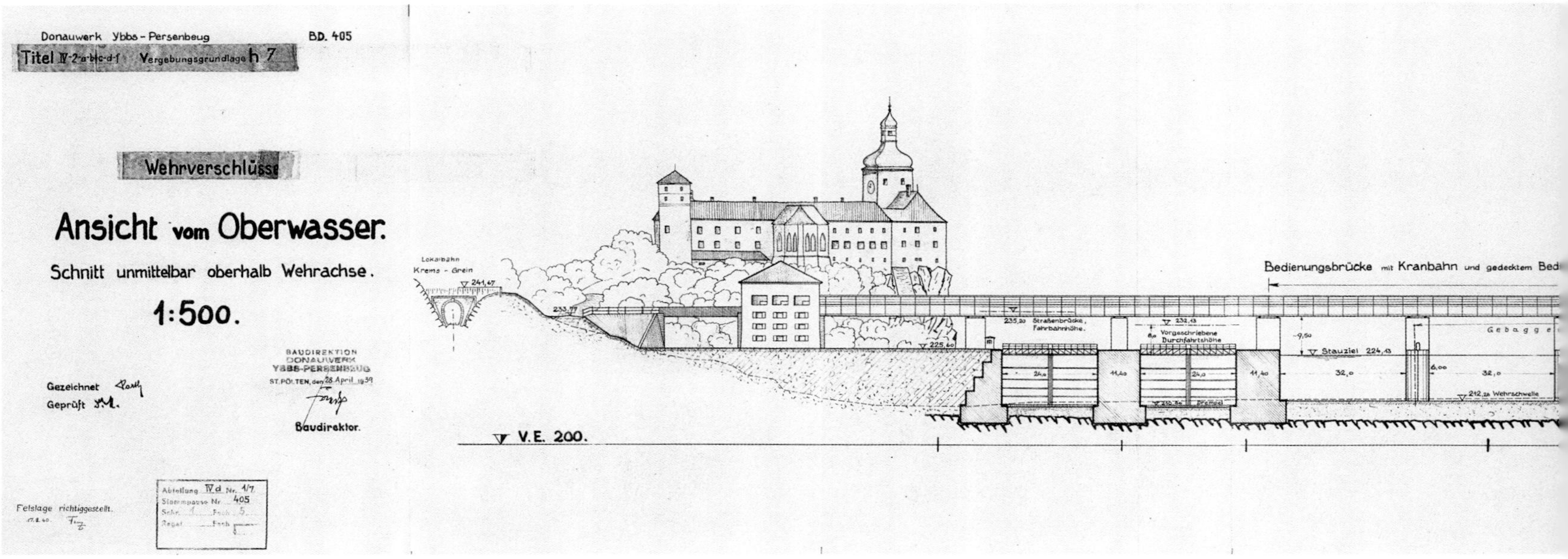
Donauwerk Ybbs-Persenbeug
BD. 405
Titel IV-2-a-b-c-d-f Vergebungsgrundlage h 7
Wehrverschlüsse
Ansicht vom Oberwasser.
Schnitt unmittelbar oberhalb Wehrachse.
1:500.
Gezeichnet
Geprüft
BAUDIREKTION
DONAUWERK
YBBS-PERSENBEUG
ST. PÖLTEN, den 28. April 1939
Baudirektor.
Felslage richtiggestellt.
Lokalbahn
Krems - Grein
Bedienungsbrücke mit Kranbahn und gedecktem Bed
Straßenbrücke, Fahrbahnhöhe.
Vorgeschriebene Durchfahrtshöhe
Stauziel 224,13
V.E. 200.

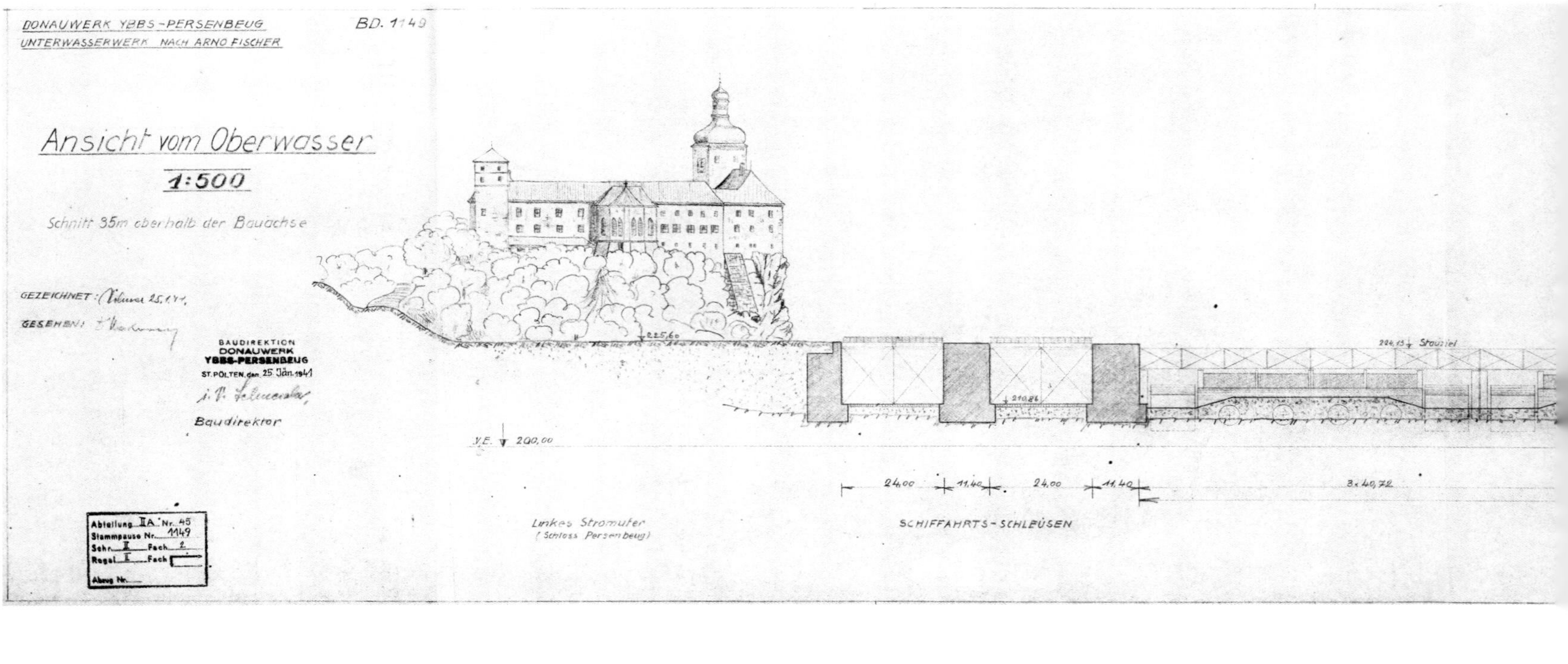
DONAUWERK YBBS-PERSENBEUG
BD. 1149
UNTERWASSERWERK NACH ARNO FISCHER
Ansicht vom Oberwasser
1:500
Schnitt 35m oberhalb der Bauachse
GEZEICHNET:
GESEHEN:
BAUDIREKTION
DONAUWERK
YBBS-PERSENBEUG
ST. PÖLTEN, den 25. Jän. 1941
Baudirektor
224,13 Stauziel
V.E. 200,00
24,00
11,40
24,00
11,40
3x40,72
Linkes Stromufer
(Schloss Persenbeug)
SCHIFFAHRTS-SCHLEUSEN

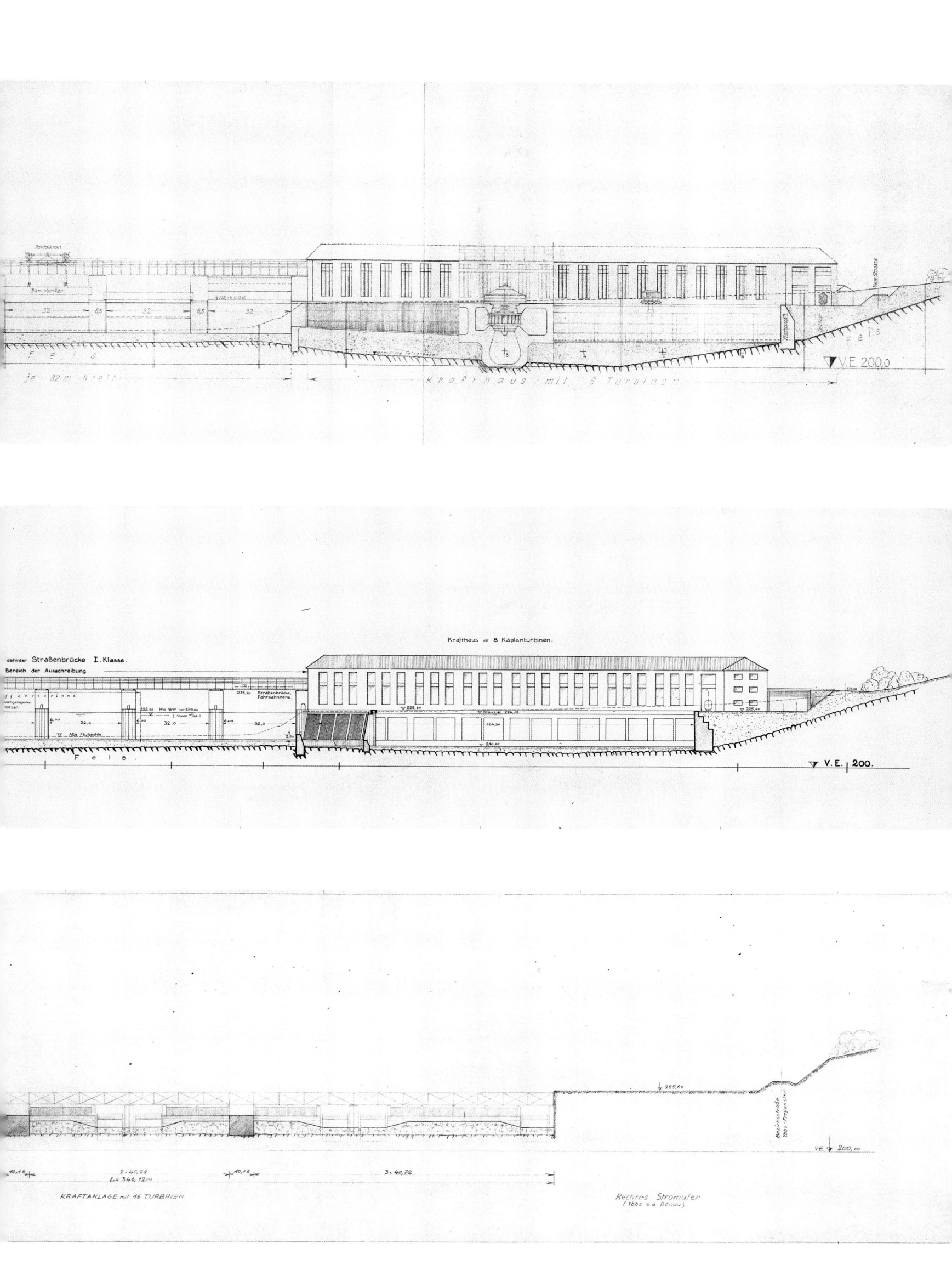

KRAFTANLAGE mit 16 TURBINEN   Rechtes Stromufer
(Ybbs a.d. Donau)

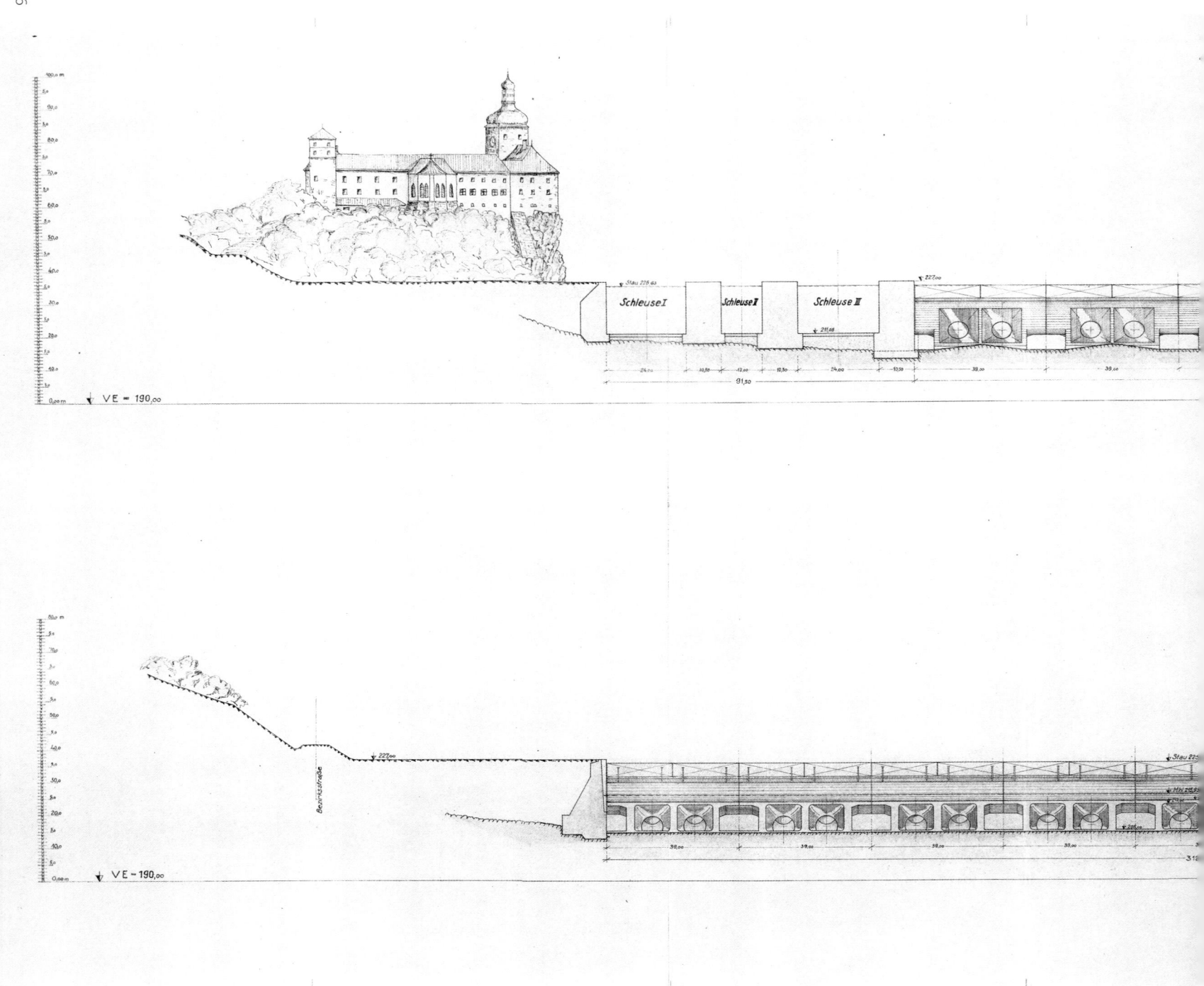

Planansicht Unterwasserkraftwerk nach Arno Fischer / Baudirektion Donauwerk Ybbs-Persenbeug / 1943

> Lagepläne mit jeweils geändertem Achsenverlauf / 1939, 1941, 1943

gelände begann die deutsche Firma Heilmann & Littmann 1939 mit Aufschließungsarbeiten im projektierten Schleusenbereich; wie im Lageplan vom 14.11.1939 ersichtlich,[10] waren die Ausbaggerung einer Schifffahrtsrinne und die Errichtung eines Fangdamms als Baugrubenumschließung für den Aushub, dessen Material zur Aufschüttung der neuen Ybbser Lände dienen sollte, geplant.[11]

Ein Wechsel an der Unternehmensspitze der Rhein-Main-Donau AG – nach Absetzung von Geheimrat Dr. Ing. Dantscher im August 1939 folgte Arno Fischer, der, dem politischen Machtapparat nahestehend, 1940 auch zum Vorstandsvorsitzenden bestellt wurde – führte zur grundlegenden technischen Neuausrichtung des Kraftwerksprojekts. Fischer konnte Hitler von seinem Plan eines Unterwasserkraftwerks, das höhere Leistung bei kürzerer Bauzeit und vor allem Luftsicherheit versprach, überzeugen, dessen Realisierung, in der Rangfolge ‚kriegswichtiger' Bauten höher gestuft, von Einschränkungen bei Personal oder Material nicht mehr betroffen sein sollte. Zunächst bedingten aber weitgehende Umplanungen eine sich auf 2 Jahre ausdehnende Unterbrechung der Bauarbeiten; die geänderte Kraftwerkstechnik, die, wie die Planansichten der dann in Schloss Donaudorf konzentrierten Baudirektion vom 21.1.1941 bzw. 15.5.1943 zeigen,[12] bei gleichbleibendem Schleusenteil eine entscheidende Achsenverschiebung des Bauwerks erforderlich machte, hatte den Abriss von Schloss Donaudorf unausweichlich zur Folge wie sie die Doppelfunktion der Donau-Sperre als Straßenbrücke durchkreuzte. Der Planungsprozess sollte sich bis Mitte 1942 hinziehen, die Wiederaufnahme der Arbeiten an der Schleuse durch Grün & Bilfinger Ende 1941, der eigentlichen Kraftwerksarbeiten nach den neuen Plänen Ende 1942 erfolgen. Der Baufortschritt am Anfang 1942 zum bevorzugten Wasserbau erklärten Projekt, für das infolge des mittlerweile eingetretenen eklatanten Arbeitskräftemangels bis auf leitendes Personal und Facharbeiter, die durch ‚UK-Stellung' vom Kriegsdienst befreit waren, überwiegend Kriegsgefangene und Zwangsarbeiter eingesetzt wurden, konnte letztlich einer Überprüfung des Bevollmächtigten des Wehrbezirks XVII nicht standhalten;

Donauwerk Ybbs – Persenbeug
Unterwasserkraftwerk nach Arno Fischer

Bd 1435

Ansichten
M=1:500

Ansicht vom Oberwasser

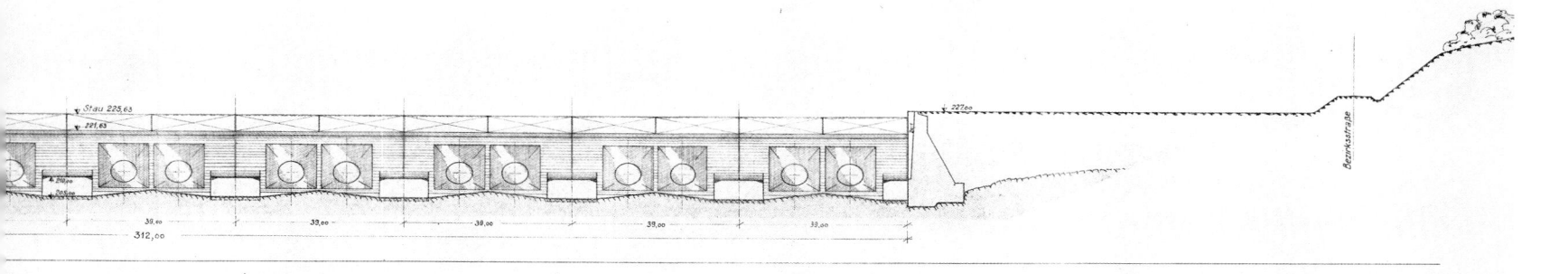

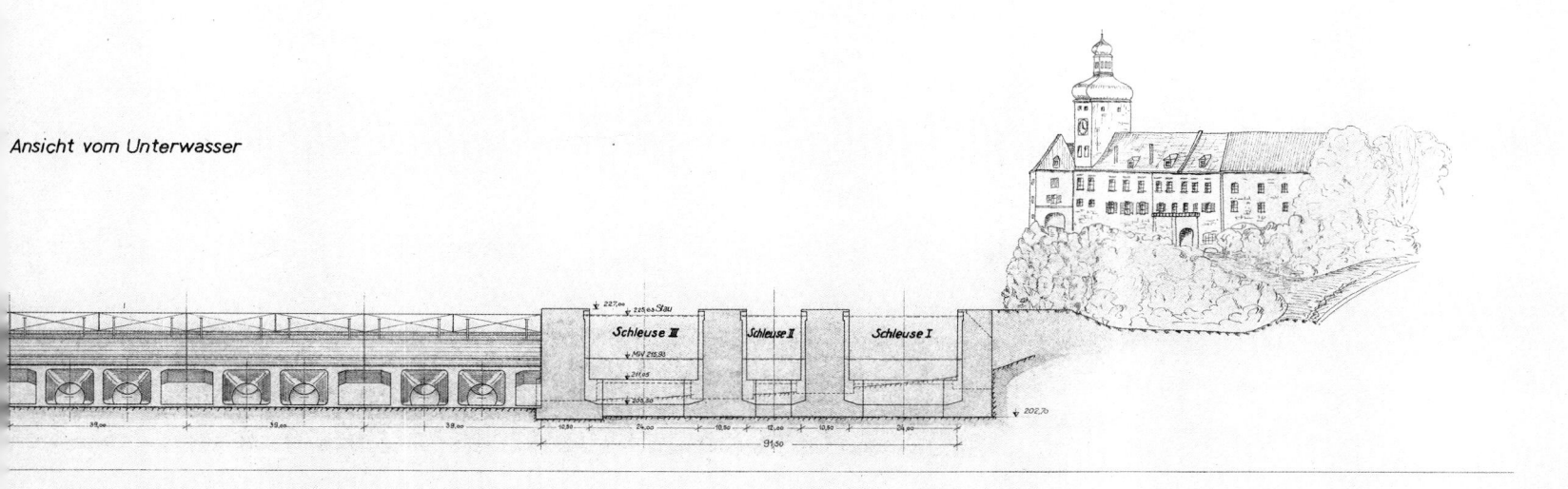

Ansicht vom Unterwasser

aufgrund der Verzögerungen und einer nicht abzusehenden Fertigstellung nicht mehr von ‚Kriegswichtigkeit', wurde der Kraftwerksbau mit Bescheid vom November 1943, die Arbeiten an der Schleuse im Jänner 1944 eingestellt.[13]

Der Beschäftigtenstand, der von 275 Mann bei Baubeginn im Mai 1939 auf 600 gestiegen und ab 1940 mit bis zu 2000 Mann prognostiziert worden war, wies nach erneutem Arbeitsbeginn 1941 bei 398 Mann 145 Ausländer, mehrheitlich Bulgaren, und 88 russische Kriegsgefangene aus; 1942 stieg bei 1430 Beschäftigten der Ausländeranteil von annähernd 60 auf 76% und verteilte sich auf 402 ‚Ostarbeiter' und, bei einer hohen Anzahl an Italienern, auf 684 Mann unterschiedlicher Nationalität.[14] Als Unterkunft diente ihnen das zu Baubeginn 1939 in Hofamt Priel auf dem Hang über den Bahngleisen errichtete und nach dem benachbarten Lanhof benannte Arbeiterlager, in dessen nach Einstellung des Kraftwerkbaus leer stehenden Baracken am 25.4.1945 auf einem ‚Todesmarsch' nach Mauthausen den Ort passierende jüdische ZwangsarbeiterInnen einquartiert wurden. 223 Frauen, Männer und Kinder sollten in der Nacht vom 2. auf den 3.5.1945 einem Massaker zum Opfer fallen, das Angehörige der Waffen-SS in den Baracken und deren Umfeld verübten.[15]

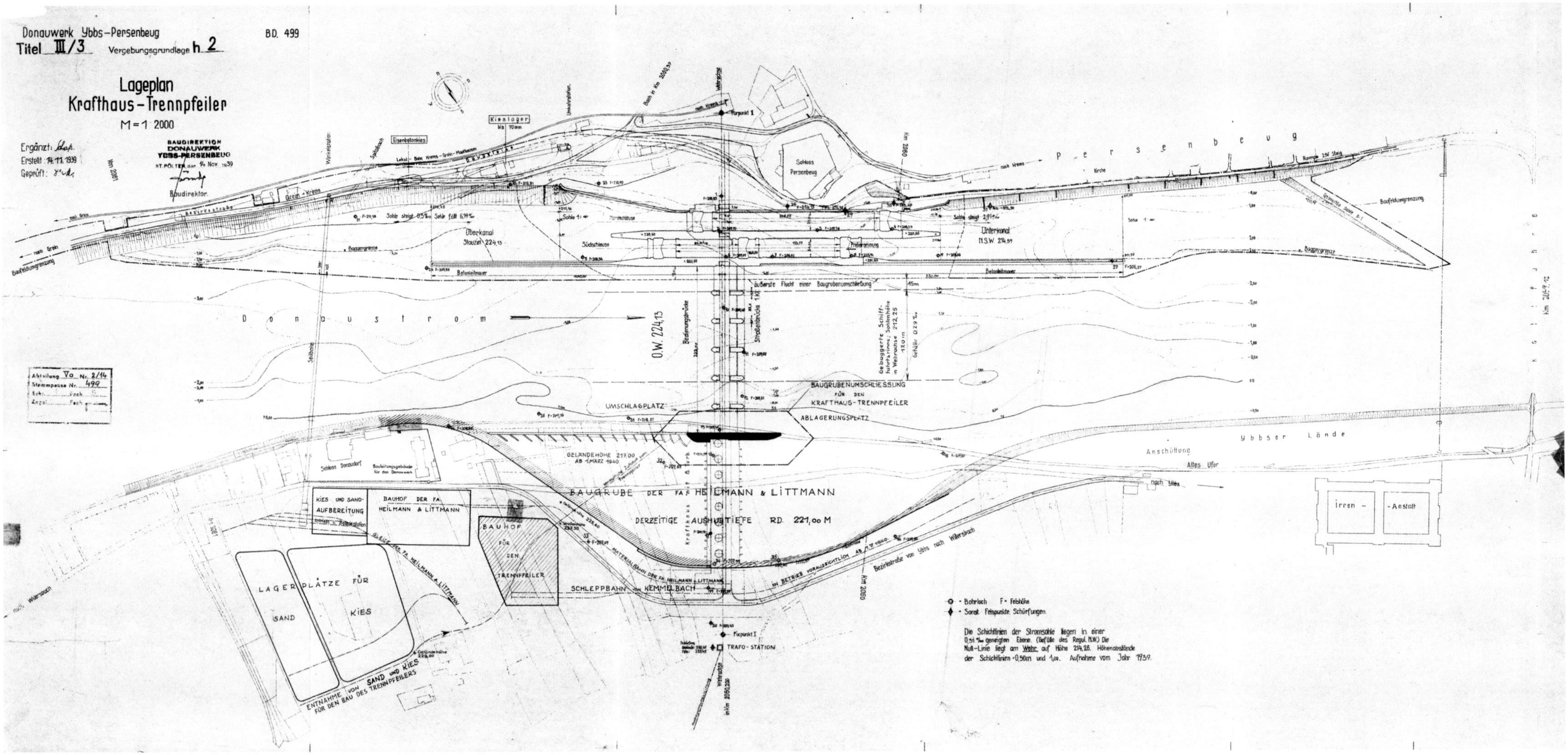
Donauwerk Ybbs-Persenbeug
BD. 499
Titel III/3 Vergebungsgrundlage h 2
Lageplan
Krafthaus-Trennpfeiler
M=1 2000
Baudirektion Donauwerk Ybbs-Persenbeug
St. Pölten, am 9. Nov. 1939
Baudirektor
Persenbeug
Schloss Persenbeug
Oberkanal
Unterkanal
Südschleuse
D o n a u s t r o m
O.W. 224,13
Baugrubenumschliessung für den Krafthaus-Trennpfeiler
Umschlagplatz
Ablagerungsplatz
Ybbser Lände
Baugrube der Fa. Heilmann & Littmann
Derzeitige Aushubtiefe Rd. 221,00 M
Bauhof der Fa. Heilmann & Littmann
Kies und Sand-Aufbereitung
Bauhof für den Trennpfeiler
Lagerplätze für Sand Kies
Schleppbahn von Kemmelbach
Entnahme von Sand und Kies für den Bau des Trennpfeilers
Trafo-Station
Irren - Anstalt

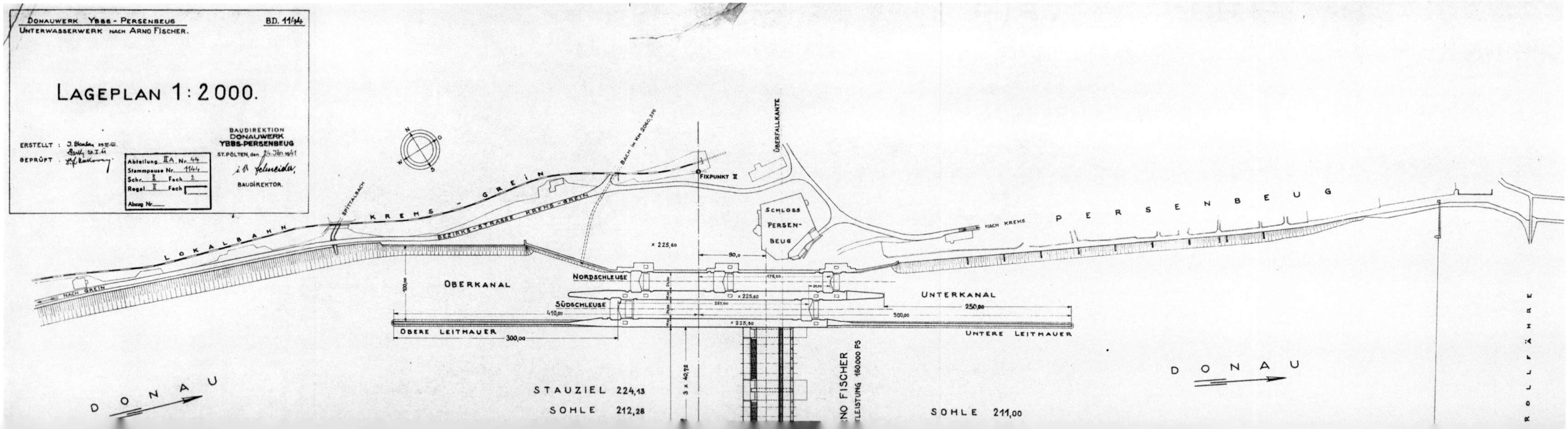
Donauwerk Ybbs-Persenbeug
Unterwasserwerk nach Arno Fischer.
BD. 11/44
Lageplan 1:2000.
Baudirektion Donauwerk Ybbs-Persenbeug
St. Pölten, den 24. Jän. 1941
Baudirektor
Abteilung IIA Nr. 44
Stammpause Nr. 1144
Oberkanal
Nordschleuse
Südschleuse
Obere Leitmauer
Unterkanal
Untere Leitmauer
Schloss Persenbeug
Fixpunkt II
Überfallkante
P e r s e n b e u g
Lokalbahn Krems - Grein
D o n a u
Stauziel 224,13
Sohle 212,28
Sohle 211,00

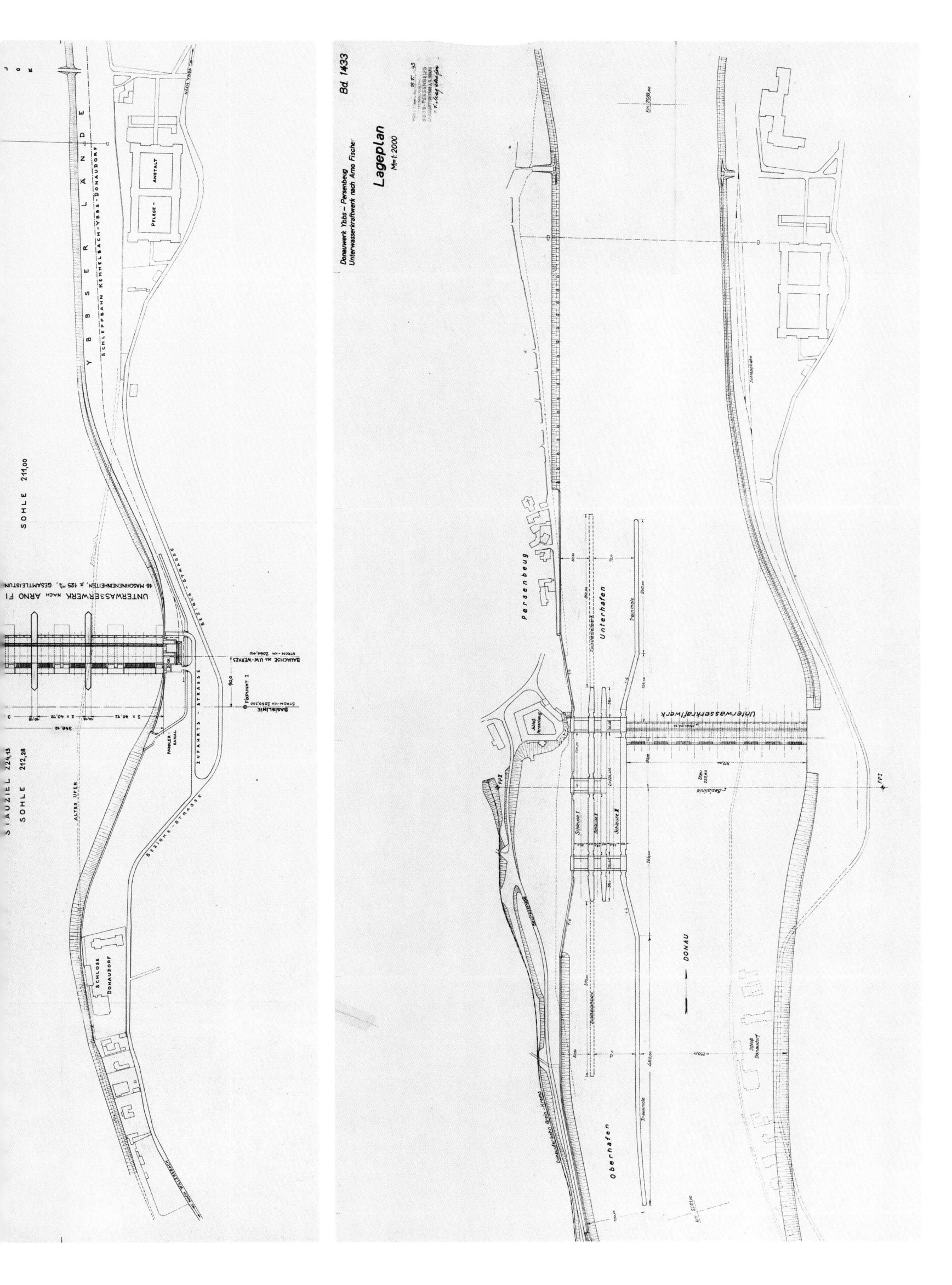

Donauwerk Ybbs – Persenbeug
Unterwasserkraftwerk nach Arno Fischer

Lageplan
Mst 1:2000

Bd. 1433

Nach der Befreiung vom Nationalsozialismus 1945 beschloss die provisorische österreichische Regierung am 29.8.1945 die Weiterführung des Kraftwerksbaus und übernahm das Baubüro der Rhein-Main-Donau AG in Ybbs samt dem verbliebenen Personal mit 1.10.1945 in staatliche Verwaltung. Die Baustelle bestand unverändert mit Einrichtungen und Materiallager, aus Mangel an Geräten und Strom wie erforderlichen Arbeitskräften war an Arbeitsaufnahme aber nicht zu denken.[16] Nach erneuter Abänderung des zuletzt realisierten Konzepts wurde Prof. Dr. Ing. Anton Grzywienski mit der Fortführung der Planung eines Pfeilerkraftwerks beauftragt. Durch den bereits für den Schleusenbau hergestellten Fangdamm wesentlich bestimmt, durchlief sein 1946 vorgelegter Entwurf aus technisch-wasserrechtlichen wie politischen Gründen einen jahrelangen Änderungs- und Entwicklungsprozess, der abgesehen von den Staatsvertragsverhandlungen letztlich infolge unterschiedlicher Auffassungen und Interessen von Planer und Bauträger zu keinem Ergebnis und schließlich zur Trennung führte; lediglich als Publikation gelang es dem Architekten, sein Projekt zu verwirklichen.[17]

Nach Verabschiedung des 2.Verstaatlichungsgesetzes am 26.3.1947, mit dem sämtliche Unternehmen und Betriebsanlagen zur Erzeugung und Verteilung elektrischer Energie in Österreich auf die Öffentliche Hand übergingen, erfolgte am 1.8.1947 die Gründung der Österreichische Elektrizitätswirtschaft AG, zu deren Aufgaben Planung und Bau sowie Betrieb von Großkraftwerken und bundesweitem Leitungsnetz zählten. Während die in der Alpen-Elektrowerke AG zusammengefassten, von der amerikanischen Besatzungsmacht bereits der Republik Österreich übereigneten Kraftwerksbauten des ‚Deutschen Reichs' in den Verbund eingebracht werden konnten, musste zur Sicherung des von der Rhein-Main-Donau AG begonnenen, nun in der sowjetischen Zone gelegenen und als ‚Deutsches Eigentum' unter USIA-Verwaltung stehenden Kraftwerks Ybbs-Persenbeug eine eigene Lösung gefunden werden, die in der vom Bundesministerium für Vermögenssicherung und Wirtschaftsplanung veranlassten, gleichzeitigen Gründung der Sondergesellschaft Österreichische Donaukraftwerke AG bestand.[18] Die DOKW, am 1.10.1947

Schaubild Kraftwerk /
Anton Grzywienski /
1946

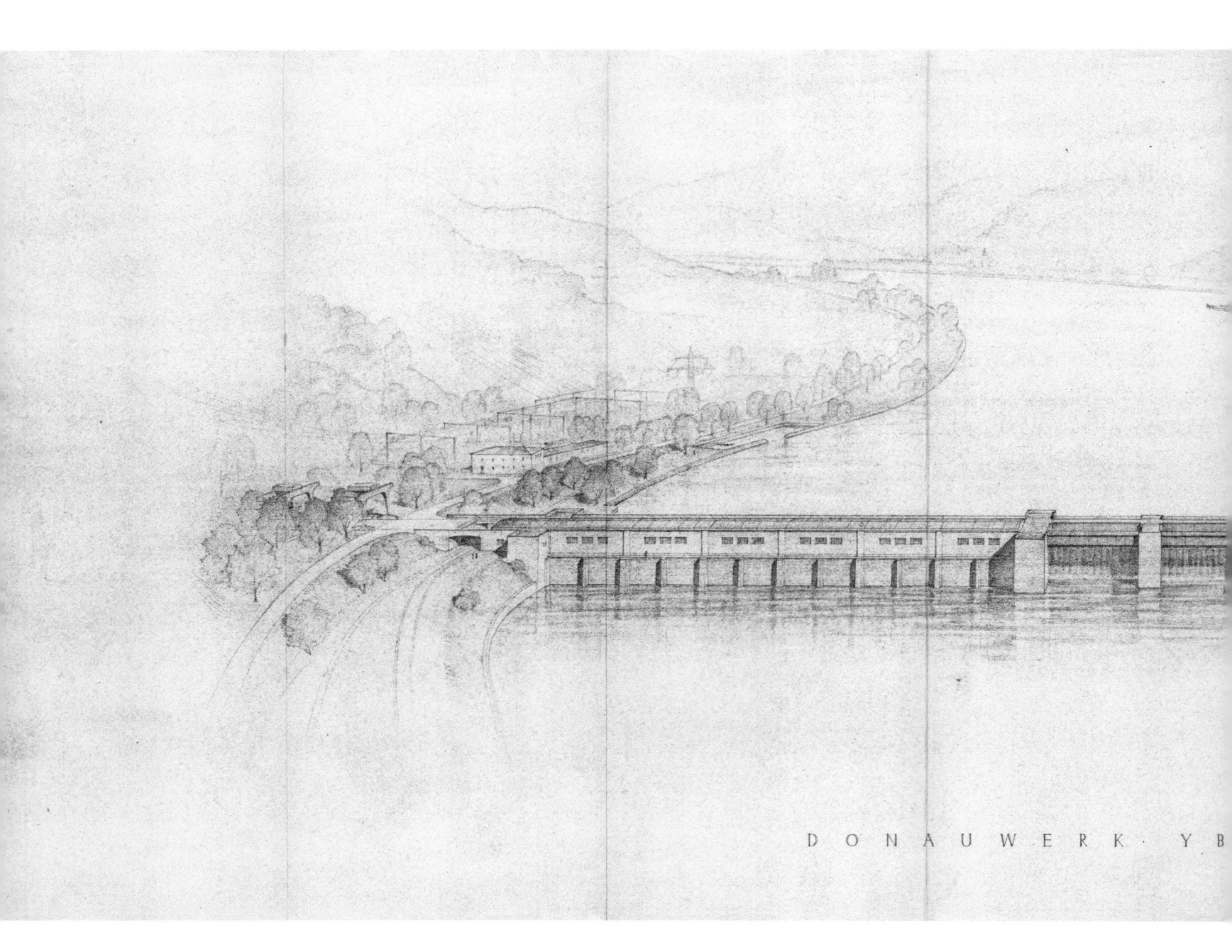

vom Ministerium für Handel und Wiederaufbau mit der Betreuung der Kraftwerksbaustelle beauftragt, begann, wie im Protokoll der ersten Aufsichtsratssitzung vom 18.11.1947 vermerkt,[19] mit 20 Angestellten und 40-45 Arbeitern Sicherungs- und Instandhaltungsmaßnahmen durchzuführen. Wieder aufgenommene Planungsaktivitäten, die neben den unbefriedigenden rechtlichen Verhandlungen mit der sowjetischen Besatzungsmacht von Unstimmigkeiten zwischen Architekt und DOKW gekennzeichnet waren, hatten sich ohne Aussicht auf einen Baubeginn hingezogen und, während 1951 die Hauptstufe von Kaprun eröffnet wurde, in Ybbs-Persenbeug zum Abzug des Personals von der Baustelle geführt. Die Wende brachte nach jahrelangen Verhandlungen schließlich der zwischen dem sowjetischen Hochkommissar und der Republik Österreich vereinbarte Kontrakt vom 17.7.1953,[20] mit dem die Verfügungsrechte über alle beweglichen und unbeweglichen Aktiva der Rhein-Main-Donau AG als Treuhänderin des ‚Deutschen Reichs' und in Bezug auf das Bauvorhaben des Donauwerks Ybbs-Persenbeug in das Eigentum der Republik Österreich übergingen. Mit Verstaatlichungsbescheid vom 6.8.1953[21] wurden der DOKW die Grundstücke, Bauten, Anlagen, Materialien umfassenden Vermögenswerte mit dem Auftrag übergeben, zum frühestmöglichen Zeitpunkt mit der Durchführung eines aus den vorliegenden Entwürfen erarbeiteten Projekts, das den neuesten Erkenntnissen des Wasserbaus entspräche und die bereits hergestellten Bauteile bestmöglich nütze, zu beginnen. Wie im Bericht des Vorstands über das Geschäftsjahr 1953 ausgeführt,[22] wurde das Kraftwerk im Rückgriff auf das Projekt von Höhn, mit dem ein Kaufschilling verhandelt wurde, der ihn für die Vorenthaltung der seinerzeitigen Ablösesumme von RM 1 Mio entschädigte, neu geplant; damit war Grzywienskis Entwurf im Spannungsfeld unterschiedlicher politischer Interessen, die einen raschen, mit 1.10.1954 beschlossenen Baubeginn zu gefährden drohten, endgültig gescheitert.[23]

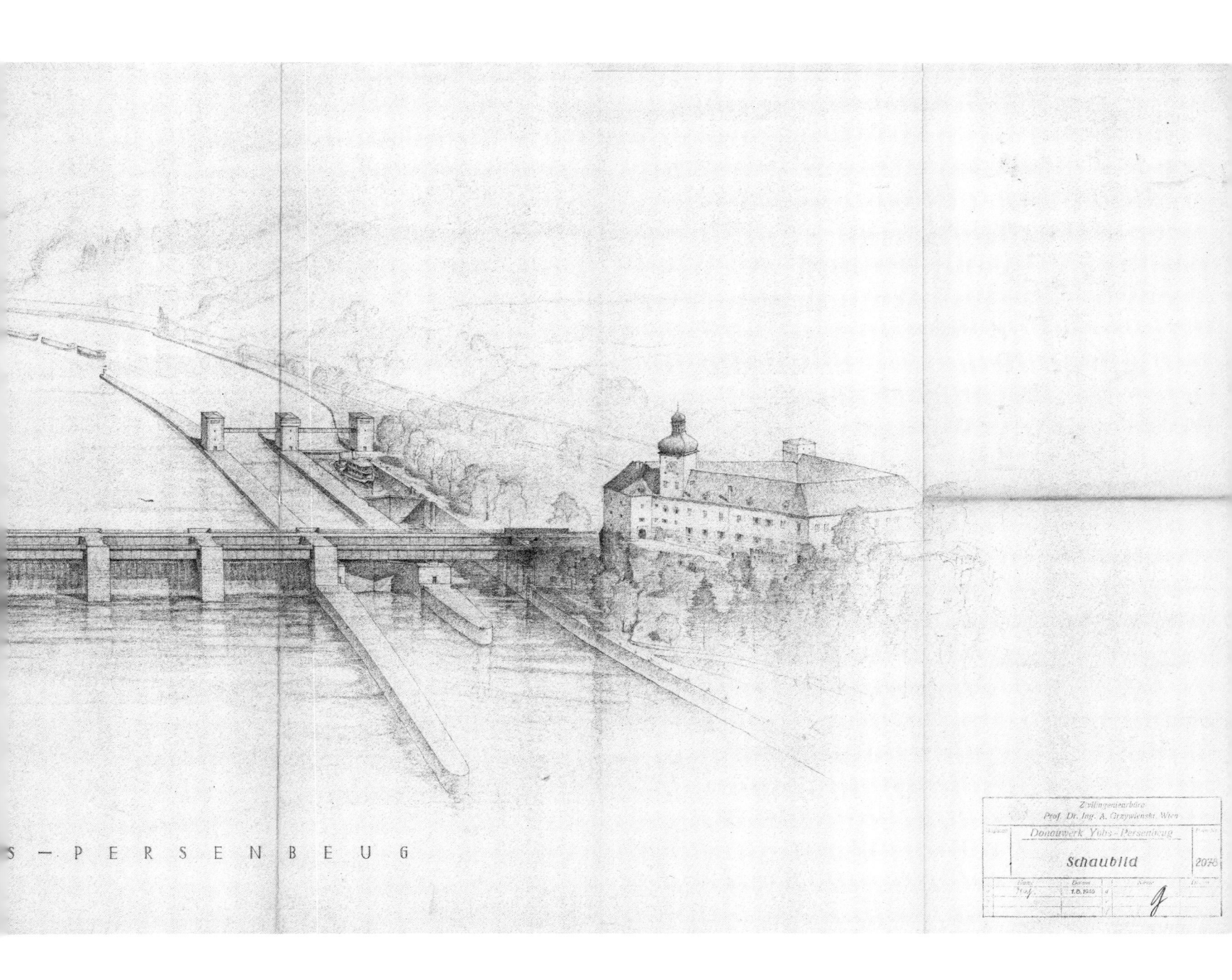

Auf 185 MW mit einer Jahresarbeitsleistung von 1100 GWh ausgelegt, wurde das neue Kraftwerksprojekt, dessen Finanzierung im Rahmen des Marshall-Plans maßgeblich durch ERP-Mittel erfolgen konnte, Ende des Jahres bei der Wasserrechtsbehörde eingereicht und im September 1954 bewilligt. Unter Beibe-

haltung der bereits begonnenen Schleusenanlage am linken Ufer sah das aktuelle Planungskonzept, konstruktiv neu und in anderer Anordnung, 2 Krafthäuser mit je 3 Turbinen und eine Wehranlage mit 5 Feldern vor; durch Redefinition der Achsenlage wurde auch die ursprünglich geplante Nutzung der Sperre als Straßenbrücke wieder möglich. Für die architektonische Lösung sorgte ein offener Wettbewerb im April 1954, zu dem 8 Architekten persönlich geladen wurden und in dessen Formulierung der Aufgabenstellung der Auslober Wert darauf legte, „die besonders wuchtigen Massen des gesamten Baukörpers harmonisch in das Landschaftsbild und in die Umgebung des Schlosses Persenbeug einzubinden".[24] Aus 28 Teilnehmern ging Karl Hauschka > Architekten / Künstler 397 als prämierter Sieger vor den nächstgereihten Clemens Holzmeister und einer Arge aus Fritz Lang, Stiegholzer und Wilhelm Hubatsch hervor; zusätzlich für einen Ankauf ausgewählt wurden die Entwürfe der Arge Edith Lassmann und Humpelstetter, Theiss und Jaksch, Mang, Rollwagen und Hoppenberger, der 1957 das Kraftwerk Ottenstein planen sollte, sowie W. Zelfel. Hauschka wurde am 28.10.1954 als „Konsulent für alle baukünstlerischen Gestaltungen und Planungen des gesamten Kraftwerkes Ybbs-Persenbeug"[25] auch mit der Ausführung beauftragt sowie mit der Planung eines Betriebs- und Verwaltungsgebäudes in Ybbs. Sein Konzept ließ „die Wirkung eines rein technischen Bauwerkes in Bezug auf die umliegende Landschaft in harmonischen Einklang zu bringen"[26] erwarten, sein Entwurf, der ohne formalistische Referenzen auf das ländliche und baukulturelle Ambiente auskam, zeigt sachlich-funktional formulierte, architektonisch durchgebildete Baukörper – 5 Wehrfelder, flankiert von axialsymmetrisch gespiegelten Krafthäusern neben einer doppelten Schleusenanlage –, die in der Gesamtheit der Donausperre keineswegs wuchtig erscheinen, sondern technische Präzision vermitteln, wie die Linie ihrer horizontalen Anordnung der Vertikale des Schlossbaus in der Differenz ihres je eigenen Vokabulars korrespondiert.

Kunst am Bau /
Oskar Thiede /
1959
Schleuse /
1962

Als Zeichen wirtschaftlichen Wiederaufbaus mit der schönen Landschaft ins Bild gesetzt, wurden Ybbs-Persenbeug wie Kaprun und zahlreiche weitere bis Ende der 1950er-Jahre realisierte Kraftwerksbauten zu Technik und Natur vereinenden Werbesujets, ihre kühn anmutenden, Landschaft inszenierenden Architekturen zu identitätsstiftenden Symbolen der österreichischen Nachkriegsgesellschaft. 1938 zu bauen begonnen und 1959 fertiggestellt, hält das Kraftwerk Ybbs-Persenbeug ein Kapitel Zeitgeschichte bereit, die dem Bau als Erbe des ‚Deutschen Reichs' eingeschrieben ist, dem sich die technisch-wirtschaftliche Erfolgsgeschichte aber tunlichst versagte. Verdrängt, um instinktiv der ihm inhärenten Belastung und Schuldigkeit auszuweichen, wurde alles aus dem verklärenden Narrativ verbannt, was das Bildkonstrukt hätte infrage stellen können. Wie Verdrängtes, im Unbewussten virulent, unkontrollierbar auftaucht, muss ein dem baulichen Symbol wirtschaftlichen Aufschwungs wie nationaler Identität zur Eröffnung 1959 aufgepfropftes Relief aus Badener Konglomeratstein, das über 10 m² groß nationalsozialistische Referenz auf germanisches Heldentum und martialische Gefolgschaft rückwärtsgewandt und bedenkenlos vorführt, zur Offenbarung geraten. „Der Nibelungenzug", ein Fries mit überlebensgroßen waffenstarrenden Recken prominent der Mittelmauer der Schleuse appliziert und gewiss als lokalhistorische Traditionspflege argumentiert, zeugt die referenzielle Kontinuität der Gleichung Nibelungenstrom und Donauraum einige Jahre nach Ende des NS-Regimes und unmittelbar nach dem Staatsvertrag von bestürzender Unbedarftheit und entlarvender Geschichtsvergessenheit, wenn nicht unveränderter Gesinnung.

Vorgabe des Auftraggebers oder künstlerischer Vorschlag? Welche Botschaft sollte mit dem allein formalästhetisch die kühlsachliche Funktionalität des Bauwerks konterkarierenden wie ikonografisch nazistischen Propagandakontext herstellenden Bauzeichen vermittelt werden? Offenbar ohne Wettbewerb, scheint die Auftragsvergabe erprobter Seilschaft geschuldet, die Architekt Hauschka als vom Bauträger eingesetzter „Konsulent für alle baukünstlerischen Gestaltungen und Planungen des gesamten Kraftwerkes Ybbs-Persenbeug" einen ihm von früheren Projekten vertrauten Kollegen mit dem Kunst am Bau-Projekt betrauen ließ. Abgesehen von einem gemeinsamen, mit dem ersten Preis prämierten, allerdings nicht ausgeführten Entwurf für ein Richard Wagner-Denkmal 1932, waren beiden Künstlern Verstrickungen mit dem NS-Regime nicht fremd – Architekt Hauschka, 1938-1942 für die deutsche Industrie, u.a. als Chefplaner bei Opel, tätig, und das illegale NSDAP-Mitglied Oskar Thiede > Architekten / Künstler 397, der sich mit dem 1932 geschaffenen „ersten Hoheitszeichen am braunen Haus in Wien" zu gegebener Zeit in seiner Vita berühmte und ab 1938 mit Reichsadlern und Führerbüsten wie Medaillen die NS-Propaganda bediente sowie mit Sportplastiken bei der „Großen Deutschen Kunstausstellung" 1939 zu reüssieren strebte. Nach der Befreiung vom Nationalsozialismus 1945 durch NS-Registrierung gemäß Verbotsgesetz vorübergehend von gewohnten Netzwerken wie seiner Künstlervereinigung ausgeschlossen, eröffnete der Großauftrag dem bei der Eröffnung des Kraftwerks beinahe 80-jährigen und auf Unterstützung angewiesenen Bildhauer und Medailleur eine willkommene Chance auf Einkommen und Rehabilitierung. Ab 1956 arbeitete er an „Der Nibelungenzug", dessen Sujet auch im Kleinformat als Gedenkmedaille der Kraftwerkseröffnung aufgelegt wurde.

60 kV-Leitung Rosenburg-Waidhofen-Gmünd

Die 1922 gegründete Niederösterreichische Elektrizitätswerke AG, die durch Aufkauf bestehender kommunal und privat betriebener E-Werke sowie Errichtung neuer Kraftwerke und Ausbau des Leitungsnetzes ihren Geschäftsumfang wie die Stromversorgung des Landes laufend erweiterte, setzte 1939 nach Umbenennung in Gauwerke Niederdonau AG ihren Expansionskurs fort, unter anderem durch Ausbau des 60 kV-Hochspannungsnetzes samt dafür erforderlicher Umspannwerke.

Vorrangiges Ziel des im Dezember 1939 genehmigten Leitungsausbaus war, den Strombedarf der kriegswirtschaftlich relevanten Industrien im durch Besetzung der Tschechoslowakei um Gebiete in Südböhmen und -mähren erweiterten Reichsgau Niederdonau zu decken; dazu gehörten im generell elektrisch unterversorgten nördlichen Waldviertel in Gmünd die 1919 mit dem Hauptbahnhof an die Tschechoslowakei abgetretenen Zentralwerkstätten im nun zum Stadtteil Gmünd III umbenannten České Velenice sowie die ab 1941 als ‚kriegswichtiger' agrarindustrieller Betrieb errichtete Landwirtschaftliche Kartoffelverwertungs AG > Industriebauten 9. Nach der expansionistischen Eingliederung der ‚Sudetengebiete' 1939 hatten die Gauwerke Niederdonau durch Übernahme der Westmährischen Elektrizitätswerke AG ihre Ressourcen erneut erweitert und planten mit dem Bau einer 60 kV-Leitung vom südmährischen Kraftwerk Frain die Netzeinspeisung über das Umspannwerk Rosenburg, bis wohin die verstärkte Leitung südlich der Donau bereits führte und von wo der Leitungsausbau quer durch das nördliche Waldviertel[27] mit Umspannwerken in Waidhofen und Gmünd erfolgen sollte.[28]

Mit Kaufvertrag vom 1.5.1939 ging auch das 1904 gegründete Elektrizitätswerk der Stadtgemeinde Waidhofen an der Thaya an die Gauwerke ND über, zusammen mit dem bereits vom städtischen Wasser- und Elektrizitätswerk genutzten Verwaltungsgebäude der 1927 nach Polen verlegten Besteckfabrik Einstein & Mannaberg, deren Betriebsliegenschaft die Stadt erworben hatte.[29] Der Bau des ersten Leitungsabschnitts von Rosenburg bis Waidhofen mit einer Länge von 33,9 km, am 20.11.1939 per Edikt veröffentlicht und mit Bescheid vom 23.12.1939 bewilligt, wurde in Angriff genommen, die Trassierung mit Y-förmigen, in Ortbeton hergestellten Masten nachhaltig in die Landschaft eingeschrieben. Das Umspannwerk, zunächst nahe dem bestehenden Kraftwerk an der Thaya in Alt-Waidhofen als „Freiluftanlage in halbhoher Bauweise" zusammen mit einem 20 kV-Schalthaus geplant, wurde im Mai 1941 aus „wirtschaftlichen Gründen" aus dem Tal auf die Höhe von Jasnitz verlegt und nach am 27.5.1941 erfolgter Bauverhandlung von der örtlichen Baufirma Josef Reitmaier nach dem Plan der GWND vom 2.5.1941 ausgeführt.[30] Kaum begonnen, wurde bei nicht mehr als Kellergleiche die Einstellung des Baus im Zuge des generellen Baustopps für ‚nicht kriegswichtige' Projekte verfügt; als Ersatz beantragten die Gauwerke ND die Genehmigung eines provisorischen Schalthauses, für deren Erteilung die Gemeinde auf der Zusage, das begonnene Umspannwerk zu einem späteren Zeitpunkt fertigzustellen, bestand. Im Verweis auf den Erlass des Reichswirtschaftsministers vom Juni 1941, alle noch offenen Bauabschnitte durch das Landeswirtschaftsamt im September zu prüfen, kündigten die Gauwerke ND am 14.8.1941, erneut und für 8. bzw. 15.10.1941 terminiert, Bauverhandlungen für die Umspannwerke Waidhofen und Gmünd an. Viel mehr als vorrangig die Stromversorgung kriegswichtiger Betriebe sicherzustellen und notdürftig das allgemeine Netz aufrecht zu erhalten, wozu ab 15.6.1941 ein 5 MVA-Umspanner als Provisorium diente und zunächst die nähere Umgebung, ab November auch Gmünd versorgt werden konnte, kam allerdings nicht zustande.[31]

Die „Fortsetzung der Bauarbeiten" am Umspannwerk Waidhofen sollte erst nach 1945, nachdem mit dem 2. Verstaatlichungsgesetz 1947 alle Landesenergieunternehmen wieder eingesetzt waren, erfolgen; dem entsprechenden Antrag der rückbenannten NEWAG vom 28.7.1948 wurde nach erneuter Bauverhandlung mit Bescheid vom 7.1.1949 entsprochen. Buchstäblich auf Basis des bereits 1941 errichteten Kellerfundaments wurde der Bau nach einer mit 1.7.1948 neu aufgelegten Fassung des ursprünglichen Plans vom 2.5.1941 hochgezogen.[32]

Wie an anderen Nachkriegsbauten zeigt sich auch am Beispiel Umspannwerk, oft als typische 1950er-Jahre-Architektur eingeschätzt und durch die bauamtliche Aktenlage, indifferent ob Reproduktion oder Original, bestätigt, die Kontinuität nationalsozialistischer Planungspraxis über das Jahr 1945 hinaus. Im Glücksfall lassen vollständig erhaltene Plandokumente verdeckte Baugeschichten wie dem Mythos der Stunde Null geneigte und eingeübte Sichtweisen dekonstruieren. Im Analogieschluss können technisch-funktionaler Zusammenhang wie formensprachliche Referenz auch für das zweite, im Zuge der Errichtung der 60 kV-Leitung im nördlichen Waldviertel geplante Umspannwerk in Gmünd in Anschlag gebracht werden: nach für 15.10.1941 anberaumter Bauverhandlung und Anfang 1942 erfolgtem Grunderwerb

Leitung mit Y-Masten / 1957

Leitungstrassierung Rosenburg-Waidhofen-Gmünd / Gauwerke Niederdonau / 1939/40

wurde,[33] wie in Waidhofen, das Schalthaus der 60/20 kV-Freiluftanlage infolge kriegswirtschaftlich verordneten Baustopps lediglich behelfsmäßig errichtet. „Als Ersatz für das dz. bestehende, kriegsmäßig bedingte 20 kV-Provisorium" lässt der nach Plänen vom 7. und 14.7.1953 am 21.9.1953 genehmigte und bis November 1955 umgesetzte Bau[34] kaum Zweifel an der formalen Kontinuität, die auch für andere Standorte angenommen werden kann, sei es durch nachträgliche Ausführung der Bauten, Umdatieren der Pläne oder durch Fortschreibung des Formenkanons. Als Paradebeispiel für Letzteres ist das Umspannwerk Tulln zu bezeichnen, bei dem zusätzlich zur einschlägig orientierten Architektur die künstlerische Fassadengestaltung von Sepp Zöchling, der im Auftrag der NEWAG 1956 für sein über 40 m² großes Sgraffito „Kriemhild begegnet König Etzel" die nachhaltig gepflegte Referenz auf das germanische Heldenepos und die Donau als Nibelungenstrom bemühte, wie 1959 Oskar Thiede mit dem Steinrelief „Der Nibelungenzug" am Kraftwerk Ybbs-Persenbeug, im Bildprogramm die ungebrochene Kontinuität vor Augen führt, deren geschichtskonstruktiven NS-Kontext weit geschlossene Augen leugnen.[35]

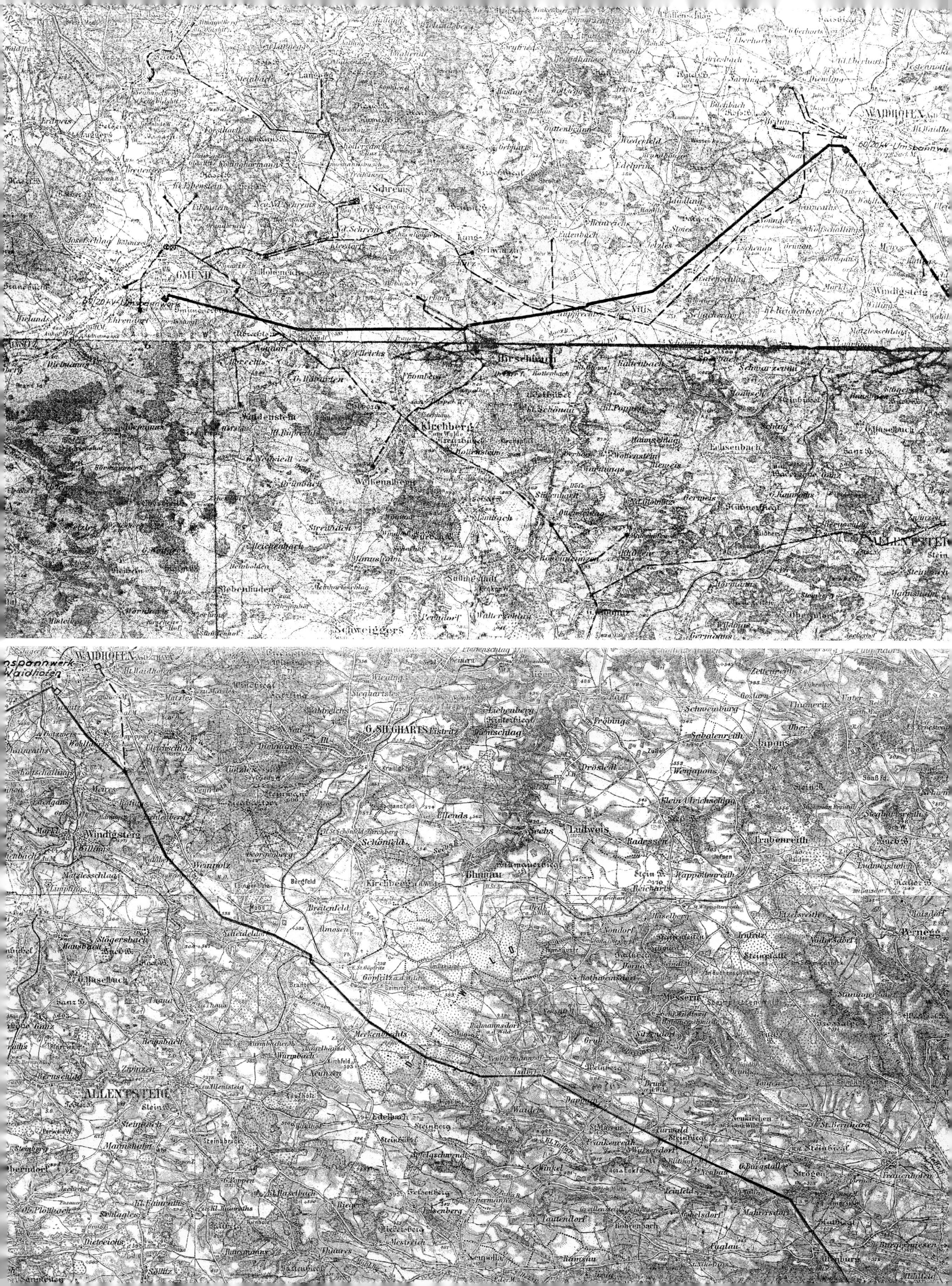

GMÜND
Hirschbach
Kirchberg
WAIDHOFEN
Vitis
Schweiggers
Schrems
Windigsteig
ALLENTSTEIG
G. SIEGHARTS
Japons
Ludweis
Schönfeld
Weinpolz
Göpfritz a.d. Wild
Merkenbrechts
Edelbach
Messern

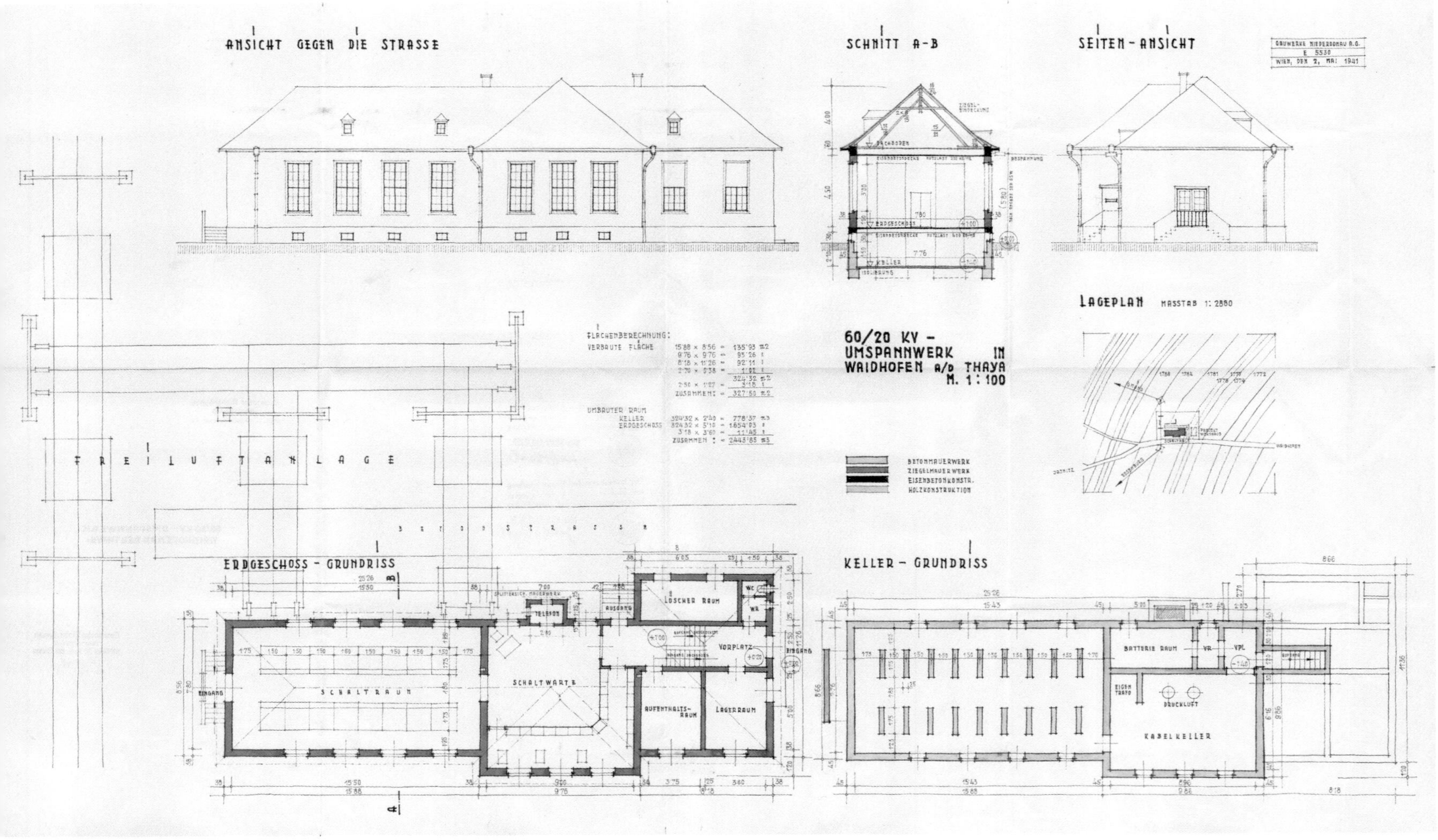
ANSICHT GEGEN DIE STRASSE
SCHNITT A-B
SEITEN-ANSICHT
WIEN, DEN 2. MAI 1941
LAGEPLAN MASSTAB 1:2880
60/20 KV - UMSPANNWERK IN WAIDHOFEN A/D THAYA M. 1:100
FLÄCHENBERECHNUNG:
FREILUFTANLAGE
BETONMAUERWERK
ZIEGELMAUERWERK
EISENBETONKONSTR.
HOLZKONSTRUKTION
ERDGESCHOSS - GRUNDRISS
KELLER - GRUNDRISS
SCHALTRAUM
SCHALTWARTE
LÖSCHER RAUM
VORPLATZ
AUFENTHALTS-RAUM
LAGERRAUM
EINGANG
TELEFON
BATTERIE RAUM
DRUCKLUFT
KABELKELLER

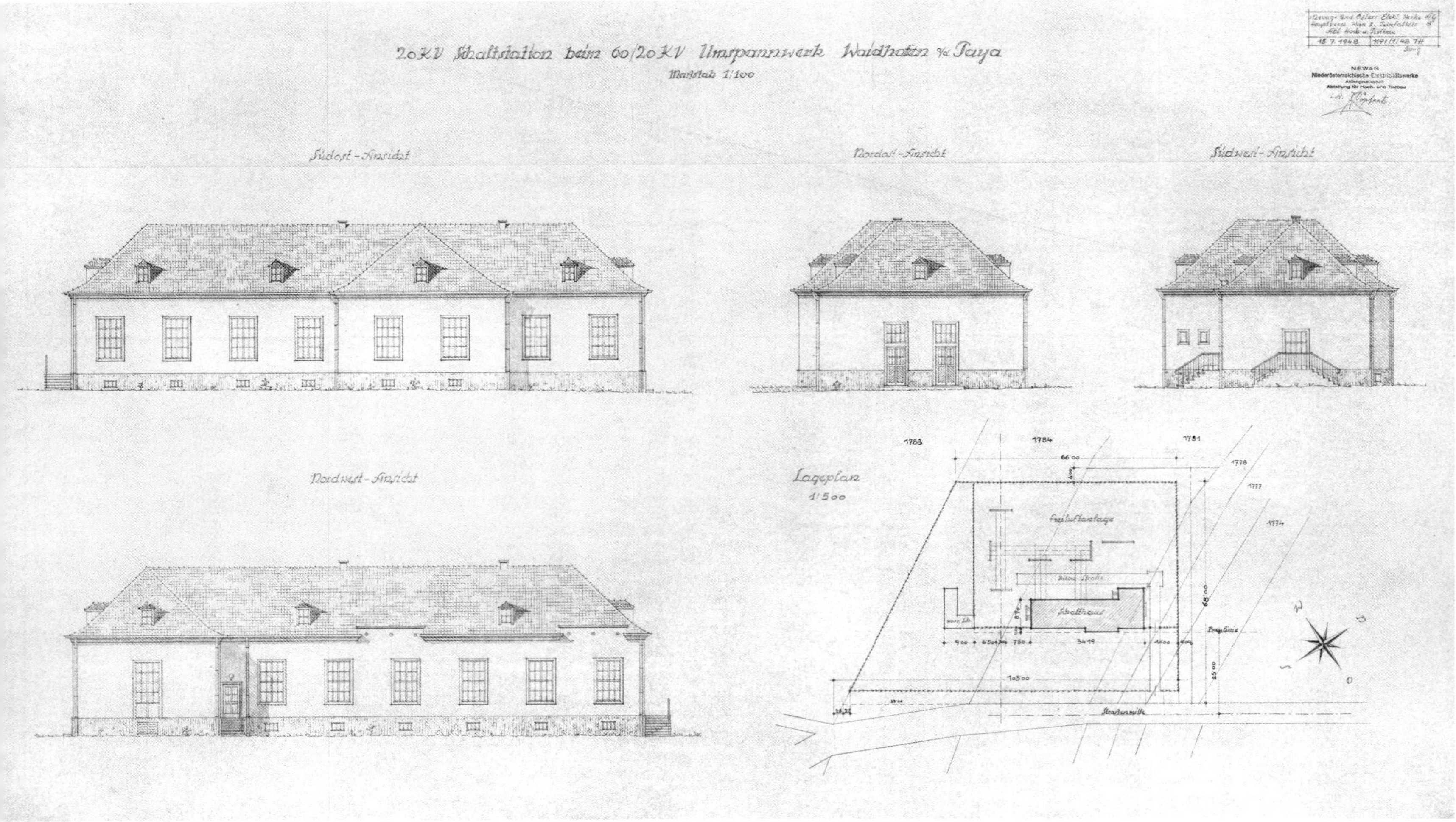
20KV Schaltstation beim 60/20KV Umspannwerk Waidhofen a/d Thaya
Maßstab 1:100
Südost-Ansicht
Nordost-Ansicht
Südwest-Ansicht
Nordwest-Ansicht
Lageplan
1:500
Freiluftanlage
Schalthaus

Plan / GWND / 1941

Plan / NEWAG / 1948

Umspannwerke Waidhofen / Gmünd / 2011

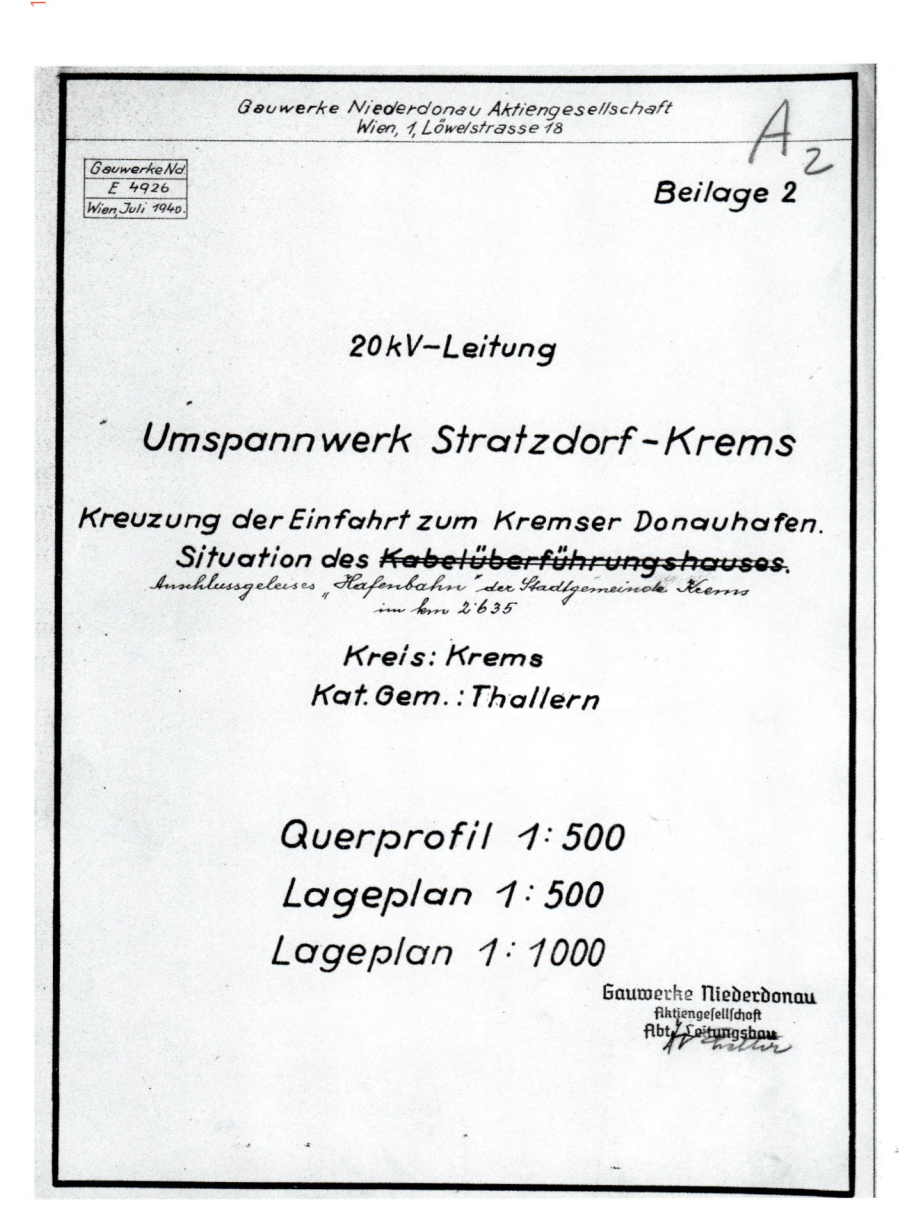

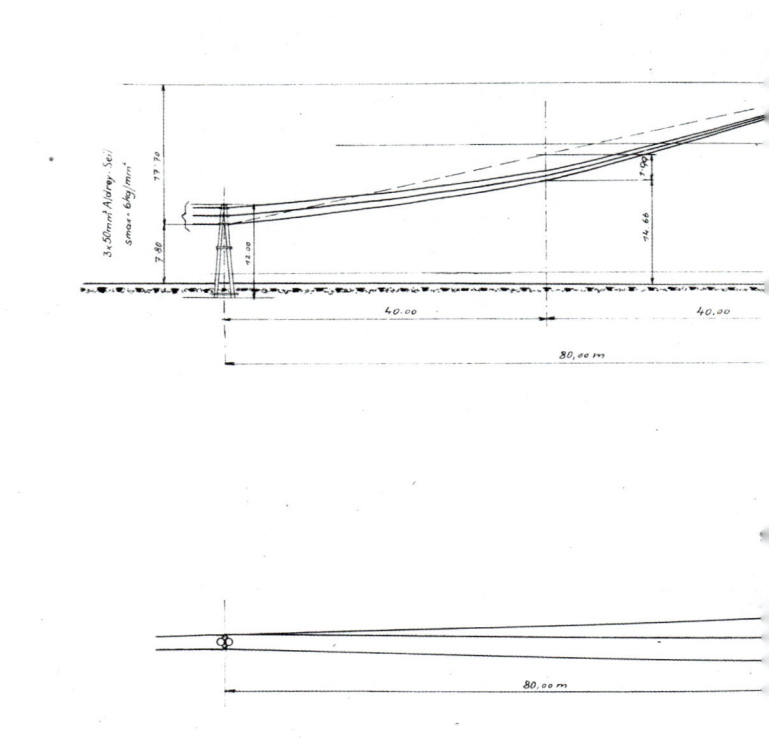

20 kV-Leitung
Stratzdorf-Krems

Zur Elektrizitätsversorgung des im Hafen Krems errichteten Getreidespeichers der Karl Mierka Lagerei- und Umschlagbetriebe > Industriebauten 9 projektierte die Gauwerke Niederdonau AG im Juli 1940 die Verlegung einer 20 kV-Leitung vom neu errichteten Umspannwerk Stratzdorf, die durch Einspeisung in das städtische Stromnetz von Krems, Rohöl einsparend, zugleich dessen Dieselzentrale stilllegen lassen sollte. Nach der mündlichen Verhandlung am 18.3.1941 und Abstimmung mit allen involvierten Behörden und vom Leitungsbau tangierten Anrainern – u.a. war mit der Reichsbahndirektion die Kreuzung der Stromleitung mit dem Schleppgleis der Hafenbahn zu klären – wurde die neue Stromtrasse bis Ende des Jahres gebaut. Im ersten Abschnitt vom Umspannwerk weg als Freileitung verlegt, wurde die Leitung nach Überspannung der Hafeneinfahrt mittels Gittermasten in ein Kabel überführt, das an die bisherige, von der Kremser Dieselzentrale entlang des Donau-Schutzdamms verlaufende Versorgungsleitung des Getreidespeichers, mit einer Abzweigung zu dessen Transformatorenstation, verbunden wurde. Beim Bau des Kabelüberführungshauses, eines simplen Turmbaus, machte die Naturschutzbehörde die Erfüllung von Gestaltungsvorgaben, wie dunkelocker gefärbeltes Mauerwerk, Türen und Fenster sowie Eisenbeschläge waggongrün gestrichen, ein spitzes Pyramidendach mit dunkelgrau-blauer oder rostbrauner Eterniteindeckung, zur Bedingung ihrer Zustimmung.[36]

Leitungsplan
Stratzdorf-Krems,
Kabelüberführungshaus /
Gauwerke Niederdonau /
1940

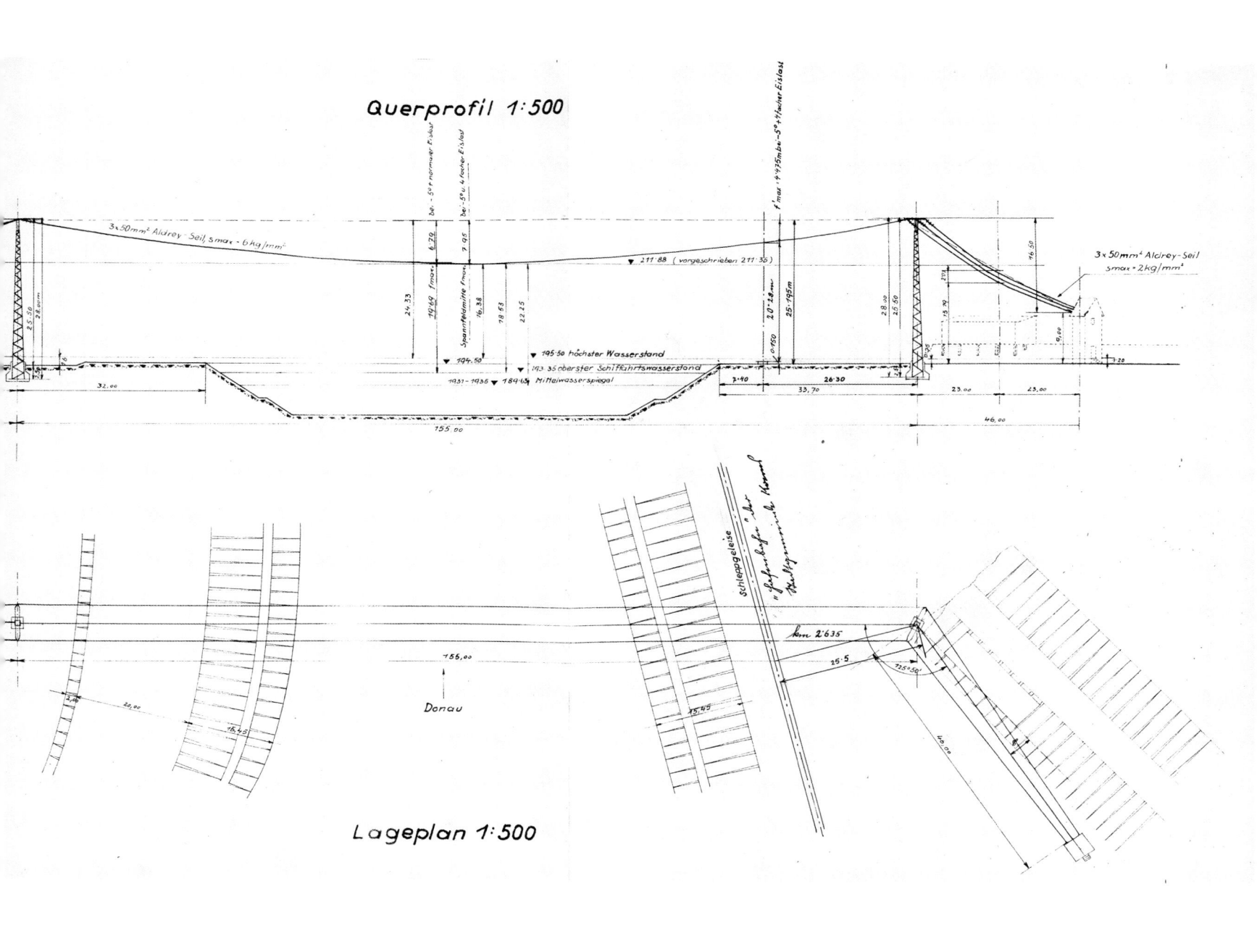

Querprofil 1:500

Lageplan 1:500

Donau

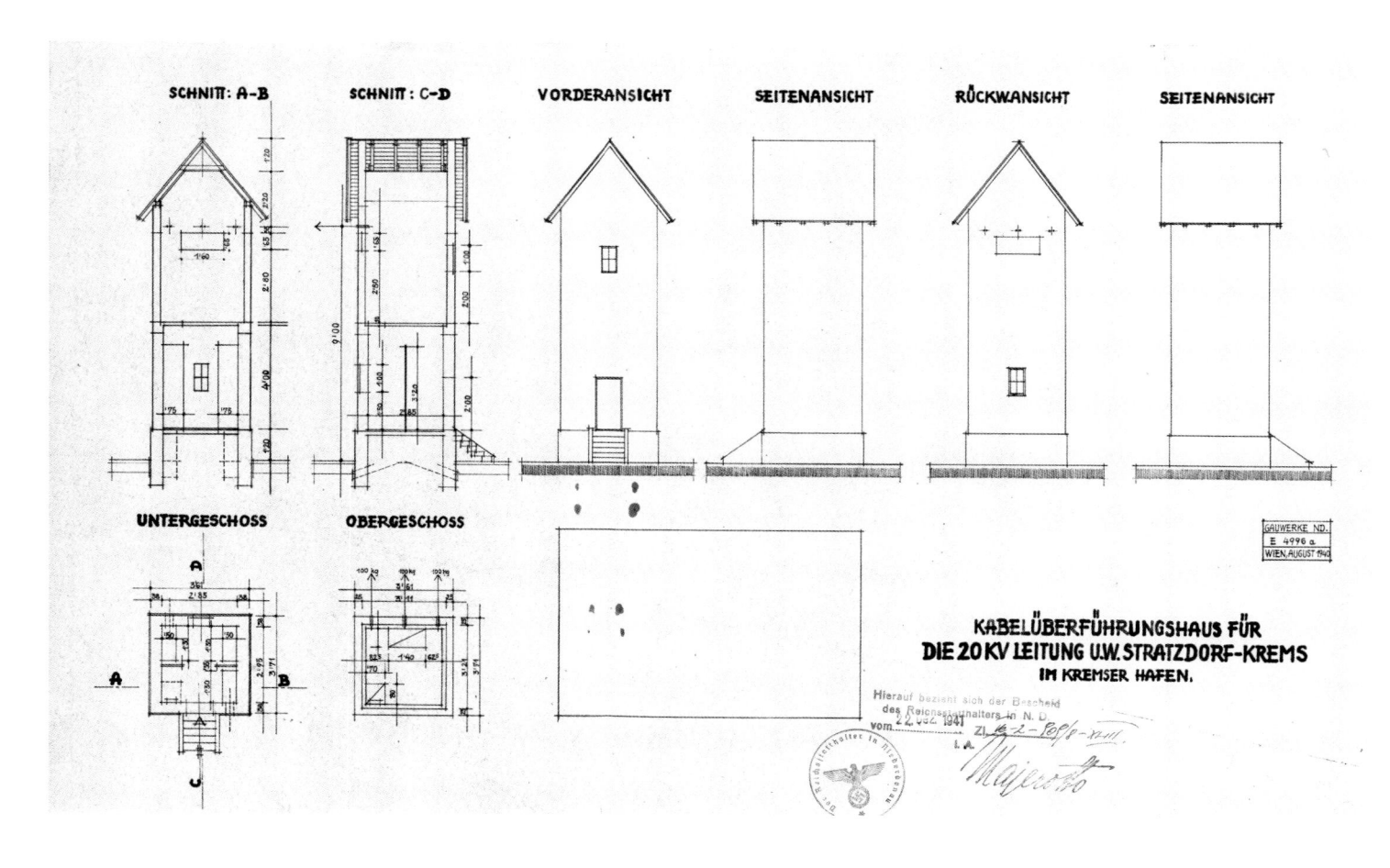

SCHNITT: A-B   SCHNITT: C-D   VORDERANSICHT   SEITENANSICHT   RÜCKWANSICHT   SEITENANSICHT

UNTERGESCHOSS   OBERGESCHOSS

KABELÜBERFÜHRUNGSHAUS FÜR DIE 20 KV LEITUNG U.W. STRATZDORF-KREMS IM KREMSER HAFEN.

GAUWERKE ND.
E 4996 a
WIEN, AUGUST 1940

Truppenübungsplatz

114 Militärzone

133 Siedlungen für Offiziere der Wehrmacht

140 Sparkasse Allentsteig

148 Kino Allentsteig

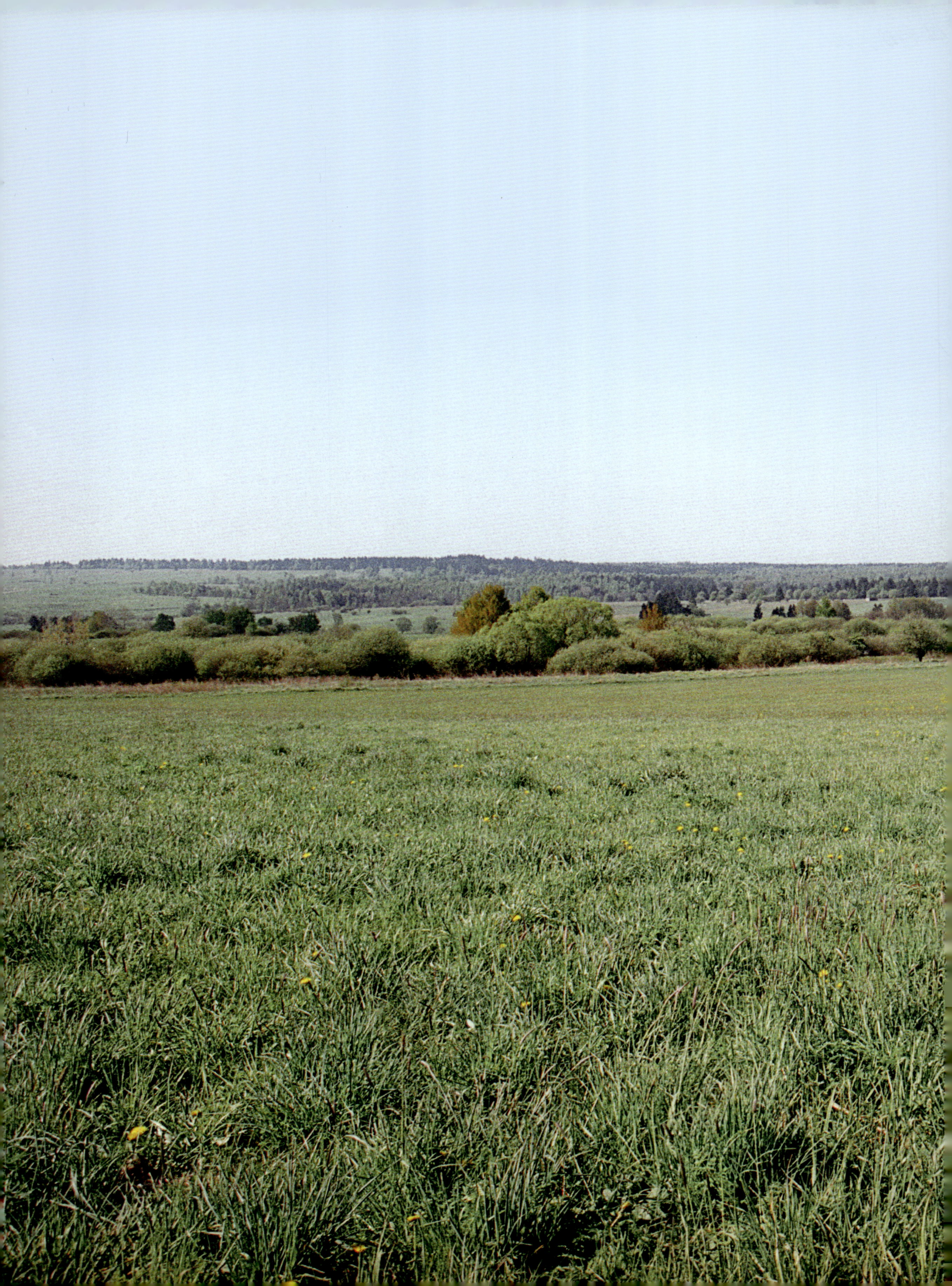

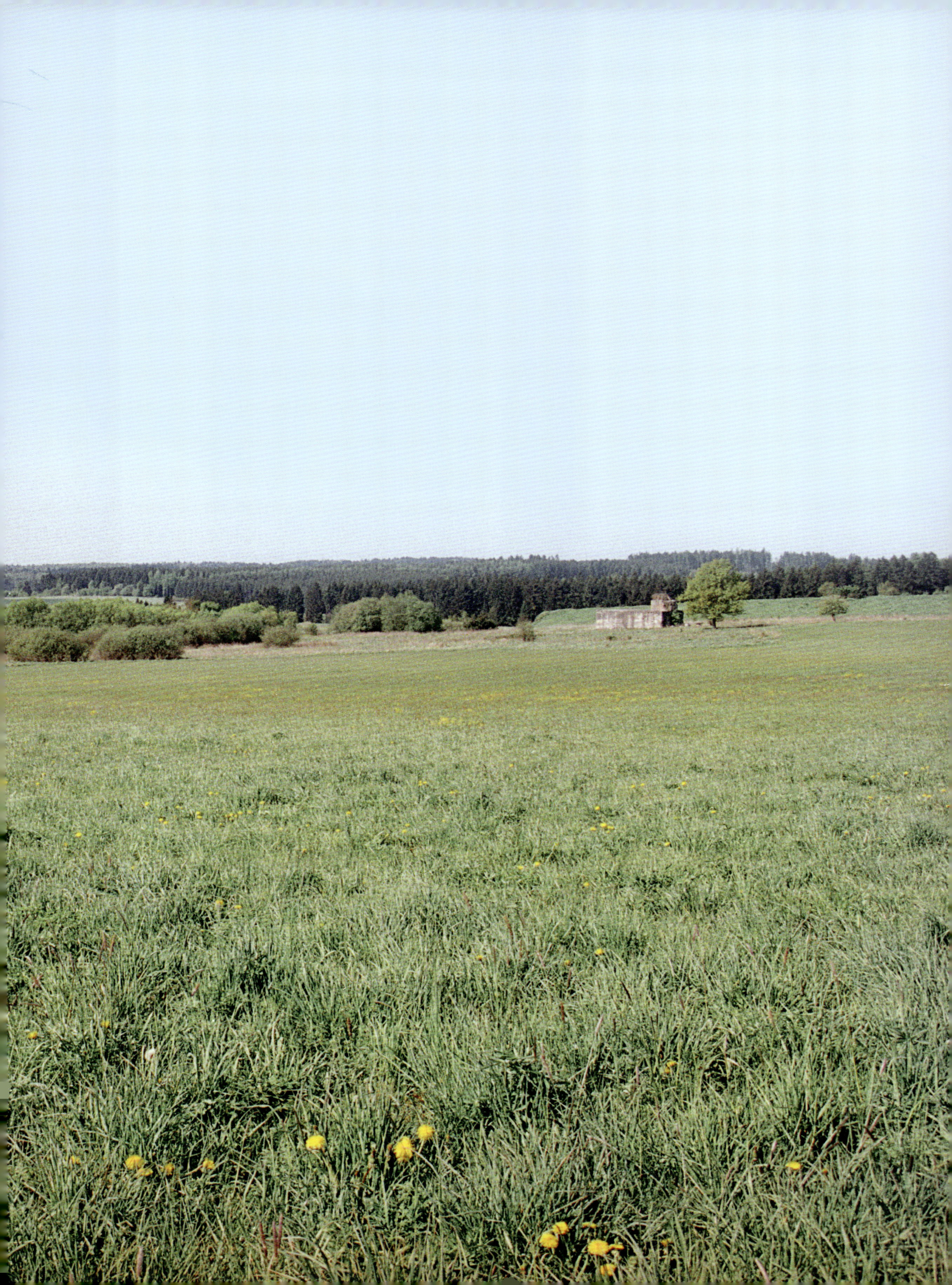

Militärzone

Zu den mit der Annexion Österreichs an das ‚Deutsche Reich' einhergehenden Prioritäten militärstrategischer Raumplanung gehörte, nach Aufteilung des Landes in 2 Wehrkreise – XVII und XVIII – deren ungenügende Ausstattung mit Truppenübungsplätzen durch vorrangige und beschleunigt durchzuführende Aus- und Neubaumaßnahmen auszugleichen. „Sofort nach Rückkehr der Ostmark zum Reich verfügte das OKH, dass im Raume des XVII AK ein Truppenübungsplatz in der Größe von 12.000-15.000 ha einzurichten ist. Das Gelände soll möglichst wechselvoll in Form und Bedeckung und wenig besiedelt sein." Das räumliche Interesse im Wien, Nieder- und Oberdonau umfassenden Wehrkreis XVII konzentrierte sich, nicht zuletzt aus expansionsstrategischen Überlegungen in Bezug auf die Tschechoslowakei, auf die Zentralregion des Waldviertels, wo aus 3 raumplanerischen Entwürfen – Allentsteig, Rosenau und Arbesbach – die Entscheidung auf Allentsteig fiel. Ein Gebiet im Ausmaß von 18.641 ha „kurz vor der Tschechenkrise unter kriegsähnlichen Verhältnissen als Aufmarschgelände für die zum Einmarsch in die Tschechoslowakei bereit stehenden Truppen" umgehend zu beschaffen, verfügte das Oberkommando des Heeres die vordringliche Planung und Errichtung des nach dem größten Ort benannten Truppenübungsplatzes Döllersheim.[1] Als Frist für die Transformation des überwiegend land- und forstwirtschaftlich, mit einem Waldanteil von rd. 3386 ha, genutzten Gebiets in ein militärisches Übungsgelände mit 3 Lagern wurde der 1.4.1939 für den nördlichen Teil, die volle Verfügbarkeit bis 1.4.1940 anberaumt.[2]

<
Truppenübungsplatz
Allentsteig /
2011

Die Chronologie der unter größtem Zeitdruck durchzuführenden Errichtung des Truppenübungsplatzes ist, infolge der äußerst knappen Terminsetzung der Inbetriebnahme der ersten Schießbahn mit 8.8.1938, von einer herausfordernden und logistisch rigorosen Praxis gekennzeichnet, sowohl bei der Landbeschaffung und der Räumung des Gebiets wie bei den baulichen Maßnahmen. Nach Besichtigung durch den Oberbefehlshaber des Heeres, Generaloberst Walther von Brauchitsch, und Abklärung von Raumplanungsfragen mit der Reichsstelle für Raumordnung am 13.6. bzw. 18.6.1938 wurde Generalintendant Dr. Erich Knitterscheid, Chef der Wehrkreisverwaltung XVII, ermächtigt, die Deutsche Ansiedlungsgesellschaft mit der Durchführung sämtlicher Maßnahmen zu Beschaffung und Räumung des Gebiets einschließlich der Umsiedlung der Bevölkerung zu beauftragen.[3]

Die DAG, 1898 als Deutsche Ansiedlungsbank zur Förderung landwirtschaftlicher Interessen gegründet und der Dresdner Bank zugehörig, stand ab 1933 im Dienst des Reichsministers für Ernährung und Landwirtschaft und nahm, ab 1936 unter geändertem Firmennamen, im Rahmen der ‚Neubildung deutschen Bauerntums' die umfassende Durchführung bäuerlicher Ansiedlungsprojekte wahr.[4] Bis 1938 vorwiegend im Osten Deutschlands, in Schlesien, Mecklenburg und Pommern, tätig, sollte nach dem ‚Anschluss' mit der räumlichen auch die operative Ausweitung des Tätigkeitsfelds und damit der große Aufschwung der DAG zur größten Siedlungsgesellschaft des ‚Deutschen Reichs' einsetzen. Primär dem agrarpolitischen Ressort des Reichsernährungsministers zugeordnet und von diesem als gemeinnütziges Siedlungsunternehmen in der ‚Ostmark' – dann auch im ‚Sudetengau' und im ‚Protektorat Böhmen und Mähren' – zugelassen, war „Verdrängung des jüdischen Elements aus dem Bodenbesitz" das Mittel, in gesteigertem Ausmaß geeignetes Land für die ‚Neubildung deutschen Bauerntums' zu sichern, und zeigt Strukturpolitik im ländlichen Raum in der Funktion rassenpolitischer Zielsetzungen.[5] Durch die vorrangige Sonderaufgabe für das OKH, regulär in der Zuständigkeit der Reichsumsiedlungsgesellschaft RUGES, und vom Reichsernährungsminister umgehend darauf verwiesen, kam es zu Interessenskollisionen, deren Beilegung dem ‚Reichsnährstand' zum Vorteil geriet, indem die Ausweitung der gesetzlichen Bestimmungen der Landbeschaffung für militärische Zwecke auf „Ersatzlandankauf für den Truppenübungsplatz Döllersheim"[6] eine ressortübergreifende Zusammenarbeit für eine, die ‚Neubildung deutschen Bauerntums' um die ‚Umsiedlung' von Bauern aus der Militärzone erweiternde bäuerliche Ansiedlung begünstigte. Als rechtliche Grundlage diente das „Gesetz über die Landbeschaffung für Zwecke der Wehrmacht" vom 29.3.1935 in der Fassung vom 12.4.1938, das durch eine im Einvernehmen mit dem Reichsernährungsminister vom OKH am 18.7.1938 erlassene Verordnung ergänzt, die Bedingungen bevorzugten Landerwerbs, wie

Gebührenfreiheit und im Bedarfsfall Enteignung, auch für bäuerliche Siedlungszwecke ermöglichte und legitimierte.[7] Während es hier zur Bündelung militärischer und siedlungspolitischer Interessen kam, sollte sich in der Folge die Konkurrenz um die Kontrolle der bäuerlichen Siedlung, auf die der Reichsführer-SS, zumal nach Kriegsbeginn und Ernennung zum Reichskommissar für die Festigung deutschen Volkstums, seinen Anspruch anmeldete, verschärfen. Da seit 1938 zunehmend enge Verbindungen zur SS bestanden, wurde 1939 durch Übernahme der Aktienmehrheit und Besetzung von Vorstand und Aufsichtsrat vorwiegend mit ihren Angehörigen die endgültige Eingliederung des Siedlungsunternehmens in ihren Machtbereich, allerdings ohne bei der Transaktion selbst in Erscheinung zu treten, vollzogen.[8]

Die am Projekt Truppenübungsplatz Döllersheim erprobte Landbeschaffungs- und Umsiedlungspraxis sollte das Vorläufermodell abgeben, nach dessen Muster in weiterer Folge, abgesehen von den befristeten Projekten der Wehrmacht, die großräumigen Umsiedlungsaktionen der SS exekutiert wurden. Bei ständig steigender Mitarbeiterzahl „zum größten bäuerlichen Siedlungsunternehmen des Reiches"[9] aufsteigend, stand ein Apparat von Experten für die Ausführung der rassen- und grenzpolitischen Siedlungsmaßnahmen ethnischer Neuordnung zur Verfügung, im Zuge dessen in besetzten Gebieten zur Germanisierung der Grenzräume die autochthone, nicht deutsche Bevölkerung um- sowie ‚Reichsdeutsche' und ‚Volksdeutsche' an- bzw. ins ‚Reich' rückgesiedelt wurden.[10]

Bereits im August 1938, noch bevor das Unternehmen in Dienst und Besitz der SS war, sich aber durch seine an Präzision und Effizienz mustergültige Performance bei den Umsiedlungsmaßnahmen im Waldviertel empfohlen hatte, ließ der Chef des Siedlungsamts seine Präferenz für die Deutsche Ansiedlungsgesellschaft deutlich erkennen. „Die Deutsche Ansiedlungsgesellschaft hat diese Arbeiten bis zum 7.8.1938, also in 6 Wochen und 6 Tagen, durchgeführt und die 292 Familien, von denen 199 Bauern waren, abtransportiert. Die Vertreter des Heeres, u.a. der Generalquartiermeister, haben sich über diese präzise, pünktliche und reibungslose Arbeitsausführung des ersten Abschnitts lobend ausgesprochen. Alle weiteren in Österreich geplanten Umsiedlungsarbeiten würden in Zukunft nur der Deutschen Ansiedlungsgesellschaft übertragen werden."[11]

Die von der als erster Filiale der Deutschen Ansiedlungsgesellschaft in Wien eröffneten Zweigstelle ‚Ostmark' eingerichtete Geschäftsstelle Allentsteig nahm am 21.6.1938 ihre Tätigkeit auf und, der zeitlich knappen Vorgabe entsprechend, umgehend die Sonderaufgabe der Wehrmacht in Angriff. Nachdem OKH und ‚Reichsnährstand' Differenzen durch Bündelung ihrer Interessen beigelegt und einvernehmlich eine erweiterte Rechtsbasis geschaffen hatten, konnte die DAG, legitimiert durch den Rechtstitel der „Land- und Ersatzlandbeschaffung für Zwecke der Wehrmacht", nicht nur Land für den Truppenübungsplatz requirieren, sondern darüber hinaus vorrangig und unbegrenzt Großgrundbesitz, vornehmlich jüdisches Eigentum, aneignen, der für bäuerliche Ansiedlungsprojekte zum Zwecke der ‚Neubildung deutschen Bauerntums', zunächst aber für umzusiedelnde Bauern aus der künftigen Militärzone, aufgeteilt werden sollte. > Bäuerliche Siedlungen 253

Die Landankaufs- und Entsiedlungsmaßnahmen, von denen die überwiegend bäuerliche Bevölkerung in 42 Ortschaften und einer Anzahl von Streusiedlungen und Einzelhöfen, die annähernd 7000 Menschen umfasste, betroffen war, erfolgten, unterstützt von der Landesbauernschaft Donauland und den lokalen Kreisbauernschaften, systematisch nach Zonen und Etappen, deren erste wegen bereits Anfang August terminierter Schießübungen mit 5.8.1938 befristet war; die Durchführung der verfügten Evakuierung setzte schlagartig ein und wurde überfallsartig erlebt. „Die terminmäßige Durchführung der Bereitstellung der Ankaufszone I ist aus zwingenden Gründen erforderlich. Die Inkaufnahme auch erheblicher Mehrkosten erscheint angesichts dieser Zwangslage unumgänglich und vertretbar", wie v. Greiffenberg für den Generalstab des Heeres im Sinne Hitlers konstatierte,[12] der „die Entschädigung der betroffenen Bevölkerung schnell und großzügig zu regeln" empfohlen hatte.[13] Neben dem auf etwa 1500 Haushalte verteilten, vorwiegend bäuerlichen Grundbesitz, den das ‚Deutsche Reich' als militärisches Übungsgelände beansprucht, hatte die Deutsche Ansiedlungsgesellschaft auch Großgrundbesitz im Gesamtausmaß von annähernd 3000 ha zur Übernahme in das Eigentum des Heeresfiskus abzulösen. Zu den requirierten Liegenschaften aus Feudal- und Klerikalbesitz gehörten zur Gänze die Güter Allentsteig,[14] Groß Poppen-Rausmanns,[15] Ottenstein[16] und Wetzlas[17] sowie ein rd. 900 ha großer Teil des Besitzes von Stift Zwettl, der das Gut Dürnhof einschloss.[18]

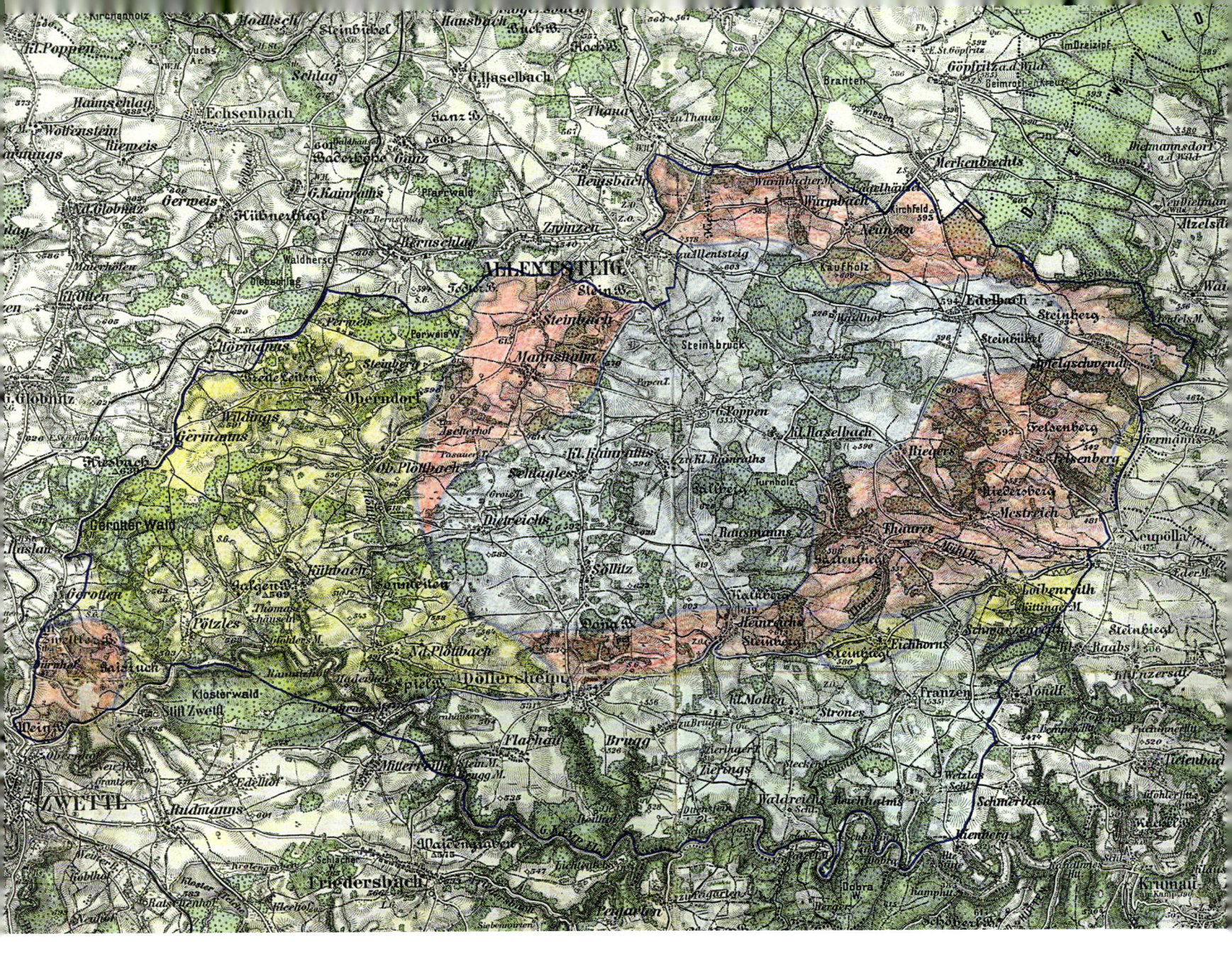

Entsiedlungsplan
Truppenübungsplatz
Döllersheim /
1938

Der ursprüngliche Entsiedlungsplan sah folgende Fristen vor:
Zone I (blau) 1.7.1938 – 1.8.1938 bzw. (rot) 6.8.1938 – 31.3.1939
Zone II (gelb) 1.4.1939 – 30.9.1939
Zone III (grün) 1.10.1939 – 1.4.1940.[19]
Konnten anfänglich die Zeitvorgaben eingehalten werden, machten nach Kriegsbeginn unvorhersehbare Verzögerungen bei Ankauf wie Umsiedlungsorganisation immer wieder Fristerstreckungen erforderlich, die sich letztlich zu einem Aufschub um 1½ Jahre summierten und den letzten Abschnitt bis 31.3. bzw. 31.10.1941 verlängerten.[20]

Die Errichtung des Truppenübungsplatzes Döllersheim, über dessen Planung außer Fragmenten nachträglicher Bestandsaufnahme durch das österreichische Bundesheer keine Unterlagen erhalten sind und der aufgrund des bereits für 8.8.1938 angesetzten militärischen Übungsbeginns die vordringliche Einrichtung von Schießbahnen und für die provisorische Truppenunterkunft die Aufstellung von Zelt- und Barackenlagern in den Waldgebieten Wild und Kaufholz vorausging, erforderte umfangreiche bauliche Maßnahmen militärischer Infrastruktur sowie für Unterkunft und Verpflegung von Truppen und Offizieren. Das beschleunigt ab Anfang Juli ausgeführte Bauprogramm umfasste zunächst umfangreiche Rodungs- und Aufschließungsarbeiten, den Bau von Straßen und Brücken, Schießbahnen und Bunkeranlagen für verschiedene Waffen und Zwecke, die auch heute das Gelände signifikant markieren, sowie die Errichtung von 3 Mannschaftslagern und – nach Kriegsbeginn – von einem Reservelazarett und 2 Kriegsgefangenenlagern, deren Strukturen – ebenso wie die von Munitionslagern, Werkstätten und sonstigen betrieblichen Versorgungsanlagen – heute nahezu verschwunden sind oder überbaut wurden.

Die Kommandantur des Truppenübungsplatzes wurde, nach anfänglicher Unterbringung in der als Beherbergungsbetrieb der bekannten Sommerfrische Allentsteig geschlossenen Pension Waldfried bzw. dem Hotel Schaich, im örtlichen Schloss eingerichtet, das zusammen mit dem auf mehrere Gemeinden verteilten Gutsbesitz samt Meierhof, Schüttkasten, Schafhof sowie Wohn- und Wirtschaftsgebäuden in Allentsteig und Thaua von der Deutschen Ansiedlungsgesellschaft für die Wehrmacht erworben worden war.[21] Grundstücke am Rand der Militärzone wurden als Bauareal für weitläufige Wohnsiedlungen mit Gärten für Offiziere parzelliert – in Allentsteig die Siedlung Neu-Döllersheim mit 38 Ein- und Zweifamilienhäusern, eine Anlage mit 5 Zweifamilienhäusern in der Nähe von Stift Zwettl –, die punktuell die Grenze des militärischen Sperrgebiets markieren und wegen ihrer auffälligen Holzarchitektur wie uniformen Bauweise Fragen nach der (bau)geschichtlichen Referenz stellen lassen. Weniger im allgemeinen Blickfeld, weil innerhalb des militärischen Sperrgebiets gelegen, aber umso augenscheinlicher in Dimension und materialer Präsenz markieren über 100 Beobachtungsbunker als bauliches Erbe des ‚Deutschen Reichs' das weitläufige Gelände ebenso wie die Panzerstraße und die Brücke über den Stadtteich von Allentsteig, deren Bau allerdings nicht über die Pfeiler- und Bogenkonstruktion hinauskam und erst, eingeschrieben in die militärische Kontinuität, vom österreichischen Bundesheer fertiggestellt wurde.

Um nach den anfänglichen Provisorien der Behelfslager solide Truppenunterkünfte sicherzustellen, wurden vom Generalstab des Heeres Fertigstellungs- und Bezugstermine vorgegeben: für den Lagerstandort Zwettl „möglichst zum 1.4.1939, spätestens im Laufe des Sommers 39", für die zum Standort Allentsteig gehörenden Lager Kaufholz und Kirchenholz zum 1.4.1941.[22] Wie die für Truppenübungsplätze obligate Standmeldung zum 1.4.1943 für Döllersheim ausweist, waren an beiden Lagerstandorten statt der geplanten Massivlager lediglich Behelfsbauten zur Ausführung gekommen; das räumliche Plansoll für eine Belegstärke von 16.724 Mann war zu 85% erreicht worden, bei 830 vorgesehenen Offizieren lag es bei 55%, bei 3405 Pferden bei 70%.[23]

Die Verkehrsanbindung des Truppenübungsplatzes bot die Franz-Josefs-Bahn, von deren Station Göpfritz Truppeneinheiten über Felder in die markierte Militärzone einrückten; für militärische Fahrzeuge wurde in Wurmbach eine Verladerampe, an der Station Allentsteig in Thaua ein Tanklager errichtet, das dortige Lagerhaus zum Verpflegungsdepot umfunktioniert.

Die Baumaßnahmen im Spiegel der Arbeitsverhältnisse auf der Baustelle wie der Vergabepraxis des OKH und der Geschäftspraxis des Bauunternehmens

Den Bedarf an Arbeitskräften für ein Projekt dieser Größenordnung zu decken, machte den Transfer Tausender Arbeiter ins Waldviertel erforderlich, deren Entlohnung wiederholt Anlass für Unruhen war und im lokalen Lohn- und Preisgefüge zu erheblichen Verwerfungen führte; die arbeitsmarkt-, sozial- und wirtschaftspolitische Problematik unter Kontrolle zu bringen, waren die zuständigen Reichsdienststellen gefordert. Über 20%-ige Lohnerhöhungen – etwa bei Hilfsarbeitern RM 0,54 statt kollektivvertraglicher RM 0,44 – riefen den Reichstreuhänder der Arbeit für das Wirtschaftsgebiet Österreich, Alfred Proksch, auf den Plan, der in seiner Zuständigkeit für die Tarifregelung und unter Vorhaltung verursachter Turbulenzen im angrenzenden Wirtschaftsgebiet eine Stellungnahme der Wehrkreisverwaltung forderte. „Die Erhöhung der Löhne ohne eine damit verbundene Leistungssteigerung ändere nichts an der Tatsache, dass nicht in ausreichendem Maße Arbeitskräfte zur Verfügung stehen. Das Wegengagieren von Arbeitskräften hat zur Folge, dass dann wiederum andere Vorhaben, die gleichfalls aus staatspolitischen Gründen in kurz gestellter Frist erledigt werden müssen, ins Stocken geraten." Proksch vertrat generell eine leistungsbezogene Lohnpolitik nach deutschem Vorbild, das ein Akkord- und Prämiensystem auch in der ‚Ostmark' einzuführen gebot.[24] Die ungelöste Lohntariffrage, die nicht erst mit dem Anfang Juli in Angriff genommenen Großbauprojekt „im Raume Allentsteig-Döllersheim-Rastenberg" entstanden sei, sondern sich bereits bei Bauarbeiten auf dem Truppenübungsplatz Kaisersteinbruch gezeigt habe, rapportierte er, nach einem Lokalaugenschein am 20.8.1938 über die Lage auf der Baustelle umfassend informiert, Ende August 1938 seiner obersten Dienststelle, dem Reichsarbeitsministerium. Konfrontiert mit Beschwerden lokaler Unternehmen, im Besonderen aus Bauwirtschaft und Textilindustrie, dass die wesentlich höheren Löhne auf der Baustelle Truppenübungsplatz Unruhe unter den Arbeitern ausgelöst und die Abwanderungstendenz noch verschärft hätten, dass das Heeresbauamt sogar Abwerbungsaktionen mit dem Versprechen besserer Löhne und durchgängiger, langfristiger Beschäftigung durchführe, verwies er auf Entscheidungen höherenorts, in die weder er noch die Wehrkreisverwaltung eingebunden gewesen seien.

Die Baustelle Truppenübungsplatz Döllerheim beschäftigte zu diesem Zeitpunkt 2000 ‚Gefolgschaftsmitglieder', die bei Rodungsarbeiten und der Errichtung von Baracken und Unterständen eingesetzt waren, nachdem die Räumung von 38 Ortschaften „ohne größere Schwierigkeiten durchgeführt" worden war. Als Generalunternehmer fungierte die Zimmerei Staudigl aus Wien,[25] die sich, wie ihr Leistungsbericht von Anfang 1939 auswies, durch den staatlichen Großauftrag von einem Kleinunternehmen mit 15 zu einem Betrieb mit 600-800 Beschäftigten entwickelt hatte. „Die Unterbringung der Gefolgschaftsmänner erfolgt in Wohnbaracken, die von der Lagerführung verwaltet werden. Der Betrieb ist hundertprozentig von der DAF erfasst", wie die Land-Zeitung vom 8.3.1939 im Verweis auf die Betreuung „durch die beamtete Lagerführung im Sinne der nationalsozialistischen Weltanschauung" berichtete.[26] Überwiegend aus Wien und der Obersteiermark zusammengezogen, erhielten die Arbeiter von Anfang an den in Wien üblichen Lohnsatz – mit einer Einstellhöhe für Hilfsarbeiter von RM 0,60 –, an den sich auch, um sozialen Spannungen unter den Arbeitern vorzubeugen, die von Staudigl beauftragten Subfirmen aus der Region hielten. Dass sich diese trotzdem aufbauten und unter Alkoholeinfluss auch entluden, lag am psychosozialen Milieu der im entlegenen Gebiet Schwerstarbeit leistenden Mannschaften, die, von ihren Familien getrennt, überwiegend in Baracken an den Baustellen der militärischen Lagerstandorte bei Allentsteig und Zwettl untergebracht waren. In dieser Ausnahmesituation entwickelte sich aber auch, politisch motiviert oder aus Opportunismus, eine Dynamik, die selbst unter den einschüchternden Bedingungen einer Diktatur Forderungen nach Lohnerhöhung und Verbesserung der Arbeitsbedingungen antrieb und die durch knappe Fertigstellungsfristen angespannte Situation der Arbeitgeber ausreizen ließ. Der Zeitdruck, unter dem das Rüstungsbauvorhaben aus expansionsstrategischen Gründen realisiert werden musste, ließ sich ebenso nutzen wie die Vertragslage des Bauunternehmens, wollte es sein Plansoll erfüllen und Pönalezahlungen, die Verzug mit RM 10.000 pro Tag sanktionierten, vermeiden. So kam es abseits kollektivvertraglicher Regelungen immer wieder zu einem Ausgleich von Arbeitergeber- und Arbeitnehmerinteressen, der Lohnsteigerungen durch überhöhte Kalkulationen kompensieren ließ: Firma Staudigl stellte etwa, nachdem hohe Verluste und Schäden bei firmeneigenen Geräten zur Holzbearbeitung eingetreten waren, den Arbeitern bei Beistellung eigener Geräte eine weitere Lohnerhöhung auf RM 0,80 für Hilfsarbeiter und RM 1 für gelernte Zimmerleute in Aussicht. War so, bei freier Unterkunft und einer Trennungszulage für Verheiratete, abzüglich der Verpflegung in der Baustellenkantine oder in den Gastwirtschaften der anliegenden Ortschaften, ein Wochenlohn von RM 58 möglich, mit dem sich

auch die Versorgung der Familie zu Hause sicherstellen ließ, machten verschwenderische Ausgaben in der Freizeit, die mangels anderer Möglichkeiten in der abgelegenen Gegend hauptsächlich im Konsum von Alkohol bestanden, besonders bei Beziehern niedrigerer Einkommen bereits am Beginn der Arbeitswoche Vorschusszahlungen notwendig, welche die Lohnfrage weiter anheizten und die soziale Lage auf der Baustelle immer wieder eskalieren ließen.

Konsequenz der wesentlich überhöhten Tarife war ein massiver Abgang an Arbeitskräften bei den Firmen der Umgebung, sodass diese ihren Aufträgen nicht mehr nachkommen und zum Teil nur als Subunternehmer von Staudigl überleben konnten, wie außerhalb der Großbaustelle generell ein Anziehen der Löhne einsetzte. Proksch' Vorhaltungen wegen Lohnverzerrung und Verwerfungen im lokalen Baugewerbe wehrte der Bauleiter mit dem Argument der geforderten Dringlichkeit wie mit dem großen Bedarf an Arbeitskräften ab, die niemals die niedrigen Löhne im Waldviertel – der Stundenlohn in der Landwirtschaft lag zwischen RM 0,16 und 0,25, in der Forstwirtschaft zwischen RM 0,40 und 0,46 –, noch dazu unter den Bedingungen von Akkordarbeit, akzeptieren würden. Vorschläge, die reguläre Arbeitszeit von 58 Stunden auf 72 auszudehnen, wurden wegen der weiteren Verteuerung durch Überstundenzuschläge nicht weiter verfolgt, dafür aber Sonntagsarbeit mit 50%-igem Aufschlag auf den Kollektivvertrag in Aussicht genommen, was aber wegen der Unfallgefahr nach Alkoholexzessen an Wochenenden ohnehin nicht durchgehend möglich war.

Um die durch überzogene Forderungen und Auflehnungen gefährdete Ordnung wiederherzustellen, zitierte der Kreisbeauftragte der DAF des Kreises Zwettl die Arbeiterschaft am 19.8.1938 zu einem Betriebsappell; dabei soll seine Anmahnung kollektivvertraglicher Disziplin und sozialen Friedens von einer kleinen Gruppe, die ihn mit massiven Protesten empfing und die NS-Arbeitspolitik als Fortsetzung der Ausbeutung während des vorangegangenen Regimes anprangerte, gestört worden sein. Sonst verlief die Kundgebung ruhig, allerdings erzeugte die Vergütung des Appells als Arbeitszeit, die von den Arbeitern gefordert und vom Betriebsleiter auch zugesagt worden war, wiederum Unmut bei den versammelten Amtsträgern und Parteifunktionären. Die Firma kam auch bei Arbeitsunfällen, um die Motivation der Arbeiter zu stärken, selbst für Krankengeld auf, was einmal mehr einen ansatzweise sozialpartnerschaftlichen Konsens zeigt, der zulasten des Staatshaushalts ging und gegen den, wollte das Regime sein rüstungspolitisches Ziel erreichen, der Reichstreuhänder der Arbeit außer moralischer Entrüstung kein realpolitisches Mittel in der Hand hatte. Konsterniert berichtete Proksch nach Berlin: „Die Arbeitsmoral ist erheblich gesunken. Im Bewußtsein ihrer Unentbehrlichkeit bekunden die Gefolgschaftsmitglieder verschiedentlich den Anordnungen ihrer Aufsichtspersonen gegenüber keinerlei Beachtung."[27]

>
Truppenübungsplatz Allentsteig / 2011

Ein weiterer durch das Großbauvorhaben entstandener Missstand, den Proksch am 30.8.1938 der zum Reichsstatthalter ressortierenden Preisbildungsstelle zur Überprüfung meldete, waren die gestiegenen Preise in den an das Areal des zukünftigen Truppenübungsplatzes angrenzenden Orten, die ebenfalls Kritik in der Arbeiterschaft hervorriefen. Befürchtungen, „die sozialpolitischen Verhältnisse" könnten die „staatspolitisch wichtigen Bauarbeiten" gefährden und schwelenden aufrührerischen Tendenzen noch Auftrieb geben, ließen die strenge Ahndung von Preistreiberei, insbesondere bei der Verpflegung der Straßenbauarbeiter, fordern. Explizit die Gastronomie in Göpfritz, Allentsteig und Groß-Siegharts, die den täglichen Verpflegungssatz zuletzt auf RM 2,50 erhöht hatte, wobei der zuvor geltende Satz von RM 1,80 im Vergleich zum ‚Altreich' – RM 1 bis maximal RM 1,30 – bereits weit überhöht gewesen sei, stand im Verdacht, die Gelegenheit der Großbaustelle nicht nur zur Verbesserung des Geschäftsgang zu nutzen, sondern die Abhängigkeit der Arbeiter mangels Alternative auszunützen. Diese waren gezwungen, einen wesentlich größeren Lohnanteil als vorgesehen für die eigene Versorgung aufzuwenden, dementsprechend weniger blieb für den Lebensunterhalt der Familien zu Hause. Proksch, mit der Absicht vorschriftsmäßig die Tarife an das deutsche Niveau anzugleichen, schaltete die Preisüberwachungsstelle ein, um eine „scharfe und nachhaltige Kontrolle" der Gastwirtschaft und des Lebensmittelhandels durchzuführen. Seine Sorge, wiederum moralisch grundiert, galt aber weniger der Notlage der Arbeiter als vielmehr deren

ideologischer Gleichschaltung als ‚Gefolgschaftsmitglieder', drohten sich in den Massenquartieren doch regimegegnerische Gruppen zu formieren, deren systembedrohendes, subversives Potenzial es zu bekämpfen galt: „Wenn die Notlage der Arbeiter, welche auf die wenigen örtlichen Gastwirtschaften angewiesen sind, durch Preiserhöhungen in gewissenloser Weise ausgenutzt wird, so muß ein derartiges Verhalten das Vertrauen in den nationalsozialistischen Staat schwer erschüttern und marxistischen Elementen, wie es bereits anscheinend geschehen ist, Anlaß zur Hetze geben." Wenn die „militärische Notwendigkeit" die Verschlechterung der sozialen Verhältnisse temporär bedinge, müsse umso mehr Vorsorge getroffen werden, „daß nicht durch gesetzwidrige Maßnahmen das Einkommen der Gefolgschaftsmitglieder, welche aus Gebieten höheren Lohns ins Waldviertel vermittelt sind, noch geschmälert wird". Insofern sollten besonders erfahrene Kontrollbeamte prüfen und Sanktionen verhängen wie zur Abschreckung veröffentlichen, in krassen Fällen „dürfte die Verbringung in ein Konzentrationslager zu erwägen sein".[28]

Alarmiert von den Meldungen über nicht zu rechtfertigende, weit überhöhte Lohnzahlungen auf der Baustelle des Truppenübungsplatzes Döllersheim, wodurch die Tarifordnung außer Kontrolle geraten war und die nicht nur die Lohnpolitik zu gefährden drohten, setzte Anfang September das Reichsarbeitsministerium das OKH als Bauherrn darüber in Kenntnis und wies, um unverzügliche Schadensbegrenzung bemüht, drastisch auf die Auswirkungen von dessen Bauvereinbarungen hin. Dass „unter dem Druck der militärischen Notwendigkeit für die „Garantie schnellster Ausführung" offenbar Entgegenkommen in der Preisfrage signalisiert worden sei, würde inflationistische Folgen heraufbeschwören; Konventionalstrafen seien zudem ein zweischneidiges Mittel, würden Unternehmen zu deren Vermeidung wie auch, um sich Chancen auf künftige Aufträge nicht zu verbauen, auf jeden Fall das Risiko höherer Lohnkosten in Kauf nehmen.[29]

Kaum kommuniziert, musste einige Tage später nach einer Besprechung mit allen am Bau involvierten Stellen das Ausmaß der unkontrollierten Lohn- und Preissteigerungen als noch weitaus größer nachgetragen werden. Als Tariflohn für Bauarbeiter, der regulär zwischen RM 0,40 und 0,44 betrug und den der Reichstreuhänder der Arbeit bis auf RM 0,51 anzuheben akzeptiert hatte, zahlte die Kommandantur des Truppenübungsplatzes RM 0,63, Wiener Firmen gewährten den vom Arbeitsamt vermittelten Arbeitern aber einen Einstelllohn in Höhe von RM 0,71, für Akkordarbeit seien sogar RM 1-1,25 üblich. Die ‚Betriebsführer' rechtfertigten diese Steigerungen mit Qualifikation und Motivation der Arbeiter, die Unternehmer verwiesen auf die äußerst knapp gehaltenen Termine des Heeresbauamts. „Der Bauherr drücke so stark auf das Tempo des Arbeitsfortschritts, da die Unternehmer bemüht sein müßten, die Arbeiten <u>um jeden Preis</u> fertigzustellen. Es bleibe ihnen nichts anderes übrig, als die hohen Lohnsätze zu gewähren, damit auch die Gefolgschaftsmitglieder mit der erforderlichen Arbeitsfreude und mit dem nötigen Fleiß an die Arbeit herangingen und so die Einhaltung der Termine ermöglichten."[30] Auch stellte sich heraus, dass die Wehrkreisverwaltung in Unkenntnis des Einsatzortes bei ihrer Ausschreibung den Bewerbern auf Basis der in Wien geltenden Löhne zu kalkulieren erlaubt hatte.

Zweifel am Erfolg einer solchen Vorgangsweise, wegen der Dringlichkeit der Aufgabe alle politischen und ökonomischen Standards zu negieren, meldete Dr. Kalckbrenner vom RAM entschieden an, würden doch „die militärischen Belange durch ein Vorgehen, wie es auf dem Truppenübungsplatz Allentsteig-Döllersheim gehandhabt worden ist, keineswegs gefördert werden. Dieses Vorgehen hat nämlich nicht dazu geführt, dass die Arbeitsfreude und damit das Arbeitstempo allgemein erhöht wurde, sondern es hat bewirkt, dass soziale Spannungen und sozialer Unfrieden entstanden, die naturgemäß auch die Innehaltung der von der Wehrmachtsverwaltung in Aussicht genommenen Termine gefährden müssen."[31] Das Einschreiten des Reichstreuhänders der Arbeit nach der Tarifordnung vom 25.6.1938 genüge nicht, vielmehr sei „eine schnelle und durchgreifende Überprüfung der Preisgestaltung" unabdingbar. Zur Senkung der Verpflegungskosten, deren Höhe bereits Forderungen nach Anhebung der Trennungszulage hatte laut werden lassen, forderte er, um die Ausbreitung irregulärer Verhältnisse einzudämmen und den Arbeitsfrieden zu sichern, über den Anlassfall hinaus generell Gemeinschaftsküchen statt privater Gastwirtschaften.

Die mit der Überprüfung beauftragte Preisüberwachungsstelle beim Landeshauptmann Niederdonau registrierte nach einer am 2.9.1938 in allen Gasthöfen in Allentsteig, wozu auch eine etwa 5 km entfernte Kantine direkt auf der Baustelle gehörte, durchgeführten Preisrevision zwar kuriose Vorgänge und paradoxe Umstände, konnte aber keine tariflichen Verstöße feststellen. So seien die Preise unmittelbar nach dem ‚Anschluss' am 18.3.1938 von der Gemeinde im Einvernehmen mit den Gastwirten und Kantineuren nach der Verordnung und gerade mit der Absicht, Preissteigerungen zu verhindern, festgesetzt worden, wenn auch ohne dafür zuständig zu sein. Auch ließen sich die zahlreichen Beschwerden, „daß die dortigen Gastwirte den durch die umfangreichen Militärbauten eingetretenen wirtschaftlichen Aufschwung des Bezirkes dazu mißbraucht haben, die Preise zu erhöhen", mit keiner einzigen schriftlichen Anzeige belegen; Bezirkshauptmannschaft und Kreisleitung Zwettl sowie der Gendarmerie-Revierinspektor von Allentsteig führten naheliegend als Begründung das ungewohnt forcierte Arbeitstempo an, das dazu keine Zeit gelassen habe. Da nach den Verordnungen für das Gaststätten- und Beherbergungsgewerbe die Preise sogar unterschritten worden seien, so die Preisüberwachungsstelle, konnte über den Grund der zahlreichen

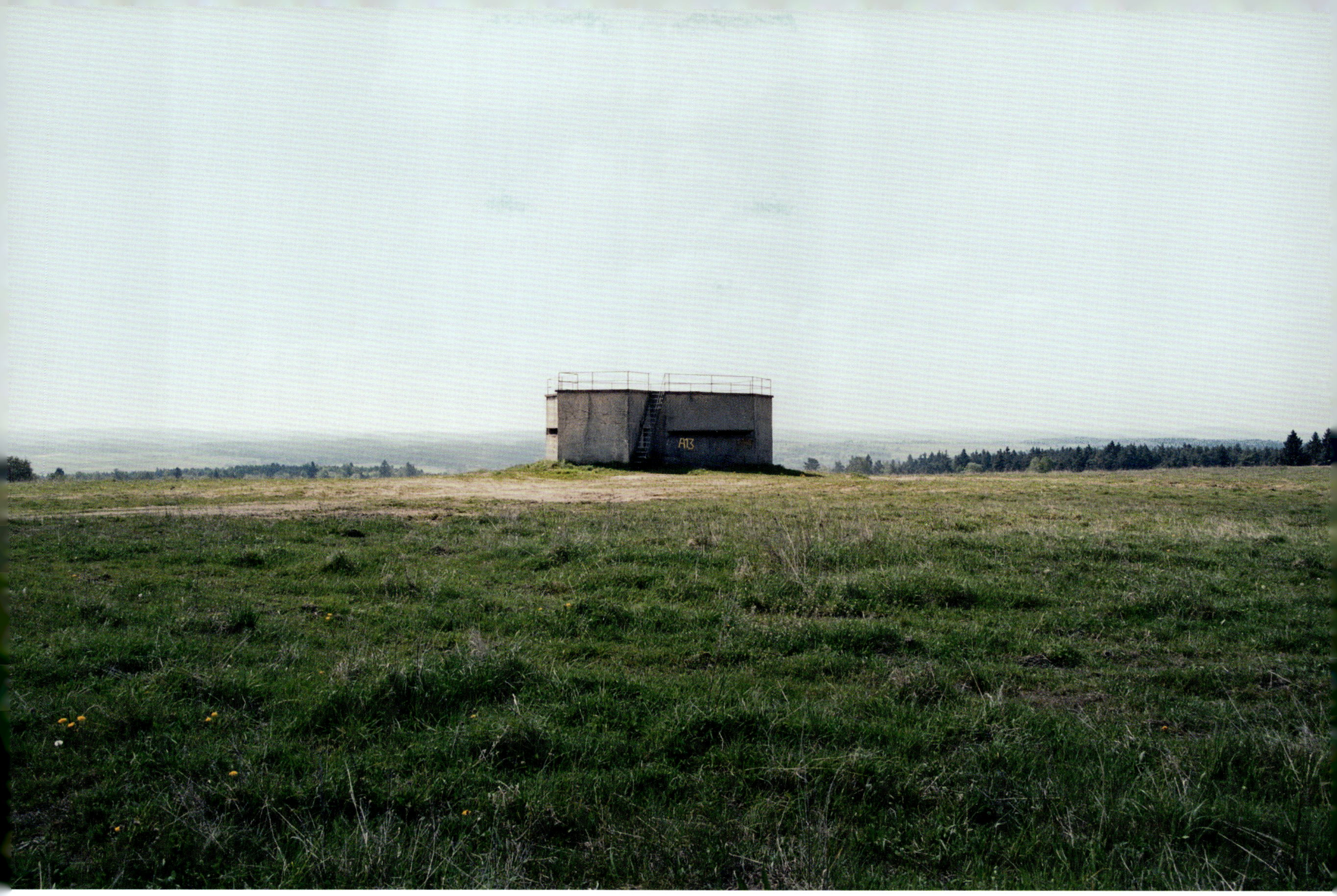
A13

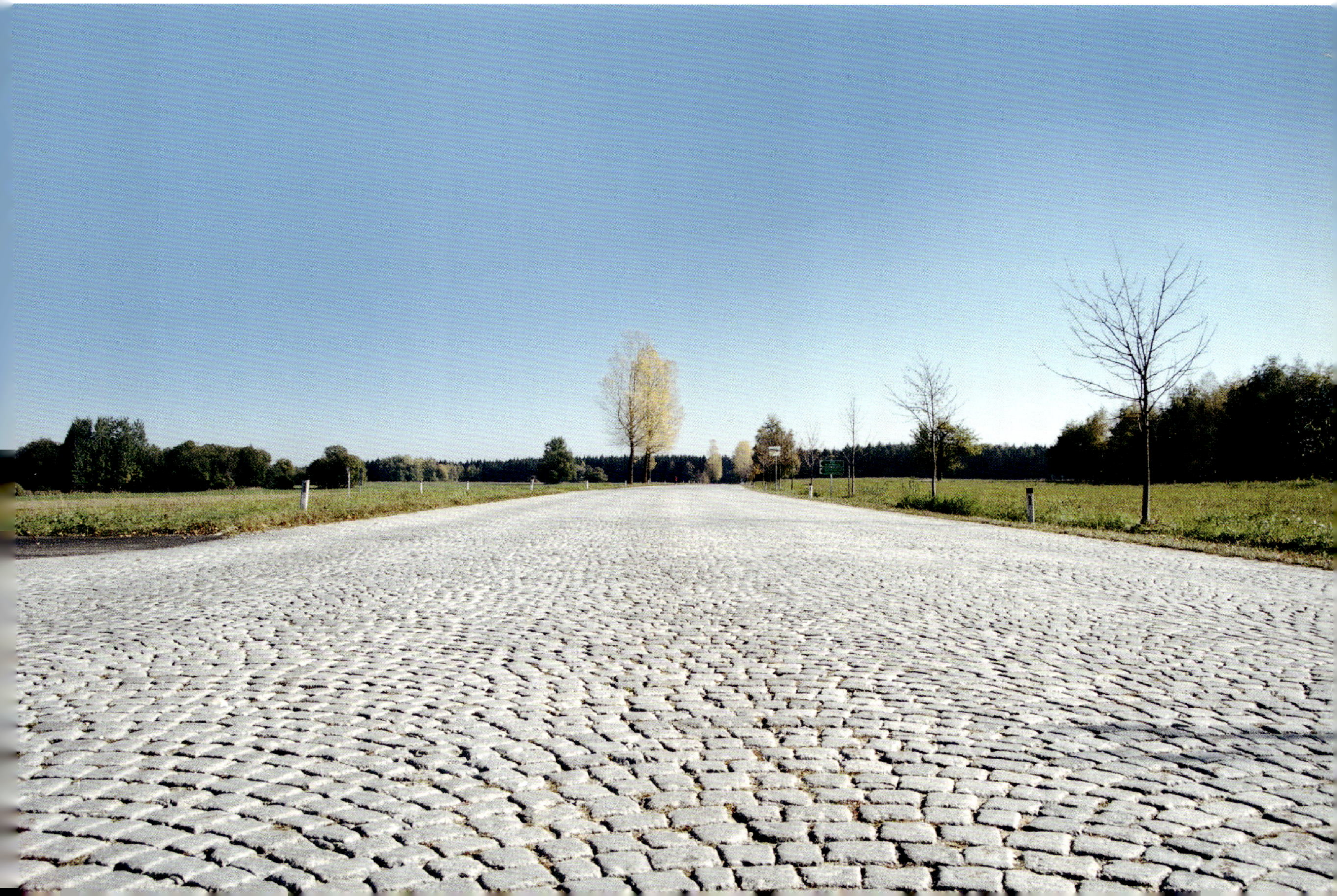

Klagen nur spekuliert werden – etwa, dass Bauarbeiter aus dem städtischen Umfeld auf dem Land besonders billige Lebensverhältnisse und von den Wirten wegen des gestiegenen Umsatzes Billigangebote erwarteten.

Um den Baufortschritt nicht zu gefährden, wurde zur Bereinigung der Verpflegungskosten eine Besprechung am 6.9.1938 anberaumt, an der Vertreter der Heeresbauverwaltung, der DAF, der Gast- und Schankgewerbezunft ND, die Gastwirte, die Baufirmen und die Vertrauensmänner der Arbeiterschaft teilnahmen. Nach ortsspezifischer Darstellung der Versorgungslage der Arbeiter sollte eine übergreifende einheitliche Regelung, die eine ausreichende und leistbare Verpflegung gewährleisten würde, gefunden werden. In Groß-Siegharts, wo 300 Arbeiter Quartier in einer Fabrik hatten und mit einem Lastauto zum täglichen Arbeitseinsatz auf die Baustelle gebracht wurden, mussten sich die Männer in den Geschäften selbst mit Proviant versorgen, nur abends standen Angebote der Gasthäuser, zur Zufriedenheit aller, zur Verfügung. Überhöhte Preise für Milch, die morgens erwärmt in die Unterkunft geliefert wurde, mussten wegen anfallenden Heizmaterials und zeitigen Services als gerechtfertigt anerkannt werden. Die meisten der 1500 Bauarbeiter logierten aber im Barackenlager auf der Baustelle in Neunzen, wo zwei Kantinen eingerichtet worden waren, in denen sich die Arbeiter mit drei Mahlzeiten für RM 1,40 versorgen konnten. Während sie diesen Preis wegen nicht zufriedenstellender Qualität beanstandeten, monierten die Betreiber der Küchen die stark schwankende Abnahme, welche die Kalkulation der Einkaufsmengen, die infolge des eingeschränkten und teuren Lebensmittelangebots in Allentsteig ohnehin problematisch sei, erschwere sowie mangels gesicherter Umsätze günstigere Preise verhindere. Weitere 150 Arbeiter, die in Allentsteig in der Schule und in Privatquartieren wohnten, erhielten Frühstück und Abendessen bei den Vermietern oder in einem Gasthaus, mittags versorgten sie sich selbst oder frequentierten die Kantinen.

Neben den kritisierten Preisen waren auch erhebliche Lohnunterschiede bei Fach- und Hilfsarbeitern entscheidend für immer wieder auftretende Konflikte. Der Mindestlohn, wiewohl wesentlich über dem lokalen Niveau, lag bei RM 0,51; Verheiratete, denen eine Trennungszulage zustand, verdienten RM 1, waren sie aus Wien, sogar RM 1,50. Wenn bei einer normalen Arbeitszeit von 60 Wochenstunden auch vielfach Überstundenzuschläge die Leistbarkeit erhöhten und je nach individuellen Verhältnissen größere

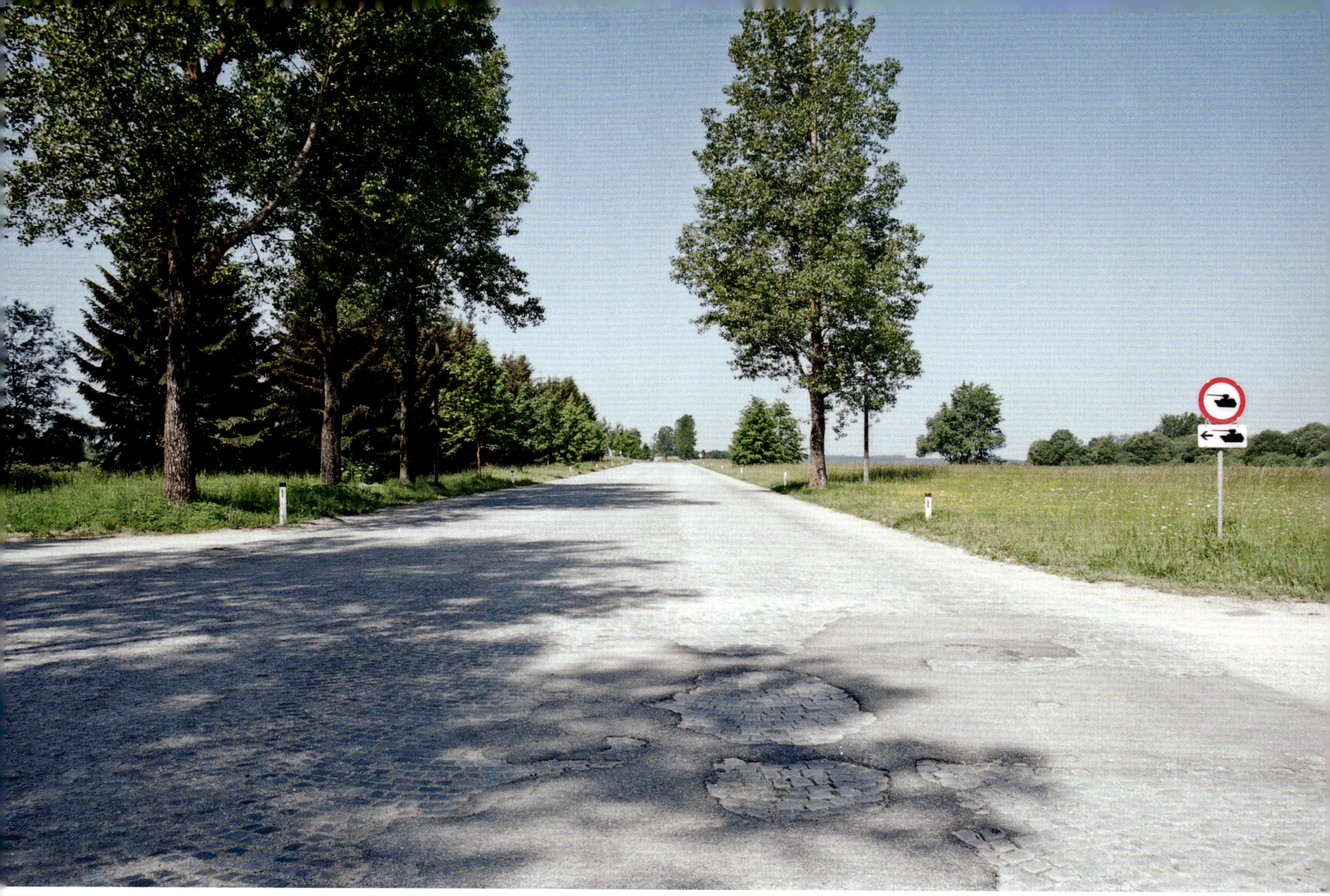

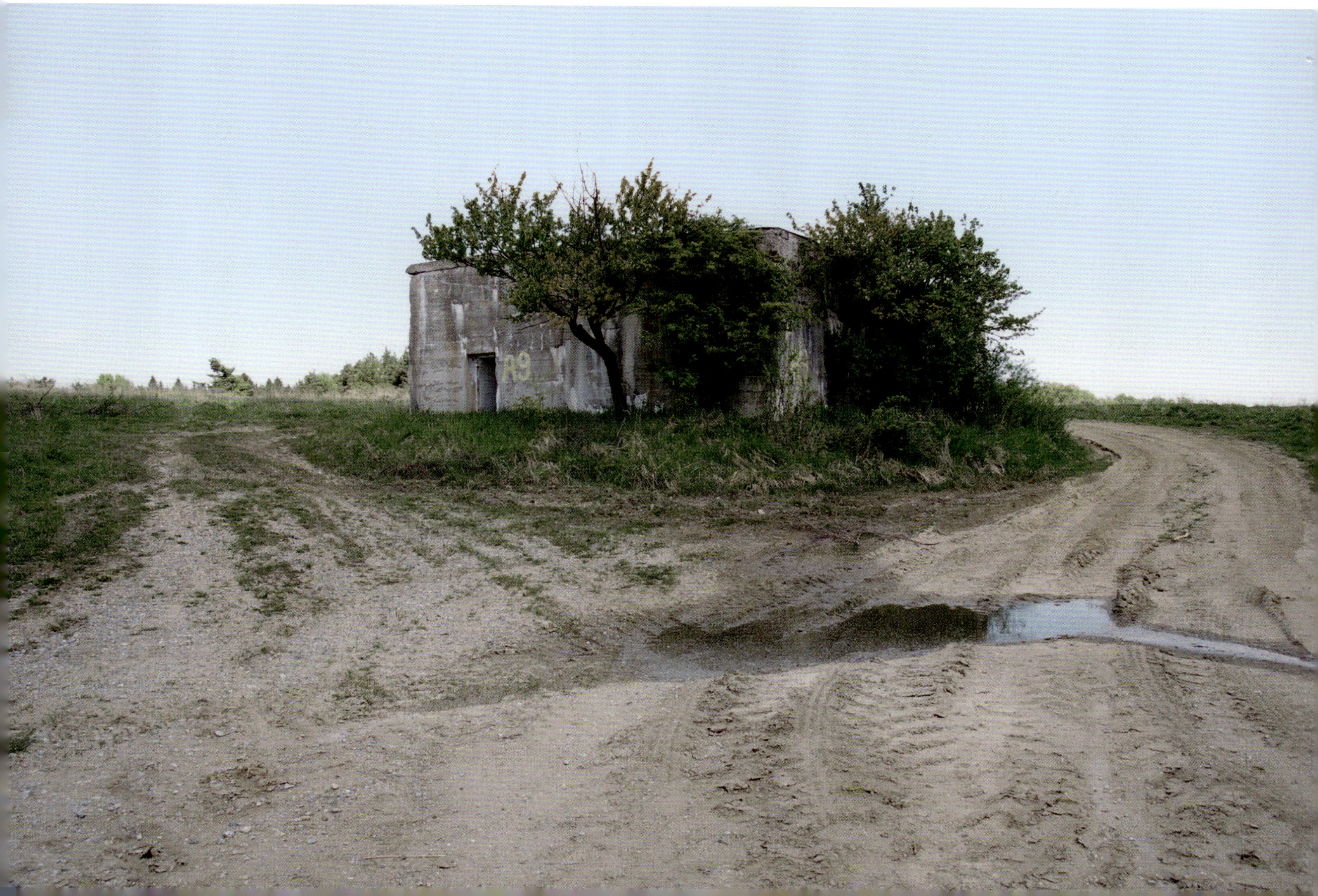
A9

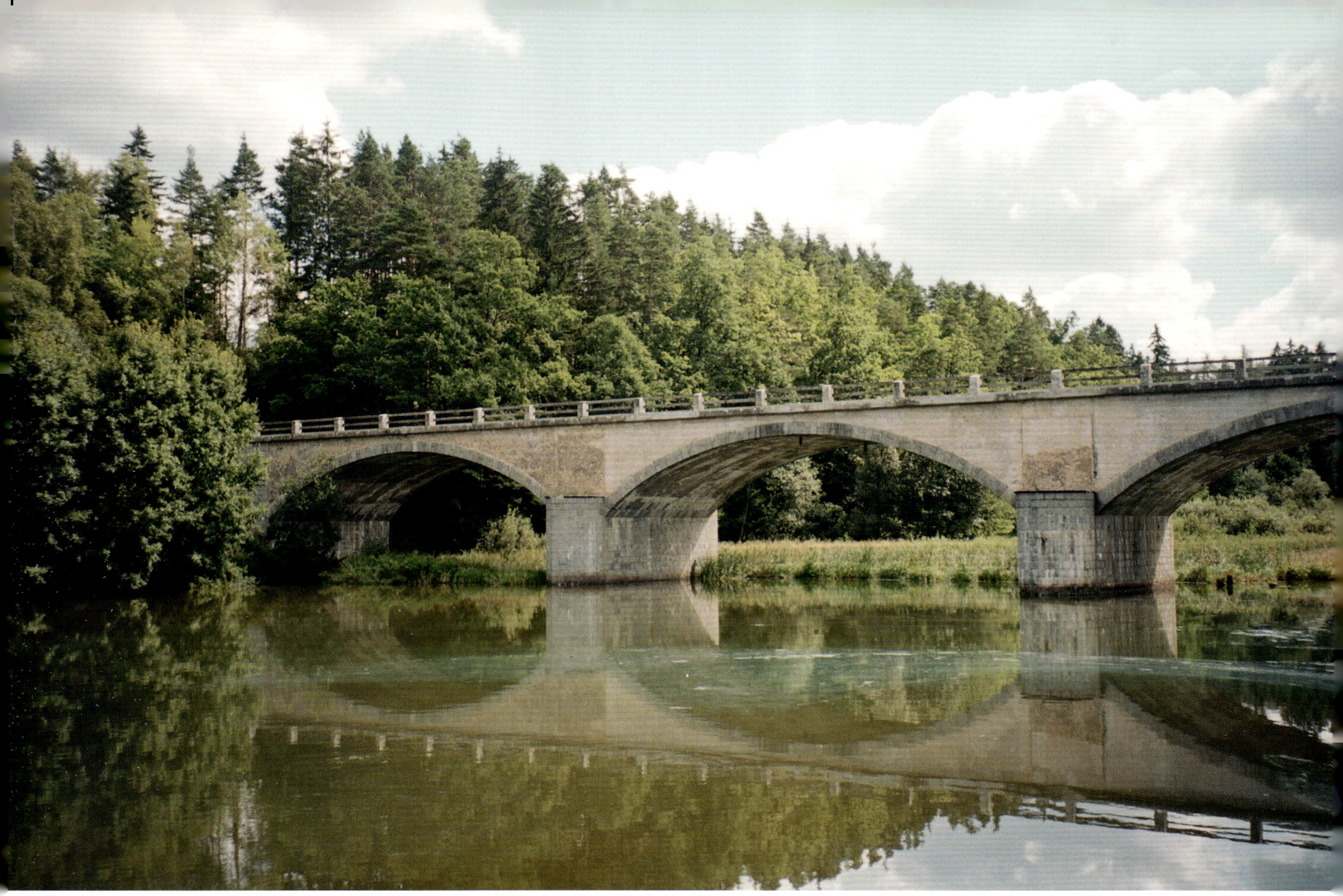

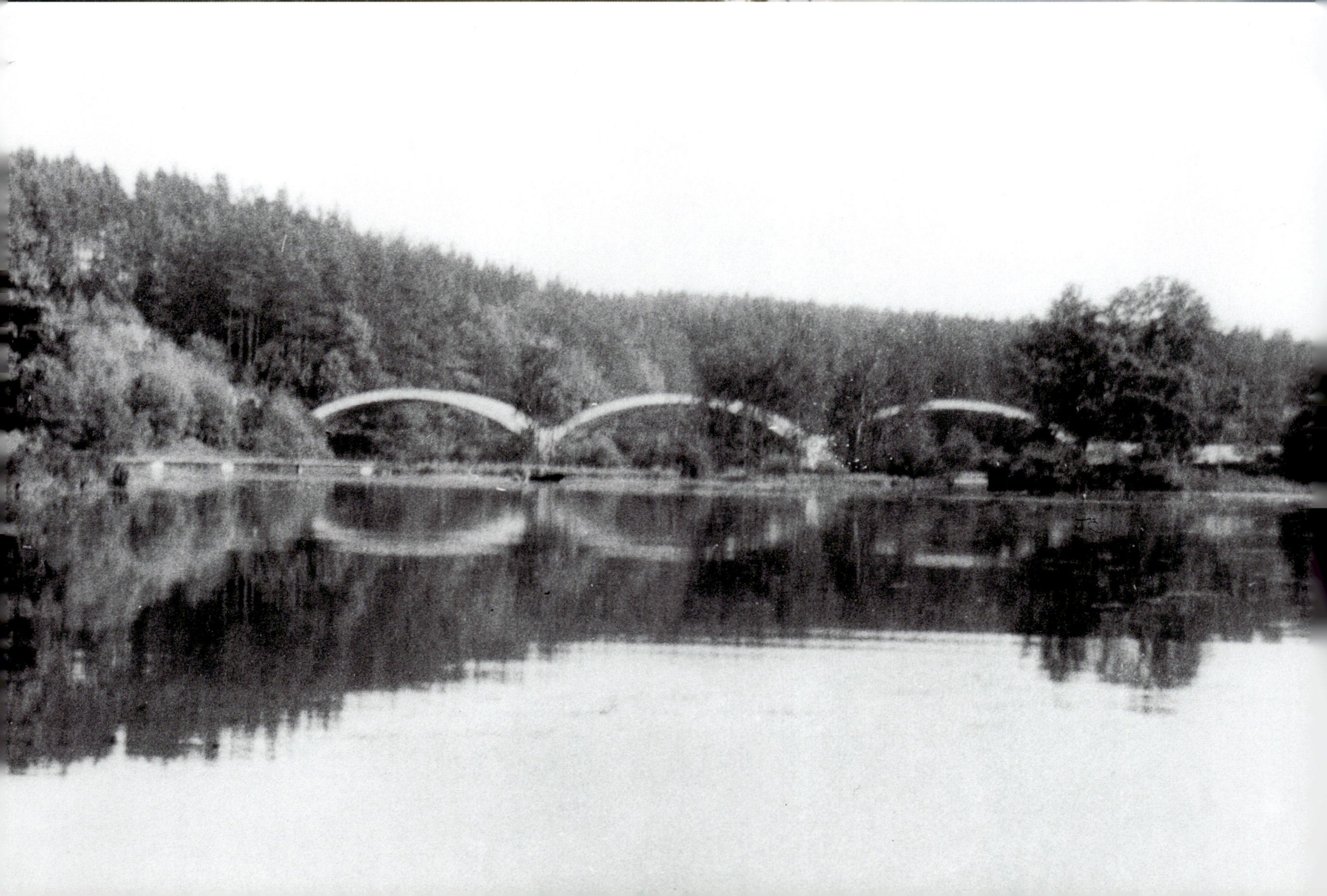

Lohnanteile der Versorgung der Familien dienten, blieb eine Differenz, die das ohnehin labile soziale Klima leicht gefährden konnte. Nach kontroverser Diskussion der vielschichtigen Problematik konnte der Referent der Preisüberwachungsstelle eine Vereinbarung zustande bringen, in der sich zum einen die Gastwirte und Kantineure verpflichteten, eine qualitative und kostengünstige Tagesverpflegung, orientiert am Mindestlohn, anzubieten, und zum anderen die Baufirmen zusagten, jeweils am Vortag die Anzahl der Mahlzeiten, deren Kosten vom Lohn einzubehalten seien, bekannt zu geben und damit Einkauf wie garantierte Abnahme für die Küchenbetreiber berechenbar zu machen. So schlüssig diese Übereinkunft schien, nach kürzester Zeit hielten sich, wohl auch wegen der Verteilung auf mehrere Orte, weder Gastwirte noch Bauherren und Arbeiter an ihre Zusicherungen, sodass letztlich eine Verordnung der Behörde erging, die eine „Gemeinschaftsverpflegung der Arbeiter für alle öffentlichen und privaten Baustellen in Niederdonau" festlegte und sanktionierte.[32]

Was sich an den Arbeitsverhältnissen auf der Rüstungsgroßbaustelle im Waldviertel im Sommer 1938 an den Baufortschritt gefährdender Unprofessionalität und gelegentlicher Subversivität zeigte, sollte im Bericht des Rechnungshofs Ende 1943, dessen Prüfung eine aufklärungsbedürftige Vergabe- und Aufsichtspraxis durch die zuständigen Dienststellen sowie Unregelmäßigkeiten bei Veranschlagung der Kosten wie Verrechnung durch die Firma Staudigl ergab, in seinen ursächlichen Zusammenhängen dargestellt und die Haftungsfrage für die wirtschaftlich nachteiligen Folgen für den Staatshaushalt gestellt werden. Der dem Oberkommando des Heeres zur Stellungnahme vorgelegte Nachweis dilettantischen Managements und nicht zu beschönigender Misswirtschaft verlangte Sanktionen sowohl für den Generalunternehmer, die Zimmerei Staudigl, wie die militärischen Verwaltungs- und Bauinstanzen im Wehrkreis XVII.

Unter den Prämissen der Expansions- und Rüstungspolitik war zwar die gewaltige Landbeschaffung für einen Truppenübungsplatz, in ihrer Dringlichkeit und legitimiert durch für Zwecke der deutschen Wehrmacht erlassene Gesetzesbestimmungen, einer – allerdings in zivilen Siedlungsfragen – erfahrenen Trägerorganisation anvertraut worden, nicht aber die Ausführung des von Stabstellen des Rüstungsbaus geplanten Großprojekts. Die Vergabe der umfangreichen Aufschließungsarbeiten sei, so der Rechnungshof, den lediglich hochbautechnisch ausgebildeten und zudem mit Projekten dieser Größenordnung unvertrauten Baubeamten in der ‚Ostmark' überlassen und von diesen wegen des enormen Zeitdrucks, statt Spezialunternehmen heranzuziehen, einem Unternehmen übertragen worden, das lediglich wegen eines für das Projekt Truppenübungsplatz Döllersheim bereits erteilten Lieferauftrags für Baracken den Beamten naheliegend schien. Der Vorwurf des Rechnungshofs, „dass die nötige Umsicht und Sorgfalt bei der Vergebung nicht beachtet worden ist", dass anfängliche Irregularitäten bei Kosten und Löhnen auch im Folgejahr andauerten, galt neben den Verantwortlichen bei der Wehrkreisverwaltung XVII vor allem dem Leiter des Heeresbauamts Allentsteig, der bei der Schlussabrechnung „durch bedenkenlose Anweisung […] die überhöhten Preise als gerechtfertigt anerkannt und sich für ihre Höhe mit verantwortlich gemacht" habe. Selbst unter der Annahme, dass etwa damalige österreichische Forstverwaltungsstellen nicht über genügend Erfahrung „mit Arbeiten von derartigem Umfange" verfügt hätten, sei aber „ein reichsdeutscher Forstbeamter, der […] jetzige Leiter des Heeresforstamts Döllersheim Forstmeister Moos als Berater zur Verfügung gestanden".[33]

Wie die Prüfung der „Vergabe von Baureifmachungsarbeiten auf dem Truppenübungsplatz Döllersheim durch das Heeresbauamt an die Firma Staudigl" belegte, war eine dubiose Geschäftspraxis eines kleinen, organisatorisch mit einem Projekt dieser Größenordnung überforderten und zudem technisch für Erd- und Rodungsarbeiten nicht ausgestatteten Zimmereibetriebs vorprogrammiert. Bei der Vergabe durch die Heeresbauämter in St. Pölten und Allentsteig seien die außergewöhnlich hoch veranschlagten Einheitspreise Staudigls, deren Kalkulation einschlägige Erfahrung vermissen lasse, kein Hindernis gewesen. In Rechnung gestellte Kosten von insgesamt RM 4,128.762,95, die nunmehr durch ein vom Heeresforstamt Döllersheim erstelltes Kostengutachten auf Basis der in ihren Einnahmen und Ausgaben belegten lokalen Kostensätze evaluiert wurden, ließen, selbst unter Anrechnung besonders erschwerender Umstände und Arbeitsbedingungen, eine Differenz von rund RM 3,4 Mio Mehraufwand nachweisen; Waldrodungen sowie Planierungsarbeiten auf einer Fläche von annähernd 1 Mio m², auf der neben dem Arbeiterlager Neunzen die Mannschaftslager Kaufholz und Kirchenholz sowie die Wohnsiedlung für Offiziere errichtet werden sollten, bezifferte das Forstamt mit lediglich RM 723.560,74. Von Staudigl nachträglich und nach Baustellen differenziert errechnete Kostenansätze, die den Gesamtpreis zwar auf RM 3,122.144,35 und die Differenz auf rund RM 2,4 Mio senkten, ließen den Rechnungshof aber auf der Frage nach investiertem Gewinn „durch Anschaffung von Baugeräten und Rüstmaterialien" beharren.

Staudigl selbst rechtfertigte, unter Bezugnahme auf offenbar bereits im Oktober 1940 bestehenden Klärungsbedarf, seine Kosten stets mit der „unter den schwierigsten Verhältnissen vorgenommenen Ausführung der Arbeit". Zum Vergleich verwies er Anfang 1943 in einem Rückzahlungsangebot an das Heeresbauamt Allentsteig in Höhe von RM 1 Mio auf seine aktuelle Tätigkeit „im Osten", „wo ich Arbeiten im Auftrag und Verpflichtung der O.T. durchführen muss, welche einen immens hohen Kostenaufwand verursachen. Dieselben Arbeiten würde ich ganz bestimmt in 1-2 Jahren, am gleichen Ort, mit einem kleinen Bruchteil der jetzigen Kosten herstellen."[34] Ob diese Geschäftspraxis den Chancen auf weitere Aufträge geschuldet war, sei dahingestellt, die jährlichen Raten von RM 250.000 hätten seinen Betrieb in den Folgejahren in die Verlustzone geraten und nur durch äußerste Einsparungen und „Veräußerung von allem, durch die kriegsbedingte Einschränkung nicht nötigen Inventars" vor dem Ruin retten lassen,

Panzerbrücke Allentsteig / 2008

Panzerbrücke in Bau / Baueinstellung vor 1945

wie er nicht ohne Kritik, aber unterwürfig anführte. Nicht genug damit und im Verweis, „bis ans äußerste gegangen" zu sein, räumte er, bevor er nach seinem Urlaub wieder zum „Einsatz im Osten" zurückkehrte, einen weiteren Zahlungsnachlass in Höhe von RM 150.000 ein, für den er sich „im Interesse der Erhaltung meines Betriebs" Raten von RM 25.000 bis 1948 ausbedang; damit sollte sich letztlich das Ausmaß „unproduktiv verwirtschafteter" Reichsmittel, so der Rechnungshof, auf RM 2,250.000 reduzieren.

Dieser den Grundsätzen nüchterner Buchhaltung verpflichteten Beurteilung wollte sich der Bauherr OKH in seiner Stellungnahme nicht anschließen,[35] vielmehr folgte er der ökonomisch unvertretbaren Argumentation der Wehrkreisverwaltung, nicht „das unter besonderen Verhältnissen erstellte Angebot", sondern „vor allem Person und Betrieb des Unternehmens" seien zur „richtigen" Beurteilung der Kosten heranzuziehen. So wurde die Vergabe an Staudigl vorrangig als „eine Vertrauenssache" deklariert, die nicht nach wirtschaftlichen Kriterien als „eine preisprüfungsmäßig einwandfreie Angelegenheit" zu bewerten sei, und in Anerkennung seines Rückzahlungsangebots wurde mit protektionistischer Nachsicht für einen verdienten Parteigenossen, der nach dem ‚Anschluss' mit Rüstungsaufträgen schlagartig expandieren konnte, die Abschreibung des Schadens angeordnet: „Staudigl ist eine vollständig einwandfreie und korrekte Persönlichkeit. Als aufrechter Nationalsozialist ist er bestrebt, seinen Betrieb vorbildlich zu führen. In der Zeit vor 1938 konnte er nur einen kleinen Betrieb aufrecht erhalten, der nach dem Anschluss der Ostmark

>
Ehemalige Unterkunfts- und Verwaltungsbauten: Mannschaftsbaracke, Standortverwaltung, Ledigenheim / 2009

plötzlich mit Millionenaufträgen beschäftigt wurde. Der hierfür erforderliche Arbeiterstand musste dem Arbeitslosenheer der Großstadt Wien entnommen werden. Hierbei ergaben sich starke Unzukömmlichkeiten, die auch von dem mit allen Machtbefugnissen ausgestatteten Reichstreuhänder der Arbeit nicht bewältigt werden konnten." Im Verweis auf die Errichtung des ‚Westwalls', wo Baukosten ebenfalls nicht an normalen Verhältnissen gemessen wurden, habe nach dem ‚Anschluss' Österreichs die militärische Lage „die unbedingte sofortige Durchführung" erfordert, mussten die Bauarbeiten in Döllersheim „um jeden Preis durchgeführt werden oder entfallen". Insofern könne nicht von einer „Schädigung der Reichskasse" gesprochen werden, was den Rechnungshof nicht überzeugte und worauf er in seiner Erwiderung strikt beharrte. „Die Mehrausgabe [RM 2,250.000] hätte nach Ansicht des Rechnungshofs zum mindesten zum Teil vermieden werden können, wenn die vergebenden Dienststellenleiter sich ihrer Verantwortung für die Preisbildung gerade unter den damaligen Verhältnissen genügend bewusst gewesen wären, und wenn die Aufsichtsbehörde die Preisgestaltung überwacht und rechtzeitig eingegriffen hätte."[36]

Zur Entlastung des zuständigen Heeresbauamts St. Pölten wurde darauf verwiesen, dass es binnen kürzester Frist für Baracken und Straßenausbau, welche die Truppenbewegungen im kaum erschlossenen Waldviertel erforderlich machten, zu sorgen hatte. Dazu seien die Bodenbeschaffenheit, die das Bauen erschwerte, und die dünn besiedelte Region, die kaum Arbeitskräftepotenzial für ein großes Bauvorhaben wie auch keine geeigneten Baufirmen aufwies, gekommen, sodass der Bauträger gezwungen war, aus Wien oder aus dem ‚Altreich' leistungsstarke Unternehmen heranzuziehen. Angeblich habe sich aber kein Unternehmen gefunden, sodass die von einem Auftrag für Baracken bekannte Zimmerei Staudigl, obwohl sie nach eigenen Angaben über keine Erfahrung bei Erd- und Rodungsarbeiten verfügte, den Zuschlag erhielt. Zur Aufbringung der großen Anzahl erforderlicher Arbeiter war man auf Arbeitslose aus Wien angewiesen, deren politische Unzuverlässigkeit Probleme befürchten ließ, die dann auch eintraten.

Die wesentlichen Fragen des Rechnungshofs nach Angemessenheit der Preise und Nachweis der tatsächlichen Kosten sowie Gewinnrückzahlung für Firmeninvestitionen blieben, wenn auch stabile Kosten angesichts dauernden Umdisponierens von Geräten und Mannschaften infolge der wechselhaften politischen Entwicklung als unmöglich anerkannt wurden, ebenso unbeantwortet wie bezüglich der Haftbarkeit der Verantwortlichen der Verweis auf deren charakterliche Vorzüge als Argument hingenommen werden musste: Regierungsbaurat Mayer sei gerade wegen seiner „reichen Erfahrungen über Bauten auf Truppenübungsplätzen" vom OKH nach Döllersheim versetzt worden und habe sich „bei der Schaffung des Tr.Üb.Pl. Döllersheim durch besonderen Fleiß und Arbeitseifer ausgezeichnet. […] Er war bestrebt, die besonders schwierigen Verhältnisse am Tr.Üb.Pl. Döllersheim zu bewältigen und hat dies durch seine

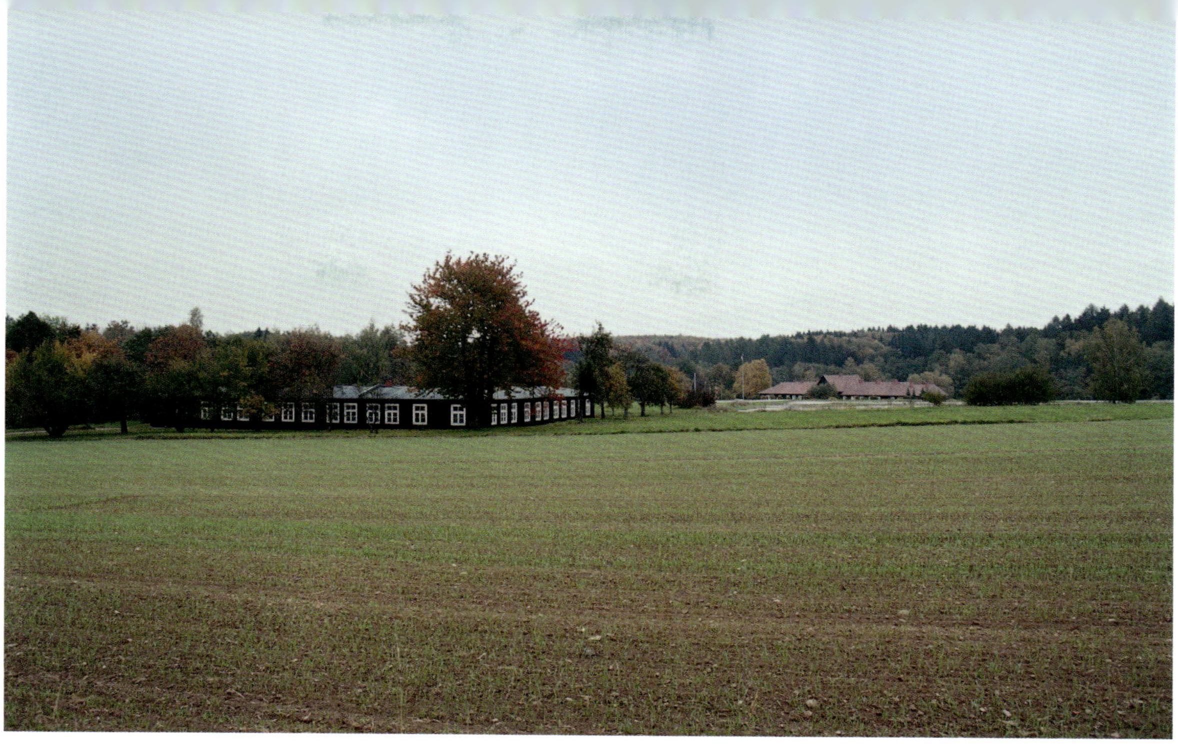
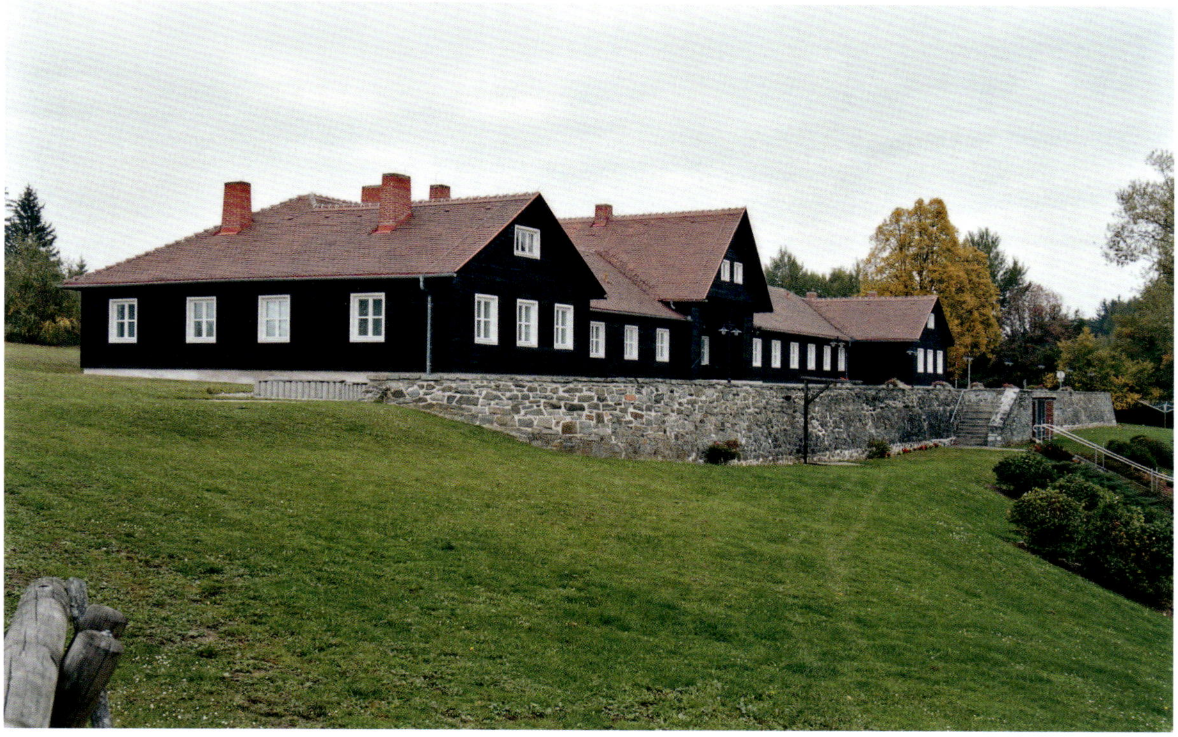
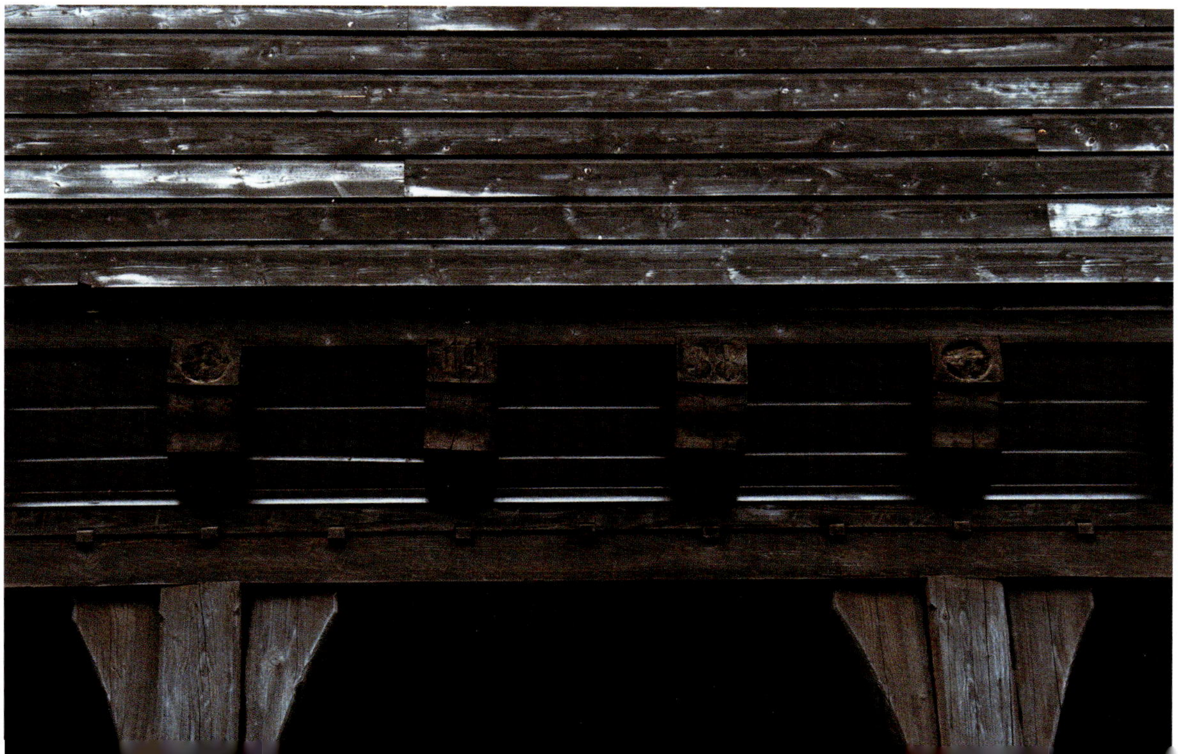

oft bis in die späten Nachtstunden dauernde Arbeit bewiesen. Dazu kommen noch die schlechten persönlichen Verhältnisse am Tr.Üb.Pl. Döllersheim für ihn und seine Familie." Damit war auch die Wehrkreisverwaltung XVII entlastet, der die Erfüllung ihrer Aufsichtspflicht bescheinigt wurde, „insoweit es die abgelegene Lage der Tr.Üb.Pl. sowie die zahlreichen großen Bauaufgaben, die sich durch die rasche Unterbringung der Heeresgruppe 5 und der Generalkommandos XVII A.K. sowie in der späteren Folge der Heeresgruppe B ergaben, möglich machten". Nachdem die im Rechnungszeitraum verantwortlichen Techniker und Angestellten nicht mehr im Amt, sondern im ‚Osteinsatz' waren und das Heeresbauamt Allentsteig im Rahmen der Aktion „Fronthilfe" am 1.2.1944 aufgelöst worden war, verzichtete der Rechnungshof mangels Einbringlichkeit der verausgabten Mittel „auf eine weitere Verfolgung".[37]

Heeresforstamt / 2009

MILITARISCHES SPERRGEBIET!
Lebensgefahr!
Betreten und Befahren,
Fotografieren, Filmen und Zeichnen,
gesetzlich verboten und strafbar!

Kriegerdenkmal des Österreichischen Bundesheers /
2009

Denkmal für die Gefallenen der Roten Armee /
2009

Offizierssiedlungen
Neudöllersheim,
Bozener Siedlung

Zugleich mit der beschleunigten Errichtung des in seiner Dimension und strategischen Bedeutung herausragenden Truppenübungsplatzes Döllersheim wurden neben Infrastruktur-, Verwaltungs- und Truppenunterkunftsbauten auf in der sich über 18.641 ha erstreckenden Militärzone an deren Peripherie, bei Allentsteig und in der Nähe von Zwettl, 2 großzügig mit Gärten angelegte Wohnhaussiedlungen für Offiziere sowie Angehörige von Heeresbauamt und Heeresforstamt und ihre Familien erbaut. Außerhalb von Allentsteig, als dessen Anderes, das nachträglich durch Versetzung der Ortstafel der Stadt angeschlossen wurde, wenn auch in seiner architektonisch einheitlichen Differenz, der der Erklärungsbedarf seiner Entstehung eingeschrieben bleibt, nicht integriert werden kann, bildet „die geschlossene Villensiedlung, die in Planung und Anlage als vorbildlich zu bezeichnen ist", – so der Beifall aus dem Umfeld der für die Vorbereitungsmaßnahmen des Militärprojekts verantwortlichen Deutschen Ansiedlungsgesellschaft[1] – im Rücken des von mittelalterlicher Burg und barocker Kirche beherrschten, kleinstädtischen Baugefüges eine Heterotopie. Dass zudem auf der Anhöhe in der Anmutung eines Appellplatzes, dem eine Grünfläche mit emblematisch platzgreifendem Eisernen Kreuz aus Granit eingepflanzt wurde, eine ausgedehnte Heldengedenkstätte, der ein sogenanntes Russendenkmal mit Rotem Stern auf Steinobelisk in dezidierter Entfernung an der Ecke Freiheitsstraße korrespondiert, topografisch als Scharnier zwischen der von den räumlichen Verschiebungen durch das NS-Regime nachhaltig in die Randständigkeit gebrachten Stadt und der am ortsabgewandten Abhang zonierten Militärsiedlung fungiert, scheint in der zeitgeschichtlich komplexen Gemengelage eigen Sinn zu machen.

   Als Markierung der Grenze des militärischen Sperrgebiets – die ursprüngliche Ortsbezeichnung Neu-Döllersheim, die bizarr die größte der über 42 für Zwecke der Wehrmacht entsiedelten Ortschaften zitierte, durch Einschluss in das Stadtgebiet gelöscht – ziehen 34 Zwei- und 4 Einfamilienhäuser, der Trassierung der nach 1945 mit Wienerstraße, Wurmbacherallee und Freiheitsstraße überschriebenen Hindenburgallee, Wurmbacherallee, Sudetenlandstraße folgend, in traufseitig am Raster ausgerichteter, aufgelockerter Anordnung, zum Teil in Waldrandlage, eine prägnante Spur eigener Architektur. Als Übergangslösung von Baurat Erich Mayer geplant, der, als in Truppenübungsplatzbauten erfahrener Architekt nach Allentsteig versetzt, als Leiter des Heeresbauamts selbst eines der Häuser bewohnen sollte, zitieren die von großzügigen, jägerzaunumhegten Gärten eingefassten Siedlungshäuser des im Herbst 1938 bereits fertiggestellten neuen Stadtteils für die militärische Führung[2] in ihrer standardisierten Holzbauweise einen Heimatschutzstil, der den dunkel gebeizten Fertigteilbauten mit Bruchsteinsockel und kontrastreich akzentuierten weißen Fenstern mit grünen Holzläden, das steile, mit Gaupen erweiterte Satteldach mit glasierten Biberschwänzen eingedeckt, Landhauswohnlichkeit attestieren sollte. „Ganz andersartig, aber doch

Ehemalige Offizierssiedlung
Allentsteig /
2007

schön"³, so ein lokaler Chronist 1948, lassen die unterkellerten, auf Betonfundamente in Qualität und Funktion von Schutzbunkern gegründeten Bauten in ihrer uniformen Struktur typologisch signifikant das militärische Ordnungsprinzip ihrer Bewohner ablesen.

4 in besonders großzügigen, bis zu 4000 m² großen Gärten als Einfamilienhäuser angelegte Wohnbauten, deren Giebel steiler Satteldächer sich markant über den Hang am Waldrand staffeln, waren höheren Militärs und leitenden Beamten vorbehalten. Mit ausgebautem und über beidseitige Schleppgaupen belichtetem Dachgeschoss bieten sie eine Wohnfläche von ca. 140 m², die durch einen kleinen Anbau, über den sich einheitlich das Dach zieht, ergänzt wird. Die 34 spiegelgleich gekuppelten Doppelhäuser auf rd. 2000 m² großen Parzellen – 10 für Offiziere und 24 für Unteroffiziere, davon 10 Massivbauten – differieren bei einer verbauten Fläche von 24,40 x 10,45 m bzw. 18,64 x 10,05 m und 18,64 x 8,40 m wesentlich in Wohnungsgröße und Raumverteilung. Entlang der Wienerstraße traufseitig gereihte Fluchten jeweils typengleicher Bauten für ranggleiche Bewohner umfassen die Offiziershäuser 2 Wohneinheiten zu je 120 m² mit 3 Zimmern, Küche, Bad und Vorraum, die Unteroffiziershäuser mit ausgebautem Dachgeschoss 4 Wohneinheiten zu je 90 m², zum Teil mit über die Hangneigung angebauter Terrasse und Abgang in den Garten, bzw. 75 m² mit jeweils 2 Zimmern, Küche, Bad und Vorraum sowie der gleichen Raumhöhe von 2,80 m. Der Zugang erfolgt entweder jeweils giebelseitig über angebaute Stiegen in Sockelhöhe oder eine traufseitig zentrale Haustür, bei den Massivbauten über einen doppelläufigen Stiegenaufgang mit Geländer. Raum- wie Rangdifferenz geben die zur Belichtung des Dachgeschosses eingebauten durchgehenden Gaupen zu lesen, deren Fensteranzahl die der Wohnungen angibt, bei Unteroffizierswohnungen auf beiden Dachseiten bzw. bei den Massivbauten als 3 einfenstrige Schleppgaupen ausgeführt.

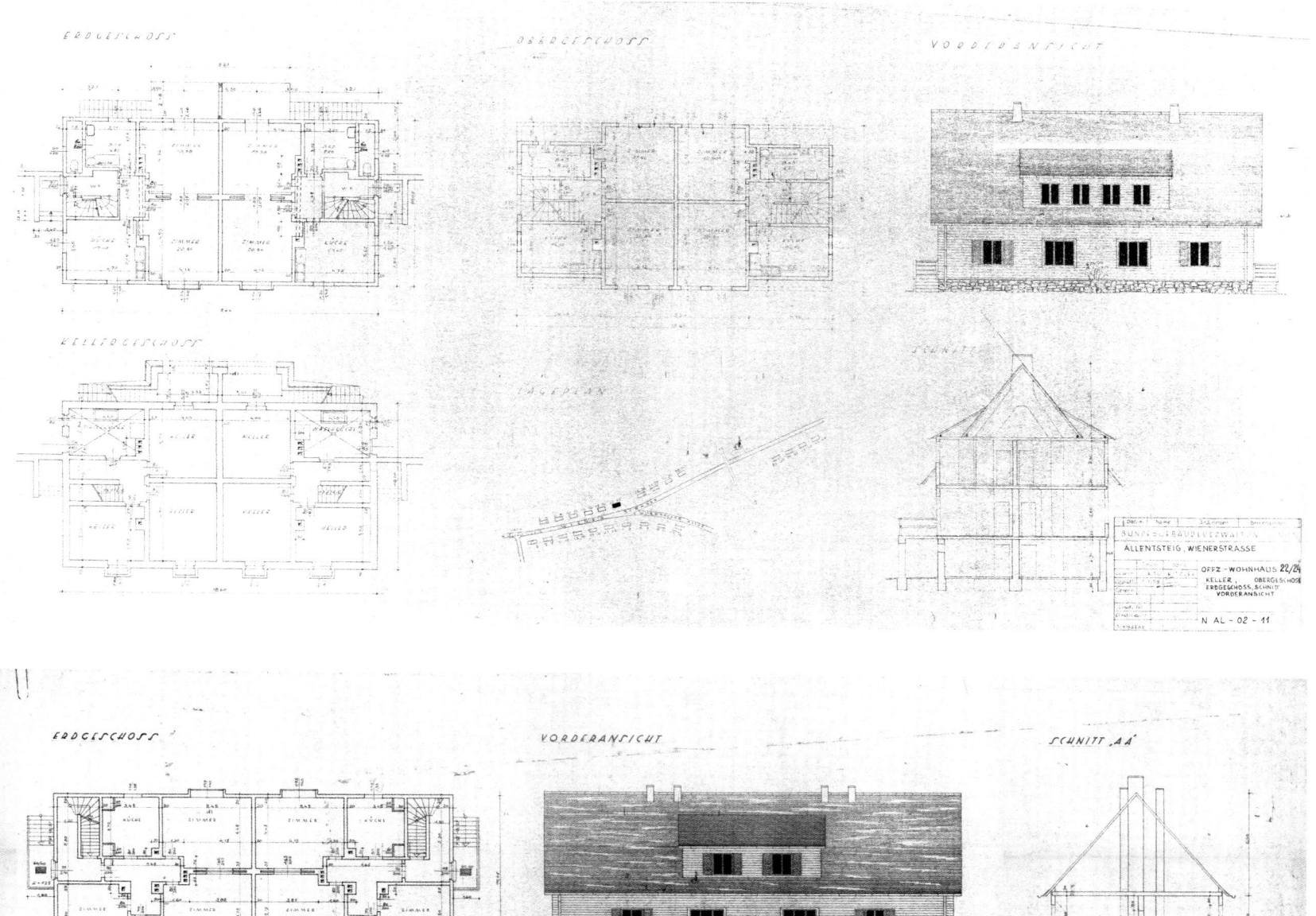

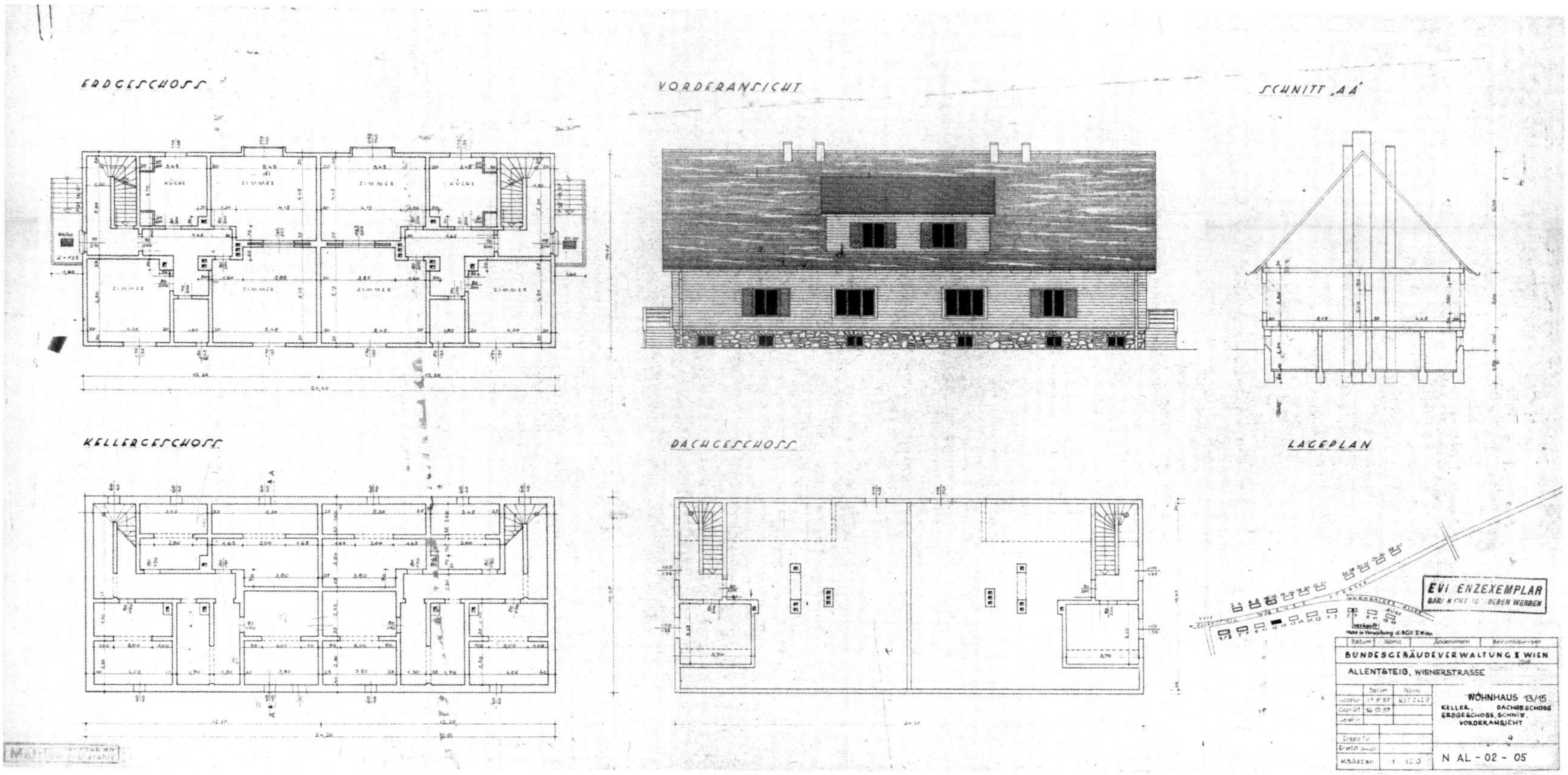

Ehemalige Offizierswohnhäuser / 2007

Bestandspläne / Bundesgebäudeverwaltung / 1957

Im gleichen Blockhausstil, als Unterkunft für unverheiratete Offiziere und Unteroffiziere bestimmt, schließt in Verlängerung der Wurmbacherallee mit dem über U-förmigem Grundriss errichteten, eingeschossigen Gebäude der Standortverwaltung das sich über 59 x 15 m erstreckende, von 3 Zwerchhäusern strukturierte Ledigenheim an. Beide Bauten, wie die Wohnhäuser nahezu unverändert erhalten und vorbildlich restauriert, werden heute vom Bundesheer für Schulungs- und andere Zwecke genutzt. Als weitere bauliche Randmarkierung des militärischen Sperrbezirks signalisiert am Gegenhang der Wohnhaussiedlung die abgelegene Waldidylle des immer noch in gleicher Funktion genutzten Heeresforstamts ihre formensprachliche Zugehörigkeit; das als Kanzlei- und Wohnhaus in bewährter Organisation und einheitlicher Typologie geplante ebenerdige Gebäude auf T-förmigem Grundriss mit vollausgebautem, über durchgehende Gaupen belichtetem Dachgeschoss verfügt über die Nutzfläche von 2 Geschossen. Charakteristisch ist wiederum die steile Satteldachform des Zwerchhauses, das dem Längstrakt vorgestellt ist.

Im Inneren des Truppenübungsplatzes zeigen 3 massiv gebaute Doppelwohnhäuser eigener Typologie, die als Gästehäuser gedient haben mögen, im Gehege des obligaten Jägerzauns wie im Schutz des Waldes ungenutzt deutliche Spuren des Verfalls.

Nicht erhalten, weil aufgrund angeblicher Baufälligkeit nach sowjetischer Nutzung abbruchreif, sind die Wohnhäuser der ranghöchsten Militärs, die sogenannte ‚Generalsvilla' des Platzkommandanten Oberst Offenbächer und die Villa des Chefs der Standortverwaltung, Stabsindendant Oberstleutnant Petrovic – „kleine Prachtvillen mit Park", auf dessen Anlage Teile der gemauerten Einfriedung wie die Pflanzordnung heute hoher Bäume verweisen. In der Erinnerung einer Zeitzeugin, die 16-jährig als Schulfreundin der Tochter des Kommandanten an einer Besichtigung der Baustelle teilnahm, wurde vom im Unterschied zur umgebenden Siedlung massiv errichteten Einfamilienhaus als „unser Schlössl" gesprochen, in das die Familie bereits im Sommer 1938 einziehen konnte. In diesem Tempo seien auch die Häuser der neuen Siedlung errichtet worden, die an Wohnkultur alles übertrafen, was Bewohner von Allentsteig kannten. Durch die Freundschaft mit der Tochter, bei der immer etwas los gewesen sei, verkehrte die Zeitzeugin in der Villa und hatte so auch gelegentlich Zutritt zu Bereichen, die für die Bevölkerung gesperrt waren: Besuche im Forsthaus oder Blumen holen in der hereseigenen Gärtnerei im Hiesgraben, von der sie sonst gar nichts gewusst hätte, wie von den ebenfalls von Soldaten geführten Betrieben zur Versorgung mit Gemüse und Obst in Steinbach und Waldreichs.[4]

Bozener Siedlung

An der südwestlichen Grenze des Truppenübungsplatzes, zwischen Zwettl und dem gleichnamigen Stift, wurden mit der Ortsbezeichnung Bozener Siedlung weitere Wohnhäuser für Offiziere in gleicher Formensprache und Bauweise, aber anderen Typs errichtet. In einer Naturidylle aus Waldrand und Flussnähe zeugt auf einer Fläche von 13.500 m² ein architektonisch einheitliches Ensemble von 5 symmetrisch angelegten Doppelhäusern mit großer Gartenzulage im Ausmaß bis zu 1500 m² von ländlicher Wohnkultur militärischen Führungspersonals. Auf einer Grundfläche von 18,67 x 9,66 m verteilten sich je 2 Wohnungen zu 90 m².

Wie in Allentsteig 1955 als ‚Deutsches Eigentum' in den Besitz der Republik Österreich übergegangen, wurden die Wohnbauten nach der Entscheidung für die Übernahme des Truppenübungsplatzes durch das österreichische Bundesheer weiter als Unterkünfte für Heeresangehörige genutzt. Im Zuge der Privatisierung staatlichen Liegenschaftsbesitzes in den 1990er-Jahren realisiert, waren die Offizierswohnhäuser wegen der ausgesuchten Lage begehrte Immobilien, die zum Teil von den Bewohnern des Bundesheers selbst übernommen wurden. Zwar änderten sich damit eigentums- und denkmalschutzrechtliche Zuordnungen, als einheitliche Architekturensembles der deutschen Wehrmacht Erbe des Nationalsozialismus, ist ihnen ihre Entstehungsgeschichte eingeschrieben.

Ehemalige
Offizierswohnhäuser Zwettl /
2009

Plan Doppelwohnhaus /
umdatiert 1946

>
Ehemalige Bozener Siedlung /
2009

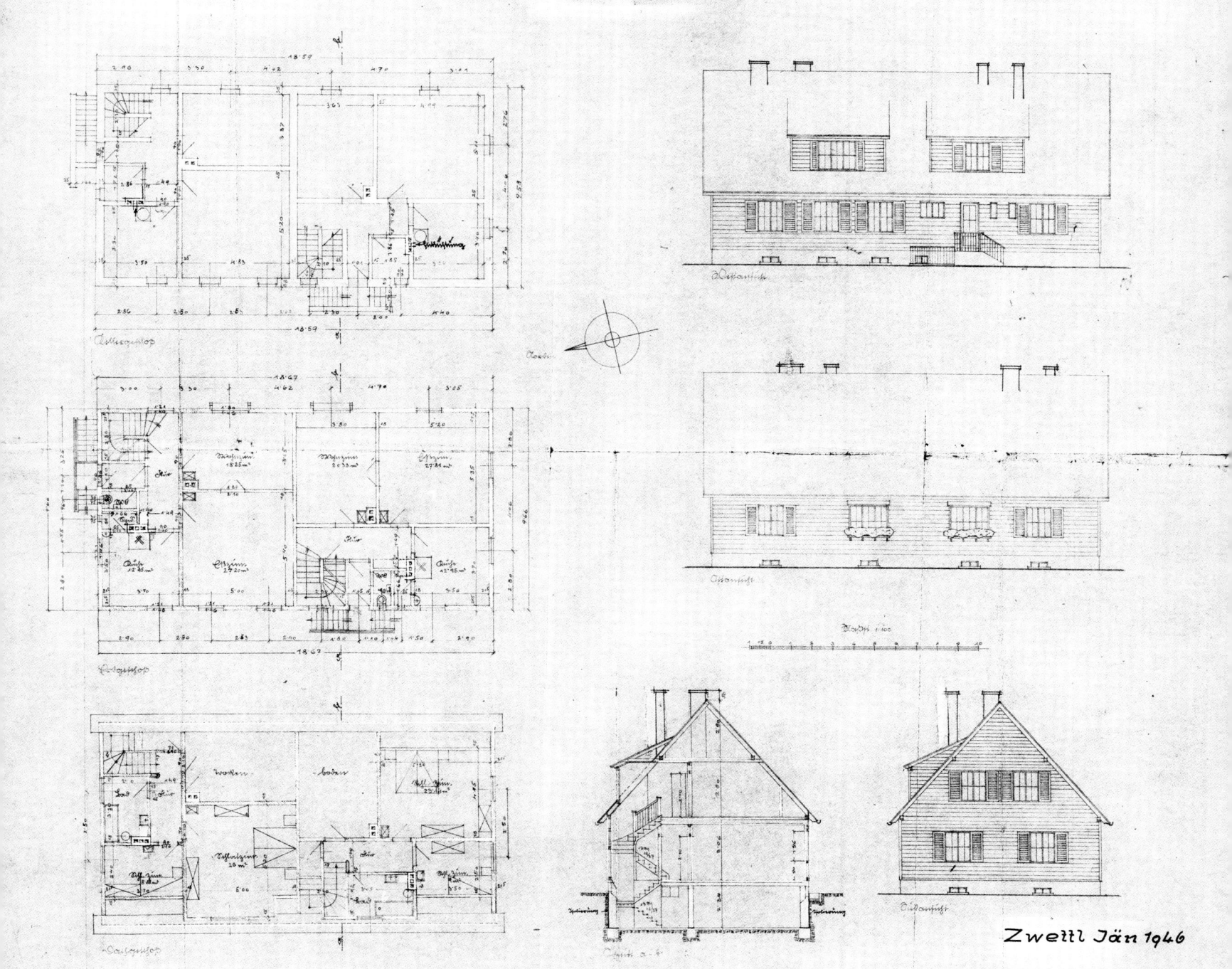

Doppelwohnhäuser 3½ Zimm. Typ

Zwettl Jän 1946

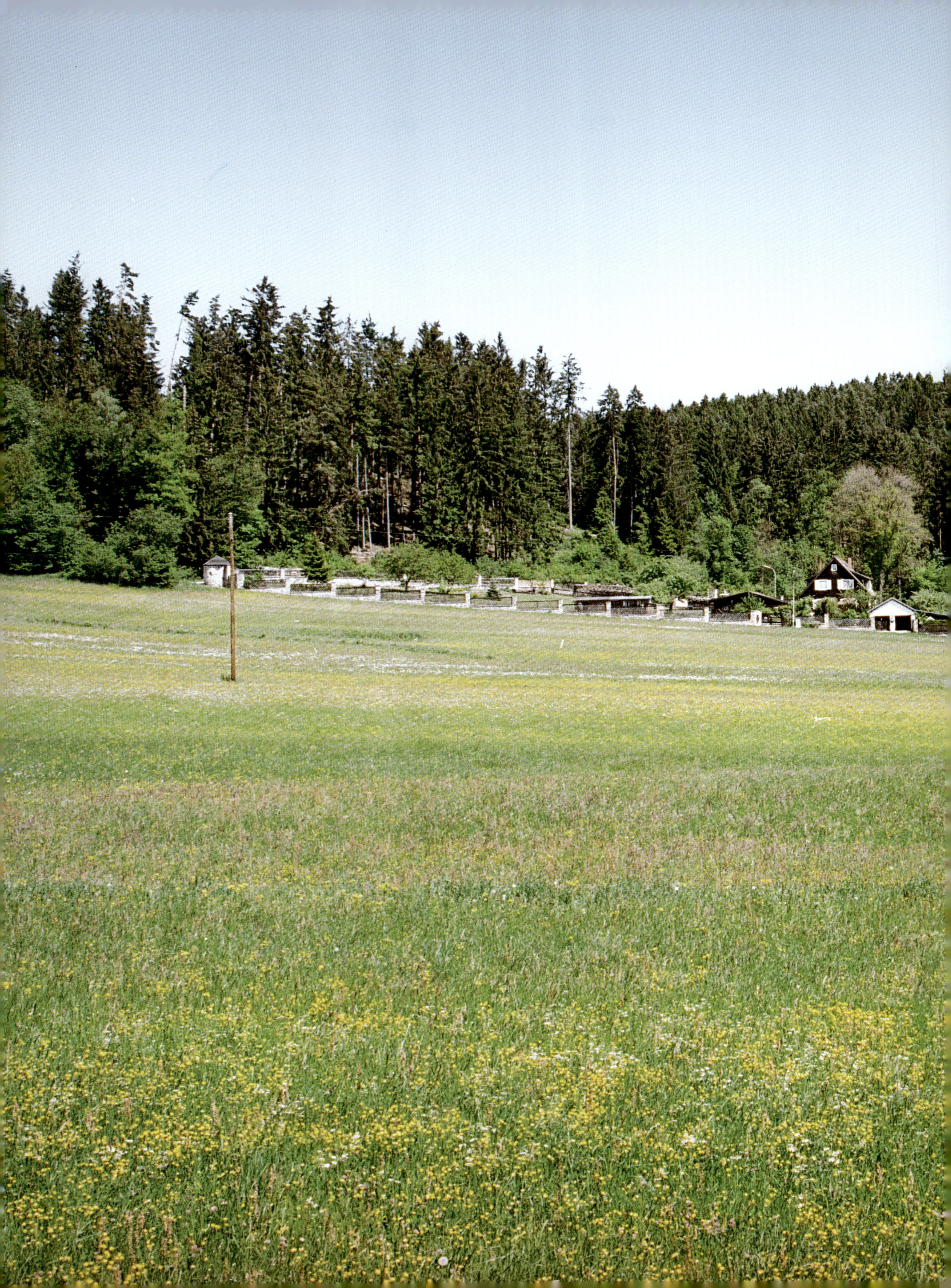

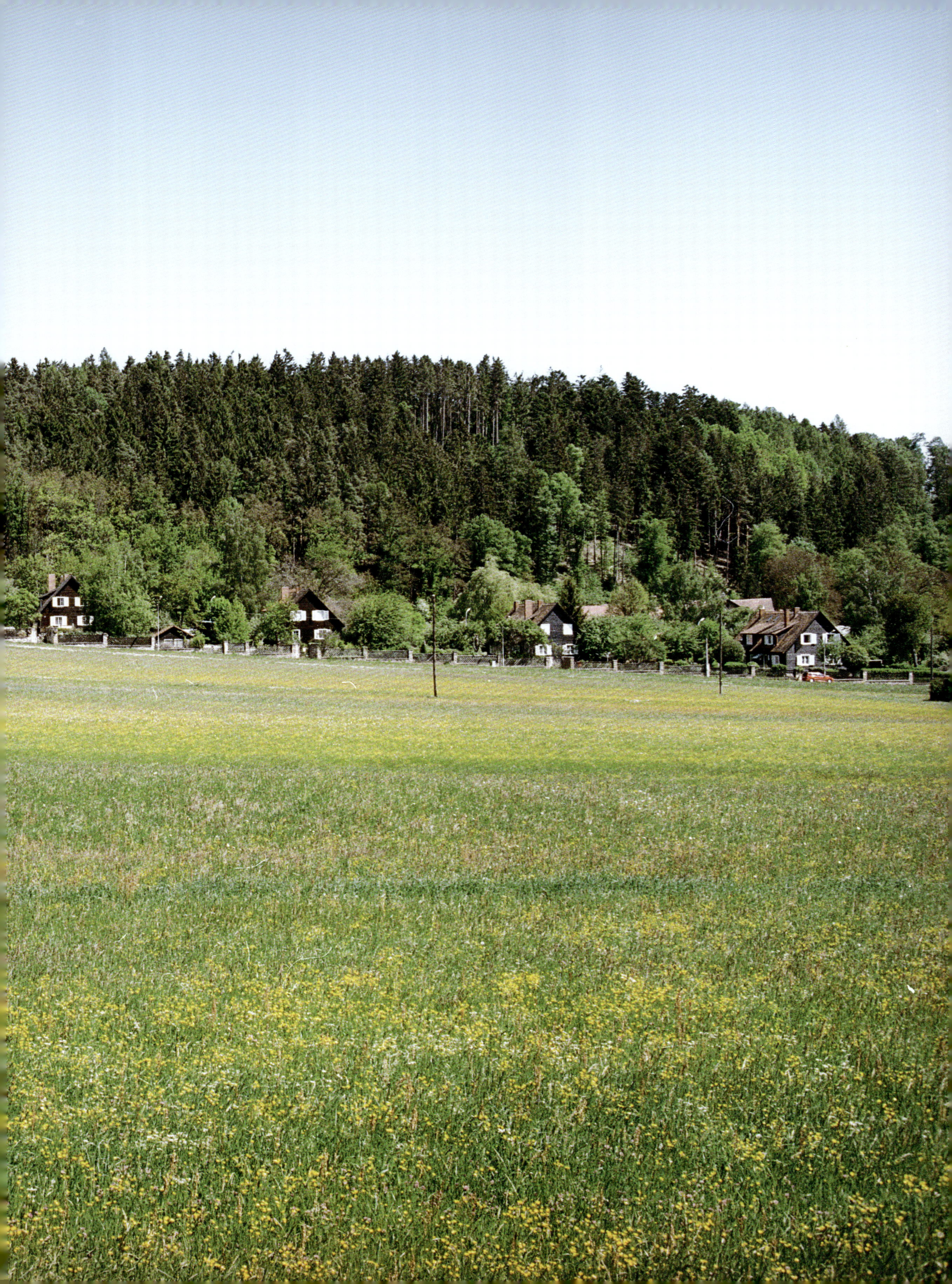

Sparkasse Allentsteig

Im Zuge der Errichtung des Truppenübungsplatzes Döllersheim, die Allentsteig wirtschaftlichen Aufschwung verhieß und zugleich vor große Herausforderungen, allein in Bezug auf Unterkunft und Versorgung der tausendfach zuziehenden Bauarbeiter und Truppen, stellte, erfuhr auch die städtische Sparkasse durch den Geldverkehr der auf den Baustellen eingesetzten Firmen und der militärischen Dienststellen, vor allem aber durch die für die Landbeschaffung erforderlichen Ablösetransaktionen der Deutschen Ansiedlungsgesellschaft, eine außerordentliche Zunahme ihrer Geschäftstätigkeit. Bei einem 1938 auf das 20-fache gestiegenen Umsatz waren personelle wie räumliche Ressourcen des ländlichen Geldinstituts, das nach seiner Gründung 1868 im Meierhof des Schlosses, dann zusammen mit der Gemeinde im Amtshaus seinen Sitz hatte, völlig unzureichend.[1] Um nach Verdoppelung der Mitarbeiter von 4 auf 8 den gestiegenen Raumbedarf zu decken, wurde ein Neubau ventiliert, der zugleich den Raummangel der NSDAP-Ortsgruppe beheben sollte und wofür Bürgermeister Friedrich Obenaus, in Personalunion auch Ortsgruppenleiter und Mitglied der Verwaltungskommission der Sparkasse, am 28.3.1938 als geeigneten Standort, räumlich wie rassistisch naheliegend, das Grundstück des an der Hauptstraße gelegenen Kaufhauses Kurz, dessen jüdischer Besitzer bis 1934 sozialdemokratischer Gemeinderat gewesen war, anvisierte.[2] Durch unmittelbar nach dem ‚Anschluss' einsetzende Boykottmaßnahmen, durch Schikanen und Beschlagnahmung von Waren und Wertgegenständen konkursreif gemacht, wurde das Geschäft am Tag nach dem Novemberpogrom der sogenannten Reichskristallnacht am 10.11.1938 geschlossen und die vielfach drangsalierte Familie zum Wegzug genötigt. Bereits im September und Oktober 1938 waren die beiden erwachsenen Kinder, Ernst und Renée Kurz, nach Wien übersiedelt und hatten, als die 62 und 60 Jahre alten Eltern am 21.11. nachkamen, die Emigration so weit organisieren können, dass die Tochter noch im November, der Rest der Familie mit Abmeldedatum 29.4.1939 Wien Richtung London verlassen konnten.[3]

Die Sparkasse richtete unverzüglich am Tag der Schließung des Kaufhauses am 10.11.1938 im Verweis auf die erforderliche Errichtung eines „neuen Amtsgebäudes" eine Anfrage an den „Staatskommissär in der Privatwirtschaft", „was wir unternehmen sollen, um in den Besitz der Baustelle zu kommen", für die sie bereits eine Kostenschätzung mit einem Wert von „S 10.000-20.000, RM 6.666,67-13.334" vorlegen konnte.[4] Übernehmen sollte die Sparkasse die 440 m² große Liegenschaft im Stadtzentrum unter dem Mindestschätzwert um RM 6000 aus der Ausgleichsmasse; der Kaufvertrag wurde am 21.2.1939 mit dem als Ausgleichsverwalter bestellten und von Kurz durch „Spezialvollmacht" vom 22.6.1938 ermächtigten örtlichen Notar, Dr. Josef Reitinger, abgeschlossen und am 4.3.1939 von der Vermögensverkehrsstelle genehmigt.[5]

Visitkarten Ferdinand Kurz / vor 1938

Gemälde Kaufhaus Kurz /
2009

>
Kaufhaus und
Radiohaus Kurz /
vor 1938

Die ‚Arisierung' des restlichen Besitzes der Familie Kurz – das Wohnhaus am Stadtberg mit einer Grundfläche von 209 m² sowie ein rd. 700 m² großes Waldstück in Thaua – tätigte das von der Entsiedlung betroffene Elektrikerehepaar Rupert und Hermine Mengl aus Döllersheim, die von der Sparkasse für den Erwerb ein Hypothekardarlehen eingeräumt erhielten, bzw. Josef und Hedwig Gönner aus Allentsteig.[6]

Mit „Angemessenheit des Kaufpreises" sollte 1949 im Rückstellungsverfahrens gegen die Antragsteller argumentiert und auf die Abbruchreife des Hauses verwiesen werden, wie sie der vom Bürgermeister 1938 ausgestellte Demolierungsbescheid, das „seit über 100 Jahren außerhalb der Baulinie" stehende Haus habe für die durch die Errichtung des Truppenübungsplatzes aufstrebende Stadt „ein arges Verkehrshindernis" dargestellt, begründete. Bereits die „Anmeldung entzogener Vermögen" hatte 1946 Zweifel an der Berichtspflicht bei der Sparkasse ausgelöst, die sich mit einem Kauf „ohne Zwang" zu rechtfertigen versuchte.[7]

Seit 1883 im Besitz der Familie Kurz, musste in zweiter und dritter Generation Ferdinand und Zäzilia Kurz mit ihren Kindern am 2.5.1938 für das laufend um neue Zweige erweiterte Geschäft, das als „Spezerei, Material-, Schnitt- und Colonialwaren Handlung" samt Tabaktrafik firmierte und auch das „Erste Allentsteiger photograph. Atelier des Ferd. Kurz" wie das „Radiohaus Kurz Allentsteig" betrieb, Ausgleich anmelden, nicht zuletzt wegen uneinbringlicher Außenstände infolge einer Anschreibpraxis, die von Kunden aus Allentsteig und Umgebung zwar gern in Anspruch genommen worden war, deren Konsens einzuhalten, sie als Profiteure des politischen Wandels aber nicht den Anstand hatten. Zudem beschlagnahmten die Emporkömmlinge der Parteileitung im Wohnhaus Kurz eine allgemein bekannte Sammlung von Antiquitäten, indem sie „1 Küche und 1 Zimmer […], in welchem Kurz verschiedene von ihm gesammelte Altertümer, wie Kästen, Tische, Bilder, Gläser, Goldhauben usw., aufbewahrt hat", versperrten und den Schlüssel in die Verwahrung des Pg. Bruckner, Schneider im Ort, gaben. Die Eigentümer aus ihren Räumen auszusperren oder Ernst Kurz, „dem jüdischen Taxiunternehmer", wie Juden in anderen Ortschaften des Bezirks Zwettl, ihre Fahrzeuge zu konfiszieren,[8] legitimierte eine Anordnung zur „Beschlagnahme staatsfeindlichen Vermögens in Österreich", dessen Einziehung, wie der Reichsminister und Chef der Reichs-

RADIOHAUS
TRIOTRON RADIO
Eumig
RADIO FABRIKATE
TELE FUN KEN
Millionen hören Radio mit TELEFUNKEN!
Du auch?
MINERVA
Radio-Fabrikate gegen Teilzahlung
MINERVA
Kraftverstärker-Anlage
MINERVA
Elektrodyn. Lautsprecher
TELEFUNKEN
VALVO
DIE BESTEN
DIE BESTEN

KURZ ALLENSTEIG
PHILIPS RADIO
RADIO
PHILIPS
PHILIPS RADIO
TRIOTRON
RADIO
VALVO
DIE BESTEN
DIE BESTEN
DIE BESTEN
DIE BESTEN

kanzlei am 7.7.1938 festhielt, „in Österreich bereits in erheblichem Ausmaß" erfolgt war; im Verweis auf Hitlers Wunsch, über die Verwendung der entzogenen Gegenstände nach Vorlage eines Gesamtverzeichnisses selbst entscheiden zu wollen, wurde Reichsführer-SS und Chef der deutschen Polizei angewiesen, dass „eine Verfügung über das in Österreich beschlagnahmte Vermögen bis auf weiteres unterbleibt" und „dass zum großen Teil aus jüdischen Händen stammende Kunstwerke weder zur Ausstattung von Diensträumen der Behörden oder Dienstwohnungen leitender Beamter verwendet, noch von leitenden Persönlichkeiten des Staates und der Partei erworben werden". Vielmehr sei beabsichtigt, Kunstwerke vorrangig Sammlungen in kleineren Städten zukommen zu lassen.[9]

In Allentsteig sicherte sich die Gemeinde für ein künftiges Museum „die vom Juden Kurz angekauften Altertümer", wie Bürgermeister Obenaus euphemistisch auf deren Aneignung referierte. Auf raubökonomischen Mehrwert spekulierend, ließ aber auch „einen Verkauf derselben nicht von der Hand [zu] weisen" und Auskünfte bei „einigen Altertumskennern" einholen, die allerdings die Beutetrophäen „als weniger wertvoll als angenommen" taxierten. Vorübergehend in der Volksschule aufbewahrt,[10] blieben aus der Sammlung Bücher und Möbel „während der Kriegszeit dort in Verwendung", wie eine Zeitzeugin berichtete, die „einen Biedermeierkasten aus dem Kurz-Besitz" ihr Eigen nennt, der „aus den in der Nachkriegszeit ausrangierten Möbeln, z.B. ein bemalter Bauernkasten oder ein Renaissanceschrank, in dem der Schulwart Putzmittel aufbewahrte," stammt. Als Jugendliche aus der Nachbarschaft und seit Kindheit vertraut mit dem Geschäft, in dem „alles durcheinander, für mich als Kind wie bei einem Zauberer" war, erinnert sie das erstaunlich fortschrittliche Warenangebot – „er war der erste in Allentsteig, der ein Radio gehabt hat; am Sonntag, die Bauern sind nach der Kirche einkaufen gewesen, hat die Musik aus dem hinausgestellten Radio über den ganzen Platz geschallt" – und von den Familienmitgliedern vor allem „den Erni", der im Zuge des von Ferdinand und Zäzilia Kurz angestrengten Rückstellungsverfahrens mit ihrem Vater, seit den 1930er-Jahren Arzt in Allentsteig, wegen einer schriftlichen Zeugenaussage wieder in Kontakt getreten und auch nach Allentsteig gekommen sei, um von der Gemeinde die Rückgabe der beschlagnahmten Antiquitäten zu fordern.[11]

Dass die Kunstgegenstände der Sammlung zusammen mit einem lebensgroßen Halbkörperporträt Hitlers zur repräsentativen Ausstattung des bereits 1938 beschlossenen und schließlich Ende 1943 eingeweihten neuen, „dem dritten Reich würdigen Sitzungssaals" wurden, dessen Ambiente damit eher einem Salon als einem Konferenzraum glich, ist auch skurril; der Glücksfall eines erhaltenen Fotos, das über die Dokumentation des neuen Repräsentationsraums hinaus, auf Bürgermeister und Ratsherren verweist, wie sie sich unter dem Blick des ‚Führers' im Glanz des zur Schau gestellten Beuteguts bei jeder Sitzung gefallen konnten, lässt sie ihres erbärmlichen Triumphs überführen.[12]

Welche Vereinbarung Ernst Kurz vermutlich zum Zeitpunkt des Rückstellungsverfahrens mit den Vertretern der Stadt über die 1938 entzogenen Wertgegenstände treffen konnte, ist nicht belegt; sie waren jedenfalls nicht Verhandlungsgegenstand vor der Rückstellungskommission beim Landesgericht für Zivilrechtssachen Wien. Das Verfahren endete am 7.7.1950 mit einem Vergleich, in dem die 3 einstigen ‚Ariseure' zur Zahlung von S 23.000 (Sparkasse), S 15.000 (Mengl) und S 3000 (Gönner) sowie zum Ersatz der Verfahrenskosten verpflichtet wurden.[13] Antike Aufsatzuhren, die heute in den Büroräumen des Gemeindeamts ganz gegen ihren Dekorationszweck erratisch auf Ablagen zwischen Kanzleiordnern herumstehen, sind ohne Zweifel, abgesehen von in privaten Haushalten zu vermutenden Objekten, Stücke der Sammlung Kurz.

Mit der Planung eines neuen Amtsgebäudes beauftragte die Sparkasse der Stadt Allentsteig nach dem Vorbild Zwettl > Öffentliche Gebäude 327 das ab 1937 kontinuierlich mit Sparkassenbauten beschäftigte Wiener Atelier Arch. Dr. Franz Klimscha Ingenieur Gustav Pawek. > Architekten / Künstler 397 Während das für Zwettl entworfene Amtsgebäude, in dem neben der Sparkasse verschiedene Behörden, wie das Wehrbezirkskommando und das Wehrmeldeamt, ihren Sitz hatten, bereits seit Juli 1938 in Bau war, befand sich das Projekt Allentsteig im Dezember 1938 erst im Vorentwurfsstadium. Die infolge des außerordentlich gestiegenen Geschäftsaufkommens räumliche Beengtheit wie kaum noch zu gewährleistende Betriebssicherheit ließen die Gemeinde zur Forcierung des Projekts vorsorglich 100.000 Ziegel am 24.1.1939 bei einem Baustoffhändler in Gmünd bestellen. Als am 1.2.1939 das Architekturbüro 2 Entwürfe vorlegte, wurde rasch gehandelt, indem am 7.2. der Vorsitzende der Verwaltungskommission und stellvertretender Bürgermeister sowie Primarius am örtlichen Krankenhaus, Dr. Wilhelm Köck, vermutlich auch sein Stellvertreter, Bezirksrichter Dr. Franz Wihl, und der Leiter der Sparkasse, Dkfm. Franz Schneider, nach Wien reisten, um ihre Entscheidung für Entwurf B zu besprechen und am 8.2. den Architektenvertrag zu unterschreiben. Dieser Entwurf einer sonst gleichbleibenden 2-geschossigen Eckverbauung sah im Wesentlichen eine Verlegung des Sparkassenportals von der Mitte der Hauptstraßenfassade an die Ecke und des im Anschluss an den Kassenraum situierten Tresorraums in den Keller vor. Die räumliche Verteilung mit einer Nutzfläche von über 400 m² und einem umbauten Raum von rd. 1600 m³ pro Obergeschoss umfasste im Erdgeschoss neben dem Kassensaal, den konstruktiv 2 Pfeiler, zwischen die das Kassapult mit 5 Schalterplätzen eingepasst war, in Kunden- und Beamtenbereich unterteilten, ein für 12 Personen ausgelegtes Sitzungszimmer mit Vorraum, Garderobe und Waschraum; im Anschluss an den Kassensaal und von einem Vorraum mit der Telefonzentrale und Abgang zum Tresorraum aus erschlossen, waren Amtsleiterzimmer, Buchhaltung und Registratur angeordnet. Die gemischte Nutzung des 1. Stockwerks umfasste 6 Kanzleien der Ortsgruppe der NSDAP samt Gliederungen mit Vorräumen und Garderobe sowie eine Wohnung für den Amtsleiter mit 3 Zimmern, Küche, Kabinett, Mädchenzimmer, Bad, Speis und WC und

2 Ledigenwohnungen mit Wohnzimmer, Kochnische, Brause, WC und Vorraum. Das ausgebaute Dachgeschoss sollte – bis auf Waschküche und Trockenboden – der NSDAP als Gemeinschaftsraum zur Verfügung stehen, ebenso wie Archivräume im Kellergeschoss, das aufgrund des Gefälles der Seitengasse Erdgeschosshöhe erreichte und dessen Nutzfläche von annähernd 270 m² und einer Kubatur von 880 m³, statt einer alternativ projektierten Hauswartwohnung mit 2 Zimmern, Küche, Bad, WC und Vorzimmer, neben Heizungs- und Pumpenraum auf eine Garage mit 4 Einfahrten und Werkstätte sowie Luftschutzräume mit Gasschleuse verteilt wurde.[14]

Vor Ende Februar lagen die Einreichpläne für Landrat und Arbeitsamt Zwettl mit Aufstellungen über den für den Bau, Zentralheizung und sanitäre Anlagen erforderlichen Eisenbedarf, dessen maximale Menge je nach Rohstofflage festgelegt wurde und der über 2 t einer Unbedenklichkeitsbescheinigung bedurfte,[15] vor, um deren dringende Behandlung und Bewilligung mit Verweis auf die besondere Situation Allentsteigs ersucht wurde. Vom Planungsbüro über die Ausschreibungen mit knapp befristeter Anbotslegung bis 11.3. informiert, ließ die Sparkasse im Wunschdenken einer Baufertigstellung bis 1.9.1939 die Kommandantur des Truppenübungsplatzes gegebenenfalls um Mithilfe ersuchen. Als das Arbeitsamt zur weiteren Behandlung der Bausache eine Präzisierung der technischen wie wirtschaftlichen und arbeitsmarktspezifischen Angaben verlangte und sich bereits vor Baubeginn eine Verzögerung abzeichnete, konnte, über nachgereichte Angaben des Planungsbüros zu verbauten Flächen und deren Aufteilung auf Partei und Sparkasse als Nutzer, über Kostenverteilung und Mietvereinbarung sowie Zunahme der Arbeitsplätze hinaus, Kommandant Offenbächer dazu gewonnen werden, auch im Interesse des Militärs um bevorzugte und beschleunigte Bewilligung des Bauvorhabens zu ersuchen. Als Begründung für dessen absolute Notwendigkeit und Dringlichkeit wurde darauf verwiesen, dass das bestehende „Haus des Juden Kurz […] als eines der gefährlichsten Verkehrshindernisse beseitigt werden [muss]" und für die Sparkasse als „die Geldausgleichsstelle für die Kommandantur des Tr.Üb.Pl. Döllersheim und aller mit ihr in Verbindung stehenden Firmen" eine räumliche wie personelle Ausstattung erforderlich sei, die „einem weiteren Zuzug von 3.000 Arbeitern und etwa 10.000 Soldaten Rechnung tragen kann". Auch die vom Bürgermeister geführte, 280 Mitglieder starke Ortsgruppe der NSDAP,[16] die beklagte, ihrer Tätigkeit mangels Räumlichkeiten nicht nachkommen zu können, plädierte schriftlich für eine rasche Genehmigung. Ihr Anteil an Fläche, Raum und Kosten sollte 43,4% bzw. RM 82.300 betragen; auf die Sparkasse entfielen 28% bzw. RM 53.200 und auf Wohnungen und gemeinsam genutzte Flächen 28,6% bzw. RM 54.500. Eine spätere Vereinbarung, nach der die Sparkasse den Bau auf ihre Kosten errichten ließ, sah für die Überlassung eines 44%-igen Raumanteils einen „Anerkennungszins" von der Ortsgruppe für die Dauer von 99 Jahren vor.

Während die Landesstelle für Raumplanung im Zuge einer örtlichen Begehung mehrerer Bauvorhaben auch das Projekt der Sparkasse überprüfte und deren Verwaltungskommission sich nach Vorlage der Offerte mehrerer Baufirmen aus der Umgebung, die zum Teil als Subunternehmer am Truppenübungsplatz beschäftigt waren, für die Bauvergabe an die Zwettler Baufirma Feßl entschied, für deren Arbeiter sich ein leer stehendes Bauernhaus eines ‚Aussiedlers' als Unterkunft anbot,[17] wurden die Urgenzen bei den baurelevanten Behörden durch Einbeziehung weiterer Amtsstellen, deren räumliche Kapazitäten durch den gestiegenen Bedarf ebenfalls überfordert waren, fortgesetzt. Von der Sparkasse sandte Betriebsobmann Dkfm. Schneider einen „Hilfeschrei" an die bei der Kreisleitung angesiedelte Deutsche Arbeitsfront in Zwettl mit dem Argument, die räumlichen Verhältnisse, unter denen die ‚Gefolgschaft' arbeiten müsse, seien „sanitätswidrig". Der Präsident der Reichspostdirektion in Wien, informiert über die infolge des sprunghaften Anstiegs der Einwohnerzahl von 1500 auf 5000 eingetretene Raumnot des örtlichen Postamts, schloss sich den Interventionen an und beanspruchte die Übernahme der nach dem Umzug der Sparkasse in den Neubau freiwerdenden Räume. So drängend die chaotische Lage dargestellt wurde, am 18.4.1939 teilte das Arbeitsamt mit, gemäß Erlass des Reichsarbeitsministers vom 12.4.1939 müsse „infolge der gegenwärtig angespannten Lage des Baumarktes" das Bauvorhaben zurückgestellt werden.

Wies die Verknappung bei Baustoffen als Indikator maximaler Rüstungsanstrengungen auf den Kriegsbeginn voraus und war der Auftakt zunehmender Einschränkungen bis zum generellen Baustopp ‚nicht kriegswichtiger' Bauten, der mit der 9. Verordnung des Generalbevollmächtigten zur Regelung der Bauwirtschaft vom 16.2.1940 verhängt wurde, im Fokus der von den militärischen Planungen zwar profitierenden, aber ihre übersichtliche Ordnung sprengenden Kleinstadt, provozierte die Ablehnung des Bauvorhabens eigensinnige Strategien. Bürgermeister Obenaus, nach Rücksprache mit der Landeshauptmannschaft entschlossen, das Bauvorhaben auch ohne Bewilligung zu beginnen, setzte als lokale Bauinstanz für 17.5.1939 eine kommissionelle Bauverhandlung an[18] und ordnete den Abbruch des mit Kaufvertrag vom 21.2.1939 durch die Sparkasse ‚arisierten' Kaufhauses Kurz an, das um RM 200 Franz Wolfgang unter der Bedingung, es binnen 14 Tagen abzureißen und die Ziegel an die bauausführende Firma Feßl zum marktüblichen Preis zu verkaufen, überlassen wurde. Mit gleichem Datum erfolgte erneut die Einreichung des Bauvorhabens beim Arbeitsamt, inzwischen vom Planungsbüro „mit wesentlich verringertem Eisenbedarf" technisch modifiziert; Kellerdecken sowie Fenster- und Türstürze in Gewölbemauerwerk auszuführen und die Zentralheizung zu minimieren, ließ das Eisenkontingent von 19.484 t auf 5667 t senken.

Neuerliche Urgenzen, zu deren Nachdrücklichkeit eine Amtsbestätigung der Landeshauptmannschaft Niederdonau beitragen wie eine wiederholt erbetene Unterstützung beim örtlichen Militärkommando den Ausgang des Verfahrens günstig beeinflussen sollte, brachten in der ausschließlich von kriegsvorbereiten-

>
Neuer Sitzungssaal der Stadt Allentsteig, ausgestattet mit dem Raubgut der Antiquitätensammlung Kurz / 1943

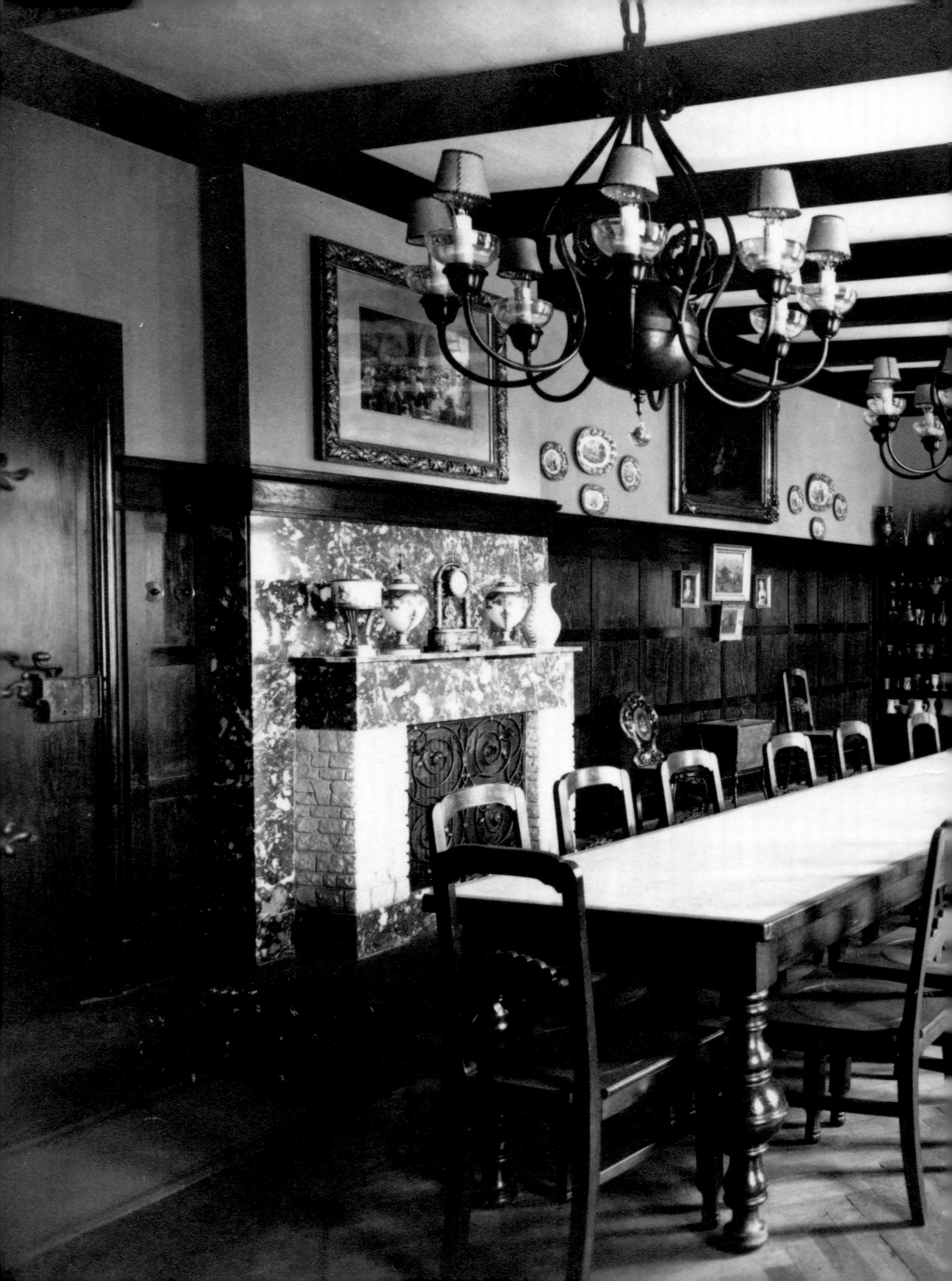

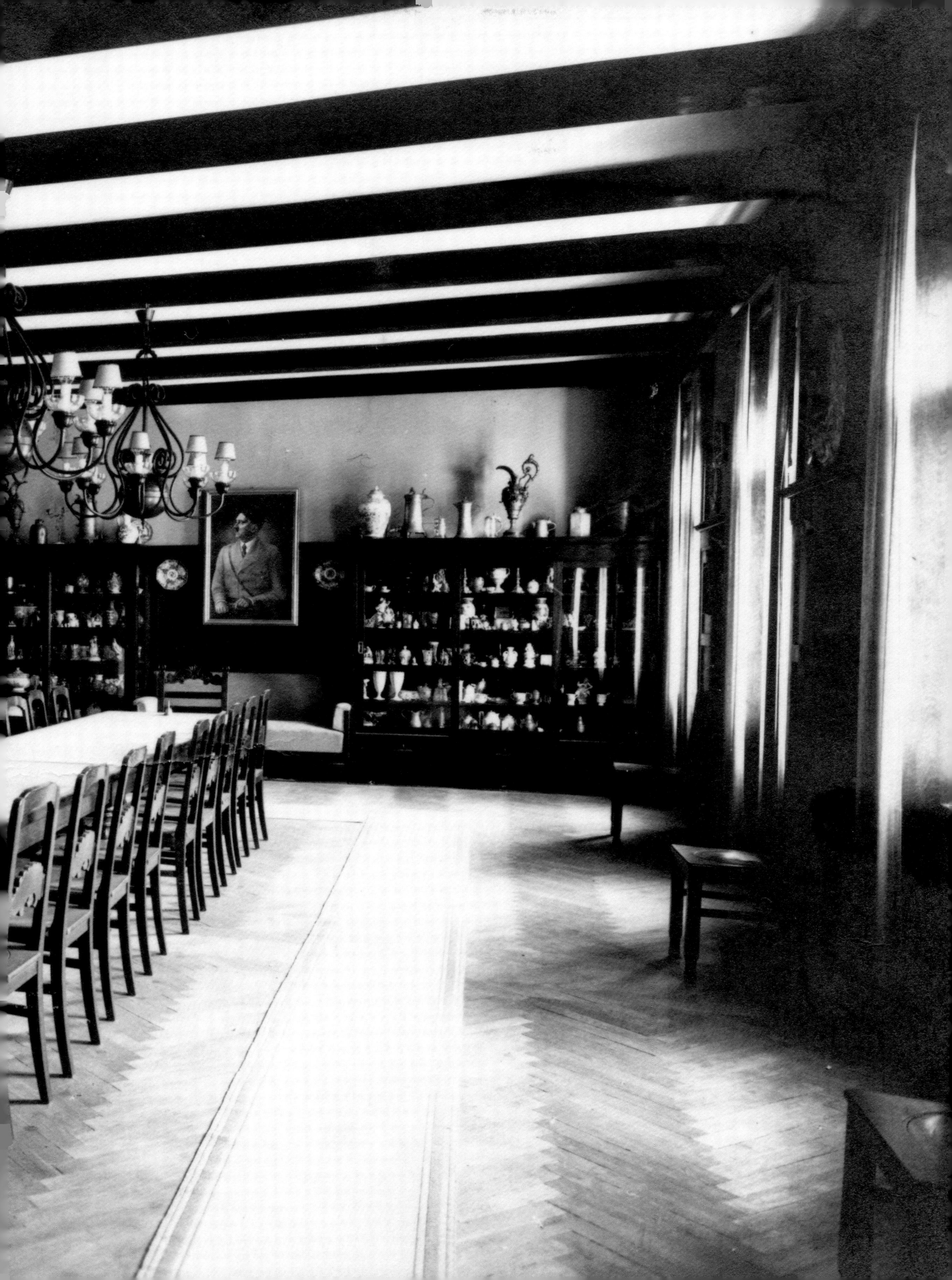

den Strategien bestimmten Situation nicht die beabsichtigte Resonanz, wenn sie in ihrer beengten Sicht nicht überhaupt kontraproduktiv waren. Bürgermeister Obenaus als Ortsgruppenführer hielt sich nicht mehr mit Eingaben bei lokalen Stellen auf, sondern intervenierte gleich höherenorts, indem er der Reichszentralstelle für die Durchführung des ‚Vierjahresplans' in München die durch die militärstrategischen Maßnahmen in der Region aus dem Lot geratene Situation der Stadt Allentsteig darlegte und ebenso scheiterte wie die Sparkasse, die auf eine Strategie der Beteiligung am erforderlichen Eisenkontingent aller am Projekt interessierten Stellen setzte und sich von der Wehrmacht für diese Zumutung eine die Beziehungen zwischen Kommune und Militär irritierende und zudem blamable Abfuhr einhandelte. Kommandant Offenbächer verwahrte sich mit Schreiben vom 25.5.1939 im Verweis auf die grundsätzliche Bereitschaft, die Stadt „in ihren Verbesserungsbestrebungen zu unterstützen", sarkastisch gegen das reserviert als „zu weitgehend" bezeichnete, paradoxe „Ansinnen", sich beim Oberkommando der Wehrmacht für die Bereitstellung von Eisen für einen Sparkassenbau einzusetzen, „weil die Sparkasse der Stadt Allentsteig durch die Schaffung des Truppenübungsplatzes erheblich höhere Gewinne abwirft". Nach Bemühungen, zusammen mit dem Architekturbüro weiteren, den Baubeginn verzögernden Nachforderungen und bürokratischen Erschwernissen zu entsprechen – „Was uns noch für Formalitäten überraschen werden, bis unser Antrag bewilligt wird, ist nicht zu ermessen. Auf jeden Fall müssen wir aber bei jedem Anruf mit einer Neuerung rechnen." –, stand am 7.7.1939, nachdem auch für das reduzierte Projekt mit gleicher Begründung Baustoffkontingente erneut nicht bewilligt wurden, die Aussichtslosigkeit des Baus fest.

Offenen Honorarforderungen des Architekturbüros über RM 4680 kam die Sparkasse erst am 9.5.1940 nach; 100.000 Ziegel, als Zeichen des Aufbruchs im Jänner gekauft und zur Deckung der Gestehungskosten von über RM 8000 dem Heeresbauamt angeboten, mussten nach dessen Ablehnung Ende des Jahres für nur RM 3000 abgegeben werden. Schließlich sollte in der unerfreulichen Lage, zwar anders als geplant, ein Bau unvermeidlich werden, weil aufgrund des Abbruchs des ehemaligen Kaufhauses Kurz mittlerweile beim Nachbargebäude Einsturzgefahr bestand. Zur Befestigung des Grunds wurde die einst in Aussicht genommene Zwettler Baufirma Feßl mit dem Bau der Kellerfundamente beauftragt, für die Zement beim Arbeitsamt beantragt und vermutlich bewilligt wurde; die Ausführung zog sich bis Anfang 1941 hin und verursachte, höher als ursprünglich veranschlagt, Kosten von rd. RM 17.000. Als im Mai 1943 die Weisung, als Luftschutzmaßnahme Splittergräben zu errichten, erging und Kosten wie Durchführung von der Wehrmacht durch Einsatz von Kriegsgefangenen übernommen wurden, nahm der Bürgermeister die Gelegenheit wahr, den Ausbau des Kellergeschosses des zurückgestellten Sparkassenbaus zu realisieren, mit dem wiederum Baumeister Feßl beauftragt wurde.[19] Seine über das Ende des NS-Regimes hinaus offene Rechnung, für die sich weder Sparkasse noch Gemeinde als Auftraggeber zuständig erklärten, wurde erst 1948 und nur in halber Höhe beglichen. Die Errichtung des Sparkassengebäudes, für das sich bis 1943 Gestehungskosten von insgesamt RM 43.000 summiert hatten, erfolgte schließlich 1950/51 nach von der Firma Wenzl Hartl adaptierten Plänen.[20]

Kino Allentsteig

Als Truppenbetreuungseinrichtung ein Kino im an die Militärzone angrenzenden Allentsteig zu errichten und zu betreiben, erkannte einer der von der Landbeschaffung für militärische Zwecke betroffenen Bauern im Ort als neue Herausforderung und aussichtsreiche Geschäftsgelegenheit. Einschlägige Erfahrung hatte Franz Wurz im bestehenden Invaliden-Tonkino im örtlichen Gasthof Dötz, dessen Betrieb und technische Ausstattung er 1936 von Ferdinand Kurz, dem jüdischen Kaufmann, übernommen hatte, sammeln können und war „in der Sache Kino im Bilde", wie er in seiner selbst verfassten Familienchronik schreibt, die offensichtlich nach dem Muster, zum Teil mit direkten Übernahmen aus „Die alte Heimat",[1] einem befremdlich als Erinnerungswert bis heute in den ‚Aussiedler'-Familien gehüteten, für sie von der Deutschen Ansiedlungsgesellschaft produzierten Geschichts- und Gesinnungskonstrukt, verfasst wurde und im Selbstgefühl eines lückenlosen Ariernachweises mit einer Lebensbeschreibung, zuletzt als Kinobetreiber, aufwartet.[2] Die Kosten für Grund, Bau und Ausstattung einschließlich einer neuen Wohnung sollten sich aus der von der DAG bezahlten Ablöse für den Hof problemlos finanzieren lassen.

Als vielfacher Akteur im offiziellen Leben der Kleinstadt wusste der ab 15.3.1938 als Marktkommissär und Mitglied der Baukommission dem Gemeinderat angehörende Wurz, Mitte 50 und seit 1929 Ehrenbürger von Allentsteig sowie 1937 mit der Silbernen Medaille für Verdienste um die Republik Österreich von der Landesregierung ausgezeichnet, nachdem er neben seinem Beruf als Landwirt auch die Funktion des Feuerwehrhauptmanns wahrgenommen und Bassflügelhorn in verschiedenen Kapellen gespielt hatte, geschickt Kontakte zum neuen Machtapparat aus Militär und Deutscher Ansiedlungsgesellschaft zu knüpfen und für sein Vorhaben zu nutzen. Der Kommandant des Übungsplatzes, Oberst Offenbächer, signalisierte Interesse am zunächst als Germania Lichtspiele konzipierten Kinoprojekt und sollte 1942 wegen der gestiegenen Belegstärke selbst einen zweiten Kinobau im Lager Kaufholz veranlassen, dessen Bespielung ebenfalls Wurz übertragen wurde. Techniker der DAG standen für erste planerische Hilfestellung und Kostenberechnung zur Verfügung, bevor Wurz, über kinotechnische und betriebsrechtliche Auflagen kundig gemacht, noch 1938 die Baufirma Wenzl Hartl im nahen Haimschlag, die ihren Sägewerks- und Zimmereibetrieb mit der Fertigteilproduktion von Baracken im Auftrag der OT zu einem Großunternehmen ausbauen sollte, mit der Planung eines auf 500 Sitzplätze ausgelegten Kinos mit anschließender Wohnung beauftragte und ein Hanggrundstück in der Bachgasse im Ausmaß von 1 Joch um RM 3000 erwarb.

Der Kinobau, ein 2-geschossiger Komplex, der den Kinosaal mit Galerie im Ausmaß von 25 x 14 m und, seitlich zurückgestuft, einen unterkellerten Vorbau mit 19,80 x 5,90 m verschränkt, der im Erdgeschoss über 3 Doppeltüren, flankiert von Bullaugenfenstern, das zentrale Foyer mit Kassen, Buffet, Garderoben und Sanitärräumen erschließt und im Obergeschoss die Wohnung des Kinobetreibers aufnimmt, wurde, wie sonst Repräsentationsbauten der Partei, stadträumlich prominent auf einer Anhöhe situiert und über eine dem Bau zentralsymmetrisch gleiche, steil angelegte Stufen- und Rampenanlage erschlossen, die den Gang ins Kino inszenierte. Bemerkenswert, wie ein Kinobau auf dem Land der Bedeutung des Mediums Film im Nationalsozialismus, bewusst oder nicht, gerecht wurde! Das Gebäude, das letztlich auf der glatten Putzfassade über schmucklos eingeschnittenen Fenstern nur den in schnörkelloser Typografie gehaltenen Schriftzug Lichtspiele tragen sollte, kontrastiert in seiner Schlichtheit der Skalierung und Materialsprache einer imposanten, von in Bruchstein ausgeführten Stützmauern und Begrenzungspfeilern gekennzeichneten Treppenanlage mit Grünflächen, die sich in gesamter Grundstücksbreite über den Hang stuft und deren 2 symmetrisch gepflanzte Bäume heute als Markierungen zeitlicher Distanz das auf der Anhöhe verfallende Bauensemble weit überragen.

    Der Kostenvoranschlag von Hartl vom 2.1.1939 belief sich auf RM 90.000, der letztlich um rd. RM 25.000 überschritten werden sollte. Die nicht eingerechnete Erschließung über den Hang, der massive Stützungsbauten verlangte und weitere RM 30.000 erforderlich gemacht hätte, wurde deshalb unter Einplanung einer in den Hang gebauten Autogarage in Eigenregie hergestellt. Die „Bewilligung zur Erbauung eines Tonkinos in Allentsteig", für das Mitglied der Baukommission wohl kein Problem, wurde, obwohl der Bau seit Mai im Gang war, nachträglich am 12.7.1939 von Bürgermeister Obenaus erteilt.[3] Die Beschaffung des Baumaterials gestaltete sich trotz guter Beziehungen infolge der Baustoffkontingentierung, aber auch bei Selbstbeschaffung im örtlichen Steinbruch aufgrund der durch das Truppenübungsplatzprojekt allgemein wechselhaften Grundbesitzverhältnisse immer wieder mühsam und machte die Umsetzung des Vorhabens trotz eigenem Einsatz am Bau zu einem Unternehmen ungewissen Fortgangs. Von Hindernissen unbeirrt und, wie sich herausstellen sollte, rechtzeitig vor Kriegsbeginn, tätigte Wurz bereits am 3.5.1939 Bestellungen für Innenausstattung und Einrichtung,[4] die zusammen mit der Infrastruktur Kosten von weiteren RM 50.000 verursachten; neben „Stoff für die Tapezierung von Herwegh Wiesbaden, die Stühle von Firma Otto und Zimmermann in Waldheim in Sachsen" wurde die neue Kinotechnik, 2 Ernemann-Filmprojektoren mit Objektiven von Zeiss Ikon samt der Tonanlage, im Auftragswert von RM 33.000 von der Ufa Handelsgesellschaft bezogen, deren Vertreter Ing. Nikolei Wurz bei sofortiger Bezahlung 10 % Rabatt einräumte – „somit habe ich am nächsten Tag 30.000 RM angewiesen". Offenbar unbekümmert um eine Bewilligung des Kinobetriebs, war Wurz zunächst mit einer Strafzahlung, gefolgt von einer Vorladung der Wiener Außenstelle der Reichsfilmkammer am 25.6.1939 konfrontiert, der im

Plan Tonkino / Wenzl Hartl / 1939

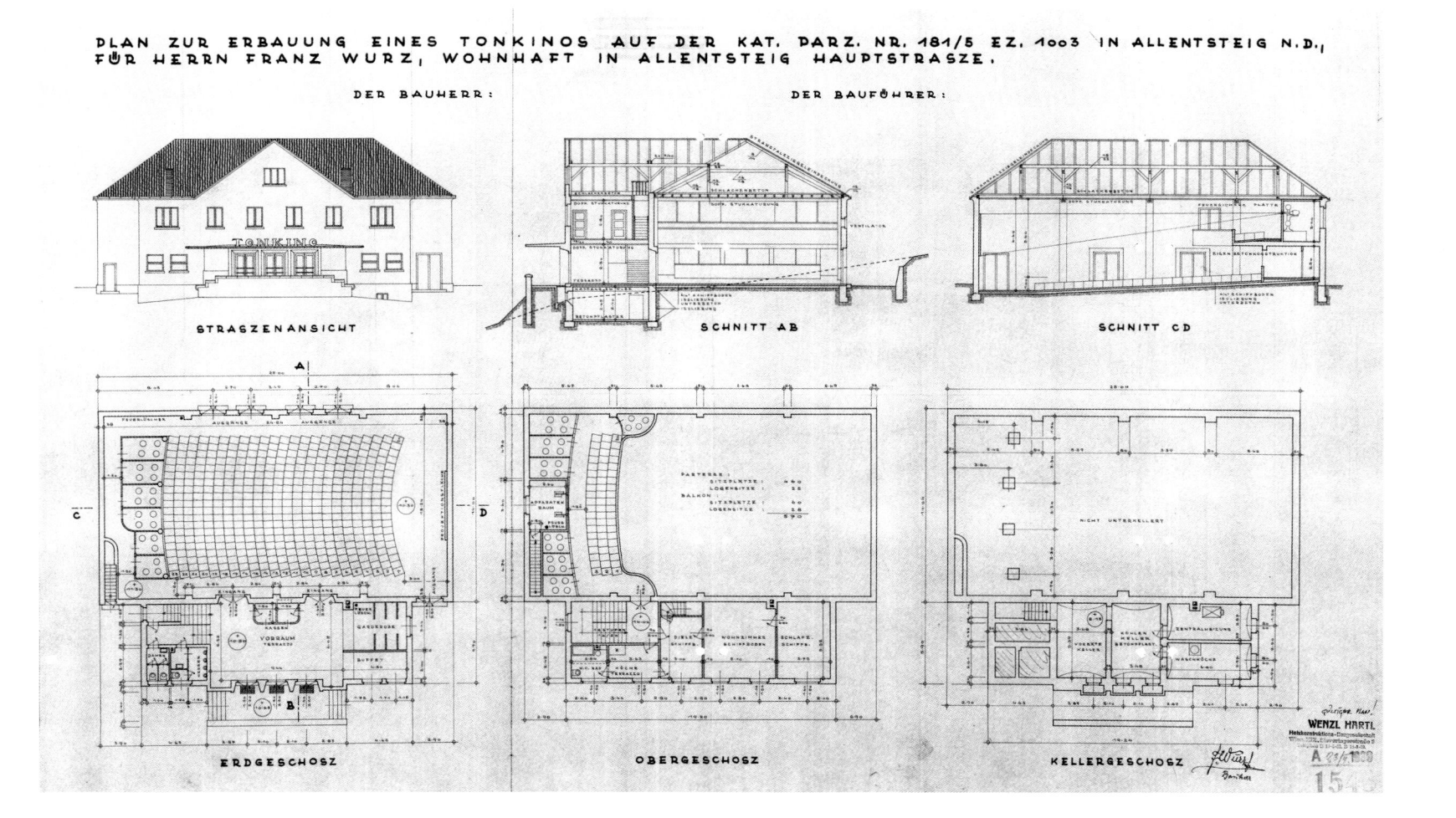

Sommer eine Besichtigung durch die leitenden Herren, Dr. Zinner und Dr. Hammer in Begleitung eines Kino-Architekten folgte. Dass die Begehung der Baustelle letztlich mit der Genehmigung endete, gefiel sich der bauernschlaue Wurz, in seiner Chronik vielsagend anzudeuten. Wie der Kurzmeldung „Große Bautätigkeit" in der Kremser Zeitung vom 3.8.1939 zu entnehmen, war das neue Tonkino im Rohbau fertig und der Ausbau im Gang, sodass mit der Fertigstellung im September gerechnet werden konnte.[5] Zuletzt sollten nach einem Jahr Bauzeit die guten Verbindungen zur Militärführung die Inbetriebnahme des Kinos durch Sicherstellung der Stromversorgung ermöglichen, indem das Heeresbauamt den Leitungsanschluss durch die Gauwerke Niederdonau, der auch der Stadt zugute kam, organisierte.

Zur Eröffnung der ohne germanisierenden Verweis auskommenden Lichtspiele reisten Anfang 1940 die Wiener Vertreter von Reichsfilmkammer und Ufa Vertriebsfirma an und bekundeten einhellig Anerkennung für den gelungenen Kinobau, seine Innenausstattung und vorführtechnische Qualität. Zusammen mit regionalen Amtsträgern und Parteifunktionären wohnten sie dem Eröffnungsfilm „Unsterblicher Walzer" bei, ein unter der Regie von E. W. Emo in den Rosenhügel-Studios, die Außenaufnahmen an Wien-Klischees bedienenden Orten gedrehter Musikfilm über die Strauß-Dynastie unter Mitwirkung einer Reihe bekannter Wiener Schauspieler, wie Paul Hörbiger, Hans Holt, Fred Liewehr, Fritz Lehmann, Maria Andergast u.a.; am 24.8.1939 in der Scala in Wien uraufgeführt, war der die Kontinuität des Wiener Films auch nach 1945 fortschreibende, scheinbar politisch unverbindliche Unterhaltungsstreifen, wie ihn das nach Kriegsbeginn geänderte filmpolitische Konzept gezielt zur Ablenkung von den Kriegsereignissen einsetzte, die erste Produktion der im Auftrag Goebbels – nach ‚Entjudung' der Tobis-Sascha – gegründeten Wien-Film, deren meistbeschäftigter Regisseur Emo war.[6] Von der erfolgreichen Eröffnung und der Premierenprominenz beeindruckt, hielt Wurz in seiner Chronik fest: „Zur Eröffnungsfeier war von der Reichsfilmkammer-Außenstelle Wien Herr Präsident Dr. Zimmer [Zinner] und Herr Dr. Hammer, von der Ufa Handelsgesellschaft Berlin Herr Ing. Nikolei und noch ein Ing. Zenker, in Vertretung vom Landesrat Dr. Körndl [Kerndl] Herr Dr. Woschnak und Herr Bannführer erschienen. Herr Bgm. Obenaus begrüßte alle Erschienenen und eröffnete. Hierauf sprach sehr lobenswerte Worte der Anerkennung über den einzigartigen Kinobau, sowie über dessen Innenausstattung, der sehr guten Akustik und des scharfen Bildes Herr Präsident Dr. Zimmer (Fachgruppe). […] Bei einer Kinotagung in Wien im Jahre 1940 sagte Herr Dr. Hammer, wenn Sie ein Kino sehen wollen, wo alles was es auf dem Gebiet Kino gibt vorhanden ist, so müssen sie nach Allentsteig fahren."

Über die Architektur des Kinobaus ganz anderer Meinung war Baurat Sturm, der für die Ortsplanung in Niederdonau zuständige Städtebaudezernent des Reichsstatthalters, der für den topografisch erhöhten Bauplatz zwischen Stadt und Badeteich ein ‚Gemeinschaftshaus' mit Aufmarschplatz, um es nach dem Entwurf des mit Stadtplanungsaufgaben im Umfeld von Zwettl mehrfach beschäftigten Architekturbüros Hans und Dr. Jürgen Meier-Schomburg „im Orts- und Landschaftsbild hervortreten zu lassen", favorisiert hatte. Die Verlegung der Aufmärsche aus der Stadtmitte auf die bisher von einem Park eingenommene Höhe war weniger der Aussicht geschuldet als dem Umstand, dass vom gegenüber liegenden Stadtberg aus „das unschöne Kino zu sehr ins Blickfeld kommt".[7] Dass die von einem privaten Bauherrn genutzte Vorzugslage, an der sich außer unternehmerischem Geltungsbedürfnis die Bedeutung des Mediums Film im Nationalsozialismus nicht besser hätte manifestieren können, Sturm Kritik üben ließ, zeigt die völlige Verkennung des Kinos als Ort, an dem NS-Kultur- und Informationspolitik effizienter aufging und die ‚Volksgemeinschaft' mit Spielfilm und Wochenschau wirksamer lenken ließ als ein ‚Gemeinschaftshaus' alter Konzeption. Wie alle anderen Bauprojekte der von Sturm betreuten Ortsplanung, etwa eine neue Schule, ein Kindergarten oder der Ausbau des Krankenhauses, wurde es nicht ausgeführt; zur bescheidenen Kapazitätserweiterung des Krankenhauses mussten gebrauchte Baracken genügen, die, mit Bauabschluss auf dem Truppenübungsplatz verfügbar, von der Firma Staudigl erworben wurden. Eine solche Baracke wurde auch statt des bereits bewilligten und beauftragten HJ-Heims im Park auf der Anhöhe aufgestellt, in der Ende 1943 die „Modellschau schöner Eigenheime" Wunschbilder vom Wohnen im NS-Staat produzieren sollte. Waren die Bebauungspläne in der „jetzigen Situation der dreiseitig vom Tr. Üb. Platz eingeschlossenen Stadt" – 1938 hatte Allentsteig aufgrund des Verlusts des Hinterlands sogar seine Entsiedlung zur Disposition gestellt, war aber mit der Zusicherung wirtschaftlichen Aufschwungs durch Einrichtungen des Militärs im Stadtgebiet, etwa der stattdessen innerhalb der Militärzone in den Ge-bieten Kaufholz und Kirchenholz errichteten Truppenlager, sowie des Zuzugs der bei der Errichtung des Übungsplatzes eingesetzten Arbeiter, die aber zweckmäßig auf der Baustelle untergebracht wurden, beschwichtigt worden – 1941 durch die Neudefinition der Militärzone als eigener Bezirk ohnehin fraglich, erübrigte sie nach kriegswirtschaftlichen Einschränkungen letztlich der allgemeine Baustopp für ‚nicht kriegswichtige' Bauten.[8] Einzig die gleich nach dem ‚Anschluss' 1938 beschlossene Neueinrichtung eines „dem dritten Reich würdigen Sitzungssaals" wurde umgesetzt, den der zusammengetretene Gemeinderat Ende 1943 einweihte, während den alten Sitzungssaal die Ortsgruppe der NSDAP übernahm, die dafür ihren Versammlungsraum der NS-Frauenschaft überließ.[9]

Kinoprogramm
Eröffnungsfilm /
1939

Ansichtskarte
Lichtspiele Allentsteig /
vermutlich 1939

Lichtspiele /
Avalon /
2008

Neben den Lichtspielen in Allentsteig selbst nahm 1943 auch das Lagerkino in Kaufholz, ein als Barackenbau vom Leiter des Heeresbauamts, Oberbaurat Meier, geplanter und von russischen Kriegsgefangenen ausgeführter Bau, der neben dem Kino auch eine große Theaterbühne mit mehreren Garderoben umfasste, den Spielbetrieb auf. An Wurz verpachtet, was ihm unter dem Titel „Truppenbetreuung" die Freistellung vom Fronteinsatz einbrachte, fanden bei freiem Eintritt Lehr-, Schul- und Betreuungsvorstellungen statt. Auch nach der Befreiung vom Nationalsozialismus 1945 sollte sich das Kino in Allentsteig, von sowjetischen Soldaten frequentiert, für Herrn Wurz rentieren.

    Heute ist der sanierungsbedürftige Kinobau, der ab Anfang der 1990er-Jahre, als alternatives Jugendkulturzentrum konzipiert, zur bemerkenswerten event location der Subkultur wurde, deren Bezeichnung Avalon als Graffito wie der Schriftzug Lichtspiele aus 1939 über die Schließung 2005 hinaus der Fassade eingeschrieben ist, aufgrund indifferenter Kulturpolitik dem Verfall preisgegeben.

Wohn- und Siedlungsbauten

154   Wohnbauten Grenzschutz

178   Wohnbauten Wehrmacht

198   Kommunale Kleinsiedlungen und Wohnbauten

225   Wohnbauten Reichsbahn

231   Werkssiedlung Schmidhütte Krems

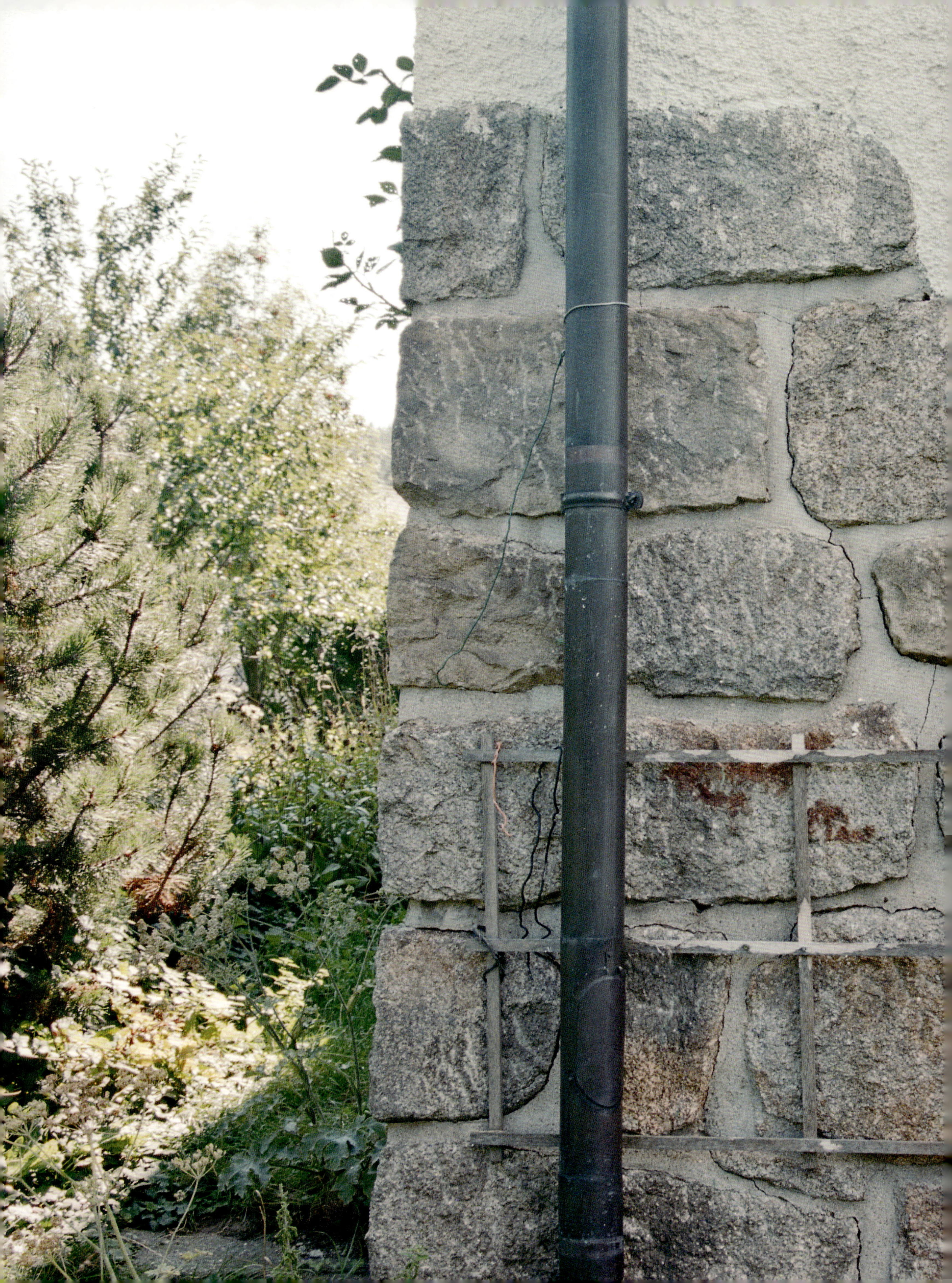

1938

Wohnbauten
Grenzschutz

„Baumaßnahmen der Reichsfinanzverwaltung aus Anlass der Wiedervereinigung Österreichs mit dem Reich" als Sofortprogramm nach dem ‚Anschluss' 1938, erforderte der zur Sicherung der neuen Außengrenze des Großdeutschen Reichs durch personelle Verstärkung und leitende Übernahme des Grenzschutzes durch deutsche Bedienstete entstandene Wohnraumbedarf, dem nach Wegfall der deutsch-österreichischen entlang der Grenze zu den anderen Nachbarländern mit der Errichtung einer Serie von Wohnbauten entsprochen werden sollte. Von mehreren Oberfinanzpräsidien im ‚Altreich' abgezogen, wurden ausgewählte Beamte ab 14.3.1938 in mehreren Wellen nach Österreich in Marsch gesetzt, zur Kompensation ihres Abgangs sogar die Schließung von Zollschulen bis auf eine verfügt und in Kauf genommen. Für den lediglich auf Zeit geplanten Grenzeinsatz, bis das österreichische Personal auf politische Verlässlichkeit geprüft und durch Neuaufnahmen entsprechend aufgestockt war, wurden vorzugsweise ältere Beamte, „grenzerfahren, energisch, gewandt und taktvoll", ausgesucht und, ausgerüstet möglichst mit Fahrrädern, zum Teil mit Krafträdern, eventuell auch Beiwagenmaschinen, und wegen absehbarer anfänglicher Unterkunftsmängel auch mit warmen Decken, in Sammeltransporten von München aus an ihre neuen Dienstorte im Zuständigkeitsbereich der Finanzlandesdirektionen Klagenfurt, Graz, Wien, Linz, Innsbruck und Feldkirch verlegt. Die Leitung der regionalen Verwaltungszentralen übernahmen gleichzeitig je 2 höhere deutsche Finanzbeamte, deren Aufgabe als Beauftragte der Reichsfinanzverwaltung Umbau und Angleichung der österreichischen Verwaltungsstrukturen an die deutschen war. Bis zur Vereinheitlichung des Apparats und Etablierung von Oberfinanzpräsidenten als mittlere Reichsinstanz in der ‚Ostmark' wurden Belange der transferierten deutschen Beamten, wie Besoldung und Sondervergütung, vom Oberfinanzpräsidenten München wahrgenommen, aus dessen Amtsrayon sich auch die erste Welle von 222 Mann, die zwischen 14. und 16.3.1938 nach Österreich überstellt wurden, rekrutierte. Eine zweite Welle mit 483 Zollbediensteten, die neben München aus den Amtsbezirken Baden und Nürnberg stammten, traf am 22. und 23.3.1938 an österreichischen Grenzorten ein, eine dritte mit 412 Mann, für den 26.3.1938 avisiert, sollte neben München und Baden aus den Oberfinanzbezirken Würzburg, Pommern, Brandenburg und Schlesien abkommandiert werden.[1]

Währenddessen gingen bei Ministerialdirigent im Reichsfinanzministerium, Geheimer Rat Schlüter, der im Rahmen der Organisation der Reichsfinanzverwaltung in Österreich auch die Vorbereitung der baulichen Maßnahmen leitete, Informationen über die Verhältnisse an den österreichischen Grenzen ein, die Generalinspekteur des Zollgrenzschutzes Dr. Mitze in einem Telefonat aus Wien am 17.3.1938 als völlig unzureichend dargestellt hatte.[2] Fehlende Ressourcen bei Dienst- und Wohnräumen, die im Mai, als deutsche Beamte „nur widerwillig ihren Dienst in Österreich verrichten" wollten, zu Austausch- und Versetzungsansuchen wegen „unbilliger Härte" führen sollten,[3] ließen ihn ein Bauprogramm „noch in diesem Jahr" urgieren, dessen Durchführung mit einem erheblichen Mitteleinsatz zweckmäßig wie ratsam der ‚Baugruppe' des geografisch nächst gelegenen Oberfinanzbezirks München zu überantworten sei.[4] Schlüter, dem die Involvierung der bayerischen Dienststelle allein wegen der Arbeitsüberlastung nicht sinnvoll und die Frage der Entfernung weniger als die der Einmischung in die Zuständigkeit österreichischer Bauinstanzen bedenkenswert erschien, hatte OFP München in seinem Schreiben vom 19.3.1938 „zur Vermeidung von Missklängen" nahegelegt, lediglich eine beratende, eventuell beaufsichtigende Funktion auszuüben. Budgetär sollten mit Wegfall der Grenzsicherung zwischen Bayern und Österreich frei werdende Mittel aus seinem Haushalt zur teilweisen Kostenabdeckung des Wohnbauprogramms an der österreichischen Außengrenze des ‚Deutschen Reichs' umgeschichtet werden.[5]

Um das neben Bauprogrammen anderer Reichsressorts groß angelegte Vorhaben zur Schaffung von Dienst- und Wohnräumen für Zoll und Grenzaufsicht vor Ort in Angriff zu nehmen, wurde Regierungsrat a. D. Ritzenthaler, einst zum Oberfinanzpräsidium Baden in Karlsruhe ressortierend, wieder in Dienst gestellt und mit den „notwendigen Maßnahmen auf dem Gebiet der Bau- und Unterkunftsangelegenheiten der Reichsfinanzverwaltung, insbesondere der Zollverwaltung" in Österreich beauftragt.[6] Bevor er seine Mission in Wien antrat, fand am 1.4.1938 eine diesbezügliche Besprechung im Büro Schlüter statt, an der neben dem Oberfinanzpräsidenten München Vertreter des österreichischen Finanz- wie des für Bauten zuständigen Handelsministeriums teilnahmen und bei der neben dem Bauprogramm auch die Transformation der österreichischen Finanzverwaltung zu einer nachgeordneten Instanz der Reichsfinanzverwaltung auf der Tagesordnung stand. Mit dem deutschen Amtsapparat unvereinbar referiert, wurden, wie in allen anderen Ressorts auch, strukturelle Unterschiede wie die differierende Kompetenzverteilung in Österreich übereinstimmend einer Vereinheitlichung zu unterziehen festgehalten.[7]

<
Heinrichs Detail /
2007

>
Heinrichsreith /
2007

Die Neukonzeption von Zoll und Grenzschutz sah 16 Hauptzollämter und 61 Bezirkszollkommissariate in der ‚Ostmark' vor, deren Einrichtung samt angeschlossenen Außenstellen zusätzlich zu den bestehenden Dienst- und Wohngebäuden vor allem den Neubau von Wohnungen für die verstärkten Grenzsicherungseinheiten verlangte. Bei Finanzämtern und neuen Amtssitzen der zu bestellenden Oberfinanzpräsidenten sollte mit dem Umbau bestehender Gebäude vorerst das Auslangen gefunden werden; im Zuge der Einführung der Reichssteuergesetze Anfang 1939, die eine massive Aufstockung des Personals bedingte, wurde allerdings der Raumbedarf der Finanzbehörde zur dringenden Frage, die mit Ausnahme von Wien, wo Wohnungsbeschaffung rassenpolitisch und bereits 1938 gelöst worden war– „hier wird die Unterbringung keine Schwierigkeiten bereiten (Judenabwanderung)"[8] –, anstand. Der Personalbedarf zur Sicherung der 1843 km langen österreichischen Außengrenze des ‚Deutschen Reichs' machte nach Schätzungen des Generalinspekteurs des Zollgrenzschutzes etwa 5000 Mann aus, was beim Stand zum Zeitpunkt des ‚Anschlusses' von lediglich 1600 eine Aufstockung um 3400 Mann bedeutete, für die wegen akuten Mangels bzw. unhaltbarer Zustände bei bestehenden Wohnungen ein dringender Neubaubedarf von etwa 3000 Wohneinheiten angesetzt wurde; etwa 2000 sollten noch 1938, der Rest 1939 errichtet werden.[9] Der Bericht des Beauftragten des Reichsministers der Finanzen im Finanzministerium des Landes Österreich Bretz vom 14.4.1938 zur „Organisation des Zollgrenzschutzes" wies auf Basis von 1,85 Mann pro km Grenze einen personellen Fehlstand von 3416 Mann aus, der sich durch die Überstellungen aus dem ‚Altreich' bereits auf 2511 Mann, 1659 Österreicher und 852 Deutsche, verringert hatte. Bei ca. 450 zusätzlichen Dienstnehmern für Bezirkskommissariate errechnete sich für den Grenzschutz ein Soll von ca. 2100 Mann, dem durch Versetzung von 300 und weiteren 850 Mann, die vor allem durch den Abbau von 24 Dienststellen auf beiden Seiten der gefallenen deutsch-österreichischen Grenze frei würden, entsprochen werden sollte.[10]

Für Niederdonau mit einem Grenzanteil von 414 km wurde bei einem Stand von 584 Mann, davon 437 Österreicher und 147 Deutsche, ein Gesamtbedarf von 880 Mann kalkuliert, wovon auf Zoll und Grenzschutz im Waldviertel, wo zunächst 2 Hauptzollämter in Raabs und Schrems mit nachgeordneten 8 Bezirkszollkommissariaten in Geras, Raabs und Drosendorf bzw. Litschau, Langegg, Wielands, Weitra und Harmannschlags vorgesehen waren, 446 Mann entfallen sollten. Bei einer Grenzlänge von 162 km entsprach die geplante Personalaufstockung einer Verdoppelung der aktuellen Besetzung mit 232 Mann, davon 163 Österreicher und 69 Deutsche, bezogen auf die einzelnen Kommissariate fast einer Vervierfachung, wobei Harmannschlag nach Verdreifachung seiner Stärke mit künftig 43 Beamten als kleinste Einheit an letzter Stelle rangierte und Litschau mit von 51 auf 69 Mann erhöhter Kapazität an erster Stelle; die zahlenmäßig größten Zuwächse um 37 auf 51 bzw. 36 auf 65 Mann verzeichneten Raabs und Dobersberg.[11]

Nach erfolgter Umstrukturierung der Gebietseinheiten und Neuorganisation der Dienststellen im August 1938 mit Oberfinanzpräsidien in St. Pölten, Linz, Graz und Innsbruck, zu denen 15 Hauptzollämter und 62 Bezirkszollkommissariate ressortierten, belief sich der erforderliche Personalstand auf insgesamt 3650 Bedienstete. Im Zuständigkeitsbereich des Oberfinanzpräsidenten Niederdonau waren es bei einer Grenzlänge von 660 km 1475 Bedienstete, verteilt auf 5 Hauptzollämter und 25 Bezirkszollkommissariate. Davon entfielen auf das Waldviertel 1 Hauptzollamt, anstelle von Schrems in Waidhofen an der Thaya angesiedelt, und statt ursprünglich 8 nur noch 6 Bezirkszollkommissariate in Dobersberg, Litschau, Langegg, Gmünd, Weitra und Harmannschlag, zu denen wiederum 36 Zollamtsstellen gehörten. Auf dem 127 km langen Grenzabschnitt sollten insgesamt 358 Mann zum Einsatz kommen, im Schnitt 2,8 pro km, was Einheitsstärken pro Zollamtsbezirk von 49 in Harmannschlag bis 73 Mann in Litschau entsprach.[12] Während jedes Bezirkszollkommissariat in gleicher Besetzung aus 1 Verwaltungs- und 4 motorisierten Bediensteten bestand, umfassten die Einheiten der Grenzpatrouille 8-12 Mann. Im Zollamtsbezirk Dobersberg mit einer Grenzlänge von 22 km waren 59 Mann für den Dienst in Fratres, Reinholz, Brunn, Kautzen und Reinberg vorgesehen, im Zollamtsbezirk Litschau mit 25 km Grenzanteil 73 Mann für Reingers, Gramatten, Haugschlag, Rottal, Josefstal, Schlag und Schönau. Im Zollamtsbezirk Langegg mit den Grenzposten Goprechts, Brand, Alt- und Neunagelberg kamen 53 Mann auf einem Grenzabschnitt von 16 km zum Einsatz, im Zollamtsbezirk Weitra 67 Mann auf 19 km mit den Standorten Höhenberg, Reinpolz, Phyrabruck I und II, Heinrichs, Harbach und Schwarzau. Dem Zollamtsbezirk Gmünd mit 14 km Grenzanteil waren 57 Mann für Breitensee, Gmünd I und II sowie Wielands I und II, dem Zollamtsbezirk Harmannschlag 49 Mann für Hirschenwies, Joachimstal, Karlstift und Stadelberg auf einem 15 km langen Grenzabschnitt zugeteilt. Infolge der mit der Umstrukturierung der Verwaltungseinheiten in Landkreise erfolgten Gebietsneuverteilung waren im Kreis Horn gelegene, dem Hauptzollamt Raabs zugeordnete Dienststellen nun dem Kreis Hollabrunn zugeschlagen worden, die, geografisch zum Waldviertel zählend, neben den Bezirkszollkommissariaten Raabs und Langau mit Grenzabschnitten von 16 und 19 km Länge die Zollamtsstellen Raabs, Oberthürnau I und II, Luden, Schaditz, Weikertschlag, Neu Riegers und Rappolz bzw. Langau, Felling, Riegersburg und Heinrichsreith umfassten, auf die sich 75 bzw. 57 Mann verteilten.[13]

War die veranschlagte Mannstärke aufzustellen, die eine Anforderung, bedeutete deren Unterbringung sicherzustellen, die an den meisten Grenzposten, wenn überhaupt vorhanden, als ungenügend bemängelt worden war, in kürzester Zeit eine Vielzahl an neuen Wohnungen zu errichten. Die Vorbereitung und Umsetzung dieses Bauprogramms sollte gleichzeitig mit der Eingliederung der österreichischen Bauverwaltung, die als Zentralinstanz zum Handelsministerium ressortierte und regional von den Landeshauptmannschaften mit den ihnen nachgeordneten Baubezirksleitungen wahrgenommen wurde, in die Reichsbauverwaltung erfolgen, die dezentral den einzelnen Ressorts unterstand. In der Übergangszeit, bis die Umwandlung des österreichischen Verwaltungsapparats zu mittleren Reichsinstanzen vollzogen und im Finanzbereich bei jedem Oberfinanzpräsidium eine unter deutscher Leitung stehende ‚Baugruppe' etabliert war, sollte vorerst eine für ganz Österreich zuständige ‚Baugruppe' eingesetzt werden, der unter der Leitung eines deutschen Oberbaurats aus der Reichsbauverwaltung des Finanzressorts 3 österreichische Bauräte angehörten. Als regionale Instanzen waren 9-12 Reichsneubauämter vorgesehen, die, um die Arbeit an den zahlreichen Bauprojekte rasch aufnehmen zu können, wegen ihrer Orts- und Menschenkenntnis vorwiegend aus österreichischen Beamten zusammengesetzt sein sollten.

Um im komplexen Umbau der Verwaltung, der nicht nur strukturell, sondern auch in personeller Hinsicht von Komplikationen gekennzeichnet war, die vordringliche Bauagenda zu organisieren und zu leiten, hatte ab 20.4.1938 Oberregierungsbaurat Krieger vom Oberfinanzpräsidium Düsseldorf als interimistisch bestellter Beauftragter des Reichsministers der Finanzen / Baugruppe seine Tätigkeit im Landesministerium für Finanzen in Wien aufgenommen.[14] Wie Regierungsrat a.D. Ritzenthaler, der bereits seit 2.4.1938 tätig

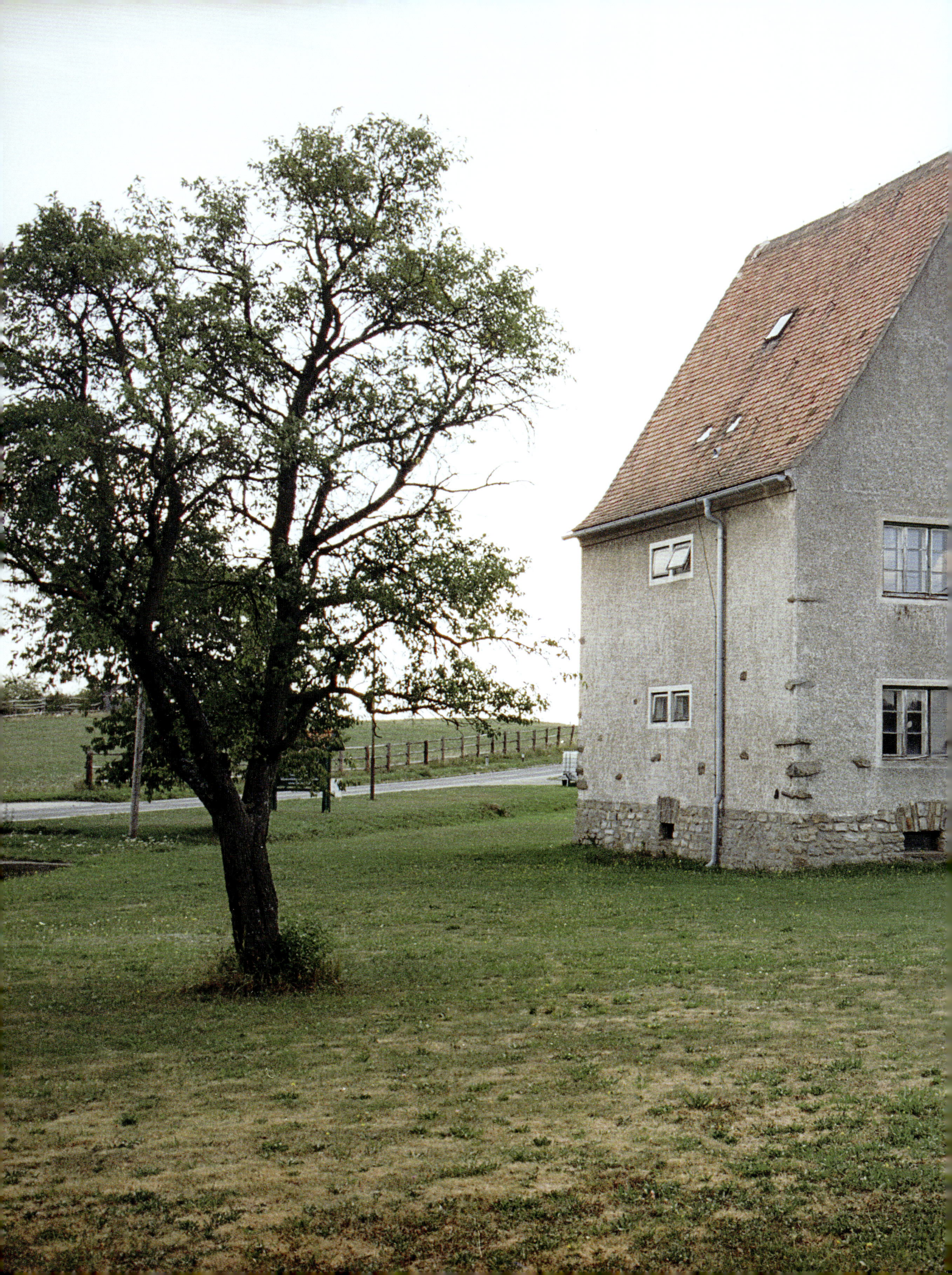

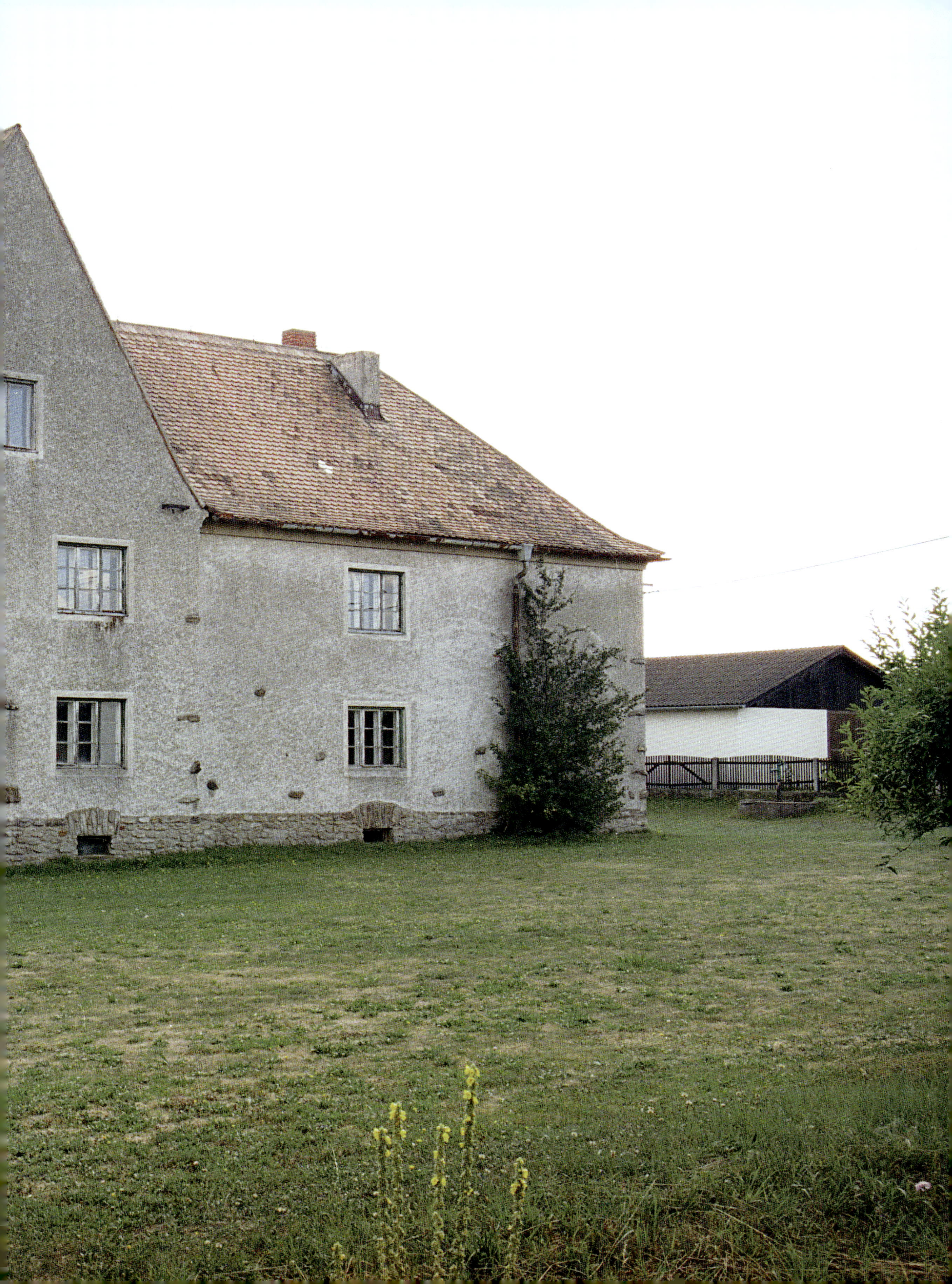

war, „im Benehmen mit den zuständigen österreichischen Stellen die Grunderwerbsverhandlungen für die Zollgrenzbauten zu führen und die Übereignungsverträge abzuschließen"[15], war er dem Beauftragten des Reichsministers der Finanzen Bretz beigeordnet, der wiederum vom Oberfinanzpräsidium Dresden nach Wien versetzt worden war. In ständigem Austausch mit beiden sollte Krieger die ihm übertragene Aufgabe durchführen, für die erst Strukturen geschaffen werden mussten, während sich Ritzenthaler, etwa in Fragen angemessener, ortsüblicher Preisgestaltung wie rechtlicher Bestimmungen, der Beamten der Finanzlandesdirektionen bedienen konnte und in Baufragen die Landeshauptmannschaften bzw. Baubezirksleitungen angewiesen waren, ihm ihre Bautechniker zur Verfügung zu stellen.[16] Kriegers erster Tätigkeitsbericht vom 2.5.1938 zeigt die vorläufig für ganz Österreich zuständige ‚Baugruppe' eingerichtet, zu deren Besetzung 3 „fachlich, politisch und abstammungsmäßig" geeignete österreichische Baubeamte, aus Bundes- und Landesbehörden rekrutiert, vor der Übernahme in den Reichsdienst standen. Regionale, für Bauplanung und -durchführung zuständige Reichsneubauämter, deren Standorte im wesentlichen der Bundesländereinteilung folgten, waren installiert, allerdings musste ihre Anzahl mangels fachlichem Personal auf 6 beschränkt werden. Für den Niederösterreich und nördliches Burgenland umfassenden Reichsgau Niederdonau war Wien Amtssitz, für Oberdonau Linz, für die Steiermark und das südliche Burgenland Graz, für Kärnten und Osttirol Klagenfurt, für Tirol Innsbruck und für Vorarlberg Feldkirch; Wien und Salzburg sollten später eigene Reichsbauämter erhalten. Als deren Leiter kamen, nicht zuletzt wegen ihrer Ortskenntnis wie aufgrund der angespannten Personallage im ‚Altreich', jüngere österreichische

Alt - Nagelberg 1911

/ vermutlich 1943

/ 2007

Baubeamte zum Zug, denen die Übernahme in Planstellen der Reichsbauverwaltung in Aussicht gestellt wurde; Techniker und Büroangestellte wurden als Vertragsbedienstete aufgenommen. Zur angleichenden Koordination erhielten die Neubauämter wie auch die ‚Baugruppe' selbst jeweils „einen deutschen Baubeamten des mittleren Dienstes für die anfallenden Bauverwaltungsaufgaben entsprechend den Vorschriften der Reichsbauverwaltung" vorgesetzt, der vorzugsweise aus dem Amtsbereich des Oberfinanzpräsidenten München abgestellt wurde und für den aus Mangel an geeigneten Räumen in den fiskalischen Gebäuden eine Unterkunft angemietet werden musste. An Büroausstattung und Fuhrpark waren für die Reichsneubauämter, denen neben der gesamten Planung auch die Bauvergabe, ausschließlich an Generalunternehmer oder durch öffentliche Ausschreibung an Einzelunternehmer, oblag wie Zuschlagserteilung und Abrechnung unter Kontrolle der ‚Baugruppe', jeweils 2 Schreib- und eine Rechenmaschine bzw. 2 reichseigene Kraftwagen beantragt worden. Insofern konnte Krieger melden, dass „die vorbereitenden Maßnahmen für die Errichtung der Wohnbauten des Grenzaufsichtsdienstes getroffen" seien und mit dem Baubeginn ab Mitte Mai zu rechnen sei.[17] Bis zur Fertigstellung der neuen Wohnungen sollten im Bedarfsfall als Behelfsunterkünfte Baracken für 20-30 Mann aufgestellt werden bzw. Zollgrenzschutzbedienstete mit Familie möglichst an jene Dienstorte versetzt werden, die eine nahe Wohnmöglichkeit anbieten konnten.

Um sich über den Stand der Dinge selbst zu informieren und die organisatorischen wie baulichen Maßnahmen zur Eingliederung der österreichischen Finanzverwaltung in den Apparat des ‚Deutschen Reichs' voranzutreiben, begab sich Schlüter mit einer Delegation zu Besprechungen nach Österreich. In Linz beginnend, traf er zwischen 9. und 19.5.1938 österreichische Amtsvertreter in Wien und den anderen Gaustädten und visitierte alternierend, um sich ein eigenes Bild vom Baufortschritt zu machen, entlang seiner Reiseroute die Baustellen der künftigen Dienst- und Wohnbauten.[18] Dabei bot sich am 14.5.1938 die Spatenstichfeier für das erste Zollwohnhaus in Rabenstein bei Lavamünd an der Grenze Kärntens zu Jugoslawien als propagandawirksame Gelegenheit, bei der sich, ausgezeichnet durch die Anwesenheit des hochrangigen Repräsentanten des Reichs, die versammelten Vertreter der Partei mit den angetretenen Gliederungen vom Gauleiter abwärts die Ehre gaben. Den projektierten Bau „als erstes einer großen Reihe von Zollgebäuden an der Grenze der neuen Ostmark" mit dem Spaten zu initiieren, ließ „Aufbauwillen" und „wirtschaftliche Neugestaltung", gerade im benachteiligten Grenzgebiet, demonstrieren und die Huldigungen der ‚Volksgemeinschaft' für ‚Führer' und Reichskanzler entgegennehmen. Das

Kärntner Tagblatt, das die Feier „in bescheidenem, aber würdigem Rahmen" als Ereignis kolportierte, dem „eine weit über die Grenzen des Landes hinausreichende Bedeutung" zukomme, verwies stolz auf das in nur 6-7 Wochen „dank dem einträchtigen Zusammenwirken zwischen den Beamten der Reichsfinanzverwaltung und bewährten heimischen Kräften" gediehene Projekt, das vollendet bald als „schmuckes Gebäude vom neuen Geiste Zeugnis ablegen" würde.[19]

Im Reisevermerk des Generalreferenten für Bausachen vom 24.5.1938 zum aktuellen Stand der Umstrukturierung der österreichischen Bau- und Finanzverwaltung gibt ein Planungsüberblick Auskunft über den seit Mitte Mai 1938 in Angriff genommenen Wohnungsbau. Geordnet nach Zuständigkeit der 6 eben erst eingerichteten Reichsneubauämter, wurden insgesamt rund 2300 Wohnungen an 313 Baustellen ausgewiesen. Je nach Grenzlänge und strategischer Notwendigkeit waren es bei den für die westlichen Bundesländer zuständigen Bauinstanzen Innsbruck und Feldkirch zwischen 300 und 340 Wohnungen an 35 bzw. 25 Baustellen, im Süden mit den Reichsneubauämtern Klagenfurt und Graz 280 Wohnungen

Schönau /
2007

Reingers /
2007

Heinrichs /
2007

Plan Reingers /
Reichsneubauamt Wien /
1938

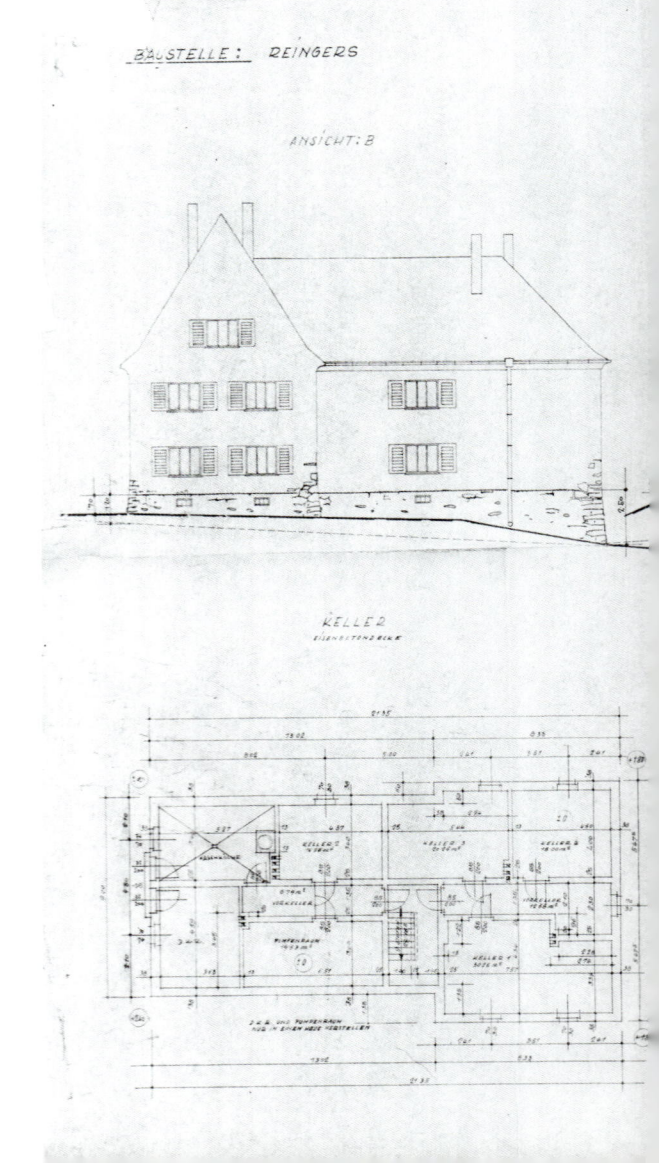

ANSICHT: A   SCHNITT: E-F   ANSICHT: D   ANSICHT: C

ERDGESCHOSS   1. STOCK   DACHGESCHOSS

SCHNITT: G-H

VERBINDUNGSSTAB WAIDHOFEN a/d TH

REICHSNEUBAUAMT WIEN

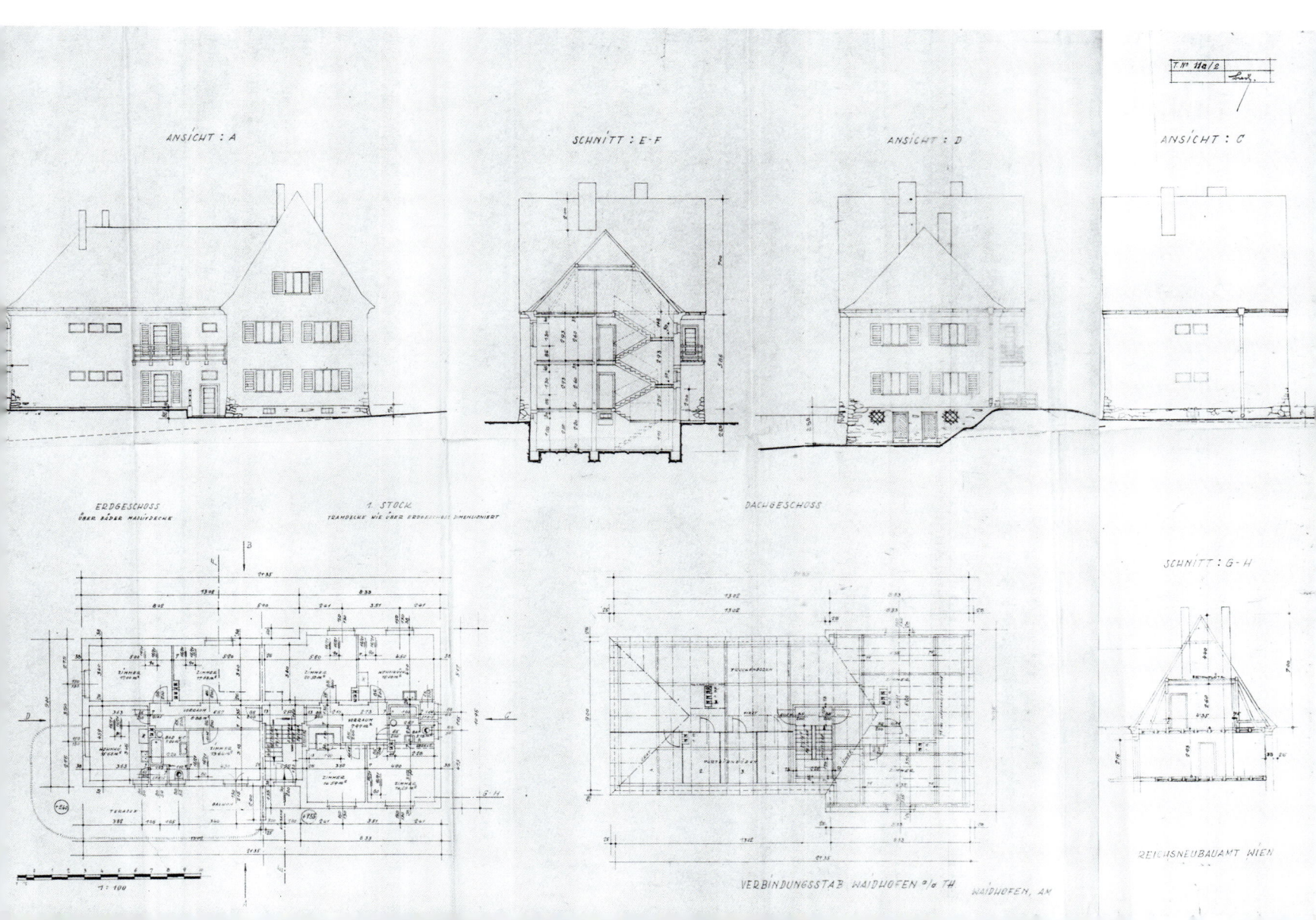

LAGEPLAN 1=500
HÖHENBERG
8 WOHNUNGEN

(101)

Höhenberg /
2007

Baustelle /
vermutlich 1940

Lageplan /
Reichsneubauamt
Wien /
1938

VERBINDUNGSSTAB W
WIEN, AM

SICKERG.
KLÄRANL.

TYPE M a

W.K

WASCHK. U. B. W.R.
IM HAUSE

WASSERLTG.

nicht gebaut
TYPE M

N

REICHSNEUBAUAMT WIEN

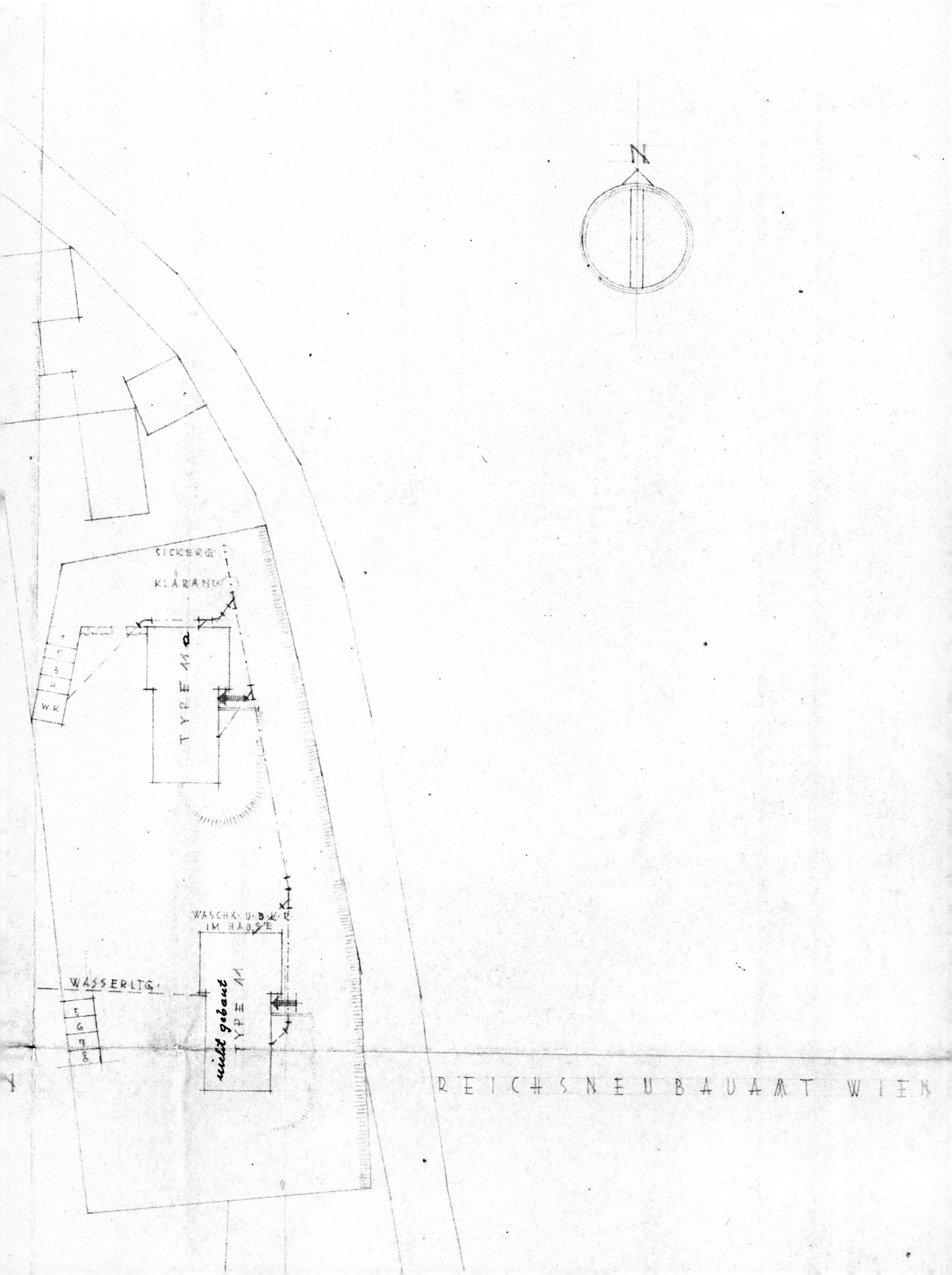

an 50 bzw. 500 an 68 Standorten. Während an der tschechoslowakischen Grenze auf das Bauamt Linz 25 Baustellen mit 180 Wohnungen entfielen, hatte der Reichsgau Niederdonau, der vorerst ein Reichsneubauamt mit Wien teilte, mit rund 700 Wohnungen, die sich auf 110 Baustellen, durch die Eingliederung des nördlichen Burgenlands auch entlang der Grenze zu Ungarn, verteilten, das größte Wohnbauprojekt zu betreuen.[20]

Die erforderlichen Mittel für die Bauprojekte in Österreich wurden zunächst, bis die Oberfinanzpräsidien in der ‚Ostmark' Anfang Juli 1938 ihren Dienst aufnahmen, von der Oberfinanzkasse in München, die eine erste Tranche in Höhe von RM 1 Mio Mitte April 1938 anwies, verwaltet.[21] Bei der Vorbereitung des umfangreichen und beschleunigt auszuführenden Vorhabens erlitt der Aufbauschwung allerdings bei der Baukostenermittlung, die unerwartet hohe, regional stark schwankende Preise zeigte, einen ersten Rückschlag und machte eine Redimensionierung des Umfangs und eine Umverteilung der veranschlagten Mittel unumgänglich. Im Vergleich zum Kostensatz im ‚Altreich', der pro Wohnung für den Rohbau einschließlich Grundstücksanteil rund RM 15.000 betrug und 1938 für ca. 2000 geplante Zollwohnungen einen Mittelbedarf von rund RM 30 Mio kalkulieren hatte lassen,[22] kam es wegen der unterschiedlichen Lage und Erreichbarkeit der Baustellen, besonders im Gebirge, wie auch wegen der höheren Baustoffpreise zum Teil zu erheblichen Verteuerungen bis zur Verdopplung der Kosten.[23] Betrugen die ermittelten Rohbaukosten pro Wohnung in Wien, der Steiermark und Kärnten annähernd RM 20.000, stiegen sie in Tirol auf RM 27.000 und in Vorarlberg sogar auf bis zu RM 37.400.[24] Zudem war die Bauwirtschaft infolge der geringen Bautätigkeit in den Vorjahren für Großaufträge nicht gerüstet und mit einem erheblichen technischen Innovationsbedarf konfrontiert. Kosten einzusparen, wurde die Leitung der ‚Baugruppe' zur Reduzierung der Bautenanzahl angehalten wie durch Bauvergabe an lokale Firmen und Einsatz vorhandener Werkstoffe bei jahreszeitlich angepasster Bauausführung eine Kostensenkung erzielt werden sollte; höher gelegene Orte aufzugeben und Bauplätze in Lagen mit günstigeren Errichtungskosten zu suchen, wurde ebenfalls erwogen.[25]

Zunächst waren generell ausreichende Material- und Unternehmensressourcen positiv registriert und entsprechend betont worden, die im Fall der Wohnbauten für den Zollgrenzschutz aber bestenfalls den Baubeginn hatten sicherstellen lassen, sich aber nicht nur im Hinblick auf Großbauvorhaben, wie die Reichswerke AG Hermann Göring, als problematisch erwiesen. Versorgungsengpässe, vor allem bei Eisen,[26] zeichneten sich zunehmend ab, die durch Überhänge projektierter Bauten aus den Vorjahren, die fortwährend die Lage in den Folgejahren verschärften, entstanden waren. Der Ruf nach einem ausreichenden Sonderkontingent für die Bauprogramme in Österreich, ohne das die Fertigstellung wichtiger Anlagen gefährdet sei, erging an den Reichswirtschaftsminister[27] wie der „Rückfluss von Österreichern aus dem Altreichsgebiet" gefordert wurde, um den Mangel bei technischem Personal zu entschärfen. Bereits am 23.3.1938 hatte Bretz, alarmiert durch Zeitungsinserate, in denen „österreichische Bautechniker für das Reich" rekrutiert wurden, Schlüter auf die Gefährdung der Bauvorhaben in Österreich, die durch Abwerbeaktionen drohe, hingewiesen. Als Sofortmaßnahme plädierte er für einen Transfer in umgekehrter Richtung; ebenso sollten die Reichsbauämter München und Passau, deren Personalstand dies zuließe, wenigstens einen Beamten für jedes Bundesland zur Verfügung stellen.[28]

Mitte Juni 1938 legte der mit dem Grundankauf betraute Ritzenthaler einen aktuellen „Stand der Bauplatzerwerbungen und der Bauausführung" vor, der insgesamt 405 Liegenschaften mit einer Gesamtfläche von 979.000 m² als in Aussicht genommen ausweist. Als problematisch wurden die zwar dem Verkehrswert entsprechenden, aber mit RM 0,10-15 extrem differierenden Grundstückspreise angemerkt; der m²-Preis lag in Niederdonau, Oberdonau und der Steiermark bei RM 0,10-1,67, stieg in Tirol und Vorarlberg inklusive Aufschließungskosten auf bis zu RM 8, in Kärnten aber, begründet mit Lawinensicherheit, auf RM 15. Für 253 Grundstücke war bereits in 5 Fällen ein Kaufvertrag abgeschlossen und bei 248 eine Kaufoption gesichert worden, 297 waren für Wohnbauten für den Grenzschutz und 55 für Bezirkszollkommissare sowie 53 für Zollamtsgebäude in Aussicht genommen worden. Bereits in Bau befanden sich 650 Wohnungen, wovon mit 280 die größte Anzahl auf den Tiroler Grenzraum zu Italien entfiel, gefolgt von Vorarlberg mit 140 und Niederdonau mit 110 Wohneinheiten. Im Vergleich zu für 30.6.1938 prognostizierten 957 in Bau befindlichen und weiteren 940 im Juli zu vergebenden Wohnungen – d.s. für 1938 insgesamt 1897 Wohnungen allein für den Zollgrenzschutz – zeigt sich ein erheblicher Rückstand,[29] der teilweise durch Anmietung von Wohnungen, deren Adaptierungskosten zu übernehmen von Schlüter zugesagt wurde,[30] kompensiert werden sollte. Der Stand per 15.8.1938, bereits vom inzwischen bestellten Oberfinanzpräsidenten Wien nach Berlin berichtet, zeigt deutlich andere Zahlen: Ausgehend von einem Gesamtbedarf von 3348 und unter Einrechnung von 430 vorhandenen Wohnungen, wurden für 1938 nunmehr 1417 statt 1897 ausgewiesen. Der Bedarf an Bauplätzen wurde mit 376 und einer Fläche von insgesamt 938.000 m² angegeben, wovon 314 auf Wohnbauten für den Grenzschutz, 62 für Bezirkszollkommissare entfielen (im Vergleich zu 297 bzw. 55); Absprachen bzw. Kaufverträge für 224 Areale waren bereits erfolgt, d.s. 205 bzw. 19 im Vergleich zu 248 bzw. 5. Die Grundstückspreise erscheinen bis auf jene in Gebirgslagen, die mit RM 0,67-8 annähernd gleich blieben, stark verändert: In Kärnten waren sie im Vergleich zum Extremwert von RM 15 auf RM 0,65-6,50 radikal gesunken, dafür in Niederdonau mit RM 0,27-3 auf über das Doppelte gestiegen. Die Anzahl der in Bau befindlichen Wohnungen zeigt zum Stichtag mit einem Anstieg von 650 auf 1168 nahezu eine Verdopplung, wobei Rohbauten bereits als bis zu 2/3 fertiggestellt angemerkt wurden; davon entfielen auf Niederdonau 316, Tirol 282, Kärnten 230 sowie Tirol und Vorarlberg jeweils 170 Bauten, während in Oberdonau alle Bauprojekte – von 287 geplanten Wohnungen an 33 Bauplätzen waren im Juni 8 in Bau – eingestellt aufscheinen.[31]

Vorrangiges Problem bei der Umsetzung der Neubauprojekte war generell die unzureichende, zudem auf mehrere Ressorts verteilte Kontingentierung von Baueisen und -stahl. Um die beim Wirtschaftsressort angesiedelte Eisenzuteilung gezielter steuern zu können, wurde ein Kontrollnummernsystem eingeführt, deren Vergabe in der Zuständigkeit des Reichsfinanzministeriums lag und die ab August 1938 für jeden Bezug verpflichtend war. Als Lenkungsinstrument für Baumaterial bewirkte es zugleich eine Prioritäten setzende Dynamisierung in der Planung der einzelnen Ressorts, deren Konkurrenz um die Kontingente sich aber ebenfalls verschärfte. Für alle Bauvorhaben in Österreich machte die erste Eisenzuteilung für den Zeitraum Juli bis Dezember 1938 insgesamt 3000 t aus, d.s. monatlich 500 t.[32] Dem standen Bedarfsanmeldungen bis Juni in mehr als doppelter Menge gegenüber, der weitaus größte Teil für SS-Unterkunftsbauten im Kontext „Konz. Lager".[33] Selbst bei Berücksichtigung ausschließlich baureifer oder bereits begonnener Projekte – erst in Planung befindliche wurden durchwegs zurückgestellt – war mit erheblichen Verzögerungen zu rechnen, wenn nicht überhaupt Baueinstellung drohte. Auf den Bereich der Reichsfinanzverwaltung entfiel eine Eisenquote von 1000 t, die als Sammelkontingent, über das der vorläufig für das gesamte Gebiet der ‚Ostmark' zuständige Oberfinanzpräsident Wien frei verfügen konnte, die Verteilung an die Reichsneubauämter flexibler gestalten lassen sollte.[34] Diese Menge deckte jedoch nicht einmal den Eisenbedarf für die Wohnbauten der Grenzaufsicht, weshalb sich der Generalinspekteur des Zollgrenzschutzes nach seiner zwischen 28.7. und 5.8.1938 absolvierten Inspektionsreise an die österreichischen Baustellen veranlasst sah, „im Interesse der möglichst baldigen Unterbringung der Beamten […] und damit der Herstellung einer schlagkräftigen Grenzsicherung" auf die unbedingte Vorrangstellung dieser Bauten zu drängen.[35] Nur indirekt eine Folge des Eisenmangels, resultierte die Misere aus einem Mitte Juli 1938 verordneten generellen Baustopp, von dem lediglich bereits in Bau befindliche Projekte und vor allem im Interesse der Reichssicherheit stehende Bauten für den Zollgrenzschutz ausgenommen waren; weitere im Haushalt 1938 veranschlagte Bauvorhaben wurden auf voraussichtlich Ende März 1939 aufgeschoben. Konnten mit Erlass des Reichsministers der Finanzen vom 1.9.1938 die zur Fertigstellung der bereits begonnenen Bauten erforderlichen Mittel sichergestellt werden, diente die Rückstellung erst im Planungsstadium befindlicher Bauten vor allem dem Zweck, in der gespannten politischen Lage „Mittel für die Erfordernisse der Reichsverteidigung freizubekommen".[36] Damit war „die rechtzeitige Errichtung von Dienstwohngebäuden für Zollgrenzbeamte in Österreich", im Besonderen an der Grenze zur Tschechoslowakei, gefährdet, wenn nicht obsolet; um den drastischen Mangel an Unterkünften wenigstens zum Teil und durch provisorische Bauten auszugleichen, wurde die „Bereitstellung von außerplanmäßigen Mitteln zur Errichtung von Wohnbaracken in (Österreich) der Ostmark" angestrebt.[37] Diese in Erwägung gezogene Sondermaßnahme bezog sich auf einen der Vorschläge zur Verbesserung der Arbeits- und Lebensverhältnisse der seit 5 Monaten in Österreich eingesetzten deutschen Grenzschutzbeamten, die der Generalinspekteur in seinem Reisebericht vorgebracht hatte.[38] Während in Kärnten und der Steiermark der größte Teil der Beamten am 1.10. neue Wohnungen beziehen hatte können, sei an der tschechischen Grenze der Bau der in Aussicht gestellten Wohnungen eingestellt worden, ohne die Beamten darüber in Kenntnis zu setzen. Die Unzufriedenheit der von der aufgelösten bayerisch-österreichischen Grenze versetzten Beamten und Dienstfreiwilligen von anderen Dienstorten in Deutschland, zum Teil Familienväter, deren Familien mangels geeigneter Wohnungen der Nachzug verunmöglicht wurde, sei deshalb hier besonders groß. Sie beklagten, gegenüber ihren Kollegen in Deutschland benachteiligt zu sein, fürchteten aber gleichzeitig, ein Ablösewunsch würde zu Strafversetzungen „nach dem Westen" führen. Eine diesbezügliche Verordnung vom 31.5.1938 abzuändern und Beamten nach mehreren Einsatzmonaten die Entlassung an ihre alten Dienstorte zu gestatten, wurden neben der Bereitstellung von Dienstwohnungen – wenn nicht anders möglich, von Baracken – nachdrücklich als dringend notwendige Abhilfe empfohlen. Wenn auch ein Abzug von Grenzbeamten wegen der kritischen Situation und die Errichtung von Wohnbaracken[39] wegen der im österreichischen Grenzgebiet zur Tschechoslowakei angelaufenen Einmarschvorbereitungen militärstrategisch nicht infrage kamen, sollten eine zeitlich bis April 1939 begrenzte Spesenerhöhung und ein 2-monatiger Heimaturlaub mit Reisebeihilfe die Härten des Grenzdienstes mildern und die Beamten ruhigstellen.[40]

Die 1938 zur Durchführung der Zollgrenzbauten in Österreich außerplanmäßig zur Verfügung gestellten Reichsmittel, die in Tranchen, zunächst der Oberfinanzkasse des OFP München, ab Juli des OFP Wien, angewiesen wurden, standen neben Finanzpräsident Bretz den beiden unmittelbar mit den Neubaumaßnahmen betrauten Reichsbeauftragten Ritzenthaler und Krieger zur Verfügung. Zur Bezahlung kleinerer Rechnungen und anfallender Kosten bei Instandsetzung und Umbau bestehender Unterkünfte, die in der Kompetenz des Beauftragten des Reichsministers der Finanzen Bretz lagen, konnten die Leiter der Reichsneubauämter Vorschüsse auf ein am jeweiligen Amtssitz einzurichtendes Bankkonto beziehen. Bis Juni 1938 waren für die Bauprojekte lediglich RM 2 Mio transferiert worden, denen ein akuter Mittelbedarf von insgesamt RM 13 Mio gegenüberstand, für den Krieger Ende Juni im Verweis auf 700 bereits in Angriff genommene und in Kürze fertiggestellte Wohnungen sowie eine größere Anzahl von Objekten vor Baubeginn Belege lieferte, deren Rohbau allein, ohne Berücksichtigung der Grundstückskosten, ca. RM 7 Mio ausmachte. Während er darauf drängte, weitere RM 5 Mio zur Bedienung der Baukosten „baldmöglichst" zur Verfügung zu stellen,[41] meldete Ritzenthaler seinerseits weitere RM 2 Mio für dringende Grundkäufe Anfang Juli 1938 an.[42] Die prompte Überweisung von RM 7 Mio sollte für die nächsten Monate reichen

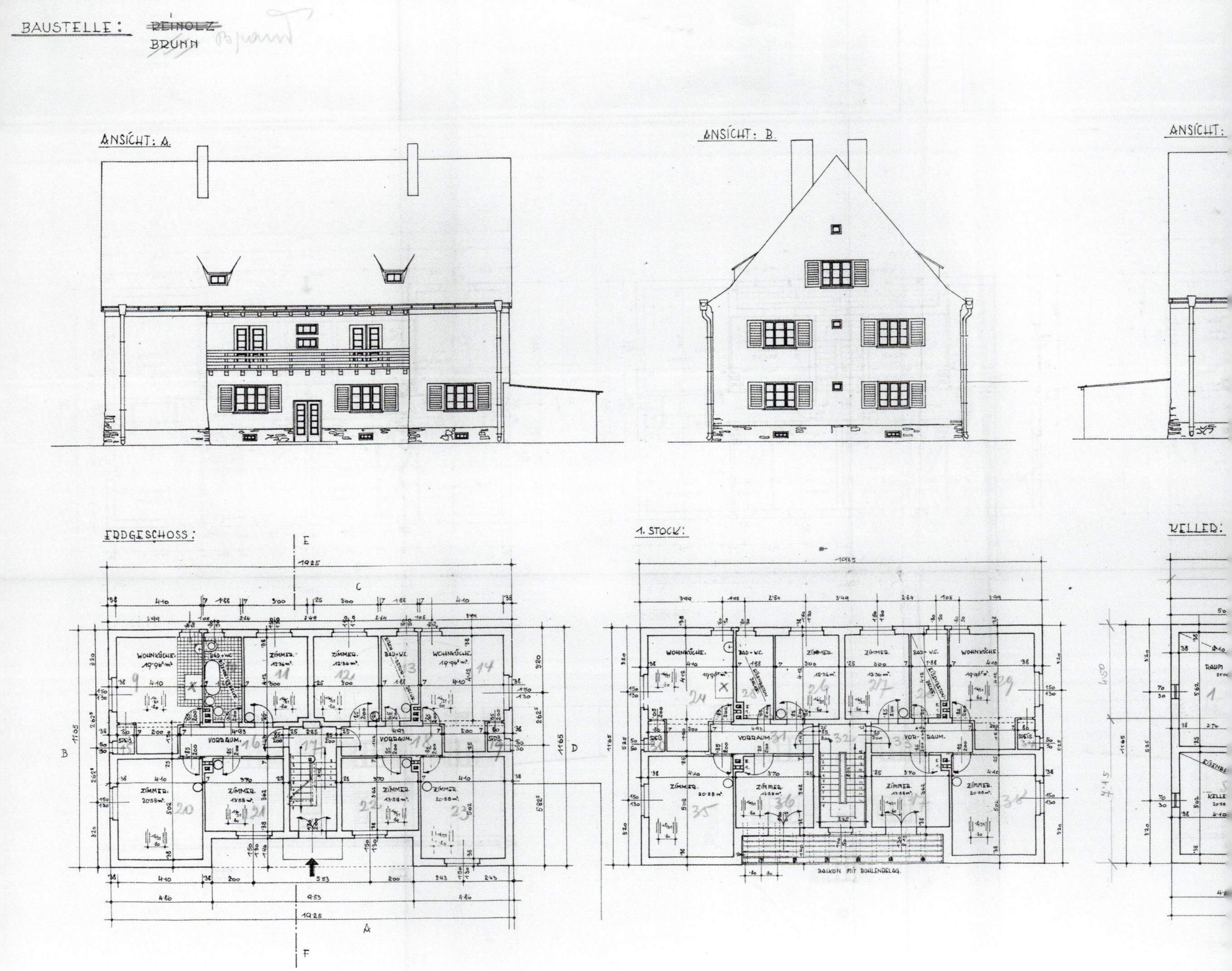
BAUSTELLE: REINOLZ
BRUNN
ANSICHT: A.
ANSICHT: B.
ANSICHT:
ERDGESCHOSS:
1. STOCK:
KELLER:
WOHNKÜCHE
ZIMMER
BAD + WC
VORRAUM
VORRAUM
VOR-RAUM
BALKON MIT BOHLENBELAG

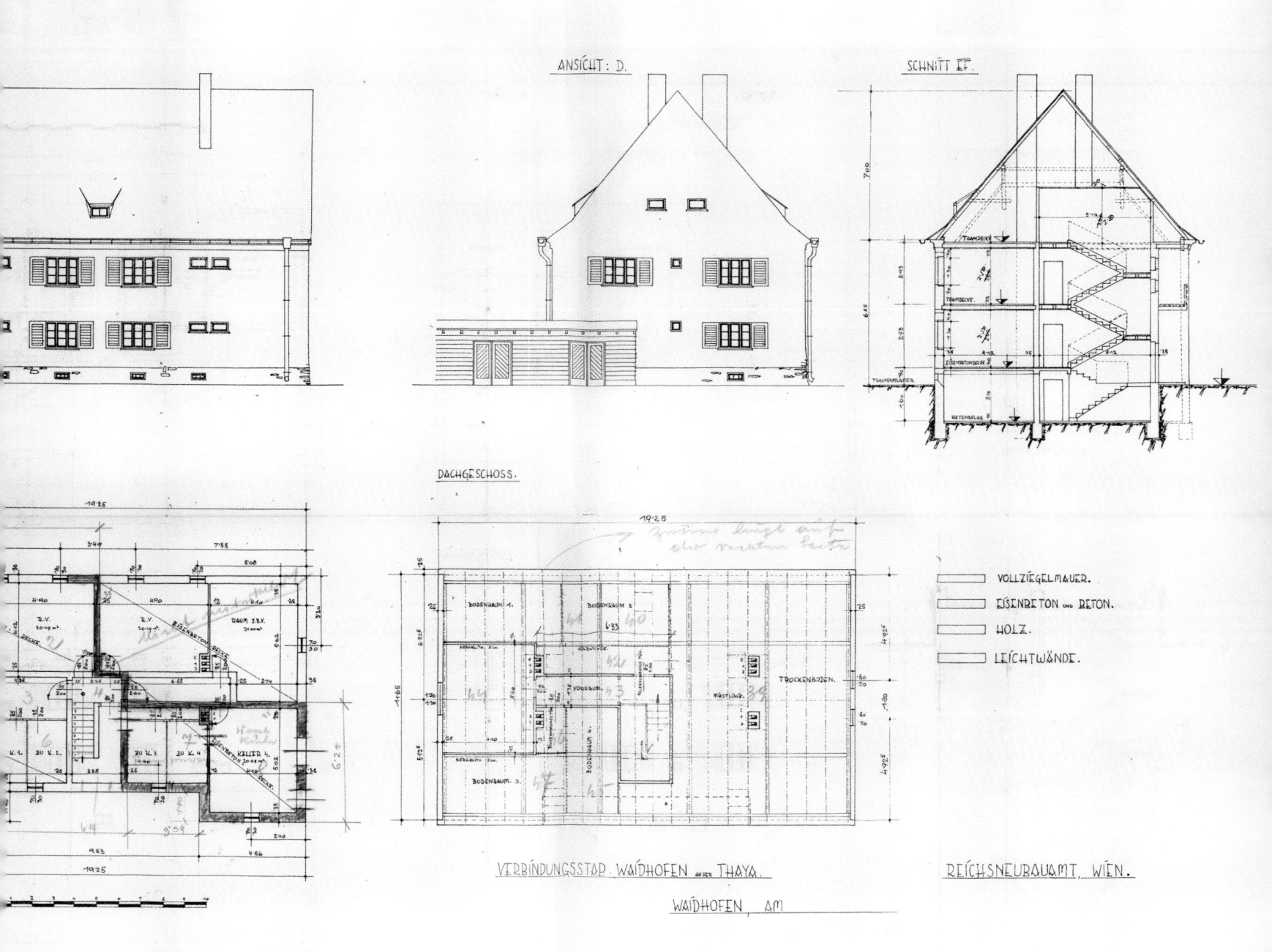

T. NR. 13.
PLAN NR. 2

ANSICHT: D.   SCHNITT EF.

DACHGESCHOSS.

VOLLZIEGELMAUER.
EISENBETON und BETON.
HOLZ.
LEICHTWÄNDE.

VERBINDUNGSSTAB WAIDHOFEN an der THAYA.   REICHSNEUBAUAMT, WIEN.

WAIDHOFEN, a.d.T.

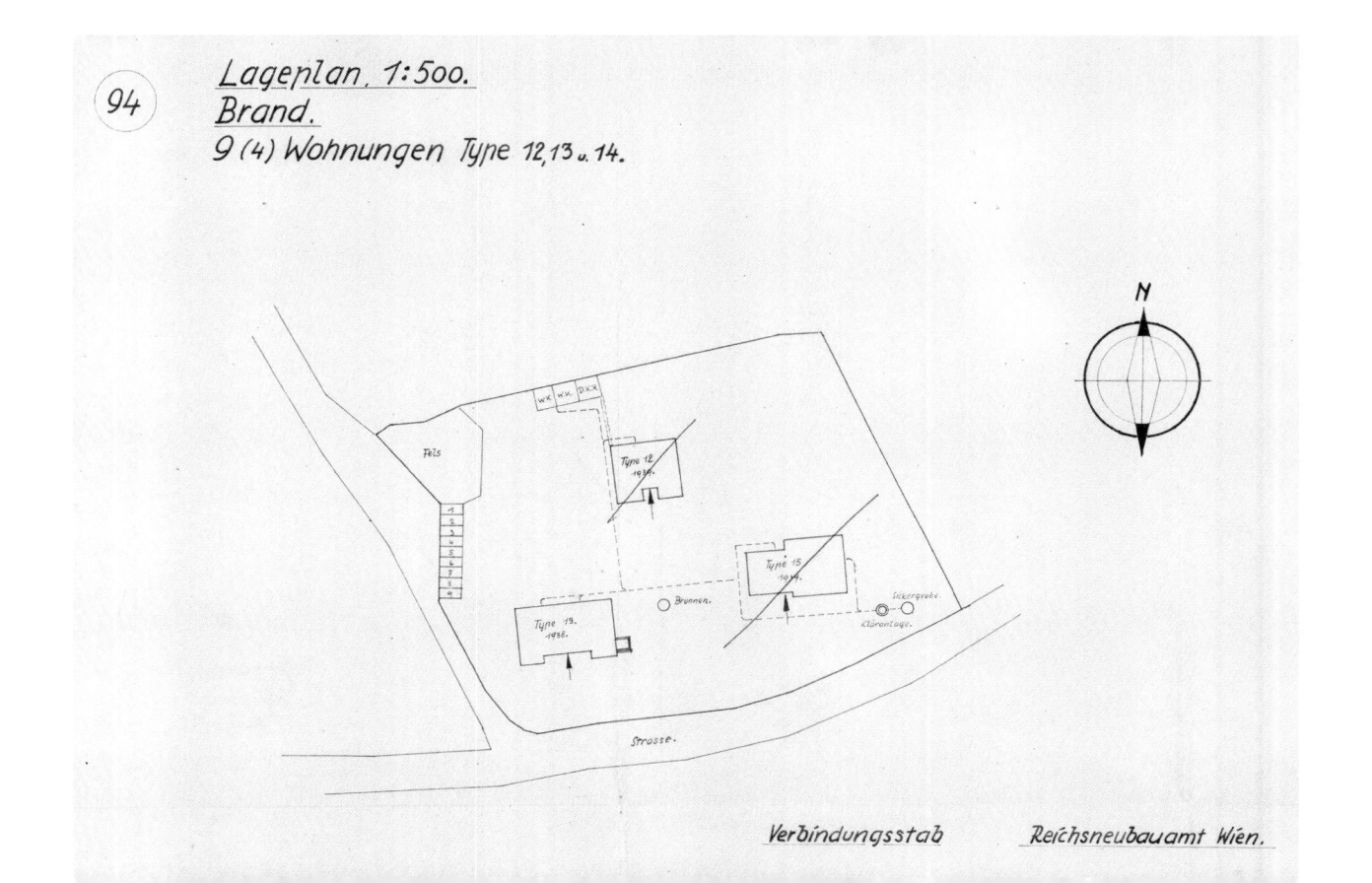

(94) Lageplan, 1:500.
Brand.
9 (4) Wohnungen Type 12, 13 u. 14.

N

Verbindungsstab   Reichsneubauamt Wien.

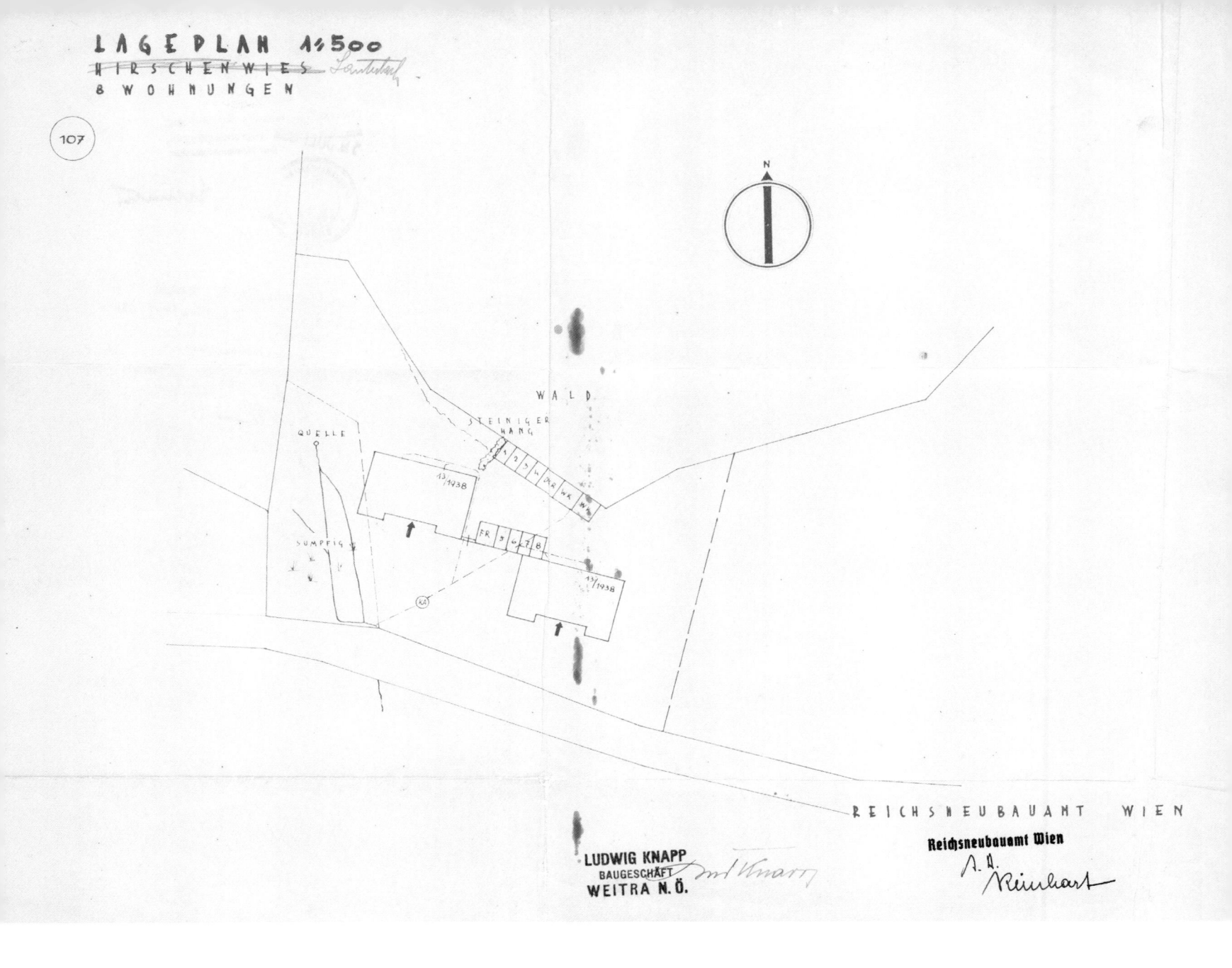

LAGEPLAN 1:500
~~HIRSCHENWIES~~ *Sandbach*
8 WOHNUNGEN

WALD
QUELLE
STEINIGER HANG
SUMPFIG

LUDWIG KNAPP
BAUGESCHÄFT
WEITRA N.Ö.

REICHSNEUBAUAMT WIEN
Reichsneubauamt Wien

<
Plan und Lageplan Brand /
Reichsneubauamt Wien /
1938

Brand /
2009

und Ritzenthaler erst wieder Anfang November 1938, als die insgesamt zugeteilten RM 9 Mio nahezu aufgebraucht waren, weitere RM 2,5 Mio für offene Baurechnungen und RM 196.000 für weitere Grundkäufe beim Reichsfinanzministerium beantragen lassen. Entgegen dem mit dem Nachweis der Mittelverwendung angemerkten Einsparungspotenzial erhöhte sich der Bedarf bis Jahresende um weitere RM 3,3 Mio.[43]

Ein Überblick über 1938 realisierte Wohnbauprojekte vom 11.1.1939[44] weist an 198 Baustellen 1417 Wohnungen in Bau mit Kosten in Höhe von RM 12,265.700 aus, wovon Grundankäufe in Höhe von RM 599.200 und Baukosten von RM 8,4 Mio aus den bereitgestellten RM 9 Mio abgedeckt wurden; die restlichen RM 3,3 Mio standen Ende Jänner bei OFP Wien zur Verfügung. Die endgültige, am 2.3.1939 vorgelegte Abrechnung 1938[45] machte nach Berichtigungen weitere RM 3,1 Mio erforderlich, die am 14.3.1939 bewilligt wurden. Die damit auf RM 15,388.440 revidierten Gesamtkosten 1938 resultierten aus weiteren Grundstückskäufen und zum Teil wesentlich gestiegenen Baukosten: in Tirol machte der Mehrbedarf über RM 1 Mio, in Niederdonau RM 300.000 bei annähernd gleichbleibender Projektanzahl aus; in der Steiermark fielen um ca. RM 650.000 höhere Bau- und zusätzliche Grundstückskosten ins Gewicht, in Kärnten um RM 1,1 Mio bei einer gestiegenen Anzahl von Baustellen wie Wohnungen – von 42 auf 51 (+21%) bzw. von 230 auf 264 (+15%); paradox und einer Kostenexplosion gleichkommend, erscheinen in Vorarlberg um RM 400.000 gestiegene Kosten bei gleichzeitiger Reduzierung der Wohnungsanzahl um 44%, was einen Bauaufschub für 115 von insgesamt 307 Wohnungen bedeutete; lediglich in Oberdonau sanken die Kosten um ca. RM 180.000, ein der Einstellung aller Wohnbauten und dem Ersatz durch größtenteils erst für die Folgejahre geplante Wohnbaracken geschuldeter Effekt. Der Finanzierungsbedarf für 1939, bezogen ausschließlich auf die Fertigstellung von Bauten und ohne deren Deckung in Aussicht stellen zu können, war bis 1.4.1939 anzumelden.[46] Ungewiss unter „1939 uff." vermerkt, weist die Übersicht insgesamt 671 Wohnungen aus, zum Teil Überhänge aus 1938 in Vorarlberg betreffend. Im Vergleich zu den anfangs prognostizierten und propagierten Zahlen zeigt sich ein überschlägiger Rückstand von rund 30%.

Die Beilegung der ‚Sudetenkrise' durch die in der Konferenz von München am 29.9.1938 legitimierte Annexion der tschechischen Randgebiete an das ‚Deutsche Reich' und deren Umbenennung in ‚Sudetengau' ging mit einer expansiven Verschiebung der Reichsgrenze einher, in deren Folge die an die österreichisch-tschechische Grenze transferierten deutschen Grenzschutzbeamten ebenso zur Disposition standen wie die zu ihrer Unterbringung unter vielfachen Problemen eben erst zu errichten begonnenen Wohnbauten. Zum Teil sollte sich ihre Versetzung bis zum Wegfall der Zollgrenzen am 1.4.1939 verschieben; die Wohnrechte bereits an neue Dienstorte versetzter Beamter wie die ihrer auf Nachzug wartenden Familienangehörigen regelte analog zur Praxis an der ehemals bayerisch-österreichischen Grenze der Erlass vom 24.11.1938, mit dem auch über die Verwertung der oft erst halbfertigen Bauten bestimmt wurde. Käufer, sofern andere Reichsstellen, waren zur Duldung der sich oft hinziehenden Übersiedlungen angehalten; Verkauf oder Vermietung an Privatpersonen bedurften einer Übergabe erst nach Freiwerdung.[47]

Hatte die gespannte politische Lage bis September 1938 zu Verzögerungen beigetragen und die vorübergehende Stilllegung von Baustellen notwendig gemacht, kam es mit Kriegsbeginn 1939 zunehmend zur Einstellung von Bauten oder bei begonnenen Projekten zum Aufschub auf eine in der Euphorie des Blitzkrieges vermeintlich absehbare Nachkriegszeit; über geplante, aber noch nicht begonnene Vorhaben wurde ein Bauverbot verhängt, das mit Fortdauer des Krieges – wie für alle vom Reichsarbeitsminister geförderten Beamtenwohnungen – auch für den Neubau von Wohnungen für den Zollgrenzschutz galt. Deren zum Teil prolongiert missliche Lage zu ändern – manche aus dem ‚Altreich' versetzte Beamte waren mangels entsprechender Wohnungen bereits 2 Jahre von ihren Familien getrennt –, wurde auf die Wiederaufnahme der Bautätigkeit nach einem baldigen Kriegsende vertröstet.[48]

Generalinspekteur des Zollgrenzschutzes Hossfeld resümierte seine „Grenzbereisung in den Oberfinanzbezirken Graz und Niederdonau in der Zeit vom 31.Oktober bis 10.November 1940" mit einem „katastrophalen Mangel an Wohnungen", besonders in Graz, Klagenfurt und Villach, wo auch die Anmietung von Unterkünften ohne Erfolg sei, weil die Reichsfinanzverwaltung derart die Mieten drücke, dass Wohnungen Bewerbern anderer Verwaltungsressorts zufielen. „Alle Planungen für Neubauten der Reichsfinanzverwaltung seien bis Kriegsende zurückgestellt worden", merkte Hossfeld als kurzsichtig an; andere Verwaltungen würden Planungen so weit vorantreiben, „dass sie sofort nach Kriegsende mit dem Bau beginnen können". Entsprechend wären sie dann, was die Ressourcen an Arbeitskräften und Material betrifft, im Vorteil. Zur Verbesserung der Lage versuchte das Reichsarbeitsministerium gegenzusteuern und „trotz des allgemeinen Neubauverbots und der derzeitigen Baustoff- und Arbeiterknappheit weitere Wohnungen für Reichsbedienstete zu errichten". Mit Runderlass vom 9.1.1941 ermächtigt er die Oberfinanzpräsidenten in der ‚Ostmark', „Reichsbaudarlehen bis zu 90 v.H. der Gesamtherstellungskosten zu gewähren", zudem könnten sie die Darlehenszinsen bis auf 0% senken und früher vergebene niedrigere Darlehen den neuen Richtlinien entsprechend umfinanzieren. Das Einvernehmen mit dem Reichminister der Finanzen vorausgesetzt, sollte auch die Beschränkung der Wohnungsgröße fallen wie der Preistreiberei von privaten Vermietern durch Einschaltung der Preisbehörde entgegengetreten werden.[49] Begonnene Bauten sollten „durch persönliches Eingreifen" der lokalen Oberfinanzpräsidenten wegen ihrer Kenntnis der Verhältnisse und, wie vom OFP Wien vorgeschlagen, nicht österreichweit unter seiner Aufsicht[50] vorangetrieben und beschleunigt fertiggestellt werden.[51] Auch Göring als Beauftragter für den ‚Vierjahresplan' hatte wegen der „katastrophalen Wohnungslage in den eingegliederten Ostgebieten" das „fast unverändert gebliebene soziale Wohnungselend im Sudetenland und in der Ostmark" in seiner Ausnahmeregelung für die Bauwirtschaft mitberücksichtigt und sich bereit erklärt, „die zur Durchführung der Wohnungsbauten erforderlichen kontingentierten Baustoffe zur Verfügung zu stellen".[52] Zugleich wurden Anfang 1941 ein Teil der Neubauten für den Zollgrenzschutz an die Gendarmerie veräußert, für deren Zwecke bereits Ende 1940 Umbauplanungen erfolgt waren. Dazu gehörten auch mehr oder weniger fortgeschrittene Bauten im Untersuchungsgebiet Waldviertel, etwa die in Altnagelberg,[53] Harbach[54] und Karlstift.[55]

Lageplan Lauterbach / Reichsneubauamt Wien / 1938

Lauterbach / vermutlich 1942

/ 2010

ZOLLAUFSICHTSSTELLE KARLSTIFT
TYPE 17 OBJEKT I.

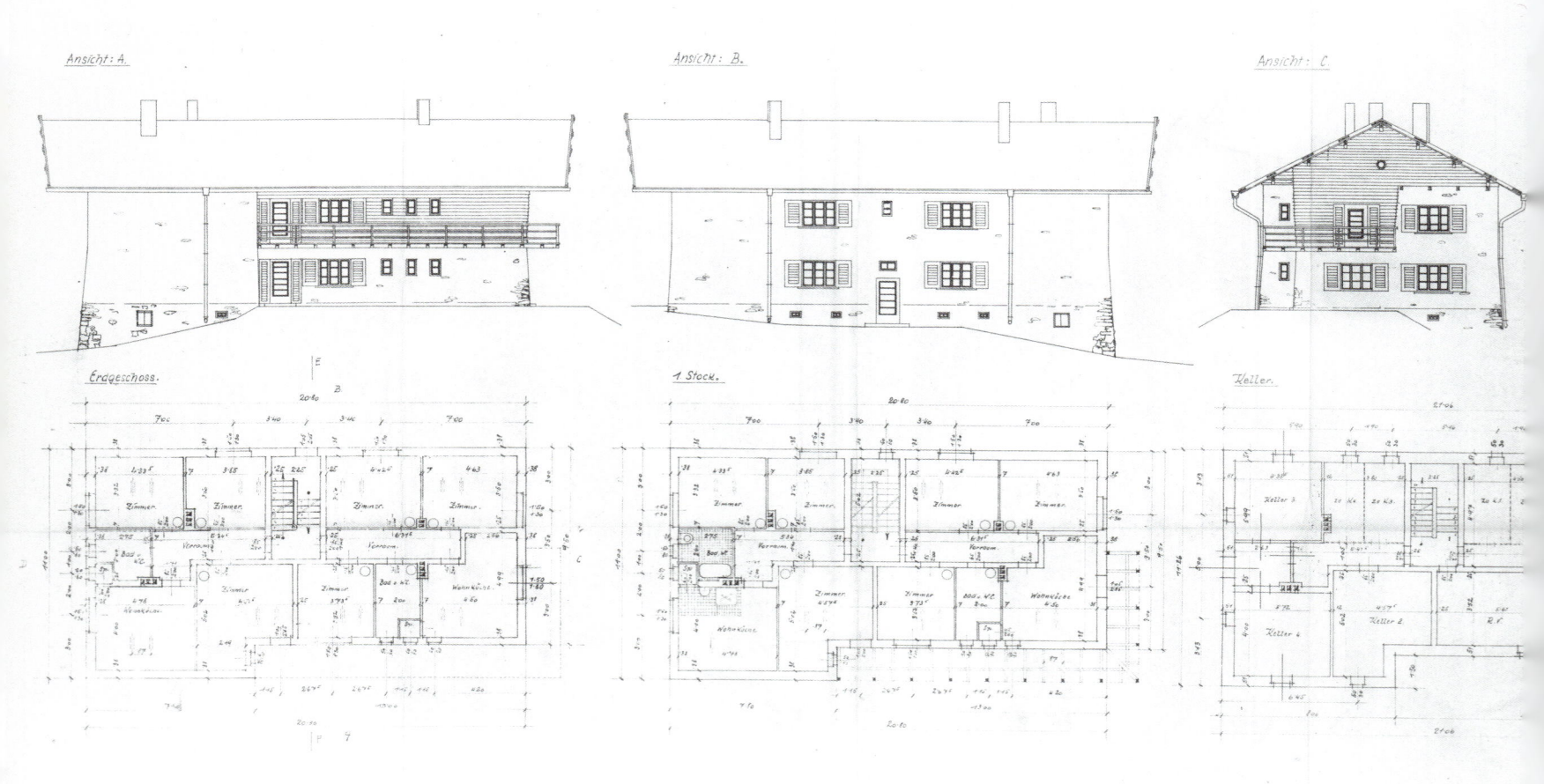

Ansicht: A.　　　　　　　　　Ansicht: B.　　　　　　　　　Ansicht: C.

Erdgeschoss.　　　　　　　　1. Stock.　　　　　　　　　Keller.

Karlstift /
2009

Plan Karlstift /
Reichsneubauamt Wien /
1938

Rottal /
2009

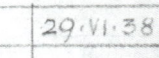

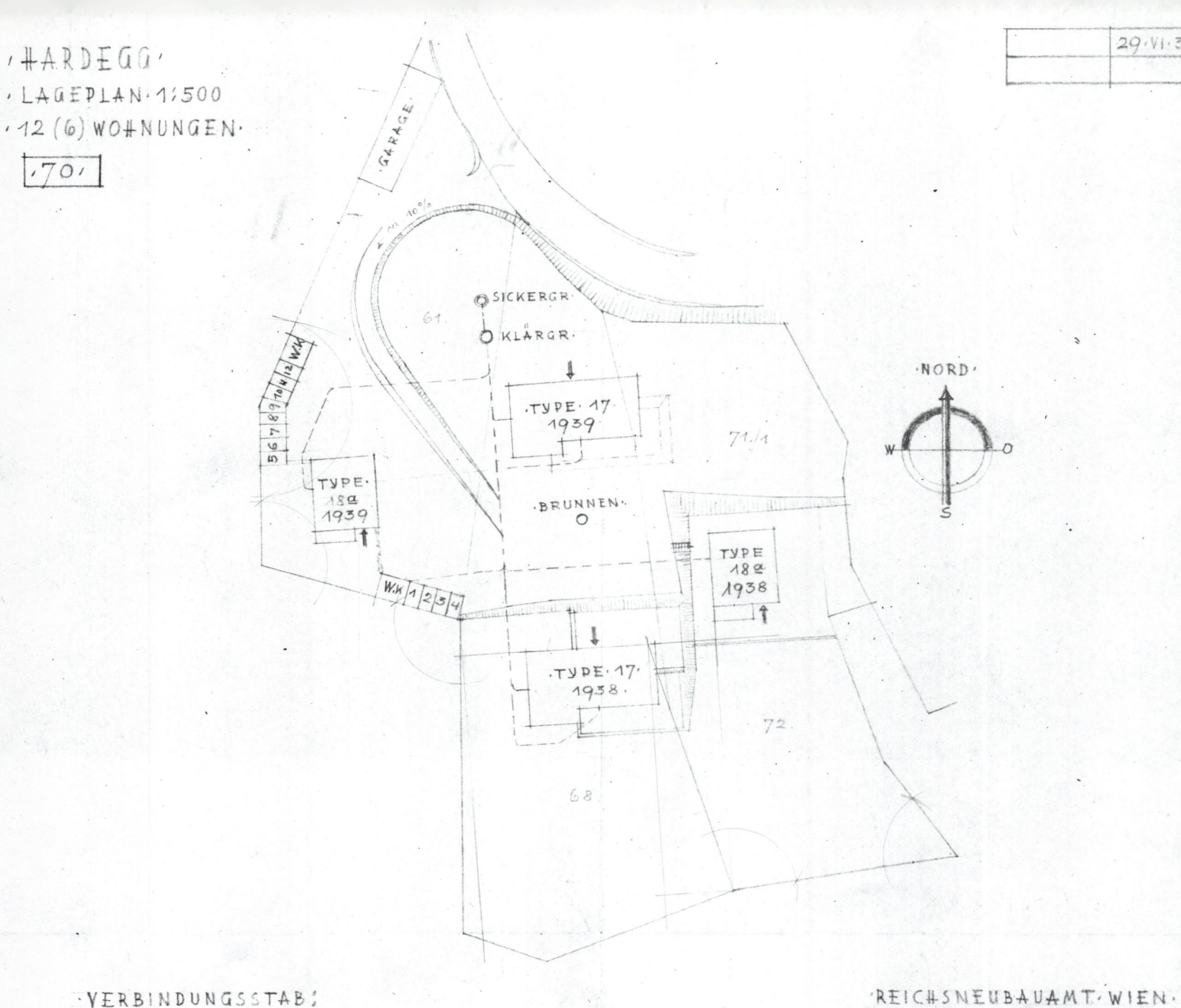

Lageplan Hardegg /
Reichsneubauamt Wien /
1938

Hardegg /
2009

Die 1938/39 für Angehörige des Zollgrenzschutzes im Waldviertel errichteten Wohnbauten, die in sicherheitsstrategisch naher Abfolge als grenzpolitische Einschreibungen und anschauliche Zeugnisse nationalsozialistischer Baupolitik nahezu unverändert den österreichischen Grenzverlauf zu Tschechien markieren, sind im kollektiven Gedächtnis kaum präsent, so auffällig anders sich ihre Architektur und Dimensionierung im ländlichen Umfeld ausnimmt. In unüblicher Formensprache und meist doppelter Ausführung in die Landschaft gesetzt, finden sich insgesamt 23 von 32 geplanten Bauten, auf die sich 82 von 113 Wohnungen verteilten, deren Bau sich infolge der expansionistischen Grenzverschiebung im September 1938 hinzog, wenn nicht erübrigte, und die zum Teil für andere Zwecke genutzt wurden. Als ‚Deutsches Eigentum' nach den gesetzlichen Bestimmungen des Staatsvertrags 1955 in den Besitz der Republik Österreich übergegangen, sind die Bauten heute nur noch vereinzelt Staatsbesitz und werden etwa für Zwecke der Gendarmerie genutzt; einige wurden zur Schaffung von Sozialwohnungen von den Standortgemeinden erworben, der Großteil befindet sich in Privatbesitz. Bis auf solitäre Lagen, in denen als Zwilling ausgeführte Bauten ihre architektonische Eigenheit umso mehr in der Landschaftsidylle behaupten, erscheinen die einst in Randlagen errichteten von den baulichen Wucherungen der im allgemeinen Strukturwandel ausfransenden Dörfer eingeholt, wenn auch durch ihre Größe und Formensprache im heterogenen Baugefüge von Einfamilienhäuser unübersehbar.

Die als Mehrfamilienhäuser konzipierten Wohnbauten für den Zollgrenzschutz, die um Zusatzbauten, wie Kleintierställe, Schuppen für Heizvorräte und andere Funktionsräume, erweitert sein konnten, waren, ohne Einrechnung von Nebenräumen, wie Bad, Klo und Speisekammer, auf eine Größe von 65-75 m² ausgelegt. Für Bezirkszollkommissare waren 100 m², für deren Gehilfen 90 m² zulässig, während Diensträume mit 40-50 m² bemessen und neben Abstellräumen manchmal auch um Arresträume ergänzt waren, um aufgegriffene verdächtige Personen in Gewahrsam nehmen zu können. Schulungsräume, ebenfalls in der Größe von 40-50 m², konnten gegebenenfalls auch in separaten Gebäuden eingerichtet werden.[56]

Die von der Planungsabteilung der Reichsbauverwaltung des Finanzressorts erstellte Typologie rationalisierten Wohnbaus umfasst vorwiegend 2-geschossige Bauten, die sich durch jeweils einheitliche Grundrisse und geschossgleiche Verteilung sowie eine wahllos heimattümelnde Formensprache mit vorwiegend steilen Satteldächern, Bruchsteinsockel, Rustika akzentuierten Mauerkanten und Eingängen, hölzernen Fensterläden und Balkonkonstruktionen auszeichnen. In den meisten Fällen als Zwilling, vereinzelt auch ‚als Ensembles von bis zu 4 Häusern geplant und jeweils auf 3-Zimmer-Wohnungen mit Wohnküche und Bad ausgelegt, zeigt sich bei den realisierten Bauten eine typologische Präferenz für eine 4 Wohnungen umfassende Variante über T-förmigem Grundriss, die ein steiles Satteldach kennzeichnet. Zur Ausführung kam das als Typ 11a standardisierte Wohnhaus mit einer verbauten Fläche von rd. 208 m², wie geplant zweifach, in Altnagelberg, Schönau bei Litschau und Reingers, auf einen Einzelbau reduziert, in Heinrichs, Höhenberg und Heinrichsreith.[57] Großteils auf aus Privatbesitz erworbenen Grundstücken errichtet, gingen die Neubauten in Reingers, die von der Grenzaufsicht vermutlich gar nicht bezogen wurden, bereits am 9.11.1939 von der Reichsfinanzverwaltung auf den RAD über, dem damit statt Baracken massiv errichtete Wohnhäuser als Lager für die weibliche Jugend zur Verfügung standen. Mit Überlassungsabkommen vom 24.2.1942 wechselten die erst im Rohbau fertigen Zwillingsbauten in Altnagelberg in den Besitz der Gendarmerie, die am 21.5.1942 auch den Einzelbau in Höhenberg gegen Werterstattung übernahm.[58]

Ebenfalls auf 4 Wohnungen ausgelegt, weist der auf rechteckigem Grundriss errichtete Typ 13 mit Satteldach mit Schleppgaupen und in die traufständige Eingangsfassade vertiefter Loggia eine Fläche von rd. 224 m² auf. Zweifach in der Hochlage zwischen Lauterbach und Hirschenwies in der Längsachse versetzt errichtet, wurden auch diese Häuser nie von Grenzschutzbediensteten bewohnt, sondern vermutlich noch während des Baus, eventuell im Ausgleich der Kosten, der ausführenden Firma überlassen, worauf ihre landläufige Bezeichnung „Mokesch-Häuser" nach der Gmünder Baufirma Heinzel & Mokesch verweist, mit der der NS-Konnex überschrieben wurde. In der Nähe des Grenzübergangs Pyhrabruck lässt der in der Größe eines Einfamilienhauses erhaltene Teil desselben Bautyps – der zweite wurde zur Gänze abgetragen – kaum den Zollwohnbau erkennen, der wiederum in der Streulage von Brand in einer Reihe von über die Jahrzehnte entstandenen Einfamilienhäusern nahezu unverändert erhalten ist und Gemeindewohnungen beherbergt; das zugehörige Gartenareal verdankt sich in seiner Großzügigkeit der Baueinstellung aus bauwirtschaftlichen Mängeln und zugunsten rüstungspolitischer Zwecke, die die für 1939 geplante Umsetzung von 2 weiteren Wohnhäusern der Typen 12 und 15 verhinderten.[59]

Ganz anders der ebenfalls 4 Wohnungen umfassende Bautyp 17, der wegen seiner Orientierung an traditionell alpenländischen Bauernhofformen sonderbar für die Region Waldviertel wie als Wohnbau anmutet und in abgelegenen Waldrandlagen ein diskrepantes Idyll abgibt. Einmal in doppelter Ausführung auf einer Anhöhe mit Ausblick auf das grenzenlose Waldpanorama im Grenzraum bei Rottal realisiert, erscheinen die 2-geschossigen, auf einer Fläche von 228 m² errichteten, langgestreckt wuchtigen Bauten mit flachem, weit überstehendem Satteldach, Giebel und rückumlaufende Loggia in dunkler Holzverkleidung, die Mauerecken rustiziert, als Verschnitt von Bergbauernhof und Kaserne. Derselbe Typus als Einzelbau im ebenfalls in einem riesigen Waldgebiet hoch gelegenen Karlstift wurde bereits als Rohbau 1941 an das örtliche Forstgut Pfleiderer verkauft und in seiner stattlichen Hofform zu einem imposanten Jagdhaus veredelt, dem die Kasernenhaftigkeit von Rottal fehlt und das umso mehr seine Entstehungsgeschichte verschweigt.[60] Dass Typ 17 schließlich zweifach in einem Ensemble aus 4 Bauten, das zusätzlich 2 Häuser des Typs 18a, der kleineren Variante des alpenländischen Architekturzitats, zum Einsatz kam, könnte eine besondere Vorliebe für die Formensprache der ‚Alpengaue' oder die Verwechslung von Plänen vermuten lassen, ist aber Zeichen vorgeblich landschaftsgerechten Bauens, das Rationalisierung durch Ausweitung von Landschaftsnormen und Subsumierung baukultureller Vielfalt betrieb. Zur Ausführung kam wiederum nur die für 1938 geplante Hälfte des Projekts – jeweils 1 Haus des Typs 17 und 18a mit 4 bzw. 2 Wohnungen –, das in erhöhter Lage über der Thaya gegenüber der Burg in Hardegg als eigene Anlage geplant erscheint.[61]

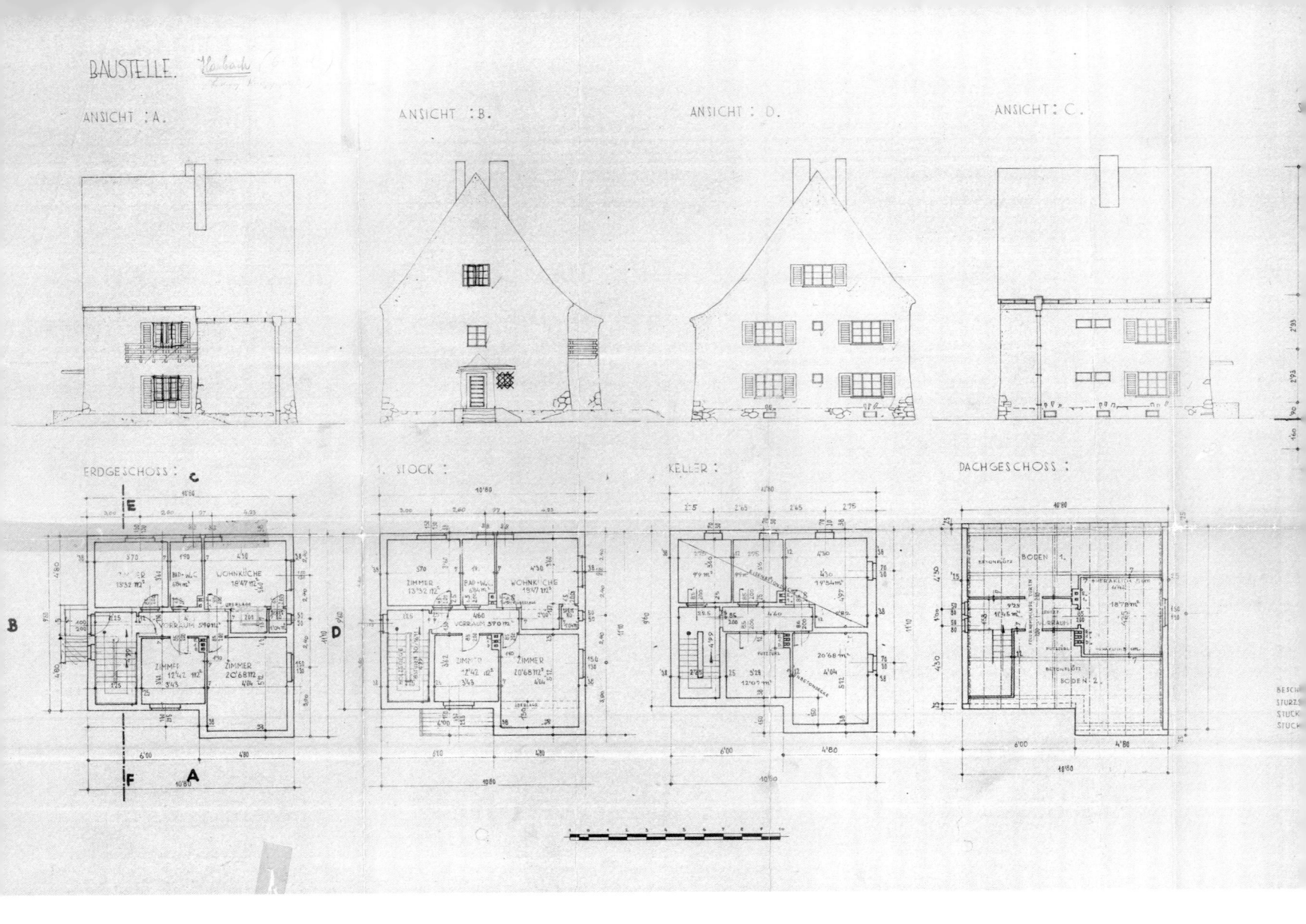

Bautyp 10a mit nur 2 Wohnungen und rd. 111 m² verbauter Fläche zeichnet sich durch ein steiles Satteldach und eine einseitige Geschosserweiterung über die halbe Längsseite aus, die den Baukörper giebelseitig aus der Symmetrie bringt und dadurch charakterisiert. Vermutlich ebenfalls im Doppel geplant, wurde in Harbach 1 Haus realisiert, allerdings nur im Rohbau, der am 22.5.1941 ebenfalls der Polizeiverwaltung überlassen wurde.[62] Derselbe Bautyp in Kombination mit Typ 15, der eine eingeschossige Variante des Typs 11a mit einer verbauten Fläche von 108 m² darstellt und einschließlich ausgebautem Dachgeschoss 3 Wohnungen umfasst, wurde als Ensemble in Oberthürnau gebaut.[63]

Singulär und aufgrund fehlender Planungsunterlagen numerisch nicht in die Bautypologie einzuordnen, ist der in seiner Dimensionierung kleinste, 1-geschossige und vermutlich nur auf eine Wohnung ausgelegte Bau, direkt an der österreichisch-tschechischen Grenze in Wielands gelegen, durch einen quadratischen Grundriss sowie ein markantes hohes Walmdach mit Schleppgaupen charakterisiert.

Plan Harbach /
Reichsneubauamt Wien /
1938

Oberthürnau /
2007

Wielands /
2009

Harbach /
2010

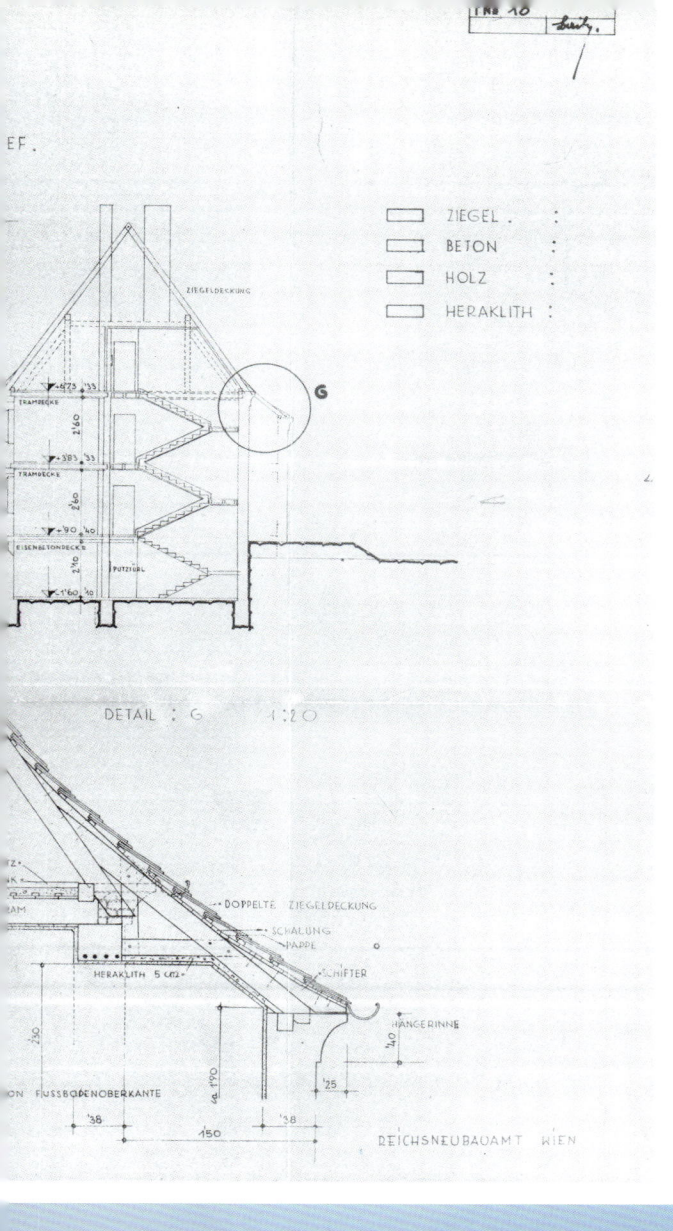

ZIEGEL
BETON
HOLZ
HERAKLITH

DETAIL: G 1:20

DOPPELTE ZIEGELDECKUNG
SCHALUNG
HERAKLITH 5 cm

REICHSNEUBAUAMT WIEN

Wohnbauten Wehrmacht

Im Zuge der Übernahme und des Ausbaus militärischer Infrastruktur durch die deutsche Wehrmacht nach dem ‚Anschluss' 1938 wurde ein Sofortprogramm zum Bau von Wohnungen für Offiziere und Unteroffiziere der Heeresverbände umgesetzt, das sowohl Siedlungsbauprojekte im Umfeld von Truppenübungsplätzen wie Wohnbauten an bestehenden und neuen Garnisonsstandorten umfasste. In der beispielhaft untersuchten Region Waldviertel, deren Grenzraum militärstrategische Aufklärungszone für den Einmarsch in die Tschechoslowakei und deren Zentralraum in einen Truppenübungsplatz transformiert wurde, gelangte in Krems, Zwettl, Horn und Eggenburg ein Reihe von Wohnbauten mit baubehördlicher Sonderregelung auf Basis des Landbeschaffungsgesetzes für Zwecke der Wehrmacht beschleunigt zur Ausführung.[1] Wenn auch grundsätzlich die bestehende Bauordnung galt, war eine Bewilligung durch die lokale Bauinstanz, im Regelfall vor Baubeginn und auf Basis vollständiger Planunterlagen, für die von der Wehrkreisverwaltung XVII beauftragten Wohnbauprojekte, die den Behörden lediglich zur Kenntnis zu bringen waren, ein nachträglicher Formalakt.[2] Gefragt waren die Gemeinden allerdings bei der Beschaffung von Baugrundstücken, die auf Vorschlag vom Heeresfiskus erworben wurden. Mit der Planung nahezu aller Heereswohnbauten im Nieder- und Oberdonau umfassenden Wehrkreis XVII betraut war der Wiener Architekt Hans Kamper > Architekten / Künstler 397, die Ausführung lag bei der von Hausbau AG des Österreichischen Handwerks durch den Reichsstand des deutschen Handwerks umbenannte Hausbau AG des Handwerks der Ostmark, die Baufinanzierung bei der Treubau AG.[3]

Im Vergleich zu den standardisierten Holzarchitekturen in Heimatschutzmanier, die an der Peripherie des Truppenübungsplatzes Döllersheim > Truppenübungsplatz 113 als Siedlungen von Einzel- und Doppelhäusern errichtet wurden, galten im Stadtraum der Garnisonen Planungskriterien rationalisierten Geschosswohnbaus in formensprachlich geringer Varianz. Mit Ausnahme eines vom Heeresbauamt St. Pölten geplanten Projekts „heereseigener Reichsmietwohnungen" allesamt Planungen von Hans Kamper, die sich, der Ordnung typisierter Grundrisse folgend und je nach Bedarf additiv zu nach Nutzfläche und Geschossanzahl variablen Wohnblocks organisiert, durch streng geteilte, von durchgehenden Fensterachsen strukturierte Fassaden und obligate Walm- oder Satteldächer auszeichnen. Wohnungsgröße und Anzahl der Bewohner der um Wohnküche und Bad geschossgleich angeordneten 2 bis 6 ½ Zimmer, deren Raumangebot Kammern im teilweise ausgebauten und über Gaupen belichteten Dachgeschoss wie auch Balkon, Loggia oder Terrasse erweiterten und im Keller Vorratsräume und Waschküche sowie ein Luftschutzraum mit Gasschleuse ergänzten, korrelierten der militärischen Ranghierarchie, der auch die Baulagen entsprachen. Bis auf wenige kleiner dimensionierte, nur auf 2 Großwohnungen ausgelegte Häuser mit Garten in Villenvierteln, die höheren Rängen vorbehalten waren, wurden durchwegs 2-, selten 3-geschossige Blocks mit 6 bis 8 Wohnungen in Vorgartenabstand zur Baulinie zu Zeilen oder Ensembles gruppiert, je nach verfügbaren Bauplätzen in zum Teil neu aufgeschlossenen Stadterweiterungsgebieten.

Von den insgesamt 33 in den Garnisonsstädten des Waldviertel geplanten Wohnbauten der Wehrmacht mit 134 Wohnungen für Offiziere und Unteroffiziere wurden 28 errichtet, von denen, nach Abtragung eines einsturzgefährdeten Objekts kurz nach Errichtung, 27 mit 108 Wohnungen – 52 für Offiziere und 56 für Unteroffiziere – großteils unverändert erhalten sind. Als ‚Deutsches Eigentum' nach dem Staatsvertrag 1955 auf die Republik Österreich übergegangen,[4] wurden die Wohnbauten der Wehrmacht bis auf wenige Ausnahmen vermarktet und wechselten zum Teil in das Eigentum der Standortgemeinden oder vielfach in Privatbesitz.

Lageplan und Planansicht Krems 1 / Hans Kamper / 1938

Alauntalstraße / 2007

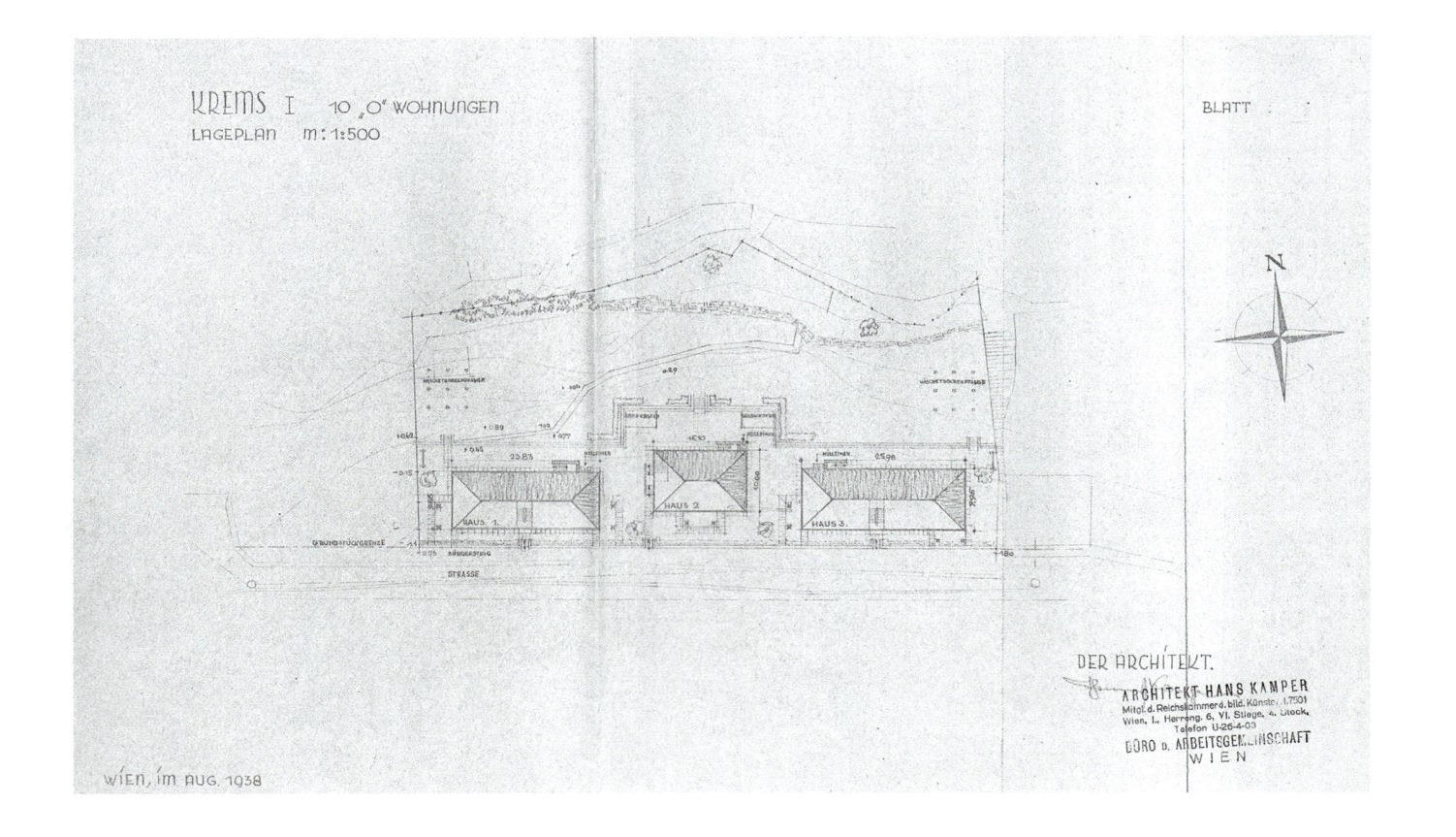

KREMS 1. HAUS 1.

SÜDANSICHT   WESTANSICHT

NORDANSICHT

ARCHITEKT HANS KAMPER

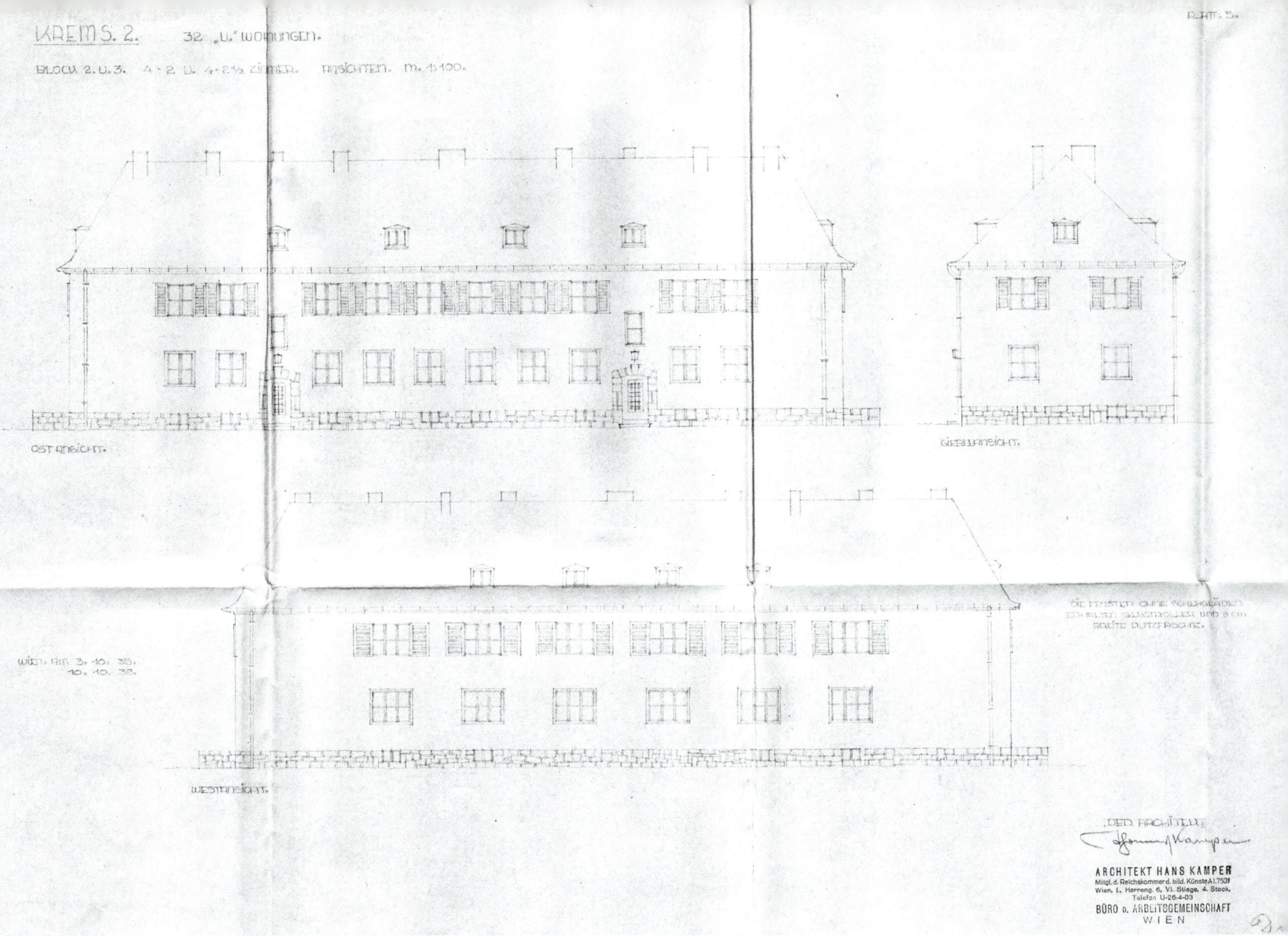
KREMS. 2.
32 „U." WOHNUNGEN.
BLOCK 2. U. 3. 4 · 2. U. 4 · 2½ ZIMMER. ANSICHTEN. M. 1:100.
OSTANSICHT.
GIEBELANSICHT.
WIEN, AM 3. 10. 38.
10. 10. 38.
WESTANSICHT.
DER ARCHITEKT:
ARCHITEKT HANS KAMPER
Mitgl. d. Reichskammer d. bild. Künste A I. 7501
Wien, I., Herreng. 6, VI. Stiege, 4. Stock,
Telefon U-26-4-03
BÜRO D. ARBEITSGEMEINSCHAFT
WIEN

Krems

Für Krems, seit der Monarchie Garnison, allerdings zuletzt ohne ständige Truppenpräsenz, was sich im Zuge der am östlichen Stadtrand geplanten Aufschließung eines Industrie- und Hafengebiets durch Überstellung eines Pionierbataillons aus Klosterneuburg im November 1938 ändern sollte, entwarf Kamper zwischen Juni 1938 und Februar 1939 5 Wohnbauprojekte für die Wehrmacht mit insgesamt 10 2-geschossigen und 2 3-geschossigen Wohnhäusern bzw. Wohnblocks, die zusammen 30 „O"- und 32 „U"-Wohnungen aufnahmen. Dazu kamen 1941 vom regional zuständigen Heeresbauamt St.Pölten errichtete 2 Bauten mit insgesamt 8 Dienstwohnungen. Die Baureale, mit Ausnahme einer Parzelle nahe der Altstadt in der Alauntalstraße, überwiegend im östlichen Stadtrandgebiet gelegen, erwarb das ‚Deutsche Reich / Heeresfiskus' großteils aus stadteigenem Liegenschaftsbesitz, zum Teil auch aus Kirchen- und Privatbesitz.[5]

„Krems 1" nach Kampers Planung vom Juni 1938 sah in der Alauntalstraße „am Platz des alten Versuchsgartens der Lehrerbildungsanstalt" ein Ensemble von 3 Wohnhäusern mit insgesamt 10 Offizierswohnungen vor, deren Baubeginn am 4.7.1938 mit dem ersten Spatenstich in Anwesenheit der Repräsentanten von Stadt und Partei vollzogen wurde. Wie die Niederösterreichische Land-Zeitung berichtete, würdigten Bürgermeister Dr. Stingl und Kreisleiter Dum das mit dem Bauprojekt einsetzende ‚Aufbauprogramm' als Symbol der ‚neuen Zeit', während der Vertreter der Wehrkreisverwaltung XVII als Bauträger dessen bau- und wehrwirtschaftspolitisches Ziel unterstrich: Arbeit zu schaffen, die Wehrhaftigkeit zu steigern und die Stellung des Handwerks zu stärken. Der Ausklang des propagandistisch inszenierten Auftakts wie der Gleichenfeier bereits am 7.9.1938, bei der auch das nächste Wohnbauprojekt der Wehrmacht im Ortsteil Weinzierl angekündigt wurde, fand bei einem gemeinsamen Mittagessen im Brauhof > Öffentliche Gebäude 327 statt.[6]

Der Entwurf zeigt eine aufgelockerte Anlage von 3 symmetrisch angeordneten Baukörpern auf rechteckigem Grundriss, das mittlere und kleiner dimensionierte Haus aus der Baufluch der beiden längsseits zur Straße ausgerichteten Häuser zurückversetzt; 2 Häuser mit den Abmessungen 23,83 x 9,95 m und 25,98 x 9,95 m und einer verbauten Fläche von ca. 237 bzw. 259 m² wurden auf 4 und 1 Haus mit 15,10 x 10 m bzw. 151 m² auf 2 Wohnungen mit jeweils 88,96 m², verteilt auf 3½ Zimmer, ausgelegt. Der straßenseitigen symmetrisch gegliederten Fassade mit zentraler Erschließung und geschossgleich je 2 3-teiligen Fenstern mit Holzläden entsprechen auf der Rückseite 6 Achsen gleichmäßig verteilter einfacher Fensterreihen, während die Schmalseiten mit 2 Fensterachsen mit Holzläden jeweils ein pfeilergestützter Balkon auszeichnet. Ausgeführt wurde das Wohnbauprojekt unter der Bauleitung von Baumeister Hofmann und General Ing. Packeny von den lokalen Baufirmen Grabenwöger, Landertinger, Schumm und Kerndl. Der ebenfalls noch 1938 durchgeführte Innenausbau ermöglichte den Bezug der Wohnungen spätestens Anfang 1939. Erhalten sind 2 Häuser; das kleine Haus in der Mitte musste bereits 1942 infolge geologisch und witterungsbedingt verursachter Setzungsrisse abgetragen werden.[7]

„Krems 2", ausschließlich für „U"-Wohnungen konzipiert, zeigt eine Randverbauung der rd. 40 a großen Eckparzelle Reitenhaslacherstraße, heute Hafenstraße, und Mitterweg, mit 4, davon 3 realisiert, 2-geschossigen Wohnblocks über verbauten Flächen um jeweils 300 m², auf die sich insgesamt 32 Wohn-

Planansicht und Lageplan Krems 2 / Hans Kamper / 1938

Hafenstraße / 2007

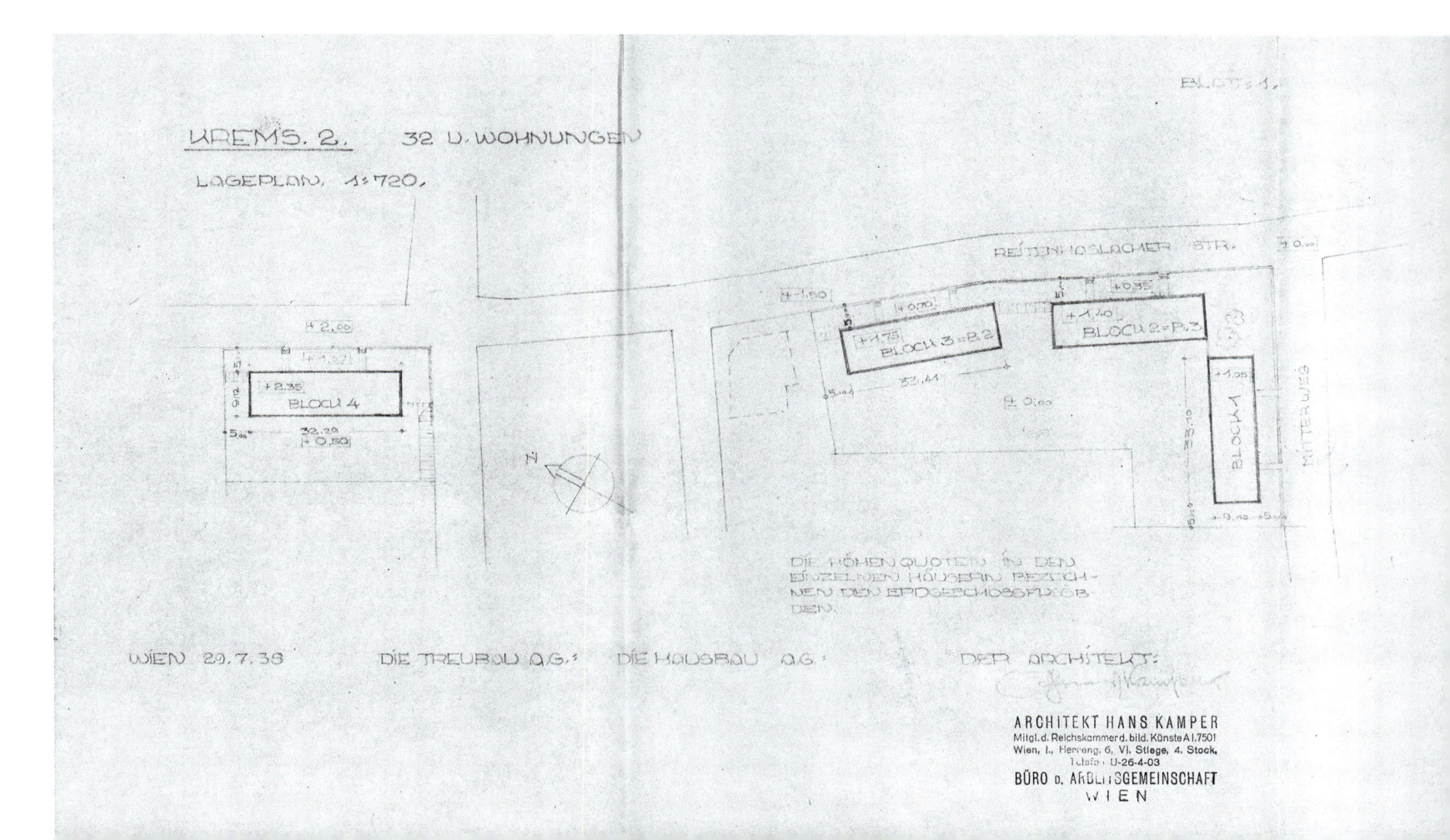

KREMS 3. 2·6 ½ Zi. Wohnungen M. 1:100
Siegleithenstrasse

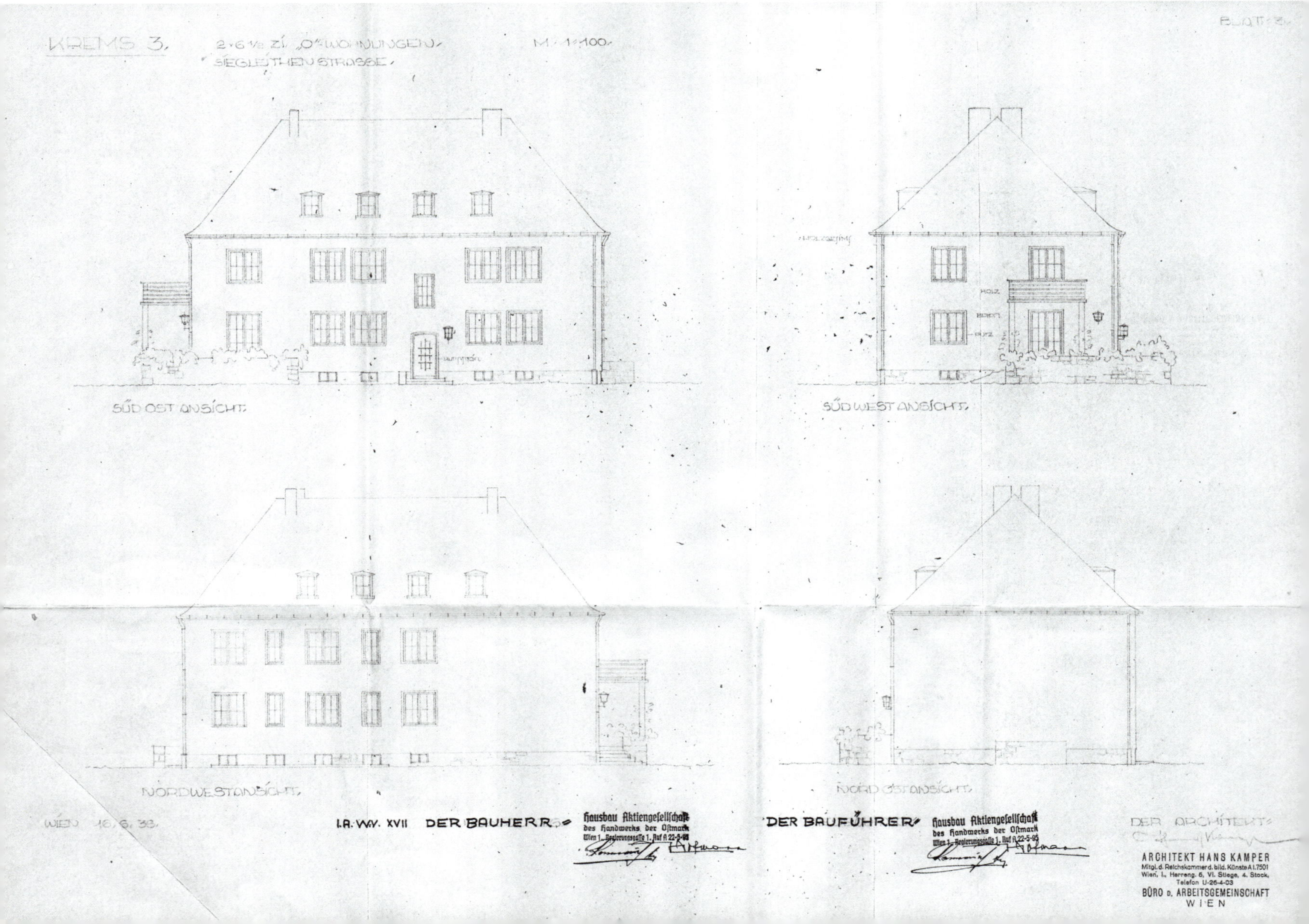

SÜD OST ANSICHT. SÜD WEST ANSICHT.

NORDWEST ANSICHT. NORD OST ANSICHT.

WIEN 18.5.38.   I.A. WV. XVII   DER BAUHERR: Hausbau Aktiengesellschaft des Handwerks der Ostmark   DER BAUFÜHRER: Hausbau Aktiengesellschaft des Handwerks der Ostmark   DER ARCHITEKT:
ARCHITEKT HANS KAMPER
Mitgl. d. Reichskammer d. bild. Künste A.L.7501
Wien, I., Herreng. 6, VI. Stiege, 4. Stock.
Telefon U-26-4-03
BÜRO D. ARBEITSGEMEINSCHAFT
WIEN

einheiten – je 8 2-Zimmer-Wohnungen zu 54,40 m² – verteilten. Kampers Entwurfsplan vom 20.7.1938 weist uniforme Blocks in den Abmessungen von rd. 33 x 9 m mit Walmdach und Bruchsteinsockel aus, die Fassaden streng und im Rhythmus von straßenseitig 2 Hauseingängen und 10 Fensterachsen gegliedert, denen gartenseitig 6 Achsen entsprechen, deren 2- bzw. 3-teiligen Fenster in Erd- und Obergeschoss Putzfaschen bzw. Schlagläden akzentuieren.[8]

„Krems 3", in von Einfamilienhäusern und Villen geprägter Umgebung in der Sigleithenstraße auf einem ca. 1600 m² großen Eckgrundstück mit jeweils nur 1 Wohneinheit pro Geschoss errichtet, liegt auf einer bruchsteinmauergestützten Terrasse inmitten eines großzügigen Gartens und lässt neben den sonst nüchternen, kasernenartigen Bauten den Wohnsitz ranghöherer Militärs annehmen. Die Planansicht vom 16.6.38 weist ein 2-geschossiges Haus auf einer verbauten Fläche von ca. 214 m² in den Abmessungen 19,12 x 11,20 m aus, das unter einem hohen Walmdach 2 „O"-Wohnungen mit je 185,25 m², verteilt auf je 6½ Zimmer und auf eine Eckterrasse bzw. einen Balkon geöffnet, aufnimmt. Die asymmetrisch geteilten Fassaden zeigen straßenseitig einen aus der Mitte versetzten Eingang und, geschossgleich angeordnet, 5 Fenster ohne Holzläden zu zweit zusammengefasst; die Rückseite rhythmisiert der Wechsel von ein- und zweiteiligen Fenstern in 5 einseitig zusammengedrängten Achsen.[9]

„Krems 4" wurde auf einem rd. 44 a großen und direkt an der Wienerstraße bzw. nahe am Gleiskörper der Bahnlinie Wien-Krems gelegenen Areal aus Kirchen- bzw. Bürgerspitalsbesitz errichtet. 2 gleiche 3-geschossige Blocks in den Abmessungen von je 29,08 x 10,36 m weisen nach dem Entwurf vom 19.9.38 eine verbaute Fläche von jeweils rd. 300 m² auf und sind auf 12 „O"-Wohnungen zu 4½ Zimmern mit einer Fläche von je 116 m² ausgelegt. Die straßenseitig symmetrisch gegliederte Fassade, deren Mittelachse Hauseingang und darüber Zwischengeschossfenster markieren, wird von jeweils 5 abwechselnd gruppierten Fensterachsen mit Profilputzfaschen strukturiert; die der Bahntrasse zugekehrte Rückseite mit 10 gleichmäßig verteilten Achsen einheitlicher Fenster kennzeichnet eine 2 Achsen breite, über die Geschosse verbundene pfeilergetragene Balkonkonstruktion.[10]

„Krems 5" auf einem insgesamt rd. 6800 m² großen Bauareal in der Hanglage Am Steindl umfasst 5 Wohnhäuser, wovon nach Kampers Plänen vom 28.2.1939 auf einem Areal im Ausmaß von 2627m² aus dem Gutsbesitz des Stiftes Wilhering 3 gleiche 2-geschossige Häuser, ausgelegt auf 6 „O"-Wohnungen, auf einer verbauten Fläche von jeweils rd. 175 m² in den Abmessungen 17,36 x 10,06 m errichtet wurden.[11] Die jeweils 2 Wohnungen mit 4½ Zimmern und einer Fläche von 123,25 m² aufweisenden Wohnhäuser mit steilem Satteldach mit 2 bzw. 3 Gaupen wurden traufständig in lockerer Randverbauung angeordnet, sodass sich eine großzügige gemeinsame Gartenzone ergibt. Die Häuser werden straßen- bzw. gartenseitig über eine zentral angelegte Haustür erschlossen, flankiert von kleinen, schmiedeeisenvergitterten Fenstern, in deren Achsen auch Stiegenhaus- und Gaupenfester liegen, während 2 Fensterachsen mit Holzläden nur eine Fassadenhälfte gliedern und die andere fensterlos ist; die Teilung der Rückseite zeigt 5 gleichmäßig angeordnete Sprossenfenster mit Läden. Von den giebelständigen Fassaden mit 2 Fensterachsen bietet eine zudem eine Loggia, die sich im Erdgeschoss auf eine Eckterrasse erweitert.

2 weitere Wohnhäuser mit 8 Wohnungen auf demselben Grundstück errichtete das Heeresbauamt St. Pölten in eigener, von Regierungsbaurat Lehner autorisierten Planung vom Oktober 1941, die, von Dr. Fizia visualisiert, in Fortsetzung der Randverbauung von Kamper die Einfriedung der gemeinsamen Grünfläche schließen. Mit einer verbauten Fläche von 230 m² bzw. 286,50 m² in den Abmessungen 23,60 x 9,75 m bzw. 28,65 x 10 m bieten die beiden Häuser Raum für 4 3½- bzw. 4½-Zimmer-Wohnungen mit 89,40 m² bzw. 91,63 m². Ebenfalls mit einem Satteldach, allerdings mit einseitiger Gaupengalerie, abgeschlossen, zeigen die streng geteilten Fassaden einheitliche Fenster, auf der Gartenseite mit Holzläden und unterbrochen von Balkonen und Terrassen.[12]

Planansicht Krems 3 /
Hans Kamper /
1938

Sigleithenstraße /
2007

>
Planansicht und
Lageplan Krems 4 /
Hans Kamper /
1938

Wienerstraße /
2011

>>
Planansicht Krems 5 /
Hans Kamper /
1938

Am Steindl /
2007

Entwurfszeichnung /
Heeresbauamt St. Pölten /
1941

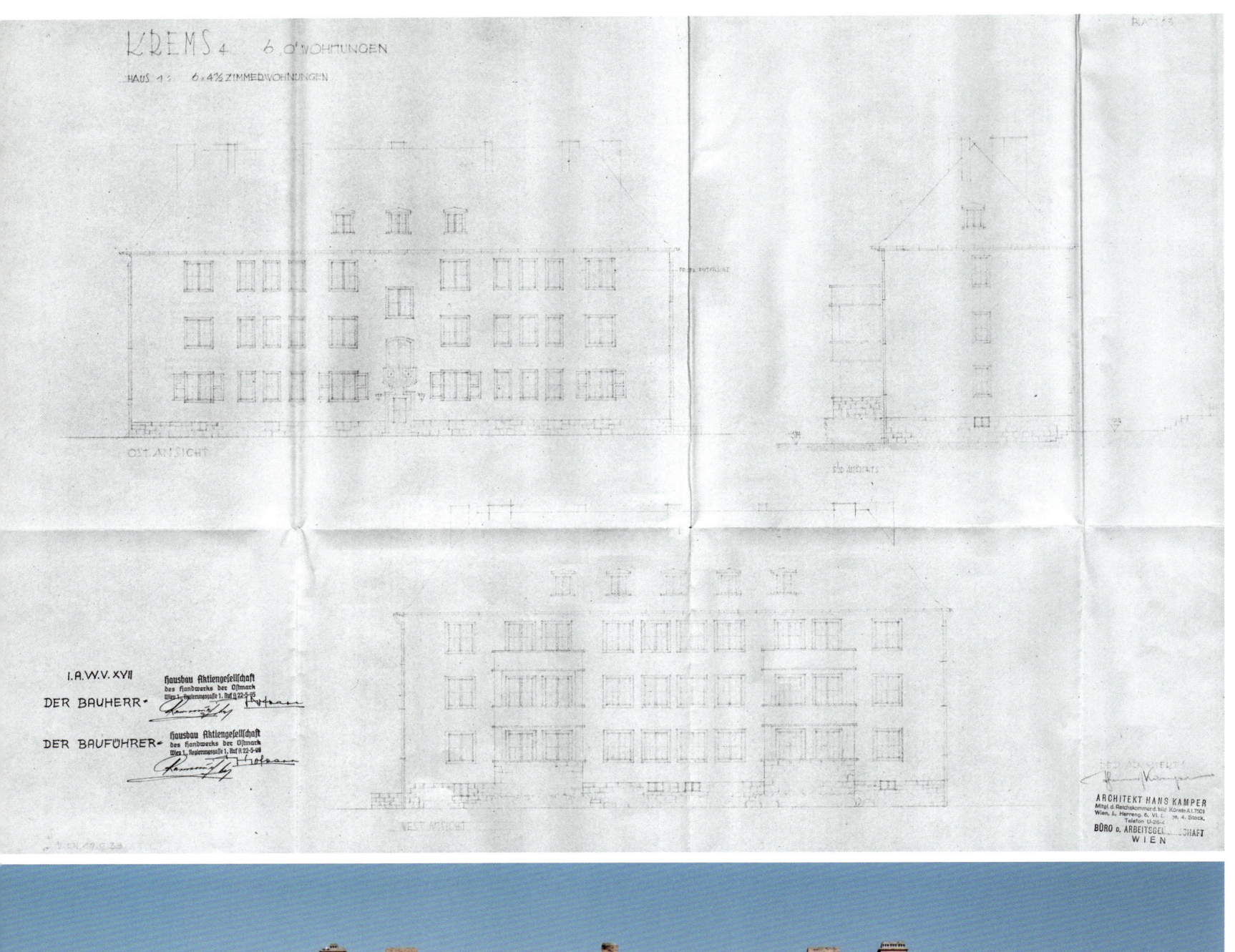

KREMS 4 6 'WOHNUNGEN
HAUS 1: 6 × 4½ ZIMMERWOHNUNGEN

OST-ANSICHT

WEST-ANSICHT

I.A.W.V. XVII

DER BAUHERR: Hausbau Aktiengesellschaft des Handwerks der Ostmark

DER BAUFÜHRER: Hausbau Aktiengesellschaft des Handwerks der Ostmark

ARCHITEKT HANS KAMPER
BÜRO d. ARBEITSGEMEINSCHAFT
WIEN

KREMS 4.   12 "d" WOHNUNGEN
LAGEPLAN 1:1000   BLATT : 1

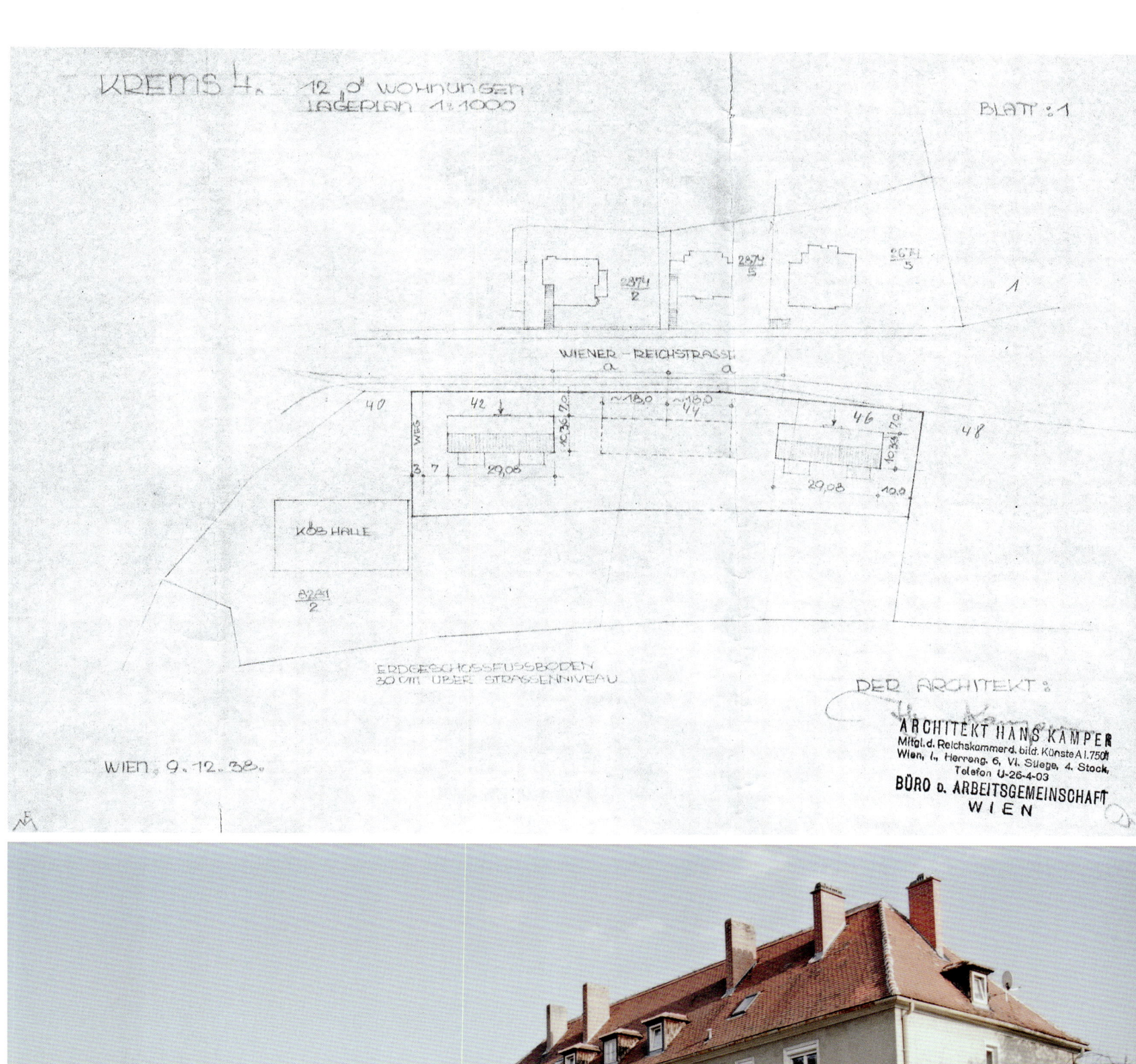

WIENER - REICHSTRASSE

KOB HALLE

ERDGESCHOSSFUSSBODEN
30 CM ÜBER STRASSENNIVEAU

DER ARCHITEKT:

ARCHITEKT HANS KAMPER
Mitgl. d. Reichskammer d. bild. Künste A.I. 7501
Wien, I., Herreng. 6, VI. Stiege, 4. Stock,
Telefon U-26-4-03
BÜRO d. ARBEITSGEMEINSCHAFT
WIEN

WIEN, 9.12.38.

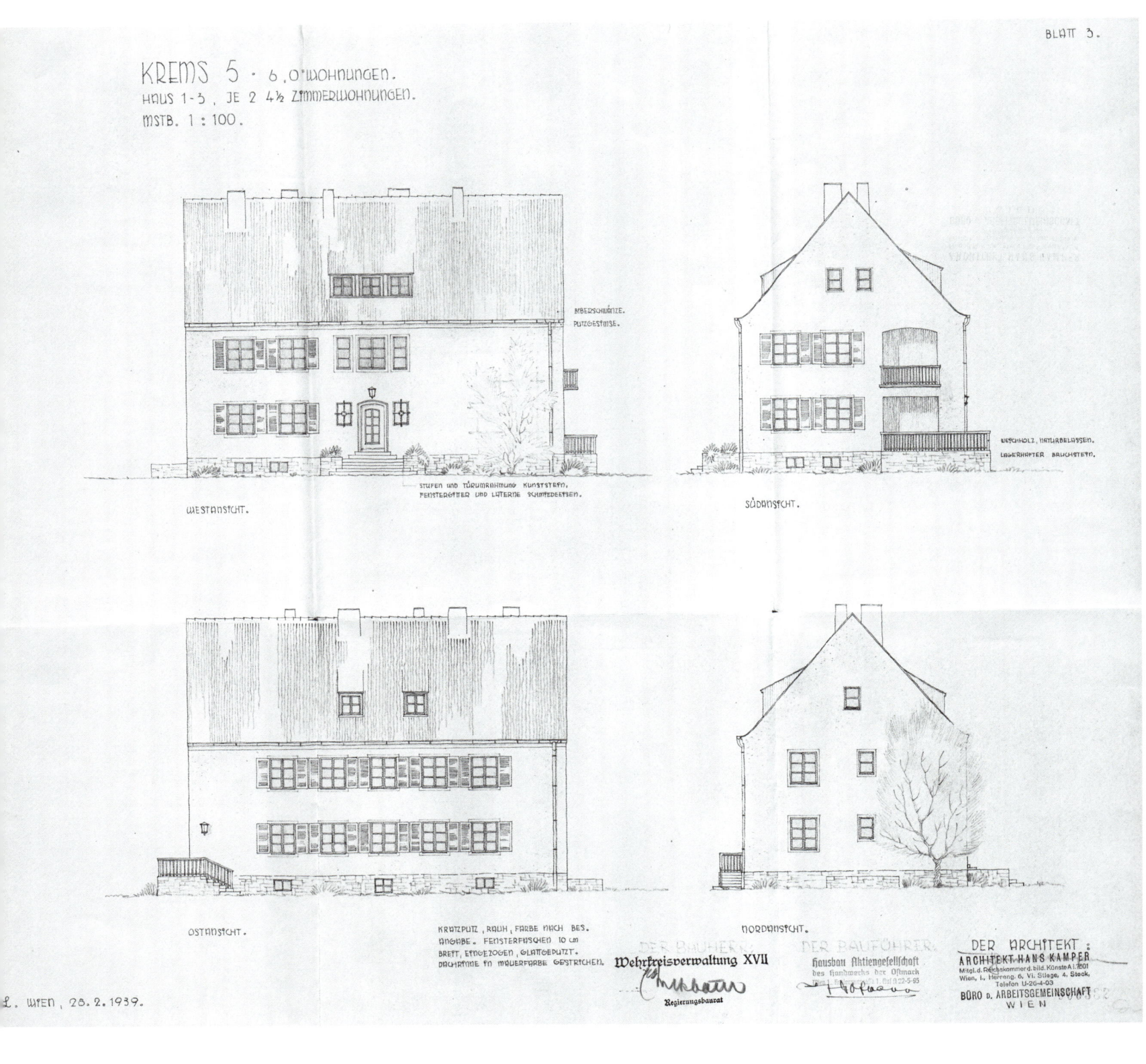

KREMS 5 · 6.0* WOHNUNGEN.
HAUS 1-3, JE 2 4½ ZIMMERWOHNUNGEN.
MSTB. 1:100.

WESTANSICHT.

SÜDANSICHT.

OSTANSICHT.

NORDANSICHT.

WIEN, 28.2.1939.

DER BAUHERR: Wehrkreisverwaltung XVII
DER BAUFÜHRER: Hausbau Aktiengesellschaft des Handwerks der Ostmark
DER ARCHITEKT: ARCHITEKT HANS KAMPER
Mitgl. d. Reichskammer d. bild. Künste A.1001
Wien, I., Herreng. 6, VI. Stiege, 4. Stock.
Telefon U-26-4-03
BÜRO D. ARBEITSGEMEINSCHAFT WIEN

HEERESEIGENE REICHSMIETWOHNUNGEN AM STEINDL IN KREMS A. D.

Horn

Als Garnison mit dem Neubau einer Kaserne erst 1937 errichtet, bot Horn 1938 für die Expansionspläne des ‚Deutschen Reichs' geeignete räumliche Ressourcen für die strategische Truppenstationierung im Grenzraum zur Tschechoslowakei. Zu den im Zuge des Kasernenbaus von der örtlichen Sparkasse in nächster Nähe errichteten Wohnbauten für Offiziere – 2 Häuser mit je 4 Wohnungen –[13] erforderte der Wohnraumbedarf der Wehrmacht den Bau zusätzlicher Häuser, die im Anschluss an die bestehenden in der Riedenburgstraße durch ein Sofortprogramm ab Juli 1938 errichtet werden sollten. Zur Grundbeschaffung trug die Stadtgemeinde aus eigenem Besitz und zum Preis von RM 3 pro m² bei wie sie auch beim Kauf eines Anschlussgrundstücks aus dem „herrschaftlichen Naturpark" in den Verhandlungen mit der Forstverwaltung Hoyos-Sprinzenstein vermittelte. Bis Anfang 1939 waren Fragen zu Baugrund, Vermessung und Aufschließung sowie die Organisation des Baus mit den Planungsdienststellen aller Verwaltungsebenen abgeklärt, Architekt Kamper und ausführende Firmen beauftragt. Das Projekt „Horn 1" auf dem rd. 2000 m² großen Areal Riedenburgstraße umfasste in der ersten Bauphase 2 von 4 Wohnhäusern mit 8 von insgesamt 16 Wohnungen für Unteroffiziere. Die Stadt hatte am 18.3.1939 dem Baubeginn zugestimmt, die baupolizeiliche Bewilligung für die Ende des Jahres fertiggestellten Bauten wurde als nachträglicher Formalakt am 16.1.1940 vollzogen.[14]

Kampers Entwurf vom 10.9.1938 orientierte sich an den 2 bestehenden Offizierswohnbauten und zeigt 4 zu einer Zeile aneinandergereihte 2-geschossige Häuser, abwechselnd in 2 Varianten formuliert, mit verbauten Flächen von 165 bzw. 159 m² und auf jeweils 4 2-Zimmer-Wohnungen zu 56,19 m² ausgelegt. Auf einem Sockel aus Bruchstein, der sich in der Mauer zwischen den gartenseitig erschlossenen Häusern zur Abgrenzung des Grünraums gegen die Straßen fortsetzt, und unter einem flachen Walmdach mit Schleppgaupen wird die glatte Putzfassade von 5 bzw. 4 gleichmäßig verteilten Fensterachsen gegliedert, die Mittelachse mit französischen Balkonen akzentuiert. Während die Schmalseiten jeweils nur eine Fensterachse aufweisen, unterbricht auf der Rückseite mit dem mittig angelegten, über Ausgleichsstiegen erreichbaren Hauseingang ein das Stiegenhaus belichtendes schmales Bogenfenster die uniforme Fassadenteilung.[15] Mangels erhaltender Unterlagen können zur Ausführung der zweiten Tranche von „Horn 1" auch keine zeitlichen Angaben gemacht werden.

„Horn 2" wurde in nächster Nähe in der Ing. Karl Proksch-Gasse auf einem 1734 m² großen Areal als Ensemble von 2 unterschiedlich dimensionierten Wohnhäusern gebaut.[16] Kampers Entwürfe vom 17. bzw. 22.9.1938 zeigen einmal ein auf 4 Wohnungen zu 4½ Zimmern mit 120,80 m² ausgelegtes Haus mit einer verbauten Fläche von 306 m², dem, angrenzend und die Straßenecke zur Ferdinand Graf-Gasse

Riedenburgstraße / 2009

Lageplan und Planansicht Horn 1 / Hans Kamper / 1938

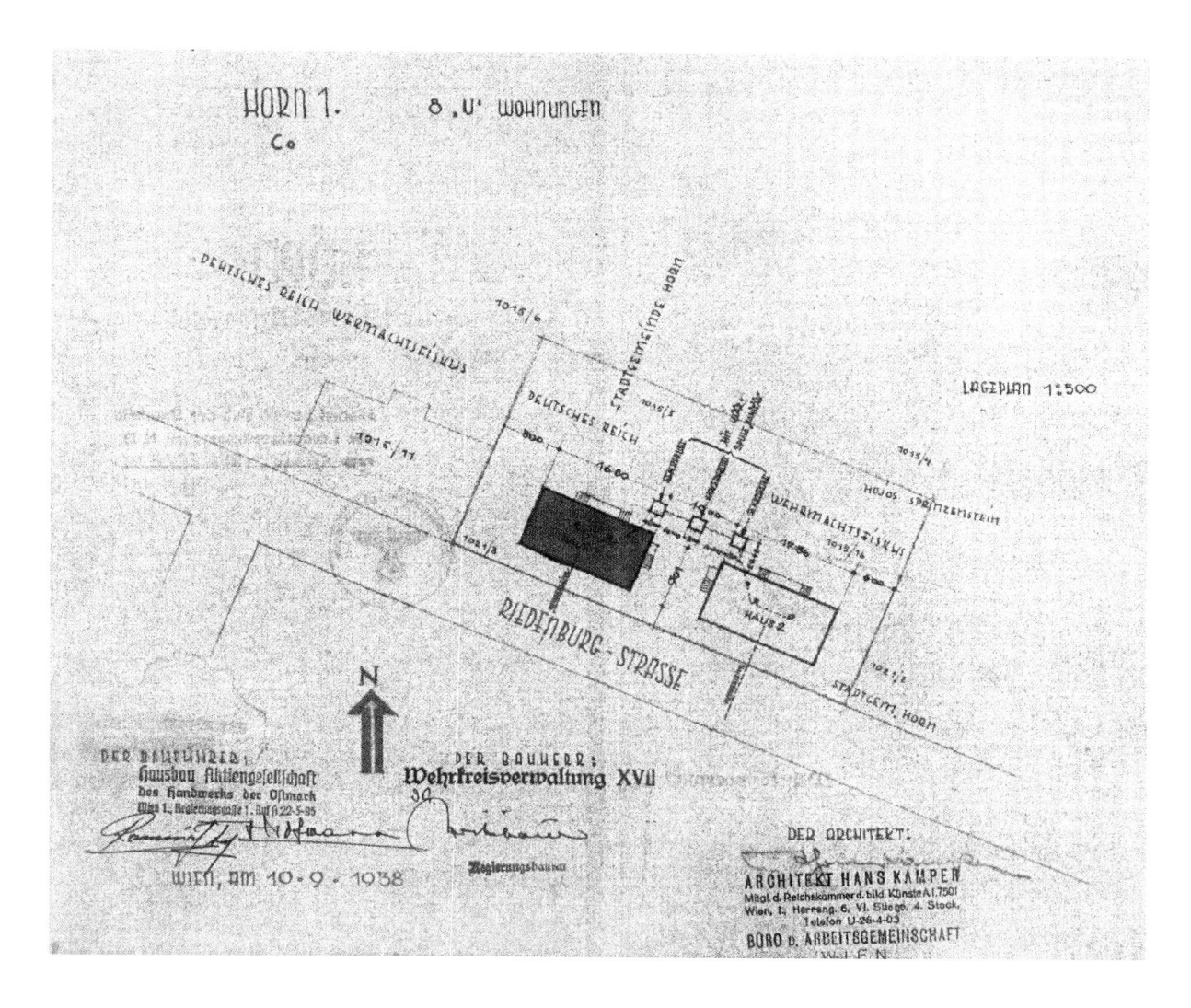

HORN 1. 8 W' Wohnungen

LAGEPLAN 1:500

RIEDENBURG-STRASSE

DER BAUFÜHRER:
Hausbau Aktiengesellschaft
des Handwerks der Ostmark
Wien 1, Regierungsg. 1, Ruf R 22-5-95

DER BAUHERR:
Wehrkreisverwaltung XVII

WIEN, AM 10.9.1938

DER ARCHITEKT:
ARCHITEKT HANS KAMPEN
Mitgl. d. Reichskammer d. bild. Künste A 1.7501
Wien I, Herreng. 6, VI Stiege, 4. Stock,
Telefon U-26-4-03
BÜRO D. ARBEITSGEMEINSCHAFT
WIEN

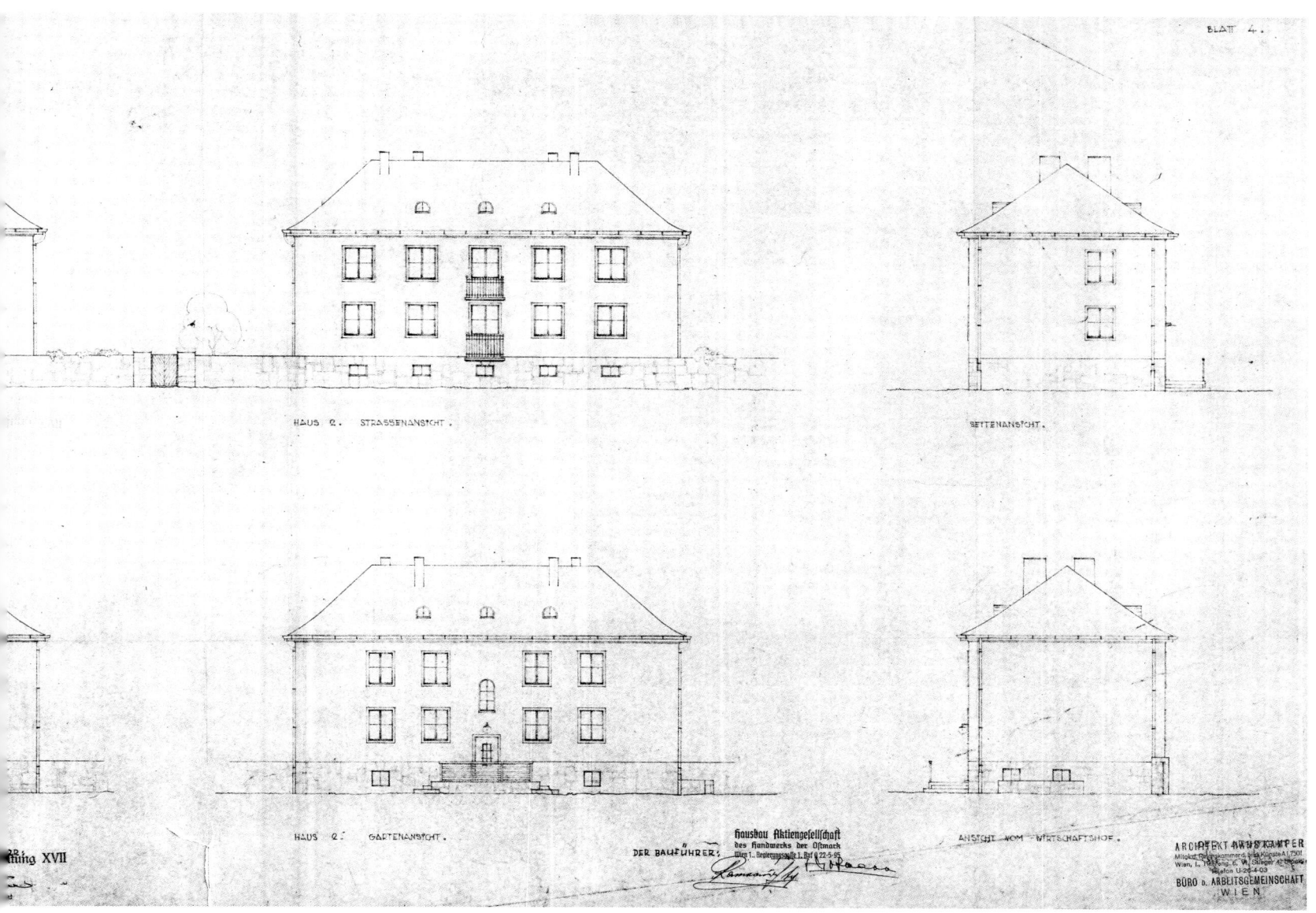

BLATT 4.

HAUS 2. STRASSENANSICHT.

SEITENANSICHT.

HAUS 2. GARTENANSICHT.

ANSICHT VOM WIRTSCHAFTSHOF.

markierend, ein kleinerer Bau mit 127 m² Grundfläche, ausgelegt auf 2 3½-Zimmer-Wohnungen mit je 90,69 m², beigestellt ist. Unter einem steilen Walmdach mit Schleppgaupen, analog zu den Offizierswohnhäusern in Eggenburg, sind die Fassaden unterschiedlich geteilt, Fenster zum Teil mit Holzläden, die über eine einläufige Stiege, wie der Sockel in Bruchstein, erreichbare Haustür mit einer rustizierten Einfassung versehen und von einem kleinen schmiedeeisenvergitterten Guckfenster flankiert. Loggia und Balkon sind zum Grünraum mit von Kamper im Lageplan skizzierten, mittlerweile hoch gewachsenen Birken gerichtet, den das von der Baulinie zurückgesetzte größere Wohnhaus freigibt. Dieser ebenfalls 2-geschossige Wohnbau des in Krems 3-geschossig und in Eggenburg als Kleinvariante realisierten Typs weist eine Teilung von 8 zu Gruppen zusammengefassten Fensterachsen auf, mit den typischen 2 Achsen-breiten, über die Geschosse verbundenen Balkon-Anbauten. Zentral über einen rückseitigen Eingang erschlossen, geben beiderseits jeweils 3 Fensterachsen die spiegelbildliche Anordnung der 4 Wohnungen um das Stiegenhaus zu lesen.[17]

Ing. Karl Proksch-Gasse /
2009

Planansicht und
Lageplan Horn 2 /
Hans Kamper /
1938

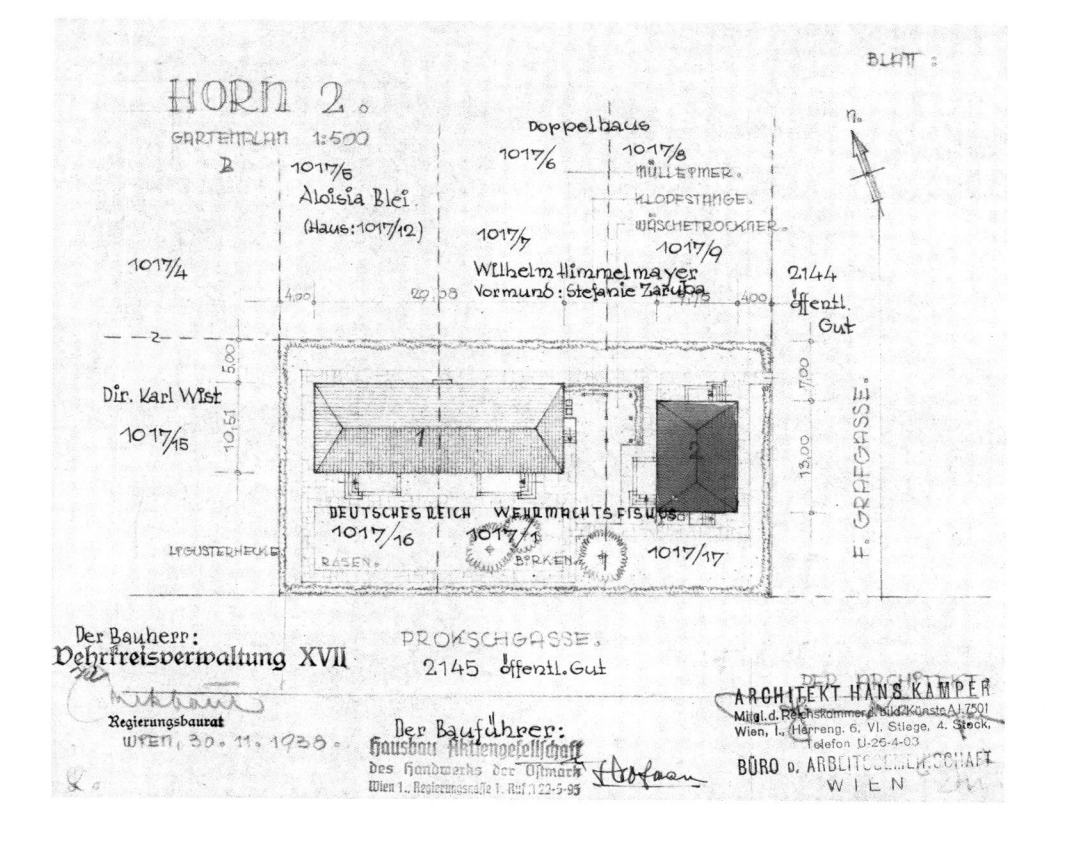

Eggenburg

Östlich von Horn und in Grenznähe zur Tschechoslowakei gelegen, musste in Eggenburg, strategisch für die Stationierung der Aufklärungseinheit 5 vorgesehen, mangels bestehender Militärstrukturen die Unterbringung der Truppen bis zur geplanten Errichtung einer Kaserne improvisiert werden. Zum Teil leer stehende Gebäude des Lindenhofs, einer der Gemeinde Wien gehörenden Anstalt für sogenannte Schwererziehbare, die auf einem rd. 170 ha großteils landwirtschaftlich genutzten Areal 5 Pavillons, verschiedene Werkstättengebäude, ein Krankenhaus, ein Pförtnerhaus und andere Anlagen umfasste, boten sich an und wurden zusammen mit ca. 13 ha Grund vom Heeresfiskus zu einer Jahresmiete von RM 18.000 für 3 Jahre angemietet. Zusätzlich wurden im ebenfalls für Heimzwecke von Wien genutzten Schloss auf unbestimmte Zeit 16 Räume zur Einlagerung von Bekleidung und Ausrüstung sowie für Reparaturwerkstätten um RM 200 pro Monat gemietet.[18]

Als Wohnung für höhere Chargen vermittelte die Stadt Privatunterkünfte und konnte dabei auf mehrere, unter selbst für den rassistischen NS-Apparat höchst dubiosen Umständen aus jüdischem Besitz verschaffte Häuser zurückgreifen; für den Garnisonskommandanten schien der Wehrkreisverwaltung das Wohnhaus von Adolf und Sidonie Hirsch in der sogenannten Gartenstadt passend, das wie auch die anderen in jüdischem Eigentum befindlichen Liegenschaften vorschriftswidrig ‚arisiert' worden waren.[19] Darüber hinaus war der Neubau von „O"- und „U"-Wohnungen geplant, für die von der Stadtgemeinde Grund in der Gartenstadt und am nördlichen Stadtrand zu einem m²-Preis von RM 3 zur Verfügung gestellt wurde. Die Planungen von Kamper seit Dezember 1938 sahen 2 Häuser für Offiziere auf einem 1693 m² großen Areal am Hang des Villenviertels vor[20] sowie 8 Häuser für Unteroffiziere, für die vom Heeresfiskus ein Grundstück im Ausmaß von 8257 m² an der Peripherie erworben wurde. Überarbeitete Pläne vom 10.1.1939 zeigen dieses Wohnbauprojekt in der Jugendheimstraße um die Hälfte, auf 4 Häuser mit 16 Wohneinheiten, redimensioniert, die unter der Bauleitung von Architekt Kaim von der Hausbau AG zusammen mit den 2 „O"-Bauten in der Gartenstadt annähernd zeitgleich im Juli 1940 fertiggestellt wurden.[21] Bei den 4 Wohnhäusern mit einer verbauten Fläche von jeweils 169 m² in den Abmessungen 18,60 x 9,06 m, längsseits in einer Zeile angeordnet und auf jeweils 4 2-Zimmer-Wohnungen à 4 Personen ausgelegt, zeigt sich das modulare System der standardisierten Bauten besonders augenfällig: mit 2 statt 3 Geschossen und 6 statt 10 Achsen wiederholte Kamper den Typ „Krems 4" bzw. „Horn 2". Die beiden Wohnbauten für Offiziere mit 2 3½-Zimmer-Wohnungen bzw. für zusammen 10 Personen weisen eine verbaute Fläche von jeweils 126 m² auf. Sie zeichnen steile Walmdächer aus und ihre einer Stadtvilla vergleichbare Erscheinungsform scheint das in der konservativen Architekturauffassung der Stuttgarter Schule zur Ikone des „deutschen Wohnhauses" stilisierte Vorbild von Goethes Gartenhaus in Weimar zu zitieren.[22]

Gartenstadt, Hochstraße / 2011

Planansicht Eggenburg 1 / Hans Kamper / 1939

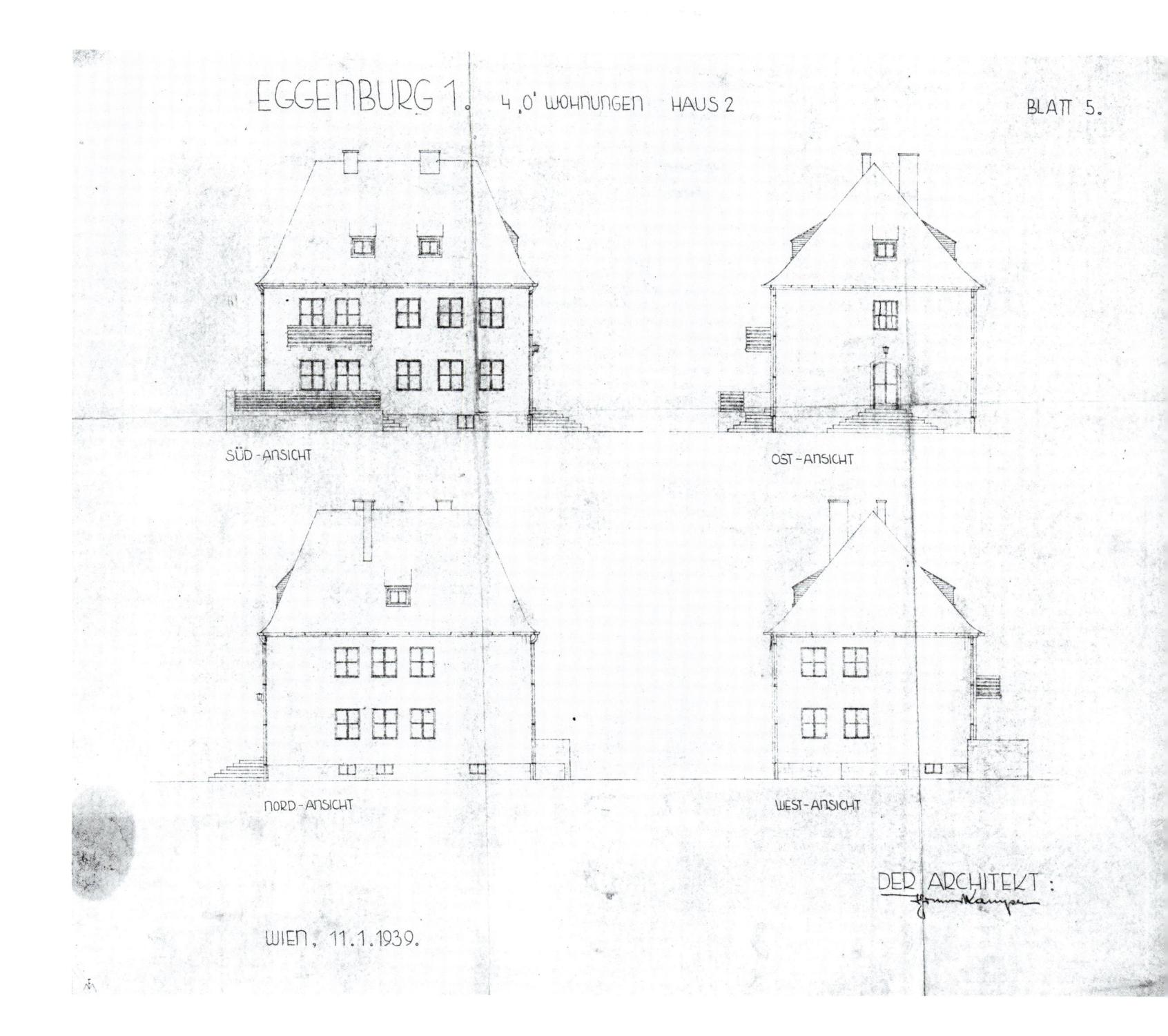

EGGENBURG 1. 4 „O" WOHNUNGEN HAUS 2 BLATT 5.

SÜD-ANSICHT

OST-ANSICHT

NORD-ANSICHT

WEST-ANSICHT

WIEN, 11.1.1939.

DER ARCHITEKT:

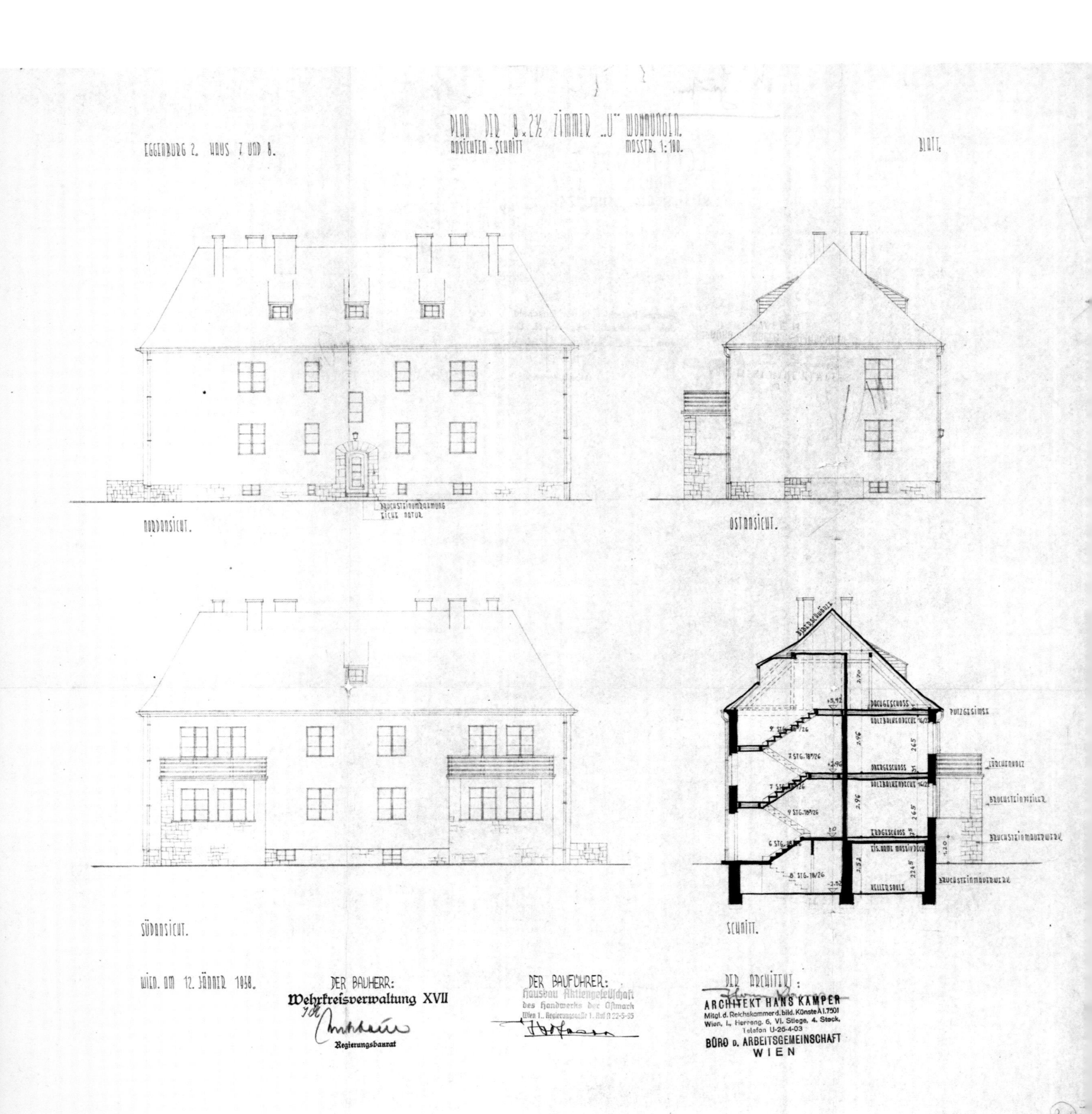

Planansicht und
Lageplan Eggenburg 2 /
Hans Kamper /
1938

Mozartstraße /
2009

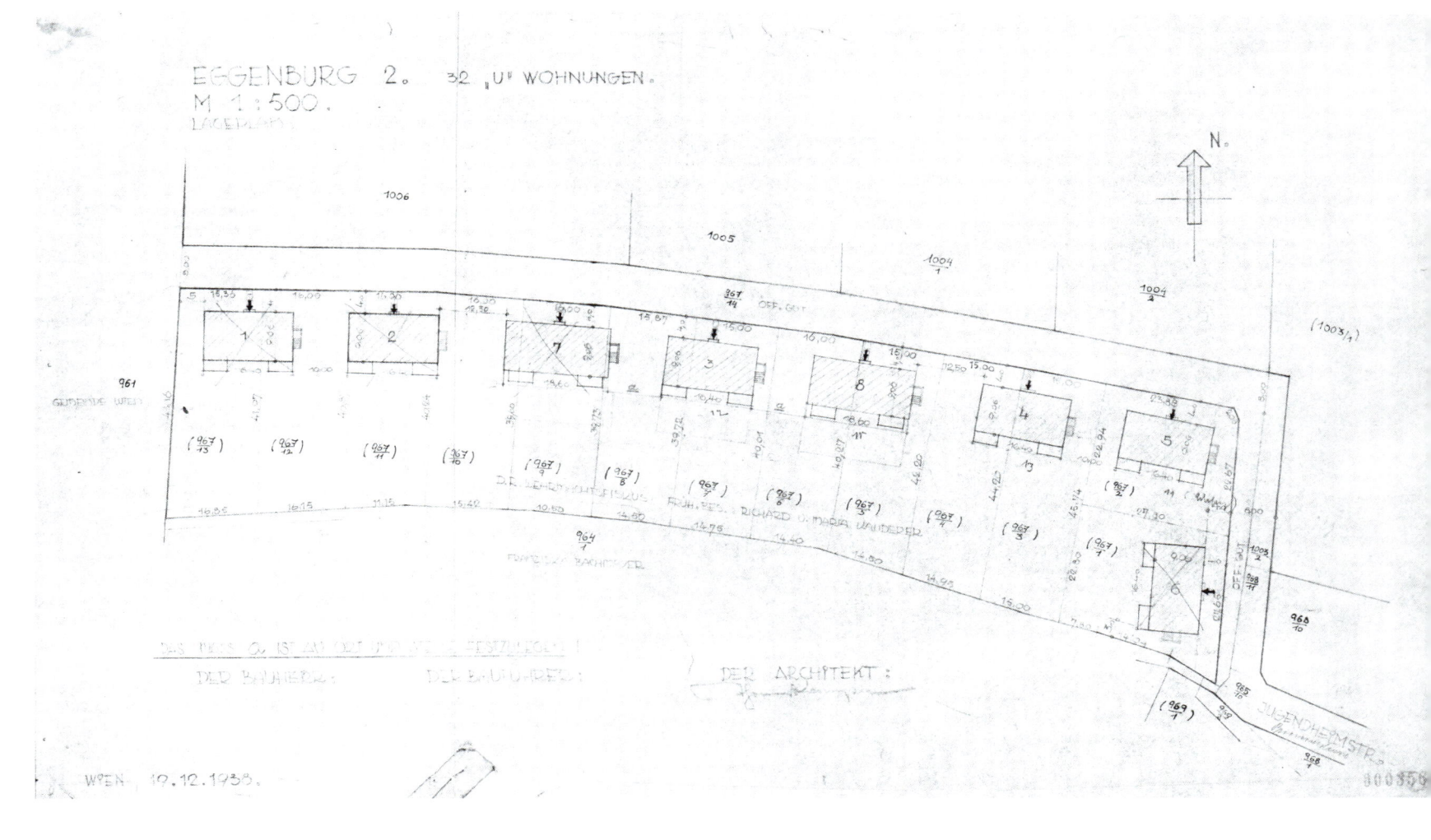

EGGENBURG 2. 32 „U" WOHNUNGEN.
M 1:500.
LAGEPLAN.

WIEN, 19.12.1938.

Zwettl

Zwar gab es in Zwettl keine Garnison, die Nähe des Truppenübungsplatzes Döllersheim dürfte es aber erforderlich gemacht haben, zusätzlich zur Siedlung für Offiziere im Vorort Oberhof auch Wohnbauten in der Stadt zu errichten. Die Stadtgemeinde sorgte im Juni 1938 für Bauplätze und bot der Wehrmacht Grundstücke im Villenviertel für 2 Offizierswohnhäuser und am Galgenberg für 1 Wohnhaus für Unteroffiziere an. Die Wehrkreisverwaltung XVII entschied sich im August für die Lage Villenviertel, wo in der Karl Werner-Straße eine Parzelle mit annähernd 2000 m² zum Preis von RM 1 vom Heeresfiskus erworben wurde und Kamper noch im August die Pläne für 2 typengleiche 2-geschossige Offizierswohnhäuser mit einer verbauten Fläche von rd. 129 m² bzw. 171 m² vorlegte.[23] Die von der Straße entschieden zurückgesetzten, auf Betonfundament und Natursteinsockel gegründeten, in Ziegelbauweise ausgeführten Bauten mit Satteldach, traufständig angeordnet und giebelseitig erschlossen, sind auf jeweils 2 geschossgleich um Küche und Bad angeordnete Wohnungen zu 3½ bzw. 4½ Zimmern mit 90 bzw. 127 m² ausgelegt. Während die straßenseitige Fassade deutlich von den Gebäudekanten abgesetzte Fenstergruppen gliedern, sind die 3 bzw. 2 Fensterachsen auf der Garten- und 1 auf der Giebelseite mit Holzläden versehen, die Mittelachse mit Terrassentür und Balkon betont, der bei der kleineren Variante die Giebelseite auszeichnet.[24] Zu Offerten für die Bauausführung wurden dieselben lokalen Unternehmen eingeladen, die schon am Bau des neuen Amts- und Sparkassengebäudes > Öffentliche Gebäude 327 beteiligt waren, wie die Baufirma Karl Feßl, der Installateur Emil Bründl oder die Tischlerei Waglechner.[25] Um eine rasche Ausführung der Bauten sicherzustellen, musste die Aufschließung der Parzelle für Strom, Wasser und Kanal bei der Stadtgemeinde urgiert werden; das Einverständnis der bei der Landeshauptmannschaft angesiedelten Landesstelle für Raumordnung ermöglichte dem Generalunternehmer Hausbau AG die Fertigstellung der Häuser etwa Mitte 1939.[26]

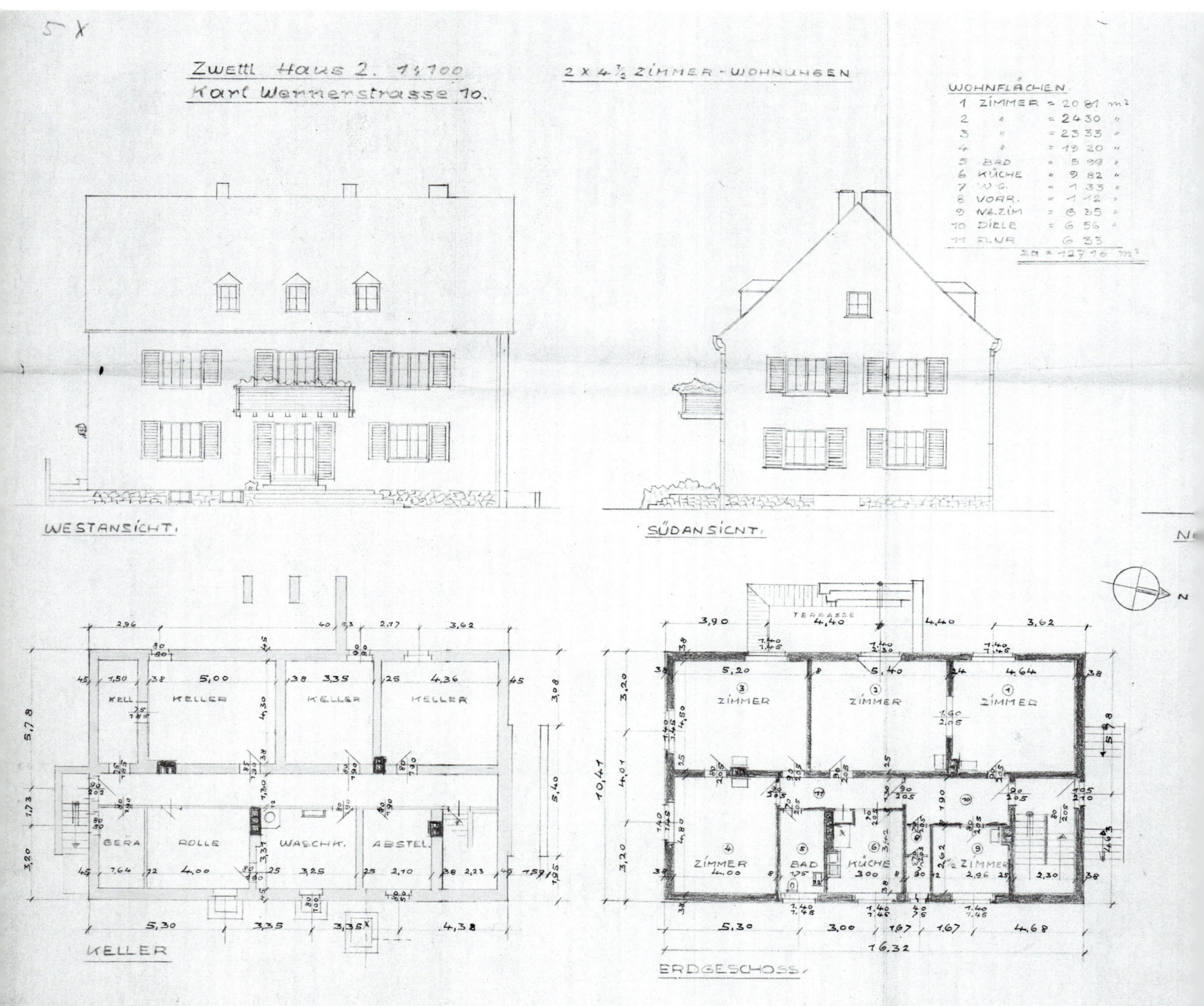

Karl Werner-Straße /
2011

Plan Zwettl 2 /
Hans Kamper /
1938 bzw. 1945

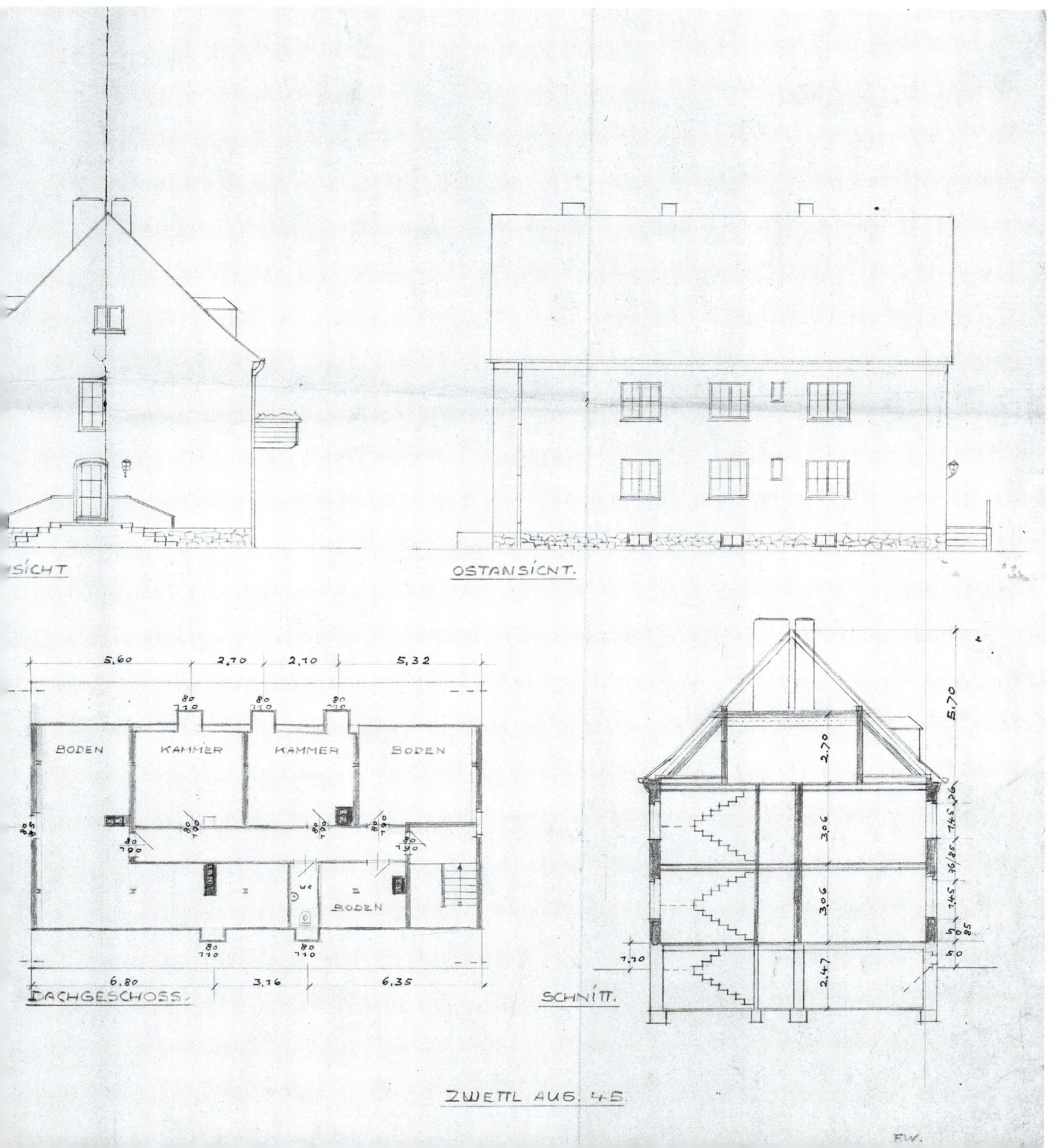

OSTANSICHT.

DACHGESCHOSS.

SCHNITT.

ZWETTL AUG. 45

Kommunale Kleinsiedlungen und Wohnbauten

In der von Aufbauprogrammatik und ihrer Propagandarhetorik geprägten „neuen Zeit" nach dem ‚Anschluss' 1938 diente zur Verbesserung der Wohnverhältnisse einkommensschwacher Schichten der Bau von Kleinsiedlungen als wesentliches Lenkungsinstrument, wirtschafts- und sozialpolitisch Fakten zu schaffen und zugleich die Konsolidierung der Partei wie deren völkische Ziele zu forcieren. Die Aussicht auf leistbare Wohnungen oder sogar ein bescheidenes Eigenheim, deren Bau zudem einen Aufschwung der Bauwirtschaft und Arbeitsplätze versprach, mochte nicht nur in ärmlichen Verhältnissen lebende Kleinverdiener überzeugen und, so nicht ohnehin Mitglieder oder Sympathisanten der NSDAP, mit der Unterwerfung unter die rigiden Bedingungen rassistischer und eugenischer Auslese die Indoktrinierung zur ‚Volksgemeinschaft' in Kauf nehmen lassen. Das Versprechen des ‚Führers', jeder deutschen Familie bei bedingungsloser Gefolgschaft und Pflichterfüllung ein Heim zu ermöglichen, verfolgte eine Strategie totaler Kontrolle, die über architektonisch und ästhetisch wie sozioökonomisch durchgeplante Strukturen bis in das Privatleben der ‚Siedler' reichte. „Keinesfalls ging es beim Hausbau um die Befriedigung individueller Bedürfnisse oder um die Schaffung einer Privatsphäre, sondern um dirigistische Maßnahmen des Staates, der es sich zur Aufgabe gemacht hatte, ‚die Wohnstube des deutschen Volkes wieder in Ordnung' zu bringen, und sich deshalb mit rechtlichen Mitteln die Einflussnahme auf die Auswahl der Siedler sowie auf die Finanzierung, Gestaltung und Bewirtschaftung der Siedlerstellen sicherte."[1] Mit ‚Siedlerstelle' wurde ein durchorganisierter Lebensentwurf bereitgestellt und unter der vielsagenden Devise „Siedeln heißt nicht bauen, sondern viel mehr"[2] zu erfüllen eingefordert, der das propagierte Idealbild der kinderreichen nationalsozialistischen Familie, die erbgesund, autark, krisenfest und in der Wertungsrhetorik der Partei einwandfrei zu sein hatte, verwirklichen ließ.

NS-Wohn- und Siedlungsbau, der in Abgrenzung zu den als „Mietskasernen" und marxistisches Feindbild diskreditierten großstädtischen Wohnbauten auf agrarromantisch propagierter ‚Blut und Boden'-Ideologie basierte, zielte bevölkerungspolitisch auf die tendenzielle Umkehr der durch die Industrialisierung ausgelösten Landflucht. Als Wiederverbindung mit der ‚Scholle' sollte eine ländliche und teilautarke Lebensweise attraktiv gemacht werden, die durch Gleichheit symbolisierende Einheitlichkeit der Kleinsiedlungsbauten den Wunschtraum vom eigenen Häuschen im Grünen mit Landzulage für Gartenwirtschaft und Kleintierhaltung erfüllte und Siedeln als ideologisierte Naturnähe mit dem Ziel der ‚Volksgemeinschaft' verwirklichte. Vom Reichsheimstättenamt der Deutschen Arbeitsfront entwickelt, wurden durch Vereinnahmung von Gartenstadtmodell und Ideologisierung der Heimatschutzbewegung, aus deren Vertretern sich führende NS-Ideologen rekrutierten, von Rationalisierung bestimmte Haustypen als erneuerte Tradition des ‚deutschen Heimatraums' vorgegeben und standardisierte Siedlungshäuser bescheidener Größe zum anheimelnden Bild nationalsozialistischen Wohn- als ‚Lebensraums' verklärt.

Anders als das Konzept des RHA, das von der durchgeplanten Siedlungsstruktur als Instrument völkisch gelenkter Gemeinschaftsbildung ausging, hatte Gottfried Feder > Architekten / Künstler 397, einer der führenden, insbesondere wirtschaftspolitischen Ideologen seit den Anfängen der NSDAP, in seinem als „Landsässigkeitsprogramm" formulierten Siedlungskonzept, das er nach seiner Bestellung zum Reichskommissar für das Siedlungswesen 1934 bestrebt war umzusetzen, auf von der Sozialstruktur abgeleitete gemeinschaftsfördernde Gestaltungskriterien fokussiert. Seine Kritik am Siedlungsmodell der DAF, das den gewünschten Zug zur ‚Scholle' nicht eingelöst habe, stellte darauf ab, dass Wohnraumbeschaffung allein noch keine Gemeinschaft begründe.

Zunächst bestand die Siedlungspolitik des NS-Regimes aber, wenngleich, in der ‚Blut und Boden'-Ideologie neu begründet, unter seine Vorzeichen gestellt, in der Übernahme und Fortsetzung des erfolgreichen, ab den 1920er-Jahren und wesentlich unter sozialdemokratischer Führung für den städtischen wie ländlichen Bereich entwickelten Strukturreformprogramms der Weimarer Republik, dessen Maßnahmen Siedlungen am Stadtrand und bäuerliche Siedlungen auf parzelliertem Großgrundbesitz im dünn besiedelten Osten und Nordosten Deutschlands hervorgebracht hatten. Feders weiter und parteiprogrammatisch gefasste Siedlungskonzeption, nach der ‚Machtergreifung' mit „Kampf gegen die Hochfinanz" antikapitalistisch und in der Hetzschrift „Die Juden" mit Enteignung jüdischen Besitzes als Mittel antisemitisch formuliert, zielte auf eine umfassende struktur- und raumordnungspolitische Neudefinition dessen, worauf der zentrale Topos nationalsozialistischer Expansionspolitik mit ‚Lebensraum' abhob.[3]

Gegen die Großstadt und für Reagrarisierung setzte Feders ideologisch wie ökonomisch begründetes Siedlungsmodell postulierter ‚Schollenverbundenheit' einerseits auf völkische Festigung wie auf eine aus wirtschaftlich autarken, um Kleinstädte organisierten Siedlungseinheiten zusammengesetzte bäuerlich-mittelständische Struktur, andererseits durch Industrieansiedlung in vorhandenen Rohstofflagen und Verlagerung bestehender Betriebe in neue Siedlungsgebiete auf Entflechtung der Ballungsräume, was im Zuge industrieller Dezentralisierung einer Massenumsiedlung gleichkam. Unvereinbar mit der nach der ‚Machtergreifung' in Vorbereitung des ‚Vierjahresplans' erfolgten wirtschaftspolitischen Neuausrichtung, deren aufrüstungspolitische Prioritätensetzung siedlungspolitisch industrienahe Arbeitersiedlungen und neue Städte verlangte und nicht an mittelalterlichen Kleinstädten orientierte Lebensformen im ländlichen Raum, verlor dieses Siedlungsmodell seinen politischen Rückhalt und Feder seine eben erst übernommene Position als Reichssiedlungskommissar. Mit dem Posten eines a. o. Professors an die TH Berlin versehen und zum Leiter der Reichsarbeitsgemeinschaft für Raumordnung bestellt, verfolgte Feder sein Raumplanungskonzept nun auf dem Gebiet des Städtebaus weiter. Die 1939 publizierten Forschungsergebnisse erschienen unter dem Titel „Die Neue Stadt, Versuch der Begründung einer neuen Stadtplanungskunst aus der sozialen Struktur der Bevölkerung"[4] und sollten über die NS-Zeit hinaus als Standardliteratur der Städtebaulehre fungieren.[5]

Mit der Anpassung an die Zielsetzungen des ‚Vierjahresplans' und Feders Entlassung wurde eine Neuverteilung der wohnungs- und siedlungspolitischen Aufgaben eingeleitet, die, mit Ausnahme der weiterhin zum ‚Reichsnährstand' ressortierenden bäuerlichen Siedlung, sämtlich in die Kompetenz der DAF mit dem Reichsheimstättenamt übergingen und damit die zuvor zwischen Reichswirtschafts- und Reichsarbeitsminister aufgeteilten Bau- und Planungsverantwortlichkeit unter der Kontrolle der NSDAP zentralisiert wurden. Die Planungsabteilung etablierte und leitete von 1936 bis 1945 Julius Schulte-Frohlinde, der, Absolvent der Stuttgarter Schule und zunächst 1934 zum stellvertretenden Leiter des Amts Schönheit der Arbeit bestellt, durch von ihm entwickelte Konstruktionsblätter als regional adaptierbare Planungsvorgaben zu einem der einflussreichsten Architekten im ‚Dritten Reich' aufsteigen sollte. > Architekten / Künstler 397
Als umfassende Planungs- und Verwaltungsinstanz oblagen dem Reichsheimstättenamt, von der ‚Siedlerauslese' nach politischen, rassischen, eugenischen und ökonomischen Kriterien über die Zulassung von Siedlungs- und Wohnbauprojekten sowie Festlegung des Grundpreises bis hin zur Prüfung der gärtnerischen Bodenqualität, alle Entscheidungen.[6] Totale Planung als Heimatschutz propagiert, verhieß das völkische Siedlungsmodell landschaftskonforme und bodenständige Bautraditionen, die in einem nur zum Teil umgesetzten Forschungskonzept zuallererst reichsweit erhoben werden sollten. Aus einer Vielzahl von regional üblichen Hausformen Haustypen für kulturräumlich vereinheitlichte Siedlungszonen zu entwickeln und damit einen Kompromiss zwischen dem Anspruch landschaftsgerechten Bauens und erforderlicher Wirtschaftlichkeit durch Standardisierung herzustellen, führte unter Federführung von Schulte-Frohlinde zur Entwicklung von ‚Reichsbauformen', die mit zunehmender Subsumierung kultureller Eigenheiten regionale Unterschiede nivelliert und formale Vielfalt auf einen weitgehend uniformen Kanon reduziert zeigen. Selbst in der eigenen Planungsheftreihe des RHA, die im Titel „Siedlungsgestaltung aus Volk, Raum und Landschaft" postulierte, wurde 1934 kritisch angemerkt: „Das Steildach schafft noch keine neue Gesinnung. Ist es notwendig, die Uniformierung und Typisierung so weit zu treiben, dass man in einer solchen Siedlung nicht weiß, ob man sich in Ostpreußen oder an der Westgrenze befindet? Mit wirtschaftlichen Erfordernissen hat dies jedenfalls nichts mehr zu tun." Neben der „öden Typisierung" und dem „Fehlen jeder organischen Verbundenheit mit der umgebenden Landschaft" verrate der Mangel an „festen Umrissformen" ein Bebauungsplanschema, das Siedlungen zu störenden „Fremdformen" in der Landschaft mache.[7] Anleihen bei den einst gemäßigt modernen Reformansätzen der Heimatschutzbewegung wie beim als Muster für den städtischen Wohnbau nicht nur funktional verfehlten Bauernhaus führten, entgegen propagandistisch beschworener Referenz auf Bodenständigkeit, nicht zuletzt vom sparsamen Mittelaufwand diktiert, zu von anonymer Ländlichkeit gekennzeichneten Bautypen. Als „normierter Kubus mit variablen Abmessungen" persifliert,[8] kam der unabdingbar mit einem Satteldach versehene Typus ‚Siedlerstelle', eventuell mit regional ungewissen Form- und Stilzitaten dekoriert, reichsweit zur Ausführung. Zentral gelenkt, gaben die Konstruktionsblätter des Reichsheimstättenamts Grundriss und Musterfassaden zur Planung der Einheitsbauten vor, die Architektur als Instrument der Gleichschaltung ausweisen und Siedlung als sichtbares Symbol Gleichgesinnter lesen lassen sollten. Im Zeichen des steilen Satteldachs auf kleinstem Raum ein properes Heim mit zur Selbstversorgung angeschlossenem Garten und Stall, blieb die durchgeplante Struktur nicht auf die Bauformen beschränkt, sondern setzte sich ins Innere und Private fort, für dessen einfache, aber solide Ausstattung nach völkisch-ästhetischen Vorgaben Designer des Amts Schönheit der Arbeit sorgten. Als Leitbilder deutschen Wohnens für industrielle Fertigung entworfen und in aufwendig produzierten Katalogen und Ausstellungen propagiert, wurden mit Möbeln deutsche Gediegenheit und Wohnlichkeit inszenierende Interieurs visualisiert, die ihre geschmacksbildende und Lebensstil formende Wirkung nicht verfehlen sollten, sofern sich Kleinsiedler und -verdiener den NS-Lifestyle leisten konnten.

‚Siedlerstelle' als auf Ratenzahlung gegründetes, künftiges Eigentum wie gemietete ‚Volkswohnung' wurden meistens in spiegelbildlich gekuppelter Bauweise als zu Kleinsiedlungen organisierte Doppelhäuser errichtet; der enorme Wohnungsbedarf und zu leistbaren Mieten ließ sich damit aber nicht decken und machte, so fundamental die Kleinsiedlung als ideologischer Bedeutungsträger konzipiert war, die Wende zum Geschosswohnbau, der im ‚Vierjahresplan' als vordringliche Aufgabe zwar vorgesehen, aber durch die Priorität der Aufrüstung ins Hintertreffen geraten war, unumgänglich. Zwar im Widerspruch zum regionale Bautraditionen fordernden Siedlungskonzept, das zu wenige Projekte realisieren und die Wohnungsnot keineswegs lösen hatte lassen, war der mehrgeschossige soziale Wohnbau mit typisierten Wohnungsgrundrissen und normierten, in industrieller Massenproduktion hergestellten Komponenten, eben noch als „Mietskasernen" verpönt, nun als billige ‚Volkswohnungen' unausweichlich, unter kriegswirtschaftlichen Bedingungen, die Baustoffe wie Eisen und Stahl der Bauwirtschaft entzogen, aber in der erforderlichen Menge nicht möglich. Auf eine abzusehende, den ‚Endsieg' suggerierende Nachkriegszeit verschoben und in fundamentaler Abkehr von der Propaganda der ‚Schollenbindung', mit der jeder deutschen Familie ihr Eigenheim in Aussicht gestellt worden war, wurden mit dem „Erlass zur Vorbereitung des deutschen Wohnungsbaues nach dem Kriege" vom 15.11.1940 die Weichen für ein Wohnbauprogramm gigantischen Ausmaßes und totaler Planung gestellt, das unter massenhaftem Einsatz von Zwangsarbeitern umgesetzt werden sollte. Einstweilen mussten in der kriegsbedingt verschärften, vom verwalteten Mangel geprägten Realität Notlösungen, wie das für Selbstbau vom Deutschen Wohnungshilfswerks konzipierte und vom generellen Bauverbot ausgenommene ‚Behelfsheim' mit minimaler Nutzfläche und ohne Baubewilligung zu errichten, genügen. Allerdings war selbst dieser Minimalstandard nicht aufrecht zu erhalten und musste einem im August 1944 vom Arbeitsstab für den Wiederaufbau definierten „konstruktiv primitiven", „aufs Äußerste genormten" Barackenbau weichen.[9]

Wie das in Krems erscheinende Parteiblatt Donauwacht am 29.3.1939 zu den in der ‚Ostmark' geplanten Wohnbaumaßnahmen berichtete, waren im Zuge der Neuregelung des gemeinnützigen Wohnungswesens, dessen Spektrum durch Zulassung neuer, von Industrie, Reichsbahn und DAF gegründeter kapitalgesellschaftlicher Wohnbauträger und Heimstätten erweitert wurde, beträchtliche Mittel der Deutschen Bau- und Bodenbank zur Förderung des Wohnungsbaus bereitgestellt worden. Dazu kamen Sondermittel für bestehende Wohnbaugenossenschaften wie Fördermittel zum Bau von Kleinsiedlungen, für Umbaumaßnahmen zur Beseitigung von Elendsquartieren sowie Zuschüsse zur Schaffung von Land- und Forstarbeiterwohnungen. Nach einem Jahr NS-Wohnbaupolitik waren RM 31 Mio für 8478 Wohnungs- und Siedlungseinheiten in 4070 Häusern vergeben worden, die sich neben 1888 Instandsetzungen und 247 Um- und Ausbauten auf 2759 Kleinsiedlerstellen, 3776 Ersatz- und Volkswohnungen, 1827 neue Wohnungen und 116 Eigenheime verteilten.[10]

Nachdem ab Herbst 1939 Planungen nur noch für ‚kriegswichtige' Bauten erlaubt waren und zivile Projekte nahezu vollständig eingestellt und auf die Nachkriegszeit verschoben wurden, konzentrierten sich die Planung nach dem Erlass zur Vorbereitung des deutschen Wohnungsbaues nach dem Kriege im November 1940 auf dieses umfangreiche Wohnbauprogramm. Für Niederdonau wurden für 10 Jahre RM 280 Mio veranschlagt, die sich auf Basis von Erhebungen des Beauftragten des Gauwohnungskommissars, deren Ergebnis am 16.9.1941 der Reichsstelle für Raumordnung zuging, einschließlich der bäuerlichen Bevölkerung auf einen Bedarf von 155.300 Wohnungseinheiten bezogen, von denen 59.092 als Sofortprogramm umgesetzt werden sollten. Der Fehlstand auf dem Gebiet des Waldviertels betrug 23.800 Wohnungen; davon sollten 6833, nahezu die Hälfte in Orten unter 5000 Einwohnern, im 1.Nachkriegsjahr gebaut werden.[11]

Der Bau von Kleinsiedlungen, eine gegen den städtischen Geschosswohnbau propagierte Wohnform und vom Wohn- und Siedlungsamt im September 1938 mit einem „Merkblatt für die Antragstellung auf Zulassung und Förderung von Wohn- und Siedlungsanlagen" verfahrenstechnisch geleitet,[12] das von der Landeshauptmannschaft ND im Instanzenzug Bezirkshauptmann und Gemeindeverwalter, in der späteren Bezeichnung Landrat und Bürgermeister, erreichte, erfolgte durch die Gemeinde selbst oder wurde einer gemeinnützigen Wohnbaugesellschaft übertragen. Die Aussicht auf ‚Kleinsiedlerstellen' und ‚Volkswohnungen' ließ von Wohnungsnot betroffene Interessenten aus kleinbürgerlichem Milieu für die Partei rekrutieren, während dem durch Zuzug infolge der Anpassung und Ausweitung der Verwaltungsstrukturen noch gestiegenen Wohnungsbedarf ansatzweise mit dem Bau von Geschosswohnungen begegnet wurde, deren Errichtung der am 11.3.1939 zum Zweck des Neubaus von Wohnungen für Beamte aller Verwaltungsressorts in Wien gegründeten Gemeinnützigen Beamtenwohnungsbaugesellschaft BEWOG übertragen wurde.[13] Steuerliche Begünstigungen und eine Eigenkapitalausstattung von 10% sollten niedrige Mieten für auf maximal 90 m² beschränkte Zuschusswohnungen ermöglichen. Die Finanzierung der geplanten Bauprogramme war zu 35% am Kapitalmarkt durch Pfandbriefemissionen – 1939 mit einem Volumen von RM 12 Mio – vorgesehen, zu 55% durch niedrig verzinste, wenn nicht unverzinsliche Reichsbaudarlehen, die ab 1941, da leistbare Mieten sonst nicht erzielbar waren, auf 90% der Gesamtkosten erhöht und deren Verzinsung, ohnehin von 3 auf 1% gesenkt, letztlich zur Gänze erlassen wurde. 1938 betrugen die Bauzuschüsse des Reichsarbeitsministers für die ‚Ostmark' RM 2 Mio, für 1939 waren RM 13 Mio veranschlagt.[14]

Voraussetzung für die Zulassung eines Wohnbauvorhabens, anfangs auf ‚Kleinsiedlerstellen' konzentriert – „weil die Kleinsiedlung den Siedler durch späteren Eigentumserwerb [...] mit der Scholle verbindet" –, war der vom Bürgermeister im Einvernehmen mit dem Ortsgruppenleiter der NSDAP zu ermittelnde Nachweis des Wohnungsbedarfs und die Angabe der als Wohn- und Siedlungsanwärter infrage kommenden ‚Volksgenossen'. Vorzugsweise verheiratete Arbeiter und Angestellte unter 50, „deutschen oder artverwandten Blutes" und „erbgesund", zudem „ehrbar, strebsam und politisch zuverlässig" sowie „zur Bewirtschaftung einer kleinen Siedlerstelle geeignet", wurden in der ‚Siedlerauslese' mittels Fragebogen berücksichtigt, „Kinderreiche, Frontkämpfer, Kriegsbeschädigte, Opfer der nationalen Erhebung und Opfer der Arbeit" bevorzugt. Allerdings galten Einschränkungen für sozial nicht angepasste Bewerber aus Elendswohnungen, die, um das Idealbild der in der mustergültigen neuen Siedlung vorgesehenen ‚Volksgemeinschaft' nicht zu stören, mit den frei werdenden Wohnungen der Auserwählten vorlieb nehmen mussten.

Für das Bewilligungsverfahren war von der Gemeinde eine Gesamtplanung, die im Rahmen der Ortsplanung die Zustimmung der Landesplanungsbehörde, dann Planungsbehörde des Reichsstatthalters, erhalten hatte, einschließlich Haustypenplänen und sozialem Erhebungsbogen erforderlich. Das für eine Siedlungsanlage und die kleingärtnerische Bewirtschaftung geeignete Grundstück hatte Eigentum des Siedlungsträgers zu sein, für ‚Siedlerstellen' möglichst 1000 m² große Parzellen bemessen zu werden. Architektur und Ausführung des Siedlungshauses sollten einer „heimatgebundenen Baukultur" entsprechend „einfach aber unbedingt gediegen und zweckmäßig" sein und unter Verwendung heimischer Baustoffe in massiver, handwerklicher Bauweise erfolgen. Als Einzel- oder Doppelhäuser organisiert, verteilte sich der bescheidene Wohnraum auf Wohnküche, Zimmer und Kammer im Erdgeschoss, das auch Wirtschaftsraum und Stall umfasste; das Dachgeschoss war je nach Kinderzahl auf mehrere kleine Kammern ausbaubar. ‚Volkswohnungen', wenn ebenfalls als Doppelhäuser ausgeführt, verfügten bei äußerster Beschränkung der Ausstattung über annähernd dieselbe knappe Wohnfläche, allerdings ohne Wirtschaftsräume und mit geringerer Landzulage.

Mit der Rechtsangleichung der Förderung der Kleinsiedlungen vom 14.9.1937 galten mit 23.12.1938 und novelliert mit 26.4.1939 auch in der ‚Ostmark' die völkisch-sozialen Ziele, „den deutschen Arbeiter wieder mit dem Heimatboden verbinden und der Selbstversorgung der Familie mit Gartenerzeugnissen und den Erträgnissen der Kleintierzucht zu dienen". Als Siedleranwärter kamen vor allem Stammarbeiter infrage, „die politisch zuverlässig, deutsche Staatsbürger und verheiratet sind". Die ‚Siedlerauslese' traf ein örtlicher Prüfungsausschuss, bestehend aus Bürgermeister, Ortsgruppenleiter und eventuell Beauftragtem des Gauheimstättenamts. Die Kleinsiedlerstelle umfasste mindestens 800 m² Nutzfläche mit der Option auf weitere 200 m²; die Ausführung der Häuser hatte einfach und kostengünstig zu sein, mit Gesamtkosten ohne Grund und Eigenleistung von maximal RM 8000, wofür Reichsdarlehen bis RM 3500 gewährt wurden. Darüber hinaus beteiligten sich an der Finanzierung die örtlichen Sparkassen, sowohl als Darlehensgeber wie auch als Bauträger. Zusatzdarlehen für Dachausbauten sowie Beihilfen für kinderreiche Familien standen ab 3 Kindern zur Verfügung. An Eigenmitteln waren vom Siedlungsträger oder Siedler 10% der Grund- und Baukosten aufzubringen, die auch durch Mitarbeit am Bau beglichen werden konnten.[15] Von der Gemeinde wurden „im nationalsozialistischen Staat" mindestens die Bereitstellung des Baugrunds und dessen Aufschließung erwartet. Die Auszahlung der vom Staat gewährten Mittel erfolgte in Teilbeträgen nach Maßgabe des von Aufsichtsbeamten überprüften Baufortschritts, die Rückzahlung ab Wohnungsbezug nach einem tilgungsfreien Jahr zu einem gestaffelten Zinssatz von 2-3% bzw. Kapitalraten von 1-1¼%. Die Belastung aus Zinsendienst und Betriebskosten sollte ein Viertel des monatlichen Nettoeinkommens nicht überschreiten. Ein vom Siedler mit dem Siedlungsträger abzuschließender Bestandsvertrag berechtigte 3 Jahren nach Bezug der ‚Siedlerstelle' und Erfüllung der Zahlungsverpflichtungen zum Eigentumsübertrag.

Bei ‚Volkswohnungen' lag die Förderhöhe bei RM 3000, wobei Darlehen ausschließlich Gemeinden gewährt und je zur Hälfte bei Baubeginn und nach Fertigstellung von der Deutschen Bau- und Bodenbank angewiesen wurden. Das restliche Erfordernis der zunächst mit RM 5000 festgelegten Baukosten musste über hypothekarische Bankkredite aufgebracht werden. Als tragbare Mietzinshöhe für „gesunde und billige Mietwohnungen" für einkommensschwache Familien sollte ein Fünftel ihres Durchschnittsgehalts die Obergrenze markieren.

Für Eigenheime als Ein-, aber auch Mehrfamilien- oder Zinshaus privater Bauwerber wurde eine Wohnbauförderung in Form von Reichsbürgschaften für Hypothekarkredite gewährt mit einem Eigenmittelerfordernis von 30% der Gesamtkosten, das auf einem Sperrkonto zu erlegen war; zudem konnte ein verlorener Zuschuss in Höhe von 10% des Gesamterfordernisses beantragt werden, dessen Auszahlung erst nach Vollendung des Baus sowie Endabrechnung und Ausstellung des endgültigen Baubescheids erfolgte. Bauweise und Nutzflächenverteilung hatten einem Dauerwohnzweck zu entsprechen bzw. innerhalb eines Limits von 120 m² zu liegen, die Ausstattung einfachen bis mittelguten Standard zu haben.

In der exemplarischen Untersuchungsregion Waldviertel zeigten sich die von anhaltender Wohnungsnot betroffenen Kleinstädte, von der Euphorie des ‚Anschlusses' 1938 und der Aufbaupropaganda beflügelt, zu städtebaulichen Großplanungen entschlossen, die neben öffentlichen Prestigebauten und dem Ausbau der Infrastruktur auch Siedlungen und Wohnungsbauten umfassten. In der kurzen Phase bis Kriegsbeginn 1939 realisiert oder zu bauen begonnen wurden allerdings, abgesehen von reichseigenen und vorrangig errichteten Wohnbauten für Angehörige der Wehrmacht und des Grenzschutzes, nur wenige Wohnungen, zu denen einige Kleinsiedlungen für Arbeiter und Kleinverdiener und vereinzelt Mehrfamilienhäuser gehörten. Quantitativ waren es 268 von Wehrmacht und Finanzministerium für Offiziere und Grenzschutz errichtete Wohnungen, die 116 mit Reichszuschüssen subventionierte ‚Volkswohnungen' und ‚Siedlerstellen' sowie einige frei finanzierte Mietwohnungen im Verhältnis von 70:30 gegenüber standen. Wie die Waldviertler Zeitung am 24.3.1938 die Presseaussendung von Stabschef Lutze zitierte, waren es zunächst von der SA als „erste Hilfsmaßnahmen" angekündigte und mit RM 1,5 Mio subventionierte Arbeitersiedlungen, die vorrangig ‚Alten Kämpfern' zugute kommen und umgehend in Bau gehen sollten.[16] Mit kommunaler Beteiligung wurde darüber hinaus eine Industriearbeiter-Siedlung errichtet, die auch für werksferne Wohnungssuchende offen stehen sollte, sowie vereinzelte Wohnungsbauten verschiedener öffentlicher und privater Bauträger. Der angekündigte Bau weiterer Arbeiterwohnhäuser durch private Betriebe lässt sich nicht belegen. Eine Siedlung für Holzhauer verdankte sich nicht Bemühungen der Gemeinde, sondern verweist, in der lokalen Bezeichnung irreführend, auf deren Absiedlung aus einem für militärische Übungszwecke der Luftwaffe beanspruchten Gebiet. Vielfach wurde der Bau von Siedlungen in Aussicht genommen, die meistens aufgrund zunehmend kriegsbedingter Einschränkungen der Bauwirtschaft, gefolgt vom generellen Baustopp für ‚nicht kriegswichtige' Bauten, wie Mangel an Arbeitskräften nicht über anfängliche Planungen oder Bauvorbereitungen hinaus gelangten. So sehr die sozialpolitische Propaganda angesichts der Wohnungsnot Abhilfe zu schaffen und das Wohl der ‚Volksgemeinschaft' zu sichern suggerierte, nur vereinzelt sollte sich der Traum von Wohnung oder eigenem Heim erfüllen, wie ihn Siedlungsprojekte verhießen, die sich bei kleinbemessenem Wohnraum durch großzügige Gärten zur Eigenversorgung auszeichneten. Als SA-Siedlung trugen sie explizit die Ideologie im Namen, der sie sich verdankten und die die als Siedler zugelassenen künftigen Eigentümer identifizierte. Unverfängliche, politisch-indifferente Bezeichnungen nach 1945 zeigen die nationalsozialistische Provenienz der Bauensembles verschleiert, während lokaler Sprachgebrauch zuweilen die Spur dazu legt oder die nachträgliche Würdigung von NS-Amtsträgern in Straßenbezeichnungen befremden muss.

>
Grundsteinlegung /
SA-Siedlung Gmünd /
1938

>>
Ehemalige
SA-Siedlung Gmünd /
1950er-Jahre

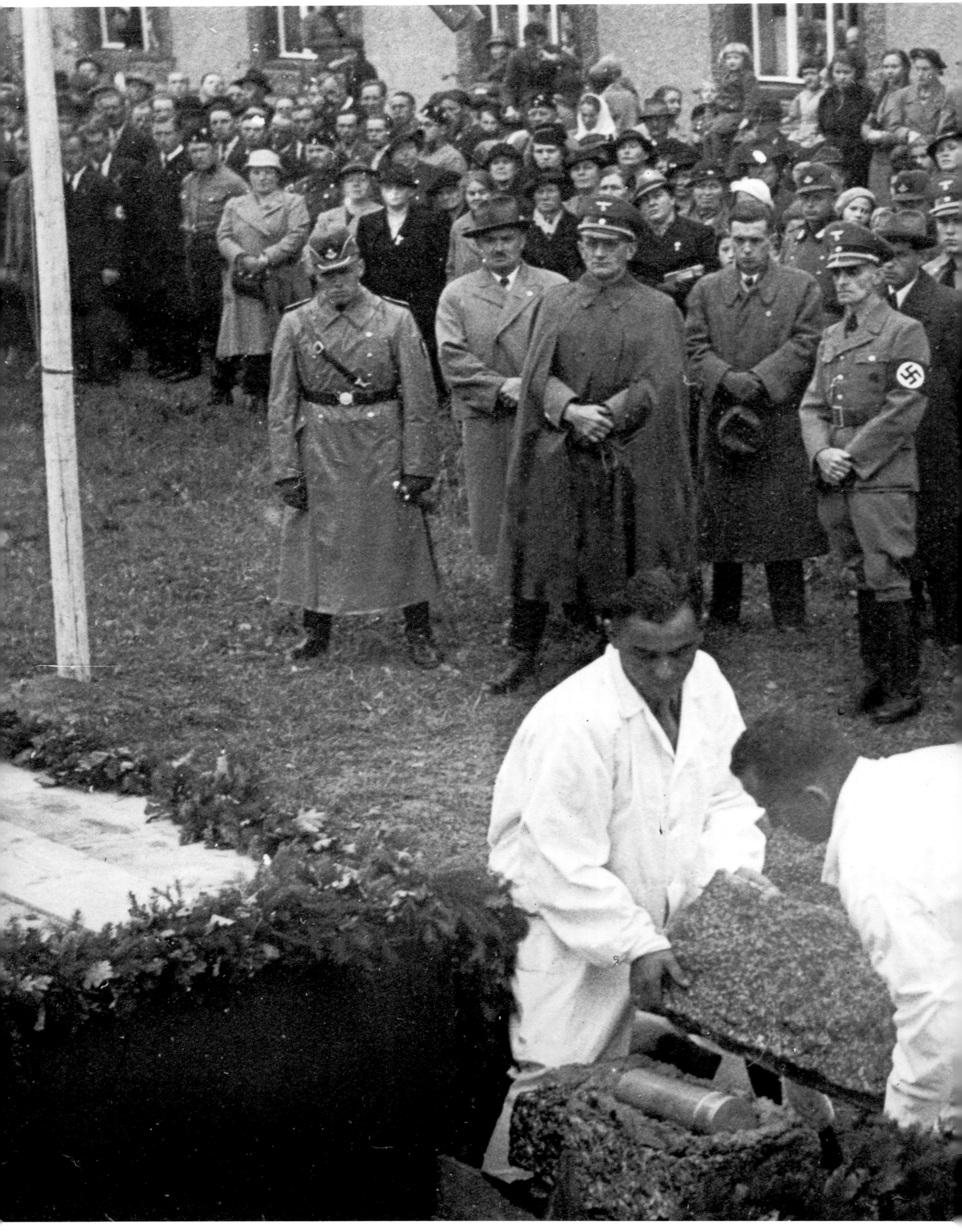

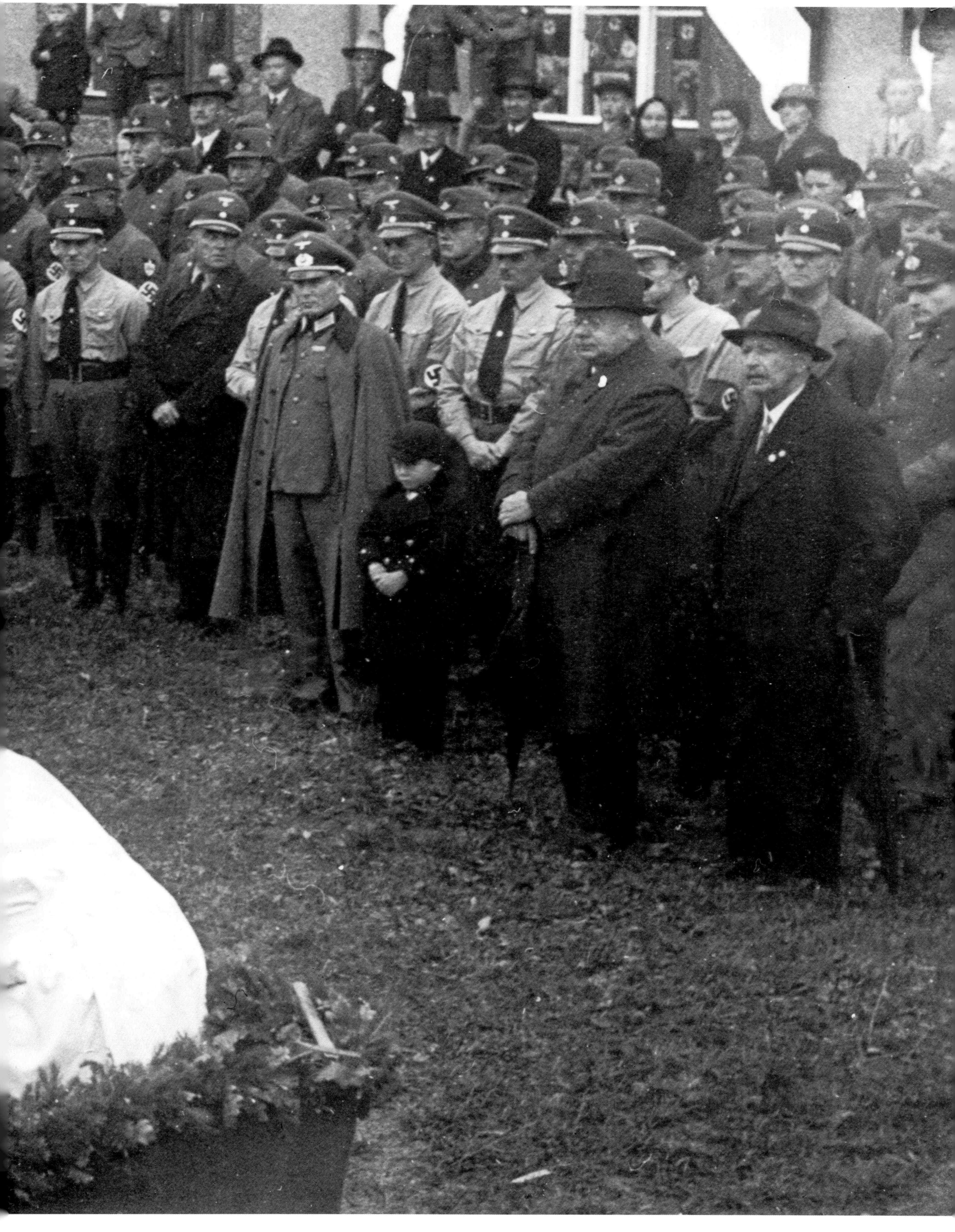

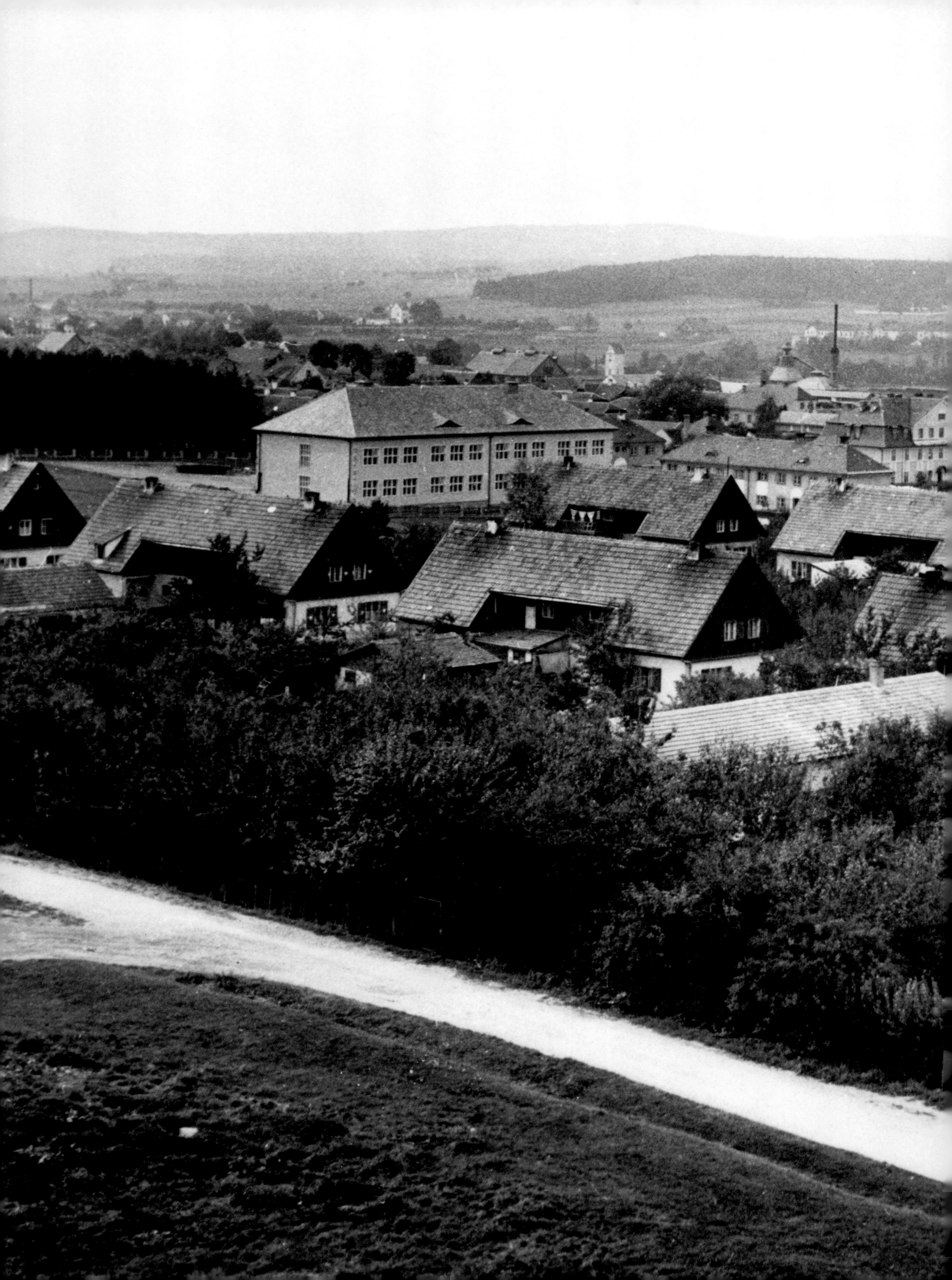

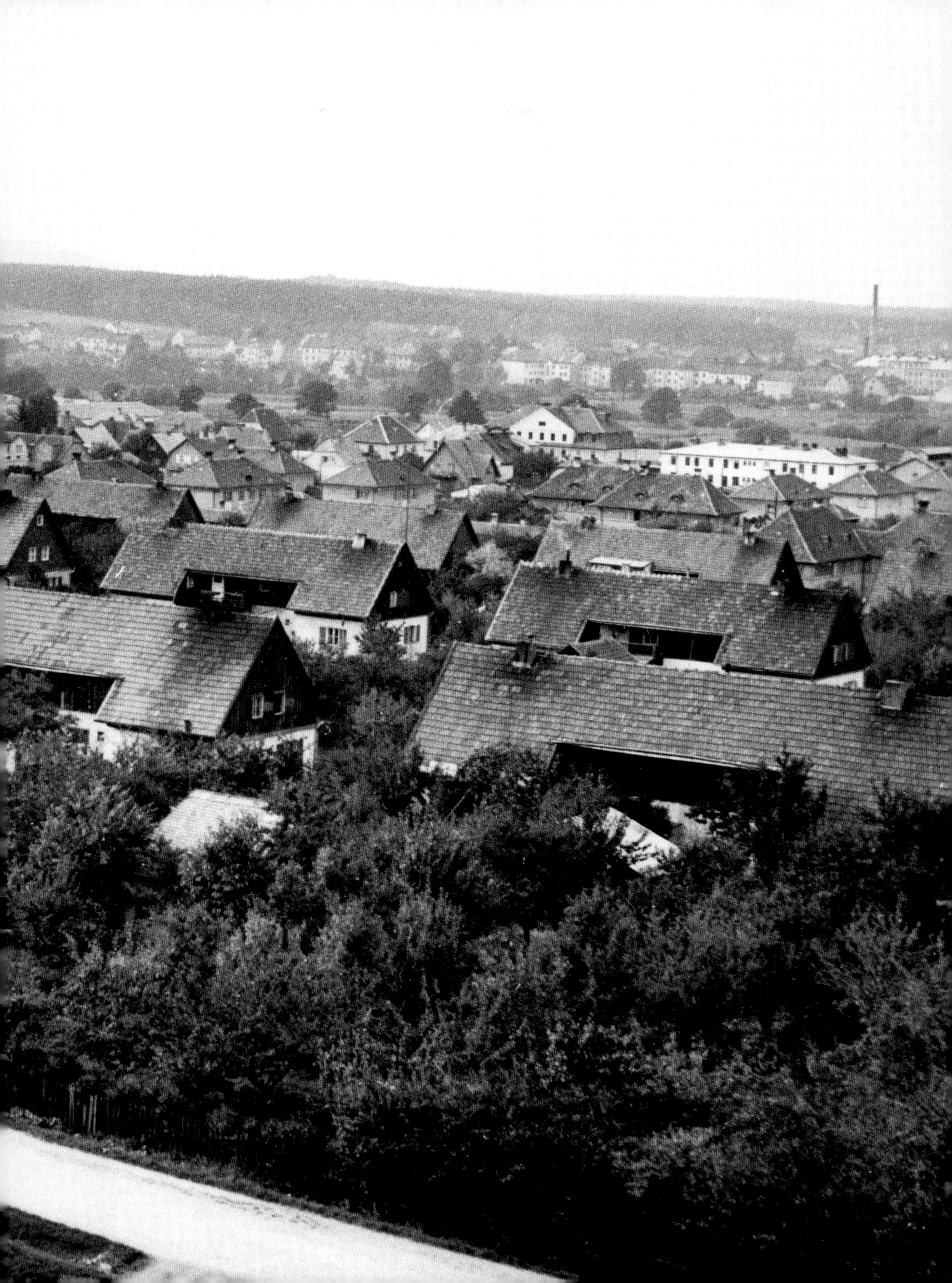

SA-Siedlung Gmünd

In der Grenzstadt Gmünd hatte der pensionierte Oberlehrer Karl Pany, bereits 1933 als nationalsozialistischer Bürgermeister gewählt, aber von sozialdemokratischen Gemeinderäten durch Auszug bei der Angelobung verhindert, als erster Gemeindeverwalter nach dem ‚Anschluss' die Amtsführung übernommen. Im Tätigkeitsbericht bei seiner Ablösung Ende Mai 1939[17] verwies er auf ein umfangreich geplantes Arbeitsbeschaffungs- und Bauprogramm, das aber wegen der ‚Sudetenkrise' kaum konkretisiert oder in Angriff genommen werden konnte. Priorität im Zuge der Mobilmachung hatten kriegsvorbereitende verkehrstechnische Maßnahmen, wie der Ausbau von Straße und Schiene, vor allem „der Zubringerstraßen zum Sudetendeutschen Gebiet".[18] Infrastrukturprojekte wie die Erweiterung des Krankenhauses, die Verbesserung der Wasserversorgung und des Kanalsystems oder die Wiederinbetriebnahme stillgelegter Fabriken mussten aufgeschoben werden, lediglich Flussregulierungen unter Einsatz des Reichsarbeitsdienstes, der in Gmünd II, angrenzend an die geplante SA-Siedlung, für eine Standardeinheit von 200 Mann ein Lager errichtete, wurde Ende 1938 in Angriff genommen.

Als Abhilfe gegen die herrschende Wohnungsnot, von der sich Gauleiter Dr. Jury anlässlich seines Besuchs der Kreisstadt bei einer Führung in Gmünd II, dem in Holzbauweise für Flüchtlinge aus Galizien und der Bukowina während des Ersten Weltkriegs errichteten Stadtteil mit der nachhaltigen Bezeichnung Lager, dessen mit sukzessivem Weiterzug der Migranten frei werdende Baracken armen Menschen als Unterkunft dienten, überzeugen hatte können, war ein Wohnbauprojekt veranlasst worden, das die Errichtung von ‚Siedlerstellen' und ‚Volkswohnungen' vorsah. Wie die Niederösterreichische Land-Zeitung am 6. und 13.7.1938 über die Konkretisierung als SA-Siedlung berichtete,[19] sollten etwa 70 Wohneinheiten mit Stallanbau und Nutzgarten zur Selbstversorgung errichtet werden, die nach strengen Zuteilungskriterien ausschließlich an Familien vergeben wurden. Als Bauträger fungierte die Gemeinnützige Ein- und Mehrfamilienhäuser-Baugenossenschaft, dann umbenannt in Baugenossenschaft Groß-Wien, die aus ihrem Liegenschaftsbesitz auch das Baugrundstück zur Verfügung stellte.[20] In direkter Nachbarschaft zum „Neubau", so die unveränderte Bezeichnung des als Markstein sozialdemokratischer Wohnbaupolitik der 1920er-Jahre im Zentrum der Barackenstadt aus dem Ersten Weltkrieg massiv errichteten Gemeindebaus, – eine Lage, die ideologisch ostentativer nicht hätte gewählt werden können – erstreckte sich das leicht ansteigende, über 3 Straßenzüge erschlossene Areal der projektierten SA-Siedlung mit 36 geplanten ‚Siedlerstellen'. Die Bauausführung verantworteten die 3 örtlichen Baufirmen, Leyrer, Fürnsinn und Heinzel & Mokesch, an die jeweils 6 Doppelhäuser eines Straßenzugs vergeben wurden.[21] Nach Vermessung und Aushub sollten die Rohbauten noch vor dem Winter errichtet werden, wie die Land-Zeitung am 28.9.1938 optimistisch meldete; „die Arbeiter, die nun auch eine menschenwürdige Behausung erhalten würden, freuten sich auf ihr schmuckes Heim".[22]

Zur Grundsteinlegung am 16.10.1938 erschien in Vertretung des Gauleiters Landeshauptmann Dr. Roman Jäger, der am festlich geschmückten Bauplatz Opfermut und Treue der SA-Männer, die unbeirrt und „zum Letzten bereit" Hitler gefolgt seien, würdigte und den Siedlungsbau als Gewähr des „völkischen Guts durch gesunde Familien" unterstrich. Von der örtlichen Parteiprominenz nahmen neben Hauptmann Studeny und Wachtmeister Weber vom Wehrmeldeamt Kreisleiter Lukas und Ortsgruppenleiter Birgfellner teil, der, von Abordnungen der SA und des Reicharbeitsdiensts aus dem RAD-Lager nebenan sowie zahlreichen Bewohnern von Gmünd assistiert, zum Auftakt einer „durchgreifenden Behebung der Wohnungsnot" die Gründungsurkunde der Siedlung verlas, bevor sie, wie vom örtlichen Fotografen Koller festgehalten, von den Maurern Urbanek und Kubitschka im Grundstein eingemauert wurde.[23]

So vielversprechend die propagandistische Sonntagsrede geklungen hatte, sollte das Siedlungsprojekt, kaum begonnen, in den expansionspolitischen Folgewirkungen der im Münchener Abkommen vom 30.9.1938 beschlossenen Abtretung der ‚Sudetengebiete' an das ‚Deutsche Reich' in Aufschub geraten. Hatte Gmünd nach dem Ersten Weltkrieg durch die Bestimmungen des Friedensvertrags 1919 sein westliches Hinterland verloren, standen nun nach der Annexion der tschechoslowakischen Randgebiete durch Vertreibung und Flucht der tschechischen Bevölkerung verlassene Häuser und Wohnungen zur Verfügung, deren vorrangige Nutzung von der Gauplanungsbehörde angeordnet wurde. Die zugleich veranlasste Zurückstellung des Siedlungsbaus sollte sich bald als wohnbaupolitisch kurzsichtig herausstellen: Der durch Vergrößerung bestehender bzw. Einrichtung neuer Behördendienststellen entstandene Raumbedarf, der in Gmünd bis zur geplanten Errichtung eines neuen Amtsgebäudes vielfach durch Freistellung von Wohnraum abgedeckt worden war, hatte den herrschenden Wohnungsmangel noch verschärft, eine Entwicklung, die sich nun durch Über- und Rücksiedlung in das annektierte Gebiet, insbesondere nach Böhmzeil und Unterwielands, den später als Gmünd III bezeichneten Stadtteil, umkehrte und einen regelrechten Bevölkerungsabfluss bewirkte. Als Folge erlitt das zunächst begehrte Siedlungsprojekt ideologisch wie ökonomisch einen Rückschlag; ‚Siedleranwärter' änderten angesichts kostengünstiger und sofort beziehbarer Wohnungen in den tschechischen Grenzorten ihre Absicht und traten von ihrer Anmeldung zurück, sodass Parteifunktionäre wie Bauträger genötigt waren, neue Interessenten bei Versammlungen zu werben und Abnehmer für bereits im Frühjahr 1939 fertiggestellte ‚Siedlerstellen' zu finden.[24] Auch wenn sich der Bau verzögerte und nach Rohbaufertigstellung Ende Mai der Bezugstermin auf Sommer verschob,[25] fanden Siedlerwerbeaktionen im Kaffeehaus auch noch Anfang 1940 statt wie Informationsmaterial mit Zahlen und Fakten als Entscheidungshilfe Interessenten zugestellt wurde. Die darin ausgewiesenen Gesamtherstellungskosten betrugen RM 338.147,21 und verteilten sich auf Grund- und Erschließungskosten von RM 31.805,08, Baukosten von RM 299.833,88 und Geldbeschaffungskosten von RM 6.508,25. Die Finanzierung sollte durch ein mit 1% verzinstes Reichsdarlehen in Höhe von RM 144.000, ein 5%-iges Hypothekardarlehen der Sparkasse Gmünd von RM 108.000 sowie Eigenmittel einschließlich Grund von RM 68.141,21 aufgebracht werden. Der Eigenmittelanteil der künftigen Siedler war mit RM 500 festgelegt und belief sich bei 36 geplanten ‚Siedlerstellen' auf RM 18.000. Die Jahresbelastung aus Kreditrückzahlungsrate und Zinsendienst wurde für 1940 mit RM 229,59, für 1941 mit RM 309,59 beziffert; zuzüglich Betriebskosten ergaben sich jährliche Fixkosten von RM 292 bzw. RM 372, was einer monatlichen Belastung von RM 24,33 bzw. RM 31 entsprach, im Fall von Sonderzahlungen für von der Baugenossenschaft oder der NSV kreditierte Eigenmittel wie Zusatzdarlehen für Dachgeschossausbauten in Eigenregie erhöhte sich die monatlichen Belastungen um bis zu RM 3.[26]

Wie SOZIALES DEUTSCHLAND in einer Sonderausgabe im Juli 1940 berichtete, mussten die im ‚Altreich' geltenden Kostensätze für Kleinsiedlungen in der ‚Ostmark' und im ‚Sudetenland' erheblich erleichtert werden. Da die festgesetzten „Kostengrenzen für Aufbau und Einrichtung einer Kleinsiedlerstelle von RM 9.000" nicht den regionalen Preisverhältnissen entsprachen und dadurch die Errichtung von Kleinsiedlungen ins Stocken geraten war, wurden im Einvernehmen von Reichsarbeits- und Reichsfinanzminister zunächst Übergangsvorschriften erlassen, die auch die mit RM 3500 fixierte Darlehenshöhe wie deren Zuteilungsbedingungen neu regelten. Reichsdarlehen wurden dadurch bis zu RM 6000, Zusatzdarlehen für kinderreiche Familien bis zu RM 2000 möglich; zudem entfiel bei Darlehen für ‚Kleinsiedlerstellen' und ‚Volkswohnungen' der Zinsendienst.[27]

Trotz vielfacher baulicher Veränderungen lässt sich das ursprüngliche Planungskonzept einer 18 Doppelhäuser auf einem nahezu quadratischen Grundstück im Ausmaß von rd. 3,4 ha umfassenden Siedlungsanlage rekonstruieren; augenscheinlich wird deren architektonisch-strukturelle Einheitlichkeit nach Planungsvorgaben des Reichsheimstättenamts aber auf einem Foto aus den 1950er-Jahren.[28] Von 3 parallel laufenden Straßenzügen erschlossen, bilden je 12 spiegelbildlich zu 6 Doppelhäusern mit obligatorischem Satteldach mit Schleppgaupen und teilweise holzverschalter Giebelfassade gekuppelte Baueinheiten traufständige, durch einen kleinen Vorgarten mit Lattenzaun von der Baulinie abgesetzte Zeilen,[29] die zusammen mit den durchschnittlich 860 m² umfassenden schmalen Parzellenstreifen eine streng am Raster ausgerichtete Siedlungstextur zeigen. Bei etwa 15 m nimmt das einzelne Haus mit Abmessungen von 10,8 x 8 m nahezu die ganze Grundstücksbreite ein; die Nutzfläche von 75 m² verteilt sich auf Wohnküche, 2 Zimmer und Bad sowie gartenseitige Wirtschafts- und Stallräume; vom Vorraum führt eine Treppe in das bis zu 2 Zimmer und Kabinett im Ausmaß von zusammen rd. 30 m² ausbaubare Dachgeschoss, das, gartenseitig eingeschnitten und als räumliche Einheit aus beiden Haushälften angelegt, auch eine Terrasse bietet. Die Bewilligung zum Dachausbau, der durch eine mit 31.12.1944 befristete

SA-Siedlung Gmünd / nach Fertigstellung 1939

Ehemalige
SA-Siedlung Gmünd /
2007

Ausnahmeregelung der OT ermöglicht wurde, verpflichtete, „die ausgebaute Wohnung für Luftkriegsgefährdete auf die Dauer der außergewöhnlichen Verhältnisse des Krieges zur Verfügung zu stellen".[30]

Zeigt sich heute der einheitliche Charakter der Häuser vielfach durch Um- und Ausbauten überformt, ging die orthogonale Rasterstruktur aus Bauzeilen und Grundstreifen, abgesehen von der Vegetation, vor allem durch Teilumwidmung der Gärten zu Bauparzellen verloren, was im Laufe der Zeit durch Errichtung ungleich größerer Einfamilienhäuser die einheitliche Siedlungsstruktur zu einem zunehmend verdichteten baulichen Konglomerat höchst heterogener Formensprachen transformiert hat.

Nord-Siedlung Waidhofen an der Thaya

Von Wohnungsmangel diktiert und Aufbauwillen beflügelt, beschloss die Stadt Waidhofen an der Thaya mit Maler- und Anstreichermeister Josef Dittrich als Gemeindeverwalter an der Spitze nach eingehender Beratung der „zukünftigen Verbauung der Stadt" in der Gemeinderatssitzung vom 11.5.1938 umfangreiche Grundkäufe für Stadterweiterungsmaßnahmen. Im Süden sollten von Heimstätte und Privatpersonen getragene Wohnbauten entstehen, am nördlichen Stadtrand zunächst 4 ‚Volkswohnungen' und 12 ‚Siedlerstellen' eines kommunalen Kleinsiedlungsprojekts realisiert werden. Als Baugrund wurde ein rd. 9,6 ha großes, als Schlossbreite bezeichnetes Areal in Aussicht genommen, das im Tauschweg von der „Herrschaft Waidhofen" erworben werden sollte;[31] nach Entschließung des Gemeindeverwalters vom 22.8.1938 wurde Dr. Stoifl, Rechtsanwalt und Ortsgruppenleiter der NSDAP, mit der Vertragsdurchführung des Grundstückstausches mit Philipp Graf Gudenus betraut.[32] Zur Finanzierung der geplanten 4 ‚Volkswohnungen' wurde in der Sitzung vom 24.9.1938 ein Reichsdarlehen in Höhe von RM 12.000, am 17.10.1938, nach Bewilligung des am 15.9.1938 beim Wohn- und Siedlungsamt im Bundesministerium für Wirtschaft und Arbeit eingebrachten Siedlungsprojekts mit 12 ‚Kleinsiedlerstellen', ein weiteres Darlehen in Höhe von RM 42.000 beantragt, das im März 1939 auf RM 48.000 erhöht werden musste.[33] Die Genehmigung der mit RM 3000 bzw. RM 3500 festgesetzten Förderdarlehen, die treuhändig von der Deutschen Bau- und Bodenbank verwaltet wurden, war an Auflagen gebunden – etwa dass ein unverheirateter Siedlungsanwärter „spätestens sofort bei Übernahme der Siedlerstelle heiratet" und ein anderer bis dahin „die deutsche Reichsangehörigkeit erwirbt" –, die angesichts der strengen Kriterien für ‚Siedleranwärter' bemerkenswert nachsichtig scheinen.[34] Für die restliche Finanzierung wurden, abgesehen von den zuallererst heranzuziehenden Eigenmitteln der zugelassenen Siedler, erstrangige Hypothekarkredite mit der örtlichen Sparkasse in Höhe von RM 22.800 bzw. RM 7800 – pro ‚Siedlerstelle' RM 1900, pro ‚Volkswohnung' RM 1950 – vereinbart.[35]

Wohnungssuchende und Interessenten an einer ‚Siedlerstelle' hatten sich auf Einladung von Bürgermeister Dittrich im August 1938 im Gasthof Dangl über Zuteilungskriterien informiert; 22 Entschlossene, darunter Staatsbedienstete, wie Briefträger, Gendarmen, Postchauffeure, (Fach)-Arbeiter, etwa Maurer, Elektriker, Maler und Buchdrucker, aber auch Funktionäre der DAF sowie der für Siedlungsfragen zuständige Gemeindebeirat, mussten sich nach Bewerbung mittels Fragebogen einer ‚Siedlerauslese' unterwerfen, deren Kriterien von ‚arischer' Rasse- und deutscher Staatszugehörigkeit über politische Zuverlässigkeit bis Einkommenssicherheit bei Männern und Gebärfähigkeit bei Frauen reichten. Die Baukosten einer ‚Siedlerstelle' beliefen sich beispielhaft auf RM 7.365,39, die nach Einmalerlag von rd. RM 1000 bei Grundstückszuteilung einschließlich Zinsendienst für die von der Gemeinde aufgenommenen Darlehen in gestaffelten Monatsraten, 1939 beginnend mit rd. RM 20, 1940 mit RM 30, 1941 mit RM 35, abzutragen waren. Die grundbücherliche Eintragung nach vollständiger Abzahlung, die nach 1945 fragwürdig wurde und existenzielle Unsicherheit auslöste, konnte erst nach dem Staatsvertrag 1955 mit dem Übergang ‚Deutschen Eigentums' auf die Republik Österreich durch erneuerte Kaufverträge erfolgen.[36]

Ausführungsvorbereitungen für die von Architekt Hanns Bohrn vom Wohn- und Siedlungsamt nach den Vorgaben des Reichsheimstättenamts entworfene Kleinsiedlung bezogen sich zunächst auf 8 Doppelhäuser mit geplanten 12 ‚Siedlerstellen' und 4 ‚Volkswohnungen'. So dringlich mit 18.10.1938 das Ansuchen um Baubewilligung bei der Bezirkshauptmannschaft und um Zuteilung von Eisen beim Arbeitsamt Gmünd eingebracht wurde, verzögerten in der Übergangsphase der Strukturanpassung an den deutschen Verwaltungsapparat Doppelgleisigkeiten das Verfahren – trotz Verweis auf die Genehmigung durch die Raumordnungsbehörde wurden dieser erneut die Unterlagen vorgelegt, sodass die kommissionelle Bauverhandlung erst am 26.1.1939 stattfinden konnte, nach der schließlich die Baubewilligung mit einer Fertigstellungsfrist bis 1.9.1939 erging.[37]

Der symbolische Baustart mit einer Spatenstichfeier hatte bereits am 23.10.1938 in Anwesenheit der Amtsträger und Parteifunktionäre stattgefunden, propagandawirksam inszeniert als Aufmarsch der SA und Prozession von Parteigenossen und Mitläufern, die sich vom Rathaus zum Bauplatz am Stadtrand bewegten, wo „im Halbkreis die Formationen der Partei, die hiesigen Parteimitglieder, die Ehrengäste und eine zahlreiche Volksmenge Aufstellung" nahmen, wie Ortsgruppenleiter Dr. Stoifl das Ereignis in der Stadtchronik 1938 festhielt. Kreisleiter Hanisch pries in seiner Rede „den sozialen Tatwillen des nationalsozialistischen Staates und der Stadtgemeinde Waidhofen", bevor Gemeindeverwalter Dittrich zeremoniell den Spaten in den Boden trat und im Zuge von Einmauerung der Urkunde und Baumpflanzung die künftigen Bewohner auf die Staats- und Parteidoktrin einschwor: „Der Glaube an das ewige Deutschland, die Liebe zum Führer und zur Volksgemeinschaft, der Friede nach außen und innen möge der Leitstern eines jeden sein, der hier einziehen wird!"[38] In der Land-Zeitung kam Obertruppführer Stoklasa als Pressesprecher der örtlichen SA-Standarte 73, deren Musikzug den Aufmarsch der Parteiformationen angeführt hatte, vom eigenen Pathos überwältigt, zu Wort: „Als über das weite Feld die Kolonnen der SA, mit den im Winde flatternden Sturmfahnen in das von den Fahnen des Dritten Reichs umsäumten Vierecks einmarschierten, bot sich dem Beschauer ein wunderbares Bild, welches an die Kampfzeit vergangener Jahre erinnerte."[39] Die redaktionelle Berichterstattung feierte das Projekt, das jedem Volksgenossen die Möglichkeit zu einem leistbaren Eigenheim mit Garten geben würde und von dem „vor allem jene Kämpfer für die Bewegung" profitieren sollten, die als ‚Illegale' in der ‚Systemzeit' strafrechtlich verfolgt worden waren; dabei wurde auf einen wesentlich größeren Siedlungsumfang mit an die 100 Ein- und Zweifamilienhäuser verwiesen.

Die Baustelle als geeigneter Ort der Inszenierung, vom ‚Führer' versprochene Wohnungen wie generell das nationalsozialistische Aufbauwerk propagandistisch unter Beweis zu stellen, wurde laufend genützt;

Spatenstichfeier /
SA-Siedlung Waidhofen an der Thaya /
1938

Plan ‚Siedlerstelle' /
1939

Plan ‚Volkswohnung' /
1939

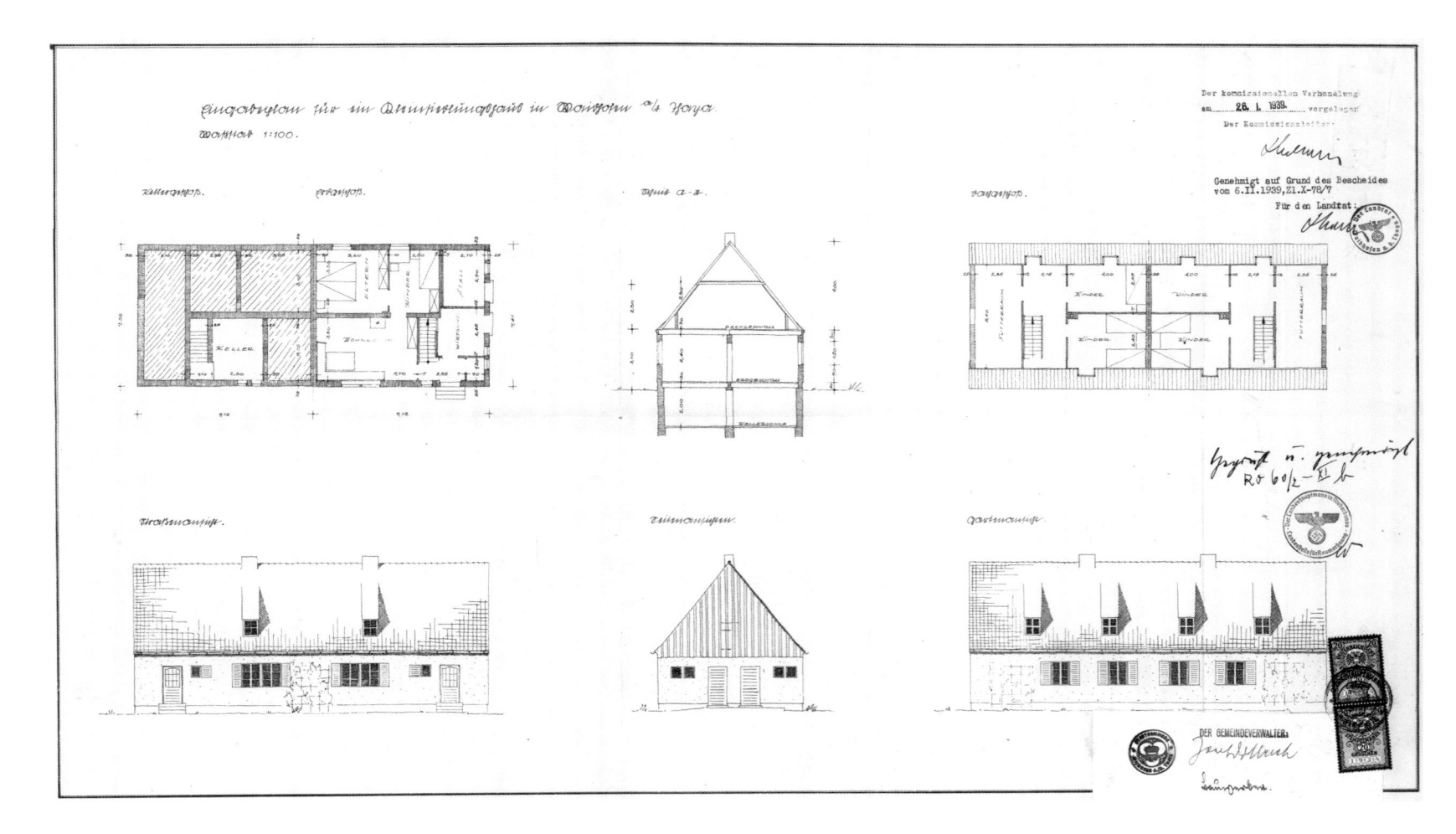

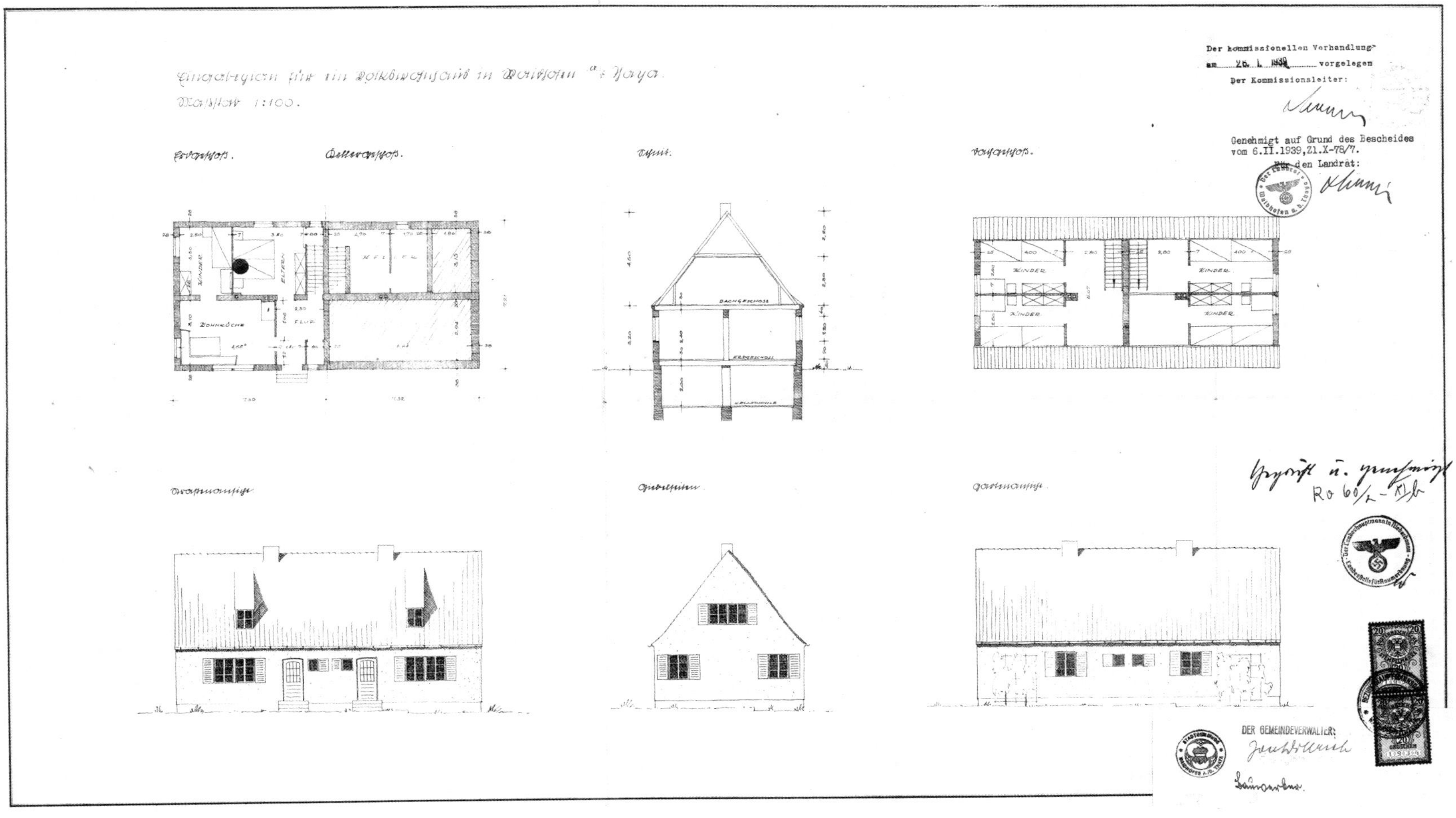
Der kommissionellen Verhandlung
am 26. I. 1939 vorgelegen
Der Kommissionsleiter:
Genehmigt auf Grund des Bescheides
vom 6.II.1939,21.X-78/7.
Für den Landrat:
DER GEMEINDEVERWALTER:

so auch anlässlich des 1. Kreisparteitags am 13. und 14.5.1939, als nach einem Appell des NSKK gegen Abend Gauleiter Dr. Jury eine trotz strömendem Regen „gewaltige Menschenmenge" auf dem Siedlungsgelände prominent beehrte, bevor er anschließend im neu eingerichteten Sitzungssaal des Rathauses mit Vertretern von Gemeinde und Partei zusammentraf und sich in die Gemeindechronik eintrug. Als Ort inszenierter ‚Volksgemeinschaft' fungierte das Baugelände bei der Sonnwendfeier am 21.6., bei der Ortsgruppenleiter Dr. Stoifl die Feuerrede hielt.[40]

Am 24.3.1939 suchte die Stadtgemeinde – nach Inkrafttreten der Deutschen Gemeindeordnung unverändert mit Dittrich, nun als Bürgermeister, an der Spitze, die neuen Positionen von 4 Beigeordneten als Stadträten, 8 Ratsherren und 2 Beiräten zum Teil neu besetzt – um Baubewilligung für weitere 6 ‚Volkswohnungen' an, die als Ergänzungsprojekt umgehend vom mittlerweile in Landrat umbenannten Bezirkshauptmann erteilt wurde. Der von Ing. Rudolf Reißmüller vom Stadtbauamt erstellte Bebauungsplan vom 19.4.1939 zeigt die beiderseits der in einen kleinen Platz mündenden Erschließungssackgasse angeordnete Siedlung um 3 auf 5 Doppelhäuser mit 10 ‚Volkswohnungen' erweitert, die zusammen mit den 12 ‚Siedlerstellen' in 6 Doppelhäusern die Wohnungszahl auf 22 erhöhten.[41] Bei Gesamtkosten von RM 36.732, die wiederum überwiegend mit Reichsdarlehen und Hypothekarkrediten der örtlichen Sparkasse in Höhe von RM 18.000 bzw. RM 11.700 aufgebracht werden sollten, wurde als monatlicher Mietzins RM 16,20 veranschlagt.[42] Auf 5 Jahre angelegt, sollten mit dem Ausbauprogramm insgesamt 44 Siedlungshäuser und 20 ‚Volkswohnungen' errichtet werden.[43]

Eingabepläne „für ein Kleinsiedlungshaus" und „für ein Volkswohnhaus in Waidhofen a./d. Thaya", am 21.1.1939 der Baukommission vorgelegt und am 6.2.1939 von Landrat und Landesstelle für Raumordnung der Landeshauptmannschaft Niederdonau genehmigt, zeigen, wie bei der SA-Siedlung in Gmünd, wenn auch in Größe und Ausstattung noch bescheidener, je 2 Wohneinheiten in gekuppelter Bauweise spiegelbildlich um eine gemeinsame Mittelmauer angeordnet.[44] Die Ausführung erfolgte in Ziegelbauweise, der Sockel in Bruchstein, die Dachdeckung entgegen der 1941 aufgestellten Ortssatzung mit unzulässigen Zementziegeln. Das zum Teil unterkellerte Doppelhaus mit 2 ‚Siedlerstellen wies eine verbaute Fläche von 131 m² auf; mit einer Nutzfläche von jeweils 65 m² stand einer Familie, abzüglich Wirtschaftsraum und Stall für Kleinvieh, eine Wohnfläche von gerade einmal 47 m² zur Verfügung, die sich auf Wohnküche, Zimmer und Kabinett verteilten; das Dachgeschoss konnte nach Bedarf mit bis zu 4 Kinderzimmern von jeweils 11 m² ausgebaut werden. Bei der Variante ‚Volkswohnung' mit einer verbauten Fläche von 106 m² verringerte sich die Nutzfläche auf 53 m², allerdings stand sie durch Wegfall von Wirtschafts- und Stallraum voll für Wohnzwecke, wenn auch ohne Dachgeschossausbau, zur Verfügung. So knapp die Bemessung des Wohnraums, so vergleichsweise großzügig die zwischen knapp 500 bis über 1000 m² großen Grundstücksparzellen, die Nutzgarten und Freiraum ermöglichten, den ein Lattenzaun vom Straßenraum abgrenzt. Wasser- und Stromversorgung erfolgten durch Anbindung an das städtische Leitungsnetz, für die Entsorgung von Abwasser und Fäkalien waren Sicker- und Senkgruben vorgesehen.[45] Die Bauausführung, die mit dem Grundaushub im Oktober 1938 begonnen worden und zum Teil in Eigenleistung der künftigen Besitzer erfolgt war, wurde an örtliche Baufirmen vergeben. Waren die ersten Häuser bereits Ende 1938 im Rohbau fertig und ab Mitte 1939 bezugsfertig, verzögerte die Einziehung der Männer zum Militärdienst den Weiterbau, sodass erst Mitte Oktober 1939 das achte Doppelhaus begonnen werden konnte und der Bezug bis August 1940 warten musste.[46]

Heute ist das Erscheinungsbild des einheitlichen Bauensembles infolge vielfacher, zum Teil massiver Umbauten im Lauf der Jahre kaum noch erkennbar wie die einst singuläre Stadtrandsiedlung zusehends im Konglomerat diverser Einfamilienhausgenerationen, mit denen das 1938 von der Gemeinde erworbene Areal seither verbaut wurde, aufging. Das Verschwinden formaler Merkmale und in der Ortsbezeichnung Nordsiedlung der SA-Bezug überschrieben, entkommt das bauliche Ensemble nicht seiner Provenienz; geradezu in Bekenntnisdrang bietet die nachträglich würdigende Straßenbenennung nach dem nationalsozialistischen Bürgermeister die Kontextualisierung.

Nord-Siedlung, Dittrichstraße / 2007

Wohnbau Waidhofen an der Thaya

Kaum war das Kleinsiedlungsprojekt im Bau, startete die Stadtgemeinde Waidhofen Anfang 1939, ein Wohnbauprojekt, das architektonisch wie städtebaulich kein größerer Gegensatz zu den ‚Blut und Boden'-ideologisch fundierten ‚Siedlerstellen' hätte sein können und in der ländlichen Kleinstadt sozialen Wohnbau vorführte. Als Mehrfamilienwohnhaus ausgewiesen, hatte die Gemeinde auf einem 1938 erworbenen, rd. 1600 m² großen Grundstück am Geländeabbruch zur Thaya in der Berggasse einen Wohnbau für 12 Parteien veranlasst, der bereits im Frühjahr 1940 beziehbar sein sollte.[47] Mit der Planung beauftragt wurde der Wiener Architekt und Künstler Witburg Metzky > Architekten / Künstler 397, der, ohne obligate Mitgliedschaft in der Reichskulturkammer, eigentlich Berufsverbot hatte. Sein Entwurf, auch mit einer Handzeichnung illustriert, sah einschließlich Dachausbau einen 3-geschossigen Wohnbau mit 4 nach Größe und Lage differenzierten Wohnungstypen vor, für dessen rasche Realisierung die erforderlichen Bewilligungen mit Nachdruck von der Gemeinde betrieben wurden. Nach Genehmigung des Projekts durch die Landesstelle für Raumordnung im April, wurde die am 8.3.1939 angesuchte Baubewilligung nach der Bauverhandlung am 28.4. am 21.6.1939 erteilt, die Zuteilung von Eisen und Blech durch das Arbeitsamt Gmünd am 17.6.1939 bewilligt.[48] Die ausgeschriebene Bauausführung wurde an die beiden einzigen Anbieter, die Gmünder Firmen Ing. Anton Leyrer und Heinzel & Mokesch, in Arbeitsgemeinschaft vergeben,[49] Aufträge für Ausbauarbeiten gingen an Firmen in Waidhofen, wie die Zimmerei Franz Rainer, die Spenglerei Alois Kienast und die Schlosserei Steurer und Stark, sowie in Dobersberg an die Tischlerei Lambert Handl.[50] Mit Baubeginn am 14.8.1939[51] konnte der knapp kalkulierte Fertigstellungstermin Anfang 1940 infolge des durch den Kriegsbeginn entstandenen Arbeitskräftemangel nicht gehalten werden, sodass sich der Einzug der ersten Mieter auf September 1940 verschob,[52] nachdem zuletzt 10-15 Kriegsgefangene angefordert worden waren.[53]

Die Entstehung des mehrfach bemerkenswerten Gemeindebaus lässt, abgesehen von der nicht rekonstruierbaren Auftragsvergabe, mehrere Fragen offen. Im Vergleich zu den zeitgleich für Wehrmacht oder Grenzschutz errichteten Wohnbauten stellt der Geschosswohnbau in Waidhofen, nicht kompatibel mit den ideologischen Leitbildern einer rückwärtsgewandten Baupolitik vorgeblicher Bodenständigkeit, in seiner moderat modernen Formulierung eine Ausnahmeerscheinung dar wie sozialer Wohnbau, der im späteren Bauprogramme für nach dem Krieg vorgesehen, zu diesem Zeitpunkt überrascht. Welchem Zufall war es geschuldet, dass das konzeptuell wie formensprachlich weder kleinstädtisch noch an den Vorbildern der NS-Bauideologen orientierte Projekt alle Prüfinstanzen passieren konnte und gebaut wurde? Konnte in einem kurzen Zeitfenster des Übergangs, bis einerseits die rigiden Vorschriften nationalsozialistischer Kulturpolitik unter Kontrolle des Volksaufklärungs- und Propagandaministeriums in der ‚Ostmark' griffen und andererseits bevor kriegswirtschaftliche Einschränkungen und Baustopp zivile Wohnbauten verhinderten, ein Entwurf außerhalb geltender Gestaltungsnormen realisiert werden, begünstigt durch den dringenden Bedarf und einzig vom Interesse nach rascher Umsetzung bestimmt?

Auf einer Fläche von knapp 400 m² bei Abmessungen von 11,32 x 35 m und mit einer Höhe von annähernd 10 m ist der in Ziegelmauerwerk hergestellte Wohnbau, einschließlich des ausgebauten Dachs mit Gaupenlandschaft, auf 3 Wohngeschosse ausgelegt, auf die sich je 4 2- bzw. 3-Zimmer-Wohnungen mit Küche, Speis, Bad, Klo und Vorraum verteilen und zum Teil auf eine Loggia öffnen. Das die Geländestufe ausgleichende Souterrain, das neben Kellerräumen der Mieter und dem obligaten Luftschutzraum mit Gasschleuse im höher gelegenen Teil zu einer Hausmeisterwohnung mit Zimmer und Küche ohne Bad ausgebaut wurde, wird über die ganze Gebäudelänge mit einem Pfeilergang offen gehalten, in dessen Tiefe die Erschließung des Gebäudes über zwei Stiegenhäuser verlagert und geschützt ist und dessen Struktur sich, wie eine freie Zeichnung des Architekten zeigt, in einer die vorgelagerte Grünzone begrenzenden Pergola fortsetzen sollte.[54]

Die Projektfinanzierung mit Gesamtkosten von rd. RM 160.000 war zu etwa 30% aus Eigenmitteln der Gemeinde von rd. RM 48.000 vorgesehen, die durch Einbringung von Baugrund und Baumaterialien aus eigenen Lagerbeständen sowie aus Erlösen bereits verkaufter Baugründe im südlichen Stadterweiterungsgebiet aufgebracht wurden; 60% sollten durch erst- und zweitrangige Hypothekarkredite der Sparkasse in Höhe von RM 56.000 und 40.000 sowie durch einen annähernd 10%-igen Zuschuss aus der Wohnbauförderung von RM 15.980 abgedeckt werden. Der auf Basis einer jährlichen Rentabilität von rd. 5% der Kosten einschließlich Zinsendienst errechnete Mietzins für die 4 Wohnungstypen bewegte sich mit Ausnahme der Souterrainwohnung mit RM 13,50 zwischen RM 24,10 und RM 72,50.[55]

Angesichts der prekären Wohnungslage nicht von unabsehbaren Genehmigungsverfahren durch die Aufsichtsbehörde abhängig zu sein, vereinbare die Gemeinde mit der Sparkasse eine Aufgabenteilung, nach der die Sparkasse vorübergehend als Bauherr agierte, d.h. den Bau auf ihre Rechnung durchführen ließ, und die Gemeinde die Bauaufsicht versah.[56] Diese Übereinkunft sollte, als die beantragte Wohnbauförderung ausblieb, die Gemeinde vor das finanziell akute Problem stellen, inzwischen auf RM 170.000 gestiegene Baukosten bedienen zu müssen. In der angespannten Lage, in der die Forderung der Mieter, die mit den Baukosten gestiegene Mietzinshöhe herabzusetzen, aus Rentabilitätsgründen strikt abgelehnt wurde,[57] fand sich letztlich eine private Interessentengruppe, die Ende 1941 das neue Wohngebäude erwarb.[58]

Nachdem kriegswirtschaftliche Einschränkung der Bauwirtschaft weitere Wohnbauprojekte verhinderte, beschloss die Gemeinde im August 1940 ein umfangreiches Bauprogramm für die Zeit nach dem Krieg, das neben mehreren Amtsgebäuden 30 ‚Volkswohnhäuser', 10 ‚Kleinsiedlerstellen' sowie 1 Haus mit 4 Groß- und 5 Häuser mit 4 Mittelwohnungen vorsah; darüber hinaus war der Bau von 20 privaten Einfamilien-

>
Schaubild
Kommunaler Wohnbau
Waidhofen an der Thaya /
Witburg Metzky /
A. Tischer, Wien /
1938/39

>>
Berggasse /
2009

Planansicht und Detailplan
Tischlerarbeiten /
Witburg Metzky, Wien /
1938/39

214

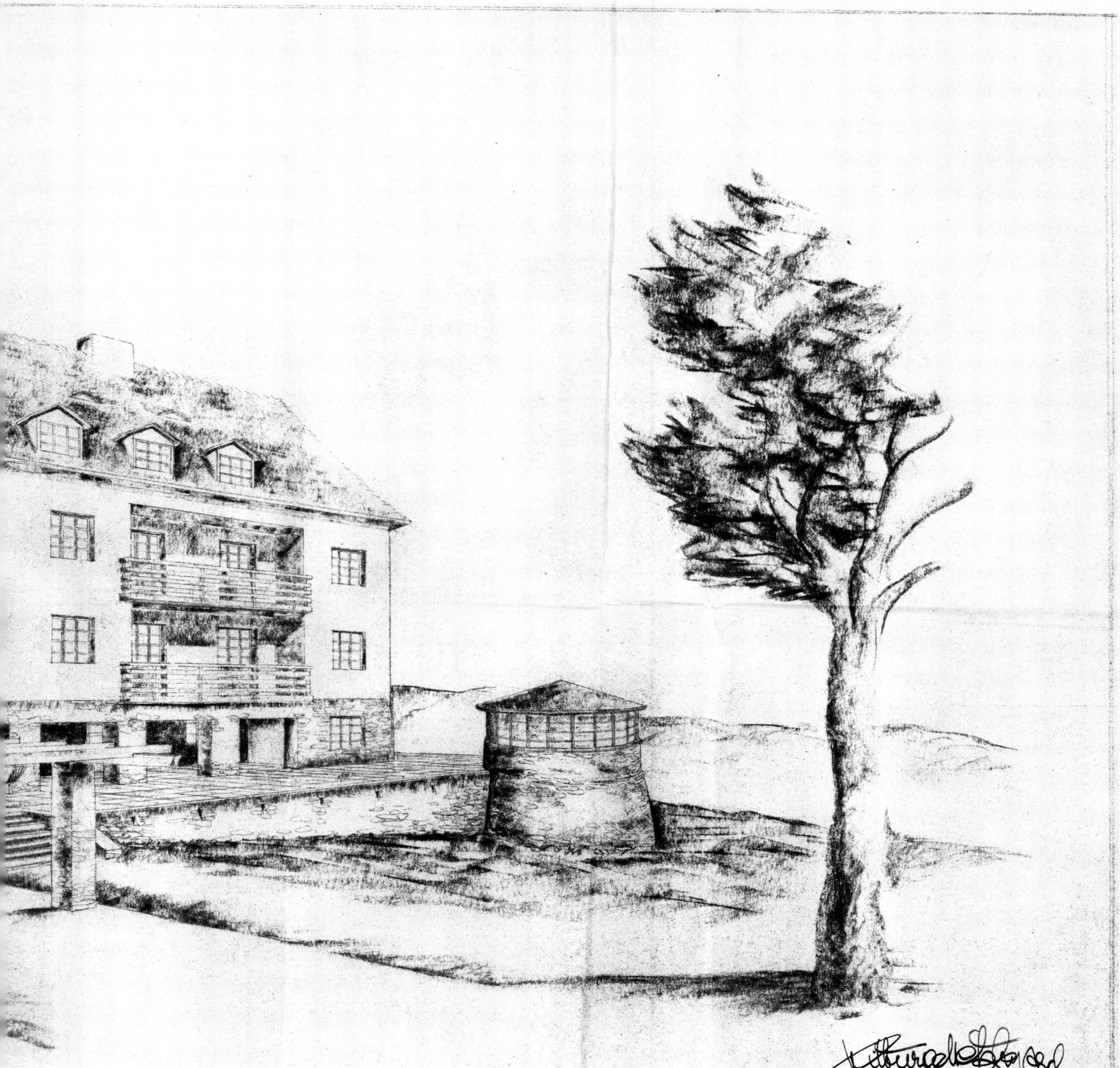
A. Fischer

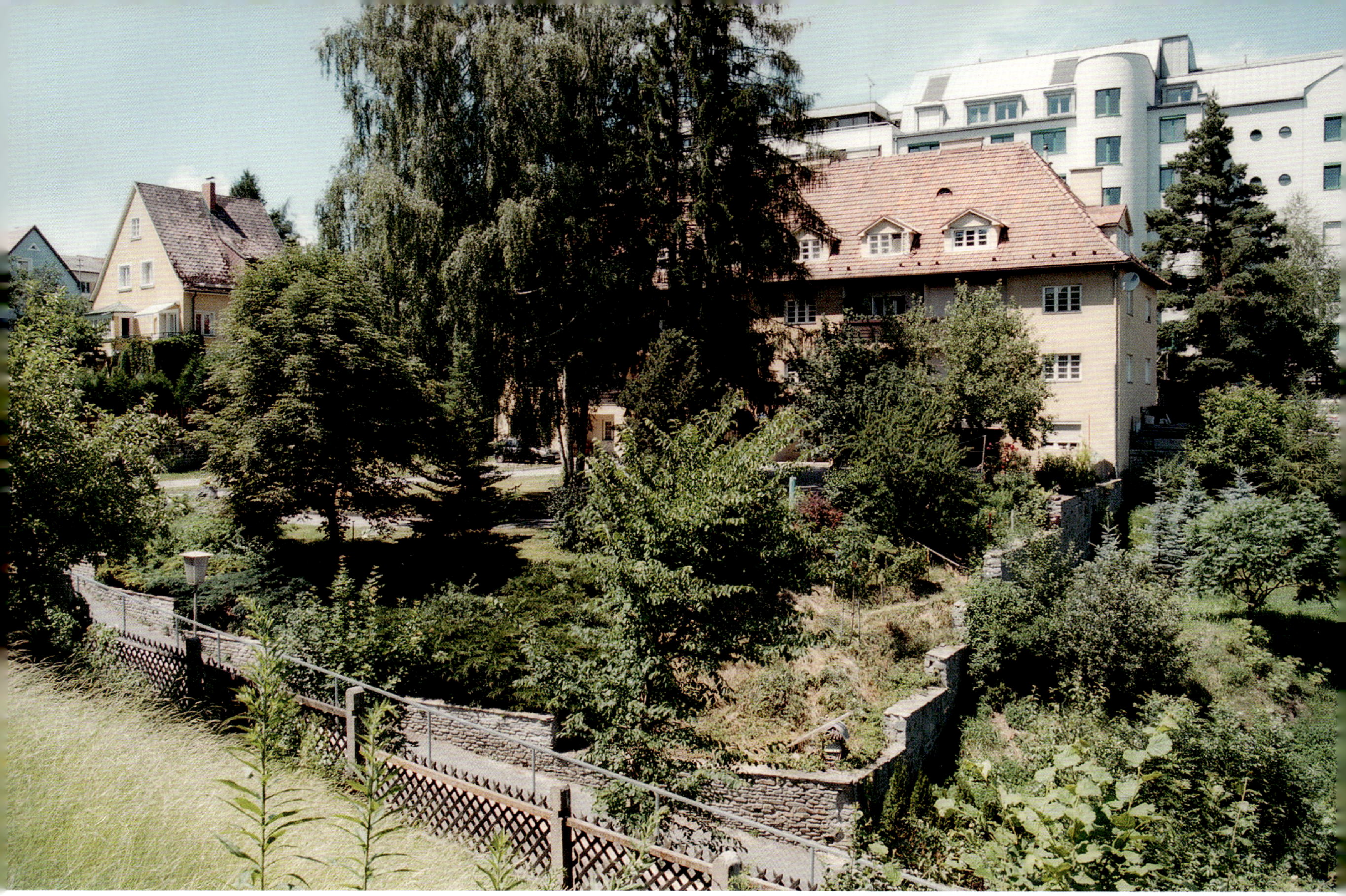

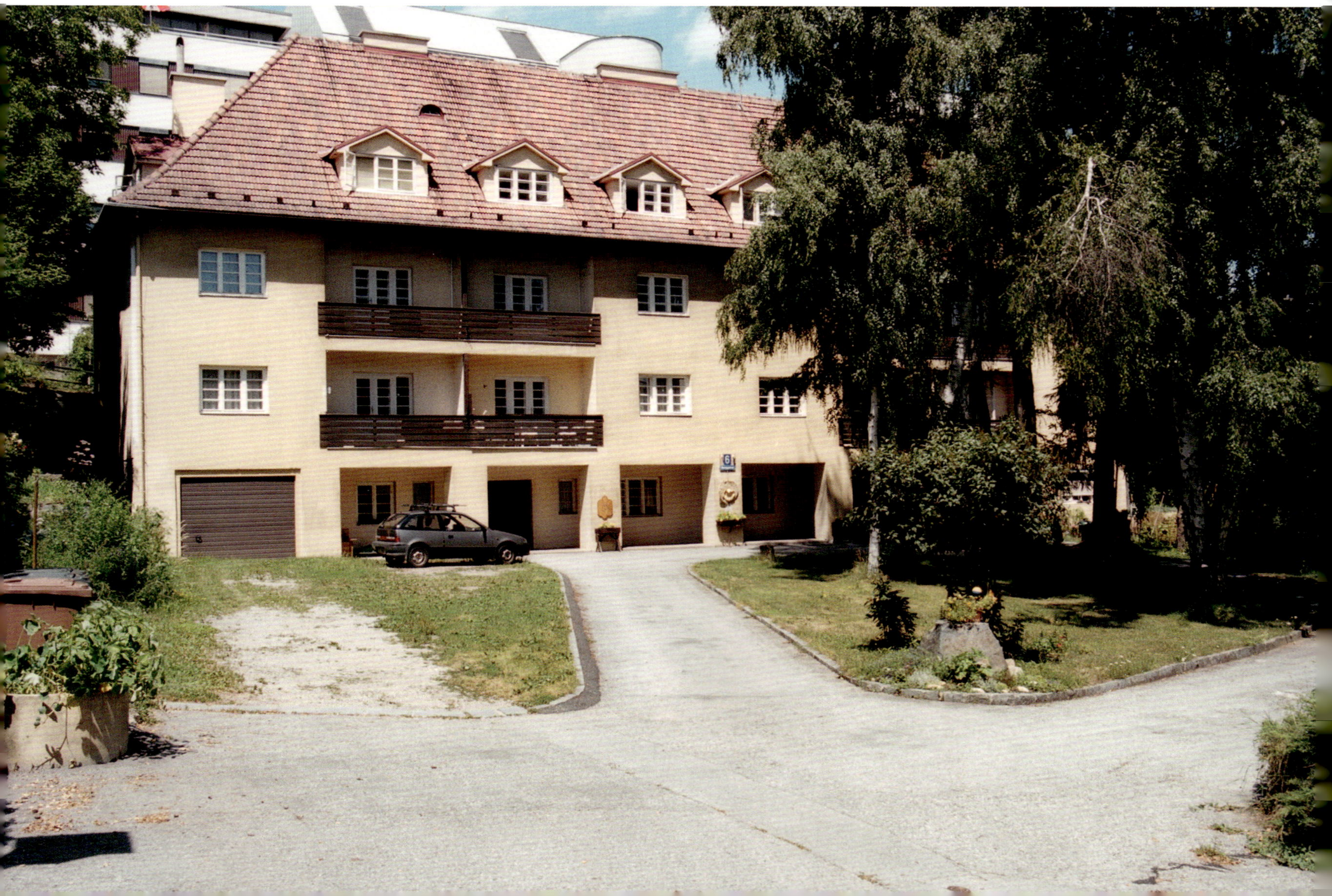

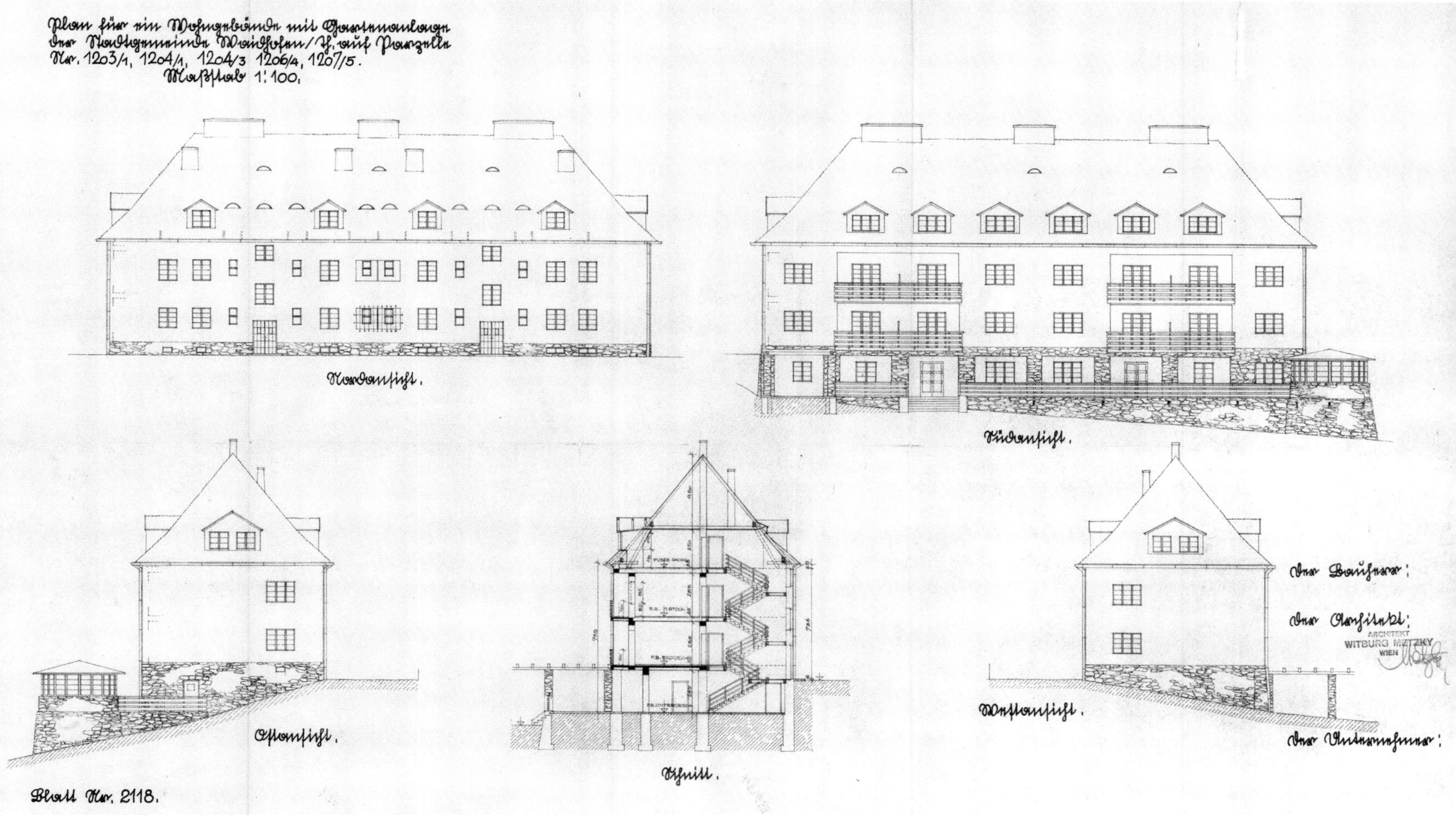

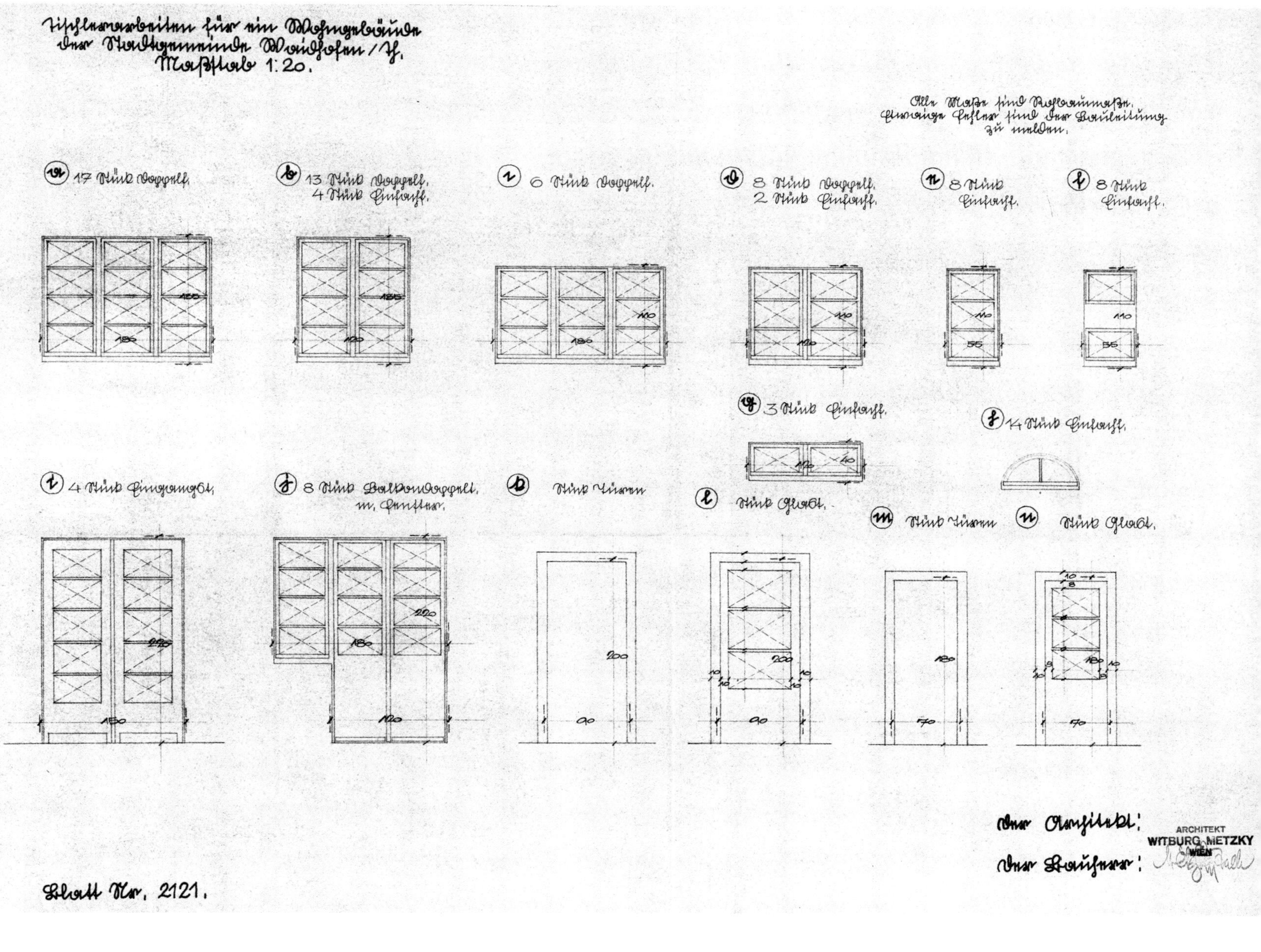

häusern projektiert.[59] Aufgrund des unveränderten Wohnungsmangels blieb auch 1941 Wohnraumbeschaffung ein Dauerthema in den Ratsherrensitzungen, auch wenn infolge des generellen Baustopps für zivile Bauten keine Aussicht auf Realisierung bestand. „Soweit es arbeitstechnisch möglich ist", so die hohle Phrase zu Jahresanfang, wurde Planung samt Kostenvoranschlag und Bewilligungsansuchen für weitere 10 ‚Volkswohnungen' und 10 ‚Kleinsiedlerstellen' „unverzüglich vorzunehmen" beschlossen.[60]

Was der Gemeinde als Bauträger nicht mehr möglich war, schien, wie Baustandslisten beim Oberfinanzpräsidenten Niederdonau über Jahre fortgeschrieben ausweisen, für das von der BEWOG betriebene Wohnbauprojekt für Finanzbeamte, das 20 Wohnungen verteilt auf 5 Häuser mit Gesamtkosten von RM 272.000 umfasste, zunächst nicht zu gelten.[61] Als mit Reichsmitteln geförderte Beamtenwohnungen, von denen 1939 insgesamt 729[62] in der ‚Ostmark' und davon 186 in Niederdonau' als in Bau befindlich registriert waren, blieb das einzige in der Untersuchungsregion geplante Vorhaben in Waidhofen eine statistische Größe; in der Baustandsmeldung an den OFP Niederdonau zum Jahresultimo 1943 wurden schließlich 16 von 20 Wohnungen als inzwischen stillgelegt vermerkt;[63] aber selbst das eine verbliebene Haus mit 4 Wohnungen war nicht über das bis November 1940 errichtete Kellergeschoss hinausgekommen. Während Grundstücksverhandlungen für weitere Bauvorhaben in Zwettl, Horn und Waidhofen 1940 bereits auf das Sofortprogramm nach dem Krieg abzielten,[64] sollten die 5 wohnbaugewidmeten Bauparzellen schließlich ab 1947, an den Plänen des Reichsbauamts orientiert, von der Gemeinde bzw. von einer Wohnbaugesellschaft verbaut werden.

Nach aussichtslos gewordenen Neubauten ansatzweise Wohnraum zu schaffen, beauftragte die Gemeinde letztlich Umbau und Adaptierung leer stehender Objekte, wofür Anfang 1942 RM 10.000 für 6 Kleinwohnungen bewilligt wurden, zu denen Räume der stillgelegten Knopffabrik in der Stoissmühle nach Plänen von Baumeister Reitmeier umgebaut wurden.[65] Mit der Freigabe von Baumaterial aus beschlagnahmten Beständen sorgte der Bürgermeister Anfang 1944 für die Errichtung von 4 ‚Behelfsheimen' in gekuppelter Bauweise,[66] im April wurde der Bau von 2 von der Zimmerei Rainer mit RM 30.000 veranschlagten Baracken für ‚Ostarbeiter' beschlossen und im alten Forstgarten errichtet;[67] bezogen werden sollten sie im Juli 1944 von als ZwangsarbeiterInnen dem Forstamt Waidhofen zugeteilten jüdischen Familien aus Ungarn.[68]

Baracken Forstgarten / 2005

Luftwaffen-Siedlung
Gutenbrunn

Übungsgebiet Luftwaffe,
Luftgau XVII /
1940

Ehemalige Luftwaffen-
Siedlung Gutenbrunn /
2010

>

nach Fertigstellung
1941

Eine Ausnahme im architektonisch nicht von den typologischen Heimstättennormen abweichenden Siedlungsbau stellt die in ihrer ortsüblichen Bezeichnung irreführende Luftwaffen-Siedlung in Gutenbrunn dar, deren Errichtung 1940 nicht kommunaler Sozialpolitik geschuldet war, sondern militärischen Interessen diente sowie Ab- und Umsiedlung für eine Berufsgruppe bedeutete. Nicht wie bei einem vom Luftgaukommando XVII in unmittelbarer Nähe zum Truppenübungsplatz Döllersheim angelegten Fliegerübungsplatz im Wild genannten Waldgebiet bei Göpfritz, wo im September 1939 neben einem Beobachtungsbunker eine Wohnbaracke mit Schuppen als Unterkunft für die stationierte Luftwaffeneinheit erbaut wurde,[69] waren es im Zuge der Errichtung eines Übungsgeländes für Bombenabwurfmanöver im zum Habsburg-Lothringen'schen Forstbesitz im südlichen Waldviertel gehörenden Weinsberger Wald Holzhauer im Dienst „der Herrschaft", die im Umkreis von 3 km ihre in der Einschicht gelegenen Anwesen räumen mussten und als Ersatz in einer Siedlung am Rand von Gutenbrunn zusammengezogen wurden, deren Bau im September 1940 in Angriff genommen wurde.[70] Zuvor hatte das Baubataillon der Luftwaffe in der militärischen Sperrzone Rodungs- und technische Bauarbeiten für den Übungsbetrieb durchgeführt, wozu

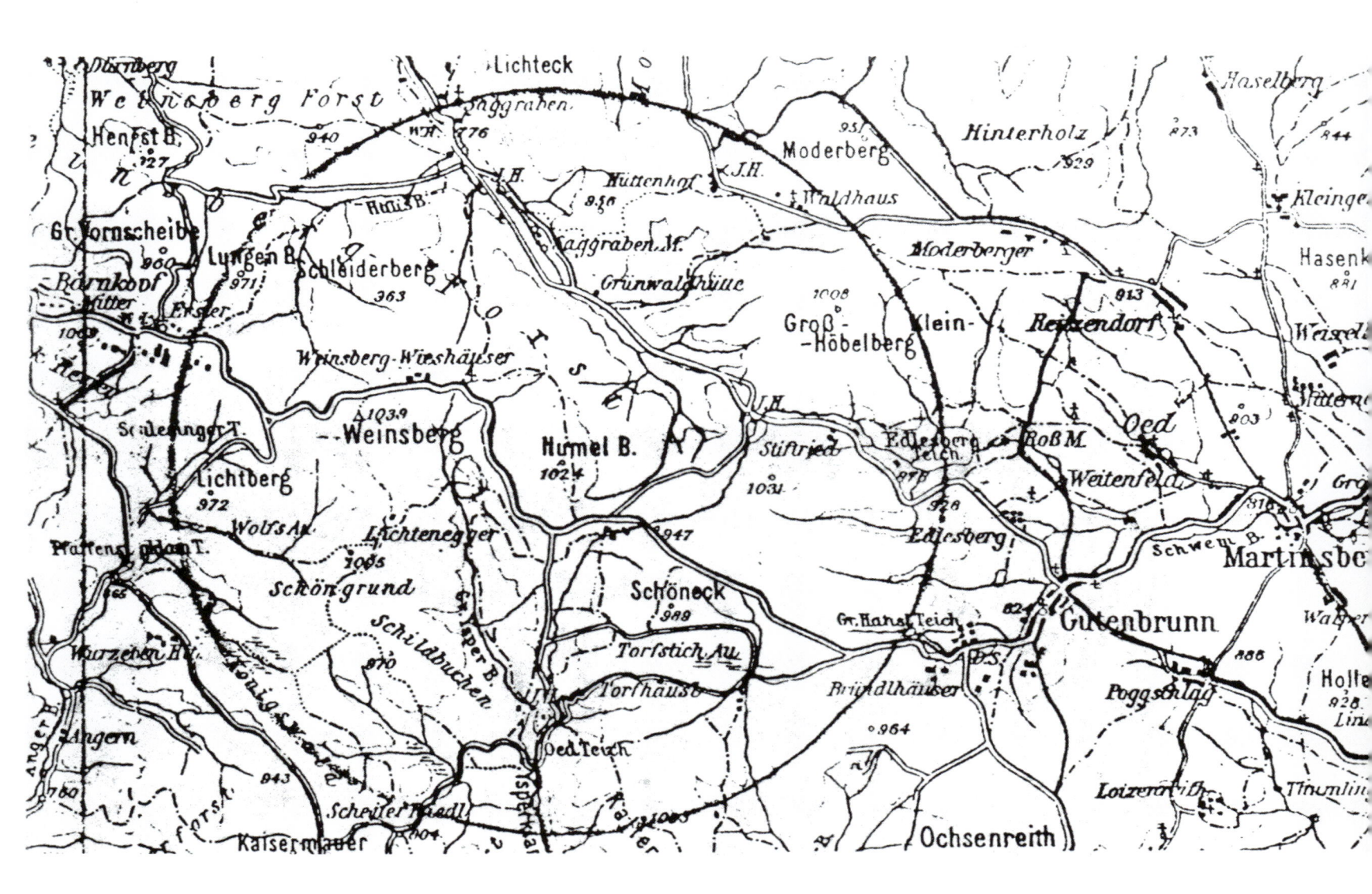

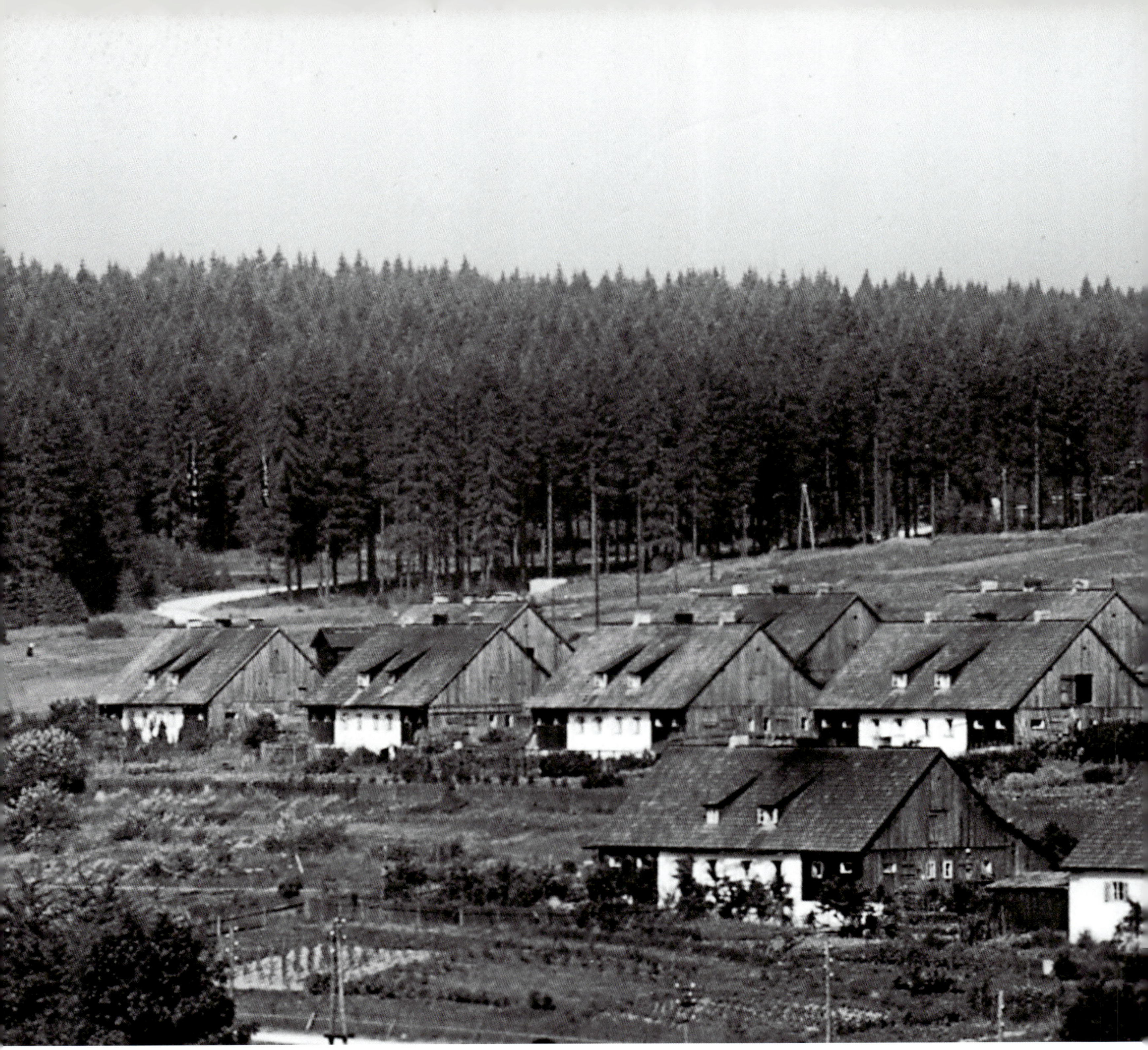

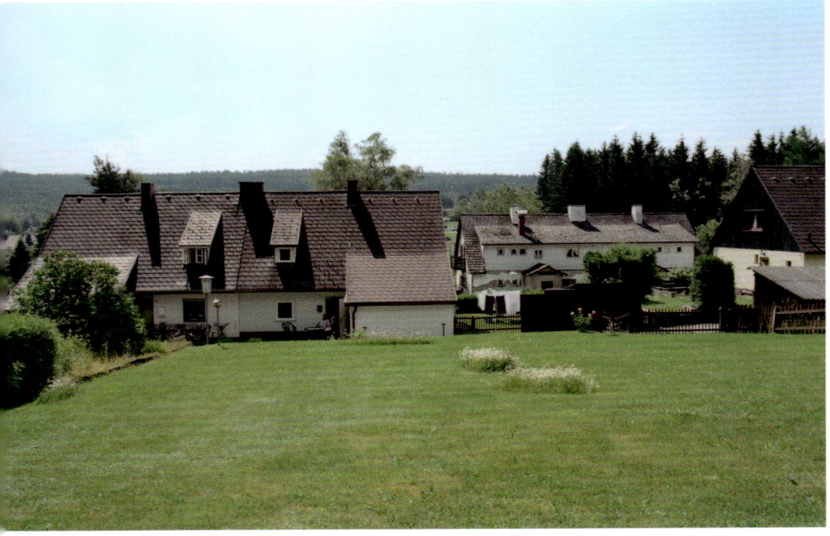

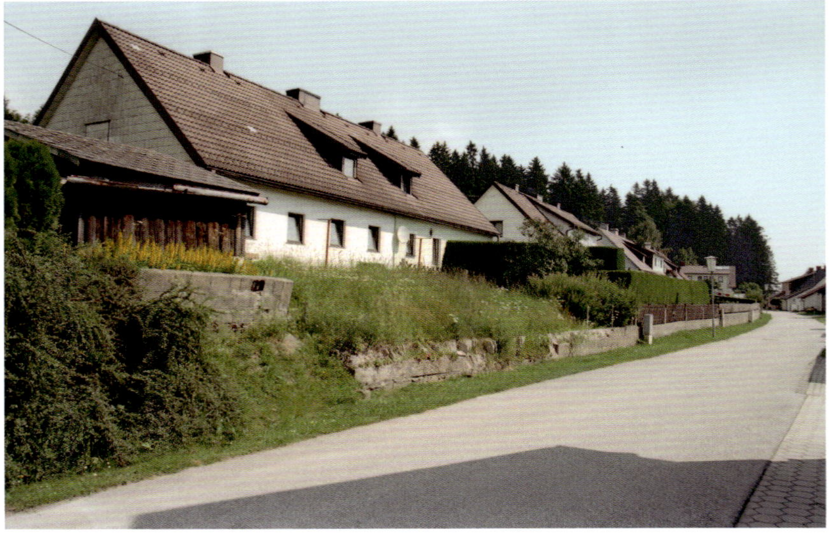

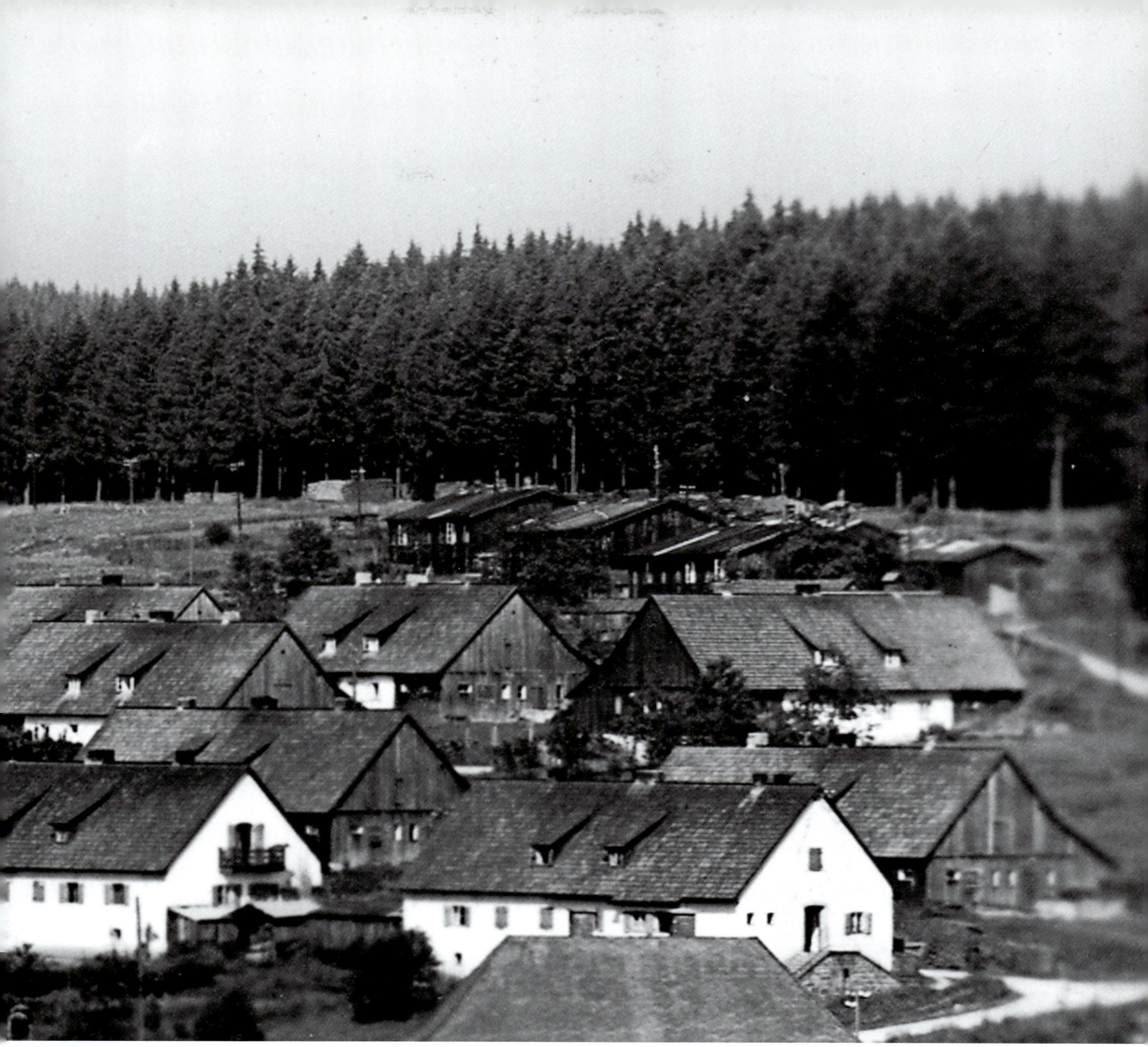

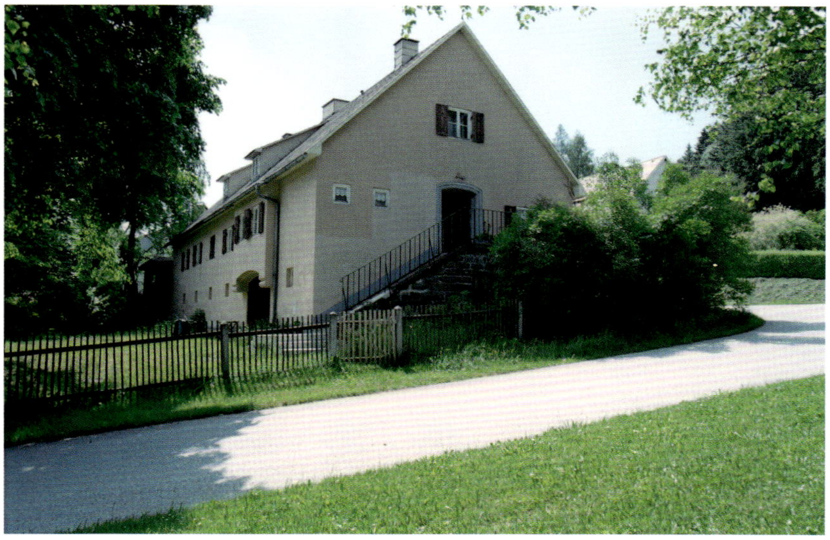

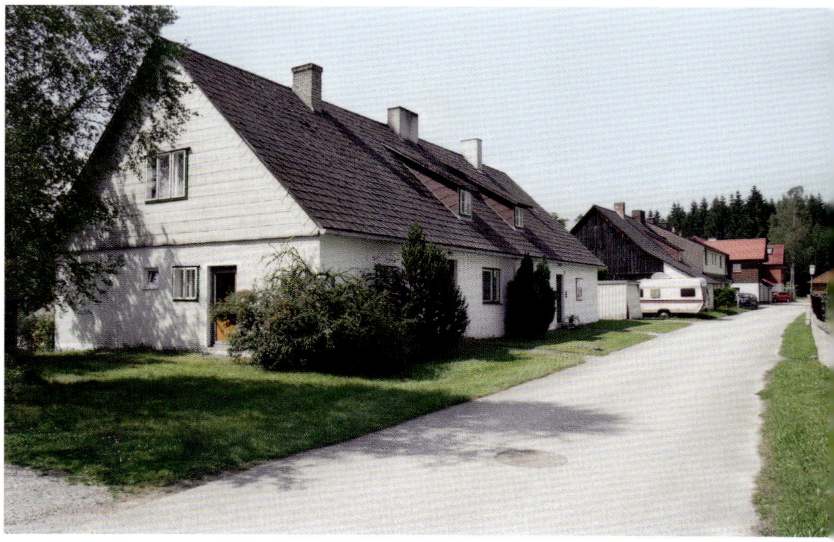

neben einem am höchsten Punkt des Weinsberges errichteten Leitturm für die Fliegerverbände, die, vermutlich vom Luftwaffenstützpunkt Markersdorf anfliegend, mit Sand- und Betonbomben den zielgenauen Abwurf übten, auch Holzattrappen als Angriffziele, etwa eines Schiffs in realer Größe, gehörten. Propagandabekannte Flugzeugtypen in Aktion zu sehen, mag 1941 noch als Ereignis und Inbegriff nationaler Angriffsstärke neugierig bestaunt worden sein, wie der örtliche Chronist aus eigener Kindheitserinnerung über die spektakulären Luftangriffsübungen, die nur von kurzer Dauer gewesen seien, berichtete; danach habe die Luftwaffe das Sperrgebiet für hochrangige Jagdgäste – selbst Göring sei angesagt gewesen – genutzt, bevor 1943 für Ausbildungszwecke der Fliegerabwehr eine Flakbatterie stationiert worden sei.[71]

Bauareal für die nach dem Bauträger benannte Siedlung war der sogenannte Bretterplatz auf dem ehemaligen Betriebsgelände der 1939 liquidierten Körner-Werke am Ortsrand von Gutenbrunn,[72] wo 32 ‚Siedlerstellen' auf Grundparzellen im Ausmaß von 800-1000 m² in spiegelbildlich gekuppelter Bauweise als 16 Doppelhäuser errichtet wurden, wovon 2 ohne Wirtschaftsraum von der Einheitsnorm abweichen und Kanzlei samt Wohnungen der Forstbeamten aufnahmen. Etwa 100 m² Nutzfläche für 2 Wohneinheiten verteilten sich auf Wohnraum mit Wohnküche, Zimmer und Bad im Erdgeschoss sowie 2 Zimmern im ausgebauten Dachgeschoss, und Wirtschaftsraum mit Stall, der, so bescheiden dimensioniert die Räume waren, sogar zur Haltung von Kühen und Schweinen genutzt wurde.[73] Unter militärischer Bauleitung, die ihr Büro in einem Holzhaus am nahen Hanslteich eingerichtet hatte, arbeiteten etwa 100 französische Kriegsgefangene am Bau der Siedlungshäuser, die im Sommer 1941 von den aus den Einschichtlagen abgesiedelten und inzwischen in Ausweichquartieren untergebrachten sowie in den Dienst des Luftgauforstamts übernommenen Holzhauer mit ihren Familien bezogen werden konnten.

Nach 1945 als ‚Deutsches Eigentum' in die Verwaltung der USIA übernommen, konnten erst nach 1955 Haus- und Grundbesitzfragen endgültig geklärt werden; Kaufverträge für die Häuser, mit dem Staatsvertrag in das Eigentum der Republik Österreich übergangen, mussten erneuert, der unverändert zum Habsburg-Lothringen'schen Besitz gehörende Grund von der Gutsverwaltung erworben werden.[74]

Wohnbauten Horn

Im Rahmen groß angelegter Neugestaltungs- und Stadterweiterungspläne > Städtebauliche Planungen 351 verfolgte die Stadtgemeinde Horn unter Bürgermeister Johann Geringer angesichts der anhaltend prekären Wohnungslage Mitte 1939 mehrere Wohnbau- und Siedlungsprojekte, für die nach „Eingliederung des Bürgerspitalvermögens" auf einen „beträchtlich vermehrten" Grundbesitz zurückgegriffen werden konnte.[75] Für das Geschäftsjahr 1939/40 bilanzierte Geringer, dass „trotz des Mangels an Baumaterialien verhältnismäßig viele Wohnungen geschaffen wurden", die allerdings neben einigen Adaptierungen, etwa 5 Wohnungen im ehemaligen Bürgerspital und 3 Wohnungen im „Schlesingerhaus", einem von 3 von der Stadtgemeinde durch ‚Arisierung' angeeigneten Häusern aus dem Besitz der Familien Schlesinger und Pollatschek,[76] überwiegend Wohnungsneubauten der Wehrmacht betrafen. Stadtrat Alois Schmidt als 1. Beigeordneter und Ortsgruppenleiter der NSDAP berichtete zum Stand der kommunalen Wohnbauvorhaben, dass ein von Ing. Schwarz, dem Leiter des für das obere Waldviertel in Horn eingerichteten Reichsneubauamts, für kinderlose Ehepaare geplanter Neubau mit 10 Kleinwohnungen, die so konzipiert waren, dass sie nach Überwindung der Wohnungsnot bzw. bei Familienzuwachs zu größeren Einheiten zusammengelegt werden konnten, baureif sei. Auf einer Fläche von 220 m² war ein 2-geschossiges, von symmetrisch verteilten Fensterachsen gegliedertes Wohnhaus mit Walmdach und Bruchsteinsockel projektiert, das, geschossgleich und spiegelbildlich angeordnet, auf je 4 Zimmer-Küche-Wohnungen ausgelegt war; im hoch gelegenen Teil des den Geländeabfall ausgleichenden Souterrains war zudem neben obligatem Luftschutzraum mit Gasschleuse und Kellerräumen eine Hausbesorgerwohnung mit Zimmer, Küche, Kabinett vorgesehen. Das 2 Parzellen übergreifende Bauareal von 1035 m² erlaubte auch eine ausreichende Gartenfläche.[77] Die veranschlagten Gesamtkosten für die Zimmer-Küche-Einheiten mit Dusche beliefen sich auf RM 54.000, wovon RM 25.542 auf Baukosten nach dem günstigsten Anbot der örtlichen Baufirma Johann Steiner u. Sohn entfielen. Anpassungen an Normvorgaben des Reichsheimstättenamts der DAF bedingten, wie der von der Firma Steiner erstellte Plan für das „Kleinwohnhaus der Stadt Horn auf der Kieselbreite" vom Juli 1939 mit nur noch 8 statt 10 Wohnungen zeigt, wovon neben 4 gleichbleibenden Zimmer-Küche-Einheiten 4 um ein Kabinett erweitert wurden, eine Kostensteigerung auf rd. RM 57.000 in der Endabrechnung, auf die im Sitzungsprotokoll der Ratsherren vom 20.5.1941 verwiesen wird.[78] Formensprachlich nahm der Entwurf Bezug auf 2 Mehrfamilienwohnhäuser, die bereits 1935 von der städtischen Sparkasse in der nahen Feldgasse errichtet worden waren und deren schlichte Formulierung auch ein auf 6 Kleinwohnungen ausgelegter Bau gegenüber an der Straßenecke von Puechhaimgasse und der nach Otto Planetta, dem als Blutzeugen des Nationalsozialismus gewürdigten Dollfuß-Attentäter, benannten Gasse wiederholt werden sollte. Nachdem im Juni 1939 bei der Landesstelle für Raumordnung und beim Landrat um die Baugenehmigung sowie im Juli um Zuteilung von Baueisen und Zement beim Arbeitsamt angesucht worden war, sollte einem baldigen Baubeginn und einer zügigen Umsetzung des Wohnungsprojekts nichts mehr im Wege stehen. Allerdings verzögerte sich die vom Landrat schließlich mit 30.10.1940 terminierte Bauverhandlung, sodass die mit dem vorgelegten Verbauungsplan für das Gebiet Kieselbreite übereinstimmende, bauordnungsgemäße Durchführung des „bis auf letzte Ausfertigungsarbeiten fertiggestellten" Wohnbaus erst nachträglich mit der Benützungsbilligung bescheinigt wurde.[79]

Johann Steinböck-Straße / 2008

Plan Kleinwohnhaus / Joh. Steiner & Sohn / 1939

Ein 38 Häuser umfassendes Kleinsiedlungsprojekt, das ebenfalls im projektierten Stadterweiterungsgebiet Kieselbreite, in der Nähe der Jahnwiese und mit Unterstützung eines Reichsdarlehen vorgesehen war, fand in den Beratungen der Gemeinde keine Erwähnung mehr. Vielmehr zwang die wiederholte Diskussion des eklatanten Wohnungsmangels Ende 1940 zur Erkenntnis, die Zeit nach dem ‚Umbruch' 1938 in Bezug auf Wohnbau nicht genügend genutzt zu haben. Nach 3 Jahren nationalsozialistischer Politik konnten lediglich 1 Neubau sowie einige Umbauten mit zusammen 43 Wohnungen bilanziert werden, ein dürftiges Ergebnis, das zu verbessern, auch die vorübergehende Nutzung von Abbruchhäusern für 20 Notwohnungen ohne sanitäre Anlagen nicht gelang. Ein neues Wohnbauprojekt, das in einer ersten Etappe 70 ‚Volkswohnungen' vorsah, sollte einer privaten Wohnbaugesellschaft übertragen werden,[80] wofür sich die für die Ausführung der Offizierswohnbauten > Wohnbauten Wehrmacht 178 verantwortliche Hausbau AG anbot. Allerdings sah sich diese nicht in der Lage, für das von der Planungsbehörde des Reichsstatthalters erst zum Teil zur Verbauung freigegebene Bauareal im Stadterweiterungsgebiet Vorprojekte zu planen,[81] wie sich unter zunehmend verschärften kriegswirtschaftlichen Bedingungen zivile Bauprojekte ohnehin erübrigten. Davon betroffen war auch das Anfang 1942 vom Gemeinderat beschlossene Projekt zur Aufstockung des Karglhofs nach Plänen des örtlichen Baumeisters Traschler, das neben einem HJ-Heim im Erdgeschoss 9 Wohnungen mit einem Kostenaufwand von RM 50.000–60.000 vorsah.[82]

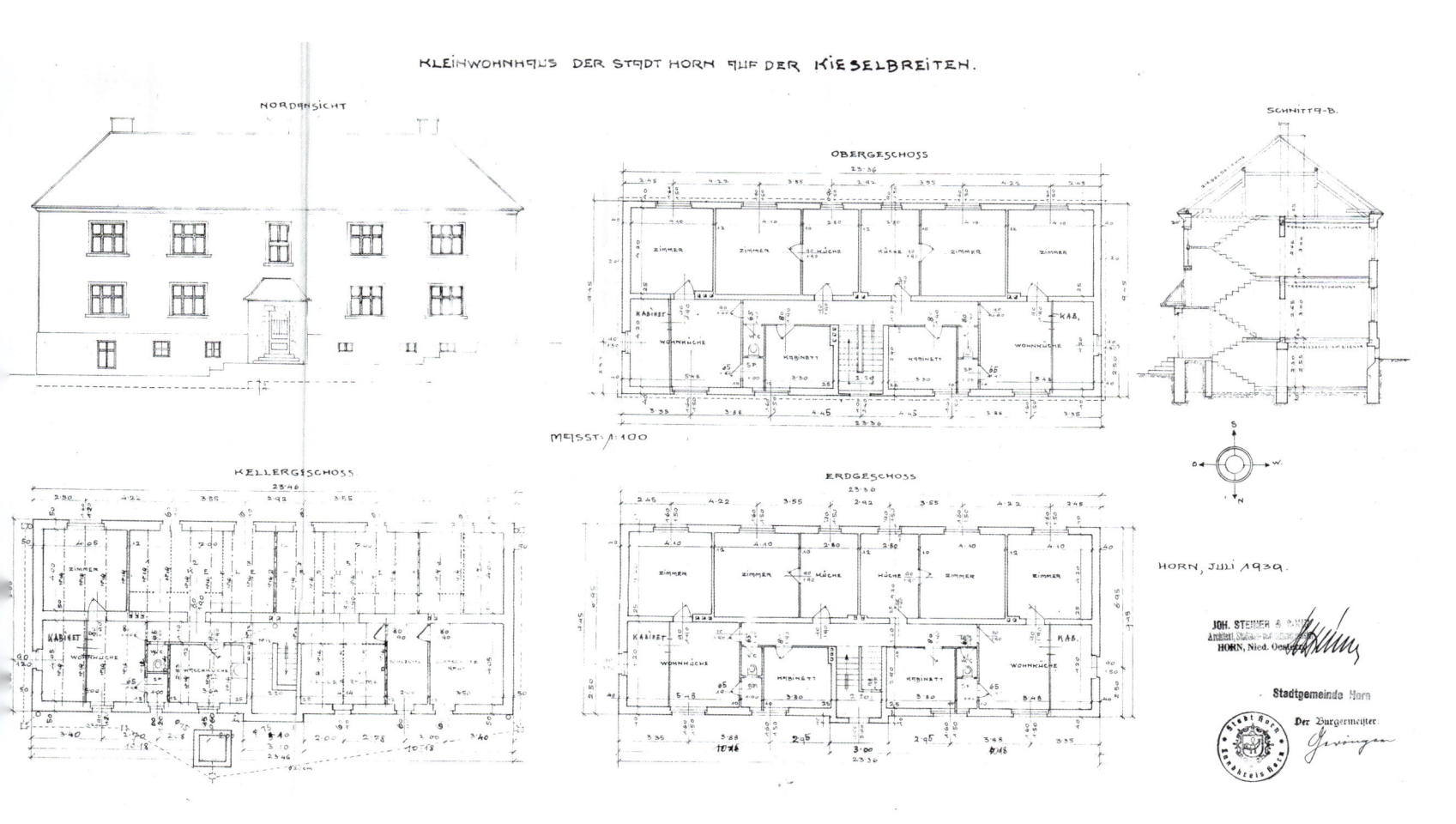

Villenbauten Krems

Im Rahmen der programmatischen ‚Neugestaltung deutscher Städte', die für rigorose Planungen den Abriss von Häusern oder ganzer Viertel legitimierte, konnte die Gaustadt Krems für den Bau eines Frachtenbahnhofs die Räumung anliegender Wohnbauten anordnen, als deren Ersatz moderne Eigenheime „in einer neuen Stadtrandsiedlung" mit Bade- und Sportanlagen in Aussicht gestellt wurden.[83] Vermutlich war damit die in erster Linie für die ‚Gefolgschaft' der Rottenmanner Eisenwerke bestimmte Werkssiedlung > Werkssiedlung 231 gemeint, deren Bau zusammen mit dem Werk > Industriebauten 9 im neu geschaffenen Industriegebiet im Osten der Stadt ab Herbst 1940 erfolgen sollte.

Eine ganz andere Kategorie Wohnbauprojekt, das von Stadtbaumeister Grabenwöger als Leiter des Stadtbauamts forciert und in der lokalen Presse unter dem Titel „Ein neues Stadtviertel entsteht" Ende 1939 propagiert wurde, betraf die Kremser Altstadt, an deren Rand durch „Verbauung der Berghöhen hinter ihr, des Kreuzberges und weiters des Kuhberges", nicht sozialer Wohnbau, sondern bürgerliche Villen und Landhäuser entstehend sollten. Der „große Bauplan" sah „die Erbauung von einem Dutzend und mehr Wohnhäusern mit unvergleichlich schöner Fernsicht ins Land und zu den Göttweiger Bergen" vor, wie bereits errichtete Bauten von den neuen Offizierswohnbauten der Wehrmacht in der Alauntalstraße „den Berg hinauf bis zur verlängerten Kreuzbergstraße" zeigten. Ebenso als Bauentwicklungsland begehrt waren Liegenschaften an der Kreuzbergstraße selbst, die zu einem von den Reichsforsten ‚arisierten' Besitzstand gehörten,[84] aber als ausgezeichnete Rebflächen einer Umwidmung versagt blieben. „Nur in ihren ebenen Lagen zwischen Kreuzbergstraße und Alauntal bieten sie die Möglichkeit, […] neue Wohnbauten zu schaffen, die ja auch den Genuss der schönen Aussicht, vielen Sonnenscheins und gesunder Luft bieten." 3 Bauparzellen, „die neben einem netten Wohnhaus auch Gärten Raum bieten", konnte der bemühte Stadtbaumeister schließlich anbieten, „für die als Bauherren die Herren Hofrat Friedrich Jäger, Geschäftsführer Konrad Jech und Genossenschaftssekretär Ernst Kempf auftreten".[85] Die ansatzweise mögliche Rekonstruktion der Baugeschichte zeigt, dass zunächst nur ein vom Wiener Architekturbüro Meier-Schomburg > Architekten / Künstler 397 1940 geplantes Haus trotz zunehmend verschärften bauwirtschaftlichen Einschränkungen rechtzeitig vor dem Baustopp errichtet werden konnte. Kurze Zeit später sollten gänzlich andere Konzepte für "ganz kleine Häuser für die jetzige Notzeit" relevant sein, die Jürgen Meier-Schomburg "vorsichtshalber in Vösendorf oder Krems" zu errichten plante und für deren Propagierung "Werbebriefe an Bürgermeister und Auftraggeber wieder angebracht " schienen.[86]

Nahezu unverändert erhalten, wurde die Formensprache des 1940 entworfenen Hauses für nach 1945 im Umfeld errichtete Villen zum Vorbild; über die formale Kontinuität hinaus weisen die Bauten zum Teil auch dieselben Planer auf. An das Haus Kempf, für dessen Ausführung der Anfang 1943 zum Kriegsdienst eingezogene Architekt seinem Büro Korrekturen auftrug – „Das klobige Dachfenster kann man durch einige Linien in weiß und farbig leichter machen. Sagt das dem Bauherrn."[87] –, sollte in gekuppelter Bauweise das Haus Jech anschließen, dessen Planung aber erst 1942 erfolgte und dem die Ausführung durch Ablehnung des „Antrags auf Ausnahme vom Bauverbot" vorerst versagt blieb. Dass der Bau dennoch verwirklicht werden konnte, war offensichtlich guten Beziehungen geschuldet, die zugleich die Beschaffung von Arbeitskräften wie Baumaterial sicherstellen ließen; im Einvernehmen mit dem Berufsschuldirektor und vom Oberbürgermeister genehmigt, wurde die Baustelle kurzerhand als Schulbauhof und der Hausbau als Praktikum für auszubildende Maurer und Zimmerer deklariert. Unter umgekehrtem Vorzeichen, der Berufsschule einen Dienst zu erweisen, stimmte schließlich auch das Büro Speer der erneut angesuchten Ausnahmegenehmigung vom Bauverbot zu, der sich die lokale Bauinstanz nachträglich anschloss.[88] Die Verbauung des dritten Grundstücks dürfte erst gar nicht in Angriff genommen worden sein wie auch ein in der Nachkriegszeit, gepflegte NS-Landhausästhetik bedienender Entwurf von Baumeister Karl Strobl, dem örtlichen Planer des 1939/40 errichteten Brauhofsaals > Öffentliche Gebäude 327, nicht zur Ausführung kam.

Kreuzberg und Wachberg / 2011

Die formensprachlich ungebrochene Kontinuität favorisierter Heimatschutzmanier, wie sie die beiden vor 1945 und andere nach 1945 errichtete Villen im Umfeld vorführen, verdankt sich, wenig verwunderlich, der Bauweise der am Ausbau von Krems zur Gaustadt beteiligten Planer, zu denen neben Strobl prominent auch der ehemalige Leiter des Planungsbüros, Ing. Franz Sturm > Architekten / Künstler 397 gehörte. Ein Ende der 1940er-Jahre von ihm geplantes Ensemble von 3 Landhäusern, darunter sein eigenes, zeigt, von den Vorgängerbauten in der als neues Stadtviertel von der nationalsozialistischen Stadtplanung projektierten Aussichtslage ununterscheidbar, die typischen, der Stuttgarter Schule verhafteten konservativen Bauformen des von Paul Schmitthenner kanonisierten ‚deutschen Wohnhauses'; zeitlich umgekehrt, hatte das von Sturm vor 1938 geplante Kreisgericht den signifikanten Formenkanon öffentlicher Bauten des Nationalsozialismus vorweg genommen. Ob ungebrochene Baugesinnung der Architekten oder der NS-Propaganda geschuldete Wunschbilder vom schönen Heim, bewusst oder unbewusst von Bauherren übernommen und von der Landeskulturpolitik der 1950er-Jahre als vorbildlich ausgezeichnet, repräsentieren die Bauten Anschauungsmaterial fragwürdiger architektonischer Kontinuität, die sie zu lesen geben.

Wohnbauten Reichsbahn

Für auf der Strecke der das obere Waldviertel querenden Franz-Josefs-Bahn eingesetzte Reichsbahn bedienstete Unterkünfte bereitzustellen, sollten Wohnbauanlagen an den Bahnknoten Gmünd und Schwarzenau errichtet werden, deren Planung und Umsetzung nach Kriegsbeginn aussichtslos wurde. Gebaut wurde lediglich ein, vermutlich für einen leitenden Beamten geplantes Einfamilienhaus in Sigmundsherberg, das bis auf geringe Änderungen in seiner formensprachlich mustergültigen Reichsheimstättennorm erhalten ist. Das Großprojekt am von der Raumplanung vorgesehen Verkehrsknoten Gmünd mit 260 Wohnungen und Ladenbauten, auf das eine am 21.5.1943 im Gemeinderat behandelte Anfrage der Reichsbahn referiert, kann aufgrund nur spärlich erhaltener Sitzungsprotokolle nicht weiter rekonstruiert werden.[89] Mit der im Vorort Hausbach geplanten Wohnanlage in nächster Nähe zum Bahnhof Schwarzenau sollte mit „Vierfamilien-Wohnhäusern" der durch zahlreichen Zuzug von Eisenbahnern verschärfte Wohnungsmangel in der Ortschaft behoben werden. Als Bauträger fungierte die Ostmärkische Wohnungsbau- und Siedlungsgesellschaft, deren Planung auf einem am Ortsrand von der Bahnkreuzung mit der Reichsstraße weg sich erstreckendem Areal 12 Häuser umfasst, von denen, wie der Lageplan vom 14.8.1939 zeigt, zunächst nur 3 realisiert werden sollten. Ein Verbauungsplan des Hochbaubüros der Reichsbahndirektion Wien vom August 1940 dagegen weist 44 Parzellen aus, die den Vollausbau zu einem eigenen Ortsteil, nach dem 4-Familienwohnhaus-Modell mit 176 Wohnungen annehmen lassen.[90] Die in aufgelockerter Anordnung im Grünraum verteilten 2-geschossigen Wohnhäuser mit einer verbauten Fläche von 128 m² bieten 4 Wohnungen zu etwa 46 m², geschossgleich auf 1½ Zimmer, Wohnküche und

Sigmundsherberg / 2009

Lageplan Reichsbahn-Siedlung Hausbach / Plan Wohnhaus / Hochbaubüro Reichsbahndirektion Wien / 1940 bzw. 1939

Bad verteilt. Unterkellert und mit Luftschutzraum ausgestattet, weisen die Bauten mit Satteldach mit Schleppgaupen streng symmetrisch gegliederte Fassaden auf: giebelseitig je 2 Achsen holzladenbewehrter Fenster, traufseitig 5 Achsen und die Sprossenfenster zu Doppeleinheiten zusammengefasst, wobei auf der Eingangsseite die Mittelachse mit über beide Geschosse verbundenen Stiegenhausfenster akzentuiert erscheint. Das im August 1939 mit dem Antrag beim örtlichen Bürgermeister begonnene Bewilligungsverfahren scheiterte, abgesehen von kriegsbedingter Verzögerung und trotz Befürwortung des Bauamts Horn, bereits am Landrat in Zwettl, der, ohne sich in Bezug auf die reichseigene Körperschaft die Kompetenzfrage zu stellen, auf „die Verhütung einer planlosen Verbauung" bedacht, den ausständigen Regulierungsplan für das in Aussicht genommene Gebiet einforderte. An der damit verhängten Bausperre sollte sich nichts mehr ändern, als das Bauprojekt im Oktober 1940 von der Planungsbehörde beim Reichsstatthalter weiter auf den bürokratischen Weg verwiesen wurde.[91]

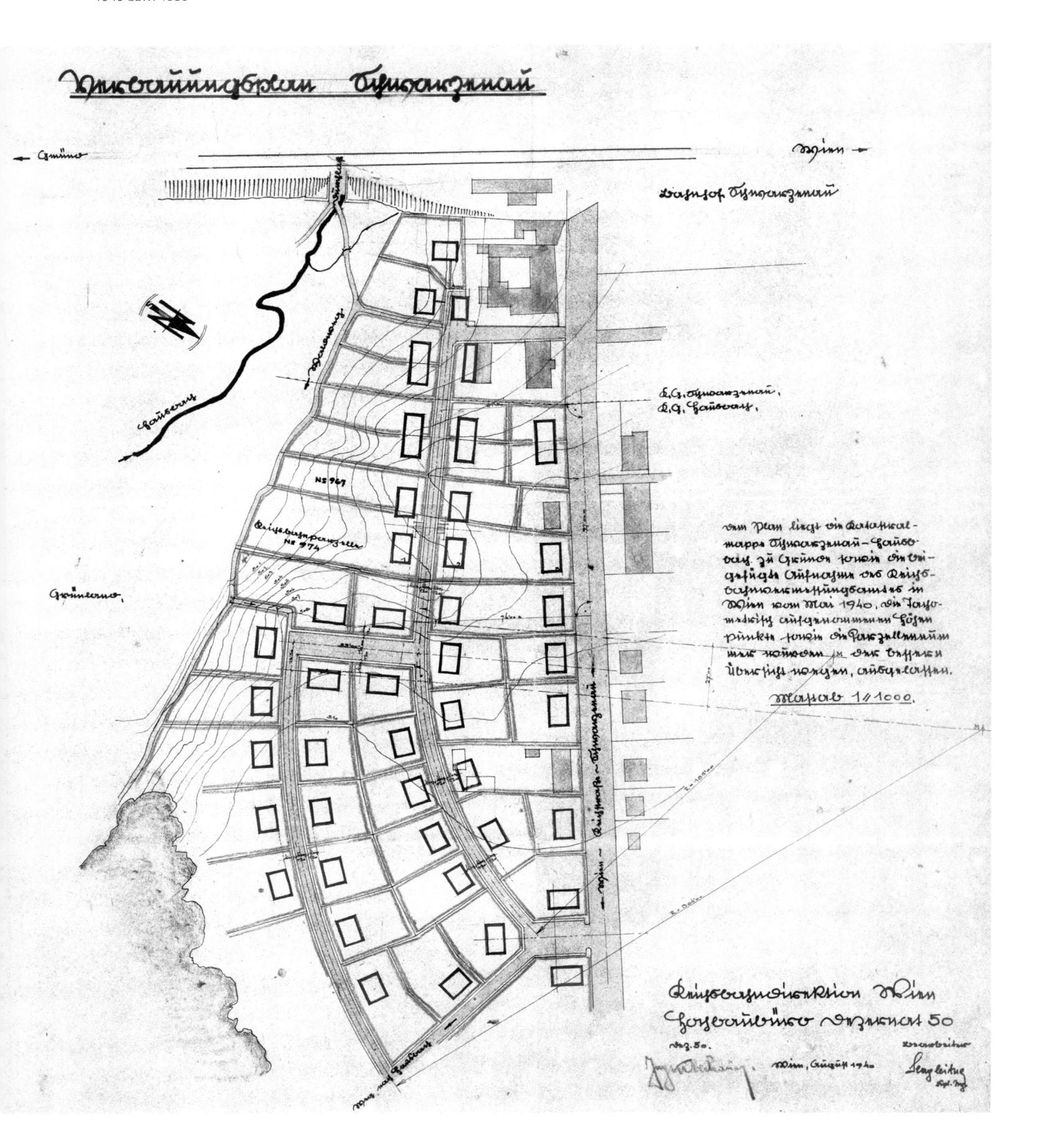

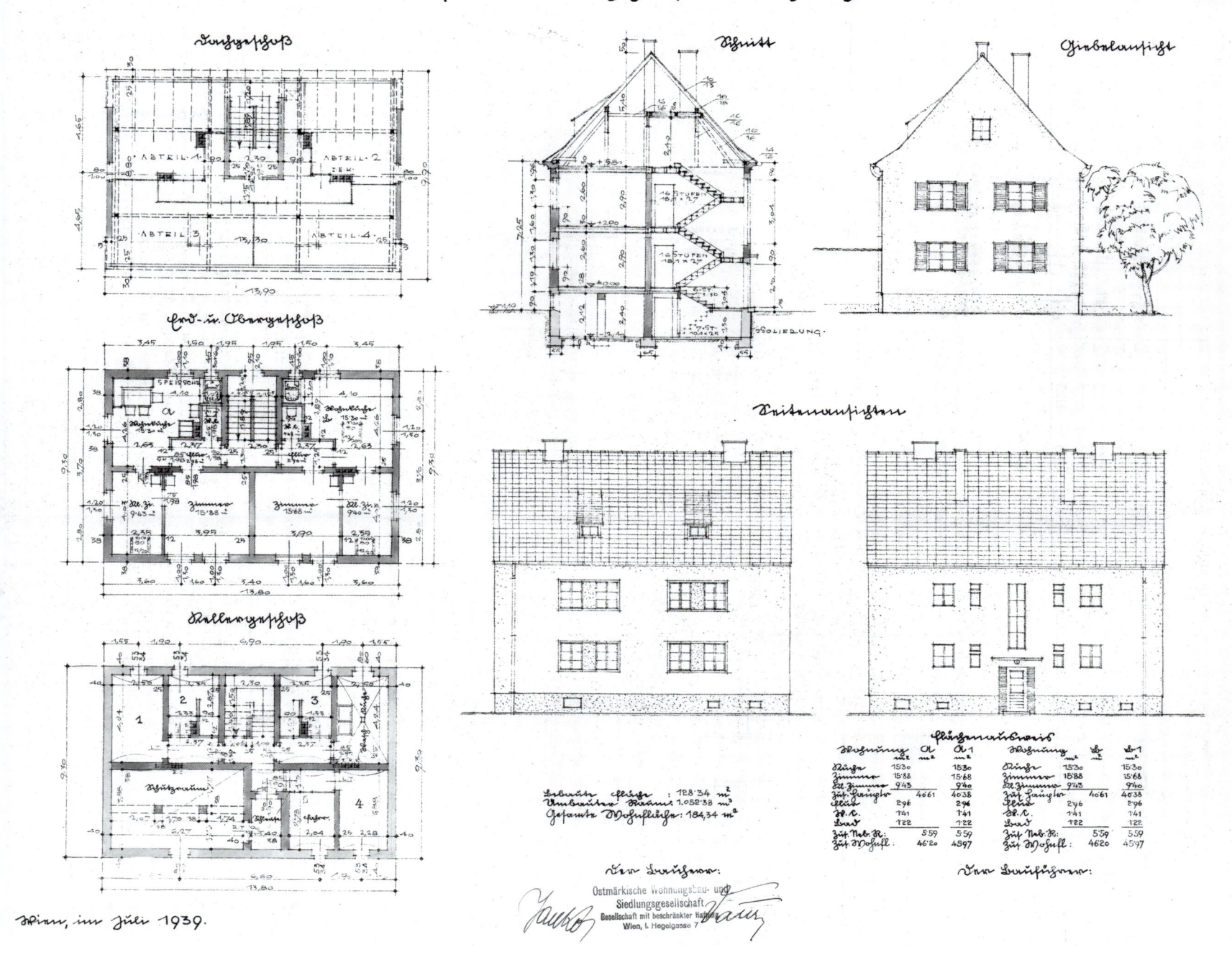

Siedlungsprojekte Zwettl

Der von Bürgermeister Emerich Schröfl in Absprache mit Landrat Dr. Kerndl für eine langfristige und organische Stadtentwicklung in Auftrag gegebene und 1941 vom Wiener Architekturbüro Hans und Jürgen Meier-Schomburg > Architekten / Künstler 397 erstellte Bebauungsplan für Zwettl, der mit Neustrukturierung und weiträumiger Stadterweiterung das auf die ‚Ostmark' erweiterte städtebauliche Neugestaltungskonzept für deutsche Städte deutlich macht, weist neben einer Reihe öffentlicher Gebäude auch ein umfangreiches Wohnbauprogramm aus.[92] An dessen Vorbereitung wurde trotz kriegswirtschaftlichem Baustopp – ein auf dem 1940 von der Planungsbehörde genehmigten Strukturplan basierender Regulierungs- und Aufschließungsplan wurde vom Landrat am 27.1.1942 bewilligt – kontinuierlich gearbeitet, um sofort nach dem Krieg mit der Umsetzung beginnen zu können.[93]

Angesichts des auf 2 Neubauten der Wehrmacht beschränkten Wohnbaus in Zwettl > Wohnbauten Wehrmacht 178 waren die Stadtplaner Meier-Schomburg 1939 mit der Planung eines nicht näher definierten Siedlungsprojekts mit 22 Kleinhäusern beauftragt worden. Ihr Entwurf einer Serie freistehender, Einzel- und Doppelhäuser von 1940, die ihre Bodenständigkeit mit einem zur Norm erhobenen Krüppelwalm unterstreichen, basiert auf einer verbauten Fläche einschließlich Stall von 60-75 m² pro Wohneinheit.[94] Ihr Bebauungsplan von 1941 weist großflächige Siedlungsareale an den unverbauten Hängen rund um die im Talkessel von Kamp und Zwettl gelegene Stadt; in differenzierter Zonenplanung und Grundbemessung wurde etwa die flächenmäßig größte Lage Kesselboden beiderseits der Schönererstraße, heute Weitraerstraße, mit von Wohnstraßen erschlossenen Siedlungseinheiten definiert und neben Eigenheimen 17 ‚Volkswohnbauten' für Landarbeiter, 38 ‚Kleinsiedlerstellen' und 22 Beamtenwohnhäusern vorgesehen. An den Hanglehnen von Galgenberg und Propstsiberg wurden die Siedlungen „Am Kobel" mit 22 und

> Entwurfsserie Siedlungshaus / Hans und Jürgen Meier-Schomburg / 1940

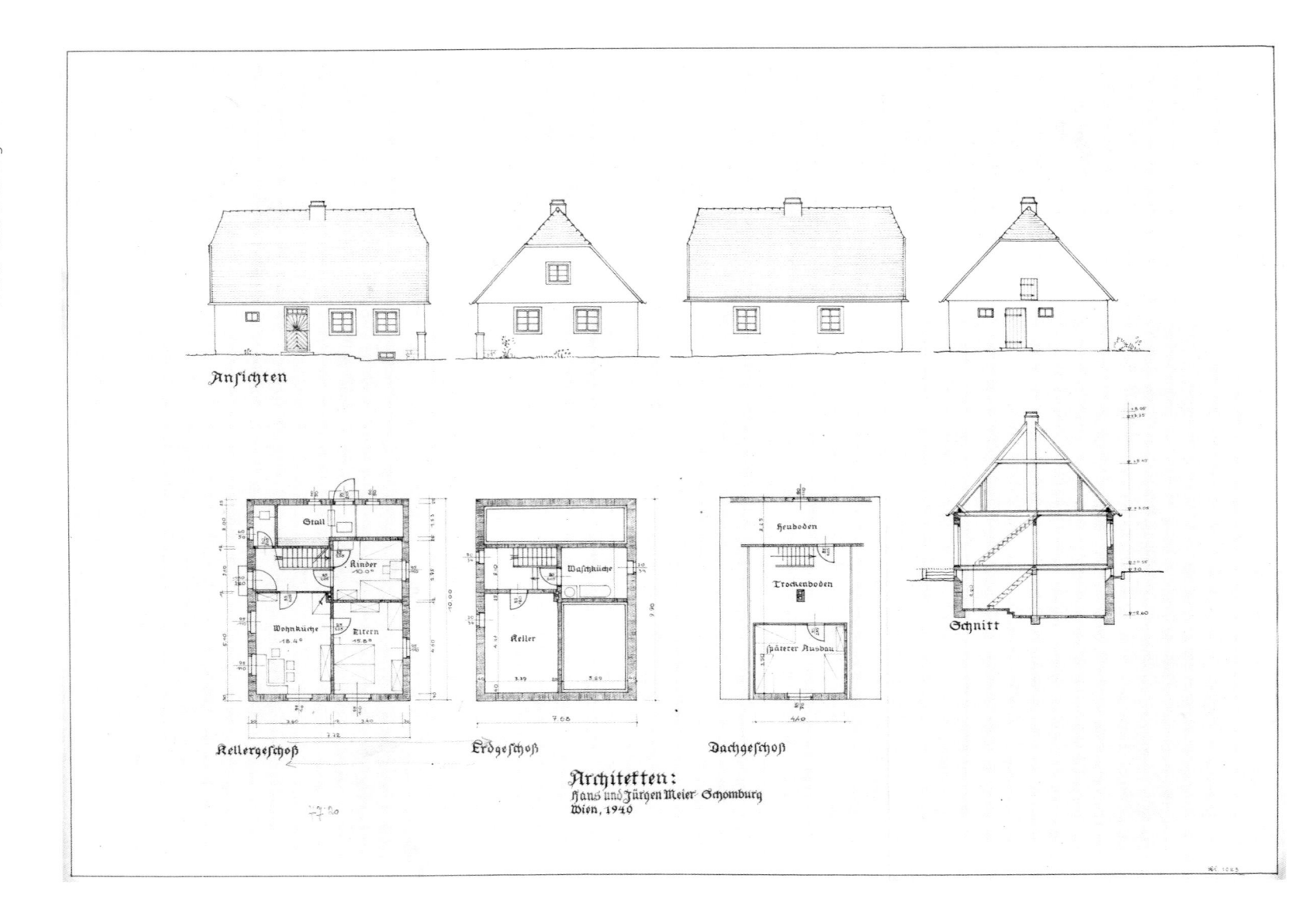

Ansichten

Kellergeschoß   Erdgeschoß   Dachgeschoß   Schnitt

Architekten:
Hans und Jürgen Meier-Schomburg
Wien, 1940

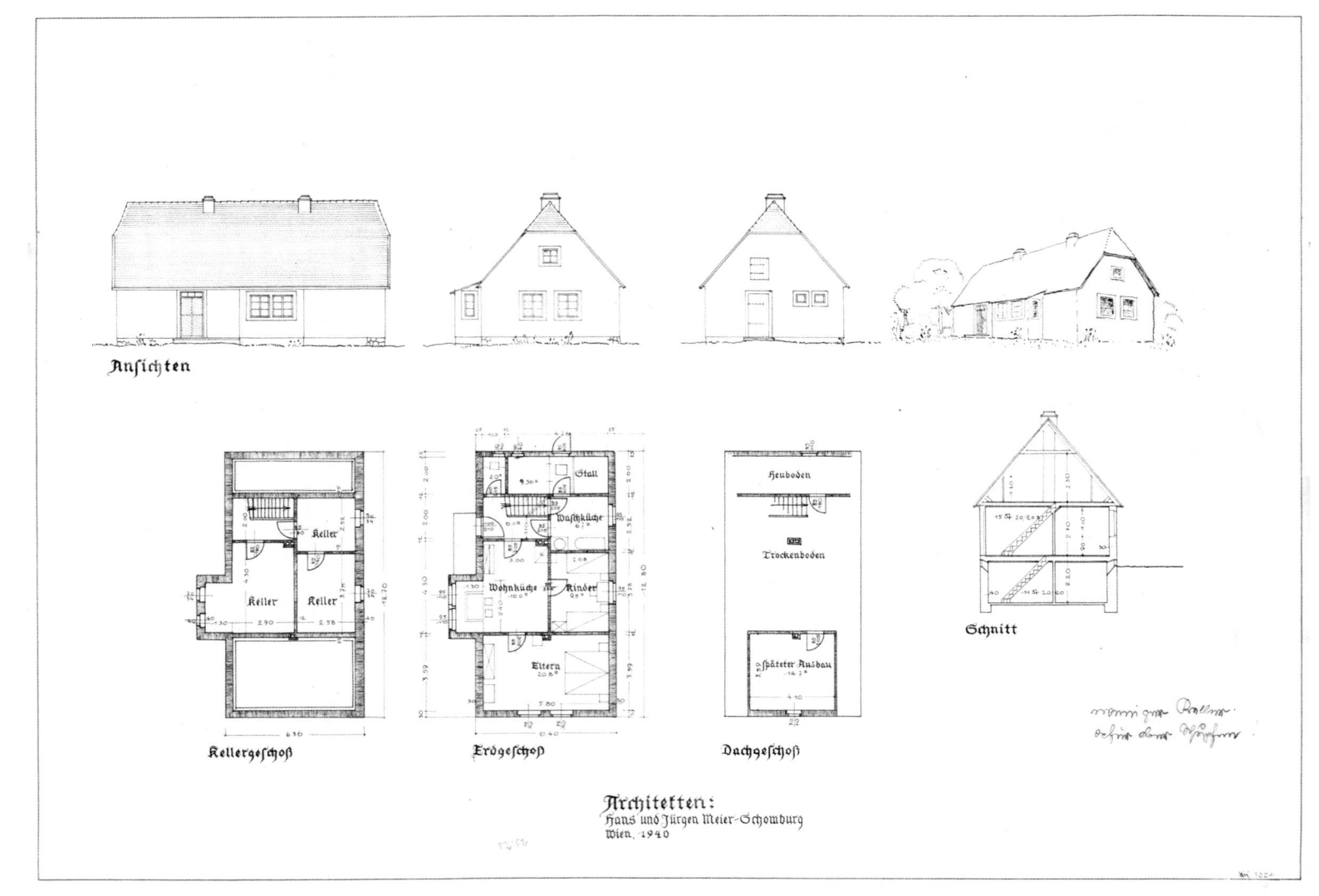

Ansichten

Kellergeschoß   Erdgeschoß   Dachgeschoß   Schnitt

Architekten:
Hans und Jürgen Meier-Schomburg
Wien, 1940

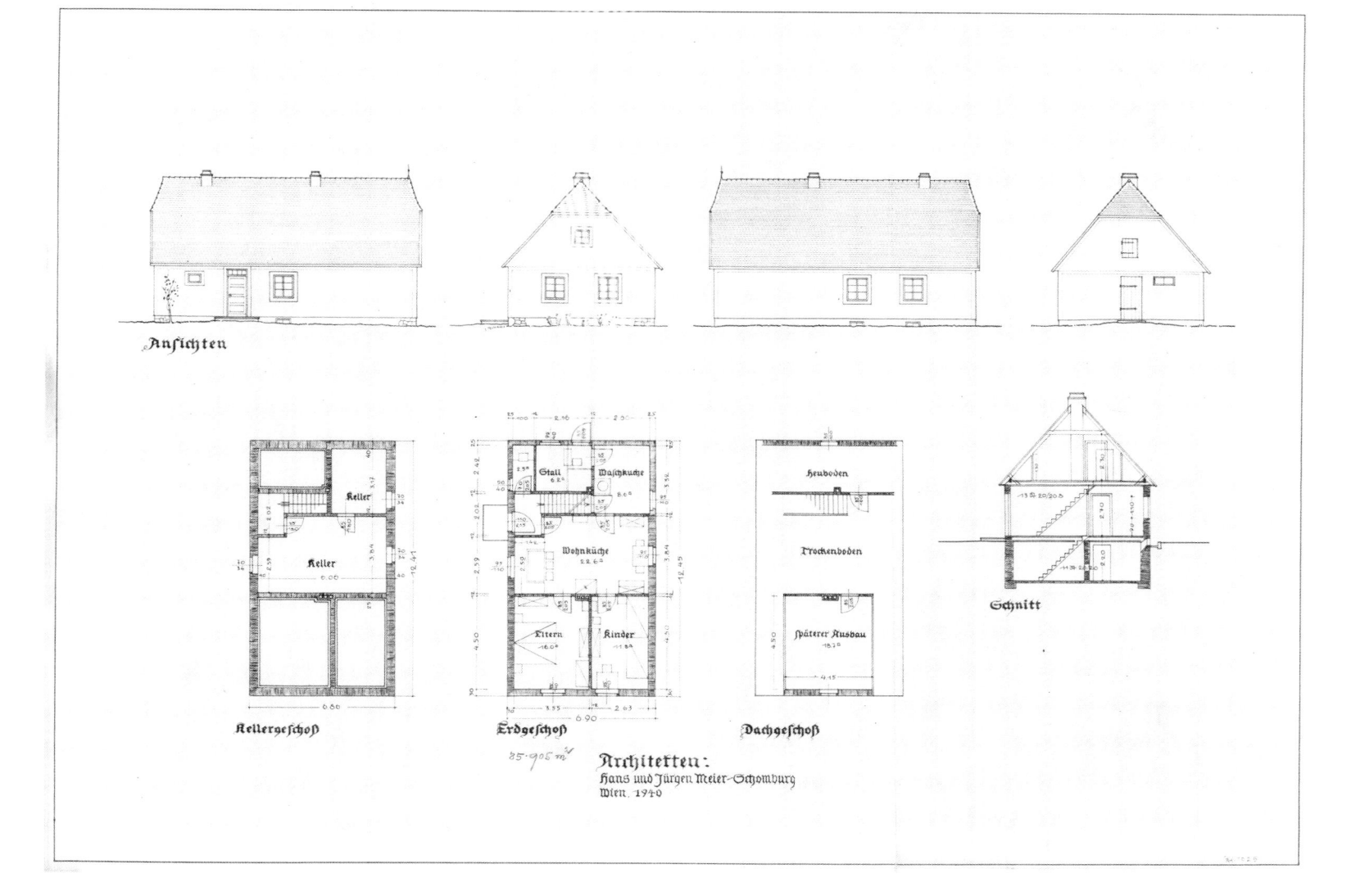

Ansichten

Kellergeschoß　　Erdgeschoß　　Dachgeschoß　　Schnitt

Architekten:
Hans und Jürgen Meier-Schomburg
Wien, 1940

Ansichten — Tür bei Doppelhaus — Giebel bei Einzelhaus — bei Nordgiebel keine Erdgeschoßfenster

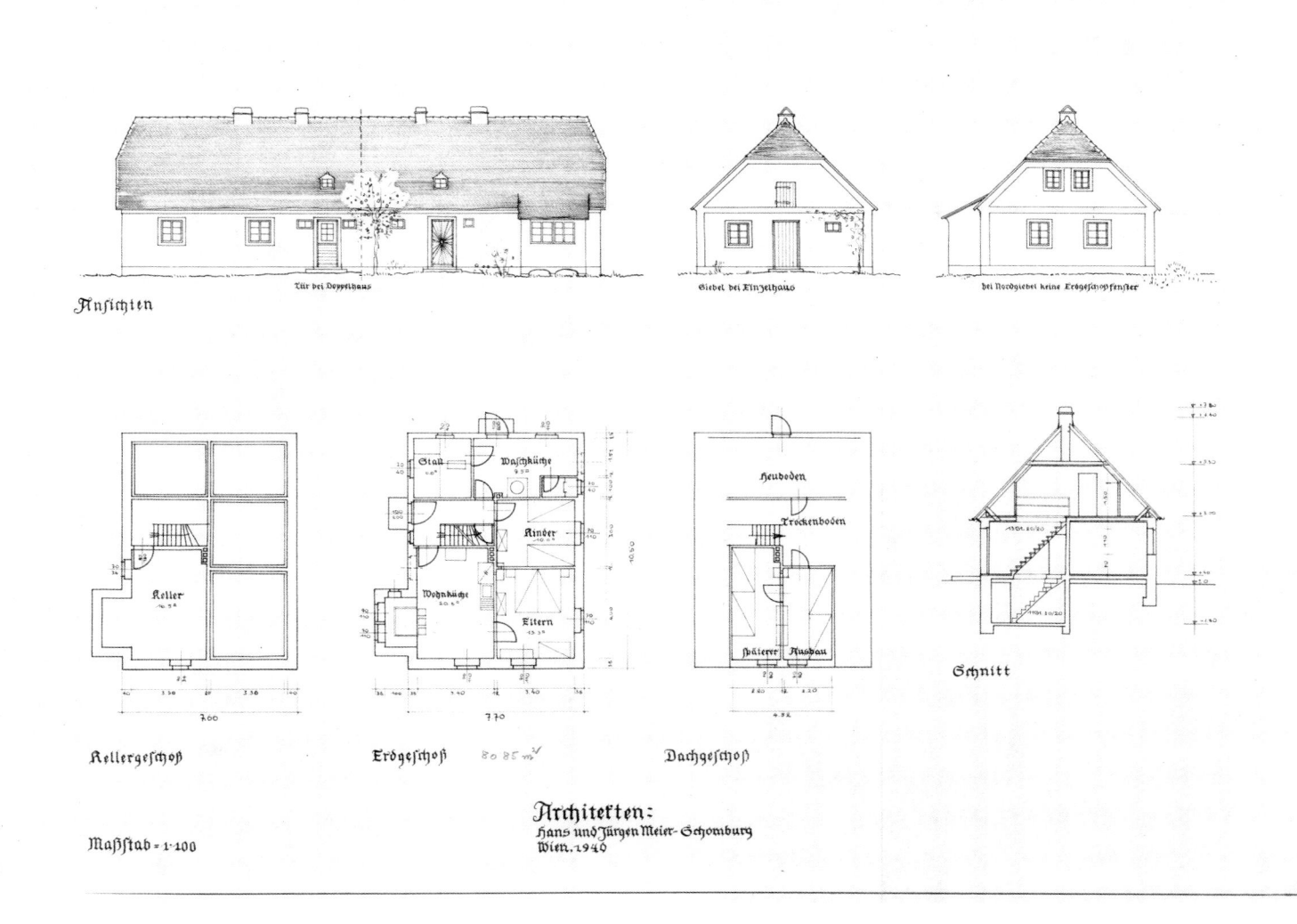

Kellergeschoß　　Erdgeschoß　　Dachgeschoß　　Schnitt

Maßstab 1:100

Architekten:
Hans und Jürgen Meier-Schomburg
Wien, 1940

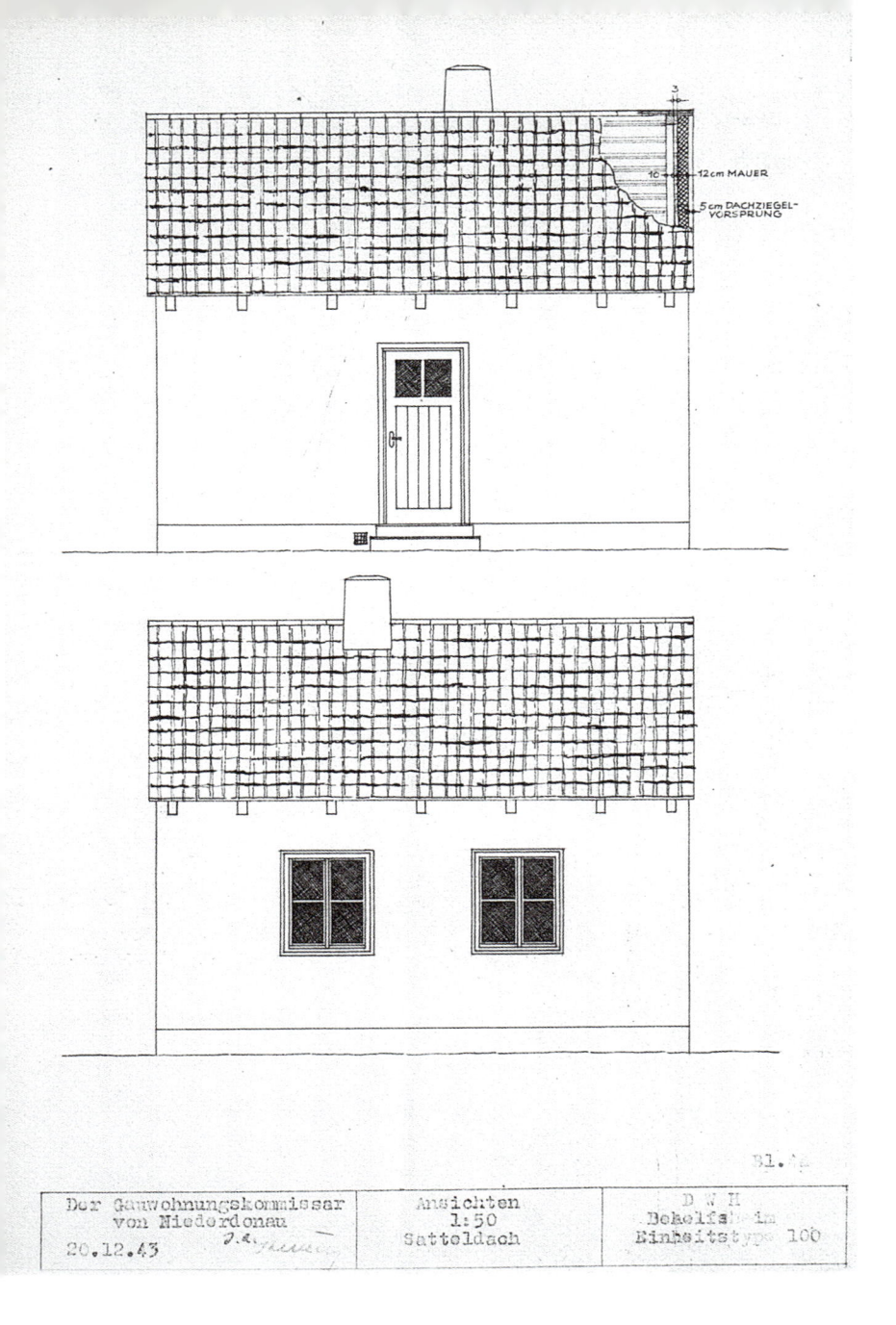

Typenplan Behelfsheim /
DWH Deutsches Wohnungshilfswerks /
1943

Ehemaliges Behelfsheim Heidenreichstein /
2008

„Brühl" mit 28 Häusern noch ungeplanter Organisation und Bestimmung verzeichnet.⁹⁵ Von dem auf Groß-Zwettl zugeschnittenen Prospekt wurde aufgrund der laufend verschärften Beschränkung auf ,kriegswichtige' Bauten so gut wie nichts realisiert, auch wenn die Planungen für das Siedlungsareal Schönererstraße bis zur Baureife abgeschlossen waren und, wie der Verweis von Ing. Arnold Ilkow aus Eisenstadt auf seinen Neuentwurf des Lageplans für die Siedlung „Brühl" zeigt, Vorbereitungen auch noch 1944 verfolgt wurden. Letztlich zielte die Forcierung von Genehmigungsverfahren bei der Planungsbehörde des Reichsstatthalters Niederdonau darauf, angesichts der prekären Versorgungslage die Vergabe der Bauparzellen zu bewilligen „damit diese [die Siedleranwärter] wenigstens die Möglichkeit haben, sich Gemüsegärten anzulegen".⁹⁶

Nach 1941 durchgeführten Erhebungen des Beauftragten des Gauwohnungskommissars, deren Ergebnis am 16.9.1941 der Reichsstelle für Raumordnung weitergeleitet wurde, betrug der auf 10 Jahre ausgelegte Wohnungsbedarf in Niederdonau 155.300 Einheiten mit veranschlagten Kosten von RM 280 Mio. Im Kreis Zwettl fehlten 4300 Wohnungen, wovon 835 im 1. Nachkriegsjahr – 250 in Zwettl selbst –, der Rest verteilt über 10 Jahre, gebaut werden sollten.⁹⁷ Vorerst wurde als Akuthilfe die Errichtung von ,Behelfsheimen' angeordnet, für die als Bauplätze von der Stadt bereits parzellierte und aufgeschlossene Bauareale zur Verfügung gestellt wurden. Der von den Bauwerbern dringend erwartete Baubeginn der Kleinsthäuser des vom Gauwohnungskommissar festgelegten „Einheitstypus 100 mit Steildach", der eine verbaute Fläche von annähernd 30 m² mit Abmessungen von 5,96 x 4,96 m aufwies und nach der Planungsvorgabe des Deutschen Wohnungshilfswerks „möglichst aus ortsüblichen Baustoffen" wie Mauerziegel oder Bruchstein hergestellt werden sollte,⁹⁸ musste aber infolge ausstehender Vermessungsarbeiten eines langwierig aus Wien angeforderten Geometers immer wieder aufgeschoben werden.⁹⁹

Abgesehen von Siedlungs- und Wohnbauprojekten in der Gaustadt Krems und den Kreisstädten, von denen einige wenige auch ausgeführt wurden, verweist die Berichterstattung der regionalen Presse im Zeitraum 1939/40 vereinzelt auch auf Wohnbauvorhaben in Industrieorten, deren Realisierung lokale Recherche nicht erweisen konnte und die meistens nicht über den Vorsatz oder eine Entschließung des Bürgermeisters hinausgekommen sein dürften. So beabsichtigte die Stadtgemeinde Heidenreichstein die Errichtung einer Siedlung, für die, wie die Land-Zeitung im März 1939 informierte, bereits 39 Anmeldungen vorlagen;¹⁰⁰ tatsächlich und in unverputzter Steinbauweise vom örtlichen Textilunternehmen Patria errichtet wurden letztlich 1944 4 ,Behelfsheime', die im Anschluss an die Anfang des 20. Jahrhunderts errichtete Arbeitersiedlung und nach dem Firmengründer benannte Honig-Kolonie auch heute noch als Kleingartenhäuser genutzt werden. Über „rege Bautätigkeit" wusste die lokale Presse Mitte 1939 aus Kautzen zu berichteten, wo „Wohnbauten auf der Gutswiese entlang der Allee" und als Bindeglied zum Nachbarort Illmau projektiert waren.¹⁰¹
Als Beispiel aus der Privatwirtschaft wurde im Mai 1940 auf ein Sozialprojekt der Gutsinhabung A. u. P. Pfleiderer verwiesen, die für ihre ,Gefolgschaftsmitglieder', „die oft in unzumutbaren Unterkünften hausten", zunächst in Rindlberg, Karlstift und Hirschenstein je 2 Kleinhäuser zu errichten beabsichtigte.¹⁰²

Werkssiedlung Schmidhütte Krems

Im Zuge der Eingliederung österreichischer Unternehmen in den großdeutschen Wirtschaftsraum wurde Krems neben Liezen einer der beiden neuen Werksstandorte des Rüstungszulieferbetriebs Rottenmanner Eisenwerke AG, die, in Besitz der Industriellenfamilie Schmid-Schmidsfelden, 1937 durch Fusion mit der Blech- und Eisenwerke Styria AG entstanden war und nach Gesellschaftsänderung 1940 in Rottenmanner Eisenwerke KG, Schmid & Co. ab 1942 als Schmidhütte Krems, Schmid & Co firmierte. > Industriebauten 9

Anschließend an die ab 1940 im östlich von Krems geschaffenen Betriebsansiedlungsgebiet errichtete Werksanlage sollte zugleich eine etwa 1000 Wohnungen umfassende Siedlung entstehen, die vorrangig für ‚Gefolgschaftsmitglieder', aus der Steiermark übersiedelte Stammarbeiter und ihre Familien, aber auch – aus Gründen der Integration des im unverbauten Gebiet geplanten neuen Stadtteils und seiner Bewohner – für wohnungssuchende, vorwiegend um die Partei verdiente ‚Volksgenossen' aus dem Kremser Raum offen stehen sollte.[1] Die Aussicht auf einen gesicherten Arbeitsplatz samt neuer Wohnung ließ von der Auflassung der angestammten steirischen Betriebsstandorte Wasendorf und Rottenmann betroffene Werksangehörige, zu denen auch aus dem ‚Sudetenland' dorthin zugewanderte Arbeiter zählten, zur Übersiedlung nach Krems bewegen. Wie die als Styriabote 1929 in Wasendorf gegründete und in ihrem Untertitel jeweils den Wandel des Unternehmens spiegelnde Werkszeitung, nunmehr der Rottenmanner Eisenwerke AG, im August 1940 unter der Überschrift „Eine Gemeinschaftssiedlung für unsere Gefolgschaftsmitglieder" berichtete, konnten die zum Transfer nach Krems bereiten Arbeiterfamilien „schöne, gesunde, geräumige und vor allem billige Wohnungen" erwarten, die in den nächsten 2 Jahren „unter Ausnutzung aller vom Reich für den Neubau von Volkswohnungen gewährten Begünstigungen und unter größtmöglichster Förderung seitens der maßgeblichen städtischen Behörden" geschaffen werden sollten. Das sogenannte Siedlungsprogramm, „wie es großzügiger und zweckmäßiger in der ganzen Ostmark wohl kaum zu finden ist", das den Bau ruhig gelegener Wohnungen „inmitten schöner Rasen- und Grünflächen" mit Kinderspielplätzen und Parkanlagen, ergänzt um Grund- und Hauptschule, HJ-Heim, Sportplatz, Turnhalle und Schwimmbad, sowie am Rande der Anlage errichteter Garagen samt Reparaturwerkstätten für künftige Besitzer eines angesparten ‚Volkswagens' vorsah, zielte auf die umfassende Organisation aller Lebensbelange der künftigen BewohnerInnen.[2] Krems als vielversprechende Lebensperspektive propagierte ein von totaler Planung und Gestaltung bestimmtes Sozialisierungsprogramm zur ‚Volksgemeinschaft', an dessen systematischer Umsetzung durch Gleichschaltung nicht zuletzt städtebauliche und ästhetische Strategien der „Verheimatlichung" wesentlichen Anteil hatten.[3]

Werksangehörige aus der Steiermark zur Übersiedlung zu motivieren, aber auch Angehörigen des Zentralbüros in Wien die Großartigkeit des Projekts vorzuführen, dienten, wie schon Mitte 1939 an den ursprünglich vorgesehenen und mittlerweile aufgegebenen neuen Betriebsstandort Linz, ab Sommer 1940 ‚Gefolgschaftsausflüge' nach Krems, wo bei der Besichtigung des künftigen Standorts einstweilen nur die Größe der Baustelle beeindrucken konnte. Bei einer improvisierten Informationsveranstaltung im Barackenlager der zu Bauhilfsarbeiten abgestellten steirischen Werksangehörigen erläuterte der Gewerke titulierte Firmenchef die Gründe der Werksverlegung und Neuorganisation des Unternehmens,[4] bevor „die Kremser Arbeitskameraden ihre Gäste mit einer reichlichen Jause in der Werkskantine" bewirteten. Im Oktober 1940 traf eine Delegation aus Betriebsobmännern und Vertrauensräten der aufzulassenden Werksstandorte Rottenmann und Wasendorf in Begleitung führender steirischer Parteifunktionäre, wie des Kreisleiters von Judenburg, des Kreisobmanns der DAF und des Ortsgruppenleiters von Fohnsdorf, zu einem 2-tägigen Besuch ein und wurde, von der Unternehmensleitung am Bahnhof Rohrendorf abgeholt, nach einem Rundgang über „die Stätte unseres zukünftigen Schaffens im Entstehen und Werden" mit anschließendem Mittagessen im Brauhof vom offiziellen Krems „im herrlichen historischen Ratszimmer" empfangen. Nach gegenseitiger Versicherung nationalsozialistischer Verbundenheit hieß Oberbürgermeister Retter die künftige Belegschaft des Werks Krems in ihrer „zweiten Heimat" willkommen und überreichte zur Bekräftigung seiner Worte dem Unternehmer die Reproduktion einer alten Stadtansicht. Schmid-Schmidsfelden beschwor in Erwiderung der Geste die zukünftige Zusammenarbeit zwischen der Stadt Krems und dem Unternehmen als „stets im wahren nationalsozialistischen Gemeinschaftsgeist" und der Kreisleiter von Judenburg sekundierte, „dass Betriebsführer und Gefolgschaft des Betriebes Wasendorf ihre Pflichten als nationalsozialistische Betriebsgemeinschaft stets in hohem Maße erfüllt haben".[5]

Dem formellen Austausch von Höflichkeiten waren weitreichende, im Rahmen der Rüstungspolitik des ‚Vierjahresplans' erfolgte Entscheidungen vorausgegangen, die in Abstimmung mit den zu errichtenden Anlagen der Reichswerke AG Hermann Göring in Linz zu einer Neukonzeption des Unternehmens geführt hatten. Die Produktion sollte auf 2 neu zu errichtende Werksanlagen aufgeteilt und ausgeweitet werden, wobei als Standorte Liezen für das neue Stahlwerk und Linz für das neue Walzwerk, in unmittelbarer Nähe der Reichswerke AG Hermann Göring, definiert wurden. Ob aus strategischen Gründen, die wegen der Luftgefährdung im Kriegsfall gegen eine Konzentration der Schwerindustrie sprachen, oder weil die Rottenmanner Eisenwerke AG neben dem Industriegiganten HGW unterzugehen fürchtete, wurde der Planungsprozess für das Projekt Linz abgebrochen und nach Entscheidung für Krems auf den neuen Standort übertragen und fortgesetzt. Abgesehen von großdeutschen Raumordnungsinteressen, mit dem Ausbau der Donau zur Reichswasserstraße bis nach Südosteuropa durch Industrieansiedlung am kostengünstigen Vertriebsweg den ‚Donauraum' als Wirtschaftsraum zu entwickeln, scheint für die Standortwahl nicht unerheblich gewesen zu sein, dass sich die wirtschaftlichen Interessen der Industriellenfamilie Schmid-Schmidsfelden mit den politischen Ambitionen von Oberbürgermeister Retter trafen und produktiv ergänzen ließen. Anlässlich der feierlichen Eröffnung des Werks Krems sollte August Schmid-Schmidsfelden am 4.4.1943 betonen, dass nach einem „Einspruch gegen die Errichtung des Werkes" in Linz die Wahl von

Siedlung Lerchenfeld /
2010

>
Lageplan Lerchenfeld /
1955

>>
Baustelle Werkssiedlung
Schmidhütte Krems /
1940–1942

Krems wesentlich von Oberbürgermeister Retter bestimmt worden sei, in dem er „einen ganz hervorragenden Förderer seiner Absichten und Pläne gefunden" habe; insofern gebühre sein Dank „vor den Stellen in Berlin, den Stellen des Gaues und des Kreises" (dem) Retter, „ohne dessen Hilfe wir nicht durchgekommen wären". Er habe das Werksprojekt unterstützt, „wo es nur ging und er hat die Siedlung in höchstem Maße gefördert".[6]

Architektur propagandistisch in Dienst zu nehmen, passte das raumpolitisch-städtebauliche Projekt den örtlichen Machthabern in ihre ehrgeizigen Ausbaupläne für Krems als Gaustadt, die eindrücklich durch die Stadterweiterung der neuen Siedlung wie den Bau des Industriebetriebs demonstriert werden konnten. Oberbürgermeister Retter, als Baumeister vom Fach, trachtete danach, die Bedeutung der durch Eingemeindungen zu Groß-Krems erweiterten und nach dem Willen des ‚Führers' im Juli 1938 zur Gauhauptstadt erhobenen Stadt nicht zuletzt mit baulichen Großprojekten zur Geltung zu bringen und gleichzeitig das eigene Ansehen zu mehren. Neben einem ‚Gauforum' mit Repräsentationsbauten für Partei und Verwaltung sollte der Bau des neuen Hafens und die Ansiedlung, zumal rüstungspolitisch relevanter Industrie Krems neu positionieren lassen. Dafür war die Stadt zu großzügiger Förderung bereit, indem sie neben dem Werk im Augebiet östlich von Krems auch für die anschließende Werkssiedlung Grund zu günstigen Bedingungen zur Verfügung stellte und für die Aufschließung des 172.000 m² großen Areals aufkam;[7] zudem beteiligte sie sich mit RM 132.000 am Grundkapital[8] der eigens für die Inanspruchnahme von staatlichen Fördermitteln zur Errichtung der Werkssiedlungen Liezen und ursprünglich Linz vom Unternehmen errichteten Gemeinnützigen Donau-Ennstal-Siedlungs-Aktiengesellschaft GEDESAG, die am 28.2.1939 am Firmensitz in Wien mit einem Grundkapital von RM 500.000 gegründet worden war.[9] Bei der Finanzierung der mit RM 2,872.000 veranschlagten Baukosten, die etwa zur Hälfte durch ein Reichsdarlehen sowie durch Begebung von Aktien aufgebracht werden sollten, nahm die Stadt neben der Befürwortung von Reichsmitteln in Höhe von RM 1,421.200 zugleich eigene Interessen wahr, indem sie sich an den Baukosten gegen eine Anteilsübernahme von RM 290.000 beteiligte;[10] der Erwerb weiterer Anteile an der GEDESAG für RM 600.000 zur Finanzierung des zweiten Bauabschnitts 1942[11] machte die Stadt schließlich zur Mehrheitsaktionärin, die sie bis heute ist.

Der Besuch der steirischen Abordnung im Oktober 1940 fand nach einer Stadtbesichtigung, die dem Styriaboten neben baukulturellen Preziosen wie „engen Gässchen" und „lieblichen erkergeschmückten Häusern" sowie einer durch das Engagement von Paula Wessely aufgewerteten Straßensammlung für das zweite ‚Kriegswinterhilfswerk' am Adolf Hitler-Platz berichtenswert erschien, seinen Abschluss bei einem ‚Kameradschaftsabend' im Brauhof, zu dem auch leitende Angehörige der am Bau beteiligten Firmen sowie die am Bau eingesetzten steirischen „Neu-Kremser" eingeladen waren. In ihren Tischreden unterstrichen führende Vertreter von Partei, Stadt und Unternehmen „Wille und Bereitschaft, mit vereinten Kräften zusammenzustehen und damit Zeugnis zu geben von der ungebrochenen Schaffenskraft des geeinten deutschen Volkes, das nie, auch in der schwersten Zeit, den Glauben an den Führer und seine deutsche Mission verloren hat".[12] Dem Kommentar eines Delegationsteilnehmers und Vertrauensrats des Werks Rottenmann blieb es im Pathos des Pg. überlassen, vom riesigen Werksgelände, von in der Halle dröhnenden Hämmern, die „die Ursinfonie der Arbeit stampften", zu berichten sowie die Arbeits- und Lebensbedingungen im künftigen Werk Krems und der im Entstehen begriffenen Siedlung für die Arbeiter zu rühmen: „dass an dieser Stätte der große Geist der neuen Zeit atmet und so zum Segen aller wird, die hier eine Heimat und Wirkungsstätte finden", sollte nicht zuletzt noch unentschiedene Kollegen in der Steiermark von einem Umzug nach Krems überzeugen. Moderne Arbeitsräume und Maschinen, großzügige Sanitär- und Verpflegungsbereiche, schließlich qualitative Wohnungen, für deren Fundamente bereits der Aushub zu sehen gewesen sei, ließen ihn die umfassende Vorsorge für die Arbeiter preisen, die sich den „von echtestem Nationalsozialismus durchdrungenen Absichten für den schaffenden deutschen Menschen" des Gewerken Schmid-Schmidsfelden verdankte. Dessen soziale Vision lautete: „Nicht eine Siedlung soll hier entstehen, in der die Häuser schmucklos in öden Reihen nebeneinander stehen, sondern es soll eine Wohn- und Heimstätte sein, mit hellen Zimmern, trauten Erkern und sonnigen Gärten mit frischem Grün. Und nicht eine ausgesprochene Siedlung für Arbeiter des Werkes soll es werden, sondern auch andere Menschen, Gewerbetreibende, Lehrer, Kaufleute, ein Arzt und sonstige Berufstätige werden hier ihren Wohnsitz aufschlagen und eine richtige Volksgemeinschaft bilden, an der der alte völkerzersetzende Klassenhader nicht mehr rütteln kann."[13]

Mit der Planung der beiden Werksanlagen wie der Arbeitersiedlungen war das Wiener Architekturbüro Ing. Dr. K. Klaudy – Ing. G. Lippert > Architekten / Künstler 397 beauftragt worden, deren seit 1934 bestehende Arbeitsgemeinschaft zunächst vorwiegend für kirchliche Auftraggeber, ab 1938 aber nahezu ausschließlich für die NS-Rüstungsindustrie, vornehmlich in der ‚Ostmark' und im ‚Sudetengau', tätig war. Zunächst als „Siedlung für die Gefolgschaft der Rottenmanner Eisenwerke in Linz" geplant, wo der Standort des neuen Werks neben der Reichswerke AG Hermann Göring und die ‚Gefolgschaftssiedlung' am gegenüberliegenden Donauufer in Aussichtslage an einem Steilhang bei Steyregg vorgesehen waren,[14] adaptierten Klaudy – Lippert ihren Siedlungsentwurf für das ebene Augelände östlich von Krems; am ideologisch vereinnahmten Gartenstadtkonzept orientiert[15] wie DAF-konform den Konstruktions- und Gestaltungsrichtlinien von Reichsheimstättenamt und Amt Schönheit der Arbeit entsprechend, wurden vorgeblich formensprachliche Bodenständigkeit und Heimatschutz bedient, indem statt „Ortsbildern des Donautales" in Linz nun das Wachauer Angerdorf für das Erscheinungsbild der standardisierten Wohnbauten herangezogen wurde. Die Werkszeitung erhob die rationalisierten Wohnbau kaschierende, heimattümelnde Referenz gleich zum „Wachauer Stil", mit dem „jeder kasernenmäßige Eindruck" vermieden werden sollte und der gezielt zur kollektiven Identifizierung der Bewohnerschaft mit der „neuen Heimat" Krems wie der ‚Volksgemeinschaft' eingesetzt wurde.[16]

Das Planungskonzept lässt eine nach Zonen und Zellen strukturierte geschlossene Anlage erkennen, die von einer auf die Werkseinfahrt ausgerichteten Hauptachse und zwei Querachsen strukturiert wird; als Durchzugsstraßen angelegt, dienen sie der Anbindung an das Verkehrsnetz, während die interne Erschließung über von der Hauptachse abgehende Sackgassen erfolgt, die das Siedlungsareal in Sektoren unterteilt. Die Bebauung weist bis auf eine 3-geschossige Eckverbauung eine durchgehend 2-geschossige Zeilen- und Blockrandverbauung mit Reihenhäusern und Wohnblocks sowie einige frei stehende Häuser auf, die, zu ‚Siedlungszellen' organisiert, von ausgedehnten Grünflächen anteilig zu jeder Wohnung gehörender Gärten umgeben sind. Um bei den typisierten Wohneinheiten rationalisierten Wohnbaus Monotonie und gerade Fluchten zu vermeiden und einheitliche Wirkung mit Vielfalt zu verbinden, dienten neben variierender Formulierung und Anordnung der Baukörper die historisierende Überformung der gesamten Anlage mittels baulich markanter Versatzstücke sowie Dekoration der Fassaden mit Stilzitaten, die ein romantisches Bild von Heimat bedienten und inszenierten. So tragen etwa 11 Zweifamilienhäuser – 5 für Arbeiter, giebelständig hintereinander gereiht, und 6 mit mehr als doppelter Wohnfläche und ansehnlichen Gärten für leitende Angestellte, am Rand der Anlage als eigene ‚Siedlungszelle' – statt der durchgängigen Walm- und Satteldächer Krüppelwalme. Ebenfalls in Differenz zur geschlossenen Zeilenbebauung an einer Seite der Hauptachse wurden gegenüberliegend in offener Reihe wie als Kopfbauten jeweils am Ende der drei Sackgassen Mehrfamilienhäuser als Hakenhöfe und Wohnblocks formuliert, die den Straßenraum weiten bzw. großzügige Grünanlagen mit Bäumen erlauben. Das in seiner Einheitlichkeit abwechslungsreiche Erscheinungsbild, das neben geschickter Organisation typisierter Grundrisse

LAGEPLAN LERCHENFELD

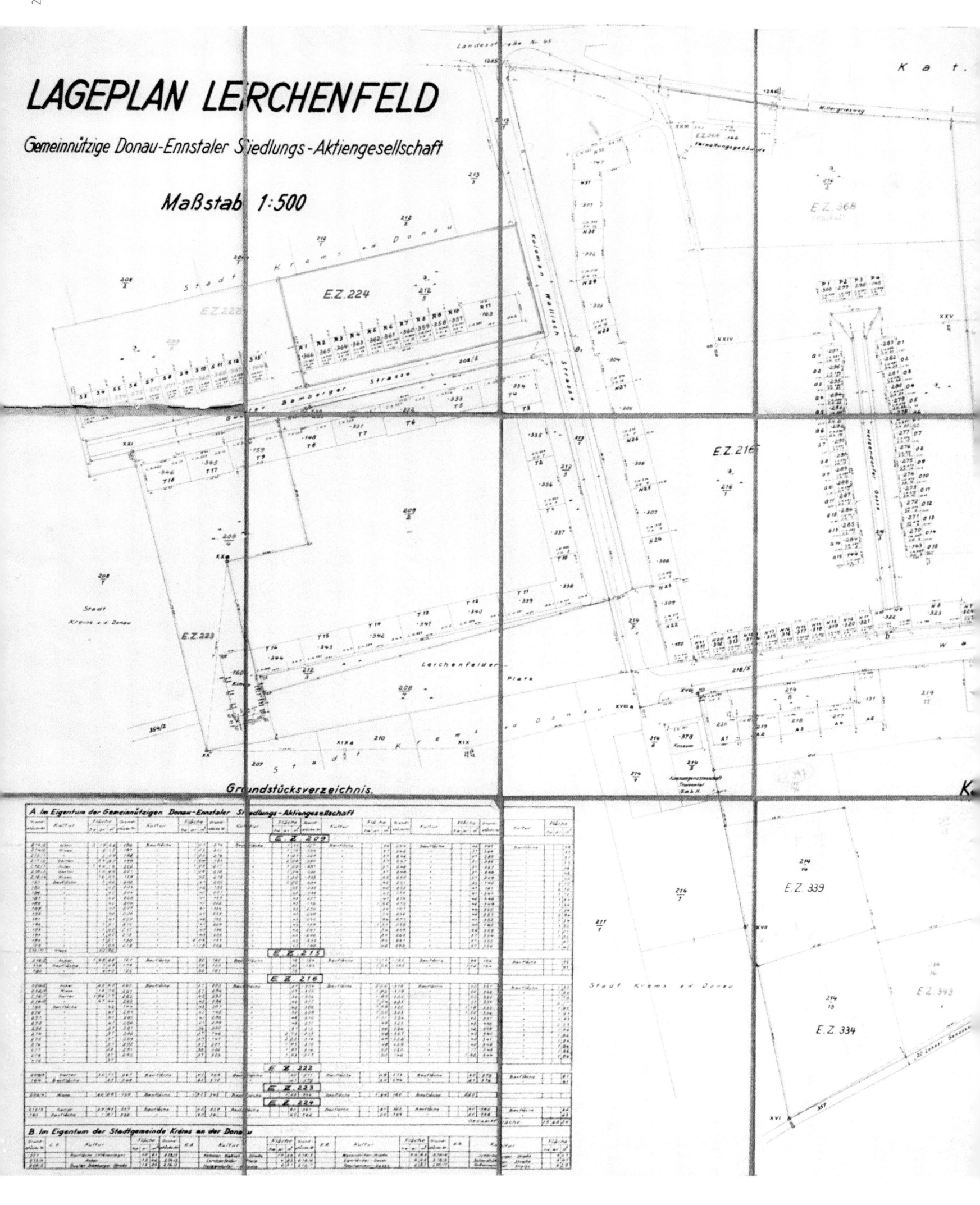

Gemeinnützige Donau-Ennstaler Siedlungs-Aktiengesellschaft

Maßstab 1:500

GZ. 593/54
Krems/D, am 18. Dezember 1955

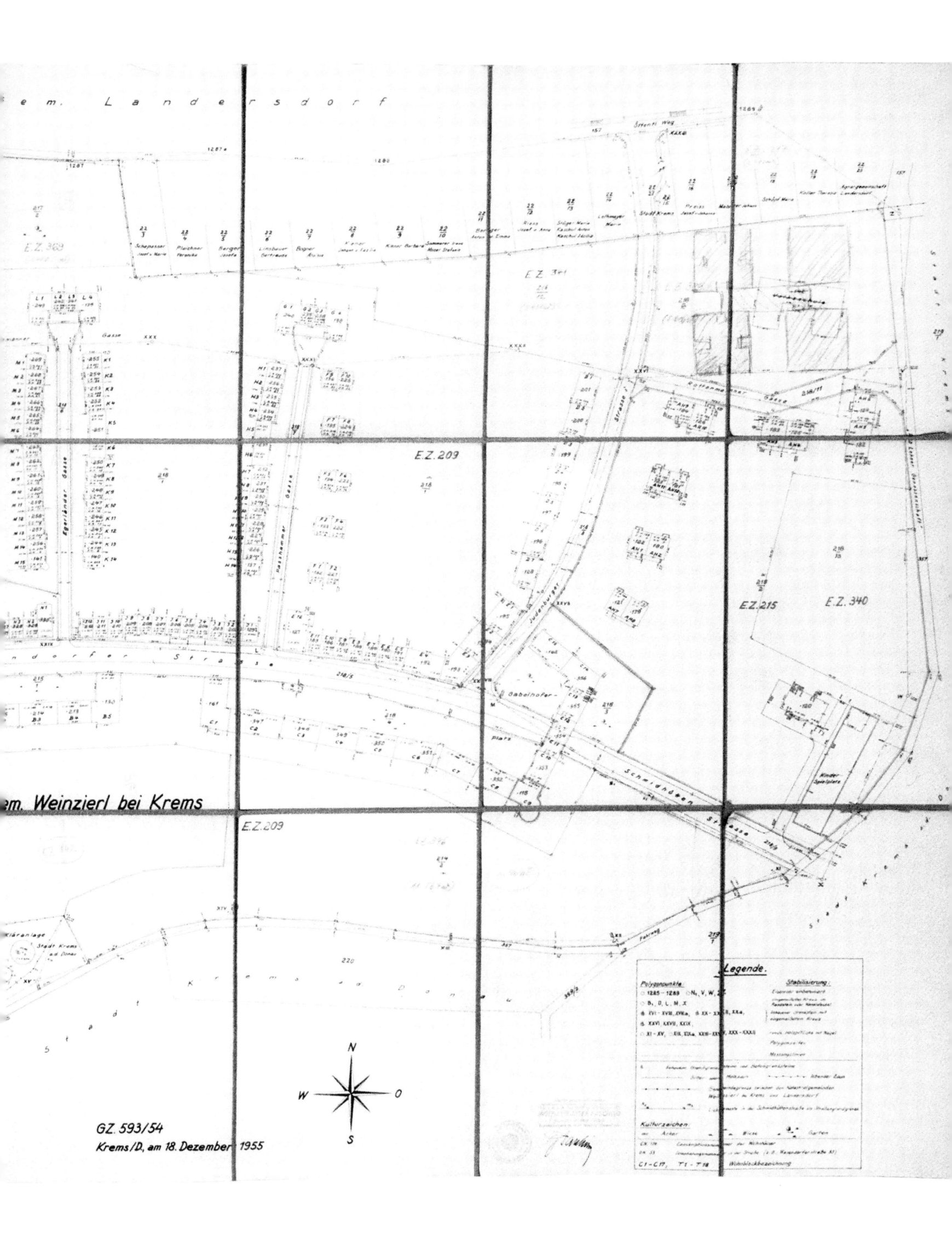

Baustelle

Baustelle

Heuck (6.9.1940)

...andertinger (6.9.1940)

Kriegsgefangene auf der Baustelle
Werkssiedlung Schmidhütte Krems /
1940-1942

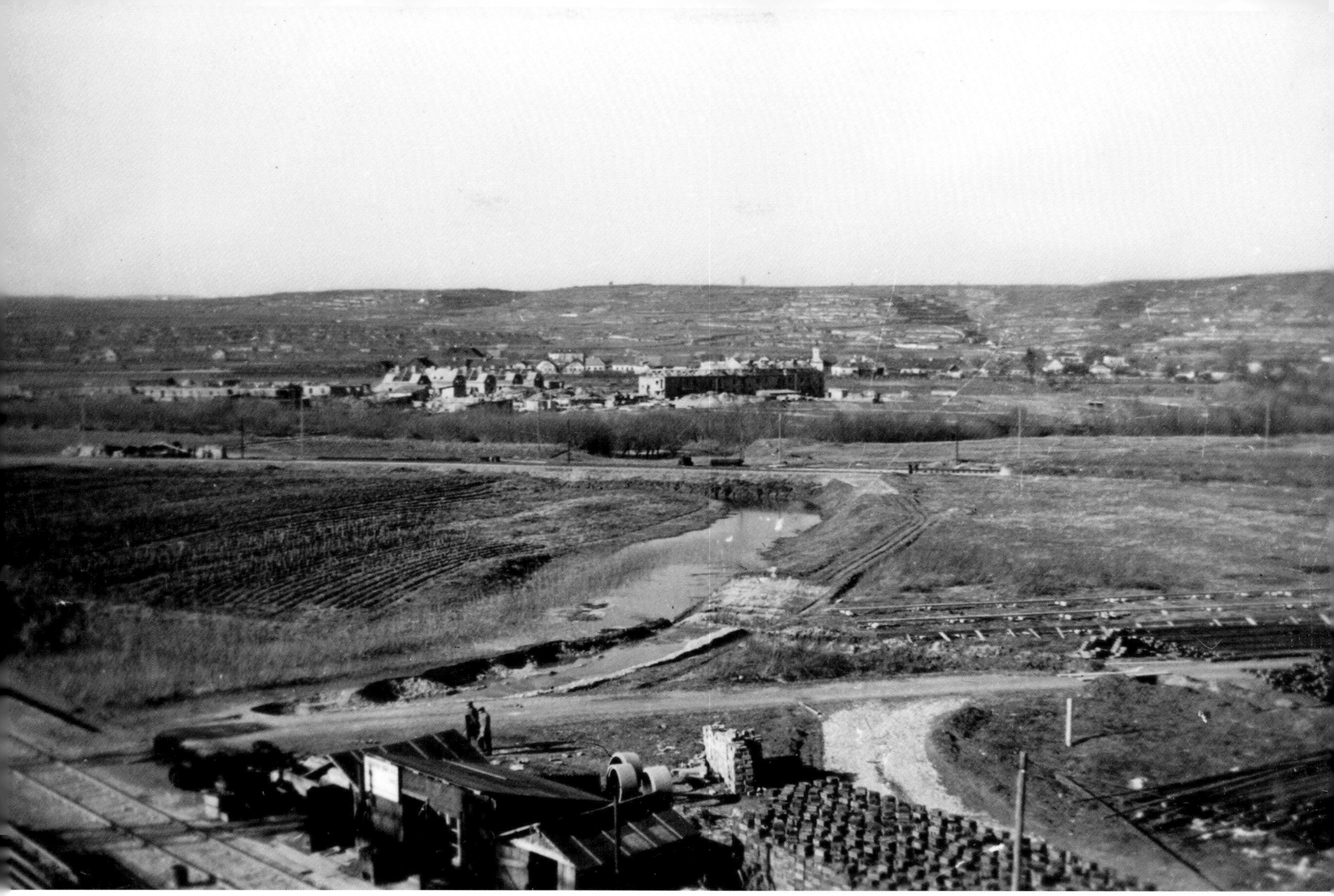

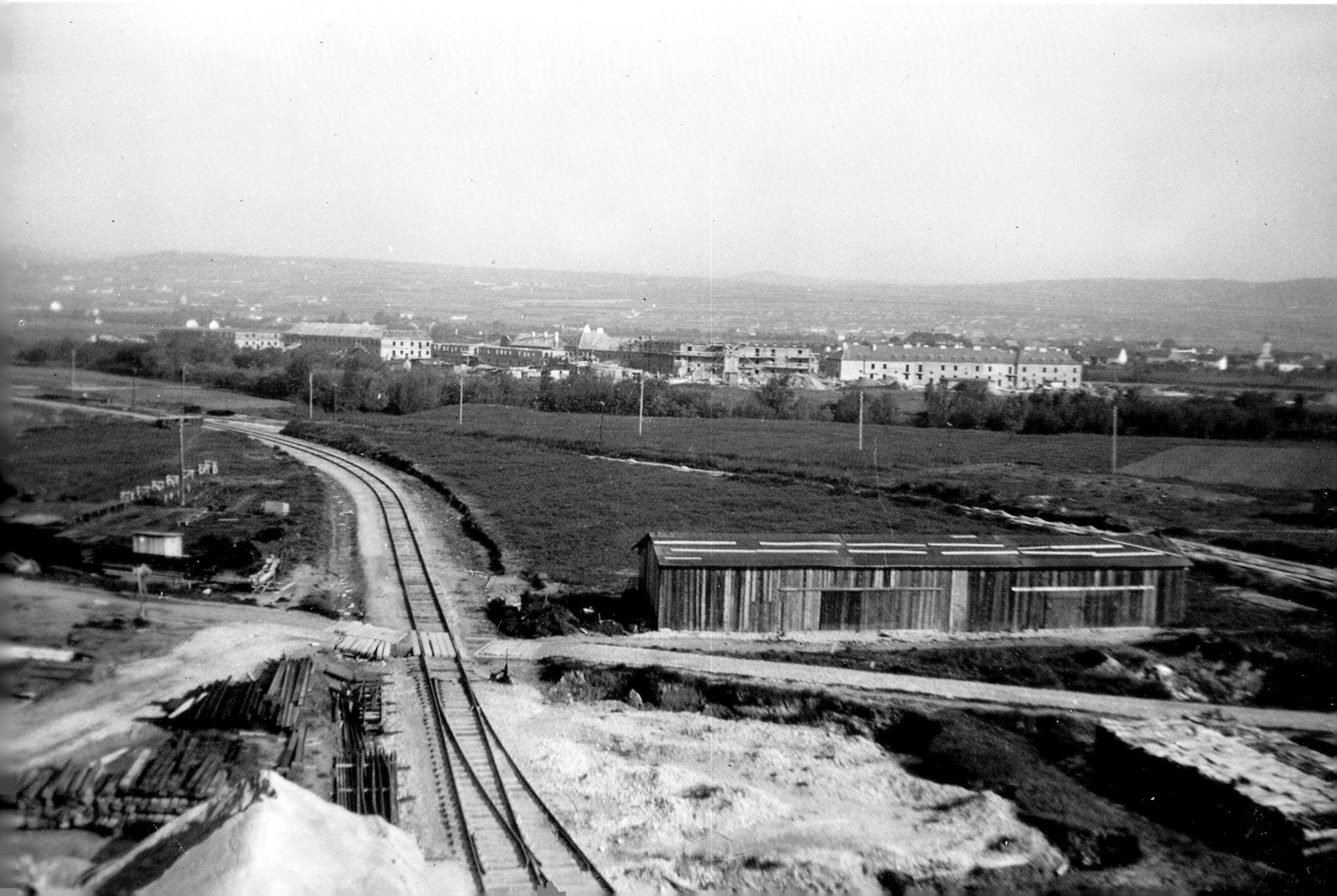

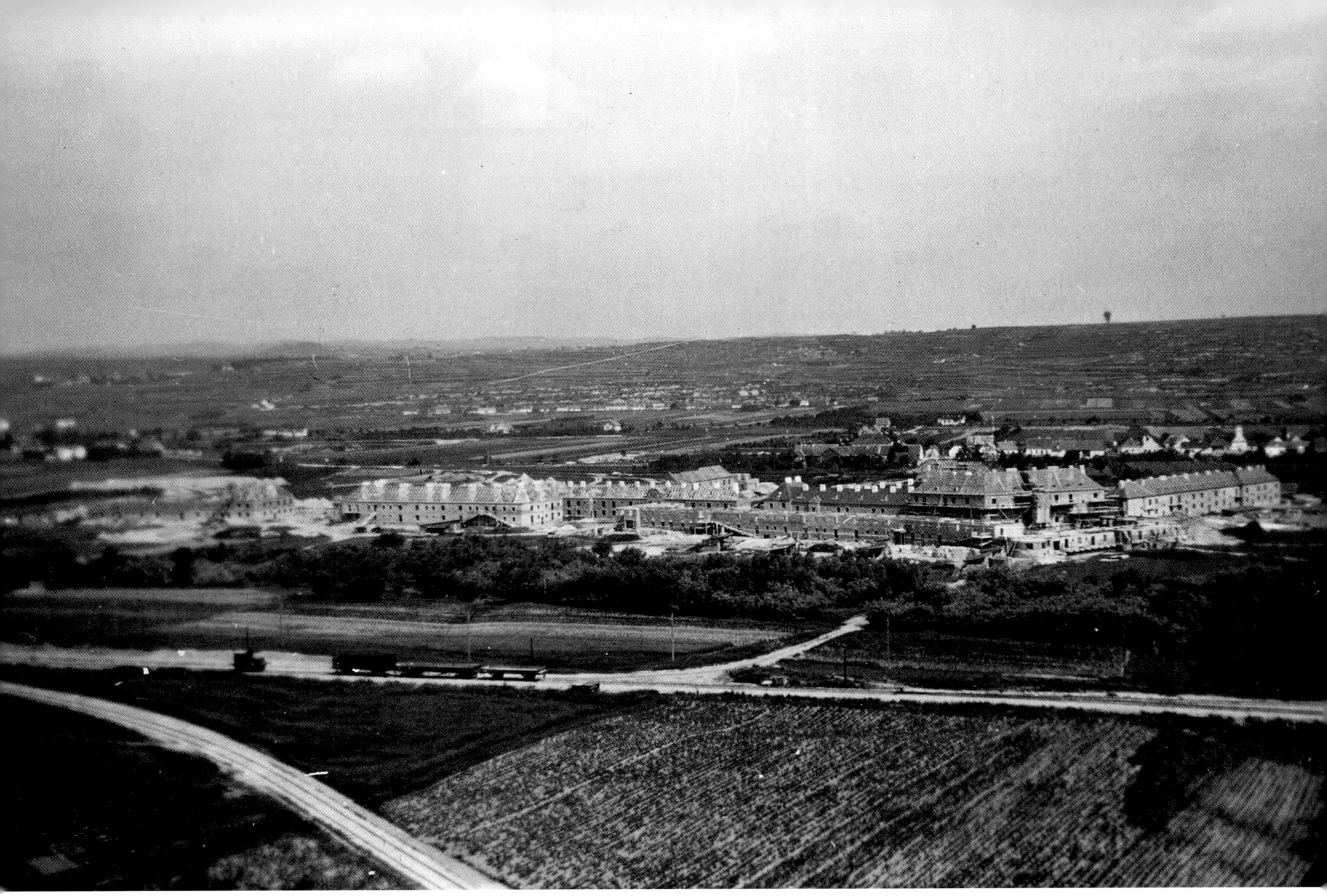

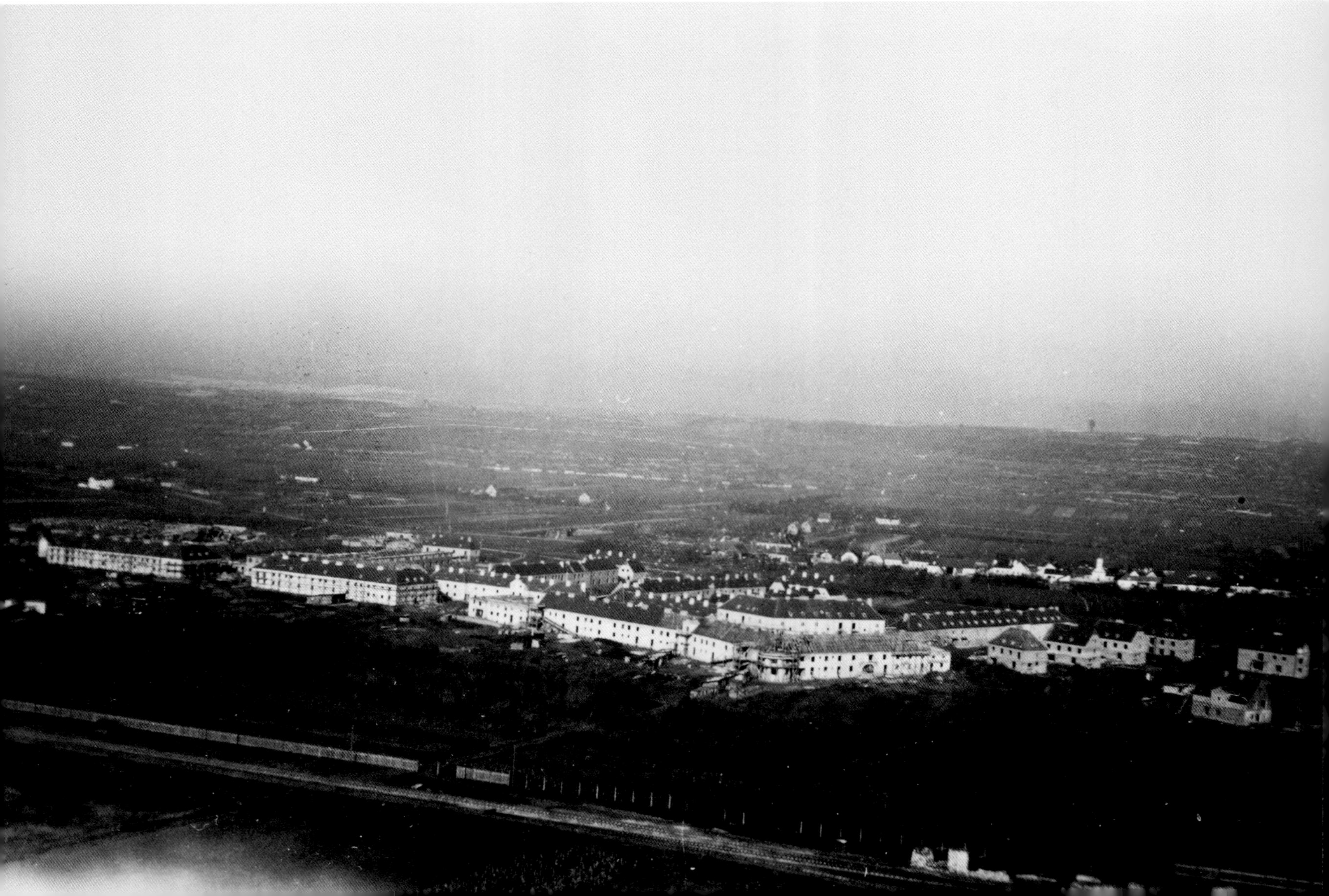

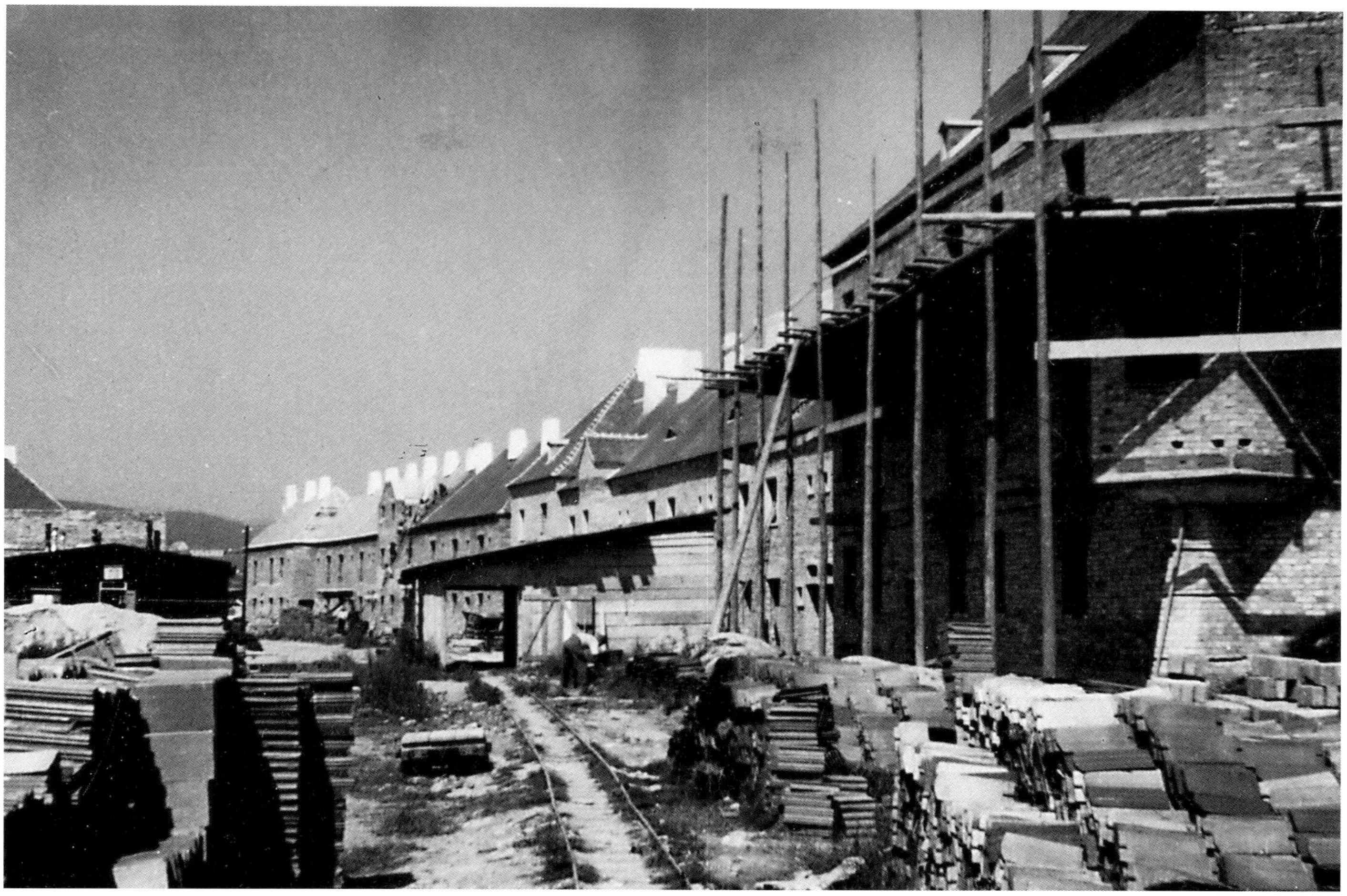

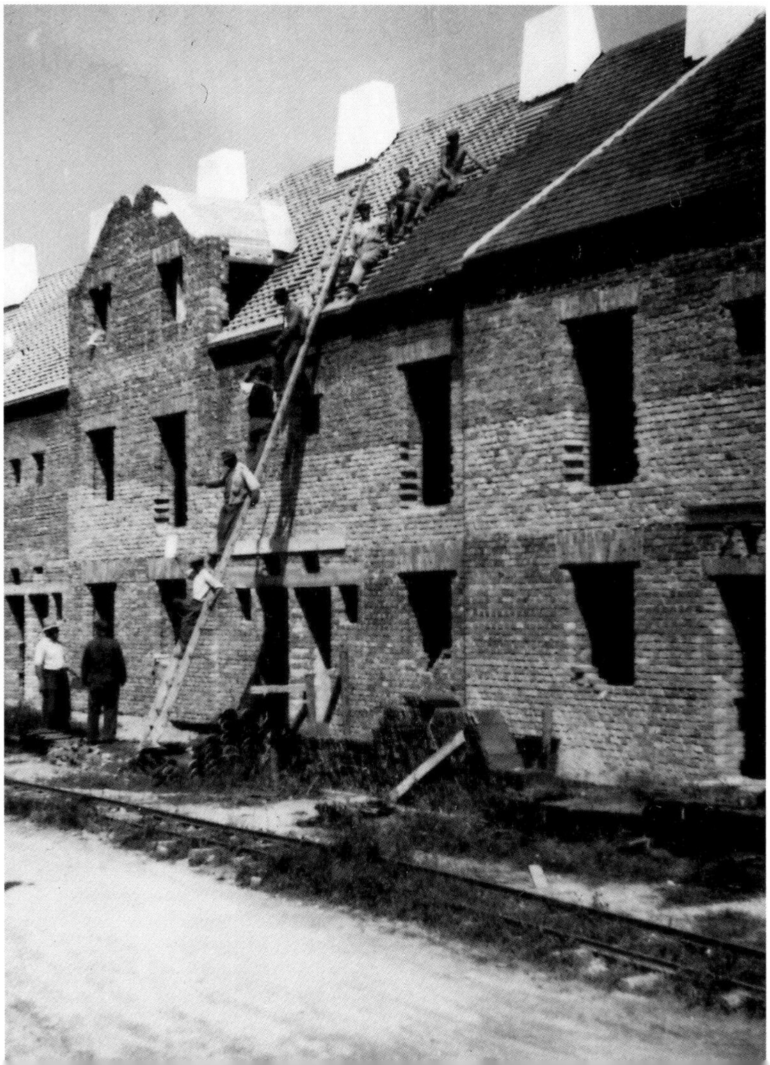

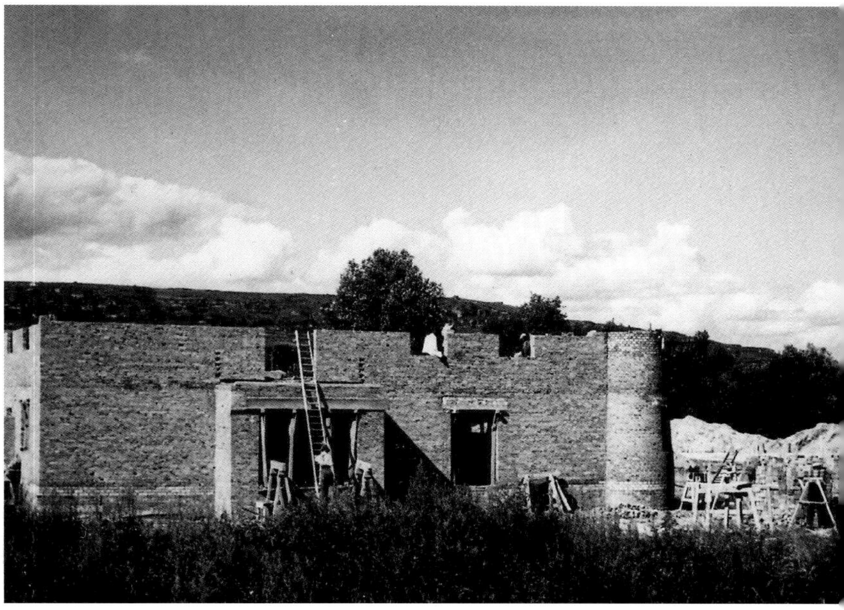

durch räumliche Anordnung sowie bau- und fassadengestalterische Akzentuierung erreicht wurde, lässt die ästhetisch-normativen Vorgaben erkennen, deren politische Zielsetzungen nicht nur formal und im landschaftsharmonischen Anspruch zum Ausdruck kommen, sondern auch strukturell in analog zur Partei organisierten ‚Siedlungszellen', deren Aufbau den Einzelnen im Gesamtzusammenhang der ‚Volksgemeinschaft' verortete. Strukturschema wie Bodenständigkeit vorgebende, pseudohistorische Formensprache verweisen auf die konservativ-traditionalistische Bauauffassung der Stuttgarter Schule ebenso wie auf Gottfried Feders Siedlungskonzept als ideologisch fundierte Leitbilder und ließen die Kremser Anlage, „die in ihrer Schönheit und Geschlossenheit Zeugnis ablegt von der Größe und Gestaltungskraft deutscher Bautechnik", 1944 im Styriaboten feiern.[17]

Die formale Variierung der Bauensembles durch historisierende Bau- und Putzdetails, wie Erker, Schaugiebel, Ornamente, Faschen, diente zusammen mit teilweise vom Raster abweichender Anordnung der Baukörper und abwechselnd geschlossener und aufgelockerter Verbauung sowie sporadisch platzartig erweiterten Straßenverläufen einer räumlichen Strukturierung, mit der unverwechselbare Orte geschaffen werden sollten, die Orientierung wie Identifizierung ermöglichen. Dafür wurden neben baulichen und stilistischen Versatzstücken auch Bild und Schrift als Mittel eingesetzt, wie im Zuge der vor Kurzem durchgeführten Generalrenovierung der Siedlung restaurierte Fresken volkstümelnder Darstellungen zeigen, in denen die Künstlerin, deren Name nicht mehr erinnerlich ist, Jugendliche aus der Siedlung verewigt haben soll. „Das Mädchen mit den blonden Zöpfen war die Größing Gretl, eine Freundin von mir, und der Bursch war der Haberl Bertl; beide in meinem Alter", so Franz Oberdorfer, ehemaliger Betriebselektriker der Schmidhütte, der, aus Wasendorf übersiedelt, zunächst am Bau von Werk und Siedlung beteiligt war und dessen Erinnerungen auch einen fotografisch aufschlussreichen Einblick in die Baugeschichte ermöglichen.[18] Mit kartografischen Orts- und Straßenbezeichnungen, die frühere Betriebsstandorte und die Herkunft der BewohnerInnen zitieren, sollte den zugezogenen Arbeiterfamilien ebenfalls Vertrautheit suggeriert werden; mit Ausnahme der Straße der SA, welche die Ideologie nannte und propagierte, der sich Wohnung und Arbeitsplatz verdankten, wurde mit Wasendorfer-, Judenburger- und Rottenmannerstraße, Passhammer-, Hetzendorfer- und, im Verweis auf zahlreiche tschechische Werksarbeiter, die DI Wilhelm Leo, dem Werksleiter in Krems, einst in die Styria nach Wasendorf gefolgt waren, Egerländergasse die mit Werksstandorten verbundene Familientradition beschworen und dem neuen Ort als Ennstaler Siedlung mit dem zentralen Steirerplatz eine anheimelnde Adresse eingeschrieben. Nominelle Herkunftsreferenzen wie zu Heimatklischees kompilierte bautraditionelle Versatzstücke sollten den neuen ‚Lebensraum' vertraut erscheinen und Heimatverbundenheit evozieren lassen, deren sentimentale Kraft die Integration der ‚Volksgemeinschaft' stärken sollte.

Bevor Arbeiterfamilien aus den steirischen Standorten der Rottenmanner Eisenwerke AG nach Krems in die neuen Wohnungen übersiedeln konnten, mussten ihre Männer, als Bauarbeiter bei der Errichtung von Werk und Siedlung eingesetzt, mit einer sehr bescheidenen Unterkunft vorliebnehmen. Wie am Bau des Walzwerks beschäftigte Facharbeiter der deutschen Baufirma Karl Heuck aus Stettin waren sie in Baracken untergebracht, die, durch das Gleis einer Feldbahn mit der Baustelle verbunden, an einer von der Rodung des Augebiets verschonten Baumgruppe zusammen mit dem sogenannten Steinhagel-Lager der auf der benachbarten Großbaustelle Donauhafen Krems > Donauhafen Krems 28 beschäftigten Männer ein Barackendorf hatten entstehen lassen, das sich, separiert auf der anderen Seite des Gleises, mit den Barackenunterkünften der ‚Ostarbeiter' fortsetzte, in Polen und der Ukraine rekrutierten Zwangsarbeitern, die vor allem im Ende 1941 anlaufenden Walzwerk zum Einsatz kamen. Das „Rottermanner Lager" [sic!] bestand neben einer Wirtschaftsbaracke mit Kantine und Sanitärräumen aus 3 Mannschaftsbaracken, je eine für Angehörige der Baufirma und steirische Werksangehörige sowie eine, mit Stacheldraht bewehrt und bewacht, für Kriegsgefangene aus Frankreich und Belgien, die als ‚Außenkommando' vom Stalag XVII B bei Gneixendorf > Barackenbauten 291 zur Arbeit am Bau wie später in der Produktion zugeteilt wurden. Russische Kriegsgefangene dagegen, die beim Bau des Stahlwerks und in der Produktion zum Einsatz kamen, wurden isoliert und unter strengster Bewachung in festen Unterkünften direkt am Werksgelände gehalten.[19]

Etwa Mitte 1940 hatte der laufende Transfer von anfangs eher jungen, unverheirateten Werksarbeitern aus den steirischen Betrieben begonnen, die zur Arbeit am Bau bestimmt waren. Einer von etwa 30 war Franz Oberdorfer, der 18-jährig, der Familientradition folgend, 1939 in der Styria in Wasendorf angefangen hatte, nachdem ihm aufgrund seines guten Schulzeugnisses die vom Vater, Vorarbeiter an der Blockstrecke, erwirkte Fürsprache des ein patriarchales Unternehmertum pflegenden Arbeitgebers Schmid-Schmidsfelden 1936 die Ausbildung zum Betriebselektriker an der Werksschule der Alpine Montan in Donawitz ermöglicht und er einen der begehrten und sonst unerreichbaren Schul- und Internatsplätze erhalten hatte.[20] In seinen Jugenderinnerungen an Donawitz sind die politischen Umwälzungen als Namen hochrangiger Besucher präsent, zu deren Empfang die Lehrlinge hatten antreten müssen, wie sie politisches Klassenbewusstsein spiegeln: „Zuerst Schuschnigg; er hat gesprochen, wir, 130 Lehrlinge, haben Spalier stehen müssen; draußen wurde Heil Schuschnigg, Heil Schuschnigg gerufen, herinnen war Totenstille. Dann sind die Deutschen gekommen. Der erste war Gauleiter Bürckel, dann Hermann Göring, Rudolf Hess, Robert Ley, Baldur von Schirach, die ganze Politikerelite."[21] Die mit dem ‚Anschluss' 1938 durch die rüstungswirtschaftlichen Prämissen des ‚Vierjahresplans' entstandene Nachfrage nach Facharbeitern habe einen frühzeitigen Schulabschluss bewirkt und Franz Oberdorfer nach kaum einem Jahr im Werk Wasendorf nach Krems geführt. Was Oberdorfer im Juni 1940 zunächst als temporären Arbeitseinsatz zur Kompensation fehlender Elektriker verstand – er sollte bei der in Verzug geratenen Installation des Hallenkrans mitarbeiten –, wurde durch den mit der Einberufung der Männer zum Militär wachsenden Arbeitskräftebedarf beim aus Rüstungsgründen beschleunigten Bau zum ständigen Aufenthalt. Sukzessive folgten weitere Gruppen von Stammarbeitern aus Wasendorf und Rottenmann, die, bevor sie ihre gewohnte Arbeit in der Produktion antreten konnten, zunächst am Bau der Walzwerkshalle mitarbeiten mussten. Insgesamt sollen es etwa 400 von der etwa doppelt so großen Belegschaft der beiden Werke gewesen sein; etwa 300 waren aus Wasendorf, 100 aus Rottenmann, und vornehmlich aus dem Walzwerksbereich, während Gießer und Former dem neuen Stahlwerk in Liezen zugeteilt wurden; andere, die in den Jahren davor vom Unternehmen günstig Grund erworben und Häuser gebaut hatten, für die sie Verbindlichkeiten eingegangen waren, blieben und fanden nach Auflösung des Werks Wasendorf Arbeit im Bergbau in Fohnsdorf oder im Gussstahlwerk in Judenburg.

Der erste Bauabschnitt der Werkssiedlung, mit deren Errichtung im Herbst 1940 örtliche Baufirmen, wie Landertinger und Orel, begonnen hatten, umfasste 137 Ein- und Mehrfamilienhäuser mit 250 Wohnungen, zu denen planmäßig jeweils ein Stall zur Kleintierhaltung und eine Gartenfläche im Ausmaß von ca. 300 m² gehörten. Laufend sollten weitere Abschnitte freigegeben und umgesetzt werden, mit dem Ziel, bis Ende 1941 an die 1000 Wohnungen zur Verfügung zu haben. Darüber hinaus waren zahlreiche Gemeinschaftseinrichtungen geplant, um das Leben der ‚Gefolgschaftsmitglieder' – mit der Umcodierung von Arbeitern und Belegschaft zu ‚Gefolgschaft', die im ‚Betriebsführer', nicht mehr im Werksleiter, ihr Gegenüber hatte, wurde nach dem ‚Führerprinzip' eine Terminologie der inneren Bindung verfolgt – umfassend zu organisieren und zu kontrollieren. „Parkanlagen mit Kinderspielplätzen und ein großer Sportplatz mit Turnhalle und Schwimmbad bieten sowohl den erwachsenen als auch jugendlichen Volksgenossen ausreichend Gelegenheit zur Erholung und körperlichen Ertüchtigung. Ferner ist der Bau eines HJ-Heimes und einer Grund- und Hauptschule vorgesehen. Die Errichtung zahlreicher Garagen und Reparaturwerkstätten wird besonders bei jenen Arbeitskameraden Anklang finden, die sich mit der Absicht tragen, später einen Volkswagen zu erwerben."[22]

Während der Bau des ‚kriegswichtigen' Produktionsbetriebs prioritär vorangetrieben wurde – ab Herbst 1941 lief das Walzwerk stufenweise an, das Feinbleche für die Flugzeugindustrie, sogenannte Fliegerbleche, herstellte; ab März 1943 nahm neben der Stahlverarbeitung auch das eigene Stahlwerk mit einem 50 t Siemens-Martin-Ofen den Betrieb des seit 1942 unter der Bezeichnung Schmidhütte Krems, Schmid & Co. KG firmierenden Unternehmens auf –, sollte sich die geplante „zweite Heimat" für Werksangehörige und ihre Familien, deren Nachzug aus der Steiermark sich mit Verzögerungen am Bau aufschob, nur zum Teil verwirklichen lassen. Ende 1941 sollen von projektierten 461 Wohneinheiten ca. 400 in Bau gewesen sein,[23] von denen im Frühjahr 1942 eine erste Tranche fertiggestellt wurde, sodass der Nachzug der Arbeiterfamilien beginnen konnte. Dass die Übersiedlung von Wasendorf nach Krems langwierig und nicht ohne logistische Probleme abging, sodass Familien auf ihr Hab und Gut, das sie im Werksmagazin abliefern mussten, von wo es mit der Bahn verfrachtet wurde, vorübergehend in Notunterkünften warten mussten, sollte die Aussicht auf einen Wohnkomfort, wie er für Arbeiter niemals zuvor bestanden habe und dem besonderen Engagement des Bauherrn Schmid-Schmidsfelden zu verdanken war, nicht trüben, wie der Styriabote beschwichtigte.[24] Im September 1942 waren es aber gerade einmal 150 Wohnungen, die bezugsfertig waren und denen in einem zweiten Bauabschnitt 250 weitere folgen sollten.[25] Kriegsbedingter Mangel an Arbeitskräften wie das trotz der ‚Kriegswichtigkeit' der Schmidhütte als Rüstungszulieferbetrieb generelle Bauverbot für ‚nicht kriegswichtige' Bauten führten zu weiterem Aufschub, sodass bis 1944 nur etwa die Hälfte der geplanten Siedlungsanlage realisiert werden konnte; insgesamt sollen an die 450 Wohnungen für ca. 1000 Menschen zur Verfügung gestanden haben, die sich auf 226 überwiegend als Reihenhäuser angelegte Wohnbauten für Arbeiter und 6 Beamtenhäuser mit je 2 Wohneinheiten verteilten.[26] 140 Häuser kamen nicht über den Rohbau hinaus und wurden erst in den Nachkriegsjahren fertiggestellt, wie Dr. Max Thorwesten, nationalsozialistischer Bürgermeister und maßgeblich mit der kommunalen Baupolitik befasst, „als Zeitzeuge von Rang" 1989 in der 50-Jahres-Festschrift der GEDESAG, deren Aufsichtsratsvorsitzender wie 1969-1976 erneut Bürgermeister von Krems er war,[27] angab; nicht zu reden von den in Aussicht gestellten Gemeinschaftsbauten und Freizeitanlagen, die bis auf die Volksschule, die infolge der Hochwasserschäden 1954 abgerissen werden musste, vermutlich Projekt blieben. Die Rekonstruktion des gebauten Umfangs der Siedlung ergab auf Basis heutiger Bestandsdaten insgesamt 443 Wohnungen mit Nutzflächen zwischen 35 und 154 m², die sich auf 221 Hauseinheiten, davon 138 oder nahezu zwei Drittel Reihenhäuser und 83 Wohnblocks, verteilen. Nach Nutzflächen entfällt je ein Drittel auf Wohnungen mit 35-50 m², 50-70 m² und 70-90 m²; Größen darüber, bis 154 m², sind 15 Wohnungen für leitende Angestellte in freistehenden Zweifamilienhäusern vorbehalten. An Geschäftslokalen, organisiert zu einer einheitlich gestalteten Ladenzone um den zentralen Platz, von dem wie von der Siedlung nur die Hälfte realisiert wurde und der zunächst als Steirerplatz, heute Lerchenfelder Platz, auf die Herkunft der BewohnerInnen verwies, bestehen heute 18.[28]

Nachdem die Unterkunft im ‚Gemeinschaftslager' wegen sanitärer Missstände und Ungeziefer zunehmend unerträglich geworden war, so Zeitzeuge Oberdorfer, und er mit seinem 1941 ebenfalls nach Krems zur Arbeit am Bau überstellten Vater wie andere Werksarbeiter in eine private Unterkunft umgezogen war, konnten sie schließlich im Herbst 1942 zusammen mit der nachgezogenen Mutter ihre Wohnung in der neuen Siedlung beziehen. Für die Vergabe der Wohnungen seien Betriebsobmann Oberzaucher und Herr Baldauf aus der Personalabteilung, zu dessen Aufgaben auch der Werkschutz und die Verpflegung der ‚Ostarbeiter' gehört habe, zuständig gewesen, für die Verwaltung die GEDESAG, die einen Vertreter in

>
Werkssiedlung
Schmidhütte Krems /
nach teilweiser
Fertigstellung 1942

>>
Siedlung Lerchenfeld /
2010

Wohn- und Siedlungsbauten 244

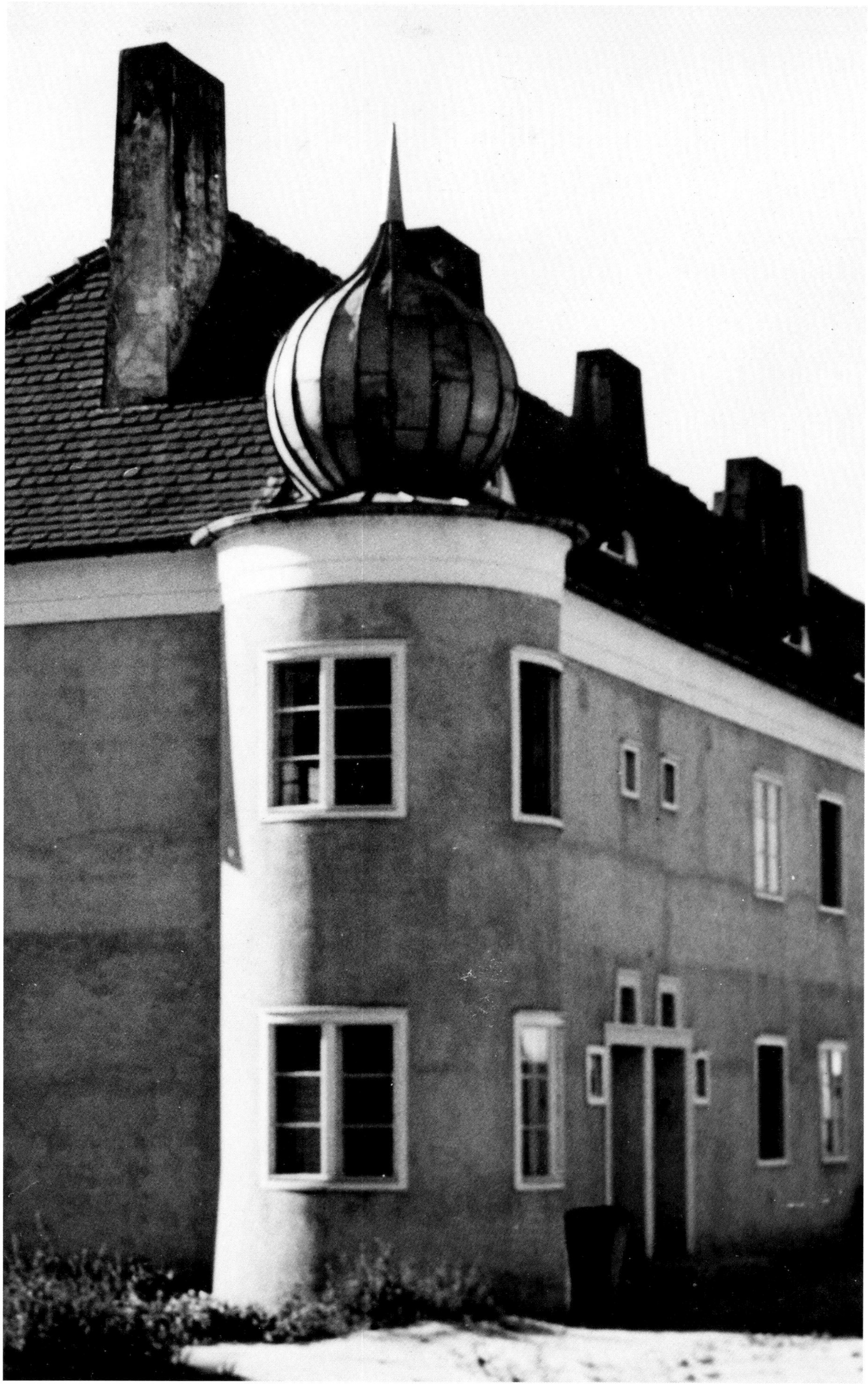

Wohn- und Siedlungsbauten

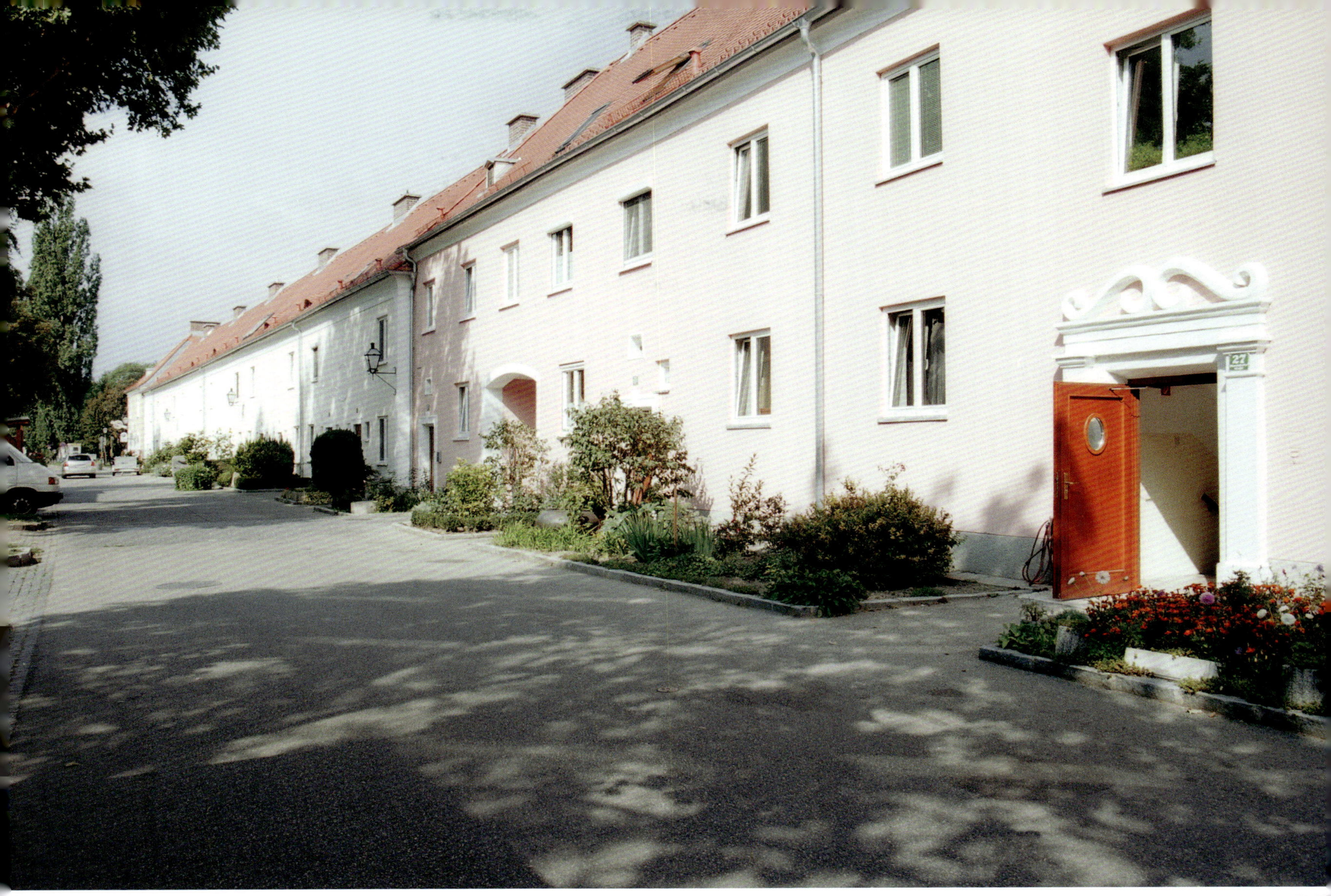

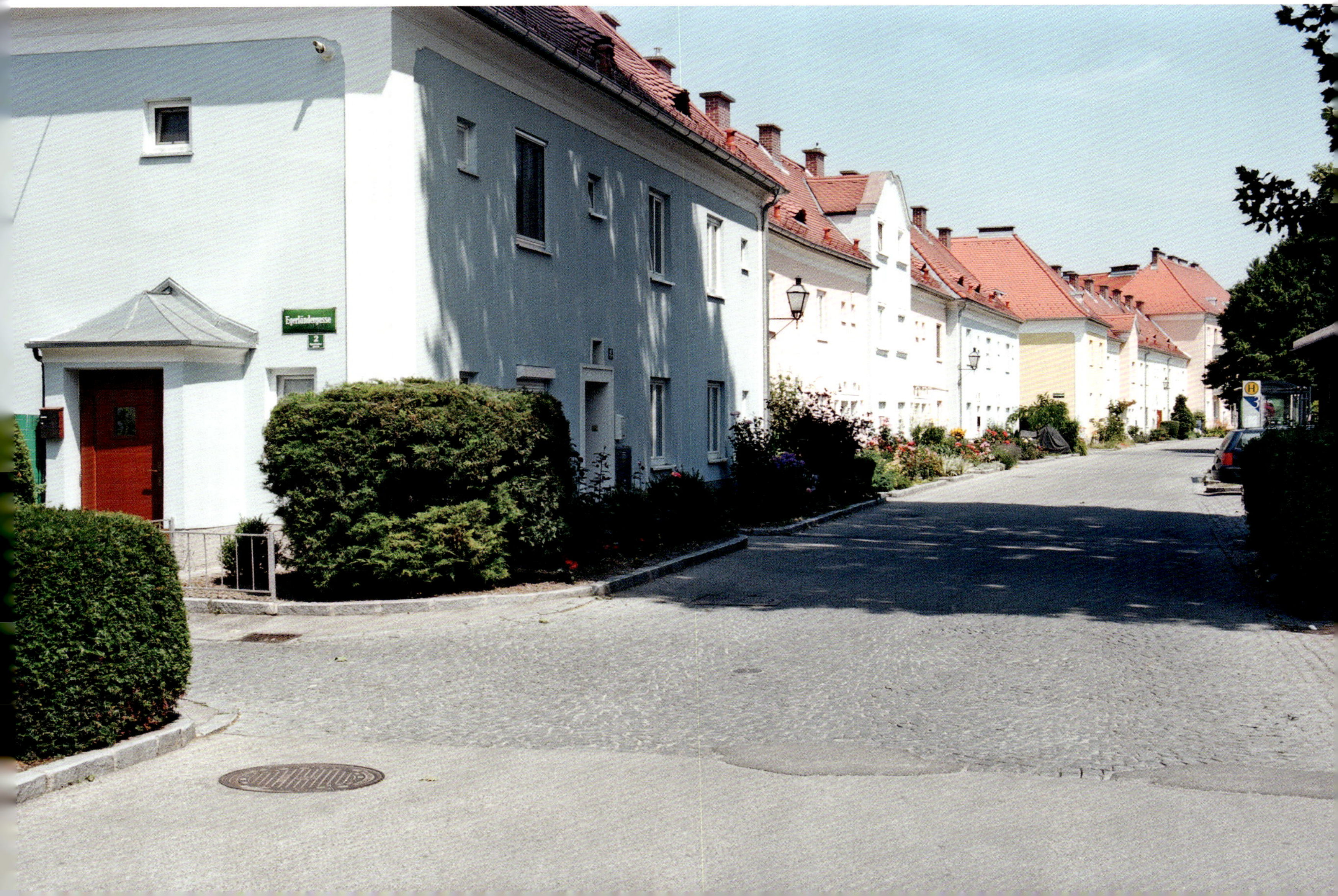

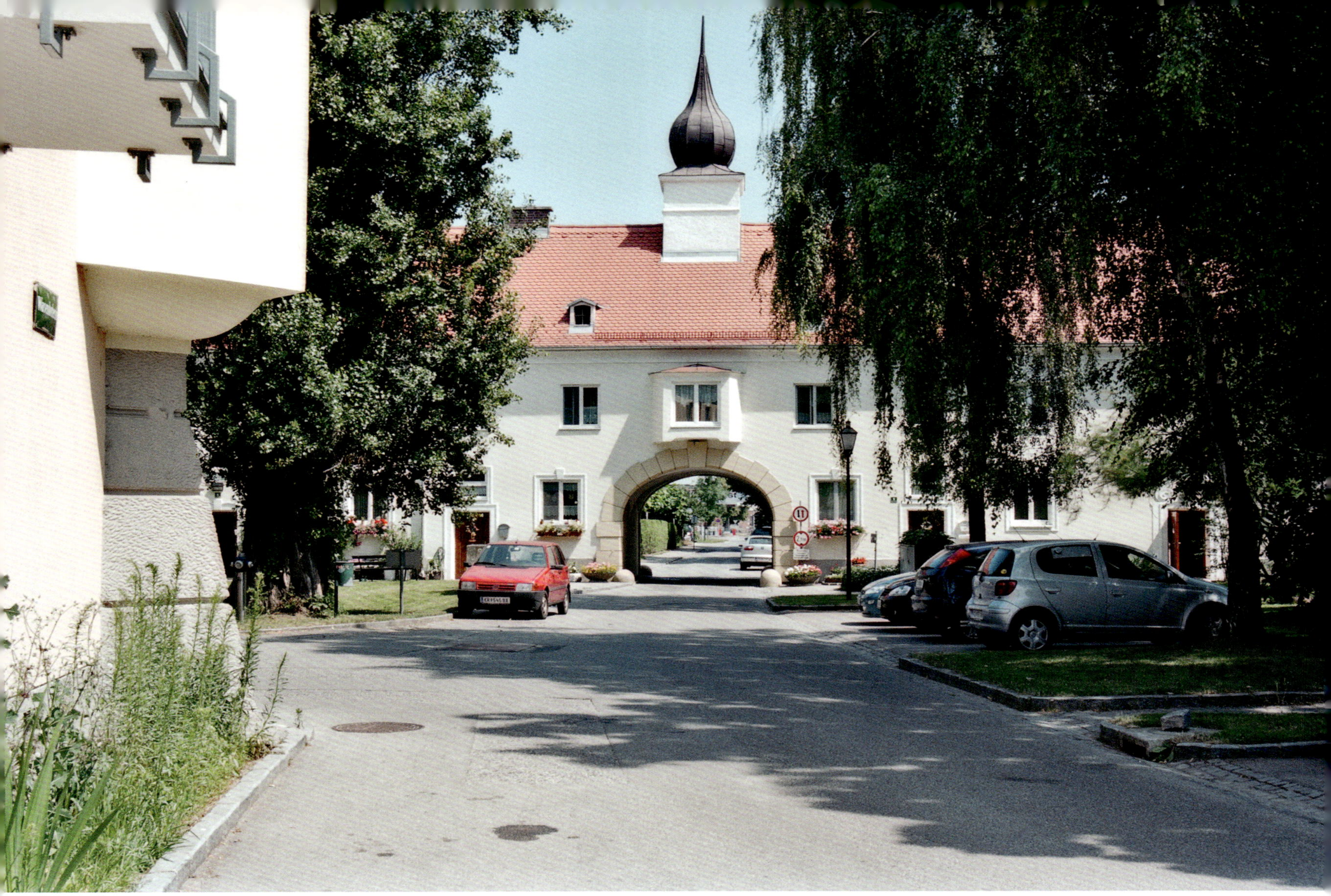

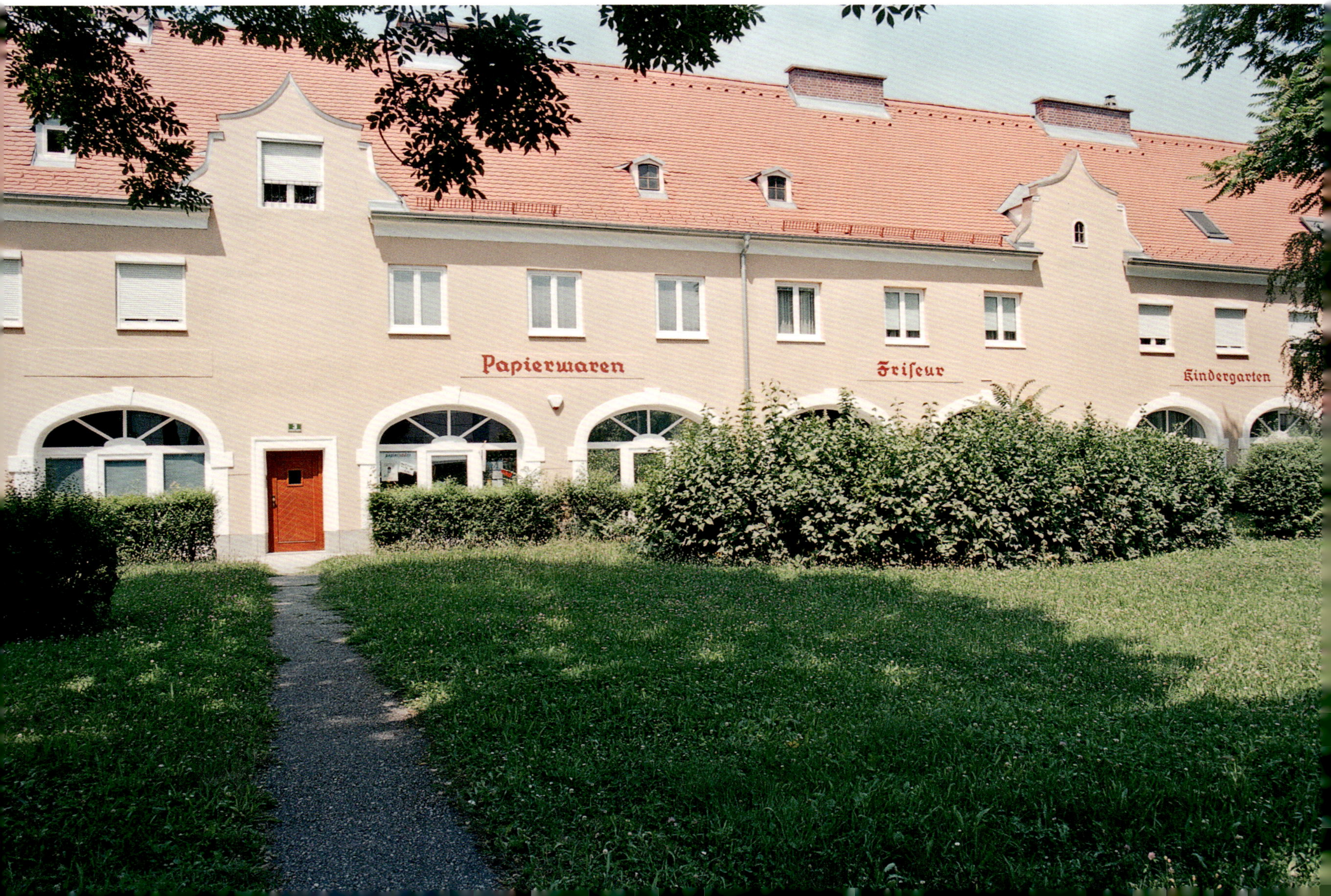
Papierwaren
Friseur
Kindergarten

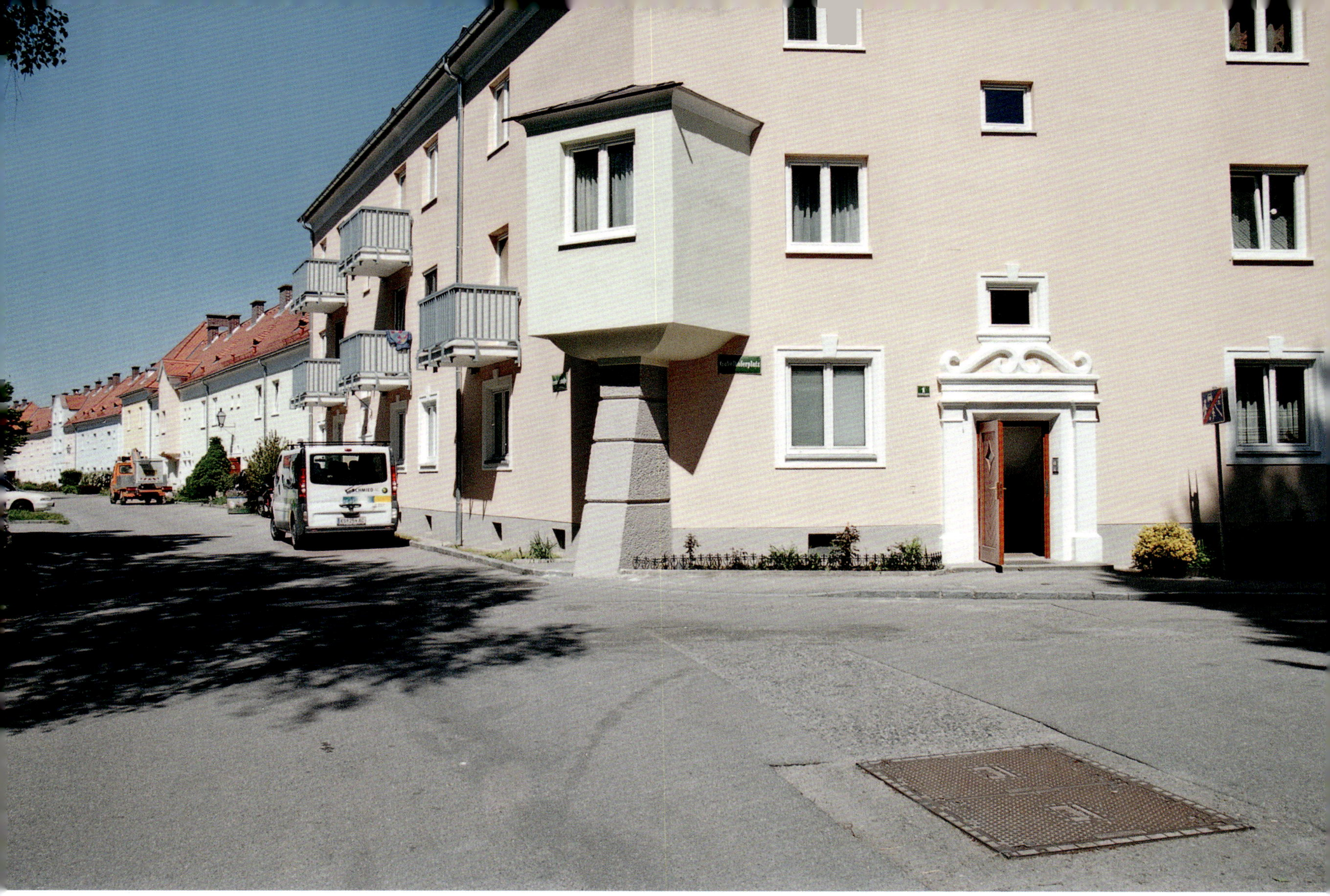

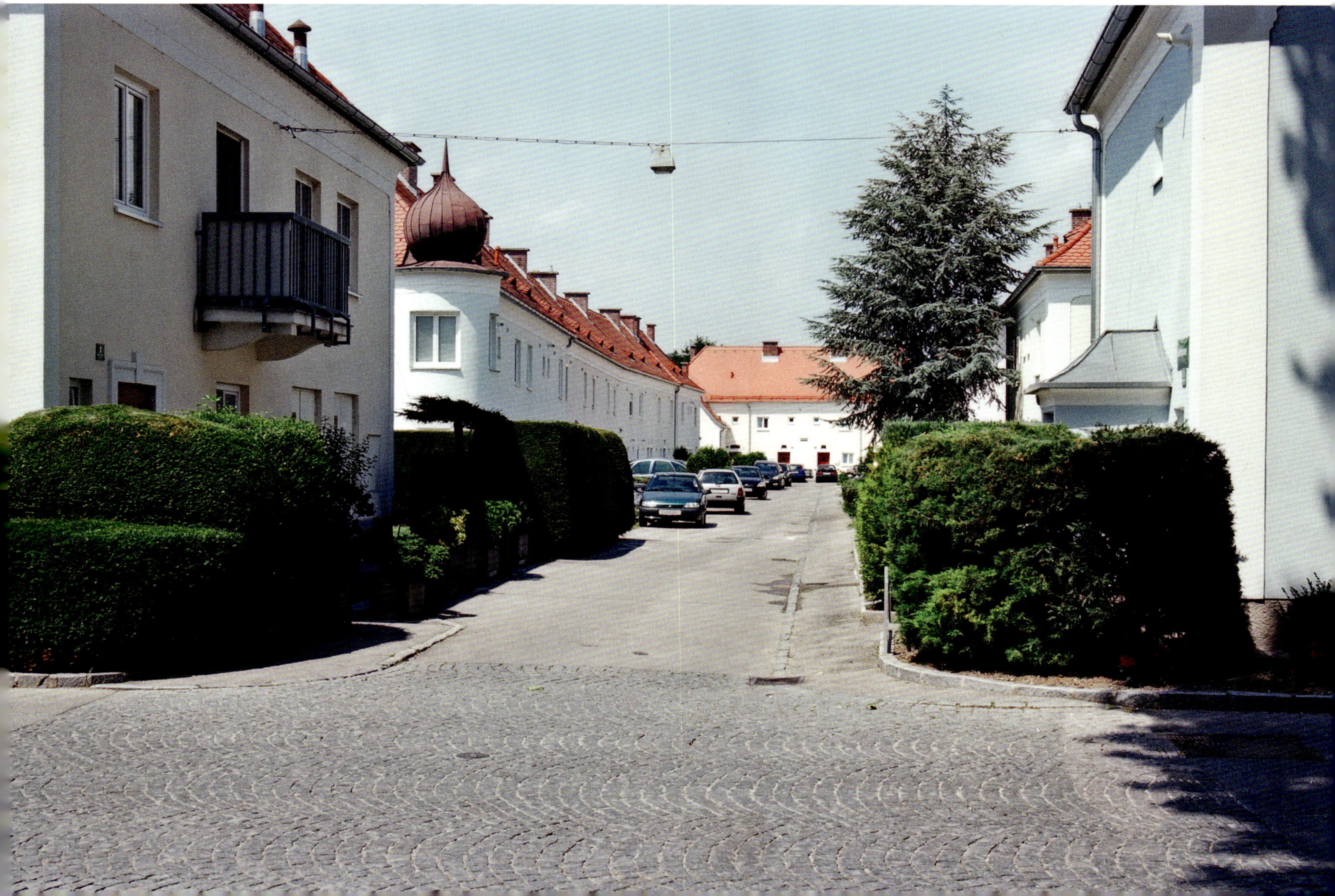

der Siedlung wohnen hatte. Familie Oberdorfer erhielt aus den durchalphabetisierten Baueinheiten eine knapp 60 m² große Wohnung mit Wohnküche, Schlafzimmer und Kabinett im Block B in der Wasendorferstraße; die Miete, von der das Werk 40% übernahm und deren Verrechnung mit dem Lohn erfolgte, habe RM 36 ausgemacht, wovon ein Anteil von RM 20 auf die Mieter entfiel. Eine kinderreiche Familie, wie die seiner späteren Frau, habe eine entsprechend größere Wohnung in einem der 3-geschossigen Reihenhäuser gegenüber erhalten. Die Ausstattung der Wohnungen sollte im Vergleich zu den aufgegebenen Wohnverhältnissen zur Zufriedenheit sein, waren doch in jeder Küche Fließwasser und Abwasch, ein kombinierter Kohle-Elektroherd und eine Speisekammer, zum Teil keramikverkleidete Öfen in den Zimmern, Warmwasserboiler und Wanne, zumindest Sitzwanne, im Bad sowie im Keller Waschküchen und Trockenböden Standard.[29] Für Einrichtung, sofern nicht die eigene aus der Steiermark mitübersiedelt worden war, gab es Bezugsscheine, die bei der Möbelfirma Bühl in Krems, für Wohntextilien und sonstigen Bedarf auch bei den Wiener Großkaufhäusern Gerngroß, Herzmansky oder Stafa, eingelöst werden konnten.[30]

Nach der Befreiung vom Nationalsozialismus 1945 und der Übernahme der Schmidhütte in sowjetische Verwaltung wurden freie Wohnungskapazitäten von in die Steiermark geflohenen Bewohnern wie erst im Rohbau fertigen Häusern vom Militär in Anspruch genommen. Wie sich Franz Oberdorfer erinnert, seien die Wohnungen in definierten Sperrbezirken, mit der Kommandantur an der Hauptstraße, von aus der Mongolei stammenden Soldaten bezogen worden. Für in Krems verbliebene Werksangehörige, die sich in der Umgebung der von höheren Chargen bewohnten Häuser sicherer gefühlt hätten, habe es eine Gratisversorgung mit Eintopf aus der Feldküche, für die Baracken des ehemaligen ‚Gemeinschaftslagers' der Bauarbeiter genutzt wurden, gegeben.[31]

Eine Begehung der in Lerchenfelder Siedlung umbenannten und in einer Palette von Pastelltönen jüngst renovierten Anlage lässt anhand des 1955 erstellten Lageplans[32] die Fragment gebliebene Bebauung nachvollziehen, insbesondere am zentral geplanten, aber nicht abgeschlossenen Platz, dessen romantisch überformte, einheitlich mit Bogentüren akzentuierte Ladenzone in offener Eckrandlage auf das unmittelbar anschließende Industrie- und Gewerbegebiet trifft und dessen Verkehrsaufkommen mit der beruhigten Erschließung der Siedlungsanlage kollidieren lässt. Entlang der zwischen Platz und Werk als Hauptachse der Siedlung verlaufenden Wasendorferstraße reihen sich auf einer Seite in geschlossener Verbauung Reihenhäuser zu einer malerisch ausgestalteten Zeile, von der 3 beiderseits mit Reihenhauszeilen bebaute Stichstraßen bis zu diese abschließenden, als Hakenhöfe formulierten Kopfbauten führen. Durchgehend 2-geschossige Einfamilienhäuser mit Grundflächen von knapp 30 m² bis 35 m², Ausnahmen bis zu 44 m², die sich, durch kleine Distanzgärten vom Straßenraum abgesetzt und mit Varianten von Ziergiebeln, Ornamenten und Faschen dekoriert, als pseudohistorische Altstadtidylle inszenieren. Im Kontrast dazu und zum Zeilencharakter ist die gegenüberliegende Seite mit 5 Mehrfamilienhäusern bebaut, die über hakenförmigem Grundriss überwiegend Wohnungen mit rund 50 m², einige auch mit 65 bis knapp 90 m² aufweisen. Blockform und aufgelockerte Bebauung erweitern den Straßenraum zu großzügigen Grünflächen mit Baumbestand. Wo die Judenburgerstraße von der Wasendorferstraße abbiegt, öffnet sich der Straßenraum zum Gabelhofer Platz, „der von Häuserblocks verschiedener Stilarten umsäumt ist" und die Siedlung romantisierend wehrhaft mit von Wappenreliefs flankiertem Erker und wuchtigem Eckturm an der Gebäudekante abschließt. Mit einem zwiebelbehelmten Dachreiter bekrönt, bietet der mittelalterlich stilisierte Trakt mit Wohnungsgrößen von knapp 40 bis 60 m², aber auch bis über 80 m², eine kreuzgewölbte Durchfahrt, durch die die Hauptachse der Siedlung auf die Werkseinfahrt der heutigen Voest Alpine Krems VAK trifft.[33] An der Judenburgerstraße und der querenden Rottenmannerstraße schließen frei stehende Mehrfamilienhäuser mit (Krüppel)Walm und säulengetragenen Balkonen an, deren Baumasse und Wohnungsgröße eindrücklich die soziale Differenz von Arbeitern und Angestellten zu lesen geben: Stehen auf der einen Straßenseite Häuser mit 106-154 m² Wohnraum zur Verfügung, bieten die zu einer Zeile gereihten Häuschen zu 4 Wohneinheiten gegenüber 35 m² Grundfläche.

An der zweiten, den Lerchenfelder Platz kreuzenden Querachse, der nach 1945 in Koloman Wallisch-Straße umbenannten Straße der SA, erstrecken sich Wohnbauten in Zeilen- und Blockrandverbauung, die zum erst nach 1945 fertiggestellten Bauabschnitt gehören und sich dadurch auszeichnen, dass ihre standardisierte, serielle Bauweise ohne Behübschung auskommt. Auf einer Seite wird eine durchgehende Abfolge gekuppelter Mehrfamilienwohnhäuser zu jeweils 4-6 Wohneinheiten mit 71 bis 86 m² durch einige aus der Baufluchtlinie gerückte Gebäude rhythmisiert, auf der anderen Straßenseite zeigt in der Georg Bamberger-Straße eine in zwei Baukörper geteilte Zeile gekuppelter Einfamilienhäuser ihre unverfälschte 2-geschossige Einheitsnorm über jeweils 44 m² Grundfläche. Das gilt auch für den anschließenden Sektor, der wieder Mehrfamilienwohnbauten mit je 4 Wohneinheiten, überwiegend mit 30 bis 35 m² Grundfläche, in dreiseitiger Blockrandverbauung versammelt, mit in den umschlossenen großen Grünraum anteiliger Gärten gerichteten Balkonen, die vermutlich nachträglich angebaut wurden. In den von der Hauptachse abgehenden, 3 parallel geführten Sackgassen Passhammer-, Egerländer- und Hetzendorfergasse die block- oder hakenförmige Kopfbauten aus je vier Reihenhäusern abschließen und zusammen mit den beidseitigen Bauzeilen eine Einheit bilden, zeigt sich anschaulich die nach dem Strukturprinzip von Partei und Staat als ‚Siedlungszelle' angelegte Ordnung. Monotone Aneinanderreihung typologisch gleicher Wohneinheiten – Maisonetten mit Grundflächen von 54 bis 65 m² – wurde vermieden, indem für jede Gasse eine eigene Lösung entwickelt wurde, die durch unterschiedliche Reihung, den Straßenraum erweiternde Anordnung und stilistisch-dekorative Akzente erreicht wurde; einmal sind 2 Bauzeilen zu je 15 gleichen Reihenhäusern mit Vor- und Hintergärten in versetzter und rhythmisierter Abfolge angeordnet, ein anderes Mal wurde die Norm auf einer Seite von einem etwa 3 Häuser breiten, zurückgesetzten Riegel unterbrochen, beim Dritten in 5 frei stehende Doppelbauten aufgelöst, die den Straßenraum zu einem Anger weiten.

Bäuerliche Siedlungen

266 Siedlung Linde / Pfaffenschlag

273 Lexnitz

274 Schellings

278 Siedlung Pyhrahof / Unterthumeritz

280 Schwarzenau / Klein Reichenbach

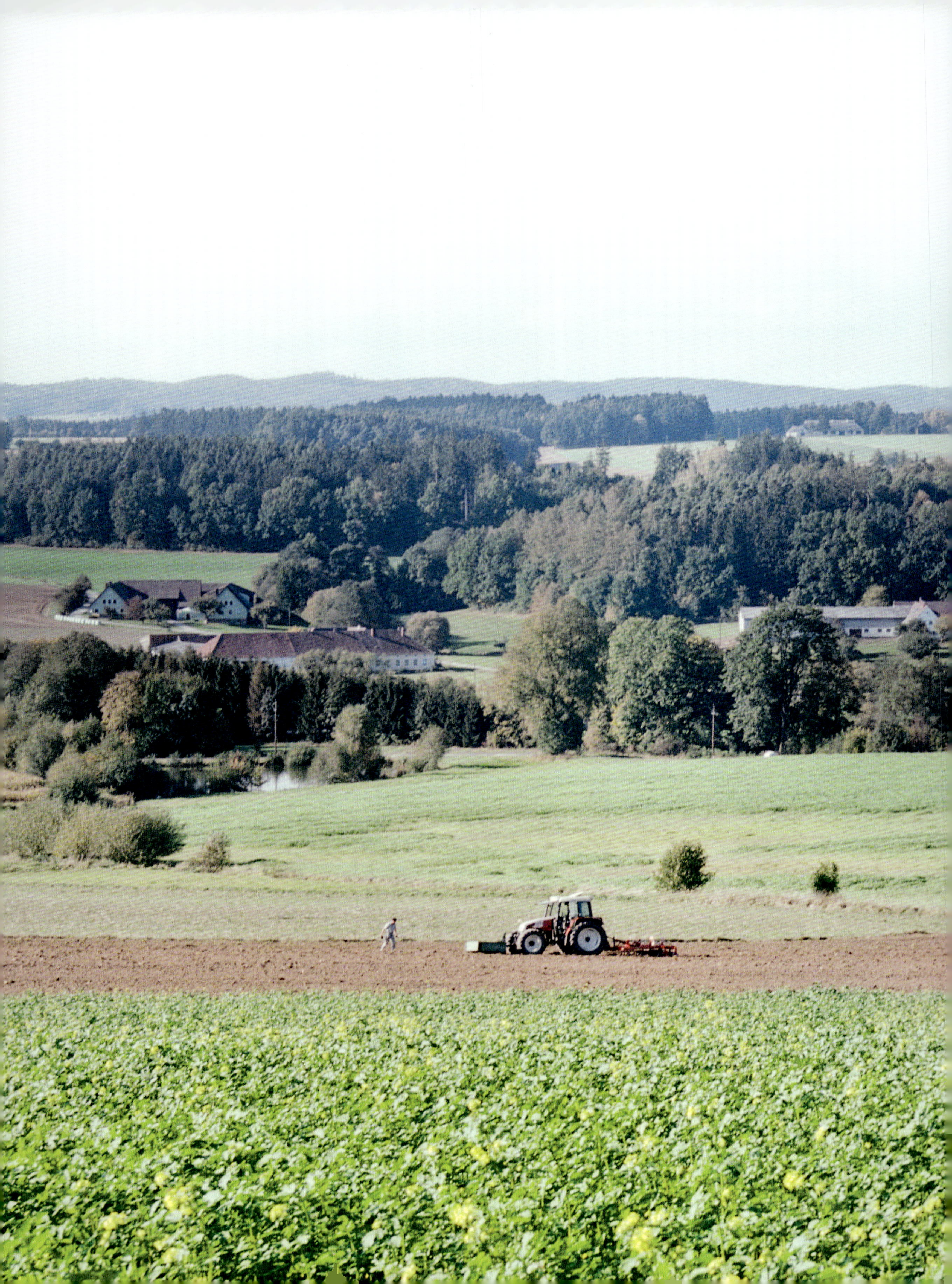

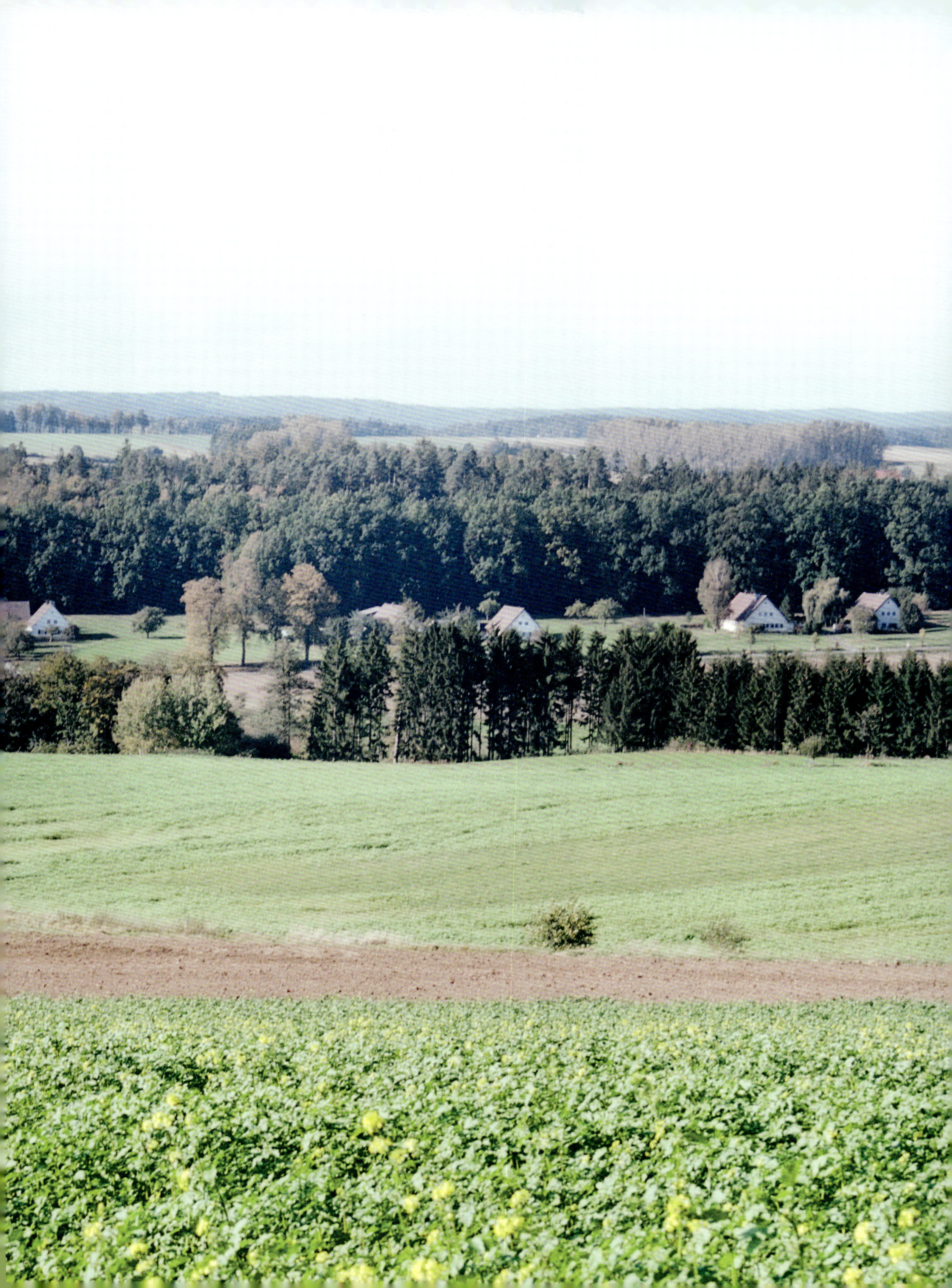

„Die Wiedergesundung des dörflichen Bauwesens muss ihren Niederschlag in einer zweckvollen, landschaftsgebundenen, bäuerlichen Gestaltung der Höfe und Dörfer finden. Die überlieferten guten alten Baugewohnheiten müssen entsprechend den heutigen Erfordernissen schöpferisch fortentwickelt und gestaltet werden", betonte Reichsminister für Ernährung und Landwirtschaft Richard Walther Darré die Bedeutung ländlichen Bauwesens in einem Runderlass vom 12.7.1940 „im Rahmen der Maßnahmen zur Gesundung und Festigung des deutschen Bauerntums".[1] Bereits mit Erlass vom 29.4.1939 war die „Arbeitsgemeinschaft zur Förderung des landwirtschaftlichen Bauwesens" gegründet und mit der Aufgabe betraut worden, Richtlinien für die „Wiedergesundung und Neuausrichtung des ländlichen Bauwesens" zu erarbeiten. „Verschandelungen des Hofes durch schlechte Baumeister" und „landschaftsfremde Bauten" in Zukunft zu verhindern, sollten eigens für den ländlichen Raum ausgebildete Architekten ihre Planungen an betriebswirtschaftlicher Rationalität, medizinischer Aktualität und kultureller Heimatpflege ausrichten.[2] Als Voraussetzung ertragreichen Wirtschaftens gefordert war, gesunde Arbeits- und Lebensbedingungen für das nach Darrés 1930 erschienenem Manifest „Neuadel aus Blut und Boden"[3] als „Blutquell des deutschen Volkes" ideologisch verklärte Bauerntum zu schaffen.

Vorrangiges Ziel Darrés, der die Landwirtschaft durch zentrale Organisation aller Belange, von Produktion, Verarbeitung und Vermarktung bis bäuerliche Interessensvertretung, im ‚Reichsnährstand' einer umfassenden, planwirtschaftlich ausgerichteten Strukturreform unterzog, war die im ‚Vierjahresplan' 1936 geforderte Autarkie in der Nahrungsmittelversorgung. Mit den agrarpolitischen Bestrebungen wurden zugleich Bodenreformpläne und ein gegen die Landflucht entwickeltes siedlungspolitisches Programm zur ‚Neubildung deutschen Bauerntums' lanciert, das Recht auf Grundbesitz rassenideologisch auf „deutsche Volksgenossen" beschränkte und grenzpolitische Sicherungsstrategien verfolgte.[4] Zusammenlegung von Kleinstwirtschaften nach festgelegten Mindestgrößen wie Aufteilung von Großgrundbesitz, auf dessen Erwerb Siedlungsträgern wie der Deutschen Ansiedlungsgesellschaft ein Vorkaufsrecht eingeräumt wurde, sollten auf Basis von Erbhofgesetz und Anerbenrecht die Schaffung und Wahrung bäuerlicher Grundbesitzstände, insbesondere in Grenzregionen gewährleisten. Nach Projekten im nordöstlichen deutschen Grenzraum wurde das Ansiedlungsprogramm 1938 auf die ‚Ostmark' ausgeweitet, wo im Zuge systematischer Verdrängung der Juden aus dem Wirtschaftsleben und staatlich sanktionierter Verfügung über ihr Vermögen in kurzer Zeit ein umfangreicher Landvorrat durch ‚Arisierung' land- und forstwirtschaftlicher Güter verschafft wurde.[5]

Ideologische Zielsetzungen mit den Anforderungen einer modernen Landwirtschaft in Einklang zu bringen, verlangte ein Bauen im ländlichen Raum, das, fortschrittlich in Funktion und Technik, die politisch forcierte Leistungssteigerung in der Landwirtschaft ermöglichte und, zugleich rückwärtsgewandt, bäuerliche Tradition und regionale Baukultur zu wahren propagierte. Architektur unter dem Diktat der Ideologie bedingte Planungen, die zwar grundsätzlich von Rationalisierung und Standardisierung wie der Maßstäblichkeit einer zunehmend mechanisierten Landwirtschaft bestimmt waren, formal jedoch agrarromantische Vorstellungen bedienten. Wie sich an den realisierten Bauernhöfen vorgeblich landschaftskonformes Bauen selbst entlarvt und vielmehr die Germanisierung des ländlichen Raumes durch formal einheitliche Architektur propagandawirksam in Szene gesetzt zeigt, macht neben der Verfälschung lokaler Baukultur auch die programmatische Bezeichnung ‚Siedlerstelle' für Bauernhof deutlich. Gefordert war eine im Erscheinungsbild ihre rationalisierte Bauweise kaschierende Anlage, mit der zugleich betriebsstrukturell Standards gesetzt und ideologisch fundierte ästhetische Fakten geschaffen werden sollten.

Resultat war nicht die Weiterentwicklung regionaler Vielfalt, die aus der Heimatschutzbewegung kommende Architekten im Dienst des Nationalsozialismus beschworen und eigens gegründete volkskundliche Forschungsstellen „zur Erkenntnis unserer germanisch-deutschen Wesensart" zu erarbeiten und zu Richtlinien einer völkischen Architektur zu destillieren beauftragt waren,[6] vielmehr wurden Bauten mit typisierten Grundrissen und einheitlicher Organisation von Raum und Baumassen, für deren Ausformung und Gestaltung Anleihen bei der formalen Ästhetik traditioneller Hofensembles unterschiedlich deutscher Anmutung und Herkunft genommen wurden, zur Norm „des deutschen Bauernhofs" erhoben. War die Heimatschutzbewegung zur Jahrhundertwende als Reformbewegung, die gegen den Stilmix des Historismus eine auf Einfachheit und Sachlichkeit reduzierte Formensprache anstrebte, für landschaftsbezogenes sowie traditionelle Materialien und Handwerklichkeit wieder belebendes Bauen eingetreten, aber bald vom Stilistisch-Dekorativen wieder eingeholt worden, wurde der ohnehin fragwürdige Heimatbezug von aus der Bewegung kommenden Architekten, die als führende Parteiideologen wesentlichen Einfluss auf den formensprachlichen Kanon vornehmlich im Siedlungsbau haben sollten, instrumentalisiert.[7] Als architektonisch-konstruktives Lenkungsinstrument dienten ‚Baufibeln', die, nach reichsweit geplanter Erhebung und Katalogisierung landschaftsspezifischer Bauformen und -traditionen, kodifizierte ‚Landschaftsnormen' und ‚Hauslandschaften' als verbindlich genehmigte Gestaltungskriterien vorgaben. Allerdings hatte sich das Konzept der Landschaftsnormierung, kaum in Angriff genommen, überholt; aus zunehmend kriegswirtschaftlicher Einschränkung wurden räumlich immer größere Einheiten zusammengefasst, was zu einer Vereinheitlichung der Bauformen führte, die kaum noch örtliche Bezüge aufwiesen. Die hehren Ziele landschaftsgebundenen Bauens durch formensprachlich vereinheitlichte und hybride Entwürfe verfälscht, ging es darum, die aus ökonomischer Notwendigkeit rationalisierte Bauweise zu verschleiern und mit baulichen Versatzstücken und Stilzitaten bekannt anmutende Bilder ländlicher Architektur zu bedienen und heimatliche Gefühle zu erwecken. Vertrautheit suggerierend, zeigen aus einem traditionellen Hofformenrepertoire zu romantisch-nostalgischen Klischees kompilierte Architekturen, dass und wie der Topos Heimat als formalästhetischer Kanon konstruiert und ideologisch wirksam gelenkt wurde.

<
Schellings /
2009

Die wirtschaftlich pragmatische Konsequenz aus der schließlich allein von ‚Kriegswichtigkeit' bestimmten Baupolitik, nicht nur in Bezug auf Bauernhöfe, war die Produktion von immer weniger Varianten und immer größeren Serien. Der ideologisch-baukulturelle Anspruch regionaler Formen und Fertigung wurde lediglich mit deren Zitat beantwortet und konnte aus Kostengründen nur aus serieller Produktion stammen wie überhaupt nur Formen infrage kamen, die sich für rationale Produktion eigneten. Als billige Imitate täuschten industrielle Massenprodukte Bodenständigkeit vor, selbst als kriegsbedingte Sparmaßnahmen diese, anders als geplant, einlösten und infolge der Verknappung von Transportmitteln der Einsatz ausschließlich lokal verfügbarer Baumaterialien Vorschrift wurde.[8] Insofern weisen die bäuerlichen ‚Siedlerstellen' bei unterschiedlicher Anordnung der Baukörper die gleiche Typisierung auf, wie „Das Bauen im neuen Reich", ein 2-bändiges opulentes Bild- und Propagandawerk, anhand von Beispielen aus Niederdonau neben solchen aus dem ‚Warthegau' vorführt.[9] Einheitliche Zeugnisse totaler Raumplanung, bieten ‚Neubauernhöfe', so heimisch ihre Architektur und Formation als separierte Siedlungen einer Sichtweise (gemacht) wurden, gerade in ihrer scheinbaren Harmlosigkeit zeitgeschichtlich relevantes Anschauungsmaterial.

Mit der Planung der zur ‚Neubildung deutschen Bauerntums' vorgesehenen ‚Siedlerstellen' beauftragt wurde der auf Bauernhöfe spezialisierte Berliner Architekt Willi Erdmann > Architekten / Künstler 397. Als „ostmärkisches Umsiedlungsgehöft" entwickelte er einen standardisierten Dreiseithof, typisiert nach den Betriebsgrößen 10, 15 und 20 ha. Bei stets gleicher Hofbreite von rd. 40 m beschränkt sich die typologische Varianz im Wesentlichen auf Traktlänge, Dachform und wenige Fassadendetails; kurz gefasst, je größer die Wirtschaftsfläche, umso länger die Haustrakte – bei 10 ha rd. 27m, bei Größen darüber rd. 36 m – und umso mächtiger das Dach, das bei Betriebsgrößen mit 20 ha tief über den Baukörper gezogen wurde, während es bei kleineren Varianten allseits bündig mit dem Baukörper abschließt. Bis auf Scheune und Schuppen, die in Holzfachwerk mit äußerer horizontaler Bretterverkleidung in Sturzschalung ausgeführt wurden, sind die Höfe bis auf die Sockelzone in Bruchsteinmauerwerk massive Ziegelbauten, mit Kalkmörtel verputzt und weiß gestrichen, das Dach mit glasierten Biberschwanzziegeln eingedeckt. Die zentralsymmetrisch angelegte Straßenansicht zeigt die beiden giebelständigen Fassaden von „Siedler- und Altenteilwohnung", gefolgt von Wirtschaftsräumen und Stallungen, gleich groß und durch eine Mauer mit Hoftor und flankierenden Gehtüren verbunden; beim Typ 10 und 15 ha wurden Tor und Türen in Bogenform, beim Typ 20 ha bündig mit der Mauer bzw. das Tor mit zur Mitte ansteigenden Flügeln ausgeführt. Die Fassaden gliedern bei allen Bautypen im Erdgeschoss 4 Sprossenfenster im Abstand ihrer grünen Holzläden sowie darüber je nach Betriebsgröße 2 bzw. 3 Dachbodenfenster, die bei einem Bautyp auch bogenförmig ausgeführt wurden, und eine abschließende kreis- oder halbkreisförmige Giebelluke. Der feldseitige Scheunenquertrakt wurde, für typische Hofformen im Waldviertel, die das Ensemble zum Hof schließen, unüblich, nur als Rumpftrakt in Hofbreite formuliert; die Lücke zum Altenteiltrakt besetzt ein aufgeständertes Hühnerhaus, das über quadratischem Grundriss mit Walmdach den Eckpunkt der Baufluchten markiert. Anordnung und Aufteilung ausreichender und zweckmäßig ausgestatteter, durchgehend mit Strom und Wasser über eine druckpumpenbetriebene Leitung versorgte Wohn- und Wirtschaftsräume, die einen neuen technischen und hygienischen Standard schufen, folgten einem Schema rationeller Herstellung wie Nutzung. Am Beispiel von Hofeinheiten zu 15 ha war der Wohnbereich auf 134 m² ausgelegt und umfasste Wohnküche, 2 Zimmer, Kammer und Speis, zentral über ein Vorhaus erschlossen, wo auch ein Backofen sowie der Abgang in den Keller und der Aufgang auf den Dachboden angelegt waren. Der Altenteil mit Wohnküche, Schlafzimmer, Kammer und Vorhaus mit gleichen Erschließungswegen war auf einer Fläche von 62 m² organisiert. Die in beiden Trakten anschließenden Wirtschaftsbereiche, die „viele vorteilhafte und wirtschaftsfördernde Neuerungen", wie lüftungstechnische Vorrichtungen in den Ställen, Futtergänge, Gär- und Trockenfutter-Silos sowie eine betonierte Jauchegrube mit Dungstätte, als Standard boten, gliederten sich in 194 m² Stallungen für 17 Stück Großvieh und 7 Schweinebuchten sowie 178 m² Scheune und 123 m² Schuppen.[10]

    Seriell zu am Raster ausgerichteten Ensembles arrangiert, finden sich die Bauernhöfe eigener Architektur durchwegs von dörflichem Gefüge separiert oder vereinzelt an dessen Rändern situiert; entgegen dem Postulat, Klein- und Streusiedlungen wegen ihrer fehlenden Basis für ein Gemeinschaftsleben zu vermeiden, verweist die abgesonderte, unmittelbar an die zugehörigen Felder angrenzende Lage vielmehr auf ein durchrationalisiertes Betriebskonzept, das Zeitersparnis durch Wegverkürzung gewährleistete. Im räumlichen Abseits, blieben auch die in ihrem zur allgemeinen Sprachpraxis gewordenen Selbstverständnis als ‚Aussiedler' Außenseiter, die auf ihren modern ausgestatteten Einheitshöfen den Dorfbauern der Umgebung deutsches Bauerntum vor Augen führten. Im schiefen Verweis auf regionale Hofformen muten die Bauten neuen Maßstabs und dörflich unüblicher, durchwegs strenger Formierung wie Musterhofschauen an, die, paradox als „Alm" oder Siedlung mit lokaler Referenz auf ein markantes Natur- oder Bauzeichen kartiert, in typologischer Uniformität im grenznahen Landschaftsraum disseminiert erscheinen. Dass manche der in der Nachkriegszeit landläufig ‚Hitlerhöfe' genannten, in ihrer konstruktiven Gleich- und regionale Bauweise verfälschenden Andersheit auffälligen Bauten, heute durch ausladende Kronen damals gepflanzter Bäume verdeckt oder infolge ins Umland wuchernder Einfamilienhäuser im einstige Ortsbilder auflösenden baulichen Konglomerat aufgegangen, nicht gleich auffallen, resultiert auch aus dem Strukturwandel in der Landwirtschaft, der etwa durch Zusammenlegung von Wirtschaftsflächen und Vergrößerung der Hofanlagen das Bild der Landschaft signifikant verändert hat. In den meisten Fällen und in Nahsicht ist aber die architektonische Eigenart der baulichen Manifestation nationalsozialistischer

Agrar- und neubäuerlicher Ansiedlungspolitik offensichtlich wie die Eigentümerstruktur großteils unverändert; überwiegend Nachkommen von im Zuge der Errichtung des Truppenübungsplatzes Döllersheim abgesiedelten Familien, deren kollektives Gedächtnis über die tradierte Erinnerung der individuell schicksalhaft erlebten Nötigung zum Ortswechsel hinaus nicht unwesentlich geprägt ist durch „Die alte Heimat", einen 1942 eigens für die ‚Umsiedler' von der Deutschen Ansiedlungsgesellschaft herausgegebenen propagandistischen Erinnerungsband, in dem vom Autor reichlich mit Fotos der verlassenen Orte und Höfe bebilderte Chroniken mit Namens- und Adressverzeichnissen im Kontext von ‚Blut und Boden'-Ideologie und Antisemitismus konserviert sind. Das als Gedächtnismedium fungierende und in den Familien als Erinnungswert gehütete Buch, dessen titelgebende Referenz den Angehörigen auch als in Stein gemeißelte Fraktur am traditionellen Gedenkort Döllersheim zum verbindenden und verbindlichen Topos wurde, wie die Hofbauten, deren signifikante Architektur raumgreifend dessen Gegenstück bildet, sind als Objekte privater Erinnerung und Zugehörigkeit zugleich Zeugnisse des Nationalsozialismus, dessen Verstrickung zu entkommen, in der Pflege von Nostalgie und Mythos gerade nicht aufgehen kann.

Gedenkort Döllersheim /
2008

Das Datenmaterial für die Publikation hatte die „Arbeitsgemeinschaft Waldviertel" geliefert, die im Zuge der Entsiedlung ab Juli 1938, mit anthropologischen und volkskundlichen Untersuchungen beauftragt, das für den Truppenübungsplatz beschaffte Land sondierte; über Umfang und Ziel des Forschungsauftrags sind im Verweis auf eine volkskundliche Untersuchung 1988 kaum relevante Archivalien erhalten.[11] Darin enthaltene Erinnerungsnarrationen der Leiterin des empirisch-wissenschaftlichen Projekts, dem etwa 10 parteiangehörige StudentInnen der Bereiche Medizin, Kunstgeschichte, Jus, Bodenkultur und Architektur angehörten und das in Kooperation mit Dienststellen von Partei, Verwaltung und Militär einschließlich der ‚Vermögensverkehrsstelle' durchgeführt und von diesen gefördert sowie von örtlichen Partei- und Amtsstellen mit aus BdM-Führerinnen rekrutiertem Hilfspersonal neben einem Auto unterstützt wurde, scheinen eher Verdrängung zu offenbaren. Das im Laufe der Recherchen weiter differenzierte Konzept umfasste neben der im Juli 1938 begonnenen fotografischen Dokumentation „aller historisch wichtigen Gebäude und Kulturdenkmäler" sowie Erinnerungsfotos von der umzusiedelnden Bevölkerung „eine anthropologische Arbeit über das Gebiet, in dem sich noch viele Verwandte des Führers befinden". Dass nach Auswertung der ersten Rechercheergebnisse „Vorschläge für eine neue Heimat" aus den Daten der umzusiedelnden Bevölkerung gewonnen werden sollten, wenn auch das Protokoll der zweiten

Forschungsfahrt zum Jahreswechsel 1938/39 diese „vorläufig auf die Feststellung der Verwandten Adolf Hitlers" beschränkte, macht neben einer den ‚Führer'-Kult bedienenden Genealogie die rassenideologische und volkstumspolitische Ausrichtung des Unternehmens deutlich; nicht mehr im Unklaren über den Zweck der Datensammlung lässt, dass die Projektleiterin „von einem ihr nur mehr dunkel in Erinnerung haftenden „Amt für Volksgesundheit" zu diesen anthropologischen Aufnahmen geschickt worden" sein will und „Fragebögen mit den Messungen an der Waldviertler Bevölkerung auch irgendwo abgeliefert" habe.[12] Das große Forschungsinteresse am Entsiedlungsgebiet, das auch der für die Reichsstelle für Raumordnung in der Planungsbehörde des Reichsstatthalters tätige Architekt und Pionier der Siedlungs- und Bauformenforschung, Adalbert Klaar,[13] teilte, ließ auch den Direktor des Volkskundemuseums aktiv werden und die „Arbeitsgemeinschaft Waldviertel" mit eigenen Untersuchungsfeldern betrauen wie die Räumung der Dörfer als Gelegenheit nutzen, bäuerliches Kulturgut für die Sammlung des Museums zu sichern. Dass diese vor dem Wegzug der Bevölkerung abgeschöpften persönlichen Stücke Hausrat und Geräte bäuerlichen Wirtschaftens als „die heute wohl einzige geschlossene Sammlung von volkskundlichen Objekten aus dieser Region" bezeichnet werden, mutet neben dem fragwürdigen Beschaffungskontext wegen der von der Deutschen Ansiedlungsgesellschaft zugeschriebenen kulturräumlichen Besonderheit der ‚alten Heimat' bizarr an.[14]

Die Massenumsiedlung im Zuge der Errichtung des Truppenübungsplatzes, die einen regelrechten Forschungsansturm auf das Gebiet ausgelöst zu haben scheint, wurde neben dem vielfältigen wissenschaftlichen Interesses auch kunst- und kulturpolitisch wahrgenommen. Als eines der Künstlersozialhilfeprojekte, für die sich KünstlerInnen, willig aus politischer Überzeugung oder Überlebensstrategie, in Dienst nehmen ließen, galt der künstlerischen Dokumentation bäuerlicher Kultur, die ausgewählte Maler und GrafikerInnen, als „WanderkünstlerInnen" in das Entsiedlungsgebiet entsandt, erarbeiteten; einer davon war Hans Neumüller > Architekten / Künstler 397, ein in Zwettl lebender und vom dortigen Kreisleiter Reisinger mit Aufträgen versorgter Maler, von dem ein großformatiges Gemälde in dessen Büro hing und der u.a. für das neue Sparkassen- und Amtsgebäude in Zwettl > Öffentliche Gebäude 327 Fresken für die Fassade geschaffen hatte. Für ein „papierenes Museum, auf das unser Kreisleiter besonders stolz ist", wie der Künstler in einer Reportage über seine wanderkünstlerische Arbeit 1943 anmerkte, hielten sie, während von der ‚Umsiedlung' betroffene Bauern ihr Hab und Gut räumen mussten, dieses sowie Hofarchitekturen und -interieurs in Zeichnungen und Aquarellen fest, von denen eine Auswahl von etwa 500 Blättern im familiären Nachlass des Auftraggebers erhalten ist und im Wiener Volkskundemuseum unter dem dahingestellten Titel „Waldviertler Heimat-Bilder" 1993 präsentiert wurde. Da auch der Untertitel „Studien zur Sachkultur vor 50 Jahren" den Verweis auf die ideologisch fundierte Auftragsarbeit schuldig bleibt, muss nicht mehr wundern, wenn im Katalog dekontextualisiert von „Spurensuche alten Waldviertler Kulturgutes" und „sachkulturellen Zeugnissen vergangener Zeiten" gesprochen wird.[15]

Deutsche Ansiedlungsgesellschaft

Anlass für die Errichtung von ‚Siedlerstellen' im Waldviertel war die im Zuge militärischer Großraumplanung mit der Errichtung des Truppenübungsplatzes Döllersheim einhergehende Landbeschaffung, die die Räumung und Entsiedlung eines vorwiegend land- und forstwirtschaftlich genutzten Gebiets im Ausmaß von 18.641 ha mit einem Waldanteil von rd. 3386 ha[16] zwischen Mitte 1938 und Ende 1941 zur Folge hatte; betroffen waren annähernd 7000 Menschen umfassende 1500 Familien in 42 Ortschaften sowie einer Anzahl von Streusiedlungen und Einzelhöfen.[17] Der Landerwerb für die neu zu errichtende Militärzone wie Organisation und Durchführung der ‚Umsiedlung' samt „Ersatzlandankauf für den Truppenübungsplatz Döllersheim im Auftrag der Wehrmacht" oblagen der Deutschen Ansiedlungsgesellschaft, die als Unternehmen mit langjähriger Erfahrung in der bäuerlichen Siedlungspraxis vom OKH beauftragt worden war.[18]

1898 als Deutsche Ansiedlungsbank zur Förderung landwirtschaftlicher Interessen gegründet, vollzog das Tochterunternehmen der Dresdner Bank[19] im Dienst des NS-Regimes, 1936 in Deutsche Ansiedlungsgesellschaft umbenannt, einen Wandel vom Hypothekarkreditgeber zum Siedlungsträger und wurde vom Reichsminister für Ernährung und Landwirtschaft im Rahmen der ‚Neubildung deutschen Bauerntums' mit den siedlungspraktischen Maßnahmen des agrarpolitischen Programms betraut. Ausgestattet mit einem Vorkaufsrecht auf landwirtschaftlichen Großgrundbesitz, war die DAG bis 1938 vorwiegend im Nordosten Deutschlands, in Schlesien, Mecklenburg und Pommern, tätig, wo sie nach Erwerb auf den für bäuerliche Siedlungszwecke parzellierten Ländereien den Bau neuer Bauernhöfe bzw. den Umbau bestehender Gutshofanlagen durchführte und diese, technisch und betrieblich ausgestattet, den nach völkisch rigorosen Kriterien ausgesuchten ‚Neubauern' übergab.

„Planmäßige Siedlungsarbeit" als probates Mittel im „Volkstumskampf" konzentrierte sich vorrangig auf Grenzgebiete, wo Land zur „Schaffung neuer bäuerlicher Lebensgrundlagen für nachgeborene Bauernsöhne" verfügbar zu machen, nach dem ‚Anschluss' 1938 die Tätigkeit der Deutschen Ansiedlungsgesellschaft auf die ‚Ostmark', in Folge auch auf den ‚Sudetengau' und das ‚Protektorat Böhmen und Mähren', ausweiten ließ. Vom Reichsernährungsminister als gemeinnütziges Siedlungsunternehmen zugelassen, war „Verdrängung des jüdischen Elements aus dem Bodenbesitz" das Mittel, in kurzer Zeit und gesteigertem Ausmaß geeignetes Land für die ‚Neubildung deutschen Bauerntums' zu sichern.[20] Dass die Deutsche Ansiedlungsgesellschaft darüber hinaus mit Sonderaufgaben des OKH betraut und die ländliche Ansiedlung als grenzpolitische Aufgabe zur Begehrlichkeit der SS wurde, bescherte der DAG zur räumlichen auch eine anhaltend operative Vergrößerung ihres Geschäftsfelds. Ausschließlich betraut mit staatlichen Aufträgen, sollte das privatwirtschaftliche Unternehmen, selbst unter allgemein kriegswirtschaftlicher Einschränkung, einen ungeahnten Aufstieg nehmen.[21] Dass und wie in der Konkurrenz um die bäuerliche Siedlung als agrar-, grenz- und volkstumspolitisches Handlungsfeld der Verteilungskampf um die Landressourcen aus vornehmlich jüdischem und ‚fremdvölkischem' Besitz ausgetragen wurde, zeigen Interessenskollisionen wie pragmatische Bündnisstrategien und daraus resultierende Machtverschiebungen zwischen den verschiedenen Ressorts.

Absolute Priorität hatten die vom OKH beauftragten umfassenden Vorbereitungsmaßnahmen zur beschleunigten Errichtung eines zentral im Waldviertel gelegenen Truppenübungsplatzes.[22] Für den Erwerb des Geländes bot das „Gesetz über die Landbeschaffung für Zwecke der Wehrmacht" vom 29.3.1935, in der Fassung vom 12.4.1938, die rechtliche Handhabe. Dessen auf den militärischen Zweck beschränkten Geltungsbereich auch auf die Ersatzlandbeschaffung für die umzusiedelnde, überwiegend bäuerliche Bevölkerung auszudehnen, machte allerdings erst die Verordnung des OKH vom 18.7.1938 möglich, die, nach Klärung anfänglicher Differenzen mit dem Reichsminister für Ernährung und Landwirtschaft über Zuständigkeit und Indienstnahme der Deutschen Ansiedlungsgesellschaft statt der Reichsumsiedlungsgesellschaft RUGES,[23] einvernehmlich erlassen wurde. Diese ressortübergreifende Regelung, Landbeschaffung für unterschiedliche Zwecke zu bündeln und einem Unternehmen zu übertragen, bot den Vorteil, zugleich mit der Militärzone Land für das agrar- und siedlungspolitische Programm des Reichsernährungsministers zu beschaffen – und zwar im Rechtsraum des militärischen Zwecks und mit dem Vorteil vorrangiger Inanspruchnahme, Gebührenfreiheit und im Bedarfsfall Enteignung.[24] Derart legitimiert und privilegiert, konnte sich die Deutsche Ansiedlungsgesellschaft lange vor dem verordneten Zwangsverkauf nach der Regelung zum Einsatz jüdischen Vermögens vom 3.12.1938[25] und vorerst uneingeschränkt an dessen Großgrundbesitz bedienen und im Eiltempo des Truppenübungsplatzprojekts im Waldviertel einen umfangreichen Landvorrat anlegen, von dem allerdings nur ein geringer Teil als Ersatzland für umzusiedelnde Bauern verwertet werden und zur ‚Neubildung deutschen Bauerntums' gar nicht zum Einsatz kommen sollte. Der Großteil des ‚arisierten' Gutsbesitzes fiel, nach Eingliederung der DAG in den Machtbereich der SS, dem Reichskommissar für die Festigung deutschen Volkstums zu, in dessen Auftrag ein Teil der Landreserven im Waldviertler Grenzraum wie von der DAG vielfach in besetzten Gebieten requirierte Liegenschaften im Zuge rassenpolitischer Neuordnung für die Umsiedlung von ‚Volksdeutschen' genutzt wurde.[26]

Zu Beginn ihrer Tätigkeit in Österreich gestaltete sich der Zugriff der Deutschen Ansiedlungsgesellschaft auf jüdischen Gutsbesitz, zu dessen Offenlegung die mit 26.4.1938 verordnete „Anmeldung des Vermögens von Juden" verpflichtete, aufgrund ihrer Vorrangstellung problemlos. Zudem begünstigt durch erst in Aufbau befindliche behördliche Organisations- und Kompetenzstrukturen, war die Genehmigung von Kaufverträgen mit jüdischen Verkäufern durch die mit 18.5.1938 als ‚Zentralstelle zur Entjudung der österreichischen Wirtschaft' eingerichtete ‚Vermögensverkehrsstelle' in der Übergangszeit ein Formalakt; mit zunehmender und von wechselhaften Machtinteressen bestimmter Ausdifferenzierung von Verfahren und Instanzen, insbesondere größere Vermögenswerte betreffend, kam es ab September 1938 zu Differenzen, die weiter ungehinderten Landaufkauf der DAG zu stören drohten. Neben Kritik am unkontrollierten Kommissarswesen zeigte sich die DAG vor allem durch eine von der ‚Vermögensverkehrsstelle' beabsichtigte freie Vermarktung von jüdischem Großgrundbesitz um die Stabilität der von ihr kontrollierten Grundpreise besorgt. In seiner Stellungnahme vom 29.9.1938 zum 11. Rundschreiben des Staatskommissars in der Privatwirtschaft und Leiters der ‚Vermögensverkehrsstelle', Ing. Rafelsberger, reklamierte die Geschäftsführung der DAG getroffene Vereinbarungen, gegen die „eine völlig neue Situation" verstoße, und betonte erneut, „Ordnung in die kommissarisch verwalteten landwirtschaftlichen Betriebe zu bringen" und „eine straffe Oberleitung" als „dringlichst erforderliche" Prüfstelle zu installieren.[27] Mit der Erklärung, „dass die Deutsche Ansiedlungsgesellschaft auch weiterhin mit größtem Nachdruck den Ankauf der zu arisierenden Betriebe zwecks Neubildung deutschen Bauerntums oder zur Ersatzlandbeschaffung im Heeresinteresse betreiben würde", wurde der Neuregelung Rafelsbergers, kommissarisch verwaltete Betriebe mit einem Wert über RM 100.000 von der Kontrollbank erwerben und „schnellstmöglich weiterveräußern" zu lassen, entgegen getreten. Durch die Ausdehnung dieser Regelung auf die Landwirtschaft würde das von der DAG „in monatelanger, mühsamer Arbeit aufgebaute gesunde Preisniveau" gestört, das, um „auf Jahre hinaus eine gesunde Grundlage für die Neubildung deutschen Bauerntums bilden" zu können, der „bisher immer wieder zurückgehaltene Andrang von Reflektanten aus dem Altreich" stabil gehalten habe. Die „zu erwartenden Störungen" würden neben der nur zeitlich begrenzt anfallenden, „außerordentlich dringlichen Beschaffung von Ersatzland für Heereszwecke" vor allem die langfristig angelegte ‚Neubildung deutschen Bauerntums' infrage stellen. Agrar- und siedlungspolitisch argumentiert, machte die DAG ihre privatwirtschaftlichen Interessen an Vorkaufsrecht auf Großgrundbesitz und Gewinn durch ‚Entjudung' deutlich: „Es wäre nicht zu verantworten, wenn die sich jetzt nach dem Umbruch ergebende günstige Gelegenheit, eine große Anzahl im nichtarischen Besitz befindlicher Güter für die Neubildung deutschen Bauerntums zu erwerben, verpasst würde. Die grenzpolitischen Probleme gerade in der Ostmark sind so außerordentlich wichtig, dass jede Gelegenheit, ein starkes Bauerntum an die Stelle des bisherigen jüdischen Großbetriebes zu setzen, ausgenutzt werden muss." Die Weisung von Reichsminister für Ernährung und Landwirtschaft, „alle in der Ostmark gelegenen Güter, die sich zur Siedlung eignen und verkäuflich sind, für die Neubildung deutschen Bauerntums aufzukaufen", bedürfe einer sorgsamen Preisregelung, die landwirtschaftlichen Großgrundbesitz nicht dem Markt zu überlassen erlaube.[28] Rafelsberger wiederum trachtete, in der zwischen verschiedenen Reichsressorts ausgetragenen Konkurrenz um Grundbesitz und bäuerliche Siedlung den privilegierten Zugriff der DAG auf Großgrundbesitz zu schwächen, indem er deren Management nach vorsorglich „im Einvernehmen mit dem Gauleiter von Nieder-Donau und dem Führer des SS-Oberabschnittes Donau" durchgeführten Erhebungen zur parteipolitischen Verlässlichkeit in einem Gauleiter Bürckel zur weiteren Behandlung übergebenen „Bericht über die Personalverhältnisse bei der Deutschen Ansiedlungsgesellschaft, Zweigstelle Ostmark" zu diskreditieren versuchte. Der Sorglosigkeit und des mangelnden Interesses an politischen Fragen generell verdächtig, forderte Rafelsberger die Entlassung der zwar wegen ihrer fachlichen und regionalen Kompetenz eingestellten, aber als politisch belastete „Systemleute" untragbaren Agraringenieure; gerade wegen ihrer politisch außerordentlich wichtigen Aufgabe „erscheint sie auch deshalb notwendig, weil von der Deutschen Ansiedlungsgesellschaft tausende von Hektar Boden kontrolliert werden und es einerseits den in Gütern tätigen Nationalsozialisten unverständlich ist, dass sie heute von Menschen regiert werden, die schon in der Landwirtschaft des Systems das führende Wort sprachen, und andererseits die Beeinflussung der Bevölkerung in den Gegenden, wo die Güter der Deutschen Ansiedlungsgesellschaft liegen, durch führende Systemanhänger sehr ungünstige Folgen haben kann." Unter den Genannten finden sich auch die Oberverwalter ‚arisierter' Güter im Waldviertel, wie Ing. Oskar Rainer am Schellinghof, der der Sabotage verdächtig, korrupt und als politisch absolut unzuverlässig kritisiert wurde, oder Robert von Trenkwald in Schloss Schwarzenau, der als „Legitimistenführer" sich dem Einmarsch zu widersetzen versucht habe und bei jeder Gelegenheit öffentlich gegen ‚Führer' und ‚Deutsches Reich' äußere.[29]

Eine stattliche Vierteljahresbilanz der Deutschen Ansiedlungsgesellschaft per September 1938 mit 32 besichtigten Gutsbetrieben und einer Gesamtfläche von über 15.000 ha, wovon bereits über 9000 ha aufgekauft waren, belegt eindrücklich den gezielten wie zeitlich forcierten Zugriff auf jüdischen Gutsbesitz.[30] Im Waldviertel waren im Eiltempo des vordringlichen Militärprojekts bis Ende September 1938 nahezu sämtliche in jüdischem Besitz befindliche oder an Juden verpachtete Güter von der DAG durch ‚Arisierung' angeeignet worden.[31] Mit seiner überzeugenden Arbeit systematisch betriebener Landbeschaffung durch ‚Entjudung' und durch Entsiedlung im Dienst von Wehrmacht und ‚Reichsnährstand' konnte das Unternehmen reüssieren und sich für weitere Sonderaufgaben positionieren. Nach dem Muster der beim Projekt Truppenübungsplatz Döllersheim entwickelten Praxis sollte in Folge in den annektierten und während des Krieges besetzten Gebieten, zunehmend im Auftrag der SS, verfahren werden. Bereits im August 1938, noch bevor das Unternehmen der SS eingegliedert war, äußerte sich der Chef des Siedlungsamts voll Anerkennung für die an Präzision und Effizienz mustergültige Entsiedlungsperformance im Waldviertel. „Die Deutsche Ansiedlungsgesellschaft hat diese Arbeiten bis zum 7.8.1938, also in 6 Wochen und 6 Tagen, durchgeführt und die 292 Familien, von denen 199 Bauern waren, abtransportiert. Die Vertreter des Heeres u.a. der Generalquartiermeister haben sich über diese präzise, pünktliche und reibungslose Arbeitsausführung des ersten Abschnitts lobend ausgesprochen. Alle weiteren in Österreich geplanten Umsiedlungsarbeiten würden in Zukunft nur der Deutschen Ansiedlungsgesellschaft übertragen werden."[32] In weiterer Folge, insbesondere nach Annexion der ‚Sudetengebiete', wurde die Wiener Zweigstelle der DAG zur zentralen Drehscheibe in Fragen der ‚Neubildung deutschen Bauerntums', gemäß „Erlass des Reichskommissars für die sudetendeutschen Gebiete" vom 22.11.1938 auch als treuhändige Verwalterin großer Landflächen in jüdischem und alttschechischem Besitz, u.a. in den der ‚Ostmark' angegliederten Teilen Südböhmens und -mährens. Die mit der Vergrößerung des Tätigkeitsfelds für verschiedene staatliche Auftraggeber entstandene Komplexität, vor allem aber deren weit über normale Siedlungsfragen hinausgehende politisch-ideologische Bedeutung, ließ die Geschäftsführung der DAG in einer Denkschrift dringend erforderliche Reformvorschläge formulieren. Vorrangig wurde empfohlen, den üblichen, angesichts der Dringlichkeit der von völkischen und grenzpolitischen Zielen bestimmten Siedlungsaufgabe untragbar langwierigen Instanzenzug durch ein vereinfachtes Verfahren zu ersetzen und zu beschleunigen; auch sollten, um angemessene Preise, außer bei „Judenbetrieben", zahlen zu können oder „einen in grenzpolitischer Hinsicht unbedingt notwendigen Ankauf zu tätigen", über die von der Deutschen Siedlungsbank kreditierten Mittel hinaus Sonderzuschüsse der öffentlichen Hand wie auch die Verfügungsberechtigung lokaler Oberer Siedlungsbehörden in Erwägung gezogen werden. „Umfangreiche Landflächen, die sich in jüdischem, staatsfeindlichem und ausländischem Besitz befinden, sind zu erwerben und der Neubildung deutschen Bauerntums zuzuführen oder für die Vergrößerung und Festigung des bereits vorhandenen deutschen bäuerlichen Besitzes zu verwenden." Gefordert war, „dass einerseits das anfallende Land ohne Verzögerung aufgenommen wird und andererseits der anzusiedelnde deutsche Bauer zu tragbaren Bedingungen auf einem lebensfähigen Hofe angesetzt wird, so dass er sich dort auch im Grenzkampfe behaupten kann".[33] Während im Einvernehmen von Reichsfinanzminister und Reichsernährungsminister „für die Ostmark und den Sudetengau ein vereinfachtes Ankaufsverfahren für den Auffang der am Gütermarkt befindlichen Güter und Bauernstellen aus fremdstämmigen Besitz eingeführt" und Sondermittel in Höhe von RM 10 Mio wie ein Betriebsmittelkredit des Reichsernährungsministers von RM 5 Mio gewährt wurden,[34] sollte das Dilemma der DAG, als privatwirtschaftliches, seinen Aktionären verpflichtetes Unternehmen im Auftrag des Staates nicht nach Rentabilitätskriterien, sondern vorrangig nach politischen Zielsetzungen agieren zu sollen, die Konkurrenz zwischen den Ressorts bzw. um die Macht über ein wesentliches Politikfeld, wie die ländliche Ansiedlung, verschärfen. Nicht erwünscht war die Verstaatlichung der DAG, vielmehr sollte, unter Beibehaltung der Gesellschaftsform, die von der Dresdner Bank gehaltene Aktienmehrheit anonym übernommen werden. Während der Reichsführer-SS seinen Anspruch auf Siedlungsaufgaben als Volkstumsarbeit anmeldete, versuchte der Reichsfinanzminister, zur Stützung der Interessen des Reichsernährungsministers gegenzusteuern, indem er, „um eine unübersehbare Entwicklung zu verhindern", auf einen Ankauf der Anteile durch das Reich sowie, zur Eindämmung des wachsenden

Einflusses der SS im Unternehmen, auf dessen Gleichstellung mit anderen Siedlungsträgern drängte.[35] Letztlich obsiegte die SS und die Deutsche Ansiedlungsgesellschaft wurde ihrem Machtbereich eingegliedert; die Übernahme erfolgte, wie anfänglich konzipiert, nicht direkt, sondern in Form einer Beteiligungskonstruktion ohne nominellen Verweis auf den Eigentümer.[36] Mit der Eingliederung entwickelte sich die Deutsche Ansiedlungsgesellschaft zum Generalunternehmen des „großen Umsiedlungswerks",[37] das die SS in Bezug auf die bäuerliche Ansiedlung in Konkurrenz mit dem ‚Reichsnährstand' anstrebte.[38] Im Auftrag des im Oktober 1939 zum Reichskommissar für die Festigung deutschen Volkstums bestellten Reichsführers-SS sorgte die DAG im Zuge der Umsiedlung von Südtirolern, beginnend mit der Rückführung von ‚Volksdeutschen' aus dem Kanal- und Grödnertal, für die praktische Umsetzung dessen rassen- und grenzpolitischer Ziele, „die Grenzen des Reiches durch einen Wall bodenverwurzelter deutscher Menschen zu sichern".[39] ‚Umsiedlung' als Rückführung von ‚Volksdeutschen' ins Reich unter der Bedingung von ‚Umsiedlung' als ethnischer Säuberung im Grenzraum zu organisieren und durchzuführen, steckte das neue Aufgabenfeld des Ansiedlungsunternehmens ab. Die Organisationshierarchie mit der Zentrale in Berlin bestand aus 4 großen Zweigstellen, deren erste in Wien eingerichtet worden war, gefolgt von Karlsbad, Reichenburg/Save und Prag, von denen aus, je nach standort- oder gebietsbezogenem Projekt, sukzessive ein Netz von 23 Geschäftsstellen und 47 weiteren Außenstellen installiert wurde. Der Geschäftsausweitung korrespondierte eine ständig steigende Beschäftigtenzahl – im Zeitraum 1938-1939 von 70 auf 330, 1940 auf 456 und 1942 auf über 800, nicht mitgerechnet etwa 10.000 Arbeitskräfte zur Bewirtschaftung treuhändig verwalteter Güter –, in der sich der kontinuierliche Aufstieg der DAG „zum größten bäuerlichen Siedlungsunternehmen des Reiches" spiegelte,[40] dessen Tätigkeitsfeld „einen geopolitisch geschlossenen Raum, der sich aus den Alpen- und Donaugauen, dem Sudetenland und dem Protektorat Böhmen und Mähren zusammensetzt", umfassen sollte.[41]

Wie Dipl. Landwirt Hans Iversen, Prokurist und späteres Vorstandsmitglied der DAG nach einjähriger Tätigkeit der Zweigstelle ‚Ostmark' 1939 bilanzierte, konnte „im Zuge der Arisierung österreichischen Grundbesitzes" ein Landvorrat in erheblichem Umfang angelegt und für die Verwertung als „Ersatzland für die Umsiedlung" vorbereitet werden. „Angekauft wurden bislang rd. 14.000 ha, über weitere 6000 ha wird verhandelt, für etwa 7000 ha sind die Unterlagen für die Vornahme der Siedlungstaxe, d.h. also für den Erwerb zur Neubildung deutschen Bauerntums, der Behörde eingereicht. […] Es kann angenommen werden, dass weitere etwa 30.000 bis 40.000 ha nach und nach der Neubildung deutschen Bauerntums zugeführt werden können, und dass dann eine so starke Verbreiterung der bäuerlichen Grundlage in der Ostmark geschaffen ist, dass dem Volkstumskampfe auch in Krisenzeiten mit Ruhe entgegengesehen werden kann." Mit der erfolgreichen Landbeschaffung eine völkische Siedlungsplanung zur Etablierung „eines gesunden und lebensfähigen Bauerntums" zu gewährleisten und neben der notwendigen Ansiedlung von Handel, Gewerbe und Industrie die Verkehrserschließung mit Anbindung an die Landeshauptstädte, die „sich einer besonderen Bedeutung als Grenzstädte bewusst werden müssen", voranzutreiben, war politisch-ideologische Zielvorgabe.[42]

Von der DAG im ersten Jahr und ausschließlich in Niederösterreich beschafftem Land im Ausmaß von 14.000 ha entfiel etwa ein Drittel bzw. 10 Besitzungen mit einer Gesamtfläche von 4800 ha auf das Waldviertel. Neben vornehmlich landwirtschaftlichen Gütern im Weinviertel und Marchfeld sowie Liegenschaften im Gebiet des Leithagebirges[43] war es im Waldviertel land- und forstwirtschaftlicher Großgrundbesitz im Grenzraum zur Tschechoslowakei, der überwiegend aus jüdischem Eigentum oder Pacht von der DAG für „vordringlichste Siedlungsaufgaben" erworben wurde. Zunächst von den Prioritäten der Wehrmacht und der beschleunigten Errichtung eines Truppenübungsplatzes bestimmt, vereinigte die DAG nach strategischen auch grenz- und raumordnungspolitische Aufgaben in einer Hand. Dementsprechend nachdrücklich wurde die Ankaufspraxis mit jüdischen Eigentümern und Pächtern sowie zur Schließung grenzräumlicher Lücken mit einigen anderen Gutsbesitzern betrieben. Bis Ende September 1938 waren die meisten Kaufverträge abgeschlossen, die Güter übernommen, deren Nutzung für das neubäuerliche Ansiedlungsprogramm allerdings infolge absoluter militärischer Vorrangigkeit und expansionistischer Verschiebung des Grenzraums anders als primär geplant ausfiel und letztlich durch permanenten Aufschub ausblieb. Nicht die Ansiedlung von Neubauern auf den zu ‚Siedlerstellen' parzellierten Ländereien, sondern

Lexnitz / 2009

Schellings / 2009

Siedlung Linde / 2009

Siedlung Pyhrahof / 2009

die notwendige ‚Umsiedlung' von Bauern aus der entstehenden Militärzone und die Errichtung von Ersatzhöfen nach gleichem architektonisch-raumplanerischen Konzept bestimmten die Tätigkeit der DAG.

Von der als erster Filiale der Deutschen Ansiedlungsgesellschaft in Wien eingerichteten Zweigstelle ‚Ostmark' wurden projektbezogen laufend lokale Geschäftsstellen eingerichtet, zunächst für vorrangige Sonderaufgaben der Wehrmacht im Zuge der Errichtung und des Ausbaus militärischer Übungsanlagen. Nach Besichtigung des östlich von Zwettl für einen Truppenübungsplatz in Aussicht genommenen, 18.641 ha umfassenden Geländes durch den Oberbefehlshaber des Heeres, Generaloberst Walther von Brauchitsch, und Abklärung raumplanerischer Fragen mit der Reichsstelle für Raumordnung wurde der Chef der Wehrkreisverwaltung XVII, Generalintendant Dr. Knitterscheid, am 20.6.1938 ermächtigt, die von ihm vorgeschlagene Deutsche Ansiedlungsgesellschaft mit der Durchführung sämtlicher Maßnahmen zur Beschaffung und Räumung des Gebiets einschließlich Umsiedlung der Bevölkerung zu beauftragen. Am 21.6. 1938 nahm die DAG-Geschäftsstelle Allentsteig ihre Tätigkeit auf und begann, bei äußerst knapper Fristsetzung für erste Schießübungen am 8.8., in straff geplanter Logistik das Land aufzukaufen und zu räumen. Neben dem Erwerb von auf 4 Eigentümer entfallendem Großgrundbesitz im Ausmaß von etwa 3000 ha[44] war es vorwiegend bäuerlicher Grundbesitz, der sich auf 1385 Häuser verteilte und eine Bevölkerung von annähernd 7000 Menschen umfasste,[45] deren Ablösung und Umzug zu organisieren und durchzuführen, der Deutschen Ansiedlungsgesellschaft oblag.[46]

Die Räumung erfolgte systematisch nach Zonen,[47] deren erste in 2 Etappen mit Fristen vom 1.7. – 1.8.1938 bzw. 6.8.1938 – 31.3.1939 anberaumt wurde; Ende Juni 1938 wurden Edelbach, Groß Poppen, Klein Haselbach, Schlagles, Raussmanns, Klein Kainraths, Dietreichs, Söllitz und der Haidhof als bis 5.8. zu räumende Ortschaften bekannt gegeben.[48] Zone II war mit 30.9.1939 befristet, Zone III mit 1.4.1940; unvorhersehbare und ab 1939 zunehmend kriegsbedingte Verzögerungen durchkreuzten den Zeitplan und zwangen mehrfach zu Aufschub, der sich zu einer über 1-jährigen Fristverlängerung bis 31.3. bzw. 31.10.1941 summierte. Besitz an Haus und Hof, Grund und Boden wurde, Hitlers Wunsch entsprechend, „die Entschädigung der betroffenen Bevölkerung schnell und großzügig zu regeln",[49] Zone für Zone geschätzt und abgelöst,[50] der Umzug der Familien mit Hilfestellung der DAG bei der Beschaffung neuer Höfe und beim Transport wie mit tatkräftiger Unterstützung von Landesbauernschaft Donauland und Kreisbauernschaft Zwettl zügig durchgeführt.

Um die von den Entsiedlungsmaßnahmen und der rigorosen Vorgehensweise der DAG überrollte Bevölkerung zu beruhigen, wurden „die Ortschaften, die entsiedelt werden müssen, von der Kreisleitung im Einvernehmen mit der Bezirkshauptmannschaft Zwettl durch einen eigens dazu eingerichteten Informationsüberwachungs- und Beruhigungsdienst betreut".[51] Mittels Rundschreiben der Stabsstelle des Stellvertreters des ‚Führers' ordnete Bormann an, „unnötige Klagen über ihr angebliches Unglück" zu unterbinden, Kritik und Beschwerden durch rechtzeitige Information und „psychologisch richtige Behandlung" zu begegnen. Als probates Mittel wurde etwa die Veranstaltung „würdiger Feiern" und, um deren Wirkung auf die ‚Volksgemeinschaft' zu verstärken und zu verbreiten, vom Propagandaminister ein allerdings aus Gründen militärischer Geheimhaltung darauf beschränkter Einsatz der lokalen Presse empfohlen.[52] Regionale Amtsträger und Parteifunktionäre wiederholten in Propagandareden die „Zusagen und Versicherungen, die von Wehrmacht und Herrn Gauleiter und Landeshauptmann Dr. Jury am 25.Juli in Allentsteig abgegeben wurden", um „die bewundernswerte Opferbereitschaft der betroffenen Bauernschaft", die gravierende Fehler der in den regionalen Verhältnissen unkundigen „Beamten der deutschen Umsiedlungsgesellschaft in Allentsteig" untergraben hätten, wiederherzustellen. Wie die Landeshauptmannschaft ausführlich berichtete, habe die DAG, „ohne das Einvernehmen mit Kreisleitung und Bezirkshauptmann zu pflegen" oder sie in „die Fühlungnahme mit unseren Volksgenossen" einzubeziehen, „ein Fiasko" verursacht. „Denn was auf der einen Seite von den Bauern als möglich verlangt wird, muss ihnen auf der anderen Seite unbedingt möglich gemacht werden", wie Bezirkshauptmann Dr. Kerndl in eigener Logik anmerkte und die „Angelegenheiten zu ordnen, ohne damit höhere Stellen beschäftigen zu müssen", die lokale Amtsautorität gewahrt wissen wollte. Der genereller Autoritätshörigkeit geschuldeten Akzeptanz militärischer Notwendigkeit der davon Betroffenen sicher, ließ taktisch klug erscheinen, beim lokalen

Repräsentanten der Wehrmacht als Auftraggeber der Deutschen Ansiedlungsgesellschaft zu intervenieren und das Gespräch mit dem Kommandanten des Truppenübungsplatzes, Oberst Offenbächer, zu suchen. In Folge seien „die vorgefallenen Unzukömmlichkeiten auf das Entschiedenste abgestellt" und von der DAG gefordert und versprochen worden, „fernerhin Bezirkshauptmannschaft und Kreisleitung" zu informieren und „zur Vermeidung von Eigenmächtigkeiten" das notwendige Einvernehmen herzustellen.[53]

Gleichzeitig wurde zur Unterstützung der von den vielfachen Problemen überforderten lokalen Behörden vom Reichsstatthalter in Österreich und Reichskommissar für die Wiedervereinigung Österreichs mit dem Deutschen Reich, Bürckel, ein Sonderkommissar entsandt, um beim Projekt „Umsiedlung im Raum Zwettl" einen möglichst reibungslosen Ablauf wie einen schonenden Umgang mit den Einwohnern zu gewährleisten. Als Verbindungsmann zu den Dienststellen der Wehrmacht, des Gauleiters Niederdonau und des Ministers für Landwirtschaft als Landesbauernführer war Dr. Richert aus der eigenen Planungsbehörde beauftragt, laufend Bericht zu erstatten.[54] Sein erster Rapport zum 1.8.1938 fasste die Räumung der 8 Ortschaften der Zone I in einem zahlenmäßigen Überblick nüchtern und als bisher weitgehend problemlos zusammen:[55] Mit 220 von 274 Grundeigentümern waren Kaufverträge über insgesamt 2277 ha Agrarflächen und 490 ha Wald in Höhe von RM 8,65 Mio abgeschlossen. 212 ‚Umsiedler' hatten sich ohne die von der DAG angebotene Vermittlung von Ersatzgütern eigenständig in der Umgebung angekauft, 36 waren noch unversorgt. Zugleich habe die DAG „große Anwesen für die künftige Umsiedlung erworben", u.a. die im Waldviertel gelegenen, in jüdischem Besitz befindlichen Güter Gilgenberg mit 500 ha und Schwarzenau mit 771 ha sowie, im südlichen Teil der Militärzone, Wetzlas mit 110 ha. Dominiert wird der Bericht von der jahreszeitlich anstehenden Getreideernte, die, auf etwa 300 Waggons geschätzt, in den zwischen den Dienststellen der in das Projekt involvierten Ressorts getroffenen Vereinbarungen vom 25.6. 1938 „aus Gründen der Ernährungssicherung" von der Wehrmacht zugesichert, aber im gedrängten Zeitplan der Räumungsmaßnahmen des ersten Abschnitts offenbar zu organisieren vergessen und zum akuten Problem geworden war. Das Getreide, eben den Umsiedlern „schnell und unter großzügiger Entschädigung" abgekauft, nicht einzubringen und beim unmittelbar bevorstehenden Übungsbetrieb zu vernichten, war volkswirtschaftlich nicht zu vertreten, wenn auch nun der Ernteeinsatz zusätzliche Arbeitskräfte erforderte und das Budget der Kommandantur belastete. Neben dem Einsatz von Soldaten und der Anwerbung von Landarbeitern – 100 wurden beim Arbeitsamt angefordert, 400 sollten aus frei werdenden Erntearbeiter-Kolonnen im Marchfeld überstellt werden – erfolgten Aufrufe der Behörde, die sich primär an ‚Umsiedler' richteten, die mit angedientem „Reisegeld" und moralischer Erpressung motiviert werden sollten: „Ihr seid es den Kornfeldern, die bis vor kurzem Euch gehörten, schuldig, sie abzuernten zu helfen." Nicht mehr moralischer Appell, sondern Anordnung „zur unentgeltlichen Ernteeinbringung" unter dem Motto „Kampf dem Verderb! Es darf nichts zu Grunde gehen"[56] machten den Ernteeinsatz der Bevölkerung länger befristeter Zonen zur Pflicht. Organisation und Einsatzleitung wurden Kreiswirtschaftsberater Ing. Rudolf Ranninger, dessen Kompetenz als Direktor der Landwirtschaftsschule Edelhof[57] auch vielfach für Ablöseschätzung von Land und Ernte gefragt war,[58] anvertraut,[59] für den Transport beantragte der ‚Reichsnährstand', die Umsiedlungshilfe vorübergehend einzustellen und alle verfügbaren Heeresfahrzeuge für die Ernte abzustellen, eventuell auch den Termin für die Inbetriebnahme der Schießbahn zu verschieben.[60] Der nächste Bericht Richerts zum 14.8.1938 zeigte, kaum war die Ernte doch termingerecht in der Schießübungszone eingebracht, erste durch den Übungsbetrieb verursachte Probleme auf. Beschuss einer außerhalb gelegenen Ortschaft und Flurschäden nach nächtlichen Panzerübungen ließen den ‚Reichsnährstand' einschreiten, der zudem die von der Wehrmacht ohne Rücksprache vorgenommene Begrenzung des Übungsgeländes beanstandete; auch verlangten Plünderungen in den geräumten Dörfern, wo aus den verlassenen Häusern zurückgelassene Futtermittel und sonstiges bewegliches Gut entwendet worden waren, die Verstärkung der Posten und zusätzlich den Einsatz von Gendarmerie.[61]

Die Ersatzhofsuche der Bauern, die vorzogen, sich von der zu Anfang reichlichen Ablösesumme für den aufgegebenen Hof ohne Vermittlung der DAG woanders anzukaufen, gestaltete sich nach zunächst raschen und nahen Lösungen, andere Regionen einbeziehend, zunehmend langwierig. Um der infolge des Zeitdrucks eskalierenden und in der näheren Umgebung nicht zu deckenden Nachfrage zu begegnen

Siedlung Pyrahof / 2009

Klein Reichenbach / 2009

Schwarzenau / 2009

Schellings / 2009

und die dadurch angeheizte Preisentwicklung bei Landwirtschaften unter Kontrolle zu bekommen, entschied die DAG, selbst als Bauherr tätig zu werden und Grund im Umfeld des Truppenübungsplatzes aus der bereits umfangreichen, vornehmlich durch ‚Arisierung' angelegten Landreserve zu verwerten. Ab dem mit 1.4. – 30.9.1939 terminierten 2. Räumungsabschnitt[62] gab es die Option auf Ersatzland mit neuen Höfen, allerdings hatten weder die DAG noch Landesbauernführer Reinthaler damit gerechnet, „dass diese [Umsiedler] lieber den Erwerb eines Hofes aus dem freien Markt vorziehen, als einen der neu auszulegenden Bauernhöfe zu übernehmen". Der unerwünschten Preisentwicklung am Immobilienmarkt gegenzusteuern, vor allem aber den Zeitplan der ‚Umsiedlung' nicht zu gefährden, sah sich der Landesbauernführer genötigt, „mit allen Mitteln dafür Sorge zu tragen, dass Umsiedler grundsätzlich auf den neu auszulegenden Bauernhöfen angesetzt werden und diese von dem freien Markt fernzuhalten". Gegen deren Unentschlossenheit und um die Kalkulation fixer Baukosten und -termine zu ermöglichen, konzipierte Reinthaler verschärfte Bedingungen für die selbstständige Hofsuche: Nach dem 1.6.1939 mit ‚Umsiedlern' der Zone II abgeschlossene Kaufverträge zu genehmigen, sollte von einem einwandfreien, den Ansprüchen eines Erbhofs entsprechenden Ersatzanwesen zu einem angemessenen Preis abhängig gemacht werden, ‚Umsiedlern' der Zone III, deren für Zwecke der Wehrmacht abgegebener Hof über 10 ha groß war, die Genehmigung überhaupt versagt werden.[63] Trotz der Lenkungsversuche des ‚Reichsnährstands' sollten nicht zuletzt wegen zunehmend kriegsbedingtem Mangel am Bau- und Arbeitsmarkt von jedenfalls 54 geplanten neuen ‚Siedlerstellen' nur 36 errichtet werden – gemessen am gesamten für Siedlungszwecke beschafften Landvorrat muss ein Vielfaches an Höfen zur Ansiedlung von ‚Neubauern' angenommen werden; zusammen mit 23 weiteren, durch Aufteilung, Um- und Ausbau bestehender Guts- und Meierhöfe zu mehreren autonomen Hoflagen, von denen allerdings nur 9 realisiert wurden, erhöhte sich die Gesamtzahl auf 45 von nachweislich 77 geplanten Höfen.[64] Da nur ein Teil bis zu den Räumungsfristen fertiggestellt werden konnte und der Kauf von Ersatzhöfen nicht immer zeitgerecht möglich war, bedurfte es der Bereitstellung von Zwischenquartieren, wofür Gebäude von der DAG angeeigneter Güter notdürftig adaptiert wurden.[65]

Interessenten für im regionalen Sprachgebrauch üblich gewordene ‚Aussiedlerhöfe' rekrutierten sich überwiegend aus Ortschaften der 2. Entsiedlungszone mit zunächst bis 1.10.1939 geplanter und bis zum Jahresende verlängerten Räumungsfrist, einige zählten auch zur 3. Zone mit mehrfach und schließlich bis 31.10.1941 ausgedehnter Frist: aus Kühbach samt Riemerhof waren es 18, aus Nieder Plöttbach 8, aus Pötzles und Brugg je 4, aus Oberndorf und Steinberg 3 Bauernfamilien, aus Ober Plöttbach, Wildings, Flachau, Klein Motten, Döllersheim und Nondorf jeweils 1 Familie. Sie übersiedelten an 8 zum Teil neu gegründete Ortschaften im grenzräumlichen Nahbereich des Truppenübungsplatzes. Die auffällige Verteilung mit einem Anteil von 18 Familien aus Kühbach, die in der Siedlung Linde mit Pfaffenschlag wie in Lexnitz nahezu die gesamte Einwohnerschaft, in Schwarzenau mit Klein Reichenbach die Mehrheit, gefolgt von Familien aus Pötzles, stellten, lässt ihre Entscheidung für einen neuen, von der DAG errichteten Hof, wenn nicht als gemeinsame Strategie, so doch als umsichtige Handlung erkennen, das Beste aus der Situation zu machen und am neuen Ort die Kontinuität dörflicher Gemeinschaft und großfamiliärer Zusammengehörigkeit zu sichern. Auch an den anderen Ansiedlungsorten dominieren Familien gleicher Herkunft: in Schellings vorwiegend aus Nieder Plöttbach, in der Siedlung Pyrahof mit Unterthumeritz aus Brugg, ergänzt um einzelne Familien aus anderen Orten, die aus unterschiedlichen Gründen, zum Teil nach gescheiterter Ersatzhofsuche, nachzogen.

Auf 1938 ‚arisiertem' und aufgeteiltem Land „angesetzt", so der biologistische NS-Jargon, wurde ihnen Grund in etwa gleicher Größe wie zuvor – 10-20 ha, in Einzelfällen auch mehr – zur Verfügung gestellt, allerdings im Vergleich zu den für Bauernwirtschaften regional üblichen, kleinteiligen Flächen in verstreuter Lage als zusammenhängende, wesentlich zweckmäßiger zu bewirtschaftende Flächen aufgeteilter gutsbetrieblicher Blockfluren. War das bereits ein erster Schritt landwirtschaftlicher Rationalisierung, begünstigte die Hoflage in nächster Nähe zu den Agrarflächen Arbeitswege und -abläufe wie die funktionell und hygienisch Standards setzenden Hofbauten, so rückwärtsgewandt ihr Erscheinungsbild sein mochte, auf einem modernen Agrarkonzept basierten.

Der Erwerb einer neuen ‚Siedlerstelle', für die samt Inventar und Saatgut die mit der DAG vereinbarte Ablöse für den früheren Hof leicht ausreichte – bei etwa gleicher Nutzfläche und gewiss nicht schlechteren, vielfach günstigeren betriebswirtschaftlichen Bedingungen –, wurde vertraglich abgeschlossen, allerdings ohne das Eigentumsrecht auf die Besitzer im Grundbuch einzutragen. Diese unübliche Geschäftspraxis wie deren erstaunliche Akzeptanz durch die Käufer sollte nach 1945 in eine politisch-juridische Problemlage führen, deren Klärung sich nachhaltig, in manchen Fällen bis Ende der 1960er-Jahre hinzog. Zur Herstellung der Rechtssicherheit diente schließlich ein Kauf- und Erneuerungsvertrag, den die nach dem Staatsvertrag 1955 mit der öffentlichen Verwaltung sämtlicher als „Sondervermögen der Republik Österreich" ausgewiesenen „Vermögenschaften der Deutschen Ansiedlungsgesellschaft" in Niederösterreich betraute Landes-Landwirtschaftskammer berechtigt war, in Vertretung der Republik abzuschließen. Im Verweis auf die Kompensierung des seinerzeitigen Kaufpreises mit dem Wert der dem ‚Deutschen Reich / Heeresfiskus', verkauften früheren Liegenschaften und mit der Begründung, dass „seinerzeit errichtete Kaufverträge […] im Original nicht mehr vorhanden" seien wie dass „die endgültige Vermessung und Parzellenbezeichnung während des Krieges nicht erfolgen konnte und erst jetzt vorgenommen wurde", legitimierte der Kontrakt gegen Bezahlung von Verwaltungs- und Vertragserrichtungskosten die seit Langem ausständige Einverleibung des Eigentumsrechts für die ehemaligen ‚Umsiedler'.[66]

Der Bau neuer Höfe wie der Umbau bestehender Guts- und Meierhöfe zu mehreren, autonomen Betriebseinheiten erfolgten in der ersten Phase ab Mitte 1939, dem dringenden Bedarf entsprechend, zufriedenstellend, sodass Mitte 1940 16 Höfe an ‚Umsiedler' übergeben werden konnten. Trotz Ausnahme von kriegsbedingt verhängtem Bauverbot verzögerten Arbeitskräftemangel und zunehmende Engpässe bei Baustoffen den weiteren Baufortschritt und erlaubten den Bezug weiterer 19 Höfe erst 1942, der restlichen 1943, zum Teil in ungenügender Ausführung.[67] Nicht fertiggestellt, schon gar nicht bezogen werden konnten 2 ‚Siedlerstellen' in Fratres, deren Rohbauten nach 1945 Anrainern als Baumateriallager dienten und abgetragen wurden. Für die Bauausführung der bäuerlichen ‚Siedlungsstellen' wurden weitgehend Unternehmen der Region herangezogen; die Bauleitung besorgten die von der Deutschen Ansiedlungsgesellschaft beauftragten Architekten Fritsche und Zachariä auf den Baustellen Schellings und Lexnitz bzw. Unterthumeritz und Pfaffenschlag, wahrscheinlich auch an den anderen Standorten. In wöchentlichen Meldungen an die in Ober Waltersdorf eingerichtete Zweigstelle ‚Ostmark' informierten sie über Baustand, Materialbedarf und -lieferung wie beschäftigte Firmen und Arbeiter. Die Organisation der einzelnen Baustellen erfolgte in Zusammenarbeit mit den Verwaltern der von der DAG angeeigneten Güter, etwa Ing. Oskar Rainer auf dem Schellingshof, und der in Schloss Schwarzenau eingerichteten ‚Oberwaltung' als übergeordneter Dienststelle, die von Robert von Trenkwald geleitet wurde.[68]

Siedlung Linde / Pfaffenschlag

Siedlung Linde / 2009

>>
Pfaffenschlag / 2009

Gutshof Pfaffenschlag / vor 1938

Die erste, Mitte 1940 fertiggestellte Siedlung, deren Lage und Benennung auf eine als Orientierungszeichen in den Feldern fungierende mächtige Linde verweist, versammelte 6 uniforme Höfe der Type „Siedlerstelle 15 ha", je 3 am Raster zueinander ausgerichtet und beiderseits des Erschließungswegs angeordnet. Unterschiedslos in strenger Ordnung gruppiert und erratisch in die Landschaft gesetzt, stellt die Siedlung Linde, deren Einheitlichkeit in den Wohntrakten großteils erhalten, deren prägnantes Gesamtbild allerdings meistens durch inzwischen hochgewachsene Obstbäume verdeckt wird, ein Modellensemble nationalsozialistischer bäuerlicher Siedlungsarchitektur dar, das 1943 im Prachtband „Das Bauen im Neuen Reich", wenn auch mit mehrfach unrichtiger Ortsangabe – „Neubauernhöfe bei Döllersheim, Oberdonau" –, neben formgleichen „Neubauernhöfen bei Hohensalza, Warthegau" abgebildet wurde.[69] Die Agrarflächen der 6 Höfe, die sich Richtung Pfaffenschlag erstrecken, lassen zusammen mit den Grundanteilen von 4 dort errichteten ‚Siedlerstellen' – 1 randständiger Hof gleichen Typs in der Variante „Siedlerstelle 20 ha" sowie auf einer kleinen Anhöhe das Ensemble des zu 3 ‚Siedlerstellen' um- und typengleich ausgebauten ehemaligen Gutshofs mit Meierhof und Arbeiterwohnhaus[70] – den rd. 162 ha großen Gutsbesitz von Josef und Regine Rezek rekonstruieren, den die Deutsche Ansiedlungsgesellschaft mit 6.9.1938 ‚arisiert' hat.[71]

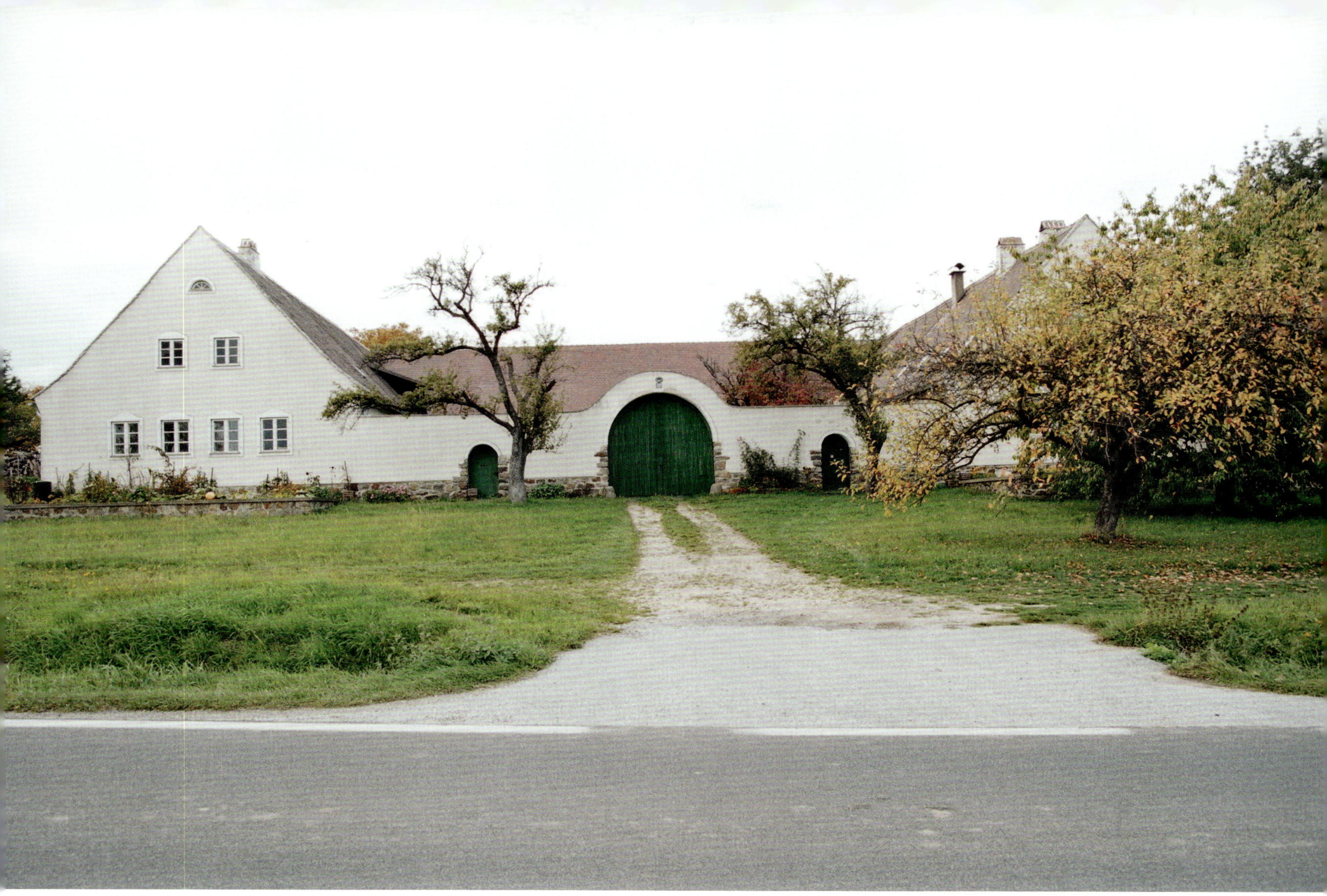

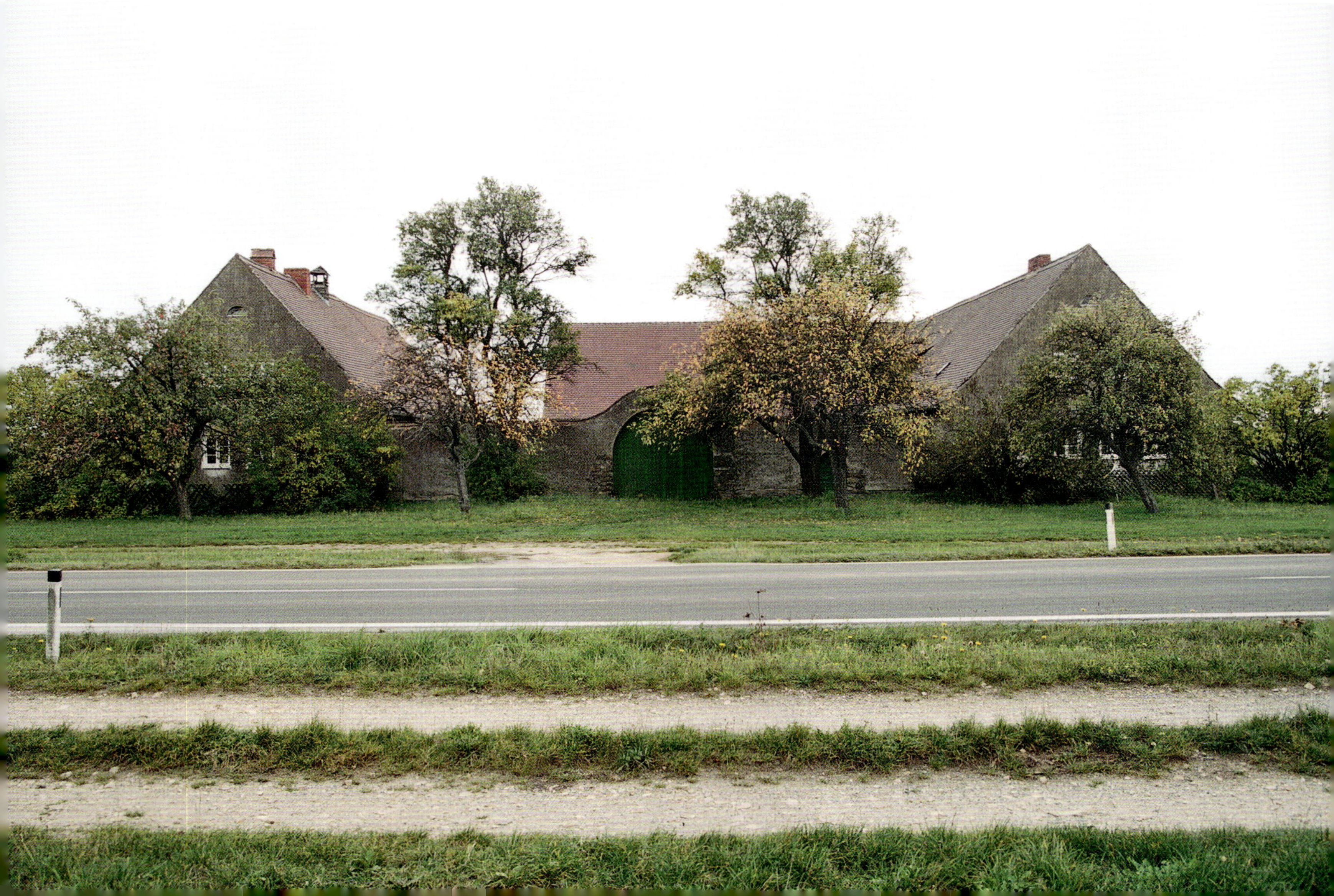

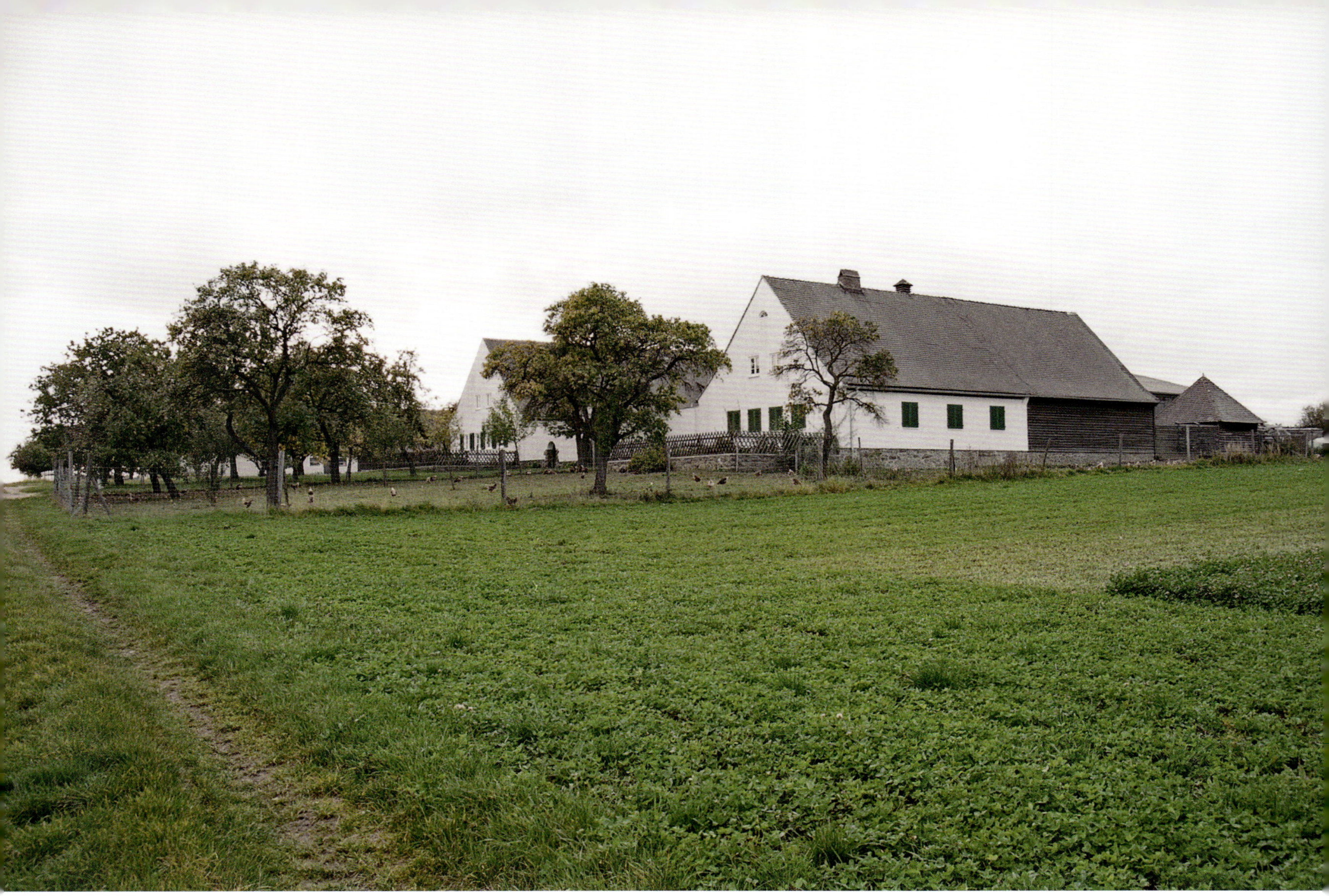
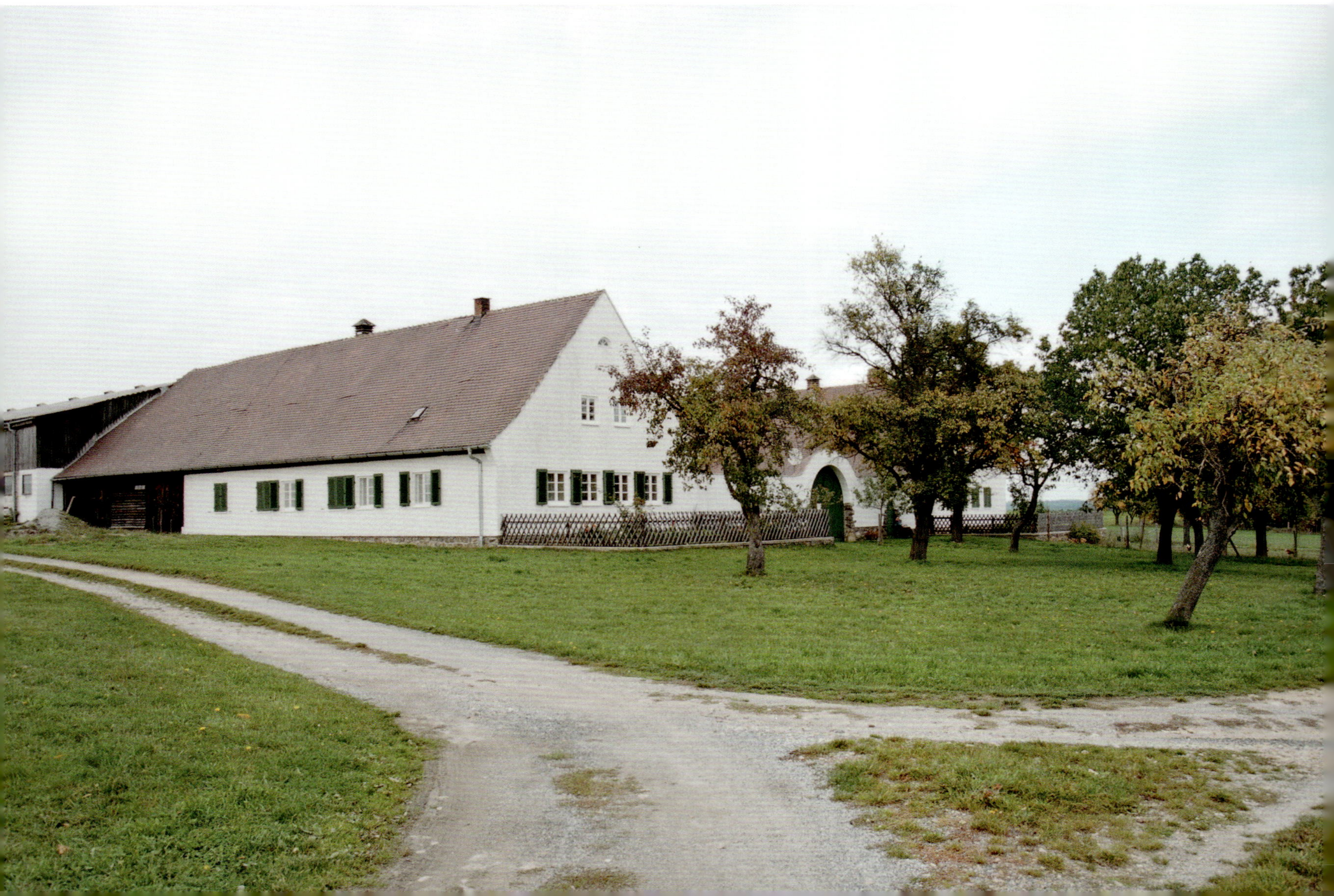

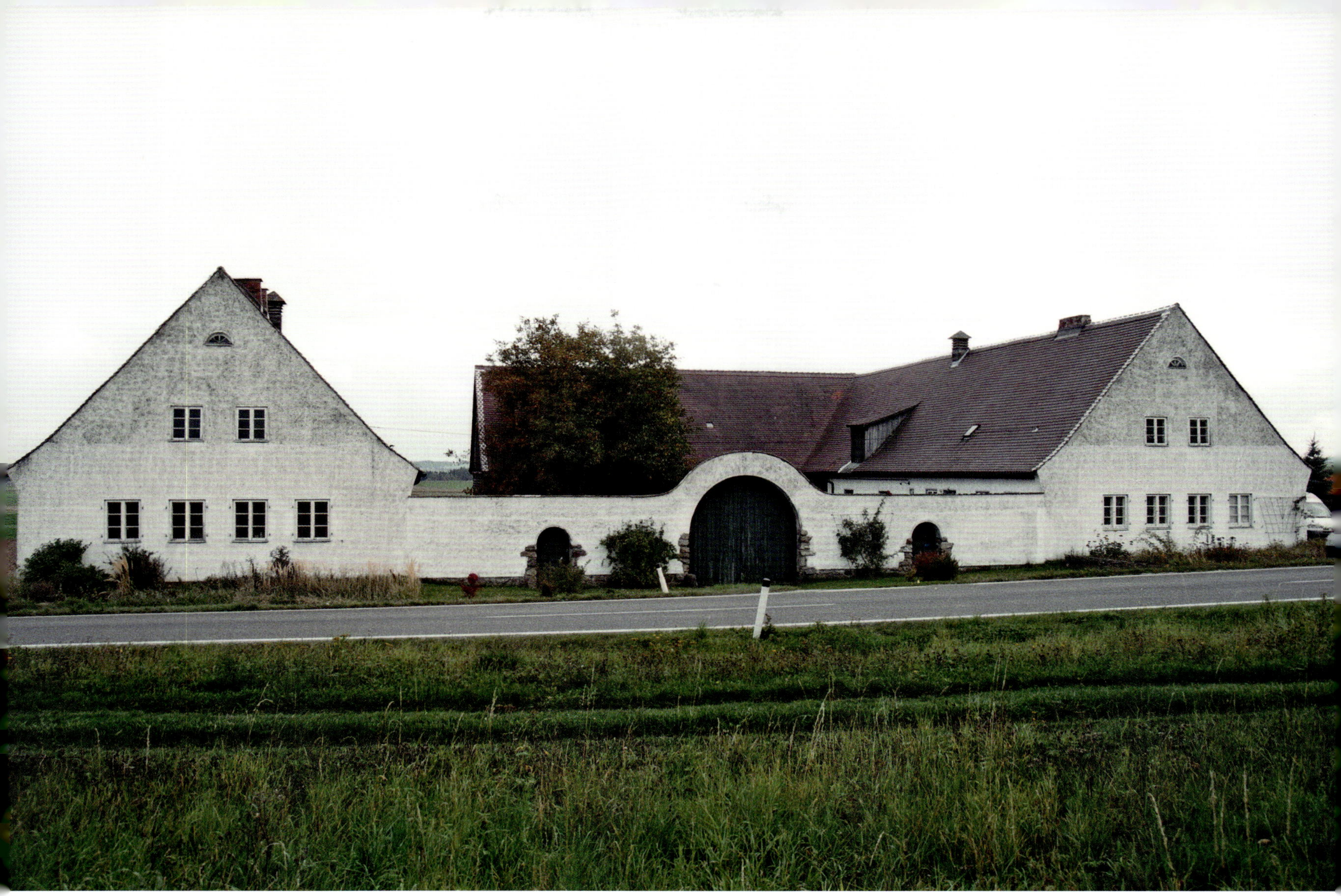

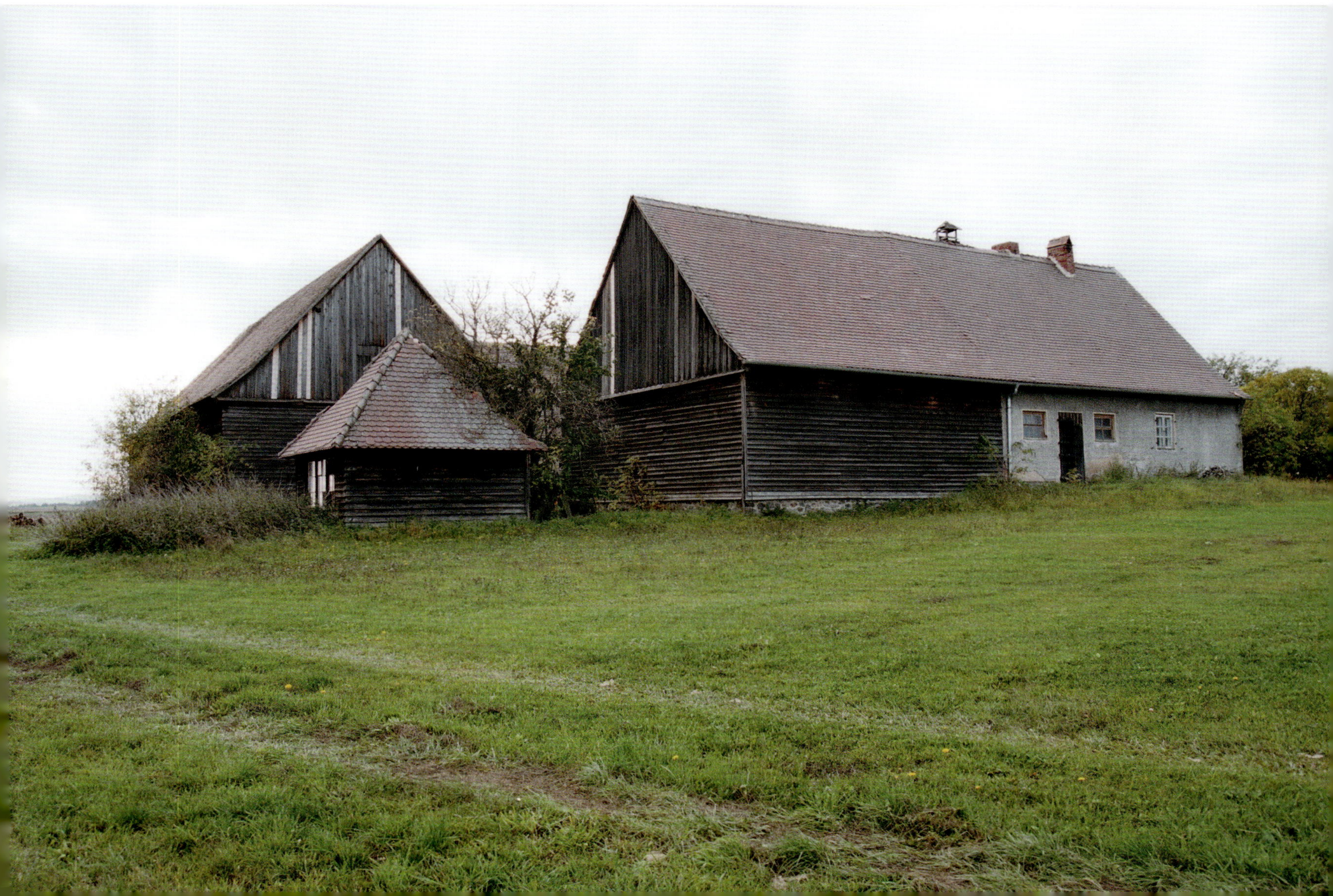

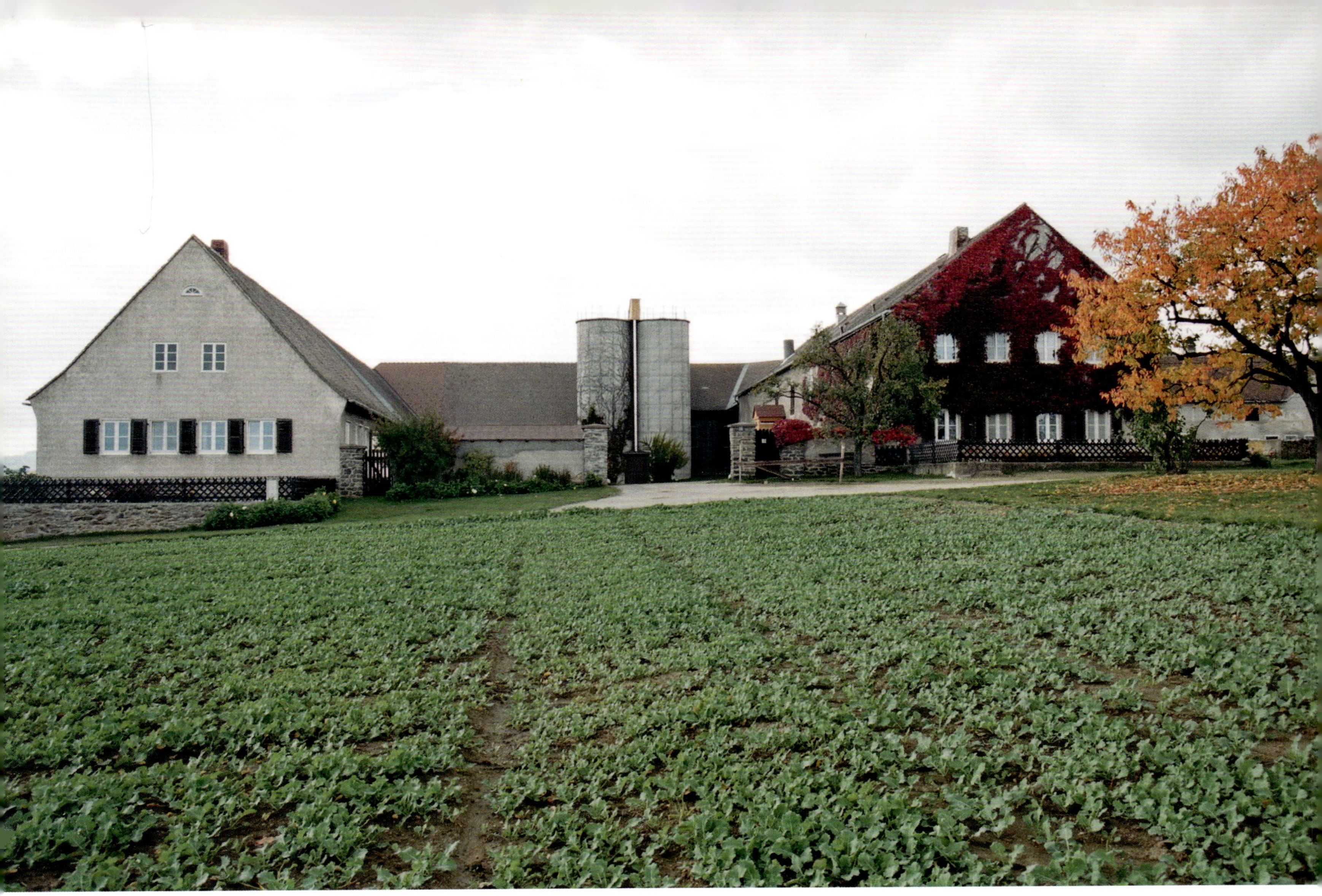

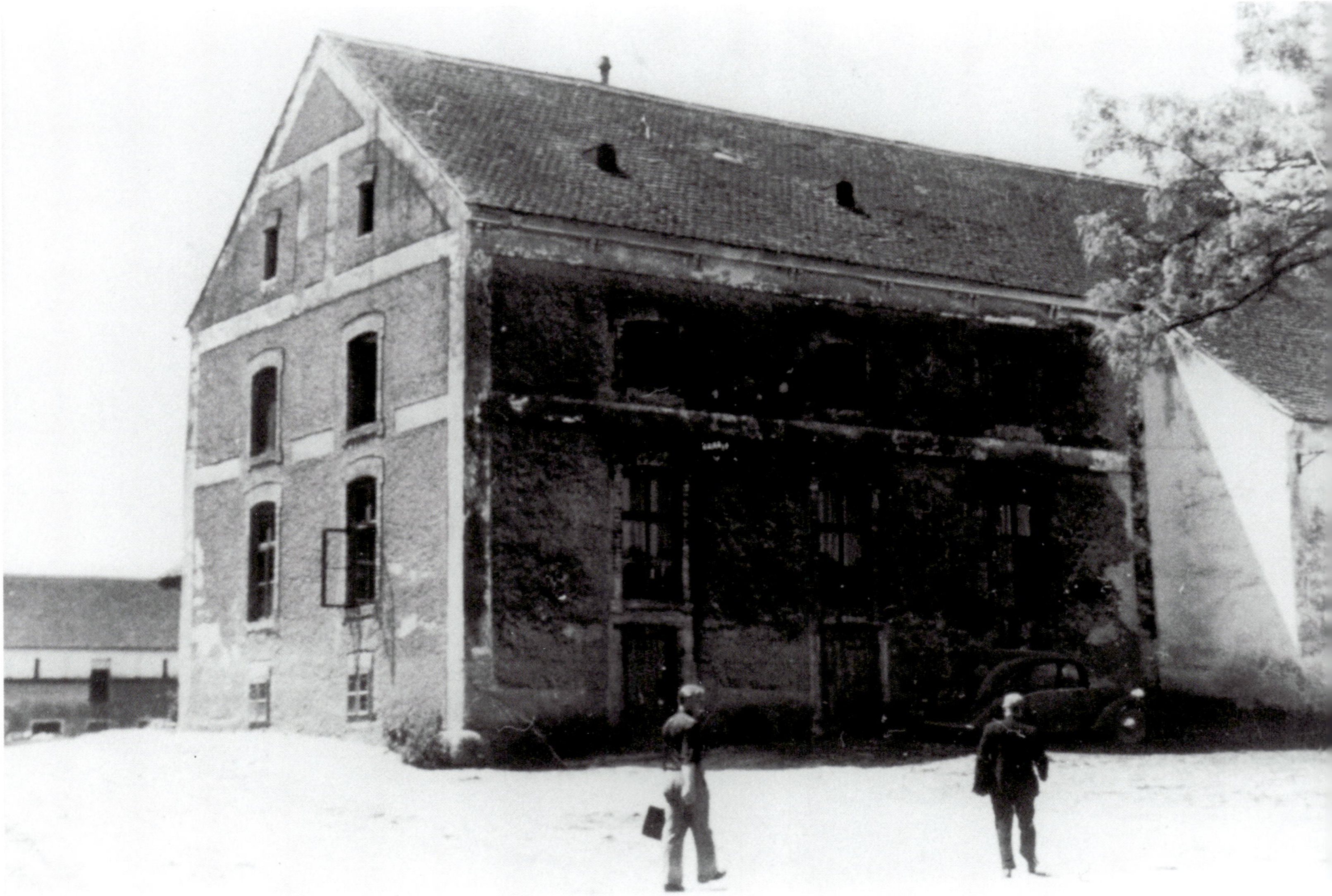

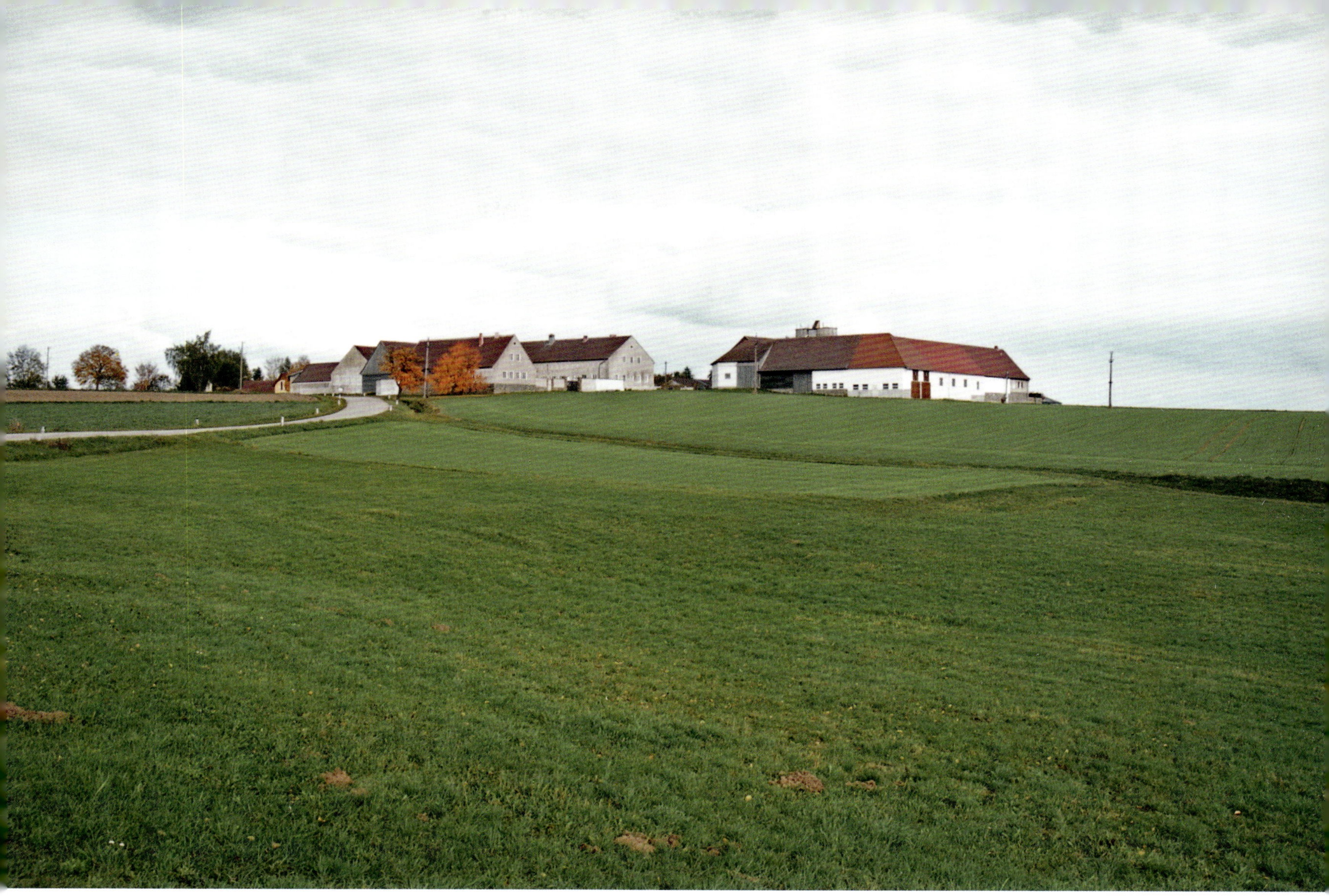

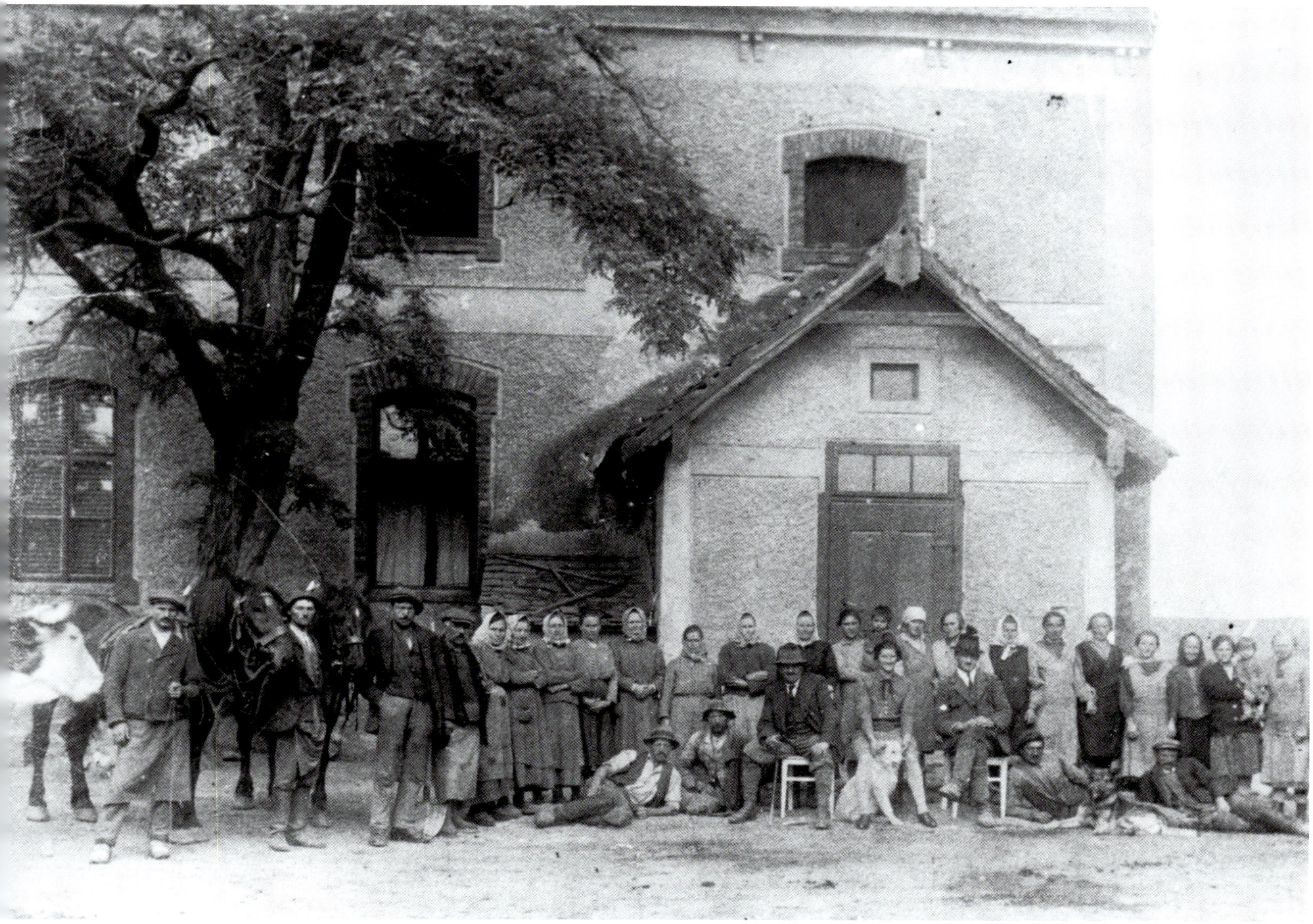

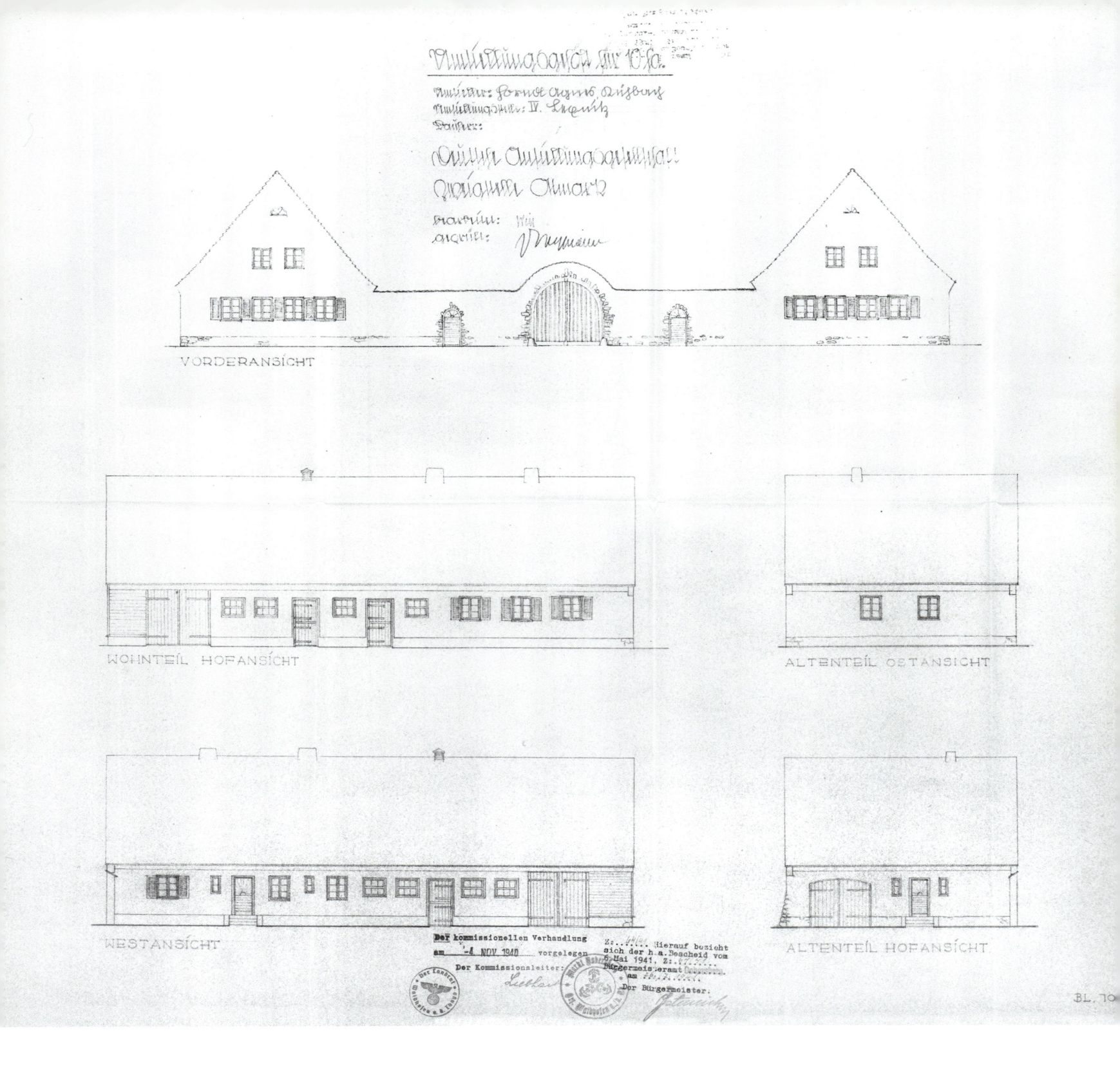

VORDERANSICHT

WOHNTEIL HOFANSICHT

ALTENTEIL OSTANSICHT

WESTANSICHT

ALTENTEIL HOFANSICHT

Lexnitz

Planansicht
Umsiedlungsgehöft 10 ha /
Willi Erdmann /
1940

Lexnitz /
2009

Ebenfalls 1940 fertiggestellt, zeigen 4 Höfe desselben Bautyps, in aufgelockerter Reihe entlang eines Feldwegs außerhalb von Lexnitz gelegen, die Kleinstvariante „Siedlerstelle 10 ha". Während sich die Anwärter vom Stand der Ausführungen am 12.3.1940 überzeugen konnten,[72] wurden 1 weiterer Hof gleicher Größe in Dorfrandlage sowie der zu 2 ‚Siedlerstellen' ausgebaute Meierhof in der Dorfmitte erst 1942 bzw. 1943 bezugsfertig.[73] Für die 7 ‚Siedlerstellen' wurden etwa 170 ha des zur Domäne Dobersberg gehörenden Gutsbesitzes verwertet, der, wie alle anderen Einzelgüter bis 1938 jüdischen Pächtern zur Bewirtschaftung überlassen, von Hugo und Helene Wottitzky betrieben wurde.[74] Diese Konstellation hatte die Deutsche Ansiedlungsgesellschaft genutzt, die Verkaufsverhandlungen mit Ladislaus Szapary mit Nachdruck zu einem raschen Abschluss zu bringen; auch Ablösezahlungen an die Pächter wurden, vom strategischen Interesse an der Besitzlage im Grenzraum bestimmt, zügig geklärt.[75]

Schellings

Aus dem Szapary-Besitz diente auch Gut Schellings im Ausmaß von rd. 187 ha, das bis 1938 zusammen mit den Ländereien der Meierhöfe Neuhof und Peigarten an Rudolf Rezek[76] verpachtet war, als Ersatzland für ‚Umsiedler' aus dem Gebiet des Truppenübungsplatzes. Neben dem Ausbau von Meierhof und Schafhof waren es in Schellings 7 neue ‚Siedlerstellen' mit Betriebsflächen zwischen 15 und 20 ha, deren Fertigstellung sich infolge wiederkehrender Bauunterbrechungen bis Ende 1942 hinzog. Gleich zu Baubeginn im Juli 1939 mussten Baufirmen nahezu die Hälfte ihrer Arbeiter für die Einbringung der Ernte auf den verlassenen Feldern des Truppenübungsplatzes abgeben; Ende August meldete die Bauleitung Schellingshof in ihrem Wochenbericht an die DAG-Zweigstelle ‚Ostmark' in Ober Waltersdorf, dass darüber hinaus „60% der auf unseren Baustellen beschäftigten Arbeiter die Einberufung erhielten". Um nicht auch noch witterungsbedingt den Bau weiter zu verzögern, wurden für den Winter Koksöfen zur Austrocknung des Mauerwerks und um den Innenausbau weiterführen zu können, angeschafft; trotzdem war zum Stichtag 1.7.1940 lediglich 1 Hof bezugsfertig, alle anderen wegen der langwierigen Zuteilung von Baumaterial durch die Wehrkreisverwaltung oder wegen Arbeitermangel erst im Lauf des Jahres 1942. Herrschte andernorts eine bautypologische Uniformität und ließ das einheitliche Erscheinungsbild ein propagandawirksames Statement von Gleichheit in der ‚Volksgemeinschaft' abgeben, lassen 3 verschiedene Typen, zudem ohne vergleichbar strengen Lageplan, Schellings wie eine zerstreute Anordnung von Musterhöfen in 2 Betriebsgrößen erscheinen, die, abgesetzt von bestehendem Gutshof mit Schüttkasten und Schafhof, als der Straße zugekehrte Reihe von 4 und traufständiges Ensemble von 3 Höfen organisiert sind.[77]

Außer Schellings und Lexnitz sollten auch die anderen Einzelgüter des insgesamt rund 635 ha umfassenden Guts Dobersberg – Peigarten und Neuhof sowie Groß Taxen und Illmau, die bis 1938 von Otto und Elisabeth Rezek[78] bewirtschaftet worden waren – restlos für Umsiedlungszwecke verwertet werden, wie eine detaillierte Aufstellung der DAG vom 25.4.1939 belegen lässt, anhand der „in der Umsiedlungssache Dobersberg […] zur Auslegung kommende Umsiedlerhöfe" mit vorerst roh veranschlagten Baukosten in Höhe von RM 1,5 Mio der Deutschen Siedlungsbank als Kreditbedarf avisiert wurden.[79] Mit insgesamt geplanten 43 ‚Siedlerstellen' – nahezu gleich viele, wie letztlich im gesamten Waldviertel errichtet wurden – sollte, nach dem Muster von Schellings und Lexnitz zu verstreuten Ensembles aus umgebauten Meierhöfen und typengleichen Neubauten arrangiert, dem Land um Dobersberg durch Aufteilung von Großgrundbesitz bei gleichzeitiger ‚Entjudung' nachhaltig der Stempel germanischen Grenzlandbauerntums aufgedrückt werden. Tatsächlich und unter Bedingungen von Mangel und Verzögerung gebaut wurden 16 ‚Umsiedlergehöfte'; der Großteil der für die ‚Neubildung deutschen Bauerntums' vorgesehenen Ländereien mit den Gütern Groß Taxen, Peigarten und Illmau im Ausmaß von etwa 400 ha übernahm 1943 der Reichskommissar für die Festigung deutschen Volkstums für die Rückführung von ‚Volksdeutschen' ins ‚Reich'. Entgegen dem bodenreformerischen Anspruch blieb, indem die Güter Groß Taxen und Illmau im Ausmaß von 288 ha ungeteilt einem ‚Umsiedler' aus Jugoslawien überlassen wurden, die Großgrundstruktur erhalten.[80]

Schellings / 2009

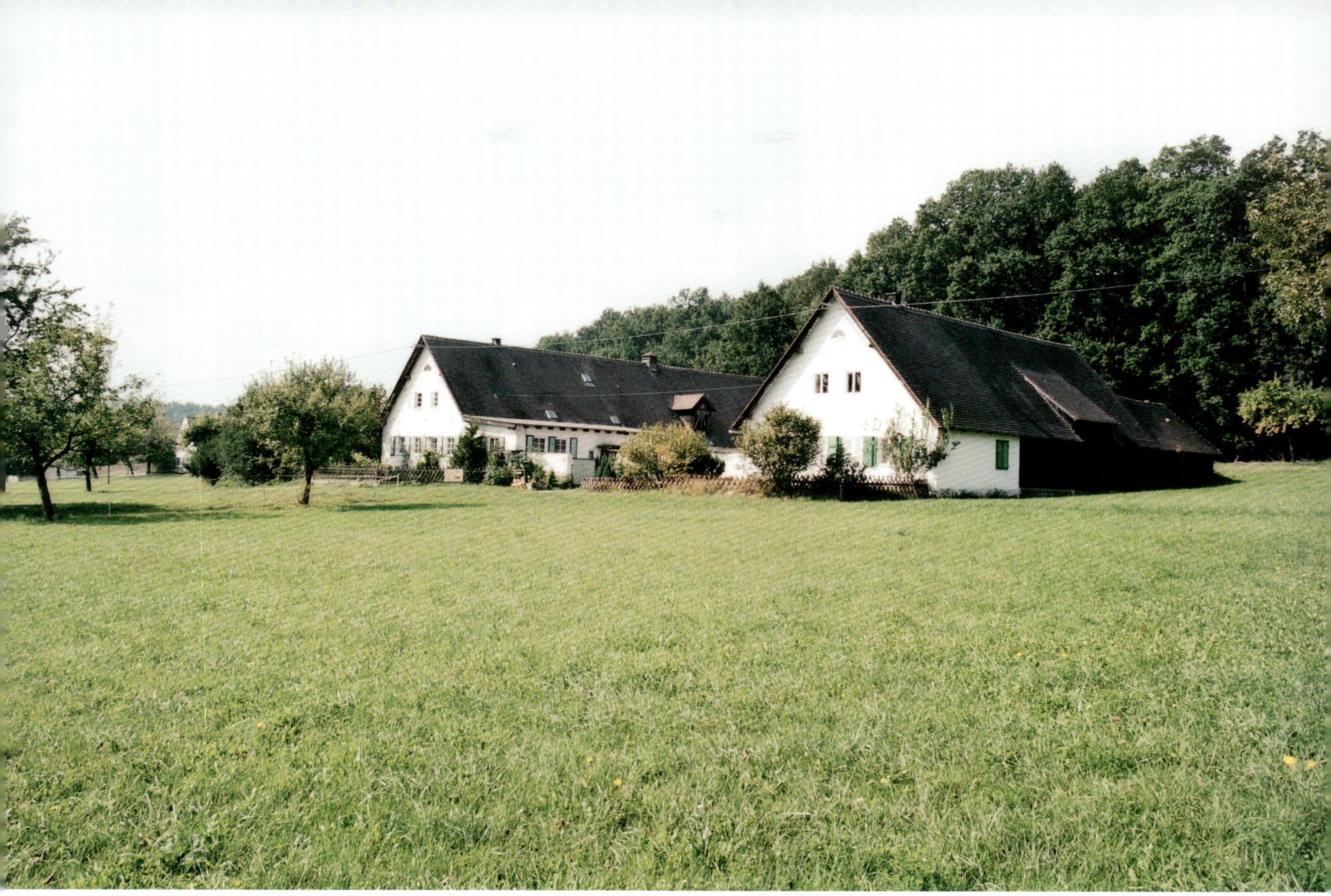

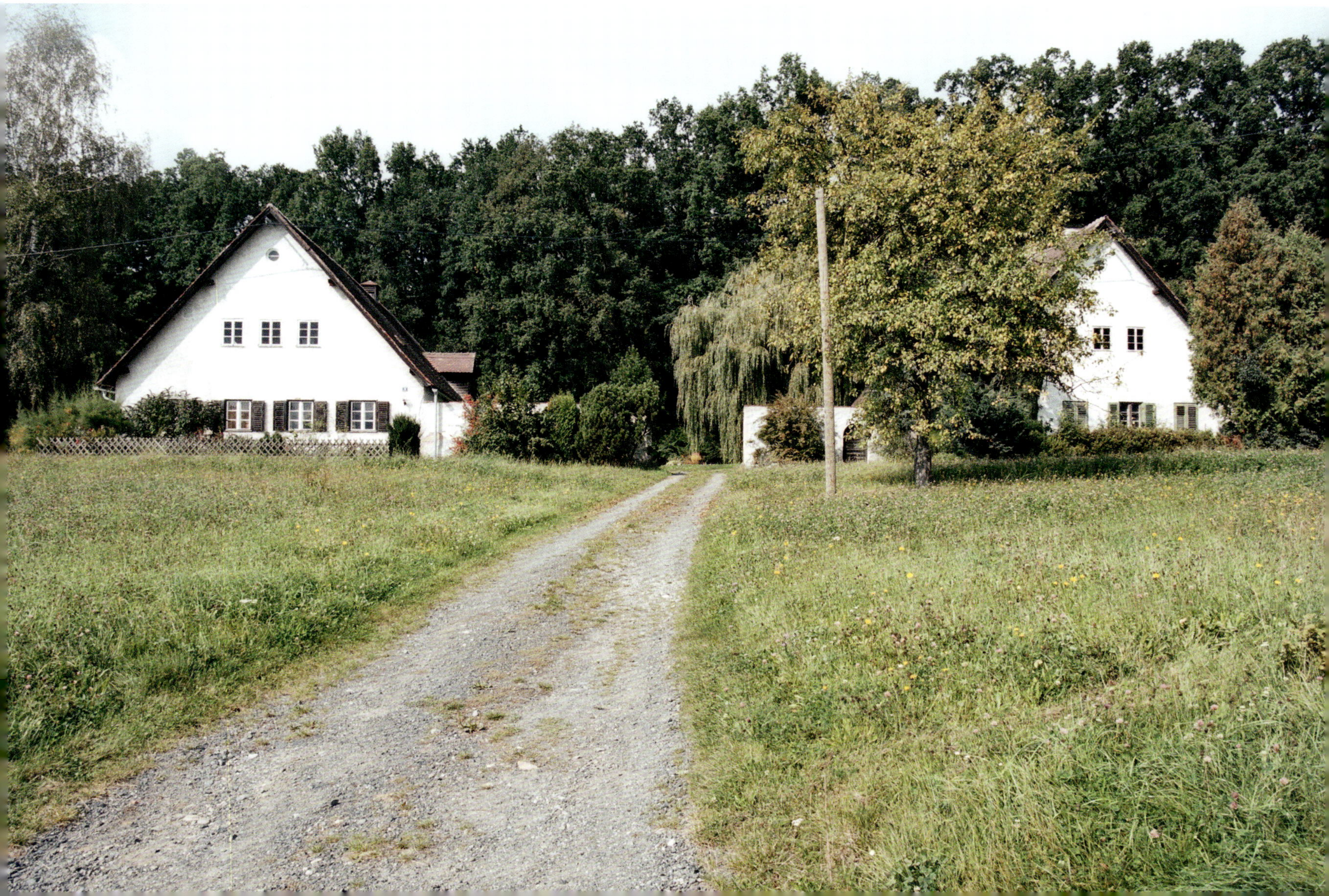

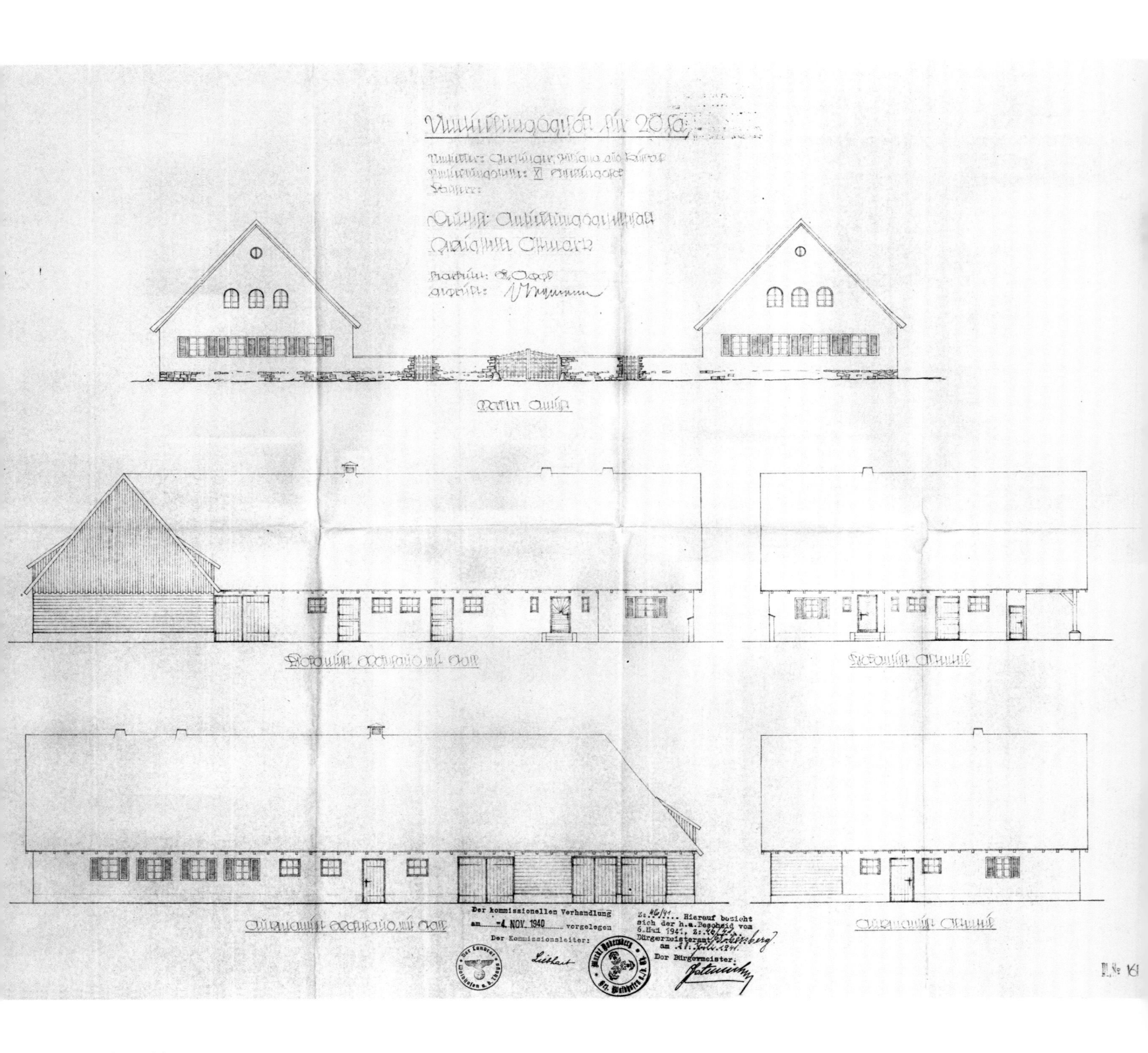

Planansicht
Umsiedlungsgehöft 20 ha /
Willi Erdmann /
1940

Schellings /
2009

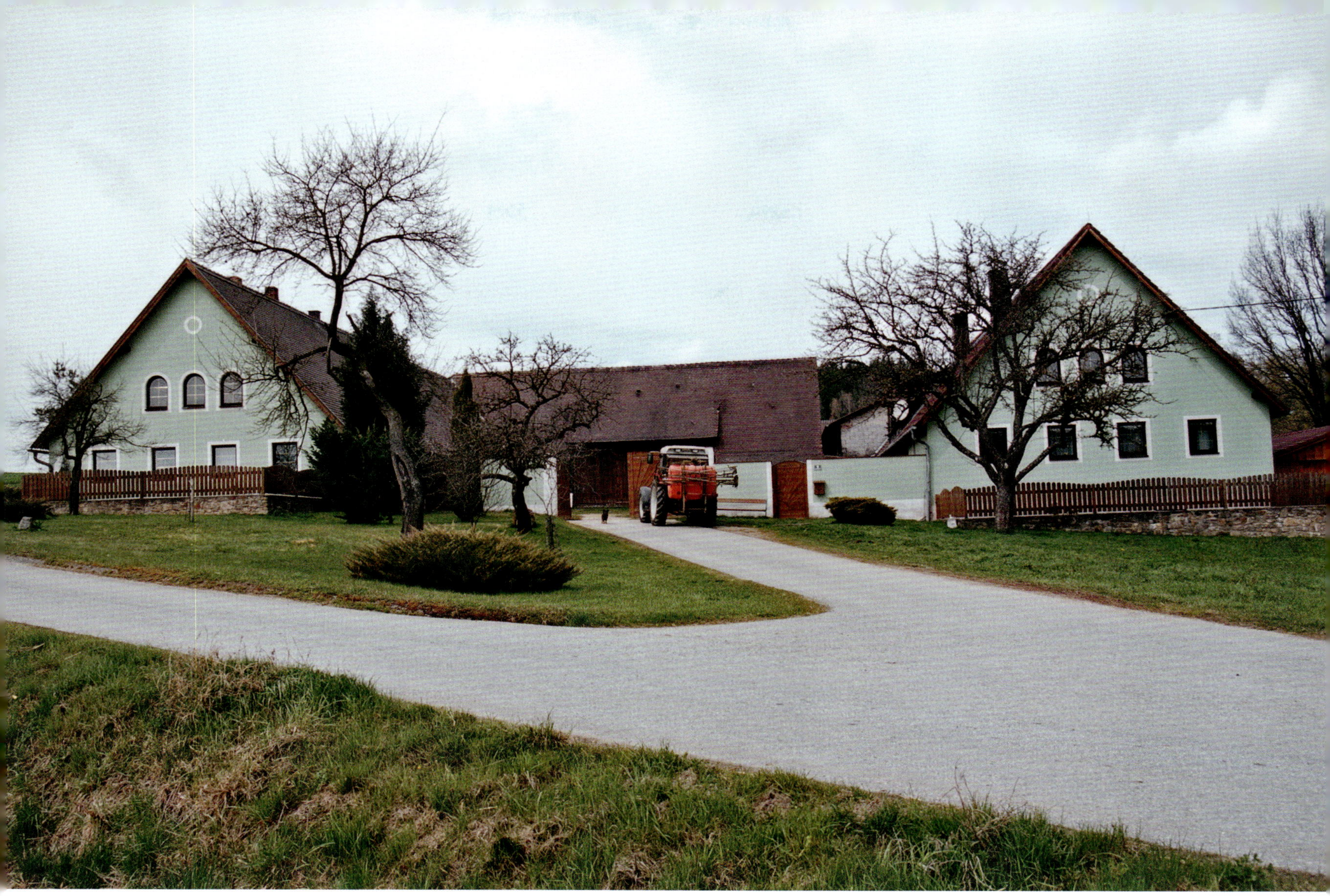
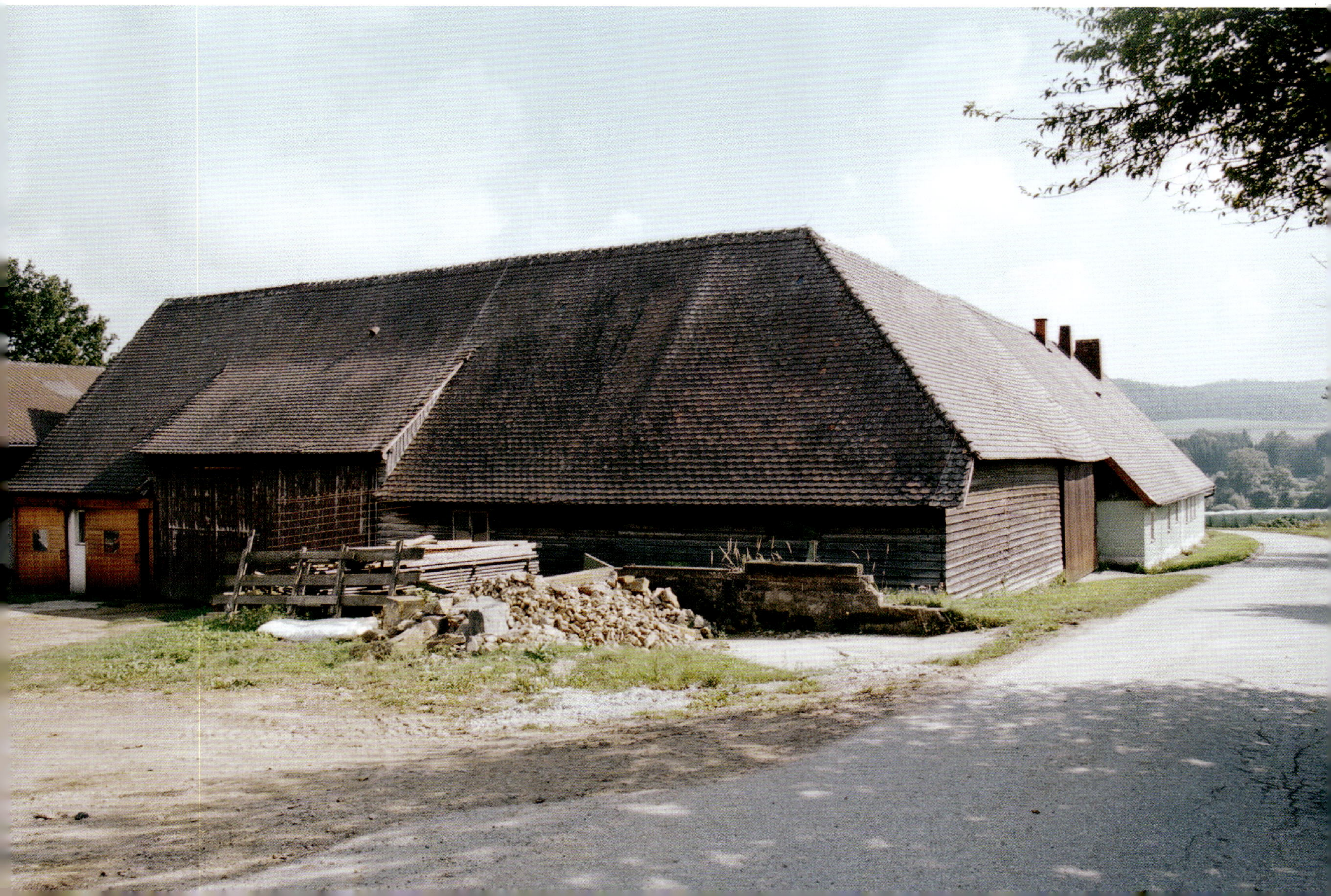

Siedlung Pyhrahof / Unterthumeritz

Siedlung Pyhrahof / Unterthumeritz / 2009

In der architektonisch markanten Besetzung des Waldviertler Grenzraums zur Tschechoslowakei mit Serien nationalsozialistische Agrar- und Volkstumspolitik repräsentierenden ‚Neubauerngehöften' folgte von den Siedlungen Lexnitz und Schellings ostwärts, nach der Siedlung Linde und dem zum gleichen ‚arisierten' Grundbesitz gehörenden, zu weiteren ‚Siedlerstellen' ausgebauten Gutshof Pfaffenschlag, die Siedlung Pyhrahof bei Unterthumeritz, für die Teile des Guts Drosendorf verwertet wurden. Der Siedlungsname zitiert den in die Siedlung integrierten Meierhof des Gutshofs in Unterthumeritz, der ebenfalls für ‚Umsiedler' angekauft und neben dem am Ortsrand ein weiterer ‚Neubauernhof' errichtet wurde, der ebenfalls als Vorzeigebau im Bildband „Das Bauen im Neuen Reich", irrtümlich in Oberdonau verortet, aufscheint.[81] Im Gesamtausmaß von 286 ha hatte die Deutsche Ansiedlungsgesellschaft Liegenschaften, verteilt auf mehrere Orte und Güter, überwiegend in unmittelbarer Grenzlage von Hoyos-Sprinzenstein erworben,[82] von denen neben Unterthumeritz mit 7 ‚Siedlerstellen' mit zusammen rd. 160 ha nur noch Fratres mit 2 ‚Siedlerstellen' für Umsiedlungszwecke der Wehrmacht genutzt wurden. Allerdings lassen in Fratres heute Felder keinen Verweis auf die lediglich im Rohbau errichteten Bauten zu, die nach 1945 von Anrainern abgetragen und als willkommenes Baumaterial wiederverwertet wurden.

Die Siedlung Pyhrahof im Umland von Unterthumeritz umfasst im Anschluss an den namengebenden Meierhof 4 gleiche, entlang der Straße zueinander ausgerichtete Höfe mit Betriebsgrößen von durchgehend ca. 20 ha, die erst zwischen Mitte 1942 und Anfang 1943 bezogen werden konnten, während 1 neuer Hof am Ortsrand, gleichzeitig und typengleich mit der Siedlung Linde, bereits Mitte 1940 fertiggestellt wurde.[83] Die regional unübliche Bauweise wollten, einem Bericht des Bauleiters vom 3.5.1941 zufolge, der die Ausführungen „genau nach den Erdmannschen Plänen" rechtfertigte, einige ‚Umsiedler' nicht hinnehmen. Sie insistierten auf Änderung konstruktiv unzweckmäßiger oder funktionswidriger Bauteile, wie Scheunentore, Bodentiefe, Gesimse oder Streben, an denen man sich den Kopf stoßen würde; „die Siedler weigern sich, die von uns aufgestellten Scheunen abzunehmen", wie Architekt Zachariä an die DAG-Zweigstelle Ostmark meldete und zugleich die extremen Bedingungen auf der Baustelle beklagte, wo Fenster und Türen, Installationen, Dachziegel, selbst Baustoffe, wie Zement und Kalk, fehlten und Lieferschwierigkeiten „unter der Devise Waggonsperre und Kontingentscheinmangel" die Fertigstellung verschleppten. Auch sei ohne Auto der Aufsicht an anderen Baustellen nachzukommen und „säumige Unternehmer persönlich aufsuchen und ihnen Dampf machen" unmöglich.[84]

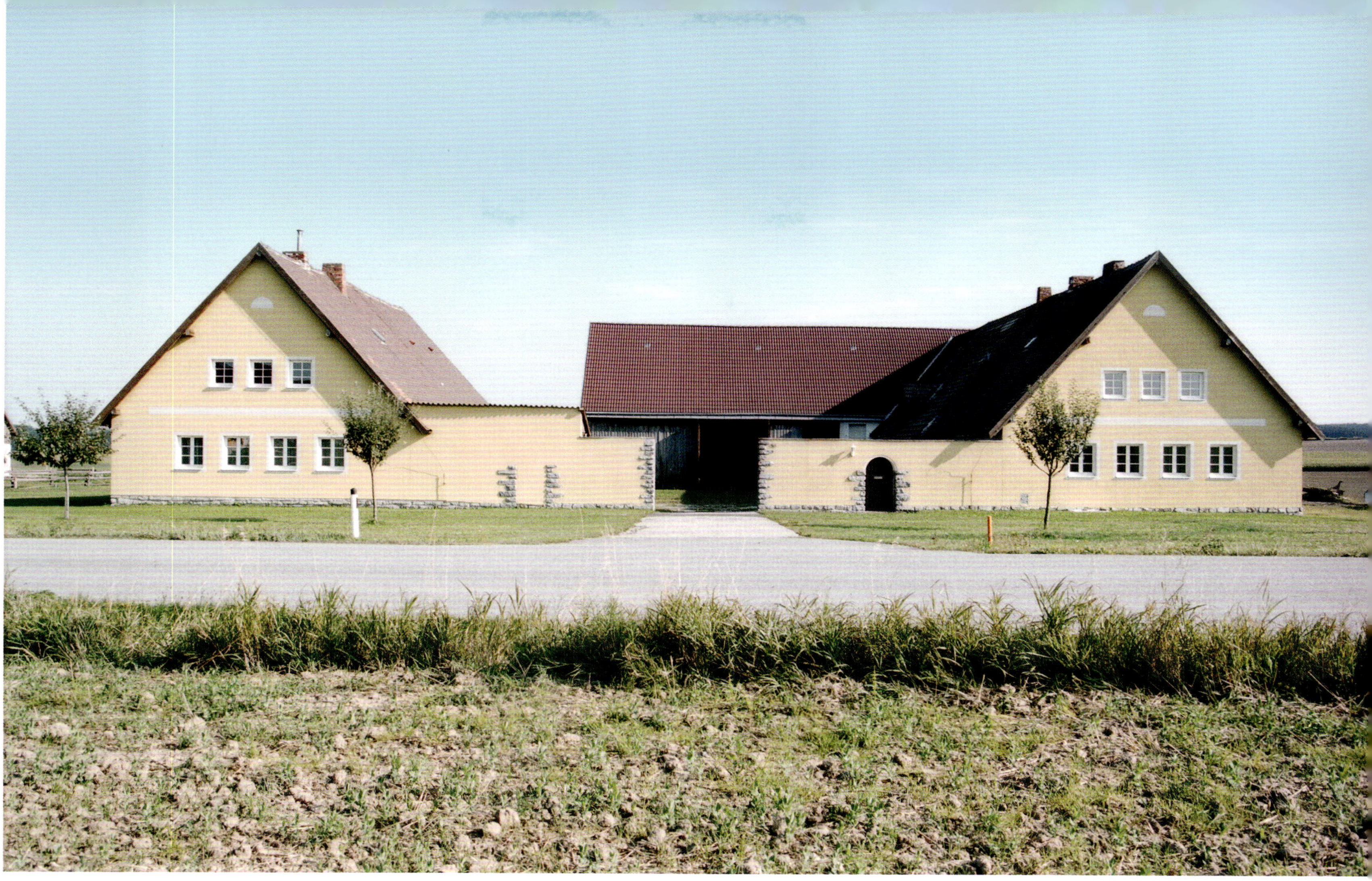

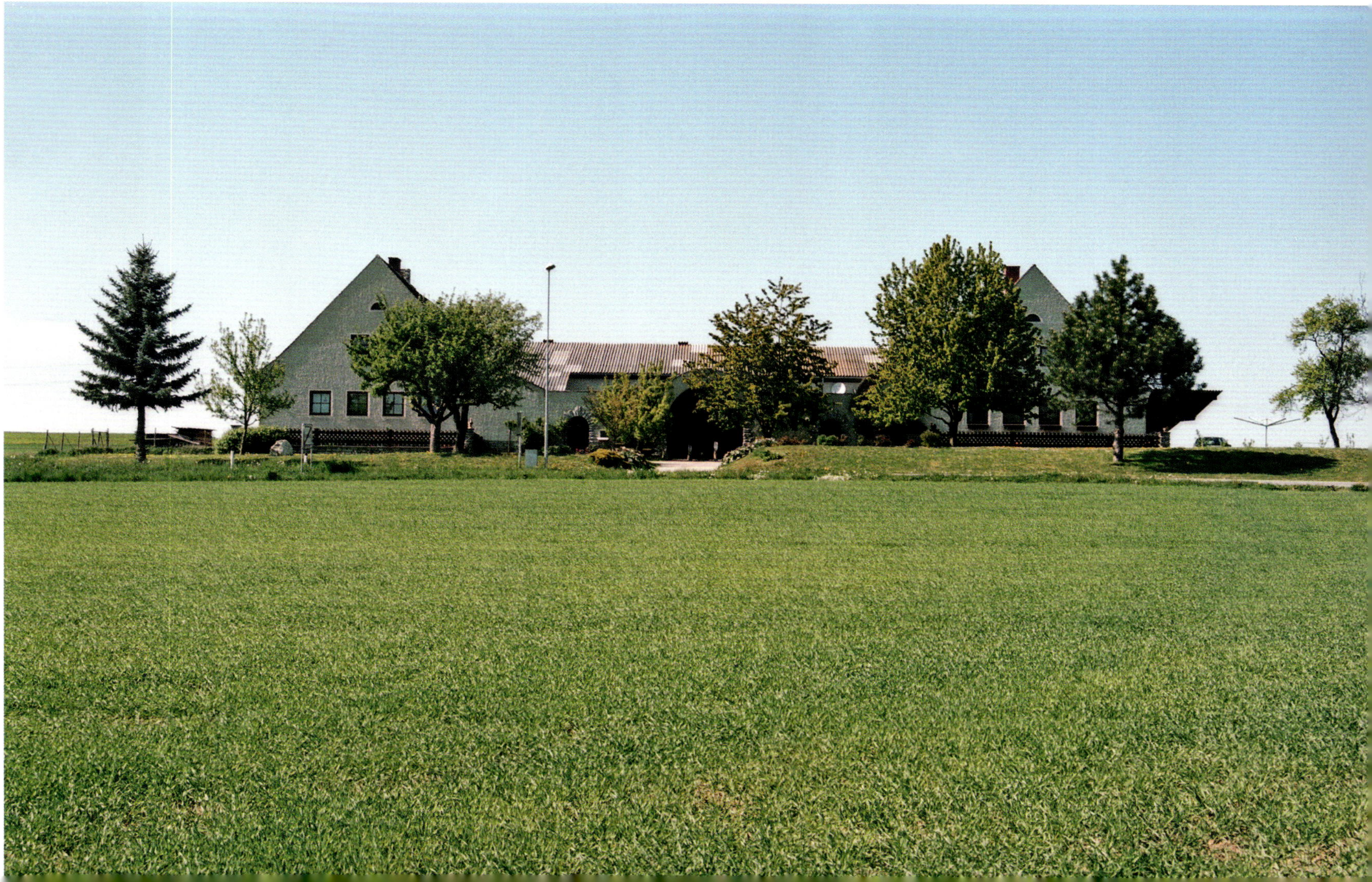

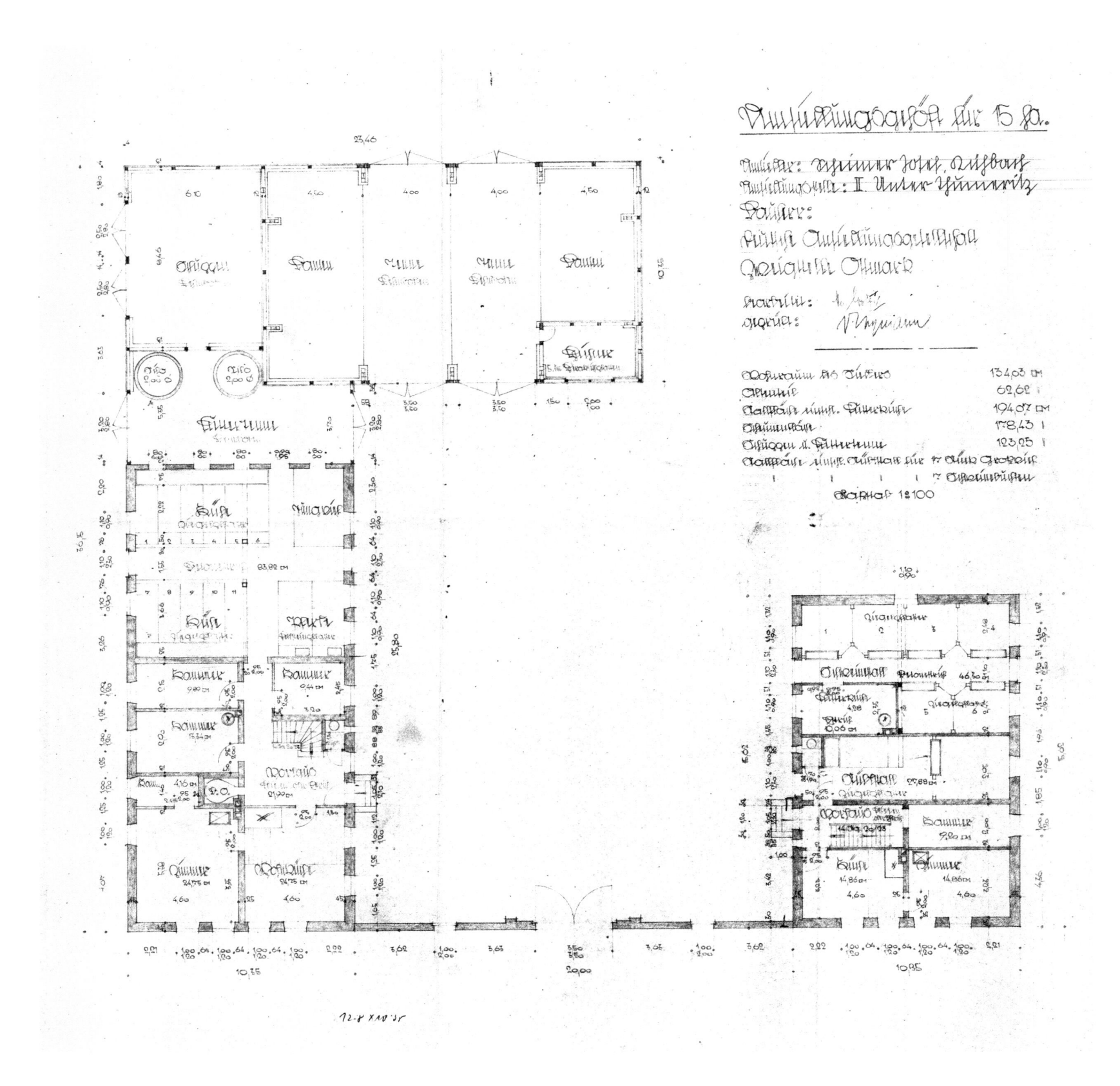

Schwarzenau / Klein Reichenbach

Die flächenmäßig größte und vom Erscheinungsbild uniformer 7 Höfe auffälligste Siedlung befindet sich mit der sonderbaren Bezeichnung „Alm" in Schwarzenau und wurde im zweiten Halbjahr 1942 fertiggestellt. Neben 3 peripher gelegenen, die Typologie anderer Siedlungen wiederholenden Dreiseithöfen, davon 2 im benachbarten Klein Reichenbach, markieren nur an diesem Ort realisierte Vierseithöfe als einheitliches Ensemble die Geländekante, an deren Fuß sich die Ortschaft zwischen Renaissanceschloss und Bahnstation erstreckt. Auch hier beharrten die künftigen Hofbesitzer auf baulichen Änderungen, allerdings weigerten sie sich überhaupt, die „deutsche Hofform" anzuerkennen und setzten eine Planänderung nach dem Vorbild ihrer früheren Höfe durch, der Architekt Erdmann in größerer Dimensionierung und standardisierter Betriebsorganisation Mitte 1940 auch nachkam. Der Hoftyp 20 ha mit 33 m Breite und 40 m Länge weist zwar eine etwas kleinere Grundfläche als die anderen Typen auf, die räumliche Verteilung in den allseits verbundenen Baukörpern unter einem durchgehenden Dach gewinnt aber durch den straßenseitig konzentrierten Wohnbereich, während die Längstrakte zur Gänze Wirtschaftsräume und Stallungen aufnehmen, die der Scheunentrakt verbindet und traditionell zum Hof schließt. Die Aus-

Grundriss Dreiseithof / Willi Erdmann / 1940

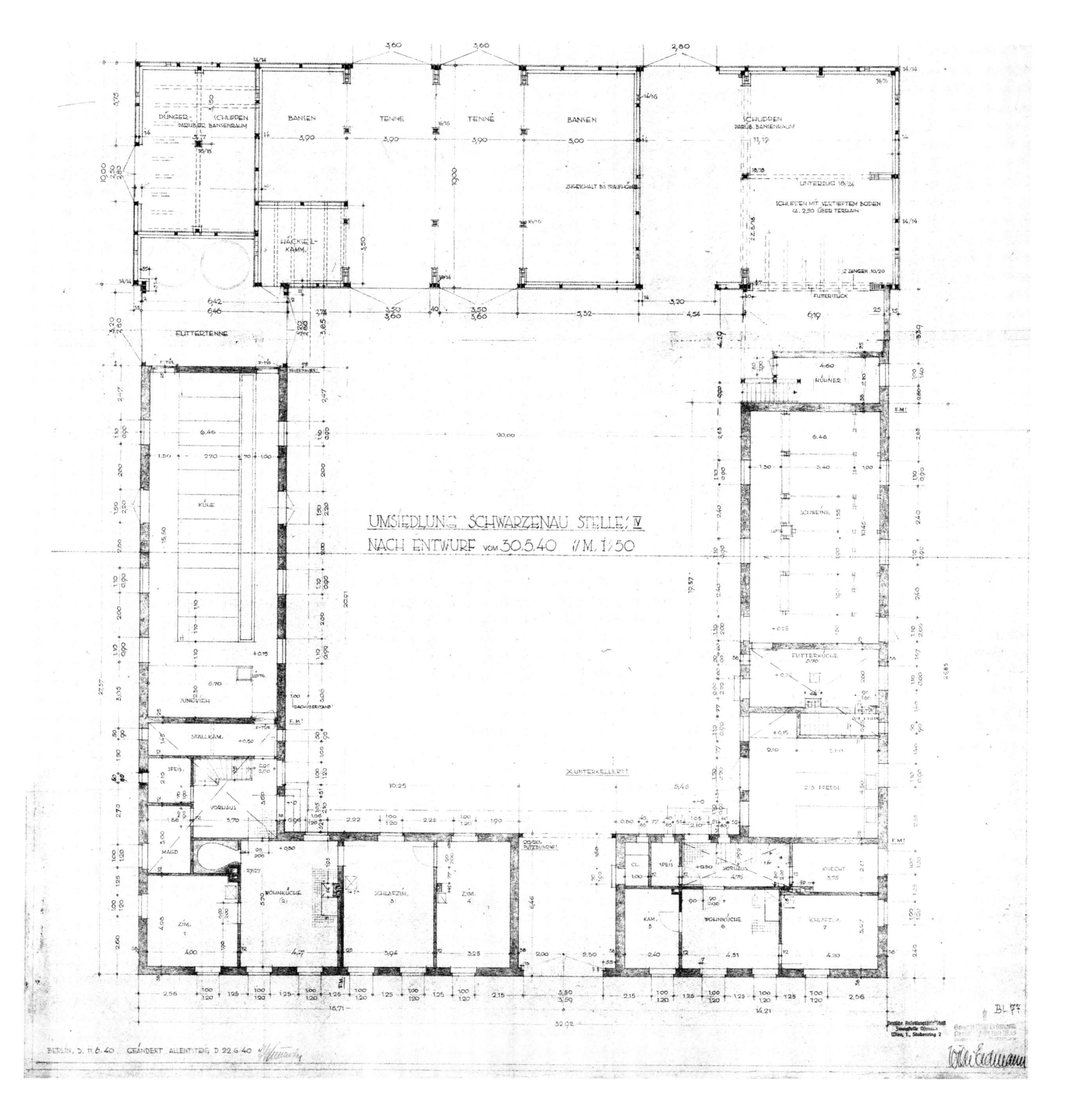

Grundriss Vierseithof /
Willi Erdmann /
1940

>
Planansicht Typ 20 /
Willi Erdmann /
1940

Schwarzenau „Alm" /
2009

führung in Ziegelbauweise bzw. in Fachwerk mit Bretterverkleidung entspricht den Höfen anderer Orte. Die straßenseitige Fassade strukturieren 10 gleichmäßig verteilte Fenster mit Holzläden, denen achsengleich unter der Traufe Lüftungsluken des Dachbodens korrespondieren und die das Tor mit integrierter Gehtür 6 zu 4 in „Siedler- und Altenteilwohnung" teilt und die generationelle Ordnung zu lesen gibt. Das Sonnenmotiv des Tors wiederholt sich an den Eingangstüren in die Wohnbereiche, die über ein Vorhaus erschlossen werden und an die Stallungen, links für Rinder, rechts für Pferde, Schweine und Hühner, anschließen.[85]

Für die insgesamt 10 ‚Siedlerstellen' mit einer Gesamtfläche von über 200 ha kam wiederum durch Zwangsverkauf erworbener jüdischer Grundbesitz zur Verwertung. Die auf mehrere Gemeinden sich erstreckende Domäne Schwarzenau im Ausmaß von 771 ha – rd. 380 ha Wald, 285 ha Agrarflächen – und zu je einem Drittel im Eigentum von Dr. Alfred Porada-Rappaport, Mendel Lagstein und Albrecht Schey, vertreten durch Max Lagstein als Gutsverwalter,[86] war mit 19.7.1938 von der Deutschen Ansiedlungsgesellschaft ‚entjudet' worden.[87] Darüber hinaus sollten auch der an das Schloss angrenzende

TYP 20, SCHWARZENAU   STELLE IV

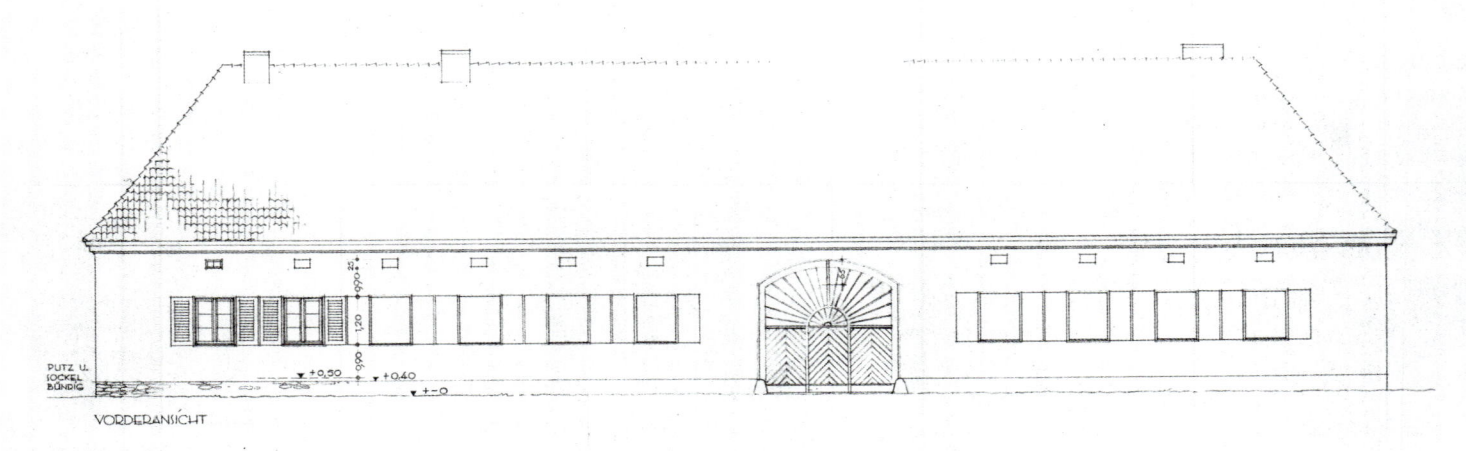

M. 1:50

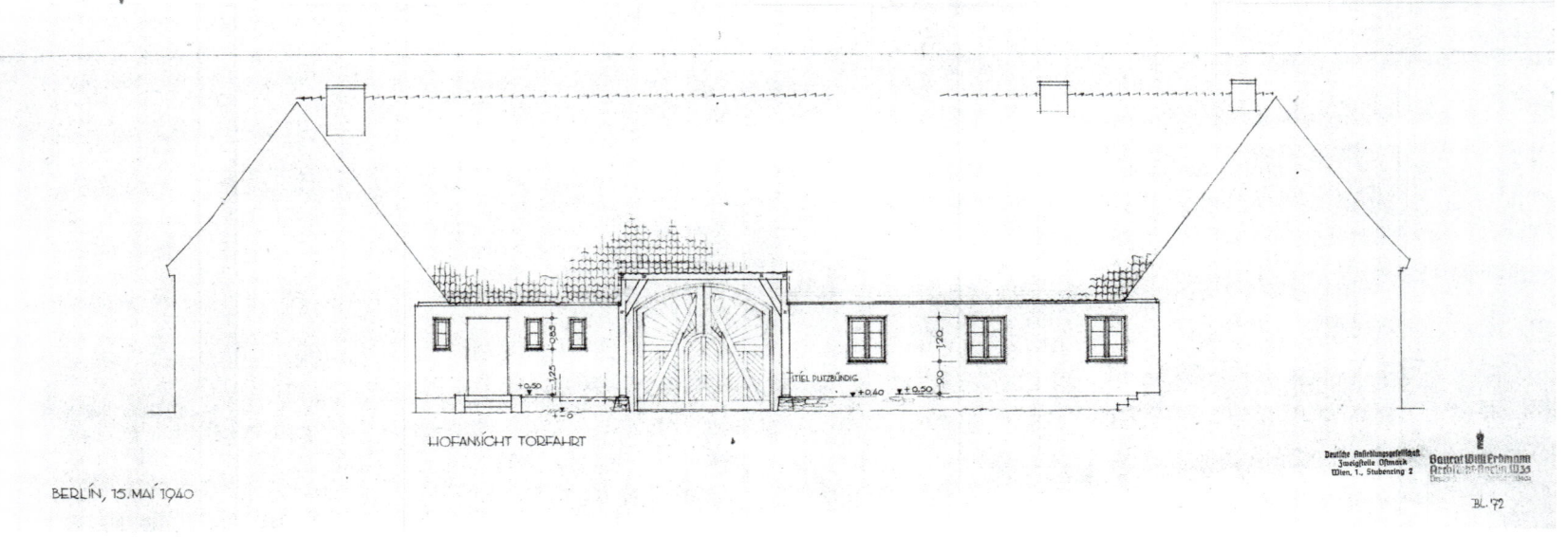

VORDERANSICHT

HOFANSICHT TORFAHRT

BERLIN, 15. MAI 1940

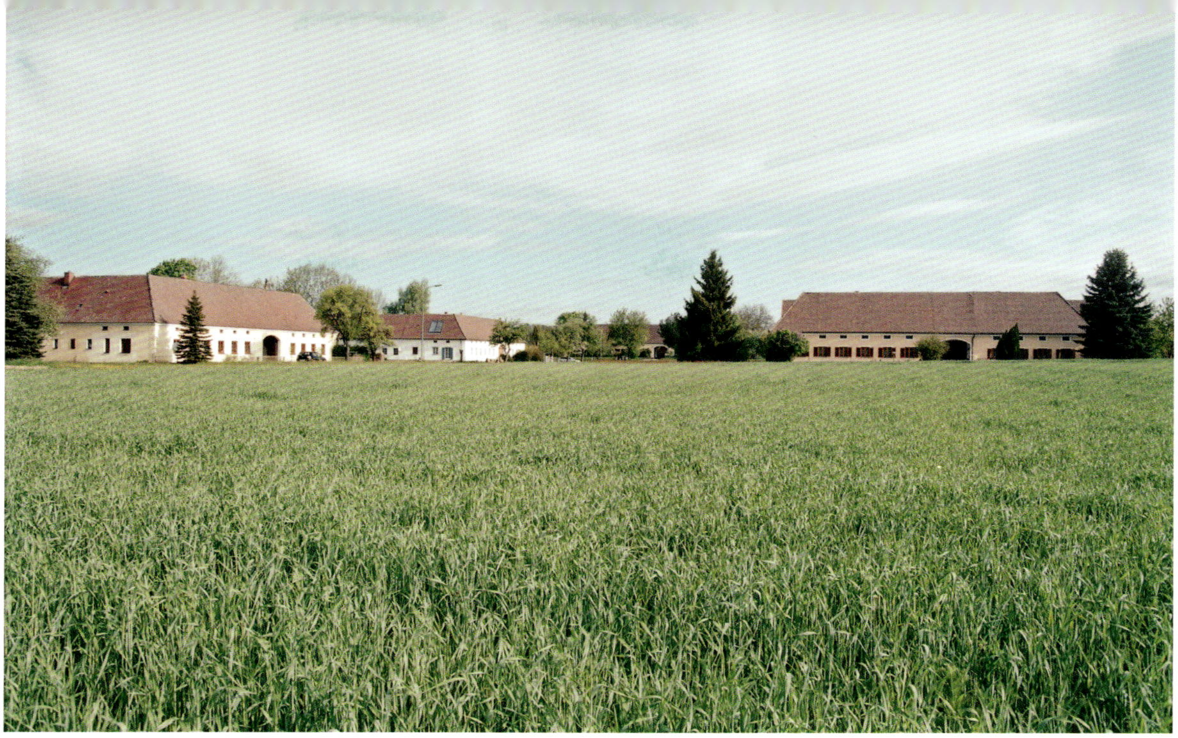

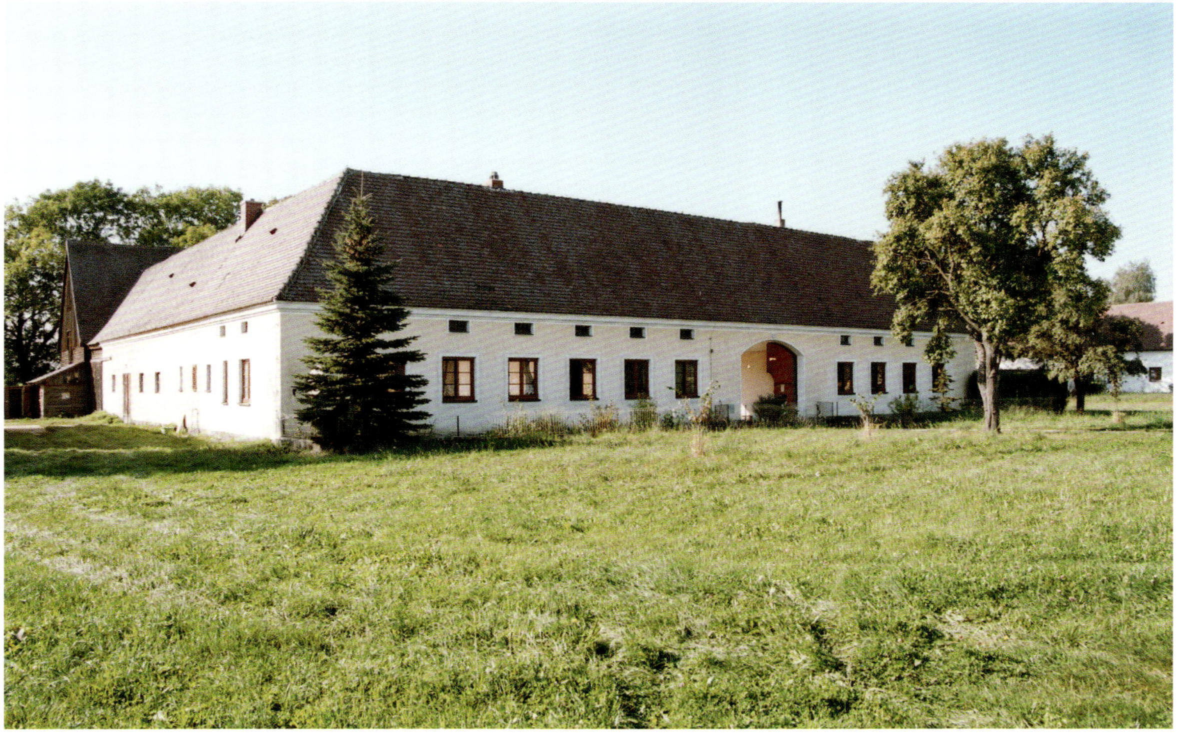

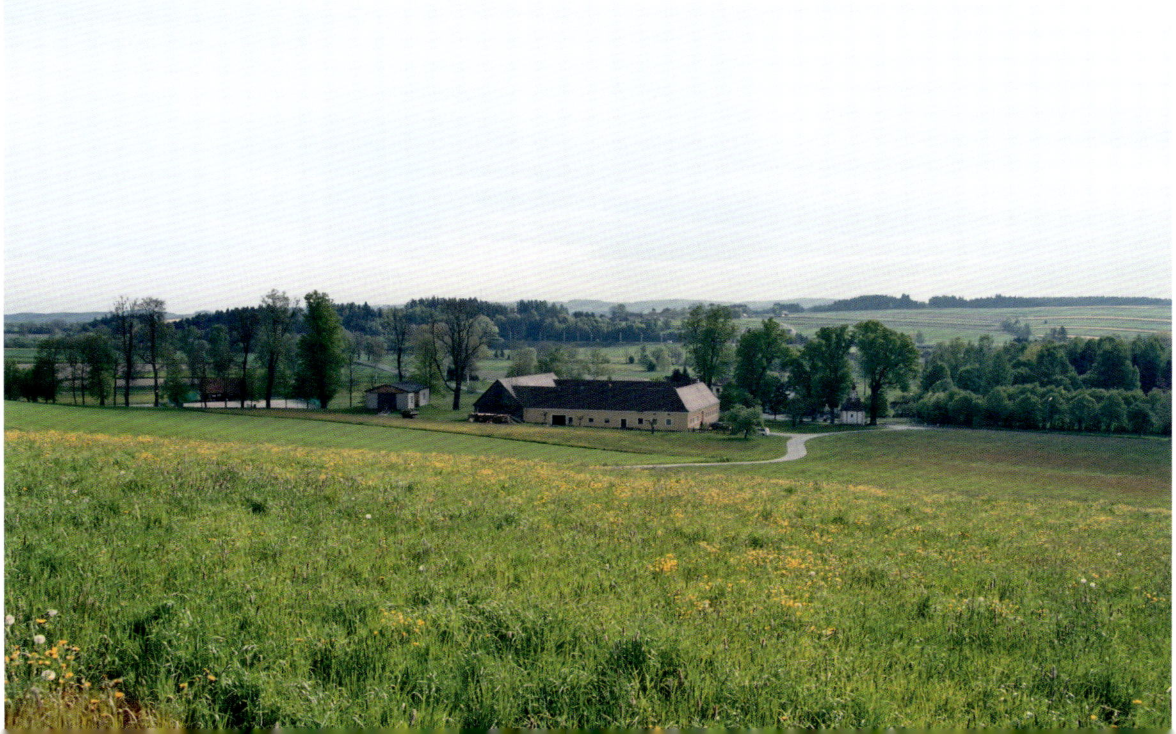

Markt Schwarzenau

und wegen der Frischmilchproduktion für Wiener Schulen als fortschrittlich bekannte Gutsbetrieb und das Vorwerk Haslau mit einer Nutzfläche von 83 ha sowie Wohn- und Wirtschaftsgebäude zu weiteren 4 bzw. 2 ‚Siedlerstellen' um- und ausgebaut werden; diese Pläne machten kriegswirtschaftliche Baueinschränkungen ebenso obsolet wie die Renovierung der Wohnungen im Meierhof in Markl.[88] Als die DAG 1943 den großteils nicht verwerteten Besitz veräußerte, ging der Forstanteil, Haslauer- und Schacherwald, in den Besitz der Reichsforstverwaltung über,[89] der Reichsführer-SS als Reichskommissar für die Festigung deutschen Volkstums übernahm das Vorwerk Haslau zusammen mit ca. 70 ha Teichen, deren Nutzung nach Intervention des Landesbauernführers Pg. Kipferl überlassen wurde; Schloss und Gutshof sicherte sich die Wehrmacht.[90]

Schwarzenau „Alm" / nach Fertigstellung 1942

Parzellierungsplan ‚Umsiedlergehöfte' / 1940

Schwarzenau „Alm" / 2008

Von insgesamt 77 im Grenzraum des nördlichen Waldviertel für ‚Umsiedler' aus dem Gebiet des Truppenübungsplatzes Döllersheim geplanten bäuerlichen ‚Siedlerstellen' wurden 45, davon 36 als Neubau und 9 durch Umbau bestehender Gutshofanlagen, errichtet. Ursprünglich agrar- und grenzpolitisch als „vordringliche Siedlungsaufgaben" zur ‚Neubildung deutschen Bauerntums' geplante ‚Neubauernstellen', für die unmittelbar nach dem ‚Anschluss' im Grenzraum systematisch angehäufter Großgrundbesitz zur Aufteilung bereit stand, kamen so gut wie nicht zur Ausführung.[91] Von der Deutschen Ansiedlungsgesellschaft im Waldviertel mit der Legitimation der Landbeschaffung für Zwecke der Wehrmacht erworbenen Ländereien im Gesamtausmaß von annähernd 4800 ha – rd. 2300 ha wurden durch ‚Arisierung' angeeignet, rd. 2500 ha entfielen auf sonstigen Gutsbesitz – wurden rd. 800 ha als Ersatzland für abgesiedelte Bauern verwertet; die Ansiedlung von ‚Neubauern' beschränkte sich auf eine erst 1941 von der DAG wiederum durch ‚Arisierung' angeeignete und weiter verkaufte Einzelliegenschaft in Dorfstadt[92] sowie den Meierhof in Droß.[93]

Nach durch kriegswirtschaftlichen Baustopp aussichtslos gewordener Instandsetzung für Siedlungszwecke und aufgrund der finanziellen Belastung durch die Aufrechterhaltung des laufenden Gutsbetriebs wurde der Großteil der angeeigneten Liegenschaften 1943 von der DAG abgestoßen: Waldanteile übernahm die Reichsforstverwaltung, Agrarflächen überwiegend der Reichskommissar für die Festigung deutschen Volkstums, vereinzelt auch private Interessenten. Im Untersuchungsgebiet gehörte dazu auch „die Begüterung Gilgenberg mit den Einzelgütern Gilgenberg, Pengers und Wetzles", die von der DAG mit Kaufvertrag vom 21.7.1938 aus dem seit 1935 bestehenden Besitz der Großfamilie Willheim zugleich mit dem Gut Oberwaltersdorf südlich von Wien, das ab 1.9.1938 neben dem Stadtbüro in Wien neuer Sitz der DAG-Zweigstelle ‚Ostmark' wurde, übernommen worden war. Gilgenberg wie alle noch nicht der

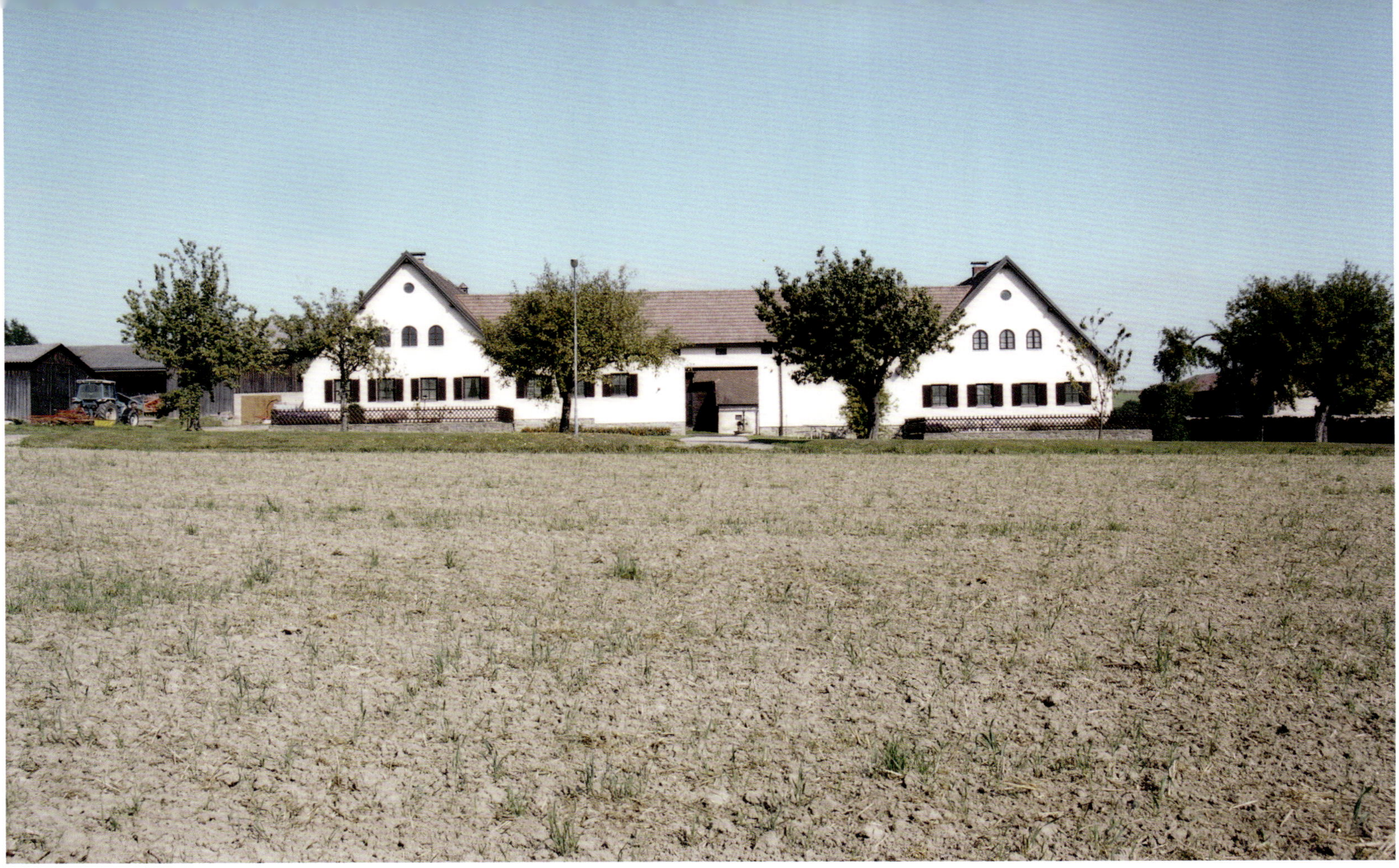

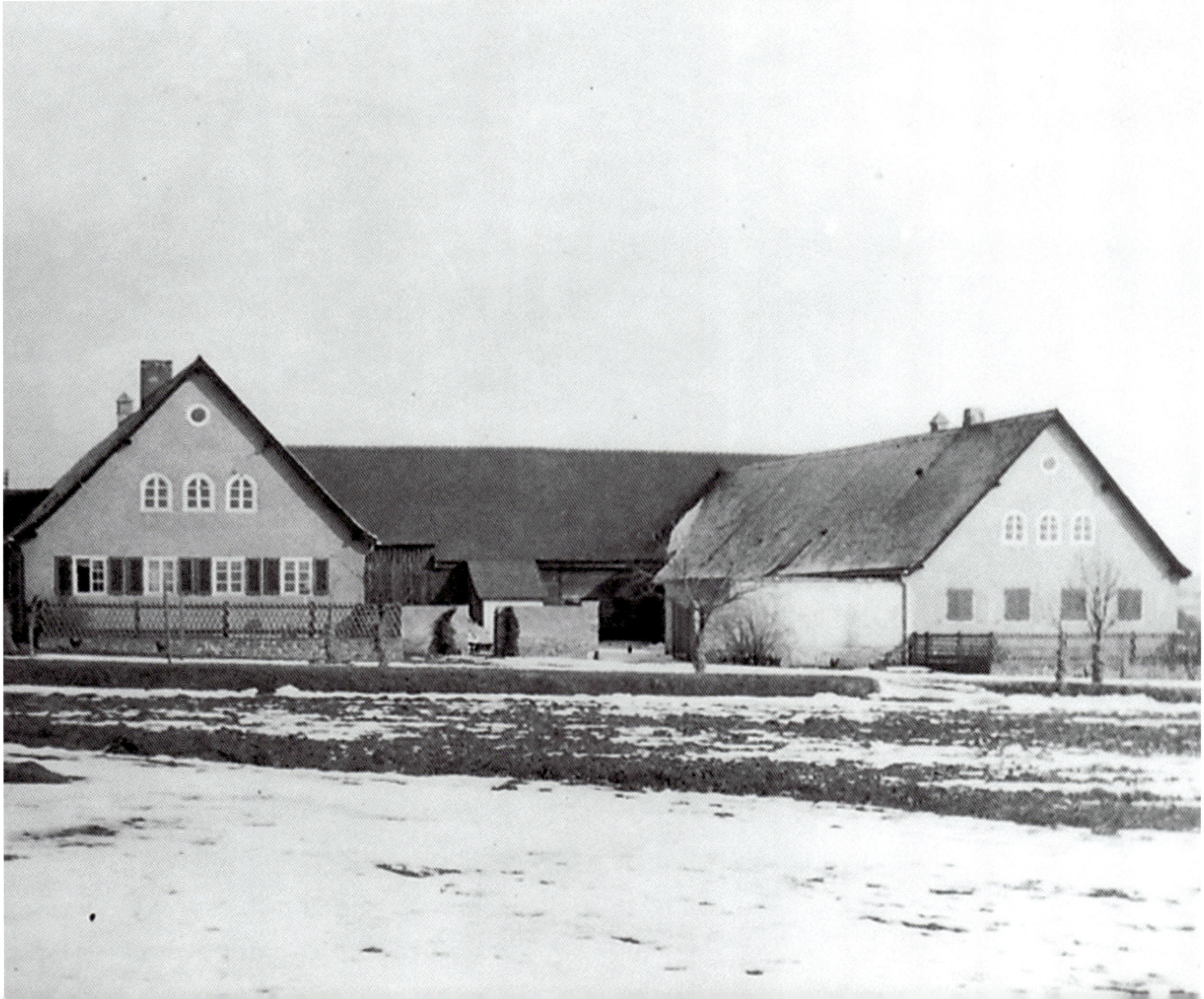

Besiedlung zugeführten Güter im Waldviertel, deren Bewirtschaftungsaufwand sich zunehmend negativ in der Bilanz der DAG auswirkte, wurden im Zuge einer Besichtigungsreise am 11.3.1943, an der Dr. Knitterscheid, Generalintendant des Wehrkreises XVII als Vertreter des OKH, Amtschef Hiege aus dem Amt des RKF, Ministerialrat Junker vom ‚Reichsnährstand' sowie die Vorstandsmitglieder Schleicher und Iversen von der DAG teilnahmen, einer Evaluierung unterzogen,[94] mit dem Ergebnis, Forst- und Agrarflächen auf Reichsforstverwaltung bzw. SS in der Kompetenz des Reichskommissars für die Festigung deutschen Volkstums aufzuteilen.

Gut Gilgenberg im Gesamtausmaß von 818 ha mit einer Agrarfläche von 482 ha und 3,5 ha Teichen umfasste Schloss und Meierhöfe, zu denen auch der aus dem Besitz von Hoyos angegliederte in Fratres gehörte, sowie Ziegeleien und andere Wohn- und Wirtschaftsgebäude.[95] Der Waldanteil von 330 ha war bereits 1938 an Zahlungsstatt für einen Teil der Kaufsumme von Dobersberg an Szapary abgetreten worden.[96] Schloss und zugehörige Meierhöfe in Gilgenberg, aber auch der von Willheim nur gepachtete, zu Gut Ottenstein gehörende Meierhof in Heinrichs wurden wie auch zu anderen von der DAG angeeigneten Gütern gehörende Gebäude, etwa in Schwarzenau und Wetzlas, als Zwischenquartiere für Bauernfamilien aus dem Gebiet des Truppenübungsplatzes genutzt, die bei der Suche von Ersatzhöfen obdachlos geworden waren.[97]

Gut Zogelsdorf, Teil des Gutes Harmannsdorf, mit einer Größe von über 117 ha wegen seiner Bodenverhältnisse und der nahen Lage zum Truppenübungsplatz als besonders geeignet „für die Umsiedlung der Bauern, die im Gebiete dieses Truppenübungsplatzes ihren Besitz aufgeben müssen", beurteilt und seit 11.3.1939 in Verwaltung, nicht aber im Besitz der DAG, sollte trotz der Dringlichkeit, „dass mehrere Landwirte aus dem Umsiedlungsgebiet Döllersheim spätestens am 1. April 1939 die mit dem Enteignungsantrag in Anspruch genommenen Flächen in Besitz nehmen müssen", zum Problemfall werden. Kaufpreisverhandlungen mit Marcell und Riza Herczeg, seit 1927 Eigentümer und als ungarische Staatsbürger Devisenausländer, hatten zu keiner Einigung geführt und ein am 8.2.1939 bei der Reichsstelle für Landbeschaffung beantragtes Enteignungsverfahren notwendig gemacht, dessen lange Dauer letztlich seinen Zweck nicht erfüllte. Bei der am 11.3.1939 in Zogelsdorf anberaumten Verhandlung, an der unter dem Vorsitz von Intendanturrat Kuhn von der Reichsstelle für Landbeschaffung neben einem Familienangehörigen der Besitzer und Vertretern von DAG sowie Landes-, Kreis- und Ortsbauernschaften der kommissarische Verwalter und die Bürgermeister der Anrainergemeinden teilnahmen, konnte zwar Einvernehmen zwischen DAG und Eigentümervertreter über die Bereitschaft zum Verkauf des Guts hergestellt werden, allerdings sorgte der Einspruch des Vertreters der Stadtgemeinde Eggenburg für einen Eklat. Die Begründung, dass ein Teil der Liegenschaften bereits 1938 von der Stadtgemeinde erworben worden sei, um „dem Wehrmachtsfiskus Gelände für die Errichtung von Kasernenanlagen und eines Standortübungsplatzes zur Verfügung zu stellen", verhinderte einen Abschluss wie Vertreter von ‚Reichsnährstand' und DAG übereinstimmend ablehnten, den ohne Kenntnis des Eigentümers getätigten Kauf anzuerkennen. Der aufklärungsbedürftige Fall einer sogenannten wilden ‚Arisierung', wie sie vor der offiziellen Regelung raubökonomischer Aneignung unmittelbar nach dem ‚Anschluss' um sich griff, führte zur Einvernahme des verantwortlichen Bürgermeisters, der „nach längeren Erörterungen" zur Rückgabe der Grundstücke bewegt werden konnte. Als "vollkommen unhaltbar" beurteilte nachträglich der mit Enteignungsfragen von jüdischem Grundbesitz betraute Ing. Kasmannhuber im Oktober 1940 den Umstand, "dass die DAG seit über 1½ Jahren in ein Gut eingewiesen ist und dessen Wirtschaft führt", ohne in dessen Besitz zu sein. "Derartige nicht stabile Verhältnisse, die zu Anfang der Eingliederung der Ostmark durchaus als durch die allgemeine Umbildung begründet angesehen werden können, müssen endlich einmal ein Ende nehmen und in stabile Zustände gewandelt werden."[98] Als schließlich am 21.6.1944 ein Enteignungs- und Entschädigungsbeschluss gefasst und Gut Zogelsdorf am 6.11.1944 zugunsten der DAG im Grundbuch Eggenburg eingetragen werden konnte, hatte sich der ursprünglich dringliche Ersatzlandbedarf für eine unbekannte Anzahl von ‚Umsiedlern' aus dem Raum Döllersheim erübrigt.[99]

Gut Kattau, ebenfalls im Bezirk Eggenburg und an der östlichen Grenze des Waldviertels gelegen, war Eigentum von Ing. Emil und Irma Roth aus Wien.[100] Der gut geführte Betrieb mit einer Agrarfläche von ca. 200 ha wurde 1938 von der DAG ‚entjudet',[101] aber nicht für die Ansiedlung von Neubauern, sondern von der Wehrmacht ab 1943 als „Lehrgut zur Umschulung von Offiziersanwärtern" genutzt.[102]

Gut Engelstein mit 205 ha land-, forst- und teichwirtschaftlichen Flächen und seit 1916 im Besitz des Wiener Kaufmanns Adolf Lewin, war nach dessen Tod 1933 auf seine Schwestern, Pauline Lewin und Berta Korkes, übergegangen.[103] Westlich des Truppenübungsplatzes gelegen, wurde das Gut mit Kaufvertrag vom 26.9.1938 von der DAG ‚arisiert' und ungeteilt mit Kaufvertrag vom 27.6.1942 an Eleonore von Kloss veräußert, angeblich als Ersatz für beschlagnahmte Güter in Polen.[104]

Der bei Weitem größte Gutsbesitz in jüdischem Eigentum im Waldviertel war das „Waldgut Gföhl zu Jaidhof" mit den Gütern Rehberg, Jaidhof, Imbach, Droß, Gföhl und Wald im Panholz sowie diversen Rustikalbesitzungen in den Gerichtsbezirken Langenlois, Krems und Gföhl im Gesamtausmaß von mehr als 9500 ha, die zu 93% auf Wald entfielen. Besitz von Wolfgang Gutmann vom gleichnamigen Bankhaus in Wien, wurde die ‚Entjudung' aufgrund der Größe der Domäne der bei der Kontrollbank eingerichteten Treuhandgesellschaft und mit Stichtag 1.11.1938 dem Beauftragten für das Forstwesen im Lande Österreich zur Verwertung übertragen. Mit Kaufvertrag vom 30.3.1939 übernahm die Reichsforstverwaltung den Güterkomplex, nachdem die NSDAP sich Schloss Jaidhof durch Bescheid des Reichsstatthalters in Österreich bereits am 13.10.1938 als ‚Gauschulungsburg' gesichert hatte.[105] Für Siedlungszwecke wurde lediglich das über 106 ha große Gut Droß in Aussicht genommen, von dem 15 ha und der Meierhof

Klein Reichenbach / 2009

nach Fertigstellung 1942

als ‚Neubauernstelle' definiert wurden, die restlichen Flächen sollten an angrenzende Bauern weiterverkauft werden.[106]

Neben überwiegend aus jüdischem Eigentum stammendem Land wurden im Grenzraum des Waldviertels auch Liegenschaften aus Feudalbesitz nicht, wie geplant, zur Verwertung für die ‚Neubildung deutschen Bauerntums', sondern, wie etwa Güter der Domäne Dobersberg, zum Teil als Ersatzland für ‚Umsiedler' aus dem Gebiet des Truppenübungsplatzes verwendet. So erwarb die DAG aus der Domäne Drosendorf[107] von Hoyos-Sprinzenstein mehrere, entlang der tschechoslowakischen Grenze gelegene Güter im Gesamtausmaß von 286 ha, wovon lediglich Flächen in Unterthumeritz und Fratres für bäuerliche Siedlungszwecke genutzt wurden; von den anderen Ländereien samt Meierhöfen wurde der Wilhelmshof, das mit über 159 ha und einem Waldanteil von rd. 36 ha größte Einzelgut, 1943 der SS für Zwecke des Reichskommissar für die Festigung deutschen Volkstums abgetreten, auf eine Besiedlung wurde allerdings wegen der ungünstigen Verkehrslage – die Entfernung zu den nächsten Bahnstationen Raabs und Waldkirchen betrug 12 km – verzichtet.[108]

Gut Rosenau bot nicht nur wegen der Nähe zum Entsiedlungsgebiet und vergleichbarer Bodenverhältnisse geeignete Bedingungen für ‚Umsiedler', es gab wohl auch ideologisch keinen tieferen Grund für die völkisch-wehrhafte Agrarpolitik als den von Georg Schönerer zu einem landwirtschaftlichen Musterbetrieb ausgebauten Besitz. Seine deutschnationale, antisemitisch gegründete Politik hatte der NSDAP den Boden bereitet, wie eine in der Region signifikant frühe und rapid wachsende Anhängerschaft zeigt,[109] die, konfrontiert mit rigoros durchgezogenen Entsiedlungsmaßnahmen, mit enttäuschten und später verdrängten Erwartungen übrig blieb. Dass die Deutsche Ansiedlungsgesellschaft nach sonst nahezu problemlosen Übernahmen ausgerechnet beim Erwerb von Rosenau, nach Schönerers Tod 1921 von wirtschaftlichem Niedergang gezeichnet, die komplizierten Verhandlungen mit den 3 Töchtern, Anna Statzer, Friederike Rodler und Marianne Zborowski, sowie der Enkelin Gertrude Wildenhain-Schönerer, nur im Zuge einer gerade noch abgewendeten Enteignung erst am 19.4.1939 vollständig abschließen konnte, entbehrt nicht einer gewissen Ironie.[110] Auch hier fand keine Aufteilung des Großgrundbesitzes statt, weder durch Ansiedlung von ‚Umsiedlern' noch von ‚Neubauern', vielmehr wurden, entgegen angekündigter Bodenreform strukturerhaltend, die land- und forstwirtschaftlichen Gutseinheiten gesondert weiterveräußert. Der eigene Betriebskosten einsparende Abverkauf der Agrarflächen im Ausmaß von 469 ha samt Schloss und Meierhof erfolgte, nachdem der überwiegende Waldanteil von 830 ha von der Reichsforstverwaltung übernommen worden war,[111] in Erweiterung des benachbarten Besitzes in Langschlag an Ludwig Lazarini.[112]

Großgrundbesitz innerhalb der Militärzone und in das Eigentum des Heeresfiskus übergegangen machte rd. 3000 ha aus, wovon 1046 ha mit einem Waldanteil von 843 ha auf das Gut Großpoppen-Rausmanns im Besitz der Johann-Joachim Graf Windhaag'schen Konvikthand-Stipendienstiftung, 1940 geändert in Windhag-Stipendienstiftung für Niederdonau, entfielen,[113] das den Zentralraum des Truppenübungsplatzes ausmacht; in der südlichen, vom Kamp begrenzten Randzone wurden die Güter Ottenstein mit 706 ha und Wetzlas mit 110 ha[114] aus dem Besitz von Vollrath von Lamberg bzw. der Pressburger 1. Sparbank erworben, den südwestlichen Abschluss der militärischen Sperrzone bilden etwa 900 ha land- und forstwirtschaftliche Flächen aus dem Besitz von Stift Zwettl, einschließlich Gut Dürnhof, dessen Ländereien bis an die Klosteranlagen reichten.[115]

Nutzungskonzepte für den Truppenübungsplatz nach 1945[116]

Während die rechtliche Sicherheit für ‚Aussiedler' auf von der DAG erworbenen Höfen spät, aber letztlich hergestellt wurde, erfüllte sich die durch Wiederbesiedelungs- und Nutzungskonzepte verschiedener Proponenten und politischer Kräfte geweckte Hoffnung anderer auf Rückkehr in das entsiedelte Gebiet und ihre zunächst großteils intakten Höfe nicht. Auch im Fall vergleichsweise schlechter Besitzablösen oder für Erbhöfe auf Sperrkonten erlegter Kaufsummen, über die zu verfügen, nur im Fall der Wiederbeschaffung eines bäuerlichen Anwesens genehmigt wurde, hatten Entschädigungsforderungen kaum Aussicht auf Erfolg.

Nach der Befreiung 1945 vereitelte zunächst der völkerrechtliche Anspruch der Besatzungsmacht auf ‚Deutsches Eigentum' die Möglichkeit, die von der provisorischen Regierung mit dem 1. Rückstellungsgesetz vom 26.6.1945,[117] wonach gemäß § 1 Abs.1 „die vom Deutschen Reich auf Grund von aufgehobenen reichsrechtlichen Vorschriften […] entzogenen […] Vermögen den Eigentümern, denen sie entzogen worden sind, oder ihren Erben […] zurückzustellen" sind, geschaffen worden war. Im 3. Rückstellungsgesetz vom 6.2.1947[118] wurde, abgesehen vom Transfer des Verfahrens von der Finanzlandesdirektion zu Gericht und dessen Instanzenzug folgenden Rückstellungskommissionen, gemäß § 2 Vermögensentziehung neu definiert: „wenn der Eigentümer politischer Verfolgung durch den Nationalsozialismus unterworfen war und der Erwerber des Vermögens nicht dartut, dass die Vermögensübertragung auch unabhängig von der Machtergreifung des Nationalsozialismus erfolgt wäre. In anderen Fällen liegt eine Vermögensentziehung insbesondere nicht vor, wenn der Erwerber dartut, dass der Eigentümer die Person des Käufers frei ausgewählt und eine angemessene Gegenleistung erhalten hat oder dass die Vermögensübertragung auch unabhängig von der Machtergreifung des Nationalsozialismus erfolgt wäre". Damit war die Anspruchsberechtigung für die aus dem Gebiet des Truppenübungsplatzes abgesiedelten Antragsteller infrage gestellt. Selbst wenn in manchen Fällen, ohne Nachweis politischer Verfolgung, dem Anspruch in erster Instanz Folge gegeben wurde, bedurfte die Exekution von Erkenntnissen über Rückstellung in Bezug auf ‚Deutsches Eigentum' der Genehmigung der Alliierten Kommission.

Die komplexe Sache und ihre infolge des Wandels in der Rechtsauffassung komplizierte Judikatur basierten nicht zuletzt auf der Aporie, dass die beanspruchten Liegenschaften nach wie vor verbüchertes Eigentum des ‚Deutschen Reichs / Heeresfiskus' waren und sich die Republik Österreich, dem Staatsvertrag entsprechend nicht dessen Rechtsnachfolgerin, in Bezug auf die Liegenschaften lediglich als deren „Treuhänderin und Verwalterin" verstand. Von den Antragstellern wiederum wurde mit Art. 22 des Staatsvertrags argumentiert, nach dem die Übernahme des ‚Deutschen Eigentums' zu Reparationszahlungen verpflichtete.[119] Da aber mit Übergabe des Truppenübungsplatzes in die Verwaltung des Landes Niederösterreich[120] nicht in Betracht gezogen wurde, bereits entschiedene Rückstellungsansprüche zu exekutieren, wurden Verfahren aus präjudiziellen Gründen bis Inkrafttreten des Staatsvertragsdurchführungsgesetzes aufgeschoben. Nach erneuter Kompetenzregelung von der gerichtlichen Instanz wieder an die Verwaltungsbehörde der Finanzlandesdirektionen abgegeben, wurde „im Interesse der Rechtssicherheit, die für die schleunige und endgültige Bereinigung des ehemaligen Landbesitzes der deutschen Wehrmacht Voraussetzung ist",[121] mit dem 3. Staatsvertragsdurchführungsgesetz vom Juli 1957[122] gemäß § 1 Abs.1 die Rückstellungspflicht auf jene Fälle eingeschränkt, in denen „die damals geltenden Gesetze missbräuchlich angewendet worden sind oder der Eigentümer lediglich aufgrund politischer Verfolgung zur Veräußerung genötigt worden ist". Diese Schwerpunktsetzung wurde von der Obersten Rückstellungskommission so ausgelegt, dass für die Errichtung von Truppenübungsplätzen, Flugplätzen, etc. alle Eigentümer eines größeren Gebiets zur Veräußerung zu verhalten, keine Vermögensentziehung und Enteignungen oder sonstige Erwerbungen zu militärischen Zwecken, als in allen Staaten üblich, keine als nationalsozialistisch zu bezeichnende Erwerbsart darstelle.

Abgesehen von privaten Interessen getragenen Rechtsansprüchen und der im Fall einer Wiederbesiedlung relevanten Kostenfrage in Bezug auf Rekultivierung des in 7 Jahren militärischer Nutzung vernachlässigten Bodens wie Wiedererrichtung der nach 1945 zerstörten baulichen Substanz wurden von wechselnden politischen Interessen dominierte Teil- und Gesamtnutzungskonzepte für das ca. 19.000 ha umfassende Areal neben- und gegeneinander verfolgt.[123] Letztlich fiel 1957 die Entscheidung zugunsten des österreichischen Bundesheers, das bis auf einen etwa 3000 ha großen, an den Kamp grenzenden Teil im Süden, welcher der Windhag'schen Stipendienstiftung als Entschädigung für abgegebene, zentral gelegene Liegenschaften zugesprochen wurde, das Gebiet zur weiteren militärischen Nutzung übernahm. Den damit um ihre letzten Hoffnungen auf Rückkehr oder Entschädigung gebrachten ehemaligen ‚Aussiedlern' als Rückstellungswerbern wurde nach Wegfall des rechtlichen Anspruchs aus politischer Vernunft eine Grundkaufoption im Bereich militärisch nicht genutzter und zur Wiederbesiedelung frei gegebener Flächen – „sofern sie [die Liegenschaften] nicht für Zwecke der Republik Österreich benötigt werden" – angeboten. Um die vielen anhängigen Verfahren rasch zu einem Ende zu bringen, wurden, da das Gebiet niederösterreichischer Landesgesetzgebung unterlag, Verfahrensregelung und Aufteilung des Landes in die Zuständigkeit der Agrarbehörden und eigens eingerichteter Kommissionen übertragen, die im Rahmen eines landwirtschaftlichen Siedlungsverfahrens oder auch im Freiverkauf Parzellen vergeben sollten. Absicht war, „jenen Personen wieder Grund und Boden zukommen zu lassen, die durch eine unglückliche Verkettung von Umständen keinen Grund und Boden (wieder) erwerben konnten oder den bereits erworbenen wieder abgeben mussten".[124] Dass eine pauschale Bereinigung einer von vielfach politischen Verwerfungen sowie individuell einschneidenden Betroffenheiten gekennzeichneten Situation, die zugleich agrarreformerischen Aspekten genügen sollte und grundrechtlichen Interessen gehorchte, kaum möglich war und eher politischen good will als Rechtssicherheit bot, soll sich an Beispielen erneuter Benachteiligung wie umgekehrt Vorteilsnahme durch nicht Geschädigte gezeigt haben.[125] Ein rechtskundig knappes Resümee hält fest, „dass die Republik Österreich den Truppenübungsplatz „im öffentlichen Interesse" übernahm, ohne eine ausreichende Entschädigung aller dadurch Betroffenen sicherzustellen, und dass in einigen Fällen die Rückstellung letztlich an diesem öffentlichen Interesse scheiterte".[126]

Barackenbauten

292   RAD-Lager

315   Getreide-Lagerhallen

318   Stalag XVII B Gneixendorf

324   Lager für Kriegsgefangene und ZwangsarbeiterInnen in Betrieben

Lagerstraße

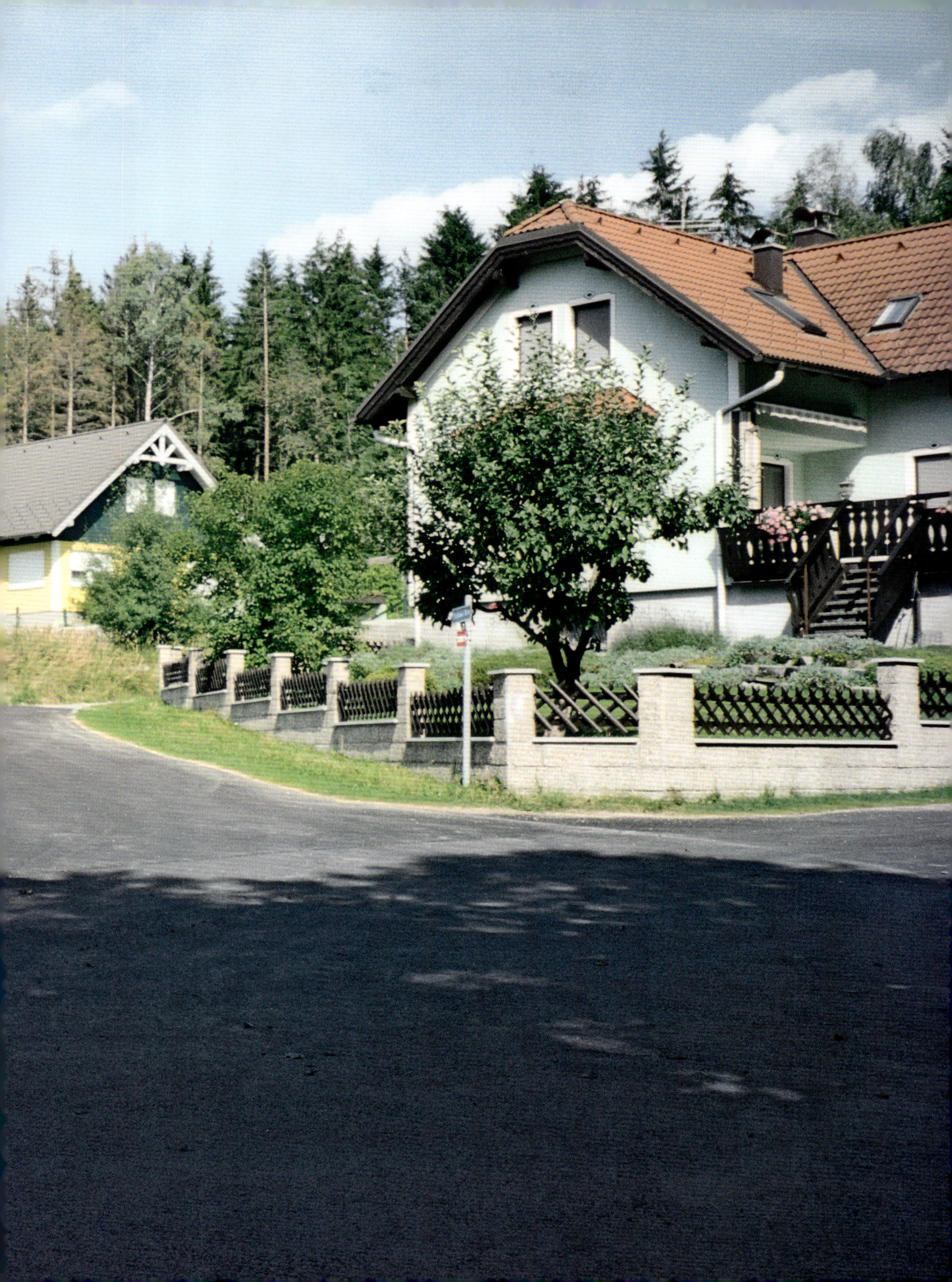

RAD-Lager

Zweck und Ziel des Reichsarbeitsdiensts, einer in die Reichsverwaltung integrierten, paramilitärisch strukturierten Organisation und autoritären Erziehungsinstitution des NS-Regimes, definierte § 1 des von der Reichsregierung erlassenen Gesetzes vom 26.6.1935 folgendermaßen: „Der Reichsarbeitsdienst ist Ehrendienst am deutschen Volke. Alle jungen Deutschen beiderlei Geschlechts sind verpflichtet, ihrem Volke im Reichsarbeitsdienst zu dienen. Der Reichsarbeitsdienst soll die deutsche Jugend im Geiste des Nationalsozialismus zur Volksgemeinschaft und zur wahren Arbeitsauffassung, vor allem zur gebührenden Achtung der Handarbeit erziehen. Der Reichsarbeitsdienst ist zur Durchführung gemeinnütziger Arbeiten bestimmt."[1] Damit war der seit 1931 zur Bekämpfung der Jugendarbeitslosigkeit auf freiwilliger Basis bestehende Arbeitsdienst abgelöst und nicht mehr vorrangig und ausschließlich ein Instrument der Arbeitsmarktlenkung, sondern, nach dem ‚Führerprinzip' organisiert, ein ideologisch-pädagogisches Lenkungsinstrument zur Herstellung der auf bedingungslose Pflichterfüllung konditionierten ‚Volksgemeinschaft'.

Als streng hierarchisch gegliederte, praxisbezogene und in Lagern verortete Erziehungsinstitution erweiterte der RAD zunächst nur den Pflichtenkatalog der männlichen Jugend; zeitlich zwischen Schulpflicht und Wehrdienst angesiedelt, war die Ableistung des Arbeitsdiensts dessen Voraussetzung. Für die Dauer von 6 Monaten für ledige Jugendliche zwischen 18 und 25 Jahren obligatorisch – für Frauen erst mit Kriegsbeginn 1939 –, wurde die Zahl der männlichen Dienstpflichtigen von zunächst durchschnittlich 200.000, durch ‚Führererlass' festgelegt, laufend erhöht: bis Oktober 1937 auf 230.000, 1938 auf 275.000, 1939 auf 300.000, … .[2] Die Organisationsstruktur des Reichsarbeitsdiensts für die männliche Jugend RADmJ umfasste 1938 32 Arbeitsgaue zu jeweils 4-8 Arbeitsdienstgruppen, die wiederum in 5-10 Arbeitsdienstabteilungen zu etwa 200 Mann gegliedert waren. Mit dem ‚Anschluss' Österreichs und der Eingliederung der ‚Sudetengebiete' 1938 erfolgte eine Ausweitung um 6 auf 38 Arbeitsgaue mit 207 Arbeitsdienstgruppen und 1410 Lagern, deren Anzahl sich 1939 auf 259 bzw. 1700 erhöhte.[3]

Die anfangs freiwillige Teilnahme und marginale Stärke des Reichsarbeitsdiensts für die weibliche Jugend RADwJ von 9000 ‚Maiden' 1936, verteilt auf 13 Bezirksleitungen mit 327 Lagern, war dem nationalsozialistischen Frauenbild geschuldet, das die Rolle der Begleiterin des Mannes und der Mutter favorisierte. Allerdings sollte die Frau von der Erziehung zur ‚Volksgemeinschaft' – und damit zu Aufgabe und Pflicht – nicht ausgenommen werden: „Wenn die Frau als Lebensgefährtin des Mannes, als Mutter oder als Berufskameradin außerhalb der nationalsozialistischen Aufgabe stehen soll, kann man nicht von Volksgemeinschaft, sondern allenfalls vom Männerbund sprechen."[4] Eingegliedert in „die große Ordnung der Organisation", wurden aber frauenspezifische Formen der Indienstnahme verlangt, „ihrer Eigenart als Frauen" entsprechend, mit einem traditionell auf Familie und Haushalt bezogenen Aufgabenfeld.[5] Realpolitisch machte der Arbeitskräftemangel aber, bedingt durch ‚Vierjahresplan' und Kriegsvorbereitung ab 1936, das Arbeitspotenzial von Frauen unverzichtbar und eine frauenpolitisch radikale Wende erforderlich, die zur Eingliederung des nach wie vor freiwilligen Arbeitsdiensts in den Reichsarbeitsdienst und mit Kriegsbeginn 1939 zur Dienstverpflichtung auch für weibliche Jugendliche führte. Um den eklatanten Widerspruch zwischen Ideologie und kriegswirtschaftlicher Pragmatik zu verschleiern, unterstrich die Propaganda Frauenarbeit als wehrpolitisches Gebot. War durch ‚Führererlass' die Anzahl freiwillig Dienst leistender ‚Maiden' bis März 1938 auf 25.000 gestiegen,[6] forderte Hitler nach der Annexion Österreichs und der tschechischen Randgebiet eine weitere Erhöhung ab November auf 50.000. Dementsprechend stieg die Anzahl der Lager bis 1938 auf 700 und 1939 auf prognostizierte 950, nachdem Görings Forderung einer weiteren Verdoppelung der Organisationsstärke auf 100.000 am 4.9.1939 vom Ministerrat für die Reichsverteidigung durch Verordnung der Arbeitsdienstpflicht für Frauen entsprochen wurde.[7] Mit Inkrafttreten der neuen Regelung wurden nun auch Frauen einer Musterung unterzogen, in der, die Jahrgänge 1920 und 1921 betreffend, 60.000 Dienstpflichtige erfasst wurden. Da für die schlagartig angewachsene ‚Gefolgschaft' Führungspersonal erst ausgebildet und Unterkünfte beschafft werden mussten, konnten zunächst nur 25.000 zum Dienst eingezogen werden; der Bedarf an Lagern ließ entgegen der letzten Prognose deren Zahl auf insgesamt 1575, zum 1.1.1940 auf 1800, zum 1.4.1940 auf über 2000 steigen und die mit der Dienstaufsicht über die Lager beauftragten Lagergruppen auf 130 anwachsen.[8] Als Sofortmaßnahme zur Deckung des Lagerbedarfs dienten Jugendherbergen und 165 Barackenlager von zur Wehrmacht eingezogenen ‚Arbeitsmännern'.[9] Kriegsbedingt wurde die Organisationsstärke des Reichsarbeitsdiensts für die weibliche Jugend auf 130.000, 150.000 und 165.000 ‚Maiden' gesteigert, die – mit der Ausweitung in die besetzten Gebiete wie des Aufgabenbereichs – zu Kriegshilfsdienst und Rüstungseinsatz verpflichtet waren.[10]

An der Spitze des zum Reichsinnenminister ressortierenden RAD stand der aus Oberbayern stammende Konstantin Hierl, der als Reichsarbeitsführer über Organisation, Arbeitseinsatz sowie Ausbildung und Erziehung entschied. Seine Karriere im Nationalsozialismus begann in den 1920er-Jahren und entwickelte sich mit der maßgeblichen Konzeption und Organisation des 1933 noch Freiwilligen nationalsozialistischen Arbeitsdienstes. Nach der ‚Machtergreifung' 1933 zunächst zum Staatssekretär im Reichsarbeitsministerium bestellt, wurde er 1936 an die Spitze der von ihm geschaffenen Organisation berufen. Beim folgenden Reichsparteitag, an dem erstmals an der Nürnberger Masseninszenierung aufmarschierender Parteigliederungen Formationen des RAD teilnahmen und ‚Arbeitsmänner' propagandawirksam ihr Arbeitsgerät, den Spaten – poliert und wie eine Waffe geschultert –, präsentierten, während ‚Maiden', den Arm zum ‚Führergruß' gestreckt, den Fahnenmast umringten, wurde Reichsarbeitsführer Hierl nicht nur der Anblick seines Werks, sondern auch dessen Würdigung durch den ‚Führer' zuteil, der ihn für seine Verdienste zum Reichsleiter der NSDAP ernannte.[11]

<
Ehemaliges RAD-Lagerareal
Litschau /
2008

Zum Aufgabengebiet des Reichsarbeitsdiensts für die männliche Jugend gehörte zunächst die Durchführung von Meliorationsprogrammen für die Landwirtschaft, indem zu ‚Arbeitsmännern' ausgebildete Jugendliche in geschlossenen Arbeitseinheiten vornehmlich bei Bodenkultivierung, Flussregulierung und Wegebau eingesetzt, aber auch temporär zu Ernteeinsätzen oder Straßenbauprojekten sowie zum Katastrophenschutz herangezogen wurden. Der expansionistischen Entwicklung folgend, wurden RAD-Einheiten auch für Sondereinsätze an die Grenzen bzw. mit Kriegsbeginn 1939 an die Front abkommandiert, wo sie neben Projekten der OT, wie Wall- und Bunkerbau im Westen, der Wehrmacht für strategische Baumaßnahmen und Kriegshilfsaufgaben an der Ostfront zur Verfügung standen; zuletzt – nach einer Ausbildung bei der Luftwaffe – wurden sie in Flakbatterien an der ‚Heimatfront' eingesetzt.

Der Reichsarbeitsdienst für die weibliche Jugend folgte in ebenso direktem Bezug zum Land der ‚Blut-und-Boden'-Ideologie des Nationalsozialismus, indem in Ergänzung der agrarökonomischen Landverbesserungsprojekte der ‚Arbeitsmänner' zu ‚Maiden' disziplinierte junge Frauen bei Sozialhilfe- und Fürsorgeprojekten im bäuerlichen Haushalt und bei der Kinderbetreuung sowie bei der Feldarbeit eingesetzt wurden. Gemeinnützige Arbeit als Erziehung, fungierte der RADwJ als grundlegend ideologische Schulung, deren Pädagogik in rigider und umfassend geregelter Praxis die Einübung der Rolle in der ‚Volksgemeinschaft' lenkte. Derart zur „deutschen Frau und Mutter" sozialisiert, verkörperten die für Volk und Volkstumsarbeit in Dienst genommenen ‚Maiden' in ihrem uniformen Habitus ein Frauenbild, das bei der Arbeit im ländlichen Milieu wie bei von der Lagerführung veranstalteten Feiern propagandistisch vorgeführt und wirksam wurde. Zunächst ausschließlich der ‚Grenzlandarbeit' zur Festigung völkischen Bauerntums zugeteilt, erfolgte kriegsbedingt eine auch quantitative Ausweitung des Einsatzes der ‚Maiden', ab 1941 bei Hilfsdiensten in der Stadt, etwa in Lazaretten, Wehrmachts- und Verkehrsbetrieben sowie sozialen Einrichtungen, ab 1942 in der Rüstungsindustrie und zuletzt bei der Fliegerabwehr.

Zugleich „Schule der Nation" und Wirtschaftsfaktor, zielte der Reichsarbeitsdienst mit dem Mittel gemeinsamer und gemeinnütziger Arbeit auf die Steigerung landwirtschaftlicher Leistung durch Schaffung zusätzlicher Ertragsflächen sowie auf die Herstellung der ‚Volksgemeinschaft' ab, die Kameradschaft und ein neues Arbeitsethos auszeichnete. In zugleich ideologischer, erzieherischer und praktischer Funktion waren die Aufgaben des RAD zum einen als „Stärkung des deutschen Bauerntums und Hebung der Ertragsfähigkeit des deutschen Bodens", zum anderen als „Erziehung der Jugend zu einer neuen Arbeitsauffassung und einem lebendigen Gemeinschaftsbewusstsein" definiert.[12]

Für die Erfassung der Dienstpflichtigen waren Meldeämter an den Standorten der zuständigen Wehrbezirkskommandos eingerichtet wie auch die Ranghierarchie im RADmJ dem militärischen Vorbild entsprach und folgende Rangstufen unterschied: das Führerkorps mit Reichsarbeitsführer, Obergeneralarbeitsführer, Generalarbeitsführer, Oberstarbeitsführer, Oberarbeitsführer, Arbeitsführer, Oberstfeldmeister, Oberfeldmeister und Feldmeister; das Unterführerkorps mit Unterfeldmeister, Obertruppführer und Truppführer sowie innerhalb der Grundeinheit der Abteilung Obervormann und Vormann vor dem einfachen Arbeitsmann. Nach dem ‚Führerprinzip' waren dem Reichsarbeitsführer an der Spitze die Leiter der Schulen sowie die FührerInnen der jeweils mit römischen Ziffern durchnummerierten Arbeitsgaue des RADmJ und der Bezirke des RADwJ unterstellt. Ihnen waren die Gruppenführer der in Arbeitsdienstgruppen unterteilten Arbeitsgaue untergeordnet, die wiederum für eine Anzahl von Arbeitsdienstabteilungen zuständig und denen die Abteilungsführer verantwortlich waren. RAD-Abteilungen wie Lager, fortlaufend in Kombination mit der Nummer der zugehörigen Gruppe bezeichnet und in 4 Züge gegliedert, wiesen inklusive 20 Mann Stammpersonal eine Standardstärke von 214 Mann auf. Diese bezogen bei freier Dienstkleidung, Verpflegung und Unterkunft als Entlohnung ein Taschengeld von Rpf 25, Vormann und Obervormann von 50 bzw. 75.

Wie zum Militär wurden männliche, ab 1939 auch weibliche Jugendliche nach Jahrgängen zur Musterung einberufen. Am 1.4. oder 1.10. zum RAD eingezogen und auf den ‚Führer' vereidigt, durchliefen die männlichen Rekruten zunächst eine paramilitärische Grundausbildung mit Exerzieren, Marschieren, Geländeübungen, bevor sie, in Arbeitstrupps gegliedert, den gemeinnützigen Außendienst antraten. Der lagerinterne Alltag, von rigider Ordnung und ritualisierten Abläufen strukturiert, galt einer programmatischen Erziehung zur Herstellung der ‚Gefolgschaft'. Neben allgemeinbildender und politischer Schulung gehörten dazu wesentlich und Ideologisierung sinnlich und ästhetisch verstärkend: Sport als Leibeserziehung, zusammen mit den „Ordnungsübungen" des Exerzierens Disziplinierungsinstrument der „Erziehung zur Manneszucht", sowie Singen und Musizieren, ob bei Appell, Marsch oder ‚Feierabend', ergänzt um Werken und Basteln als kollektive Freizeitgestaltung.[13]

Der Apparat des RADwJ, strukturell dem männlichen Pendant vergleichbar, allerdings, ohne Frau an der Spitze, der männlichen Reichsführung untergeordnet, wies mit Stabshauptführerin, Stabsoberführerin, Stabsführerin, Maidenhauptführerin, Maidenoberführerin, Maidenführerin, Maidenunterführerin, Jungführerin eine schlankere Hierarchie auf. Jeder Bezirk gliederte sich in Lagergruppen, deren Führerin jeweils ca. 15 Lager unterstellt waren; wiederum in Grundeinheiten von 3-4 Kameradschaften à 12 ‚Maiden' unterteilt, für welche Kameradschaftsälteste verantwortlich waren, betrug die Lagerstärke inklusive Lagerführerin und deren Mitarbeiterinnen 40 bzw. 54 Angehörige. Bei freier Dienstkleidung, Verpflegung und freiem Quartier erhielten ‚Maiden' als Entlohnung ein Taschengeld von Rpf 20, Kameradschaftsälteste von Rpf 40; das Gehalt von Führerinnen lag je nach Vorrückung zwischen RM 50-120, das einer Lagerführerin zwischen RM 80-150.[14] Das Lagerleben mit streng hierarchischem Aufbau, war von einem minutiös reglementierten Tagesablauf bestimmt, in dem die ‚Maiden', abgesehen von ihrem 7-stündigen

Außendienst, eine nachhaltige Ausbildung durchliefen, die neben einer politisch-ideologischen Schulung eine an und mit den alltäglichen Erfordernissen des Lagerlebens praktizierte Erziehung umfasste. Mit Ordnung als oberstem Prinzip, hatten sich die Jugendlichen der „Kameradschaft des Lagers" zu unterwerfen, die nach paramilitärischen Kriterien und mit einer auf das völkische Ideal abzielenden Pädagogik hergestellt wurde. Das Erziehungsprogramm für die Formung der weiblichen Jugendlichen zur neuen deutschen Müttergeneration, das mit politischer und hauswirtschaftlicher Bildung, Leibeserziehung und Pflege des gemeinsamen Feierabends „Arbeit und Kameradschaft" als „die großen Aufgaben des Volkes", „gut und sparsam zu wirtschaften" als Beitrag zum „deutschen Volksvermögen" sowie „Lied, Tanz und Spiel" als „Kraft und Freude" vermittelte, sollte darüber hinaus und „am entscheidendsten" durch „die planmäßige und bewusste Förderung [...] durch die Führerin" vertieft werden. Nichts weniger, als „die Lebensgestaltung der deutschen Familie" einzuüben, war Ziel der pädagogischen Praxis im RAD-Lager.[15]

In Ankündigung des Besuchs des Reichsarbeitsführers gab der Völkische Beobachter in seiner Wiener Ausgabe vom 2.4.1938 eine Vorstellung von der Größenordnung und den Leistungen des Reichsarbeitsdiensts, dessen Einführung in Österreich mit Erlass vom 19.4.1938 erfolgte.[16] Im Zuge der Meliorationsprogramme im ‚Altreich', die bereits zu Bodenverbesserungen im Ausmaß von 30 Mio ha geführt hätten, seien die Erschließung und Kultivierung von 2,5 Mio ha Moor- und Ödland im Gange, die weitere Ertragssteigerungen wie ‚Lebensraum' erwarten ließen, der durch die Kolonnen der ‚Arbeitsmänner' geschaffen würde, so die Botschaft von Reichsarbeitsführer Hierl bei seiner Promotionstour durch Österreich, deren expansionistische Aneignungsrhetorik nicht nur auf agrarische Ziele vorauswies: „Dem deutschen Volke [...] wurde neuer Lebensraum, dem Reiche neue Provinzen erobert." Entsprechend titelte das Parteiblatt im Verweis auf die bevorstehenden Großkundgebungen in Wien, die strategisch in den „Städtische Kraftwagenhalle" bezeichneten Straßenbahnremisen in den Arbeiterbezirken Favoriten und Brigittenau stattfanden: „Unter dem Spaten der Arbeitsdienstmänner gewinnt totes Land neues Leben", und rühmte bereits realisierte Projekte neu gegründeter Dörfer und Siedlungen, in deren Ortsnamen einzuschreiben, sich die NS-Nomenklatura gefiel – Adolf Hitler-Koog an der Nordsee, Robert Ley-Siedlung oder, dem Reichsarbeitsführer zu Ehren, Hierlshagen.

„Zum ersten Mal werden die Wiener am Samstag Gelegenheit haben, den Reichsarbeitsdienst, den deutschen Ritterorden des Spatens und der Ähre in den Straßen Wiens marschieren zu sehen", kündigte das Blatt an, habe der Reichsarbeitsführer doch „eine Abteilung seiner stolzen Formation mitgebracht". Zum „Träger einer neuen deutschen Kolonisation" stilisiert, die ‚Siedlern' von ‚Arbeitsmännern' kultiviertes Land ermögliche, wurde auf die Massenwirkung im Marschrhythmus paradierender Arbeitstrupps mit geschulterten Spaten gesetzt. Hierl erklärte in seiner programmatischen Rede, in antisemitischer Hetze nationalsozialistische Arbeitsmoral mit jüdischem Schmarotzertum kontrastierend, die soziale Frage durch den Arbeitsdienst gelöst, auf den die Propaganda als „sittliche und religiöse Pflicht" und „Ehrendienst am deutschen Volk" einschwor. Seine volkswirtschaftliche Notwendigkeit ließ Beschäftigung in Aussicht stellen und sollte die „Arbeiter von Wien" in ihrem politischen Selbstbewusstsein korrumpieren und für die Partei rekrutieren lassen: „Denn jetzt beginnt die Arbeit des Reichsarbeitsdienstes in Österreich, Aufbau und nochmals Aufbau!", der mit Sofortprogrammen einsetzen würde. „Schon in wenigen Wochen werden die ersten Spaten in österreichische Erde stoßen, werden die ersten Maiden zu den müden Frauen gehen, die in den letzten Jahren mit übermenschlicher Kraft ausgehalten haben. Reichsarbeitsdienst in Österreich baut auf! Wir wissen es, dass es in unwahrscheinlich kurzer Zeit gelingen wird, wir wissen, dass bald der erste Jahrgang österreichischer Arbeitsmänner einrücken wird, wissen, dass bald Tausende von Maiden Hilfe bringen werden, dass noch heute unüberwindlich scheinende Schwierigkeiten in wenigen Wochen überwunden sein werden – wissen das alles, weil der Reichsarbeitsführer auch hier erster Arbeiter des Reichsarbeitsdienstes ist."[17] In auf sozialistische Werte zielender Rhetorik „die Überwindung von Stand, Rang und Klasse" als Ziel des Reichsarbeitsdiensts zu verkünden, sollte die Erziehung der jugendlichen RekrutInnen zum Kollektiv der ‚Volksgemeinschaft' und das Arbeitsdienstlager als deren konstitutiven Ort legitimieren.[18] Der praktischen Einübung in das Völkische diente eine ausgeklügelte Pädagogik, die politische Indoktrinierung mit Sport und Freizeitgestaltung verknüpfte und in einer rigiden Befehlshierarchie mit drastischen Sanktionen bei Verstößen gegen die Lagerordnung funktionierte. Das minutiös und lückenlos regulierte kollektive Leben im RAD-Lager, gekennzeichnet durch Normierung von Architektur, Kleidung, Körperpraktiken und Sprache, zeigt ein Praxisfeld ideologischer Zurichtung von Jugendlichen, die in Zeremonien und Ritualen ein lebenspraktisch-ästhetisches Leitbild aus Gehorsam, Treue und Kameradschaft übten und verinnerlichten, das der Transformation des Individuums zum ‚Volksgenossen' in der Gesamtheit der ‚Volksgemeinschaft' diente.

Bei der Kundgebung in Linz hatte der Reichsarbeitsführer am Vortag außer Parteipropaganda bereits konkrete Arbeitseinsätze in Oberösterreich und die Errichtung von 30 RAD-Lagern in den nächsten 2 Jahren angekündigt. Vorrangiges Arbeitsprogramm und Einsatzgebiet sollte die Kulturlandgewinnung in der Grenzregion von Oberösterreich, Salzburg und Bayern sein, wo vom Dollfuß-Regime begonnene, aber mangels Finanzierung abgebrochene Entwässerungsprojekte im Ibmer- und Waid-Moor wieder aufgenommen werden sollten. In 5 Jahren sollte mit dem Einsatz von 600 ‚Arbeitsmännern' 1,5 Mio km² [sic!] zur ‚Neubildung deutschen Bauerntums' Bauland für 250 ‚Siedlerstellen' gewonnen werden. Lediglich der Anfang weitreichender Aktivitäten des Reichsarbeitsdienstes, gelte es, den Willen unter Beweis zu stellen, „mit aller Kraft dem österreichischen Bruder zu helfen, nicht mit dem Wort, sondern mit der Tat, die der Spaten schafft".[19] Hierl propagierte im Zeichen des Spatens und der Ähre zugleich „eine neue geistige Einstellung und seelische Haltung"; mehr als eine vorübergehende Abhilfe gegen Arbeitslosigkeit, sei der Arbeitsdienst „eine große neuartige Schule der deutschen Jugend", die, um „das Vorurteil der Minderwertigkeit der Handarbeit endgültig in unserem Volke" auszurotten, zum Arbeitsethos des Nationalsozialismus erzogen werden sollte. Diesem „gewaltigen Arbeitsheer" von bisher 2 Mio ‚Arbeitsmännern' und 130.000 ‚Maiden', mit deren in Eintracht geleisteter Arbeit die Gleichheit von „Bauer, Arbeiter und Soldat" beschworen wurde, anzugehören, werde „ein unzerreißbares Band der Zusammengehörigkeit um die alte Ostmark und das ganze Deutsche Reich schlingen".[20]

In Österreich hatte ab 1932, wie auch in anderen Ländern, aufgrund der prekären Lage durch die Weltwirtschaftskrise ein gesetzlich geregelter Freiwilliger Arbeitsdienst FAD als Mittel gegen die hohe Jugendarbeitslosigkeit bestanden. Als arbeitsmarkt- und sozialpolitische Maßnahme von privaten und halböffentlichen Trägern, wie christlichen Gewerkschaften, Heimatschutz, der Gemeinde Wien, aber auch der NSDAP, initiiert, gehörte die Kombination von körperlicher und sittlicher Ertüchtigung bereits zum programmatischen Repertoire, das mit Gründung des Staatlichen Arbeitsdiensts 1933 in eigenen Schulen zur Ausbildung der Führungsschicht in Laxenburg und Schönbrunn vermittelt wurde. Die Dienstdauer war mit maximal 40 Wochen innerhalb von 2 Jahren limitiert; als Entlohnung gab es, bei freier Verpflegung und freiem Quartier, lediglich ein Taschengeld und Zigaretten. Da für die kollektive Unterbringung der großen Zahl an Freiwilligen nicht genügend Raum zur Verfügung stand, waren anfangs auch Externe zum Arbeitsdienst zugelassen, bevor einfache, von den Freiwilligen selbst errichtete Barackenlager zur Kasernierung Standard wurden. Bedingungslose Unterordnung, Arbeit als Dienst am Volk und körperliche Ertüchtigung zur Herstellung einer ideologisch gefestigten Gemeinschaft dienten bereits im Rahmen austrofaschistischer Politik als disziplinäre Maßnahmen der Gleichschaltung. Waren es im Juli 1933 etwa 8000 und überwiegend Männer, die sich zum Arbeitsdienst meldeten, stieg ihre Anzahl im August auf über 12.000 und 1934 auf 15.000, davon auch 2000 Frauen, die vorwiegend für Sozialhilfeprojekte, aber auch zum Einsatz in der Landwirtschaft, in der Siedlungshilfe oder für Hausarbeit in Männerlagern herangezogen wurden. Zugleich wurden mit einer Gesetzesnovelle die von verschiedenen Trägerorganisationen unterhaltenen Arbeitsdienste aufgelöst und, abhängig von ihrer politischen Ausrichtung, im Österreichischen Arbeitsdienst vereinigt, der zentralisiert als politisches Instrument des Ständestaates fungierte. Einsatzbereiche waren Wasser- und Straßenbauarbeiten, etwa der Bau der Wiener Höhenstraße 1934/35, aber auch Großprojekte für die Land- und Forstwirtschaft, die aber mangels Finanzierung oft nicht über ein Anfangsstadium hinauskamen und nach dem ‚Anschluss' 1938 vom Reichsarbeitsdienst aufgegriffen und fortgesetzt wurden.

 Mit Einführung der Bundesdienstpflicht am 1.4.1936 erfolgte die endgültige Transformation des ursprünglich aus der Arbeitslosenfürsorge gegründeten Arbeitsdiensts zum Erziehungsmittel des autoritären Staats. Straff organisiert, marschierten im gleichen Jahr seine Formationen beim Fahnenappell der Vaterländischen Front auf; in Umfang und medialer Wirkung nicht vergleichbar, unterschieden sich Struktur und Strategie aber wenig von der in Nürnberg in großer Inszenierung zur Schau gestellten Organisation.[21] Insofern vollzog sich nach dem ‚Anschluss' 1938 die Einführung des RAD in Österreich problemlos; strukturell wie auch personell von Kontinuität bestimmt, konnte an die vorhandene Organisation des austrofaschistischen Arbeitsdiensts angeknüpft wie vom Aufbaustab unter der Leitung des Führers des Arbeitsgaus XXX Bayern-Hochland, Generalarbeitsführer Rolf von Gönner,[22] und seines Mitarbeiters, des späteren Führers des Arbeitsgaus XXXV Niederdonau, Oberstarbeitsführer Viktor Band,[23] auf ehemalige Kader des Nationalsozialistischen Arbeitsdiensts Ostmark zurückgegriffen werden. Dieser hatte nach deutschem Vorbild wie in ständiger Verbindung mit dem deutschen Apparat seit 1932 bestanden; seine Funktionäre, die nach dem Verbot der NSDAP 1934 nach Deutschland geflüchtet waren, standen nun nach ihrer Rückkehr wieder zur Verfügung, wenn auch in zu geringer Zahl als für die bis September geplante Organisationsgröße erforderlich war. Da Angehörige des aufgelösten ständestaatlichen Österreichischen Arbeitsdiensts politisch nicht infrage kamen, war anfangs der Transfer deutschen Führungspersonals notwendig wie in einer Medienkampagne mit der Aussicht auf eine gesicherte Zukunft „Führer im Reichsarbeitsdienst" angeworben wurden, deren 5000 als „Führer auf Probezeit" ausgewählt und zur Schulung ins ‚Altreich' geschickt wurden.[24]

 Zur Forcierung der Aufbauplanung, im Besonderen zur „Klärung der Unterbringungsmöglichkeiten der zu errichtenden Arbeitsgaue", entsandte der Reichsarbeitsführer nach seinem politischen Werbefeldzug Anfang April 1938 eine aus Vertretern von RAD und Reichsfinanzministerium zusammengesetzte Delegation unter der Leitung von Oberstamtswalter Dr. Ehrlich nach Österreich. Zwischen 19. und 24.5. visitierten sie die regional eingerichteten Aufbaustäbe in Salzburg, Linz und St.Pölten, wo die zweckmäßig Etablierung des Gruppenstabs in einem Gebäude der Deutschen Arbeitsfront zustimmend zur Kenntnis genommen wurde, sowie in Wien, Graz und Klagenfurt, um bereits bezogene Diensträumlichkeiten zu inspizieren bzw. über deren Anmietung und Adaptierung zu entscheiden oder gegebenenfalls Neubauten in die Wege zu leiten. In Kärnten konnte nach langwierigen Verhandlungen der Ankauf des für Schulungszwecke in Aussicht genommenen Karawankenhofs in Ferlach abgeschlossen und in Oberösterreich eine Schule in Eferding, „die der Gauleiter dem Reichsarbeitsdienst unentgeltlich zur Verfügung stellen will", besichtigt werden.[25] Außertourlich wurde ein Abstecher in das von einer Hochwasserkatastrophe heimgesuchte Leoben genutzt, um Hilfsmaßnahmen zur Verfügung und die Einsatzbereitschaft des RAD unter Beweis zu stellen. Zuletzt galt es, in Wien mit den Führungskadern unter der Leitung von Generalarbeitsführer v. Gönner und Stabshauptführerin Lotte Eberbach „die weiteren schwebenden Fragen zu besprechen" wie auch mit dem Leiter der zum Reichsminister der Finanzen ressortierenden ‚Baugruppe', Oberregierungsbaurat Dr. Krieger, Einvernehmen über die Koordination und Kooperation der verschiedenen Dienststellen herzustellen.

Nach den vorbereitenden Maßnahmen des RAD-Aufbaustabs wurde eine nach landschaftlichen Gegebenheiten definierte Aufteilung Österreichs in 4 Arbeitsgaue beschlossen – XXXIII Alpenland, XXXIV Oberdonau, XXXV Niederdonau und XXXVI Südmark –, deren Organisationsstruktur 23 Arbeitsdienstgruppen mit 150 Abteilungen zu 35.000 Mann umfasste; die geplante Stärke des RAD für die weibliche Jugend betrug zunächst 3500 ‚Maiden' und Führerinnen in 60 Lagern.[26] Zur Umsetzung der geplanten organisatorischen und baulichen Maßnahmen, nun Aufgabe der 4 Arbeitsgaustäbe, musste zunächst Führungspersonal aus dem ‚Altreich' transferiert werden, wohin umgekehrt die ersten 20.000 Rekruten zur Ausbildung zu ‚Arbeitsmännern' überstellt wurden. In welchen Regionen und für welche Projekte sie zum Einsatz kommen sollten, war als zentrale Frage von Problemen gekennzeichnet. Der dem Aufbaustab angehörende Oberstarbeitsführer Band ließ 1940 „zwei Jahre Spatenarbeit in der Ostmark" Revue passieren und hielt als Anlaufschwierigkeiten fest: „Die tatkräftige Inangriffnahme des Problems der Arbeitsbeschaffung wurde besonders durch die selbst im Auf- und Umbau begriffenen Beratungs- und Planungsbehörden in der Ostmark erschwert, da sie sich zum Zeitpunkt dieses intensiven Angriffs noch keinen richtigen Überblick über eventuelle Einsatzmöglichkeiten schaffen konnten."[27] Als ebenso problematisch erwies sich die Schaffung von Lagerunterkünften. Während die Errichtung der Barackenlager des RAD für die männliche Jugend weitgehend von ‚Arbeitsmännern' selbst durchgeführt wurde, waren die Bauangelegenheiten des RAD für die weibliche Jugend den 6 regionalen Reichsbauämtern überantwortet, die allerdings, da selbst noch in der Aufbauphase und zudem mit vordringlichen Wohnbauten für den Grenzschutz stark in Anspruch genommen, überfordert waren.[28] Personelle Engpässe, besonders bei technisch versierten Kräften, machten es unmöglich, Terminvorgaben des RAD einzuhalten, und führten – auch

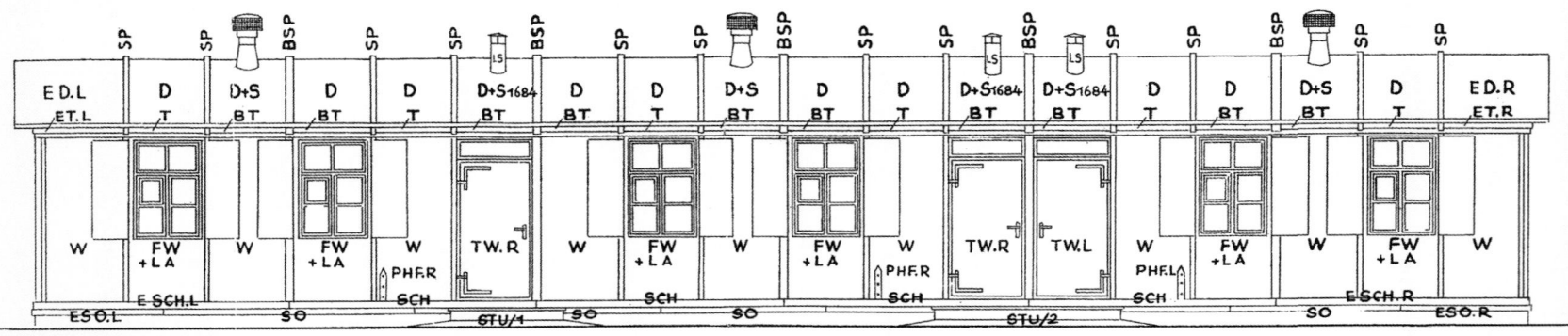

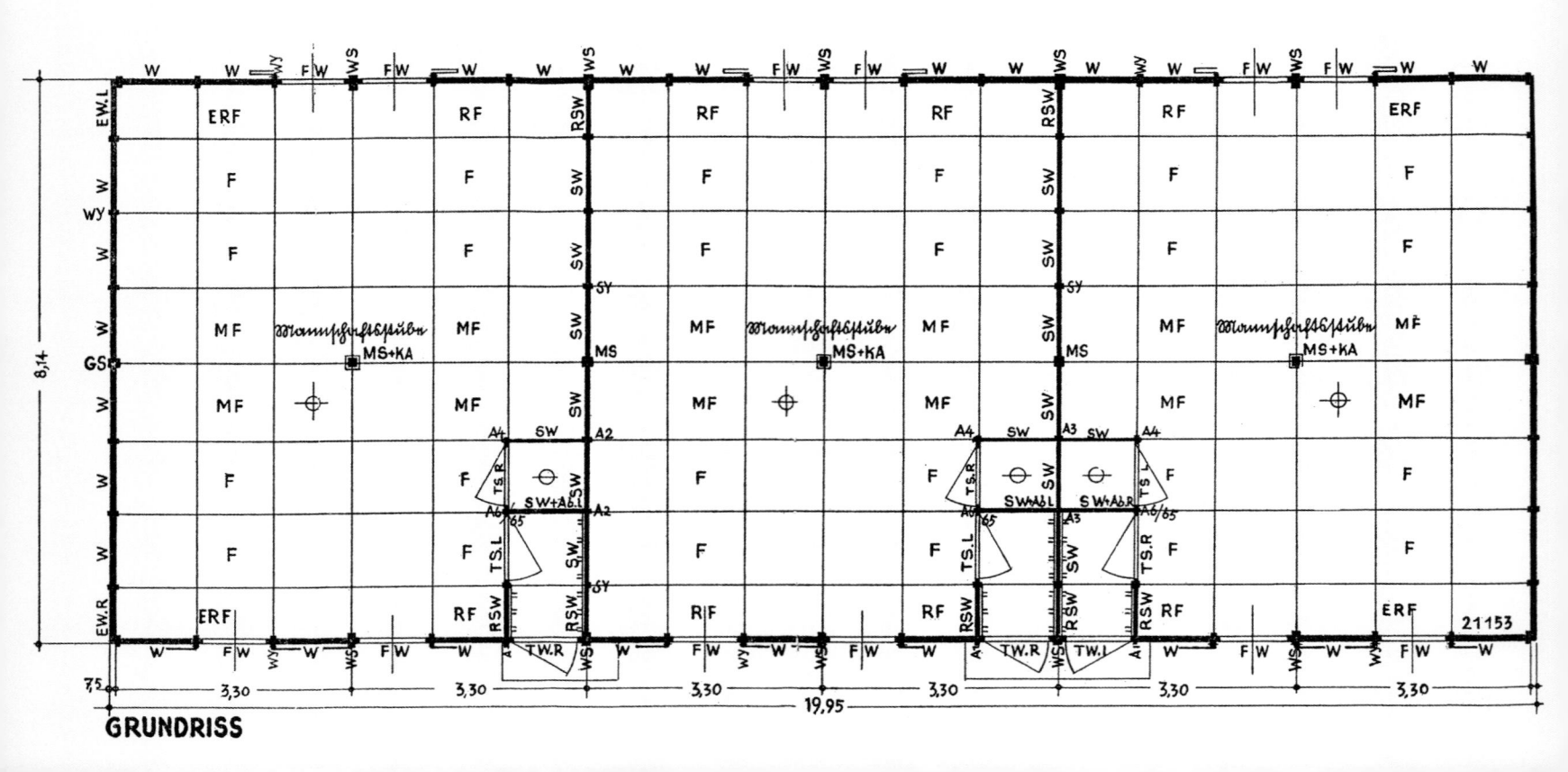

RAD-Typenblatt RL IV/3 Mannschaftsbaracke

wegen ungeklärter Kompetenzen und aufgrund einschlägiger Erfahrungsdefizite bei den Dienststellen – zu Spannungen und Kontroversen, die, über die Instanzen der jeweiligen Behörden ausgetragen, erneut Aufschub produzierten. Schließlich geklärte Zuständigkeiten und Verfahrensabläufe innerhalb der FührerInnen-Struktur des RAD selbst – etwa Entwürfe erst dann zu beauftragen, wenn für ein Bauvorhaben überhaupt eine Genehmigung durch den Reichsarbeitsführer in Aussicht stünde[29] – sowie mit dem für die Budgetierung zusätzlicher Fachkräfte zuständigen Reichsfinanzminister[30] ließen die baulichen Voraussetzungen für den Einsatz der ‚Maiden' schaffen. Für „Erstellung und Ausbau von Unterkünften im Lande Österreich" wurden 1938 nachträglich Mittel in Höhe von über RM 3 Mio für 60 Lager veranschlagt – 25 Barackenlager des RADmJ und 35 durch Aus- und Umbauten adaptierte feste Unterkünfte des RADwJ – sowie weitere RM 290.000 für Ankauf und Ausbau von Gebäuden für Schulungszwecke.[31]

Arbeitsgau XXXV Niederdonau

Für den Arbeitsgau XXXV Niederdonau war als Sitz zunächst „ein großes Haus am Concordiaplatz" in Wien in Aussicht genommen[32] und Umbaukosten von RM 100.000 im Haushalt 1939 angesetzt worden.[33] Nach Ablehnung der Lage „im sog. Judenviertel" lässt eine 1940 für „Ankauf und Umbau eines Gebäudes für Diensträume der Arbeitsgauleitung XXXV" bewilligte Teilzahlung von RM 250.000[34] eine Verortung an der späteren Adresse Adolf Hitler-Platz 4 annehmen.

Die Organisationsstruktur des Wien und Niederdonau einschließlich des nördlichen Burgenlands umfassenden Arbeitsgaus wies 7 Arbeitsdienstgruppen mit 42 Abteilungen auf,[35] deren Aufgabe die Umsetzung von Meliorationsprojekten zur „Verbesserung der Lebensbedingungen des Bauernstandes" war. Als Schwerpunktgebiete, in denen „der Einsatz des Reichsarbeitsdienstes eine Lebensnotwendigkeit" darstelle, wurden Waldviertel und Burgenland definiert, wo mit 9 bzw. 7 Abteilungen in der Standardstärke von ca. 200 Mann ein Sofortprogramm gestartet wurde, dessen Ausweitung um weitere 6 Abteilungen der fast in jeder Gemeinde anfallende Förderungsbedarf notwendig gemacht hätte.[36] Zu den Maßnahmen der Landeskultur im Rahmen des ‚Vierjahresplans' zählten Entwässerung von Acker- und Grünland, Kultivierung von Moor- und Ödland, Bewässerung und Nutzbarmachung von brach liegendem Gelände sowie Flussregulierung und Wegebau. Viele dieser volkswirtschaftlich wie volkstumspolitisch favorisierten Projekte im ländlichen Raum blieben allerdings bis auf den Aufbau der RAD-Lagerstruktur im Ansatz stecken oder wurden infolge kriegsbedingt geänderter Priorität aufgeschoben und nur zum Teil durchgeführt. Zunächst bei Bauprojekten der OT, wie der Reichsautobahn, Flugplätzen für die Luftwaffe oder Lagern für Kriegsgefangene, etwa in Gneixendorf, an der ‚Heimatfront' eingesetzt, wurden ‚Arbeitsmänner' mit Kriegsbeginn im September 1939 vielfach als ‚Arbeitssoldaten' zu Sondereinsätzen an die Front abkommandiert, wo ihre Baukompanien als „Wegbereiter der Armee" fungierten, wie bei der Aufräumung und Instandsetzung von im Kampf zerstörter Infrastruktur, der Bergung von Geräten, Waffen und Munition, beim Straßen- und Brückenbau für Vormarsch und Nachschub, beim Stellungs- und Befestigungsbau, bei der Installation von Nachrichtentechnik, beim Transport von Munition und Abtransport von Beutegut, beim Bau von Feldflugplätzen, Flugzeughangars, Tanklagern oder beim Bau von Auffanglagern für Kriegsgefangene, zu deren Bewachung sie ebenfalls herangezogen wurden. Der Führer des Arbeitsgaus XXXV, Oberstarbeitsführer Band, sollte 1940 in seinem Resümee über „zwei Jahre Spatenarbeit in der Ostmark" neben der geleisteten Aufbauarbeit auch stolz auf die „ostmärkischen Arbeitsmänner" verweisen, die „im Rahmen eines besonderen Einsatzes der Wehrmacht regelrecht vorgesehen" waren; „tief im Osten stehen unsere erdbraunen Kolonnen", tönte das Presseorgan des RAD 1941 in heroisierendem Pathos.[37]

Wie Mitte Juli 1938 der Waldviertler Bote aus dem „Nachrichtendienst der Landeshauptmannschaft Niederdonau" zitierte, sollte nun auch das vernachlässigte Waldviertel seinem Verfall entrissen werden und mit einem umfangreichen Arbeitsbeschaffungsprogramm am angekündigten Aufbau teilhaben. In der Gesamtplanung des Reichsarbeitsdiensts wurde das Gebiet als eines der „Großarbeitsvorhaben" landwirtschaftlicher Melioration mit „Entwässerung, Kultivierung, Umlegung" mit dem Ziel „Schaffung von Bauernstellen" ausgewiesen.[38] Auf einer Fläche von 30.000 ha bzw. einer Länge von 1500 km Wasserläufen landwirtschaftliche und landschaftliche Verbesserungen ab 1.10. in Angriff zu nehmen, „um das Waldviertel, den Ahnengau des Führers, endlich kulturell zu erschließen", waren 6 RAD-Abteilungen in den Einsatzorten Litschau, Buchbach, Heinrichs, Ritzmannshof, Kirchschlag und Purk vorgesehen. Jeweils ca. 200 Mann stark, sollten Arbeitstrupps nach Errichtung des Barackenlagers als Stützpunkt in insgesamt 500.000 Tagschichten Drainagen, Rodungen, Grabenregulierungen, Wegebauten und Steinsprengungen durchführen.[39]

Auch die Reichsarbeitsgemeinschaft für Raumforschung, als Forschungseinrichtung 1935 institutionalisiert, trug, wie die ausschließlich Österreich gewidmete September-Ausgabe ihrer Monatszeitschrift 1938 zu lesen gab, der Erschließung der „Ahnenheimat des Führers" Rechnung. Um eine zweckmäßige Organisation „im Sinne der Sicherung der Ernährungsfreiheit und der Rohstoffgewinnung" zu erreichen, war die Reichsstelle für Raumordnung in den Aufbau des RAD eingebunden. Neuordnungskonzepte sahen in dem vielfach als Problemzone ausgewiesenen Mühl- und Waldviertel, im wirtschaftspolitischen Planungszusammenhang als Region zwischen Donau und Moldau zoniert, von ausgesprochenen Notstandsgebieten gekennzeichnet und als topografisch ungünstig für die Verkehrserschließung bewertet, ein Straßenneubauprojekt vor, dessen Trassierung von Linz über Zwettl nach Horn die nahezu unbevölkerten Waldgebiete im westlichen Waldviertel für den Verkehr öffnen sollte. Zur Sanierung des bestehenden, völlig vernachlässigten Straßennetzes wurde auf ein Arbeitsbeschaffungsprogramm verwiesen, bei dem, wie bei Meliorationsprojekten für die Landwirtschaft, der Reichsarbeitsdienst bereits zum Einsatz kam.

Wenn die Verbesserung der Straßen auch unmittelbar nach dem ‚Anschluss' durch den RAD in Angriff genommen und der Bau neuer Straßen geplant worden sei, sollte „die Verkehrserschließung des ostmärkischen Granitplateaus, dieses ausgedehnten Notstandsgebiets", weiterhin eine Forderung der Raumplanung bleiben.[40] Die Maßnahmen zur Verbesserung von Boden und Ertrag sollten dem zum Teil massiven Bevölkerungsschwund, etwa im Gebiet von Waidhofen, entgegenwirken und den „typischen Siedler", nicht den Bauern wie im Alpenvorland, sondern den „Hüttler" mit geringem Grundbesitz – der etymologische Verweis auf den Namen des ‚Führers' blieb den Autoren verborgen –, der infolge ungünstiger Böden und Witterung wenig Ertrag erwirtschaften könne und oft einem Nebenerwerb nachgehen müsse, von der Abwanderung abhalten. Um den Aufschwung der Region voranzutreiben, wurde auch der Ausbau des Schienennetzes reklamiert, das durch die Grenzziehung nach dem Ersten Weltkrieg seit 1918 unterbrochen und, statt das Netz in einer Nord-Süd-Verbindung zur Donau auszubauen, durch Reduzierung auf nur ein Gleis auf der Hauptstrecke Wien – Gmünd vernachlässigt worden sei. Zur Anbindung der Region an überregionale Verkehrsnetze und Wirtschaftsräume wurden Erneuerung und Ausbau des Schienennetzes durch Wiederherstellung der Verbindungen während der Monarchie sowie durch Verlängerung von Stichbahnen an die Donau und ins ‚Protektorat' gefordert,[41] für den energiewirtschaftlichen Ausbau Staukraftwerke in den „tiefeingeschnittenen Flusstälern" in Aussicht genommen.[42]

Mit dem Arbeitsbeschaffungs- und zugleich paramilitärischen Erziehungsprogramm Jugendliche zu indoktrinieren und bei der praktischen Arbeit am Land die Ideologie von ‚Blut und Boden' einzuüben, diente nicht allein dazu, agrarischen Mehrwert zu schaffen, sondern macht die von Landeshauptmann und Gauleiter Dr. Roman Jäger apostrophierte kulturelle Erschließung auch als Propagandapraxis zur Konsolidierung des NS-Regimes deutlich, zu der Angehörige des RAD in Ausübung ihrer halbjährlichen Dienstpflicht kontinuierlich beitrugen. Die Wirkmechanismen der jeweils anderen, aber stets auf die völkische Festigung des Bauernstands zielende Praxis von ‚Arbeitsmännern' und ‚Maiden' – agrarische Struktur- und Ertragsverbesserung durch Bodenkultivierung bzw. Unterstützung der aufgrund der Einziehung zur Wehrmacht zunehmend männerlosen bäuerlichen Haushalte durch Entlastung der alleinverantwortlichen Frauen im Haushalt und bei der Kinderbetreuung sowie am Feld – zeigen sich einmal in der strukturellen Übernahme militärischer Vorbilder, die Arbeitstrupps des RAD in Habitus und Formation wiederholten und Anerkennung für gemeinnützige Arbeit in Zustimmung zum politischen System transformieren ließen; zum anderen ließen beim Einsatz im bäuerlichen Haushalt entstehende Vertrautheit und Nähe zu Frauen und Kindern die in systematischer Schulung verinnerlichte Ideologie des Reichsarbeitsdiensts für die weibliche Jugend produktiv werden. Sozial- und Kulturarbeit sollte schließlich auch als Marketingstrategie den Fremdenverkehr im Waldviertel beflügeln, der einem unscheinbaren Ort wie Spital aufgrund von Hitlers Familienbezug als Stätte des Kult(ur)tourismus zu wachsender Bekanntheit verhalf und ihm einen Ansturm seiner Gefolgschaft bescherte.

RADmJ-Lager Buchbach / 1938

RADmJ-Lager Purk / 1938

RADmJ-Lager Litschau 1938

RADmJ-Lager Ritzmannshof / 1938

Aufbau des RADmJ

In Niederdonau startete der Aufbau des RAD für die männliche Jugend im Mai 1938 mit 11 geplanten Lagern;[43] davon entfielen auf das zum vorrangigen Zielgebiet erklärte Waldviertel, verteilt auf 2 Arbeitsdienstgruppen, 8 Lager. Zur Gruppe 354 Krems, als deren Sitz die ehemalige Tabakfabrik vorgesehen war und umgebaut werden sollte,[44] gehörten 8 Abteilungen, 5 davon im Waldviertel mit den Standorten 2/354 in Purk, 3/354 in Kirchschlag, 6/354 in Heinreichs bei Groß Gerungs, 7/354 in Ritzmannshof und 8/354 in Weitra;[45] zur Gruppe 355 Gmünd zählten die Lager 2/355 in Gmünd II, 3/355 in Litschau und 4/355 in Buchbach. Die Festlegung der für Meliorationsmaßnahmen infrage kommenden Gebiete erfolgte im Einvernehmen mit den für landwirtschaftliche Belange zuständigen Behörden; durchwegs betrafen die Projekte die Regulierung von Wasserläufen, Wegebauten und Bodenverbesserung durch Entsteinung und Entwässerung von Kulturflächen.

Zum Bau der Lager, die an den sämtlich in der westlichen Hälfte des Waldviertels festgelegten Einsatzorten im Zeitraum Sommer/Herbst 1938 geplant waren, wurden zunächst freiwillige, nach Inkrafttreten des Arbeitsdienstgesetzes in Österreich am 1.10.1938 verpflichtete ‚Arbeitsmänner' herangezogen, die sich vielfach aus der Umgebung der Einsatzorte rekrutierten und deren Musterung und Einberufung nach Jahrgängen durch das RAD-Meldeamt 306 in Zwettl erfolgte. 2 für dessen Führungsstab 1940 am Galgenberg geplante Wohnhäuser konnten trotz Ausnahmegenehmigung von der Bausperre durch den Generalbevollmächtigten für die Regelung der Bauwirtschaft im Wehrkreis XVII nicht verwirklicht werden. Normierte RAD-Fertigteilbauten der Type RL 250 S, für die Dr. Jürgen Meyer-Schomburg, der mit der Stadtplanung von Zwettl betraute Architekt, die Erklärung abgab, „dass die Bauvorhaben der bodenständigen Bauart […] und dem Grundsatz: Schönheit des Stadtbildes nicht widersprechen", scheiterten am Material- und Arbeitskräftemangel, den das Arbeitsamt Gmünd mit Kriegsgefangenen oder älteren Männern auszugleichen empfahl. Der mit Planung und Durchführung beauftragte örtliche Baumeister Schabes konnte lediglich die Kellerfundamente umsetzen, die nach 1945 privaten Interessenten als Basis für Einfamilienhäuser dienen sollten.[46]

Die Errichtung der Lager verlief generell so, dass unter planender und bauleitender Aufsicht der Reichsbauämter ein Vorauskommando von etwa 30 Mann, nach Bedarf in Zusammenarbeit mit örtlichen Baufirmen, den Bauplatz vorbereitete, Fundamente errichtete und die angelieferten Bausätze der vom RAD entwickelten Normbaracken zusammenbaute.[47] Neben transportablen Mannschaftsbaracken, die ohne Fundament auf die Wiese gestellt wurden, und unterkellerten Wirtschaftsbaracken gehörten zu einem Standardlager für Männer auch Wohnhäuser eigener Typologie für die Lagerführer, die ebenfalls in Holzbauweise, aber auf Betonfundamenten errichtet wurden. Zum Ausbau der Unterkünfte und Anlegen von Zufahrtswegen, Appell- und Fahnenplatz sowie Sportbereich und Garten wurden weitere Kontingente der ersten zum Dienst einrückenden Belegschaft herangezogen.

Einen Überblick über die nahezu zeitgleich einsetzende Errichtung der Lagerstandorte bietet der Pressespiegel der Lokalausgaben der regionalen Blätter, deren laufende Berichterstattung die Propagierung des RAD ebenso bediente, wie deren damit vermittelte Aufbruchstimmung zur Konsolidierung der Partei beitrug. Im Wesentlichen sind es zwei in Krems und bis Anfang 1939 parallel erscheinende Wochenzeitungen, die neben den nach Bezirken gegliederten Lokalseiten auch die Waldviertler Zeitung und den Waldviertler Boten als periodische Beilagen herausbrachten. Während die Kremser Zeitung, Volksblatt für Stadt und Land, Anfang 1939 eingestellt wurde, erschien die Niederösterreichische Land-Zeitung ab September 1938 als Land-Zeitung, Wochenblatt für Gaustadt und Kreis Krems und ab März 1939 als Donauwacht, Mitteilungsblatt des Kreises Krems der NSDAP. Als zentrales Parteiorgan der Gauhauptstadt war die Region Waldviertel das Kerngebiet seiner Berichterstattung. Mit einer Fülle an Berichten über schlagartig und überall entstehende RAD-Stützpunkte zur Förderung der Landwirtschaft den Eindruck eines tatkräftigen Regimes zu vermitteln, scheint sich nicht nur der Neuigkeitswert erschöpft zu haben; Verzögerungen beim Bau der Lager und geringe Fortschritte bei den groß angekündigten Projekten wie deren Ursachen fanden keinen Niederschlag in der Presse, die Diskretion kann nicht zuletzt als der Tarnung zunehmend kriegsbedingter Sondereinsätze der ‚Arbeitsmänner' geschuldet angenommen werden. Auch beim Einsatz der ‚Maiden' scheint deren Arbeitsleistung bei den Bauern kaum von Inter-

esse, dominieren doch weitgehend Kurzberichte über für die dörfliche Bevölkerung veranstaltete gemütliche Nachmittage im Lager. In demonstrativer Harmlosigkeit bei Spiel und Spaß für Kinder die entstehende ‚Volksgemeinschaft' bei einer Jause zu feiern, bot den Rahmen für die politische Indoktrinierung der Erwachsenen.

Bereits im Juni 1938 war in Gmünd II, dessen nachhaltige Bezeichnung Lager auf den in Holzbauweise für Flüchtlinge aus Galizien und der Bukowina während des Ersten Weltkriegs errichteten Stadtteil verweist, für das RAD-Lager ein Grundstück von der Wohnbaugenossenschaft Groß Wien, die angrenzend eine SA-Siedlung zu errichten vorbereitete, gepachtet worden.[48] Den Bau des Arbeitsdienstlagers nahm eine Vorauseinheit der künftigen Belegschaft in Zusammenarbeit mit dem örtlichen Maurermeister Karl Bernhard in Angriff; im September bedurfte es noch der winterfesten Abdichtung mit Asbestplatten, bevor im November die Standardeinheit von 200 Mann einziehen konnte.[49] Als RAD-Abteilung 2/355 waren die ‚Arbeitsmänner' für die Regulierung der Lainsitz abgestellt, ein Projekt, das Kreisleiter Lukas in Anwesen-

RADmJ-Lager Heinreichs /
1938

Ehemalige
RAD-Wirtschaftsbaracke Heinreichs /
2008

RAD-Typenblatt RL XIX/2 /
Wohnhaus Lagerführer Heinreichs

Lageplan RADmJ-Lager Heinreichs /
1940

Ehemaliges
Wohnhaus Lagerführer Heinreichs /
2008

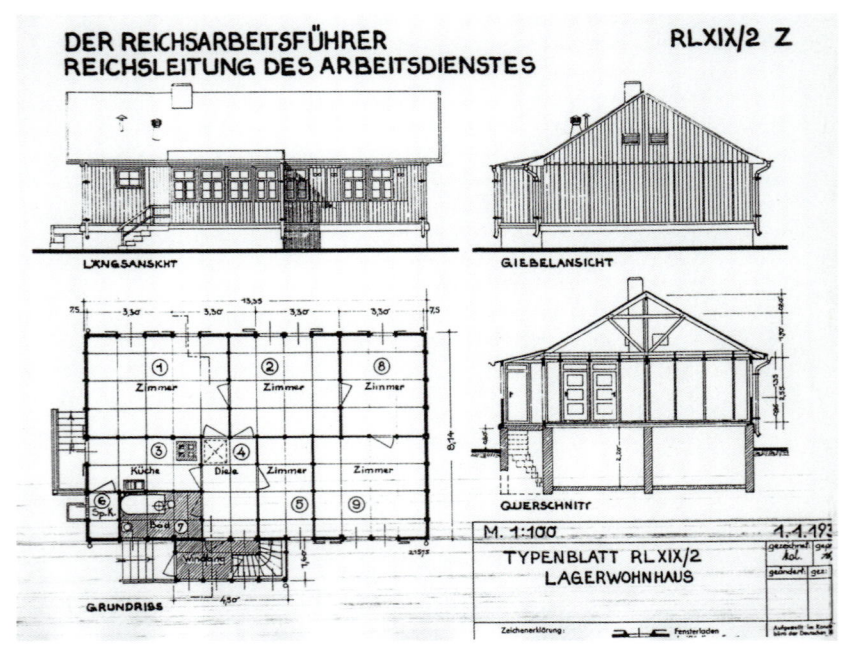

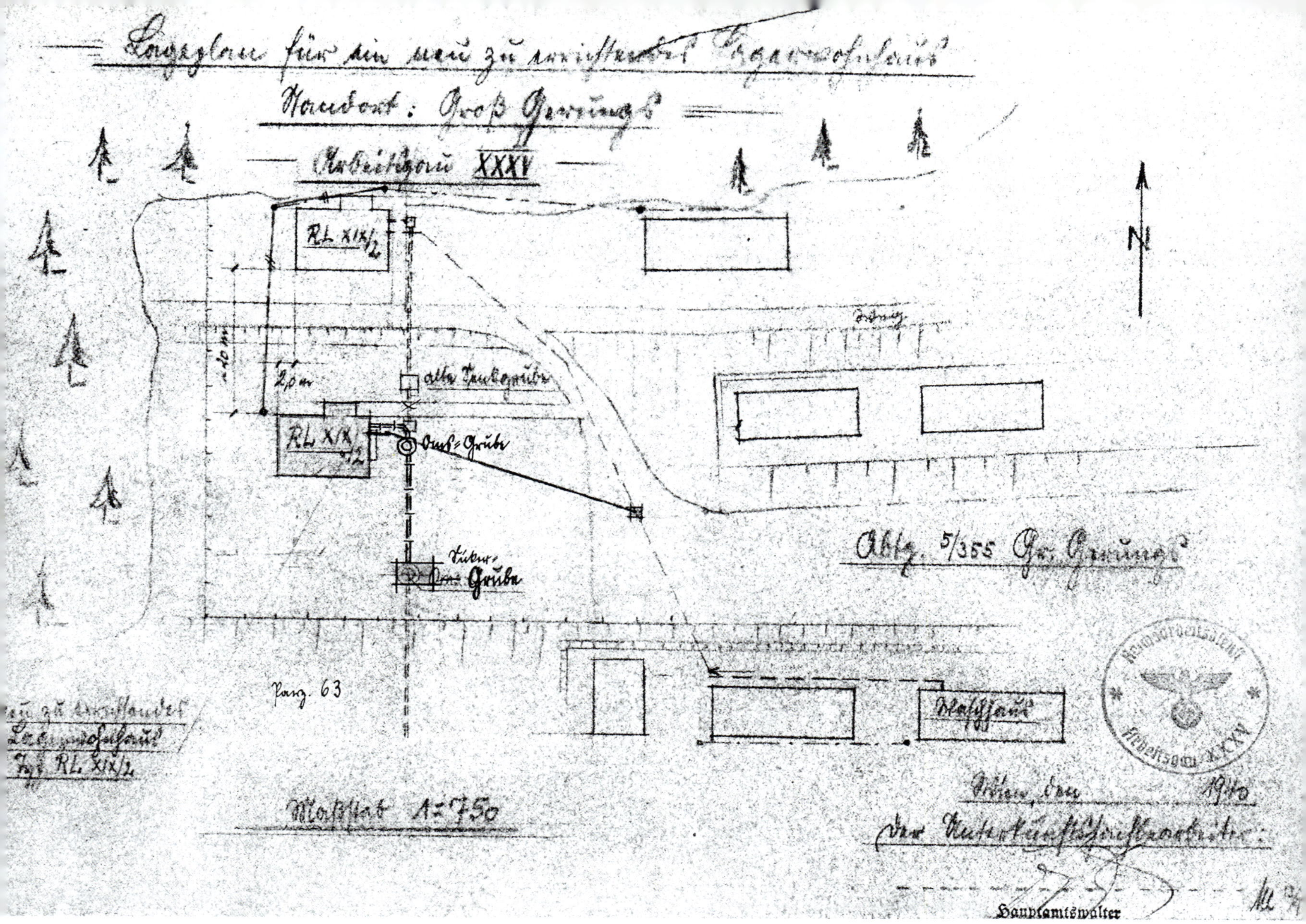

XXXV
RL XIX/2
N
Parz. 63
Abtg. 5/355
1940
Hauptamtswalter

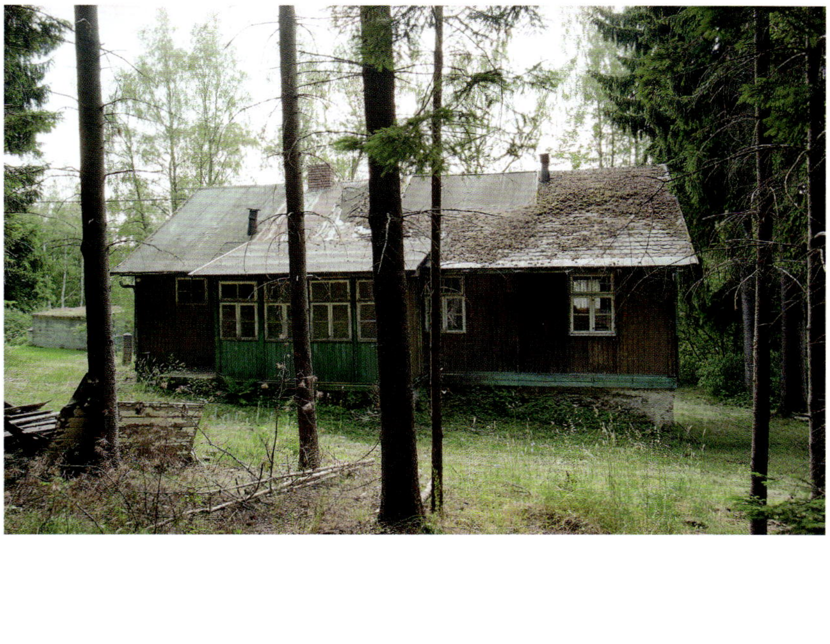

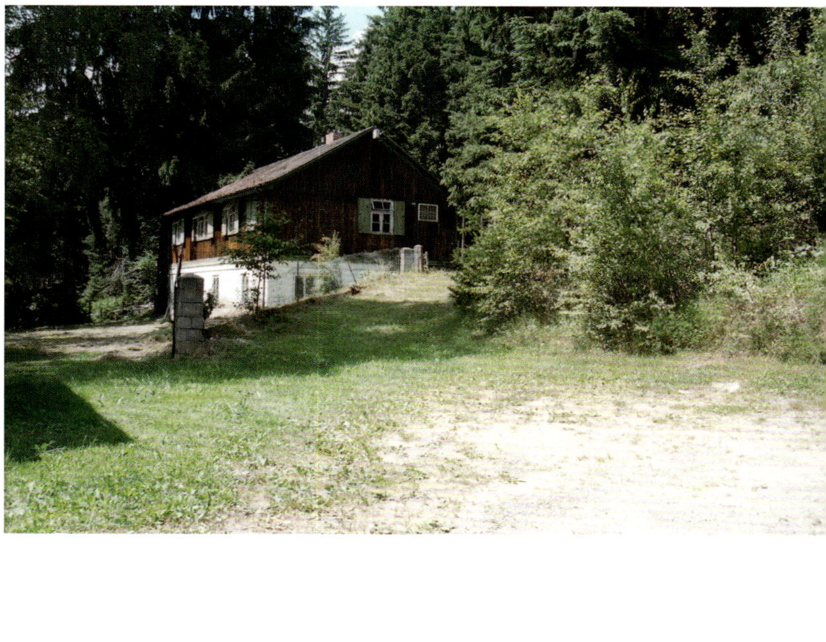

heit örtlicher Amtsträger und aufmarschierter Parteigliederungen mit einem Spatenstich am 6.12.1938 in Ehrendorf eröffnete. Projektziel war, zur Abfuhr häufiger Hochwasser den Flussverlauf von Alt-Weitra bis an die tschechoslowakische Grenze zu begradigen und mittels Drainagen die angrenzen-den Wiesen trockenzulegen und zu Ertragsflächen zu kultivieren.[50] Über den Fortschritt der Melioration gibt es über die Inangriffnahme hinaus keine Belege. Das RAD-Lager selbst sollte nach 1945 eine neue Nutzung erfahren, indem die Stadtgemeinde zur Schaffung provisorischer Behausung armer Menschen die Baracken übernahm, instandsetzte und zusätzlich die des RAD-Lagers in Spital ankaufte. So bescheiden der Wohnraum war, dessen nationalsozialistischer Kontext durch Umbenennung des Barackenensembles in Sportplatzsiedlung euphemistisch überschrieben wurde und die Lagerstruktur vergessen machen sollte, waren die Baracken zum Teil bis Ende der 1950er-Jahre bewohnt. Den Gemeindevertretern gelang allerdings nicht, die Herkunftsreferenz der Bauten loszuwerden; nicht nur durchkreuzte die sowjetische Besatzungsmacht die Aneignung der als ‚Deutsches Eigentum' in ihre Verwaltungskompetenz fallenden Baracken mit unerwarteten Pachtforderungen, wiesen die Rechnungen sie laufend als das aus, was sie waren. Letztlich wurden sie, mit dem Staatsvertrag in das Eigentum der Republik übergegangen, nach dem Auszug der letzten Bewohner stückweise verkauft und zuletzt geschleift.[51]

„Sportplatzsiedlung" aus RAD-Lagerbaracken / nach 1945

RADmJ-Lager Gmünd / 1938

In Litschau wurde die Errichtung eines RAD-Lagers auf einem von der örtlichen Schlossherrschaft Seilern-Aspang gepachteten Waldstück im Juli 1938 in Aussicht genommen. Vom Zuzug der zahlreichen Mannschaften wie auch der Grenzschutzbediensteten, für die im nahen Schönau 2 Wohnbauten geplant waren, versprach sich die Gemeinde eine Belebung der Wirtschaft.[52] Der Baubeginn verzögerte sich allerdings bis Ende September, als 50 ‚Arbeitsmänner' zu Rodungs- und Sprengarbeiten anrückten und in der in den Wald geschlagenen Schneise mit der Aufstellung von 12 Baracken und dem Bau eines Verbindungswegs in die Stadt begannen, der als Lagerstraße Adresse des heute mit Einfamilienhäusern verbauten Stadtteils ist, in dem einzelne Baracken, zu zweckmäßigen Nebengebäuden adaptiert, überdauerten. Bis in das „schmucke, dem Gelände und der Umgebung angepasste Arbeitsdienstlager"[53] die erste Einheit von „200 jungen Arbeitssoldaten" einziehen und Meliorationsprojekte, wie die Regulierung des Reißbachs und den Ausbau von Güterwegen, in Angriff nehmen konnte, wurde es April 1939.[54] Kaum bezogen und mit den Verbesserungsarbeiten begonnen, wurde das Lager bereits im Oktober 1939 für ein Jahr dem weiblichen Arbeitsdienst überlassen, um vermutlich nach Sondereinsätzen mit Oktober 1940 wieder von ‚Arbeitsmännern' übernommen zu werden. Dass im Sommer 1942 zum Abschied einer RAD-Einheit eine „stimmungsvolle Feierstunde" am „malerisch gelegenen Herrenteich" mit „lodernden Feuerstössen, Fanfaren und Sprechchor" in Anwesenheit lokaler Amtsträger und angetretener Parteigliederungen zelebriert wurde, an der die Bevölkerung zahlreich und „ergriffen" teilnahm, lässt den Abzug zum ‚Kriegshilfsdienst' annehmen. Die Donauwacht führte in nicht nachlassenden Propagandatiraden Jugendliche vor, die, vor Kurzem angekommen, „in harter nationalsozialistischer Führung und Disziplin heranreiften zum neuen Geschlecht, das einst berufen sein wird, unser Deutschland, um das wir heute kämpfen, zu tragen!"[55] Eine letzte Zeitungsmeldung vom 5.1.1944 berichtete unter dem Titel „Der RAD erfreute die Kinderherzen" von einer Weihnachtsfeier im Gemeinschaftsraum des Lagers, zu der die NSDAP die „Familien der Gefallenen, Vermissten und Bombengeschädigten" eingeladen hatte und an der sich die Integriertheit der RAD-Angehörigen im örtlichen Sozialleben zeigt. Wie an anderen Einsatzorten auch, hatten ‚Arbeitsmänner' für die Bescherung der Kinder Spielzeug, wie „Hutschpferd, Puppenwagen, Pferdewagen, Wiegen, usw.", in Zusammenarbeit mit dem örtlichen Tischler angefertigt, das, dem Erziehungsdiktat konfessioneller Bedeutungslosigkeit geschuldet, gegen jede Tradition ein Weihnachtsmann verteilte.[56]

Ebenfalls im Sommer 1938 wurde in der Nähe von Groß Gerungs mit dem Bau des Arbeitsdienstlagers 5/355, außerhalb von Heinreichs „recht malerisch am Rande des Wäldchens" gelegen, begonnen und Anfang Dezember das elektrische Licht eingeleitet. Die ‚Gefolgschaft' von 180 Mann, vorwiegend aus der Umgebung, war nach ihrer paramilitärischen Grundausbildung hauptsächlich mit der Drainage nasser Wiesen beschäftigt, wodurch, so die Land-Zeitung schwülstig, „so mancher Bauer […] die wertvolle Einrichtung unseres Führers verspüren" würde.[57] Bis heute erhalten blieben eine unterkellerte Wohnbaracke, zwar schadhaft, aber nach wie vor bewohnt, wie die beiden 1940/41 errichteten Führerwohnhäuser, Normbauten der Type RL XIX/2. Vom in 70 Jahren hochgewachsenen Wald verdeckt, bezeichnen und bezeugen die zum Teil unveränderten Architekturen Ort und Kontext nationalsozialistischer Arbeitsmarkt- und Sozialpolitik.[58]

Für den gleichen Zeitraum, ab Sommer 1938, kann die Errichtung der Lager gleicher Stärke und baulicher Ausführung in Ritzmannshof bei Zwettl und in Buchbach bei Waidhofen an der Thaya angenommen werden, wobei ein Albumblatt den Bau des Lagers Buchbach im Winter und die Unterbringung der am Bau arbeitenden Mannschaft in Zelten zeigt. Wie weit die Meliorationsprojekte, in Buchbach die Regulierung des Radlbachs mit Ausbau zu einem Schwimmbad, in Ritzmannshof Bodenkultivierung durch Entwässerung und Entsteinung, gediehen sind, ist mehr als ungewiss. Wie in Litschau wurde auch in Buchbach das Lager kurz nach Bezug und Inangriffnahme der Projektarbeit vom RADmJ geräumt und ab Sommer 1939 temporär dem RADwJ überlassen.[59] Dabei sollten sich die Bedingungen spartanisch gebauter und ausgestatteter Mannschaftsbaracken nach der warmen Jahreszeit als der Gesundheit wie der Aufgabe der ‚Maiden' abträglich erweisen; Nässe und Kälte verursachten zahlreiche Krankenstände und Dienstausfälle machten den Einsatzort problematisch.[60]

Im weiter südlichen Waldviertel befanden sich in Kirchschlag und Purk Lager des RADmJ seit August 1938 in Bau. Während die Errichtung der Baracken in Kirchschlag ohne Verzug vonstatten ging, sodass 205 ‚Arbeitsmänner' umfassende Arbeitstrupps bereits am 10.11. mit dem Bodenkultivierungsprojekt beginnen konnten,[61] musste in Purk erst einmal der Bauplatz selbst trockengelegt werden. 111 dafür abgestellte ‚Arbeitsmänner' waren ab Oktober verstärkt gefordert, um ihre Unterkunft rechtzeitig fertig und winterfest zu bekommen. Anlage und Ausführung des Lagers, „überall dem Gelände und der Landschaft angepasst", fanden den Beifall von Kreisleiter Reisinger und Bezirkshauptmann Kerndl, die nationalsozialistische Planung in vom Wald geschützter Lage und mit freiem Blick in die Landschaft würdigten.[62] Es ist unbekannt, wie lang und mit welchen Unterbrechungen ‚Arbeitsmänner' am Meliorationsprojekt in der Umgebung von Purk arbeiteten, zwischenzeitlich übernahm auch hier der RAD für die weibliche Jugend das Lager und ‚Maiden' leisteten bis Oktober 1941 ihren Dienst bei Bauern ab.[63] Im Vergleich zu anderen blieb von diesen beiden Lagern bis auf verstreute und von der Vegetation überwucherte Betonrelikte nichts erhalten. Die Baracken, angeblich von den sowjetischen Besatzungstruppen genutzt und zum Teil danach geschleift, wurden nach deren Abzug von privaten Interessenten abgebaut und in Schuppen und sonstigen Vorratsräumen verbaut.

RADmJ-Lager Kirchschlag / 1938

RADmJ-Lager Ritzmannshof, Wirtschaftsbaracke / 1938

Aufbau des RADwJ

Der Reichsarbeitsdienst für die weibliche Jugend in Österreich war in 3 Bezirksleitungen – XX Alpenland, XXI Donauland und XXII Südmark – mit jeweils 2 Lagergruppen organisiert, denen 12-15 Lager unterstellt waren. Basierte der Arbeitsdienst der ‚Maiden' anfangs auf Freiwilligkeit und geringer Organisationsstärke, deren Erhöhung, durch laufende ‚Führererlasse' bewirkt, 1939 reichsweit einen Stand von 50.000 erreichte, forderte Göring mit Kriegsbeginn, bedingt durch den Ausfall der zur Wehrmacht eingezogenen Männer in der Landwirtschaft, die Verdoppelung der Anzahl, der mit der Verordnung der Arbeitspflicht durch den Ministerrat für die Reichsverteidigung vom 4.9.1939 legistisch entsprochen wurde. Nunmehr galt auch für weibliche Jugendliche zwischen 18 und 25, so sie nicht verheiratet, berufstätig bzw. in schulischer Ausbildung oder der elterlichen Landwirtschaft tätig waren, die halbjährliche Arbeitsdienstpflicht.

Der organisatorische Aufbau der 3 RADwJ-Bezirke in Österreich war zunächst aus Mangel an Führungskräften, deren Rekrutierung wie beim RADmJ mittels Werbekampagnen forciert wurde, durch den Transfer von Führerinnen aus dem ‚Altreich' gekennzeichnet, die Bezirks- und mit der Dienstaufsicht über die Lager beauftragten Gruppenleitungen übernahmen. Zu den Agenden der Bezirksführerinnen gehörte auch der Aufbau der räumlich-baulichen Strukturen der Dienststellen und Arbeitsdienstlager, deren Herstellung – von der Auswahl der Standorte bis zur gesamten Planung und Durchführung von Baumaßnahmen – in Koordination mit dem jeweils zuständigen Reichsbauamt zu erfolgen hatte. Konkret galt es, neben der Etablierung der Bezirksleitungen in Wien, Graz und Innsbruck den Raumbedarf der Lagergruppen, deren Zahl sich nach der Eingliederung der ‚Sudetengebiete' im September 1938 um die Dienststelle Znaim auf 7 erhöht hatte, sowie die ihnen jeweils zugeordneten Lager sicherzustellen. Nach der Besprechung in der Reichsleitung in Berlin-Grunewald am 2.6.1938 beauftragte der Reichsarbeitsführer per Schnellbrief vom 31.6.1938 die Führerin des Aufbaustabs in Österreich, Frl. Eberbach, „unverzüglich […] mit den Vorarbeiten für die Beschaffung von 60 festen Lagerunterkünften zum 1.April 1939 und 60 festen Lagerunterkünften zum 1.April 1940 zu beginnen".[64] Nachträglich im Haushalt 1938 bewilligte Mittel von über RM 3 Mio erscheinen allerdings aufgeteilt auf nur 35 „feste Unterkünfte" des RAD für die weibliche Jugend und 25 Barackenlager für die männliche Jugend. Darüber hinaus wurden dem RADwJ zusätzlich RM 290.000 für Kaufanzahlung und Ausbaukosten von für Schulungszwecke in Aussicht genommene Gebäuden genehmigt, nämlich der Karawankenhof in Ferlach in Kärnten, der zu einer „großen Lagerschule" umgebaut werden sollte, sowie die Einrichtung einer „Bezirksschule" im Schloss Tollet in Oberösterreich.[65]

Ursprünglich waren für Frauen ausschließlich massiv gebaute Unterkünfte vorgesehen, deren Bedarf in der Anfangsphase durch Nutzung geeigneter Gebäude in der Nähe der Einsatzorte gedeckt werden sollte. Unumgängliche Neubauten waren spätestens bis Jahresende zu beantragen, allerdings nur unter der Bedingung, dass an einem Standort „Arbeit für 4 Kameradschaften bestimmt auf 15 Jahre und außerdem darüber hinaus voraussichtlich für dauernd gesichert ist" und Baugründe „von den Gemeinden kostenlos zur Verfügung gestellt werden". In die Entwürfe der für die Bauangelegenheiten des RAD zuständigen

Bau Appellplatz Spital / 1939

RADwJ-Lager Spital / 1939

6 auf Österreich verteilten Reichsbauämter sollten in Bezug auf Gestaltung und räumlich-technische Ausführung Erfahrungen aus dem ‚Altreich' einfließen – groß dimensionierte 1- und 2-geschossige Gebäude –, wobei wegen des dringenden Bedarfs die ideologisch-baukulturelle Forderung nach bodenständigem Stil und Bauweise halbherzig „nicht ausgeschaltet werden" sollte. Die Kostenvorgabe von maximal RM 90.000 sollte sich in Österreich, wo aufgrund völlig anderer bauwirtschaftlicher Gegebenheiten mit einem absoluten Spitzenwert von RM 125.000 zu rechnen war,[66] als unhaltbar herausstellen,[67] weshalb Neubauten von vornherein gestrichen wurden.

Nachdem im November 1938 ein ‚Führererlass' zur Verdoppelung der Anzahl der ‚Maiden' auf 50.000 geführt hatte, verschärfte sich der Bedarf an Unterkünften und machte eine Abänderung der Baubestimmungen erforderlich. In Ausweitung der Nutzung bestehender Gebäude konnten diese, so ihr Raumangebot für die Lagerzwecke nicht ausreichte, durch „Zusatzholzhäuser ergänzt werden". Zudem wurde, um personellen Engpässen in den Reichsbauämtern, die kurzfristige Umbaumaßnahmen und Beziehbarkeit nicht zuließen, was vielfach zu Beschwerden der Bezirksführerin geführt hatte, zu begegnen, die Heranziehung von Privatarchitekten, allerdings nur bei Kostenübernahme durch das Bauressort, zugestanden. Waren nach Ausschöpfung aller vorhandenen Möglichkeiten Neubauten nicht zu umgehen, sollten zur Senkung der Baukosten auch Drittmittel in bar oder als Arbeitsleistung angestrebt werden. Für bauideologische Grundsätze war nun kein Platz mehr, die Berücksichtigung lokaler Baustile wurde vollends den Kosten untergeordnet. Erstmals wurden auch für ‚Maiden' Baracken als Unterkunft, beschönigt zu „Holzhauslagern" und vorsichtig begrenzt auf 3 Projekte pro Bezirk, in Erwägung gezogen, die bei rechtzeitigem Antrag bis 1.7.1939 bezugsfertig sein sollten.[68]

Reichsarbeitsdienstlager Spital bei Weitra N. D. 367

Das eigens für Frauen entwickelte Lagermodell bestand aus 4 nach Funktionen differenzierten Normbaracken mit einem umbauten Raum von insgesamt ca. 4000 m³, die, angeordnet um Appell- und Fahnenplatz, in der Nähe der Einsatzorte zur Aufstellung kommen sollten. Eingehegt von einem Jägerzaun, sollte zumindest die schöne Lage, auf die bei allen RAD-Lagern, ob für Frauen oder Männer, geachtet wurde, dem Anspruch nationalsozialistischer Baukultur auf landschaftsgebundenes Bauen gerecht werden, wenn auch die Typologie eines ‚Maiden'-Lagers mit jeweils einer Baracke 102/5+L als Wirtschafts- und Waschhaus, 104/5 als Wohnhaus, 105/2 als Verwaltungshaus und 103 als Aborthaus formal eine ganz andere Sprache sprach. Industriell hergestellt, erlaubten in Fertigteilbauweise assemblierbare Komponenten nicht nur die Rationalisierung der Bauzeit, auch die gesamten Baukosten lagen im Vergleich zu Massivbauten um über 30% günstiger. Statt vorgegebenen RM 87.000, allerdings bei einem größeren Raumangebot und besserer Ausstattung, fielen für „Beschaffung und Aufbau eines Holzhauslagers ADwJ" lediglich RM 60.000 an, die möglichst mit Einsparungen bei Nebenkosten weiter zu senken waren.[69]

Der RAD-Bezirk XXI Donauland, der Nieder- und Oberdonau umfasste und dessen Leitung ihren Sitz in Wien hatte, unterhielt 2 Lagergruppen, die für Oberdonau in Linz und für Niederdonau in Zwettl eingerichtet wurden. Die Baumaßnahmen zur Etablierung des RADwJ in Niederdonau gestalteten sich wegen der selbst erst in Aufbau befindlichen Organisation des für sämtliche Bauangelegenheiten des Gaus zuständigen Reichsbauamts Niederdonau problematisch; ungenügende Ausstattung mit technischem Personal, Büroeinrichtung und Fahrzeugen führte zu völliger Überlastung und Überforderung, was in der Folge den straffen Zeitplan der Bezirksleitung des RADwJ vereitelte und laufend Aufschub von Bezugsterminen wie Arbeitsbeginn hinsichtlich Unterkünften und Dienststellen verursachte. Seit Anfang 1939 beherrschten Kontroversen die Zusammenarbeit zwischen der organisatorisch für den Aufbau der Dienststellen verantwortlichen Bezirksführerin, Frl. Eberbach, und dem mit Planung und Durchführung erforderlicher Umbauten technisch betrauten Reichsbauamt. Nicht genug mit personalen wie technischen Defiziten und daraus resultierenden Beschwerden, ließen dadurch in Gang gesetzte, die Dringlichkeit der Baumaßnahmen verschärfende bürokratische Verfahrensabläufe zwischen den involvierten Ressorts den Aufbau des RAD für die weibliche Jugend bis Mitte 1939 nicht planmäßig vorankommen.[70]

Mit der Übernahme von Ausbauaufgaben für 40 feste Lager im Dezember 1938, davon 20 mit Fertigstellungstermin 1.4.1939,[71] war das Reichsbauamt Niederdonau, das bereits mit einem sofort nach der Annexion Österreichs an das ‚Deutsche Reich' sicherheitspolitisch vordringlichen und umfangreichen Wohnbauprojekt für den Grenzschutz entlang der neuen großdeutschen Außengrenze zu Tschechoslowakei und Ungarn mehr als ausgelastet war, von Anfang an in Verzug. Mahnungen und Kritik an der Fachkompetenz des zugeteilten Technikers durch die Bezirksführerin und Ignoranz unerfüllbarer Anforderungen infolge von Unterbesetzung eskalierten vollends, als dem Reichsbauamt eine weitere unaufschiebbare Aufgabe, die umgehende Errichtung von 27 Lagerhallen zur Bevorratung von Getreide bis zur Ernte, aufgetragen wurde. > Getreide-Lagerhallen 315 In der von Oberfinanzpräsident Niederdonau geforderten Stellungnahme, worin Landesbaurat Düringer im Mai 1939 lediglich auf 4 Ende Jänner 1939 in Angriff genommene und bisher nicht abgeschlossene Umbauten für den RADwJ verweisen konnte, wurde für Ende Mai, nach dem Bauabschluss der Getreidespeicher, die Planung 13 weiterer Adaptierungen und eines Neubaus in Aussicht gestellt.[72] Nachdem sich Versuche, private Architekten heranzuziehen, als wenig erfolgversprechend erwiesen hatten – wegen deren häufig städtischer Gebundenheit und geringem Interesse an kleinen Projekten, noch dazu in abgelegener Lage und ohne Bahnanschluss schwer erreichbar –, wurde die Problemlage schließlich durch Genehmigung zusätzlicher Techniker etwas entschärft.[73]

Generell in kleineren Gruppen zu etwa 40 ‚Maiden' organisiert, wurden für den entsprechend geringeren Raumbedarf der RADwJ-Lager in der Anfangsphase nach Größe und Bauzustand geeignete bestehende Gebäude genutzt. Vorwiegend waren es im Besitz von Adel, Kirche und Industrie befindliche Baulichkeiten, die angemietet, im Fall jüdischen Eigentums durch ‚Arisierung' angeeignet und für die Zwecke eines ‚Maiden'-Lagers adaptiert wurden. Im Waldviertel richtete sich das Interesse der Bezirkführerin vor allem auf Schlösser, kirchliche Wohn- und Wirtschaftsbauten oder sogenannte Herrenhäuser, die Industrielle im 19. und beginnenden 20. Jahrhundert nahe der Fabriken für ihre Wohnzwecke hatten errichten lassen.

Wie die Zeitung des Reichsarbeitsdiensts vom 9.7.1938 berichtete, hatte der Arbeitsdienst für die weibliche Jugend mit seiner Arbeit bereits an 6 Standorten begonnen, vorrangig im Waldviertel,[74] das neben dem Mühlviertel Haupteinsatzgebiet war.[75] An erster Stelle rangierte Zwettl als Sitz der für die Arbeitsdienstlager in Niederdonau zuständigen Lagergruppe 210, für deren Einrichtung mit dem Ausbau der Propstei im Juni begonnen wurde. Zugleich erfolgte die Einrichtung eines Lagers, das, noch nicht fertiggestellt, bereits im Juli von der ersten Einheit von 30 ‚Maiden', die dem Aufruf „Wer will als Freiwilliger zum Reichsarbeitsdienst?" gefolgt waren, bezogen wurde.[76] Infolge baulicher und organisatorischer Verzögerung wurden sie statt bei Bauern vorerst bei Propagandaveranstaltungen über Ziel und Zweck des Reichsarbeitsdiensts eingesetzt.[77] Vermutlich genügten auf Dauer die adaptierten Räume in den

RADwJ-Lager Langau / 1940

RADwJ-Lager Dobersberg / 1940

RADwJ-Lager Buchbach (2) / 1939

RADwJ-Lager Gr. Siegharts / 1940

historischen Bauten der Propstei dem Bedarf beider Dienststellen nicht, sodass 1940 „Zusatzholzhäuser" errichtet wurden.⁷⁸ Die Typenbezeichnung RL 4/3 und RL XIX/2⁷⁹ weisen die RAD-Normbauten als Wohnbaracke und Führerwohnhaus aus, wovon nur 2 Baracken ausgeführt worden sein dürften, die, äußerlich kaum verändert, bis heute für Wohnzwecke genutzt werden. Zu den ersten Standorten des RAD weiblicher Jugend gehörte auch das Lager 3/210 in Groß Siegharts, das „in einem der schönsten Gebäude", der sogenannten Wolff-Villa, die samt der angrenzenden Textilfabrik als jüdischer Besitz ‚arisiert' worden war, eingerichtet wurde und ebenfalls im Juli 1940 ‚Maiden' aufnahm.⁸⁰ Umfangreiche Instandsetzungsarbeiten eines Nebengebäudes des Klosters Pernegg kamen seit Sommer 1938 nicht voran und ließen nach wiederholten Beschwerden der Bezirksführerin den Reichsarbeitsführer am 2.5.1939 „die außerordentlich schleppende Zusammenarbeit mit dem Reichsbauamt Niederdonau" beim Bauverantwortlichen des Reichsfinanzministers reklamieren. Aufgrund der verständlichen Überlastung des Reichsbauamtes in der behördlichen Umstrukturierungsphase nach dem ‚Anschluss' könnten „die ernsten Besorgnisse für die weitere fristgerechte Fertigstellung der Arbeiten" im Rahmen des Aufbaus des RADwJ – allein bis 1.4. sollten 20 von 40 Umbauten bezugsfertig sein – nicht negiert werden.⁸¹ Weitere von Bezirksführerin

Eberbach nach einer gemeinsam mit dem für RAD-Projekte zugeteilten Techniker Böhm am 9.1.1939 absolvierten Besichtigungsfahrt durch Niederdonau in Aussicht genommene Objekte im Waldviertel waren die Schlösser Kattau, Illmau, Engelstein sowie ein unbenanntes Gebäude in Kehrbach bei Groß Gerungs, vermutlich das größenmäßig geeignete, zur Krätschmer-Fabrik gehörende Herrenhaus, deren zweckmäßige Adaptierung zu prüfen, zu planen und auszuführen, das Reichsbauamt beauftragt wurde. Als „unter allen Umständen am 1. April bezugsfertig" urgiert wurden die Schlösser in Kattau und Illmau sowie ein zum Kloster Pernegg gehörendes Gebäude, dessen Umbau bereits im Dezember 1938 vom Reichsarbeitsführer genehmigt worden war. Für einen Neubau in Ottenschlag stand, nach Klärung bautechnischer und vor allem finanzieller Fragen, die Genehmigung durch den Reichsarbeitsführer aus.⁸²

Nicht die Terminproblematik mit den Reichsbauämtern, sondern Interessen weit gewichtigerer Machtinstanzen als des Reichsarbeitsführers sollten die Begehrlichkeiten nach den 3 Schlössern unterbinden, gehörten sie doch zu einer Reihe von Gutsbesitzungen im nördlichen Waldviertel, vor allem in jüdischem Besitz oder Pacht, deren Erwerb sich die Deutsche Ansiedlungsgesellschaft bereits durch Zwangsverkauf gesichert hatte. Als strategische Landreserve beträchtlichen Ausmaßes im Grenzraum zur Tschechoslowakei sollte der Grund neubäuerlichen Siedlungsprojekten vorbehalten werden und letztlich einigen im Zuge der Errichtung des Truppenübungsplatzes Döllersheim ausgesiedelten Bauern sowie reichs- und volksdeutschen Umsiedlern zugute kommen.⁸³ Zweifellos rangierten die Interessen des Reichsführers SS als Reichskommissar für die Festigung deutschen Volkstums im Lande Österreich, den Grenzraum zum Bollwerk völkisch-wehrhaften Bauerntums neu zu ordnen, höher als der Raumbedarf für ‚Maiden'-Lager des RAD. Insofern war das Resultat der für die Zwecke des RADwJ in Aussicht genommenen Gebäude dürftig; auch 1941 verfolgte Pläne, im Schloss Maires ein ‚Maiden'-Lager einzurichten, ließen sich vermutlich nicht verwirklichen.⁸⁴ Allerdings wurde, so ZeitzeugInnen, wenn auch nicht das Herrenhaus in Kehrbach, jenes zur ehemaligen Glashütte in Eugenia bei Schrems gehörende als RAD-Lager genutzt.

Da die Errichtung neuer Gebäude für den RADwJ dem zunächst temporär verordneten Baustopp für ‚nicht kriegswichtige' Projekte im August 1939⁸⁵ zum Opfer gefallen war, kamen als Ersatz neue, zum Teil noch nicht fertiggestellte Wohnbauten für Grenzschutzorgane und ihre Familien, die infolge der mit der Eingliederung der ‚Sudetengebiete' im September 1938 obsolet gewordenen Grenzüberwachung ungenutzt leer standen, gelegen. Ihre Standorte boten sich geradezu als ideal an, gehörte doch ‚Grenzlandarbeit' zum vorrangigen Aufgabengebiet des Reichsarbeitsdiensts. Bezogen wurden die durchwegs paarweise errichteten und jeweils für mindestens 4 Familien ausgelegten Wohnbauten, die bis heute den Grenzverlauf markieren, in Reingers und Oberthürnau.

Um darüber hinaus bestehenden Bedarf abzudecken, kamen vermutlich ab 1941 eigens für den RADwJ entwickelte Barackenlager zum Einsatz. Zunächst mussten sich ‚Maiden' aber mit frei gewordenen Männerlagern abfinden, so ungeeignet sie wegen ihrer Größe, spartanischen Ausstattung und Entfernung von den Einsatzorten bei Bauern waren. Dass die Lager zur Verfügung standen, resultierte zunehmend aus Sondereinsätzen, zu denen RAD-Kompanien laufend an die Fronten abkommandiert wurden, wo sie in engster Zusammenarbeit mit der Wehrmacht vornehmlich als Baukompanien und „Helfer der Truppe" im Einsatz standen. So übernahm der RADwJ temporär das Lager Litschau von Oktober 1939 bis Oktober 1940.[86] Wie die Donauwacht auf der Gmünder Lokalseite andeutete, seien die ‚Maiden' erst nach Überwindung anfänglicher Distanz von den Bauern akzeptiert worden. Abgesehen vom Zweifel an der Kenntnis bäuerlicher Arbeit, wurde die misstrauische Haltung nicht zuletzt durch demonstrativ kirchenfeindliche, in der antikonfessionellen Erziehung des RAD begründete Aktionen, etwa Sportveranstaltungen zeitgleich mit der Sonntagsmesse abzuhalten, provoziert. Auch mag die körperliche Freizügigkeit der wesentlich zum Erziehungsprogramm gehörenden Gymnastik, bei der das NS-Ideal des ertüchtigten als gesunden Körpers, wie beim Sportfest 1944, zur Schau gestellt wurde, für die ländliche Bevölkerung anstößig gewirkt haben. Bereits im Sommer 1939 soll auch das Lager in Buchbach von ‚Maiden' bezogen worden sein; Nässe und Kälte in zugigen Baracken verursachten zahlreiche Krankenstände und mussten durch den Arbeitsausfall der ‚Maiden' die Zweckmäßigkeit der RADmJ-Lager für Frauen in Frage stellen.[87] Auch in Purk wurde das Männerlager vorübergehend vom RADwJ übernommen; bis Oktober 1941 leisteten die ‚Maiden' ihren Dienst bei den Bauern ab, dann wurden sie zum ‚Kriegshilfsdienst' überstellt.[88]

Nach Ausschöpfung aller vorhandenen Raumressourcen war schließlich die Errichtung von Barackenlagern auch für den RADwJ unausweichlich. Ein für Größe und Bedarf der ‚Maiden'-Lager konzipiertes, einheitliches Lagermodell sollte zum Einsatz kommen, dessen Bewilligung, Planung und Durchführung, neu geregelt, „mit höchster Beschleunigung" zu erfolgen hatte.

Nachdem sich Vertreter der Reichsbauverwaltung im August 1940 bei einer Ausstellung auf dem Reichssportfeld über die vom RAD entwickelten Norm-Unterkünfte, „zum Teil in natürlicher Wiedergabe, zum Teil in Modellen und Lichtbildern", informieren hatten können, wurden bei einer Besprechung im Reichsfinanzministerium am 12.9.1940, an der auch Baurat Düringer vom Reichsbauamt Niederdonau teilnahm, die Verfahrensdetails für den Bau von „Holzhauslagern aus genormten Bauteilen" für den RADwJ geklärt. Da die Reichsbauverwaltung nur für Massivbauten zuständig war, sollten von der Bauabteilung des Reichsfinanzministeriums bereits mit Erlass vom 2.11.1938 erstellte Norm-Entwürfe, für die Zwecke des RADwJ weiterentwickelt, den regionalen Baudienststellen als Vorlage zur Verfügung gestellt

Sommer 1944

Fahnenappell im
RADwJ-Lager Buchbach /
1939

Offizieller Besuch im
RADwJ-Lager Spital /
1939

RADwJ-Sportfest /
1944

Sportfest in Litschau

werden. Deren standardisierte Grundrisse und Ausführungen waren zweckmäßig, wenn auch nicht mit dem NS-Postulat bodenständiger Bauweise konform; um den Widerspruch zu verschleiern, wurde Einfachheit zum generellen Leitbegriff deutscher Geschmacksbildung, der sich an RAD-Baracken als Schlichtheit, ja Echtheit erweisen sollte. Neben den Holzbauteilen unterlagen auch alle Installationen, wie Heiz-, Kühl- und Wasseranlagen, der Normierung und mussten von lokalen Firmen zu fixierten Preisen geliefert werden. Um künftig Konflikte zwischen den Dienststellen des RAD und der Reichsbauverwaltung zu vermeiden, wurden Verfahren und Kompetenzen so geregelt, dass Entwurfsarbeiten erst nach Bewilligung durch die Baustäbe von Reichsarbeitsführer und Reichsfinanzminister beauftragt werden durften und sämtliche Bauangelegenheiten federführend vom Bezirksverwalter nach vorheriger Abstimmung mit der Bezirksführerin, der er zugeteilt war, wahrzunehmen waren. Zur Bauausführung, insbesondere für Erdarbeiten und Außenanlagen, waren Arbeitstrupps des RADmJ heranzuziehen.

Während RAD-Lager für die männliche Jugend bautechnisch eine durch größere Belegstärke und Zweck differenzierte Bautypologie aufwiesen, kam beim RADwJ im Wesentlichen ein je nach Funktion variabler Mehrzwecktyp, wie alle Baracken unterkellert oder auf Ziegelfundamenten errichtet, zum Einsatz. Strukturell zeigt so das für den RAD der weiblichen Jugend entwickelte Lagersystem – die hierarchische Differenz ins Innere verlagert und durch typologisch gleiche Bauten verschleiert – seine ebenso nach dem ‚Führerprinzip' verfasste Ordnung nicht. Wie das zum trauten Heim im schlichten Normlager verklärte Bild ein traditionell Harmonie und Harmlosigkeit zuschreibendes Frauenbild affirmiert, vermittelt die architektonische Differenz des Männer-Lagers ein ebenso traditionelles männliches Rollenbild, indem Typologie und Anordnung der Baracken Ranghierarchie und Formation spiegeln.

Das baureif überarbeitete Standardlager des RADwJ, ausgelegt für eine Belegstärke von 4 Kameradschaften à 12 Frauen, wies eine Nutzfläche von ca. 700 m² auf; die Bemessung des „unbedingt erforderlichen" Raumbedarfs unterschied 4 Schlafräume à ca. 50 m², 1 Wohnraum ebenfalls mit 50 m², der auch als ‚Schweigezimmer' diente, 1 Bekleidungs- und Wäschekammer mit 30 m², 1 Speiseraum mit 70 m², 1 Küche mit 30 m², Lebensmittelvorratsräume mit 25 m², 1 Kartoffelkeller mit 20 m², 5 Einzelzimmer für Führerin, Jungführerin und Mitarbeiterinnen in Wirtschaft und Verwaltung mit je 16 m² bzw. 11 m², 1 Schreibstube mit 16 m², 1 ‚Heilstube' mit 26 m², Sanitärräume von insgesamt 70 m² mit Waschraum, Auskleideraum, Dusch- und Baderaum mit 5 Duschen und 1 Wanne, 1 Waschküche mit 20 m² und 1 ‚Plättstube' mit 16 m², Kohlenkeller, Geräteschuppen für Handwagen, Fahrräder und Geräte sowie 5 Aborte. Darüber hinaus wurden 1 Bastelzimmer, als das im Winter auch der Schlafraum genutzt werden konnte, 1 Flick- und Webstube und eine Veranda empfohlen. Zur Selbstversorgung waren Wirtschaftsräume, wie ein Stall für 2 Schweine, 2 Schafe und etwas Geflügel, sowie eine Gartenfläche von 2500 m² zum Anbau von Gemüse nicht obligat, aber wünschenswert. Zu den Außenanlagen zählte neben dem zentralen Appellplatz mit Fahnenstange eine Sportwiese.[89]

Standorte neuer Barackenlager im Waldviertel waren Dobersberg, Irnfritz, Langau, Kirchberg am Walde und Arbesbach, wo im September 1940 mit dem Bau eines Lagers für 50 ‚Maiden' am Steinberg mit Blick auf die Burgruine begonnen wurde, das bis zum Winter bezugsfertig sein sollte.[90] Wie die Donauwacht im Oktober 1943 berichtete, stand in Els ein seit Jahren geplantes Lager erst vor der Fertigstellung, errichtet von verdienstvollen ‚Arbeitsmännern', die auch gleich die Wasserleitung im Ort verlegten.[91]

Das erste RAD-Barackenlager für ‚Maiden' war, vermutlich Hitlers ‚Ahnenheimat' zu würdigen, bereits Anfang 1939 in Spital errichtet worden. Als frühes Musterprojekt gehörte es zu den mit 3 Projekten pro Bezirk limitierten „Holzhauslagern", die im Zuge beschleunigter Beschaffung von Unterkünften nach der per ‚Führererlass' vom 7.9.1938 angeordneten Aufstockung des RADwJ auf 50.000 ‚Maiden' errichtet wurden.[92] Das Dorf wurde eine vielbesuchte Destination des ‚Führer'-Kults, zu dessen Sehenswürdigkeiten neben den Bauernhäusern der Großeltern Hitlers auch das RAD-Lager zählte. Wie das regionale Parteiblatt Donauwacht im Mai 1939 mitteilte, hatte anlässlich des Kreisparteitags eine Abordnung von Ehrengästen „die Urheimat des Führers" besucht; nach Besichtigung der Häuser von Hitlers Familie, die sich zu einer wahren Wallfahrtsstätte entwickelt hätten, sei ein Besuch im etwas außerhalb des Orts, in gewohnt schöner Aussichtslage errichteten Arbeitsdienstlager am Programm gestanden, in dem 45 ‚Maiden' unter Aufsicht von 4 Führerinnen ihren ‚Dienst am Volk' verrichteten. Nach einem Lagerrundgang habe Reichsarbeitsdienstleiter Strassmeier bei einer Jause die Planungskriterien erläutert und Errichtungskosten von etwa RM 25.000 genannt.[93]

Im Spiegel der regionalen Presse, im Wesentlichen der seit Anfang 1939 in Donauwacht umbenannten Niederösterreichischen Land-Zeitung, zeigt sich im halbjährlichen Wechsel der ‚Maiden'-Einheiten die nach anfänglicher Reserviertheit der ländlichen Bevölkerung entstandene Verbundenheit, die, durch Veranstaltungen im Lager verstärkt, das Propagandakonzept des RAD aufgehen ließ. Aus der durch ihre Arbeit in Haushalt und Feld entstandenen Wertschätzung für die ‚Maiden' hatte sich untrennbar eine Anerkennung für die Institution und das Regime entwickelt, die durch Einladungen ins Lager verstärkt wurde. Bauernfamilien besuchten „ihre" ‚Maid', die sie in „kornblumenblauem" Kleid mit weißer Schürze zu einer Führung durch das Lager empfing und zu einer Jause an mit Blumen schön gedeckten Tischen einlud – „heute führten wir euch einmal auch in unsre Wohnstatt ein, und ihr wisst nun sicher alle, ja, dort kann man heimisch sein; denn in fröhlicher Gemeinschaft sammeln wir stets neue Kraft, die für euch an jedem Alltag eine tapfre Hilfe schafft. Frohsinn, Mut und Helfenwollen bringt euch jede, wo sie steh' – lernt ihr kennen, lernt ihr schätzen, unsern großen RAD".[94] Durch die zur Schau gestellte Ästhetik aus uniformem Habitus und einer räumlichen Gestaltungsvorgaben wie peinlicher Sauberkeit verpflichteten Wohnkultur wurde die rigide Ordnung des Lagers kaschiert und das Lager als Heim vorgeführt, mit Singen und Rollenspiel eine Gemütlichkeit inszeniert, in deren unverfänglichem Ambiente Kindern Märchen und Erwachsenen nebenbei die aktuelle Kriegslage, von der Lagerführerin anhand einer Weltkarte demonstriert, geboten wurden.[95] Ob in Irnfritz, wo „Bauern als Gäste bei ihren Arbeitsmaiden" waren, oder Kindernachmittage in Dobersberg[96] und Spital, wo 60 Kinder mit Märchenaufführungen im „Steingarten" unterhalten wurden,[97] oder „ein froher Sonntagnachmittag im RAD-Lager" in Langau stattfand,[98] stets gehörten Spiel, Gesang und Märchen mit anschließender Jause zum Repertoire, in das der Kinder wie Erwachsene adressierende Image- und Ideologietransfer eingebettet wurde. Anlass solcher Einladungen konnte auch der Abschied der ‚Maiden' nach dem Diensthalbjahr sein, bevor sie zum ‚Kriegshilfsdienst' in Rüstungsbetrieben oder auch als Schaffnerinnen bei der Straßenbahn beordert wurden. Im feierlichen Rahmen wurden sie für ihre Dienste bedankt, wie in Irnfritz durch den Ortsgruppenleiter und die Ortsfrauenschaftsleiterin,[99] in Wappoltenreith, wo eine Maid sich offenbar durch Unterricht in einem Erntekindergarten besonders verdient gemacht hatte, vom Bürgermeister.[100] Für größere Abschiedsdarbietungen der ‚Maiden' wurden auch Kinosäle gemietet, wie in Schrems und Drosendorf, wo die ‚Gefolgschaft' des RAD-Lagers in Eugenia bzw. Oberthürnau mit Darbietungen die Gäste unterhielt.[101]

RAD-Angehörige als Zeitzeuginnen

Im breiten Spektrum großteils autobiografischer, meistens von Frauen[102] verfasster Erinnerungsliteratur wie auch der oral history, die Forschungsprojekte verschiedener wissenschaftlicher Disziplinen generiert haben, erscheint das ideologische Konzept wie die nach dem ‚Führerprinzip' strukturierte Organisation des Reichsarbeitsdiensts, bewusst oder unbewusst, überwiegend als körperliche und moralische Ertüchtigung verharmlost. Mangelndes Reflexionsvermögen von AutorInnen/ZeitzeugInnen offenbart im scheinbar Unbekümmerten, Unbedarften einer teils frivolen Diktion die Wirkmächtigkeit der RAD-Erziehung. Punktuell aber durchaus exemplarisch zeige sich in der Rhetorik der Erinnerungsnarrative über die Zeit gleichbleibend „eine Identifikation mit dem System und der Herrschaft des Nationalsozialismus", wie Gisela Miller-Kipp in Bezug auf „Ästhetische Formen und mentales Milieu im Reichsarbeitsdienst" resümiert.[103] Die Einsicht, dass sie als Angehörige des RAD in Erfüllung ihrer Dienstpflicht zur Stabilisierung des NS-Regimes beigetragen haben und zu einer Mitläuferschaft gehören, gäbe es nur in seltenen Fällen.[104]

Zwei medial unterschiedliche Beispiele von Zeitzeugenschaft, ein kommentiertes Fotoalbum und ein aufgezeichnetes Erinnerungsnarrativ, erlauben einen Einblick in die Lebensgeschichten und deren rückblickende Darstellung von Frauen, die, auf mehrere Einsatzorte im untersuchten Gebiet des Waldviertels referierend, als Jugendliche ihren halbjährigen Arbeitsdienst ableisteten und, über den Status der ‚Maid' hinaus, auch eine Berufskarriere beim RAD anstrebten. Einmal lenken Anmerkungen und erklärende Kommentare, vermutlich eigens für die geschichtswissenschaftliche Verwendung im Zuge eines Frauennachlass-Projekts verfasst,[105] die Lektüre der Bilder von Einsatzorten, wie Gruppenfotos von ‚Maiden' im Lagerambiente auf den Text zurückwirken und die Lektüre diskursiv ergänzen; zum anderen generieren Zitate aus dem Interview in ihrer zwischen selbstgewisser Unverfänglichkeit und außer Kontrolle geratender Erinnerung schwankenden Rhetorik ein changierendes Bild, was in dem Versuch, dessen Zwiespältigkeit mit Bagatellisierung und Rechtfertigung beizukommen, erst recht eskaliert. Aus dem Unbewussten sich Bahn brechend, kommt nachhaltig Eingeprägtes in der Erinnerung notorisch uneinsichtig zu Wort: „… nicht alles war schlecht".

RAD-Führerinnen Wien, Mariahilferstraße / undatiert

Elfriede K. war ‚Maid', dann Kameradschaftsälteste und wurde nach Schulungen zur Jungführerin ernannt. Sie hatte, 1926 in Wien geboren, ursprünglich Kinderschwester werden wollen und konnte vor der erst mit 16 Jahren möglichen Ausbildung, vom Vater als Parteimitglied und Blockleiter beim NSV erwirkt, mit 14 die am Lehenhof bei Scheibbs eingerichtete Schwesternvorschule besuchen. In der Erinnerung ist ihr die Heimleiterin als „wunderbar" auch namentlich unvergesslich; Oberschwester Mera, als geschiedene Frau von Hitlers Leibarzt erinnert, habe sich ihrer wie des eigenen Kindes angenommen. Dass sich die dominante tschechische Mutter im Gegensatz zur politischen Einstellung des Vaters öffentlich lautstark über das Regime ausgelassen habe und zu aller Schutz von einem Arzt des väterlichen Vertrauens vorgeblich für verrückt erklärt werden musste – „Du liebe Zeit, mit der Mutter haben wir was mitgemacht. Die Mutter musste er ja ‚nicht zurechnungsfähig' schreiben lassen." –, deutet, zugleich systemkonform, die Ersatzfunktion der Erzieherin an. Allerdings beendeten mit dem Beruf einer Krankenschwester unvereinbare gesundheitliche Probleme nach 2 Jahren die Ausbildung wie die Nähe zum bewunderten Vorbild. Als Alternative bot sich der Reichsarbeitsdienst an, dessen Antritt bereits mit 16 eine Sondergenehmigung ermöglichte und 1943 nach Els im südlichen Waldviertel führte; vor einer Reihe weiterer Einsatzorte das sogenannte Stammlager, dessen Nummer auf Anhieb parat zu haben, die Zeitzeugin sichtlich stolz und verlegen zugleich macht, blieben gute Erinnerungen an den Arbeitsdienst in die Beziehung zum Ort eingeschrieben: „Ich hab ja den ganzen Ort gekannt; nach dem Krieg war ich mit meinem Mann dort; das war ja ein Hallo; alle haben mich ja gekannt." Nach dem Halbjahr als Maid in Els schlug Elfriede K., motiviert von der Lagerführerin, deren Namen zu erinnern, die Wertschätzung für „Fräulein Weberlin aus Ostpreußen" ausdrückt, den Weg in den „Führungskader" des RAD ein: „Ich hab ja nicht gewusst, was ich jetzt tun soll; es hat mir gefallen, bin ich geblieben. Aber dass man da Zwang oder – war nicht, der Vater ist um alles gefragt worden. Das hat nicht gestimmt. Es ist Furchtbares passiert unterm Hitler, aber es hat auch Dinge gegeben, die waren nicht – also ich meine, vielen Jungen würde es heute gut tun. Aber bitte schön!" Zuerst für ein weiteres halbes Jahr zum Dienst als Kameradschaftsälteste eingeteilt, die dafür verantwortlich war, „dass da alles reibungslos geht, dass alles sauber ist, dass alle da sind, dass sich alle waschen […] da war ich so richtig Aufpasserin", erfolgte anschließend die

Ernennung zur Jungführerin. Neben der mit jedem Rang in Design und Material aufwendiger ausgeführten, am Kragenverschluss der Bluse getragenen Brosche mit dem Emblem aus Hakenkreuz und gekreuzten Getreideähren – für ‚Maiden' aus Eisenblech, dem Anstecknadeln aus Bronze, Silber und Gold folgten –, ging auch eine Verbesserung des Lebensumstände im Lager einher, die statt der kollektiven Unterkunft in der sogenannten Stube ein eigenes Zimmer „im Führerbau" mit sich brachte. Zum Aufgabenfeld einer Kameradschaftsältesten gehörten auch lagerexterne Einsätze; so wurde die Zeitzeugin für einige Wochen an eine Röntgenstelle in Wien versetzt oder für die Erledigung von Aufträgen, „die nicht die höheren Führerinnen gemacht haben", abgestellt, etwa eine straffällig gewordene ‚Maid' in das Jugendgefängnis nach Wien zu eskortieren. Dabei sei das Mädchen in Eggenburg aus dem Zug entwischt, was als Versagen einzubekennen, unangenehme Erinnerungen weckt, auch in Bezug auf den darauf angeordneten Nachforschungsauftrag, der, angesichts der kirchenfeindlichen Erziehung im RAD, ausgerechnet an der Weigerung von Klosterschwestern scheiterte, den Aufenthalt des Mädchens im von ihnen betreuten Eggenburger Spital zu verraten.

Die weitere Karriere von Elfriede K. als Jungführerin im RAD-Jungführerin verlief in Abhängigkeit von offenen Stellen in mehreren Lagern im Waldviertel; vermutlich im Herbst 1944 erfolgte ihre Versetzung nach Spital, allerdings bereits mit der wenig aussichtsreichen Order, das Lager aufzulösen. „Ich war für Bettzeug, Geschirr, für alles war ich verantwortlich; das ist alles in Kisten gekommen, die hat die Wehrmacht geholt und woanders hingeführt." Im sich ankündigenden Ende des NS-Regimes lief der Dienst der letzten etwa 20 ‚Maiden' bei den Bauern aus, nach deren Abzug es beängstigend gewesen sei, bis auf eine ‚Maid' zu ihrer Unterstützung allein im Lager zurückzubleiben. Baracken in schlechtem Zustand machten den Aufenthalt im Winter äußerst problematisch, kaputte Installationen im Keller, für deren Reparatur eine Firma aus Weitra einen Arbeiter schickte, sollten aber zur Begegnung mit ihrem späteren Mann
führen, wodurch sich der Übergang aus der RAD-Zugehörigkeit in das spätere Privatleben nahezu nahtlos anbahnte. Zunächst aber Anfang 1945 zum Dienst in das Lager Arbesbach abkommandiert, sollte am letzten Einsatzort der bereits angekündigte nächste Karriereschritt von der Jungführerin zur Maidenunterführerin mit dem ‚Dritten Reich' untergehen. Auch die dortige Lagerführerin scheint nach sonst ausnahmslos guten Erfahrungen – „es hat ja reizende gegeben" – eine Enttäuschung gewesen zu sein, was die Erinnerung ihres Namens blockiert, während die anderer Führerinnen, geschätzt, wenn nicht als Vorbild bewundert, abrufbar sind. Ohne zackigen ‚Hitler-Gruß' bei jeder Begegnung sei da gar nichts gegangen: „Wie verrückt, wenn man da einmal vergessen hat, hat's mich gleich vor die Tür geschickt." Zeichen des näher rückenden Krieges waren auch in der abgeschiedenen Lage von Arbesbach nicht mehr zu übersehen, als ein tief fliegender Aufklärer, der in lautlosem Gleitflug über das in bester Aussichtslage erbaute Lager zog, bei den mit dem Anlegen eines Küchengartens beschäftigten Frauen Panik auslöste: „Das waren diese – Ettlings hat man gesagt – die haben nichts gemacht, nur geschaut. Mit den blauen Kleidern, haben sie gesehen, es sind eh nur Mädchen. Es ist dann niemand gekommen. Man war aber nirgends mehr sicher." Entlassung der ‚Maiden' und Absetzung der Lagerführung waren die Folge; wie in Spital, hatte sie zusammen mit einer ‚Maid' als Helferin den geordneten Abschluss vorzubereiten und bis zuletzt reichlich gelieferte Vorräte – „Pullover, Hosen, Wäsche, Bettzeug, alles. […] Wer hat denn damit gerechnet; manche haben ja bis zum Schluss geglaubt und haben geliefert und geliefert" – zu verwahren. Ratlos im plötzlichen Wegbrechen der gewohnten hierarchischen Ordnung, sollte aber die kollektiv eingeübte Pflichterfüllung bis zuletzt funktionieren und sich die Wirkmächtigkeit der Erziehung im Reichsarbeitsdienst erweisen. Erst die Rücksprache mit der übergeordneten Dienststelle in Zwettl, welche die Schließung des Lagers anordnete, ließ die Entfernung vom Dienstort zu, wenn auch mit einem Rest an Zweifel: „Ich hab ja auch nicht gewusst, was ich mit den Schlüsseln machen soll."[106]

Franziska Grasl, deren Weg im RAD von der ‚Maid', dann Kameradschaftsältesten über die Ernennung zur Jungführerin bis zur kriegsbedingt abgebrochenen Ausbildung zur Maidenunterführerin führte, wurde im Herbst 1942 zum Reichsarbeitsdienst eingezogen und dem Lager Irnfritz zugeteilt, wo sie ihren Dienst bei Bauern im Ort und in Wappoltenreith ableistete und darüber hinaus an öffentlichen Auftritten, etwa Gesangsdarbietungen im Lazarett in Gars, mitwirkte. Mangels anderer Berufsaussichten und von als Vorbild akzeptierten Führerinnen ermutigt, nahm sie die Bildungs- und Aufstiegschancen in die Führungsränge wahr und entschied sich für den Verbleib im RAD. Die erste Karrierestufe nach dem halbjährigen Pflichtdienst war die wiederum für die Dauer von 6 Monaten am gleichen Ort auszufüllende Position einer Kameradschaftsältesten, der die Verantwortung für eine die 12 ‚Maiden' einer Stube umfassende Kameradschaft oblag. Die darauf folgende Ernennung zur Jungführerin bedeutete für Franziska G. das Ende ihres Aufenthalts in Irnfritz und die Versetzung nach Brunn im ‚Sudetengau'. „Über Budweis kam man dort hin", so der Hinweis unter der Ansichtskarte vom Lager 13/210, gefolgt von einem knappen Kommentar, der die mit einer Reihe anschließender Gruppenfotos vermittelte Fröhlichkeit im Lageralltag Lügen straft und Ernüchterung zu belegen scheint: „Überall das Gleiche, den armen Grenzlandbauern helfen. Kein Strom – keine Geräte." Nach nur etwa 3 Wochen erfolgte die Abberufung zur weiteren Schulung für den nächsten Karriereschritt, die Ausbildung zur Maidenunterführerin in der in Schloss Großmachmin bei Danzig etablierten Lagerschule. In einer – wie alle Anmerkungen – undatierten Betrachtung, betitelt mit „Sommer/Herbst 1944 war der Anfang des großen Wanderns durch ganz Österreich, man kann es auch Flucht nennen", zeigt sich vermutlich nachträglich die zunehmende Destabilisierung sachlich reflektiert, die mit der in Auflösung begriffenen Organisation des RAD wie des ‚Deutschen Reichs' die eigene

Basis wegbrechen ließ: „Nachdem wir fluchtartig und vorzeitig die Schule und Pommern verlassen mussten, kamen wir wieder in unsere Stammlager zurück. Die waren aber alle besetzt, teils schon mit Mädchen, die die Lager an der Ostgrenze verlassen mussten und bereits auf der „Flucht" waren. Vorerst wurde ich nach 2 Urlaubswochen für mich – als Urlaubsvertretung in diverse Lager eingesetzt. Erst ein paar Wochen in Wien Penzing im Kommandiertenheim des RAD in der Bezirksleitung. Von dort aus 3 Wochen nach Groß Mittel in die Munitionsfabrik. Kann mich heute noch wundern, dass dieselbe den ganzen Krieg über so gut getarnt war, das man erst gegen Ende drauf kam. Weiter ging es dann 1 Woche nach Zwettl, auch dort keine Bleibe. Landete in Zlabings an der tschechischen Grenze wieder in einer Muni. Wieder nach ein paar Wochen in Reingers. Also dort war endlich ein fester Platz frei als Wirtschaftsgehilfin. Zu früh gefreut, im November binnen ein paar Tagen – packen – auf nach Linz – danach Gallneukirchen im oberösterr. Mühlviertel. März 1945 wieder weg – Endstation anfangs Mai – Mauterndorf/Tamsweg im Lungau." Dass Franziska G. ihre Erfahrungen im Reichsarbeitsdienst spontan mit der Erinnerung einer Liedzeile, die sich auf die bescheidene Entlohnung bezieht, zusammenfasste, mag eine sarkastische Pointe sein: „Wir sind beim Arbeitsdienst, 20 Pfennig ist der Reinverdienst, …" [107]

Getreide-Lagerhallen

Mit höchster Dringlichkeitsstufe ordnete Göring ein mit dem Reichsminister für Ernährung und Landwirtschaft am 21.10.1938 zur Sicherung der Versorgungslage vereinbartes Bauprogramm für Getreidelagerräume an,[1] das die unverzügliche Errichtung von 4700 Speicherbauten mit einem Fassungsvolumen von insgesamt 25 Mio t bis Februar 1939 vorsah[2] und den trotz seit 1934 bereitgestellter Bauförderung bestehenden Mangel an Lagerkapazitäten beheben sollte. Angesichts der Rekordernte 1938, die dem ‚Reichsnährstand' den nächsten Jahresbedarf ohne wesentliche Importe zu decken erlaubte,[3] sollten mit über das gesamte Reichsgebiet verteilten Silo- und Lagerhallenbauten Einlagerung und Distribution von Getreide und auch Kartoffeln sichergestellt werden. Das bauliche Sofortprogramm zur Bevorratung von Grundnahrungsmitteln schnellstmöglich durchzuführen, ermöglichte die Einstufung der Bauten „als zur mittelbaren Rüstung gehörig", zudem forderte Göring einen Sonderbeauftragten für den Bau von Getreidelagerräumen, zu dem Staatssekretär Backe, Leiter der Geschäftsgruppe Ernährung, bestellt wurde.[4]

Errechneter Raumbedarf bestand für 2,35 Mio t Getreide, die in Silos mit einem Fassungsvermögen von 5000-10.000 t oder in Speicherbaracken bis 3000 t gelagert werden sollten, wobei wegen der schnelleren bautechnischen Herstellbarkeit und der geringeren Kosten Lagerhallen der Vorzug gegeben wurde. Aufgrund des knappen, bereits für Februar 1939 angepeilten Einlagerungstermins konnte der zunächst privatwirtschaftlich vorgesehene und mit Reichszuschüssen von 25-33% gestützte Silobau nicht zeitgerecht durchgeführt werden, sodass Bauten auch unter reichseigener Bauträgerschaft errichtet werden mussten, deren Betrieb allerdings an private Unternehmen vergeben wurde. Die Finanzierung der Bauten war zwischen Reichsernährungs- und Reichsfinanzminister zu verhandeln, die technische Durchführung analog anderer, im Rahmen des ‚Vierjahresplans' exekutierter Bauprogramme der Dringlichkeit entsprechend zu regeln. Mit der Einrichtung einer obersten Bauleitung in der Reichsstelle für Wirtschaftsausbau, der auch Beamte des Reichsfinanzministeriums und des Heeresverwaltungsamts für 1 Jahr zugeteilt wurden und nach deren Anweisungen regionale Baubehörden zu verfahren hatten, sollte die beschleunigte Durchführung durch zentrale Lenkung gewährleistet werden. Von lokalen Kommissionen aus Vertretern der zuständigen Bauämter, der Landesplanungsstellen und der Reichsstelle für Getreide, der unter Leitung eines Vertreters des jeweiligen Oberfinanzpräsidenten zunächst die Grundstücksbeschaffung oblag, wurde im Sinne einer raschen Umsetzung abgekommen, wie generell langwierige Genehmigungsverfahren zu vermeiden, zwar alle beteiligten Ressorts eingebunden, Entscheidungen aber zentral getroffen wurden. Die Standortplanung, bei der getreide- wie volkswirtschaftliche, strategische und grenzpolitische Aspekte zu berücksichtigen waren, oblag der Hauptvereinigung der deutschen Getreidewirtschaft und der Reichsstelle für Getreide, die in Absprache mit der Planungsstelle des Reichsstatthalters bis März 1939 eine Kartografie der festgelegten Standorte erstellten, die, von Reichsernährungsminister und Oberkommando der Wehrmacht überprüft, der Reichsstelle für Raumordnung im Einvernehmen mit dem Reichsverkehrsministerium zur endgültigen Genehmigung vorgelegt wurde. Mit Erlass des Leiters der Reichsstelle für Raumordnung vom 10.1.1939 wurde das Standortprüfungsverfahren dahingehend reformiert, dass nur noch Projekte über 1000 t einer Begutachtung durch die Planungsstelle bedurften und Anlagen kleinerer Kapazitäten ihr lediglich zur Kenntnis zu bringen waren. Entscheidungen über Typologien und statische wie baupolizeiliche Fragen wurden, zwar in Abstimmung mit den Dienststellen der verschiedenen Ressorts, ebenfalls von der Reichsstelle für Wirtschaftsausbau getroffen. Dazu gehörten auch die Kalkulation der einzelnen Bautypen und die Vorgabe eines Kalkulationsschemas für Abrechnungen der lokalen Bauleitungen. Um im Vorfeld eventuelle Einwendungen und Verzögerungen durch lokale Instanzen abzuwehren, wurde für ministerielle Planfreigabevermerke nach dem Muster des Reichsluftfahrtministeriums für die Luftgaukommandos gesorgt und die Kontingentierung von Baumaterialien mit dem Reichswirtschaftsministerium geklärt. Die Bedienung des geschätzten Arbeitskräftebedarfs von 50.000 Fach- und Hilfsarbeitern oblag der Reichsanstalt für Arbeitsvermittlung und Arbeitslosenversicherung, die wiederum anhand der Standortkarte die lokalen Arbeitsämter instruierte und auch die Zuweisung von 1200 Metallarbeitern an Maschinenfabriken regelte, die Speichereinrichtung produzierten. Den beschleunigten Arbeitseinsatz ermöglichte eine bereits im Juni 1938 ergangene Anordnung des Beauftragten für den ‚Vierjahresplan' wie Göring den Grunderwerb, die Bestimmungen des „Landbeschaffungsgesetzes für Zwecke der Wehrmacht" vom 29.3.1935 auf Speicherbauten auszuweiten, am 18.2.1939 durchsetzte. Damit wurde die zweckmäßigste Standortwahl gesichert, die nach Kriterien von Erzeugung, Verbrauch und Verarbeitung von Getreide sowie dessen Transport einer übergeordneten Raumordnung Rechnung trug.[5] Mit dem Ziel, das Bauprogramm in kürzester Zeit umzusetzen, wurde für weitgehende Vereinfachung und Zentralisierung der Verfahren gesorgt; Forderungen des Landschaftsschutzes, aber auch des Amts Schönheit der Arbeit, das durch völkisch-ästhetische Vorgaben die Außen- und Innengestaltung von Bauten lenkte, hatten darin keinen Platz. Insofern gehören die Silobauten zu jenen Zweckbauten des Nationalsozialismus, deren Architektur, von nüchterner Funktionalität bestimmt, nahezu ohne konstruktionsverschleiernde Behübschung auskam; das blieb, wie das Beispiel Krems zeigt, dem heutigen Betreiber und Hundertwasser vorbehalten, nach dessen Entwurf 1983 die Front des 1939 errichteten Silos mit bekannten Fliesenmosaiken dekoriert wurde. > Donauhafen Krems 28

Abgesehen vom Silobau in Krems, waren im Reichsgau Niederdonau insgesamt 28 reichseigene Speicherbauten geplant, die, allerdings vorwiegend als Lagerhallen in Barackenbauweise und in Bahnhofsnähe ausgeführt, gemäß Erlass vom 30.11.1938 begonnen und bis August 1939 mit Reichsmitteln in Höhe von RM 6,9 Mio fertiggestellt wurden, wie der Leiter der ‚Baugruppe' des Oberfinanzpräsidenten Niederdonau im monatlichen Nachweis der außerordentlichen Mittelverwendung am 16.8.1939 die Übernahme fertiger Neubauten durch die Reichsstelle für Getreide in Wien festhielt und dabei auf die bereits begonnene Einlagerung von „Auslandsgetreide" verwies. Der Bedarf an Betriebsmitteln pro Standort, als einmalige Ausgaben verbucht, machte im September 1939 RM 20.000 aus, sank im Oktober auf RM 10.000, um ab November 1939 zwischen RM 5000 und RM 2500 zu schwanken und ab 1941 bei RM 1000 zu stagnieren.[6] Der zunehmend verzögerte und schließlich kriegsbedingt zum Stillstand gekommene weitere Ausbau führte an manchen Orten zum Weiterverkauf der gewidmeten Grundstücke oder bereits errichteter Hallen, die Verlegung von Gleisanschlüssen als Voraussetzung für An- und Auslieferung des Getreides zog sich, auch witterungsbedingt durch anhaltenden Frost, hin und erfolgte letztlich unter Einsatz von Kriegsgefangenen. Im Jänner 1942 meldete die mittlerweile zum Reichsstatthalter Niederdonau ressortierende Bauabteilung die Fertigstellung und Befahrbarkeit des Anschlussgleises in Gmünd und Sigmundsherberg, 2 der 4 Standorte von Lagerhallen im Waldviertel, die bis heute genutzt werden.[7]

Ehemalige Getreidelagerhalle Gmünd / 2008

Ehemalige Getreidelagerhalle Sigmundsherberg / 2008

Transport- und verteilungslogistisch an der das obere Waldviertel querenden Franz-Josefs-Bahn projektiert, blieben 2 weitere im Kreis Horn geplante Lagerhallen, am Standort der örtlichen Lagerhausgenossenschaft und im direkt an der Bahnstrecke gelegenen Wappoltenreith, offenbar ungebaut. Nach Einleitung des landesplanerischen und baupolizeilichen Genehmigungsverfahrens im Oktober 1939 verliert sich im Instanzenzug – von der Planungsbehörde beim Landeshauptmann über den Landrat als regionale zur örtlichen Bauinstanz, den Bürgermeistern von Horn und Irnfritz, die unter Einbeziehung der Wehrwirtschaftsinspektion XVII, Reichsbahndirektion, Landesbauernschaft und anderer relevanter Dienststellen zu entscheiden hatten – die Spur, die sich auch bei der örtlichen Recherche nicht finden lässt,[8] während in Gmünd und

Sigmundsherberg die sogenannten Getreidespeicher wenig verändert erhalten sind. Errichtet Anfang 1939 nach Plänen der Leipziger Firma Dr. Ing. Erich Seidel vom 30.11.1938,[9] sind die freitragenden Holzkonstruktionen mit einer Grundfläche von 2500 m² zwar von Witterung und Reparaturen im Lauf der Jahre gezeichnet, erfüllen aber nach wie vor ihren Zweck für das örtliche Lagerhaus bzw. die ab 1940 im Auftrag des ‚Reichsnährstands' errichtete und heute im AGRANA-Konzern aufgegangene Landwirtschaftliche Kartoffelverwertungs AG.[10] Auf deren Betriebsgelände errichtet,[11] wurde der als Getreidespeicher auch im Sprachgebrauch der Nachkriegszeit erhaltene Bau im Winter 1944/45 zum Todesort von 485 ungarischen Jüdinnen und Juden, von denen annähernd 1600 einem Transport mit vermutlichem Ziel Theresienstadt, der aus ungeklärten Gründen in Gmünd gestoppt wurde, angehörten und 6 Wochen lang in der Halle unter unmenschlichen Bedingungen angehalten wurden. Mit seiner anschließenden Weiternutzung bis heute blieb der Bau als authentischer Gedenkort ausgespart, ein 1970 errichtetes Mahnmal am Straßenrand, das in seiner Inschrift die Identität der Opfer verdrängt, nennt den konkreten Ort des Terrors nicht.[12]

STALAG XVII B
Gneixendorf

Das zunächst als Durchgangslager DULAG auf einem 1938 für militärische Zwecke erworbenen Areal „etwa 4 km von Ortsmitte Krems und etwa 1 km von Ortsmitte Gneixendorf entfernt" geplante und – nach STALAG XVII A in Kaisersteinbruch – ab 26.10.1939 zum Stammlager umfunktionierte STALAG XVII B wurde mit Kriegsverlauf zum größten Kriegsgefangenenlager der ‚Ostmark' ausgebaut – mit den Nebenlagern STALAG XVII C innerhalb des Truppenübungsplatzes Döllersheim und STALAG XVII D in Pupping in Oberdonau.

STALAG XVII B auf einer Fläche von ca. 100 ha und strukturiert nach einheitlichen Lager- und Barackennormen errichtet, umfasste neben einem separierten Lazarett- und Quarantänebezirk zum einen das mit einem „2 m hohen Maschendrahtzaun zwischen Holz- oder Betonstäben" gesicherte Kriegsgefangenenlager für 12.000 Mann,[1] – deren Zahl sich auf ein Vielfaches erhöhte und zum Ausgleich des räumlichen Mangels die stationäre Unterbringung der ‚Außenkommandos' in den Einsatzbetrieben erforderte –, zum anderen das Militärlager der Wachmannschaften mit 9000 Mann, davon 178 Offiziere und Unteroffiziere sowie für die medizinische Versorgung 4 Ärzte und 4 Sanitätsoffiziere unter der Leitung von Oberstabsarzt Dr. Viktor Pilger; zudem waren 238 Beamte in der Verwaltung des Lagers beschäftigt, das unter dem Kommando von Oberst Kühn stand, zu dessen Stab neben seinem Stellvertreter ein Adjutant und ein Abwehroffizier gehörten.[2]

Der Bau des Lagers erfolgte unter Einsatz der ersten Einheiten von Kriegsgefangenen aus Polen, Frankreich und Belgien, für die nach ihrer Ankunft am Bahnhof Landersdorf zunächst nur Zeltunterkünfte zur Verfügung standen. Als feste Unterkünfte sind Mannschaftsbaracken mit Stockbetten für eine Belegung mit 300 Mann auch für Kriegsgefangene anzunehmen, wie vom Heeresbauamt St. Pölten zur „Erweiterung des Barackenlagers in Krems für die Unterkunft eines Schützenregiments" zur Bewachung der Internierten erstellte Pläne vom 27.1.1940 zeigen. Auf Betonfundamente gegründet, die aufgehenden Wände aus Holzfachwerk, das Dach aus bekiester Dachpappe auf Holzschalung, betrug die verbaute Fläche 741 m² bei Abmessungen von 11,80 x 62,80 m, auf die sich die Unterkünfte beiderseits eines Mittelgangs verteilten, mit dem Waschraum in der Mitte und Toiletten an den stirnseitigen Eingängen der Baracke. In vergleichbarer Anordnung reihten sich symmetrisch gestaffelt beiderseits der Haupterschließungsachse des Lagers 40 Mannschaftsbaracken aneinander, ergänzt um Verwaltungs- und Wirtschaftsbaracken.[3] Die Versorgungsinfrastruktur wurde durch Anschlüsse an das städtische Wasser- und Stromnetz von Krems hergestellt, die Abwasserentsorgung erfolgte in Klärgruben und eine Kanalrohrleitung in die Donau, deren Bau nach wasserrechtlicher Verhandlung am 12.12.1939 mit einer Fertigstellungsfrist bis 1.6.1940 von der Landeshauptmannschaft Niederdonau bewilligt worden war.[4]

Dem Kriegsverlauf entsprechend, wurden 1941 Kriegsgefangene aus Serbien und italienische Militärinternierte nach Gneixendorf überstellt, gegen Jahresende, als aufgrund des dramatischen Arbeitskräftemangels ihr Arbeitseinsatz unumgänglich geworden war, auch Angehörige der Roten Armee, die – in der rassistischen Nationenhierarchie des NS-Regimes an letzter Stelle rangierend –, abgesondert und unter schärfster Bewachung interniert und als ‚Arbeitskommandos' für die niedrigsten und schwersten Aufgaben abgestellt wurden. Auch waren sie von allen Vergünstigungen, die anderen Nationen durch Vermittlung des Roten Kreuz offen standen, infolge der Nicht-Unterzeichnung der Genfer Konvention von 1929 durch die UdSSR ausgeschlossen. Durch menschenunwürdige Behandlung in Lagern zuvor bereits in geschwächtem Zustand angekommen, fielen 700 von ihnen nach Ausbruch von Flecktyphus der Epidemie zum Opfer; insgesamt war die Sterberate bei russischen Kriegsgefangenen mit 1640 Toten eklatant höher als bei anderen Nationen, deren insgesamt 73 Verstorbene in Einzelgräbern bestattet wurden, während Angehörigen der Roten Armee selbst im Tod jeder Respekt versagt blieb und sie in einem Massengrab verscharrt wurden.[5] Nach der Befreiung 1945 von der sowjetischen Besatzungsmacht exhumiert, wurden sie in eine demonstrativ mitten der Stadt geschaffene Grabanlage umgebettet und letztlich nach Auflösung des sogenannten Russenfriedhofs 1955 auf den städtischen Friedhof überführt.[6]

Der Arbeitseinsatz der Kriegsgefangenen zur Kompensation des Arbeitskräftemangels, anfangs über das Arbeitsamt, ab 1942 nach Bestellung von Fritz Sauckel zum Generalbevollmächtigten für den Arbeitseinsatz über das Wehrkreiskommando geregelt, erfolgte zum weitaus größeren Teil, zu ‚Außenkommandos' zusammengestellt, an die Industrie sowie die Land- und Forstwirtschaft, während im Schnitt 12.000-16.000 im Lager blieben. In den meisten Fällen stationär und nach Nationen getrennt, in Baracken bzw. privat untergebracht, war zum Stichtag 31.3.1941 von insgesamt 58.672 Kriegsgefangenen aus allen Stammlagern im Wehrkreis XVII der größte Teil – 44,3% – am Bau, insbesondere bei Neu- bzw. Ausbaumaßnahmen der Rüstungsproduktion eingesetzt, gefolgt von 38,5% in der Landwirtschaft. Die nationale Verteilung der zur Arbeit eingesetzten Kriegsgefangenen wies zunächst einen starken Überhang von 70% Franzosen aus, der sich zuletzt dem von 11 auf 30% gestiegenen Anteil der sowjetischen Kriegsgefangenen anglich. Bei schwankender Anzahl und einem Höchststand von 65.000, der sich bei Kriegsende auf etwa 45.000 belief, bildeten mit 50.268 zum 31.1.1941 Franzosen und Belgier die größte Gruppe im STALAG XVII B; nach Entlassungen und als Ende 1941 die ersten Transporte mit insgesamt 8000-11.000 sowjetischen Kriegsgefangenen eintrafen, verschoben sich die Relationen.[7]

Vom Arbeitsdienst befreit waren Armeeangehörige im Offiziersrang sowie amerikanische Luftwaffenunteroffiziere, die ab Oktober 1943 eintrafen und denen eine vergleichsweise privilegierte Behandlung, selbst bei der Bewachung durch Soldaten der deutschen Luftwaffe, zukam. Auch war ihnen durch Selbstverwaltung erlaubt, im Rahmen der Gefangenschaft eine Lagerschule und eine Bibliothek einzurichten sowie eine Theatergruppe und sportliche Aktivitäten zu organisieren. Die Sonderstellung, die auch etwa

Plan Mannschaftsbaracke / Lager Gneixendorf / Heeresbauamt St. Pölten / 1940

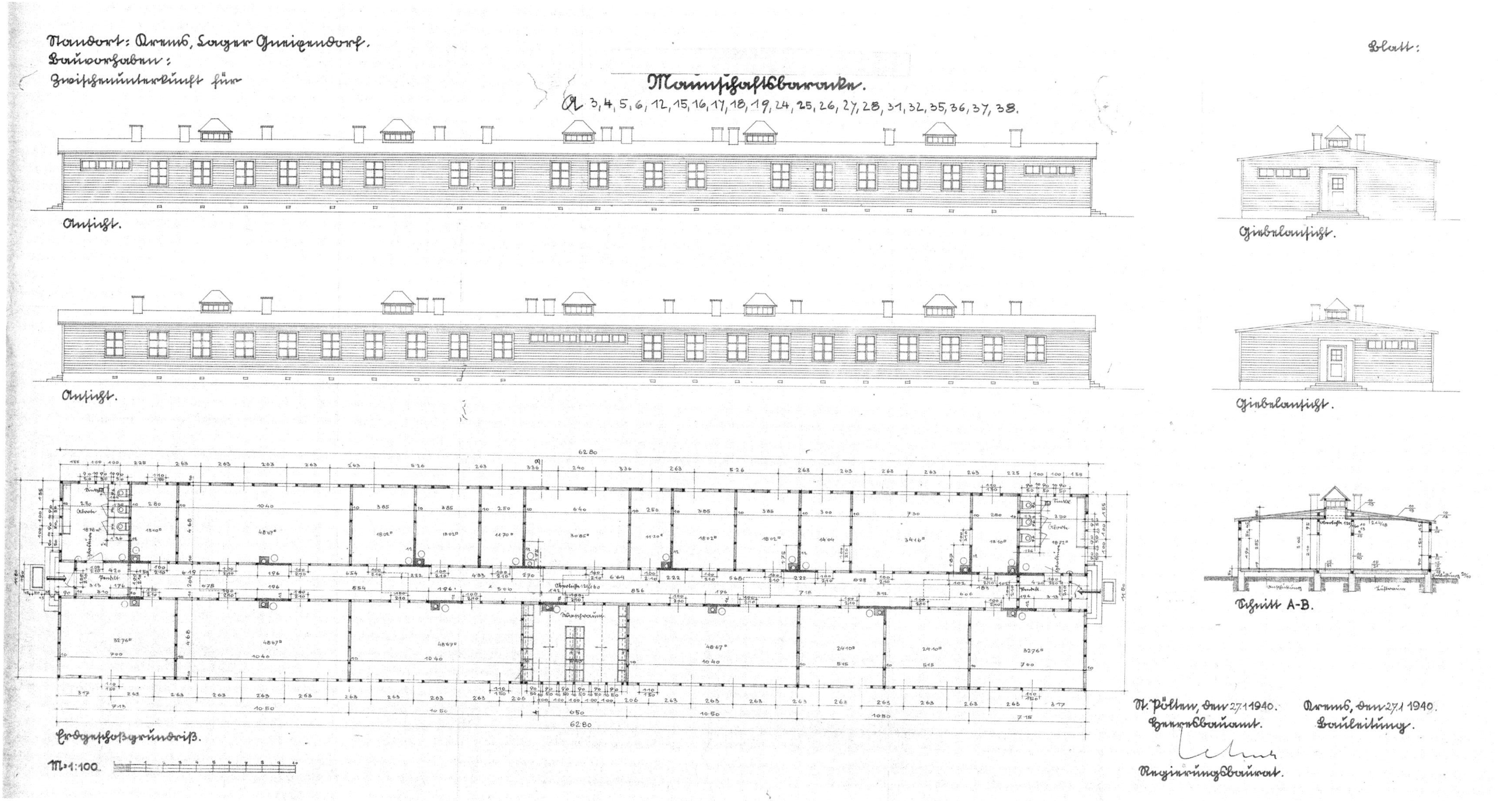

Standort: Krems, Lager Gneixendorf.
Bauvorhaben:
Zwischenunterkunft für
Blatt:
Mannschaftsbaracke.
A 3, 4, 5, 6, 12, 15, 16, 17, 18, 19, 24, 25, 26, 27, 28, 31, 32, 35, 36, 37, 38.
Ansicht.
Giebelansicht.
Ansicht.
Giebelansicht.
Schnitt A-B.
Erdgeschoßgrundriß.
M=1:100.
St. Pölten, den 27.1.1940.
Heeresbauamt.
Regierungsbaurat.
Krems, den 27.1.1940.
Bauleitung.

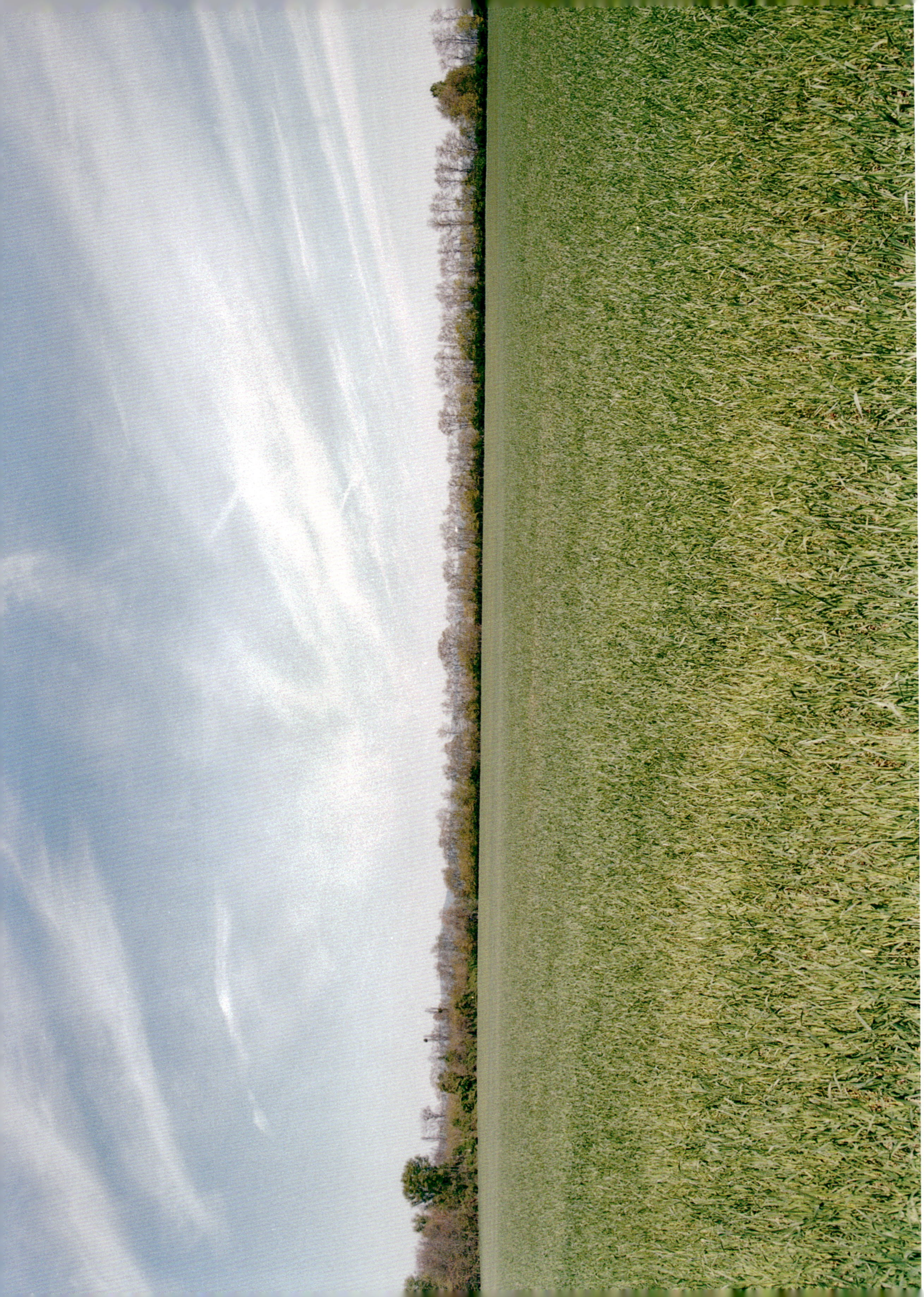

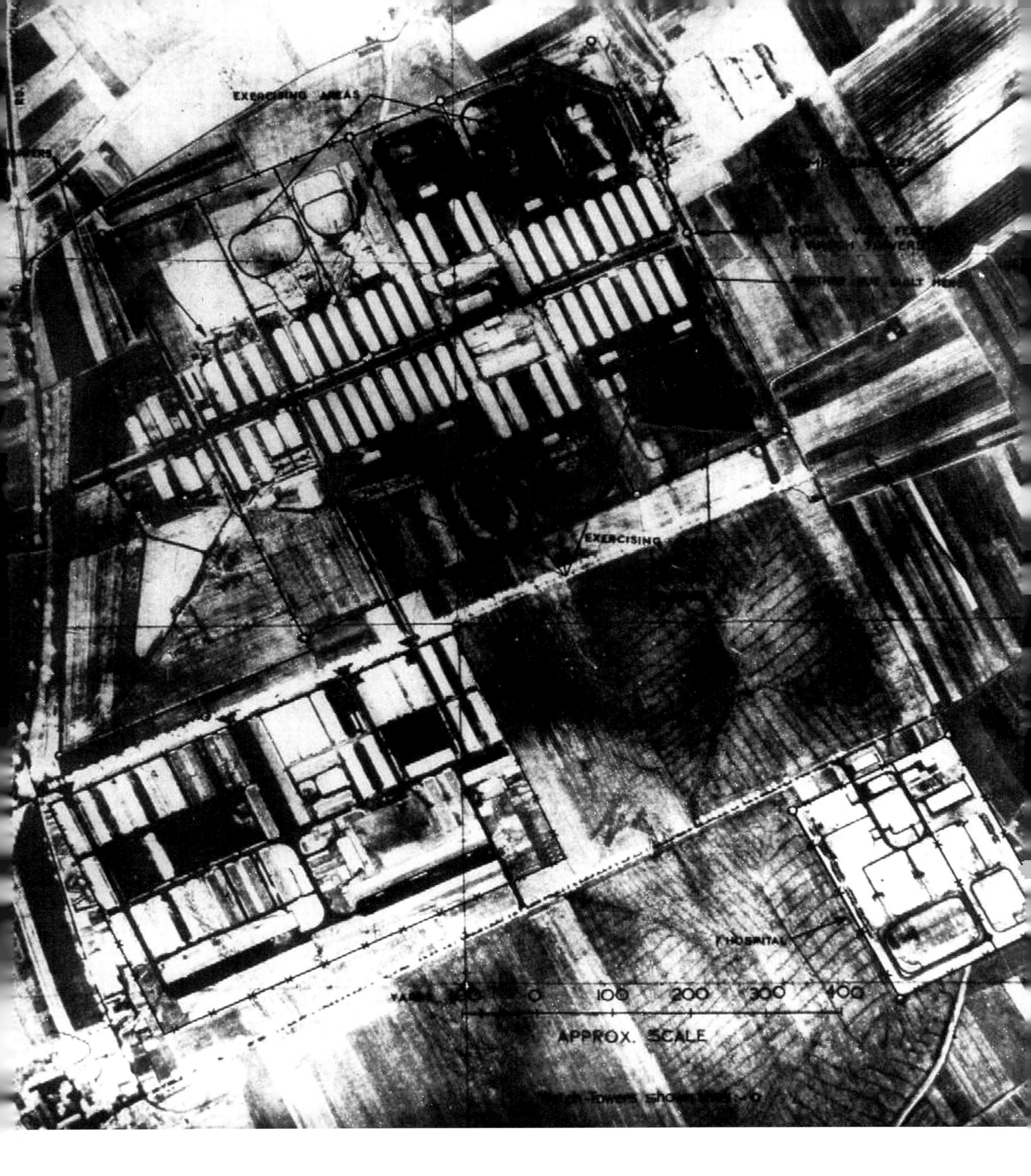

Ehemaliges Lagerareal /
2011

Militärisches Luftbild STALAG XVII /
vermutlich 1944

ICI ÉTAIT
LE STALAG XVII B
1940 — 1945

A LA MÉMOIRE DE TOUS
CEUX QUI Y SONT MORTS

AN DIESER STELLE
BEFAND SICH 1940-1945
DAS KRIEGSGEFANGENENLAGER
STALAG XVII B

ERIGÉ PAR L'AMICALE
DES STALAGS XVII B
15.6.1986

Gedenkort STALAG XVII / 2011

Flughafen Krems / 2011

1200 in Italien gefangen genommenen Briten zustand, erzeugte naturgemäß soziale Spannungen, insbesondere auf Seiten der generell schlechter gestellten Gefangenen aus Jugoslawien und der UdSSR.

Als Anfang April 1945 die schrittweise Auflösung des Lagers einsetzte, wurden etwa 10.000 Internierte nach nationaler Zugehörigkeit und unter Bewachung des Volkssturms nach Westen in Marsch gesetzt. Ziel war das ca. 300 km entfernte, nördlich von Braunau gelegene Auffanglager im Weilhartsforst, wo bereits Kriegsgefangene aus dem STALAG XVII A Kaisersteinbruch versammelt waren und sie am 2.5.1945 von amerikanischen Einheiten befreit wurden. Angehörigen der ‚Außenkommandos' wurde die Evakuierung in den Westen zum Teil von den Betriebsleitungen freigestellt, manche erwarteten das Kriegsende auch an ihrem Einsatzort. Einige hundert in Gneixendorf Verbliebene, die nach Abzug der letzten deutschen Wachmannschaften am 8.5.1945 am 9.5. eintreffende Einheiten der Roten Armee als Befreier begrüßten, wurden erneut unter Bewachung gestellt. Während die in der amerikanische Zone aufgefangenen Angehörigen westlicher Länder am 12.5. vom Flugplatz Pocking mit Transportflugzeugen nach Frankreich ausgeflogen und in Gneixendorf angehaltene Franzosen am 29.5. nach Gmünd überstellt und in Pilsen der amerikanischen Militärbehörde übergeben wurden, war das Schicksal der sowjetischen Armeeangehörigen als deutsche Kriegsgefangene vielfach besiegelt: als „Vaterlandsverräter" bezichtigt, erwartete viele von ihnen das Arbeitslager.[8]

Die Baracken des STALAG XVII B, die im Verlauf des Abzugs der Internierten zunächst Flüchtlingen aus dem Osten und in der Region eingesetzten ‚Ostarbeitern' als Quartier gedient hatten, wurden vorübergehend von der Besatzungsarmee genutzt, bis das Lager auf Befehl des sowjetischen Hochkommissars vom 5.7.1946 als ‚Deutsches Eigentum' in die Verwaltung der USIA übernommen wurde. Zum Abbruch bestimmt, wurden Baracken als Baumaterial vermarktet und die Grundstücke des Lagers den Vorbesitzern rückerstattet.[9]

Heute nehmen das ehemalige Lagerareal neben Feldern und Weingärten der 1958 eröffnete und ständig ausgebaute Flugplatz Krems-Langenlois und die Mülldeponie des Bezirks Krems ein. Reste von Barackenfundamenten und andere massive Bauteile finden sich zunehmend von Vegetation überwuchert, offen sichtbar ist nur ein exponiert auf der Geländekuppe gelegener Hochbehälter der Wasserversorgung des Lagers. Aus der Luft mag die vergleichsweise abgezirkelte Parzellierung der von Windschutzgürteln gesäumten Agrarflächen auffallen, an der Zufahrt zum Flugplatz markieren von den Lagergemeinschaften errichtete Gedenksteine zur Erinnerung an die hier Verstorbenen den Ort des einstigen Lagertors.

Lager für Kriegsgefangene und ZwangsarbeiterInnen in Betrieben

Nicht nur Bau und Ausbau von Industrieanlagen vornehmlich für Rüstungszwecke im Rahmen des ‚Vierjahresplans' erfolgten weitgehend unter Einsatz von Kriegsgefangenen und Zwangsarbeitern, ebenso wurden sie als Ersatz für die bis auf wenige UK-gestellte Führungskräfte und Facharbeiter einberufene Belegschaft zur Aufrechterhaltung der Produktion eingesetzt. Als Unterkunft dienten meist von ihnen selbst zu errichtende Barackenlager, direkt auf dem Werksgelände oder aus Gründen der Betriebssicherheit außerhalb davon, die stacheldrahtbewehrt und deren Bewohner, je nach rassenideologischer nationaler Rangstufe, verschärft bewacht waren. Meistens kamen genormte Mannschaftsbaracken zum Einsatz, die mit ca. 150 m² verbauter Fläche bei Abmessungen von 8,14 x 19,34 m, verteilt auf 3 Mannschaftsstuben, für 60 Mann ausgelegt, aber vielfach höher belegt waren.

Für die Rottenmanner Eisenwerke AG, > Industriebauten 9 die im östlich der Gaustadt Krems aufgeschlossenen Industrieansiedlungsgebiet einen neuen Standort als Rüstungszulieferbetrieb errichtete, arbeiteten zunächst am Bau des Walzwerks, dann des Stahlwerks neben aus dem steirischen Stammbetrieb übersiedelten Belegschaftsangehörigen in steigender bis überwiegender Anzahl Kriegsgefangene, die als ‚Außenkommandos' aus dem ‚Stalag XVII B' in Gneixendorf überstellt wurden und je nach nationaler Zugehörigkeit – französische Kriegsgefangene in einer Baracke im Gemeinschaftslager der Bauarbeiter, russische Kriegsgefangene separiert in festen Unterkünften und unter schärfster Bewachung am Werksgelände, ‚Ostarbeiter' in eigenen Baracken in der Nähe des Arbeiterlagers – untergebracht waren. Als nach dem 1941 anlaufenden Probebetrieb im Walzwerk 1943 auch das Stahlwerk fertiggestellt war und der Vollbetrieb aufgenommen werden konnte, bestand auch die Belegschaft bis auf eine relativ kleine Anzahl an unabkömmlichen Führungskräften und Facharbeitern überwiegend aus Kriegsgefangenen und ZwangsarbeiterInnen, unter denen, wie ein ehemaliger Betriebselektriker als Zeitzeuge die rassistische Nationenhierarchie bestätigte, sowjetische Kriegsgefangene für Schwerstarbeiten herangezogen wurden, während etwa Franzosen aus Personalmangel ganze Arbeitsbereiche eigenständig betreut haben sollen.[10]

Das Baracken in Großaufträgen der OT produzierende Rüstungsunternehmen Wenzl Hartl Holzkonstruktions-Baugesellschaft in Haimschlag > Industriebauten 9 errichtete nach einem als Sabotage von Kriegsgefangenen vermuteten, aber nicht erwiesenen Brand, der aufgrund des kriegswirtschaftlichen Bedarfs fließende Reichsmittel für Vergrößerung und Modernisierung des Werks nutzen ließ, in etwa 1 km Entfernung ein Barackenlager, in dem bis zu 500 im durchgehenden Schichtbetrieb eingesetzte Franzosen, Belgier und Russen, täglich von Wachen ins Werk eskortiert, untergebracht wurden. Ab Mitte 1944 zusätzlich zugeteilte etwa 120 ungarisch-jüdische ZwangsarbeiterInnen – außer einigen älteren Frauen und Männern, welche die Kinder betreuten, vorwiegend Frauen und Jugendliche – wurde hingegen eine Baracke am Werksgelände zugewiesen.[11]

Auf dem Werksgelände der Landwirtschaftlichen Kartoffelverwertungs AG, heute AGRANA, in Gmünd, > Industriebauten 9 die vorrangig im Auftrag der Wehrmacht Trockenkartoffel für die Truppenverpflegung produzierte, verweisen einzelne nach wie vor genutzte Baracken auf ab 1940 am Bau des agrarindustriellen Großbetriebs eingesetzte Kriegsgefangene und ZwangsarbeiterInnen, die bei wechselnder nationaler Zusammensetzung ab Ende 1941 auch und überwiegend die Produktion erarbeiteten, ab Mitte 1944 ebenfalls verstärkt durch etwa 150 ungarisch-jüdische ZwangsarbeiterInnen.[12]

Auch in der Patria Spinnerei und Wirkwarenfabriken AG in Heidenreichstein, deren Produktion zum Teil auf Rüstungsbedarf, vor allem Socken für die Wehrmacht, umgestellt worden war, kamen zusätzlich zu in Polen und der Ukraine zwangsrekrutierten ‚OstarbeiterInnen' ab Sommer/Herbst 1944 ungarisch-jüdische ZwangsarbeiterInnen zum Einsatz. Als Quartier wurde ihnen neben 1 von 4 vom Unternehmen errichteten ‚Behelfsheimen' aus Stein und einem Nebenraum im Gasthaus auf der Margithöhe auch eine Baracke im für ‚OstarbeiterInnen' errichteten Lager am Färbereiweg zugewiesen, auf das heute ein zu einem Gartenhaus adaptierter Barackenteil verweist.[13]

Baracke des Kriegsgefangenen- und ZwangsarbeiterInnen-Lagers / Werksgelände Agrana / 2005

Baracke als Kleingartenhaus / Ehemaliges ZwangsarbeiterInnen-Lager der Patria, Färbereiweg, Heidenreichstein / 2005

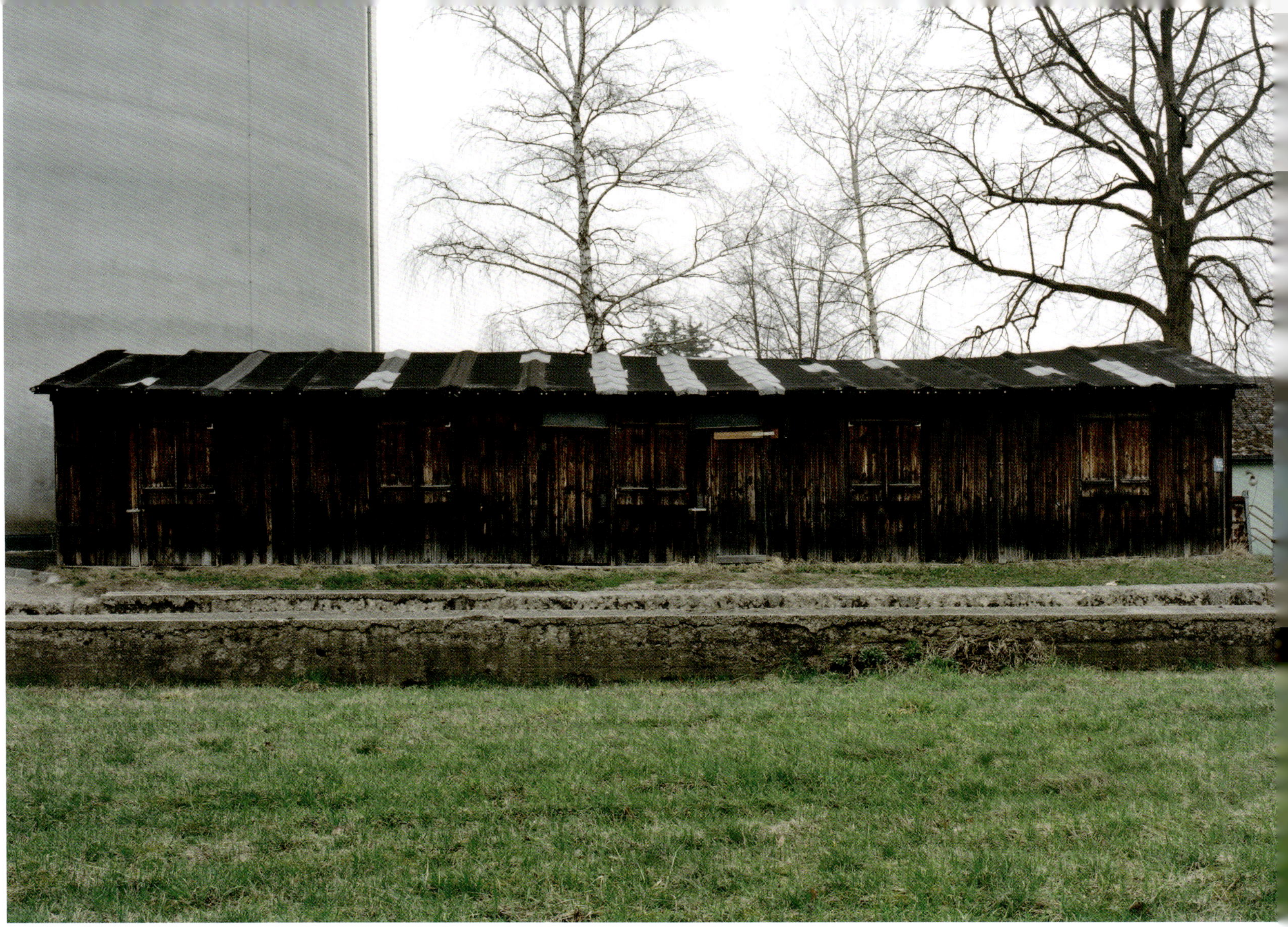
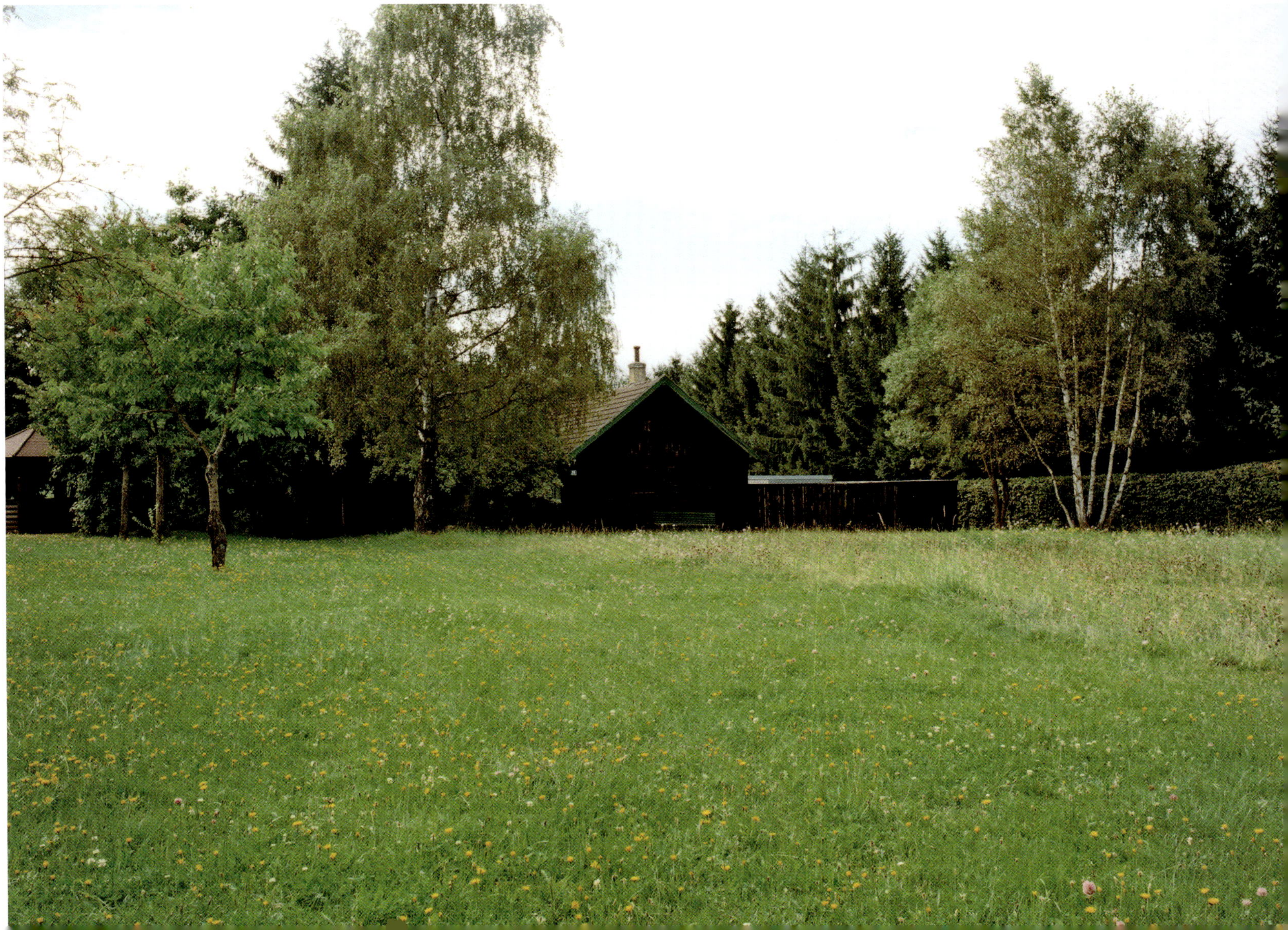

Öffentliche Gebäude

328   Amtsgebäude und Sparkasse Zwettl

335   Ausbau von Straße und Schiene,
      Reichsstraßenbauamt Waidhofen an der Thaya

338   Schulbauten

346   Brauhof Krems

Amtsgebäude und Sparkasse Zwettl

Der nach der Annexion Österreichs an das ‚Deutsche Reich' im Zuge der Umstrukturierung der öffentlichen Verwaltung einhergehende Raumbedarf für neue behördliche Einrichtungen ebenso wie die Zunahme des Geschäftsumfangs der örtlichen Sparkasse durch die Eingliederung in den deutschen Wirtschaftsraum ließen den gleichbleibend in Personalunion aus Kommune und Geldinstitut besetzten Sparkassenvorstand als Beitrag zum angekündigten „österreichischen Aufbauwerk" die Errichtung eines gemeinsam genutzten Amtsgebäudes in Angriff nehmen. Als idealer Bauplatz im Zentrum und an prominenter Adresse des in Adolf Hitler-Platz umbenannten Hauptplatzes bot sich im Rahmen der nach dem ‚Anschluss' 1938 radikal und systematisch umgesetzten Verdrängung der Juden aus dem Wirtschaftsleben das Geschäfts- und Wohnhaus der Firma S. Schidloff und Söhne neben dem Rathaus an, dessen Liegenschaft unter Einbeziehung eines schmalen, im Eigentum der Stadt befindlichen Grundstücksstreifens zur Straße hin eine großzügige Ecklösung erlaubte.

Umgehend wurden im Schwung des politischen Wandels und ‚Aufbauwillens' von den an die Macht gekommenen Funktionären der NSDAP Fakten geschaffen. In der Sitzung vom 5.5.1938 ließ sich Vorstandsvorsitzender und als Bäckermeister Kommerzialrat Carl Rumpl ermächtigen, den bereits mit den jüdischen Besitzern akkordierten Kauf in Höhe von S 40.000 oder RM 26.666,66 abzuschließen.[1] Die Errichtung des Kaufvertrags zwischen Robert und Emma Schidloff[2] sowie der Sparkasse der Stadt Zwettl über „Haus Nr.3 samt radicirter Eisenhandlungsgerechtigkeit", bestehend aus Wohnhaus samt Hof und Wirtschaftsgebäude, wurde am 11.5.1938, die grundbücherliche Einverleibung des Eigentumsrechts für die Sparkasse umgehend am nächsten Tag vollzogen. Die Restkaufsumme nach Abzug von Verbindlichkeiten, wie einer pfandrechtlich besicherten Hypothek der Sparkasse über RM 6.667, betrug RM 13.536 und war, fällig bei Übergabe der satz- und lastenfreien Liegenschaft, spätestens am 15.6.1938, auf ein Sperrkonto zu hinterlegen. Mit gleicher Frist war außer dem eigenen Auszug auch für Kündigung und Räumung der Wohnung im 1.Stock zu sorgen, die an den jüdischen Rechtsanwalt Dr. Philipp Fränkel vermietet war und der mit 28.5.1938 mit Berufsverbot belegt wurde; mit dem anderen Mieter, Emil Bründl, Pg. und als Installateur am Neubau beteiligt, war bereits eine Ersatzvereinbarung getroffen worden.[3] Im Interesse eines baldigen Baubeginns und damit raschen Abbruchs des Hauses wurde die nachträgliche Genehmigung des Kaufs durch die erst am 18.5.1938 eingerichtete Vermögensverkehrsstelle am 21.5. angesucht und nach Urgenz am 21.6. am 27.6.1938 erteilt.[4]

Adolf Hitler-Platz / 1938

Kennkarte Robert Schidloff / 1938

1887 hatten Samuel und Julie Schidloff, die Mitte des 19. Jahrhunderts aus Südböhmen zugezogen waren und gegen antisemitische Vorbehalte ihre Niederlassung durchsetzten, dieses Haus erworben. Als Firmen- und Wohnsitz war der nach anfänglichem Handel mit Branntwein in gepachteten Räumen sukzessive auf Likör, Essig, Sodawasser, Fruchtsäfte und Zuckerwaren ausgedehnte Erzeugungs- und Handelsbetrieb samt Ausschank alkoholischer Getränke etabliert worden, der in zweiter und dritter Generation 1900 auf Adolf und Mathilde bzw. 1921 auf Robert und Emma Schidloff gekommen war. Bereits 1865 hatte Eduard Schidloff, deren alleinstehender Onkel, ein Haus am Hauptplatz erworben. Nach dem ‚Anschluss' 1938 den Schikanen der die rassenpolitischen Zielsetzungen des NS-Regimes exekutierenden lokalen Führungsgarnitur wie dem volksgemeinschaftlichen Antisemitismus fanatischer Parteigenossen und Opportunisten ausgesetzt, die sich durch Übergriffe auf und Beschlagnahmung von Vermögenswerten schamlos bereicherten, wurden die Schidloffs, wie die anderen jüdischen Familien in Zwettl – Fränkel, Klein und

Zwettl, am Tage des Großdeutschen Reiches. 9.4.1938 FotoLux

Taussig – durch systematischen Entzug der wirtschaftlichen Lebensgrundlage aus der Stadt gedrängt.[5] Am 13.3.1938 konfiszierte die SA den LKW[6] der Firma, am 19.5.1938 sicherte sich die Gemeinde für das Stadtmuseum die Gehstöcke, Zinnkrüge und alten Hausrat umfassende Antiquitätensammlung von Eduard Schidloff,[7] dessen Haus am Hauptplatz 17 ebenso von der Sparkasse ‚arisiert' wurde[8] wie das eingemietete Warenhaus Klein nach Beschlagnahme des Autos am 26.3. am 1.5.1938 liquidiert wurde.[9] Private Schuldner profitierten erneut von einer gerne von der Bevölkerung genutzten Anschreibepraxis in den jüdischen Geschäften, deren Außenstände großteils uneinbringlich wurden. Nach dem Verkauf des Hauses an die Sparkasse, von deren Sperrkonto die Geldfreigabe für den Lebensunterhalt durch bürokratische Hinhaltemanöver erschwert wurde,[10] konnte Familie Schidloff ab Juni im Haus des Onkels, das erst Ende des Jahres ‚arisiert' werden sollte, wohnen, wo auch die delogierte Familie Dr. Fränkel Unterkunft fand. Während die anderen beiden jüdischen Familien, Klein und Taussig, im Juli die Stadt verließen, wurde die Aufenthaltsfrist für Schidloff bis 1.4.1939 verlängert, nicht aus good will der Zwettler Machthaber, sondern als unfreiwillige Folge eines Unfalls am 1.10.1938, in dem Robert Schidloff Opfer einer fahrlässigen Körperverletzung, wenn nicht eines Anschlags unter bizarren Umständen wurde. Seine am 24.1.1939 vom Landrat ausgestellte, mit „J" markierte Kennkarte weist die amtliche Bestätigung „Der Kennkarteninhaber leidet an den Folgen eines Autounfalls" und eine Gültigkeit bis 23.1.1940 oder 1944 (!) aus; das offenbar im Krankenbett entstandene und wie von einem Toten anmutende Porträtfoto erscheint nachträglich als beklemmende Vorwegnahme seines Schicksals.[11]

Von Ferdinand Splechtna, einem stadtbekannt fanatischen Nationalsozialisten, als Fahrer eines Sanitätsautos und angeblich in alkoholisiertem Zustand angefahren und schwer verletzt, wurde Schidloff in das örtliche Krankenhaus in unmittelbarer Nähe des Unfallorts im Zentrum der Stadt eingeliefert; mit einer Beckenfraktur bis 22.11.1938 stationär behandelt,[12] war er danach auf Krücken und weitere Behandlung angewiesen. So krass die Radikalität des wegen seiner langjährigen Mitgliedschaft mit dem goldenen Parteiabzeichen geehrten ‚Alten Kämpfers' Splechtna ist, so erstaunlich normal mutet die Versorgung des jüdischen Unfallopfers im Krankenhaus wie die reguläre Ahndung des Vorfalls durch eine rechtspragmatische Justiz an und lässt auf Schidloffs Integriertheit und Ansehen schließen. Möglich gemacht hatte die keineswegs erwünschte, aber vom NS-Establishment nicht zu verhindernde strafrechtliche Verantwortung des Pg. Splechtna der erst probeweise eingestellte Gendarm Leopold Reisinger, der, offenbar ideologisch unbekümmert, gewissenhafte Ermittlungsarbeit, zu der Teilnehmer eines zufällig zum Zeitpunkt des Unfalls passierenden Leichenzugs als Zeugen beitrugen, leistete und vorschriftsmäßig Anzeige beim Amtsgericht Zwettl erstattete. Sanktioniert wurde seine akkurate Dienstauffassung, vom empörten Landrat in die Wege geleitet, mit der Versetzung nach Nikolsburg. Die Gerichtsverhandlung am 21.3.1939 endete aufgrund der eindeutigen Faktenlage, der Angeklagte Splechtna habe durch unvorsichtiges Fahren eine schwere Verletzung des Robert Schidloff verursacht, mit einem Schuldspruch durch Richter Dr. Paschinger; das geringe Strafmaß, zudem auf Bewährung, wurde mit dem Mitverschulden Schidloffs begründet.[13]

Unmittelbar nach der Verhandlung verließen Robert und Emma Schidloff, 50 bzw. 41 Jahre alt, mit ihrer 10-jährigen Tochter Elisabeth und dem 75-jährigen Onkel endgültig die Stadt. Ab 23.3.1939 in Wien gemeldet, lebten sie zunächst bei Bekannten, bevor sie in eine der Sammelwohnungen für Juden umziehen mussten und am 22.7.1942 nach Theresienstadt deportiert wurden, wo Eduard Schidloff am 20.9.1942 und Robert Schidloff am 7.9.1943 starben; nachdem Mutter und Tochter am 15.5.1944 nach Auschwitz verlegt worden waren, wurden auch sie Opfer der Shoah.[14]

„Die Demolierung des Hauses Schidloff war weit fortgeschritten" berichtete die Niederösterreichische Land-Zeitung am 20.7.1938[15] und lässt den Beginn der Abrissarbeiten, den Fotos des mit der Planung beauftragten, bis in die 1950er-Jahre auf Sparkassen spezialisierten Wiener Ateliers Dr. Ing. Franz Klimscha und Ing. Gustav Pawek > Architekten / Künstler 397 dokumentieren, unmittelbar nach dem Kaufvertragsabschluss datieren. Mit Erteilung der Baubewilligung am 27.7.1938[16] konnte das neue Amtsgebäude in Angriff genommen werden, das bei forciertem Tempo Ende November bereits große Baufortschritte erkennen ließ[17] und nach weniger als 2 Jahren Bauzeit als prominent im historischen Ambiente des Zwettler Zentrums platzierter, propagandawirksam die Ästhetik der „neuen Zeit" demonstrierender Ämterkomplex am 1.7.1940 übergeben wurde.[18]

Die Entwurfsplanung zeigt eine 3-geschossige, um 2 Innenhöfe organisierte Eckverbauung auf einer annähernd doppelt so langen wie breiten Parzelle von annähernd 900 m² Grundfläche, die sich, großteils unterkellert und mit ausgebautem Dach, tief in die Hamerlingstraße erstreckt und unter Beibehaltung der zurückversetzten Baulinie des abgerissenen Hauses an das Alte Rathaus anschließt. Abzüglich der Innenhofflächen sind die jeweils einem Stockwerk zugeordneten Amtsräume von Sparkasse, ‚Reichsnährstand' und Wehrbezirkskommando auf einer Nutzfläche von rd. 660 m² ausgelegt und über 2 Stiegenhäuser mit Zugang aus der Seitenstraße erschlossen. Die Sparkasse mit vom Hauptplatz zugänglichem Kassensaal und angeschlossenen Direktions- und Betriebsräumen im Erdgeschoss, nahm der 1. Stock die Amtsräume

Abbruch Schidloff-Haus / 1938

Planansicht Amtsgebäude / Franz Klimscha, Gustav Pawek / 1938

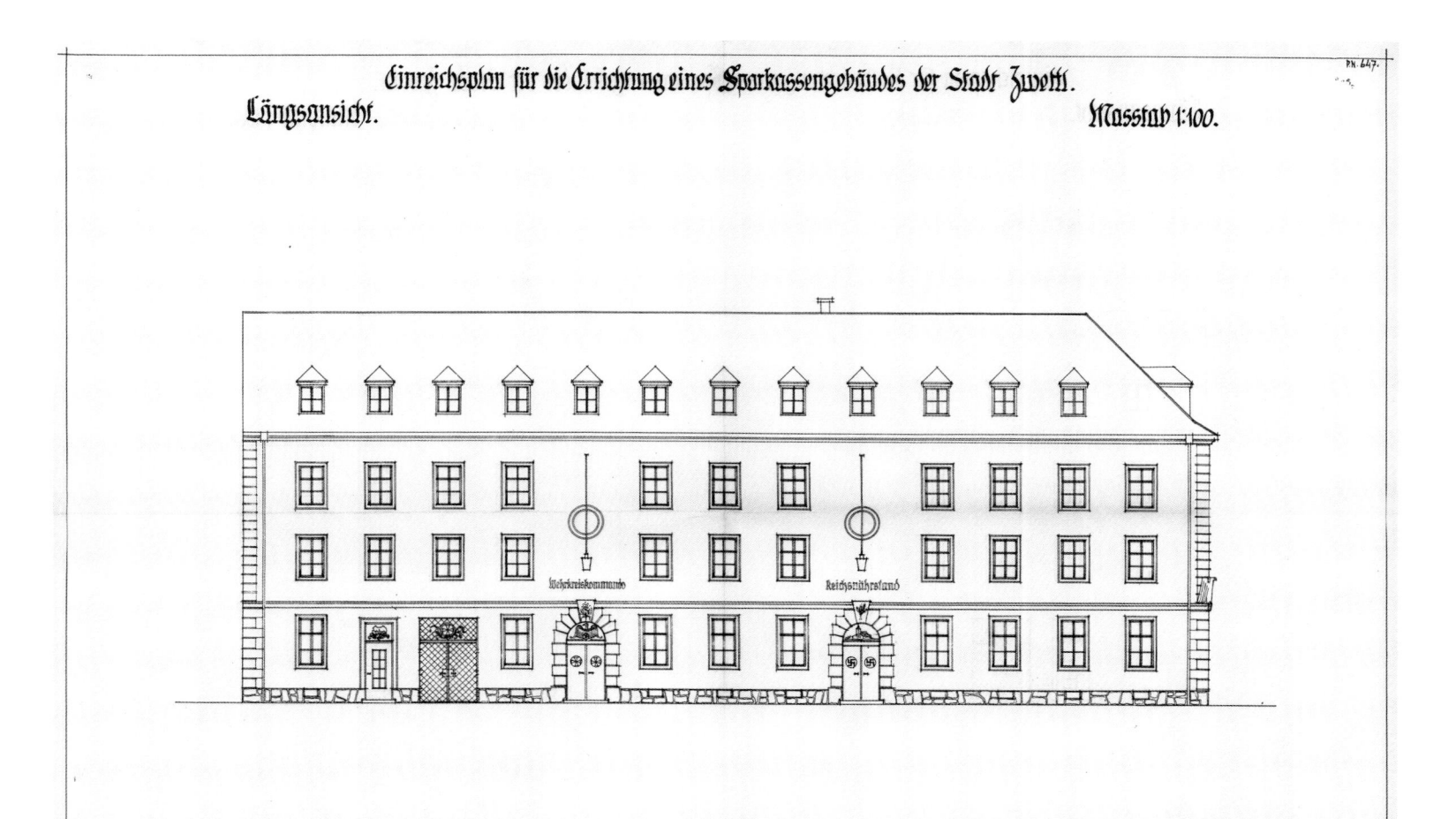

Einreichsplan für die Errichtung eines Sparkassengebäudes der Stadt Zwettl.

Ansicht.   Masstab 1:100   Querschnitt.

Entwurf und Planverfassung: Architekt Z.V.-RdbK-Doz. Dr. Ing. Franz Klimscha und Ing. Gustav Pawek

---

Einreichsplan für die Errichtung eines Sparkassengebäudes der Stadt Zwettl.

Längsansicht.   Masstab 1:100.

Entwurf und Planverfassung: Architekt Z.V.-RdbK-Doz. Dr. Ing. Franz Klimscha und Ing. Gustav Pawek

Baustelle Amtgebäude / 1938

nach Fertigstellung 1939

Kunst am Bau / Fresken Hans Neumüller / 1939

des ‚Reichsnährstands' sowie des NSV und RAD auf, der 2.Stock wie auch das ausgebaute Dachgeschoss mit einem Beratungszimmer und mehreren Schlafräumen samt Duschen waren dem Wehrbezirkskommando mit dem Wehrmeldeamt zugeordnet. Der nicht über die gesamte Geschossfläche ausgebaute Keller nahm Archivräume und 2 große Luftschutzbereiche mit Gasschleusen auf.

Von den auf beiden Straßenseiten zentralsymmetrisch gegliederten, gleichmäßig von Fensterachsen strukturierten Fassaden wurde die zum Hauptplatz hin mit einem als Portikus des Sparkassenportals ausgebildeten, auf 4 Säulen aufruhenden Balkon akzentuiert, der konstruktiv die Baulinie der freigestellten Rathausfassade aufnimmt. Strukturell referiert dieser Vorbau, mit um die Mittelachse arrangierten NS-Hoheitszeichen – flankierende Hakenkreuzstandarten an der Fassade und darüber ein Reichsadler – als ‚Führer'-Balkon inszeniert, auf die imposant durch Mittel- und Eckrisalite eines mächtigen Torturms und fialengekrönte Eckpfeiler gegliederte und heute mit freigelegten Sgraffiti überzogene Schauseite des Rathauses aus der Rennaissance. Zur Ausführung sollte die Kulisse nationalsozialistischer Machtdemonstration, zu der auch ein als Hauszeichen an der in den offenen Stadtraum gerichteten Gebäudekante angebrachte Reichsadler gehörte, allerdings nicht kommen, wie überhaupt die Überfrachtung des Ent-

wurfs mit ästhetisch und formensprachlich den sonst unverbindlichen Amtsbau konterkarierenden Supplementen an Herrschaftssymbolik einem vorauseilenden Gehorsam geschuldet scheint. Dass auf der Längsseite des Baus hingegen 2 Bogenportale, im Vergleich zum schlicht gestalteten Sparkasseneingang an der Hauptfront, in Rustikamanier eingefasst und mit Supraporten historisch-germanischer Bildsprachlichkeit nach 1939 datierten Entwürfen des Zwettler Malers Hans Neumüller[19] > Architekten / Künstler 397 versehen, die Achsen der Amtseingänge markieren, scheint einer Bauvorhaben von Sparkassen in Niederdonau betreffenden Aussendung von Landesrat Strasser vom 30.6.1938 geschuldet, mit der den Geschäftsleitungen ein Kunst am Bau-Programm nach deutschem Vorbild, das „in kurzer Zeit auch auf die Ostmark ausgedehnt werden dürfte" und mit einem Mindestanteil von 3% vom Bauaufwand als „eine im Interesse des Ansehens der Sparkassen gelegene Pflicht" dringend nahegelegt wurde; für Auskünfte und Bestellungen von Bildern oder Plastiken „für die würdige Ausschmückung der Sparkassenräume" wurde die im Wiener Künstlerhaus für die ‚Ostmark' eingerichtete Vertretung der Reichskammer der bildenden Künste anzusprechen empfohlen.[20] Generell wurde mit Erlass des Reichsstatthalters vom 23.8.1938 eine Aktion zur „Beteiligung der Kunst und des Kunsthandwerks an dem gewaltigen deutschen Aufbauwerk" analog den seit 1934 mehrfach ergangenen Anordnungen von Propagandaminister Goebbels in der ‚Ostmark'

gestartet, um „einerseits den für Generationen berechneten vielfältigen Bauausführungen durch künstlerischen und kunsthandwerklichen Schmuck den Ausdruck der neuen Zeit zu verleihen und damit kulturelle Werte zu schaffen, andererseits einem infolge der Systemzeit schwer notleidenden Stande hiedurch Arbeit und Brot zu schaffen".[21] Neumüller wurde mit der Realisierung seiner Entwürfe für das Amtsgebäude beauftragt, deren Bildprogramm, um mittelhochdeutsche Sinnsprüche bereichert, ganz der ‚Blut und Boden'-Ideologie verpflichtet war und die er, wie sonst Ausgestaltungen von Kirchen und Kapellen der Umgebung, in Freskotechnik ausführte. In den Achsen der Seitenportale und auf deren Bogenform

referierende runde Fenster, die der allseits gleichmäßigen Fensterordnung des Baus kontrastieren, situiert, erfüllten die Fresken zusammen mit dem Bruchsteinsockel und rustizierten Gebäudekanten die ästhetischen Vorgaben des Amts Schönheit der Arbeit, die das Erscheinungsbild des sonst unprätentiösen Bürobaus überformten.

Aus den am 21.7.1938 zur Anbotsstellung eingeladenen Firmen, hauptsächlich aus der Region Zwettl, im Bedarfsfall auch aus Wien, wurde Baumeister Karl Feßl, der dem nach dem ‚Anschluss' neu zusammengesetzten Sparkassenausschuss angehörte, mit der Bauausführung beauftragt. Am mit Gesamtkosten von rd. RM 370.000[22] bezifferten Aufbauprojekt partizipierten vorrangig lokale Firmen, zu denen neben dem Bauunternehmen Feßl die Tischlerei Waglechner, die Zimmerei Knechtelsdorfer's Wwe, als Hersteller von Holzbretterböden Mödlagl und Rauscher, die Schlossereien Schlemmer, Adensam und Watschka, die Maler und Anstreicher Kousek und Wagner, die Spengler Obermann und Kugler, der Dachdecker Sillipp und der Installateur Bründl, vor der ‚Arisierung' Mieter im Schidloff-Haus, mit größeren Aufträgen gehörten. Der damit anfallende Arbeitskräftebedarf, der die Schaffung von Arbeitsplätzen wie wirtschaftlichen Aufschwung unter Beweis stellen ließ, konnte, so hoch in der Region die Zahl der Arbeitslosen 1938 zunächst war, wegen des Abzugs vorrangig zum Ausbau der Einmarschrouten in die Tschechoslowakei am lokalen Arbeitsmarkt allein nicht gedeckt werden, wie laufende Verrechnungsaufstellungen für Reisekosten sowie Trennungs- und Nächtigungsgeld für Bauarbeiter zeigen.[23]

Nach der Befreiung 1945 und Entfernung nationalsozialistischer Embleme und Dekorationen zeigt sich der heute vollständig von der Sparkasse genutzte Bau bis auf den an die Gebäudekante verlegten und neu gestalteten Haupteingang außen weitgehend unverändert. In der anlässlich des 150-jährigen Bestands des nunmehr als Sparkasse Waldviertel-Mitte firmierenden Geldinstituts 2006 herausgegebenen Festschrift bezeichnet Friedel Moll unter dem Titel „Die tragische Geschichte des Hauses Hauptplatz 3" den Bau als „durch seine Geschichte zum Mahnmal gegen die Verbrechen und den Wahn des Nazi-Regimes geworden". Als „mit dieser Geschichte im Positiven wie im Negativen verbunden" wird der Geschäftsleitung der Sparkasse ein verantwortungsvoller Umgang mit dem NS-Erbe attestiert, indem die Bank, nachdem sie 1961 ihrer gesetzlichen Entschädigungsverpflichtung für ‚arisierte' Liegenschaften nachgekommen war,[24] sich 2005 an der Dotierung des nach dem Washingtoner Abkommen 2001 eingerichteten Entschädigungsfonds der Republik Österreich für Opfer des Nationalsozialismus beteiligt hat.[25]

Sparkasse Waldviertel-Mitte / 2011

Ausbau von Straße und Schiene

Die herrschende Arbeitslosigkeit zu beseitigen und nach dem ‚Anschluss' Sozialkompetenz zu demonstrieren, dienten dem NS-Regime Sofortprogramme zur Verbesserung und zum Ausbau von Straße und Schiene, der im Untersuchungsgebiet, im Besonderen im nördlichen Waldviertel, vorrangig von expansionistischen Zielen bestimmt waren. Priorität hatte die der Mobilität der Truppen dienende Sanierung „der Zubringerstraßen zum Sudetendeutschen Gebiet",[1] deren Verbreiterung und Befestigung einschließlich der Verstärkung von Brücken auch im Hinblick auf das gesteigerte Verkehrsaufkommen im Zuge des proklamierten Wirtschaftsaufschwungs umgehend in Angriff genommen wurde. Neben der wehrpolitischen auch die volkswirtschaftliche Bedeutung zu erhöhen, sollte die wirtschaftlich rückständige Region durch den Ausbau von Straße und Schiene, der umgehend eine Fülle von Arbeitsplätzen schaffen und mit rapide sinkenden Arbeitslosenzahlen politisch punkten ließ, auch touristisch erschlossen und in einem größeren Raumordnungszusammenhang mit benachbarten Wirtschaftsräumen verbunden werden.

Das verkehrstechnische Raumplanungskonzept sah eine die Region Nord-Süd und Ost-West durchschneidende Achsenlösung vor, die den Mangel an Erschließung – außer der nördlich querenden, Wien mit Prag verbindenden Franz Josefs-Bahn und der Schmalspurbahnen von Gmünd nach Groß Gerungs und von Schwarzenau nach Martinsberg gab es, über das begrenzte Gebiet hinaus, keine Schienen- noch nennenswerte Straßenverbindungen – überwinden lassen und „einen ungeahnten wirtschaftlichen Aufschwung dieses am ärgsten vernachlässigten Landesteils" bringen sollte. Als Nord-Süd-Verbindung geplant war die Verlängerung bestehender Sackbahnen zu einer durchgehenden Bahnlinie in den Donauraum, die, von Gmünd bis Weins-Isperdorf trassiert, in die mit dem Bau des Kraftwerks Ybbs-Persenbeug
> Elektrizitätsversorgung 93 anvisierte Verknüpfung von Schiene, Straße und Wasserweg einbezogen werden sollte. Nach Westen wurde eine 90 km lange Anbindung an die Strecke Linz – Budweis erwogen, innerregional die Anbindung von Zwettl und Waidhofen an die Hauptstrecke. Im Straßenbereich war als Nord-Süd-Achse der Ausbau bzw. die Neutrassierung einer 5 m breiten Straße von Litschau über Eisgarn, Heidenreichstein, Schrems, Kirchberg, Schweiggers, Rosenau, Groß Gerungs, Arbesbach, Marchstein, Dorfstetten, Isperdorf bis Persenbeug vorgesehen, die über die mit dem Kraftwerksbau geplante Donaubrücke an die Autobahn und das großdeutsche Verkehrsnetz anknüpfen sollte. Zur Entwicklung des Tourismus, besonders an den Gedenkorten des ‚Führers' und seines deutschnationalen Vorkämpfers Schönerer, wurde der Ausbau der Strecke Weitra-Spital-Rosenau in Aussicht genommen, wodurch „ein ganzer Menschenstrom sich über diesen Landesteil ergießen und wieder Geld in das so sehr verarmte Gebiet bringen [würde]".[2]

Eine „umfassende Straßenbautätigkeit in Niederösterreich", auf Initiative von Landeshauptmann Jäger und unter der Leitung von Straßenbaureferent Landesrat Ing. Spiegel als Sofortprogramm zur Fahrbahninstandsetzung von Bundes- und Landesstraßen im April 1938 in Aussicht genommen, umfasste insgesamt 346 Einzelprojekte. Mit einem Kostenaufwand von über S 9 Mio für 293 Landstraßen und S 6 Mio für 53 Bundesstraßen sollten gemäß den Baulosen Sanierungsmaßnahmen, wie Pflasterung, Asphaltierung, Staubfreimachung, sowie der Bau von Radwegen durchgeführt werden und dabei eine große Zahl ungelernter Hilfsarbeiter Beschäftigung finden. Bis zur Sicherung der Finanzierung musste das im Untersuchungsgebiet Waldviertel die Prager, die Horner und die Waidhofner Bundesstrasse betreffende Arbeitsbeschaffungsprogramm allerdings aufgeschoben werden; auch hatten zur Ankurbelung des Tourismus die Straßen durch die Wachau und die Mariazeller Bundesstraße Vorrang.[3]

Neben großräumigen Projekten ungewisser Finanzierung wurde eine Vielzahl ortsbezogener Straßenverbesserungsmaßnahmen in Angriff genommen, bei denen Arbeitslose aus der Umgebung Beschäftigung fanden und die der lokalen Bauwirtschaft Aufträge bescherten. „Arbeit und Brot" lautete die Schlagzeile in der lokalen Presse, die im Juli 1938 etwa auf die Geschäftsbelebung im Steinbruch in Limbach verwies, der infolge der Straßenbauarbeiten seit 4 Wochen Hochbetrieb verzeichnete und, um den Aufträgen nachkommen zu können, Arbeiter sogar aus Wien heranziehen musste.[4] Der Arbeitsamtsbezirk Krems registrierte nach Anlaufen der Arbeitsbeschaffungsprogramme und unter Berücksichtigung der gesetzlichen Änderungen zur Arbeitslosenunterstützung ein rapides Absinken der Arbeitslosenzahl, die zum Zeitpunkt des ‚Anschlusses' bei ca. 6000 lag und 4½ Monate später bereits eine Umkehr am Arbeitsmarkt, die zur Vermittlung von 2000 Arbeitssuchenden aus anderen Bezirken führte, berichten ließ.[5] Für die Gaustadt Krems, infolge der verkehrsgeografisch zentralen Lage für den Wirtschaftsraum Niederdonau, aber in der deutschen Großraumplanung wegen der Lage an der Donau auch im Zuge des europäischen Wasserstraßenprojekts Rhein-Main-Donau-Kanal von Bedeutung, waren im Rahmen der Schaffung eines Hauptverkehrsraums „Donauland" neben dem Hafenbau umfangreiche Ausbaumaßnahmen von Straße und Schiene geplant. Zur Eingliederung in das deutsche Straßen- und Schienennetz wurden als Anbindung an die Autobahn Salzburg – Wien, deren Fertigstellung bis 1941 prognostiziert war, die Verbreiterung der Reichsstraße und eine neue Donaubrücke vorgesehen sowie am linken Donauufer eine Schnellverbindung nach Wien.[6] Bahntechnisch sollte Krems, infolge der topografisch verkehrsfeindlichen Wachau abseits der Verbindung Linz – Wien gelegen, durch Umgehung von Wien zu einem Bahnknoten mit neuen Linien in alle Teile Niederdonaus ausgebaut werden sowie zur Entlastung der Westbahnstrecke die Wachauerbahn über Mauthausen bis Linz verlängert werden.

Zunächst setzten aber Maßnahmen im innerstädtischen Straßenbau mit der Erneuerung der Pflasterung, verbunden mit der Sanierung von Kanälen und Gehsteigen, etwa im Bereich der Steiner Landstraße, und verschiedene stadträumliche Gestaltungen nach den Richtlinien „Schönheit des Dorfes" ein.[7] Um wachsendem Verkehrsaufkommen zu entsprechen, sollte die Brücke von Krems nach Mautern für Fahrzeuge bis 28 t verstärkt,[8] zur Förderung des Wachau-Tourismus die Donauuferstraße instandgesetzt und staubfrei gemacht[9] sowie Ortsumfahrungen bei Förthof und Loiben[10] oder Landstraßen am Stadtrand von Krems gebaut werden. Neben Straßen galt das umfangreiche Sofortprogramm, das nach Dringlichkeit abgearbeitet wurde, auch der Modernisierung veralteter und nicht für den Lastverkehr ausgelegter Brücken, die etwa in Hadersdorf und Schönberg über den Kamp oder in Senftenberg über die Krems zum Teil durch Neubauten in Beton ersetzt wurden.[11]

Aus Zwettl berichtete die Land-Zeitung im November 1938 nach verschiedenen verkehrtechnischen Sanierungsarbeiten im Stadtgebiet von der Fertigstellung der neuen, Zwettl überregional mit Linz verbindenden Straße über den Moidramser Berg: „Breit und in moderner Kurvenführung zieht nun die Hauptstraße Zwettl – Linz durch unser schönes Waldland. In weit gezogenem Bogen klettert sie über den Steilhang des Kampberges, der trutzig Wacht hält über einen der schönsten Winkel des oberen Kamptales."[12] Anfang 1939 waren auch die Brücken über Kamp und Zwettl verstärkt, wie Bürgermeister Schröfl im Rahmen der Leistungsberichte aus dem Kreis Zwettl, die sich hauptsächlich auf den Ausbau von Wegen und Plätzen bezogen, meldete.[13] Die zunächst prekäre Arbeitslosigkeit hatte sich durch die Vielzahl der (Straßen)-Baustellen in ihr Gegenteil gekehrt und zur Kompensation des eingetretenen Arbeitskräftemangels im Straßenbau die Anwerbung von Karpatho-Ukrainern und zum Ausgleich des Facharbeitermangels in der Ziegel- und Steinbruchindustrie den Einsatz von Slowaken und Tschechen sowie zur Ausbildung Italiener notwendig gemacht, wie die Land-Zeitung im April 1939 berichtete.[14] Der Ausbau der Strecke Litschau – Gmünd, bei dem eine Münchner Firma 22 Arbeiter beschäftigte und nach Grundarbeiten die Staubfreimachung durch Spritzteerung durchführte, sollte bis zum Sommer 1939 abgeschlossen sein.[15] Gmünd als Verkehrsknoten für Straße und Schiene, der durch Verbindungen nach Oberdonau, ins ‚Protektorat' und ins ‚Altreich' die Anbindung an 3 Gaustädte und 7 Kreisstädte für sich in Anspruch nehmen konnte, versuchte sich als Ort für Tagungen und Aufmärsche zu profilieren.[16] Die Verschönerung des Bahnhofs und der Ausbau der zum Stadtplatz führenden Bahnhofstraße mit durch einen Grünstreifen getrennten Geh- und Radwegen sollte sich aber bis Mitte 1941 hinziehen und erst durch Zuteilung von Kriegsgefangenen durchgeführt werden.[17]

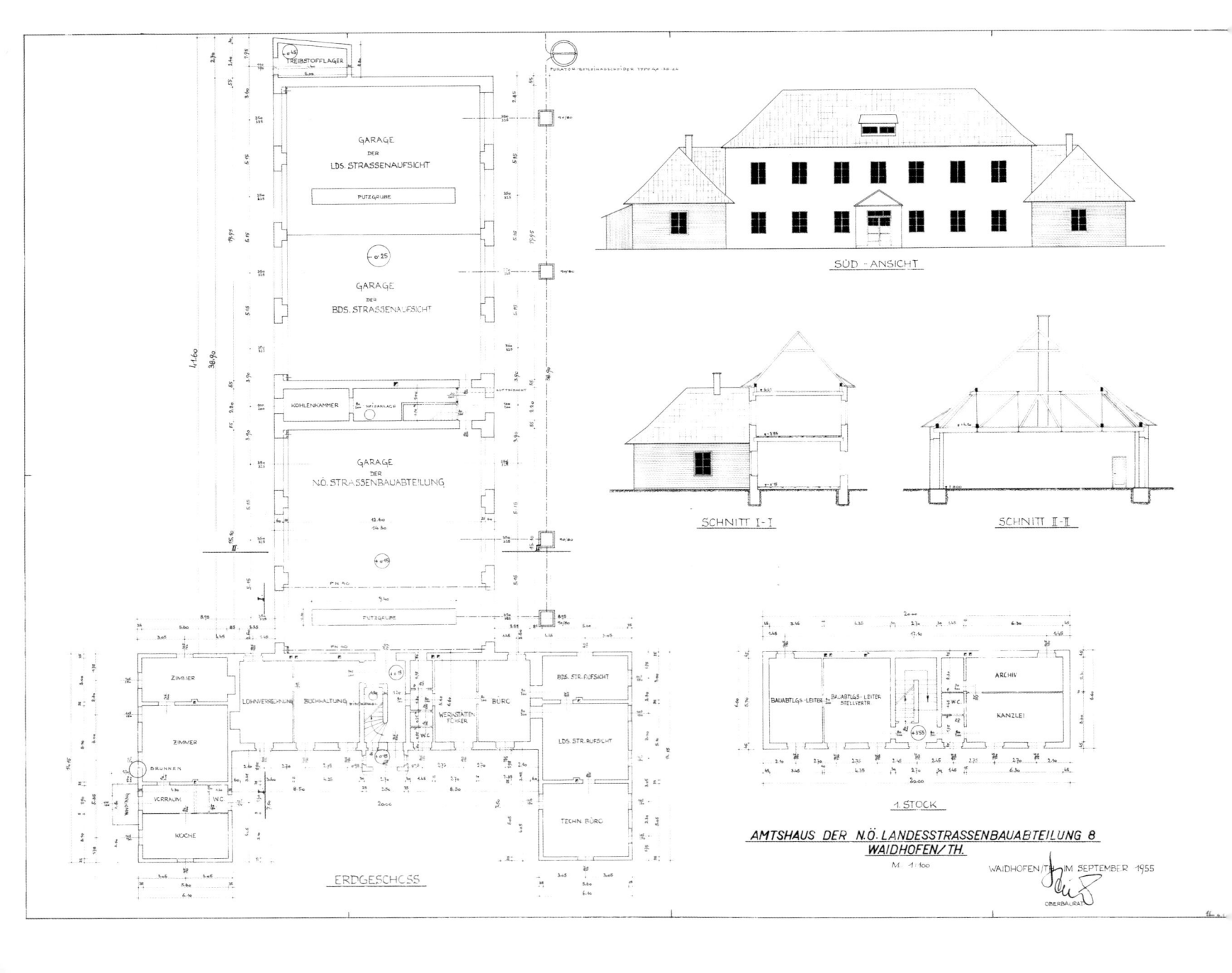

Bestandsplan Straßenbauamt Waidhofen an der Thaya / 1955

vor Abbruch in den 1990er-Jahren

Reichsstraßenbauamt Waidhofen an der Thaya

Angesichts der zunehmend eingeschränkten bauwirtschaftlichen Lage und der kriegswirtschaftlichen Konzentration aller Mittel ab 1941 muss die Fertigstellung eines neuen Amtsgebäudes überraschen. Das in nur unzureichenden Diensträumen untergebrachte Reichsstraßenbauamt in Waidhofen konnte Mitte 1942 in ein eigenes Gebäude in der Heidenreichsteinerstraße übersiedeln, das mit Reichsmitteln errichtet worden war.[18] Wie vor dem Abriss in den 1990er-Jahre entstandene Fotos sowie ein Bestandsplan aus 1955 zeigt, umfasste der zur Straße ausgerichtete, zentralsymmetrische Baukomplex auf rechteckigem Grundriss ein zweigeschossiges Amtsgebäude mit einer verbauten Fläche von 20 x 6 m, flankiert von ebenerdig in Holzbauweise ausgeführten und zusammen mit dem Massivbau einen offenen Hof bildenden Annexen mit jeweils einer Fläche von 14,15 x 6,10 m, sowie einen mittig an der Rückseite anschließenden, rd. 39 m langer Garagentrakt für den Fuhrpark.[19]

Schulbauten

Nach von mehreren Landesämtern durchgeführten Erhebungen baulicher und sanitärer Mängel an Volks- und Hauptschulen in Niederdonau, ergänzt um den Bedarf an Einrichtung, Lehrmitteln und Turngeräten nach Schülerzahlen, wurden im November 1938 zur Vergabeplanung für dringende Sanierungs- und Neubaumaßnahmen dotierter Reichs- und Landesmittel vom Finanzlandesrat die Koordinierung der Auswertung und die Vorlage einer nach Dringlichkeit und Bezirken strukturierten Ergebnisliste angeordnet. Ohne Einrechnung der Niederösterreich zu Niederdonau erweiternden Gebiete im nördlichen Burgenland sowie in Südmähren und Südböhmen beliefen sich die infolge langjähriger Vernachlässigung veranschlagten Kosten für schulbauliche Sofortmaßnahmen, die eine Reihe von Neubauten einschließlich Turn- und Sportanlagen umfassten, auf etwa RM 20 Mio. Demgegenüber war mit Erlass des Reichsfinanzministers vom 1.10.1938 vorerst zur Sanierung mangelhafter Volksschulen ein Darlehensrahmen von RM 3 Mio bewilligt worden, dessen Aufstockung um RM 4 Mio der Reichsgau Niederdonau im Budgetplan 1939 berücksichtigte.[1] Formal und forciert in die Bahnen zentralistischer Verwaltung gelenkt, forderte das Reichsministerium für Wissenschaft, Erziehung und Volksbildung im Februar 1939 eine Bedarfsaufstellung mit Vorentwurf, Kostenplan und Nachweis der Dringlichkeit, die sich an Kriterien, wie erforderliche Siedlungen, Volksgesundheit und gestiegene Schülerzahl, zu orientieren hatte. Zudem wurde den Planungsverantwortlichen zum Studium des deutschen Vorbilds im Schulbau „die Bereisung eines preußischen Regierungsbezirks" nahegelegt.

So groß der Sanierungsbedarf war und, wie an Beispielen gezeigt wird, Bürgermeister in der Aufbaueuphorie nach dem ‚Anschluss' beim Landesschulrat, eventuell auch durch Intervention bei höheren Parteistellen, Projekte unter Kostenbeteiligung der Gemeinde durchzusetzen trachteten, bedurfte es erst einer ministeriellen Erinnerungsnotiz an den Landeshauptmann im Mai wie einer Nachfrage des Ministeriums für innere und kulturelle Angelegenheiten, Abteilung Erziehung, Kultus und Volksbildung, beim Landesschulrat im Juni 1939, um Angaben zu Bauvorhaben in der gewünschten Form zu erhalten. Sortiert nach 23 Bezirken, einschließlich Znaim, Nikolsburg und Oberpullendorf, wurden bauliche Maßnahmen für über 300 Volks- und Hauptschulen mit Gesamtkosten von rd. RM 15,6 Mio gelistet, angeführt von den Bezirken Amstetten mit beinahe RM 2 Mio, Wiener Neustadt-Stadt mit RM 1,8 Mio und Melk mit RM 1,5 Mio. Differenziert nach baulichen Kategorien, führten 143 Ausbauten mit einem Anteil von etwa 48% vor 85 Neubauten mit 28% und 41 Umbauten mit 14%; 27 Reparaturen machten 9% aus; das Verhältnis von Sanierungsprojekten zu Neubauten betrug annähernd 2 : 1.

Für die 5 Bezirke des Waldviertels wurden Gesamtkosten von rd. RM 2,7 Mio für 98 Projekte – ein Anteil von 19% bzw. 33% – veranschlagt, die sich auf 51 Aus-, 20 Neu- und 8 Umbauten sowie 18 Reparaturen verteilten; die Relation von Aus- und Umbauten zu Neubauten beträgt 3 : 1. In der Verteilung nach Bezirken führte Gmünd mit RM 957.900 Projektskosten bei 41 Bauvorhaben, davon 10 Neubauten im Kostenumfang von RM 544.000, wovon Litschau mit RM 150.000 den größten Einzelposten darstellte, auch in Relation zu ganz Niederdonau. Es folgt der Bezirk Krems mit RM 820.000, allerdings aufgrund wesentlich höherer Kostenansätze als in anderen Bezirken bei nur 9 Projekten, davon 7 Neu- und 2 Umbauten. Im Bezirk Horn beliefen sich die Projektkosten auf RM 650.700, die fast zur Gänze auf den Schulneubau in Eggenburg entfielen. Abgeschlagen und bescheiden nehmen sich die Bezirke Waidhofen mit RM 165.000 für 1 Umbau und 2 Neubauten, wovon Schule und Turnhalle in Groß-Siegharts mit RM 100.000 den größten Anteil hatten, und der Bezirk Zwettl aus, wo paradoxerweise bei der höchsten Anzahl an Projekten die geringsten Kosten anfielen; 43 Vorhaben, darunter kein Neubau, umfassten 28 Ausbauten und 14 Reparaturen mit Kosten von lediglich RM 85.500. Ob die baulichen Verhältnisse an den Schulen im Zwettler Bezirk tatsächlich so viel besser waren und nur marginale Baumaßnahmen verlangten oder warum die Schul- und Gemeindevertreter sich zu bescheiden entschieden, kann nicht beurteilt werden.[2]

Neben Sanierungsmaßnahmen in Volksschulen war, um die Bildungschancen von Landkindern zu erhöhen, ein dichtes Netz von Hauptschulen geplant, das den Schulbesuch ohne Kosten für ein Schülerheim ermöglichen sollte. Ab dem Schuljahr 1942/43 sollten in Niederdonau statt bestehender 194 insgesamt 250 Hauptschulen zur Verfügung stehen und mit der Einteilung des Gaus in Hauptschulsprengel 98% aller Schüler erreicht werden, deren Mindestzahl für 4-klassige Hauptschulen bei 100 lag. Für neue Schulstandorte entscheidend waren das von der Einwohnergröße des Schulsprengels abhängige Erhaltungsbudget sowie die verkehrstechnische Erreichbarkeit. Zuschüsse zu Fahrkosten sowie Schulbeihilfen sollten den Bedarf an Schülerheimen minimieren, deren Errichtung selbst in geringer Zahl kriegswirtschaftliche Prioritätensetzung ebenso verhinderte wie die Nutzung geeigneten Gebäudebestands, der vielfach von Wehrmacht, Volksdeutscher Mittelstelle oder für Kinder aus luftgefährdeten Gebieten beschlagnahmt wurde; Ausnahme waren 6 Heimprojekte in Grenznähe, wo aus volkstumspolitischen Gründen unterbesetzte Klassen „zur Stärkung des Deutschtums" aufgefüllt werden sollten.[3] Demselben Zweck der Festigung deutschen Volkstums sollte die Errichtung von Kindergärten und Tagesheimstätten der NSV in gemischtsprachigen Orten im Grenzraum dienen, deren Bedarf die Schulbehörde Ende 1942 feststellen ließ. Die Resonanz in den in Betracht kommenden Landkreisen des Waldviertels war auf angegliederte Gebiete Südböhmens und -mährens beschränkt, wo in 7 zum Kreis Neubistritz/Nova Bystrice und in nur 2 zu Waidhofen zählenden Ortschaften Kindergartenpädagogik als Medium germanischer Umerziehung praktiziert werden sollte.[4]

Als Beispiel eines schulbaulichen Großprojekts kann Eggenburg gelten, wo der Neubau von Volks- und Hauptschule, ergänzt um Turn- und Sportanlagen, Freibad sowie Badeanstalt, für die eine anschließend geplante Großwäscherei das Warmwasser liefern sollte, die kommunale Agenda priorisierte.

Im Zuge ambitionierter städtebaulicher Neugestaltungspläne wurde von Bürgermeister und Schulleiter, im Verweis auf die baulich und sanitär seit Jahren beanstandeten und mit nationalsozialistischen Grundsätzen unvereinbaren Verhältnisse an der bestehenden Schule, deren räumliche Kapazitäten zudem nicht reichten, um nach Gemeindezusammenlegung und ab September 1938 infolge der Einrichtung einer Garnison und des Zuzugs von Familien höherer Militärs aus dem ‚Altreich' steigende Schülerzahlen aufzunehmen, der Neubau seit Mai 1938 mit Eingaben beim Landesschulrat betrieben. Als für 1939 zusätzlich zur Förderung des Schulbaus die Ausschüttung „größerer Mittel" für den Neu- und Umbau von Turnhallen in Aussicht gestellt wurde, meldete die Schulleitung von Eggenburg vorsorglich den „unumgänglichen Bedarf von 2 Turnhallen" an, die zusammen mit einer modernen Schulanlage mit 22 Klassen Volks- und Hauptschule sowie angegliederter Berufsschule, Kindergarten und HJ-Heim eine „Stadt der Jugend" errichten lassen sollte, an der sich die Stadt „in vorbildlicher Zukunftsplanung" durch Bereitstellung von „ca. 60.000 m² Garten- und Wiesengründen am Stadtrand" wie durch anteilige Kostenübernahme des mit RM 650.000 veranschlagten Vorhabens beteiligen wollte.[5] Erneutes Vorbringen der unhaltbaren Zustände im November 1938, diesmal bei der Gauleitung und unterstützt durch eine Stellungnahme des Garnisonskommandanten, der größtes Interesse an einer „einwandfreien Schule" für die Kinder der verheirateten Offiziere, Beamten und Unteroffiziere bekundete, „da sonst für die Kinder, die die modernen Schulen des Altreichs bisher besuchten, dieser Nachteil sich unbedingt auswirken muss", führten im April 1939 zum Lokalaugenschein durch eine Kommission aus Finanzlandesrat Strasser, Planungs- und Raumordnungsfachleuten und den zuständigen Amtsvertretern des Landkreises.

Nach Feststellung des Neubaus als einzig sinnvolle Lösung wurde der Stadtgemeinde die Vorlage von Planungsunterlagen für das aus Schul- und Sportkomplex bestehende Gesamtprojekt beim Hochbauamt aufgetragen, während Landesrat Strasser ein Darlehen in Höhe von RM 40.000 für den 1. Bauabschnitt einer großen Turnhalle sowie einen Zuschuss von RM 20.000 aus Mitteln der Gemeindeentschuldung und RM 10.000 aus Mitteln des Reichsbunds für Leibesübungen in Aussicht stellte. Aufgrund räumlich absehbarer Fehlkapazitäten in der Hauptschule sollte deren Bau vorgezogen und im nächsten Jahr begonnen, der Bau der Volksschule und eines zweiten, kleineren Turnsaals auf einen späteren Zeitpunkt verschoben werden. Im August 1939 gewährte der Landesschulrat einen verlorenen Zuschuss von RM 12.000 für den Bau der Turnhalle, von deren Entwurf unter Vorbehalt des Einspruchsrechts „ein der Zeit entsprechender Eindruck" verlangt und deren Planvorlage mit 20.9.1939 befristet wurde. Dass der Stadtgemeinde nach Kriegsbeginn ihr eigens für städtebauliche Aufgaben angestellter Planer durch Einberufung zur Wehrmacht abhanden kam und sie offenbar keinen Ersatz finden konnte, stellte neben kriegswirtschaftlichen Prioritäten die Aussicht auf Verwirklichung des Schulprojekts in Frage. Vor dem Hintergrund der erlittenen Kränkung in der Konkurrenz um die Ernennung zur Kreisstadt wird die vom Landrat in Horn veranlasste Zurückstellung des zugesagten Darlehens „wegen herabgesetzter Leistungsfähigkeit der Gemeinde" die Ressentiments weiter genährt haben.[6] Zur grundsätzlichen Klarstellung über in Aussicht gestellte Förderungen sah sich das Erziehungs- und Volksbildungsressort der Landeshauptmannschaft zu einem Runderlass an die Bürgermeister veranlasst, dass von „szt. gegebenen Zusicherungen in Bezug auf Gewährung oder Vormerkung von Darlehen oder Zuschüssen aus Reichs- bzw. Landesmitteln für Zwecke der Durchführung von Schulbauvorhaben – mit Rücksicht auf die gegenwärtig geltenden kriegswirtschaftlichen Maßnahmen – keine wie immer gearteten Rechtsansprüche abzuleiten sind".[7] Ob eindringliche Gesuche des Bürgermeisters im Oktober 1942 an Reichsstatthalter und Dr. Kampas, den Leiter des Ressorts Erziehung, Volksbildung, Kultur- und Gemeinschaftspflege, ehemalige Klosterräume, die der Volksdeutschen Mittelstelle als Umsiedlungslager überlassen, aber von dieser seit 12.7.1942 kaum mehr genutzt wurden, vom Reichsführer SS für Schul- und Internatszwecke freizubekommen, Erfolg hatten, ist nicht belegt. Bemerkenswert scheint der Befund des für Schulpolitik zuständigen Gauamtsleiters Winkler, der nach erneuter Überprüfung und Bestätigung der „in keiner Weise dem Bedarf" entsprechenden schulräumlichen Verhältnisse, der sich durch geburtenstarke Jahrgänge noch erhöhen würde, dem Ansuchen Folge zu leisten empfahl und die Nutzung des Klosters für Klassenräume wie für ein Schülerheim als „die erste nationalsozialistische Tat, die in dieser Stadtgemeinde durchgeführt würde", bezeichnete.[8]

Auch das Beispiel Ottenschlag, wo nach der Gründungsversammlung zur Errichtung einer Hauptschule im November 1938 die Resonanz von 90 Anmeldungen zur Aufnahmeprüfung das Vorhaben bestätigte, zeigt die ernüchternde Realität der vom „neuen Staat" verheißenen Bildungschancen für ein schulisch unterversorgtes und ökonomisch armes Gebiet: Der Unterricht der konstituierten Hauptschule, deren Schülerzahl zwei Klassen erforderte, konnte in nur behelfsmäßig adaptierten, von der Volksschule und der Lehrerwohnung notdürftig erübrigten Räumen und mit völlig unzureichenden Lehrmitteln stattfinden. Das Neubauprojekt, das neben der Schule mit Turnsaal auch ein Schülerheim vorsah, war nach Überprüfung der örtlichen Gegebenheiten von der Kommission der Landeshauptmannschaft am 5.5.1939 zur weiteren Planung empfohlen, für die Finanzierung des von Baumeister Kernstock im Jänner 1939 erstellten „Beiläufigen Baukostenbedarfs für die Erbauung eines neuen Schulhauses in Ottenschlag" von über RM 400.000 waren von Gaukämmerer Strasser für den 1. Bauabschnitt ein Darlehen von RM 30.000 sowie ein Zuschuss von RM 40.000 in Aussicht gestellt worden. Nach Einreichung von ungenügenden und architektonisch unbefriedigenden Planskizzen wurde der Gemeinde im August 1939 für den im Endausbau eine 5-klassige Volksschule und eine 4-klassige Hauptschule samt Nebenräumen sowie 3 Wohnungen für die beiden Schulleiter und den Schulwart umfassenden Schulkomplex die Ausarbeitung und Wiedervorlage vollständiger Planungsunterlagen aufgetragen. Zugleich zeichnete sich aber im Verweis auf „derzeit bestehende technische und wirtschaftliche Schwierigkeiten" die Verzögerung des Projekts ab, das nach Kriegsbeginn durch Zurückstellung der in Aussicht gestellten Förderungen mit der Standardformulierung „wegen herabgesetzter Leistungsfähigkeit der Gemeinde" keine Aussicht auf Verwirklichung mehr hatte.[9]

In Drosendorf, wo die Stadtgemeinde für eine Volks- und Hauptschule bereits den Bauplatz erworben und mit der Planung den Architekten Dr. Ing. Helmut Sylvester Keidel aus Wien beauftragt hatte, scheiterte das Projekt ebenfalls an der Finanzierung. Mangels eigener Mittel blieb das Subventionsansuchen der Gemeinde unentschieden und die Planungsbehörde delegierte im März 1940, auf die kriegsbedingte Baueinschränkung verweisend, auch die Honorarforderung für bereits erbrachte Leistungen des Architekten, der sich für die weitere Planung zu einer Ratenzahlung bereit erklärte, an die Schulbehörde.[10]

Das offenbar ohne weitere Unterlagen gestellte Ansuchen der Gemeinde Karlstift „um Ausfertigung eines Bauplanes" für eine 3-klassige Volksschule mit Turnsaal sowie 2 Lehrerwohnungen, mit dem nach Bemängelung sanitärer Übelstände durch den Landesschulrat das Landesbauamt im Dezember 1938 direkt adressiert wurde, gelangte nach Belehrung über die Einhaltung des Amtswegs und den Verweis auf „Überlastung der technischen Beamten mit Arbeiten für staatliche Bauten und Bauten des Gaues" durch das Hochbauamt im April 1939 nicht hinaus. Mangels Finanzierungsnachweis wurde der Gemeinde empfohlen, für eine Inanspruchnahme von Fördermitteln ehestens Antrag zu stellen. Ob das Vorhaben weiter betrieben wurde, ist ebenso wenig belegt wie die Ausführung des Baus evident.[11]

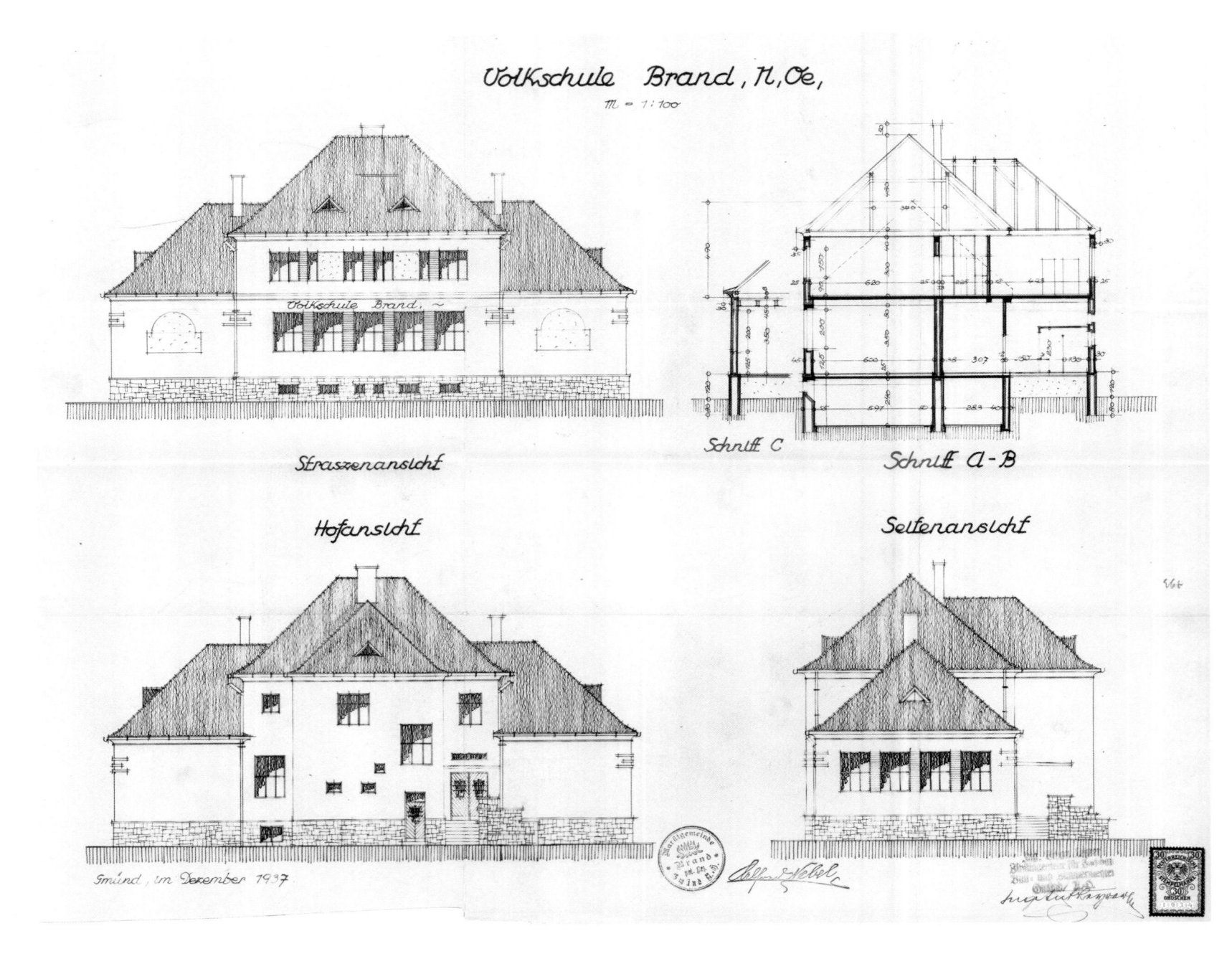

Von 20 ausgewiesenen Schulneubauprojekten im Waldviertel kam vermutlich nur eines zur Ausführung, dessen Planung bereits vom Dezember 1937 datierte und das mit Bewilligung vom Mai 1938 in Bau ging. Für die 2-klassige Volksschule samt Lehrerwohnung in Brand wurde von der Baufirma DI Anton Leyrer in Gmünd ein ebenerdiger, voll unterkellerter, mittig zur Hälfte als 2-geschossiges Querhaus ausgebauter Schulbau auf einer verbauten Fläche von rd. 256 m² längsseits zur Straße in der Ortsmitte errichtet. Bruchsteinsockel, Walmdach und symmetrisch mit 6-teiligen Sprossenfenstern gegliederte Fassaden markieren den Schulbereich im Erdgeschoss, der 2 Klassenzimmer und 1 als Reserveklasse oder Turnsaal nutzbaren Raum zu je 54 m² sowie 1 Lehrmittelzimmer mit 18 m² umfasste. Das Obergeschoss nahm die Lehrerwohnung mit ca. 130 m² ein, wovon ein ca. 15 m² großes zusätzliches Lehrerzimmer separat zur Verfügung stand.¹² Die Finanzierung der mit RM 33.333 veranschlagten Baukosten erfolgte aus dem Verkaufserlös der alten Schule sowie durch ein Landesdarlehen von RM 10.000 und einen Zuschuss von RM 5.000 aus der Gemeindeentschuldungsaktion. Als Grenzlandschule besonders förderungswürdig, wurde nach Fertigstellung des Baus Anfang 1939 zudem eine Beihilfe von RM 7.000 für Einrichtung aus Mitteln zur „Pflege und Förderung des Deutschtums" gewährt. Unberücksichtigt blieben Bestrebungen örtlicher Parteigenossen, die in der Euphorie über den ‚Anschluss' für Brand eine Hauptschule reklamiert hatten. Ebenfalls abgewiesen wurden in den zur Gemeinde Brand gehörenden Industrieorten Alt- und Neu-Nagelberg projektierte Kindergärten wie ein weiterer Schulneubau in Neu-Nagelberg mit veranschlagten Kosten in Höhe von RM 34.000, den gravierende Mängel der in einem Arbeiterhaus der Glasfabrik untergebrachten Volksschule notwendig machten und für den die Firma Stölzle den Baugrund zur Verfügung zu stellen bereit war. Auch die als Alternative vorgeschlagene Nutzung eines der 2 in Alt-Nagelberg eben erst errichteten Wohnhäuser für Grenzschutzbedienstete > Wohn- und Siedlungsbauten 153, deren Bedarf sich nach Wegfall der Grenze infolge des Münchner Abkommens vom September 1938 erübrigt hatte, konnte nicht für Schulzwecke durchgesetzt werden.¹³

Von Turn- und Sportanlagen, mit Erlass des Landesschulrats vom 15.12.1938 aus ideologischen wie volksgesundheitlichen Gründen besonders propagiert, deren in Aussicht gestellte Förderung aus schulräumlichem Nachholbedarf große Nachfrage generierte, kam im Untersuchungsgebiet Waldviertel vermutlich kein Neubau zur Ausführung; bestenfalls erfolgte die Zuweisung von Turngeräten. Abgesehen von bereits genannten Orten, wo Turnhallen Teil eines schulbaulichen Gesamtprojekts waren, ist etwa der Antrag der Direktion der mit 12 Klassen im Schloss untergebrachten Volks- und Hauptschule Schrems vom Dezember 1938 belegt, der, zukünftig erhöhte Schülerzahlen einplanend, die Errichtung eines 600 m² großen Hallenbaus betraf, der neben schulischer ‚Leibeserziehung' auch den Gliederungen der NSDAP zur ‚Körperertüchtigung' sowie als Veranstaltungsraum für 1000 Personen dienen sollte. Die Gemeinde war bereit, das Grundstück zur Verfügung zu stellen und ein Viertel der Baukosten von RM 37.000 zu übernehmen, der Rest sollte durch ein Landesdarlehen von RM 10.000 sowie verlorene Zuschüsse von Land und Reichsbund für Leibesübungen in Höhe von insgesamt RM 15.000 aufgebracht werden.¹⁴ Das zeitgleiche Ansuchen der Stadtgemeinde Weitra für ein noch ungeplantes Turnhallenprojekt scheint auch an der hartnäckigen Weigerung eines Grundeigentümers, eine landwirtschaftliche Fläche abzutreten, gescheitert zu sein. Im erneuten Antrag beim Landesschulrat im März 1939 ging es immer noch um den Bauplatz, hinsichtlich dessen Beschaffung sich die Gemeinde über Enteignungsmöglichkeiten erkundigte.¹⁵ Der vom Ortsschulrat Litschau mit Verweis auf die durch den Niedergang der Textilindustrie in der Weltwirtschaftskrise und der daraus resultierenden Arbeitslosigkeit stark verschuldete Gemeinde ebenfalls im Dezember 1938 gestellte Antrag diente vorerst der Sondierung „einer über den Rahmen der gewöhnlichen Subventionierung hinausgehenden Unterstützung für einen Turnhallenbau".¹⁶ Die offenbar unterschätzte Zahl an Projekten und die Nachfrage nach Fördermitteln für Turnhallen ließ den Landesschulrat mit nachträglichen „Erhebungen über Turneinrichtungen" im August 1939 die Aktion zurücknehmen und allenfalls leer stehende Schulräume bezüglich der „Einrichtung eines Turnzimmers" prüfen. Dass mit der Redimensionierung der Turnhalle auf ein Turnzimmer, angewiesen auf „Zuweisungen von Geräten aus dem Turnhallenfonds", die ideologisch zentrale Bedeutung der ‚Körperertüchtigung' als paramilitärische Indoktrinierung der Jugend ihre räumlichen Möglichkeiten verlor und genügsam kompensen musste, ließ in Gmünd sogar den Kreisleiter die Beschaffung von Turngeräten betreiben, um „für die Rückgewinnung der Jugend zum Deutschtum" in „diesem fast vollständig vertschechisierten Ort" zu sorgen.¹⁷

Plan Volksschule Brand /
Fa. Anton Leyrer /
1937

Ortszentrum mit Volksschule /
nach 1945

Die Zurückstellung des zunächst propagierten Schulbauprogramms nach Kriegsbeginn war in Niederdonau auch schulorganisatorischen Absichten geschuldet, die weitere Planungsaktivitäten im Bereich der Volksschulen erst nach Auflassung und Zusammenlegung sogenannter Zwergschulen zu größeren Schuleinheiten und Neuordnung der Schulsprengel vorsahen. Bei einem Stand von 1614 Volksschulen, davon ein Drittel einklassig mit einer Schülerzahl zwischen 10 und 20, sollten 251 Standorte geschlossen und zugleich sollte das Lehrpersonal an den ausgebauten Schulorten von 4136 auf 4155 erhöht werden. Strukturbereinigendes Ziel war, mit den zu Schulsprengeln zusammengefassten Gemeinden deren Verwaltung wie die Ortsgruppe der NSDAP an einem Ort zusammenzuführen, was gegen die Klage kleiner Orte über den Verlust ihrer Schulen mit dem Grundsatz „jeder Gemeinde eine Schule" rhetorisch Rechnung tragen ließ.[18]

Wie eine „Dienstreise nach Niederdonau in Schulbauangelegenheiten" durch Ministerialbeamte des Reichserziehungsressorts Anfang 1942 erwies, wurden paradoxerweise „im Gegensatz zu den übrigen Reichsgauen der Ostmark Mittel für Schulbauzwecke nicht in Anspruch genommen", auch wurden Reichszuschüsse – 1940 in Höhe von RM 325.000, 1941 von RM 450 000 – nicht für Schulneubauten, sondern zum Ankauf von „4 ehemals geistlichen Gebäuden" und deren Instandsetzung verwendet. Abgesehen von Personalschwierigkeiten rechtfertigten Vertreter der Landesschulbehörde die Abweichungen mit der vom Gauleiter gleichzeitig geforderten Reorganisation des Schulwesens, die durch Auffassungsunterschiede mehrerer Behörden zudem verzögert wurde sowie durch die Kriegsverhältnisse in Verzug geraten sei.

Bei der Besprechung vorrangiger Schulprojekte in Gemeinschaftssiedlungen im Rahmen des ‚Vierjahresplans' und der Aufrüstung, an welcher der Beauftragte des Reichsarbeitsministers, Regierungsbaurat Ritscher, Schulfach- und Planungsreferenten wie der Städtebaudezernent des Reichsstatthalters, Baurat Sturm, teilnahmen, zeigte ein Überblick über in Bau befindliche Siedlungen an den Standorten der Rüstungsindustrie mit erst zum Teil bezugsfertigen Wohnungen, dass von den zuständigen Behörden „die maßgeblichen Vorschriften […], nach denen für rechtzeitige Behandlung der Folgeeinrichtungen in den neuen Gemeinschaftssiedlungen Sorge zu tragen ist", nicht beachtet wurden wie Schulbauaktivitäten generell ausstanden. Neben der rüstungsindustriellen Zentralregion südlich von Wien konnte für Krems-Landersdorf, wo 1942 die auf 1000 Wohneinheiten ausgelegte Werksiedlung des Rüstungszulieferbetriebs Schmidhütte Krems > Industriebauten 9 zur Hälfte geplant und etwa 250 Wohnungen beziehbar waren, nicht mehr als die Ankündigung eines Vorentwurfs für die Schule berichtet werden. In der Aufstellung von 1939 mit 20 Neubauten noch nicht gelistet, wurde die Schule, die aufgrund massiver Hochwasserschäden bereits 1954 abgetragen werden musst, vermutlich 1943/44 errichtet.

Als Lösungsvorschlag für die in Niederdonau eingetretene Schieflage in der eminent wichtigen Schulbauaufgabe wurde die Einsetzung eines Verwaltungsdezernenten empfohlen und im Verweis auf Oberdonau, wo seit 1938 von 12 Schulbauprojekten der Großteil bereits fertiggestellt war, dem Reichsstatthalter nahegelegt, jedenfalls in der Schulplanung für neue Gemeinschaftssiedlungen zu sorgen.[19] So umfangreich die Vorarbeiten für ein Schulbauprogramm waren, kamen sie vielfach über ein Anfangsstadium nicht hinaus, letztlich beschränkte sich die Modernisierung auf eine fallweise Ausstattung mit neuen Bänken und Tischen, Klassenschränken und Schaukästen sowie Rahmen für Schülerzeichnungen, die allerdings leistungsschwachen Gemeinden vorbehalten waren und den Sembusto-Werken in Wien Großaufträge bescherten. Ab Oktober 1942 an 46 Volks- und Hauptschulen in Niederdonau ausgeliefert, waren es im Untersuchungsgebiet Waldviertel 19 Volksschulen, die den Empfang der neuen Möbel, mehr oder weniger zufrieden mit deren Qualität, quittierten. Abgesehen von „sehr kriegsmäßiger Beize", die bei feuchter Reinigung abging, und verzogenen Fachbrettern aufgrund fehlerhaften und nicht ausgetrockneten Holzes zwang die Konstruktion der zweisitzigen Schulbänke, die ein Aufstehen in der Bank unmöglich machte, zum „aus der Bank-Treten" als Disziplinierung formierten Antretens.[20]

Auch die Ausführung von Kindergartenprojekten, an mehreren Orten ins Auge gefasst, lässt sich nicht belegen; einige Entwurfszeichnungen der in Zwettl mit der Stadtplanung beauftragten Wiener Architekten Hans und DI Dr.Jürgen Meier-Schomburg > Architekten / Künstler 397 für Zwettl selbst sowie für Allentsteig, Schwarzenau und Groß Siegharts dürften nicht mehr als Vorschläge gewesen sein, deren formale Varianz von ländlicher bis herrschaftlicher Anmutung reichte.[21]

Festzug 1.Mai /
vermutlich 1940

>
Entwurfsserie Kindergarten:
Allentsteig, Gr.Siegharts,
Schwarzenau, Zwettl /
Hans und Jürgen
Meier-Schomburg /
vermutlich 1939

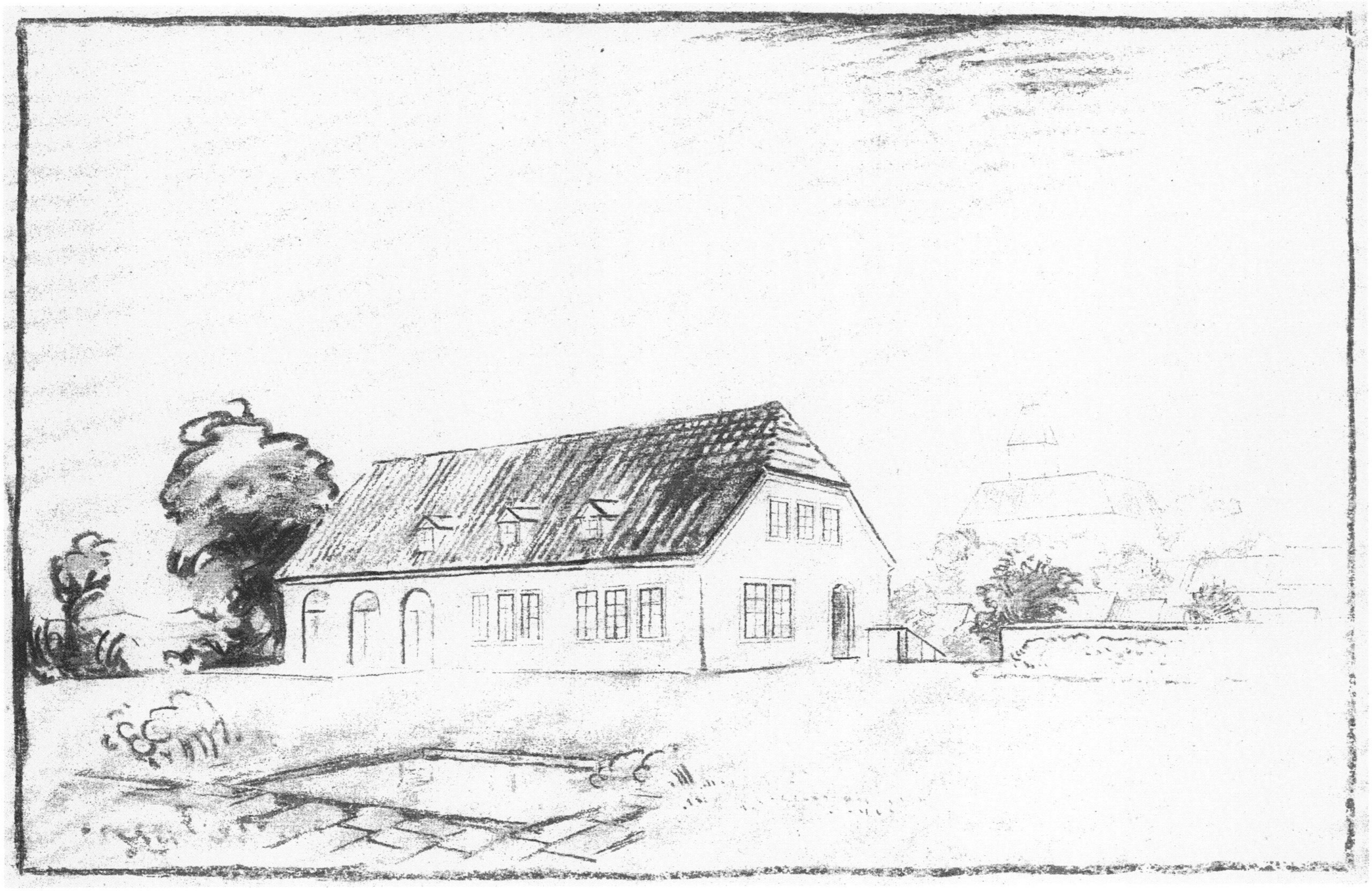

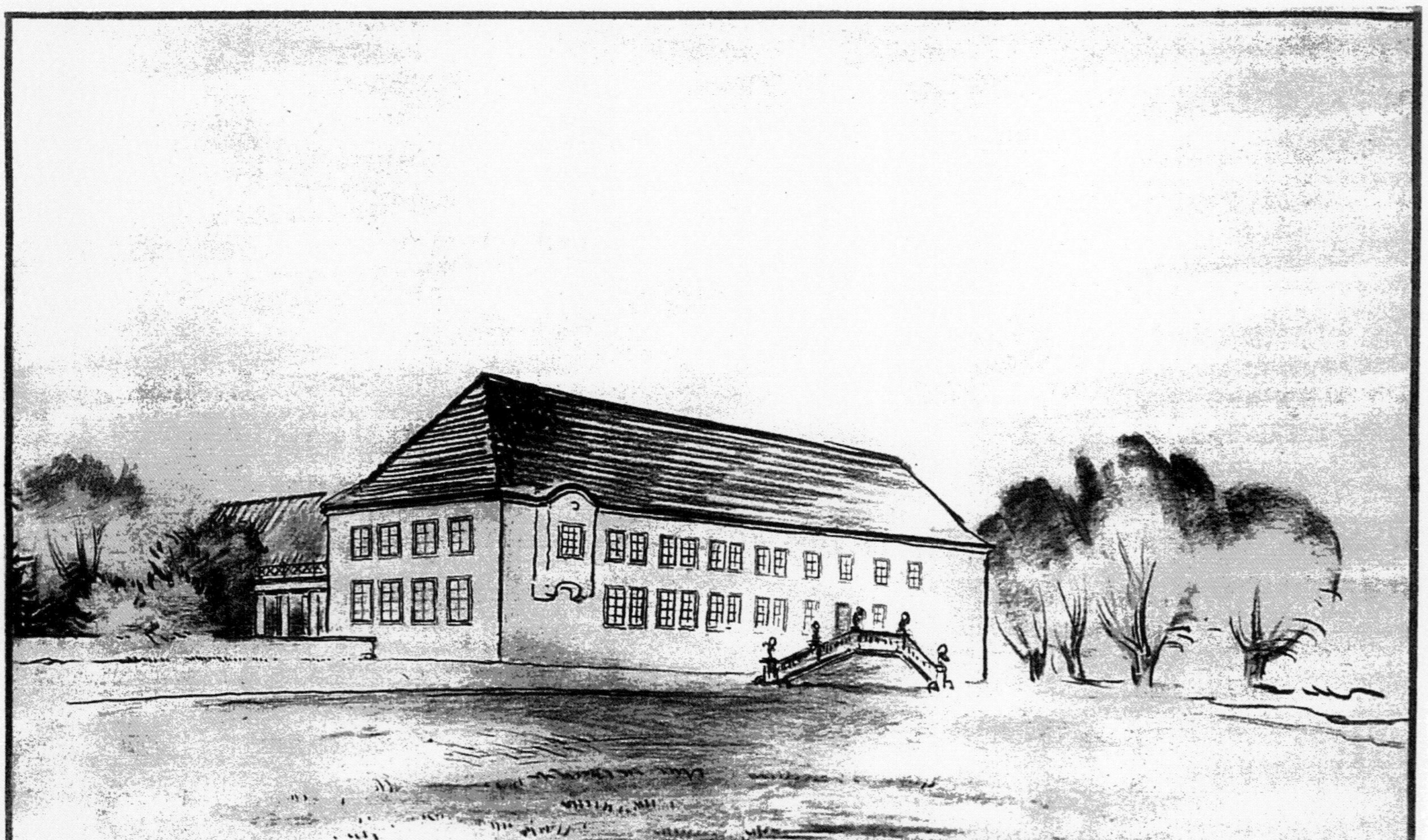

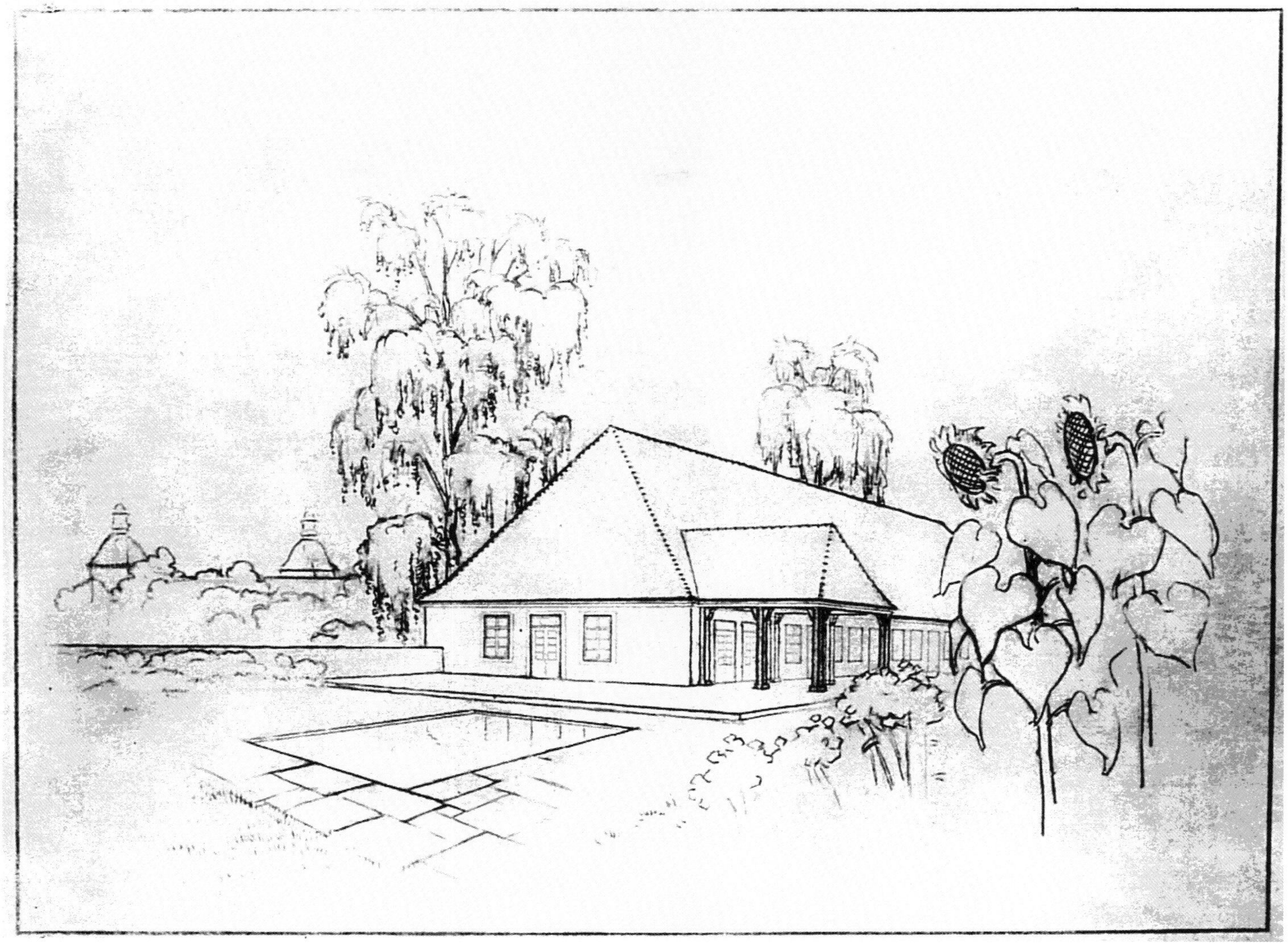

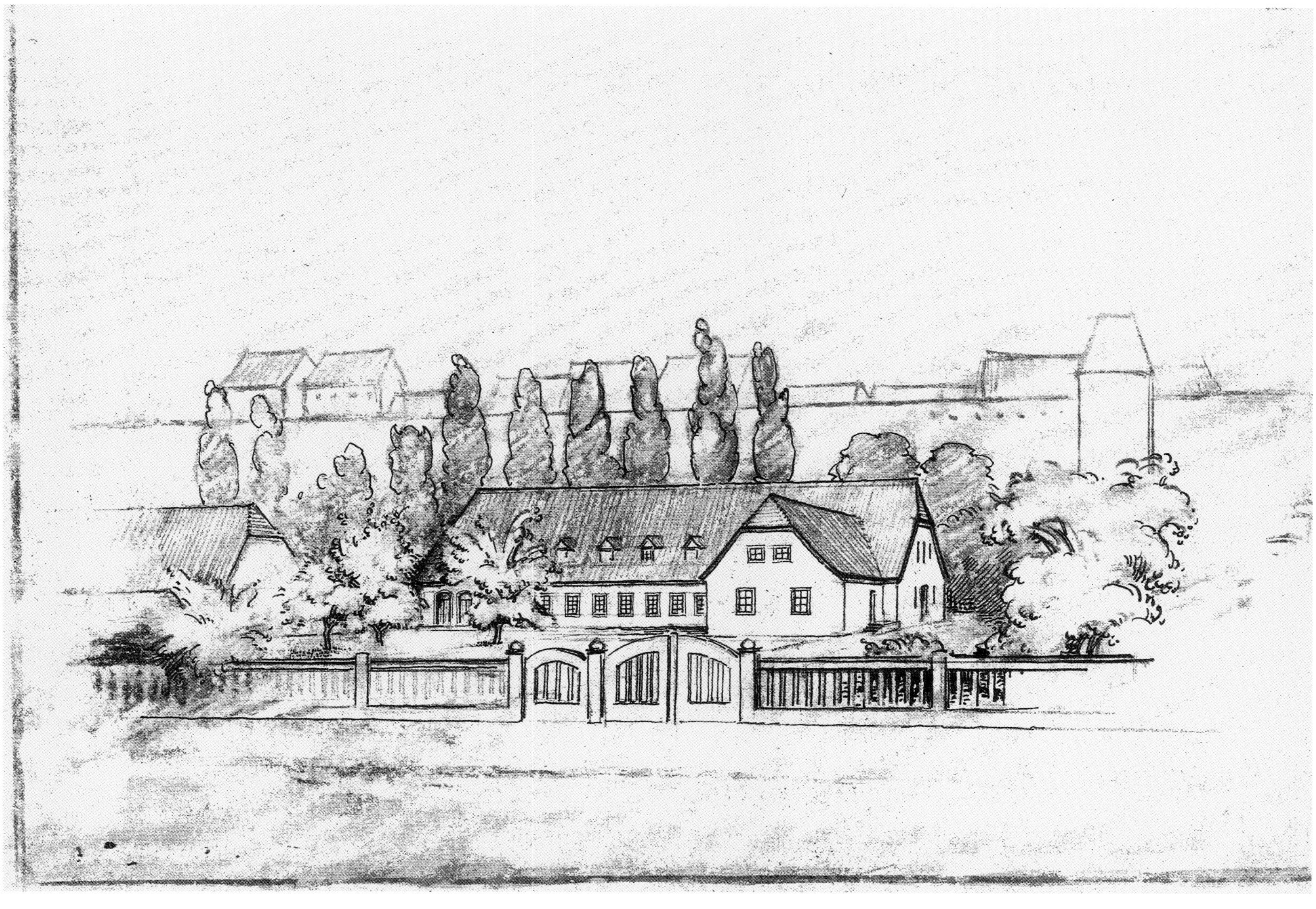

Brauhof Krems

Nach Umbau und Neugestaltung des Brauhof-Restaurants 1931 hatte die Brau AG weitere Ausbaupläne aus Platzmangel aufgeben müssen. Gelegenheit, diese nach dem ‚Anschluss' und der Erhebung von Krems zur Gaustadt 1938 wieder aufzunehmen, sollte zur Freude des aus Krems stammenden Generaldirektors, Julius Seiler, der Bedarf der Stadt an einem repräsentativen Veranstaltungsraum geben, für dessen großräumige Planungen die „Judenhäuser in der Schwedengasse" abzureißen, nun ebenso wenig ein Problem war wie Förderungen durch die Stadt zu lukrieren. So historisch unantastbar dabei die alte Stadtmauer, entlang der sich der neue Saalbau erstrecken sollte, als „ein Juwel unserer Stadt" erachtet wurde, an der Demolierung der in ihre Baumassen als Zeugnisse des mittelalterlichen Krems eingeschriebenen, um nichts weniger historischen Häuser der Konfektions- und Textilwarenhandlung Neuner sowie der Branntweinerzeugung und Fasshandlung Schlesinger[1] offenbarte sich der rassistische Furor, der zur Vertreibung der Eigentümer wie zur ideologisch produktiven Umgehung des Denkmalschutzes legitimierte.

Mit Entwurf und Planung des Saalbaus wurde Baumeister Karl Strobl von der lokalen Firma Landertinger betraut, der für „eine erstklassige Lösung der Gesamtgestaltung" mit Direktor Eckert sogar in die Reichshauptstadt reiste, um „Großversammlungsräume" als Vorbild zu besichtigen. Nach Sportpalast und Deutschlandhalle sollte der drittgrößte Saal in Berlin den hochgesteckten, von den politischen und kulturellen Herausforderungen einer Gaustadt erfüllten Ambitionen für den Kremser Saalbau als Maßstab genügen. So forciert der Planungsprozess aufgenommen worden war, verzögerte der Mangel an Arbeitskräften, der im Zuge der expansionistischen Mobilisierung gegen die Tschechoslowakei durch Bindung zuvor Arbeitsloser in Straßenbauprojekten entstanden war, eine rasche Bauausführung. Umso mehr wurde bei Fertigstellung Ende 1940 gewürdigt, dass das unter der einfühlsamen Bauleitung von Strobl realisierte Projekt „unter den schwierigen Verhältnissen der Kriegszeit seine Vollendung finden konnte" und „harmonisch in die Umwelt einer alten Stadt eingefügt" wurde.[2] Mit dazu beigetragen hatten die Zimmerei Bruno Beyer, welche die mit 20 m Spannweite herausfordernde Dach- und Deckenkonstruktion meisterte, der Dachdecker Sepp Haselsteiner, die Tischlereien Alois Swoboda und Leopold Schandl, die Installationsfirma Ludwig Zafouks Wwe, die zusammen mit der Firma Ätna auch die Heizung ausführte, der Wachauer Keramiker Anton Mayer, welcher für die Verfliesungen sorgte, der Anstreicherbetrieb Eduard Schlegel, die Glaserei Hans Salomon, der Malerbetrieb Gustav Richter und Sohn, die Elektroinstallationsfirma Slatner, die auch die Rundfunkanlage einrichtete, sowie die Wiener Firmen Siemens und Halske bzw. AEG Union, welche Fernsprechanlage und Beleuchtung installierten; das Unternehmen Ing. Stephan Sowitsch lieferte Aufzüge, Linde-Riedinger Kühlanlagen, Gerecke Harmonikatüren, Kriwanek Holzfußböden. Alle Arbeiten waren zur großen Zufriedenheit erfolgt und ließen die „hohe Leistungsfähigkeit der deutschen Arbeit" unter Beweis stellen und den Bau als „Werk deutschen Handwerkerfleißes" loben.[3]

Mit der Einladung zur Eröffnung des Brauhofsaals am 15.11.1940 um 20 Uhr zollte die Brau AG der Arbeiterschaft Anerkennung, ließ sich mit ihr doch auch gleich der politisch-ideologische ‚Aufbauwille' demonstrieren, den führende Vertreter der Partei, wie der stellvertretende Gauleiter Gerland, des Staates und der Wehrmacht in ihren Ansprachen beschworen. Für den künstlerischen Rahmen waren ein militärisches Musikkorps sowie Sänger, Schauspieler und Tänzer engagiert worden, welche die Einweihung des Saales „im Zeichen des Erlesenen" begehen lassen sollten.[4]

Auf einer verbauten Fläche von 1600 m² umfasste der 2-geschossige, unterkellerte Saalbau sowohl großzügige Veranstaltungsräume wie ein erweitertes Bierdepot. Der Fassungsraum der „Prachtsäle" war auf 4500 stehende Personen ausgelegt, bei Aufstellung von Sesselreihen konnten 2000, mit Tischen 1400 Besucher Platz finden. Als damit größter Saalbau Niederdonaus empfahlen sich seine Architektur und Gestaltung als „Vorbild für künftige Bauten in der Ostmark".[5] Ein Gang durch die neue Anlage bot vom Haupteingang neben dem Steiner Tor weg nach einem Vorraum mit Kassenschaltern eine Raumfolge, die in ihrer Inszenierung alles in der Kleinstadt Bekannte übertraf und allein durch ihre Dimensionierung überwältigte, wie die Donauwacht berichtete und ihren Beitrag zur Propaganda leistete. Nach Durchquerung der „Vorhalle", die in der Größenordnung des Kremser Stadttheaters bereits staunen ließ, war der über beide Geschosse offene und von in Eisenbeton ausgeführten Galerien strukturierte „Großsaal" mit 34 x 20 m vollends berauschend: Eichenholzboden und rotgetönte Kassettendecke, der Akustik wegen aus Heraklit und mit 8 großen Lustern bestückt, an der Stirnseite eine mit einem Vorhang aus blauem Plüsch geschlossene Bühne im Ausmaß von 12,5 x 7 m, die eine Treppe dem Fahnenaufmarsch bei Großkundgebungen erschloss, längsseits Notausgänge durch die Stadtmauer bzw. die Passage in einen Buffetraum mit angeschlossener Küche. Garderoben und besonders reichlich ausgestattete Wasch- und Toilettenanlagen waren von der Vorhalle erreichbar, von der auch ein breiter Aufgang zu den Galerien und Galerieräumen im ersten Stock führte. Für kleinere Veranstaltungen diente ein mit Harmonikaschiebetüren abgetrennter „kleiner Saal" mit 20 x 10 m im Erdgeschoss, der über eine Stiege mit einem weiteren kleinen Saal mit 20 x 20 m im ersten Stock verbunden war, wo weitere Garderoben sowie modernste Wasch- und Toilettenanlagen eingerichtet waren, die von einem Wasserbehälter im Dachgeschoss mit vorgewärmtem Wasser der Kühlmaschinen versorgt wurden. Zur technischen Ausstattung gehörten auch Aufzüge, die Bierkeller und Schankraum verbanden sowie Speisen von der Küche in den ersten Stock transportierten; die Schaltzentrale für Strom und Kraft befand sich im Erdgeschoss, eine Warmluftanlage im Keller, die in Verbindung mit Großventilatoren an der Decke für Klimatisierung sowie unter der Bühne für Frischluftzufuhr und Umwälzung sorgte und im Winter von der Heizanlage gesteuert wurde. Die Saalbeleuchtung lieferten Deckenluster, die Außenbeleuchtung mittelalterlich anmutende, eiserne Laternen, für deren Stromversorgung im Bedarfsfall eine Akkumulatorenanlage zur Verfügung stand. Völlig neuartig für Krems war eine über Lichtsignale funktionierende Kellnerrufanlage

Planansicht und Schnitt
Brauhofsaal /
Karl Strobl, Krems /
1939

SAALBAU BRAUHOF KREMS 1:100

ANSICHT SCHWEDENGASSE

ANSICHT SÜDTIROLERPLATZ

KREMS IM JÄNNER 1939.

SAALBAU BRAUHOF KREMS 1:100

HOFANSICHT

SCHNITT A B

LÄNGSSCHNIT

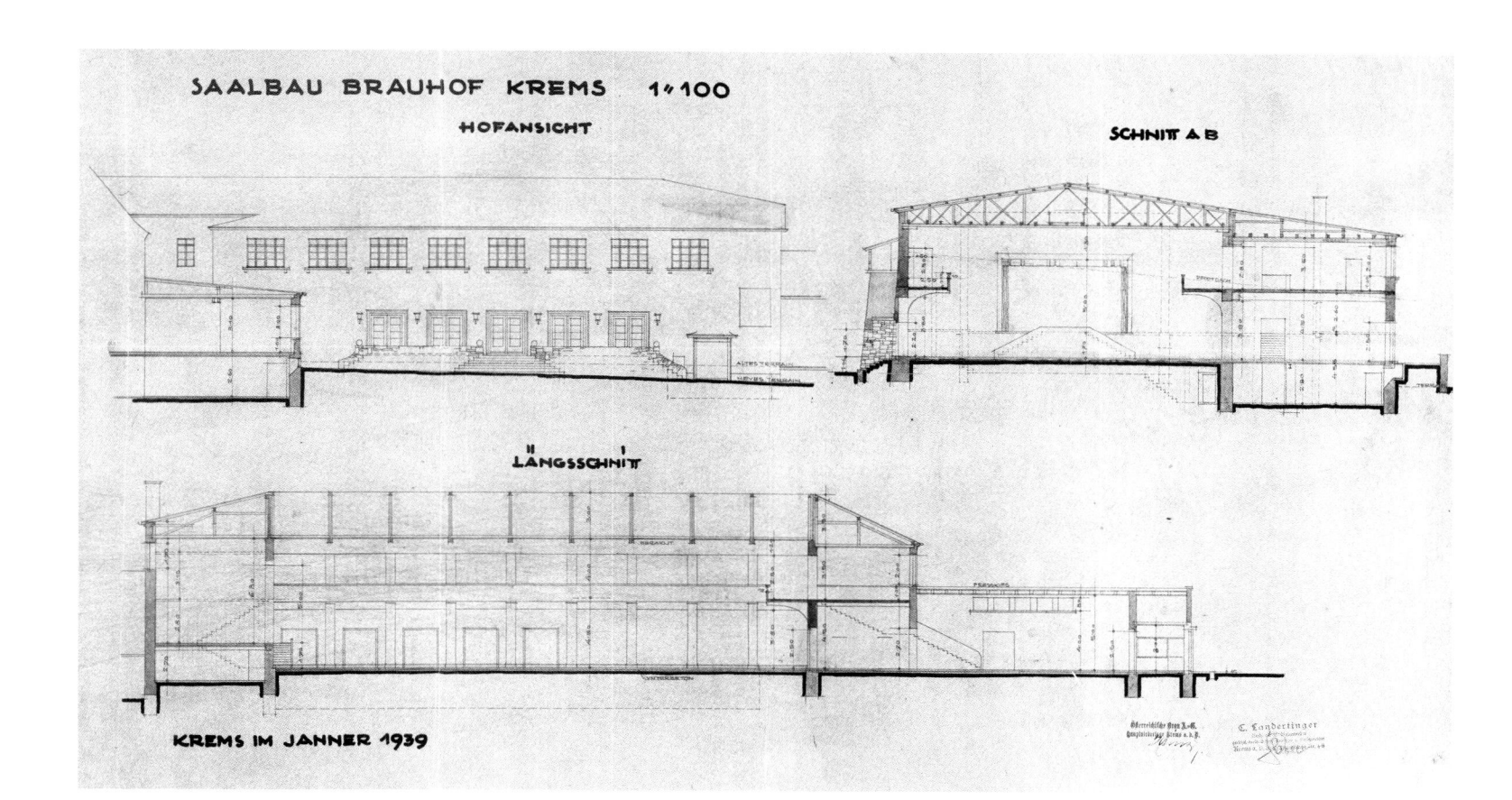

KREMS IM JÄNNER 1939

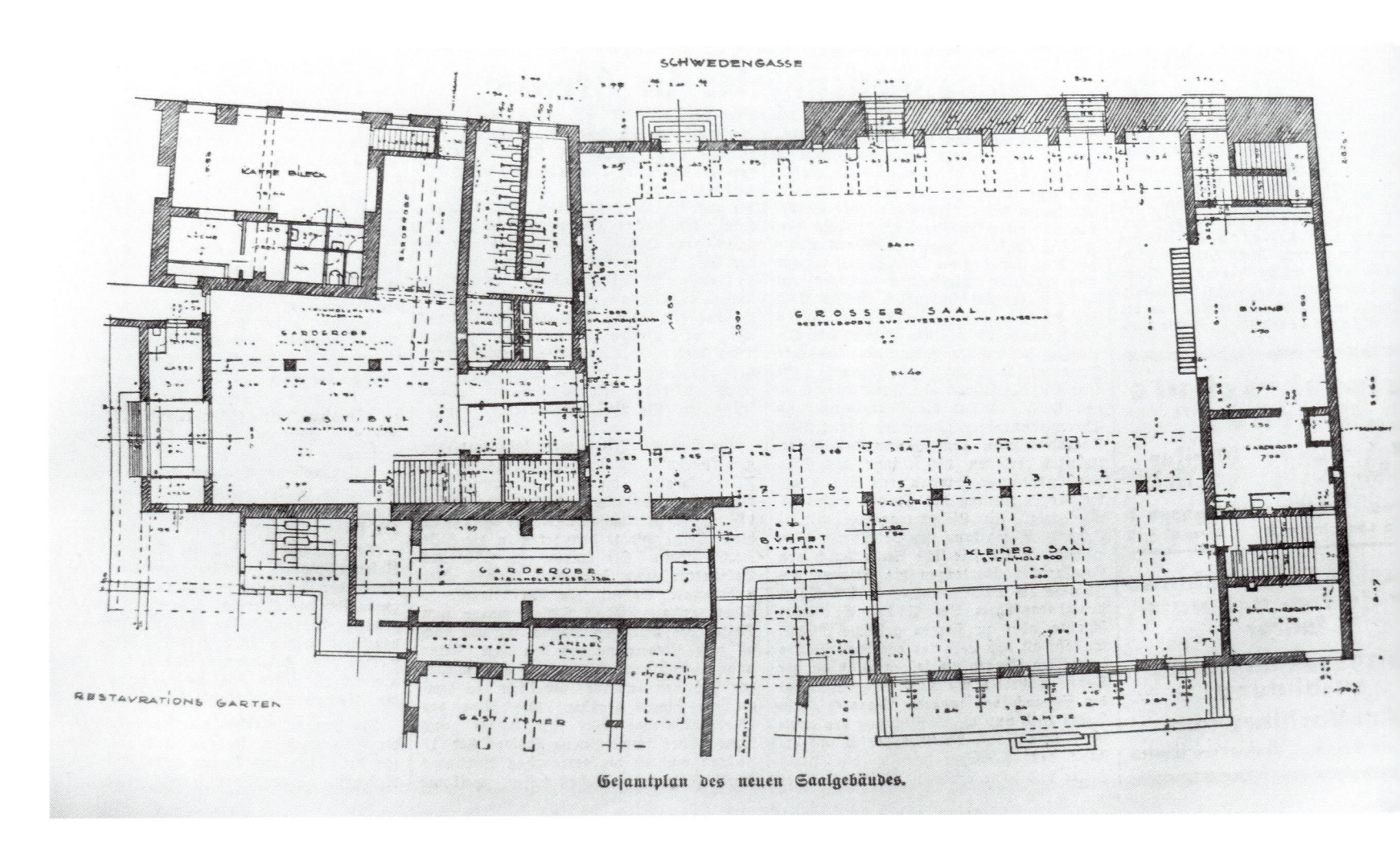

Grundriss Brauhofsaal / 1939

Entwurfszeichnung „Großsaal" / Karl Strobl / 1939

im gesamten Betrieb. Fernsprechanschlüsse in den Saalräumen ermöglichten über eine Hauszentrale auch Verbindungen mit dem Fernsprechamt, für die Presse stand eine eigene Telefonzelle bereit. Die Bühne war neben Räumen für Requisite und Künstlergarderoben mit modernster Technik, etwa mit einem transportablen Projektor für Filmvorführungen und einer Verstärkeranlage ausgestattet, welche neben der Übertragung von Reden und Musik über eine 40 Anschlüsse umfassende Lautsprecheranlage, 30 in den Innenräumen von Brauhofsaal und -restaurant, 10 im Außenraum des Gartens und des anschließenden Platzes, auch reichsweite Rundfunkübertragungen von Kundgebungen erlaubte.

Der Saalbau wurde 1989 für den Bau eines Einkaufszentrums abgerissen; unverändert besteht der Brauhof, der Stadtraum wie Architektur der ersten 1930er-Jahre mit dem gegenüberliegenden Kreisgericht, einem Bau des 1938 zum Leiter des Gaustadtplanungsbüros bestellten Baubeamten des Reichsstatthalters, DI Franz Sturm, teilt. > Städtebauliche Planungen 351

Städtebauliche Planungen

352　Gaustadt Krems

359　Stadterweiterung und Neugestaltung
　　　Horn, Zwettl, Eggenburg

392　Singuläre Amtsgebäude und
　　　Bauten der Partei

Städtebauliche Konzepte, mehr oder wenig ausgearbeitet und nicht nur im zur Gaustadt erhobenen Krems von ehrgeizigen Amtsträgern und Parteifunktionären verfolgt, machen auch in Kreisstädten und an einigen Industriestandorten die euphorische Resonanz auf die von Göring in seiner Rede am 26.3.1938 in der Wiener Nordwestbahnhalle aufbauprogrammatisch angekündigte Wiederbelebung der Wirtschaft „im Lande Österreich" deutlich. Beflügelt, seit Langem aufgeschobene Bauprojekte umsetzen zu können, wurden darüber hinaus weitreichende Ausbau- und Modernisierungsmaßnahmen, etwa in Form eines Mehrjahresplans formuliert oder vereinzelt bereits als Bebauungs- und Siedlungsplan konkretisiert, in Aussicht genommen. Allen gemeinsam war ein Entwicklungsprozess von zunächst singulären Amtsgebäuden, die der ohnehin bestehende und durch die Eingliederung in den großdeutschen Verwaltungsapparat verschärfte Raummangel dringend notwendig machte, zu Umgestaltung und Stadterweiterung nach den Vorbildern ‚Neugestaltung deutscher Städte' und ‚Gauforum', die auch vor radikalen Eingriffen in kleinstädtisches Baugefüge nicht zurückschreckte. Die örtlichen Machthaber waren bestrebt, nach dem Muster städtebaulicher Großplanungen deren symbolträchtiges Vokabular markanter Achsenstrukturen und eines durch Repräsentationsbauten für Staat und Partei definierten zentralen Aufmarschplatzes den erweiterten Kleinstädten einzuschreiben und sie eventuell mit künftig vorangestelltem Groß- im Namen als Signatur der Germanisierung aufzuwerten.

Mit Verabschiedung des „Gesetzes über die Neugestaltung deutscher Städte" am 4.10.1937 und Propagierung des Typus ‚Gauforum' auf der „Ersten deutschen Architektur- und Kunsthandwerks-Ausstellung" Anfang 1938 waren, von den ‚Bauten des Führers' wie den spektakulären Planungen für die ‚Reichshauptstadt' und die von Hitler zu ‚Führerstädten' und ‚Gaustädten' ernannten Groß- und Mittelstädte angesteckt, auch Kleinstädte von weitreichenden Planungsphantasien erfasst worden, die auf der Rechtsbasis stadträumlicher Neuordnung auch brachiale Eingriffe legitimieren ließen. Strukturell wurde der historischen Altstadt und ihrem kirchenbaulich bestimmten Zentrum eine als Forum bezeichnete Leerstelle, definiert durch in ihrer Dimension gezielt Selbstbewusstsein und Einschüchterung zugleich auslösende Großbauten, entgegengesetzt und damit eine neue städtische Mitte definiert, die als Ort nationalsozialistischer Machtentfaltung mit zeremoniellen Aufmärschen ‚Volksgemeinschaft' als platzgreifendes Ereignis inszenieren ließ.

Skaliert auf die Größe der Kreisstädte im Waldviertel mit bis zu 6000 Einwohnern – Gmünd, Waidhofen, Zwettl und Horn – sowie das als Kreisstadt unterlegene Eggenburg, lassen Entwürfe und städtebauliche Skizzenblätter beauftragter Architekten und für Ortsplanung zuständiger Baubeamter die Referenz auf das von Gottfried Feder 1939 formulierte Leitbild der ‚Neuen Stadt' erkennen, das großstadtfeindlich gegen „das seelenlose Schachbrettsystem der amerikanischen Riesenstädte und die völlig planlosen Stadterweiterungen der liberalistischen Epoche", das Konzept der Gartenstadt ideologisch vereinnahmend, eine Landstadt mit rd. 20.000 Einwohnern als die Vorteile städtischer und dörflicher Struktur verbindendes Ideal entwarf.

Unter den Konzepten einer modernen Stadtplanung, die Ende des 19. Jahrhunderts als Reaktion auf das durch die Industrialisierung bewirkte soziale Elend in demografisch zu Großstädten angewachsenen veralteten Strukturen entwickelt worden waren, war das 1880 von Ebenezer Howard verfasste und 1898 veröffentlichte Modell der Gartenstadt weltweit erfolgreich; der Titel „Tomorrow. A Peaceful Path to Social Reform" nennt die notwendig sozialreformerische Ausrichtung seiner städtebaulichen Konzeption, die international zur Gründung eigener Gartenstadtgesellschaften führte, die angelehnt an das Vorbild dem jeweiligen Bedarf entsprechend eigenständige Varianten entwickelten. Howards Überlegungen zielten allerdings weniger, wie meistens realisiert, auf einen Stadtteil als auf eine Stadt im Grünen mit rd. 32.000 Einwohnern, die, radial-konzentrisch angelegt und erschlossen – um einen Central Park mit kulturellen Einrichtungen und Geschäften ringförmig zonierte Wohnbezirke mit Gewerbe und Industrie am äußeren Gürtel –, auch als Städteverband vorgestellt wurde, bei dem eine Reihe von kreisförmig um eine Zentralstadt mit rd. 58.000 Einwohnern und mit ihr sternförmig vernetzte Gartenstädte organisiert war, die untereinander ringförmig durch Straße und Schiene verbunden waren.

In Deutschland, wo ab 1906 mit der Siedlung Margarethenhöhe in Essen die erste Gartenstadt realisiert worden war und das Konzept ab 1909 in Hellerau eine konsequente Umsetzung gefunden hatte, kam es zu Verschränkungen mit ähnlich reformorientierten Ansätzen, aber politisch höchst divergierenden Ausrichtungen. Stadt und Land „vermählend", so Howard, wurde dem lebensreformerischen Kulturkonzept etwa das agrarromantische Postulat der Heimatschutzbewegung aufgepfropft, aus deren nationalistisch gesinnten Vertretern sich führende Ideologen der NSDAP, allen voran Paul Schultze-Naumburg > Architekten / Künstler 397, in den 1920er-Jahren rekrutierten und maßgeblich einer ‚Blut und Boden'-ideologisch gegründeten, als ‚Architektur des Dritten Reichs' anvisierten Bauauffassung propagandistisch den Weg bereiteten.

Das von Feder übernommene und 1939 zur ‚Neuen Stadt' völkisch gewendete Gartenstadtmodell, das sich auch in seiner biologistischen Terminologie zu erkennen gibt, in der Stadt als ‚Organismus' formuliert, aus um das Zentrum organisierte ‚Zellen', die wiederum aus um mehrere ‚Kerne' gruppierte Untereinheiten bestehen, aufgebaut erscheint, ist zugleich Funktionseinheit innerhalb der streng hierarchischen Ordnung von Partei und Staat. Der ‚Stadtkörper' als Zellverband, jeweils zentriert und durchgängig mit Einheiten höherer Ordnung verbunden, in der der Einzelne nach der Systematik der Partei in Block, Zelle, Ortsgruppe, Kreis, Gau, Reich zur ‚Volksgemeinschaft' organisiert funktioniert, macht das Kalkül deutlich, das umgekehrt erlaubt, die Sozialstruktur nach politischem Diktat zu steuern und Feder als „die personifizierte Verbindung von Gartenstadtbewegung und Nationalsozialismus" treffend bezeichnen ließ.[1] Zu den wesentlichen Strukturmerkmalen seines städtebaulichen Konzepts zählte eine von Nord-Süd und Ost-West verlaufenden Hauptachsen in 4 Sektoren geteilte Anlage mit konzentrischem Aufbau und radialer Erschließung; umgeben von Agrarland, wurden periphere Flächen im Westen für Freizeit und Sport sowie das HJ-Heim ausgewiesen, im Osten für Industrie und Bahnanschluss. Die Bebauung sah an den breit angelegten Achsen in zunehmender Dichte zum Zentrum hin öffentliche Gebäude, Geschäfte und Büros vor, das Zentrum selbst war repräsentativen Verwaltungs- und Parteibauten einschließlich ‚Gemeinschaftshaus' vorbehalten, die einen für die Aufmärsche der Partei bestimmten Platz definierten und rahmten. Die anschließenden Wohnbezirke folgten, durch Bebauungsdichte und Geschossanzahl zoniert, dem Idealbild der gegliederten und aufgelockerten Stadt, die sich durch eine mit zunehmender Entfernung vom Zentrum niedrigere und offenere Verbauung auszeichnete. Dem sozialen Gefälle korrespondierend, waren 5 Geschosse ausschließlich an den Achsen und im Zentrum für einkommenshöhere Schichten bestimmt, für die Masse geringerer Einkommen zum Stadtrand hin abnehmend 3- bis 1-geschossige Klein- und ‚Volkswohnungsbauten'. Analog der sozial-räumlichen Gliederung wechselten von Mietwohnung bis Eigenheim rangierende Gebäudetypen, wobei für das dicht verbaute Zentrum 20-30% günstige Mietwohnungen in 3-geschossigen, zeilen- oder hufeisenförmig angeordneten Wohnbauten und in der Folgezone 2-geschossige ‚Mieteigenheime' vorgesehen waren, die auch über etwa 200 m² Garten verfügten und die ideologische Bindung an die ‚Scholle' ermöglichten. Am Stadtrand sollte das Kleinsiedlungsmodell mit Gartenzulage bis zu 800 m² zum Einsatz kommen, das ein Eigenheim bescheidener Größe mit der Möglichkeit zur Selbstversorgung verband. Um bei den standardisierten Wohnbauten, so sehr Uniformität als Ausdruck gleicher gemeinschaftlicher Ansprüche und Bedürfnisse ins Propagandakonzept passte, Monotonie zu vermeiden, waren Erschließungsstraßen, topografischen Gegebenheiten folgend und damit landschaftsgebundene Planung ausweisend, in gekrümmter Trassierung anzulegen wie generell Grünräume die Stadt durchziehen sollten.[2]

Am großen Aufbauwerk des Nationalsozialismus teilzuhaben und sich mit in Aussicht gestelltem Wohnbau und wirtschaftlichem Aufschwung durch Modernisierung propagandawirksam der Anhängerschaft zu versichern, führte der Hang der Kleinstädte zu groß dimensionierten und gewachsene Strukturen zerstörenden Planungen auch die Selbstherrlichkeit mancher Amtsträger vor, die verblendet oder traditionell obrigkeitsgläubig die für die Kommunen unfinanzierbaren Kosten aus Reichsmitteln erwarteten. Prestigesüchtig oder pragmatisch initiierte Stadtplanungen blieben, wie die rekonstruierten Projekte im Untersuchungsgebiet Waldviertel zeigen, infolge des mit Kriegsbeginn einsetzenden Mangels an Stadtplanern wie zunehmender Einschränkung der Bauwirtschaft bestenfalls bei städtebaulichen Ansätzen, die vereinzelt, von der Parole des ‚Endsiegs' geleitet, weiterverfolgt wurden. Zur Ausführung gelangte der radikale Umbau der Kleinstädte auch nicht ansatzweise; außer prioritär zu errichtende Reichsbauten, und selbst die wurden nicht zur Gänze realisiert, konnten kommunale und private Projekte, die im kurzen Zeitraum bis Kriegsbeginn im September 1939 trotz bürokratischer Verzögerungen infolge der Strukturanpassung an das deutsche Verwaltungssystem bewilligt und trotz bauwirtschaftlich zunehmender Engpässe begonnen wurden, lediglich vereinzelt umgesetzt werden; sie führen beispielhaft nationalsozialistisches Bauen vor, das zum Teil in ungebrochener Kontinuität – durch Übernahme nicht realisierter Projekte oder in Anlehnung an die NS-Leitbilder und von denselben Planern wie umbenannten Bauträgern ausgeführt – nach 1945 den Wiederaufbau bestimmte.

Gaustadt Krems

Die Nachricht von der Ernennung zur Gaustadt, die Gauleiter Dr. Jury am 8.7.1938, von Reichskommissar Bürckel über Hitlers Entscheidung informiert, dem Kreisleiter von Krems, Hans Heinz Dum, telegrafisch weiterleitete, fand ihren propagandistisch-triumphalen Ausdruck in Häuserbeflaggung und abendlicher, mit Fackelzug inszenierter Kundgebung, bei der die städtischen Amtsträger und Parteifunktionäre, die im Wettbewerb um die Gunst des ‚Führers' durch Eingemeindung der umliegenden Ortschaften zu Groß-Krems gegen das von anderer Seite favorisierte St.Pölten angetreten waren, die Rhetorik der historischen Stunde bemühten. Vom Balkon des Kreisgerichts verkündeten Dum und Bürgermeister Dr. Stingl der „allzeit treuen Stadt Krems" eine Zukunft, „wie man sie sich vor wenigen Monaten noch nicht geträumt hätte", und schworen zugleich die jubelnde Menschenmenge auf ihren Pflichtbeitrag zum großen Aufbauwerk ein.[3]

Nach der am 20.7. beschlossenen und mit Wirkung vom 1.8.1938 vollzogenen Zusammenlegung von 14 Gemeinden,[4] mit der das Stadtgebiet in das Hinterland und über die Donau erweitert und so der Fluss in die Stadt integriert wurde, erhielt ‚Groß-Krems' einen Oberbürgermeister, zu dem der Bürgermeister von Stein, Baumeister Franz Retter, mit dem abgelösten Amtsvorgänger Dr. Stingl als Stellvertreter, bestellt wurde; als bisherige Beiräte weiter im Amt blieben Ortsgruppenleiter Binder, SA-Standartenführer Österreicher, Kreiszellenobmann der DAF Schliegsbier und SS-Hauptsturmführer Weichselbaum.[5] Eigens eingerichtet wurde ein Gaustadt-Planungsbüro, mit dessen Leitung der für Städtebau bei der Landeshauptmannschaft zuständige Ing. Franz Sturm > Architekten / Künstler 397 zusätzlich betraut wurde. Er nahm seine Funktion, die durch den Erlass vom 6.8.1938 bestehende Verbauungs- und Regulierungspläne außer Kraft zu setzen und lokale Bau- und Planungsbehörden auszuschalten oder zumindest in ihren Kompetenzen zu beschneiden berechtigte, umgehend auf. Als übergeordneter Planungsinstanz oblagen ihm, um die städtebauliche Neukonzeption nicht zu beeinträchtigen und Grundspekulation vorzubeugen, sämtliche „Maßnahmen zur Verhinderung unerwünschter Verbauung in Groß-Krems", wozu auch bisher in der Zuständigkeit von Bürgermeister und Bezirkshauptmann gelegene Agenden, wie Bauverhandlungen oder ihrer Zustimmung vorbehaltene Grundbesitzwechsel zählten.[6] Zur weisungskonformen Umsetzung der die Gaustadtplanung betreffenden Vorschriften wurde gegen Ende 1939 als Reichs- und Landesplanungsstelle nachgeordnete Dienststelle ein Kreisplanungsausschuss für Raumordnung eingesetzt, dem unter Vorsitz des Landrats neben Kreisleiter, Kreiswirtschaftsberater, Kreisamtsleiter für Technik, Kreisbauernführer, Kreisarchitekt auch Vertreter der Reichsbahn und Reichsforste, des Naturschutzes und anderer Institutionen angehörten und dem Raumplanungs- und Bauordnungsfragen im Kreis Krems, unter besonderer Berücksichtigung des Landschaftsbildes durch Wahrung bodenständiger Bauformen, oblagen.[7]

Die Kompetenz- und Machtverschiebung zulasten kommunaler Baubehörden, die der Gauleitung uneingeschränkte Vollmachten sicherte wie sich Hitler selbst Standortfragen und gestalterische Mitsprache im Planungsprozess vorbehielt, hatte die 1933 beginnende Entwicklung der richtungsweisenden Gaustadtentwürfe für Weimar gezeigt. Fritz Sauckel, ehrgeiziger und willfähriger Gauleiter, der rigoros die Ausschaltung der beamteten Stadtplaner betrieb, und Hermann Giesler > Architekten / Künstler 397 als von Hitler protegierter und seinen Gestaltungswünschen gefügiger Architekt lassen, entgegen der Meinung, die Nationalsozialisten seien mit einem Architekturkonzept oder einem definierten Programm angetreten, erkennen, „inwieweit auf Ebene der Kommunen und der Länder das Medium Architektur von bestimmten Personen bewusst eingesetzt wurde, um ihre eigene Stellung im hierarchischen System des Nationalsozialismus zu definieren und zu festigen".[8] Demnach war Bauen in den Gaustädten nicht vorrangig von städtebaulichen und architektonischen Überlegungen, sondern, von regionalen Machtinteressen gelenkt, dem ‚Führerprinzip' unterworfen; erst allmählich kristallisierte sich das Konzept eines die parteistaatliche Macht repräsentierenden Zentrums heraus, dessen städtebauliche Formulierung unter der späteren Bezeichnung ‚Gauforum' vermarktet wurde. Parallel zur Konsolidierung der NSDAP entwickelt, hatte der Prozess der Gaustadtplanung zu einer Ausdifferenzierung anfangs solitärer Repräsentationsbauten der Partei am zentralen Adolf Hitler-Platz zum stadträumlichen Ensemble der neuen Stadtmitte als Zentrum der Macht geführt. Insofern legt die vom politischen System bestimmte Entwurfsplanung eine Lektüre der Bauten des Nationalsozialismus über architekturgeschichtliche Referenzen hinaus nahe, deren Konstruktion im politisch-ideologischen und gesellschaftlich-kulturellen Kontext zu untersuchen. Formensprachlich keinem einheitlichen Konzept folgend, war den zur ideologischen Lenkung bestimmten Architekturen

Modell ‚Gauforum' Krems / 1938

einzig die generelle Ablehnung des „neuen bauens" gemeinsam, dessen Bauauffassung allerdings, wiederum dem Nutzenkalkül folgend, im Industriebau sehr wohl zum Tragen kam. Zunächst den traditionellen Kanon der Weimarer Republik fortschreibend, vollzog sich unter Hitlers maßgeblicher Einflussnahme, durch Architekten seiner Wahl wie direkte Eingriffe in die Planung, ein Schwenk zu einem vergröberten, zunehmend ins Monumentale gesteigerten Pseudoklassizismus, der das Regime repräsentierende Bauten auszeichnete. Das formal und funktional standardisierte Modell ‚Gauforum' wurde, für Weimar und Dresden konzeptuell unterschiedlich ausformuliert, Ende 1937 in den Fachzeitschriften und dem NS-Leitmedium für Kunst und Architektur, „Kunst im Dritten Reich", publiziert und auf der von Jänner bis April 1938 stattfindenden, das Spektrum nationalsozialistischen Bauens vorführenden „Ersten deutschen Architektur- und Kunsthandwerks-Ausstellung" im Haus der deutschen Kunst präsentiert, das, von Ludwig Troost entworfen und 1937 mit der ersten „Großen Deutschen Kunstausstellung" eröffnet, selbst eine der Manifestationen der von Hitler favorisierten und von ihm als ‚Ewigkeitswert' apostrophierten Architekturen darstellte.

Mochte die Rezeption der aktuellen Ausstellung mit dem paradigmatisch ein Ensemble aus Partei- und Verwaltungsbauten sowie Versammlungshalle um einen Aufmarsch- und Kultplatz als neues Zentrum umfassenden Leitbild Orientierung beim Umbau von Krems zur Gaustadt liefern, ermöglichte über den zentralen Ort der Macht hinaus das 1937 erlassene und alle Planungsfragen der zentralistischen Entscheidung von Hitler und Speer als Generalbauinspektor vorbehaltendes „Gesetz über die Neugestaltung deutscher Städte" auf die ganze Stadt bezogene und einschneidende Lösungen, deren auch vor rigorosem Abriss ganzer Stadtteile und Implementierung monumentaler Bau- und Raumstrukturen nicht zurückschreckende Umsetzung im Protokoll der Beiratssitzung der Stadtgemeinde Krems vom 25.7.1938 zu resonieren scheint: „Das Verwaltungsviertel werde sich nach Schleifung der Kaserne und des Gaswerks, möglicherweise auch einiger Privatbauten, und auch der Molkerei, vom Südtirolerplatz bis nach Stein ausdehnen, die Strafanstalt werde entfernt werden müssen. Geschaffen sollen vor allem werden: Partei- und Verwaltungsgebäude, ein Theater, das Landesmuseum, eine Kongresshalle mit großem Aufmarschgelände, neues Postgebäude, Schlachthaus, Hotelbauten u.a.". Entwürfe nicht genannter Architekten samt Modelldarstellung hatten von der Planungsbehörde bis 25.8.1938 zur Präsentation beim ‚Führer' vorbereitet zu sein;[9] Gerüchten zufolge, sollte „der Plan für die neue Gaustadt Krems schon fix und fertig dem Herrn Oberbürgermeister" vorliegen, „ja bereits Modelle für die neuen Gaugebäude des Augenblicks harren, in dem sie dem Führer und Reichskanzler vorgelegt werden, auf dass er dem zukünftigen Bild der Gaustadt Krems die Genehmigung erteile", wie die Land-Zeitung am 4.1.1939, der Sprache vor Untertänigkeit und Überschwang nicht ganz mächtig, berichtete.[10]

Mangels erhaltener bzw. im örtlichen Archiv nicht mehr verfügbarer Quellenbestände lässt sich der Planungsprozess der Gaustadt Krems nur ansatzweise rekonstruieren; lediglich marginale Daten lassen in Referenz auf Planungen andernorts Schlussfolgerungen zu, unbekannt bleibt der Architekt des Entwurfs wie der Verlauf der angekündigten Projektpräsentation in Berlin und deren Konsequenzen. Da auch das Modell des „endgültigen Verwaltungszentrums" nach einer Ausstellung 1988 verschwunden ist, muss die Abbildung im Katalog als einzige visuelle Referenz für eine annähernde Interpretation des städtebaulichen Vorhabens genügen. Das Bild zeigt streng symmetrisch am Raster ausgerichtete und zu einer Platzanlage organisierte Großbauten nach dem Grundschema ‚Gauforum', deren Monumentalität ein vorgelagerter Kanal durch Spiegelung noch verdoppelt und in ihrer Semantik der Überwältigung als Zentrum der Macht inszeniert. Verortet an der Donau zwischen Eisenbahnbrücke und Pioniertruppenübungsplatz, weist die Bildlegende Gauhaus, Kongresshalle und Landeshauptmannschaft aus.[11] Das stadträumliche Ensemble als Sinnbild der Einheit von Partei, Staat und ‚Volksgemeinschaft', dessen Ausrichtung zur Donau das künstliche Wasserband unterstreicht, führt in strenger Gliederung den eklektischen Formenkanon vor, der, in strategischer Übernahme von Versatzstücken großer Stilepochen zur „neuen Klassik" kompiliert, nationalsozialistische Repräsentationsarchitektur auszeichnet. Rigide Baufluchten gleicher 3-geschossiger Baukörper – einmal als Blockrandverbauung um 2 Innenhöfe organisiert und von 4 Ecktürmen akzentuiert, an der Wasserfront die Monotonie gleichmäßig verteilter Fensterachsen durch einen über die mittleren 10 von 24 Achsen vorgesetzten, von Pfeilern getragenen Balkon unterbrochen, zum anderen die stadtseitige Verbauung durch Eck- und Mittelrisalite strukturiert und zu einer Parkanlage geöffnet – umrahmen und definieren den großen Platz, der von einem als „Kongresshalle" zitierten Baukomplex in der rückwärtigen Mitte dominiert wird. Dem Hallenbau mit flachem Walmdach sind 2 kleinere Hallen als Querriegel vorgelagert, die den überdachten Vorplatz des Haupteingangs einfassen; dessen Pfeilerreihen setzen sich auf beiden Seiten in gedeckten Gängen zu undifferenzierten Baublöcken fort und bilden als Kolonnaden den zur Stadt durchlässigen Abschluss des Platzes. Typologisch und formalästhetisch führt das Kremser Modell, das aufgrund der kurzen Planungszeit bis 25.8.1938 einen ersten, gewiss nicht den zitierten „endgültigen Entwurf" annehmen lässt, das Standardprogramm ‚Gauforum' vor, das, nach anfänglicher, vom individuellen Ehrgeiz der an die Macht gekommenen Parteifunktionäre bestimmten Konkurrenz der Gaustädte von einem ortspezifisch städtebaulichen Pluralismus bereinigt, als Leitbild des Gaustadtzentrums kodifiziert wurde. Entwürfe waren dem Büro des Generalbauinspektors vorzulegen, die Entscheidung wurde im Einvernehmen, wenn nicht unter gestalterischem Diktat Hitlers getroffen, dessen Gunst die bautragenden Städte, nicht zuletzt aus Subventionsgründen, durch vorauseilenden Gehorsam zu gewinnen suchten. So auch in der Gaustadt von Niederdonau, deren Gestaltung der stellvertretende Gauleiter Karl Gerland offenbar in renommierteren Händen wissen wollte und sich Ende 1938 im Verweis auf die bei seiner ‚Ostmark'-Reise erteilten Ratschläge „für den Aufbau und den Ausbau der Stadt Krems" an den „lieben

Pg. Speer" direkt wandte. Abgesehen vom Wunsch, „dem Führer kurz über unsere Kremser Pläne Bericht zu erstatten" und umgekehrt „die Meinung und den Willen des Führers" zu erfahren, trachtete Gerlach, im Bilde über das für Weimar entwickelte Vorzeigeprojekt und informiert über dessen Architekten, Hermann Giesler auch für Krems gewinnen zu können. Das eigene wie das Prestige der Stadt im Auge, fühlte er vor, „inwieweit er [Hitler] sich selbst am Aufbau der Stadt Krems beteiligen will" oder „ob Pg. Giesler als Ihr Vertrauensmann ebenfalls für die Planung der Stadt Krems zu Rate gezogen werden kann". Immerhin sollte die Gaustadt Graz mit Peter Koller den leitenden Planer der ‚Stadt des KdF-Wagens', eine der städtischen Neuplanungen des ‚Deutschen Reichs', aufbieten oder Salzburg den in das Umfeld von Speer aufgestiegenen Otto Strohmayer zusammen mit Otto Reitter beauftragen, während die Wiener Architekten Siegfried Theiss und Hans Jaksch im Wettbewerb für Pressburg mit dem 2. Preis erfolgreich waren.[12] Dass Gerland Speer namens des Gauleiters ersuchte, „in der Kommission für die Überprüfung des vorgeschlagenen Wettbewerbes den Vorsitz zu übernehmen", lässt die Präsentation des Kremser Entwurfs als wenig erfolgreich vermuten; ob der angesprochene Wettbewerb durchgeführt wurde und wie die weitere Entwicklung des für das Ansehen der Gaustadt zeichenhaften neuen Zentrums verlief, bleibt mangels erhaltener Unterlagen verborgen.[13] Erstaunlich jedenfalls, dass Hitler, als er Mitte April 1939 anlässlich seiner Truppeninspektionsreise durch die ‚Ostmark' am Weg von St. Pölten nach Stockerau und Strebersdorf auch die in Krems stationierten Pioniere visitierte, bei der einstündigen Leistungsschau das Thema Gaustadtplanung nicht berührte, lediglich bei der Abfahrt auf Nachfrage der angetretenen Repräsentanten der Stadt diese mit seinem baldigen Besuch vertröstete;[14] erstaunlich vor allem insofern, als sich Hitler am Übungsplatz der Pioniere in unmittelbarer Nachbarschaft zum Areal des geplanten ‚Gauforums', dessen Architekturmodell ihm zu diesem Zeitpunkt hätte bekannt sein müssen, aufhielt.

Bis auf Weimar, wo am als Prototyp geltenden, 1938 begonnenen ‚Gauforum' trotz Verzögerungen infolge Baustoff- und Arbeitskräftemangels durch Ausnahme vom kriegswirtschaftlichen Baustopp bis Ende 1944 gebaut wurde und, zwar unvollendet, das Gebäude der DAF und das „Haus der Gliederungen" bis auf den Außenputz, der „Reichsstatthalterbau" im Rohbau und die Tragwerkskonstruktion der Gemeinschaftshalle weitgehend fertiggestellt wurden,[15] kamen andere Gaustadtprojekte nicht über das Planungsstadium hinaus. Mit der Realisierung der von Speer in einem Schreiben an den Gauschatzmeister vom 19.2.1941 zitierten 36 Gaustadtprojekte sei in einem Zeitraum von über 20 Jahren zu rechnen.[16] Hitlers autokratische Zusagen, die Gauleiter zur Vereinnahmung oder Ausschaltung der regionalen Planungsbehörden ermutigten und in der Rivalität um seine Gunst die gegenseitige Konkurrenz anheizten, hatten neben unbedarfter Übernahme und Nachahmung großstädtischer Modelle, die die Strukturen der zu Gaustädten aufgestiegenen mittleren und kleinen Städte brachial zu zerstören drohten, Staat und Kommunen vor unfinanzierbare Kosten gestellt und zuständige, aber in ihrer Kompetenz übergangene Ressorts unter Zugzwang gebracht. „Die Gauleiter betrachten [...] ihre Aufgabe als eine durchaus umfassende und gleichzeitig als eine in dem Sinne ausschließliche, dass in dem gesamten Planungsbereich die Zuständigkeiten sonstiger Behörden und Stellen damit außer Kraft getreten sind. Dabei gehen einzelne Gauleiter insoweit noch weiter, als sie aus ihrer Aufgabe zur Neugestaltung der Gaustadt die Folgerung ziehen, dass auf diese Neugestaltungsmaßnahmen sämtliche Planungen im gesamten Gaugebiet abgestimmt werden müssten", so Reichsinnenminister Frick, der im September 1941 die Missstände abzustellen versuchte, indem er mit allen betroffenen Dienststellen in der Reichskanzlei die Einrichtung einer bei ihm angesiedelten Kontrollinstanz als Handhabe gegen die mit vorausschauender Raumordnungsplanung nicht vereinbaren Eigenmächtigkeiten der Gauleiter abstimmte. Speer als Rüstungsminister argumentierte hingegen, um Techniker für ‚kriegswichtige' Aufgaben freizubekommen, für eine sofortige Einstellung aller Projekte. Nachdem 1942 selbst die Planungen für die Reichshauptstadt abgebrochen worden waren, bedurfte es aber erst des Erlasses vom Februar 1943, um generell ‚nicht kriegswichtige' Bauvorhaben abzubrechen.[17]

In Krems startete und endete der Ausbau zur Gaustadt mit einem von der Linzer Brau AG seit Längerem beabsichtigten Saalprojekt in Ergänzung zum 1931 erneuerten Brauhof, an dem die Stadt infolge des dringenden Bedarfs an einem großen und für offizielle Anlässe repräsentativen Veranstaltungsraums größtes Interesse hatte. Infolgedessen waren, abgesehen vom Zugriff auf jüdischen Besitz, Eingriffe in die historische Bausubstanz ebenso möglich wie großzügige Fördermittel für den Bauherrn. Anfang 1939 nach Entwürfen von Baumeister Karl Strobl begonnen, verzögerte der nach Kriegsbeginn zunehmende Arbeitskräftemangel allerdings die rasche Umsetzung des 2-geschossigen Saalbaus mit einer verbauten Fläche von 1600 m², sodass die einer Gaustadt würdigen und dringend für Kundgebungen und Festakte benötigten „Prachtsäle", ausgelegt auf 4500 Personen und als größter Saalbau Niederdonaus gerühmt, erst nach 2-jähriger Bauzeit im November 1940 eröffnet werden konnten.[18] > Öffentliche Gebäude 327 Ein weiteres Neubauprojekt, das Reichsbauamt, Straßenbauamt und Wasserwirtschaftsamt zum Behördenkomplex „Haus der Technik" vereinigte, gelangte nicht über den Erwerb des Grundstücks hinaus; ebenso wurde ein im Zuge des Ausbaus der Verwaltungsstrukturen geplantes „reichseigenes Wohngebäude, in dem auch Beamte des Wasserstraßenamts unterzubringen sind", nicht weiter verfolgt.[19]

Erfolgreicher sollte dagegen die Positionierung der Gaustadt als Wirtschaftsstandort verlaufen. Die Voraussetzungen für Industrieansiedlung zu schaffen, hatte zeitgerecht im Osten der Stadt, wo im April 1939 die Verwirklichung des lange verfolgten Großprojekts Donauhafen Krems > Industriebauten 9 in Angriff genommen wurde, Grundreserven anlegen und durch Zukäufe erweitern lassen. Der Hafenbau, für den ein Areal im Ausmaß von 12-15 ha bereitgestellt worden war, machte mit der Verlegung der Mündung des Kremsflusses stromabwärts eine weiträumige Umgestaltung der Naturlandschaft erforderlich, im Zuge der auch ein Hochwasserschutzprojekt mit einem 15 km langen Damm bis zur Kampmündung in Grafenwörth projektiert wurde.[20] Zunächst nur als Schutzhafen für die Schifffahrt vorgesehen, wurde die Planung auf einen Handels- und Umschlaghafen mit 2 Hafenbecken von ca. 4 ha und einer Kailänge von ca. 1200 m ausgeweitet. Das Anfang 1939 von Göring erlassene Sofortprogramm zur Bevorratung von Getreide, für die der Bau von 2 Silos projektiert und 1 mit einem Fassungsvermögen von 20.000 t beschleunigt bis Jahresende errichtet wurde, reduzierte allerdings den Ausbau auf lediglich 1 Becken.[21]

Den Bedeutungswandel zur Industriestadt vollzog Krems schließlich durch die Ansiedlung der Rottenmanner Eisenwerke AG > Industriebauten 9, deren Standortentscheidung maßgeblich durch den neuen Hafen und die kostengünstige Verfrachtung ihrer Produkte auf dem Wasserweg bestimmt worden war. Unmittelbar im Anschluss an den Hafen setzte ab Herbst 1939 die Errichtung des nach Liezen zweiten Werksstandorts des in Besitz der Familie Schmid Schmidsfelden befindlichen Unternehmens ein. Zunächst nur als Walzwerk geplant, das im Herbst 1941 den Probebetrieb aufnehmen konnte, musste aus kriegswirtschaftlicher Ressourcenplanung, die den Bezug von Vormaterial aus der Hütte Linz der Reichswerke AG Hermann Göring, aber auch aus dem eigenen Werk in Liezen untersagte, um den Bau eines Stahlwerk ergänzt werden, das ab April 1943 in Betrieb ging. Anschluss an Bahnnetz und Wasserweg sollten dem Rüstungszulieferbetrieb, der vorrangig Spezialbleche für die Luftwaffe in das Industriegebiet südlich von Wien lieferte, geeignete Voraussetzungen bieten, allerdings drohte der Bau der Hafenbahn mit Gesamtkosten von RM 8-9 Mio, an der sich die Stadt durch Übernahme von Grundaufschließung und Infrastruktur beteiligte, zur budgetären Überforderung zu werden; um die Investitionen rentabel zu machen, wurde die Übernahme der Hafenanlagen erwogen.[22] Zugleich mit dem und angrenzend an das Werk errichtete das nach dem Eigentümer letztlich in Schmidhütte Krems umbenannte Unternehmen für seine großteils vom alten Standort in der Steiermark übersiedelte Stammbelegschaft eine Werkssiedlung > Wohn- und Siedlungsbauten 153, die, auf 1000 Wohnungen ausgelegt, nur etwa zur Hälfte realisiert werden sollte. Als Bauträger fungierte die eigens gegründete Gemeinnützige Donau-Ennstaler-Siedlungs-Aktiengesellschaft GEDESAG,[23] an deren Grundkapital sich die Stadt zunächst mit dem Baugrund, dann durch weitere Anteilsübernahmen beteiligte.[24]

Im sonst unverbauten und unaufgeschlossenen, lediglich gerodeten Augebiet als weiteres Großprojekt geplant war einer von 6 Seuchenschlachthöfen in Niederdonau, deren Bau 1941 vom Reichsminister des Inneren zur Bekämpfung einer grassierenden Tierseuche angeordnet wurde. > Industriebauten 9 Aus „Kräfte- und Materialmangel", wie die Donauwacht aus dem Jahresrückblick des Oberbürgermeisters 1941 am 7.1.1942 zitierte, war aber das gesamte Baugeschehen in Krems zum Stillstand gekommen, sodass auch das als umfassender Schlachthofkomplex konzipierte Neubauprojekt aufgeschoben werden musste;[25] selbst der auf den Schlachtbetrieb kranker Tiere beschränkte und veterinärpolizeilich unumgängliche Teil, dessen Bauvorbereitungen trotz unverändert prekärer Lage zwar weitergingen, gelangten nicht über die am 12.11.1942 stattgefundene Bauverhandlung sowie eine Vereinbarung mit der Schmidhütte zur Mitnutzung von deren Kanalnetz hinaus.[26]

Bau- und Raumplanungsmaßnahmen im Umfeld von Krems lassen verstreute archivalische Fragmente skizzieren wie regionale Pressemeldungen aus ihrer Propagandarhetorik extrahieren. So betonte Gauleiter Dr. Jury in seinem Geleitwort zum gänzlich Österreich gewidmeten September-Heft 1938 der Zeitung für Raumforschung und Raumordnung, indem er Niederdonau als „größten Gau der Ostmark" positionierte, der „mit seinen über 20.000 km² ein Viertel der gesamten, mit dem Reich wiedervereinigten Fläche" ausmache und demografisch an zweiter Stelle nach Wien liege, den Schwerpunkt Verkehr, der bei der Planung der „neuen Gauhauptstadt Krems" vorrangig zu berücksichtigen sei. Neben dem Neu- und Ausbau von Straßen- und Schienennetz, Brücken, Hafenanlage und Verwaltungsbauten würde der Ausbau des Rhein-Main-Donaukanals als Mittelachse des Gaus das Land auf dem Wasserweg „mit den großen Industriegebieten des deutschen Westens" verbinden.[27] Im nach ihm benannten Wirtschaftsplan für Niederdonau wurde auch die kulturpolitische Bedeutung von Krems unterstrichen; die Stadt „soll gleichzeitig Mittelpunkt und Ausstrahlungszentrum alles Schönen sein: hier sollen sich die Schönheiten des Landes verbinden mit der Schönheit künstlerischer Bauwerke und der Schönheit geistig kultureller Tatkraft."[28] Verkehrsplanung als wesentlicher, auch arbeitsmarktpolitischer Aspekt zielte auf die zentrale Lage von Krems als verkehrsgeografischer Kreuzungspunkt, der nicht nur für den Wirtschaftsraum Niederdonau, sondern aus größerer raumplanerischer Perspektive für den großdeutschen Verkehrsraum von Bedeutung sei. Mit dem Ausbau von Straße und Schiene sowie der Donau zur ‚Reichswasserstraße' wurde ein Hauptverkehrsraum ‚Donauland' mit den Gaustädten Linz, Krems, Wien anvisiert, dessen Erweiterung in den Wirtschaftsraum im Südosten wirtschafts- und geostrategisch Programm war. Zwischen den neuen Hafenanlagen in Linz und Wien sollte neben dem im Rahmen von Görings Sofortprogramm zur Nutzung der Wasserkraft kurz nach dem ‚Anschluss' in Angriff genommenen Kraftwerk und zugleich neue Donaubrücke in Persenbeug > Elektrizitätsversorgung 93 der Hafen Krems als weiterer Umschlagplatz für Landes- und Industrieprodukte den wirtschaftlichen Aufschwung signalisieren. Die bahntechnische Ausbauplanung sah in Umgehung von Wien Krems als zentralen Bahnknoten vor, an dem Bahnlinien aus allen Teilen Niederdonaus zusammentreffen und von dem aus zur Entlastung der Westbahnstrecke die Wachauerbahn über Mauthausen bis Linz verlängert werden sollte. Straßenbauprojekte, die nach dem ‚Anschluss' im Rahmen des Arbeitsbeschaffungsprogramms gegen die hohe Arbeitslosigkeit und zur Parteibindung mit Fahrbahninstandsetzung und Staubfreimachung, etwa in der Wachau, auch dem Tourismus dienten[29] und neben Ortsumfahrungen bei Förthof und Loiben[30] die Verbesserung der Landstraßen an der Peripherie von Krems betrafen, zielten im Großraum Krems durch Verbreiterung der Reichsstraße auf die Anbindung an die Autobahn Salzburg-Wien, deren Fertigstellung bis 1941 prognostiziert war, und neben einer neuen Donaubrücke auf eine Schnellverbindung nach Wien am linken Donauufer.[31] Auch in der Stadt selbst setzte der programmatische Aufbau mit Maßnahmen im Straßenbau ein, verbunden mit der Sanierung von Kanälen und Gehsteigen, etwa die Pflasterung der Steiner Landstraße,[32] was sich in sinkenden Arbeitslosenzahlen niederschlug und den Kurs der Partei steigen ließ. Infolge gesteigerten Verkehrsaufkommens waren auch die Verstärkung der Brücke von Krems nach Mautern für Fahrzeuge bis 28 t vorgesehen[33] wie, als weiteres Infrastrukturprojekt, der Ausbau der Wasserversorgung durch neue Quellstollen im Alauntal, die, von Bürgermeister Thorwesten im Mai 1939 eröffnet, mit 85.000 m³ pro Jahr den Verbrauch bis zum 1½-fachen der Bevölkerung sicherstellen ließ.[34]

Wohnungsbauprojekte wurden, um neben wirtschaftlichem Aufschwung auch Sozialkompetenz zu vermitteln, beschleunigt umgesetzt, allerdings vorrangig und nahezu ausschließlich für Wehrmachtsoffiziere und Werksangehörige des Rüstungszulieferbetriebs Rottenmanner Eisenwerke. Nach dem Spatenstich am 4.7. konnte bereits am 8.9.1938 die Dachgleiche bei den 3 ersten, im Versuchsgarten der Lehrerbildungsanstalt in der Alauntalstraße errichteten Offizierswohnbauten, denen weitere am Mitterweg, in der Sigleithenstraße, in der Wienerstraße und zuletzt Anfang 1939 Am Steindl folgen sollten, in propagandistischer Inszenierung begangen werden.[35] > Wohn- und Siedlungsbauten 153 Der allgemeinen Wohnungsnot half das freilich nicht ab, vielmehr trugen im öffentlichen Interesse erzwungener Abriss und die Räumung, etwa für den im Sommer 1939 vom Gemeindetag beschlossenen Bau des Frachtenbahnhofs in Landersdorf, noch zu deren Verschärfung bei; den Betroffenen wurden als Ersatz moderne Eigenheime mit Freizeiteinrichtungen „in einer neuen Stadtrandsiedlung" in Aussicht gestellt,[36] vermutlich in der erst im Entstehen begriffenen Werkssiedlung der Rottenmanner Eisenwerke, an deren geplanten 1000 Wohnungen auch werksferne Interessenten partizipieren sollten, von denen aber weniger als die Hälfte realisiert und ab Anfang 1942 für aus der Steiermark übersiedelte Arbeiterfamilien benötigt wurden. > Werkssiedlung 231 Auf ein Wohnbauprojekt gehobener Klasse verwies die Donauwacht gegen Ende 1939 unter dem Titel „Ein neues Stadtviertel entsteht", das vom Stadtbauamt unter Baumeister Grabenwöger in Aussichtslage am Hang des Kreuzbergs geplant, „ein Dutzend und mehr Wohnhäuser mit unvergleichlich schöner Fernsicht ins Land und zu den Göttweiger Bergen" umfassen sollte. Vom „großen Bauplan" in ausgesuchter Lage wurden lediglich 3 Villen projektiert und 2 realisiert.[37] > Wohn- und Siedlungsbauten 153 Ein weiteres Wohnbauprojekt in Mautern, von Reichsführer-SS und Chef der Deutschen Polizei für Gendarmenfamilien angekündigt, hat vermutlich nicht einmal das Entwurfsstadium erreicht. Nachdem der seit 1938 laufende Planungsprozess für eine Kaserne der motorisierten Gendarmerie im August 1941 aufgegeben wurde, beauftragte der Reichsstatthalter Kaufverhandlungen für ca. 10.000 m² angrenzenden Baugrund, über deren Fortgang bis März 1942 zu berichten war.[38]

Wurden zivile Bauvorhaben nach 1939 zunehmend eingestellt bzw. erst gar nicht in Angriff genommen, verweisen Großstadtuntersuchungen im Rahmen eines von der Reichsstelle für Raumordnung erteilten Forschungsauftrags zu den Gaustädten Innsbruck, Salzburg und Klagenfurt, in die Anfang 1944 auch Krems einbezogen wurde, eine Fortsetzung der Planungen in Form von Grundlagenbeschaffung. Ende 1944 übermittelte das Planungsbüro des Reichsstatthalters unter dem Titel „Zentraler Ort Krems, Ausbau und Planung im Einzugsbereich" einen in Rücksprache mit Oberbürgermeister und Landesbauernschaft erarbeiteten ersten Bericht zur „Landesplanung im Gau", dem eine strukturelle Neuordnung mit dem Zentrum Krems und als auszubauende „Trabanten" Zwettl, Horn und Eggenburg zugrunde lag, deren verkehrstechnische Verbindung Voraussetzung für den Ausbau der Wirtschaft sei.[39] Zur Fortsetzung des mit Kosten von RM 16.800 bezifferten, vorwiegend von Stadt, Gau und Landesbauernschaft Niederdonau finanzierten wie durch mögliche Zuschüsse der Reichsstelle für Raumordnung geförderten Forschungsprojekts mit umfassend raumplanerischen Untersuchungen zu Wirtschaft, Verkehr und Sozialem, die bis zum 1.10.1945 abgeschlossen sein sollten, wurden weitere Arbeitsgruppen bis März 1945 in Aussicht genommen.[40]

Horn

Von der Planung eines singulären Amtsgebäudes zur Stadterweiterung mit neuem Zentrum

Die nach dem ‚Anschluss' Österreichs an das ‚Deutsche Reich' einsetzende Anpassung des Verwaltungsapparats, die mit der Zerschlagung der Länder- und Bezirksstruktur einherging und eine regionale Neuverteilung von Amtssitzen in Gauen und Kreisen mit sich brachte, verursachte durch strukturelle und personelle Vergrößerung auch einen erhöhten Raumbedarf, der zweckmäßig, aber vor allem aus parteistaatlichen Repräsentationsinteressen verstärkt Neubauplanungen initiieren ließ. Architektur als Mittel bauherrlicher Selbstdarstellung wurde als Instrument und Medium der Macht wie zu deren Konsolidierung eingesetzt, mit einschüchternder Monumentalität oder / und radikalem Umbau bestehenden Strukturen städtebaulich rigoros eine ideologisch-ästhetische Signatur verpasst.

Räumliche Unzulänglichkeiten österreichischer Finanzämter wie deren bauliche Mängel, die bisher durch Auslagerung von Dienststellen in andere Gebäude kompensiert worden waren, ließen, wo Sanierung nicht zielführend war, den Reichsminister der Finanzen mit Erlass vom 30.11.1938 ein Bauprogramm für neue Amtsgebäude starten, mit dem im Reichsgau Niederdonau neben Amstetten, St. Pölten, Scheibbs und Wr. Neustadt auch für Horn ein Finanzamtsneubau grundsätzlich genehmigt wurde; sonst sollte im Waldviertel einstweilen mit Um- und Erweiterungsbauten, die in Krems, Waidhofen und Zwettl vorgesehen waren, das Auslangen gefunden werden, Neubauten eventuell zu einem späteren Zeitpunkt erfolgen. Vorausgegangen waren Besprechungen in Wien am 25.11.1938, in denen Ministerialdirigent Schlüter den als Beauftragten des Reichsfinanzministers zur Vorbereitung von Reichsbaumaßnahmen im April 1938 nach Wien entsandten Regierungsrat a. D. Ritzenthaler ermächtigte, „wegen Sicherung der Bauplätze [...] das Erforderliche zu veranlassen und die Kaufverträge vorbehaltlich meiner Genehmigung abzuschließen". Ritzenthaler oblag darüber hinaus, rasch einen nach detaillierten Richtlinien für die Bemessung des Raumbedarfs und die Einrichtung der neuen Amtsgebäude sowie den Wohnraum für leitende Bedienstete erarbeiteten Vorentwurf zu veranlassen.[41]

Anfang Mai 1939 war in Horn die Bauplatzsuche so weit gediehen, dass Oberfinanzpräsident Niederdonau Dr. Gaber und Oberregierungsrat Baurat Löcher von der ressorteigenen ‚Baugruppe' über geeignete Grundflächen in „aufzuschließender Wohnlage" nach Berlin berichten konnten, deren Ankauf sich aber wegen der ausstehenden grundbücherlichen Durchführung nach einem kürzlich erfolgten Besitzwechsel bis April 1940 hinziehen sollte. Die Horner Sparkasse hatte sich über 99.000 m² des als Stadterweiterungsgebiet in Aussicht genommenen Areals aus dem Großgrundbesitz des örtlichen Schlossherrn Hoyos-Sprinzenstein gesichert, wovon rund 3050 m² zum Preis von RM 6100 für den Finanzamtsbau vom ‚Deutschen Reich / Finanzverwaltung' übernommen werden sollten. Ausgegangen wurde bei einem erforderlichen Personalstand von 44 ‚Gefolgschaftsmitgliedern' und unter Einrechnung des Raumbedarfs für Dienstwohnungen für Amtsleiter und Wachtmeister von einem Bau auf rechteckigem Grundriss in den Abmessungen 50 x 14 m und einer verbauten Fläche von rd. 700 m², die bei zusätzlicher Unterbringung des Vermessungsamts auf 760 m² vergrößert werden sollte. Auf Basis dieser Angaben und unter der Bedingung, dass spätere Erweiterungen durch andere Behörden bei der Planung zu berücksichtigen seien, erteilte das Reichsfinanzministerium am 30.5.1939 seine Zustimmung zum Bauprojekt.[42]

Der Planungsprozess, an dem Reichsneubauamt, Planungsbehörde und das mit der Erstellung eines Bebauungsplans beauftragte Wiener Architekturbüro F. Kaym u. F. Schläger > Architekten / Künstler 397 beteiligt waren, führte bei ständig wechselnden Stellen- und Raumbedarfsangaben schließlich zu einem Vorentwurf, der am 16.1.1940 zusammen mit einem Erläuterungsbericht des Reichsneubauamts vom 30.9.1939 dem Reichsminister vorgelegt wurde.[43] Die Entwurfszeichnungen zeigen den Finanzamtsneubau als einzigen architektonisch ausformulierten Baukörper eines skizzenhaft angedeuteten „Behördenforums", das nach reichsweiter städtebaulicher Planungsvorgabe in 2-geschossiger, geschlossener Bauweise konzipiert war und als fortwährend erweitertes Ensemble aus Finanzamt, Landratsamt, Kreisamt, schließlich auch Forstamt, Amtsgericht und Oberschule eine große Platzanlage als Forum definieren und rahmen sollte. Auf rund 2590 m² Grund mit einer verbauten Fläche von rund 920 m² sollte der Finanzamtskomplex, im Norden in das Landratsamt übergehend, nahezu die gesamte Länge des großen Platzes einnehmen, die Stirnseite im Süden an der als große Achse geplanten Prachtstraße ausgerichtet. Den traditionalistischen Entwurf kennzeichnet eine durch gleichmäßige Reihung der Fenster streng gegliederte, horizontal betonte Fassade, deren Monotonie von einem Mittelrisalit durchbrochen wird, der Haupteingang mit Halle und zentralem Stiegenhaus markiert und im Obergeschoss durch drei verbundene Fenster auf Sitzungs- und Gemeinschaftssaal verweist. Das hohe, mit Gaupen besetzte Walmdach akzentuiert am Firstspitz ein Glockentürmchen, das auf den für den Typus ‚Gauforum' obligaten, hier zum Dachreiter minimierten Turm zu verweisen scheint. Die Raumaufteilung weist im Kellergeschoss, das infolge des abfallenden Geländes im Osten eine erhöhte Sockelzone mit Fenstern und verschiedenen Zugängen zeigt, neben einem Wirtschaftskeller für Wohnparteien Luftschutzräume mit 2 Gasschleusen für 100 Personen auf sowie über Abfahrtsrampen erschlossene Garagen für Kraftwagen und Fahrräder mit direktem Zugang in die Obergeschosse. Diese nahmen mit Ausnahme einer 2-Zimmer-Wohnung für den Hauswart im Erdgeschoss und einer 6-Zimmer-Wohnung mit platzseitigem Balkon für den Amtsvorsteher im 1. Stock die über einen Mittelflur erschlossenen Amtsräume von Finanz- und Vermessungsamt auf sowie im ausgebauten Dachgeschoss eine 1-Zimmer-Wohnung. Die Bauausführung war in Ziegelbauweise mit Geschoßdecken aus Eisenbeton vorgesehen, Fassaden in glattem Edelputz, das Dach in doppelter Biberschwanzdeckung, Sockel, Tor- und Fensterumrahmungen sowie Sohlbänke und Konsolen in Naturstein. Dekorative Fenstergitter aus handgeschmiedetem Eisen standen infolge strenger Kontingentierung infrage; Gehsteige und Zugangswege sollten in Beton, Naturstein und Kies ausgeführt, rückseitige Gartenanlagen als von

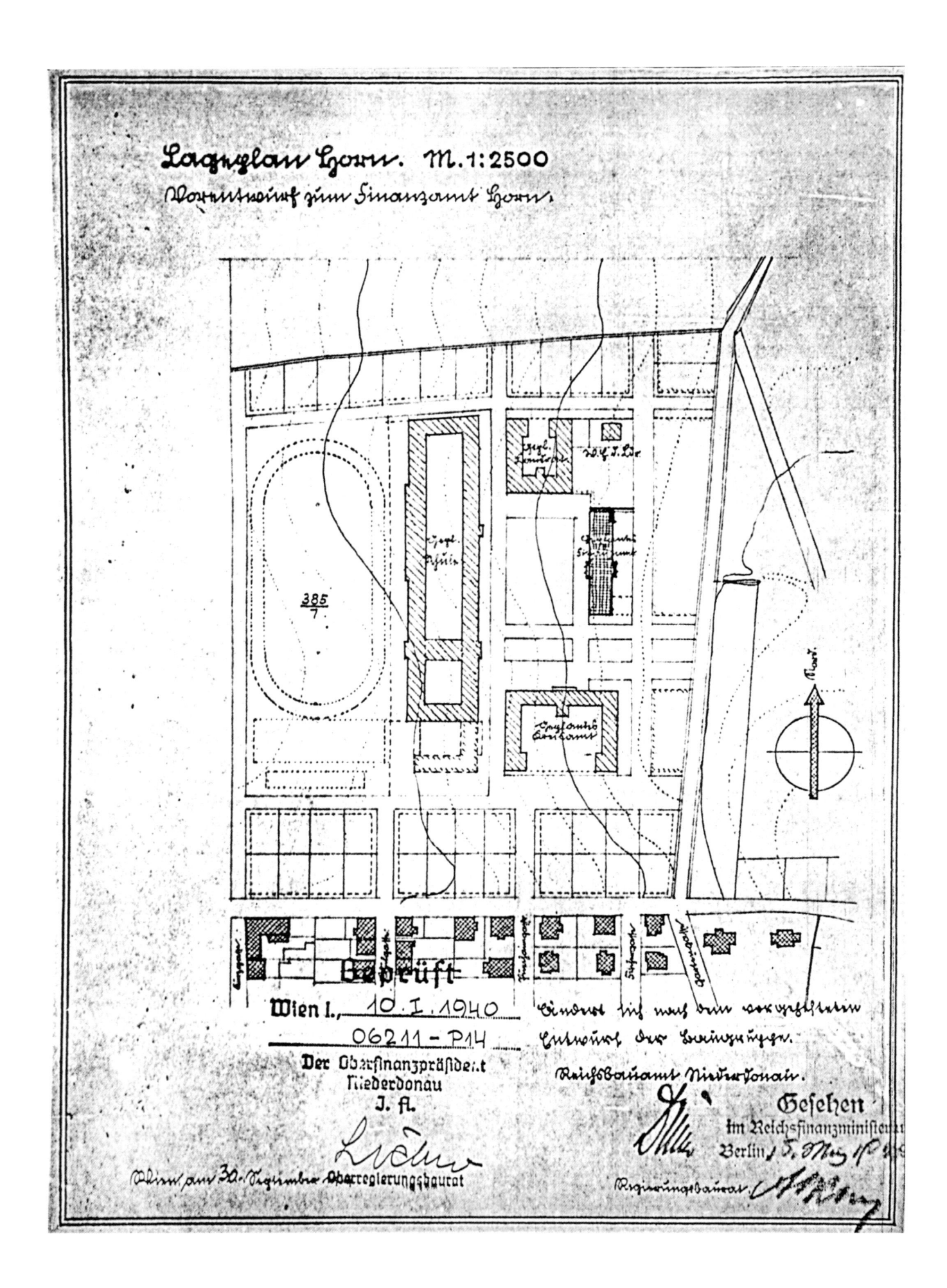

Lageplan und Entwurfsansicht Finanzamt /
Baugruppe Oberfinanzpräsident Niederdonau /
1940

Finanzamt Horn (Vorentwurf)

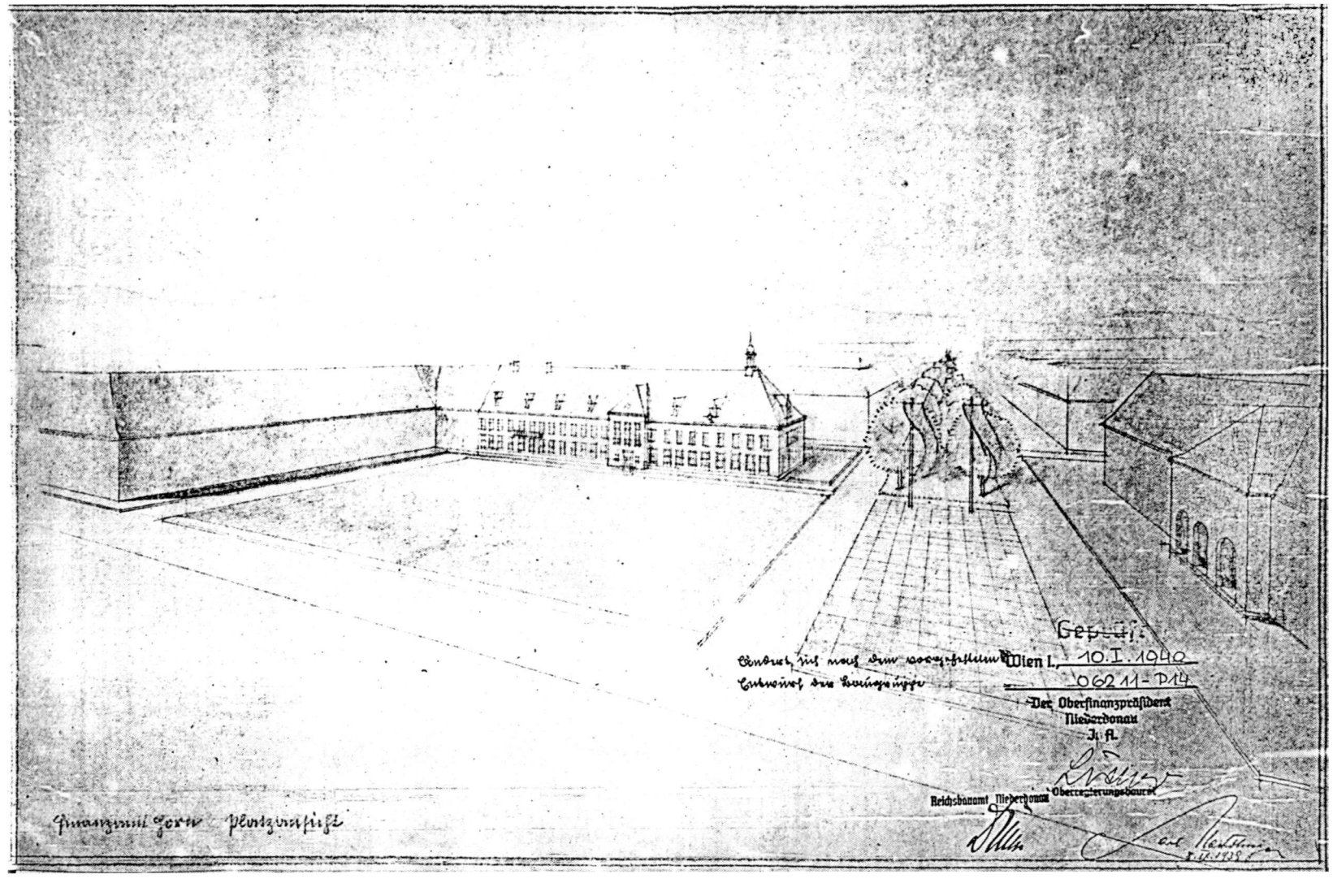

Wien I, 10.I.1940
06211-P14
Der Oberfinanzpräsident
Niederdonau

Finanzamt Horn Platzansicht

Wien I, 10.I.1940
06211-P14
Der Oberfinanzpräsident
Niederdonau

Hecken eingefriedete Rasenflächen gestaltet und „mit einigen schattenspendenden Zierbäumen" bepflanzt werden. Die Innenausstattung sah als Bodenbelag Linoleum für Amtsräume, Kunststein für Halle, Kassensaal und Treppen, Tonplatten für Flure, Küchen- und Sanitärräume, Eichenschrägriemen bzw. Schiffboden für Wohnungen vor.

Das vom Reichsbauamt mit einer Bauzeit von 150 Arbeitstage für den Rohbau veranschlagte und mit Gesamtbaukosten von RM 490.000 Bau kalkulierte Projekt wurde im April 1940 mit dem Bemerken „die eingereichten Zeichnungen befriedigten nicht restlos" und der Korrektur der Baukosten auf RM 405.000 zur Überarbeitung retourniert, bei gleichzeitiger Bekanntgabe, dass „die Ausführung des Bauvorhabens während des Krieges nicht möglich ist".[44] Inzwischen war die Grundstücksfrage geklärt und der Kaufvertrag mit der Sparkasse abgeschlossen worden, der in Kopie zusammen mit dem Antrag um Zuweisung von Haushaltsmitteln zur Abdeckung des Kaufpreises samt Gebühren in Höhe von RM 6700 vom Oberfinanzpräsident Niederdonau am 4.5.1940 übermittelt wurde.[45] Anfang 1941 brachte die mittlerweile zum Reichsstatthalter transferierte Planungsbehörde das überarbeitete Projekt, das auch den Raumbedarf für ein Zollamt einschließlich einer Dienstwohnung für dessen Leiter sowie Garagen berücksichtigte und auf RM 542.000 erhöhte Baukosten auswies, erneut zur Vorlage beim Reichsminister der Finanzen.[46] Besprechungen in Wien Mitte April 1941, die in Bezug auf das Horner Projekt die Verbindung von „Finanzamtsneubau und geplantem Bau des Landratsamts zu einem Baukörper" empfahlen, forderten weitere Planänderungen. Im Spannungsfeld auf verschiedene Ressorts aufgeteilter und kontroversen Ansprüchen unterworfener Baukompetenzen, die zur Entmachtung oder zumindest Verunsicherung in den lokalen Bauinstanzen geführt hatte, entschloss sich der Horner Bürgermeister, Johann Geringer, in Absprache mit Landrat Dr. Streb, in den sich ständig um weitere Amtsgebäude erweiternden und dadurch verzögernden Planungsprozess einzuschalten. Nachdem zunächst als Reaktion auf die mit der Neustrukturierung der Verwaltung einhergegangene Ausweitung des Aufgabenbereichs und Erhöhung des Personalstands auf 60 Beamte ein Zubau am gemeinsamen Amtsgebäude von Gemeindeamt und Landratsamt erwogen, aber als räumlich ungenügend wie finanziell nicht sinnvoll verworfen worden war, brachte der Bürgermeister in der Gemeinderatssitzung vom 5.12.1940 wurde eine „Beitragsleistung der Gemeinde zum Neubau eines Amtsgebäudes für den Landrat"[47] zur Abstimmung; als Entschließung wurde festgehalten, ca. 5000 m² Grund samt Aufschließung unentgeltlich zur Verfügung zu stellen sowie von den rd. RM 400.000 Baukosten einen Anteil von RM 180.000 zu übernehmen, der durch ein Bankdarlehen aufgebracht werden sollte. Grund für den kommunalen Vorstoß zur Forcierung der Planungen, „um nach dem Krieg sofort mit der Ausführung beginnen zu können", war, Horn auch im Fall der Vergrößerung des Landkreises, analog demografischer Größen im ‚Altreich', den Status einer Kreisstadt zu sichern. Darüber hinaus trachtete der Bürgermeister im April 1941, in die von anhaltender Verzögerung bestimmten Planungen „öffentlicher Bauten auf der Kieselbreite", die das neue Zentrum von Horn bilden sollten, koordinierend einzugreifen und anlässlich eines von der Planungsbehörde des Reichsstatthalters angesetzten Lokalaugenscheins alle amtlichen und planenden Parteien zur Beratung der Stadterweiterung zu versammeln.

Die städtebauliche Neuausrichtung von Horn zeigt nach dem „Bebauungsplan: Gebiet des linken Taffaufers"[48] von Kaym & Schläger vom März 1939 das Stadtgebiet wesentlich um einen neuen Stadtteil nach Norden erweitert und um ein neues Zentrum organisiert, das signifikant das Schema ‚Gauforum' abbildet wie die Verbauung am Leitbild der ‚Neuen Stadt' von Gottfried Feder orientiert erscheint. Dessen Strukturmerkmale werden an den Nord-Süd und Ost-West verlaufenden Hauptachsen, die das Stadterweiterungsgebiet Kieselbreite anschließend an die neue Stadtmitte mit der von Bauten der Partei und der Verwaltung gerahmten großen Platzanlage in Sektoren unterteilen, ebenso deutlich wie an der gegliederten und aufgelockerten Verbauung. Die axiale Erschließung ergänzten Kaym & Schläger durch eine periphere Ringstraße, die in die Tangente der Altstadt mündet und diese in einer Schleifenführung an den neuen Stadtteil anbindet; unverkennbar zitieren die Planer damit Hermann Rimpls Entwurf einer nationalsozialistische Musterstadt, die ab 1937 als ‚Hermann Göring-Stadt' im Zuge der Errichtung des gleichnamigen Eisenhüttenwerks im Raum Salzgitter gebaut wurde. Außerhalb der Umfahrungsstraße zeigt der Bebauungsplan für Horn im Westen Flächen für eine künftige Erweiterung des Siedlungsgebiets, in Bahnhofsnähe im Osten ein Industriegebiet markiert. Entlang der breit angelegten, axialen Erschließung wurden bereits einzelne öffentliche Gebäude vermerkt, das neue Zentrum als von Repräsentationsbauten des NS-Staats definierter Platzraum für die mit Aufmärschen und Massenkundgebungen inszenierte Selbstdarstellung der Macht mit durchalphabetisierten Partei- und Verwaltungsgebäuden sowie dem ‚Gemeinschaftshaus' ausgewiesen, anschließende Bauabschnitte in laufender Nummerierung angegeben. Die Struktur der an die neue Stadtmitte mit geschlossener und mehrgeschossiger Verbauung anschließenden Wohngebiete, die im Modell von Feder durch Zonen gemischter Nutzung bei abnehmender Geschosszahl von zunehmend aufgelockerter Bauweise gekennzeichnet sind, erscheint im Entwurf für Horn mit Flächenverteilung und Erschließung angelegt; über geschlossene oder aufgelockerte Bauweise sollte abschnitt- und blockweise bei der jeweiligen Freigabe entschieden werden.

Die Grundstruktur des neuen Zentrums, das nicht die Planung solitärer Gebäude, sondern aufeinander referierender Baukomplexe verlangte, deren stadträumliche Anordnung einen zentralen Ort generieren ließ, macht den Einfluss der Gaustadtplanungen mit dem später als ‚Gauforum' bezeichneten und einzig in Weimar realisierten Modell deutlich wie die städtebaulich signifikante Zellenstruktur der Gesamtanlage den nationalsozialistischen Kanon städtischer Neuordnung, von Kaym & Schläger auf die Kreisstadt Horn skaliert, zeigt. Neben Kreisamt und Landratsamt an den Schmalseiten rahmen längsseits zum Einen das Finanzamt, zum Anderen die in ihrer Erstreckung über die gesamte Länge dominierende Schule den zentralen Platz, den sie definieren. Der als ‚Feierhalle' bezeichnete Gemeinschaftsbau wurde entgegen dem Forumschema, in dem er eine zentrale Position in der Platzverbauung einnimmt, auf dessen Rückseite verlagert, wo er als Kopfbau Sport- und Freizeitanlagen überblickt, die sich außerhalb der den neuen Stadtteil umschließenden Verkehrsschleife in Teich- und Badeanlagen fortsetzen und das neue Zentrum Horns zum multifunktionalen Bezirk erweitern. Prominent an der Kreuzung der Hauptachsen platziert erscheint am Rand der als Ausstellungsgelände ausgewiesenen Grünzone, die sich entlang des von der Nord-Süd-Achse begleiteten Mödringbachs durch das gesamte Stadterweiterungsgebiet bis ins offene Land zieht, das neue Rathaus, dessen tiefe Ehrenhofanlage sich zur alleegesäumten, das neue Stadtzentrum erschließenden großen Achse öffnet. Außerhalb des Wohngebiets im Norden wurden in der von Außenringstraße und einander kreuzenden Nord-Süd- und Ost-West-Achsen strukturierten Grünzone das HJ-Heim und ein nicht näher definiertes öffentliches Gebäude situiert.[49]

Architekt Kaym nahm, wie vom Bürgermeister intendiert,[50] um die Interessen der verschiedenen Bauträger aufeinander und mit der Stadtplanung abzustimmen, am Lokalaugenschein durch Oberbaurat Sturm von der Planungsbehörde Anfang 1941 teil, der durch die „in fast allen Städten Niederdonaus in Aufstellung begriffenen Ortsplanung stark behindert" gewesen war wie Reichsbauämter in kleineren Orten wegen Personalmangels in Verzug waren.[51] Welchen Verlauf die Anstrengungen des Bürgermeisters zur Koordinierung der Planungsaktivitäten nahmen, ist nicht überliefert; abgesehen von der nicht abgeschlossenen Ortsplanung, in Bezug auf den kriegsbedingt ohnehin aufgeschobenen Finanzamtsneubau ordnete Oberfinanzpräsident Niederdonau wegen der fortwährenden Raumbedarfs- und damit Planungsänderungen Ende 1941 an abzuwarten und von weiteren Grundkäufen Abstand zu nehmen.[52] Nachdem der Bauplatz neben dem Landratsamt vom Beauftragten des Reichsfinanzministers abgelehnt und die Gesamtplanung des neuen Zentrums in die Zuständigkeit der Planungsstelle des Reichsstatthalters Niederdonau übertragen worden war, wurde in der Anordnung der „vordringlich bald nach dem Krieg" in Angriff zu nehmenden Amtsgebäude für das mit 75 x 50 m bemessene Finanzamt 3800 m² „an der Südostecke" eingeplant.[53]

Wie der von Kaym & Schläger erstellte „Gesamtsiedlungsplan" vom 3.3.1943, der die ersten beiden Abschnitte des Bebauungsplan von 1939 wesentlich überarbeitet ausweist, war die zunächst nach Norden als neuer kompakter Stadtteil projektierte Stadterweiterung neu organisiert und Wohngebiete auf mehrere Lagen im Süden und Westen verteilt worden; nach allen Seiten wachsend, erscheint das 1939 ins Abseits gerückte alte Zentrum reintegriert und vom Durchzugsverkehr durch eine Umfahrungsstraße befreit. Die Verbauung des neuen Zentrums wurde statt einer Aneinanderreihung singulärer Repräsentationsbauten als städtebaulich durchkonzipierte Gesamtlösung formuliert, die alle Repräsentations- und Verwaltungsbauten versammelt und in markanten Komplexen um den großen Platz neu anordnet. In 3-seitig geschlossener Randverbauung konstituieren mit dem Sitz des Kreisleiters, der Ortsgruppe und des HJ-Heims Bauten der Partei den zentralen Ort der Macht, den mit Finanzamt und Landratsamt 2 Verwaltungsbauten als große blockartige Baukörper abschließen, zwischen denen die nun von einem Grünstreifen geteilte und mit weiteren öffentlichen Gebäuden, wie das neue Amtsgericht, gesäumte Hauptachse in den Platz einmündet. Die zuvor außerhalb des Platzraums im Sportbereich situierte „Feierhalle" in das platzumlaufende Band der Parteibauten zu integrieren, wurde ein rückseitig weit ausgreifender Querriegel durchgeschoben, der als markanter Vorsprung die platzseitige Flucht strukturiert. Der ursprünglich den zentralen Platz längsseits dominierende Schulbau setzt abgewinkelt den Platz rahmenden Bandkomplex in das anschließende Wohngebiet fort. Der hakenförmige Grundriss gibt vor der Schule Raum für den Zustrom der Schüler, dahinter erstreckt sich ein wesentlich vergrößertes „Sportgelände", an das eine „Dauerkleingartenanlage" grenzt, über die hinaus das 1939 geplante Stadterweiterungsgebiet nicht mehr aufscheint. Lediglich der als Zone I markierte und von der dem Verlauf des Mödringbachs angenäherten Nord-Süd-Achse begrenzte innere Bezirk und innerhalb des Verlaufs der großen Achse ein als Zone II ausgewiesenes Gebiet mit nahezu ausschließlich auf Amts- und Bürogebäude beschränkter Verbauung blieben vom ursprünglichen Bebauungsplan übrig. Nur geringe Flächen erscheinen darin als Wohngebiete ausgewiesen; lediglich die vom Achsenkreuz östlich verzeichnete, aber ungeplante Zone III wurde als „Kleinsiedlungsgebiet" eingetragen. Statt des 1939 zusammenhängend definierten Wohngebiets nach Norden erscheint nun Wohn- und Siedlungsbau an den südlichen und westlichen Stadtrand verlagert und verteilt. Bezeichnet mit Ia, IIa und IIIa, wurden an der Pragerstraße und im bis auf die Kasernenanlage und (neue) Wohnhäuser für Offiziere wenig verbauten Gebiet südlich der Altstadt sowie westlich, jenseits der Raabserstraße, Wohnzonen festgelegt. Die ebenfalls geänderte Verkehrserschließung kennzeichnet nun eine weiträumige Umfahrung an der südlichen Peripherie, deren Trassierung auf die in den 1980er-Jahren gebaute vorausweist.[54]

BLATT N° 596 a

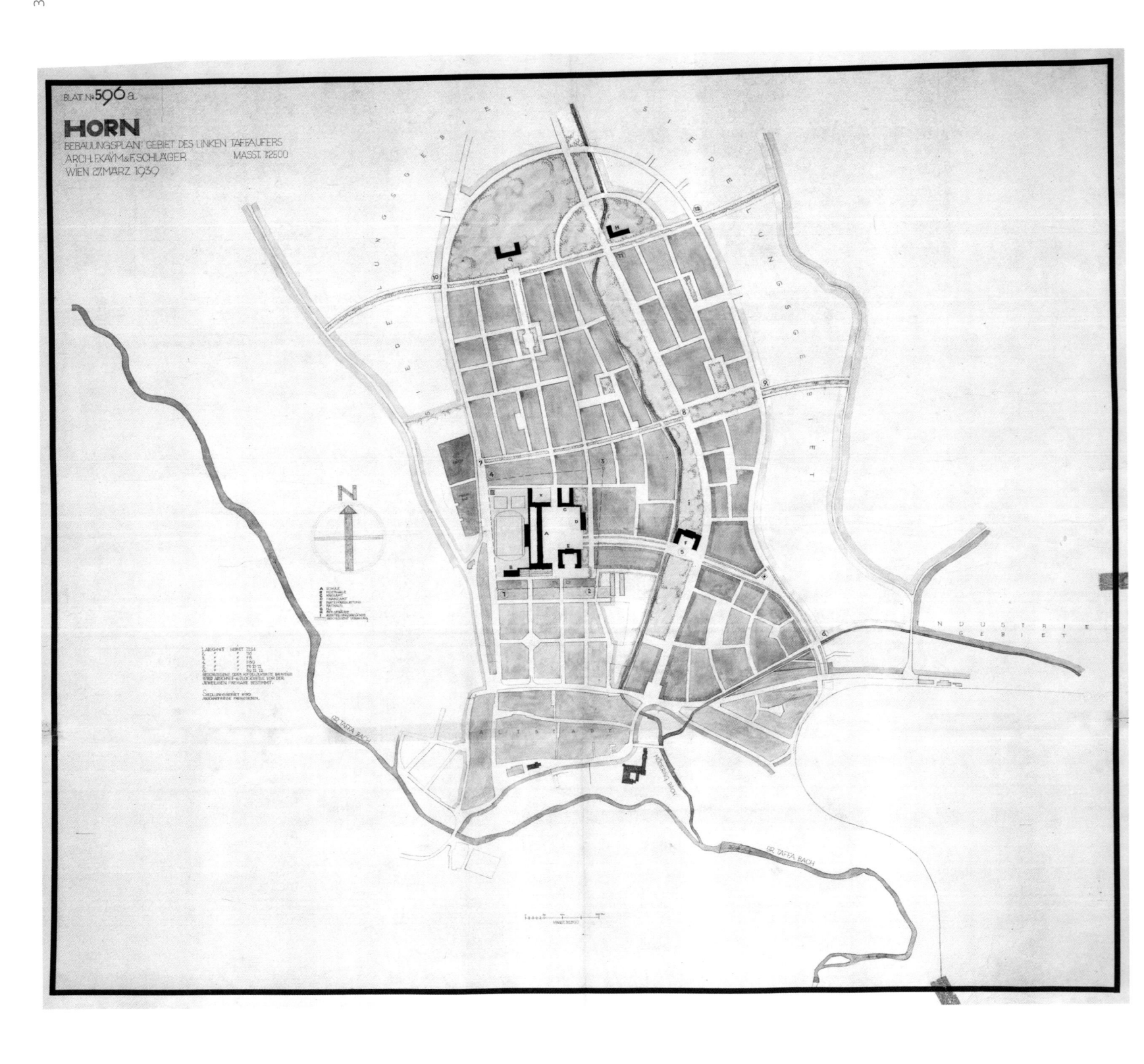

HORN

BEBAUUNGSPLAN: GEBIET DES LINKEN TAFFAUFERS
ARCH. F. KAYM & F. SCHLÄGER   MASST. 1:2500
WIEN 27. MÄRZ 1939

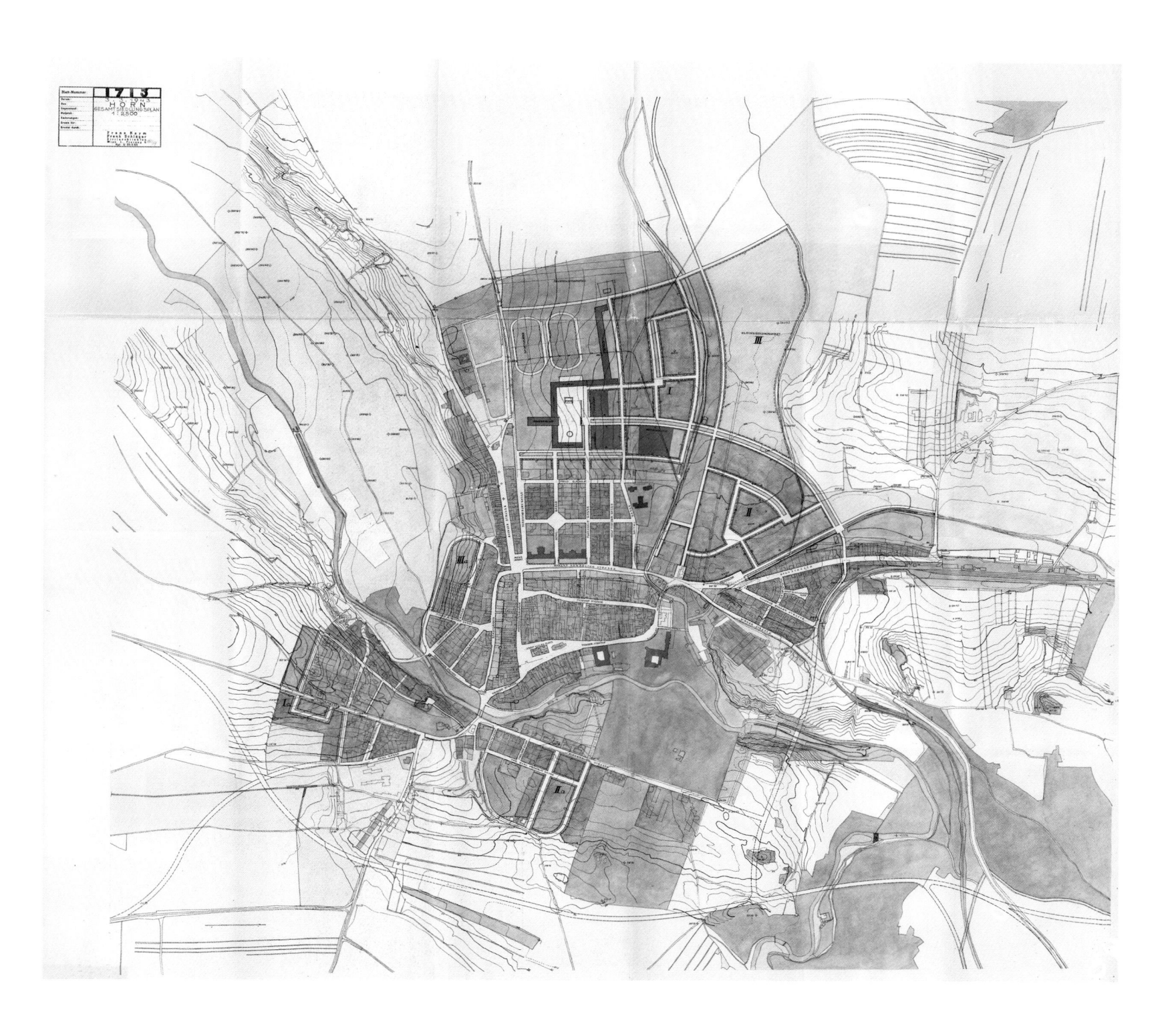

Blatt-Nummer:	**1713**
Datum:	3.3.1943
Bau:	H O R N
Gegenstand:	GESAMTSIEDLUNGSPLAN
Maßstab:	1 : 2500
Änderungen:	
Ersatz für:	
Ersetzt durch:	
	Franz Kaym
	Frank Schläger
	Zivilarchitekten
	Wien, I., Freyung 6
	Ruf: U 22-3-53

Bebauungsplan Stadterweiterung /
Kaym & Schläger /
1939

Gesamtsiedlungsplan /
Kaym & Schläger /
1943

SIEDELUNGSGEBIET

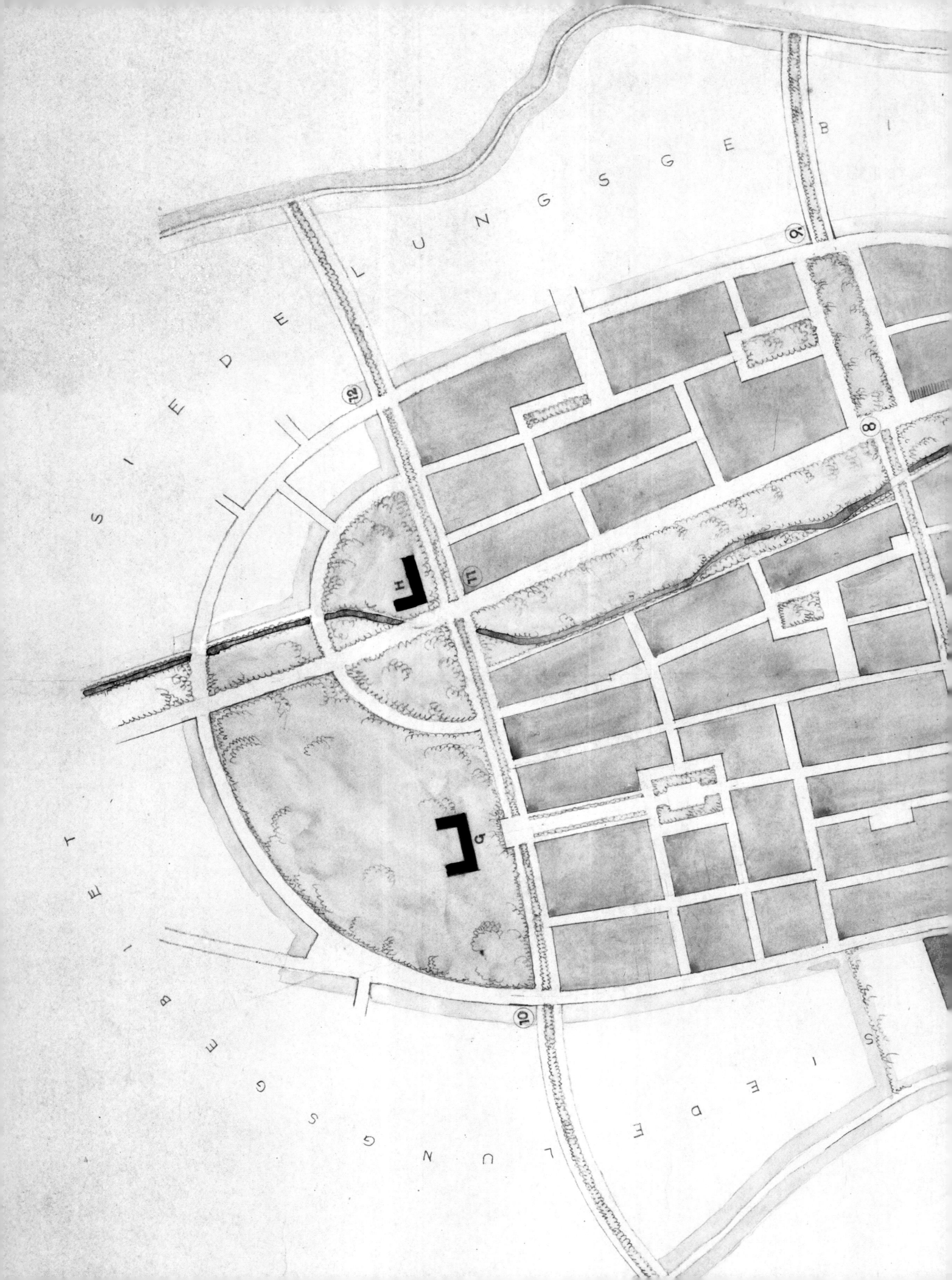

MÖDERING BACH

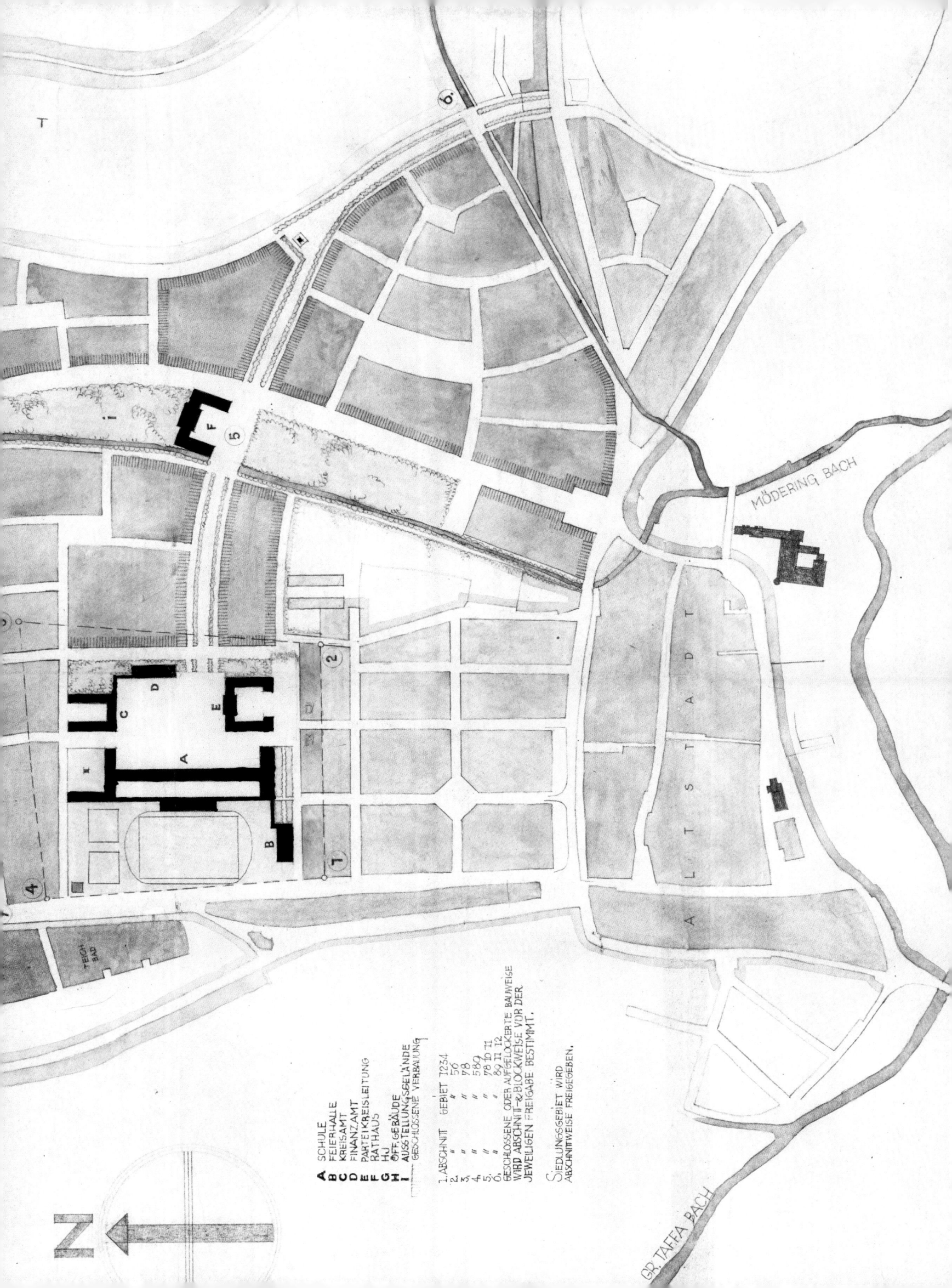

ALTSTADT

GR. TAFFA BACH

A SCHULE
B FEIERHALLE
C KREISAMT
D FINANZAMT
E PARTEIKREISLEITUNG
F RATHAUS
G HJ
H ÖFF. GEBÄUDE
I AUSSTELLUNGSGELÄNDE
GESCHLOSSENE VERBAUUNG

1. ABSCHNITT GEBIET 1234
2. " " 56
3. " " 78
4. " " 589
5. " " 78 10 11
6. " " 89 11 12

GESCHLOSSENE ODER AUFGELOCKERTE BAUWEISE
WIRD ABSCHNITT-Q BLOCKWEISE VOR DER
JEWEILIGEN FREIGABE BESTIMMT.

SIEDLUNGSGEBIET WIRD
ABSCHNITTWEISE FREIGEGEBEN.

N

KLEINSIEDLUNGSGEBIET
III
II
I
AMTSGERICHT
SCHULE
FINANZAMT
LANDRAT
FEIERHALLE
SPORTGELÄNDE
DAUERKLEINGÄRTEN
FELD GASSE
FERDINAND KURZ GASSE

BAHNSTRASSE
AM SPITZTEICH
HEINRICH BÜRGER STRASSE
WIENER STRASSE
POST
ROBERT HAMERLING STRASSE
PFARRGASSE
ADOLF HITLER PLATZ
HERMANN GÖRING GASSE
STADTGRABEN
PRAGER STRASSE
JOSEF RATH GASSE
RIEDENBURG STRASSE
ING. KARL PROKSCH GASSE
FERD. GRAF GASSE
LAZARETH GASSE
IIa
IIIa
ZWETTLER STRASSE
ANNA GASSE
AM HOHENSTEIN
GRAF GEROLD GASSE
PRAGERSTRASSE
Ia

Zwettl

Mit Jahresende 1938 „ein Bild des Aufbauwillens und des neuen Lebens auch bei uns im Waldviertel" zu geben, sollten, von Kreisleiter Hermann Reisinger angeordnet, alle Gemeinden über seit dem ‚Anschluss' in Aussicht oder bereits in Angriff genommene Bauvorhaben berichten. Für die Stadt Zwettl lieferte Bürgermeister Emerich Schröfl am 4.1.1939 eine erste Auflistung von Bau- und Verbesserungsmaßnahmen der Jahre 1938 und 1939, der eine vom Gauamt für Technik nach Kriterien der Stadtplanung und zu begründenden Notwendigkeit geforderte Meldung am 6.2.1939 folgte. Im Jänner hatte der von Göring zum Generalbevollmächtigten für die Regelung der Bauwirtschaft bestellte Generalinspektor für das deutsche Straßenwesen, Dr. Todt, zur leistungssteigernden Kontrolle und Lenkung des Baumarkts im Rahmen des ‚Vierjahresplans' eine Gesamtübersicht aller öffentlichen Bauvorhaben vom Deutschen Gemeindetag verlangt, die, projektbezogen und getrennt nach 1938 bereits durchgeführten und für 1939 geplanten Hoch- und Tiefbauten, mit Ausnahme in die Kompetenz des Reichsarbeitsministers fallender Wohn- und Siedlungsbauten, in eigenen Meldeformularen anzugeben waren.[55] Gegliedert nach Straßenbauten, Brücken, Güterwegen, öffentlichen Gebäuden, Sonstiges, rangierte der in die Zuständigkeit des Reichs fallende Straßenbau infolge geostrategischer Sofortmaßnahmen zum Ausbau „der Zubringerstraße zum Sudetendeutschen Gebiet" an erster Stelle in der Auswertung. Dazu gehörte auch die durch die allgemeine Verkehrszunahme dringend erforderliche und mobilitätssteigernde Verbreiterung örtlicher Durchzugsstraßen und die unumgängliche Verstärkung der Brücken, die in Zwettl über den gleichnamigen Fluss auf eine Tragfähigkeit von 12 t und über den Kamp durch Ersatz der Holz- durch eine Betonkonstruktion samt Uferregulierung vorgesehen wurde. Straßenbauaufgaben in der Kompetenz von Land und Stadt, wie die Errichtung von Güterwegen zum Lagerhaus und zur Sandgrube, sollten auch unter Heranziehung des Reichsarbeitsdienstes durchgeführt werden. Die der Gemeinde allein obliegende Erhaltung innerstädtischer Straßen und Anlagen wurde mit dem gesundheitspolitischen Schwerpunkt Staubfreimachung großteils Gemeindeangestellten und lokalen Gewerbetreibenden aufgetragen. Neben verkehrstechnischen Maßnahmen fiel in die Zuständigkeit der Stadt, für den akuten Raumbedarf neuer Behörden Objekte verfügbar zu machen und zu adaptieren, wofür im Meldeformular Kosten von RM 3600 angesetzt wurden. Zur Schaffung geeigneter Amtsräume für die Partei sollte etwa das Postgebäude mit einem Kostenaufwand von RM 98.000 aufgestockt werden und Kreisleitung wie Ortsgruppenleitung aufnehmen. Die Ausstattung des Krankenhauses mit Betten und Instrumenten zu verbessern, um „den durch Bauten und Herbstübungen gestellten höheren Anforderungen genügen zu können", schien mit RM 4000 nur in der ersten Berichtsfassung auf, in der auch nicht kommunale Bauvorhaben, wie der im Zuge des Sofortprogramms nach dem ‚Anschluss' 1938 von der Sparkasse errichtete Neubau eines Amtsgebäudes > Öffentliche Gebäude 327 mit prognostizierten Kosten von RM 370.000 sowie 2 von der Wehrkreisverwaltung XVII beauftragte Wohnhäuser für Offiziere > Wohn- und Siedlungsbauten 153 im Villenviertel angeführt wurden.[56]

Den Schwerpunkt in der Budgetplanung 1939 der Stadtgemeinde Zwettl bildete das Neubauprojekt des Krankenhauses mit annähernden Kosten von RM 1,8 Mio, deren Finanzierung zu je 3/8 durch Reichs- und Landesmittel und zu 2/8 durch die Gemeinde bereits in die Wege geleitet worden war. Ein avisierter Museumsbau mit Kosten von etwa RM 50.000 sollte „eine durch unermüdlichen Fleiß zusammengetragene Sammlung wertvoller Gegenstände aus Zwettl und Umgebung" ausstellen lassen, deren so tugendhaft beschaffter Bestand auch die ‚arisierte' Antiquitätensammlung von Eduard Schidloff umfasst(e), vor allem aber aus dem in Kisten verpackten und im Notspital verstauten Nachlass von Schönerer bestand, der „unbedingt einen der jetzigen Zeit entsprechenden Rahmen" erhalten sollte. Zur körperlichen Ertüchtigung für die Jugend wie die Gliederungen der Partei wurde ein Sportplatz mit einem Kostenerfordernis von ca. RM 20.000, der Neu- bzw. Ausbau des Flussschwimmbads mit RM 16.000 beziffert. Als besonders dringend eingestuft und mit Kosten von ca. RM 25.000 veranschlagt, wurde der Neubau des vorerst in beschlagnahmten Schulräumen der Kongregation der armen Schulschwestern untergebrachte Kindergarten ausgewiesen. Eine Entwurfszeichnung der mit der Stadtplanung beauftragten Wiener Architekten Hans und DI Dr. Jürgen Meier-Schomburg > Architekten / Künstler 397 zeigt am Fuß der mit charakteristischem Turm zitierten Stadtmauer einen großzügig dimensionierten, 1-geschossigen Bau mit ländlich obligatem Krüppelwalm und Gaupen inmitten eines umzäunten Parks.[57] > Öffentliche Gebäude 327

Absolute Notwendigkeit im Bereich der städtischen Infrastruktur kam dem Ausbau der Wasserleitung zu, wofür die Fassung neuer Quellen im Gebiet des Ratschenhofs und ein Druckbehälter am Galgenberg in Aussicht genommen wurden. Um an der Konjunktur der Bauwirtschaft und der enorm gestiegenen Nachfrage nach Baustoffen partizipieren zu können, sollten Investitionen in Höhe von ca. RM 80.000 zur Modernisierung des stadteigenen Ziegelwerks getätigt, der unrentable Kammerofen durch einen Ringofen, das unrationelle Handschlagverfahren durch maschinelle Einrichtung ersetzt werden. Über Stadt und Landkreis hinaus, sprach sich die Stadtgemeinde für Ausbaupläne der Bahnlinie Zwettl-Martinsberg aus, die als durchgehende Nord-Südverbindung mit Anbindung an die geplante Reichswasserstraße der Donau für den im Zuge der Eingliederung der ‚Sudetengebiete' in das großdeutsche Reich erweiterten Wirtschaftsraum des oberen Waldviertels von großem Interesse war. Nach Erhebungen des zivilen Wohnungsbedarfs im April 1939 wurde, abgesehen vom wiederholten Verweis auf 2 von der Wehrmacht finanzierte Offizierswohnhäuser im Villenviertel > Wohn- und Siedlungsbauten 153 ein Kleinsiedlungsprojekt mit 22 Häusern mit Grundzulage zur Selbstversorgung und einer Nutzfläche von ca. 80 m² einschließlich Stall in Aussicht genommen, deren Typologie mit unabdingbarem Krüppelwalm eine 1940 datierte Entwurfsserie von Meier-Schomburg visualisiert.[58]

> Bebauungsplan / Hans und Jürgen Meier-Schomburg / 1941

Über Einzelprojekte hinaus eine langfristige und organische Stadtentwicklung sicherzustellen, war von Bürgermeister Schröfl in Absprache mit Landrat Dr. Kerndl beim selben Architekturbüro ein Bebauungsplan beauftragt worden,[59] der, 1941 nach den ideologischen Leitbildern der ‚Neugestaltung deutscher Städte' erstellt, die städtebauliche Neustrukturierung von Zwettl mit einer Reihe öffentlicher Gebäude und einem umfangreichen Wohnbauprogramm sichtbar macht. An dessen Vorbereitung, so der Verweis auf einen 1940 von der Planungsbehörde genehmigten Strukturplan sowie einen darauf basierenden, vom Landrat am 27.1.1942 bewilligten Regulierungs- und Aufschließungsplan, trotz kriegswirtschaftlichem Baustopp kontinuierlich gearbeitet wurde, um sofort nach dem Krieg mit der Umsetzung beginnen zu können.[60] Nach dem Sparkassenbau im Zentrum, der mit herrschaftssymbolischem ‚Führer'-Balkon und germanisch-volkstümlichem Bildprogramm der stadträumlichen Textur aus Renaissance und Barock geprägter Bausubstanz implantiert und zeichenhaft eingeschrieben wurde, führt der Bebauungsplan von Meier-Schomburg beginnend mit dem Um- und Ausbau des direkt am Hauptplatz nächstgelegenen historischen Häuserkomplexes zu einem „Gemeinschaftshaus" – ein von den Nationalsozialisten ideologisch vereinnahmter Topos der Gartenstadtbewegung – paradigmatisch die Fortsetzung der Umgestaltung der Stadt zu Groß-Zwettl vor. Dem platzgreifend mit Amtsgebäude und Versammlungsort der ‚Volksgemeinschaft' zu einem Forum umstrukturierten alten Stadtkern, von den Bauten für Partei und Staat beherrscht und zur Inszenierung der formierten Massen städtebaulich organisiert, wurde außerhalb der Stadt in topografisch exponierter Höhenlage an der verlängerten Achse der ansteigenden, nach Schönerer benannten Hauptstraße mit einem groß dimensionierten, hakenförmig versetzten Gebäudekomplex ein neues Zentrum als Stadtkrone in der freien Landschaft formuliert und der alten Stadtmitte entgegengesetzt. Das unverbaute Gebiet beiderseits der heutigen Weitraerstraße findet sich als weiträumiges Stadterweiterungsgebiet definiert und in von Stichstraßen erschlossene Siedlungszonen für Landarbeiter, Kleinsiedler und Beamte unterteilt, HJ-Heim und Jugendherberge im Anschluss. Auch die anderen Hügel um die im Talkessel von Kamp und Zwettl gelegene Stadt wurden zur Manifestation nationalsozialistischen Aufbauwillens als städtebaulich bevorzugte Zonen genutzt und mit signifikanten Bauten akzentuiert. Die Höhenlagen ringsum stadterweiternd mit Wohnsiedlungen – neben dem Kesselboden auf dem Galgenberg und der Hanglehne des Propsteibergs – zu besetzen, eröffnete den Blick auf die historische Stadt und ließ umgekehrt die gezielte Germanisierung propagandawirksam inszenieren, > Wohn- und Siedlungsbauten 153 wie auch die markierte Lage des neuen Krankenhauses nächst der Propstei und eines Altersheims am nächsten Geländeanstieg unter Beweis stellt. Im Tal wurden unbebaute Bachwiesen der Zwettl als Sport- und Aufmarschgelände abgesteckt und die räumliche Anordnung von Schwimmbecken, Spielfeld und Appellplatz im Rhythmus der Flussmäander definiert.[61]

    Die Vision Groß-Zwettl blieb bis auf die bereits 1938/39 umgesetzten Projekte des Amts- und Sparkassengebäudes und der beiden Offizierswohnhäuser, vom bereits 1940 einsetzenden allgemeinen Baustopp für ‚nicht kriegswichtige' Bauten verhindert, unrealisiert;[62] der Bebauungsplan von 1941 kann, was die seit 1945 verbauten Flächen und zum Teil auch deren Bebauung betrifft, als nachträglich umgesetzt angesehen werden.

Zwettl

Bebauungsplan
M 1:2880

Architekten Meier-Schomburg, Wien 1941

Oberhof
Umgehungsstraße
Spielplatz
Garagen
Schüler Heim
Schule
Schule
Post
Bahnhof
Eigenheime
Siedlerstellen
Volkswohnungen
Kesselboden
Amtsgeb.
Amtsgebäude
H.J. Heim
Beamtenwohnungen
Schwimmbecken
Sport u. Aufmarschgelände
Übungsplatz
Spielfeld
Garagen
Jugendherberge

Industrie u Gewerbegebiet
Kelterei
Zementerei
Lagerhaus

Wohngewerbegebiet

Mühle

Kurheim

Kaplanei
Brauerei

Bad
Gemeindehaus
Dorfei
Landbad
Zwettlhaus
Amt

Propstei

Krankenhaus

Eigenheime
Britzi

Eggenburg

Die Entscheidung, im Zuge der Gleichschaltung der Verwaltungsstruktur Horn zur Kreisstadt des gleichnamigen Bezirks zu ernennen, hatte im unterlegenen Eggenburg, das seine vermeintlich konkurrenzlose Eignung mit seiner zentralen Lage, besseren Verkehrserschließung, wirtschaftlichen und kulturellen Bedeutung, zudem als Sitz zahlreicher Behörden wie der Bezirksleitung der NSDAP, argumentiert hatte und sich wegen seiner Verdienste um die Partei „in den härtesten Kampfjahren" um seine in den ‚Anschluss' gesetzten Erwartungen betrogen fühlte, die Bestrebungen seiner Amtsträger forcieren lassen, diesen zumindest städtebaulich nicht zu verpassen. Dafür schien als Mittel eine „Denkschrift" recht, zu der neben der Kustodin am örtlichen Krahuletz-Museum, Angela Stifft-Gottlieb, mit der im April 1938 verfassten „Begründung der Bitte Eggenburgs um Erhebung zur Kreisstadt im Grenzlandkreis Horn" wie mit einer umfassenden Darstellung ihrer Wirkungsstätte ebenso beitrug wie Dr. Hans Famira, ehemaliger Arzt am städtischen Krankenhaus und „politischer Leiter", der mit seinen „Gedanken über die Notwendigkeit der Schaffung eines kultur- und volkspolitischen Zentrums im Gebiete des nördlichen Niederösterreich" den ideologischen Part abdeckte und erhoffte, „den Blick verantwortlicher Führer auf eine brennende Aufgabe deutscher Ostraumgestaltung zu lenken".[63] Adressat der vor dem geschichtlich-kulturellen Hintergrund der Stadt dargestellten und nach dem erfahrenen „bitteren Unrecht" an ihr gemessenen Problemlage samt Lösungsvorschlägen im Rahmen des zur wirtschaftlichen Wiederbelebung in Aussicht gestellten Aufbauplans war im Oktober 1938 niemand Geringerer als dessen Verkünder Göring, an den „ein telegraphischer Hilferuf" der „überaus deprimierten" Bevölkerung mit gleichem Datum vorauseilen sollte.[64]

Nachdem die Stadtgemeinde Eggenburg der an alle Städte ergangenen Aufforderung der Planungsbehörde des Reichsstatthalters, einen Aufbauplan zu erarbeiten, nachgekommen war und als Planer Dr. Alfred Felsenstein angestellt, aber durch Einberufung zur Wehrmacht wieder verloren hatte, bemühte sich Bürgermeister Dr. Kranner, den für Städtebau zuständigen Dezernenten, Oberbaurat Ing. Sturm, für die Neugestaltung von Eggenburg zu gewinnen. So groß der Ehrgeiz und zahlreich die Vorhaben, die wirtschaftlichen Aufschwung bringen sollten, blieb selbst der Ortsplanungsprozess in den Anfängen stecken und ein Bebauungsplan Elaborat, wie Dr. Kranner nach seiner Absetzung 1945 über seine Amtstätigkeit resümierte.[65]

Grundsätzlich sollte die „durch moderne unschöne Bauten verunzierte" Altstadt rückgebaut, „womöglich das alte Bild wiederhergestellt werden", um Eggenburg als „altertümliche Kleinstadt" und „kulturellen Mittelpunkt des Kreises Horn" attraktiv zu machen. Über die bauliche Restauration im historischen Stadtkern hinaus, stand, um sie „als Zeugen des hoch entwickelten Kulturstandes in der Vergangenheit dieser deutschen Stadt zu bewahren", unter dem Motto ‚saxa loquuntur' auch die Restaurierung aller künstlerischen und volkstümlichen Denkmale auf dem Programm, die vom Institut für Denkmalpflege in der ‚Ostmark' an vom Kriegsdienst freigestellte Künstler und Kunsthandwerker vergeben wurde. An der 1940 begonnenen und im August 1941 vollendeten Erneuerung der zentralen als Pestsäule bezeichneten Dreifaltigkeitssäule arbeiteten neben dem örtlichen Baumeister Ing. Hans Metzger der Bildhauer Max Waupotitsch, der Steinmetz Josef Lichtenegger und der Vergolder Karl Stift aus Wien sowie der Schlosser Alois Steininger aus Eggenburg, der die aus Kupferblech getriebenen Gloriolen anfertigte.[66] Entlang der mit Putzgiebeln und Sgraffiti geschmückten, zum Teil barockisierten Bürgerhäuser aus Spätgotik und Renaissance am Stadtplatz sollten Arkadengänge die Authentizität des historischen Ensembles geschichtsklitternd noch verstärken, gleichzeitig in den „steingemauerten und unpraktisch gebauten Häusern" der zu dichte Wohnungsbelag aufgelockert und Bewohner in neue Wohnungen außerhalb der Altstadt übersiedelt werden. Ein Flächenwidmungsplan sah die Verbauung stadtnaher Baulücken, etwa in der Gartenstadt, eine der ersten, nach dem sozialreformerischen Konzept von Ebenezer Howard in Österreich errichteten städtischen Siedlungsanlagen,[67] und am Kremserberg mit Wohnhäusern für Beamte von Sparkasse, Reichsbahn und Reichspost, sowie Neuparzellierungen in der Jugendheimgasse und der Grafenbergerstraße für den Bau von Siedlungshäusern und ‚Volkswohnungen' vor; dazu zählten auch die als einzige umgesetzten und 1940 bezogenen Wohnhäuser für Offiziere und Unteroffiziere der im September 1938 eingerichteten Garnison, deren etwa 1000 Mann starke Aufklärungseinheit 5 bis zum geplanten Kasernenneubau in der teils leer stehenden Lindenhof-Anlage, einer von der Gemeinde Wien in den 1920er-Jahren reformpädagogisch geführten und nun zum Teil leer stehenden Erziehungsanstalt, Quartier bezogen hatte.[68] Da der autarke und von Wien versorgte Anstaltsbetrieb für die Stadt wenig wirtschaftlichen Nutzen abwarf und „angesichts der Qualität der Insassen seit jeher" als „Entwicklungshindernis" angesehen wurde, trachteten die neuen Amtsträger im Zuge der zudem lukrativeren Truppenstationierung, die Auflassung des Heims durchzusetzen. In rassistischer Zuversicht, dass „im neuen Staat dieser Anstaltstyp als Erziehungsinstrument großteils entbehrlich werden [dürfte]" wurde nichts unversucht gelassen, auf „eine ständige wehr- und rassenpolitische Gefahr" in der ohnehin „durch das tschechische Stosszentrum Znaim am ärgsten bedrohten Grenzlandszone" hinzuweisen.[69]

In der Altstadt räumlich beengt tätige Handwerks- und Handelsbetriebe wiederum in ein jenseits der Bahn vorgesehenes Industriegebiet mit eigenem Gleisanschluss an die Franz-Josefs-Bahn zu verlegen, für das Grundkäufe zu tätigen das Ansiedlungsinteresse eines industriellen Großbetriebs 1938 den Anstoß gegeben hatte, wurde mit der Aussicht auf wirtschaftlichen Aufschwung durch räumliche Vergrößerung und technische Modernisierung von diesen begrüßt. Zudem ließ die seit 1939 geplante Errichtung des neuen Viktorin-Werks > Industriebauten 9, das seinen Standort Mödling wegen des Bedarfs der südlich von Wien konzentrierten Rüstungsindustrie räumen musste, einen Schub für die Bauwirtschaft wie Arbeitsplätze für die gesamte Region erwarten.

Als weiterer städtebaulicher Schwerpunkt standen Schul- und Sportanlagen auf der kommunalen Agenda, wozu auch ein Freibad gehörte sowie eine Badeanstalt, deren Warmwasser von einer ebenfalls geplanten Großwäscherei kommen sollte. Absolute Priorität hatte der Schulneubau, den die Stadtgemeinde im Verweis auf die baulich und sanitär seit Jahren beanstandeten und mit nationalsozialistischen Grundsätzen unvereinbaren Verhältnisse der bestehenden Schule, deren räumliche Kapazitäten zudem nicht reichten, um durch Gemeindezusammenlegung und ab September 1938 durch Zuzug von Offiziers- und Beamtenfamilien aus dem ‚Altreich' steigende Schülerzahlen aufzunehmen, seit Mai 1938 mit dringenden Eingaben beim Landesschulrat betrieb. Als für 1939 zusätzlich zu den Schulbauförderungen „größere Mittel" für den Neu- und Umbau von Turnhallen von der Schulbehörde in Aussicht gestellt wurden, meldete die Schulleitung von Eggenburg vorsorglich den „unumgänglichen Bedarf von 2 Turnhallen" an, die zusammen mit einer modernen Schulanlage mit 22-klassiger Volks- und Hauptschule samt angegliederter Berufsschule sowie Kindergarten und HJ-Heim eine „Stadt der Jugend" in Aussicht nahm, an der sich die Stadt durch Bereitstellung von „ca. 60.000 m² Garten- und Wiesengründe am Stadtrand" und anteilige Kostenübernahme vorbildliche Zukunftsplanung bescheinigte.[70] Als für die regionale Entwicklung wünschenswert befunden wurden zudem eine höhere landwirtschaftliche Lehranstalt zur „Ausbildung und Schulung der Landbevölkerung im Sinne der Grundsätze des neuen Reichs" wie eine höhere Fortbildungsschule für Handwerk, Gewerbe, Handel und technische Berufe, für deren auswärtige Besucher einer der Pavillons der Erziehungsanstalt als Schülerheim dienen sollte. Die Nutzung anderer Pavillons als Truppführerschule des RAD, Schulungs- und Ferienlager sowie Ausbildungsstätten für politische Leiter der DAF, SA, SS, NSKK und anderer Gliederungen der NSDAP wurde erwogen. Das weitaus ambitionierteste und prestigeträchtigste Projekt, das, von der überragenden Topografie des Umlandes überzeugt, dem Wunschdenken örtlicher Machthaber entsprang, aber nicht in ihren Händen lag, stellte eine in „beherrschender Lage im Landesraume" vorgestellte Schulungsburg dar.[71] Im sozialen Bereich wurde ein Krankenhausneubau, zumindest die seit Jahren anstehende Erweiterung des bestehenden Gebäudes ins Auge gefasst sowie der Bau eines den Bedarf des nördlichen Reichsgaus Niederdonau abdeckenden Arbeitsamtes.

In der Verkehrsplanung lag der Hauptaspekt auf der Verlegung der Durchzugsstraßen aus der Altstadt, die durch eine Umfahrungs- als großräumig konzipierte Achsenlösung entlang der Stadtmauern entlastet werden sollte, wie fragmentarisch erhaltene, mit städtebaulichen Markierungen und Anmerkungen, vermutlich des mit der Ortsplanung befassten Ing. Sturm, übersäte Katasterplanblätter zeigen. Die Nord-Süd-Trasse wird darauf als Abschnitt einer ausgebauten Reichsstraßenverbindung zwischen Krems und Znaim ausgewiesen, an deren Kreuzung mit der Ost-West-Achse das neue Zentrum, noch gänzlich unformuliert, signifikant mit den Vermerken „Adolf Hitler-Platz" und „Großbauten" verortet erscheint. Innerhalb der Stadtmauern vermerkt die Planungsskizze ein neues Rathaus im „Grätzl" genannten historischen Häuserensemble inmitten des Stadtplatzes sowie in den umgebenden mit Arkaden akzentuierten Gebäuden eine Sparkasse und eine Großgaststätte, wie sie auch zusammen mit einem Hotel und Garagen bzw. mit angeschlossener Großkellerei in Bahnhofsnähe konturiert erscheint. Als kulturelles Großprojekt angerissen und beschrieben findet sich das zum Kulturinstitut erhobene Krahuletz-Museums; der Jahrhundertwende-Bau durch Abriss der anschließenden Häuserzeile über das gesamte Areal erweitert und zu den bestehenden Sammlungen, Forschungseinrichtungen und Bibliotheken um ein Freilichtmuseum, eine Volksbibliothek samt Lesehalle, ein Stadtarchiv, einen Repräsentationsraum sowie die Fremdenverkehrswerbung und Wohnungen für Leiter und Kustoden ergänzt. Neben zahlreich über die Stadt verteilten, nicht spezifizierten Verbauungen wurde am Friedhof eine 3-teilige Aufbahrungshalle mit angeschlossener Wohnung für Totengräber und Gärtner definiert.[72] Über die Stadt hinaus sollte Intensivierung bzw. Wiederaufnahme von Granit-, Kalkstein- und Sandbrüchen sowie die Nachnutzung stillgelegter Betriebsanlagen in Bahnhofsnähe zur wirtschaftlichen Belebung der Region beitragen.

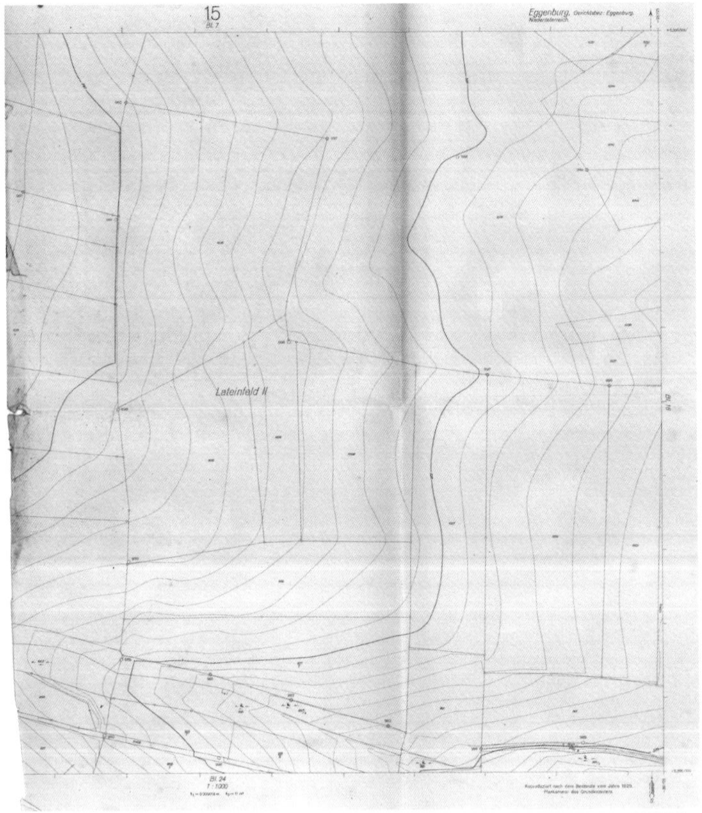
15
Eggenburg
Lateinfeld II
Bl. 24
1 : 1000

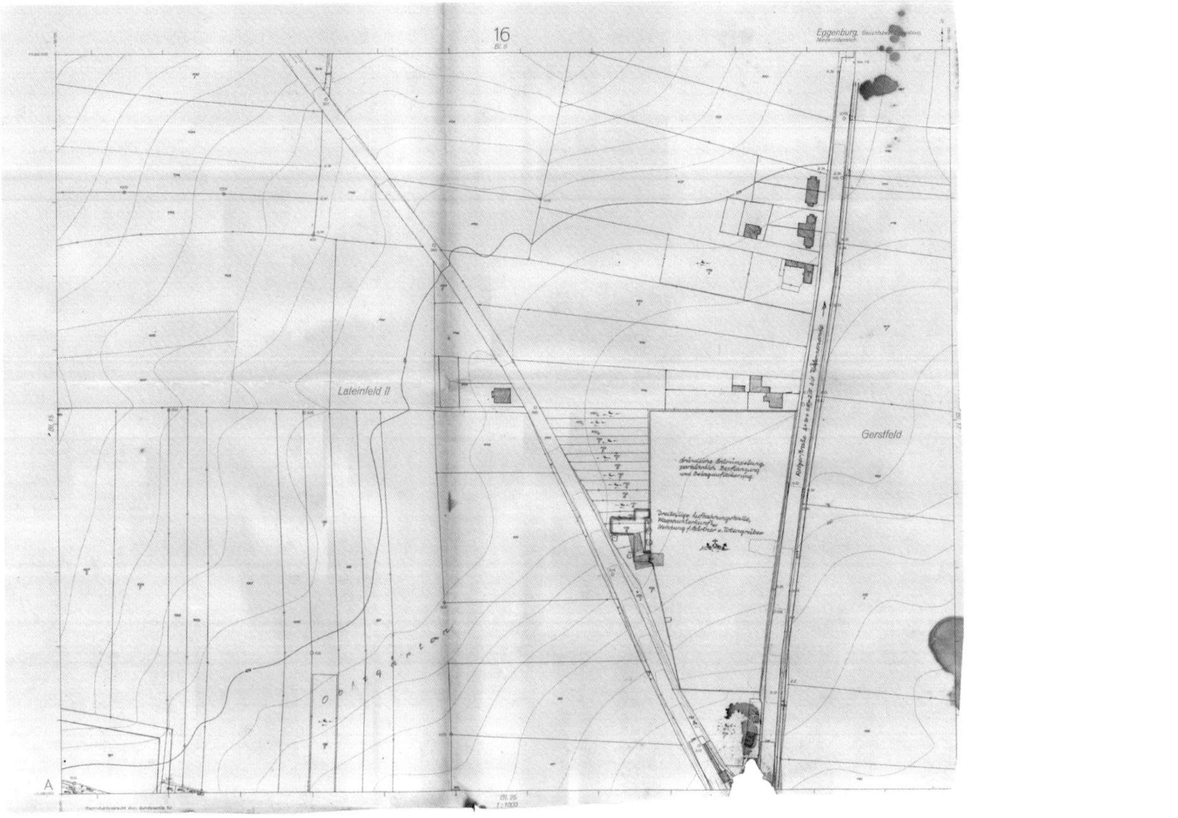
16
Eggenburg
Lateinfeld II
Gerstfeld
Obstgarten
A
Bl. 25
1 : 1000

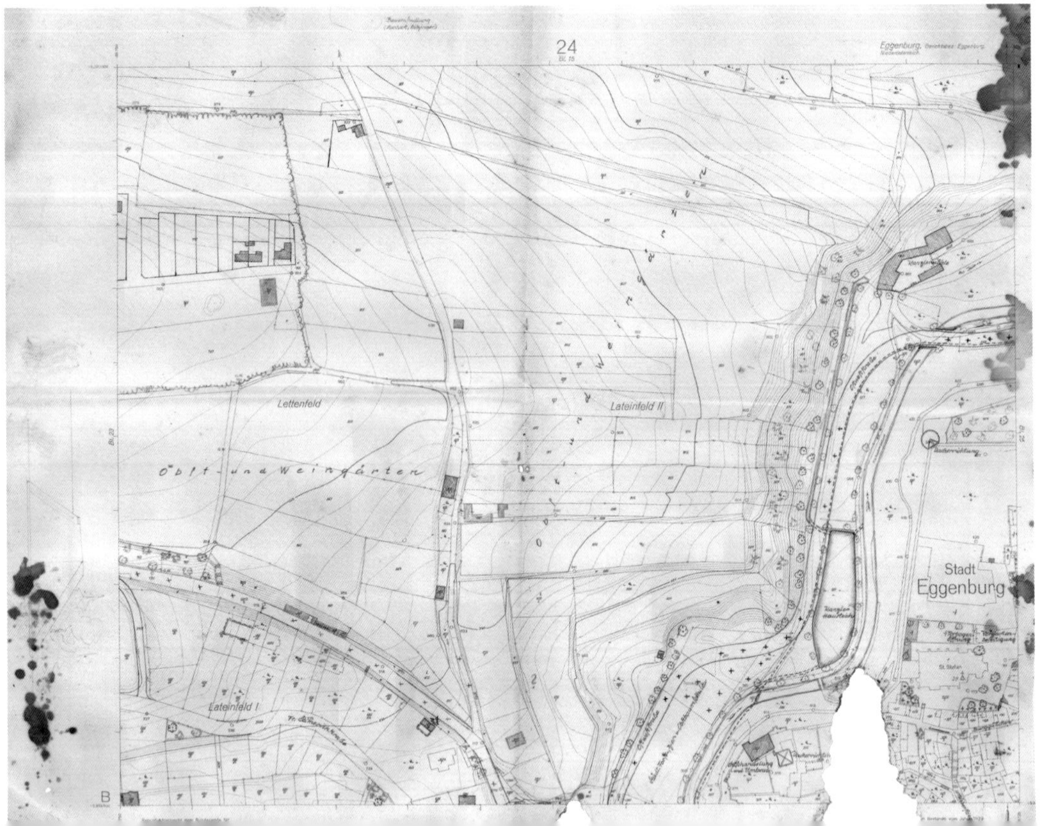
24
Eggenburg
Lettenfeld
Lateinfeld II
Obst- und Weingärten
Stadt
Eggenburg
Lateinfeld I
B

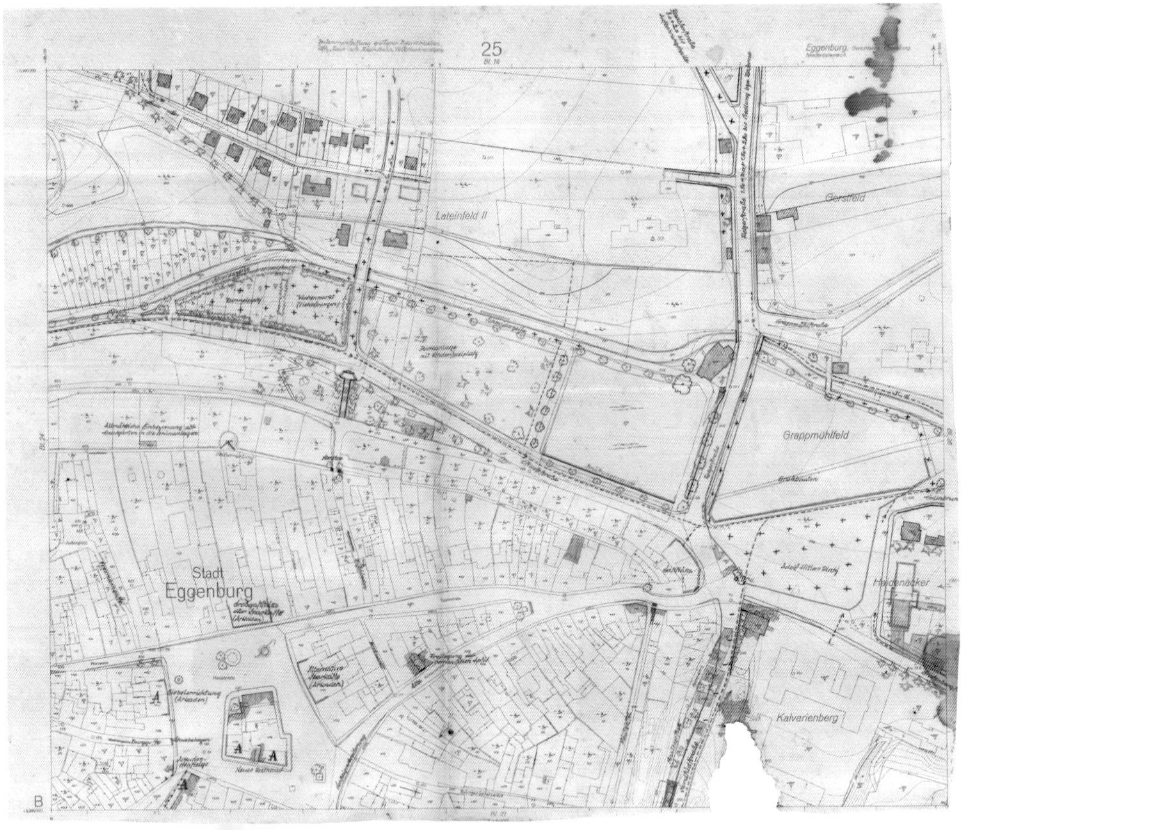
25
Eggenburg
Lateinfeld II
Gerstfeld
Grappmühlfeld
Stadt
Eggenburg
Hadenacker
Kalvarienberg
B

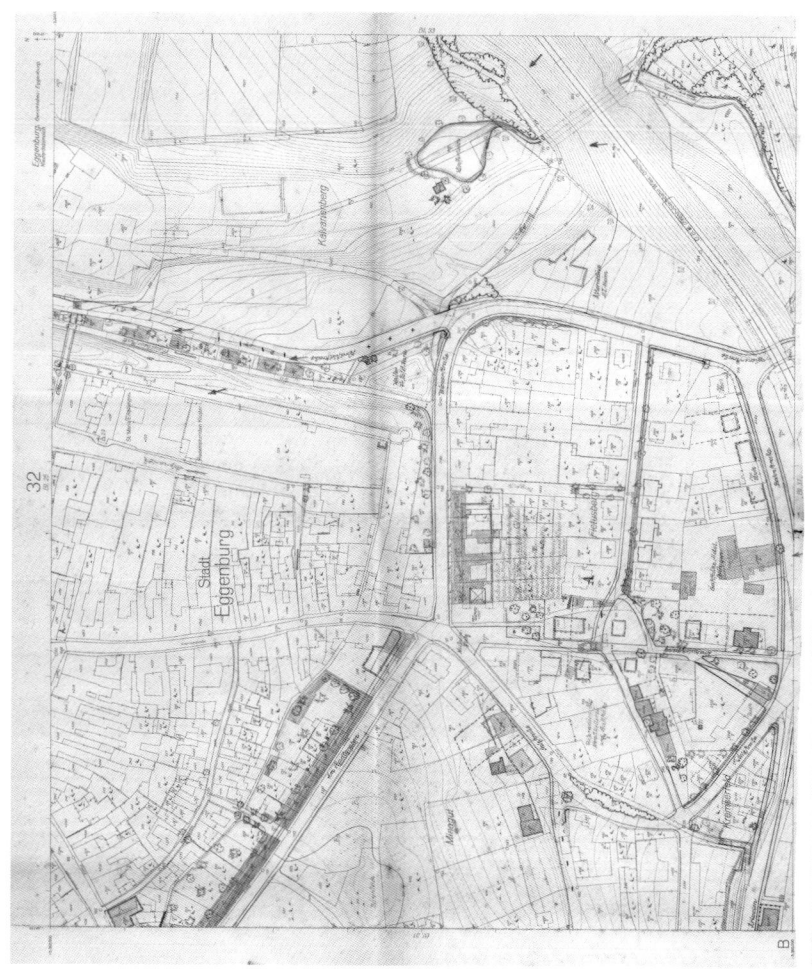

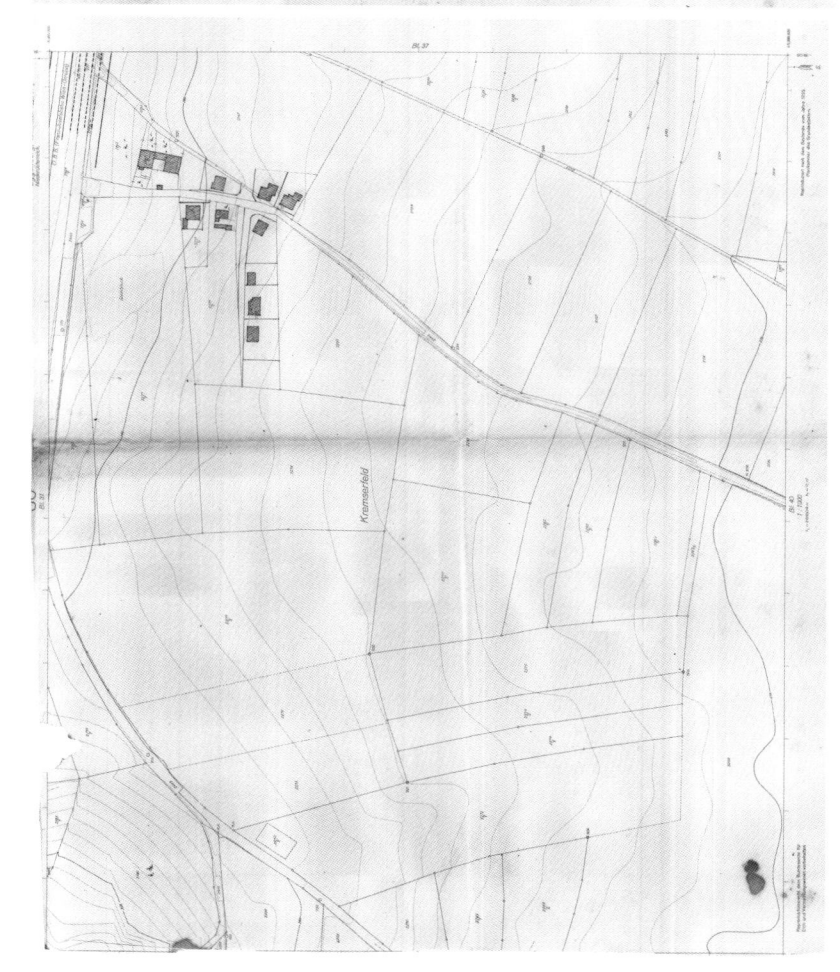

Stadtplanungsentwurf Eggenburg
auf Katasterblättern /
ab 1939

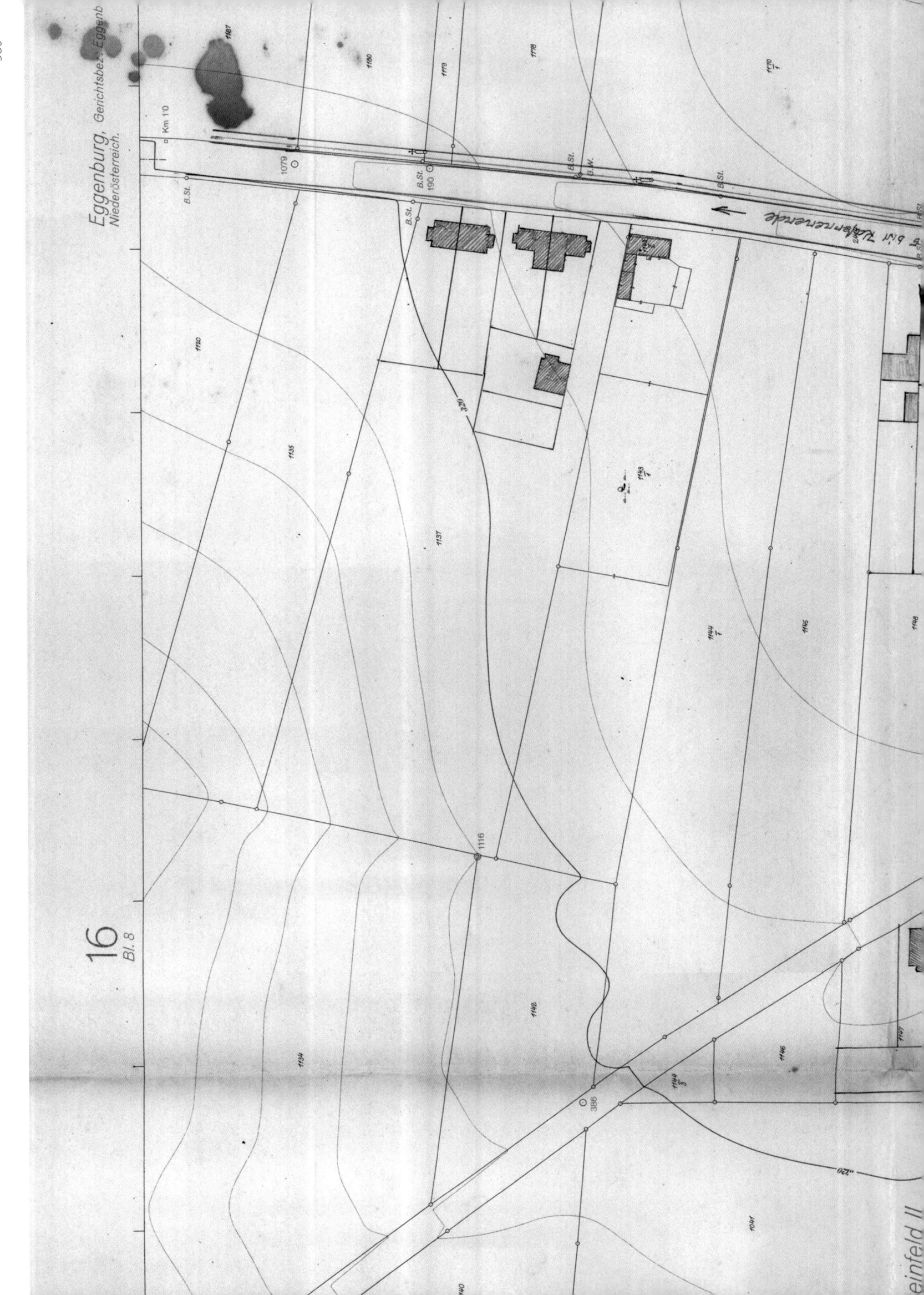

Eggenburg, Gerichtsbez. Eggenb
Niederösterreich.

16
Bl. 8

Gerstfeld

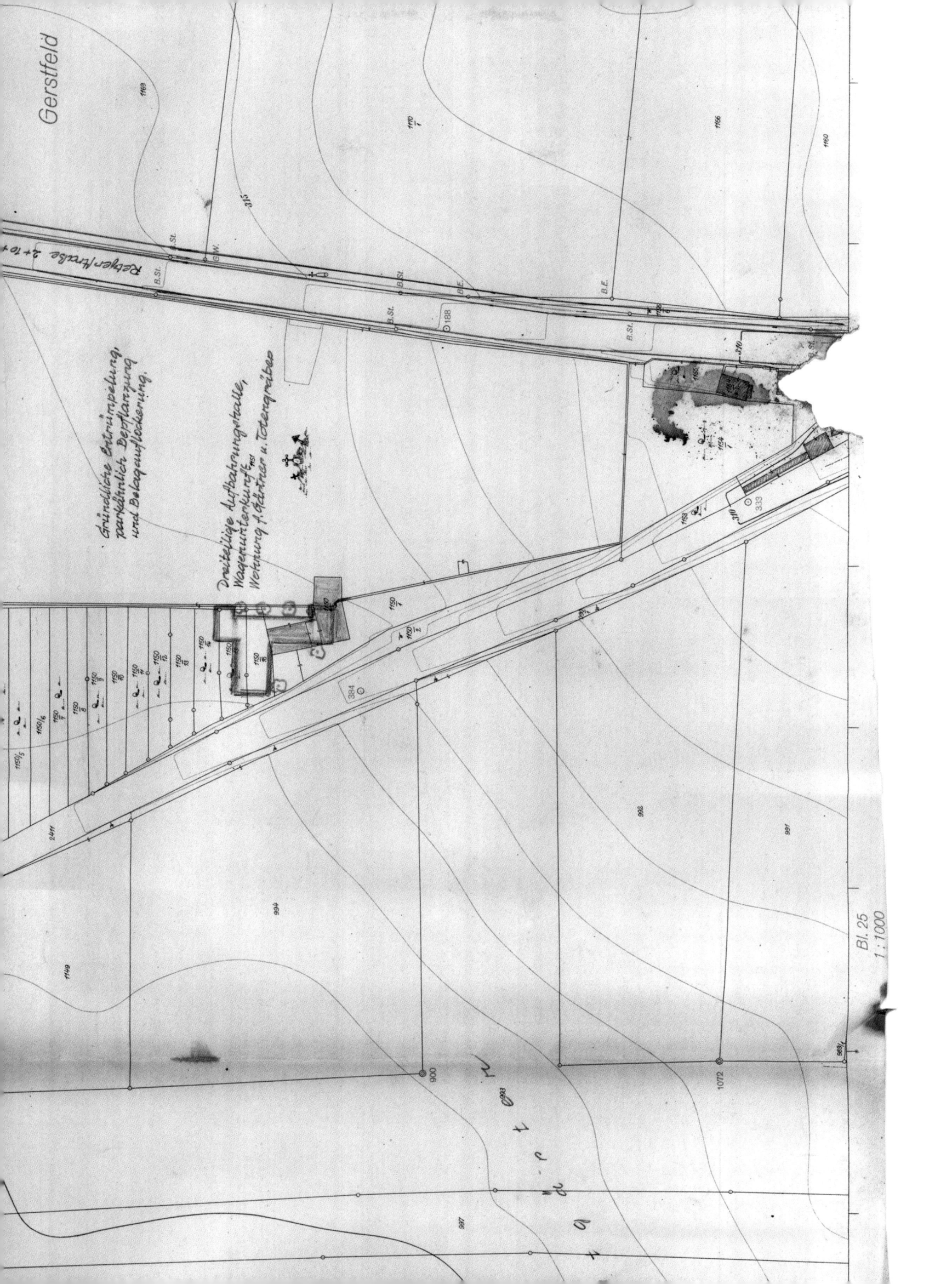

Gründliche Entrümpelung, parzähtlich Bepflanzung und Bodenauflockerung.

Dreiteilige Aufbewahrungstelle, Wagenunterkunft, Wohnung f. Gärtner mit Totengräber u. Totengrüber

Rether Straße

Bl. 25
1:1000

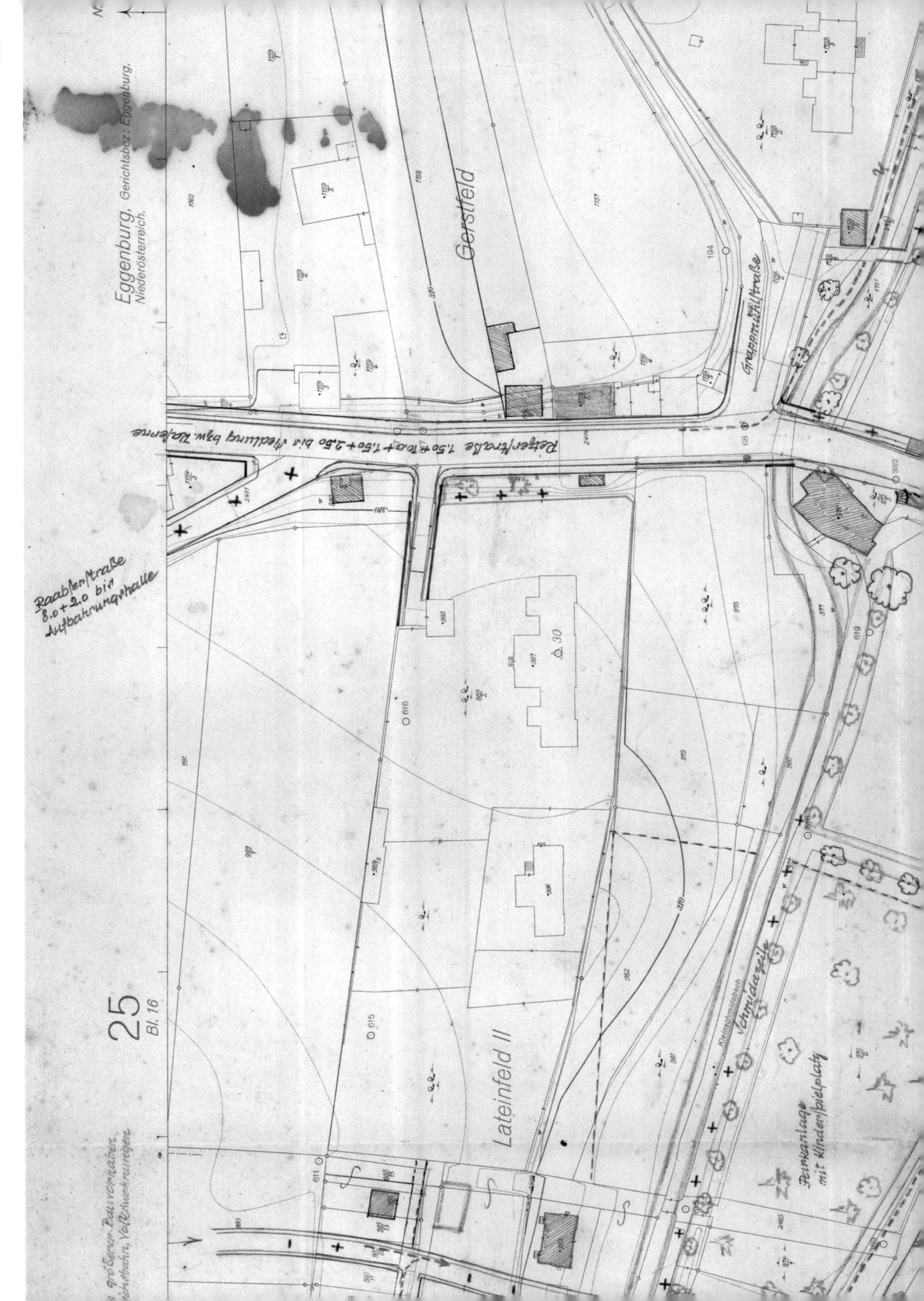

Eggenburg, Gerichtsbez. Eggenburg,
Niederösterreich.

Retzerstraße 1.50+10+1.50+2.50 bis Siedlung bzw. Kaserne

Raablerstraße
8.0+2.0 bis
Aufbahrungshalle

25
Bl. 16

Gerstfeld

Grappenmühlstraße

Lateinfeld II

Kleinschmidtbach

Vchtriedazeile

Parkanlage
mit Kinderspielplatz

größerer Bauvorhaben,
Lichtbahn, Volksmusikrungen.

Grappmühlfeld
Haidenäcker
Adolf Hitler Platz
Kalvarienberg
Gaststätte
Eggenstraße
Rathausstraße
Bürger Spitalgasse
Bl. 32

25
Bl. 16

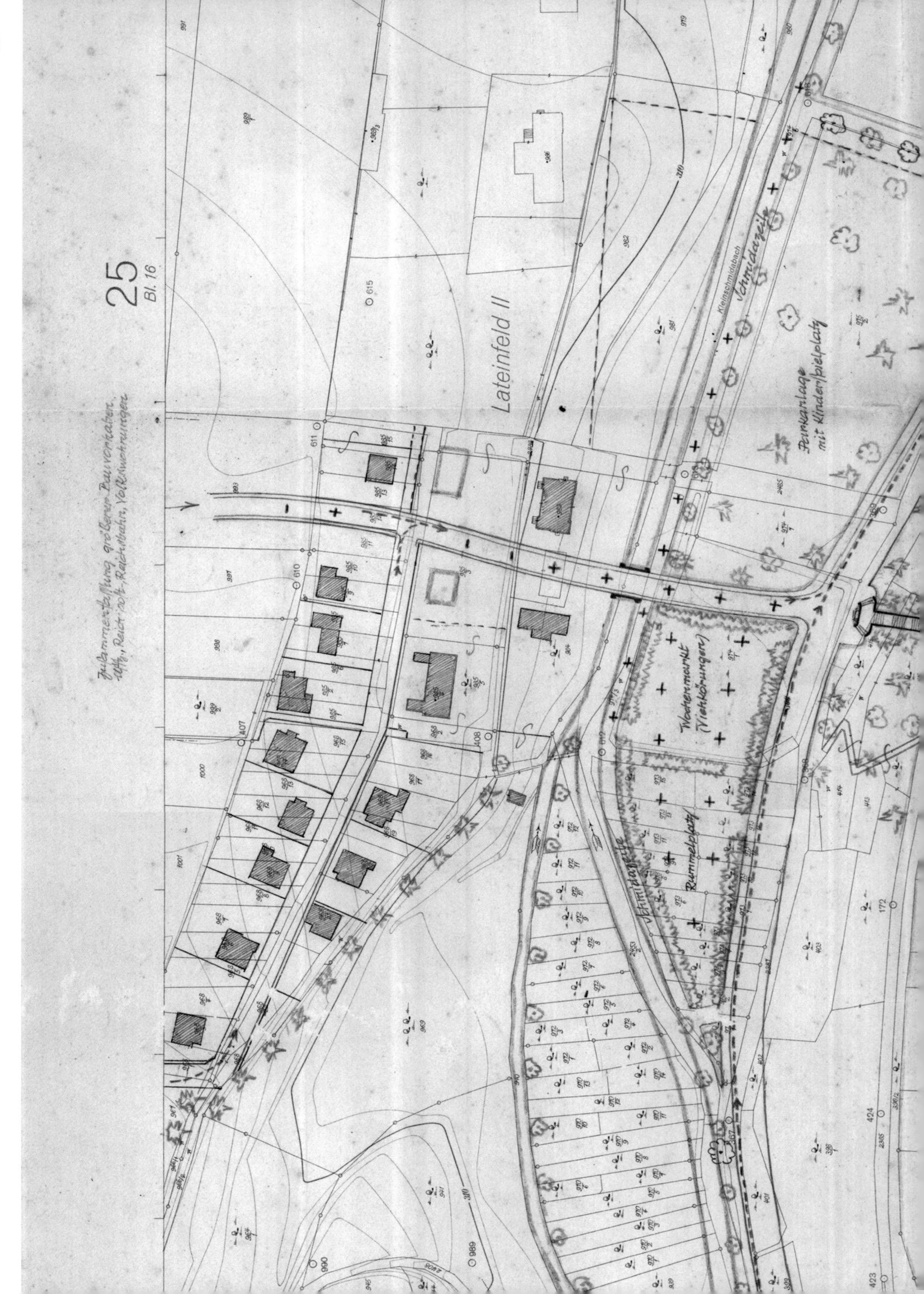

Lateinfeld II

Zusammenfassung größerer Bauvorhaben
HJ, Reichswehr, Reichsbahn, Volkswohnungen

Parkanlage mit Kinderspielplatz

Wochenmarkt (Viehkörungen)

Rummelplatz

Stadt Eggenburg

Bl. 32

Unmaßstäbliche Einbeziehung der Hausgärten in die Grünanlagen

Nordtor

Dachvernichtung

Großgaststätte oder Markthalle (Arkaden)

Giebelerrichtung (Arkaden)

Freimanngasse

Judenplatz

Ottwegstraße

Eggenstraße

Neutorgasse
Filzladen

Brotmarkt

Alternativa Markthalle (Arkaden)

Freilegung der romanischen Wohn-

Alte Rathausstraße

Hauptplatz

Neues Rathaus

Wirtsbogen
Arkadensteilheide

Pfarrgasse
Krehengasse
Burggasse

Bürgerspitalgasse

Steinbauvertretung

24
Bl. 15
Eggenburg, Gerichtsbez: Eggenburg,
Niederösterreich.
Kanzlermühle
Oltweltstraße
Weingärten

Stadt Eggenburg

Stadt Eggenburg

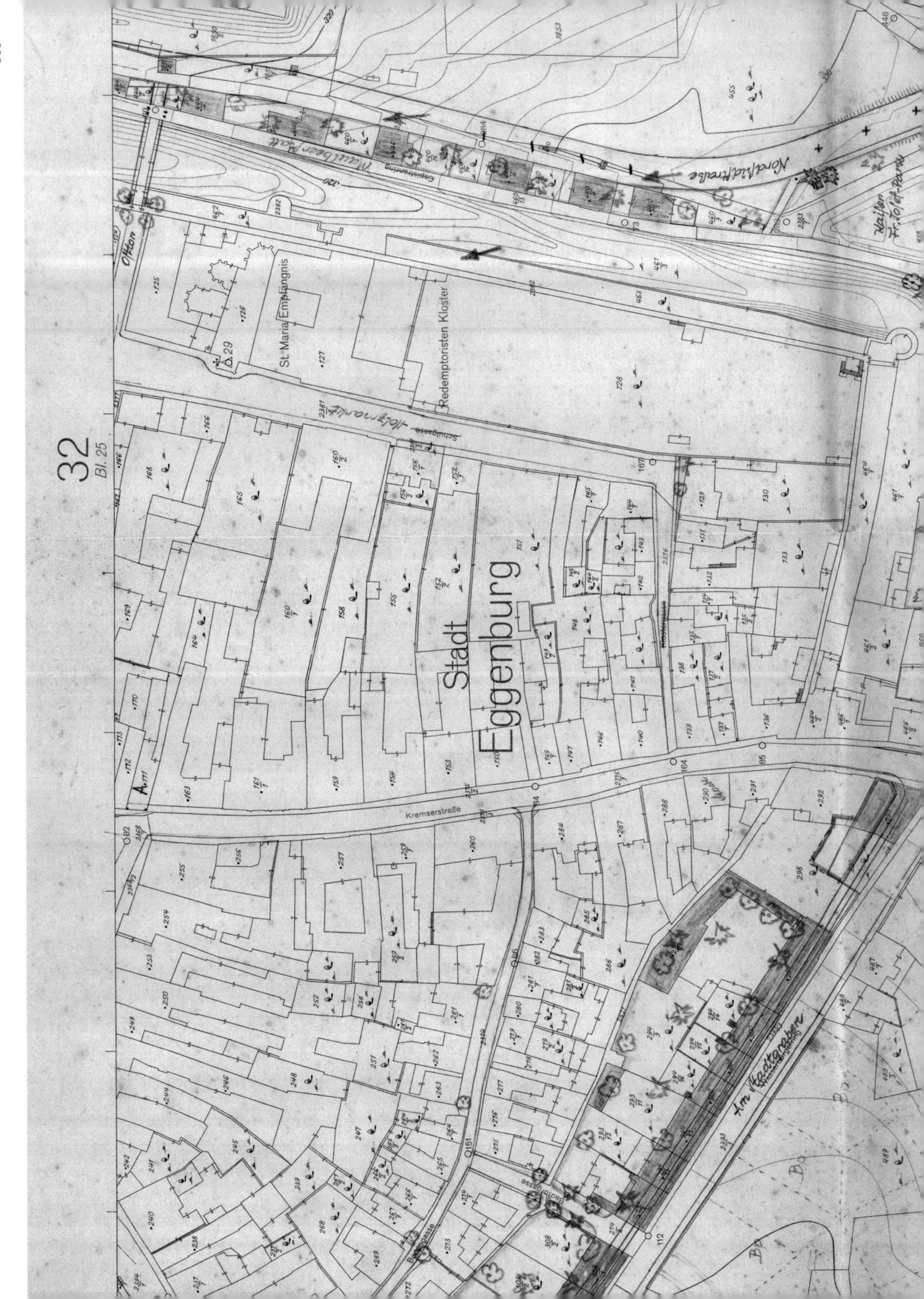

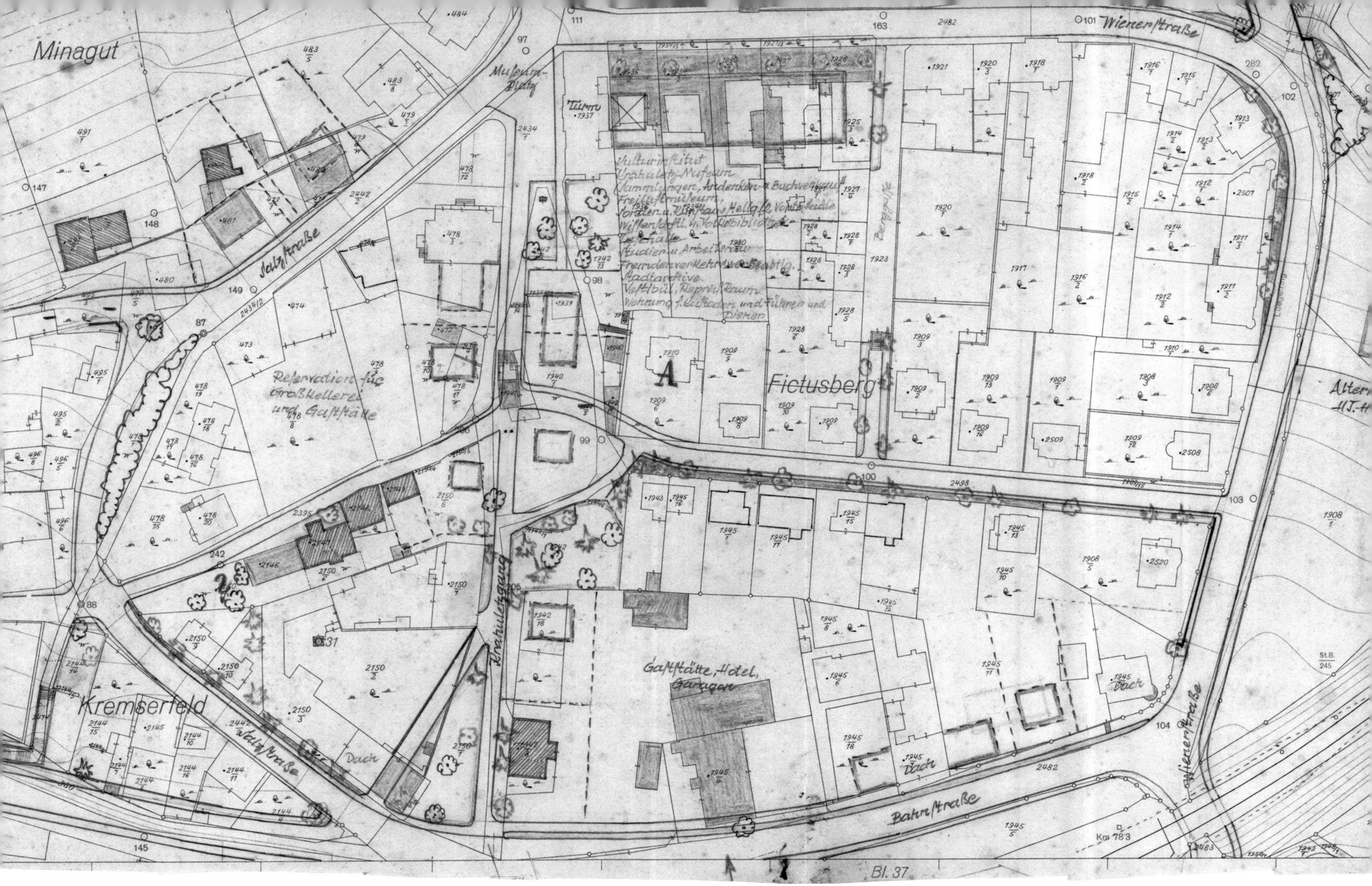

Minagut
Wienerstraße
Museum-Platz
Turm
Salzstraße
Fictusberg
Berggasse
Reservation für Großkellerei und Gaststätte
Gaststätte, Hotel, Garagen
Bahnstraße
Kremserfeld
Salzstraße
Dach
Wienerstraße
Bl. 37

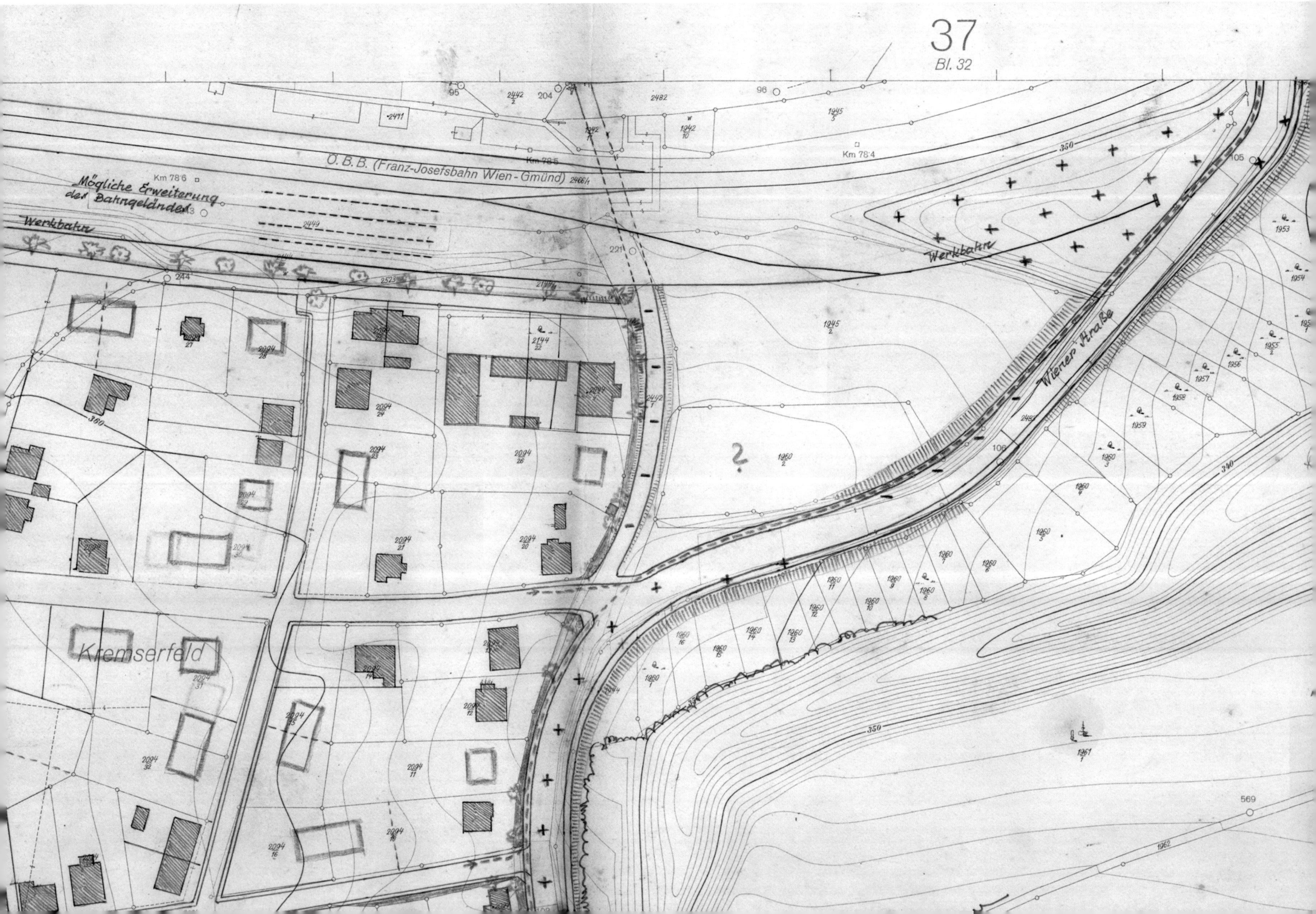
37
Bl. 32
Ö.B.B. (Franz-Josefsbahn Wien-Gmünd)
Mögliche Erweiterung des Bahngeländes
Werkbahn
Werkbahn
Wiener Straße
Kremserfeld
Km 78·6
Km 78·5
Km 78·4

Kremserfeld

Wiener Straße 2+10+2, bis Gabelung

Zugleich Feuerlöschteich.
Zu speisen aus den Niederschlägen
auf den Straßenkörper, ferner aus
dem zeitweise bestehenden natürlichen
Gerinne und den austreten im
Zogeldorfschichten zu errichtenden
Notzwasserleitung.

Waidhofen an der Thaya   Nach der „Wiedervereinigung" sahen sich die Gemeindevertreter angesichts einer im historischen Überblick geringen, lediglich auf Verschönerungsmaßnahmen durch „Schaffung und Ausgestaltung kultureller und gemeinnütziger Einrichtungen" beschränkten räumlichen Ausdehnung der Stadt, von Bedarf wie eigenem Ehrgeiz bestimmt, vor große Aufgaben gestellt, die in der Gemeinderatssitzung vom 25.11.1938 ein ambitioniertes ‚Aufbauprogramm' als 5-Jahresplan vom 1.4.1939 bis 31.3.1943 beschließen ließen.[73] Im Budgetvoranschlag 1939/40 wurden aus einer Vielzahl baulicher Vorhaben mit Gesamtkosten von etwa RM 2 Mio zunächst RM 553.690 eingestellt. An erster Stelle rangierte ein das Prestige der Kreisstadt unterstreichender Neubau eines Amtsgebäudes in zentraler Lage, das die Vergrößerung und Vermehrung von Dienststellen der Verwaltung und der Partei erforderlich machten und mit dem zugleich ein repräsentativer Veranstaltungssaal sowie ein neues städtisches Warmbad geschaffen werden sollte. Von RM 1 Mio veranschlagter Gesamtkosten wurden im ersten Jahr RM 200.000 für Grundkauf, Planung und Bauvorbereitungsmaßnahmen vorgesehen; dazu kam ein Kostenaufwand von RM 80.000 für Ausbau und Ausgestaltung des Rathauses, das durch die bevorstehende Eingemeindung mehrerer Nachbarorte der gestiegenen Bedeutung auch ästhetisch gerecht werden sollte. Der steigende Wohnungsbedarf für Beamte, deren Zuzug infolge der Umstrukturierung und Erweiterung des Verwaltungsapparats durch Zentralisierung zu erwarten war, machte, den ohnehin herrschenden Wohnungsmangel verschärfend, umgehende und umfangreiche Baumaßnahmen notwendig. Für die Errichtung von Ein- und Mehrfamilien- bzw. Beamtenhäusern, deren Planung und Bau der Heimstätte für Wien und Niederdonau oder anderen Wohnbaugesellschaften und Privaten überlassen werden sollten, hatte die Gemeinde mit Grundkäufen südlich der städtischen Hauptachse Schönererstraße, heute Raiffeisen- und Bahnhofstraße, bereits vorgesorgt; Parzellierung und Aufschließung von 40 Einheiten standen bevor. Für die Wohnungsnot leidende Bevölkerung war auf einem am nördlichen Stadtrand erworbenen Gelände die Errichtung einer Kleinsiedlung aus in Ratenzahlung erwerbbaren ‚Siedlerstellen' und mietbaren ‚Volkswohnungen' geplant, deren erste 8 Doppelhäuser zum Jahresende im Rohbau bereits fertiggestellt werden konnten. Von insgesamt projektierten 44 ‚Siedlerstellen' und 20 ‚Volkswohnungen' sollten allerdings lediglich 12 bzw. 10 realisiert werden, deren Finanzierung, bei Übernahme der Aufschließung für Strom und Wasser von RM 21.120 und RM 30.200 für den Straßenbau durch die Gemeinde, mit Reichs- und Sparkassendarlehen erfolgte.

> Wohn- und Siedlungsbauten 153   Kosten für den allgemeinen Straßen- und Kanalausbau wurden mit insgesamt RM 164.200 veranschlagt, wovon auf den Zeitraum 1939/40 RM 32.840 entfielen; RM 50.000 kostete die Sicherung der Wasserversorgung durch den Bau eines Tiefbrunnens. Im Sozialbereich schlug die Erweiterung des Krankenhauses, für die bereits am 26.9.1938 ein Landeszuschuss bewilligt worden war, mit einem 2/8-Anteil von RM 165.000 zu Buche. Im Schul- und Sportbereich wurden für Instandhaltungs- und Verbesserungsarbeiten in der Hauptschule RM 10.700, für den Bau einer Doppelturnhalle in der Realschule RM 120.000 sowie den Umbau der alten Turnhalle in einen Festsaal RM 5000 vorgesehen; darüber hinaus wurden für Grundkauf und Bau eines Sportplatzes RM 110.000, den Bau eines Jugendheims RM 30.000, den Ausbau des Freibads, die Errichtung von Tennisplätzen und einer Eislaufbahn RM 10.000 im Jahresbudget eingestellt. Zur Verbesserung kultureller Einrichtungen sollte das bestehende Heimatmuseum in das Nebenhaus erweitert werden, für dessen Kauf und Adaptierung RM 5000 veranschlagt wurden sowie RM 4000 für die Verschönerung der Südpromenade.

Um Rahmenbedingungen und Grundsatzfragen der angestrebten Stadterweiterungsprojekte zu klären, konsultierte die Stadtgemeinde Waidhofen die Planungsbehörde des Reichsstatthalters wie Bürgermeister Dittrich auf Anregung von Kreisleiter Hanisch, die umfangreichen Bauvorhaben mit der regionalen Raumplanung abzustimmen und einen Verbauungsplan zu veranlassen, damit Oberbaurat Sturm, Städtebaudezernent und für sämtliche bautechnischen Aufgaben der NSDAP in Niederdonau zuständig, betraute. Über erste technische Vorarbeiten, über die der Bürgermeister in der Sitzung vom 16.10.1940 informierte,[74] scheint die Stadtplanung aber nicht hinausgekommen zu sein; nachdem Waidhofen mit Erlass des Reichsstatthalters vom 2.12.1940 zum Wohnsiedlungsgebiet erklärt worden war und am südlichen und nordwestlichen Stadtrand Erweiterungsgebiete definiert und vermessen werden sollten, wurde im August 1941 eine Ortsplanung erneut nur angekündigt.[75] Eine Ortssatzung, in der Kompetenz der Gemeinde gelegen, wurde allerdings zur Regelung von Bebauung und Baugestaltung erlassen. Gemäß geltender Bauordnung in Niederdonau wurde zur Verhinderung unkontrollierter Erweiterungsmaßnahmen eine geschlossene Verbauung vorgeschrieben und als Dachform nahezu ausnahmslos der traditionell ausgeführte Krüppelwalm mit einer Neigung steiler als die Dachneigung mit 40-55° verordnet; Zelt- und Mansarddächer waren grundsätzlich verboten.[76] Im September 1942 folgte eine eigene Satzung für Scheunen, die in Bauzonen am Stadtrand mit Firstausrichtung parallel zur Straßenachse, einer Flucht im Abstand von 6 m zur Straße und einem Seitenabstand von 20 m erlaubt waren; als Dachform war einzig ein Satteldach ohne Krüppelwalm, einheitlich eingedeckt mit gebrannten Flach-, Biberschwanz- oder Falzziegeln – Zementziegel oder Asbestzementschiefer waren verboten –, zugelassen.[77]

Die kaum in Angriff genommene und seit Kriegsbeginn von zunehmender personaler wie materialer Einschränkung betroffene Bautätigkeit, die schließlich durch Beschränkung auf ausschließlich ‚kriegswichtige' Bauten eingestellt werden musste, zeitigte nach der Vielzahl in Aussicht genommener und propagierter Projekte ein mageres Ergebnis: im Wohnungsbau waren es gerade einmal 34 auf eine Kleinsiedlung und ein Mehrfamilienwohnhaus verteilte neu Wohneinheiten, deren Errichtung noch 1938 bewilligt und begonnen worden war; ob die als Notlösung ins Auge gefasste Adaptierung leer stehender Objekte zu Wohnungen, etwa in der 1927 stillgelegten Tiefenbacher Knopffabrik in der Stoißmühle, ausgeführt wurde, ist nicht belegt.[78] Zuletzt musste sich die Hoffnung auf Wohnraum mit einem vom generellen Bauverbot ausgenommen und ohne Baubewilligung in Selbstbauweise herstellbaren ‚Behelfsheim' des ‚Deutschen Wohnungshilfswerks' bescheiden, dessen minimale Nutzfläche von etwa 30 m² die Stadtgemeinde Ende April 1944 mit Beschluss von 4 gekuppelten Bauten im Anschluss an die neue Kleinsiedlung in Aussicht stellte.[79] Zur Ausführung gelangten die ‚Behelfsheime' vermutlich nicht, vielmehr reduzierte sich zuletzt jegliche Bautätigkeit auf Baracken.

Umso mehr muss angesichts der prekären bauwirtschaftlichen Lage und der kriegswirtschaftlichen Konzentration aller Mittel ein 1942 fertiggestellter Neubau eines Amtsgebäudes erstaunen, den nach Ausweitung des geografischen Zuständigkeitsbereichs der Straßenverwaltung unzureichende Diensträume erforderlich gemacht hatten. Als Reichsdienststelle finanziert, konnte das neue Reichsstraßenbauamt Waidhofen Mitte des Jahres bezogen werden.[80] > Öffentliche Gebäude 327 Hingegen gelangte das von den Gauwerken Niederdonau außerhalb der Stadt geplante Umspannwerk samt Wohnhaus für die ‚Gefolgschaft', das im Zuge der seit 1939 vorbereiteten Errichtung einer 60 kV-Leitung von Rosenburg über Waidhofen nach Gmünd[81] in Jasnitz projektiert und nach anfänglicher Verweigerung der Baubewilligung 1941 doch zu bauen begonnen wurde,[82] nicht über das Fundament des Schalthauses hinaus; zur Sicherung der Stromversorgung diente als Provisorium ein frei stehender 5 MVA-Umspanner.[83] > Energieversorgung 93

Planungsaktivitäten mit Fokus auf die Zeit nach dem suggerierten ‚Endsieg' hielten trotz großteils zum Stillstand gekommener Bautätigkeit unvermindert an. In Waidhofen trat im September 1941 die Sparkasse wegen eines geeigneten Baugrunds für ein neues Geschäftsgebäude an die Gemeinde heran, die wiederum in ihrer Sitzung im Oktober eine Stadterweiterung auch nach Westen beschloss[84] sowie im Juli 1942 einen Grundkauf im Ausmaß von 2402 m² für den Bau eines NSV-Kindergartens tätigte, der als Bürobaracke, von Wenzl Hartl geplant und von der Stadtgemeinde an die örtlichen Firmen Rainer und Reitmeier vergeben, Ende des Jahres zur Ausführung kam.[85] Als letztes kommunales Bauvorhaben mit Kosten von RM 30.000 weist das Sitzungsprotokoll der Ratsherren vom April 1944 beschlossene 2 Baracken aus, die als Unterkunft für ‚Ostarbeiter' von der Zimmerei Rainer im Forstgarten aufgestellt wurden;[86] bezogen werden sollten sie von jüdischen Familien aus Ungarn, die im Juni 1944, von der Deportation nach Auschwitz temporär ausgenommen, dem Forstamt Waidhofen als ZwangsarbeiterInnen zugeteilt wurden.[87]

Gmünd

Bei dünner Quellenlage, die eine Horn, Zwettl und Eggenburg vergleichbare Stadtplanung nicht belegen lässt, obwohl in verstreuten Belegen Dozent Dr. Erwin Böck als beauftragter Stadtplaner aufscheint, können lediglich singuläre, zum Teil nur vage angerissene Projekte in loser Aneinanderreihung, wenn möglich Verknüpfung bestenfalls ein städtebauliches Fragment abgeben. In der Grenzstadt Gmünd leitete Karl Pany, pensionierter Oberlehrer und bereits 1933 als nationalsozialistischer Bürgermeister gewählt, dessen Angelobung und Amtsausübung allerdings die sozialdemokratischen Gemeinderäte durch Auszug verhindert hatten, bis Mai 1939 die kommunalen Geschäfte als Gemeindeverwalter. Bemühungen, ein Arbeitsbeschaffungs- und Bauprogramm für die Stadt auch umzusetzen, wurden zunächst von der sich verschärfenden ‚Sudetenkrise' durchkreuzt, als im Zuge der Mobilmachung der Ausbau von Straße und Bahn als kriegsvorbereitende Maßnahmen Vorrang hatte und Projekte, wie die Erweiterung des Krankenhauses, Infrastrukturverbesserungen bei Wasser und Kanal oder die Wiederinbetriebnahme stillgelegter Fabriken aufgeschoben werden mussten; lediglich geplante Flussregulierungen konnten unter Einsatz von in Gmünd stationierten RAD-Einheiten in Angriff genommen werden.[88]

Zudem führte der im Zuge der Strukturanpassung an das deutsche Verwaltungssystem durch Vergrößerung und Konzentration von Dienststellen in Gmünd entstandene Raumbedarf, der zunächst durch Nutzung ohnehin mangelhaften Wohnraums abgedeckt werden musste, nicht zu reden vom Wohnungsbedarf für zugezogene Bedienstete, zu einer unhaltbaren Situation, die dringend Baumaßnahmen erforderte, erst recht als mit der Ausweitung der Stadt nach dem Münchner Abkommen vom 30.9.1938 durch Rückgewinnung des 1919 abgetrennten südböhmischen Hinterlands eine weitere Vergrößerung des Behördenapparats zu erwarten war.[89] Die verstreut und ungenügend eingerichteten Dienststellen unter einem Dach zu organisieren, wurde die Errichtung eines neuen „großen Kanzleigebäudes" in Aussicht genommen, für das bereits ein Grundstück angekauft und dessen Finanzierung mit Reichsförderung abgesichert worden war; wie Pany nach Beendigung seiner Amtsführung 1939 in einem Tätigkeitsbericht vage anmerkte, hatte die Gemeinde „bereits zweimal größere Beträge bewilligt bekommen".[90]

In raumordnungspolitischer Hinsicht und nach den Zielsetzungen regionaler Raumplanung sollte „Gmünd als Verkehrszentrum" positioniert werden, durch den Ausbau von Straße und Schiene nicht nur die bessere Erschließung der näheren Umgebung, sondern mit Fernverbindungen nach Oberdonau, ins ‚Protektorat' und ins ‚Altreich' ein Verkehrsknoten geschaffen werden. Im stolzen Bewusstsein, dann mit 3 Gaustädten und 7 Kreisstädten vernetzt zu sein, ließ die Lage der Stadt ideal für Tagungen und Aufmärsche einschätzen, deren (stadt)räumlicher Bedarf neben Gebäuden auch einen entsprechenden Ausbau der Infrastruktur verlangte.[91]

Nach Übernahme der Amtsgeschäfte durch Bürgermeister Hans Retinger wurde 1941 auf einem vorsorglich für Industrieansiedlung erworbenen Areal am Stadtrand, jenseits des Werksgeländes der Landwirtschaftlichen Kartoffelverwertung AG und anschließend an die 1939 errichtete Großlagerhalle für Getreide,[92] einer von 6 in Niederdonau auf Anordnung des Reichsinnenministers geplanten Seuchenschlachthöfe, die gehäufte Fälle infektiöser Schweinelähmung notwendig gemacht hatten und vom Baustopp ausgenommen waren, vordringlich errichtet.[93] > Industriebauten 9 Auf einer Fläche von 2350 m² vom auf Schlachthöfe spezialisierten Berliner Architekten Walter Frese > Architekten / Künstler 397 geplant, erfolgte die Ausführung des Baus ab 1942 durch die lokalen Baufirmen Heinzel & Mokesch und Ing. Anton Leyrer in Arbeitsgemeinschaft; aufgrund personaler wie materialer Engpässe verzögerte sich die Fertigstellung allerdings bis Herbst 1944. Nach 1945 als regulärer Schlachthof bis Anfang der 1950er-Jahre in Betrieb, wurde der Bau schließlich für technische Zwecke des städtischen Wasserwerks, das restliche gemeindeeigene Grundstück zur Errichtung der sogenannten Waldrandsiedlung genützt.[94]

Ein nicht weiter belegbarer Verweis auf Planungen, mit denen die Trassierung des Abwasserkanals der Landwirtschaftlichen Kartoffelverwertung AG kollidierte, lässt Grundkäufe annehmen, die „vorwiegend zu den Erbauungen des neuen Stadtviertels (Ämter und Behörden) herangezogen" werden sollten, aber durch den 1941 verhängten Baustopp aufgeschoben werden mussten. Ebenfalls in Bezug auf die Abwassereinleitung verwies der Bürgermeister im Juni 1941 auf ein im Verbauungsplan des Flussgebiets vorgesehenes Stauteichprojekt, das zu berücksichtigen er bei der Wasserrechtsbehörde einforderte. 1942 sollten die Abwässer des agrarindustriellen Betriebs durch Verschlammung und Schaumbildung in der Lainsitz neben Schäden an anliegenden Mühlen eine ökologische Katastrophe mit „Fischsterben von Gmünd abwärts, das sich bereits über die Protektoratsgrenze ausweite und die Teichwirtschaft gefährde" verursachen, die nach anhaltenden Protesten der Fischereiwirtschaft und Schadenersatzforderungen der Mühlenbetreiber 1944 schließlich vom Unternehmen behoben wurden.[95] > Industriebauten 9

Im Schulbereich hatten Verhandlungen des Bürgermeisters mit dem für höhere Schulen zuständigen Ressort des Reichsstatthalters die Absicht, Oberschulen für Knaben und Mädchen sowie ein Schülerinnenheim nach dem Krieg zu errichten, erkennen lassen. Die Finanzierung der mit etwa RM 1 Mio bezifferten Baukosten wurde wesentlich aus Reichsmitteln erwartet; Kosten für Entwurf und Planung aufbringen, war die Gemeinde selbst gefordert. Nach Anbotseinholung beim für Schulgebäude ausgewiesenen Architekten Prof. DI Tremml wie beim örtlichen Stadtplaner Dozent Dr. Erwin Böck, die in etwa gleicher Höhe einschließlich Bauleitung insgesamt RM 35.700 ansetzten, fasste der Bürgermeister in der Beratung mit den Ratherren am 7.11.1941 die Entschließung zur Vergabe an den Dr. Böck.[96]

Heidenreichstein

Neben den Kreisstädten mit neugeplantem Zentrum und Stadterweiterung strebten auch Vertreter kleinerer Städte und Märkte nach einer an den Leitbildern deutscher Neugestaltung orientierten Ortsplanung, die meistens nicht über Absicht und Ansatz hinauskam und sich im Wesentlichen auf die Planungsansätze singulärer Amts- und Parteibauten beschränkte. So berichtete die lokale Presse etwa unter "Aufbauarbeit" in Martinsberg über ein projektiertes und im Haushaltsplan für 1941 neben anstehenden Infrastrukturprojekten, wie Straßensanierung und Wasserleitungsbau, veranschlagtes „Gemeindehaus", das die Amtsräume der Gemeinde, das Standesamt und „Heime" für sämtliche Parteigliederungen unter einem Dach beherbergen sollte.[97] Als Beispiel eines Industriestandorts gibt das Protokoll einer am Gemeindeamt Heidenreichstein mit Landrat und Vertretern von Planungsbehörde und anderer Ressorts des Reichsstatthalters im August 1941 stattgefundenen Besprechung den Auftakt des Umgestaltungsprozesses wieder, der vermutlich über den Beschluss eines Gesamtbebauungsplans und einer Ortsatzung nicht hinausgekommen ist. Verkehrstechnische Priorität sollte, um den von Engstellen und unübersichtlichem Straßenverlauf beeinträchtigten Verkehr zu beschleunigen und den Ort vom Durchzugsverkehr zu befreien, der Bau einer Umfahrungsstraße haben. Städtebauliche Markierungen nationalsozialistischer Ordnung sollten mit einem neuen Amtsgebäude am Stadtplatz gesetzt werden sowie mit einem „Gemeinschaftshaus", von dem sich „ein dominierender Blick über Heidenreichstein" bieten würde und das vermutlich am Hang zur Margaretenhöhe zu verorten ist. Das HJ-Heim wiederum war am Ufer des Hofwehrteichs vorgesehen, um den eine Promenade angelegt sowie der Edelteich zu einem Sommerbad ausgestaltet werden sollte. Ackerflächen im Anschluss an das Fabriksgelände der Patria bzw. an die ursprünglich für deren Facharbeiter errichtete und nach dem Gründer des Unternehmens benannte Honig-Siedlung wurden für Wohnbauten abgesteckt; eine große kommunale Siedlung, für die bereits Anfang 1939 zahlreiche Anmeldungen bei der Gemeinde eingegangen waren,[98] sollte 2-geschossige Häuser mit ‚Volkswohnungen' sowie Eigenheime in geschlossener Verbauung umfassen.[99] Tatsächlich gebaut wurden auf einem kleinen Teil des gewidmeten Areals letztlich 4 ‚Behelfsheime' > Wohn- und Siedlungsbauten 153 mit Grundzulage im Auftrag des für die Wehrmacht Socken produzierenden Textilbetriebs, die mit annähernd 30 m² Nutzfläche in unverputzter Steinbauweise ausgeführt wurden. Eines dieser rohen Häuschen diente ab Frühsommer 1944 auch als Quartier für der Patria als ZwangsarbeiterInnen zugeteilte jüdische Familien aus Ungarn; ein anschließender, als Waschgelegenheit genutzter kleiner Teich, im lokalen Sprachgebrauch der älteren Generation als ‚Judenteichtl' bezeichnet, verweist ebenso auf die rassistische und antisemitische Ausbeutungs- als Vernichtungspolitik wie ein zu einem Gartenhaus verschönerter Teil eines Barackenlagers für ZwangsarbeiterInnen verschiedener Nationen am Färbereiweg.[100] > Baracken 291

Einzig ausgeführtes Projekt, allerdings nicht kommunaler Zuständigkeit, war die als ‚kriegswichtiger' Industriebau 1943 bei Klein Pertholz mit entsprechend hoher Dringlichkeitsstufe errichtete und bis auf Wohnbauten für die Belegschaft weitgehend fertiggestellte, wenn auch mangels Lieferbarkeit der maschinellen Einrichtung nie in Betrieb genommene TKV Heidenreichstein > Industriebauten 9. In dezidierter Einzellage und ländlich-traditionalistisch überformt, zeugt der mittlerweile in der Waldvegetation aufgegangene Funktionsbau akronymer Tierkörperverwertung nicht nur von nationalsozialistischer Bauauffassung, sein Zweck, aus Tierkadavern als rüstungswichtigen Grundstoff Glycerin zu gewinnen, lässt das abgekommene Fabriksambiente in der Waldidylle als den zwiespältigen Ort erscheinen, den seine Architektur mit Krüppelwalm und Fledermausgaupen beschönigte.

Biografien Architekten / Künstler

Wils Ebert

17.4.1909 in Obercunnersdorf – 24.6.1979 in Berlin

Nach Gewerbeschule sowie einer Schlosser- und Maurerlehre in Dresden 1929-1933 Studium am Bauhaus in Dessau und Berlin bis zu dessen Schließung; Diplom bei Mies van der Rohe und Ludwig Hilberseimer (Städtebau). Mitglied des Werkbunds. 1933-1934 Mitarbeiter von Gropius, den er 1933 beim CIAM Congrès Internationaux d'Architecture Moderne in Athen vertrat und der ihm bei seiner Emigration das Büro sowie die Funktion als Berater und Designer für die Franke'schen Eisenwerken in Adolfshütte bei Dillenburg überließ. Mangels Aufträgen 1935-1937 kurzzeitige Beschäftigung bei der Deutschen Gesellschaft für Bauwesen und beim Ingenieurdienst e.V. sowie Mitarbeit im Architekturbüro R. Linneke. 1941-1945 dienstverpflichtet als Bauingenieur für die Berliner Mineralölgesellschaft, Mitarbeit an Planungen für Hydrier- und Aluminiumwerke. 1945-1949 Leiter des Planungsamtes beim Berliner Magistrat sowie Assistent von Scharoun an der TU Berlin, ab 1947 a.o., ab 1955 Professor für Städtebau an der HBK, 1960 Mitinitiator des Bauhaus-Archivs in Berlin.

Sein Werkverzeichnis umfasst neben dem Entwurf des Viktorin-Werks in Eggenburg städtebauliche Planungen für Berlin sowie Wohn-, Siedlungs-, Industrie- und öffentliche Bauten, u.a. eine Schule in Spandau, das Museum in Dahlem, den UNESCO-Kindergarten in Mariendorf sowie Ausstellungsbeteiligungen, u.a. 1955 Deutscher Werkbund Berlin, 1957 Interbau. Als Designer gestaltete Ebert Möbel und Kücheneinrichtungen sowie als Nachfolger von Gropius, der 1926 die Produktlinie „Oranier" für die Franke'schen Eisenwerke konzipiert hatte, ab den 1930er-Jahren Öfen; für den Wiederaufbau des kriegszerstörten Werks war er ebenso verantwortlich wie neben dem gesamten Corporate Design, vom Briefpapier bis zu Werbebroschüren, für den Bau von Arbeitersiedlungen und Wohnhäusern für leitende Angestellte, einschließlich deren Einrichtung.1955-1957 Beteiligung an der Siedlung Mariendorf-Ost, dem für 7000 Bewohner größten sozialen Wohnbauvorhaben in West-Berlin, wofür das mit Scharoun zunächst für Friedrichshain im späteren Ost-Berlin entwickelte Konzept der nun ‚Nachbarschaft' genannten ‚Wohnzelle' – nach dem Vorbild der gegliederten und aufgelockerten Stadt überschaubare, in sich geschlossene Einheiten mit eigenen Versorgungseinrichtungen, Geschäften und Schulen – verwirklicht wurde. 1966 folgte die Siedlung Düppel Süd in Zehlendorf und 1967 die GSW-Siedlung in Kreuzberg.[1]

> Industriebauten_Viktorin-Werk Eggenburg 74

Willi Erdmann

20.11.1887 in Mainz – unbekannt

1901-1905 Studium an der ehemaligen Großherzoglichen Hessischen Kunstgewerbe- und Bauschule, ab 1906 Praxis u.a. bei Reinheimer und Maurer in Mainz und Pforzheim sowie bei Peter Behrens, Bruno Paul, Emil Hoepffner und Paul Mebes in Berlin. 1914-1918 Kriegsteilnahme; ab 1922 selbstständiger Architekt sowie Stadtrat und Dezernent im Hochbauamt Spandau. Zu den zum Teil selbstständig ausgeführten Arbeiten in den 1920er-Jahren zählen Industriebauten, Geschäfts- und Bankhäuser, Siedlungen und Landhäuser vorwiegend in Berlin sowie undatierte Schul- und Turnhallenbauten, eine Friedhofskapelle unter Leitung des Hochbauamtes Berlin-Zehlendorf und in Zusammenarbeit mit C. Ch. Lörcher ländliche Siedlungen in Kobrow, Bansow, Striggow in Mecklenburg.

Mitglied im 1928 von Rosenberg gegründeten, völkisch-antisemitisch ausgerichteten Kampfbund für Deutsche Kultur, ab 1.9.1929 Mitglied der NSDAP, Angehöriger des SS-Reitersturms 1/7 sowie Mitglied der Filmprüfungskommission und Beisitzer im obersten Ehrenrat der Reichskammer der bildenden Künste. Ab 1934 plante Erdmann Wohn- und Siedlungsbauten, insbesondere Bauernhöfe, wie er die Ausstattung für parteiamtliche Veranstaltungen, etwa im Sportpalast für die Reichskulturkammer oder in der Krolloper für den Reichstag, und ein Ehrenmal für das Berliner Rathaus entwarf.[2]

> Bäuerliche Siedlungen 253

Gottfried Feder

27.1.1883 in Würzburg – 24.9.1941 in Murnau

Ingenieur und Wirtschaftstheoretiker, gehörte als frühes Mitglied der 1919 gegründeten und 1920 in NSDAP umbenannten DAP zu den führenden Parteiideologen wie auch Paul Schultze-Naumburg, mit dem zusammen er analog Rosenbergs Kampfbund für Deutsche Kultur 1931 den Kampfbund Deutscher Architekten gründete. 1924-1936 nationalsozialistischer Reichstagsabgeordneter; vor 1934 Leiter des Amts für Technik in der Reichsparteileitung, dann kurzzeitig Reichskommissar für das Siedlungswesen, danach Professor für Siedlungswesen, Raumordnung und Städtebau, ab 1937 Leiter der Arbeitsgemeinschaft für Raumforschung an der TH Berlin. Zu seinen maßgeblichen wirtschaftspolitischen Schriften zählen: 1919 „Das Manifest zur Brechung der Zinsknechtschaft", 1931 „Der Deutsche Staat auf nationaler und sozialer Grundlage", 1933 „Kampf gegen die Hochfinanz" und „Die Juden", 1939 „Die Neue Stadt".

> Wohn- und Siedlungsbauten 153
> Städtebauliche Planungen 351

Walter Frese

17.1.1872 in Lauchau/Unstrut – unbekannt.

Selbstständiger Architekt in Berlin; im Auftrag des NS-Regimes plante er vor allem Schlacht- und Viehhöfe für ca. 40 Städte in Deutschland sowie im annektierten Österreich und in Jugoslawien.[3]

> Industriebauten_Seuchenschlachthof Gmünd 88

Hermann Giesler	2.8.1898 in Siegen – 20.1.1987 in Düsseldorf

Nach seiner Teilnahme am 1. Weltkrieg 1919-1923 Studium an der Kunstgewerbeschule und anschließend TU München. Ab 1930 selbständiger Architekt und Keramiker im Allgäu. Mitglied der NSDAP seit 1931, nachdem er sich als Parteiredner und Angehöriger der SA engagiert hatte. 1933 Bestellung zum Baumeister in Sonthofen und ab 1934 Erbauung der Ordensburg; Planungsauftrag von Sauckel für das ‚Gauforum' Weimar, das ab 1936 errichtet wurde, sowie 1938 für die Villa des Gauleiters; Aufträge für weitere Repräsentationsbauten, wie das ‚Gauforum' Augsburg oder die ‚Hohe Schule der NSDAP' am Chiemsee. 1938 Ernennung durch Hitler zum Professor und Generalbaurat für die Neugestaltung der ‚Hauptstadt der Bewegung' München, wo Giesler u.a. zusammen mit Paul Bonatz an der Planung des neuen Hauptbahnhofs arbeitete; 1942 wurde er im Zuge der zunächst Roderich Fick anvertrauten Neugestaltung von Linz zu einer der 5 ‚Führerstädte' mit der „Monumentalverbauung links der Donau" betraut.[4] Nachdem infolge des generellen Baustopps für ‚nicht kriegswichtige' Bauten sämtliche städtebaulichen Projekte eingestellt worden waren, war Giesler mit der eigenen „Baugruppe Giesler" für die OT im Baltikum tätig und 1942–1944 als Leiter der Einsatzgruppe Russland-Nord; 1944–1945 leitete er die Einsatzgruppe VI in Bayern und den ‚Donaugauen', die unter Einsatz von KZ-Häftlingen den Bau der Rüstungsproduktionsstätte Mühldorfer Hart durchführte. Seit 1943 Mitglied des Reichstags und von Speer in den Arbeitsstab für den Wiederaufbau bombenzerstörter Städte berufen, wurde Giesler 1944 in die von Hitler und Goebbels zusammengestellte, 1041 Künstler umfassende ‚Gottbegnadeten-Liste' aufgenommen und zählte in der Sonderliste ‚Unersetzliche Künstler' zu den 4 auserwählten Architekten.[5]

Nach dem Ende des NS-Regimes 1945 verhaftet und von der amerikanischen Besatzungsmacht bis 1946 interniert, wurde Giesler mit 13 anderen wegen Tötungsverbrechen im KZ Mühldorf 1947 vor einem Militärgericht angeklagt und verurteilt. Von 5 Todesurteilen wurde eines vollstreckt, die anderen in kontinuierlich reduzierte Haftstrafen umgewandelt; Giesler, zu lebenslänglicher Haft verurteilt und im Gefängnis in Landsberg arrestiert, wurde 1948 nach Reduzierung des Strafausmaßes auf 25 Jahre und 1951 auf 12 Jahre 1952 begnadigt. Er etablierte sein Büro in Düsseldorf und war bis zu seinem Tod 1987 als selbständiger Architekt tätig.[6]

> Städtebauliche Planungen_Gaustadt Krems 352

Karl Hauschka	4.5.1896 in Wien – 30.10.1981 in Wien

1915-1919, mit Unterbrechung durch Kriegsteilnahme, Studium an der Höheren bautechnischen Staatsgewerbeschule, 1919-1922 an der Akademie der bildenden Künste in Wien bei Peter Behrens. 1923-1925 Praxis im Büro Heinrich Schmid und Hermann Aichinger, 1926-1932 selbständiger Architekt in Wien, 1932 zusammen mit Bildhauer Oskar Thiede Teilnahme und 1. Preis beim „Int. Wettbewerb für ein Richard Wagner-Denkmal"; 1932-1937 Tätigkeit in Spanien, 1938-1942 in Deutschland und 1942-1945 Kriegsteilnahme; 1946-1968 wieder selbstständiger Architekt in Wien.

Werke: 1925-1933 Wohnbauten der Gemeinde Wien, zum Teil in Zusammenarbeit mit Viktor Mittag (Thury-Hof, Ebert-Hof und Wildgans-Hof); 1932-1937 städtebauliche Projekte in Spanien, u.a. Gran Via Circular, Stadtbad und Montanistische Hochschule der Ciudad Universitaria in Madrid, Schulen in Barcelona und Lerida, Spital in San Sebastian; 1938-1940 Chefarchitekt der Opel-General Motors-Werke in Rüsselsheim, 1941-1942 Industrieneubau des Mikron-Werks in Aschaffenburg; 1946-1949 Siedlungen, Einfamilienhäuser, landwirtschaftliche Bauten in Wien und Niederösterreich, 1950-1958 Wohnbauten der Gemeinde Wien sowie 1954-1959 Kraftwerk Ybbs-Persenbeug.[7]

> Elektrizitätsversorgung_Kraftwerk Ybbs-Persenbeug 94

Hans Kamper	9.3.1905 in Wilhelmsburg – 26.11.1992 in Lindau am Bodensee

Studium an der HTL Mödling und Graz, wo er der Burschenschaft Rhaeto-Germania und ab 1924 dem Oberland-Bund angehörte, ab 1925 an der Akademie der bildenden Künste Wien, Meisterklasse Peter Behrens. 1927-1932 Stadtbaumeister in Wien.

Ab 1931 Angehöriger der SA als Oberführer, Mitglied der NSDAP ab 1.4.1932 mit der Nr. 900.260, Führer der SA-Motorstaffel, ab 1933 Landesarbeitsführer des NS-Arbeitsdienstes, Angehöriger des NSKK und Hauptabteilungsleiter der NSDAP-Landesleitung Österreich. Nach Verbot der NSDAP 1933 entzog sich Kamper 1934 der Verhaftung durch Flucht nach Deutschland, wo er in München wieder als Landesarbeitsführer tätig war, der ‚Österreichischen Legion' angehörte und deutscher Staatsbürger wurde. 1935 wechselt er an das Stadtplanungsamt Wuppertal-Barmen, 1936-1938 betrieb er als selbstständiger Architekt ein Atelier in Hannover, dann in Berlin, wo er vor allem im Wohnungsbau reüssierte, u.a. durch Aufträge der Stadt Berlin und der Goebbels-Stiftung für 300 bzw. „200 Großwohnungen in Berlin-Dahlem". Nach dem Aufstieg in den Kreis um Speer wurde er im Rahmen der Errichtung der ‚Stadt der Reichswerke Hermann Göring' in Braunschweig nach dem Masterplan von Herbert Rimpl mit der Planung von „1300 Volks- und Mittelstandswohnungen in Salzgitter und Kniestedt" sowie „weiteren 1000 Volkswohnungen in Ohlendorf bei Braunschweig" betraut. Im Auftrag aller Heeresverbände plante er „ca. 2000 Wohnungen für Offiziere, Unteroffiziere und Arbeiter in den verschiedensten Standorten des Altreichs". Nach seiner Rückkehr nach Österreich 1938 eröffnete er, zum SA-Obersturmbannführer befördert, ein Atelier im Hochhaus in der Wiener Innenstadt und erhielt als ‚Alter Kämpfer' für Verdienste um die Partei 1939 die ‚Arisierung' der Villa von Maria Lederer in Grinzing zugesprochen. Beauftragt mit sämtlichen Wohnbauten der Wehrmacht im Ober- und Niederdonau umfassenden Wehrkreis XVII, plante er u.a. Wohnungen im Umkreis von Militärakademie und Fliegerhorst in Wiener Neustadt sowie „100 Kleinsiedlerstellen" in Amstetten und „200 Volkswohnungen" in Ebergassing. In Wien arbeitete Kamper, „um an dem Aufbauwerk der Gauhauptstadt mit meiner Erfahrung und Kenntnis mitzuwirken; sowie mein leistungsfähiges Wiener Büro einzusetzen", an seiner weiteren Karriere, indem er 1940 mit Vorlage eines Werkverzeichnisses und der Referenz von Reichsarchitekt Hanns Dustmann, dessen Planungsstab zur Neugestaltung der Stadt er dann angehören sollte, beim Beigeordneten für das Wohnungs- und Siedlungswesen, Dr. Tavs, seine Aufnahme in die Liste der Architekten für das große kommunale Wohnungsbauprogramm betrieb. Den für Architektur im Kulturamt zuständigen Referenten Hermann Kutschera informierte er über seinen Vorentwurf einer SA-Reitschule, die als „Reiterstadion" in der Nähe des bestehenden Praterstadions Teil eines künftigen „Sportforums" sein sollte.

  1945 setzte sich Kamper nach Deutschland ab und wurde nach Internierung durch die amerikanische Besatzungsmacht in Stuttgart in Österreich, als unbekannt abgemeldet, 1947 zur Fahndung ausgeschrieben. Ein beim Volksgericht Wien eingeleitetes Strafverfahren nach dem Verbotsgesetz wegen illegaler Tätigkeit als NSDAP-Mitglied und dem Kriegsverbrechergesetz wegen Bereicherung aus rassistischen Gründen wurde 1948 abgebrochen und 1955 nach Innsbruck verlegt, wo Kamper, kurzzeitig gemeldet, der Registrierungspflicht als Nationalsozialist bei gleichzeitigem Antrag um Ausnahme nachgekommen war. Aufgrund seiner deutschen Staatsbürgerschaft mit Wohnsitz Düsseldorf wurde das Strafverfahren von der Oberstaatsanwaltschaft wegen Aussichtslosigkeit zur Niederschlagung empfohlen und 1957 gemäß NS-Amnestiegesetz vom Landesgericht für Strafsachen Wien eingestellt.[8]

> Wohn- und Siedlungsbauten_Wohnbauten Wehrmacht 178

F. Kaym & F. Schläger

Franz Kaym, 20.6.1891 in Moosbrunn – 12.1.1949 in Wien
1905-1909 Studium an der Staatsgewerbeschule, 1910-1913 an der Akademie der bildenden Künste in Wien bei Otto Wagner; bis 1916 Bauzeichner im Atelier Hubert Gessner und Adolf Loos; 1916-1918 Kriegsteilnahme. 1920-1935 Bürogemeinschaft mit Alfons Hetmanek, mit dem er ein den Grundsätzen der Siedlerbewegung entsprechendes Wohnungsreformkonzept entwickelte, das auf die serielle Herstellung kostengünstiger Normhäuser abzielte und, 1919 unter dem Titel „Wohnstätten für Menschen, heute und morgen" publiziert, ab 1921 im Auftrag der Gemeinde Wien, u.a. in der Selbstversorgersiedlung am Flötzersteig, der Siedlung Weißenböckstraße und der Siedlung Am Spiegelgrund, realisiert wurde. Darüber hinaus planten Kaym & Hetmanek auch Geschoßwohnbauten für die Gemeinde Wien, Schulen, Bäder, Wohn- und Geschäftshäuser sowie Industriebauten und entwarfen Einrichtungen für Wohn- und Bürobauten. Aus den zahlreichen Wettbewerbsbeteiligungen sind u.a. mehrere Bahnhofsbauten in Österreich und das Hygiene-Museum in Dresden sowie städtebauliche Studien zur Neugestaltung und Verbauung von Platzarealen in Wien zu nennen.

  Ab 1938 in Arbeitsgemeinschaft mit Frank Schläger, umfasste die Planungstätigkeit bis zu dessen Einberufung 1942 überwiegend Aufträge für die Rüstungsindustrie, u.a. 1938-1943 die Ostmarkwerke in Wien, 1942-1945 die Flugzeugwerke und die Raxwerke in Wr.Neustadt; neben nicht realisierten Kasernen und HJ-Heimen waren sie auch mit Ortsplanungen – im Untersuchungsgebiet Waldviertel neben Horn für Sigmundsherberg und Hötzelsdorf – beauftragt.

  Franz Kaym, illegales Mitglied der NSDAP und der SS, wurde 1945 nach dem Verbotsgesetz die Berufszulassung entzogen. Eine Bestätigung des Künstlerhauses, dessen Mitglied er seit 1922 war, sollte mit dem Verweis, er sei „führend im Kampf gegen die damals vorstoßende Gruppe um Blauensteiner [Präsident der Künstlervereinigung und Leiter der Reichskammer der bildenden Künste Wien] beteiligt" gewesen, sein Ausnahmeansuchen von der Registrierung als Nationalsozialist unterstützen. Die Entscheidung des Verfahrens erübrigte sein baldiger Tod 1949.[9]

Frank Schläger, 7.11.1894 in Pilsen – 1.10.1978 in Wien
1918-1922 Studium an der Akademie bei Friedrich Ohmann, Praxis im Atelier von Kaym&Hetmanek, bis 1927 im Atelier Poppovits. 1927-1930 Hotelplanungen in Österreich, Jugoslawien und Rumänien; 1930-1934 Studienreisen nach Canada, USA, England und Frankreich; ab 1934 Planung von Fabriks- und Geschäfts(um)bauten sowie Wohnhäusern in der Tschechoslowakei. 1935-1938 Mitarbeiter im Planungsbüro des Reichsluftfahrtministeriums, anschließend bis 1940 in leitender Funktion im Luftgaukommando Wien tätig sowie in Arbeitsgemeinschaft mit Franz Kaym für die Rüstungsindustrie. 1942 rückte Schläger zur Luftwaffe ein und geriet in russische Kriegsgefangenschaft. Ab 1948 nahm er seinen Beruf wieder auf und beteiligte sich an Wiederaufbauprojekten, wie den Flugplätzen Aspern und Spitzerberg sowie Wohnhäusern und Schulen. In wechselnden Bürogemeinschaften plante er mehrere Wohnhausbauten für die Gemeinde Wien, zusammen mit Architektin Kiesewetter-Kaym 1950 den Erweiterungsbau der Landwirtschaftsschule Edelhof.[10]

> Städtebauliche Planungen_Horn 359

Atelier Arch. Dr. Franz Klimscha Ingenieur Gustav Pawek

Franz Klimscha, 2.12.1906 in Wien – 1.6.1978 in Wien
1924–1929 Studium an der TH Wien, Meisterschule Siegfried Theiss, 1930 Dissertation über Wassersportbauten; 1928/29 Praxis im Atelier Theiss&Jaksch, 1929/30 im Atelier Hartinger-Mohr; ab 1929 Lehrtätigkeit am Institut für Hochbau, ab 1936 insbesondere im Bereich Holzbau; ab 1951 Mitglied des Wiener Künstlerhauses. Klimscha entwickelte im konstruktiven Holzhausbau für die industrielle Fertigung von Holzhäusern die „Bohlenzargenbauweise", die 1932 im Wettbewerb „Das wachsende Haus" vorgeführt und publiziert wurde.[11] Zu seinem Interessensgebiet gehörte, nach Untersuchungen zu Bauweisen im

gesamten deutschen Siedlungsgebiet, auch landschaftsgebundene Bauernhofarchitektur, wie gebaute Beispiele im Marchfeld belegen sollen.

Nach Zusammenarbeit mit Dr. Ing. Jonas Mond von 1928-1932 gründete er mit DI Gustav Pawek eine Bürogemeinschaft, die sich ab 1937 vornehmlich auf die Planung von Sparkassenbauten konzentrierte. In Wien baute das Atelier Klimscha Pawek 1940/41 die Girozentrale sowie 17 Zweigstellen der Ersten österreichischen Spar-Casse und 5 der Zentralsparkasse. Von zahlreichen Vorhaben in Niederdonau kam im Zeitraum 1938-1940 neben Jennersdorf, St. Pölten und Znaim im Waldviertel lediglich der Neubau eines Amtsgebäudes mit integrierter Sparkasse in Zwettl zur Ausführung; Raabs und Allentsteig blieben Projekt. Eine große Zahl an Sparkassenbauten in allen Bundesländern datiert aus den 1950er-Jahren.

Franz Klimscha war seiner Meldung zur Registrierung als Nationalsozialist zufolge ab 1938 neben seiner Mitgliedschaft in der Reichskammer der bildenden Künste, im NS-Dozentenbund und im Bund deutscher Techniker lediglich ‚Parteianwärter'. Sein Ansuchen gemäß § 27 Verbotsgesetz um Streichung aus der Liste der Nationalsozialisten wurde von der aus Repräsentanten der drei im Parlament vertretenen Parteien bestehenden Gutachterkommission wie 1948 von der Beschwerdekommission im Innenministerium mit der Begründung abgelehnt, dass er nachweislich Parteimitglied gewesen sei. Ein beim Volksgericht eingeleitetes Verfahren wurde am 18.5.1949 eingestellt.[12]

Gustav Pawek, 3.7.1901 in Wien – 19.10.1988 in Wien
Studium an der TH Wien, dort Assistent bis 1936; seit 1933 „mit Unterbrechungen" Mitglied der NSDAP, ab 1934 Mitglied der Vaterländischen Front. 1939 Gebäudeverwalter in Wien, 1941 zum Ausgleichsverwalter bestellt. Nach 1945 als ‚Parteianwärter' eingestuft, wurde er von der Liste der Nationalsozialist ausgenommen.[13]

> Öffentliche Gebäude_Amtsgebäude und Sparkasse Zwettl 328

Ing. Dr. K. Klaudy – Ing. G. Lippert

Kurt Klaudy, 12.4.1905 in Wien – 3.12.2009 in Wien
1924-1928 Studium an der TH Wien bei Siegfried Theiss, Max Ferstel, R. Salinger, F. Mayreder sowie an der Universität Wien, wo er 1929 in Kunstgeschichte promoviert wurde. Nach Praxis im Büro Robert Oerley eröffnete er 1930 sein eigenes Büro und war 1934-1945 in Arbeitsgemeinschaft mit Georg Lippert tätig. Als Architekt, Maler und Kunsthistoriker in seiner Ausrichtung sowohl an Le Corbusier wie an Frank Lloyd Wright orientiert, folgte er, ausgehend von der Neuen Sachlichkeit, nicht einem reinen Funktionalismus, sondern postulierte Schönheit als architekturale Kategorie, in der sich die Lebensqualität der Bewohner und Nutzer eines Gebäudes berücksichtigt fand. Bereits seine ersten Arbeiten, 1930 eine Dreifamilienvilla in Wien, fanden große Beachtung und machten ihn zu einem gefragten Architekten.
Ab 1934 gemeinsam mit Lippert mit Planungen für Kirche und Kloster erfolgreich, sollten sich ab 1938 durch Klaudys Expertise im Industrie- und Stahlwerksbau einträgliche Perspektiven in der Rüstungsindustrie des ‚Deutschen Reichs' eröffnen; neben den bei Lippert angeführten Industrie- und angeschlossenen Siedlungsanlagen war Klaudy zuletzt mit Vorarbeiten für unterirdische Produktionsstätten in Vorarlberg beschäftigt, wo er nach 1945 sein Büro in Bregenz eröffnete, bevor er 1954 wieder nach Wien übersiedelte.

Die versäumte Registrierung als Nationalsozialist führte am 28.11.1946 zu seiner Verhaftung in Bregenz, wo er wegen des Verdachts politischer Tätigkeit und Ankaufs eines jüdischen Besitzes nach § 10 VG und § 6 KVG einvernommen wurde. Klaudy bestritt, als Blockleiter in der Ortsgruppe Theresianum tätig wie überhaupt Mitglied der NSDAP vor 1938 gewesen zu sein; zum Vorhalt der ‚Arisierung' – nachdem sich bereits 1940 verfolgte Kaufabsichten in Bezug auf ein im Besitz von Charlotte Posner befindliches Grundstück in Grinzing nicht hatten realisieren lassen, hatte er einen Anteil an einem anderen Grundstück in Grinzing, das Rebekka Waller gehörte, um RM 9.800 erworben – verwies er, naturgemäß in Kenntnis über den Notverkauf zum Zweck der Finanzierung der Emigration, auf den „freiwilligen Verkauf" der 80-Jährigen, die „in völliger Freiheit" den Kaufvertrag im November 1941 abgeschlossen habe. Nicht genug damit, hielt Klaudy sich zugute, „lediglich im Interesse von Frau Waller gehandelt" zu haben, obwohl er nachträglich von ihrem Tod „angeblich in Theresienstadt" erfahren hatte. Während der polizeilichen Anhaltung kontaktierte er Max Waller, den nach New York emigrierten Sohn, um über ein Vorkaufsrecht für die restlichen Anteile zu verhandeln. Das am 14.1.1947 gemäß Verbots- und Kriegsverbrechergesetz gegen Klaudy eingeleitete Vorverfahren wurde nach seiner „straffreien Nachregistrierung" im Februar 1947 am 30.9.1948 mangels Stichhaltigkeit eingestellt.[14]

Klaudy verlegte sein Atelier von Bregenz, wo er bis 1954 hauptsächlich stadtplanerische Aufgaben für mehrere Vorarlberger Städte wahrgenommen hatte, wieder nach Wien und war weiterhin vorrangig im Industriebau, aber auch im Wohn- und Siedlungsbau tätig; repräsentativ dafür sind u.a. der Flughafen Schwechat, die Zollfreizone im Wiener Hafen, die Metallwerke Plansee sowie Wohnbauten in Wien und Villen in mehreren Bundesländern. Darüber hinaus publizierte er zur Verkehrsplanung für Straße und Schiene sowie als Kunsthistoriker seine Dissertation zum Städtebau im Mittelalter, die unter dem Titel „Zum Werden der deutschen Stadt" erschien.[15]

Georg Lippert, 27.1.1908 in Wien – 14.10.1992 in Wien
1927-1931 Studium an der TH Wien, 1931-1934 an der Akademie der bildenden Künste Wien, Meisterschule Clemens Holzmeister. Nach Praxis u.a. bei der Baufirma Mayreder-Krauss ab 1933 selbstständiger Architekt, 1934-1945 Arbeitsgemeinschaft mit Kurt Klaudy.

Georg Lippert und Kurt Klaudy waren nach mehreren kirchlichen Aufträgen ab 1934 – neben Kirchenneubauten Aus- und Neubau des Dominikanerklosters in Wien mit anschließendem Wohn- und Geschäftshaus – nach dem ‚Anschluss' 1938 vor allem für die Rüstungsindustrie tätig. Ihr Büro mit bis zu 120 vom Kriegsdienst freigestellten Mitarbeitern plante Werksanlagen und angeschlossene Arbeitersiedlungen, wie 1938 Schöller-Bleckmann in Mürzzuschlag, ab 1939 Rottenmanner Eisenwerke in Liezen und Linz, dann in Krems, 1941 Waffenwerke Brünn und Lehrwerkstätte der Fa. Linde, Bregenz sowie Werkssiedlungen in Ternitz, Liezen und Krems. 1940/41 errichteten sie im Auftrag der Gemeinde Wien auch den ‚Volkswohnungsbau' Linzerstraße 147-155.

Lippert wie Klaudy waren Mitglieder der NSDAP und als Voraussetzung für ihre Berufsausübung der Reichskammer der bildenden Künste. Die Mitgliedsnummern 6,331.602 bzw. 6,243.479 weisen beide Architekten als illegale Parteimitglieder vor 1938 aus, die seit dem 14.11.1933 ordnungsgemäß ihren Beitragspflichten nachgekommen seien, wie die Kreisleitung bestätigte und Georg Lippert zudem, als „in besten Verhältnissen" lebend, Spendenfreudigkeit bescheinigte. Alle Mitarbeiter ihres Büros waren vom Kriegseinsatz „freigestellt zum Bau von Rüstungsbetrieben". Dass Lippert im April 1942 freiwillig seinen Austritt aus der Partei wegen „nicht reindeutschblütiger Abstammung" beim Gaugericht erklären musste – nach dem Reichsbürgergesetz von 1935 wurde Lippert wegen angeblicher jüdischer Vorfahren im 18. Jahrhundert als 1/16 Jude belangt – und trotz der Befürwortung der Gauleitung Wien das zusammen mit seiner Pg. Schwester gestellte Gnadengesuch von der Kanzlei des ‚Führers' abschlägig beschieden wurde, sollte die Auftragslage beeinträchtigen, sich aber nach der Befreiung vom Nationalsozialismus 1945 als Vorteil herausstellen. Auch konnte Lippert nachweisen, mehreren politisch und rassisch Verfolgten geholfen zu haben, indem er Unterstützung bei der Emigration leistete, einen entlassenen KZ-Häftling vor dem Militäreinsatz bewahrte oder einem wegen seiner jüdischen Frau mit Berufsverbot belegten Kollegen Arbeit in seinem florierenden Büro gab; mehrere von ihnen statteten ihren Dank mit eidesstattlichen Erklärungen ab, die neben der aufrichtigen Großherzigkeit vor allem und entgegen der beruflich gesetzten Fakten seine eigentliche Distanz zum NS-Regime verbürgen sollten; sie trugen wesentlich zum Bescheid der Registrierungsbehörde vom 31.5.1947 bei, mit dem Lipperts Entnazifizierung vollzogen war.[16]

Lippert setzte seine Karriere nahezu nahtlos fort und gehörte bald zu den meistbeschäftigten und kommerziell führenden Wiener Architekten, dessen umfangreiches Werk und breites Spektrum an Bauaufgaben den jeweiligen Zeitgeist reflektiert zeigt und sich sowohl durch Sachlichkeit wie Zeitlosigkeit auszeichnet. Neben privaten Landhäusern, Sakralbauten, Schulen und Studentenheimen plante er zahlreiche Büro- und Verwaltungsbauten, u.a. die Firmensitze von Semperit, Hofmann-La Roche, Winterthur, AUA, Raiffeisen, IBM, Bundesländer, und war an der Planung etwa von Opernringhof, Dianabad, neuem AKH und einem weiteren Wohnbau der Gemeinde Wien, dem 1948-1956 errichteten Hugo Breitner Hof, beteiligt. Jahrelang gestaltete er maßgeblich die Wiener Stadtplanung mit und war mit seiner Konzeption einer monozentrischen Struktur der Gegenspieler von Roland Rainer. „Das umfangreiche Werk von Georg Lippert, das sich über einen langen Zeitraum erstreckt, spiegelt die Auseinandersetzung mit den zeitgemäßen Bauströmungen wider. Wenn auch die internationale Modernität mancher Gebäude Vergangenheit ist und sie bereits wieder abgerissen werden, bleiben aus seiner Tätigkeit Bauten, die als Dokumente des technologischen Fortschritts ihren Platz im Stadtgefüge behaupten", resümiert das Architektenlexikon des Architekturzentrums Wien.[17]

> Industriebauten_Rottenmanner Eisenwerke AG > Schmidhütte Krems 10
> Wohn- und Siedlungsbauten_Werkssiedlung Schmidhütte Krems 231

Alexander Kratky

23.2.1900 in Bad Pistyan – 28.9.1961 in Wien
Nach Übersiedlung im September 1938 von Immendingen im Schwarzwald nach Wien vorwiegend im Siedlungsbau tätig, plante Kratky, Mitglied der NSDAP seit 1.5.1933, u.a. 1943/44 die in Holzriegelbauweise errichtete Erhard Milch-Siedlung in Schwechat und die Luftwaffensiedlung in Markersdorf. Nach 1945 war er an der Planung mehrerer großer Wohnhausanlage der Gemeinde Wien beteiligt, u.a. 1955-1957 gemeinsam mit Ernst Berg, Martin Sauer und Leopold Tinhof in Wien 10, Troststraße 8-16, 1960-1964 gemeinsam mit Bruno Hampel, Walter Hübner, Franz Müllner, Josef Mergenthal, Rudolf Pamlitschka, Erich Schlöss, Josef Schmelzenbart und Robert Weinlich in Wien 10, Schrankenberggasse 34.[18]

> Industriebauten_TKV Heidenreichstein 68

F. Hubert Matuschek

3.11.1902 in Budapest – 10.7.1968 in Gmunden
Nach der Staatsgewerbeschule ab 1922 Mitarbeit im Atelier seines Vaters Franz Matuschek sowie in den Büros von Emil Hoppe, Otto Schönthal und Hubert Gessner im Rahmen des Wettbewerbsentwurfs für den Sandleitenhof der Gemeinde Wien; 1923-1926 Studium an der Akademie der bildenden Künste in Wien bei Peter Behrens; ab 1935 Mitglied des Künstlerhauses. Neben Wettbewerbsentwürfen, u.a. 1928 für die Verbauung des Schmerlingplatzes in Wien und 1929 des Froschbergs in Linz sowie einer Schule in Krems, realisierte er private und öffentliche Bau- und Gestaltungsaufträge, u.a. 1935 ein Wohnhaus in Wien, 1937 die Platzraumgestaltung Maria am Gestade zusammen mit Bildhauer Rudolf Schmidt, der den Hanakenbrunnen entwarf, und ein Mausoleum in Unterach am Attersee sowie für die NÖ Landesregierung ein Glasservice.

Als Mitglied der NSDAP konnte Matuschek ab 1938 sein Tätigkeitsfeld auf Industrie- und Siedlungsbau ausweiten; u.a. plante er 1938-1941 die Werksiedlung der Zementwerke Ludwig Hatschek in Vöcklabruck, 1939 einen Kindergarten in Maria Enzersdorf, den Um- und Ausbau einer der von Josef Flatz ‚arisierten'

Säcke- und Jutefabriken in Wien (Pollak & Neuron, Adolf Spitzer & Co.) und war 1941 im Zuge der vordringlichen Errichtung von Tierkörperverwertungsanstalten in Niederdonau an der Planung von 3 von 7 Standorten – neben Heidenreichstein Gänserndorf und Laa an der Thaya – beteiligt. Ab Oktober 1942 zur Sicherheitspolizei eingezogen und als SS-Rottenführer in Polen tätig, wurde Matuschek nach der Befreiung 1945 verhaftet und in Glasenbach interniert. Nach seiner Entlassung 1947 lebte er in Gmunden und nahm ab 1948 seinen Beruf in Arbeitsgemeinschaft mit Anton Ubl wieder auf. Neben ausgezeichneten Wettbewerbsentwürfen, u.a. 1948 für das Kurhaus Gmunden, 1949 für den Kaiserpalast in Addis Abeba oder 1950 für mehrere Schulbauten in Oberösterreich, planten Matuschek und Ubl bis 1960 u.a. den Umbau des Stadttheaters Gmunden und der Segelflugschule Zell am See, die Jugendherberge und die Hochgebirgsschule in Obertraun, die Volksschule in Pinsdorf sowie die Mädchenhauptschule und die Evangelische Kirche in Ebensee.[19]

> Industriebauten_TKV Heidenreichstein 68

Architekten Hans Meier-Schomburg Dipl. Ing. Dr. Jürgen Meier-Schomburg

Hans Meier-Schomburg, 26.8.1872 in Planitz – 1955 in Eschwege
DI Dr. Jürgen Meier-Schomburg, 1.3.1910 in Berlin – 26.7.1944 Kreta

1928-1932 Studium an der TH Danzig und Wien, wo er nach dem Diplom 1932/33 mit der Dissertation „Die städtebauliche Entwicklung von Krems, Stein und Mautern und ihre Beziehungen zu der Entwicklung der mittelalterlichen deutschen Stadt" promoviert wurde. 1933 Rückkehr nach Deutschland und Mitarbeit im väterlichen Architekturbüro in Danzig, wo sich Hans Meier-Schomburg nach der Arbeitsgemeinschaft Meier & Bredow in Berlin seit 1927 am Wiederaufbau in Ostpreußen beteiligte. Sein Werk umfasst neben der 1907 zum 100.Geburtstag Richard Wagners am Drachenfels bei Königswinter errichteten Nibelungenhalle zahlreiche, an die märkische Bautradition anknüpfende Villen, Land- und Wohnhäuser in Berlin, etwa in Lichterfelde Ost, sowie Siedlungen, Schulen, Gutshöfe und Herrenhäuser im Danziger Raum.

Jürgen Meier-Schomburg publizierte 1934 gemeinsame mit Otto Klingberg „Die Danziger Seebäder und Luftkurorte" und mit deutlich völkischer Positionierung 1936 eine Folge der „Wacht im Osten, Monatsschrift für das deutsche Leben" sowie „Danzig und der deutsche Osten", ein Beitrag zur Festschrift des Kampfbunds für deutsche Kultur, dessen Landesleitung sein Vater innehatte. Nicht datierbar ist ein angemerktes Manuskript zur Arbeit „Rasse und Städtebau".

Vater und Sohn, Mitglieder der NSDAP und der SS, führten 1938 Aufträge, wie die Bauleitung beim Flughafenausbau für die Luftwaffe nach Wiener Neustadt, im August 1939 eröffnete Jürgen Meier-Schomburg zusammen mit dem Vater und seinem Bruder Peter ein Büro in Wien, dem, wie der Firmenbriefkopf der „Architekten Hans Meier-Schomburg, Dipl. Ing. Dr. Jürgen Meier-Schomburg" ausweist, Büros in Knittelfeld und Miechow in Polen folgten. Ein Werkverzeichnis aus dieser Zeit muss aufgrund der dürftigen Quellenlage marginal bleiben: neben dem Auftrag für die Stadtplanung in Zwettl sind von Meier-Schomburg als Vertrauensarchitekt der NSV Skizzen von Kindergärten für andere Orte im Waldviertel sowie Entwurfsvarianten von Siedlungshäusern überliefert; zu den ausgeführten Planungen zählen Landhäuser in Krems (1941/42) und angeblich in Lengenfeld in der Formensprache der NS-Leitbilder und mit Anklängen an ihre Bauten in Norddeutschland; Verweise auf ein Haus Bauer in Jägerndorf im ‚Sudetengau' wie auf ein Landhausprojekt von Hans Meier-Schomburg für die eigene Familie, über das „natürlich noch nicht mit Sturm [zu] sprechen" sei, blieben unbestimmt. Geschäftliche Überlegungen des Anfang 1943 zur Wehrmacht eingezogenen Jürgen Meier-Schomburg betrafen „ganz kleine Häuser für die jetzige Notzeit", die „vorsichtshalber in Vösendorf oder Krems" errichtet werden könnten und für deren Propagierung „Werbebriefe an Bürgermeister und Auftraggeber wieder angebracht" seien.

Politisch scheint Jürgen Meier-Schomburg, der seit seiner Einberufung zur Dolmetscherkompagnie in Wien am 1.2.1943 in Kreta eingesetzt wurde, einen Gesinnungswandel vollzogen zu haben. Fatale Kommentare zur politischen Entwicklung in Italien, zum Kriegsverlauf und zu Hitler mit absehbaren Folgen führten im November 1943 zu seiner Verhaftung. Trotz aller Beziehungen des Vaters zum Parteiapparat der Wehrkraftzersetzung angeklagt, wurde er am 2.4.1944 zum Tod verurteilt und am 26.7.1944 erschossen.[20]

> Städtebauliche Planungen_Zwettl 370
> Wohn- und Siedlungsbauten 153

Witburg Metzky

17.3.1901 in Laibach – 19.12.1950 in Wien

Schüler von Clemens Holzmeister und Anton Hanak, war Metzky als Architekt und Künstler zunächst in Jugoslawien tätig; zu seinem Werk in Österreich zählen unbenannte Bauten in Hainburg und Wien, wo er auch Einrichtungen für Kinos, Kaffeehäuser und Geschäftslokale entwarf. Neben seiner planerischen Tätigkeit war er naturwissenschaftlich in der Lepidopterologie engagiert und gab als Vorsitzender der Wiener Entomologischen Gesellschaft deren Zeitschrift heraus. Einem dort 1951 erschienenen Nachruf ist bei sonst marginaler Quellenlage die dürftige Biografie geschuldet; eine negative Mitgliedsauskunft der Reichskulturkammer 1939, die Metzky im Baustoffgroßhandel, nicht aber als Architekt tätig ausweist, lässt den kommunalen Wohnhausbau in Waidhofen als vermutlich singuläre Planung annehmen.[21]

> Wohn- und Siedlungsbauten_Wohnbau Waidhofen an der Thaya 209

| Hans Neumüller | 6.5.1908 in Allentsteig – 1953 in Spielberg bei Traunstein |

Nach seiner Ausbildung zum Maler und Anstreicher wandte sich Neumüller der Kunst zu und studierte 1935-1937 an der Kunstgewerbeschule in Wien bei Paul Kirnig Malerei und war 1937/38 Gasthörer an der Akademie. Landschaften des Waldviertels neben Architekturveduten bestimmten als zentrale Sujets sein malerisch-zeichnerisches Werk, das vielfach im Zuge von Auftragsarbeiten zur Ausgestaltung von Sakralbauten in der weiteren Umgebung von Zwettl entstanden ist. Während der NS-Zeit infolge seiner Freundschaft mit Kreisleiter Reisinger privilegiert und vom Kriegsdienst befreit, arbeitete er in dessen Auftrag neben den völkisch-germanischen Fresken am neuen Sparkassengebäude auch an einem „Jüngsten Gericht" für die Kuppel des Karners auf der ebenfalls im Besitz der Sparkasse befindlichen Propstei, wo ihm Räume für Wohnung und Atelier zur Verfügung standen. Für das Büro des Kreisleiters, das eine großformatige ländliche Idylle mit Bodenständigkeit inszenierenden Bauernhöfen schmückte, schuf er auch ein ‚Führer'-Portrait und arbeitete kontinuierlich über die gesamte NS-Zeit an der künstlerischen Dokumentation bäuerlicher Kultur in der weiteren Region Zwettl; Ziel der in Bleistiftzeichnungen und Aquarellen ausgeführten volkskundlich-künstlerischen Studien war ein „papierenes Museum, auf das unser Kreisleiter besonders stolz ist", wie der Künstler selbst in einer Reportage über seine wanderkünstlerische Arbeit 1943 anmerkte. Zum gleichen Zweck waren andere ausgewählte Künstler im Rahmen des multidisziplinär ausgerichteten Feldforschungsprojekts der „Arbeitsgemeinschaft Waldviertel" im von der Räumung für den Truppenübungsplatz betroffenen Gebiet unterwegs.[22]

> Öffentliche Gebäude_Amtsgebäude und Sparkasse Zwettl 328
> Bäuerliche Siedlungen 253

| Julius Schulte-Frohlinde | 26.5.1894 – 20.11.1968 in Bremen |

1913-1920 Studium an der TH München, dann Stuttgart bei Paul Bonatz, dessen Assistent er war und in dessen Büro er nach dem Abschluss arbeitete. Als Absolvent der „Stuttgarter Schule", zu der neben Bonatz Paul Schmitthenner und Heinz Wetzel gehörten und die für eine konservative Architekturauffassung gegen das „neue bauen" eintrat, war Schulte-Frohlinde zunächst im Hochbauamt Köln tätig; 1929 als Baurat nach Nürnberg berufen, wo er im Zuge der Planung des Reichsparteitagsgeländes 1933 Mitarbeiter von Speer wurde, der als Berater der neu gegründeten DAF Schulte-Frohlinde empfahl und seine Karriere zu einem der einflussreichsten Architekten des ‚Dritten Reichs' begründete. 1934 zum stellvertretenden Leiter des Amts Schönheit der Arbeit bestellt, übernahm er 1936 die von ihm eingerichtete Bauabteilung der DAF, die er, wie auch die Planungsabteilung des Reichsheimstättenamts, bis 1945 leitete. Ebenfalls in leitender Funktion war er in zahlreichen Architekturgremien tätig, u.a. als Beauftragter für die Überwachung der gesamten geistigen und weltanschaulichen Schulung und Erziehung des Architektennachwuchses oder im Rahmen der Nachkriegsplanung des Wohnbaus als Sonderbeauftragter für Typenentwicklung. 1943 wurde er auf Vorschlag Speers von Hitler als Professor an die TH München berufen, wo er den Lehrstuhl von German Bestelmeyer übernahm und mit Hermann Giesler zusammenarbeitete.

Zu seinem Werk zählen neben der Organisation der Reichsparteitage und Gestaltung von Ausstellungen der DAF die Planung des KdF-Seebads auf Rügen, das Gauverwaltungsgebäude der DAF in Essen sowie im Siedlungsbereich der Entwurf der Mustersiedlung Mascherode in Braunschweig, die mit ‚Siedlerstellen', Einfamilien- und Reihenhäusern, im Bild einer traditionellen Dorfanlage um einen zentralen Platz angeordnet, das ideologisch fundierte Leitbild der Siedlungspolitik vorgab.

Nach der Befreiung vom Nationalsozialismus und der Aberkennung des Lehrstuhls in München eröffnete er ein Büro in Bremen, beteiligte sich am Wiederaufbau der Stadt und wurde 1952 nach Düsseldorf in die Leitung des Hochbauamts berufen. Obwohl seine konservative Baugesinnung bei der zudem ohne Ausschreibung vergebenen Planung des Altstadtrathauses Kritik hervorrief und die auf ungebrochene Kontinuität nationalsozialistischer Bauideale verweisende Formensprache wie seine Rolle als führender Architekt im ‚Dritten Reich' Proteste auslöste, blieb Schulte-Frohlinde, der u.a. den Wiederaufbau der Oper plante, bis zu seiner Pensionierung 1959 im Amt.[23]

> Wohn- und Siedlungsbauten 153

| Paul Schultze-Naumburg | 10.6.1869 in Altenburg / Sachsen – 19.5.1949 in Jena |

Ab 1886 Studium an der Kunstgewerbeschule und der Badischen Landeskunstschule in Karlsruhe sowie Gasthörer an der Technischen Hochschule, 1891-1893 im Meisteratelier von Ferdinand Keller. Studienreisen nach Frankreich und Italien, bevor er 1894 nach München umzog und seine Tätigkeit als bildender Künstler mit der Gründung einer Mal- und Zeichenschule ergänzte und für „Der Kunstwart" als Redakteur zu arbeiten begann. 1895 trat er der Münchner Sezession wie 1897 nach seiner Übersiedlung der Berliner Sezession bei und engagierte sich weiterhin sowohl künstlerisch als auch kunstpädagogisch wie kulturtheoretisch in der Erneuerungsbewegung. So beteiligte er sich zur Befreiung des weiblichen Körpers vom Korsett an Entwürfen für Reformkleidung und veröffentlichte dazu 1901 „Die Kultur des weiblichen Körpers als Grundlage der Frauenkleidung". Mit der bis 1917 in über 9 Bänden erscheinenden Schriftenreihe „Kulturarbeiten", in der er den formalen Kanon des aus der Kritik am Historismus und zunächst als Reformansatz entwickelten Heimatschutzstils, den er als Architekt umsetzte, formulierte und propagierte – als Mitbegründer des Deutschen Bundes Heimatschutz 1904 fungierte er bis 1913 als dessen Vorsitzender –, wurde er zum kulturpolitisch einflussreichen Theoretiker im deutschsprachigen Raum. Vom 1907 ebenfalls unter seiner Beteiligung konstituierten Deutschen Werkbund, der neben dem rückwärtsgewandten Heimatschutz dessen formale Schlichtheit und bodenständige Materialität auszeichnenden Traditionalismus mit moderner Technik zu verbinden postulierte, sollte er sich nach politischer Annäherung an den Nationalsozialismus und Ideologisierung seiner kulturellen Forderungen wie Instrumentalisierung der Kultur für Zwecke der NSDAP abkehren, indem er sich anlässlich der Eröffnung der internationalen Bauausstellung 1927 mit der Weißenhof-Siedlung in Stuttgart zusammen mit Paul Bonatz und Paul Schmitthenner, führenden Vertretern der „Stuttgarter Schule", zur parteipolitischen Ablehnung des „neuen bauens" bekannte.

1901 hatte sich Schultze-Naumburg in Saaleck niedergelassen und neben seinem Wohnhaus 1903 Künstlerwerkstätten errichtet, die er zu einem Austauschforum konservativer Kulturinteressierter aller Sparten ausbaute und als „Saalecker Kreis" etablierte, der ab Mitte der 20er-Jahre auch immer mehr Nationalsozialisten anzog. Hitler, Goebbels, Himmler waren mehrfach in Saaleck, Darré schrieb dort 1930 sein agrar-ideologisches Manifest „Neuadel aus Blut und Boden"; diese Begegnungen, die 1930 zum Eintritt in die NSDAP führten und ihm ein Reichstagsmandat, das er, zuständig für Kunst und Architektur, von 1932-1945 ausübte, einbrachten, motivierten die 1928 veröffentlichte Kampfschrift „Kunst und Rasse" wie 1929 den Eintritt in Rosenbergs Kampfbund für Deutsche Kultur, als dessen Sektion er 1931 den Kampfbund deutscher Architekten und Ingenieure gründete, der aus dem als Pendant zum „Ring", der Vereinigung moderner Architekten, in Saaleck u.a. von Paul Schmitthenner initiierten, traditionalistisch orientierten „Block" hervorging. Um das Reservoir konservativer Architekten wie generell eine moderne Kunstauffassung ablehnender Kritiker für die Partei auszuschöpfen, propagierte Schultze-Naumburg, von Rosenberg persönlich wie logistisch und medial vom Völkischen Beobachter unterstützt, in Vortragsreisen die kulturpolitische Kampfposition gegen die Moderne, die er auch in zahlreichen Artikeln und Publikationen vertrat. Unter dem Titel „Kampf um die Kunst" in der Reihe „Nationalsozialistische Bibliothek" erschienen wie unter der Devise „weder so noch so" ebenfalls 1932 als „Die Architektur im Dritten Reich" zusammengefasst, wurde ein architektonisches Idealbild konstruiert, das, einerseits wie im Heimatschutz gegen historischen Eklektizismus und Jugendstil, andererseits gegen die unorganische Sachlichkeit des „neuen bauens" und das Feindbild Großstadt abgegrenzt, in „Richtlinien einer gesunden neuen deutschen Baukunst" romantisch-ländliche Idyllen beschwor.

Schultze-Naumburg, Mitglied der Akademie des Bauwesens und der Preußischen Akademie der Künste, Ehrendoktor der Universität Tübingen und der TH Stuttgart, wurde 1930 auf Initiative des thüringischen Volksbildungsministers Frick, für den sich seine Frau hatte scheiden lassen, zum Direktor der Kunsthochschule in Weimar bestellt, die als erster Ort des Bauhaus zum Ort der ersten nationalsozialistischen Säuberungsaktion wurde. Seiner kunstpolitischen Auffassung widersprechende Lehrer entließ Schultze-Naumburg ebenso wie er Wandarbeiten von Schlemmer im Schulgebäude zerstören und andere moderne Kunstwerke als „Entartungen" aus dem Schlossmuseum entfernen ließ.
Als Architekt hatte er seit Anfang des 20. Jahrhunderts für begüterte Bauherren vornehmlich Landhäuser, Guts- und Schlossanlagen gebaut, die sich, an den bevorzugten Baustil der Goethezeit angelehnt, durch keine eigene Formensprache auszeichnen; prominentes Beispiel ist Schloss Cecilienhof in Potsdam, das Wilhelm II. 1912 für das Kronprinzenpaar in Auftrag gab und das, nach dessen Wunsch im Tudorstil gestaltet und 1917 fertiggestellt, im August 1945 als Verhandlungsort der Potsdamer Konferenz dienen sollte.

Nach der ‚Machtergreifung' 1933 sollte sich, so zentral seine kulturpolitische Rolle in der Aufbauphase der NSDAP war, die von ihm vertretene Position zwar in der Kunst behaupten können, nicht aber in der Architektur, wenn es um Repräsentationszwecke des ‚Dritten Reichs' ging, die nach Hitlers Vorstellungen an für Staatsbauten üblichen klassizistischen Vorbildern zu orientieren waren und nicht von heimattümelnder Ästhetik geprägt, die für den Siedlungsbau, für den sich Hitler nicht interessierte, passen mochte. Insofern verlor Schultze-Naumburg Einfluss und Bedeutung wie offizielle Bauaufträge ausblieben; lediglich der Bau einer 1934 von Hitler beauftragten Nietzsche-Gedenkhalle in Weimar, deren neobiedermeierlicher Entwurf keine Zustimmung fand und Umplanungen letztlich zu einer Kompromisslösung führten, wurde 1938 begonnen und musste mit Kriegsbeginn eingestellt werden.

Als Direktor der Kunsthochschule wurde Schultze-Naumburg 1940 pensioniert und, nachdem er mit einem Parteiausschlussverfahren verwarnt worden war, letztlich für seine Verdiente mit dem Adlerschild des Deutschen Reichs mit der Inschrift „Dem deutschen Baumeister" geehrt sowie von Hitler in die ‚Gottbegnadeten-Liste' der 12 wichtigsten bildenden Künstler aufgenommen.

Nach der Befreiung vom Nationalsozialismus 1945 wurden Schultze-Naumburg seine Pensionsansprüche aberkannt und Vermögensteile entzogen.[24]
> Einleitung 6

Heinz Siller

23.2.1884 in Wien – 25.2.1946 in Wien
1905-1911 Studium an der TH Wien, Praxis in den Berliner Ateliers Seeck und von Ihne, nach Kriegsteilnahme ab 1921 Bürogemeinschaft mit Paul Fischel bis zu dessen Emigration 1938; Siller war Mitglied des Wiener Künstlerhauses ab 1930 und ab 1938 der Reichskulturkammer.

Die äußerst erfolgreiche Zusammenarbeit mit Fischel, die Wohnbauten, Einfamilienhäuser und Villen sowie Werksiedlungen und einen Wohnhausbau der Gemeinde Wien, Industrieanlagen, Geschäftslokale sowie Interieurs und Möbelentwürfe umfasste, war gekennzeichnet von Stilvielfalt einer eher konservativen Formensprache, die sich, wie der Gemeindebau in Wien 18, Köhlergasse 1-3 und insbesondere das Haus Fürth in Wien 19, Agnesgasse 45 zeigen, der Neuen Sachlichkeit öffnete. Eine Ausnahme im Werk der beiden Architekten stellten kostengünstige und einfach zu errichtende, typisierte Kleinhäuser in

Holzbauweise dar, die, standardisiert und nach der Wagenfabrik in Klosterneuburg KAFAWAG-Häuser benannt, für das Kritzendorfer Strandbad entworfen wurden.

Zu den zahlreichen von Fischel&Siller realisierten Industrieanlagen hatte 1936 auch die Stärkefabrik in Aschach gehört, was die Auftragsvergabe an Siller 1939 für das Werk der Landwirtschaftlichen Kartoffelverwertungs AG in Gmünd, die sich das Werk Aschach durch ‚Arisierung' anschloss, nahe legt. Außer der Industrieanlage in Gmünd, bei der er mit Josef Heinzle (2.5.1893 in Gisingen – 5.8.1972 in Salzburg) zusammenarbeitete, sind ab 1938 bis auf einen Kaufhausumbau in Wien, den er gemeinsam mit Fritz Judtmann realisierte, kaum Arbeiten bekannt. Es scheint, dass ein rätselhafter Vorfall mit Heinzle in Gmünd – „Übertretung gegen öffentliche Anstalten und Vorkehrungen, welche zur gemeinschaftlichen Sicherheit gehören", die das örtliche Amtsgericht mit 14-tägiger Arreststrafe belegte – weitere Aufträge verhindert haben könnte. Auch würde die Ablehnung der Parteimitgliedschaft, die in diesen Zeitraum gefallen sein könnte, dafür sprechen. Nach 1945 um Entnazifizierung bemüht, erübrigte sein Tod Anfang 1946 ein Ausnahmeansuchen von der NS-Registrierung und die Wiederanmeldung als Mitglied des Künstlerhauses.[25]

> Industriebauten_Landwirtschaftliche Kartoffelverwertung AG Gmünd 40

Franz Sturm

29.5.1897 in Wien – 12.4.1966 in Wien

Nach Weltkriegsteilnahme 1921-1927 Studium an der TH Wien und Mitarbeit in den Architekturbüros von Friedrich Ohmann und Karl Holey, ab 1927 Beamter im Hochbauamt der Niederösterreichischen Landeshauptmannschaft; daneben freischaffend tätig, etwa 1932-1934 Planung des Kreisgerichts Krems.

Parteimitglied seit 15.11.1931, 1938 kurzfristig Blockleiter, Mitglied des NSBDT in der Funktion eines Gauhauptstellenleiters wie Stellenleiter im Gauamt für Rassenpolitik; für illegale Tätigkeit wurde er als ‚Alter Kämpfer' anerkannt und mit der 10-jährigen Dienstauszeichnung der NSDAP in Bronze sowie der ‚Ostmark'- und ‚Sudeten-Medaille' gewürdigt. Nach dem ‚Anschluss' 1938 weiterhin im öffentlichen Dienst als Dezernent für Städtebau in der Planungsbehörde des Reichsstatthalters tätig sowie zum persönlichen Baureferenten des Gauleiters ernannt, wurde er zudem zum Beauftragten für die Gemeinschaftshäuser der NSDAP in den Ortsgruppen und zum Beauftragten des Gauwohnungskommissars sowie nach der Erhebung von Krems zur Gaustadt am 8.7.1938 zum Leiter der Gaustadtplanung und ab 1944 zum Vorsitzenden der Rüstungskommission XVII bestellt. Mit Verlegung der Reichsstatthalterei nach Waidhofen/Ybbs im April 1945 setzte sich Sturm nach Westen ab; nach der Befreiung Österreichs vom Nationalsozialismus zur Fahndung ausgeschrieben, wurde er am 4.10.1946 in Vigaun verhaftet und im Anhaltelager Glasenbach bis 8.7.1947 angehalten. Angeklagt wegen Hochverrats nach §§ 10, 11 Verbotsgesetz 1947, erkannte das Volksgericht am 15.9.1947, die Handlungsweise Sturms als „immerhin eine grobe Unsittlichkeit" bewertend, auf Freispruch; aus dem öffentlichen Dienst entlassen, wurde am 26.2.1952 seinem Ansuchen um Nachsicht der Sühnefolgen durch Gnadenakt des Bundespräsidenten entsprochen. Ab 1949 arbeitete Sturm als freischaffender Architekt und erwarb 1950 ein Doktorat an der TH Wien, 1956 wurde er Mitglied des Wiener Künstlerhauses.

Sein Werkverzeichnis umfasst bis 1961 Schul-, Wohn- und Siedlungsbauten sowie Ortsplanungen, zunächst im Salzburger Raum, dann in Niederösterreich. Dazu gehören Schulen in Eggenburg und St. Pölten, öffentliche und private Wohnbauten sowie eine Turnhalle und eine Ausstellungshalle in Krems, die Kaserne in Mautern und ein Industriebau in Karlstein; in Wien zählt neben einer kommunalen Wohnbauanlage das Sportbad Schönbrunn zu seinen Planungen.[26]

> Städtebauliche Planungen_Gaustadt Krems 352
> Wohn- und Siedlungsbauten_Villen Krems 224

Oskar Thiede

13.2.1879 in Wien – 22.11.1961 in Wien

1898-1904 Studium an der Wiener Kunstgewerbeschule (Klein- und Metallplastik bei Stefan Schwarz), 1904-1912 an der Akademie (Großplastik bei Hans Bitterlich und Edmund von Hellmer). Ab 1912 als freischaffender Bildhauer und Medailleur tätig, ab 1915 Mitglied des Künstlerhauses; nach seiner Kriegsteilnahme, während der er Portraitmedaillen der Heerführer für das Heeresmuseum in Wien modellierte, unterrichtete er bis 1918 an der Fachschule für Ziseleure und an der Akademie für bildende Künste Wien, wo er als Leiter der Lehrkanzel für Modellieren und Architekturplastik 1932 zum Professor ernannt wurde. 1935-1937 gehörte er dem Kunstbeirat in Niederösterreich und war beratendes Mitglied der österreichischen Künstler-Delegation, 1935-1938 Gemeinderat und Vorsitzender des Kulturrats in Mauer sowie Mitglied in verschiedenen Kunstkommissionen; 1939-1945 lehrte er an der TH Wien. Mehrfach ausgezeichnet, u.a. mit dem Österreichischen Staatspreis, dem Ehrenpreis der Stadt Wien, der Großen Goldenen Medaille des Künstlerhauses, zählen zu seinem Werk figurale Klein- und Großplastiken im öffentlichen Raum überwiegend in Wien; dazu gehören 1924 der Quarin-Brunnen, 1927 der Tuchmacher-Brunnen, 1929 ein Nestroy-Denkmal, die Kentauren am Justizpalast, Plastiken am Haydn-Mausoleum in Eisenstadt, Sportfiguren am Pädagogischen Institut, 1935 der Sämann am Getreidesilo in Stammersdorf, 1936 „Schwimmer am Start", eine der zahlreichen Sportplastiken, die im Rahmen der Olympischen Spiele in Berlin gezeigt wurde, 1938 eine Marmor-Pietà für die Lueger-Gedächtnis-Kirche, 1941 ein Auftrag im Rahmen der „Aktion Weltkriegerdenkmäler in Lothringen" sowie Hauszeichen und Gedenktafeln, darunter 1932 das „Erste Hoheitszeichen am Braunen Haus in Wien", 1937 „Bärenmühle" am gleichnamigen Wohnbau, 1938 die ‚Hoheitsadler' der Fahnenmasten am ‚Gauhaus' sowie eine ‚Führer'-Büste für die ‚Gauführerschule' in Schwechat. Seine Entwürfe für Denkmalwettbewerbe wurden mehrfach prämiert, u.a. 1932 ein Richard

Wagner-Denkmal in Zusammenarbeit mit Architekt Karl Hauschka, 1938 ein Walther von der Vogelweide-Denkmal mit den Architekten Theiss und Jaksch; prämiert und auch ausgeführt wurden viele seiner Entwürfe für Porträt- und Gedenkmedaillen, u.a. österreichische Staatsmedaillen für Sport und Turnen, 1940 Olympia-Medaille für die Winterspiele in Garmisch-Partenkirchen, 1942 „Deutsches Lebensrecht".

Mitglied der NSDAP ab 12.6.1934 und Ortsgruppenpropagandaleiter, wofür er 1944 das Kriegsverdienstkreuz II. Klasse erhielt, wurde Thiede 1938 von Bürckel in den Kulturbeirat berufen und war 1939 an der „Großen Deutschen Kunstausstellung" im „Haus der Deutschen Kunst zu München" sowie an der „Großen Berliner Kunstausstellung", vorwiegend mit Sportplastiken, wie „Läufer" oder „Hochspringer", beteiligt.

Nach 1945 vom Künstlerhaus bedauernd gesetzeskonform ausgeschlossen, um, als registrierter Nationalsozialist 1947 zum Minderbelasteten herabgestuft, 1948 wieder aufgenommen zu werden, setzte Thiede, nunmehr für die SPÖ mit Handarbeitskursen bei den Kinderfreunden engagiert, seine Arbeit zunächst mit „überlebensgroßen Büsten von Stalin und Lenin" sowie „Porträt-Plaketten der führenden Männer der Parteien und von Offizieren der Roten Armee" fort, für deren Sportfest er bereits 1945 die Wanderpreise entworfen hatte. An Wettbewerben, etwa 1952 im Rahmen der Olympischen Spiele in Helsinki, beteiligt, gestaltete er für Wohnbauten der Gemeinde Wien Reliefs und Mosaiken. 1956 begann Thiede im Auftrag der Österreichische Donaukraftwerke AG mit den Vorarbeiten für das Großrelief „Der Nibelungenzug", das er als beinahe 80-Jähriger 1959 fertigstellte und für die Eröffnung im Kleinformat einer Gedenkmedaille auflegte.[27]

> Elektrizitätsversorgung_Kraftwerk Ybbs-Persenbeug 94

Sepp Zöchling

20.1.1914 in Traisen – 10.12.1989 in St. Pölten
1934-1941 Studium an der Akademie der bildenden Künste in Wien bei Herbert Dimmel und Ferdinand Andri. Mitglied der NSDAP; nach 1945 als Nationalsozialist registriert und dann als Minderbelasteter entnazifiziert, konnte er der Gemeinschaft bildender Künstler Wien beitreten.

Das Werk des in St. Pölten arbeitenden Malers umfasst vor allem Sgraffiti an Wohnbauten und Fresken in Kirchen und öffentlichen Gebäuden in Niederösterreich. Zu Arbeiten aus der NS-Zeit zählen 3 großfigurative Fassadengestaltungen, die Zöchling im Rahmen eines Kunst am Bau-Projekts für 1938-1940 errichtete 40 ‚Volkswohnungsbauten' in St. Pölten 1940/41 in markanter ‚Blut und Boden'-Ästhetik – Handwerk und Bauerntum verklärende Darstellungen sowie eine madonnenhafte Fackelträgerin – realisierte.[28]

> Elektrizitätsversorgung 93

Endnoten

410	Einleitung
410	Industriebauten
412	Elektrizitätsversorgung
413	Truppenübungsplatz Döllersheim
414	Wohn- und Siedlungsbauten
417	Bäuerliche Siedlungen
421	Barackenbauten
423	Öffentliche Gebäude
424	Städtebauliche Planungen
425	Biografien Architekten / Künstler
426	Quellen, Abkürzungen
427	Ortsregister
428	Literatur
430	Biografie der Autorin / Künstlerin
431	Impressum

Einleitung

1. vgl. Joachim Petsch, Baukunst und Stadtplanung im Dritten Reich, Hanser 1976
2. Anna Teut, Architektur im Dritten Reich 1933-1945, Ullstein Berlin Frankfurt/M Wien, 1967, S. 7f
3. Durth Werner, Nerdinger Winfried, Architektur und Städtebau 30er/40er Jahre, Schriftenreihe des deutschen Nationalkomitees für Denkmalschutz, Bd. 48, 1994, S.74ff
4. Winfried Nerdinger (Hg.), Bauen im Nationalsozialismus, Bayern 1933-1945, S.110ff
5. Werner Durth, Deutsche Architekten, Biographische Verflechtungen 1900-1970, dtv 1992

Industriebauten

1. Winfried Nerdinger (Hg.), Bauen im Nationalsozialismus, Bayern 1933-1945, Architekturmuseum der TU München 1993, S.415
2. Donauwacht, Mitteilungsblatt des Kreises Krems der NSDAP, Folge 27, 5.7.1939, „Rege Bautätigkeit in Kautzen", S.24
3. NÖLA, BH Waidhofen, Kt. 104, 1941
4. NÖLA, BH Horn, Kt. 517, 1939

Rottenmanner Eisenwerke AG > Schmidhütte Krems

1. Nach dem ‚Anschluss' 1938 gingen die Wasendorfer Liegenschaften der Styria durch Eingliederung der Alpine Montan in die Reichswerke AG Alpine Montanbetriebe Hermann Göring in Linz in deren Besitz über. Die Nutzung der Produktionshallen blieb aber der Schmid-Gruppe bis zur Fertigstellung des neuen Walzwerks in Krems gewährt., Heinz Berthold, 500 Jahre, Chronik und Geschichte eines Unternehmens, Die heutige VOEST-Alpine Krems, Bd 1, 1984, S.69
2. Berthold, Chronik I, 1984, S.68
3. Völkischer Beobachter, Kampfblatt der national-sozialistischen Bewegung Großdeutschlands, Wiener Ausgabe, 26.3.1938, „Görings Donaufahrt nach Wien", S.1
4. Berthold, Chronik I, 1984, S.62
5. Die Ausführungen in der Unternehmenschronik sind, neben der unbedarften Rangbezeichnung, die den zum SA-Oberführer ernannten Unternehmer 1984 zum Obersturmbannführer beförderte, mangels Quellenangaben nicht überprüfbar wie als solche nicht (mehr) vorhanden. Wirtschaftspolitisch-biografische Angaben zu DI August Schmid-Schmidsfelden nach den Verfahren beim Volksgericht Graz, Steiermärkisches Landesarchiv Graz, Vg 6 Vr 982/46, Vr 23417/1955

August Schmid-Schmidsfelden trat 1934 der NSDAP bei und wurde unter der Mitgliedsnummer 6,251.934 bei der Ortsgruppe Fohnsdorf, Gau Steiermark, geführt. Nach Einleitung von Vorerhebungen gemäß §§ 8 KVG und 11 VG am 7.1.1946 zur Fahndung ausgeschrieben, wurde August Schmid-Schmidsfelden am 12.1.1946 vom Gendarmerieposten Aflenz festgenommen und den englischen Besatzungsbehörden der FSS-Section 97 in Bruck a. d. Mur übergeben, nach einem Auslieferungsansuchen an die Austrian Courts Section Mil. Govt. Austria, C/O Mil. Govt. Steiermark, wegen seiner Zuständigkeit an das LG Graz überstellt und in U-Haft genommen. Am 26.8.1946 fand die erste, bis 14.12.1946 fortgesetzte Einvernahme des Beschuldigten statt; Enthaftungsanträge aus gesundheitlichen Gründen, zunächst von der StA Graz abgelehnt, im Dezember 1946, nachdem auf Weisung der OStA der Tatbestand nach § 8 KVG fallen gelassen und dieses Verfahren am 17.9.47 eingestellt wurde, stattgegeben, führten zur Entlassung gegen Bekanntgabe des Aufenthaltsorts. Die Anklageerhebung der StA Graz vom 19.9.1947 lautete: „August Schmid von Schmidsfelden habe in der Zeit zwischen dem 1.7.1933 und dem 13.3.1938 nach Vollendung des 18. Lebensjahres der NSDAP angehört und sich für die ns. Bewegung betätigt, sei dann von der NSDAP als Altparteigenosse anerkannt worden und SA-Oberführer gewesen.

Er habe hiedurch das Verbrechen nach § 11 VG begangen und sei hiefür nach dieser Gesetzesstelle zu bestrafen." Als Begründung wurde angeführt: „August Schmid von Schmidsfelden gehörte von jeher dem Kreis der steirischen Großindustriellen und Hammergewerken an. Seit den 30er Jahren Leiter der seiner Familie zugehörigen Industrieunternehmungen, hat er sich, seiner althergebrachten weltanschaulich-politischen Einstellung entsprechend, schon während der Zeit des Verbots als Parteigänger der ns. Bewegung und Partei betätigt und war dementsprechend auch allgemein als tätiger Nationalsozialist bekannt und beleumdet. Nach der Einverleibung Österreichs in das Deutsche Reich im Jahr 1938 trat er offen als „Illegaler" hervor und unterstrich wiederholt seine vorangegangene parteipolitische Betätigung, wobei er auch die Bestätigung und Anerkennung seitens der zuständigen Parteidienststellen fand und alsbald an hervorragende wirtschaftspolitische Führerstellen trat. Wie sich aus den Aufzeichnungen und Akten der ehem. NSDAP ergibt, gehörte er organisiert bereits seit 1934 der Partei an, er wurde auch in diesem Sinne als Parteiangehöriger von der NSDAP, erfasst und durch Zubilligung der Mitgliedsnummer 6,251.934 als Altparteigenosse anerkannt. In der Folge wurde er zum Rang eines SA-Oberführers befördert.

Dieser Sachverhalt ist auf Grund der Ergebnisse der VU festzustellen. Der Besch. stellt zwar in Abrede, vor dem 13.3.1938 durch Zugehörigkeit oder Betätigung der NSDAP nahegestanden zu sein. Er ist jedoch angesichts der vorliegenden Bescheinigungen durch die Parteidienststellen der NSDAP selbst, die seinem allgemeinen Leumund vollkommen entsprechen, einwandfrei zu überführen und der Tatbestand nach § 10 VG erweislich. Demnach ist der Besch. aber auch nach § 11 VG für den von ihm innegehabten Rang bei der Gliederung der SA verantwortlich und die Anklage mithin begründet."

Mehrfache Beweisanträge mit umfangreichen Zeugennennungen wurden eingebracht, ein Gnadengesuch um Niederschlagung des Verfah-rens im Dezember 1947 aber im April 1948 abgewiesen. Die Hauptverhandlung am 1.3.1949 wegen § 11 VG erbrachte ein Urteil im Sinne der Anklage und lautete auf 14 Monate schweren Kerkers, ergänzt und verschärft durch ein hartes Lager sowie Verfall des gesamten Vermögens. Die Begründung schließt: „Es ist daher zusammenfassend zu sagen, dass der Angekl., der in der VF-Zeit, wie so viele andere, auf zwei Sesseln saß, ein ausgesprochener Nutznießer der NS-Machtergreifung war (Präsident des Industriellenverbands, SA-Oberführer, Ausbau seiner Unternehmungen Schmidhütte Liezen und Krems zu großen Industrien). Die politischen Unterlagen über den Angekl. sind von den höchsten Stellen der NSDAP (Reichsleitung in München, Gaupersonalamt in Wien, Staatskommissär für die Privatwirtschaft und den höchsten SD-Stellen) erstellt und können in keiner Weise durch Zeugen aus dem NS-Lager, deren Tendenz die Unterlagen der NS-Zeit samt und sonders als Phantasieprodukte hinzustellen, hinlänglich bekannt ist, aus der Welt geschafft werden. Welchen Ansehens sich der Angekl. in Parteikreisen erfreute, geht aus der Tatsache hervor, dass der Stellvertreter Uiberreithers in der Steiermark, Dr.Dadieu das Ansinnen, über Schmid von Schmidsfelden eine politische Beurteilung abzugeben, unter Hinweis auf dessen hohe Funktion in der SA beinahe mit Entrüstung zurückweist. In diesem Fall erübrige sich jede politische Beurteilung. Dem Angekl. kann freilich nicht nachgewiesen werden, dass er als SA-Oberführer beeidigt wurde und einen formellen Ausweis führte, weil der Angekl. dies eben kurzerhand abstreitet. Allein, er musste ja im Vorverfahren selbst zugeben, dass er eine Uniform mit Eichenlaubstücken auf den Spiegeln besaß und trug. Es erscheint daher der Schuldspruch nach § 11 VG ausreichend begründet. Bei der Strafbemessung war erschwerend die höhere Funktion des Angekl., wenngleich diese nur einen Ehrenrang darstellte, mildernd war die Unbescholtenheit, Versorgungspflicht für Gattin und 5 Kinder, der gute Leumund und die Förderung von politischen Gegnern. [...]"

Nach Anträgen zur Wiederaufnahme des Verfahrens unter Vorlage neuer Beweismittel ‚1952 von der StA Graz abgewiesen, wurde am 13.8.1955 stattgegeben und das Urteil vom 1.3.1949 aufgehoben. Zitate aus der Abweisung der Wiederaufnahme 1952 und der Entsprechung 1955 machen den Wandel der Rechtslage in Bezug auf das Verbotsgesetz seit 1945 deutlich: 1952 wurde die Behauptung Schmid-Schmidsfeldens, „er sei in der Verbotszeit in keinerlei Beziehung zur illegalen ns-Bewegung gestanden, habe die Anerkennung als Alt.PG (1.5.1938, 6 Millionen-Nummer) lediglich durch Begünstigung erhalten und sei niemals SA-Oberführer geworden", durch eine Reihe von Zeugen, „die zum überwiegenden Teile der ehemaligen ns. Parteihierarchie angehören", dahingehend bestätigt, „dass ihnen von einer illegalen Betätigung des Wiederaufnahmswerbers in der Verbotszeit nichts bekannt geworden sei und dass es sich bei den von ihm seinerzeit vorgelegten diesbezüglichen Nachweisen wohl nur um Gefälligkeitsatteste handeln könne, in denen das Bestreben österr. Industriekreise Ausdruck gefunden habe, Schmid Schmidsfelden, der nach dem 13.3.1938 als Wirtschaftsführer in der Industrie der „Ostmark" eine hervorragende Stellung einnahm, im Zusammenhalt mit reichsdeutschen Industriekreisen über den Kopf der österr. Parteistellen hin-weg auch parteimäßig zu unterbauen", während ihn andere neuerlich belasteten, sodass sich die StA gegen den Antrag aussprach: „Zusammenfassend ist also zu sagen, dass die neu durchgeführten Beweise nicht geeignet sind, die Urteilsfeststellung zu widerlegen."

Anders 1955, als unter Aufbietung zahlreicher und prominenter Entlastungszeugen die StA dem Antrag des Verurteilten entsprach: „Sowohl aus Grund des früheren, als auch zufolge des neu eingebrachten Wiederaufnahmsantrags ergibt sich das Bild des Wiederaufnahmswerbers als eines Mannes, der vor und nach dem Jahr 1938 wohl als technischer Fachmann ein bedeutender Wirtschaftsführer war, mit aktiver Politik sich jedoch nur insoweit befasst hat, als es bei seiner wirtschaftl. Stellung unumgänglich nötig gewesen ist. Es ist durchaus glaubhaft, dass im Jahre 1938 Vertreter der deutschen Schwerindustrie, die ja zum größten Teil politisch nicht zu den Anhängern der NSDAP zählten, nach dem Umsturz in Österreich einen Mann als Leiter des Industriellenbundes in Steiermark sehen wollten, der zwar vielleicht kein bedingungsloser Anhänger des neuen Regimes, aber andererseits kein offener Gegner in der Zeit vor März 1938 war, daher als tragbar erschien und nun bei formeller Bescheinigung angeblicher Verdienste auch Ehrenstellen erhalten konnte. Dass es hier zur Ausstellung von Gefälligkeitsattesten gekommen sein dürfte, kann ebenfalls angenommen werden. Eine wesentliche politische Betätigung des Wiederaufnahmewerbers nach dem Jahre 1938 geht aus den Akten jedenfalls nicht hervor." Insofern wurde beim Volksgericht gem. § 109 StPO die Einstellung des Verfahrens gegen August Schmid-Schmidsfelden gefordert; ein Anspruch auf Haftentschädigung wurde jedoch nicht zuerkannt, „da der die Verfolgung u. Haft begründende Verdacht in der Folge nicht zur Gänze entkräftet werden konnte".

6 Berthold, Chronik I, 1984, S.67
7 Berthold, Chronik I, 1984, S.67
8 Stadtarchiv Linz, Lageplan und Beschreibung „Siedlung Linz"
9 Steiermärkisches Landesarchiv Graz, Vg 6 Vr 982/46, Vr 3355/46, Vr 23417/1955, Anton Schnitzer war nach Aussage von August Schmid Schmidsfelden, „Halb- oder Vierteljude, heiratete eine Cousine von mir, Ilse Burkhardt, die Aktionärin in unserem Unternehmen war und kam dadurch in den Verwaltungsrat und wurde Geschäftsführer. […] Es habe sich auch herausgestellt, dass er Mischling sei, weshalb er zu entlassen sei. Ich musste die Entlassung durchführen."
10 500 Jahre, Chronik und Geschichte eines Unternehmens, Die heutige VOEST-Alpine Krems, 2 Bd, Heinz Berthold 1984 bzw. Helmut Robiczek 1999
11 Interview Franz Oberdorfer (2009), dem ich für die Überlassung der Fotos von der Baustelle danke.
12 Styriabote, Werkzeitschrift der Betriebsgemeinschaften Schmidhütten Krems und Liezen, 14. Jg., Folge 2, 1942, S.20
13 Styriabote, Werkzeitung der Betriebsgemeinschaft der Rottenmanner Eisenwerke AG, Heft 5, 1940, S.88, Heft 6, 1941, S.98
14 Robiczek, Chronik II, 1999, S.36
15 Berthold, Chronik I, 1984, S.76
16 Berthold, Chronik I, 1984, S.85ff, DI Kozeschnik, als leitender Elektrotechniker vom Kriegsdienst befreit, wurde nach der Befreiung 1945 am 7.8.1945 zum Verwalter des Werks bestellt und übte diese Funktion bis 1952 aus. In der Chronik angeführte, ca. 150 Blätter umfassende „Originaldokumente und Abschriften" werksinterner und betriebsrelevanter Unterlagen – darunter eine 14-seitige Inventarliste vom 17.5. oder ein „Bericht über die Lage im Werk Krems" von Ende Mai 1945 –, die, von Kozeschnik gesammelt und hinterlassen, die Entwicklung des Werks nach 1945 zeigten, stehen als überprüfbare Quelle nicht mehr zur Verfügung.
17 Die Zahlen des Lagerstands divergieren mit denen an anderer Stelle erheblich, sind aber nicht überprüfbar; so sollen etwa fertige Bleche im Wert von RM 930.000 in die Sowjetunion abtransportiert worden sein und lediglich unfertige im Wert von RM 300.000 übrig geblieben sein.
18 Berthold, Chronik I, 1984, S.86. Bertholds Infragestellung des Werks als ‚Deutsches Eigentum' – im Werk stecke zwar zweifelsfrei deutsches Kapital, „das aber ab Mitte April 1944 (als die Zwischenfinanzierung des Stahlwerksbaues durch die Wehrmacht zu Ende war) ausnahmslos in Form von Krediten bestand, nicht als deutsche Beteiligung" – wie seine Folgerungen scheinen selbst fragwürdig. Die Unterscheidung zwischen deutschem und österreichischem Bankkapital – RM 11,3 bzw. 7,6 Mio – in Bezug auf die Bilanz 1944 offenbart eine sonderbare Sichtweise 1984, wobei die Größenordnung der Beteiligung deutscher Banken an der CA für „heute nicht mehr eruierbar und auch nicht so interessant" zu halten, wie der grafisch hervorgehobene Schluss dieser Logik, 1945 seien „wohl Auslandskredite, aber keine deutschen Eigentums-Anteile vorhanden" gewesen, der Grundlage entbehrt. Gleichzeitig wird über die vorteilhafte Anwendbarkeit der auf den Reichsschatz bezogenen Kriegsrisikoklausel in den Kreditverträgen, die durch oder infolge von Kriegsereignissen eingetretene Verluste absicherte, spekuliert: „Es ist durchaus möglich, dass aufgrund dieser Klausel 1956 die Löschung eines deutschen Kredites in Höhe von RM 7,200.000 und dessen hypothekarische Sicherstellung durch Liegenschaften im Kremser Stadtteil Weinzierl erfolgte."
19 Berthold, Chronik I, 1984, S.87ff
20 Berthold, Chronik I, 1984, S.92ff, Dossier Kozeschnik
21 BGBl. 2189 vom 9.8.1963
22 Steiermärkisches Landesarchiv Graz, Vg 6 Vr 982/46, Vr 23417/1955; s. Endnote 5

Donauhafen Krems, Getreide-Silo

1 Waldviertler Zeitung, Folge 24, 9.6.1938, „Der Mitteleuropa-Kanal", S.7
2 DI Rudolf Erben, Der Kremser Donauhafen und die Fortsetzung der Hochwasserschutzdämme bis Schlickendorf, Zeitschrift des Österreichischen Ingenieur- und Architekten-Vereines, Sonderabdruck aus 93. Jg., Heft 21/22,1948, S.2ff
3 Donauwacht, Mitteilungsblatt des Kreises Krems der NSDAP, Folge 31, 2.8.1939, S.11
4 Niederösterreichische Land-Zeitung, Folge 18, 4.5.1938, „Naher Baubeginn des Donauhafens", S.6; Kremser Zeitung, Volksblatt für Stadt und Land, Folge 19, 5.5.1938, „Der Kremser Donauhafen", S.3, „Die Donau wird Großverkehrsstraße", S.8
5 Donauwacht, Folge 15, 12.4.1939, „Bau eines 15 km-Dammes bei Krems", S.14
6 NÖLA, LA III/6-302-XLIII, 1938, Protokoll der Bauverhandlung vom 7./8.7.1938
7 BArch-MA, RW 19, 1700, 29-31, Korrespondenz zwischen REM und RM der Luftfahrt und Oberbefehlshaber der Luftwaffe vom August 1938: Nachdem zunächst geplante 40.000 t-Speicher vom Luftgaukommando aus luftschutztechnischen Gründen nicht bewilligt wurden, wurden unter Einbindung des OKW in den zum Teil erst zu errichtenden Hafenanlagen in Wien und Linz je 2 Getreidespeicher mit einem Fassungsraum von je 20.000 t befürwortet; zusätzlich beabsichtigte die Erste Donau-Dampfschiffahrts-Gesellschaft, in Wien 2 Speicher mit je 20.000 t und in Linz je 1 Speicher mit 20.000 t und mit 15 000 t Fassungsraum zu errichten.
8 BArch, R 2, 9284, 7, 8, Geheimakte „Niederschrift über die Sitzung vom 21.Oktober 1938, betreffend Errichtung von Getreidelagerräumen"
9 Donauwacht, Folge 2, 8.1.1941, „Die Hafenpläne an der Donau", S.7
10 Raumforschung und Raumordnung, Monatsschrift der Reichsarbeitsgemeinschaft für Raumforschung, Hg. Professor Dr. Konrad Meyer, Jg.3/1939, Heft 2, S.82, Heft 3, S.130
11 Kremser Zeitung, Folge 28, 7.7.1938, „Bau eines Schutzhafens in Krems an der Donau", S.5; Folge 13, 30.3.1939, „Donauhafen und Getreidespeicher in Krems", S.2; Donauwacht, Folge 23, 7.6.1939, „Der Bau des Donauhafens schreitet rüstig fort", S.12
12 NÖLA Ia-3, 1573, 1941, ref. Kaufvertrag Mierka vom 20.3.1941
13 Wiener Zeitung, Beilage, 1.7.1956, Donauhafen Krems
14 BArch R4, 606, 3359, GBI
15 Donauwacht, Folge 16, 19.4.1939, „Bauvergebungen für den Donauhafen", S.13
16 Donauwacht, Folge 23, 7.6.1939, „Der Bau des Donauhafens schreitet rüstig fort", S.12
17 Amt der NÖ Landesregierung, WA1-W-7071, Lageplan Rottenmanner Eisenwerke der Karl Heuck Stettin Eisenbeton Hoch- u. Tiefbau vom 21.3.1940
18 Donauwacht, Folge 41, 9.10.1940, S.5
19 NÖLA, RSth, Ve-2-294, 1940/41, Verlegung einer 20kV-Leitung Stratzdorf-Krems durch die Gauwerke Niederdonau AG

Holzkonstruktions-Baugesellschaft Wenzl Hartl Echsenbach

1 M.T.Litschauer, 6|44-5|45 Ungarisch-Jüdische ZwangsarbeiterInnen, Ein topo|foto|grafisches Projekt, 2006, S.91ff
2 BH Zwettl, Gewerbeabteilung, Bauakt Hartl
3 BH Zwettl, Gewerbeabteilung, Bauakt Hartl, Bauverhandlung vom 1.8.1939
4 BH Zwettl, Gewerbeabteilung, Bauakt Hartl, Bauansuchen vom 13.9.1941, Baubewilligung vom 2.10.1941

Landwirtschaftliche Kartoffelverwertungs AG Gmünd

1 50 Jahre Stärkefabrik Gmünd, Hg. Agena Stärke Ges.m.b.H., 1990
2 Die 1936 in Aschach erbaute Stärkefabrik war eine Gründung von Dipl. Ing. Lederer und Dr. Perutz, die mit Beteiligung des Bankhauses Gebr. S. & M. Reitzes in Wien und unter den Bedingungen des Landes Oberösterreich, Arbeitsplätze in einer strukturschwachen Region zu schaffen, einen zweiten Standort zum Werk im niederösterreichischen Moosbierbaum errichteten., Compass 1935; 50 Jahre Stärkefabrik Aschach 1936-1986, Hg. Agena Stärke Ges.m.b.H., 1986
3 NÖLA, VVSt, Vermögensanmeldung Oskar Willheim vom 15.7.1938; Kaufvertrag Gilgenberg vom 21.7.1938, ÖStA, AdR, St 6881, VA 31.861, FLD 24.084, Restitution des mit 26.10.1943 dem Reichskommissar für die Festigung deutschen Volkstums im Lande Österreich übertragenen Besitzes durch Vergleich vom 28.9.1955
4 Standortüberlegungen gingen bereits 1934 von Schwarzenau aus., 50 Jahre Stärkefabrik Gmünd, Hg. Agena Stärke Ges.m.b.H., 1990
5 Amt der NÖ Landesregierung, WA1-W-13098
6 ANÖLR, WA1-W-13098
7 Zentralverband der Architekten, Mitgliedsakt Siller, OKH vom 21.7.1941
8 ANÖLR, WA1-W-13098
9 Zentralverband der Architekten, Mitgliedsakt Siller, Uk-Antrag für Zawadil vom 13.1.1943, dem vom Wehrbezirkskommando nicht mehr entsprochen wurde.
10 1922 gegründet, war die Bau- und Holzindustrie AG mit etwa 100

Beschäftigten ein Holz verarbeitender Großbetrieb, dessen Hauptaktionär das Bankhaus Gebrüder Gutmann war und der sich infolge eines Brands seit 1932 in Liquidation befand. Nach dem ‚Anschluss' 1938 unter kommissarische Verwaltung gestellt, übernahm mit Genehmigung der Vermögensverkehrsstelle vom 5.6. und Kaufvertrag vom 30.8.1938 Pg. Karl Pfeiffer, Sägewerksbesitzer aus Klausen-Leopoldsdorf, nachdem er sich bereits Maschinen aus der Liquidationsmasse gesichert hatte, den Betrieb. Sein Antrag auf Wiederinbetriebnahme des Sägewerks wurde aus vorrangigem Interesse des Reichsernährungsministeriums vom Reichsforstmeister abgelehnt und die Liegenschaft mit Kaufvertrag vom 25.4.1940 von der Landwirtschaftlichen Kartoffelverwertungs AG erworben., NÖLA, VVSt, Genehmigungen von Veräußerung und Erwerbung; WKO Archiv; BG Gmünd, Grundbuch
11 ANÖLR, WA1-W-13098
12 StAG
13 ANÖLR, WA1-W-13098. Für einen ersten Hinweis danke ich Kurt Siller, dem Neffen des Architekten, der als Schüler der Staatsgewerbeschule ein Maurerpraktikum bei der Firma Leyrer absolvierte.
14 Zentralverband der Architekten, Mitgliedsakt Siller, Uk-Antrag für Zawadil vom 14.4.1942
15 Zentralverband der Architekten, Mitgliedsakt Siller, Ansuchen um „Bewinkelung" des Autos vom 21.4.1941
16 Andrea Komlosy, An den Rand gedrängt, Wirtschafts- und Sozialgeschichte des oberen Waldviertels, Verlag für Gesellschaftskritik 1988, S.37
17 50 Jahre Stärkefabrik Gmünd, Hg. Agena Stärke Ges.m.b.H., 1986, S.13
18 ANÖLR, WA1-W-13098
19 Rede Olbrich, in: Maria Theresia Bechina, Eine historische Betriebsanalyse der Österreichischen Agrar-Industrie Ges.m.b.H. unter besonderer Berücksichtigung des Werks Gmünd, Dipl. Arb. Uni Wien 1988
20 50 Jahre Stärkefabrik Gmünd, Hg. Agena Stärke Ges.m.b.H., 1986, S.13
21 M.T.Litschauer, 6|44-5|45 Ungarisch-Jüdische ZwangsarbeiterInnen, Ein topo|foto|grafisches Projekt, 2006, S.97ff
22 Gerhard A. Stadler, Das kulturelle Erbe Niederösterreichs, Geschichte Technik Architektur, Böhlau 2006, S.215f

TKV Heidenreichstein

1 Donauwacht, Mitteilungsblatt des Kreises Krems der NSDAP, Folge 51, vom 23.12.1942, „Bau einer Tierkörperbeseitigungsanstalt", S.7
2 NÖLA, RSth, Ve-2, 1943
3 Bauamt Gmünd, Bauakt Seuchenschlachthof, Information „Wozu werden Seuchenschlachthöfe erbaut?"
4 NÖLA, RSth, Ve-2/1943
5 Baupläne und -unterlagen, Privatbesitz
6 ebd.

Viktorin-Werk Eggenburg

1 WStLA, Stadtbauamtsdirektion, B o.Sig., X/1940 – IV/1942, Beigeordneter Dr. Tavs, 10.3.41 Viktorin, Umsiedlung aus Mödling
2 „Zuwachs an unbeweglichem Vermögen", ein fragmentarisch erhaltenes Resümee Dr. Kranners über Grundkäufe während seiner Amtszeit 1938-1945, Sammlung Linsbauer
3 Walter Gropius hatte bei der Emigration seinem Mitarbeiter Ebert die 1926 für die Franke'schen Eisenwerke konzipierte Produktlinie „Oranier" überlassen, die Ebert weiter entwickelte und auch als Architekt für das Eisen verarbeitende Unternehmen tätig war., vgl. Günther Sonja, Hg. Bauhaus-Archiv, Wils Ebert – Ein Bauhausschüler 1909-1979, Die Arbeit eines Architekten und Städtebauers, Berlin 2004
4 Präsentationsentwurf, Sammlung Linsbauer; Entwurfszeichnungen, Bauhaus-Archiv Berlin
5 Sammlung Linsbauer, mit Dank für die freundliche Überlassung von Dokumenten und Planungsmaterial

Molkereien Horn, Langau, Pöggstal, Zwettl

1 Land-Zeitung, Wochenblatt für Gaustadt und Kreis Krems, Folge 5, Zwettler Bote, 1.2.1939, S.19
2 Donauwacht, Mitteilungsblatt des Kreises Krems der NSDAP, Folge 25, 24.6.1942, „Zur Erfüllung der Milchablieferungspflicht", S.6
3 Land-Zeitung, Folge 3, 18.1.1939, S.16
4 Franz Stangl, 50 Jahre Molkerei Horn, 1989
5 Protokolle gemeinsamer Vorstands- und Aufsichtsratssitzungen der Molkereigenossenschaft Horn und Umgebung vom 7.2.1939 bis 31.3.1944
6 Bauamt Horn, Bauakt Molkerei
7 Bauamt Horn, Bauakt Molkerei
8 Waldviertler Zeitung, Folge 37, 14.9.1939, Horn, „Errichtung einer Molkerei", S.5
9 Bauamt Horn, Bauakt Molkerei
10 Franz Stangl, 50 Jahre Molkerei Horn, 1989
11 Protokolle gemeinsamer Vorstands- und Aufsichtsratssitzungen der Molkereigenossenschaft Horn und Umgebung vom 7.2.1939 bis 31.3.1944
12 Gerdy Troost (Hg.), Das Bauen im neuen Reich, 2 Bd., Gauverlag Bayer. Ostmark, Bayreuth 1938 bzw. 1943
13 Günther Kühlmayer und Dietmar Haller, Molkereigenossenschaft Langau, in: Chronik Langau
14 50 Jahre Raiffeisen-Molkerei Zwettl, 1989
15 Bauamt Zwettl, Baubescheid vom 9.1.1941, gewerberechtlicher Gleichbescheid vom 24.12.1940
16 Bauamt Zwettl, Bauakt Molkerei
17 Ernst-Werner Techow (Hg. DAG), Die alte Heimat, Sudetendeutscher Verlag 1942, Nachdruck: Berger Horn 1981, S.84f
18 Bauamt Zwettl, Bauakt Molkerei
19 Bauamt Zwettl, Bauakt Molkerei

Seuchenschlachthöfe Gmünd, Krems

1 StAG, Ratsherrensitzungsprotokoll vom 25.4.1941
2 Der Seuchenschlachthof in Krems blieb in den Bauvorbereitungen stecken.
3 Manfred Dacho, Gmünd in der 2. Republik, V. der Provinz 2008, S.413
4 Bauamt Gmünd, Bauakt, bewilligt am 11.9.1941 bzw. 26.6.1942
5 StAG, Ratsherrensitzungsprotokoll vom 7.11.1941
6 Bauamt Gmünd, Bauakt
7 Bauamt Gmünd, Bauakt
8 Donauwacht, Mitteilungsblatt des Kreises Krems der NSDAP, Folge 1, 7.1.1942 und Folge 2, 13.1.1943, „Die Verwaltung der Gauhauptstadt Krems a. d. Donau", S.5
9 NÖLA, RSth, Ve-3, 1943

Elektrizitätsversorgung

1 NÖLA, LH, III/1, 114, 1938, Eine entsprechende Änderung des „Gesetzes über die Rhein-Main-Donau-Verbindung und den Ausbau der Donau", mit der auch erforderliche Enteignungsmaßnahmen auf Österreich ausgedehnt wurden, sah zur Beschleunigung des Projekts einen zeitlichen Rahmen für die Fertigstellung vor.
2 Völkischer Beobachter, 26.3.1938, „Görings Donaufahrt nach Wien", S.1, „Arbeit für Niederösterreich", S.7; 28.3.1938, zur „großen Programmrede des Generalfeldmarschalls", S.4ff; Niederösterreichische Land-Zeitung, Folge 13, 30.3.1938, „Görings Jubelfahrt durch Niederösterreich", S.1ff
3 Raumforschung und Raumordnung, Monatsschrift der Reichsarbeitsgemeinschaft für Raumforschung, Hg. Professor Dr. Konrad Meyer, Heft 9, September 1938, Landesplanerischer Überblick, S.422ff
4 Kremser Zeitung, Volksblatt für Stadt und Land, Folge 21, 19.5.1938, „Görings Aufbauwerk in der Ostmark", S.1f
5 Werner Roehle, Chronik Wasserstrasse DONAU Kraftwerke, 1.Teil bis 1953, 1985, S.34ff, Archiv Verbund AG
6 Raumforschung und Raumordnung, Heft 6, Juni 1938, „Rhein-Main-Donau-Verbindung", S.267f; Heft 4/5 1939, Walter Strzygowski, „Die Zukunft des Verkehrsnetzes der Ostmark", S.234ff
7 Amt der NÖ Landesregierung, LA III/1, 171, 1982
8 Waldviertler Zeitung, Folge 16, 14.4.1938, „Kraftwerk Ybbs-Persenbeug in Bau", S.7
9 Roehle, Chronik, S.69ff, Archiv Verbund AG
10 ANÖLR, LA III/1, 171, 1982
11 Roehle, Chronik, S.65ff, Archiv Verbund AG
12 ANÖLR, LA III/1, 171, 1982
13 Roehle, Chronik, S.60ff, Archiv Verbund AG
14 Christine Oertel, Das Donaukraftwerk Ybbs-Persenbeug, S.252ff; Oliver Rathkolb, Mythos Wasserkraft 1938-1945 und danach: Am Beispiel des Kraftwerkbaus Ybbs-Persenbeug und der Nachkriegselektrizitätswirtschaft in Österreich, S.273 ff, in: Oliver Rathkolb (Hg.), NS-Zwangsarbeit in der Elektrizitätswirtschaft der „Ostmark": Kaprun, Draukraftwerke, Ybbs-Persenbeug, Ernsthofen, Böhlau 2002
15 M.T.Litschauer, 6|44-5|45 Ungarisch-Jüdische ZwangsarbeiterInnen, Ein topo|foto|grafisches Projekt, 2006
16 Roehle, Chronik, S.81ff, Archiv Verbund AG
17 Anton Grzywienski, Das Donaukraftwerk Ybbs-Persenbeug, Springer 1949
18 Roehle, Chronik, S.73ff, Archiv Verbund AG
19 Roehle, Chronik, S.96f, Archiv Verbund AG
20 Roehle, Chronik, S.148f, Archiv Verbund AG
21 Roehle, Chronik, S.151, Archiv Verbund AG
22 Roehle, Chronik, S.153ff, Archiv Verbund AG
23 Roehle, Chronik, S.152, Archiv Verbund AG
24 Roehle, Chronik, S.45 (pdf), Archiv Verbund AG

25 Roehle, Chronik 1954, S.46 (pdf), Archiv Verbund AG
26 K. Hauschka, Das Donaukraftwerk Ybbs-Persenbeug i. Landschaftsbild, in: der aufbau 14.1959, S.66ff, www.azw.at/Architektenlexikon
27 Bauamt Waidhofen an der Thaya, Bauakt EVN, Übersichtsplan Gauwerke ND, Abschnitt Rosenburg – Waidhofen, Juni 1939 bzw. Waidhofen – Gmünd, Oktober 1940
28 Herbert Schmid, Das 60 kV-Netz der EVN 1923-2008, EVN 2008
29 Und es werde … LICHT!, 100 Jahre öffentliche Stromversorgung in Waidhofen an der Thaya, Ausstellungskatalog Stadtmuseum, Kuratorin Sandra Sam, 2005, S.19; vgl. Gerhard A. Stadler, Das industrielle Erbe Niederösterreichs, Geschichte Technik Architektur, Böhlau 2006
30 Bauamt Waidhofen an der Thaya, Bauakt EVN, Bauplan der GWND vom 2.5.1941, technisch-baugeschichtliche Angaben
31 Gottfried Eggendorfer, in: Und es werde … LICHT!
32 Bauamt Waidhofen an der Thaya, Bauakt EVN, Bauplan vom 1.7.1948
33 BG Gmünd, Grundbuch, Kaufvertrag vom 3.2.1942
34 Bauamt Gmünd, Bauakt EVN
35 Herbert Schmid, Das 60 kV-Netz der EVN 1923-2008, EVN 2008
Der Traditionspflege der Nibelungensage in Tulln untermauert auch ein erst 2005 errichteter Brunnen, den Michail Nougin mit überlebensgroßen Figuren in Bronzeguss gestaltet hat.
36 NÖLA, RSth, Ve-2-294, 1940/41, Planung GWND einer 20kV-Leitung Stratzdorf-Krems und eines Kabelführungshauses im Hafen Krems

Truppenübungsplatz Döllersheim

Militärzone

1 BArch, R 2, 5312, Bericht des Rechnungshofs an OKH vom 23.12.1943
2 BArch, RH 9, 89, Truppenübungsplätze mit Heeresforsteinteilung, Übersicht OKH
3 BArch, RW 19, 1741, 71–81, Raumplanung Wehrmacht 17.6.1938; vgl. Vorwort Knitterscheid in: Ernst-Werner Techow (Hg. DAG), Die alte Heimat, Sudetendeutscher Verlag 1942, Nachdruck Berger, Horn 1981
4 Im Rekurs auf das Reichssiedlungsgesetz vom 11.8.1919, das Ankauf und Erschließung von Gütern für Siedlungszwecke regelte, konnten zu diesem Zweck gegründete gemeinnützige Siedlungsunternehmen ein Vorkaufsrecht und, wenn erforderlich, die Möglichkeit zur Enteignung nützen, die 1931 durch Notverordnung verschärft wurde; RGBl. II, S.1429ff, 1919, RGBl. I, S.551ff, 1931
5 Neues Bauerntum, Fachwissenschaftliche Zeitschrift für das ländliche Siedlungswesen, 31.Jg., Berlin 1939, S.176ff
6 BArch, RW 43, 3364, 1–78, Reichsstelle für Landbeschaffung im Reichskriegsministerium
7 „Aufgrund des §1 der Verordnung vom 21.August 1935 zur Durchführung und Ergänzung des „Gesetzes über die Landbeschaffung für Zwecke der Wehrmacht" (RGBl. I S.1097) hat der Chef des Oberkommandos der Wehrmacht durch Verordnung vom 18. Juli 1938 im Einvernehmen mit dem Reichsminister für Ernährung und Landwirtschaft bestimmt, dass das Land, welches im Lande Österreich für Übungsplätze und sonstige Anlagen des Heeres sowie für die im Zusammenhang damit stehende Umsiedlung benötigt wird, nach den Vorschriften des „Gesetzes über die Landbeschaffung für Zwecke der Wehrmacht" vom 29. März 1935 (RGBl. I S.467) zu beschaffen ist" (RMBl. S.528); Raumforschung und Raumordnung, Monatsschrift der Reichsarbeitsgemeinschaft für Raumforschung, Hg. Professor Dr. Konrad Meyer, Heft 9, September 1938 (Österreich-Heft)
8 BArch, R 2, 60314 85% des Grundkapitals von RM 1 Mio übernahm Mitte 1939 der Reichsverein für Volkspflege und Siedlerhilfe von der Dresdner Bank und ging Ende 1939 auf Befehl des Reichsführers-SS in die Verwaltung der eigenen Deutschen Umsiedlungs-Treuhand-Gesellschaft über. BArch, R 2, 18985, fol. 80, Im Zuge der Kapitalerhöhung 1941 von RM 1 auf RM 5 Mio konnte die SS mit dem strategischen Angebot eines Aufsichtsratssitzes das Reichsfinanzministerium, das zuvor die Gegeninteressen des ‚Reichsnährstands' unterstützte, auf seine Seite bringen; noch konstatierte der Reichskommissar für die Festigung deutschen Volkstums, von einem Angebot an den ‚Reichsnährstand' „Abstand nehmen zu sollen". 1942 gehört auch ein Landesbauernführer dem Aufsichtsrat an.
9 BArch, R 2, 60314, s. Bäuerliche Siedlung, Endnote 21
10 vgl. Isabel Heinemann, Rasse, Siedlung, deutsches Blut, Wallstein 2006
11 BArch, NS 2, 86, Bl.176; Der Chef des Siedlungsamts, SS-Standartenführer von Gottberg, an den Chef des RuSHA, SS-Gruppenführer Pancke, vom 20.8.1938; vgl. Geschäftsbericht der DAG, Zweigstelle Ostmark, an das Präsidium des Ministeriums für Landwirtschaft in Wien vom 8.11.1938; zitiert nach: Isabel Heinemann, Rasse, Siedlung, deutsches Blut, Wallstein 2006, S.121
12 BArch, RW 19, 1741, 71–73 Generalstab des Heeres, Neuer Truppenübungsplatz in Österreich vom 18.6.1938 im Verweis auf 30.3.1938
13 ÖStA, AdR, DAG Ostmark, Kt.155, 2345/1, Information der Heeresgruppe V vom 22.7.1938
14 BG Waidhofen an der Thaya, Kaufvertrag vom 31.3.1939 mit Marie Freifrau von Lentz, im Ausmaß von 341 ha
15 NÖLA, NÖLT, Kaufvertrag vom 6.8.1943 mit der Johann-Joachim Graf Windhaag'schen Konvikthand-Stipendienstiftung, 1940 in Windhaag-Stipendienstiftung für Niederdonau umbenannt. Die Liegenschaften im Ausmaß von 1046 ha, davon 843 ha Wald, machen den Zentralraum des Truppenübungsplatzes aus.
16 NÖLA, NÖLT, Kaufvertrag vom 1.2.1940 mit Vollrath von Lamberg; das Gut umfasste 706 ha und war bis 1938 an die Brüder Willheim verpachtet.
17 BG Zwettl, Kaufvertrag vom 28.11.1939 mit der Pressburger 1. Sparbank; 110 ha
18 NÖLA, NÖLT, Größen, Günther M. Doujak, Die Entwicklung des landtäflichen Großgrundbesitzes in NÖ seit dem Jahr 1908, Diss. Uni Wien 1982
19 BArch-MA, RH 9, 206, Landkarte Truppenübungsplatz Döllersheim mit farbigen Entsiedlungszonen I-III
20 Margot Schindler, Wegmüssen, Die Entsiedlung des Raumes Döllersheim 1938–1942, Volkskundliche Aspekte, Österreichisches Museum für Volkskunde, Verlag Berger Horn 1988
21 BG Waidhofen/Thaya, Kaufvertrag vom 31.3.1939 mit Marie Freifrau von Lentz
22 BArch, RW 19, 1741, Generalstab des Heeres, Neuer Truppenübungsplatz in Österreich vom 18.6.1938
23 BArch, RH 9, 144, Truppenübungsplätze Stand 1.4.1943
24 BArch, R 2, 9284, 10, Proksch an Baurat Frey, WKV XVII, vom 2.8.1938
25 Zimmermeister Staudigl betrieb in Floridsdorf eine kleine Einzelfirma, die durch Rüstungsaufträge nach dem ‚Anschluss' 1938 groß expandieren konnte; 1939 bereits als Zimmerei-Großbetriebsbesitzer bezeichnet, wurde er in den Aufsichtsrat der Mollner Holzwarenfabriken AG berufen, deren Geschäftsführer er 1941 wurde. Diese Firma hatte vor der ‚Arisierung' 1938 Holzwaren aller Art hergestellt; danach fungierte sie als Zulieferer großer Rüstungsbauten im Osten., Zentrales Gewerberegister Wien
26 Land-Zeitung, Wochenblatt für Gaustadt und Kreis Krems, Folge 10, 8.3.1939, Zwettler Bote, S.6
27 BArch, R 2, 9284, 5–9, Proksch an Reichsarbeitsministerium vom 23.8.1938
28 BArch, R 2, 9284, 12–14, Proksch an Preisbildungsstelle/RStH vom 30.8.1938
29 BArch, R 2, 9284, 15–16, RAM an OKH vom 3.9.1938
30 BArch, R 2, 9284, 3–4, RAM an OKH vom 7.9.1938 (Schnellbrief)
31 BArch, R 2, 9284, 3–4, RAM an OKH vom 7.9.1938 (Schnellbrief)
32 BArch, R 2, 9284, 19–25, Bericht der Preisüberwachungsstelle an den Preisüberwachungskommissar vom 15.10.1938
33 BArch, R 2, 5312, Bericht des Rechnungshofs des Deutschen Reichs an OKH vom 23.12.1943
34 BArch, R 2, 5312, Staudigl an HBA Allentsteig vom 14.1.1943
35 BArch, R 2, 5312, OKH an RH vom 7.3.1944
36 BArch, R 2, 5312, RH an OKH vom 12.4.1944
37 BArch, R 2, 5312, RH an OKH vom 12.4.1944

Siedlungen für Offiziere der Wehrmacht

1 Ernst-Werner Techow, Hg. Deutsche Ansiedlungsgesellschaft, Die alte Heimat, Beschreibung des Waldviertels um Döllersheim, Berlin 1942, Nachdruck Berger Horn 1981, S.94
2 Land-Zeitung, Wochenblatt für Gaustadt und Kreis Krems, Folge 49, 7.12.1938, Kreis Zwettl, S.23. Der Titel „Schaffende Heimat" verwies auf „Bautätigkeit und Stadtplanung", durch die Allentsteig in geordnete Bahnen gelenkt werden sollte. Bereits erfolgt waren Straßenverbreiterungen im Zuge der Errichtung des Truppenübungsplatzes wie neben einem Sportplatz und privaten Geschäftsausbauten mit dem Bau der Siedlung für die militärische Führung ein neuer Stadtteil entstanden war.
3 Ernst Krenn, Geschichte der Stadt Allentsteig, Stadtgemeinde Allentsteig 1948
4 Interview mit Maria Heilhirsch (31.5.2008)

Sparkasse Allentsteig

1 Archiv der Sparkasse Zwettl, Anzeige des Bauvorhabens an das Landesarbeitsamt Zwettl vom 27.2.1939
2 Karl Soukup, Chronik Sparkasse der Stadt Allentsteig 1868-1981
3 WStLA, Meldekartei
4 Archiv der Sparkasse Zwettl, Anfrage bei Staatskommissär in der Privatwirtschaft vom 10.11.1938
5 BG Zwettl, Grundbuch, Kaufvertrag
6 BG Zwettl, Kaufvertrag vom 30.3.1939 über RM 10.100 bzw. vom 7.9.1938 über RM 1600; Genehmigung des Generalreferenten für forst-

liche Sonderaufgaben am 22.6.1939. Nach Bedienung der Gläubigerforderungen und Abdeckung sonstiger Verbindlichkeiten wurde der verbleibende Erlös aus allen ‚Arisierungen', nach Abzug von ‚Judenvermögensabgabe' und ‚Reichsfluchtsteuer', auf ein Sperrkonto bei der Creditanstalt-Bankverein erlegt.

7 StAA, Anmeldung des entzogenen Vermögens vom 20.11.1946; Rückstellungsakt Kurz 1949/50, Gegenäußerung Sparkasse
8 NÖLA, BH Zwettl 1938, XI/153-154, Sammelbericht „Beschlagnahme staatsfeindlichen Vermögens im Kreis Zwettl" an die Landeshauptmannschaft vom 17. und 18.8.1938
9 NÖLA, BH Zwettl 1938, XI/153-154, Abschriften der Anordnungen der Reichskanzlei vom Juni und Juli 1938
10 StAA, Sitzungsprotokoll Gemeinderat 5.10.1939 bzw. 2.3.1940
11 Interview mit Maria Heilhirsch (2008)
12 Privatsammlung Soukup; vgl. Ernst Bezemek (Hg.), Heimatbuch Allentsteig 1848-2002, S.140: Nach der Befreiung entzogen sich der Stechviehhändler Friedrich Obenaus und der Kaffeehausbesitzer Adolf Glanner, Pg. und Blutordensanwärter sowie kommunale Multifunktionäre, der strafrechtlichen Verantwortung, indem sie am 10.5.1945 familiär-kollektiv Mord an ihren jeweils 2 Kindern und Selbstmord verübten.
13 StAA, Rückstellungsakt Kurz gegen Sparkasse der Stadt Allentsteig; Aufstellung der Länderbank vom 23.8.1950, ref. Auslandssperrkonto für die Vergleichszahlungen
14 Archiv der Sparkasse Zwettl, Bauakt der Sparkasse Allentsteig
15 NÖLA. BH Zwettl 1938/39, „Sicherstellung der Arbeitskräfte und des Bedarfes an Baustoffen für staats- und wirtschaftspolit. bedeutsame Bauvorhaben im Lande Österreich" gemäß Erlass des Ministeriums für Wirtschaft und Arbeit vom 27.10.1938, ergänzt durch die Verfügung des Reichsarbeitsministers vom 11.11.1938 und vom Landrat auszugsweise am 11.1.1939 an alle Gemeindeverwalter ergangen.
16 Der Aufstieg der NSDAP im überwiegend konservativ und deutschnational wie tendenziös antisemitisch und auch antislawisch eingestellten Waldviertel, mit 4,5% bei den Nationalratswahlen 1920, 9,4% 1930 und 20,1% bei den Landtagswahlen 1932, zeigt am Beispiel der Gemeinde Allentsteig und besonders in von der Entsiedlung betroffenen Ortschaften signifikante Ergebnisse: bei den Nationalratswahlen 1927 mit gesamt 2,21%, werden Groß Poppen mit 7,17% und Allentsteig mit 3,43% als frühe Zentren der Partei kenntlich; der Zugewinn um das 5-Fache bei der Nationalratswahl 1930 mit gesamt 11,24% – bzw. Groß Poppen mit 32,37% und Allentsteig mit 13,44% – weist bereits auf den durchschlagenden Erfolg bei der Landtagswahl 1932 voraus mit gesamt 16,24% – bzw. Groß Poppen mit 42,27% und Allentsteig mit 20,92%. , Ernst Bezemek (Hg.), Heimat Allentsteig 1848-2002, Stadtgemeinde Allentsteig 2002, S.113ff; Oliver Rathkolb, Politische Entwicklung des Waldviertels von 1918 bis 1938, Eine Forschungsskizze, in: Friedrich Polleroß (Hg.), 1938 Davor – Danach, Beiträge zur Zeitgeschichte des Waldviertels, Bd 30, Waldviertler Heimatbund 1988, S.11ff
17 StAA, Sitzungsprotokoll Gemeinderat 29.7.1939
18 Bauamt Allentsteig, Einladung zur Bauverhandlung am 17.5.1939
19 Bauamt Allentsteig, „Bauzeichnung Luftschutzkeller im zukünftigen Sparkassengebäude" der Baufirma Karl Feßl
20 Archiv der Sparkasse Zwettl, Bauakt der Sparkasse Allentsteig

Kino Allentsteig

1 Ernst-Werner Techow (Hg. Deutsche Ansiedlungsgesellschaft), Die alte Heimat, Sudetendeutscher Verlag 1942, Nachdruck: Berger Horn 1981
2 Chronik Wurz, für deren Überlassung ich Karl Soukup danke; Kinozeitung vom 15.2.1940
3 Bauamt Allentsteig
4 Stadtgemeinde Allentsteig, Sitzungsprotokoll vom 28.5.1940. Das Inventar des alten Kinos wurde an den Kinobesitzer York in Gmünd um RM 3500 verkauft.
5 Kremser Zeitung, Volksblatt für Stadt und Land, Folge 31, 3.8.1939, S.3
6 Ulrich J. Klaus, Deutsche Tonfilme, Lexikon 1929-1945, Berlin 1999; Wolfgang Bumberger, Die Wien-Film 1945/46, Dipl. Arb. Uni Wien 2008
7 Stadtgemeinde Allentsteig, Sitzungsprotokoll vom 23.9.1941
8 Stadtgemeinde Allentsteig, Sitzungsprotokoll vom 11.7.1942
9 Stadtgemeinde Allentsteig, Sitzungsprotokoll vom 2.12.1943

Wohn- und Siedlungsbauten

Wohnbauten Grenzschutz

1 BArch, R 2, 6055, 14-17, „Abordnung von Grenzaufsichtsbeamten nach Österreich" vom 28.3.1938
2 BArch, R 2, 6055, 11, Telefonat vom 17.3.1938
3 BArch, R 2, 6055, 154, 31.5.1938
4 BArch, R 2, 6055, 11, Telefonat vom 17.3.1938
5 BArch, R 2, 6055, 10, Schlüter an OFP Maas vom 19.3.1938
6 BArch, R 2, 6055, 15-21, Bestellung Ritzenthaler, Vorbereitung der Besprechung am 1.4.1938
7 BArch, R 2, 6055, 25-30, Protokoll der Besprechung vom 1.4.1938
8 BArch, R 2, 6055, 234, 10.9.1938
9 BArch, R 2, 6055, 27, Protokoll der Besprechung vom 1.4.1938
10 BArch, R 2, 6055, 96-99, Bericht zur „Organisation des Zollgrenzschutzes" vom 14.4.1938
11 BArch, R 2, 6055, 99-103, Übersicht Zollgrenzschutz vom 19.4.1938
12 BArch, R 2, 6055, 205-207, „Übersicht über die Organisation des Zollgrenzschutzes in Österreich", Stand August 1938
13 BArch, R 2, 6055, 222, „Übersicht über die Grenzdienststellen in Österreich und die Verteilung des Grenzaufsichtspersonals", Stand August 1938
14 BArch, R 2, 6055, 68, „Zollgrenzbauten in Österreich"
15 BArch, R 2, 6055, 21, 29.3.1938
16 BArch, R 2, 6055, 74, 13.4.1938
17 BArch, R 2, 26670, 8, Bericht Krieger an den RdF vom 2.5.1938
18 BArch, R 2, 6055, 77-80, Reiseplan vom 27.4.1938
19 BArch, R 2, 6055, 168, Kärntner Tagblatt vom 19.5.1938
20 BArch, R 2, 26670, 10ff, Reisevermerk des Generalreferenten für Bausachen vom 24.5.1938
21 BArch, R 2, 6055, 7, 1, Ankündigung Überweisung vom 12.4.1938
22 BArch, R 2, 6055, 194
23 BArch, R 2, 6055, 171, 15.6.1938
24 BArch, R 2, 6055, 238-239, „Baukostenermittlung einer Wohnung für Grenzzollbeamte nach dem Verdingungsergebnis der Rohbauarbeiten" vom 30.5.1938
25 BArch, R 2, 6055, 241, 243, 2.7.1938 bzw. 20.10.1938
26 BArch, R 2, 6055, 88-89, Erlass des Reichswirtschaftsministers: Der Eisen- und Stahlbedarf für die in Österreich geplanten Baumaßnahmen war weder durch die eigene, weil zu geringe Produktion, noch durch Rückgriff auf die Importquote aus Deutschland, die infolge der Kontingentierung marginal war, zu decken. Neue Vorhaben durften nur im Umfang des Eigendeckungsgrads in Angriff genommen werden bzw. waren aus dem Kontingent der jeweiligen auftraggebenden Reichsstelle zu entnehmen.
27 BArch, R 2, 6055, 195-197, Eisenkontingent der Reichsbauverwaltung und Bauten in Österreich, RdF an RWM vom 10.5.1938
28 BArch, R 2, 6055, 12-13, Vermerk zum Telefonat Bretz-Schlüter bzw. Schreiben „Grenzorganisation", jeweils vom 23.3.1938
29 BArch, R 2, 6055, 179-181
30 BArch, R 2, 6055, 202, 18.8.1938
31 BArch, R 2, 6055, 203-204, 30.8.1938
32 BArch, R 2, 6055, 196, 10.8.1938
33 BArch, R 2, 6055, 194, Kosten für umfangreiche Bauvorhaben von Polizei und SS „Konz. Lager" betreffend waren noch nicht beziffert.
34 BArch, R 2, 6055, 196-199, ref. RWM vom 28.6.1938
35 BArch, R 2, 6055, 242, 13.8.1938
36 BArch, R 2, 6055, 232, 15.10.1938
37 BArch, R 2, 6055, 230, „Reichsverteidigung und Durchführung des Reichshaushaltsplans für das Rechnungsjahr 1938" vom 8.9.1938
38 BArch, R 2, 6055, 228-229, „Reisebemerkungen" vom 11.8.1938
39 BArch, R 2, 6055, 231
40 BArch, R 2, 6055, 228-229, „Reisebemerkungen" vom 11.8.1938
41 BArch, R 2, 6055, 7-8, 1-3, Baumittelanweisung vom 8.6.1938; Bericht vom 28.6.1938
42 BArch, R 2, 6055, 7-8, 4-5
43 BArch, R 2, 6055, 7-8, 6-9
44 BArch, R 2, 6055, 7-8, 10
45 BArch, R 2, 6055, 7-8, 11-15
46 BArch, R 2, 6055, 7-8, 16
47 BArch, R 2, 6055, 255, Schlüter an OFP vom 27.12.1938, „Dienstwohnungen für Zollbeamte an der früheren deutsch-österreichischen und deutsch-tschechischen Grenze"
48 BArch, R 2, 26621, 112, Wohnungsfürsorge für Reichsfinanzbeamte in der Ostmark, Schlüter vom 17.7.1940
49 BArch, R 2, 26621, 122, RAM an RMF vom 19.2.1941
50 BArch, R 2, 26621, 131, OFP Wien vom 11.2.1941
51 BArch, R 2, 26621, 133, RAM an RMF vom 27.2.1941
52 BArch, R 2, 26629, 12, Der Beauftragte für den Vierjahresplan, 23.1.1941
53 BArch, R 2, 28118
54 BArch, R 2, 28693
55 BArch, R 2, 27544
56 BArch, R 2, 6055, 28-30, s. Protokoll vom 1.4.1938
57 BIG, Bauplan Reingers; NÖLA, LH, V1, 257/2, 1940, Lageplan Höhenberg
58 ÖStA, AdR, BMF, Unbewegliches Deutsches Eigentum, Gmünd
59 Bauamt Brand-Nagelberg, Bau- und Lageplan
60 BIG, Bauplan Karlstift
61 BIG, Lageplan Hardegg vom 29.6.1938

62 ÖStA, AdR, BMF, Unbewegliches Deutsches Eigentum, Gmünd
63 Privatbesitz, Bauplan

Wohnbauten Wehrmacht

1 NÖLA, BH Krems, Verordnung über die baupolizeiliche Behandlung von öffentlichen Bauten vom 20.11.1938 als Rechtsangleichung der 1936 erlassenen Verordnungen des Reichsarbeitsministers; für Offizierswohnbauten galt die Verordnung zur Durchführung und Ergänzung des Gesetzes über Landbeschaffung für Zwecke der Wehrmacht vom 21.8.1935, RGBl. I S.1097
2 Bauamt Zwettl, Korrespondenz Treubau AG bzw. Hausbau AG mit der Stadtgemeinde Zwettl
3 Bauamt Zwettl, Bauvorbereitung Offizierswohnbauten 1938/39
4 Nach Artikel 22 des Staatsvertrags und § 11(1) des Staatsvertragsdurchführungsgesetzes 1956
5 Bauamt Krems, Bauakte zu den 6 Projekten; ÖStA, AdR, BMF, Unbewegliches Deutsches Eigentum
6 Niederösterreichische Land-Zeitung, Folge 27, 6.7.1938, S.3, „Der erste Spatenstich zum Bau von zehn Offizierswohnhäusern in Krems"; Folge 36, 7.9.1938, S.3, „Dachgleichenfeier"
7 Bauamt Krems, Baupläne Alauntalstraße
8 Bauamt Krems, Baupläne Hafenstraße; ÖStA, AdR, BMF, Unbewegliches Deutsches Eigentum
9 Bauamt Krems, Baupläne Sigleithenstraße
10 Bauamt Krems, Baupläne Wienerstraße; ÖStA, AdR, BMF, Unbewegliches Deutsches Eigentum
11 ÖStA, AdR, BMF, Unbewegliches Deutsches Eigentum
12 Bauamt Krems, Bauakt samt Bauplänen Am Steindl
13 Festschrift der Sparkasse Horn
14 Bauamt Horn, Bauakt Riedenburgstraße
15 Bauamt Horn, Bauakt, Pläne; ÖStA, AdR, BMF, Unbewegliches deutsches Eigentum, Horn Liegenschaftsblatt 1
16 BG Horn, Grundbruch
17 Bauamt Horn, Bauakt, Pläne; ÖStA, AdR, BMF, Unbewegliches deutsches Eigentum, Horn Liegenschaftsblatt 2
18 Mietverträge des ‚Deutschen Reichs / Heer' und der Stadt Wien vom 16.8.1940, ÖStA, AdR, BMF Unbewegliches deutsches Eigentum, Horn
19 Mit gleichem Datum 18.11.1938 hatte Kreiswirtschaftsberater Pg. Hans Smersch, der sich in Komplizenschaft mit dem örtlichen Richter unrechtmäßig zum Abwesenheitskurator hatte bestellen lassen, Kaufverträge mit der Stadtgemeinde Eggenburg wie mit der Wehrkreisverwaltung über die Liegenschaften aller jüdischen Bewohner – neben dem Ehepaar Hirsch waren es die Familien Fischer, Fürnberg, Löwy, Schick und Stein – zu eklatant niedrigen Preisen abgeschlossen. Nach Erhebungen der ‚Vermögensverkehrsstelle' wie des ‚Sonderdezernats für Entjudung' beim Reichsstatthalter wurden die Verträge für nichtig erklärt und nach Löschung des bereits für die Stadt eingetragenen Eigentumsrecht 1943 die ordnungsgemäße ‚Entjudung' mit Schätzgutachten durchgeführt; sich daraus ergebenden Guthaben zugunsten der jüdischen Vorbesitzer blieben infolge deren nun tatsächlicher Abwesenheit bürokratisch unabschließbar und bis Mai 1945 unausgeglichen; erst das Rückstellungsgesetz 1947 und 1949 ermöglichte aus der Emigration zurückgekehrten Eigentümern und einer Überlebenden der Shoah ihr Recht auf Restitution wahrzunehmen; die Verfahren endeten meistens mit Vergleich., NÖLA, VVSt, Arisierung, Restitution Eggenburg; BG Horn, Grundbuch, Urkunden; ÖStA, AdR, BMF, Unbewegl. dt. Eigentum, Horn
20 BG Horn, Grundbuch, Kaufvertrag vom 27.2.1942 bzw. 4.7.1939
21 Bauamt Eggenburg, Bauakt, u.a. Baubewilligung vom 2.11.1939
22 Paul Schmitthenner, Baugestaltungslehre, 1. Band „Das deutsche Wohnhaus", 1932
23 Vermessungsamt Zwettl, Vermessungsplan 24.11.1948
24 Bauamt Zwettl und StAZ, Plankopien 5.8.1938; ÖStA, AdR, BMF, Unbewegliches deutsches Eigentum, Bestandsplan August 1945, Vermögenssicherung Zwettl 21.2.1946
25 Bauamt Zwettl, Bauvorbereitung 1938/39
26 Bauamt Zwettl, Ansuchen Hausbau AG bei der Stadtgemeinde 1938/39; NÖLA, BH Zwettl, Kt.227, 1939, Genehmigung vom 29.6.1939

Kommunale Kleinsiedlungen und Wohnbauten

1 Gabriele Schickel, Siedlungen und Luftschutz, „Siedeln heißt nicht bauen, sondern viel mehr", in: Winfried Nerdinger (Hg.), Bauen im Nationalsozialismus, Bayern 1933-1945, Architekturmuseum der Technischen Universität München 1993, S.245ff
2 J. W. Ludowici, NSDAP und Siedlung, in: Zeitschrift für Wohnungswesen, Berlin, 32. Jg. 1934, Heft 10, S.191
3 Gottfried Feder, Das Programm der NSDAP, 1931; Kampf gegen die Hochfinanz, Die Juden, beide 1933; zit. nach: Münk, Die Organisation des Raumes im Nationalsozialismus, S.180ff
4 Gottfried Feder, Die Neue Stadt, Versuch der Begründung einer neuen Stadtplanungskunst aus der sozialen Struktur der Bevölkerung, 1939
5 vgl. Münk Dieter, Die Organisation des Raumes im Nationalsozialismus, Eine soziologische Untersuchung ideologisch fundierter Leitbilder in Architektur, Städtebau und Raumplanung des Dritten Reichs, Hochschulschriften 284, Bonn Pahl-Rugenstein 1993, S.265ff; vgl. Dietmar Reinborn, Städtebau im 19. und 20.Jahrhundert, Kohlhammer 1996; S.149
6 Münk, Die Organisation des Raumes im Nationalsozialismus, S.180ff
7 Reichsheimstättenamt der DAF, 1934, S.4, zit. nach: Münk, Die Organisation des Raumes im Nationalsozialismus, S.218
8 Schickel, Siedlungen und Luftschutz, „Siedeln heißt nicht bauen, sondern viel mehr", S.245ff
9 Dietmar Reinborn, Städtebau im 19. und 20.Jahrhundert, Kohlhammer 1996; S.173
10 Donauwacht, Mitteilungsblatt des Kreises Krems der NSDAP, Folge 13, 29.3.1939, Zwettler Bote, S.19
11 BArch, R113, 1547
12 NÖLA, BH Zwettl, Kt. 227, 1939, Merkblatt für die Antragstellung auf Zulassung und Förderung von Wohn- und Siedlungsanlagen, Landeshauptmann Dr. Jury vom 12.9.1938
13 BArch R 2, 26622, 1, 14, Tätigkeitsbericht BEWOG „von ihrer Gründung (März 1939) bis zum 1.Juni 1940", Wien 1940
14 BArch R 2, 26621, „Maßnahmen zur Behebung der Wohnungsnot der Beamten in der Ostmark"
15 NÖLA, BH Waidhofen an der Thaya, Aussendung Baulandesrat Ing. Spiegl vom 12.7.1939 über Förderbestimmungen von Kleinsiedlungen
16 Waldviertler Zeitung, Folge 13, 24.3.1938, „Die ersten Hilfsmaßnahmen", „SA baut österr. Arbeitersiedlungen", S.7
17 StAG, Tätigkeitsbericht des Gemeindeverwalters Karl Pany 15.3.1938-5.6.1939
18 Land-Zeitung, Wochenblatt für Gaustadt und Kreis Krems, Folge 48, 30.11.1938, „Straßen- und Bahnprojekt zur Arbeitsbeschaffung und wirtschaftliche Erschließung des westlichen Waldviertels v. Niederdonau", S.23
19 Niederösterreichische Land-Zeitung, Folge 27 und 28, vom 6. bzw. 13.7.1938, Gmünd „Bautätigkeit", „Die Siedlung in Gmünd", jeweils S.10
20 BG Gmünd, Grundbuch
21 Für den Hinweis danke ich Ing. Fürnsinn.
22 Land-Zeitung, Folge 39, vom 28.9.1938, Kreis Gmünd, „Siedlung", S.18
23 Land-Zeitung, Folge 43, vom 19.10.1938, „SA-Siedlung in Gmünd", S.17; StAG, Foto Koller
24 Land-Zeitung, Folge 53, vom 28.12.1938, Kreis Gmünd, „SA-Siedlung", S.17
25 Donauwacht, Folge 22, vom 31.5.1939, Gmünder Ecke, „SA-Siedlungshäuser in Gmünd 2", S.17
26 Bauamt Gmünd, Kostenaufstellung der Baugenossenschaft Groß-Wien vom 20.3.1940
27 BArch R113, 2200, SOZIALES DEUTSCHLAND, Sonderausgabe des Reichsarbeitsblattes, Jg. 1940, Heft Nr. 19 vom 5. Juli 1940 (Berlin)
28 StAG, Bildarchiv, undatiertes Foto
29 BEV Vermessungsamt Gmünd, Teilungsplan Mai 1939
30 Bauamt Gmünd, Baubescheid Dachgeschossausbau 1943/44
31 StAW, Sitzungsprotokolle vom 10.6.1938
32 BG Waidhofen an der Thaya, Grundbuch, Tauschvertrag vom 22.8.1938
33 StAW, Sitzungsprotokoll vom 23.3.1939
34 NÖLA, BH Waidhofen an der Thaya, Kt. 79, 1939, Bewilligungsbescheid vom 28.9.1938
35 StAW, Sitzungsprotokoll vom 17.10.1938 und 15.6.1939
36 GB Waidhofen an der Thaya, Grundbuch, exemplarischer Kauf- und Übernahmevertrag 1957; Hermann Vogl, Nordrandsieclung, 1939 – eine Siedlung entsteht, Selbstverlag 2002
37 NÖLA, BH Waidhofen an der Thaya, Kt. 79, 1939, Baubewilligung vom 26.1.1939
38 Erwin Pöppel, Die Geburtsstunde der Nordsiedlung in Originalbildern, in: Waidhofner Stadtnachrichten, 3. Folge, 39. Jg., April 2010, S.46/47; Herrn Pöppel danke ich für die freundliche Überlassung der Fotos.
39 Land-Zeitung, Folge 44, vom 2.11.1938, Kreis Waidhofen, „Die SA bei der Eröffnung eines großzügigen Siedlungsprogramms", S.11
40 Erwin Pöppl (Bearb./Verf. ab 1977), Die Chronik der Stadtgemeinde Waidhofen an der Thaya von 1900 bis 1954, 2004
41 NÖLA, BH Waidhofen an der Thaya, Kt. 79, 1939, Bebauungsplan vom 19.4.1939
42 StAW, Sitzungsprotokoll Gemeinderat 23.3.1939
43 StAW, Ausbauprogramm 1939-1943 vom 25.11.1938
44 NÖLA, BH Waidhofen 1939
45 Bauamt Waidhofen an der Thaya, Baupläne 21.10.1938; BEV Vermessungsamt Gmünd, Mappenplan vom 18.3.1941
46 Pöppel, Chronik, S.136ff
47 BG Waidhofen an der Thaya, Grundbuch, Kaufvertrag vom 24.6.1938, Teilungsplan vom 6.8.1938

48 NÖLA, BH Waidhofen an der Thaya, Kt. 89, 1940, Genehmigungsverfahren, Bewilligungen 1939
49 StAW, Sitzungsprotokoll Gemeinderat 27.6.1939
50 StAW, Sitzungsprotokoll Gemeinderat 17.10.1939
51 Pöppel, Chronik, S.139
52 Pöppel, Chronik, S.145; NÖLA, BH Waidhofen an der Thaya, Kt. 89, 1940, Fertigstellungsanzeige vom 5.10.1940
53 StAW, Sitzungsprotokoll Gemeinderat 8.8.1940
54 NÖLA, BH Waidhofen an der Thaya, Kt. 89, 1940, Niederschrift der Bauverhandlung vom 28.4.1939; Bauamt Waidhofen an der Thaya, Baupläne und Entwurfszeichnung Architekt Witburg Metzky
55 StAW, Sitzungsprotokoll Gemeinderat 27.6.1939
56 StAW, Sitzungsprotokoll Gemeinderat 11.8.1939
57 StAW, Sitzungsprotokoll Gemeinderat 9.12.1940
58 BG Waidhofen an der Thaya, Grundbuch, Kaufvertrag vom 31.12.1941
59 StAW, Sitzungsprotokoll Gemeinderat 8.8.1940
60 StAW, Sitzungsprotokoll Gemeinderat 29.1.1941
61 BArch R 2, 26621, 132, „In Ausführung stehende Bauvorhaben", OFP Wien vom 11.2.1941
62 BArch R 2, 26622, 1, 14-726, s. Tätigkeitsbericht BEWOG 1940
63 BArch R 2, 26624, 3/46, Bautenstand zum 31.12.1943
64 BArch R 2, 26622, 2, Anlage zum Protokoll der Arbeitsausschusssitzung vom 13.9.1940
65 StAW, Sitzungsprotokoll Gemeinderat 14.1.1942
66 StAW, Sitzungsprotokoll Gemeinderat 6.2.1944
67 StAW, Sitzungsprotokoll Gemeinderat 30.4.1944
68 M.T.Litschauer, 6|44 – 5|45 Ungarisch-Jüdische ZwangsarbeiterInnen, Ein topo|foto|grafisches Projekt, 2006
69 NÖLA, BH Zwettl, Kt. 251/1941, Gemeinde Göpfritz, Übersicht über die Bauten der Luftwaffe vom 20.7.1941, deren Bau ohne jede Bewilligung nachdrücklich angemerkt wurde.
70 NÖLA, BH Zwettl, Kt. 251/1941, Gemeinde Gutenbrunn, Übersicht über die Bauten der Luftwaffe 1941
71 Alois Handler, Gutenbrunn 1916-1956, Vergangen, aber nicht vergessen, Selbstverlag 1994; vgl. Othmar Tuider, Die Luftwaffe in Österreich 1938 bis 1945, Militärhistorische Schriftenreihe, Heft 54, Hg. Heeresgeschichtliches Museum / Militärwissenschaftliches Institut, 1998
72 Der jüdische Großindustrielle Oskar von Körner erwarb 1919 die Firma H. Munk & Söhne, die seit 1871 an mehreren Standorten in Niederösterreich Dampfsägen betrieb, und etablierte sie als Körnerwerke Vereinigte Holz-, Bau- und Industrie AG, die als Zweigniederlassung der 1916 gegründeten Vereinigten Holz-, Bau- und Industrie AG in Budapest in das Handelsregister eingetragen wurde. In der Blütezeit der 1920er-Jahre betrug der Beschäftigtenstand der Körner-Werke insgesamt 1800 Personen. Das Werk in Gutenbrunn baute er auf Basis eines mit der Habsburg-Lothringischen Forstverwaltung auf 20 Jahre abgeschlossenen Abstockungsvertrags für ca. 100.000 m³ Rundholz jährlich zu einem technisch modernst ausgestatteten Großbetrieb aus, der zum wirtschaftlichen und sozialen Aufschwung der von Arbeitsmangel gekennzeichneten Region wesentlich beitrug. Für die Holzbringung in den Habsburg-Lothringen'schen Revieren ließ er eine 36 km lange Waldbahn bauen, deren Trasse die Landschaft heute noch markiert wie in Holzbauweise errichtete Arbeiterwohnhäuser auf seine Sozialleistungen verweisen. Differenzen mit Habsburg führten zur vorzeitigen Kündigung des Forstnutzungsvertrags und in Folge zum Niedergang der Firma, die 1928 in Niederösterreichische Holzindustrie AG umbenannt, weitergeführt und 1939, nachdem 1938 die jüdischen Mitglieder des Verwaltungsrats eliminiert worden waren, liquidiert wurde., WKO Archiv; Compass, Ausgaben 1928, 1929
73 BEV Vermessungsamt Gmünd, Lageplan der Umparzellierung vom 4.9.1958
74 BG Zwettl, Grundbuch, Kaufverträge 1940 bzw. 1960
75 StAH, Protokoll der Gemeinderatssitzung 12.6.1939
76 Das Wohnhaus von Ludwig und Therese Schlesinger, Puechhaimgasse 6, ‚arisierte' die Stadtgemeinde mit Kaufvertrag vom 7.11.1939, das erst 1937 erbaute Wohnhaus von Lina Schwarz, *Schlesinger, Puechheimgasse 12, mit Kaufvertrag vom 4.1.1940 und 13.8.1942 erwarb sie das von der Horner Sparkasse am 4.1.1940 ‚arisierte' Geschäftslokal Stadtgraben/Fraunhofnerstraße, je zur Hälfte im Eigentum von Ludwig Schlesinger sowie Ferdinand und Anna Pollatschek. Das Haus von Anna Schlesinger, Thurnhofgasse 9, hatte bereits mit 17.10.1938 die Waldviertler Kreditgenossenschaft für Landwirtschaft, Handel und Gewerbe im Arisierungsweg übernommen., NÖLA, Vermögensanmeldungen, Rückstellungsakt; BG Horn, Grundbuch

Das Schicksal der Familien Schlesinger und Pollatschek samt ihrer Angehörigen im Raum Horn nach dem ‚Anschluss' 1938 zu skizzieren, mag die Opferdimension der Shoah im ländlich-kleinstädtischen Bereich verdeutlichen: Angehörige der Familie Schlesinger, ab Mitte des 19.Jahrhunderts aus Piesling und Gr. Meseritsch in Südmähren zunächst nach Altenburg zugezogen, konnten sich in den folgenden Generationen in Horn und umliegenden Orten, wie Frauenhofen, Sallapulka, Brunn an der Wild, Dietmannsdorf, Thunau, Gars, Oberndorf, vorwiegend als Gemischtwaren- und in Horn als Lederhändler etablieren, wo nach der Gründung einer Gemeinde auch ein Friedhof errichtet wurde. Mit Ausnahme von Ludwig und Therese Schlesinger, denen, nachdem ihre jugendlichen Kinder in Dänemark und Bolivien Aufnahme fanden, die Flucht nach Palästina gelang, sind allein aus Horn 12 Familienmitglieder Opfer der Shoah geworden: Nachdem sie, ab Oktober 1938 aus der Stadt gedrängt, nach Wien übersiedelt waren, wo David Schlesinger (90) 1942 im jüdischen Altersheim in der Seegasse starb, wurden Anna Schlesinger (91) am 3.12.1941, Lina Schwarz (60) und Berta Schlesinger (49) am 6.2.1942 nach Riga, Johanna Schlesinger (48) am 28.10.1941 nach Litzmannstadt und Leopold Schlesinger (65) am 9.4.1942 nach Izbica deportiert.

Von Familie Pollatschek, im gleichen Zeitraum aus denselben Orten in Südmähren nach Horn zugewandert und in Lederhandel, Spirituosenerzeugung und -handel sowie als Fuhrunternehmer tätig, wurden nach ihrem Wegzug nach Wien Ferdinand und Anna Pollatschek (70 bzw. 53) am 12.3.1941 nach Lagow-Opatow deportiert und am 13.3.1941 ermordet, Josef und Tyle Pollatschek (beide 45) am 14.6.1942 nach Sobibor bzw. Izbica, Irma Pollatschek (56) am 17.8.1942 nach Maly Trostinec deportiert und am 21.8.1942 ermordet; Ludwig Pollatschek (79) starb am 14.2.1941 im jüdischen Altersheim in der Malzgasse in Wien. Die Recherche nach der 1937 verwitweten Rosa Pollatschek (32) und ihren beiden Kindern (7 und 8) blieb ergebnislos; ihre Herkunft aus Litauen lässt kaum oder nur eine auswegslose Fluchtmöglichkeit annehmen., WStLA, Meldekartei; IKG Wien, Matriken IKG Horn; StAH, Gräberkartei IKG Horn und Wien; DÖW, Datenbank Opfer der Shoah; Yad Vashem, Central Database of Shoah Victims' Names
77 NÖLA, BH Horn, Kt. 517, 1939/40
78 StAH, Sitzungsprotokoll Gemeinderat 20.5.1941
79 StAH, Sitzungsprotokoll Gemeinderat 5.12.1940, Bescheid vom 14.11 1940
80 StAH, Sitzungsprotokoll Gemeinderat 5.12.1940
81 Bauamt Horn, Hausbau AG vom 12.3.1941
82 StAH, Sitzungsprotokoll Gemeinderat 16.1.1942
83 Donauwacht, Folge 31, 2.8.1939, „Die 2. Sitzung des Gemeindetages in der Gaustadt", S.11
84 Zum insgesamt 9533 ha umfassenden Liegenschaftsbesitz der jüdischen Industriellenfamilie Gutmann gehörten seit 1884 das Waldgut Gföhl zu Jaidhof, das Gut Droß mit Schloss und Meierhof sowie Grundbesitz in und um Krems. Wolfgang Gutmann, Rechtsnachfolger seines 1933 verstorbenen Vaters, Dr. Max Gutmann, 1938 zum Verkauf an das ‚Deutsche Reich' gezwungen, rettete sich mit seiner Frau in die Emigration. Der Besitz wurde zum Stichtag 1.11.1938 von der zur Verwertung großer Vermögen als Treuhänderin fungierenden Kontrollbank übernommen, die Transaktion im Kaufvertrag vom 30.3.1939 mit dem Beauftragten für das Forstwesen im Lande Österreich, Ing. Güde, abgeschlossen. Nach Abzug der auf dem Gutsbesitz bestehenden Lasten wie aus rassistischer Abgaben- und Steuerpolitik einbehaltenen Judenvermögensabgabe und Reichsfluchtsteuer wurde der restliche Kaufpreis auf ein Sperrkonto beim Bankhaus Gebrüder Gutmann erlegt, über das zu verfügen eine Genehmigung der Devisenstelle erforderlich war. Schloss Jaidhof samt Liegenschaften, seit 1938 von der Partei als Gauschulungsburg genutzt, ging 1941 in das Eigentum der NSDAP über. Nach der Befreiung Österreichs vom NS-Regime unter öffentliche, ab 1946 sowjetische Verwaltung gestellt, wurde das Gut 1947 nach dem 2. Rückstellungsgesetz dem legitimen Besitzer restituiert. Zur Rückkehr nach Österreich entschloss sich aber erst 1964 seine Witwe., BG Krems, Grundbuch; Heimatbuch Jaidhof, Hg. Walter Enzinger, 1992
85 Donauwacht, Folge 46, 19.11.1939, „Ein neues Stadtviertel entsteht", S.5
86 Familienchronik Meier-Schomburg, 2011
87 Familienchronik Meier-Schomburg, 2011
88 Bauamt Krems, Bauakt
89 StAG, Sitzungsprotokoll Gemeinderat 21.5.1943
90 NÖLA, BH Zwettl, Reichsbahn, Lageplan vom 14.8.1939, Hausentwurf vom Juli 1939, Verbauungsplan vom August 1940
91 NÖLA, BH Zwettl, Kt. 240, 1940
92 NÖLA, BH Zwettl, X/146, 1940
93 StAZ, Stadterweiterung Schönererstraße / Kesselboden 1941/42
94 StAZ, 118/107/2, 1939 Entwürfe Meier Schomburg 1940
95 StAZ, Bebauungsplan Meier Schomburg 1941
96 StAZ,1944, Korrespondenz des Bürgermeisters zum Projekt „Brühl"
97 BArch, R113, 1547
98 BArch, R 113, 2326, Planungsvorlage Behelfsheim
99 StAZ,1944, Projekt „Brühl"
100 Land-Zeitung, Folge 9, 1.3.1939, S.22
101 Donauwacht, Folge 27, 5.7.1939, „Rege Bautätigkeit in Kautzen", S.24
102 Donauwacht, Folge 20, 18.5.1940, Kreis Gmünd, „Siedlungen", S.7

Werkssiedlung Schmidhütte Krems

1. StAK, Ratsherrensitzungsprotokoll vom 7.3.1941, zit. nach: Robert Streibel, Krems 1938-1945, Diss. Uni Wien 1986
2. Styriabote, Werkzeitung der Betriebsgemeinschaft der Rottenmanner Eisenwerke AG, Heft 2, 1940, S.20
3. Gerhard Fehl, Typisierter Wohnungsbau, in: Architektur und Städtebau der 30er/40er-Jahre, Werner Durth, Winfried Nerdinger (Konzept, Redaktion), Bd 48 Deutsches Nationalkomitee für Denkmalschutz, 1994, S.74ff
4. Styriabote, Heft 2, 1940, S.20f
5. Styriabote, Heft 5, 1940, S.86ff
6. Styriabote, Werkzeitschrift der Betriebsgemeinschaften Schmidhütten Krems und Liezen, 14.Jg., Folge 3-4, Mai 1943, S.44ff
7. NÖLA, RSth Ve-3-718-1941 Für Wohnsiedlungszwecke stellte die Stadt Krems auch über 10 ha aus dem Grundbesitz des städtischen Pensionsfonds zur Verfügung; der entsprechende Kaufvertrag über RM 60.714,88 vom 15.5.1941 wurde allerdings mit der Schmidhütte Liezen abgeschlossen.
8. StAK, Ratsherrensitzungsprotokoll, zit. nach: Streibel, Krems 1938-1945, Diss. Uni Wien 1986, Oberbürgermeister Retter kündigte in der Ratsherrensitzung vom 29.12.1939 den Bau von 500 Wohnungen an.
9. Dem Aufsichtsrat der GEDESAG gehörten aus der Eigentümerfamilie der Rottenmanner Eisenwerke AG DI August Schmid-Schmidsfelden als Vorstandsvorsitzender und Anton Schnitzer als Mitglied des Vorstands sowie der Bürgermeister von Liezen, Roman Holzer, an. Zunächst mit Sitz in Linz, wurde in der Aufsichtsratssitzung vom 18.3.1940 mit der Verlegung des neuen Werksstandorts beschlossen, auch den Sitz der GEDESAG nach Krems zu verlegen., Heinz Berthold, 500 Jahre Chronik und Geschichte eines Unternehmens, Die heutige VOEST-Alpine Krems, Bd. 1, 1984; 50 Jahre GEDESAG 1939-1989
10. StAK, Ratsherrensitzungsprotokoll 7.3.1941, zit. nach: Streibel, Krems 1938-1945
11. StAK, Ratsherrensitzungsprotokoll 25.9.1942, zit. nach: Streibel, Krems 1938-1945
12. Styriabote, Heft 4, 1940, S.64ff
13. Styriabote, Heft 5, 1940, S.86ff
14. Für die Siedlung mit Wohnungen für „ungefähr 350 Familien und etwa 50 Junggesellen" waren im Raum Steyregg rund 120.000 m² Bauland auf einer zur Bahntrasse abfallenden Geländestufe in Aussicht genommen; entsprechend den Richtlinien für ‚Volkswohnungen' und auf 3 Räume oder mehr, mit Bad oder Dusche ausgelegt, sollten 1939 in einem ersten Bauabschnitt 200 Einheiten errichtet werden. Zu allen Wohnungen, auch solchen in Geschossbauten, gehörten Wohngärten, deren einheitliche Gestaltung, „mit Rasenfläche, Bäumen, Blumen und Sträuchern gestaltet", im Ganzen „ein parkartiges Bild" ergeben würde; für Gemüseanbau zur Selbstversorgung sollte Pachtgrund außerhalb des Wohngebiets bereitstehen. Neben den Wohnbauten waren „Gemeinschaftsbauten, wie ein großer Saal, eine Gaststätte, Aufenthalts- und Bildungsräume, Kanzleien, ein Kindergarten, Zentral-Wäschereianlage, Garagen u.s.w." geplant sowie Sport- und Spielstätten und „oberhalb der Donau ein HJ-Heim mit Appellplatz". Ziel war, orientiert an „Ortsbildern des Donautales" und unter formensprachlicher Anlehnung an die lokaltypische Hausform des Vierkanthofs, eine einheitliche, in den Details aber mannigfaltige Siedlungsanlage, deren Zentrum „Bauten der Gemeinschaft" bestimmten und 3-geschossig ausgelegte Wohnbauten betonten. Die Ausführung sollte „einfach aber solide" in Ziegelmauerwerk mit Eternitdächern erfolgen; mit Fokus auf das Gesamtbild sollte die geschlossene Reihenverbauung der Geländekante folgen, das ebene Terrain oberhalb in Gruppenbauweise bebaut werden., Stadtarchiv Linz, Lageplan und Beschreibung „Siedlung Linz"

   Im Zuge der ersten KdF-Veranstaltung des Werks Wasendorf, einer 2-tägigen Fahrt nach Linz am 24. und 25.6.1939, wo „aus der Schaffenskraft des nationalsozialistischen Reiches die ersten Öfen der Hermann Göring-Werke bewundert wurden, konnten einige Teilnehmer auf Einladung des eigens aus Wien angereisten Firmenchefs Gewerke Schmid-Schmidsfelden auch das gleich anschließend geplante eigene Werksgelände besichtigen. Auch das für die Gefolgschaftssiedlung vorgesehene Areal „gegenüber den in Bau befindlichen Hermann Göring-Werken" auf „einer erhöhten, weit ins Land schauenden, über den Donaustrom erstreckenden Terrasse" in Steyregg wurde begangen, um sich eine Vorstellung vom zukünftigen Lebensraum zu machen. Erst nach weiteren Ausflugstationen, zu denen ein Besuch von Elterngrab und Wohnhaus des ‚Führers' in Leonding gehörte, sprach Gewerke Schmid-Schmidsfelden bei seiner Verabschiedung in Bad Ischl „über die Zukunft des Werkes", indem er „überdies erwähnte, dass nicht Linz, sondern die schöne Stadt Krems in der herrlichen Wachau die neu zu erstellenden Betriebsanlagen aufnehmen wird". Einem Teilnehmer der ‚KdF-Fahrt' scheint es zwar mit gewissem Bedauern, aber unbeirrbarem Zweckoptimismus gleichgültig gewesen zu sein; „nach dieser für die Zukunft der Wasendorfer bedeutsamen Rede" merkte er, seinem Chef ergeben, an: „Es wäre hier wohl eine der prächtigsten und idealsten Siedlungsstätten einer Werksgemeinschaft entstanden. Doch es soll anders, vielleicht noch schöner werden …"., Styriabote, Heft 1, 1939, S.6ff
15. Die Gartenstadt ist ein Ende des 19. Jahrhunderts, zuerst in England von Ebenezer Howard entwickeltes städtebaulich-sozialreformerisches Konzept, das angesichts durch die Industrialisierung unkontrolliert gewachsener Großstädte auf bessere Wohn- und Lebensverhältnisse zielte. Nicht Verdichtung der innerstädtischen Strukturen oder Stadtrandbebauung, sondern eigenständige und miteinander vernetzte städtische Siedlungen beschränkter Einwohnerzahl auf dem freien Land war das weltweit aufgenommene Modell.
16. Styriabote, Folge 3, 1944, S.6
17. Styriabote, Werkzeitschrift der Schmidhütten, Folge 3, 1944, S.6
18. Interview Franz Oberdorfer (2009), mit Dank für die Überlassung der Fotos.
19. Interview Franz Oberdorfer (2009)
20. 1926 gründete der Verein Österreichischer Industrieller zur Behebung des Facharbeitermangels den Österreichischen Verein für technische Arbeiterschulung, der für die Eisen- und eisenverarbeitende Industrie in Donawitz und Hönigsberg Werksschulen mit angeschlossenem Internat einrichtete, in die Betriebe auf eigene Kosten eine Auswahl ihrer Lehrlingen entsandten. Ab 1927 wurden sie in 4-jährigen Lehrgängen, ergänzt um turnusmäßige Praktika in mehreren Werken, zu Schlossern, Schmieden, Walzwerkern und Elektrikern ausgebildet. Zur Ergänzung des fachlichen Unterrichts war Sport als körperliche Ertüchtigung verpflichtend.
21. Interview Franz Oberdorfer (2009)
22. Styriabote, Heft 2, 1940, S.20
23. Ca. 140 Wohnbauten blieben Rohbauten und wurden erst nach 1945 fertiggestellt., Dr. Max Thorwesten als Zeitzeuge in: 50 Jahre GEDESAG 1939-1989
24. Styriabote, 14.Jg., Folge 2, 1942, S.20
25. StAK, Ratsherrensitzungsprotokoll 25.9.1942, zit. nach: Robert Streibel, Krems 1938-1945
26. Sabine Pollak, Edeltraud Haselsteiner, Roland Tusch, In nächster Nähe, Ein Handbuch zur Siedlungskultur in Niederösterreich, ORTE architekturnetzwerk niederösterreich, Schriftenreihe der NÖ Wohnbauforschung, 2002, S.102ff
27. Robert Streibel, Krems im „dritten Reich", Picus 1993
28. Rekonstruiert nach Angaben der Hausverwaltung der GEDESAG; Abweichungen von den ursprünglichen Zahlen resultieren aus Wohnungszusammenlegungen.
29. Styriabote, Folge 3, 1944, S.6
30. Interview Franz Oberdorfer (2009)
31. Interview Franz Oberdorfer (2009)
32. Bestandslageplan vom 18.12.1955, GEDESAG
33. Styriabote, Folge 3, 1944, S.6

Bäuerliche Siedlungen

1. Raumforschung und Raumordnung, Monatsschrift der Reichsarbeitsgemeinschaft für Raumforschung, Hg. Professor Dr. Konrad Meyer, Heft 5 1940, S.426f
2. Raumforschung und Raumordnung, Heft 7 Juli 1939, S.395
3. Richard Walther Darré, Neuadel aus Blut und Boden, Lehmanns München 1930 [Frontispiz: Paul Schultze-Naumburg In Verehrung und Freundschaft zugeeignet]
4. s. Truppenübungsplatz, Endnote 4
5. Mit Verordnung vom 26.4.1938 wurde die „Anmeldung des Vermögens von Juden" erlassen, über das zu verfügen, mit 18.5.1938 die ‚Vermögensverkehrsstelle' unter Leitung des Staatskommissars in der Privatwirtschaft, Ing. Rafelsberger, zentral im Ministerium für Handel und Verkehr, dann Wirtschaft und Arbeit eingerichtet wurde., vgl. Karl Schubert, Die Entjudung der ostmärkischen Wirtschaft und die Bemessung des Kaufpreises im Entjudungsverfahren, Diss. Welthandel Wien 1940
6. Aufgabe der Mittelstelle deutscher Bauernhof war großdeutsche Bauernhofforschung, welche „die Erneuerung der bäuerlichen Bauweisen im Kampf gegen die bauliche Verstädterung des Dorfes" ideologisch-wissenschaftlich vorantreiben sollte., Erich Kulke, Vom deutschen Bauernhof, Vorträge der ersten Arbeitstagung der Mittelstelle deutscher Bauernhof in der Arbeitsgemeinschaft für Deutsche Volkskunde, Hoheneichenverlag München 1938
7. Einer der einflussreichen Theoretiker war Paul Schultze-Naumburg mit seinen vielbändigen und wirkmächtigen, auf ländliche Bauweisen und Erhaltung völkischen Brauchtums fokussierenden „Kulturarbeiten" sowie Vertreter der „Stuttgarter Schule", allen voran Paul Schmitthenner, der mit seiner Baugestaltungslehre konservative Bauauffassung nachhaltig verankerte und mit dem idealisierten bürgerlichen Wohnhaus traditionalistischer Prägung den Typus des „deutschen Wohnhauses"

schuf. Absolvent der TH Stuttgart, trug auch Julius Schulte-Frohlinde, als Leiter des Reichsheimstättenamts der DAF maßgeblich für den formalkonstruktiven Kanon im Siedlungsbau verantwortlich, zur Durchsetzung des ideoligisierten Heimatschutzkonzepts bei und lieferte mit einem reich bebilderten Überblick mit dem Titel „Der Osten" die Gestaltungsparameter für die Planung des ‚Lebensraums im Osten'., vgl. Voigt Wolfgang, Vom Ur-Haus zum Typ. Paul Schmitthenners ‚deutsches Wohnhaus' und seine Vorbilder, in: Lampugnani Vittorio Magnago, Romana Schneider (Hg.), Moderne Architektur in Deutschland 1900 bis 1950, Reform und Tradition, Hatje Stuttgart, 1992, S. 245ff

8 Gerhard Fehl, Typisierter Wohnungsbau, in: Architektur und Städtebau der 30er-/40er-Jahre, Deutsches Nationalkomitee für Denkmalschutz, Bd 48, 1994, S.74ff
9 Gerdy Troost (Hg.), Das Bauen im neuen Reich, Gauverlag Bayerische Ostmark Bayreuth 1938, Bd.2 1943
10 Ernst-Werner Techow (Hg. DAG), Die alte Heimat, Sudetendeutscher Verlag 1942, Nachdruck: Berger Horn 1981, S.84f
11 Margot Schindler, Wegmüssen, Die Entsiedlung des Raumes Döllersheim 1938-1942, Volkskundliche Aspekte, Österreichisches Museum für Volkskunde, Berger Horn 1988, S.15ff; vgl. Andrea Komlosy, Zur Entwicklung der Wirtschafts- und Sozialstrukturen im Raum Allentsteig/Döllersheim, in: W. Rosner (Hg.), Der Truppenübungsplatz Allentsteig, Region, Entstehung, Nutzung und Auswirkungen, Institut für Landeskunde, Bd 17, 1991, S.81ff
12 Schindler, Wegmüssen, S.15ff
13 Alfred Charamza, Adalbert Klaar, Bauernhauspläne, Dipl. Arb. TU Wien 1988; www.azw.at
14 Schindler, Wegmüssen, S.21
15 Nora Czapka, Waldviertler Heimat-Bilder, Ausstellungskatalog, Hg. Österreichisches Volkskundemuseum 1993
16 BArch, RH 9, 89, Truppenübungsplätze mit Heeresforsteinteilung, Übersicht des OKH
17 BArch R 2, 60314, Geschäftsbericht der DAG 1942: im Zuge von Übungsplatzprojekten der Wehrmacht in Österreich umgesiedelt wurden insgesamt etwa 2350 Familien mit 8350 Menschen., vgl. Friedrich Polleross (Hg.), 1938 Davor – Danach, Beiträge zur Zeitgeschichte des Waldviertels, Schriftenreihe des Waldviertler Heimatbunds, Bd.30, 1988
18 BArch, RW 43, 3364, 1-78, Reichsstelle für Landbeschaffung im Reichskriegsministerium
19 BArch, R 2, 18985, Das Grundkapital von RM 1 Mio hielt nahezu zur Gänze die Dresdner Bank
20 Neues Bauerntum, Fachwissenschaftliche Zeitschrift für das ländliche Siedlungswesen, 31.Jg., Berlin 1939, S.176ff
21 BArch, R 2, 60314 In seinem an Himmler adressierten Überblick vom 13.4.1943 über die Tätigkeit der DAG in den 3 Jahren seit Übernahme durch die SS – 1941 war das Grundkapital in Anpassung an die erweiterten Aufgaben von RM 1 auf 5 Mio erhöht worden, das aus Reichsmitteln stammende Umlaufvermögen betrug 1943 über RM 50 Mio – verweist Aufsichtsratsvorsitzender und Chef des SS-Wirtschafts-Verwaltungshauptamtes, SS-Obergruppenführer und General der Waffen-SS Oswald Pohl auf den stetigen Aufwärtstrend seit 1938 durch Aufträge von Reichsernährungsminister und OKH, der sich seit Ende 1939 durch ein weiteres Aufgabenfeld im Auftrag des RKF, die Vermögenstaxierung im landwirtschaftlichen Sektor für den Vermögensausgleich der ‚volksdeutschen Umsiedler', weiter verstärkte und nach dem Krieg gegen Jugoslawien auf die angegliederten Gebiete der Untersteiermark, Südkärntens und der Krain ausdehnte. Insbesondere war die zum Siedlungsbereich A der Untersteiermark erklärte Zone von einer Dimension, dass nach Wien und Karlsbad eine dritte Zweigstelle in Reichenburg an der Save eingerichtet werden musste. Im ‚Protektorat Böhmen und Mähren' hatte die DAG, nachdem sie im April 1942 auch dort als gemeinnütziges Siedlungsunternehmen zugelassen worden war, die „Böhmisch-Mährische Landgesellschaft" in Prag gegründet, der im Auftrag des RKF wie des OKW ‚Umsiedlungen' im Zuge der Errichtung neuer Truppenübungsplätze oblagen. Damit erstreckte sich das Tätigkeitsfeld der DAG auf „einen geopolitisch geschlossenen Raum, der sich aus den Alpen- und Donaugauen, dem Sudetenland und dem Protektorat Böhmen und Mähren zusammensetzt". Die Zentrale in Berlin, 4 große Zweigstellen in Wien, Karlsbad, Reichenburg/Save und Prag, 23 Geschäfts- und Bezirksstellen und 47 weitere Außenstellen beschäftigten mittlerweile über 800 Gefolgschaftsmitglieder, nicht mitgerechnet das Personal von etwa 10.000 Menschen auf den treuhändig verwalteten Gütern.

Von rd. 170.000 ha Liegenschaftsbesitz entfiel der überwiegende Teil auf Treuhand-, 17.000 ha auf Eigenbesitz, der für Zwecke der ‚Neubildung deutschen Bauerntums' seit 1938 beschafft worden war und dessen Verwertung kriegsbedingt aufgeschoben werden musste. Auch vom treuhändig bewirtschafteten Landvorrat im ‚Sudetengau', ehemals tschechischer und jüdischer Besitz im Ausmaß von rd. 50.000 ha, waren lediglich 200 kleinere Höfe an deutsche ‚Neubauern' verpachtet worden. Die in den ‚Alpen- und Donaugauen' im Auftrag der Wehrmacht durchgeführte Landbeschaffung im Gesamtausmaß von 45.000 ha für 2 Truppenübungsplätze, 2 Gebirgstruppenübungsplätze und mehrere Standortübungsplätze sowie die ‚Umsiedlung' von „2350 Familien mit rund 8350 Köpfen" war weitgehend abgeschlossen. Der Bau von Ersatzhöfen für ‚Umsiedler' kam aus kriegswirtschaftlichen Gründen nur in geringer Zahl zustande; lediglich 57 neue ‚Siedlerstellen' wurden ausgewiesen. Für die Planung von 3 Truppenübungsplätzen im ‚Protektorat' mit einer Gesamtfläche von 30.000 ha war die Vermögensbewertung in Gang, aktuell für das Platzprojekt der Waffen-SS in Beneschau.

Für die Durchführung der Taxaufträge des RKF seit 1940 waren Taxkommandos mit insgesamt 150 Mann in den Herkunftsgebieten der ‚Umsiedler' im Einsatz. 90.485 Vermögensbewertungen mit einer Schätzsumme von insgesamt rd. RM 1,3 Mrd waren bis Ende 1942 erstellt worden, ferner 15.700 Fernschätzungen mit einem Wert von RM 175 Mio. Aus der Gegenüberstellung von ‚Heimattaxen' und ‚Einsatzvermögen' für ‚Umsiedlern' im Reichsgebiet zugewiesene Ersatzliegenschaften errechnete sich der ‚Vermögensausgleich', dem im landwirtschaftlichen Sektor eine ‚Ertragswertschätzung' zugrunde lag. Bisher waren 14.864 Einsatztaxen mit einer Schätzsumme von rd. RM 460 Mio erstellt worden. Für die Gebiete ‚Warthegau' einschließlich Regierungsbezirk Zichenau, Danzig-Westpreußen und Oberschlesien, Elsass, Lothringen und Luxemburg, den ‚Sudetengau' sowie die Untersteiermark, Südkärnten und Krain lagen Ertragswertschätzrahmen bereits vor, die für das ‚Protektorat Böhmen und Mähren' in Vorbereitung wie für Rückwanderung aus Afrika Bewertungsrichtlinien für das zurückgelassene Vermögen in Ausarbeitung waren.

Im Rahmen des Umsiedlungsprojekts Südtirol, für das u.a. in der Untersteiermark nach der Räumung 1941 ein Siedlungsbereich A im Ausmaß von 34.000 ha landwirtschaftlicher Nutzfläche in Aussicht genommen worden war, stand die DAG vor erhebliche Probleme bei der zwischenzeitlichen Bewirtschaftung der riesigen Flächen; nach Absiedlung der slowenischen Besitzer fehlte für die Einbringung der Ernte und die Frühjahrsbestellung der Felder landwirtschaftliches Personal . Dass bis Ende Juni 1942 durch beschleunigte Errichtung neuer Höfe die Einweisung von ‚Umsiedlern' aus der Gottschee und Bessarabien beginnen konnte und Ende des Jahres etwa 400 Gehöfte nach Instandsetzung und Ausstattung mit Inventar, Vorräten und Saatgut bezugsfertig waren, beweise, dass die DAG „alles daransetzt, das unter den heutigen Verhältnissen Menschenmögliche zu einer erfolgreichen Ansetzung der Umsiedlung beizutragen".

Im ‚Protektorat' hatte die Böhmisch-Mährische Landgesellschaft, eine Tochtergesellschaft der DAG in Prag, Siedlungsprojekte des RKF – „Prag-Nord" und „Budweis" in Böhmen sowie „Brünn" und „Olmütz" in Mähren – mit 1.7.1942 in Angriff genommen. An den 4 Standorten waren nicht Neubauten, sondern Übernahme, Ausstattung und bauliche Instandsetzung bestehender Höfe für 1600 ‚Umsiedler' geplant, von denen 998 bereits ‚angesetzt' worden seien. Allerdings führten Verzögerungen bei der baulichen Sanierung und Mangel an Inventar und Vorräten dazu, dass lediglich bei 71 Höfen die Sanierung der Wohn- und Wirtschaftsgebäude abgeschlossen, bei 172 im Gang war, sodass von der DAG, zunächst unter ihrer Aufsicht und auf ihre Rechnung, Wirtschaftsberatungsstellen, die jeweils 40-60 ‚Umsiedler betreuen sollten, eingerichtet wurden.

Auch im ‚Sudetengau' , wo die DAG 100 Höfe übernommen hatte, sei trotz kriegsbedingter Erschwernis bei der Zwischenbewirtschaftung und Einschränkungen bei der Instandsetzung „kürzlich mit der Ansetzung von Umsiedlern aus Südtirol begonnen" und alle Voraussetzungen für den Erfolg des großen Siedlungswerks nach dem Kriege geschaffen worden, so Aufsichtsratsvorsitzender Pohl.

22 BArch R 2, 60314, Geschäftsbericht der DAG 1940. Neben dem neu errichteten Truppenübungsplatz Döllersheim nutzte die Wehrmacht in Österreich nach Ausbau bestehender Plätze – 1 Truppenübungsplatz, 2 Gebirgstruppenübungsplätze und mehrere Standortübungsplätze – eine Gesamtfläche von ca. 45.000 ha.
23 BArch, RW 19, 1741, 71-81, Raumplanung Wehrmacht 17.6.1938
24 s. Truppenübungsplatz Döllersheim, Endnote 7
25 Die Einsatzverordnung vom 3.12.1938 legitimierte Zwangsverkauf wie Übernahme und Verkauf in Abwesenheit des Eigentümers. Die Zuständigkeit bei Verfahren zur ‚Entjudung' von land- und forstwirtschaftlichem Besitz, anfangs bei der im Ministerium für Handel und Verkehr bzw. Arbeit und Wirtschaft angesiedelten ‚Vermögensverkehrsstelle', ging 1939 vorübergehend auf Dienststellen der Fachministerien über – Agrarbesitz einschließlich ländlicher Siedlung ressortierte zur Oberen Siedlungsbehörde im Ministerium für Landwirtschaft, Waldbesitz zunächst zum Amt des Beauftragten für das Forstwesen im Lande Österreich, ab 1.4.1939 zum Generalreferent für forstliche Sonderaufgaben, Ing. Julius Güde. Mit Inkrafttreten des „Ostmarkgesetzes" und Auflösung der ministeriellen Zentralverwaltung wechselten die Belange der ‚Entjudung' zum Reichsstatthalter und oblagen ab 1.4.1940 in der Sektion Landwirtschaft der Oberen Siedlungsbehörde bzw. zunächst weiter

dem Generalreferenten für die Forstwirtschaft, ab April 1943 bei den Landesforstämtern., Stefan Eminger, „Entjudete" Güter, „Arisierung" in der Land- und Forstwirtschaft in Niederdonau, in: Ernst Langthaler, Josef Redl (Hg.), Reguliertes Land, Agrarpolitik in Deutschland, Österreich und der Schweiz 1930-1960, Studien Verlag Innsbruck 2005, S.124ff

26 vgl. Isabel Heinemann, Rasse, Siedlung, deutsches Blut, Das Rasse- und Siedlungshauptamt der SS und die rassenpolitische Neuordnung Europas, Wallstein 2006

27 Nach eigenmächtigen, mit dem ‚Anschluss' einsetzenden ‚Arisierungen' wurde zur Sicherstellung von Vermögenswerten ab April 1938 das „Gesetz über die Bestellung von kommissarischen Verwaltern und ommissarischen Überwachungspersonen" erlassen., Stefan Eminger, „Entjudete" Güter, „Arisierung" in der Land- und Forstwirtschaft in Niederdonau, in: Ernst Langthaler, Josef Redl (Hg.), Reguliertes Land, Agrarpolitik in Deutschland, Österreich und der Schweiz 1930-1960, StudienVerlag Innsbruck 2005, S.124ff

28 ÖStA, AdR, DAG Ostmark, Kt.155, 2345, 45-49, Stellungnahme von DAG-Direktor Rücker-Emden vom 6.10.1938 zum Bürorundschreiben Nr.11 des Leiters der ‚Vermögensverkehrsstelle' vom 29.9.1938

29 ÖStA, AdR, DAG Ostmark, Kt.155, 2346, Ing. Rafelsberger an Gauleiter Bürckel vom 9.8.1939

30 ÖStA, AdR, DAG Ostmark, Kt.155, 2345, 45-49, Stellungnahme des DAG-Direktors Rücker-Emden vom 6.10.1938 zum Bürorundschreiben Nr.11 des Leiters der Vermögensverkehrsstelle vom 29.9.1938

31 Ausnahme war das Waldgut Gföhl, das für Siedlungszwecke kaum infrage kam und von der Reichsforstverwaltung ‚arisiert' wurde.

32 BArch, NS 2, 86, Bl.176, Der Chef des Siedlungsamtes, SS-Standartenführer, von Gottberg, an den Chef des RuSHA, SS-Gruppenführer Pancke, vom 20.8.1938; vgl. Geschäftsbericht der DAG, Zweigstelle Ostmark, an das Präsidium des Ministeriums für Landwirtschaft in Wien vom 8.11.1938; zit. nach: Isabel Heinemann, Rasse, Siedlung, deutsches Blut, Wallstein 2006, S.121

33 BArch, R 2, 18985, fol. 16-23, Denkschrift Rücker-Emden zur ‚Neubildung deutschen Bauerntums' in der ‚Ostmark' und im Sudetenland vom 15.5.1939

34 BArch, R 2, 18985, fol. 37, 42-44, REM 17.8.1939

35 BArch, R 2, 18985, fol. 34-36, RFM 16.8.1939

36 BArch, R 2, 60314, 85% des Grundkapitals von RM 1 Mio wurden Mitte 1939 vom Reichsverein für Volkspflege und Siedlerhilfe von der Dresdner Bank übernommen und Ende 1939 auf Befehl des Reichsführers-SS der Verwaltung der eigenen Deutschen Umsiedlungs-Treuhand-Gesellschaft übergeben.
BArch, R 2, 18985, fol. 80, s. Truppenübungsplatz Endnote 8

37 BArch, R 2, 18985. Im Namen und für die Rechnung der Deutschen Umsiedlungs-Treuhand-Gesellschaft tätigte die DAG als ersten Auftrag des Reichskommissars für die Festigung deutschen Volkstums Ende 1939 die Umsiedlung von Südtirolern, für die jeweils etwa 400 Ersatzhöfe in den Gauen Tirol-Vorarlberg und Kärnten anzukaufen geplant war.

38 Ausführlich dazu: Isabel Heinemann, Rasse, Siedlung, deutsches Blut, Wallstein 2006

39 BArch, R 2, 60314, Der Geschäftsbericht der DAG 1940 zeigt die Größenordnung der Ende 1939 beginnenden Umsiedlungsaktionen von Südtirolern und ‚Volksdeutschen' aus Norditalien auf, die von der in Klagenfurt dafür eingerichteten Geschäftsstelle aus organisiert und durchgeführt wurden. Mittels Umfrage in über 300 Gemeinden in den Gauen Kärnten und Tirol-Vorarlberg wurden 850 Ersatzhöfe ermittelt und besichtigt, deren raschen Ankauf allerdings infolge der enormen Nachfrage überhöhte Preise bremsten und nach unvermeidlichen Enteignungen die Übersiedlung bis 1941 verzögerten.

40 BArch, RH 9, 175, Der Geschäftsbericht 1942 weist an eigenem und treuhändig verwaltetem landwirtschaftlichen Grundbesitz rund 160.000 ha aus; davon entfielen 16.650 ha auf 582 Hofstellen in der Untersteiermark, von denen 234 umgebaut und nach Ausstattung mit Inventar und Vorräten an ‚Umsiedler' übergeben wurden. Weitere Baumaßnahmen wie die Bewirtschaftung der Liegenschaften wurden vom Mangel an Material und Arbeitskräften beeinträchtigt angemerkt. In der Oberkrain verwaltete die DAG 322 Besitzstände mit 7691 ha; im ‚Protektorat Böhmen und Mähren' wurden bis Jahresende 975 Höfe zur Bewirtschaftung übernommen, die nach Instandsetzungsarbeiten zur Verpachtung bereitstehen sollten.

Für die ‚Neubildung deutschen Bauerntums' erhöhte sich der Landvorrat im Berichtsjahr um 1103 ha auf 17.540 ha. Ankäufe, „wiederum vorwiegend durch grenz- und volkstumspolitische Gesichtspunkte bedingt", machten 4424 ha aus, wovon 3445 ha auf die ‚Alpen- und Donaugaue', Zweigstelle Wien und 970 ha auf das ‚Sudetenland', Zweigstelle Karlsbad entfielen. Der Verwertung wurden 3321 ha zugeführt, wovon neben 996 ha für 124 diverse Anlieger 2317 ha auf 65 ‚Neubauernstellen' entfielen, 58 davon in den ‚Alpen- und Donaugauen'.

Im ‚Sudetengau' wurde begonnen, treuhändig bewirtschaftete ‚arisierte' und tschechische Ländereien gegen Ende des Berichtsjahres für ‚volksdeutsche Umsiedler' bereitzustellen. In den ‚Alpen- und Donaugauen', wo Aufträge der Wehrmacht für Ankauf und Räumung von Liegenschaften für Truppenübungs- und Standortplätze weitgehend erfüllt waren, wurde für eine größere Anzahl ‚Umsiedler' aus Südtirol die Beschaffung von Ersatzhöfen fortgesetzt bzw. konnten 22 ‚Neubauernstellen' fertiggestellt und übergeben werden.

Die Vielzahl an Taxaufträgen des RKF zur Bewertung des ‚Heimatvermögens' von ‚Umsiedlern' gestaltet sich aus Mangel an geeigneten Fachkräften problematisch. 6618 Bewertungen wurden im Berichtsjahr erstellt, wodurch sich die Gesamtzahl der bis Ende 1942 abgelieferten Einsatztaxen auf 14.277 erhöhte; durch Ferntaxen wurden zusätzlich 6458 Fälle bewertet. Mit 6 Taxatoren wurden etwa in Kroatien binnen zwei Monaten 3297 Vermögensbewertungen, in Frankreich 127 durchgeführt. Aufgrund der weiteren Verstärkung des Verwaltungsapparates erhöhte sich die Zahl der Gefolgschaftsmitglieder (ohne Personal der landwirtschaftlichen Betriebe) um 176 auf 707. An neuen Aufträgen verzeichnet das Protokoll zur Aufsichtsratssitzung vom 15.9.1943 u.a. den „Auffang des Kirchenbesitzes in Kärnten".

41 BArch, R 2, 60314

42 Neues Bauerntum, 31.Jg., Berlin 1939, S.176ff

43 Während für das Marchfeld lediglich Vermutungen zu Standortüberlegungen für einen Truppenübungsplatz angestellt werden können – vgl. Robert Holzbauer, Planung und Errichtung des TÜPL Döllersheim, in: W. Rosner (Hg.), Der Truppenübungsplatz Allentsteig, Region, Entstehung, Nutzung und Auswirkungen, Institut für Landeskunde, Bd 17, 1991, S.117ff –, lässt der Erwerb von Liegenschaften am Leithagebirge einen direkten Bezug zur Erweiterung des aus der k.u.k. Monarchie stammenden Truppenübungsplatzes Bruckneudorf zu, der auf die 3-fache Größe von 13.000 ha ausgebaut wurde., Gerhard Artl, Die militärische Nutzung des Truppenübungsplatzes durch die Deutsche Wehrmacht und die Rote Armee bis zur Übernahme durch das Bundesheer, in: ebd, S.230

Ungleich zum Truppenübungsplatz Döllersheim wurde nach der Befreiung vom Nationalsozialismus 1945 der Übungsplatz teilweise rückgebaut und den Bewohnern von Sommerein, einer etwa 400 Häuser umfassenden Ortschaft, die im Zuge der Erweiterung der Militärzone geräumt worden war, die Gelegenheit zur Rückkehr gegeben., NÖLA, Landesbauamt, Kt. 1931, 1945, 95ff

44 NÖLA, NÖLT bzw. BG Zwettl, Zu den für den Truppenübungsplatz requirierten Liegenschaften aus feudalem und klerikalem Großgrundbesitz gehörten zur Gänze die Güter Allentsteig, Groß Poppen-Rausmanns, Ottenstein, Wetzlas sowie ein Anteil von etwa 900 ha des Besitzes von Stift Zwettl, der das Gut Dürnhof einschloss.

45 Schindler, Wegmüssen, S.9; BArch R 2, 60314, Geschäftsbericht der DAG 1942. Im Zuge von Übungsplatzprojekten der Wehrmacht in Österreich umgesiedelt wurden insgesamt etwa 2350 Familien angehörige 8350 Menschen.

46 BArch, RW 19, 1741; Techow, Die alte Heimat, Berlin 1942, Nachdruck Berger Horn 1981

47 BArch, RH 9, 206, Landkarte Truppenübungsplatz Döllersheim mit farbigen Entsiedlungszonen I-III

48 NÖLA, BH Zwettl, Stadtgemeinde Allentsteig an die BH Zwettl vom 29.6.1938

49 ÖStA, AdR, DAG Ostmark, Kt.155, 2345/1, Information der Heeresgruppe V vom 22.7.1938

50 NÖLA, BH Zwettl 1938 Bekanntmachung der DAG vom 9.8.1938: Außer bei den ersten Ortschaften, wo wegen der knappen Frist statt regulärer Schätzungen von Hitler empfohlene großzügige Ablösen zum Tragen gekommen sein sollen, wurden, wie auch zur Beruhigung der Bevölkerung von den örtlichen Behörden gefordert, Schätzkommissionen bestellt und auf Basis deren Taxierung ein Kaufpreis vereinbart, dessen Barauszahlung bei Erbhöfen allerdings vom genehmigten Kauf eines Ersatzanwesens abhängig war. Mit Vorlage des notariell beglaubigten Kaufvertrags konnte auch die für Ersatzkäufe eingeräumte Befreiung von der Grunderwerbsgebühr bei der Reichsstelle für Landbeschaffung geltend gemacht werden. Unter besonderen Umständen wurden Vorschusszahlungen für den Erwerb von Ersatzland gegen pfandrechtliche Verbücherung gewährt. Nicht möglich waren Besitzschätzungen erst später zu räumender Ortschaften, da diese zu Verzögerungen in der aktuellen Zone führten. Fristen für die einzelnen Zonen wurden auch aus ernährungspolitischen Gründen fixiert, um Bauern, auch wenn sie sich bereits woanders angekauft hatten, zur Einbringung der Ernte zu verhalten.

51 NÖLA, BH Zwettl, IV-203/6, Bezirkshauptmann Dr. Kerndl an Regierungsdirektor Dr. Sepp Mayer von der Landeshauptmannschaft Niederdonau vom 12.7.1938

52 ÖStA, AdR, DAG Ostmark, Kt.155, 2345/1, Rundschreiben Nr. 92/38, Bormann, München vom 14.7.1938

53 NÖLA, BH Zwettl, IV-203/6

54 ÖStA, AdR, DAG Ostmark, Kt.155, 2345/1, Bestellungsschreiben vom 13.7.1938

55 BArch R 2, 60314, Im Geschäftsbericht 1940 betonte die DAG, dass auch bei anderen „Platzvorhaben auf die Anwendung des Landesbeschaffungsgesetzes für Zwecke der Wehrmacht (Enteignung) verzichtet werden konnte".

56 NÖLA, BH Zwettl 1938, Anordnung „Einbringung der Ernte im Gebiet des Schießplatzes" vom 25.8.1938

57 Ing. Rudolf Ranninger war von 1921 bis 1931 und ab 1938 Direktor von Edelhof sowie Leiter der Rinderzucht- und stellvertretender Leiter der Pferdezuchtgenossenschaft, in der Ortsgruppe Stift Zwettl hatte er die Funktion eines Kulturwarts inne; seiner Suspendierung als ‚Illegaler' kam er 1945 durch Pensionsantritt zuvor., Manfred Greisinger, Franz Pötscher, Edelhof, Edition Stoareich 1998, S.74, 88f

58 NÖLA, BH Zwettl 1938, Information des Schuldirektors an den Bezirkshauptmann vom 13.7.1938

59 NÖLA, BH Zwettl 1938, Entwurf des Bezirkshauptmanns für Aufruf zum Ernteeinsatz vom 25.7.1938

60 ÖStA, AdR, Bürckel-Materie, Kt.155, 2345/1, Bericht des Sonderkommissars vom 3.8.1938

61 ÖStA, AdR Bürckel-Materie, Kt.155, 2345/1, Bericht des Sonderkommissars vom 14.8.1938

62 BArch, RH 9, 206

63 ÖStA, AdR, DAG Ostmark, Kt.155, 2345, Entwurf für ein Sonderrundschreiben des Landesbauernführers vom 22.6.1939

64 BArch R 2, 60314, Der Geschäftsbericht der DAG 1942 weist, bezogen auf alle in Österreich von der Wehrmacht im Zuge von Truppenübungsplätzen durchgeführten Umsiedlungen, 57 „neue Gehöfte als Ersatzobjekte für Umsiedler" aus, die „wegen der Kriegsverhältnisse nur in geringer Zahl errichtet werden" konnten.

65 NÖLA, BH Zwettl 1938, IV-203, IV-204/5, Zwischenquartiere eingerichtet wurden in den Schlössern und Wirtschaftsgebäuden der angeeigneten Güter Gilgenberg, Schwarzenau, Wetzlas und im zum Gut Ottenstein gehörenden Meierhof in Heinreichs, den für umzusiedelnde Bauern aus dem benachbarten Rausmanns zu räumen, der Bezirkshauptmann von Zwettl vorschlug.

66 BG Waidhofen, Zwettl, Horn, diverse Kauf- und Erneuerungsverträge

67 BG Waidhofen, Zwettl, Horn, Auswertung Grundbuchsdaten

68 ÖStA, AdR, DAG Ostmark, Kt.102, 135

69 Gerdy Troost (Hg.), Das Bauen im neuen Reich, 2 Bd., Gauverlag Bayer. Ostmark, Bayreuth 1938, 1943; Bd.2, 1943, S.166

70 BG Waidhofen a.d.Thaya, Grundbuch

71 BG Waidhofen a.d.Thaya, Grundbuch, Kaufvertrag; WStLA, Meldekartei; DÖW, Datenbank Opfer der Shoah; NÖLA, VVSt, Vermögensanmeldung von Josef (75) und Regine (66) Rezek: nach dem Zwangsverkauf ab 20.9.1938 in Wien gemeldet, wurden sie, nachdem sich ihr Sohn, Julius Rezek (27), am 6.4.1939 in die Emigration nach London retten konnte, am 27.4.1942 vom Wiener Aspangbahnhof nach Wlodawa deportiert und ermordet.

72 ÖStA, AdR, DAG Ostmark, Kt.102

73 BG Waidhofen a.d.Thaya, Grundbuch

74 WStLA, Meldekartei; NÖLA, VVSt, Vermögensanmeldung von Hugo und Helene Wottitzky: ab 30.9.1938 in Wien registriert, gelang ihnen mit ihrem 8-jährigen Sohn Heinrich als Teilnehmer der Gildemeesteraktion am 17.3.1939 die Ausreise nach England.

75 ÖStA, AdR, BMF, Unbewegliches deutsches Eigentum; DAG Ostmark, Kt.102, 130; NÖLA, NÖLT, Mit Kauf- und Tauschvertrag vom 23.9.1938 bzw. 4.4.1939 übernahm die DAG von Szapary vorwiegend landwirtschaftliche Flächen im Ausmaß von ca. 635 ha (s. auch Antrag auf Rückstellung vom 30.6.1949); davon wurden ca. 400 ha mit Kaufvertrag vom 26.10.1943 dem Reichsführer-SS als Reichskommissar für die Festigung deutschen Volkstums abgetreten, wovon 288 ha mit Kaufvertrag vom 1.2.1944 einem ‚volksdeutschen' Umsiedler aus der Oberkrain weiterverkauft wurden.

76 WStLA, Meldekartei; NÖLA, VVSt, Vermögensanmeldung von Rudolf Rezek (55), der, alleinstehend, nach dem Verkauf des Szapary-Besitzes ab 6.10.1938 in Wien an- und am 25.7.1939 mit dem Verweis Genua abgemeldet aufscheint.

77 ÖStA, AdR, DAG Ostmark, Kt.102

78 WStLA, Meldekartei; NÖLA, VVSt, Vermögensanmeldung von Otto und Elisabeth Rezek, die mit ihrem 9-jährigen Sohn Hans, vom 21.9.1938 bis 13.2.1940 in Wien gemeldet, nach Südamerika emigrieren konnten.

79 ÖStA, AdR, DAG Ostmark, Kt.102

80 BArch, RH 9, 165, Wehrmachtsgüter im Wein- und Waldviertel; ÖStA, AdR, BMF Unbewegliches deutsches Eigentum: Kaufvertrag vom 26.10.1943 zwischen DAG und RKF bzw. vom 29.12.1943 zwischen RKF und Anton Ulm und seinen Kindern; DAG Ostmark, Kt.102, 130

81 Gerdy Troost (Hg.), Das Bauen im neuen Reich, Bd.2, 1943, S.160

82 ÖStA, AdR, BMF, Unbewegliches deutsches Eigentum; NÖLA, NÖLT; Mit Kaufvertrag vom 12.9.1938 erwarb die DAG Liegenschaften in Ober- und Unter Thumeritz, Autendorf, Pingendorf, Luden, Wilhelmshof und Fratres.

83 BG Horn, Grundbuch

84 ÖStA, AdR, DAG Ostmark, Kt. 107, 130,132, 135; BMF Unbewegliches deutsches Eigentum

85 Bauplan Willi Erdmann für Typ 20 Schwarzenau

86 BG Waidhofen an der Thaya, Kaufverträge vom 18./19.7.1938; ÖStA, AdR, VVSt

87 BArch, RW 43, 3364, 1-78. Reichsstelle für Landbeschaffung im Reichskriegsministerium (Akten betr. Ersatzlandankauf für den Truppenübungsplatz Döllersheim im Auftrag der Wehrmacht): „Gutachten über den Betrieb Schwarzenau im Waldviertel" vom 25.7.1938 nach der Besichtigung am 7.7.1938, an der neben den Vertretern der DAG, Schleicher und Iversen, die Besitzer Dr. Alfred von Porada-Rappaport, Wien, und Max Lagstein als Gutsverwalter teilnahmen. Zusammen mit dem Kaufvertrag und der Kreditanforderung an die Deutsche Siedlungsbank wurden die Unterlagen am 3.8.1938 dem Leiter der Reichsstelle für Landbeschaffung vorgelegt.

88 BArch, RW 43, 3364, 1-78, Gutachten Schwarzenau

89 ÖStA, AdR, DAG Ostmark, Kaufvertrag vom 31.3.1943, mit dem die RFV Schacherwald und Haslauerwald übernahm.

90 BArch, RH9, 165, Wehrmachtsgüter im Wein- und Waldviertel; RW 43, 3364, 1-78, Gutachten Schwarzenau; ÖStA, AdR, DAG Ostmark, Bericht der NÖ Landesregierung zum Rückstellungsantrag vom 29.9.1947, dem nach dem 3. Rückstellungsgesetz entsprochen wurde, mit Ausnahme der für ‚Umsiedler' verwerteten Grundflächen, für die öffentliches Interesse angemeldet wurde.

91 BArch, R 2, 60314. Der Geschäftsbericht der DAG 1942 wies insgesamt 17.000 ha Grundbesitz aus, dessen Parzellierung und Besiedelung kriegsbedingt großteils bis nach Kriegsende verschoben werden musste.

92 Mit Kaufvertrag vom 20.2.1941 erwarb die DAG den Überlandhof in Dorfstadt von Rosa Halpern und Marie Oblass und verkaufte ihn mit Vertrag vom 21.11.1941 an Franz Fürst., BG Zwettl, Grundbuch
  Die in Wien lebende Rosa Halpern (52) wurde mit ihrem Mann Alexander (56) am 15.5.1942 nach Izbica deportiert; von der ebenfalls in Wien gemeldeten Marie Oblass konnten keine weiteren Spuren gefunden werden., NÖLA, Arisierung; WStLA, Meldekartei; DÖW, Datenbank Opfer der Shoah

93 BArch, R 2, 60314, Besitzbeschreibung Droß samt Finanzierungsplan vom 10.2.1943 für Übernahme von RFV

94 BArch, RH9, 165, Wehrmachtsgüter im Wein- und Waldviertel

95 NÖLA, NÖLT, Kaufvertrag vom 26.10.1943. Das 1949 eingeleitete Rückstellungsverfahren endete mit einem Vergleich vom 28.9.1955; die Wiedereinverleibung des Eigentumsrechts für die früheren Besitzer erfolgte am 10.11.1955 bzw. 17.1.1956.

96 BArch, RW 43, 3364, 1-78; ÖStA, AdR, BMF, Unbewegliches deutsches Eigentum, Zl. 50.068/1-16/67, Reichsstelle für Landbeschaffung im Reichskriegsministerium, ref. DAG_Ersatzlandankauf für den Truppenübungsplatz Döllersheim im Auftrag der Wehrmacht

97 NÖLA, BH Zwettl 1938, IV-203, IV-204/5, Bezirkshauptmann und Kreisleiter forderten am 8.7.1938, den an Juden verpachteten Meierhof in Heinreichs, dessen Stallungen auch viel Vieh fassen könnten, als Zwischenquartier für ‚Umsiedler' aus dem benachbarten Rausmanns.

98 NÖLA, Zogelsdorf ‚Arisierung'

99 BArch, RW 43, 3760, 1ff, Reichsstelle für Landbeschaffung; RH 9, 165, Wehrmachtsgüter im Wein- und Waldviertel; NÖLA, NÖLT

100 BG Horn, Grundbuch, Kaufvertrag vom 3.10.1931

101 BG Horn, Grundbuch, Kaufvertrag vom 30.9.1938; NÖLA, VVSt, Vermögensanmeldung; ÖStA, AdR, FLD. Ing. Emil und Irma Roth konnten sich in die Emigration retten; nach ihrer Rückkehr und Antrag auf Rückstellung erkannte die Rückstellungskommission beim Landesgericht für Zivilrechtssachen Wien nach dem 3. Rückstellungsgesetz am 28.1.1948 die DAG schuldig der Vermögensentziehung. Die eigentumsrechtliche Eintragung im Grundbuch erfolgte 1955.

102 BArch R 2, 60314. Österreichweit bewirtschaftete die DAG, wie im Geschäftsbericht 1940 ausgewiesen, 26 wehrmachtseigene Güter im Gesamtausmaß von rund 8500 ha.

103 NÖLA, VVSt, Vermögensanmeldung von Pauline Lewin; Pauline Lewin starb am 24.2.1941 in Wien; Berta Korkes wurde am 5.10.1942 nach Maly Trostinec deportiert und wurde, nach dem Befehl Heydrichs, alle Deportierten sofort nach Ankunft zu exekutieren, am 9.10.1942 ermordet., WStLA, Meldekartei, DÖW, Datenbank Opfer der Shoah

104 GB Gmünd, Grundbuch, Kaufvertrag 514/38 bzw. 12/43, Nachdem der Großteil des Grundbesitzes bereits während und nach dem Krieg verkauft worden war, wurde Restitutionsforderungen der Erben nach Lewin durch Abtretung bzw. Ablöse von baulichem Besitz im Vergleichsweg entsprochen. Seit 1966 befindet sich das Schloss im Besitz der Familie Meinl. , Walter Pongratz, Josef Tomaschek, Paula Tomaschek, Heimatbuch der Marktgemeinde Großschönau, Hg. Fremdenverkehrsverein Großschönau, 2000; S.223ff

105 ÖStA, AdR, ÖBF, Kt. 938 6693 Sig. 13; NÖLA, NÖLT; GB Krems, Grundbuch; Walter Enzinger (Hg.), Heimatbuch Jaidhof, 1992

106 BArch, R 2, 60314, Besitzbeschreibung Droß samt Finanzierungsplan vom 10.2.1943 für Übernahme von RFV
107 NÖLA, NÖLT, Kaufvertrag vom 12.9.1938
108 NÖLA, NÖLT, Kaufvertrag vom 26.10.1943; BArch, RH 9, 165, Wehrmachtsgüter im Wein- und Waldviertel; ÖStA, AdR, BMF Unbewegliches deutsches Eigentum
109 s. Truppenübungsplatz Döllersheim_Sparkasse Allentsteig, Endnote 16
110 BArch, RW 43, 1200, Kaufvertrag vom 26.10.1938, Enteignungsantrag vom 17.2.1939, Kaufvertrag vom 19.4.1939
111 NÖLA, NÖLT, Urkunde 5015/43, Kaufvertrag vom 31.3.1943, der auch den Verkauf des 380 ha umfassenden Waldanteils von Gut Schwarzenau einschloss.
112 NÖLA, NÖLT, Kaufvertrag vom 23.4.1943, der Vereinbarungen für die Abgabe der Meierhöfe Rosenau und Rottenbach mit 146 bzw. 84 ha an andere Käufer zu bereits festgelegten Bedingungen enthielt.
113 NÖLA, NÖLT, Kaufvertrag vom 6.8.1943
114 NÖLA, NÖLT, Kaufvertrag vom 1.2.1940 bzw. BG Zwettl, Kaufvertrag vom 28.11.1939
115 NÖLA, NÖLT, Kaufverträge vom 31.3.1939, 28.3.1940, 3.6.1941; Günther M. Doujak, Die Entwicklung des landtäflichen Großgrundbesitzes in NÖ seit dem Jahr 1908; vgl. Karl Merinsky, Das Ende des Zweiten Weltkrieges und die Besatzungszeit im Raum von Zwettl in Niederösterreich, Diss. Uni Wien 1966, S.50
116 Wolfgang Brandstetter, Rechtsprobleme Truppenübungsplatz Döllersheim, in: Friedrich Polleross (Hg.), 1938 Davor – Danach, Beiträge zur Zeitgeschichte des Waldviertels, Schriftenreihe des Waldviertler Heimatbunds, Bd.30, 1988, S.79ff
117 ebd., BGBl 1946/156
118 ebd., BGBl 1947/54
119 ebd., Zur Haltung Österreichs zum „deutschen Eigentum" Ehrenzweig, Das deutsche Eigentum, JBl 1948, 472
120 ebd., Bescheid des Bundesministers für Finanzen vom 12.12.1955, Zl. 262.726-35/1955
121 ebd., Erläuternde Bemerkungen zur Regierungsvorlage des 3. Staatsvertragsdurchführungsgesetzes, BlgNR VIII, GP 196
122 ebd., BGBl 1957/176
123 Ein 1956 ernsthaft verfolgtes Projekt war die Gründung einer autonomen, international vernetzten und finanzierten Universität mit exterritorialem Status; neben Campus, Sportstadion und Flugplatz sollte zu den Forschungseinrichtungen auch ein Atomreaktor gehören., Waldviertler-Melker Bote, „Universitas" in Döllersheim?, 41/1957
124 BGBl 1957/270, zit. nach: Brandstetter, Rechtsprobleme
125 ebd.
126 ebd.

Barackenbauten

RAD-Lager

1 RGBl 1935 I, S.769-771
2 Völkischer Beobachter, Kampfblatt der national-sozialistischen Bewegung Großdeutschlands, Wiener Ausgabe, 2.4.1938, S.12
3 BArch R 2, 27651, 74/2-3; s. Jahrbuch des RAD
4 Der Arbeitsmann, Zeitung des Reichsarbeitsdienstes für Führer und Gefolgschaft, Folge 4, 22.1.1938, S.1
5 Rolf von Gönner (Hg.), Spaten und Ähre, Das Handbuch der deutschen Jugend im Reichsarbeitsdienst, Vonwinckel Heidelberg 1938
6 ‚Führererlass' vom 26.9.1936, RGBl. I. S.747
7 BArch R 2, 27651, 74/2-3, Die personelle Aufstockung samt den erforderlichen Baumaßnahmen führten 1939 zu einer Budgeterhöhung für den gesamten RAD um rd. RM 350 Mio auf annähernd RM 850 Mio, davon entfielen rd. RM 755 Mio auf den RADmJ und über RM 95 Mio auf den RADwJ
8 Der Arbeitsmann, Folge 46/1939, „130 Lagergruppen!", S.2
9 Der Arbeitsmann, Folge 41/1939, „1575 Lager stehen!", S.2
10 Der Arbeitsmann, Folge 16/1940, „90.000 Familien wurden betreut", S.2
11 Völkischer Beobachter, Wiener Ausgabe, 2.4.1938, S.4
12 Völkischer Beobachter, 2.4.1938, S.12
13 Rolf von Gönner (Hg.), Spaten und Ähre, Das Handbuch der deutschen Jugend im Reichsarbeitsdienst, Vonwinckel Heidelberg 1938, S.133f
14 Der Arbeitsmann, Folge 4, 22.1.1938, „Wie werde ich Arbeitsdienstführerin?", S.4
15 Jahrbuch des Reichsarbeitsdienstes 1940, Volk und Reich, S.53-56
16 Erlass vom 19. 4.1938, RGBl. I. S.400
17 Der Arbeitsmann, Folge 15, 9.4.1938, S.2
18 Völkischer Beobachter, Wiener Ausgabe, 3.4.1938
19 Der Arbeitsmann, Folge 15, 9.4.1938, S.7
20 Völkischer Beobachter, Wiener Ausgabe, 1.4.1938, S.5, 14

21 Sieglinde Trybek, Der Reichsarbeitsdienst in Österreich 1938-1945, Diss. Uni Wien 1992
22 Rolf von Gönner (Hg.), Spaten und Ähre, Das Handbuch der deutschen Jugend im Reichsarbeitsdienst, Vonwinckel Heidelberg 1938
23 Viktor Band gehörte seit 1933 dem 1934 aufgelösten NS-Arbeitsdienst in Österreich an, war SA-Führer und wurde nach dem ‚Juli-Putsch' 1934 verhaftet und wegen Hochverrats zu lebenslangem Kerker verurteilt. 1938 enthaftet, gehörte er dem RAD-Aufbaustab Österreich an und wurde als Abgeordneter in den Reichstag berufen., Der Arbeitsmann, Folge 25, 18.6.1938, S.2
24 Der Arbeitsmann, Folge 16, 20.4.1940, S.3
25 BArch, R 2, 27653, S.1-6
26 Der Arbeitsmann, Folge 16, 20.4.1940, S.3
27 Der Arbeitsmann, Folge 16, 20.4.1940, S.3
28 BArch, R 2, 27653, 1-6
29 BArch, R 2, 27653, 50
30 BArch, R 2, 27653, 101
31 BArch, R 2, 27651, 74/4
32 Bericht über die Reise des Reichsarbeitsführer durch Österreich, BArch, R 2, 27653, 5
33 BArch, R 2, 27651, 77/1
34 BArch, R 2, 27653, 306
35 Trybek, Reichsarbeitsdienst in Österreich
36 Jahrbuch des Reichsarbeitsdienstes 1941, Volk und Reich Verlag Berlin, S.102ff
37 Der Arbeitsmann, Folge 16, 20.4.1940, S.3
38 Die Großarbeitsvorhaben des Reichsarbeitsdienstes, Jahrbuch des Reichsarbeitsdienstes 1940
39 Waldviertler Bote, Beilage der Niederösterreichische Land-Zeitung, Folge 28, 13.7.1938, „Das Waldviertel im nationalsozialistischen Aufbauwerk", S.9
40 Raumforschung und Raumordnung, Heft 4/5 1939, Die Zukunft des Verkehrsnetzes der Ostmark, Walter Strzygowski, S.234-240
41 Neben der genannten Strecke Schwarzenau-Zwettl-Martinsberg-Krems waren von Krems aus auch die Erschließung des Gföhler Gebiets sowie eine Verbindungsbahn Gmünd-Freistadt mit Anbindung an Linz geplant; „Diesem Projekt, das eine günstige Verbindung zur Westbahnstrecke herstellen würde, schenkte man während des Krieges infolge seiner strategischen Bedeutung ein großes Augenmerk. Es steht außer Zweifel, dass eine Bahnverbindung zwischen dem nordwestlichen Waldviertel und dem Raum um Linz eine Belebung der Wirtschaft zur Folge gehabt hätte und darüber hinaus für Transporte nach dem Westen viel Zeit und Geld erspart werden könnte.", Rupert Pfeffer, Die Industrie des Waldviertels, Diss. Uni Wien 1962, S.75
42 Raumforschung und Raumordnung, Heft 9, September 1938, Landesplanerischer Überblick, S.422ff
43 Waldviertler Zeitung, Folge 22, 26.5.1938, „Elf Arbeitslager in Niederösterreich", S.3
44 BArch R 2, 27663/3
45 Niederösterreichische Land-Zeitung, Folge 23, 8.6.1938, „Arbeitsdienstlager", S.9, Im Zuge der Errichtung von 11 Arbeitslagern in Niederösterreich war in Weitra ein Wegebauprojekt zur Erschließung der Felder und Wälder zwischen mehreren Ortschaften geplant, dessen Durchführung nicht belegt werden kann.
46 Bauakt 497/1940, StAZ, 416
47 Im eigenen Amt für Technik und Unterkunft unter der Leitung von DI Künzel wurden Entwurf, Konstruktion und Technik von Holzhausbauten laufend weiterentwickelt. Ziel war eine standardisierte Unterkunft für Mannschaften, die sich durch Zerlegbarkeit, Austauschbarkeit, Verlegbarkeit und leichte Transportfähigkeit auszeichnete und die binnen kürzester Frist aufzubauen war. 1941 zum Bevollmächtigten für den Holzbau ernannt und zum Oberstarbeitsführer befördert, oblagen Künzel „Anordnungen und Maßnahmen zur einheitlichen Lenkung und Steigerung der Herstellung von Erzeugnissen des Holzhaus-, Hallen- und Barackenbaus", auf die auch das OKH reflektierte und einen eigenen Stab unter Künzels Leitung mit der Beschaffung für das Feldheer beauftragte, dem andere Wehrmachtsteile wie auch die für die Rüstungsindustrie zuständigen Behörden folgten. Die Hersteller der Holzfertigteilbauten wurden in einem Kartell, dem Deutschen Holzbauverband, zusammengefasst, zu dessen Vorsitzendem ebenfalls Künzel bestellt wurde., Der Arbeitsmann, Folge 29, 19.7.1941, S.4
48 Niederösterreichische Land-Zeitung, Folge 26, 29.6.1938, S.10
49 Land-Zeitung, Folge 37, 14.9.1938, Kreis Gmünd, „Der Bau unseres Arbeitslager", S.13; Folge 47, 23.11.1938, S.17
50 Land-Zeitung, Folge 50, 14.12.1938, Kreis Gmünd, S.17
51 Manfred Dacho, Die Stadt Gmünd in der 2. Republik, Bibliothek der Provinz 2008
52 Niederösterreichische Land-Zeitung, Folge 27, 6.7.1938, S.10
53 Land-Zeitung, Folge 39, 28.9.1938, Kreis Gmünd, S.18
54 Waldviertler Zeitung, Folge 17, 27.4.1939, S.6

55 Donauwacht, Mitteilungsblatt des Kreises Krems der NSDAP, Folge 28, 15.7.1942, Kreis Gmünd, „Der RAD nahm Abschied von uns", S.9
56 Donauwacht, Folge 1, 5.1.1944, „Der RAD erfreute die Kinderherzen", S.9
57 Land-Zeitung, Folge 49, 7.12.1938, Kreis Zwettl, S.23
58 BArch R 2, 27653, Typenblatt Lagerwohnhaus; NÖLA, RSth, Ve-3-476-1940/41, Lageplan
59 5 Jahre Reichsarbeitsdienst der weiblichen Jugend in der Ostmark; in: Sieglinde Trybek, Der Reichsarbeitsdienst in Österreich 1938-1945, Diss. Uni Wien 1992
60 ebd.
61 Land-Zeitung, Folge 47, 23.11.1938, Kreis Zwettl, S.20
62 Land-Zeitung, Folge 46, 16.11.1938, Kreis Zwettl, S.20
63 Donauwacht, Folge 40, 1.10.1941, Kreis Zwettl, „Abschied der Führerinnen und Maiden im RAD-Lager Purk", S.9
64 BArch, R 2, 27650, 37-38
65 BArch, R 2, 27651, 74/4
66 BArch, R 2, 27651, 63-64
67 BArch, R 2, 27650, 37-38
68 BArch, R 2, 27650, 40/29-30
69 BArch, R 2, 27651, 49-50
70 BArch, R 2, 27653, 101
71 BArch, R 2, 27653, 100
72 BArch, R 2, 27653, 84-89
73 BArch, R 2, 27653, 101
74 Der Arbeitsmann, 9.7.1938, Folge 28, S.5
75 Der Arbeitsmann, 10.7.1939, Folge 23, S.1,2
76 Waldviertler Zeitung, Folge 23, 2.6.1938, „Der freiwillige Arbeitsdienst für die weibliche Jugend", S.6; Niederösterreichische Land-Zeitung, Folge 29, 20.7.1938, S.12
77 Waldviertler Zeitung, Folge 31, 28.7.1938, S.6
78 BArch R 2, 27650, 40/29
79 Bauakt 449/1940, StAZ, 416
80 Land-Zeitung, Folge 36, 7.9.1938, „Der Arbeitsdienst für die weibliche Jugend in der Ostmark", S.9
81 BArch R 2, 27651, 75-76
82 BArch R 2, 27653, 89-97
83 Schloss und Gut Kattau, seit 1932 im Besitz von Ing. Emil und Irma Roth, ging nach der ‚Arisierung' 1938 durch die DAG in den Besitz der Wehrmacht über, die ab 1943 ein Lehrgut zur Umschulung von Offiziersanwärtern betrieb.
Schloss und Gut Illmau gehörten neben anderen Gütern, die bis 1938 von jüdischen Pächtern bewirtschaftet wurden, zum Besitz von Ladislaus Szapáry in Dobersberg. Nach Erwerb eines Großteils der Domäne und unterbezahlter Ablöse der Pächter durch die DAG ging ein Teil in den Besitz des RKF über, aus dem 1944 Anton Ulm, ein Umsiedler und Gutsbesitzer aus Jugoslawien, Illmau zusammen mit Groß Taxen übernahm., M.T.Litschauer, 6|44 – 5|45 Ungarisch-Jüdische ZwangsarbeiterInnen, Ein topo|foto|grafisches Projekt, 2006
Schloss und Gut Engelstein, 1916 von Adolf Lewin, Kaufmann in Wien, erworben, wurden nach der ‚Arisierung' 1938 von der DAG 1942 als Ersatz für beschlagnahmte Güter in Polen an Eleonore von Kloss verkauft., Walter Pongratz und Josef Tomaschek, Hg. Fremdenverkehrsverein Großschönau, Heimatbuch Großschönau, 2000
84 NÖLA, RSth, Ve-3-531,1941
85 6. Anordnung des Generalbevollmächtigten für die Regelung der Bauwirtschaft vom 4. August 1939, nach der eine Bausperre bis Oktober für alle noch nicht begonnenen Bauvorhaben, mit Ausnahme von „staatspolitisch wichtigen" Bauten, galt.
86 Donauwacht, Folge 42, 16.10.1940, Kreis Gmünd, „Abschied der Arbeitsmaiden", S.10
87 5 Jahre Reichsarbeitsdienst der weiblichen Jugend in der Ostmark; in: Sieglinde Trybek, Der Reichsarbeitsdienst in Österreich 1938-1945, Diss. Uni Wien 1992
88 Donauwacht, Folge 40, 1.10.1941, Kreis Zwettl, „Abschied der Führerinnen und Maiden im RAD-Lager Purk", S.9
89 BArch, R 2, 27653, 140-148
90 Donauwacht, Folge 40, 2.10.1940, Kreis Zwettl, „Errichtung eines Arbeitslagers", S.10
91 Donauwacht, Folge 42, 20.10.1943, S.7
92 BArch, R 2, 27650, 40/29-30
93 Donauwacht, Folge 22, 31.5.1939, „Besuch in Spital bei Weitra", S.18
94 Der Arbeitsmann, Folge 30, 27.7.1940, „Bauernsonntag", S.6
95 Donauwacht, Folge 27, 8.7.1942, "Bauern als Gäste bei ihren Arbeitsmaiden", S.9
96 Donauwacht, Folge 37, 16.9.1942, „Ein Kindernachmittag im Lager Dobersberg", S.9
97 Donauwacht, Folge 32, 12.8.1942, „Kindernachmittag im RAD-Lager 4/210", S.9
98 Donauwacht, Folge 25, 23.6.1943, „Ein froher Sonntagnachmittag im RAD-Lager", S.9
99 Donauwacht, Folge 15, 14.4.1943, S.9
100 Donauwacht, Folge 47, 24.11.1943, „Schlussfeier des Erntekindergartens", S.9
101 Donauwacht, Folge 14, 7.4.1943, „Abschied der Maiden des Lagers Eugenia", S.9
102 u.a. Ruth Berge, Freya Overweg, Erzählungen und Bilder aus dem Leben im Reichsarbeitsdienst für die weibliche Jugend, Bild: Herbert Grohe, Kallmeyer Wolffenbüttel 1938; Ich war Arbeitsmaid im Kriege, Vom Einsatz des Reichsarbeitsdienstes der weiblichen Jugend nach Berichten von Arbeitsmaiden. Hg. Hilde Haas, Der nationale Aufbau Leipzig 1941; So war's bei uns in Knippelbrück, Ein Bilderbuch von den Arbeitsmaiden. Im Lager geschaffen von 2 Kameradinnen, Zeichnung Ruth Berge, Text Friedl Ratke, Junge Generation Berlin 1942; Antonia Zöllner, Mädchen in RAD-Uniformen, Erinnerungen einer Österreicherin an den Reichsarbeitsdienst und die Zeit danach, Frieling Berlin 2000; Sybil Schönfeldt, Sonderappell, eine Jugend im Dritten Reich, Ueberreuter Wien 2001
103 Gisela Miller-Kipp, Formative Ästhetik im Nationalsozialismus: Intentionen, Medien und Praxisformen totalitärer ästhetischer Herrschaft und Beherrschung, Hg. Ulrich Herrmann, Ulrich Nassen, Beltz Weinheim Basel 1993
104 vgl. Sieglinde Trybek, Der Reichsarbeitsdienst in Österreich 1938-1945, Diss. Uni Wien 1992
105 Sammlung Frauennachlässe, Institut für Geschichte der Universität Wien
106 Interview mit Elfriede Sch. (12.7.2008)
107 Zitate sind handgeschriebene Kommentare im persönlichen Fotoalbum, Sammlung Frauennachlässe, Institut für Geschichte der Universität Wien; biografische Ergänzungen der Zeitzeugin (2008)

Getreide-Lagerhallen

1 BArch, R 2, 9284-7, 8, Geheimakte „Niederschrift über die Sitzung vom 21.Oktober 1938, betreffend Errichtung von Getreidelagerräumen" im Reichsernährungsministerium
2 Adam Tooze, Ökonomie der Zerstörung, Siedler München 2007, ref. Wikipedia, Agrarwirtschaft
3 Die Ernteerträge 1938 beliefen sich in Deutschland auf 26,36 Mio t, in der ‚Ostmark' und den Sudetengebieten auf geschätzte 3,3 Mio t, was im Vergleich zum Vorjahr eine Steigerung von 4,2 Mio t bedeutete und für das Folgejahr einen Überhang von 7 Mio t erwarten ließ., Raumforschung und Raumordnung, Monatsschrift der Reichsarbeitsgemeinschaft für Raumforschung, Hg. Professor Dr. Konrad Meyer, Jg.3/1939, Heft 2, S.82, Heft 3, S.130
4 BArch, R 2, 9284-7, 8, Geheimakte „Niederschrift über die Sitzung vom 21.Oktober 1938, betreffend Errichtung von Getreidelagerräumen" im Reichsernährungsministerium; Raumforschung und Raumordnung, Jg.3/1939, Heft 2, S.82, Heft 3, S.130
5 Raumforschung und Raumordnung, Jg.3/1939, Heft 2, S.82, Heft 3, S.130
6 BArch, R 2, 27753-3, Monatsberichte der Bauabteilung beim Oberfinanzpräsidenten Niederdonau 1939-1941
7 BArch, R 2, 27753-3, Berichte der Bauabteilung beim RStH 1942
8 NÖLA, BH Horn, Kt. 517, 1939
9 Bauamt Gmünd
10 Das Werk, dessen Produktion neben Stärke und Stärkederivaten ‚kriegswichtig' Trockenkartoffel für die Heeresverpflegung umfasste, wurde sowohl 1940-1942 vorwiegend unter Einsatz von Kriegsgefangenen und ZwangsarbeiterInnen erbaut als auch betrieben., M.T.Litschauer, 6|44-5|45 Ungarisch-Jüdische ZwangsarbeiterInnen, Ein topo|foto|grafisches Projekt, 2006; 50 Jahre Stärkefabrik Gmünd, Hg. Agena Stärke Ges.m.b.H., 1990
11 Die reichseigene Lagerhalle auf der Liegenschaft der Landwirtschaftlichen Kartoffelverwertungs AG ging, zunächst als ‚Deutsches Eigentum' unter Verwaltung der sowjetischen Besatzungsmacht, nach dem Staatsvertrag 1955 auf die Republik Österreich über und wurde, 1958 vom agrarindustriellen Unternehmen erworben, Teil der Werksanlage, Bauamt Gmünd, Bauakt; BG Gmünd, Grundbuch
12 M.T.Litschauer, 6|44-5|45 Ungarisch-Jüdische ZwangsarbeiterInnen, Ein topo|foto|grafisches Projekt, 2006

STALAG XVII B Gneixendorf

1 NÖLA, LA VII/9-739/4-XLIII, 1940, Baubeschreibung des Heeresbauamts St. Pölten vom 27.1.1940
2 Stelzl-Marx, Im Gewahrsam des „Dritten Reichs", Aspekte der Kriegsgefangenschaft, dargestellt am Beispiel des Stalag XVII B Krems-Gneixendorf, in: Kriegsgefangenschaft im Zweiten Weltkrieg, Eine vergleichende Perspektive, Hg. Günter Bischof, Rüdiger Overmans, Verlag Höller, 1999
3 NÖLA, RSth, Ve-3, LI 1940/41, Planungsunterlagen des Heeresbauamts St. Pölten vom 27.1.1940; www.flugplatz-krems.at

4 NÖLA, LA VII/9, 578/6 und 739/4, XLIII 1939, Wasserrechtliche Verhandlung und Bewilligung
5 ÖStA-AdR, 314 Zs-120, Totenbuch Stalag XVII B, 2.8.1943-26.4.1945; zit. nach: Stelzl-Marx, Im Gewahrsam des „Dritten Reichs", S.150
6 Die Presse, 15.9.1960; zit. nach: Stelzl-Marx, Im Gewahrsam des „Dritten Reichs", S.152
7 vgl. Florian Freund, Bertrand Perz, Fremdarbeiter und KZ-Häftlinge in der ‚Ostmark', in: Europa und der ‚Reichseinsatz', Ausländische Zivilarbeiter, Kriegsgefangene und KZ-Häftlinge in Deutschland 1938-1945, Hg. Ulrich Herbert, Essen 1991, S.317f; zit. nach: Stelzl-Marx, Im Gewahrsam des „Dritten Reichs", S.140
8 http://www.geheimprojekte.at/t_gneix.html
9 ebd.
10 Interview Franz Oberdorfer (2009)
11 M.T.Litschauer, 6|44-5|45 Ungarisch-Jüdische ZwangsarbeiterInnen, Ein topo|foto|grafisches Projekt, 2006
12 ebd.
13 ebd.

Öffentliche Gebäude

Amtsgebäude und Sparkasse Zwettl

1 StAZ, Sitzungsprotokoll der Sparkasse der Stadt Zwettl vom 5.5. bzw. 9.5.1938
2 NÖLA, Vermögensanmeldung Robert und Emma Schidloff vom 10.7.1938
3 BG Zwettl, Grundbuch, Kaufvertrag von 11.5.1938
4 NÖLA, Arisierungsbestand, Ansuchen des Rechtsvertreters der Sparkasse der Stadt Zwettl, Dr.Franz Beydi, vom 21.5. und 21.6.1938 bei der Vermögensverkehrsstelle um nachträgliche Genehmigung des Erwerbs von jüdischem Vermögen
5 WStLA, Meldekartei; DÖW Datenbank Opfer der Shoah; Paul und Irene Klein, die mit ihrer 14-jährigen Tochter Edith Ende Juli 1938 nach Wien zogen, gelang die Emigration über Frankreich in die USA. Auch der 18-jährige Paul Taussig, bereits Anfang Juli nach Wien übersiedelt, konnte sich über mehrere Fluchtrouten nach England retten, während seine Eltern, Max und Rosa Taussig, 50 und 47 Jahre alt, die ein Handelsgeschäft mit Landwirtschaftsmaschinen und Fahrrädern in Zwettl geführt hatten, am 26.2.1941 nach Opole deportiert, nicht überlebten.
   Dr.Philipp und Mirjam Fränkel, 54 und 49 Jahre alt, übersiedelten mit ihrem 11-jährigen Sohn Heinrich, nachdem sie am 15.6.1938 die Wohnung infolge der ‚Arisierung' des Schidloff-Hauses räumen mussten und zusammen mit ihren Vermietern in das erst Ende 1938 ‚arisierte' Haus von Eduard Schidloff gezogen waren, am 16.2.1939 nach Wien. Wie alle Familienmitglieder Schidloff wurden auch sie Opfer der Shoah: Mutter und Sohn wurden am 14.2.1941 nach Opole deportiert, der Vater am 28.10.1941 nach Litzmannstadt/Lodz.
   Lediglich der seit 25 Jahren als Gemeinde- und Armenarzt tätige Dr.Wilhelm Löbisch, der nach den Nürnberger Rassengesetzen von 1935 als ‚Halbjude' galt, getauft war und in einer ‚privilegierten Mischehe' mit einer nichtjüdischen Frau lebte, mit der er 2 bereits erwachsene Kinder hatte, konnte, nach Aberkennung der Funktion als Amtsarzt und Repressalien ausgesetzt, in Zwettl bleiben und seine Praxis mit Einschränkungen weiter betreiben.
6 NÖLA, Arisierungsbestand, Ansuchen Robert Schidloffs und des Autotaxi-Unternehmers Franz Kerschbaum an die ‚Vermögensverkehrsstelle' vom 26.7. bzw. 9.8.1938 um Freigabe des beschlagnahmten LKW zur ‚Arisierung' samt Übernahme der Gewerbekonzession für Lastentransporte; abgesehen von der negativen Auskunft der NSDAP-Ortsgruppe Zwettl vom 5.9.1938, die Kerschbaum mangelnde Mitgliedschaft attestierte sowie ihn als ausschließlich ökonomisch interessiert, „tiefschwarz" und „Dickkopf" beleumundete, war der LKW bereits im Juni von der örtlichen SA-Dienststelle an die SA-Brigade in der Herrengasse in Wien abgegeben worden.
7 NÖLA, Arisierungsbestand, Ansuchen von Museumsobmann Josef Traxler bei der Vermögensverkehrsstelle um Genehmigung der ‚Arisierung' der Sammlung für RM 166,67; vgl. ‚Vermögensanmeldung' Eduard Schidloff vom 10.7.1938
8 BG Zwettl, Grundbuch, Kaufvertrag vom 9.12.1938 zum Preis von RM 16.096; NÖLA, Arisierungsbestand, Schätzungsgutachten von Kreiswirtschaftsberater und Direktor der landwirtschaftlichen Lehranstalt Edelhof Ranninger und des Zwettler Baumeisters Schabes
9 NÖLA, Arisierungsbestand, Vermögensanmeldung Paul und Irene Klein vom 9.7.1938
10 NÖLA, Arisierungsbestand, Wiederholtes Ansuchen Robert Schidloffs an die Vermögensverkehrsstelle vom 17.9.1938
11 WStLA, Vg 11 Vr 7837/46, Einlage im Verfahrensakt des Amtsgerichts Zwettl 1939
12 Archiv Krankenhaus Zwettl, Aufnahmebuch 1938
13 WStLA, Vg 11 Vr 7837/46, Vorbestraft 1939 in der Sache Schidloff, wurde Ferdinand Splechtna vom Volksgericht beim Landesgericht für Strafsachen Wien am 23.5.1947 wegen des Verbrechens des Hochverrats nach § 11 VG 1947 zu 1 (einem) Jahr schweren Kerkers, verschärft durch ein hartes Lager 1/4-jährlich, zum Ersatz der Verfahrenskosten sowie zu Vermögensverfall verurteilt.; vgl. Friedel Moll, Vor 70 Jahren: Anschluss Österreichs an das Deutsche Reich, Heimatkundliche Nachrichten 4/2008
14 WStLA, Meldekartei, DÖW Datenbank Opfer Shoah; vgl. Friedel Moll, Von Zwettl nach Auschwitz, Spuren der jüdischen Familie Schidloff im Stadtarchiv Zwettl, Das Waldviertel, 3/1989
15 Niederösterreichische Land-Zeitung, Folge 29, 20.7.1938, S.12
16 StAZ, 274/1938 und 3/127, 1938, Protokoll der Einreichung um Baubewilligung
17 Land-Zeitung, Folge 48, 30.11.1938, Kreis Zwettl, „Wir bauen", S.21f
18 StAZ, Festschrift 100 Jahre Sparkasse der Stadt Zwettl, 1956
19 Hans Neumüller, ein in Zwettl lebender und vom dortigen Kreisleiter Reisinger neben den Fresken auf dem neuen Sparkassen- und Amtsgebäude laufend mit Aufträgen protegierter Maler, gehörte auch zu einer ausgewählten Gruppe von Malern und GrafikerInnen im Rahmen eines Künstlersozialhilfeprojekts, die sich, willig aus politischer Überzeugung oder Überlebensstrategie, von der NS-Kulturpolitik in Dienst nehmen ließen. Zur Dokumentation ländlicher Kultur arbeiteten sie als WanderkünstlerInnen im Raum Zwettl einschließlich des für den künftigen Truppenübungsplatz abzusiedelnden Gebiets und hielten bäuerliche Architektur, Interieurs und Mobiliar in Zeichnungen und Aquarellen für ein „papierenes Museum" fest.
   1993 präsentierte das Volkskundemuseum Wien eine Auswahl aus einer etwa 500 Blätter umfassenden, privat erhaltenen Sammlung in der Sonderausstellung „Waldviertler Heimat-Bilder, Studien zur Sachkultur vor 50 Jahren", deren dekontextualisierter Titel die zeitliche wie ideologische Verflechtung der Auftragsarbeiten mit dem Nationalsozialismus negiert wie im Katalog erschreckend unbedarft von „Spurensuche alten Waldviertler Kulturgutes" und „sachkulturellen Zeugnissen vergangener Zeiten" schwadroniert wird., Ausstellungskatalog, Nora Czapka, Waldviertler Heimat-Bilder, Hg. Österreichisches Volkskundemuseum 1993
20 NÖLA, BH Zwettl XI/153-154, 1938, „Sparkassen Bauvorhaben; Inanspruchnahme der Kunstkammer der bildenden Künste zur künstlerischen Außen- und Innengestaltung"
21 NÖLA, BH Horn, 1938
22 StAZ, 111/505, 1938, Bericht an die Kreisleitung vom 4.1.1939; Archiv der Sparkasse Waldviertel-Mitte, Während „die seit der Umbruchszeit geleisteten Arbeiten" am „Sparkassenbau" mit Baukosten von RM 370.000 ausgewiesen wurden, bezifferte das Architekturbüro Klimscha Pawek RM 301.023,68.
23 Archiv der Sparkasse Waldviertel-Mitte, Ausschreibung und Abrechnung des Projekts durch das Planungsbüro
24 Gemäß Bundesgesetz über die Erhebung von Ansprüchen der Auffangorganisationen auf Rückstellung von Vermögen nach den Rückstellungsgesetzen waren S 514.095,50 zu bezahlen.
25 Friedel Moll, 150 Jahre Sparkasse Waldviertel-Mitte, 2006, nennt einen Betrag von $ 57.789.

Ausbau von Straße und Schiene,
Reichsstraßenbauamt Waidhofen an der Thaya

1 Land-Zeitung, Wochenblatt für Gaustadt und Kreis Krems, Folge 48, 30.11.1938, „Straßen- und Bahnprojekt zur Arbeitsbeschaffung und wirtschaftliche Erschließung des westlichen Waldviertels v. Niederdonau", S.23
2 Land-Zeitung, Folge 48, 30.11.1938
3 Kremser Zeitung, Volksblatt für Stadt und Land, Folge 16, 14.4.1938, S.5
4 Niederösterreichische Land-Zeitung, Folge 30, 27.7.1938, „Arbeit und Brot", S.12
5 Niederösterreichische Land-Zeitung, Folge 37, 14.9.1938, „Gauhauptstadt Krems frei von Arbeitslosen", S.13
6 Walter Strzygowski, Die Zukunft des Verkehrsnetzes der Ostmark, Raumforschung und Raumordnung, Monatsschrift der Reichsarbeitsgemeinschaft für Raumforschung, Hg. Professor Dr. Konrad Meyer, Heft 4/5 1939, S.234ff; Donauwacht, Mitteilungsblatt des Kreises Krems der NSDAP, Folge 31, 2.8.1939, S.11; Land-Zeitung, Folge 10, 8.3.1939, „Die Linienführung der Reichsautobahnen in Niederdonau", S.6
7 Donauwacht, Mitteilungsblatt des Kreises Krems der NSDAP, Folge 20, 17.5.1939, „Krems baut Straßen", S.12; Folge 31, 2.8.1939, S.11
8 Kremser Zeitung, Folge 19, 5.5.1938, S.3
9 Kremser Zeitung, Folge 16, 14.4.1938, „Umfassende Straßenbautätigkeit in Niederösterreich", S.5
10 Donauwacht, Folge 20, 17.5.1939, „Krems baut Straßen", S.12
11 Niederösterreichische Land-Zeitung, Folge 32, 10.8.1938, S.14; Kremser

Zeitung, Folge 16, 20.4.1939, „Brückenverbesserungen in Niederdonau", S.10
12 Land-Zeitung, Folge 46, 16.11.1938, „Straßenbau", S.20
13 Land-Zeitung, Folge 6, 8.2.1939, S.19
14 Donauwacht, Folge 16, 19.4.1939, S.6
15 Donauwacht, Folge 19, 10.5.1939, S.18
16 Donauwacht, Folge 26, 28.6.1939, „Gmünd als Verkehrszentrum", S.18
17 Donauwacht, Folge 27, 2.7.1941, „Unsere Stadt bekommt ein neues Gesicht", S.10
18 Donauwacht, Folge 33, 19.8.1942, „Übersiedlung des Straßenbauamtes", S.9
19 Amt der Niederösterreichischen Landesregierung, Straßenbauabteilung 8, Bestandsplan vom September 1955

Schulbauten

1 NÖLA, Landeshauptmann Niederdonau, Landesschulrat, XXXV, IV/1, 146-148, Kt.1832, 1938
2 NÖLA, LHND, LSR, XXXV, V/9b, Kt.1834, 1939, Übersicht vom 13.5.1939. Nach Fehlübertragung eines Bezirksergebnisses erscheinen die Gesamtkosten um RM 332.300 zu niedrig.
3 NÖLA, RSth, LSR, XXXV, IIa-1-16, 1942, Planung von Hauptschulen, Errichtung von Schülerheimen
4 NÖLA, RSth, LSR, XXXV, IIa-8-322, -465, 1943, Neuerrichtung von Kindergärten in Grenzkreisen Anfang 1943
5 NÖLA, LHND, LSR, XXXV, Kt.1832, 1938; Kt.1834, 1939
6 NÖLA, LHND, LSR, XXXV, V/1-214, V/9b-696, 1939
7 NÖLA, LHND, LSR, XXXV, V/9b-1205, 1939
8 NÖLA, RSth, LSR, XXXV, IIa-1-674, 1942
9 NÖLA, LHND, LSR, XXXV, V/9b-227, 1939; Für Auszüge aus der Orts- und Schulchronik Ottenschlag danke ich Oberschulrat Paul Lengauer.
10 NÖLA, LHND, LSR, XXXV, IV/2, 1939
11 NÖLA, LHND, XXXVIII B, IV/2-84, Kt. 1906, 1939
12 Bauamt Brand-Nagelberg, Bauplan Volksschule 1937
13 NÖLA, LHND, LSR, XXXV, Kt.1832, 1938; Kt. 1833, 1939; RSth, LSR, XXXV, IIa-471, -524, -600, Ia-8-25, IIa-3-161, Kt. 1837, 1940-1942
14 NÖLA, LHND, LSR, XXXV, V/9b-738, 1939
15 NÖLA, LHND, LSR, XXXV, V/9b-684, 1939
16 NÖLA, LHND, LSR, XXXV, V/9b-698, 1939
17 NÖLA, LHND, LSR, XXXV, V/9b-709, 1939
18 NÖLA, RSth, LSR, XXXV, IIa-1-271, Kt.1860, 1942, Schulplanung im Reichsgau Niederdonau vom Juni 1942
19 NÖLA, RSth, LSR, XXXV, IIa-1-271, Kt.1860, 1942, Bericht vom 20.3.1942
20 NÖLA, RSth, LSR, XXXV, IIa-1-684, Kt.1864, 1942/43
21 StAZ, Meier-Schomburg, Entwurfszeichnung Kindergarten

Brauhof Krems

1 NÖLA, VVSt, Arisierung; WStLA Meldekartei; DÖW Datenbank Opfer Shoah; YVA Database Holocaust; vgl. Hannelore Hruschka, Die Geschichte der Juden in Krems an der Donau von den Anfängen bis 1938, Diss. Uni Wien 1978; Robert Streibel, Plötzlich waren sie alle weg, Picus 2001, Anteilseignerinnen zu je 1/8 am Haus Schwedengasse 2 waren die Witwe Agnes Neuner, *Bodascher, 21.12.1868 in Trebitsch, und ihre Tochter Charlotte Hauser, *13.10.1892 in Rossatz, die zusammen mit deren Tochter Liesl, *12.6.1930 in Krems, am 11.11.1938 nach Wien zu ihrem Sohn Arthur Neuner, *5.11.1897 in Rossatz, und seiner russischen Frau Freida, *13.11.1899 in Podwoloczyska, die bereits am 24.3.1938 weggezogen waren, übersiedelten. Warenlager und Einrichtung waren durch NSV und SA am 21.9.1938 beschlagnahmt und in der Synagoge deponiert, das Geschäft liquidiert worden, bevor das Haus mit 13.1.1939 von der Brau AG übernommen wurde. Während ihr anderer Sohn Ernst Neuner, *10.12.1895 in Rossatz und seit 1930 in Wien wohnhaft, durch die Ehe mit einer nichtjüdischen Frau von der Deportation verschont blieb, wurden alle anderen Familienmitglieder in Konzentrations- und Vernichtungslager verbracht, die lediglich Agnes Neuner, am 24.9.1942 nach Theresienstadt deportiert, überlebte. Arthur und Freida Neuner, am 6.5.1942 nach Maly Trostinec deportiert und am 11.5.1942 ermordet, sowie Charlotte Hauser und ihre 8-jährige Tochter Liesl, am 9.10.1942 nach Theresienstadt deportiert und am 23.1.1943 nach Auschwitz verlegt, wurden Opfer der Shoah.
Das Eckhaus Südtirolerplatz1/Schwedengasse 2 teilten sich zwei Familien Schlesinger: Die Witwe Johanna Schlesinger, *Kohn, 11.3.1859 in Ziersdorf, musste ihren Hausanteil am 16.11.1938 durch „Schenkung" der NSDAP überlassen, die ihn am 13.1.1939 an die Brau AG weiterveräußerte. Am Tag der Enteignung zur Übersiedlung nach Wien gezwungen, wurde sie am 14.7.1942 nach Theresienstadt deportiert, wo sie am 18.12.1942 starb. Ihrem Sohn, Richard Schlesinger, *20.2.1892 in Krems, gelang die Ausreise nach Shanghai.
Der Witwer Leopold Schlesinger, *5.10.1862 in Gars, ebenso durch „Schenkung" am 16.11.1938 an die NSDAP und Weitergabe an die Brau AG am 13.1.1939 um seinen Hausanteil gebracht und zusammen mit 3 seiner Kinder am 16.11.1938 nach Wien verdrängt, starb als 76-Jähriger am 6.6.1939. Mit Ausnahme seiner Tochter Marie Schlesinger, *19.2.1904 in Krems, die, am 12.5.1942 nach Izbica deportiert, nicht überlebte, konnten sich die anderen Familienmitglieder in die Emigration nach England und Palästina retten.
2 Donauwacht, Mitteilungsblatt des Kreises Krems der NSDAP, Folge 46, 13.11.1940, „Der neue Brauhofsaal in Krems vollendet", S.5
3 Donauwacht, Folge 46, 13.11.1940, S.5
4 Donauwacht, Folge 46, 13.11.1940, „Die feierliche Eröffnung des Saales", S.6
5 Donauwacht, Folge 46, 13.11.1940, „Das Werk deutschen Handwerksfleißes", S.6

Städtebauliche Planungen

1 vgl. Dieter Münk, Die Organisation des Raumes im Nationalsozialismus, Eine soziologische Untersuchung ideologisch fundierter Leitbilder in Architektur, Städtebau und Raumplanung des Dritten Reichs, Hochschulschriften 284, Bonn Pahl-Rugenstein 1993, hier S.284
2 Dieter Münk, Die Organisation des Raumes im Nationalsozialismus, S.265ff
3 Kremser Zeitung, Volksblatt für Stadt und Land, Folge 29, 14.7.1938, „Krems – Gauhauptstadt von Niederdonau", S.2; Kulturamt der Stadt Krems (Hg.), Harry Kühnel, Krems 1938 – Krems 1945, Vom Jubel zum Trümmerhaufen, Ausstellungskatalog 1988, S.20f (Angaben ohne Quellenverweis bzw. zitierte Bestände nicht mehr vorhanden)
4 NÖLA, I/1a/314/1939
5 Niederösterreichische Land-Zeitung, Folge 32, 10.8.1938
6 NÖLA, BH Krems, 1939, Aufforderung von Landesrat Ing. Spiegl an Oberbürgermeister Retter und Bezirkshauptmannschaft vom 25.8.1938
7 Donauwacht, Mitteilungsblatt des Kreises Krems der NSDAP, Folge 47, 25.11.1939, S.4
8 vgl. Christiane Wolf, Gauforen Zentren der Macht, Verlag Bauwesen Berlin 1999, S.9
9 Harry Kühnel, Krems 1938 – Krems 1945, S.20
10 Land-Zeitung Wochenblatt für Gaustadt und Kreis Krems, Folge 1, 4.1.1939, „Der Umbau der Gaustadt Krems hat begonnen", S.12
11 Harry Kühnel, Krems 1938 – Krems 1945, S.22
12 Winfried Nerdinger (Hg.), Bauen im Nationalsozialismus, Bayern 1933-1945, Architekturmuseum der TU München 1993, S.415
13 BArch R4, 606, 3359, Schreiben Gerlands an Speer 20.12.1938
14 Donauwacht, Folge 16, 19.4.1939, „Der Führer bei den Soldaten der Ostmark, Inspizierung von Truppenteilen in St.Pölten, Krems, Stockerau und Strebersdorf", S.1, 11
15 Christiane Wolf, Gauforen Zentren der Macht, Verlag Bauwesen Berlin 1999
16 Wolf, Gauforen, S.23 (s. BArch R 4, 603, 1733)
17 Wolf, Gauforen, S.23 (s. BArch R 4, 603, 1733)
18 Land-Zeitung, Folge 1, 4.1.1939, „Der Umbau der Gaustadt Krems hat begonnen", S.12; Folge 6, 8.2.1939, S.15; Donauwacht, Folge 45, 6.11.1940, „Der größte Saal Niederdonaus erstand in Krems, Feierliche Eröffnung des Brauhofsaales am 15.November", S.6; Folge 46, 13.11.1940, „Der neue Brauhofsaal in Krems vollendet", S.5f
19 BArch, R 2, 32050, Reichsbauamt Krems
20 Donauwacht, Folge 18, 4.5.1938, „Naher Baubeginn des Donauhafens", S.6; Folge 15, 12.4.1939, S.14
21 Donauwacht, Folge 12, 29.3.1939, „Großhafen Krems", S.12; Kremser Zeitung, Volksblatt für Stadt und Land, Folge 13, 30.3.1939, „Donauhafen und Getreidespeicher in Krems", S.2
22 Donauwacht, Folge 31, 2.8.1939, S.11
23 Donauwacht, Folge 31, 2.8.1939, S.11
24 Donauwacht, Folge 42, 21.10.1942, S.6
25 Donauwacht, Folge 1, 7.1.1942, S.5
26 NÖLA, RSth, Ve-3, 1943; Donauwacht, Folge 2, 13.1.1943, S.5
27 Raumforschung und Raumordnung, Monatsschrift der Reichsarbeitsgemeinschaft für Raumforschung, Hg. Professor Dr. Konrad Meyer, Heft 9, September 1938 (Österreich-Heft)
28 Waldviertler Zeitung, Folge 33, 11.8.1938, „Das Arbeitsprogramm des Gauleiters", S.1
29 Kremser Zeitung, Folge 16, 14.4.1938, „Umfassende Straßenbautätigkeit in Niederösterreich"
30 Donauwacht, Folge 20, 17.5.1939, „Krems baut Straßen", S.12
31 Walter Strzygowski, Die Zukunft des Verkehrsnetzes der Ostmark, Raumforschung und Raumordnung, Heft 4/5 1939, S.234-240; Donauwacht, Folge 31, 2.8.1939, S.11; Land-Zeitung, Folge 10, 8.3.1939, „Die Linienführung der Reichsautobahnen in Niederdonau", S.6

32 Donauwacht, Folge 20, 17.5.1939, „Krems baut Straßen", S.12
33 Kremser Zeitung, Folge 19, 5.5.1938, S.3
34 Donauwacht, Folge 20, 17.5.1939
35 Niederösterreichische Land-Zeitung, Folge 27, 6.7.1938, „Der erste Spatenstich zum Bau von zehn Offizierswohnhäusern in Krems", S.3
36 Donauwacht, Folge 31, 2.8.1939, S.11; NÖLA, RSth Ve-3, 1942, Grundbeistellung für den Bahnhof Krems-Landersdorf
37 Donauwacht, Folge 46, 19.11.1939, „Ein neues Stadtviertel entsteht", S.5
38 BArch, R 2, 27565, 28904
39 BArch R 113, 2108, Reichstelle für Raumordnung vom 4.1.1944 bzw. 4.12.1944
40 BArch R 113, 2108, Korrespondenz zwischen Reichstelle für Raumordnung und Planungsbehörde des Reichsstatthalters Niederdonau vom 4.1.1944, 4.12.1944, 20.2.1945, 16.3.1945
41 BArch R 2, 32003, 1-4, Schlüter an Ritzenthaler vom 30.11.1938
42 BArch R 2, 32003, 6-7, OFP Baugruppe an RFM vom 8.5.1939
43 BArch R 2, 28776, Vorentwurf zum Finanzamt Horn (Entwurfszeichnungen, Erläuterungen und Kostenplan)
44 BArch R 2, 32003, 11, RFM an OFP vom 25.4.1940
45 BArch R 2, 32003, 12-14, Kaufvertrag vom 25.4.1940
46 BArch R 2, 32003, 17-18, OFP an RFM vom 29.1.1941
47 StAH, Protokoll der Gemeinderatssitzung vom 5.12.1940
48 StAH, Bebauungsplan vom 29.3.1939
49 StAH, Bebauungsplan vom 29.3.1939
50 BArch R 2, 32003, 20, Bgm. Geringer an RStH vom 19.4.1941
51 BArch R 2, 31995, 11-12, 24-25, OFP an RFM vom 3.2.1941
52 BArch R 2, 32003, 35, OFP an RFM vom 22.12.1941
53 BArch R 2, 32003, 36-38, Baubehörde an OFP vom 20.11.1941
54 StAH, Gesamtsiedlungsplan vom 3.3.1943
55 NÖLA, BH Krems, 1939, „Regelung der Bauwirtschaft", Schnellbrief vom 6.1.1939
56 StAZ, 111/505, 1938; 118/71, 1939
57 StAZ, Meier-Schomburg, Entwurfszeichnung Kindergarten
58 StAZ, 118/107/2, 1939 Entwürfe Meier-Schomburg
59 NÖLA, BH Zwettl, X/146, 1940
60 StAZ, Stadterweiterung Schönererstraße / Kesselboden 1941/42
61 StAZ, Bebauungsplan Meier Schomburg 1941
62 9.Verordnung des Generalbevollmächtigten zur Regelung der Bauwirtschaft vom 16.2.1940
63 Eggenburg Niederdonau, Eine Denkschrift, „im Spätsommer 1938", Sammlung Linsbauer
64 Schreiben an Reichsminister Göring vom 19.10.1938 mit Beilage der Denkschrift, Sammlung Linsbauer
65 Fragmente einer Retrospektive seiner Amtszeit 1938-1945, Sammlung Linsbauer
66 Aus dem Text der im restaurierten Denkmal eingemauerten Urkunde, dessen Autor vermutlich der Bürgermeister war., Sammlung Linsbauer
67 Von der weltweit rezipierten Gartenstadtbewegung beeinflusst wie zugleich dem Heimatschutzgedanken verpflichtet, hatte Franz Gamerith, als örtlicher Referent des Denkmalamts Kunst und Kultur aufgeschlossen wie selbst schriftstellerisch und zeichnerisch tätig, zusammen mit dem Architekten Richard Staudinger und dem Techniker Ing. Rudolf Prohaska aus Wien 1910 die Eggenburger Terrain- und Baugesellschaft zur Planung und Errichtung der Villenkolonie gegründet, die außerhalb der Stadt an einem Hang gegen das Wolfkersbühel mit der poetischen Bezeichnung Wolkenspiegel entstehen sollte. Das ausgezeichnete und im k.u.k. Museum für Kunst und Industrie, heute MAK, ausgestellte Projekt umfasste 25 Haustypen, die in der als Zeitung gestalteten Werbebroschüre „Gartenstadt Eggenburg" mit Plänen und Zeichnungen professionell vermarktet wurden., Burghard Gaspar, Die Gründung der „Gartenstadt Eggenburg", in: Das Waldviertel, Heft 3, 1991

   Unter den Interessenten an den Villen der Gartenstadt, vielfach situierte Wiener, die sich einen Zweitwohn- oder Alterssitz leisteten, war auch der jüdische Bankbeamte Adolf Hirsch und seine Frau Sidonie, deren Haus mit Garten (Wolfkersbühelstraße 25) 1938 durch ‚Arisierung' vom Heeresfiskus angeeignet, Wohnsitz des Garnisonskommandanten wurde. Das Ehepaar Hirsch, zum Verlassen der Stadt gezwungen, wurde am 29.7.1942 von Wien nach Theresienstadt deportiert, wo der beinahe 80-jährige Adolf Hirsch kurz darauf am 26.10.1942 starb. Sidonie Hirsch überlebte die Shoah, kehrte nach Eggenburg zurück und erhielt nach einem Rückstellungsverfahren ihr Haus 1949 restituiert; 1950 verstorben, findet sich ihr Name kaum lesbar auf einem in größtmöglicher Distanz zum sonstigen Gräberfeld an der Friedhofsmauer errichteten, singulären Grabstein., WStLA, Meldekartei; NÖLA, Vvst, Arisierung, Restitution; BG Horn, Grundbuch, Kaufvertrag vom 16.11.1938
68 Im Anschluss an die 1888 eröffnete „n.ö. Landes-Besserungsanstalt Eggenburg" für „verwahrloste" Kinder im schulpflichtigen Alter, 1901 um ein eigenes Gebäude für Mädchen erweitert, wurde 1908 eine neue Anstalt für verhaltensauffällige, der Fürsorgebehörde überantwortete männliche Jugendliche zwischen 14 und 18 Jahren, die durch Anhaltung zur Ausbildung für die Landwirtschaft und verschiedene Gewerbe resozialisiert werden sollten, in Betrieb genommen. Um „jeden gefängnisartigen Charakter der Baulichkeiten" wie in der alten Anstalt zu vermeiden, sollte die auf ca. 44.000 m² errichtete und für 300 „Zöglinge" ausgelegte neue Anlage nach pädagogisch und ästhetisch modernen Gesichtspunkten gestaltet werden. Als „n.ö. Landes-Erziehungsanstalt" umfasste der „Lindenhof" auf einer verbauten Fläche von 5500 m² 6 neue, im zur Jahrhundertwende beliebten Heimatstil erbaute Pavillons und 3 adaptierte Gebäude, wie das frühere Gemeindespital, das als „Zahlpavillon" für sogenannte „Zahlzöglinge", Kinder wohlhabender Familien, ausgebaut wurde. 1922 erwarb die Gemeinde Wien das Erziehungsheim, das unter Julius Tandler eine reformpädagogische Neuausrichtung erfuhr und nach 1931 bzw. 1938 dem politisch-ideologischen Wandel folgte.

   Die bis heute von der Wiener Jugendwohlfahrt betriebene Anlage wird, insbesondere nach in den letzten Jahren aufbrechenden Missbrauchsvorwürfen, neben Verbesserung der sozialpädagogischen Betreuung seit den 1990er-Jahren auch strukturell in neuer Form genutzt; nicht mehr als geschlossenes Heim geführt, leben die von der Sozialbehörde eingewiesenen Burschen während ihres Aufenthalts und bei der Ausbildung in verschiedenen Berufen in Kleingruppen organisiert., Landesausschuss des Erzherzogtumes Österreich u. d. Enns, Die n.ö. Landes-Erziehungsanstalt in Eggenburg, Eröffnungsschrift 1908; Georg Renner, Vom Horrorhaus zur Mustereinrichtung, Die Presse 23.10.2011
69 Ein grenzpolitisches Unding, in: Eggenburg Niederdonau, Eine Denkschrift, „im Spätsommer 1938", Sammlung Linsbauer
70 NÖLA, LSR XXXV, Kt. 1832, 1938; Kt.1834, 1939
71 NÖLA, LSR XXXV, Kt. 1832, 1938; Kt.1834, 1939
72 Stadtplanungsskizzen, Sammlung Linsbauer.
73 StAW, Ausbauprogramm der Stadtgemeinde Waidhofen an der Thaya für die Zeit vom 1.April 1939 bis 31.März 1943
74 StAW, Sitzungsprotokoll Gemeinderat 16.10.1940
75 StAW, Sitzungsprotokoll Gemeinderat 30.12.1940 bzw. 11.8.1941
76 StAW, Ortssatzung 28.8.1941
77 StAW, Ortssatzung 26.9.1942
78 StAW, Sitzungsprotokoll Gemeinderat 14.1.1942
79 StAW, Sitzungsprotokoll Gemeinderat 6.2.1944 bzw. 30.4.1944
80 Donauwacht, Folge 33, 19.8.1942, „Übersiedlung des Straßenbauamtes", S.9
81 NÖLA, BH Waidhofen, Kt. 104, 1941, GWND Übersichtsplan Abschnitt Rosenburg – Waidhofen vom Juni 1939 bzw. Waidhofen – Gmünd vom Oktober 1940
82 NÖLA, BH Waidhofen, Kt. 104, 1941, GWND Lageplan vom Mai 1941
83 Gottfried Eggendorfer, in: Und es werde … LICHT!, 100 Jahre öffentliche Stromversorgung in Waidhofen an der Thaya, Ausstellungskatalog Stadtmuseum, 2005
84 StAW, Sitzungsprotokoll Gemeinderat 8.10.1941
85 StAW, Sitzungsprotokoll Gemeinderat 30.7.1942 bzw. 21.12.1942
86 StAW, Sitzungsprotokoll Gemeinderat 30.4.1944
87 M.T.Litschauer, 6|44 – 5|45 Ungarisch-Jüdische ZwangsarbeiterInnen, Ein topo|foto|grafisches Projekt, 2006
88 StAG, Tätigkeitsbericht des Gemeindeverwalters Karl Pany 15.3.1938 – 5.6.1939
89 Gmünd erhielt mit dem Wegfall der Grenze sein 1919 mit dem Friedensvertrag nach dem Ersten Weltkrieg an die Tschechoslowakische Republik abgetretenes Einzugsgebiet sowie Böhmzeil und Unter Wielands / Ceske Velenice mit dem Gmünder Hauptbahnhof und den Zentralbetriebswerkstätten zurück, wodurch die Stadt ihre wirtschaftliche Stellung als Verkehrsknoten wieder gewann.
90 StAG, Tätigkeitsbericht des Gemeindeverwalters Karl Pany 15.3.1938 – 5.6.1939
91 Donauwacht, Folge 26, 28.6.1939, „Gmünd als Verkehrszentrum", S.18
92 StAG, Ratsherrensitzungsprotokoll 25.4.1941
93 Herbert Dacho, Gmünd in der 2. Republik, Verlag der Provinz 2008, S.413
94 Bauamt Gmünd, Bauakt
95 NÖLA, Amt der NÖ Landesregierung, RSth, Ve-2-46, 1955
96 StAG, Ratsherrensitzungsprotokoll 7.11.1941
97 Donauwacht, Folge 2, 8.1.1941, "Aufbauarbeit", S.10
98 Land-Zeitung, Folge 9, 1.3.1939, S.22
99 NÖLA, RSth, XXIVc, Vb-8-2685, 1941
100 Litschauer, 6|44-5|45, Ungarisch-Jüdische ZwangsarbeiterInnen, Ein topo|foto|grafisches Projekt, 2006

Biografien Architekten / Künstler

1 Wils Ebert, Geräte, Bauten, Planungen, Ausstellungskatalog Landesgewerbeamt Baden-Württemberg, Stuttgart 1959, aus dem Nachlass, Bauhaus-Archiv Berlin; ifa Künstlerdatenbank; Seemanns Bauhaus Lexikon; Günther Sonja, Hg. Bauhaus-Archiv, Wils Ebert – Ein Bauhausschüler 1909-1979, Die Arbeit eines Architekten und Städtebauers, Berlin 2004

2 Landesarchiv Berlin, A Rep. 243-04 Reichskammer der bildenden Künste, Landesleitung Berlin, 1870 (MF Nr. 34); Deutsche Bauzeitung, Heft 23, 1939
3 Landesarchiv Berlin, A Rep. 243-04 Reichskammer der bildenden Künste, Landesleitung Berlin, 2204
4 Hermann Giesler, Ein anderer Hitler. Bericht seines Architekten. Erlebnisse, Gespräche, Reflexionen. Druffel-Verlag, Leoni am Starnberger See 1978; Darin offenbart sich Giesler als bedingungsloser Anhänger Hitlers, der kritiklos Kriegsereignisse und Nationalsozialismus bejaht.
5 Ernst Klee, Das Kulturlexikon zum Dritten Reich. Wer war was vor und nach 1945, S. Fischer 2007, S.183
6 wikipedia (2012)
7 Selbstverfasste Biografie als Wettbewerbsunterlage, in: Werner Roehle, Chronik Wasserstraße DONAU Kraftwerke 1954, S.47f (pdf), Verbund-Archiv; Architektenlexikon, www.azw.at
8 WStLA, Stadtbauamtsdirektion, B o.Sig., X/1940 – IV/1942, Schreiben an Dr. Tavs vom 20.9.1940 sowie an Hermann Kutschera vom 3.10.1940; Volksgerichtsverfahren, Vg 8 Vr 223/1955; Helmut Weihsmann, In Wien erbaut, Promedia 2005
9 Künstlerhaus-Archiv, Mitgliedsmappe; vgl. Helmut Weihsmann, In Wien erbaut, Promedia 2005; Architektenlexikon, www.azw.at
10 Künstlerhaus-Archiv, Mitgliedsmappe, selbst verfasster Lebenslauf; vgl. Helmut Weihsmann, In Wien erbaut, Promedia 2005
11 Franz Klimscha, Der konstruktive Holzhausbau, Deuticke 1935
12 Künstlerhaus-Archiv, Mitgliedsmappe; WStLA, G103/10/8, Registrierung der Nationalsozialisten; Vg 8b Vr 2304/48, Volksgerichtsverfahren
13 ÖStA, Gauakt
14 WStLA, Vg 4b Vr 393/1947; ÖStA, AdR 02, Gauakt 78778
15 Architektenlexikon, www.azw.at
16 WStLA, Registrierung der Nationalsozialisten 3279; ÖStA, AdR 02, Gauakt 263574
17 Architektenlexikon, www.azw.at
18 ÖStA, AdR, Gauakt; Berufsvereinigung bildender Künstler Österreichs, Archivbestand Reichskulturkammer Wien
19 Künstlerhausarchiv, Mitgliedsmappe; ÖStA, AdR, Gauakt; Architektenlexikon, www.azw.at; vgl. Helmut Weihsmann, Bauen unterm Hakenkreuz; Iris Meder, Offene Welten. Die Wr. Schule im Einfamilienhaus 1910-38, Diss. Uni Stuttgart 2001/04, S.666
20 Familienchronik Meier-Schomburg, für deren freundliche Überlassung ich Regine Karl danke., Archiv der TU Wien, Studiennachweis; StAZ, Entwürfe; Soldatenfriedhof.de, Hinrichtung; Nachruf auf Hans Meier-Schomburg, Das Ostpreußenblatt, Folge 32, 6.8.1955, S.13, archiv.preussische-allgemeine.de/1955/1955_08_06_32.pdf
21 Berufsvereinigung der bildenden Künstler Österreichs, Archivbestände der Reichskulturkammer Wien; Zeitschrift der Wiener Entomologischen Gesellschaft, Nachruf 1951; WStLA, Meldekartei; BG Innere Stadt, Verlassenschaftsakt
22 Privatarchiv Peter Neumüller; Berufsvereinigung der bildenden Künstler Österreichs; vgl. Nora Czapka, Katalog zur Sonderausstellung des Österreichischen Volkskundemuseums „Waldviertler Heimatbilder, Studien zur Sachkultur vor 50 Jahren", 1993
23 Jan Lubitz, 2004, http://de.wikipedia.org (2012); Münk Dieter, Die Organisation des Raumes im Nationalsozialismus, Eine soziologische Untersuchung ideologisch fundierter Leitbilder in Architektur, Städtebau und Raumplanung des Dritten Reichs, Hochschulschriften 284, Bonn Pahl-Rugenstein 1993, S.489f
24 http://de.wikipedia.org (2012); Raphael Rosenberg, Architekturen des „Dritten Reichs", archiv.uv.uni-heidelberg.de/artdok
25 Künstlerhaus-Archiv, Mitgliedsmappe; Archiv der Zentralvereinigung der Architekten, Mitgliedsakt; Architektenlexikon, www.azw.at; ÖStA, AdR, Gauakt
26 WStLA, Meldekartei, Registrierung der Nationalsozialisten, Volksgerichtsverfahren Vg Vr 4464/47; ÖStA, Gauakt 126.475, Gnadenakt BP; Berufsvereinigung bildender Künstler Österreichs, Archivbestand der Reichskulturkammer Wien; Künstlerhaus-Archiv, Mitgliedsmappe; vgl. Helmut Weihsmann, In Wien erbaut, Promedia 2005
27 Künstlerhaus-Archiv, Mitgliedsmappe; WStLA, Registrierung der Nationalsozialisten
28 Werkverzeichnis des Künstlers 1945, Berufsvereinigung bildender Künstler Österreichs; Gerda Königsberger, Die Akademie der Bildenden Künste in Wien: eine Bibliographie, Bibliothek der Akademie, 1988

Quellen

Öffentliche Archive

	Bauhaus-Archiv Berlin
BArch	Bundesarchiv Berlin
BArch-MA	Bundesarchiv Militärarchiv Freiburg
	Landesarchiv Berlin
YVA	Yad Vashem Archives, Shoah Victims' Names Database
ÖStA, AdR	Österreichisches Staatsarchiv, Archiv der Republik
NÖLA	Niederösterreichisches Landesarchiv
OÖLA	Oberösterreichisches Landesarchiv
WStLA	Wiener Stadt- und Landesarchiv
StAA	Stadtarchiv Allentsteig
StAG	Stadtarchiv Gmünd
StAH	Stadtarchiv Horn
StAK	Stadtarchiv Krems
StAW	Stadtarchiv Waidhofen
StAWeitra	Stadtarchiv Weitra
StAZ	Stadtarchiv Zwettl
DÖW	Dokumentationsarchiv des Österreichischen Widerstands
IfG, SFN	Institut für Geschichte der Universität Wien, Sammlung Frauennachlässe
	Filmarchiv Austria

Verwaltungs- und Firmenarchive

Bauamt	Allentsteig, Brand, Buchbach, Eggenburg, Gmünd, Harbach, Horn, Krems, Schwarzenau, Waidhofen an der Thaya, Zwettl
BH	Bezirkshauptmannschaft Gmünd, Horn, Zwettl
BEV	Bundeseich- und Vermessungsamt Gmünd, Zwettl
BG / KG	Grundbuch an den Bezirksgerichten Gmünd, Horn, Waidhofen, Zwettl bzw. am Kreisgericht Krems
BIG	Bundesimmobiliengesellschaft
GEDESAG	Gemeinnützige Donau-Ennstaler-Siedlungs AG
EVN	Elektrizitätsversorgung Niederösterreich AG
Verbund	Österreichische Verbund AG
	Sparkasse Waldviertel Mitte Zwettl

Abkürzungen

BEWOG	Beamtenwohnungsbaugesellschaft
DAF	Deutsche Arbeitsfront
DAG	Deutsche Ansiedlungsgesellschaft
GBI	Generalbauinspektor
GWND	Gauwerke Niederdonau
HGW	Reichswerke AG Hermann Göring
HJ	Hitler-Jugend
KdF	Kraft durch Freude
KVG	Kriegsverbrechergesetz
LHND	Landeshauptmann Niederdonau
LSR	Landesschulrat
ND	Niederdonau
NSBDT	Nationalsozialistischer Bund Deutscher Technik
NSV	Nationalsozialistische Volkswohlfahrt
OFP	Oberfinanzpräsident
OKH	Oberkommando des Heeres
OKW	Oberkommando der Wehrmacht
OStA	Oberstaatsanwaltschaft
OT	Organisation Todt
RAD	Reichsarbeitsdienst
RAM	Reichsarbeitsministerium
RdF	Reichsminister der Finanzen
RGBl	Reichsgesetzblatt
RHA	Reichsheimstättenamt
RKF	Reichskommissar für die Festigung deutschen Volkstums
RKK	Reichskulturkammer
RSth	Reichsstatthalter
RUGES	Reichsumsiedlungsgesellschaft
RWM	Reichswirtschaftsministerium
SA	Sturmabteilung
SS	Schutzstaffel
StA	Staatsanwaltschaft
USIA	Verwaltung des sowjetischen Eigentums in Österreich
VB	Völkischer Beobachter
VG	Verbotsgesetz
VVSt	Vermögensverkehrsstelle

Ortsregister

Allentsteig
S. 33, 113, 116, 117, 118, 119, 120, 121, 122, 124, 127, 130, 133, 136, 140, 141, 144, 145, 148, 149, 150, 151, 263, 343, 401, 404

Altnagelberg
S. 171, 175, 341

Arbesbach
S. 116, 312, 314, 335

Brand
S. 157, 175, 340, 341

Buchbach
S. 299, 300, 305, 310

Dobersberg
S. 157, 213, 273, 274, 287, 288, 312, 313

Eggenburg
S. 9, 74, 78, 79, 82, 178, 190, 192, 287, 314, 338, 339, 352, 358, 376, 377, 393, 398, 406

Els
S. 312, 313

Gmünd
S. 9, 44, 45, 50, 51, 68, 72, 78, 88, 91, 105, 106, 144, 157, 175, 206, 209, 212, 213, 225, 300, 301, 316, 317, 318, 323, 324, 335, 336, 338, 340, 341, 352, 393, 394, 406

Gneixendorf
S. 24, 32, 242, 291, 299, 318, 323, 324,

Groß Siegharts
S. 12, 121, 124, 309, 338, 343

Gutenbrunn
S. 219, 222

Haimschlag
S. 9, 33, 148, 324

Harbach
S. 157, 171, 176

Hardegg
S. 176

Hausbach
S. 225

Heidenreichstein
S. 9, 68, 72, 230, 324, 335, 394, 402

Heinreichs
S. 287, 299, 300, 304

Heinrichs
S. 157, 175

Heinrichsreith
S. 157, 175

Hirschenwies
S. 157, 175

Horn
S. 9, 12, 78, 79, 83, 84, 157, 178, 188, 192, 218, 222, 299, 317, 338, 339, 351, 352, 358, 359, 362, 362, 376, 393, 400

Irnfritz
S. 33, 312, 313, 314, 317

Karlstift
S. 157, 171, 175, 230, 340

Kautzen
S. 12, 157, 230

Kirchberg am Walde
S. 312

Kirchschlag
S. 299, 300, 305

Klein Reichenbach
S. 253, 265, 280

Krems
S. 9, 13, 14, 22, 24, 25, 28, 30, 32, 33, 82, 83, 88, 91, 93, 94, 110, 153, 178, 181, 183, 190, 224, 225, 231, 232, 233, 242, 243, 250, 287, 300, 301, 316, 318, 323, 327, 335, 336, 338, 342, 346, 351, 352, 354, 355, 356, 357, 358, 359, 377, 401, 402, 403, 406

Langau
S. 9, 78, 83, 84, 157, 312, 313

Lexnitz
S. 253, 265, 266, 273, 274, 278,

Litschau
S. 78, 83, 157, 175, 299, 300, 304, 305, 310, 335, 336, 338, 341

Oberhof
S. 196

Oberthürnau
S. 157, 176, 309, 313

Pernegg
S. 309

Pfaffenschlag
S. 253, 265, 266, 278

Pöggstall
S. 9, 78, 83

Purk
S. 299, 300, 305, 310

Pyhrabruck
S. 175

Reingers
S. 157, 175, 309, 315

Riegersburg
S. 157

Ritzmannshof
S. 299, 300, 305

Rottal
S. 157, 175,

Schellings
S. 253, 265, 266, 274, 278

Schönau
S. 157, 175, 304

Schrems
S. 157, 309, 313, 335, 341

Schwarzenau
S. 45, 225, 253, 261, 264, 265, 266, 280, 281, 287, 335, 343

Siedlung Linde
S. 253, 265, 266, 278

Siedlung Pyhrahof
S. 253, 265, 278

Sigmundsherberg
S. 225, 316, 317, 400

Spital
S. 300, 304, 312, 313, 314, 335

Unterthumeritz
S. 253, 265, 266, 278, 288

Waidhofen an der Thaya
S. 12, 83, 93, 105, 106, 157, 209, 212, 213, 218, 300, 305, 327, 335, 337, 338, 352, 359, 392, 393, 403

Wielands
S. 157, 176

Ybbs-Persenbeug
S. 93, 94, 102, 103, 104, 105, 106, 335, 399

Zwettl
S. 9, 78, 86, 87, 113, 118, 119, 120, 122, 133, 136, 141, 144, 145, 150, 178, 196, 218, 226, 227, 230, 259, 263, 288, 299, 301, 305, 308, 314, 315, 327, 328, 329, 330, 332, 334, 335, 336, 338, 343, 351, 352, 358, 359, 370, 371, 393, 401, 403, 404

Berthold Heinz, Robiczek Helmut, 500 Jahre, Chronik und Geschichte eines Unternehmens, Die heutige Voest-Alpine Krems, 2 Bd, 1984, 1999

Bezemek Ernst (Hg.), Heimat Allentsteig, Stadtgemeinde Allentsteig 2002

Boruttau Horst, Landarbeiterwohnungsbau im Vierjahresplan. Planung u. Gestaltung d. Bauten, Hg. Reichsverband des Deutschen Gemeinnützigen Wohnungswesens e. V., Elsner 1939

Brockhaus, Großdeutschland in Bild und Karte, Leipzig 1939

Bumberger Wolfgang, Die Wien-Film 1945/46, Dipl. Arb. Uni Wien 2008

Charamza Alfred, Professor Adalbert Klaar, Bauernhauspläne, Dipl.-Arb. TU Wien 1988

Czapka Nora, Waldviertler Heimat-Bilder, Ausstellungskatalog Österreichisches Volkskundemuseum 1993

Dacho Manfred, Die Stadt Gmünd in der Zweiten Republik, Bibliothek der Provinz 2008

Darré Richard Walther, Neuadel aus Blut und Boden, Lehmanns 1930

Doujak Günther M., Die Entwicklung des landtäflichen Großgrundbesitzes in NÖ seit dem Jahr 1908, Diss. Uni Wien 1982

Dülffer Jost et al., Hitlers Städte. Baupolitik im Dritten Reich. Eine Dokumentation, Böhlau 1978

Durth Werner, Deutsche Architekten: Biografische Verflechtungen 1900-1970, dtv München 1992

Durth Werner und Nerdinger Winfried (Hg.), Architektur und Städtebau der 30er/40er Jahre, Schriftenreihe des Deutschen Nationalkomitees für Denkmalschutz Band 46 und 48, Bonn 1993, 1994

Eminger Stefan, „Entjudete" Güter, „Arisierung" in der Land- und Forstwirtschaft in Niederdonau, in: Ernst Langthaler, Josef Redl (Hg.), Reguliertes Land, Agrarpolitik in Deutschland, Österreich und der Schweiz 1930-1960, Studien Verlag 2005

Enzinger Walter (Hg.), Heimatbuch Jaidhof: von der Herrschaft zur Gemeinde, Eigenverlag 1992

Feder Gottfried, Die neue Stadt. Versuch der Begründung einer neuen Stadtplanungskunst aus der sozialen Struktur der Bevölkerung, Springer Berlin 1939

Frank Hartmut (Hg.), Faschistische Architekturen, Christans Hamburg 1985

Giesler Hermann, Ein anderer Hitler. Bericht seines Architekten. Erlebnisse, Gespräche, Reflexionen. Druffel 1978

Grebe Wilhelm, Neuzeitliches Bauen auf dem Lande, Reichsnährstandsverlag Berlin 1937

Greisinger Manfred, Pötscher Franz, Edelhof. 125 Jahre landwirtschaftliches Bildungs- und Innovationszentrum im Herzen des Waldviertels, Ed. Stoanreich Allentsteig 1998

Griem Otto, Zimmerer-, Beton- und Einschalungsarbeiten der Ostmark, DAF Berlin 1940-1941

Günther Sonja, Bauhaus-Archiv (Hg.), Wils Ebert - Ein Bauhausschüler 1909-1979, Die Arbeit eines Architekten und Städtebauers, Berlin 2004

Gutschow Niels, Ordnungswahn. Architekten planen „im eingedeutschten Osten" 1939-1945, Basel Boston Berlin 2001

Harlander Tilman (Hg.), Hitlers sozialer Wohnungsbau 1940-1945, Hamburg 1986

Harlander Tilman, Zwischen Heimstätte und Wohnmaschine, Wohnungsbau und Wohnungspolitik in der Zeit des Nationalsozialismus, Birkhäuser 1995

Heinemann Isabel, Rasse, Siedlung, deutsches Blut, Das Rasse- und Siedlungshauptamt der SS und die rassenpolitische Neuordnung Europas, Wallstein 2003

Herrmann Ulrich (Hg.), Formale Ästhetik im Nationalsozialismus, Beltz 1993

Höhns Ulrich, Grenzenloser Heimatschutz 1941. Neues, altes Bauen in der ‚Ostmark' und der ‚Westmark', in: Lampugnani Vittorio Magnago, Romana Schneider (Hg.), Moderne Architektur in Deutschland 1900 bis 1950, Reform und Tradition, Hatje Stuttgart, 1992

Hruschka Hannelore, Die Geschichte der Juden in Krems an der Donau von den Anfängen bis 1938, Diss. Uni Wien 1978

Kaserer Hermann, Die Verteilung der Kulturflächen in der Ostmark, Heidelberg 1938

Klaus Ulrich J., Deutsche Tonfilme, Lexikon 1929-1945, Berlin 1999

Klimscha Franz, Der konstruktive Holzhausbau, Deuticke 1935

Königsberger Gerda, Die Akademie der Bildenden Künste in Wien, Bibliothek der Akademie der Bildenden Künste, 1988

Körber Wilhelm, Volkstumsarbeit im Reichsarbeitsdienst, Junker & Dünnhaupt 1943

Komlosy Andrea, An den Rand gedrängt, Wirtschafts- und Sozialgeschichte des oberen Waldviertels, Verlag für Gesellschaftskritik 1988

Krenn Ernst, Geschichte der Stadt Allentsteig, Stadtgemeinde Allentsteig 1948

Kühnel Harry, Kulturamt der Stadt Krems (Hg.), Krems 1938 – Krems 1945, Vom Jubel zum Trümmerhaufen, Ausstellungskatalog 1988

Erich Kulke (Hg.), Vom deutschen Bauernhof, Vorträge der ersten Arbeitstagung der Mittelstelle deutscher Bauernhof in der Arbeitsgemeinschaft für Deutsche Volkskunde, Hoheneichen 1938

Kulke Erich, Lindner Werner, Das Dorf, seine Pflege und Gestaltung, Callwey München 1937

Leskovar Emmerich, Die ostmärkische Eisenindustrie im Vierjahresplan, Diss. Uni Wien 1942

Lippert Georg, Bauten Buildings, Herder 1983

Litschauer Maria Theresia, 6|44-5|45 Ungarisch-Jüdische ZwangsarbeiterInnen, Ein topo|foto|grafisches Projekt, Schlebrügge 2006

Loos Karina, Die Inszenierung der Stadt, planen und bauen im Nationalsozialismus in Weimar, Diss. Bauhaus-Universität Weimar 1999

Lugger Mario, Rüstung in Österreich 1938-1945 und die historiographische Aufarbeitung der NS-Herrschaft, Dipl. Arb. Uni Graz 2002

850 Jahre Schwarzenau: einst und jetzt, Marktgemeinde Schwarzenau (Hg.), Festschrift 2000

Meder Iris, Offene Welten. Die Wr. Schule im Einfamilienhaus 1910-38, Diss. Uni Stuttgart 2001/04

Merinsky Karl, Das Ende des 2. Weltkriegs und die Besatzungszeit im Raum Zwettl in NÖ, Diss. Uni Wien 1966

Miller Lane Barbara, Architektur und Politik in Deutschland, 1918-1945, Vieweg 1986

Mittmann, Markus: Bauen im Nationalsozialismus. Braunschweig, die „Deutsche Siedlungsstadt" und die Mustersiedlung der „Deutschen Arbeitsfront" Braunschweig-Mascherode, Ursprung, Gestaltung, Analyse, Hameln 2003

Münk Dieter, Die Organisation des Raumes im Nationalsozialismus, Pahl-Rugenstein Bonn 1993

Nerdinger Winfried (Hg.): Bauen im Nationalsozialismus. Bayern 1933-1945, Architekturmuseum der TU München 1993

Nerdinger Winfried, Architektur, Macht, Erinnerung, Stellungnahmen 1984 bis 2004, Prestel 2004

Nerdinger Winfried, Materialästhetik und Rasterbauweise. Zum Charakter der Architektur in den 50er Jahren, in: Architektur und Städtebau der 50er Jahre, Schriften des deutschen Nationalkomitees für Denkmalschutz, Bd. 41

Nerdinger Winfried (Hg.), Bauhaus-Moderne im Nationalsozialismus, Prestel 1993

Neue Gesellschaft für Bildende Kunst (Hg.), Inszenierung der Macht. Ästhetische Faszination im Faschismus, 1987

Overweg Freya, Erzählungen und Bilder aus dem Leben im Reichsarbeitsdienst für die weibliche Jugend, Kallmeyer 1939

Peltz-Dreckmann Ute, Nationalsozialistischer Siedlungsbau, München 1978

Petsch Joachim, Baukunst und Stadtplanung im Dritten Reich, Hanser 1976

Pollak Sabine, Haselsteiner Edeltraud, Tusch Roland, In nächster Nähe, Ein Handbuch zur Siedlungskultur in Niederösterreich, Hg. Amt der NÖ Landesregierung und ORTE architekturnetzwerk Niederösterreich, Schriftenreihe der NÖ Wohnbauforschung, Bd. 3, Wien 2002

Polleross Friedrich (Hg.), 1938 Davor – Danach, Beiträge zur Zeitgeschichte des Waldviertels, Bd 30, Waldviertler Heimatbund, 1988

Pongratz Walter, Tomaschek Josef, Tomaschek Paula, Heimatbuch der Marktgemeinde Großschönau, Hg. Fremdenverkehrsverein Großschönau, 2. Aufl. 2000

Rathkolb Oliver, Freund Florian (Hg.), NS-Zwangsarbeit in der Elektrizitätswirtschaft der „Ostmark" 1938-1945, Böhlau 2002

Reichel Peter, Der schöne Schein des Dritten Reiches. Faszination und Gewalt des Faschismus, Hanser 1991

Reinborn Dietmar, Städtebau im 19. und 20. Jahrhundert, Kohlhammer 1996

Rosner Willibald (Hg.), Der Truppenübungsplatz Allentsteig: Region, Entstehung, Nutzen und Auswirkungen, NÖ Institut für Landeskunde 1991

Schausberger Norbert, Geschichte der Rüstungsindustrie auf dem Gebiet der sogenannten Donau- und Alpenreichsgaue 1938, Diss. Uni Wien 1967; veröffentlicht: Der Griff nach Österreich, Der Anschluss, 2. Aufl., Jugend&Volk 1979

Schindler Margot, Wegmüssen, Die Entsiedlung des Raumes Döllersheim 1938-1942, Volkskundliche Aspekte, Österreichisches Museum für Volkskunde 1988

Schlaghecke Wilhelm, Das Heim im Reichsarbeitsdienst. Geleitw. v. Konstantin Hierl. Lichtbilder v. Paul Wolff, Bechhold Frankfurt a. M. 1937

Schlaghecke Wilhelm, Holzhaus im Landschaftsraum. Reichsarbeitsdienst in Tirol. Ein Bild- und Erfahrungsbericht von fröhlicher Aufbauarbeit, Geleitwort Konstantin Hierl, Zeichnung und technische Erläuterung Heinrich Geissler, NS-Gauverlag Innsbruck 1939 .

Schlaghecke Wilhelm, Kulturarbeit im Reichsarbeitsdienst, Hauserpresse Frankfurt 1936

Schmitthenner Paul, Das deutsche Wohnhaus, Stuttgart 1940

Schmitthenner Paul, Das sanfte Gesetz in der Kunst in Sonderheit in der Baukunst, Hünenburg Straßburg 1943

Schöhl Harald, Österreichs Landwirtschaft. Gestalt und Wandlung 1918-1938, Reichsnährstand Verlag, Berlin 1938

Schönfeldt Sybil, Sonderappell, Ueberreuter Wien 2001

Schubert Karl, Die Entjudung der ostmärkischen Wirtschaft und die Bemessung des Kaufpreises im Entjudungsverfahren, Diss. Welthandel Wien 1940

Schulte-Frohlinde Julius, Arbeitsgemeinschaft Heimat und Haus (Hg.) Die landschaftlichen Grundlagen des deutschen Bauschaffens, 1. Das Dorf, 2. Die Stadt, 3. Der Osten, Callwey 1938-1940

Seiff Rudolf, Die deutsche Kleinsiedlung, Eberswalde 1941

Siller Heinz, Fischel Paul, Projekte und ausgeführte Bauten, Elbemühl 1931

Speer Albert (Hg.), dargestellt von Rudolf Wolters, Neue deutsche Baukunst, Volk und Reich 1940

Speer Albert, Arndt Karl, Architektur: Arbeiten 1933-1942, Berlin Frankfurt Wien 1978

Speer Albert, Erinnerungen, Ullstein 1969

Stadler Gerhard A., Das industrielle Erbe Niederösterreichs, Böhlau 2006

Stelzl-Marx Barbara, Im Gewahrsam des „Dritten Reichs", Aspekte der Kriegsgefangenschaft, dargestellt am Beispiel des Stalag XVII B Krems-Gneixendorf, in: Bischof Günter, Overmans Rüdiger (Hg.), Kriegsgefangenschaft im Zweiten Weltkrieg, Eine vergleichende Perspektive, Höller 1999

Robert Streibel, Die Stadt Krems im „Dritten Reich". Alltagschronik 1938-1945, Picus 1993

Robert Streibel, Plötzlich waren sie alle weg, Picus 2001

Techow Ernst-Werner (Hg. DAG), Die alte Heimat, Sudetendeutscher Verlag 1942, Nachdruck: Berger Horn 1981

Teut Anna, Architektur im Dritten Reich 1933-1945, Ullstein 1967

Thiede Klaus, Deutsche Bauernhäuser, Langewiesche Königstein 1935

Tomasi Elisabeth, Die traditionellen Gehöftformen in NÖ, NÖ Pressehaus 1984

Troost Gerdy (Hg.), Das Bauen im neuen Reich, 2 Bd., Gauverlag Bayer. Ostmark, Bayreuth 1938, 1943

Trybek Sieglinde, Der Reichsarbeitsdienst in Österreich 1938-1945, Diss. Uni Wien 1992

Tuider Othmar, Die Luftwaffe in Österreich 1938-1945, Bundesverlag 1985

Voigt Wolfgang, Vom Ur-Haus zum Typ. Paul Schmitthenners ‚deutsches Wohnhaus' und seine Vorbilder, in: Lampugnani Vittorio Magnago, Romana Schneider (Hg.), Moderne Architektur in Deutschland 1900 bis 1950, Reform und Tradition, Hatje Stuttgart, 1992

Voigt Wolfgang, Die Stuttgarter Schule und die Alltagsarchitektur des Dritten Reichs, in: Frank Hartmut (Hg.), Faschistische Architekturen, Christans Hamburg 1985

Von Gönner Rolf (Hg.), Spaten und Ähre, Das Handbuch der deutschen Jugend im Reichsarbeitsdienst, Vonwinckel 1938

Weihsmann Helmut, Bauen unterm Hakenkreuz, Promedia 1998

Weihsmann Helmut, In Wien erbaut, Lexikon der Wiener Architekten des 20. Jahrhunderts, Promedia 2005

Wolf Christiane, Gauforen Zentren der Macht, Zur nationalsozialistischen Architektur und Stadtplanung, Verlag Bauwesen Berlin 1999

Zach Rita, Erinnern und Vergessen: Weitergabe von Geschichte innerhalb der Familie anhand der Aussiedler des Truppenübungsplatzes Allentsteig, Dipl. Arb. Uni Innsbruck 2004

Die Zivilsorgung, Staats- u. Selbstverwaltung (Hg.), Kampf um den deutschen Lebensraum. Ein raumpolitischer Atlas, Kameradschaftsverlag Berlin 1938

Zöllner Antonia, Mädchen in RAD-Uniform, Frieling 2000

Zeitschriften:

Bauen siedeln Wohnen, Offizielles Organ der deutschen Arbeitsfront für Wohnungs- und Siedlungsbau und für die Bestrebungen der DAF auf dem Gebiete der Baukultur, Hg. Reichsheimstättenamt, Verlag der DAF Berlin 1938-1940

Siedlungsgestaltung aus Volk, Raum und Landschaft, Planungshefte des Reichsheimstättenamtes, Berlin 1940-1942

Neue Schriftenreihe des Reichsheimstättenamts DAF-Planungsabteilung, Städtebild und Landschaft 1939

Der Arbeitsmann, Zeitung des Reichsarbeitsdienstes für Führer und Gefolgschaft, Eher 1940-1945

Der deutsche Baumeister, Verlag der Technik München 1939-1943

Deutsche Bauzeitung, Deutscher Fachbuchverlag Stuttgart 1938, 1939

Donauwacht, Mitteilungsblatt des Kreises Krems der NSDAP 1939-1945 (Niederösterreichische Land-Zeitung mit Beilage Waldviertler Bote 1938)

Jahrbuch des Reichsarbeitsdienstes, Verlag Volk und Reich Berlin, 1941

Kremser Zeitung, Volksblatt für Stadt und Land, mit Beilage Waldviertler Zeitung 1938-1945

Mitteilungen des Reichsarbeitsdienstes 1940

Moderne Bauformen, Monatshefte für Architektur und Baukunst, Hoffmann Stuttgart 1936-1944

Neues Bauerntum, Fachwissenschaftliche Zeitschrift für das ländliche Siedlungswesen 1939

Ostmark Bau-Zeitung, Wien 1939-1942

Raumforschung und Raumordnung, Monatsschrift der Reichsarbeitsgemeinschaft für Raumforschung, Hg. Prof. Konrad Meyer 1937-1944

Styriabote, Werkszeitung der Rottenmanner Eisenwerke AG 1937-1944

Völkischer Beobachter, Kampfblatt der national-sozialistischen Bewegung Großdeutschlands, Wiener Ausgabe 1938-1945

Firmenfestschriften:

Agena Stärke Ges.m.b.H. (Hg.), 50 Jahre Stärkefabrik Aschach 1936-1986, Festschrift 1986

Agena Stärke Ges.m.b.H. (Hg.), 50 Jahre Stärkefabrik Gmünd, Festschrift 1990

75 Jahre Wenzl Hartl, Festschrift 1972

Moll Friedel, 150 Jahre Sparkasse Waldviertel-Mitte, Festschrift 2006

Österreichische Bauinnung (Hg.), Das Bauhandwerk der Ostmark, Wien 1938/39

Herbert Schmid, Das 60 kV-Netz der EVN 1923-2008, EVN 2008

Und es werde … LICHT!, 100 Jahre öffentliche Stromversorgung in Waidhofen an der Thaya, Ausstellungskatalog Stadtmuseum, Kuratorin Sandra Sam, 2005

50 Jahre Molkerei Horn, 1989

50 Jahre Raiffeisen-Molkerei Zwettl, 1989

maria theresia litschauer
www.mt-litschauer.at

Konzeptkünstlerin, Autorin
Studium der Philosophie an der Universität Wien
Mitglied der Secession

Einzelausstellungen:
2013	Foto-Raum
2006	Museum Moderner Kunst Wien
	Buchpräsentation und Podiumsdiskussion
	zum Projekt 6|44 – 5|45
2002	Galerie KlausEngelhorn Wien
	Kunsthalle Krems
2000	Neue Galerie Graz
	Haus der Kunst, Brünn
	Galleria Leonardi, Genua
	Centro Allende, La Spezia
1999	MAK Galerie Österreichisches Museum
	für Angewande Kunst, Wien
1998	Austrian Cultural Institute, New York
	Galerie Maerz, Linz
1997	Galleria Arco di Rab, Rom
	Kulturzentrum bei den Minoriten, Graz
1994	Wiener Secession, Galerie
1992	Museet for Fotokunst, Odense / Dänemark
	Galerie Tausch, Innsbruck
1991	Galerie Zumtobel, Wien
	Duna Galeria, Budapest
	Galerie Vista 21, Novo Mesto / Slowenien
1988	Fotogalerie Graz
	Musée de la Photographie, Mougins / Frankreich
	Rupertinum, Salzburg
1987	Cité Internationale des Arts, Paris
1986	Fotogalerie Wien

Gruppenausstellungen (Auswahl):
2011 Leopold Museum Wien, 2009 Illinois Holocaust Museum, Chicago, 2008 OÖ Landesgalerie, Linz, 2007 Kunstforum BACA, Wien, 2006 Traklhaus, Salzburg, 2005 Museum der Moderne Salzburg, Musée d'Art Moderne de Saint-Etienne, 2004/05 NÖ Landesmuseum, St. Pölten, Museum Moderner Kunst, Passau, 2003 Galerie Bibliothèque Nationale de France, Paris, Kunsthalle Krems, Museum der Moderne, Rupertinum Salzburg, 2001 Sigmund Freud-Museum, Wien, Kulturforum, Warschau, 2000 Museum of the City of New York, Galerie der Marmara-Universität, Instanbul, 1998 Central Fine Arts, New York, 1998 Jüdisches Museum Wien, 1997 Centro del Imagen, Mexico City, Künstlerhaus Wien, 1996 Centre National de la Photographie, Paris, Musée d'Elysée, Lausanne, Provinciaal Museum, Hasselt / Belgien, 1995 Galerie im Stifterhaus, Linz, 1994 Artprop, New York, 1993 Wiener Secession, 1992 Rupertinum, Salzburg, 1991 Galerie der Stadt Prag, Kunsthalle Exnergasse, Wien, 1988 Frankfurter Kunstverein, 1984 Fotogalerie Wien

Wettbewerbe / Kunst im öffentlichen Raum:
2010	Denkzeichen Georg Elser, Berlin, 2-stufiger Wettbewerb, Der Regierende Bürgermeister von Berlin; Auswahl
2010	Luegerplatz, open call; Publikation
2008	Memorial Gugging, geladener Wettbewerb; I.S.T. Austria,
2008	Referenz: NS-Skulptur an einem Gemeindebau, geladener Wettbewerb; Wiener Wohnen / KÖR; realisiert 2010

Sammlungen:
Museum of Modern Art, San Francisco
The New York Public Library
Illinois Holocaust Museum, Chicago
Bibliotheque Nationale de France, Paris
FRAC Rhone-Alpes, Lyon
Artothek des Bundes, Wien
Bank Austria Kunstsammlung, Wien
Generali Foundation, Wien
Jüdisches Museum, Wien
MAK Österreichisches Museum für Angewandte Kunst, Wien
MUMOK Museum Moderner Kunst, Wien
MdM Museum der Moderne, Rupertinum, Salzburg
Museum Liaunig, Neuhaus|Suha
OÖ Landesmuseum, Linz
Wien Museum
Kulturabteilung des Landes Niederösterreich, St.Pölten
Kulturabteilung der Stadt Salzburg
Kulturabteilung der Stadt Wien

Bibliografie

Monografien:
2006	6|44 – 5|45 Ungarisch-Jüdische ZwangsarbeiterInnen, Ein topo|foto|grafisches Projekt (Künstlerbuch)
2002	non-sites, Hg. Galerie KlausEngelhorn landscapes_, Hg. Kunsthalle Krems und ORTE architekturnetzwerk niederösterreich
2000	urban grid – personal city, Hg. Neue Galerie Graz NY Trespassing, Hg. MAK Österreichisches Museum für Angewandte Kunst Wien
1997	NIETZSCHE IN ITALIEN. Text-Bild-Signatur (Künstlerbuch)
1994	Arbeiten 1990-1993 (Künstlerbuch) W EN, MEIN., Hg. Niederösterreichisches Landesmuseum LE MARIAGE I-XII (Künstlerbuch)
1986	GESICHTE (Künstlerbuch)

Kataloge (Gruppenausstellungen), Bücher:
2012	Update! Perspektiven der Zeitgeschichte, Hg. Linda Erker, Alexander Salzmann, Lucile Dreidemy, Klaudija Sabo
2011	open call: Handbuch zur Umgestaltung des Lueger-Denkmals, Hg. Arbeitskreis zur Umgestaltung des Lueger-Denkmals in ein Mahnmal gegen Antisemitismus und Rassismus
2010	Ringturm.Kunst, Sammlung Vienna Insurance Group, Hg. Leopold Museum
2009	Das Waldviertel, Auf festem Grund, Hg. Volkskultur NÖ, Verlag der Provinz
2008	Im Licht der Bilder, NöArt
2007	„Wann immer vorerst", Hg. Kunstforum Bank Austria Landschaft. Zwei Sammlungen, Hg. Fritz Simak, Friedrich Grasegger, Brandstätter Verlag
2005	simultan, Museum der Moderne Salzburg Verlag Brandstätter La Photographie en dialogues : les Collections IAC-Frac Rhône-Alpes et du Musée d'Art Moderne de Saint-Étienne
2004	Wiener Linien, Kunst und Stadtbeobachtung seit 1960, Hg. Wien Museum, Folio Verlag Visages / Portraits 1853-2003, Hg Bibliothèque Nationale de France, Paris Mimosen Rosen Herbstzeitlosen, Künstlerinnen Positionen 1945 bis heute, Hg. Freunde der Kunstmeile Krems
2001	Diesseits und jenseits des Traums, Hg. Neue Wiener Gruppe, Lacan Schule New York NOW 2000, Hg. MCNY Museum of the City of New York New Nietzsche Studies, Ed. Fordham University New York
1997	Antagonismes, Hg. Centre National de la Photographie Paris Artificial Flowers, Hg. Provinciaal Museum Hasselt, Belgien Eine reale Vision / Un vision real, Hg. eikon Landschaft Kunst Ökologie, Hg. NÖ Kulturforum
1994	Photo Album Austria, Hg. Artprop, New York Fotografia Austriaca, Hg. Rupertinum, Salzburg
1993	Museumspositionen, Hg. Bundesministerium für Auswärtige Angelegenheiten Im bilde / v obraze, Hg. FLUSS Niederösterreichische Fotoinitiative Tempi Zeiten Times, Hg. Progetto Civitella d'Agliano Young Austrian Photographers, Hg. Fotohof Salzburg
1990	Fotofluss, Hg. Niederösterreichische Fotoinitiative
1989	Österreichische Fotografie seit 1945, Hg. Rupertinum Konfrontationen, Hg. Österreichische Hochschülerschaft, Frauenreferat
1986	Frauen sehen Männer, Hg. Peter Weiermair, Verlag Photographie Le Corps Figuré, Hg. FRAC Rhone-Alpes, Lyon Schau wie schön..., Hg. MAK Museum für Angewandte Kunst Wien Objekt Mann, Hg. Beate Soltesz, Promedia Verlag Subjektives, Hg. Fotogalerie Wien Zwischenräume, Hg. Sünnhofgalerie Wien 7 Fotoprojekte, Hg. Fotogalerie Wien

© 2012 maria theresia litschauer

Alle Rechte, auch die des auszugsweisen Abdrucks oder der Reproduktion einer Abbildung, vorbehalten. Das Werk einschließlich aller seiner Teile ist urheberrechtlich geschützt.

© Konzept, Texte, Farbfotoserien 2007-2011: maria theresia litschauer

© Historische Fotos und Pläne:
BArch S. 230, 302, 360, 361(2)
BArch_MA S. 118
Bauhaus-Archiv Berlin S. 74, 75(2)
Institut für Geschichte der Universität Wien,
Sammlung Frauennachlässe S. 311(3), 313
ÖNB, Bildarchiv und Grafiksammlung S. 306, 310, 348
ÖStA S. 196/197
NÖLA S. 110, 111, 164/165, 210, 211, 226, 227, 272, 276, 319
ANÖLR, Straßenbau S. 336
ANÖLR, Wasserrecht S. 26/27, 42/43, 48/49, 53, 54/55, 56/57, 59, 60/61(2), 62, 63, 96/97(3), 98/99, 100/101(3)
BH Zwettl S. 34/35, 37, 38
Bauamt: Allentsteig S. 149; Brand S. 168, 169, 340; Buchbach S. 300, 309(2), 310; Eggenburg S. 193, 194, 195; Gmünd S. 89, 90(2); Harbach S. 170; Horn S. 79, 80, 81, 188, 189, 191(2); 223, Krems S. 178, 179, 180, 181, 182, 184, 185, 186, 187, 347(2); Schwarzenau S. 281, 285, 284(2); Waidhofen an der Thaya S. 107(2), 108(2), 214/215, 217(2); Zwettl S. 86, 87
Stadtarchiv: Gmünd S. 40/41, 46, 47(2), 50, 53, 58(2), 62, 64, 65(2), 91(2), 202/203, 204/205, 207, 304(2); Horn, S. 364, 365; Weitra, S. 307; Zwettl S. 87, 137, 228(2), 229(2), 300, 301, 305, 328, 332, 333, 344(2), 345(2), 372/373
BIG S. 135(2), 163, 172, 174, 176
EVN AG S. 106
GEDESAG S. 234/235, 236/237, 241(3), 244(2), 245, 246(3)
Flugplatz Krems S. 321
Mierka Donauhafen Krems S. 29(4)
Sparkasse Zwettl S. 331(2)
Verbund AG S. 95, 102/103, 104
Festschrift Agena Stärke Ges.m.b.H. 1990 S. 46, 52, 63, 65
Ausstellungskatalog Kulturamt der Stadt Krems 1988 S. 354
Alle anderen historischen Fotos und Pläne: Privatbesitz

Grafisches Konzept: maria theresia litschauer
Grafik: Richard Ferkl
Lithografie: Manfred Kostal, pixelstorm
Korrektorat: Sonja Knotek
Druck und Gesamtherstellung: Holzhausen Druck GmbH, Wien
Kommissionsverlag: Böhlau Verlag Ges.m.b.H. & Co. KG, Wien

ISBN 978-3-205-78846-1

Bibliografische Informationen der Deutschen Bibliothek:
Die Deutsche Bibliothek verzeichnet diese Publikation in der Deutschen Nationalbibliografie; detaillierte bibliografische Daten sind im Internet über http://dnb.d-nb.de abrufbar.

Die Realisierung des Projekts wurde ermöglicht durch Förderungen von:
Zukunftsfonds der Republik Österreich
Bundesministerium für Unterricht, Kunst und Kultur
NÖ Landesregierung, Kunst und Wissenschaft
Die Publikation unterstützte darüber hinaus:
EVN Energie Versorgung Niederösterreich
VBK Verwertungsgesellschaft Bildende Kunst